FLÁVIO TARTUCE

- Pós-Doutor e Doutor em Direito Civil pela USP.
- Coordenador e Professor do Mestrado e dos Cursos de Pós-Graduação da Escola Paulista de Direito (EPD).
- Conselheiro Federal da OAB pela OABSP.
- Relator-Geral da Comissão de Juristas para a Reforma do Código Civil.
- Atua como advogado, parecerista e árbitro em São Paulo.

Site
www.flaviotartuce.adv.br

Blogs
http://flaviotartuce.jusbrasil.com.br

Instagram
@flavio.tartuce

MANUAL DE
DIREITO DO CONSUMIDOR
DIREITO MATERIAL E PROCESSUAL
VOLUME ÚNICO

O GEN | Grupo Editorial Nacional – maior plataforma editorial brasileira no segmento científico, técnico e profissional – publica conteúdos nas áreas de concursos, ciências jurídicas, humanas, exatas, da saúde e sociais aplicadas, além de prover serviços direcionados à educação continuada.

As editoras que integram o GEN, das mais respeitadas no mercado editorial, construíram catálogos inigualáveis, com obras decisivas para a formação acadêmica e o aperfeiçoamento de várias gerações de profissionais e estudantes, tendo se tornado sinônimo de qualidade e seriedade.

A missão do GEN e dos núcleos de conteúdo que o compõem é prover a melhor informação científica e distribuí-la de maneira flexível e conveniente, a preços justos, gerando benefícios e servindo a autores, docentes, livreiros, funcionários, colaboradores e acionistas.

Nosso comportamento ético incondicional e nossa responsabilidade social e ambiental são reforçados pela natureza educacional de nossa atividade e dão sustentabilidade ao crescimento contínuo e à rentabilidade do grupo.

FLÁVIO **TARTUCE**
DANIEL AMORIM **ASSUMPÇÃO NEVES**

MANUAL DE
DIREITO DO
CONSUMIDOR
DIREITO MATERIAL E PROCESSUAL
VOLUME ÚNICO

14.ª edição revista, atualizada e ampliada

- Os autores deste livro e a editora empenharam seus melhores esforços para assegurar que as informações e os procedimentos apresentados no texto estejam em acordo com os padrões aceitos à época da publicação, e todos os dados foram atualizados pelos autores até a data de fechamento do livro. Entretanto, tendo em conta a evolução das ciências, as atualizações legislativas, as mudanças regulamentares governamentais e o constante fluxo de novas informações sobre os temas que constam do livro, recomendamos enfaticamente que os leitores consultem sempre outras fontes fidedignas, de modo a se certificarem de que as informações contidas no texto estão corretas e de que não houve alterações nas recomendações ou na legislação regulamentadora.

- Fechamento desta edição: *10.02.2025*

- Os autores e a editora se empenharam para citar adequadamente e dar o devido crédito a todos os detentores de direitos autorais de qualquer material utilizado neste livro, dispondo-se a possíveis acertos posteriores caso, inadvertida e involuntariamente, a identificação de algum deles tenha sido omitida.

- **Atendimento ao cliente: (11) 5080-0751 | faleconosco@grupogen.com.br**

- Direitos exclusivos para a língua portuguesa
  Copyright © 2025 by
  Editora Forense Ltda.
  Uma editora integrante do GEN | Grupo Editorial Nacional
  Travessa do Ouvidor, 11 – Térreo e 6º andar
  Rio de Janeiro – RJ – 20040-040
  www.grupogen.com.br

- Reservados todos os direitos. É proibida a duplicação ou reprodução deste volume, no todo ou em parte, em quaisquer formas ou por quaisquer meios (eletrônico, mecânico, gravação, fotocópia, distribuição pela Internet ou outros), sem permissão, por escrito, da Editora Forense Ltda.

- Capa: Fabricio Vale

- **CIP-BRASIL. CATALOGAÇÃO NA PUBLICAÇÃO**
  SINDICATO NACIONAL DOS EDITORES DE LIVROS, RJ

T198m
14. ed.

　　Tartuce, Flávio, 1976-
　　Manual de direito do consumidor : direito material e processual : volume único / Flávio Tartuce, Daniel Amorim Assumpção Neves. - 14. ed., rev., atual. e ampl. - Rio de Janeiro : Método, 2025.
　　952 p. ; 24 cm.

　　Inclui bibliografia
　　ISBN 978-85-3099-695-6

　　1. Brasil. [Código de defesa do consumidor (1990)]. 2. Defesa do consumidor - Legislação - Brasil. I. Neves, Daniel Amorim Assumpção. II. Título.

25-96293　　　　　　　CDU: 34:366.542(81)

Meri Gleice Rodrigues de Souza - Bibliotecária - CRB-7/6439

A Carlos Cesar Danese Silva, meu pai.

☼10.10.1946
†12.10.2011

"Despedida

Na vida, há algumas poucas certezas e uma delas, sem dúvida, é o fato da despedida, em que ou simplesmente partiremos ou apenas nos despediremos... E o que dizer neste momento, em que toda palavra soa insuficiente, todo consolo é impotente e toda tentativa de discurso é menos importante que o conforto de um abraço?

Não há sensação melhor na hora da tristeza do que a segurança da amizade, o beijo de quem se ama e o carinho da solidariedade, pois quem parte não sente... ou sente menos do que quem fica... Dor mesmo só cicatriza com o bálsamo do tempo no correr da vida..."

(Rodolfo Pamplona Filho)

Flávio Tartuce

Na vida você pode ter duas espécies de irmão: aquele dado por seus pais
e aquele que você elege como tal e que te acolhe durante sua existência.
Tenho sorte de ter um irmão de sangue e um irmão de vida.
Cada qual, com suas diferentes características, são pessoas fundamentais para mim, pelo que só tenho a agradecer.
Este livro é em homenagem aos meus irmãos Carlinhos e Flávio Tartuce.

Daniel

NOTA DOS AUTORES À 14ª EDIÇÃO

Em 2025, o nosso festejado *Manual de Direito do Consumidor – Volume Único*, que engloba tanto o Direito Material como o Processual, chega à sua 14ª edição.

O livro segue se destacando no meio editorial brasileiro, sobretudo por essa visão interdisciplinar, auxiliando efetivamente quem atua com o Direito do Consumidor na prática e quem estuda para as provas em geral.

Para a nossa honra e o nosso *júbilo acadêmico*, a obra continua entre os livros mais citados na doutrina e na jurisprudência brasileiras, especialmente entre os acórdãos do Superior Tribunal de Justiça. Também segue sendo indicado por professores em todo o País, para os mais diversos níveis de formação jurídica, desde a graduação até a pós-graduação, incluindo o Mestrado e o Doutorado em Direito.

Para esta nova versão, como é comum, fizemos as necessárias atualizações, incluindo as principais leis do ano de 2024, novas reflexões doutrinárias e os julgados dos Tribunais Brasileiros, com destaque justamente para o STJ, o chamado Tribunal da Cidadania.

Também foram inseridas breves notas sobre o Projeto de Reforma do Código Civil, elaborado pela Comissão de Juristas nomeada no Senado Federal, entregue no último ano. O primeiro autor deste livro atuou como um dos seus Relatores-Gerais, havendo pontos em comum com o Direito do Consumidor, como se verá da leitura deste livro.

Como sempre, esperamos que o leitor aprecie todas essas inclusões, os novos tratamentos categóricos e os nossos contínuos aprimoramentos, para que o livro continue na posição conquistada nos últimos quatorze anos, cada vez mais utilizado na prática consumerista e também pelos docentes e pesquisadores do Direito Material e do Direito Processual.

Ficam, como sempre, os nossos agradecimentos às nossas famílias, que convivem continuamente entre si, principalmente Leia, Aline, Laís, Enzo, Joaquim, Fernando e Pietro.

Bons estudos! Boas reflexões! É o que sempre desejamos, ano a ano.

Guarujá e Porto (Portugal), janeiro de 2025.
Flávio Tartuce e Daniel Amorim Assumpção Neves

SUMÁRIO

1.ª PARTE
DIREITO MATERIAL
Flávio Tartuce

1. **O CÓDIGO DE DEFESA DO CONSUMIDOR E SUA POSIÇÃO NO ORDENAMENTO JURÍDICO BRASILEIRO**...... 3
   1.1. Primeiras palavras sobre o Código de Defesa do Consumidor. O CDC e a pós-modernidade jurídica 3
   1.2. O Código de Defesa do Consumidor como norma principiológica. Sua posição hierárquica 8
   1.3. O Código de Defesa do Consumidor e a teoria do diálogo das fontes 15
   1.4. O conteúdo do Código de Defesa do Consumidor e a organização da presente obra 22

2. **PRINCÍPIOS FUNDAMENTAIS DO CÓDIGO DE DEFESA DO CONSUMIDOR** 25
   2.1. Primeiras palavras sobre os princípios jurídicos 25
   2.2. Princípio do protecionismo do consumidor (art. 1º da Lei 8.078/1990) 28
   2.3. Princípio da vulnerabilidade do consumidor (art. 4º, inc. I, da Lei 8.078/1990) 30
   2.4. Princípio da hipossuficiência do consumidor (art. 6º, inc. VIII, da Lei 8.078/1990) 33
   2.5. Princípio da boa-fé objetiva (art. 4º, inc. III, da Lei 8.078/1990) 34
   2.6. Princípio da transparência ou da confiança (arts. 4º, *caput*, e 6º, inc. III, da Lei 8.078/1990). A tutela da informação 40
   2.7. Princípio da função social do contrato 48
   2.8. Princípio da equivalência negocial (art. 6º, inc. II, da Lei 8.078/1990) 57
   2.9. Princípio da reparação integral dos danos (art. 6º, inc. VI, da Lei 8.078/1990). Os danos reparáveis nas relações de consumo 59

2.10. Princípios de preservação do mínimo existencial ou patrimônio mínimo dos consumidores e do crédito responsável, para a proteção e o tratamento do superendividamento do consumidor (art. 6.º, incs. XI e XII, da Lei 8.078/1990) 71

3. **ELEMENTOS DA RELAÇÃO JURÍDICA DE CONSUMO** 77
   3.1. A estrutura da relação jurídica de consumo. Visão geral 77
   3.2. Os elementos subjetivos da relação de consumo 78
      3.2.1. O fornecedor de produtos e o prestador de serviços. O conceito de *fornecedor equiparado* 78
      3.2.2. O consumidor. Teorias existentes. O consumidor equiparado ou *bystander* 83
   3.3. Elementos objetivos da relação de consumo 103
      3.3.1. Produto 103
      3.3.2. Serviço 108
   3.4. Exemplos de outras relações jurídicas contemporâneas e o seu enquadramento como relações de consumo 122
      3.4.1. O contrato de transporte e a incidência do Código do Consumidor 123
      3.4.2. Os serviços públicos e o Código de Defesa do Consumidor 126
      3.4.3. O condomínio edilício e o Código de Defesa do Consumidor .. 128
      3.4.4. A incidência do Código do Consumidor para os contratos de locação urbana 129
      3.4.5. A Lei 8.078/1990 e a previdência privada complementar 134
      3.4.6. Prestação de serviços educacionais como serviço de consumo ... 136
      3.4.7. As atividades notariais e registrais e a Lei 8.078/1990 138
      3.4.8. As relações entre advogados e clientes e o Código de Defesa do Consumidor 139

4. **RESPONSABILIDADE CIVIL PELO CÓDIGO DE DEFESA DO CONSUMIDOR** .. 143
   4.1. A unificação da responsabilidade civil pelo Código de Defesa do Consumidor. A responsabilidade civil objetiva e solidária como regra do Código do Consumidor (risco-proveito). A responsabilidade subjetiva dos profissionais liberais como exceção 143
   4.2. Análise dos casos específicos de responsabilidade civil pelo Código de Defesa do Consumidor 153
      4.2.1. As quatro hipóteses tratadas pela Lei 8.078/1990 em relação ao produto e ao serviço. Vício *versus* fato (defeito). Panorama geral e a questão da solidariedade 153
      4.2.2. Responsabilidade civil pelo vício do produto 159
      4.2.3. Responsabilidade civil pelo fato do produto ou defeito 176
      4.2.4. Responsabilidade civil pelo vício do serviço 183
      4.2.5. Responsabilidade civil pelo fato do serviço ou defeito 188

4.3.	O consumidor equiparado e a responsabilidade civil. Aprofundamentos quanto ao tema e confrontações em relação ao art. 931 do Código Civil......	200
4.4.	Excludentes de responsabilidade civil pelo Código de Defesa do Consumidor..	211
	4.4.1. As excludentes da não colocação do produto no mercado e da ausência de defeito	212
	4.4.2. A excludente da culpa ou fato exclusivo de terceiro...................	225
	4.4.3. A excludente da culpa ou fato exclusivo do próprio consumidor..	227
	4.4.4. O enquadramento do caso fortuito e da força maior como excludentes da responsabilidade civil consumerista. Os eventos internos e externos e o risco do empreendimento	230
	4.4.5. Os riscos do desenvolvimento como excludentes de responsabilidade pelo Código de Defesa do Consumidor........................	244
4.5.	O fato concorrente do consumidor como atenuante da responsabilidade civil dos fornecedores e prestadores	249
4.6.	A responsabilidade civil pelo cigarro e o Código de Defesa do Consumidor	254
4.7.	A responsabilidade civil pelo Código de Defesa do Consumidor e o *recall*	273
4.8.	A Lei Geral de Proteção de Dados e a responsabilidade civil	277
5.	**A PROTEÇÃO CONTRATUAL PELO CÓDIGO DE DEFESA DO CONSUMIDOR**.....	**285**
5.1.	O conceito contemporâneo ou pós-moderno de contrato e o Direito do Consumidor. Os contratos coligados, os contratos cativos de longa duração e os "contratos inteligentes"...	286
5.2.	A revisão contratual por fato superveniente no Código de Defesa do Consumidor	301
5.3.	A função social do contrato e a não vinculação das cláusulas desconhecidas e incompreensíveis (art. 46 do CDC). A interpretação mais favorável ao consumidor (art. 47 do CDC)	312
5.4.	A força vinculativa dos escritos e a boa-fé objetiva nos contratos de consumo (art. 48 da Lei 8.078/1990). A aplicação dos conceitos parcelares da boa-fé objetiva	325
	5.4.1. *Supressio* e *surrectio*..	328
	5.4.2. *Tu quoque*	330
	5.4.3. *Exceptio doli*	331
	5.4.4. *Venire contra factum proprium*	332
	5.4.5. *Duty to mitigate the loss*...	335
5.5.	O direito de arrependimento nos contratos de consumo (art. 49 da Lei 8.078/1990)	338
5.6.	A garantia contratual do art. 50 da Lei 8.078/1990	345

5.7. As cláusulas abusivas no Código de Defesa do Consumidor. Análise do rol exemplificativo do art. 51 da Lei 8.078/1990 e suas decorrências........ 349

5.7.1. Cláusulas que impossibilitem, exonerem ou atenuem a responsabilidade do fornecedor por vícios de qualquer natureza dos produtos e serviços ou impliquem renúncia ou disposição de direitos (art. 51, inc. I, do CDC).. 350

5.7.2. Cláusulas que subtraiam ao consumidor a opção de reembolso da quantia já paga (art. 51, inc. II, do CDC)....................................... 351

5.7.3. Cláusulas que transfiram responsabilidades a terceiros (art. 51, inc. III, do CDC) 353

5.7.4. Cláusulas que estabeleçam obrigações consideradas iníquas, abusivas, que coloquem o consumidor em desvantagem exagerada, ou que sejam incompatíveis com a boa-fé ou a equidade (art. 51, inc. IV, do CDC).. 353

5.7.5. Cláusulas que estabeleçam inversão do ônus da prova em prejuízo do consumidor (art. 51, inc. VI, do CDC) 363

5.7.6. Cláusulas que determinem a utilização compulsória de arbitragem (art. 51, inc. VII, do CDC) 363

5.7.7. Cláusulas que imponham representante para concluir ou realizar outro negócio jurídico pelo consumidor (art. 51, inc. VIII, do CDC) 367

5.7.8. Cláusulas que deixem ao fornecedor a opção de concluir ou não o contrato, embora obrigando o consumidor (art. 51, inc. IX, do CDC) 368

5.7.9. Cláusulas que permitam ao fornecedor, direta ou indiretamente, variação do preço de maneira unilateral (art. 51, inc. X, do CDC) 369

5.7.10. Cláusulas que autorizem o fornecedor a cancelar o contrato unilateralmente, sem que igual direito seja conferido ao consumidor (art. 51, inc. XI, do CDC) 369

5.7.11. Cláusulas que obriguem o consumidor a ressarcir os custos de cobrança de sua obrigação, sem que igual direito lhe seja conferido contra o fornecedor (art. 51, inc. XII, do CDC) 371

5.7.12. Cláusulas que autorizem o fornecedor a modificar unilateralmente o conteúdo ou a qualidade do contrato, após sua celebração (art. 51, inc. XIII, do CDC) 373

5.7.13. Cláusulas que infrinjam ou possibilitem a violação de normas ambientais (art. 51, inc. XIV, do CDC)... 374

5.7.14. Cláusulas que estejam em desacordo com o sistema de proteção ao consumidor (art. 51, inc. XV, do CDC)... 375

5.7.15. Cláusulas que possibilitem a renúncia do direito de indenização por benfeitorias necessárias (art. 51, inc. XVI, do CDC)............... 377

	5.7.16.	Cláusulas que condicionem ou limitem de qualquer forma o acesso aos órgãos do Poder Judiciário (art. 51, inc. XVII, do CDC)	378
	5.7.17.	Cláusulas que estabeleçam prazos de carência em caso de impontualidade das prestações mensais ou impeçam o restabelecimento integral dos direitos do consumidor e de seus meios de pagamento a partir da purgação da mora ou do acordo com os credores (art. 51, inc. XVIII, do CDC)	380
5.8.		Os contratos de fornecimento de crédito na Lei 8.078/1990 (art. 52) e o problema do superendividamento do consumidor. Análise da Lei 14.181/2021. A nulidade absoluta da cláusula de decaimento (art. 53)	386
5.9.		O tratamento dos contratos de adesão pelo art. 54 do Código de Defesa do Consumidor. Purgação da mora e teoria do adimplemento substancial na alienação fiduciária em garantia de bens móveis	415

6. A PROTEÇÃO QUANTO À OFERTA E À PUBLICIDADE NO CÓDIGO DE DEFESA DO CONSUMIDOR ... 431

6.1.		Panorama geral sobre a tutela da informação e o Código de Defesa do Consumidor	431
6.2.		A força vinculativa da oferta no art. 30 da Lei 8.078/1990	433
6.3.		O conteúdo da oferta e a manutenção de sua integralidade	440
6.4.		A responsabilidade civil objetiva e solidária decorrente da oferta	446
6.5.		A publicidade no Código de Defesa do Consumidor. Princípios informadores. Publicidades vedadas ou ilícitas	454
	6.5.1.	A vedação da publicidade mascarada, clandestina, simulada ou dissimulada (art. 36 do CDC)	456
	6.5.2.	A vedação da publicidade enganosa (art. 37, § 1º, do CDC)	457
	6.5.3.	A vedação da publicidade abusiva (art. 37, § 2º, do CDC). A publicidade comparativa	465
6.6.		O ônus da prova da veracidade da informação publicitária	470

7. O ABUSO DE DIREITO CONSUMERISTA. AS PRÁTICAS ABUSIVAS VEDADAS PELA LEI 8.078/1990 E SUAS CONSEQUÊNCIAS PRÁTICAS ... 473

7.1.		Algumas palavras sobre o abuso de direito	474
7.2.		Estudo das práticas abusivas enumeradas pelo art. 39 do CDC	476
	7.2.1.	Condicionar o fornecimento de produto ou de serviço ao fornecimento de outro produto ou serviço, bem como, sem justa causa, a limites quantitativos (art. 39, inc. I, do CDC)	477
	7.2.2.	Recusar atendimento às demandas dos consumidores, na exata medida de suas disponibilidades de estoque, e, ainda, de conformidade com os usos e costumes (art. 39, inc. II, do CDC)	485
	7.2.3.	Enviar ou entregar ao consumidor, sem solicitação prévia, qualquer produto, ou fornecer qualquer serviço (art. 39, inc. III, do CDC)	487

	7.2.4.	Prevalecer-se da fraqueza ou ignorância do consumidor, tendo em vista a sua idade, saúde e condição social, para vender-lhe produto ou serviço (art. 39, inc. IV, do CDC)............................	490
	7.2.5.	Exigir do consumidor vantagem manifestamente excessiva (art. 39, inc. V, do CDC)	492
	7.2.6.	Executar serviços sem a prévia elaboração de orçamento e autorização expressa do consumidor, ressalvadas as decorrentes de práticas anteriores entre as partes (art. 39, inc. VI, do CDC)	497
	7.2.7.	Repassar informação depreciativa referente a ato praticado pelo consumidor no exercício de seus direitos (art. 39, inc. VII, do CDC)	499
	7.2.8.	Colocar, no mercado de consumo, qualquer produto ou serviço em desacordo com as normas expedidas pelos órgãos oficiais competentes ou, se normas específicas não existirem, pela Associação Brasileira de Normas Técnicas (ABNT) ou outra entidade credenciada pelo Conselho Nacional de Metrologia, Normalização e Qualidade Industrial – CONMETRO (art. 39, inc. VIII, do CDC)	500
	7.2.9.	Recusar a venda de bens ou a prestação de serviços, diretamente a quem se disponha a adquiri-los mediante pronto pagamento, ressalvados os casos de intermediação regulados em leis especiais (art. 39, inc. IX, do CDC)	500
	7.2.10.	Elevar sem justa causa o preço de produtos ou serviços (art. 39, inc. X, do CDC)	501
	7.2.11.	Aplicar fórmula ou índice de reajuste diverso do legal ou contratualmente estabelecido (art. 39, inc. XIII, do CDC)	502
	7.2.12.	Deixar de estipular prazo para o cumprimento de sua obrigação ou deixar a fixação de seu termo inicial a seu exclusivo critério (art. 39, inc. XII, do CDC)	502
	7.2.13.	Permitir o ingresso em estabelecimentos comerciais ou de serviços de um número maior de consumidores que o fixado pela autoridade administrativa como máximo (art. 39, inc. XIII, do CDC)	503
7.3.		A necessidade de respeito ao tabelamento oficial, sob pena de caracterização do abuso de direito (art. 41 do CDC)	503
7.4.		O abuso de direito na cobrança de dívidas (art. 42, *caput*, do CDC). O problema do corte de serviço essencial. A necessidade de prestação de informações na cobrança (art. 42-A do CDC)	504
7.5.		A repetição de indébito no caso de cobrança abusiva (art. 42, parágrafo único, do CDC)	520
8.	**BANCO DE DADOS E CADASTRO DE CONSUMIDORES**		**531**
	8.1.	A natureza jurídica dos bancos de dados e cadastros e sua importante aplicabilidade social. Diferenças entre as categorias	531

8.2.	O conteúdo dos arts. 43 e 44 do Código de Defesa do Consumidor e seus efeitos. A interpretação jurisprudencial...................................	537
	8.2.1. A inscrição ou registro do nome dos consumidores....................	538
	8.2.2. A retificação ou correção dos dados.....................................	540
	8.2.3. O cancelamento da inscrição..	546
	8.2.4. A reparação dos danos nos casos de inscrição indevida do nome do devedor. Crítica à Súmula 385 do STJ. Prazo para se pleitear a reparação.........................	549
	8.2.5. O cadastro de fornecedores e prestadores e o alcance do art. 44 da Lei 8.078/1990.........................	555
8.3.	O cadastro positivo. Análise da Lei 12.414, de 9 de junho de 2011, e da Lei Complementar 166, de 8 de abril de 2019..............	556

9. **A DESCONSIDERAÇÃO DA PERSONALIDADE JURÍDICA NO CÓDIGO DE DEFESA DO CONSUMIDOR (ART. 28 DA LEI 8.078/1990). ASPECTOS MATERIAIS**........ 567

2.ª PARTE
DIREITO PROCESSUAL
Daniel Amorim Assumpção Neves

10.	**TUTELA INDIVIDUAL DO CONSUMIDOR EM JUÍZO**...............	583
10.1.	Introdução.......................................	583
10.2.	Meios de solução dos conflitos...................	585
	10.2.1. Introdução......................................	585
	10.2.2. Jurisdição.......................................	586
	10.2.3. Equivalentes jurisdicionais.....................	587
	10.2.3.1. Autotutela..........................	588
	10.2.3.2. Autocomposição...................	590
	10.2.3.3. Mediação...........................	592
	10.2.3.4. Conciliação e mediação no CPC/2015........	593
	10.2.3.4.1. Introdução................	593
	10.2.3.4.2. Centros Judiciários de solução consensual de conflitos...........	593
	10.2.3.4.3. Local físico da conciliação e mediação......	594
	10.2.3.4.4. Conciliador e mediador...........	595
	10.2.3.4.5. Princípios das formas consensuais de solução dos conflitos........	596
	10.2.3.4.6. Cadastros.................	601
	10.2.3.4.7. Remuneração do conciliador e do mediador.........	602

		10.2.3.4.8.	Impedimento do conciliador e do mediador	602
		10.2.3.4.9.	Causas de exclusão	603
		10.2.3.4.10.	Solução consensual no âmbito administrativo	603
		10.2.3.4.11.	Conciliação e mediação extrajudiciais	604
	10.2.3.5.	Arbitragem		604
		10.2.3.5.1.	Generalidades	604
		10.2.3.5.2.	Arbitragem na relação consumerista	606
10.3.	Tutela específica das obrigações de fazer e não fazer			611
	10.3.1.	Introdução		611
	10.3.2.	Tutela jurisdicional		612
		10.3.2.1.	Tutela jurisdicional específica	612
		10.3.2.2.	Tutela inibitória	613
	10.3.3.	Procedimento previsto pelo art. 84 do CDC		615
		10.3.3.1.	Introdução	615
		10.3.3.2.	Obtenção de tutela específica ou determinação de providências que assegurem o resultado prático equivalente ao do adimplemento	615
		10.3.3.3.	Conversão em perdas e danos	616
		10.3.3.4.	Tutela de urgência	619
		10.3.3.5.	Tutela da evidência	621
			10.3.3.5.1. Introdução	621
			10.3.3.5.2. Hipóteses de cabimento	622
		10.3.3.6.	Atipicidade dos meios executivos	627
		10.3.3.7.	Multa	632
			10.3.3.7.1. Introdução	632
			10.3.3.7.2. Valor da multa	632
			10.3.3.7.3. Beneficiado pela multa	633
			10.3.3.7.4. Fazenda Pública em juízo	633
			10.3.3.7.5. Alteração do valor e periodicidade da multa	634
			10.3.3.7.6. Exigibilidade da multa	638
			10.3.3.7.7. Termo inicial da multa e intimação do devedor	641
10.4.	Competência			641
	10.4.1.	Introdução		641
	10.4.2.	Competência da Justiça		642
	10.4.3.	Competência territorial		644
		10.4.3.1.	Cláusula de eleição de foro	649

		10.4.3.1.1.	Introdução	649
		10.4.3.1.2.	Súmula 33 do STJ – vedação ao reconhecimento de ofício de incompetência relativa	649
		10.4.3.1.3.	Flexibilização jurisprudencial à Súmula 33 do STJ	650
		10.4.3.1.4.	O indevido condicionamento da declaração de nulidade de cláusula de eleição de foro e o reconhecimento de ofício da incompetência relativa	652
		10.4.3.1.5.	Ineficácia da cláusula de eleição de foro...	653
		10.4.3.1.6.	A curiosa criação de uma preclusão judicial temporal	653
		10.4.3.1.7.	Limitação à vontade das partes e aumento dos poderes do juiz	655
	10.4.4.	Competência do juízo		656
10.5.	Intervenções de terceiros			657
	10.5.1.	Introdução		657
	10.5.2.	Denunciação da lide		657
		10.5.2.1.	Vedação legal	657
		10.5.2.2.	Fundamentos da vedação legal	659
		10.5.2.2.1.	Dilação do tempo de duração do processo em prejuízo ao consumidor	659
		10.5.2.2.2.	Nova causa de pedir em razão da denunciação da lide	661
		10.5.2.2.3.	Abrangência da vedação legal	662
	10.5.3.	Chamamento ao processo		664
		10.5.3.1.	Introdução	664
		10.5.3.2.	Espécie atípica de chamamento ao processo	665
		10.5.3.3.	Ação diretamente proposta contra a seguradora	667
		10.5.3.4.	Vedação de integração do Instituto de Resseguros do Brasil	668
10.6.	Litisconsórcio alternativo e o Código de Defesa do Consumidor			669
10.7.	Inversão do ônus da prova			674
	10.7.1.	Ônus da prova		674
	10.7.2.	Regras de distribuição do ônus da prova		675
	10.7.3.	Inversão do ônus da prova		678
		10.7.3.1.	Inversão convencional	678
		10.7.3.2.	Inversão legal	679
		10.7.3.3.	Inversão judicial	681
		10.7.3.3.1.	Requisitos para a inversão judicial	684

	10.7.4.	Momento de inversão do ônus da prova	687
	10.7.5.	Inversão do ônus da prova e do adiantamento de custas processuais	693

11. TUTELA COLETIVA DO CONSUMIDOR EM JUÍZO 697

11.1.	Introdução		697
	11.1.1.	Tutela jurisdicional coletiva	697
	11.1.2.	Origem da tutela jurisdicional coletiva	699
	11.1.3.	Microssistema coletivo	701
	11.1.4.	Marcos legislativos	704
11.2.	Espécies de direitos protegidos pela tutela coletiva		708
	11.2.1.	Introdução	708
	11.2.2.	Direitos ou interesses?	708
	11.2.3.	Direito difuso	710
	11.2.4.	Direito coletivo	712
	11.2.5.	Direitos individuais homogêneos	714
	11.2.6.	Identidades e diferenças entre os direitos coletivos *lato sensu*	718
	11.2.7.	Direitos individuais indisponíveis	721
11.3.	Competência na tutela coletiva		723
	11.3.1.	Competência absoluta: funcional ou territorial?	723
	11.3.2.	Competência absoluta do foro	725
	11.3.3.	Dano local, regional e nacional	728
11.4.	Legitimidade		731
	11.4.1.	Espécies de legitimidade	731
	11.4.2.	Cidadão	733
	11.4.3.	Ministério Público	735
	11.4.4.	Pessoas jurídicas da Administração Pública	739
	11.4.5.	Associação	741
		11.4.5.1. Introdução	741
		11.4.5.2. Constituição há pelo menos um ano	742
		11.4.5.3. Pertinência temática	745
		11.4.5.4. Representação adequada (*adequacy of representation*)	745
		11.4.5.4.1. Introdução	745
		11.4.5.4.2. Sistema *ope iudicis* (sistema da *common law*)	746
		11.4.5.4.3. Sistema *ope legis* (*civil law*)	747
		11.4.5.4.4. Situação atual no Brasil	749
		11.4.5.4.5. Legitimidade extraordinária ou representação processual?	750
	11.4.6.	Defensoria Pública	755

11.5.	Relação entre a ação coletiva e a individual		763
	11.5.1.	Introdução	763
	11.5.2.	Litispendência	763
	11.5.3.	Conexão e continência	765
		11.5.3.1. Conceito	765
		11.5.3.2. Insuficiência do conceito legal de conexão	766
		11.5.3.3. Vantagens e desvantagens da reunião dos processos	768
		11.5.3.4. Obrigatoriedade ou facultatividade na reunião de processos em razão da conexão	770
		11.5.3.5. Especificamente na relação entre ação coletiva e individual	772
	11.5.4.	Suspensão do processo individual	774
	11.5.5.	Extinção do mandado de segurança individual	776
11.6.	Coisa julgada		777
	11.6.1.	Introdução	777
	11.6.2.	Coisa julgada *secundum eventum probationis*	777
	11.6.3.	Coisa julgada *secundum eventum litis*	782
	11.6.4.	Limitação territorial da coisa julgada	784
11.7.	Gratuidade		790
	11.7.1.	Introdução	790
	11.7.2.	Isenção de adiantamento	790
	11.7.3.	Condenação em verbas de sucumbência	795
11.8.	Liquidação de sentença		799
	11.8.1.	Conceito de liquidez e obrigações liquidáveis	799
	11.8.2.	Natureza jurídica da liquidação	800
	11.8.3.	Legitimidade ativa	801
	11.8.4.	Competência	804
	11.8.5.	Espécies de liquidação de sentença	807
	11.8.6.	Direito difuso e coletivo	808
	11.8.7.	Direito individual homogêneo	808
	11.8.8.	Liquidação individual das sentenças de direito difuso e coletivo	811
11.9.	Execução		812
	11.9.1.	Processo de execução e cumprimento de sentença	812
		11.9.1.1. Execução por sub-rogação e indireta	812
		11.9.1.2. Prescrição	818
	11.9.2.	Legitimidade ativa	821
	11.9.3.	Direitos difusos e coletivos	823
	11.9.4.	Direitos individuais homogêneos	824

	11.9.4.1.	Introdução	824
	11.9.4.2.	Execução por *fluid recovery*	824
	11.9.4.3.	Legitimidade	828
11.9.5.	Regime jurídico das despesas e custas processuais		831

12 ASPECTOS PROCESSUAIS DA DESCONSIDERAÇÃO DA PERSONALIDADE JURÍDICA NO CÓDIGO DE DEFESA DO CONSUMIDOR ... 835

12.1.	Introdução	835
12.2.	Responsabilidade patrimonial secundária	835
12.3.	Forma procedimental da desconsideração da personalidade jurídica	839
12.3.1.	Introdução	839
12.3.2.	Momento	840
12.3.3.	Procedimento	841
12.3.4.	Forma de defesa do sócio (ou da sociedade na desconsideração inversa)	845
12.3.5.	Recorribilidade	847
12.4.	Desconsideração da personalidade jurídica de ofício	848

13. ORDEM PÚBLICA E TUTELA PROCESSUAL DO CONSUMIDOR ... 851

13.1.	Matérias de defesa	851
13.2.	Preclusão temporal	852
13.3.	Preclusão consumativa	856
13.4.	Objeções e natureza de ordem pública das normas consumeristas	857

14. *HABEAS DATA* E DIREITO DO CONSUMIDOR ... 861

14.1.	Introdução		861
14.2.	Direito à informação e *habeas data*		862
14.3.	Hipóteses de cabimento		863
	14.3.1.	Introdução	863
	14.3.2.	Direito à informação	863
	14.3.3.	Direito à retificação de dados	864
	14.3.4.	Anotação sobre dado verdadeiro	864
14.4.	Fase administrativa		865
	14.4.1.	Interesse de agir	865
	14.4.2.	Procedimento	866
		14.4.2.1. Fase pré-processual	866
		14.4.2.2. Fase processual	868
		14.4.2.2.1. Introdução	868
		14.4.2.2.2. Petição inicial	869

		14.4.2.2.3.	Posturas do juiz diante da petição inicial.....	870
		14.4.2.2.4.	Prestação de informações................................	871
		14.4.2.2.5.	Intimação da pessoa jurídica de direito público?..	872
		14.4.2.2.6.	Participação do Ministério Público	872
		14.4.2.2.7.	Instrução	873
		14.4.2.2.8.	Decisão	873
14.5.	Liminar...			874
14.6.	Legitimidade			875
	14.6.1. Legitimidade ativa...			875
	14.6.2. Legitimidade passiva			876
14.7.	Competência			877
14.8.	Recursos..			878

15. ASPECTOS PROCEDIMENTAIS DA LEI 14.181/2021 (SUPERENDIVIDAMENTO)... 881

15.1.	Introdução...	881
15.2.	Cabimento do procedimento nos juizados especiais	882
15.3.	Competência	882
15.4.	Processo de repactuação consensual de dívidas...............................	885
	15.4.1. Petição inicial...	885
	15.4.2. Audiência conciliatória	886
	15.4.3. Autocomposição	888
	15.4.4. Plano	890
	15.4.5. Contestação...	894
15.5.	Revisão e integração dos contratos e repactuação das dívidas	896
	15.5.1. Introdução...	896
	15.5.2. Novo processo ou novo procedimento	896
	15.5.3. Procedimento..	898
15.6.	Autocomposição extrajudicial...	902

BIBLIOGRAFIA 905

1.ª PARTE
Direito Material
Flávio Tartuce

1

O CÓDIGO DE DEFESA DO CONSUMIDOR E SUA POSIÇÃO NO ORDENAMENTO JURÍDICO BRASILEIRO

Sumário: 1.1. Primeiras palavras sobre o Código de Defesa do Consumidor. O CDC e a pós-modernidade jurídica – 1.2. O Código de Defesa do Consumidor como norma principiológica. Sua posição hierárquica – 1.3. O Código de Defesa do Consumidor e a teoria do diálogo das fontes – 1.4. O conteúdo do Código de Defesa do Consumidor e a organização da presente obra.

1.1. PRIMEIRAS PALAVRAS SOBRE O CÓDIGO DE DEFESA DO CONSUMIDOR. O CDC E A PÓS-MODERNIDADE JURÍDICA

O Código Brasileiro de Defesa do Consumidor, conhecido e denominado pelas iniciais CDC, foi instituído pela Lei 8.078/1990, constituindo uma típica norma de proteção de vulneráveis. Por determinação da ordem constante do art. 48 das Disposições Finais e Transitórias da Constituição Federal de 1988, de elaboração de um Código do Consumidor no prazo de cento e vinte dias, formou-se uma comissão para a elaboração de um anteprojeto de lei, composta por Ada Pellegrini Grinover (coordenadora), Daniel Roberto Fink, José Geraldo Brito Filomeno, Kazuo Watanabe e Zelmo Denari. Também houve uma intensa colaboração de Antonio Herman de Vasconcellos e Benjamin, Eliana Cáceres, Marcelo Gomes Sodré, Mariângela Sarrubo, Nelson Nery Jr. e Régis Rodrigues Bonvicino.[1]

Como norma vigente, o nosso Código de Defesa do Consumidor situa-se na *especialidade*, segunda parte da isonomia constitucional, retirada do art. 5º, *caput*, da CF/1988. Ademais, o conteúdo do Código Consumerista demonstra tratar-se de uma norma adaptada à realidade contemporânea da *pós-modernidade jurídica*. A expressão *pós-modernidade* é utilizada para simbolizar o rompimento dos paradigmas construídos ao longo da moder-

---

[1] Conforme se extrai da obra *Código de Defesa do Consumidor. Comentado pelos autores do Anteprojeto*, de autoria de Ada Pellegrini Grinover e outros (8. ed. Rio de Janeiro: Forense Universitária, 2004. p. 1).

nidade, quebra ocorrida ao final do século XX. Mais precisamente, parece correto dizer que o ano de 1968 é um bom parâmetro para se apontar o início desse período, diante de protestos e movimentos em prol da liberdade e de outros valores sociais que eclodiram em todo o mundo.[2] Em tais reivindicações pode ser encontrada a origem de leis contemporâneas com preocupação social, caso do Código Brasileiro de Defesa do Consumidor.

De acordo com os ensinamentos de Eduardo Bianca Bittar, a pós-modernidade significa "o estado reflexivo da sociedade ante as suas próprias mazelas, capaz de gerar um revisionismo completo de seu *modus actuandi et faciendi*, especialmente considerada a condição de superação do modelo moderno de organização da vida e da sociedade. Nem só de superação se entende viver a pós-modernidade, pois o revisionismo crítico importa em praticar a escavação dos erros do passado para a preparação de novas condições de vida. A pós-modernidade é menos um estado de coisas, exatamente porque ela é uma condição processante de um amadurecimento social, político, econômico e cultural, que haverá de alargar-se por muitas décadas até a sua consolidação. Ela não encerra a modernidade, pois, em verdade, inaugura sua mescla com os restos da modernidade".[3]

Nota-se que a pós-modernidade representa uma superação parcial, e não total, da modernidade, até porque a palavra "moderno" faz parte da construção morfológica do termo. Em verdade, é preciso rever conceitos, e não romper com eles totalmente. As antigas categorias são remodeladas, refeitas, mantendo-se, muitas vezes, a sua base estrutural.

Isso, sem dúvida, vem ocorrendo com o Direito, a partir de um novo dimensionamento de antigas construções. A pós-modernidade pode figurar como uma revisitação das premissas da razão pura, por meio da análise da realidade de conceitos que foram negados pela razão anterior, pela *modernidade quadrada*. Essa é a conclusão de Hilton Ferreira Japiassu, merecendo destaque os seus dizeres:

> "Diria que a chamada 'pós-modernidade' aparece como uma espécie de Renascimento dos ideais banidos e cassados por nossa modernidade racionalizadora. Esta modernidade teria terminado a partir do momento em que não podemos mais falar da história como algo de unitário e quando morre o mito do Progresso. É a emergência desses ideais que seria responsável por toda uma onda de comportamentos e de atitudes irracionais e desencantados em relação à política e pelo crescimento do ceticismo face aos valores fundamentais da modernidade. Estaríamos dando Adeus à modernidade, à Razão (Feyerabend)? Quem acredita ainda que 'todo real é racional e todo racional é real' (Hegel)? Que esperança podemos depositar no projeto da Razão emancipada, quando sabemos que orientou-se para a instrumentalidade e a simples produtividade? Que projeto de felicidade pessoal pode proporcionar-nos um mundo crescentemente racionalizado, calculador e burocratizado, que coloca no centro de tudo o econômico, entendido apenas como o financeiro submetido ao jogo cego do mercado? Como pode o homem ser feliz no interior da lógica do sistema, onde só tem valor o que funciona segundo previsões, onde seus desejos, suas paixões, necessidades e aspirações passam a ser racionalmente administrados e manipulados pela lógica da eficácia econômica que o reduz ao papel de simples consumidor?"[4]

---

[2] BITTAR, Eduardo C. B. *O direito na pós-modernidade*. Rio de Janeiro: Forense Universitária, 2005. p. 97-100.
[3] BITTAR, Eduardo C. B. *O direito na pós-modernidade*, cit., p. 108.
[4] JAPIASSU, Hilton Ferreira. *A crise da razão no ocidente*. Disponível em: <http://www.sinergia-spe.net/editoraeletronica/autor/ 069/06900100.htm>. Acesso em: 17 mar. 2009.

No contexto da presente obra, nota-se que o Código Brasileiro de Defesa do Consumidor constitui uma típica *norma pós-moderna*, no sentido de rever conceitos antigos do Direito Privado, tais como o contrato, a responsabilidade civil e a prescrição.

O fenômeno pós-moderno, com enfoque jurídico, pode ser identificado por vários fatores. O primeiro a ser citado é a globalização, a ideia de *unidade mundial*, de um modelo geral para as ciências e para o comportamento das pessoas. Fala-se hoje em linguagem global, em economia globalizada, em *mercado uno*, em doenças e epidemias mundiais e até em um *Direito unificado*. Quanto ao modo de agir, o ocidente se aproxima do oriente, e vice-versa. A China consome o hambúrguer norte-americano, e os Estados Unidos consomem o macarrão chinês. Alguns se alimentam de macarrão com hambúrguer, fundindo o oriente ao ocidente, até de forma inconsciente, em especial nos países em desenvolvimento.

No caso do CDC brasileiro, tal preocupação pode ser notada pela abertura constante do seu art. 7º, que admite a aplicação de fontes do Direito Comparado, caso dos tratados e convenções internacionais, *in verbis*: "os direitos previstos neste Código não excluem outros decorrentes de tratados ou convenções internacionais de que o Brasil seja signatário, da legislação interna ordinária, de regulamentos expedidos pelas autoridades administrativas competentes, bem como dos que derivem dos princípios gerais do direito, analogia, costumes e equidade".

A par dessa *unidade mundial*, como afirma Erik Jayme, os Estados não seriam mais os centros do poder e da proteção da pessoa humana, cedendo espaço, em larga margem, aos mercados. Nesse sentido, as regras de concorrência acabariam por determinar a vida e o comportamento dos seres humanos.[5] De toda sorte, como prega o próprio doutrinador em outro texto, ao discorrer sobre a realidade do Direito Internacional Privado, é preciso que os Estados busquem, em sua integração, para uma crescente unificação do Direito, a conservação da identidade cultural das pessoas, para proteger e garantir a sua personalidade individual.[6]

Em suma, segundo Erik Jayme, o Direito Internacional Privado deve levar em consideração, baseado em critérios de proximidade, as diferenças culturais incorporadas aos respectivos ordenamentos jurídicos, prestando-se a se tornar também um direito fundamental ligado à personalidade dos cidadãos.[7] Nesse contexto, surge a proteção dos direitos dos consumidores, fazendo um *cabo de guerra* contra a excessiva proteção mercadológica.

Como outro ponto de reflexão a ser destacado a respeito da *pós-modernidade jurídica*, há a abundância dos gêneros e espécies: abundância de sujeitos e de direitos, excesso de fatores que influenciam as relações jurídicas e eclosão sucessiva de leis, entre outros. Relativamente às leis, a realidade é de um *Big Bang Legislativo*, na qual se verifica uma explosão de normas jurídicas, como afirma Ricardo Luis Lorenzetti.[8] No caso brasileiro, convive-se

---

[5] JAYME, Erik. O direito internacional privado do novo milênio: a proteção da pessoa humana em face da globalização. Trad. Claudia Lima Marques e Nádia de Araújo. In: Marques, Claudia Lima; Araújo, Nádia de (Coord.). *O novo direito internacional. Estudos em homenagem a Erik Jayme.* Rio de Janeiro: Renovar, 2005. p. 4.

[6] JAYME, Erik. Il diritto internazionale privato estense. *Revista di Diritto Internazionale Privato e Processuale*. Estrato. Diretta da Fausto Pocar, Tullio Treves, Sergio M. Carbone, Andrea Giardina, Riccardo Luzzatto, Franco Mosconi, Padova: Cedam, ano XXXII, n. 1, Gennaio/Marzo 1996. p. 18.

[7] JAYME, Erik. Il diritto internazionale privato estense, cit., p. 18.

[8] Ver: LORENZETTI, Ricardo Luis. *Fundamentos do direito privado.* Trad. Vera Maria Jacob Fradera. São Paulo: RT, 1998. p. 44; LORENZETTI, Ricardo Luis. *Teoria da decisão judicial.* Fundamentos de direito. Trad. Bruno Miragem. Notas e revisão da tradução Claudia Lima Marques. São Paulo: RT, 2009. p. 43.

com mais de 40 mil leis, a deixar o aplicador do Direito desnorteado a respeito de sua incidência no *tipo (fattispecie)*. Mesmo em relação aos consumidores, em muitas situações, há uma situação de dúvida sobre qual norma jurídica deve incidir no caso concreto.

No que concerne aos sujeitos pós-modernos, reconhece-se um *pluralismo*, o que é intensificado pela valorização dos direitos humanos e das liberdades. Inúmeras são as preocupações legais em se tutelar os vulneráveis, a fim de se valorizar a pessoa humana, nos termos do que consta do art. 1º, inc. III, da Constituição Federal: consumidores, trabalhadores, mulheres sob violência, crianças e adolescentes, jovens, pessoas idosas e indígenas. Além de proteger sujeitos, as normas tendem a tutelar valores que são colocados à disposição da pessoa para a sua sadia qualidade de vida, como é o caso do meio ambiente, do *Bem Ambiental*. A par dessa realidade, Claudia Lima Marques ensina o seguinte:

> "Segundo Erik Jayme, as características da cultura pós-moderna no direito seriam o pluralismo, a comunicação, a narração, o que Jayme denomina 'le retour des sentiments', sendo o Leitmotiv da pós-modernidade a valorização dos direitos humanos. Para Jayme, o direito como parte da cultura dos povos muda com a crise da pós-modernidade. O pluralismo manifesta-se na multiplicidade de fontes legislativas a regular o mesmo fato, com a descodificação ou a implosão dos sistemas genéricos normativos ('Zersplieterung'), manifesta-se no pluralismo de sujeitos a proteger, por vezes difusos, como o grupo de consumidores ou os que se beneficiam da proteção do meio ambiente, na pluralidade de agentes ativos de uma mesma relação, como os fornecedores que se organizam em cadeia e em relações extremamente despersonalizadas. Pluralismo também na filosofia aceita atualmente, onde o diálogo é que legitima o consenso, onde os valores e princípios têm sempre uma dupla função, o 'double coding', e onde os valores são muitas vezes antinômicos. Pluralismo nos direitos assegurados, nos direitos à diferença e ao tratamento diferenciado aos privilégios dos 'espaços de excelência'".[9]

Em certo sentido, como decorrência do pluralismo, há uma abundância de proteção legislativa na pós-modernidade, a gerar situações de colisão entre esses direitos, conflitos estes que acabam por ser resolvidos a partir da interpretação da Norma Constitucional, repouso comum da principiologia dessa tutela fundamental. A demonstrar os efeitos práticos dessa preocupação de tutela, por exemplo, utilizando-se de um símbolo cotidiano, ao ir ao banco, é comum a percepção de que a única fila que *anda* é a daqueles que têm algum tipo de prioridade. Eis outra amostragem do fenômeno pós-moderno, uma vez que a exceção se torna regra, e vice-versa. Como não poderia ser diferente, a questão da tutela de vulneráveis e de proteção de conceitos que lhe são parcelares repercute na análise do problema jurídico contemporâneo.

Na realidade pós-moderna, há o *duplo sentido* das coisas (*double sense*), o que foi intensificado pelas redes sociais e pela tecnologia nos últimos anos. Nesse contexto, o certo pode ser o errado, e o errado pode ser o certo; o bem pode ser o mal, e o mal pode ser o bem; o alto pode ser baixo, e o baixo pode ser alto; o belo pode ser o feio, e o feio pode ser o belo; a verdade pode ser uma mentira, e a mentira pode ser uma verdade; o jurídico

---

[9] MARQUES, Claudia Lima. *Comentários ao Código de Defesa do Consumidor*. São Paulo: RT, 2004. p. 26, nota n. 3. Trata-se da introdução à obra coletiva escrita em coautoria com Antonio Herman de V. Benjamin e Bruno Miragem, em que a doutrinadora expõe a teoria do diálogo das fontes.

pode ser antijurídico, e o antijurídico pode ser o jurídico; a direita pode ser a esquerda, e o inverso pode ser igualmente válido. Essas variações chocam aquela visão maniqueísta que impera no Direito, particularmente a de que sempre haverá um vitorioso e um derrotado nas demandas judiciais. Na realidade, aquele que se julga o vitorioso pode ser o maior derrotado.

Algumas produções cinematográficas da atualidade servem para demonstrar essa configuração do *double sense*, como é o caso de *Guerra nas Estrelas* (*Star Wars*), talvez o maior fenômeno cinematográfico da pós-modernidade. Anote-se que tal paralelo foi traçado por Claudia Lima Marques, em aula ministrada no curso de pós-graduação *lato sensu* em Direito Contratual da Escola Paulista de Direito, em São Paulo, no dia 12 de maio de 2008. O tema da aula foi *A teoria do diálogo das fontes e o Direito Contratual*.

Naquela ocasião, a jurista relacionou a evolução do Direito à série *Guerra nas Estrelas* (*Star Wars*), escrita por George Lucas em 1977. O primeiro episódio é denominado *A Ameaça Fantasma* (1999); o segundo, *O Ataque dos Clones* (2002); o terceiro, *A Vingança dos Sith* (2005); o quarto, *Uma Nova Esperança* (1977); o quinto, *O Império Contra-Ataca* (1980); o sexto, o *Retorno de Jedi* (1983); o sétimo o *Despertar da Força* (2015), o oitavo *Os Últimos Jedi* (2017) e o nono *A Ascensão Skywalker* (2019). O sexto episódio, em que um filho que representa o bem (Luke Skywalker) acaba por lutar contra o próprio pai, que representa o mal (Darth Vader, a versão maléfica de Anakin Skywalker), seria a culminância da pós-modernidade, representando o duplo sentido das coisas e a falta de definição de posições (bem *x* mal). Ao final, o próprio símbolo do mal (Darth Vader) é quem supostamente mata o Imperador, gerando a vitória do bem contra o mal. A série continua, sendo possíveis novas reflexões no futuro, inclusive quanto ao nono episódio.

Ato contínuo, a realidade pós-moderna é marcada pela *hipercomplexidade*. De acordo com Antônio Junqueira de Azevedo, o próprio *direito é um sistema complexo de segunda ordem*.[10] Na contemporaneidade, os prosaicos exemplos de negócios e atos jurídicos entre Tício, Caio e Mévio, comuns nas aulas de Direito Romano e de Direito Civil do passado (ou até do presente), não conseguem resolver os casos de maior complexidade, particularmente aqueles relativos a colisões entre direitos considerados *fundamentais*, próprios da pessoa humana. Ademais, muitas situações envolvendo os contratos de consumo superam aquela antiga visualização. A título de ilustração, imagine-se que um consumidor brasileiro compra um produto americano acessando seu computador no Brasil, estando o provedor da empresa vendedora localizado na Nova Zelândia. Pergunta-se: quais as leis aplicadas na espécie? Sem se pretender ingressar no mérito da questão, o exemplo demonstra quão complexas podem ser as simples relações de consumo.

Por fim, demonstrando o *caos contemporâneo*, Ricardo Luis Lorenzetti fala em *era da desordem*, que, em síntese, pode ser identificada pelos seguintes aspectos: *a)* enfraquecimento das fronteiras entre as esferas do público e do privado; *b)* pluralidade das fontes, seja no Direito Público ou no Direito Privado; *c)* proliferação de conceitos jurídicos indeterminados; *d)* existência de um sistema aberto, sendo possível uma extensa variação de julgamentos; *e)* grande abertura para o intérprete estabelecer e reconstruir a sua coerência; *f)* mudanças constantes de posições, inclusive legislativas; *g)* necessidade de

---

[10] AZEVEDO, Antonio Junqueira de. Parecer. O direito como sistema complexo e de 2ª ordem; sua autonomia. Ato nulo e ato ilícito. Diferença de espírito entre responsabilidade civil e penal. Necessidade de prejuízo para haver direito a indenização na responsabilidade civil. *Estudos e pareceres de direito privado*. São Paulo: Saraiva, 2004. p. 26-27.

adequação das fontes umas às outras; *h)* exigência de pautas mínimas de correção para a interpretação jurídica.[11] Não se pode negar que essa *era da desordem* foi intensificada de forma considerável nos últimos anos.

Como não poderia ser diferente, o Código de Defesa do Consumidor enquadra-se perfeitamente em tal realidade pós-moderna. Primeiro, por trazer como conteúdo questões de Direito Privado e de Direito Público. Segundo, por encerrar vários conceitos indeterminados, como o de boa-fé. Terceiro, por representar uma norma aberta, perfeitamente afeita a diálogos interdisciplinares, como se verá (*diálogo das fontes*). Quarto, por encerrar a *pauta mínima* de proteção dos consumidores.

1.2. O CÓDIGO DE DEFESA DO CONSUMIDOR COMO NORMA PRINCIPIOLÓGICA. SUA POSIÇÃO HIERÁRQUICA

O Código de Defesa do Consumidor é norma que tem relação direta com a terceira *geração*, era ou *dimensão* de direitos.[12] Nesse contexto, é comum relacionar as três primeiras gerações, eras ou dimensões com os princípios da Revolução Francesa. A referida divisão das gerações de direitos foi idealizada pelo jurista tcheco Karel Vasak, em 1979, em exposição feita em aula inaugural no Instituto Internacional dos Direitos Humanos, em Estrasburgo, França.

Os direitos de primeira geração ou dimensão são aqueles relacionados com o princípio da liberdade. Os de segunda geração ou dimensão, com o princípio da igualdade. Os direitos de terceira geração ou dimensão são relativos ao princípio da fraternidade. Na verdade, o Código de Defesa do Consumidor tem relação com todas as três dimensões. Todavia, é melhor enquadrá-lo na terceira dimensão, já que a Lei Consumerista visa à pacificação social, na tentativa de equilibrar a díspar relação existente entre fornecedores e prestadores.

Na atualidade, já se fala em duas outras gerações ou dimensões de direitos. A quarta dimensão estaria sincronizada com a proteção do patrimônio genético (DNA), com a intimidade biológica. Por fim, a quinta dimensão seria aquela relativa ao mundo digital ou cibernético, com o Direito Eletrônico ou Digital. Não se ignore que a relação de consumo também pode enquadrar as duas últimas dimensões. Vejamos, de forma detalhada:

> 1ª Geração: Princípio da Liberdade.
> 2ª Geração: Princípio da Igualdade.
> 3ª Geração: Princípio da Fraternidade (pacificação social). Aqui melhor se enquadraria o Código de Defesa do Consumidor.
> 4ª Geração: Proteção do patrimônio genético.
> 5ª Geração: Proteção de direitos no mundo digital.

Pois bem, o Código de Defesa do Consumidor é tido pela doutrina como uma *norma principiológica*, diante da proteção constitucional dos consumidores, que consta,

---

[11] LORENZETTI, Ricardo Luis. *Teoria da decisão judicial*. Fundamentos de direito, cit., p. 359-360.
[12] Sobre o tema: BOBBIO, Norberto. *A era dos direitos*. São Paulo: Campus, 2004.

especialmente, do art. 5º, inc. XXXII, da Constituição Federal de 1988, ao enunciar que "o Estado promoverá, na forma da lei, a defesa do consumidor". A propósito dessa questão, precisas são as lições de Luiz Antonio Rizzatto Nunes:

"A Lei n. 8.078 é norma de ordem pública e de interesse social, geral e principiológica, o que significa dizer que é prevalente sobre todas as demais normas especiais anteriores que com ela colidirem. As normas gerais principiológicas, pelos motivos que apresentamos no início deste trabalho ao demonstrar o valor superior dos princípios, têm prevalência sobre as normas gerais e especiais anteriores".[13]

Destaque-se que, do mesmo modo, a respeito do caráter de *norma principiológica*, opinam Nelson Nery Jr. e Rosa Maria de Andrade Nery, expondo pela prevalência contínua do Código Consumerista sobre as demais normas, eis que "as leis especiais setorizadas (*v.g.*, seguros, bancos, calçados, transportes, serviços, automóveis, alimentos etc.) devem disciplinar suas respectivas matérias em consonância e em obediência aos princípios fundamentais do CDC".[14] No mesmo sentido, como se retira de julgado do Superior Tribunal de Justiça, "o direito consumerista pode ser utilizado como norma principiológica mesmo que inexista relação de consumo entre as partes litigantes porque as disposições do CDC veiculam cláusulas criadas para proteger o consumidor de práticas abusivas e desleais do fornecedor de serviços, inclusive as que proíbem a propaganda enganosa" (STJ – REsp 1.552.550/SP – Terceira Turma – Rel. Min. Moura Ribeiro – j. 1º.03.2016 – DJe 22.04.2016).

Diante de tais premissas, pode-se dizer que o Código de Defesa do Consumidor tem *eficácia supralegal*, ou seja, está em um ponto hierárquico intermediário entre a Constituição Federal de 1988 e as leis ordinárias. Para tal dedução jurídica, pode ser utilizada a simbologia do sistema piramidal, atribuída a Hans Kelsen.[15] Vejamos:

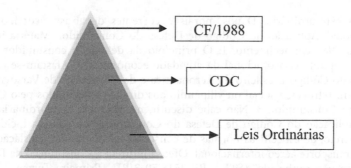

Como exemplo dessa conclusão, pode ser citado o problema relativo à Convenção de Varsóvia e à Convenção de Montreal, tratados internacionais dos quais o Brasil é signatário e que preveem tarifação de indenização no transporte aéreo internacional, nos casos de

---

[13] RIZZATTO NUNES, Luiz Antonio. *Comentários ao Código de Defesa do Consumidor*. 3. ed. São Paulo: Saraiva, 2007. p. 91.
[14] NERY JR., Nelson; NERY, Rosa Maria de Andrade. *Código Civil Anotado*. 2. ed. São Paulo: RT, 2003. p. 906.
[15] KELSEN, Hans. *Teoria pura do Direito*. 8. ed. São Paulo: Martins Fontes, 2009.

cancelamento e atraso de voos, bem como de extravio de bagagem. Deve ficar claro que tais tratados internacionais não são convenções de direitos humanos, não tendo a força de emendas à Constituição, como consta do art. 5º, § 3º, da Constituição Federal, na redação dada pela Emenda Constitucional 45/2004.

Ora, tais convenções internacionais colidem com o *princípio da reparação integral dos danos*, retirado do art. 6º, inc. VI, da Lei 8.078/1990, que reconhece como direito básico do consumidor a efetiva reparação dos danos patrimoniais e morais, individuais, coletivos e difusos, afastando qualquer possibilidade de tabelamento ou tarifação de indenização em desfavor dos consumidores. Diante da citada posição intermediária ou supralegal do Código de Defesa do Consumidor, a norma consumerista deve prevalecer sobre as citadas fontes internacionais.

Em complemento, para a efetiva incidência do CDC ao transporte aéreo, merece destaque a argumentação desenvolvida por Marco Fábio Morsello, no sentido de que a norma consumerista sempre deve prevalecer, por seu caráter mais especial, tendo o que ele denomina como *segmentação horizontal*. De outra forma, sustenta que a matéria consumerista é agrupada pela função e não pelo objeto.[16]

Ademais, não se pode esquecer que as fontes do Direito Internacional Público, caso das citadas convenções, não podem entrar em conflito com as normas internas de ordem pública, como é o caso do Código Consumerista. Nessa linha, preceitua o art. 17 da Lei de Introdução às Normas do Direito Brasileiro que "as leis, atos e sentenças de outro país, bem como quaisquer declarações de vontade, não terão eficácia no Brasil, quando ofenderem a soberania nacional, a ordem pública e os bons costumes".

A prevalência do Código de Defesa do Consumidor sobre a Convenção de Varsóvia vinha sendo aplicada há tempos pelos Tribunais Superiores. De início, vejamos decisão do Supremo Tribunal Federal, de março de 2009:

"Recurso extraordinário. Danos morais decorrentes de atraso ocorrido em voo internacional. Aplicação do Código de Defesa do Consumidor. Matéria infraconstitucional. Não conhecimento. 1. O princípio da defesa do consumidor se aplica a todo o capítulo constitucional da atividade econômica. 2. Afastam-se as normas especiais do Código Brasileiro da Aeronáutica e da Convenção de Varsóvia quando implicarem retrocesso social ou vilipêndio aos direitos assegurados pelo Código de Defesa do Consumidor. 3. Não cabe discutir, na instância extraordinária, sobre a correta aplicação do Código de Defesa do Consumidor ou sobre a incidência, no caso concreto, de específicas normas de consumo veiculadas em legislação especial sobre o transporte aéreo internacional. Ofensa indireta à Constituição da República. 4. Recurso não conhecido" (STF – RE 351.750-3/RJ – Primeira Turma – Rel. Min. Carlos Britto – j. 17.03.2009 – *DJe* 25.09.2009, p. 69).

Não vinha sendo diferente a conclusão do Superior Tribunal de Justiça, em inúmeros julgados. Por todos:

"Processual civil. Embargos de declaração no agravo regimental no agravo de instrumento. Seguro. Ação regressiva. Responsabilidade civil. Indenização. Cálculo. Con-

---

[16] MORSELLO, Marco Fábio. *Responsabilidade civil no transporte aéreo*. São Paulo: Atlas, 2006. p. 419.

venção de Varsóvia. Inaplicabilidade. Código de Defesa do Consumidor. Incidência. Multa. Parágrafo único, art. 538 do CPC. Embargos rejeitados" (STJ – EDcl-AgRg-Ag 804.618/SP – Quarta Turma – Rel. Min. Aldir Guimarães Passarinho Junior – j. 14.12.2010 – *DJe* 17.12.2010).

"Agravo regimental no agravo de instrumento. Transporte aéreo internacional. Extravio de bagagem. Código de Defesa do Consumidor. Prevalência. Convenção de Varsóvia. *Quantum* indenizatório. Redução. Impossibilidade. Dissídio não configurado. 1. A jurisprudência dominante desta Corte Superior se orienta no sentido de prevalência das normas do CDC, em detrimento das normas insertas na Convenção de Varsóvia, aos casos de extravio de bagagem, em transporte aéreo internacional. 2. No que concerne à caracterização do dissenso pretoriano para redução do *quantum* indenizatório, impende ressaltar que as circunstâncias que levam o Tribunal de origem a fixar o valor da indenização por danos morais são de caráter personalíssimo e levam em conta questões subjetivas, o que dificulta ou mesmo impossibilita a comparação, de forma objetiva, para efeito de configuração da divergência, com outras decisões assemelhadas. 3. Agravo regimental a que se nega provimento" (STJ – AgRg-Ag 1.278.321/SP – Terceira Turma – Rel. Des. Conv. Vasco Della Giustina – j. 18.11.2010 – *DJe* 25.11.2010).

"Agravo regimental. Recurso especial. Extravio de bagagem. Indenização ampla. Código de Defesa do Consumidor. 1. É firme a jurisprudência desta Corte no sentido de que, após a edição do Código de Defesa do Consumidor, não mais prevalece a tarifação prevista na Convenção de Varsóvia. Incidência do princípio da ampla reparação. Precedentes. 2. Agravo regimental desprovido" (STJ – AgRg-REsp 262.687/SP – Quarta Turma – Rel. Min. Fernando Gonçalves – j. 15.12.2009 – *DJe* 22.02.2010).

Diante de todos os argumentos expostos, sempre pensei que a conclusão deve ser a mesma em casos envolvendo a mais recente Convenção de Montreal, que, do mesmo modo, limita a indenização no transporte aéreo internacional, na linha da tese desenvolvida pelo magistrado e jurista Marco Fábio Morsello, outrora citada. Essa, aliás, vinha sendo a conclusão dos nossos Tribunais:

"Agravo regimental no agravo de instrumento. Transporte aéreo internacional. Atraso de voo. Código de Defesa do Consumidor. Convenções internacionais. Responsabilidade objetiva. Riscos inerentes à atividade. Fundamento inatacado. Súmula 283 do STF. *Quantum* indenizatório. Redução. Impossibilidade. Dissídio não configurado. 1. A jurisprudência dominante desta Corte Superior se orienta no sentido de prevalência das normas do CDC, em detrimento das Convenções Internacionais, como a Convenção de Montreal, precedida pela Convenção de Varsóvia, aos casos de atraso de voo, em transporte aéreo internacional. 2. O Tribunal de origem fundamentou sua decisão na responsabilidade objetiva da empresa aérea, tendo em vista que os riscos são inerentes à própria atividade desenvolvida, não podendo ser reconhecido o caso fortuito como causa excludente da responsabilização. Tais argumentos, porém, não foram atacados pela agravante, o que atrai, por analogia, a incidência da Súmula 283 do STF. 3. No que concerne à caracterização do dissenso pretoriano para redução do *quantum* indenizatório, impende ressaltar que as circunstâncias que levam o Tribunal de origem a fixar o valor da indenização por danos morais são de caráter personalíssimo e levam em conta questões subjetivas, o que dificulta ou mesmo impossibilita a comparação, de forma objetiva, para efeito de configuração da divergência, com outras decisões assemelhadas. 4. Agravo regimental a que se nega provimento" (STJ – AgRg no Ag 1.343.941/RJ – Terceira Turma – Rel. Des. Conv. Vasco Della Giustina – j. 18.11.2010 – *DJe* 25.11.2010).

"Ação de indenização. Extravio de bagagem. Relação regida pelo CDC. Danos materiais e morais. Cabimento. *Quantum*. O extravio de bagagem enseja indenização por danos morais e pelo valor gasto na aquisição de roupas e objetos de uso pessoal. Deve a indenização por danos materiais em casos de extravio de bagagem, em viagens internacionais, equivaler a todo o prejuízo sofrido, devendo ser integral, ampla, não tarifada, não se aplicando o Pacto de Varsóvia, nem a Convenção de Montreal, mas o Código de Defesa do Consumidor. É evidente o dano moral do viajante que perde sua bagagem, sofrendo constrangimentos, angústias e aflições. O *quantum* da indenização por danos morais deve ser fixado com prudente arbítrio, para que não haja enriquecimento à custa do empobrecimento alheio, mas também para que o valor não seja irrisório" (TJMG – Apelação cível 7886810-67.2007.8.13.0024, Belo Horizonte – Nona Câmara Cível – Rel. Des. Pedro Bernardes – j. 25.01.2011 – *DJEMG* 07.02.2011).

"Responsabilidade civil. Danos materiais e morais. Transporte aéreo internacional. Pacote turístico referente a reservas de hotel e passagem aérea, saindo de São Paulo com destino a Miami, com conexão em Atlanta. Atraso e perda de voo de conexão por culpa da companhia aérea ré. O autor e sua família tiveram que dormir no aeroporto e voltar ao Brasil com recursos próprios. Ausência de amparo material. Aplicabilidade do CDC e não aplicabilidade da Convenção de Montreal. Presentes os pressupostos à indenização. Danos materiais comprovados. Danos morais corretamente fixados. Devido o *quantum* arbitrado. Adequação – Sentença de parcial procedência confirmada. Ratificação do julgado. Hipótese em que, estando a r. sentença suficientemente motivada, houve a análise correta dos fundamentos de fato e de direito apresentados pelas partes, dando-se à causa o deslinde justo e necessário – Aplicabilidade do art. 252, do RI do TJSP. Sentença mantida. Recurso não provido" (TJSP – Apelação cível 0281135-07.2010.8.26.0000 – Acórdão n. 4852799, São Paulo – Trigésima Oitava Câmara de Direito Privado – Rel. Des. Spencer Almeida Ferreira – j. 24.11.2010 – *DJESP* 11.01.2011).

De toda sorte, a questão a respeito das Convenções de Varsóvia e de Montreal alterou-se no âmbito da jurisprudência superior nacional, uma vez que, em maio de 2017, o Pleno do Supremo Tribunal Federal acabou por concluir pelas suas prevalências sobre o CDC (Recurso Extraordinário 636.331 e Recurso Extraordinário no Agravo 766.618). Conforme publicação constante do *Informativo* n. 866 da Corte, referente a tal mudança de posição:

"Nos termos do art. 178 da Constituição da República, as normas e os tratados internacionais limitadores da responsabilidade das transportadoras aéreas de passageiros, especialmente as Convenções de Varsóvia e Montreal, têm prevalência em relação ao Código de Defesa do Consumidor. (...). No RE 636.331/RJ, o Colegiado assentou a prevalência da Convenção de Varsóvia e dos demais acordos internacionais subscritos pelo Brasil em detrimento do CDC, não apenas na hipótese de extravio de bagagem. Em consequência, deu provimento ao recurso extraordinário para limitar o valor da condenação por danos materiais ao patamar estabelecido na Convenção de Varsóvia, com as modificações efetuadas pelos acordos internacionais posteriores. Afirmou que a antinomia ocorre, a princípio, entre o art. 14 do

CDC, que impõe ao fornecedor do serviço o dever de reparar os danos causados, e o art. 22 da Convenção de Varsóvia, que fixa limite máximo para o valor devido pelo transportador, a título de reparação. Afastou, de início, a alegação de que o princípio constitucional que impõe a defesa do consumidor [Constituição Federal (CF), arts. 5.º, XXXII, e 170, V] impediria a derrogação do CDC por norma mais restritiva, ainda que por lei especial. Salientou que a proteção ao consumidor não é a única diretriz a orientar a ordem econômica. Consignou que o próprio texto constitucional determina, no art. 178, a observância dos acordos internacionais, quanto à ordenação do transporte aéreo internacional. Realçou que, no tocante à aparente antinomia entre o disposto no CDC e na Convenção de Varsóvia – e demais normas internacionais sobre transporte aéreo –, não há diferença de hierarquia entre os diplomas normativos. Todos têm estatura de lei ordinária e, por isso, a solução do conflito envolve a análise dos critérios cronológico e da especialidade" (STF – Recurso Extraordinário 636.331 e Recurso Extraordinário no Agravo 766.618).

A solução pelos critérios da especialidade e cronológico é que conduziu à prevalência das duas Convenções sobre o CDC, infelizmente. Foram vencidos apenas os Ministros Marco Aurélio e Celso de Mello, que entenderam de forma contrária, pois a Lei 8.078/1990 teria posição hierárquica superior. Assim, todos os demais julgadores votaram seguindo os Relatores das duas ações, Ministros Gilmar Mendes e Roberto Barroso.

Em data mais próxima, surgiu decisão do Superior Tribunal de Justiça aplicando essa mesma solução da Corte Constitucional Brasileira, com destaque para o seguinte trecho de sua ementa: "no julgamento do RE n. 636.331/RJ, o Supremo Tribunal Federal, reconhecendo a repercussão geral da matéria (Tema 210/STF), firmou a tese de que, 'nos termos do art. 178 da Constituição da República, as normas e os tratados internacionais limitadores da responsabilidade das transportadoras aéreas de passageiros, especialmente as Convenções de Varsóvia e Montreal, têm prevalência em relação ao Código de Defesa do Consumidor'" (STJ – REsp 673.048/RS – Terceira Turma – Rel. Min. Marco Aurélio Bellizze – j. 08.05.2018 – DJe 18.05.2018).

Entendo tratar-se de um enorme retrocesso quanto à tutela dos consumidores, pelos argumentos outrora expostos. Como se retira do seu art. 1º, o CDC é *norma principiológica*, tendo posição hierárquica superior diante das demais leis ordinárias, caso das duas Convenções Internacionais citadas. Porém, infelizmente, tal entendimento, muito comum entre os consumeristas, não foi adotado pela maioria dos julgadores. Esclareça-se, por oportuno, que o *decisum* apenas diz respeito à limitação tabelada de danos materiais, não atingindo danos morais e outros danos extrapatrimoniais. Essa foi a posição que sempre defendi.

Porém, em decisão monocrática prolatada em abril de 2018, no âmbito do Recurso Extraordinário n. 351.750, o Ministro Roberto Barroso determinou que um processo que envolvia pedido de indenização por danos morais em razão de atraso em voo internacional fosse novamente apreciado pela instância de origem, levando-se em consideração a citada decisão do Tribunal Pleno. Se tal posição prevalecesse, com o devido respeito, o retrocesso seria ainda maior, pois as Cortes Superiores Brasileiras não admitem o tabelamento do dano moral, por entenderem que isso contraria o princípio da isonomia constitucional (art. 5º, *caput*, da CF/1988), especialmente no sentido de *tratar de maneira desigual os desiguais*.

Felizmente, de forma correta, em 2020, surgiu aresto no âmbito do Superior Tribunal de Justiça limitando a conclusão a respeito da tarifação apenas aos danos materiais, não incidindo para os danos morais:

"O STF, no julgamento do RE nº 636.331/RJ, com repercussão geral reconhecida, fixou a seguinte tese jurídica: 'Nos termos do artigo 178 da Constituição da República, as normas e os tratados internacionais limitadores da responsabilidade das transportadoras aéreas de passageiros, especialmente as Convenções de Varsóvia e Montreal, têm prevalência em relação ao Código de Defesa do Consumidor'. Referido entendimento tem aplicação apenas aos pedidos de reparação por danos materiais. As indenizações por danos morais decorrentes de extravio de bagagem e de atraso de voo não estão submetidas à tarifação prevista na Convenção de Montreal, devendo-se observar, nesses casos, a efetiva reparação do consumidor preceituada pelo CDC" (STJ – REsp 1.842.066/RS – Terceira Turma – Rel. Min. Moura Ribeiro – j. 09.06.2020 – *DJe* 15.06.2020).

Por fim, encerrando esse debate, em 2023, o Tribunal Pleno do STF, novamente em repercussão geral, concluiu que o seu entendimento anterior não se aplicaria aos danos morais, o que inclui o prazo de prescrição, devendo incidir os cinco anos previstos no art. 27 do CDC em situações tais. Foi assim reformulada tese do seu Tema 210 de repercussão geral, passando a ter a seguinte afirmação: "nos termos do art. 178 da Constituição Federal, as normas e os tratados internacionais limitadores da responsabilidade das transportadoras aéreas de passageiros, especialmente as Convenções de Varsóvia e Montreal, têm prevalência em relação ao Código de Defesa do Consumidor, o presente entendimento não se aplica aos danos extrapatrimoniais" (STF – ARE 766.618 – Tribunal Pleno – Rel. Min. Roberto Barroso – j. 30.11.2023, com unanimidade). Esse é o entendimento a ser considerado para os devidos fins práticos.

Superada essa temática quanto à mudança de entendimento dos Tribunais Superiores, também a ilustrar a concepção do Código de Defesa do Consumidor como *norma principiológica*, merece destaque aresto do Superior Tribunal de Justiça que fez incidir a Lei 8.078/1990 a uma relação jurídica entre duas emissoras de televisão, tendo uma prestado ao público informações inverídicas sobre o desempenho da outra, perante o IBOPE. Conforme a ementa, "o direito consumerista pode ser utilizado como norma principiológica mesmo que inexista relação de consumo entre as partes litigantes porque as disposições do CDC veiculam cláusulas criadas para proteger o consumidor de práticas abusivas e desleais do fornecedor de serviços, inclusive as que proíbem a propaganda enganosa" (STJ – REsp 1.552.550/SP – Terceira Turma – Rel. Min. Moura Ribeiro – j. 01.03.2016 – *DJe* 22.04.2016).

Nos termos do voto do Ministro Relator, "o relacionamento entre as emissoras de televisão e os telespectadores caracteriza uma relação de consumo na medida em que elas prestam um serviço público concedido e se beneficiam com a audiência, auferindo renda. Portanto, a emissora se submete aos princípios ditados pelo CDC que tem por objetivo a transparência e harmonia das relações de consumo (CDC, art. 4º), do qual decorre o direito do consumidor de proteção contra a publicidade enganosa (CDC, art. 6º)". Ao final, uma emissora foi condenada a indenizar a outra em R$ 500.000,00, a título de danos morais.

Visualizada a posição do CDC no ordenamento jurídico nacional, bem como as concreções práticas desse posicionamento, vejamos o estudo da aclamada *teoria do diálogo das fontes*.

1.3. O CÓDIGO DE DEFESA DO CONSUMIDOR E A TEORIA DO DIÁLOGO DAS FONTES

Tema fundamental para a compreensão do campo de incidência do Código de Defesa do Consumidor refere-se à sua interação em relação às demais leis, notadamente em relação ao vigente Código Civil.

Como é notório, prevalecia, na vigência do Código Civil de 1916, a ideia de que o Código de Defesa do Consumidor constituiria um microssistema jurídico autoaplicável e autossuficiente, totalmente isolado das demais normas.[17] Assim, naquela outrora vigente realidade, havendo uma relação de consumo, seria aplicado o Código de Defesa do Consumidor e não o Código Civil. Por outra via, presente uma relação civil, incidiria o Código Civil e não o CDC. Dessa forma era ensinada a disciplina de Direito do Consumidor na década de noventa e na primeira década do século XXI.

Porém, essa concepção foi superada com o surgimento do Código Civil de 2002 e da *teoria do diálogo das fontes*. Tal tese foi desenvolvida na Alemanha por Erik Jayme, professor da Universidade de Heidelberg, e trazida ao Brasil pela notável Claudia Lima Marques, da Universidade Federal do Rio Grande do Sul. A essência da teoria é de que as normas jurídicas não se excluem – supostamente porque pertencentes a ramos jurídicos distintos –, mas se complementam. No Brasil, a principal incidência da teoria se dá justamente na interação entre o CDC e o CC/2002, em matérias como a responsabilidade civil e o Direito Contratual.

Do ponto de vista legal, a tese está baseada no art. 7º do CDC, que adota um *modelo aberto* de interação legislativa. Repise-se que, de acordo com tal comando, os direitos previstos no CDC não excluem outros decorrentes de tratados ou convenções internacionais de que o Brasil seja signatário, da legislação interna ordinária, de regulamentos expedidos pelas autoridades administrativas competentes, bem como dos que derivem dos princípios gerais do direito, analogia, costumes e equidade.

Nesse contexto, é possível que a norma mais favorável ao consumidor esteja fora da própria Lei Consumerista, podendo o intérprete fazer a opção por esse preceito específico. Como reconhece o Enunciado n. 1 do Instituto Brasileiro de Política e Direito do Consumidor (BRASILCON), as normas e os negócios jurídicos devem ser interpretados e integrados da maneira mais favorável ao consumidor.

Uma das principais justificativas que podem surgir para a incidência refere-se à sua *funcionalidade*. É cediço que vivemos um momento de explosão de leis, um "*Big Bang legislativo*", como simbolizou Ricardo Lorenzetti. O mundo pós-moderno e globalizado, complexo e abundante por natureza, convive com uma quantidade enorme de normas jurídicas, a deixar o aplicador do Direito até desnorteado. Repise-se a convivência com a *era da desordem*, conforme expõe o mesmo Lorenzetti.[18] O *diálogo das fontes* serve como leme nessa tempestade de complexidade.

Desse modo, diante do pluralismo pós-moderno, com inúmeras fontes legais, surge a necessidade de coordenação entre as leis que fazem parte do mesmo ordenamento

---

[17] Nesse sentido, por exemplo: RIZZATTO NUNES, Luiz Antonio. *Comentários ao Código de Defesa do Consumidor*, cit., p. 93-94.

[18] Todos os referenciais teóricos do jurista argentino constam em: LORENZETTI, Ricardo Luis. *Teoria da decisão judicial*, cit.

jurídico.[19] A expressão é feliz justamente pela adequação à realidade social da pós-modernidade. Ao justificar o diálogo das fontes, esclarece Claudia Lima Marques que "a bela expressão de Erik Jayme, hoje consagrada no Brasil, alerta-nos de que os tempos pós-modernos não mais permitem esse tipo de clareza ou monossolução. A solução sistemática pós-moderna, em um momento posterior à descodificação, à tópica e à microrrecodificação, procura uma eficiência não só hierárquica, mas funcional do sistema plural e complexo de nosso direito contemporâneo, deve ser mais fluida, mais flexível, tratar diferentemente os diferentes, a permitir maior mobilidade e fineza de distinção. Nestes tempos, a superação de paradigmas é substituída pela convivência dos paradigmas".[20]

Como ensina a própria jurista, há um *diálogo* diante de influências recíprocas, com a possibilidade de aplicação concomitante das duas normas ao mesmo tempo e ao mesmo caso, de forma complementar ou subsidiária. Há, assim, uma solução que é flexível e aberta, de interpenetração ou de busca, no sistema, da norma que seja mais favorável ao vulnerável.[21] Ainda, como afirma a doutrinadora em outra obra, "o uso da expressão do mestre 'diálogo das fontes' é uma tentativa de expressar a necessidade de uma aplicação coerente das leis de direito privado, coexistentes no sistema. É a denominada 'coerência derivada ou restaurada' (*cohérence dérivée ou restaurée*), que, em um momento posterior à descodificação, à tópica e à microrrecodificação, procura uma eficiência não só hierárquica, mas funcional do sistema plural e complexo de nosso direito contemporâneo, a evitar a 'antinomia', a 'incompatibilidade' ou a 'não coerência'".[22]

A possibilitar tal interação no que concerne às relações obrigacionais, sabe-se que houve uma aproximação principiológica entre o CDC e o CC/2002 no que tange aos contratos. Essa aproximação principiológica se deu pelos *princípios sociais contratuais*, que já estavam presentes na Lei Consumerista e foram transpostos para a codificação privada, quais sejam os princípios da autonomia privada, da boa-fé objetiva e da função social dos contratos.

Nesse sentido e no campo doutrinário, na *III Jornada de Direito Civil*, evento promovido pelo Conselho da Justiça Federal e pelo Superior Tribunal de Justiça no ano de 2002, aprovou-se o Enunciado n. 167, *in verbis*: "com o advento do Código Civil de 2002, houve forte aproximação principiológica entre esse Código e o Código de Defesa do Consumidor, no que respeita à regulação contratual, uma vez que ambos são incorporadores de uma nova teoria geral dos contratos".

Por isso, os defensores dos direitos dos consumidores não devem temer o Código Civil de 2002, como temiam o Código Civil de 1916, norma essencialmente individualista e egoística. Como o Código Civil de 2002 pode servir também para a tutela efetiva dos consumidores, como se verá, supera-se, então, no que tange aos contratos, a ideia de que o Código Consumerista seria um microssistema jurídico, totalmente isolado do Código Civil de 2002.

---

[19] MARQUES, Claudia Lima; BENJAMIN, Antonio Herman; MIRAGEM, Bruno. *Comentários ao Código de Defesa do Consumidor.* 2. ed. São Paulo: RT, 2005. p. 26.
[20] MARQUES, Claudia Lima; BENJAMIN, Antonio Herman; BESSA, Leonardo Roscoe. *Manual de direito do consumidor.* São Paulo: RT, 2008. p. 89.
[21] MARQUES, Claudia Lima; BENJAMIN, Antonio Herman; MIRAGEM, Bruno. *Comentários ao Código de Defesa do Consumidor,* cit., p. 29.
[22] MARQUES, Claudia Lima. *Manual de direito do consumidor,* cit., p. 87.

De todo modo, não se pode negar que há uma tentativa de volta ao individualismo do início do século XX, o que, no Brasil, pode ser percebido pelo surgimento da *Lei da Liberdade Econômica* (Lei 13.874/2019), originária da MP 881. Anote-se que, na conversão da citada medida provisória em norma jurídica, tentou-se modificar dispositivos do CDC, o que, diante da efetiva atuação dos Ministérios Públicos Estaduais, da OAB e dos PROCONS, acabou não acontecendo. Todas as tentativas de alteração então propostas representavam retrocessos na tutela dos direitos dos consumidores. Na verdade, entendo que essa lei não traz qualquer impacto ou mudança para as relações de consumo, especialmente quanto às normas protetivas constantes do CDC.

Voltando-se ao tema central deste tópico, simbolicamente, pode-se dizer que, pela teoria do diálogo das fontes, supera-se a *interpretação insular do Direito*, segundo a qual cada ramo do conhecimento jurídico representaria uma ilha (símbolo criado por José Fernando Simão). O Direito passa a ser visualizado, assim, como um sistema solar (*interpretação sistemática e planetária*), em que os planetas são os Códigos, os satélites são os estatutos próprios (caso do CDC) e o Sol é a Constituição Federal, irradiando seus raios solares – seus princípios – por todo o sistema (figura de Ricardo Luis Lorenzetti). Vejamos tais visualizações, de forma esquematizada:

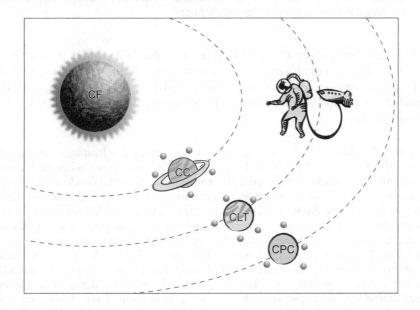

Deve ficar claro, contudo, e de antemão, que, apesar do termo "Código", o CDC não tem um papel central no Direito Privado, como tem o Código Civil Brasileiro. Isso porque os conceitos fundamentais privados constam da codificação privada, e não da Lei Consumerista. A título de exemplo, o CDC trata da prescrição e da decadência, dos contratos de consumo e da responsabilidade civil consumerista. Todavia, os conceitos estruturantes de tais institutos constam do Código Civil de 2002, como se verá na presente obra. Assim, entendo que o CDC é mais um *Estatuto* do que um *Código* propriamente dito.

Pois bem, Claudia Lima Marques demonstra *três diálogos possíveis* a partir da teoria exposta:[23]

a) Em havendo aplicação simultânea das duas leis, se uma lei servir de base conceitual para a outra, estará presente o *diálogo sistemático de coerência*. Exemplo: os conceitos dos contratos de espécie podem ser retirados do Código Civil, mesmo sendo o contrato de consumo, caso de uma compra e venda (art. 481 do CC).

b) Se o caso for de aplicação coordenada de duas leis, uma norma pode completar a outra, de forma direta (*diálogo de complementaridade*) ou indireta (*diálogo de subsidiariedade*). O exemplo típico ocorre com os contratos de consumo que também são de adesão. Em relação às cláusulas abusivas, pode ser invocada a proteção dos consumidores constante do art. 51 do CDC e, ainda, a proteção dos aderentes constante do art. 424 do CC.

c) Os *diálogos de influências recíprocas sistemáticas* estão presentes quando os conceitos estruturais de uma determinada lei sofrem influências da outra. Assim, o conceito de consumidor pode sofrer influências do próprio Código Civil. Como afirma a própria Claudia Lima Marques, "é a influência do sistema especial no geral e do geral no especial, um diálogo de *doublé sens* (diálogo de coordenação e adaptação sistemática)".

Analisadas tais premissas fundamentais, é interessante trazer à colação, com os devidos comentários, alguns julgados nacionais que aplicaram a *teoria do diálogo das fontes*, propondo uma interação entre o Código Civil de 2002 e o Código de Defesa do Consumidor. De imediato, da jurisprudência do Superior Tribunal de Justiça, colaciona-se a seguinte ementa:

"Ação civil pública. Contrato de arrendamento mercantil – *leasing*. Cláusula de seguro. Abusividade. Inocorrência. 1. Não se pode interpretar o Código de Defesa do Consumidor de modo a tornar qualquer encargo contratual atribuído ao consumidor como abusivo, sem observar que as relações contratuais se estabelecem, igualmente, através de regras de direito civil. 2. O CDC não exclui a principiologia dos contratos de direito civil. Entre as normas consumeristas e as regras gerais dos contratos, insertas no Código Civil e legislação extravagante, deve haver complementação e não exclusão. É o que a doutrina chama de Diálogo das Fontes. 3. Ante a natureza do contrato de arrendamento mercantil ou *leasing*, em que pese a empresa arrendante figurar como proprietária do bem, o arrendatário possui o dever de conservar o bem arrendado, para que ao final da avença, exercendo o seu direito, prorrogue o contrato, compre ou devolva o bem. 4. A cláusula que obriga o arrendatário a contratar seguro em nome da arrendante não é abusiva, pois aquele possui dever de conservação do bem, usufruindo da coisa como se dono fosse, suportando, em razão disso, riscos e encargos inerentes a sua obrigação. O seguro, nessas circunstâncias, é garantia para o cumprimento da avença, protegendo o patrimônio do arrendante, bem como o indivíduo de infortúnios. 5. Rejeita-se, contudo, a venda

---

[23] MARQUES, Claudia Lima; BENJAMIN, Antonio Herman; BESSA, Leonardo Roscoe. *Manual de Direito do Consumidor*, cit., p. 91.

casada, podendo o seguro ser realizado em qualquer seguradora de livre escolha do interessado 6. Recurso especial parcialmente conhecido e, nessa extensão, provido" (STJ – REsp 1.060.515/DF – Quarta Turma – Rel. Des. Conv. Honildo Amaral de Mello Castro – j. 04.05.2010 – *DJe* 24.05.2010).

Ainda no plano do STJ, anote-se que aquela jurisprudência superior já debateu, com base no diálogo das fontes, a incidência ou não do prazo geral de prescrição do Código Civil na situação envolvendo o tabagismo, por ser o prazo maior mais favorável ao consumidor. Destaque-se que o tema ainda será aprofundado na presente obra. No presente momento, colaciona-se apenas a ementa do julgado, pela menção expressa à teoria:

"Consumidor e civil. Art. 7º do CDC. Aplicação da lei mais favorável. Diálogo de fontes. Relativização do princípio da especialidade. Responsabilidade civil. Tabagismo. Relação de consumo. Ação indenizatória. Prescrição. Prazo. O mandamento constitucional de proteção do consumidor deve ser cumprido por todo o sistema jurídico, em diálogo de fontes, e não somente por intermédio do CDC. Assim, e nos termos do art. 7º do CDC, sempre que uma lei garantir algum direito para o consumidor, ela poderá se somar ao microssistema do CDC, incorporando-se na tutela especial e tendo a mesma preferência no trato da relação de consumo. Diante disso, conclui-se pela inaplicabilidade do prazo prescricional do art. 27 do CDC à hipótese dos autos, devendo incidir a prescrição vintenária do art. 177 do CC/1916, por ser mais favorável ao consumidor. Recente decisão da 2ª Seção, porém, pacificou o entendimento quanto à incidência na espécie do prazo prescricional de 5 anos previsto no art. 27 do CDC, que deve prevalecer, com a ressalva do entendimento pessoal da Relatora. Recursos especiais providos" (STJ – REsp 1009591/RS – Terceira Turma – Rel. Min. Nancy Andrighi – j. 13.04.2010 – *DJe* 23.08.2010).

Também parece representar aplicação da teoria *do diálogo das fontes* a Súmula n. 547 do STJ, de outubro de 2015, segundo a qual "nas ações em que se pleiteia o ressarcimento dos valores pagos a título de participação financeira do consumidor no custeio de construção de rede elétrica, o prazo prescricional é de vinte anos na vigência do Código Civil de 1916. Na vigência do Código Civil de 2002, o prazo é de cinco anos se houver previsão contratual de ressarcimento e de três anos na ausência de cláusula nesse sentido, observada a regra de transição disciplinada em seu art. 2.028". Trata-se de incidência dessa teoria, pelo fato de se buscar a aplicação de prazos que estão previstos no Código Civil, pela ausência de norma específica no CDC.

Em suma, como se retira de aresto do Tribunal da Cidadania, do ano de 2015, com precisão, "o Direito deve ser compreendido, em metáfora às ciências da natureza, como um sistema de vasos comunicantes, ou de diálogo das fontes (Erik Jayme), que permita a sua interpretação de forma holística. Deve-se buscar, sempre, evitar antinomias, ofensivas que são aos princípios da isonomia e da segurança jurídica, bem como ao próprio ideal humano de Justiça" (STJ – AgRg no REsp 1.483.780/PE – Primeira Turma – Rel. Min. Napoleão Nunes Maia Filho, j. 23.06.2015 – *DJe* 05.08.2015).

Do ano de 2019, a Terceira Turma do STJ acabou por aplicar o prazo geral de prescrição de dez anos para contrato de consumo. Como se retira do voto da Ministra Relatora, "amparando-se no art. 7º do CDC, porta de licença para aplicação da Teoria do Diálogo das Fontes, e no intuito de proteger o consumidor lesado, deve-se aplicar, na hipótese, o prazo prescricional previsto na legislação civil – mais favorável à recorrida". E, ainda, conforme a ementa do acórdão, que explica a situação concreta analisada, "a pretensão da recorrida é a compensação de danos morais supostamente causados pela ausência de outorga de escritura pública definitiva de imóvel já quitado, ou seja, sua pretensão está fundada em inadimplemento contratual. Nas controvérsias relacionadas à responsabilidade contratual, aplica-se a regra geral (art. 205 CC/02) que prevê dez anos de prazo prescricional e, quando se tratar de responsabilidade extracontratual, aplica-se o disposto no art. 206, § 3º, V, do CC/02, com prazo de três anos" (STJ – REsp 1.658.663/RJ – Terceira Turma – Rel. Ministra Nancy Andrighi – j. 04.06.2019 – DJe 07.06.2019).

Na verdade, entendo que todas as aplicações do prazo geral de prescrição – atualmente em dez anos –, para as relações de consumo, representam concretização da *teoria do diálogo das fontes*. Sem prejuízo de outras hipóteses que serão estudadas neste livro, destaco a assertiva n. 5, publicada na Edição n. 160 da ferramenta *Jurisprudência em Teses* do STJ (Consumidor IV – de 2020): "a pretensão indenizatória do consumidor de receber ressarcimento por prejuízos decorrentes de vício no imóvel se submete ao prazo prescricional previsto no art. 205 do Código Civil".

Da mesma maneira, concretizando a teoria e limitando os juros cobrados em cartão de crédito, decisão do Tribunal de Justiça da Bahia, entre tantas ementas que se repetem:

"Consumidor. Cartão de crédito. Juros abusivos. Código de Defesa do Consumidor. Juros: estipulação usurária pecuniária ou real. Trata-se de crime previsto na Lei 1.521/1951, art. 4º. Limitação prevista na Lei 4.595/1964 e nas normas do Conselho Monetário Nacional, regulação vigorante, ainda que depois da revogação do art. 192 da CF/1988, pela Emenda Constitucional 40, de 2003. Manutenção da razoabilidade e limitação de prática de juros pelo art. 161 do CTN combinando com 406 e 591 do CC/2002. A cláusula geral da boa-fé está presente tanto no Código de Defesa do Consumidor (arts. 4º, III, e 51, IV, e § 1º, do CDC) como no Código Civil de 2002 (arts. 113, 187 e 422, do CC/2002), que devem atuar em diálogo (diálogo das fontes, na expressão de Erik Jayme) e sob a luz da Constituição e dos direitos fundamentais para proteger os direitos dos consumidores (art. 7º do CDC). Relembre-se, aqui, portanto, o Enunciado de n. 25 da *Jornada de Direito Civil*, organizada pelo STJ em 2002, que afirma: 'a cláusula geral contida no art. 422 do novo Código Civil impõe ao juiz interpretar e, quando necessário, suprir e corrigir o contrato segundo a boa-fé objetiva, entendida como exigência de comportamento legal dos contratantes'. Recurso improcedente" (TJBA – Recurso 0204106-62.2007.805.0001-1 – Segunda Turma Recursal – Rel. Juíza Nicia Olga Andrade de Souza Dantas – DJBA 25.01.2010).

Do Tribunal do Rio Grande do Norte, da mesma maneira tentando uma aproximação conceitual entre os dois Códigos, coleciona-se:

"Civil. CDC. Processo Civil. Apelação cível. Juízo de admissibilidade positivo. Ação de indenização por danos morais. Contrato de promessa de compra e venda de imóvel. Notificação cartorária. Cobrança indevida. Prestação de serviços. Relação de consumo configurada. Incidência do Código Civil. Diálogo das fontes. Responsabilidade objetiva. Vício de qualidade. Dano moral configurado. Dano à honra. Abalo à saúde. *Quantum* indenizatório excessivo. Redução. Minoração da condenação em honorários advocatícios. Recurso conhecido e provido em parte" (TJRN – Acórdão 2009.010644-0, Natal – Terceira Câmara Cível – Rel. Juíza Conv. Maria Neize de Andrade Fernandes – *DJRN* 03.12.2009, p. 39).

Tratando da coexistência entre as leis, enunciado fundamental da teoria do diálogo das fontes, destaque-se decisão do Tribunal do Rio Grande do Sul:

"Embargos de declaração. Ensino particular. Desnecessidade de debater todos os argumentos das partes. Aplicação do Código de Defesa do Consumidor. Diálogo das fontes. 1. Formada a convicção pelo julgador que já encontrou motivação suficiente para alicerçar sua decisão, e fundamentada nesse sentido, consideram--se afastadas teses, normas ou argumentos porventura esgrimidos em sentidos diversos. 2. Em matéria de consumidor vige um método de superação das antinomias chamado de diálogo das fontes, segundo o qual o diploma consumerista coexiste com as demais fontes de direito como o Código Civil e Leis esparsas. Embargos desacolhidos" (TJRS – Embargos de Declaração 70027747146, Caxias do Sul – Sexta Câmara Cível – Rel. Des. Liége Puricelli Pires – j. 18.12.2008 – *DOERS* 05.02.2009, p. 43).

Por fim, sem prejuízo de inúmeros outros julgados estaduais que utilizaram a teoria do diálogo das fontes, merecem relevo os seguintes acórdãos do Tribunal de São Paulo, do mesmo modo buscando uma complementaridade entre o CC/2002 e o CDC:

"Civil. Compromisso de compra e venda de imóvel. Transação. Carta de crédito. Relação de consumo. Lei 8.078/1990. Diálogo das fontes. Abusividade das condições consignadas em carta de crédito. Validade do instrumento quanto ao reconhecimento de dívida. Processual civil. Honorários. Princípio da sucumbência e da causalidade. Arbitramento em conformidade com o disposto no art. 20, § 3º do CPC. Recurso desprovido" (TJSP – Apelação com Revisão 293.227.4/4 – Acórdão 3233316, São Paulo – Segunda Câmara de Direito Privado – Rel. Des. Boris Padron Kauffmann – j. 09.09.2008 – *DJESP* 01.10.2008).

"Responsabilidade civil. Defeito em construção. Contrato de empreitada mista. Responsabilidade objetiva do empreiteiro. Análise conjunta do CC e CDC. Diálogo das fontes. Sentença mantida. Recurso improvido" (TJSP – Apelação com revisão 281.083.4/3 – Acórdão 3196517, Bauru – Oitava Câmara de Direito Privado – Rel. Des. Caetano Lagrasta – j. 21.08.2008, *DJESP* 09.09.2008).

"Responsabilidade civil por vícios de construção. Desconformidade entre o projeto e a obra. Paredes de espessura inferior às constantes do projeto, que provocam alterações acústicas e de temperatura nas unidades autônomas. Responsabilidade da incorporadora e construtora pela correta execução do empreendimento. Vinculação da incorporadora e construtora à execução das benfeitorias prometidas, que integram o preço. Desvalorização do empreendimento. Indenização pelos vícios de construção e pelas desconformidades com o projeto original e a oferta aos adquirentes das unidades. Inocorrência de prescrição ou decadência da pretensão ou direito à indenização. Incidência do prazo prescricional de solidez da obra do Código Civil. Diálogo das fontes com o Código de Defesa do Consumidor. Ação procedente. Recurso improvido" (TJSP – Apelação cível 407.157.4/8 – Acórdão

2635077, Piracicaba – Quarta Câmara de Direito Privado – Rel. Des. Francisco Loureiro – j. 29.05.2008 – *DJESP* 20.06.2008).

Superadas essas ilustrações, deve ficar bem claro que a teoria do diálogo das fontes é realidade inafastável do Direito do Consumidor no Brasil. Sendo assim, tal premissa teórica, por diversas vezes, será utilizada como linha de argumentação na presente obra. De toda sorte, cumpre destacar que a teoria do diálogo das fontes surge para substituir e superar os *critérios clássicos* de solução das antinomias jurídicas (hierárquico, da especialidade e cronológico). Realmente, esse será o seu papel no futuro. No momento, ainda é possível conciliar os clássicos critérios com a aclamada tese.

1.4. O CONTEÚDO DO CÓDIGO DE DEFESA DO CONSUMIDOR E A ORGANIZAÇÃO DA PRESENTE OBRA

Este livro procura analisar os principais conceitos e construções que constam da Lei 8.078, de 11 de setembro de 1990, conhecido como Código de Defesa do Consumidor em seus aspectos materiais e processuais. A sua organização segue justamente a divisão metodológica constante naquela lei.

Desse modo, superada a presente introdução, o Capítulo 2 desta obra aborda os princípios estruturantes do Código Brasileiro de Direito do Consumidor, retirados dos arts. 4º e 6º da Lei 8.078/1990.

Em continuidade, no Capítulo 3 são estudados os elementos da relação jurídica de consumo (elementos subjetivos e objetivos), tendo como parâmetros estruturais os arts. 2º e 3º do CDC, sem prejuízo de outros comandos, caso dos seus arts. 17 e 29, que tratam do conceito do consumidor por equiparação ou *bystander*.

No Capítulo 4, o cerne do estudo é a responsabilidade civil dos fornecedores de produtos e prestadores de serviços, um dos temas mais importantes do Direito do Consumidor na atualidade, matéria tratada entre os arts. 8º a 27.

O Capítulo 5 tem por objeto a proteção contratual dos consumidores, constante dos arts. 46 a 54, capítulo que também traz regras fundamentais para a realidade contemporânea consumerista.

Tendo por objeto também as práticas comerciais, assim como o tópico anterior, o Capítulo 6 aborda a proteção dos consumidores quanto à oferta e publicidade, com enfoque teórico e prático (arts. 30 a 38).

No Capítulo 7, ainda com relação às práticas comerciais, verifica-se o estudo das práticas abusivas, tendo como parâmetro os arts. 30 a 42-A da Lei Consumerista.

O importante e atual tema dos cadastros de consumidores é a matéria do Capítulo 8 deste livro, com análise da natureza dos cadastros positivos e negativos (arts. 43 e 44 do CDC), à luz da melhor doutrina e da atual jurisprudência. O Capítulo 9 trata de aspectos materiais da desconsideração da personalidade jurídica tratada pelo CDC.

Esses nove primeiros capítulos foram desenvolvidos por mim.

O Capítulo 10 analisa questões da defesa individual do consumidor em juízo. O Capítulo 11 aborda a tutela coletiva do consumidor. O Capítulo 12 trata de aspectos processuais relativos à desconsideração da personalidade jurídica. No Capítulo 13, o tema é a Ordem Pública e o Direito do Consumidor. O Capítulo 14 traz o *habeas data* na ótica do CDC. E, por fim, o Capítulo 15 – introduzido a partir da Edição 2022 deste livro – trata dos aspectos procedimentais da Lei n. 14.181/2021, que trata do *superendividamento*.

Os seis últimos capítulos foram escritos pelo coautor Daniel Amorim Assumpção Neves, estando devidamente atualizados diante Código de Processo Civil de 2015 e da legislação sucessiva.

Vejamos, então, todos esses institutos, de forma sucessiva e aprofundada.

2

PRINCÍPIOS FUNDAMENTAIS DO CÓDIGO DE DEFESA DO CONSUMIDOR

Sumário: 2.1. Primeiras palavras sobre os princípios jurídicos – 2.2. Princípio do protecionismo do consumidor (art. 1º da Lei 8.078/1990) – 2.3. Princípio da vulnerabilidade do consumidor (art. 4º, inc. I, da Lei 8.078/1990) – 2.4. Princípio da hipossuficiência do consumidor (art. 6º, inc. VIII, da Lei 8.078/1990) – 2.5. Princípio da boa-fé objetiva (art. 4º, inc. III, da Lei 8.078/1990) – 2.6. Princípio da transparência ou da confiança (arts. 4º, *caput*, e 6º, inc. III, da Lei 8.078/1990). A tutela da informação – 2.7. Princípio da função social do contrato – 2.8. Princípio da equivalência negocial (art. 6º, inc. II, da Lei 8.078/1990) – 2.9. Princípio da reparação integral dos danos (art. 6º, inc. VI, da Lei 8.078/1990). Os danos reparáveis nas relações de consumo – 2.10. Princípios de preservação do mínimo existencial ou patrimônio mínimo dos consumidores e do crédito responsável, para a proteção e o tratamento do superendividamento do consumidor (art. 6.º, incs. XI e XII, da Lei 8.078/1990).

2.1. PRIMEIRAS PALAVRAS SOBRE OS PRINCÍPIOS JURÍDICOS

O estudo dos princípios consagrados pelo Código de Defesa do Consumidor é um dos pontos de partida para a compreensão do sistema adotado pela Lei Consumerista como norma protetiva dos vulneráveis negociais. Como é notório, a Lei 8.078/1990 adotou um sistema aberto de proteção, baseado em conceitos legais indeterminados e construções vagas, que possibilitam uma melhor adequação dos preceitos às circunstâncias do caso concreto.

Nesse contexto, é interessante fazer a devida *confrontação principiológica* entre o CDC e o Código Civil, até porque muitos dos conceitos que constam da codificação privada de 2002 encontram suas raízes na Lei 8.078/1990. Certo é que, diante de diferenças principiológicas históricas e políticas, o Código de Defesa do Consumidor encontrava-se muito distante do Código Civil de 1916, realidade essa alterada a partir da vigência do Código Civil de 2002, como foi exposto no capítulo introdutório desta obra.

O Código Civil de 1916 era uma norma essencialmente agrarista, patrimonialista e egoísta, que não protegia qualquer parte vulnerável da relação jurídica estabelecida.

Na verdade, como expõe Rodolfo Pamplona Filho em suas palestras, o Código Civil de 1916 era norma estruturada apenas para o amparo de uma figura jurídica: o *fazendeiro casado*.

Por outra via, o Código Civil de 2002, além de proteger o aderente contratual como parte mais fraca da relação (arts. 423 e 424), consagra muitos preceitos já previstos na lei protetiva, tais como a vedação do abuso de direito e da onerosidade excessiva, a valorização da boa-fé objetiva e da tutela da confiança, a responsabilidade objetiva fundada no risco, a proibição do enriquecimento sem causa, entre outros. Repise-se que a *Lei da Liberdade Econômica* (Lei 13.874/2019) representa uma tentativa de volta o modelo liberal e egoístico do início do século XX. Porém, essa norma não atinge ou altera a proteção dos consumidores constante do CDC.

Diante da aproximação das duas leis, como foi demonstrado no Capítulo 1 desta obra, Claudia Lima Marques, a partir dos ensinamentos de Erik Jayme, propõe diálogos de interação entre o Código de Defesa do Consumidor e o atual Código Civil, buscando estabelecer premissas para um diálogo sistemático de coerência, de complementaridade e de subsidiariedade, de coordenação e adaptação sistemática.[1] Nesse contexto de balizamento, Claudia Lima Marques leciona que "o novo Código Civil brasileiro, Lei 10.406, de 10 de janeiro de 2002 (a seguir CC/2002), traz ao direito privado brasileiro geral os mesmos princípios já presentes no Código de Defesa do Consumidor (como a função social dos contratos, a boa-fé objetiva etc.)".[2] Isso porque "a convergência de princípios entre o CDC e o CC/2002 é a base da inexistência principiológica de conflitos possíveis entre estas duas leis que, com igualdade e equidade, visam a harmonia nas relações civis em geral e nas de consumo ou especiais. Como ensina a Min. Eliana Calmon: 'O Código de Defesa do Consumidor é diploma legislativo que já se amolda aos novos postulados, inscritos como princípios éticos, tais como a boa-fé, lealdade, cooperação, equilíbrio e harmonia das relações'".[3]

Justamente por isso, repise-se que, quando da *III Jornada de Direito Civil*, promovida pelo Conselho da Justiça Federal e pelo Superior Tribunal de Justiça em dezembro de 2004, foi aprovado o Enunciado n. 167, com teor muito próximo ao texto acima transcrito. Conforme proposta do magistrado paraibano Wladimir Alcibíades Marinho Falcão Cunha, o enunciado doutrinário aponta que, com o advento do Código Civil de 2002, houve forte aproximação principiológica desse Código em relação ao Código de Defesa do Consumidor no que respeita à regulação contratual, eis que ambos são incorporadores de uma nova teoria geral dos contratos. Das justificativas apresentadas pelo jurista, merece destaque o seguinte trecho:

> "Entretanto pode-se dizer que, até o advento do Código Civil de 2002, somente o Código de Defesa do Consumidor encampava essa nova concepção contratual, ou seja, somente o CDC intervinha diretamente no conteúdo material dos contratos. Entretanto, o Código Civil de 2002 passou também a incorporar esse caráter cogente no trato das relações contratuais, intervindo diretamente no conteúdo material dos

---

[1] MARQUES, Claudia Lima; BENJAMIN, Antonio Herman V.; MIRAGEM, Bruno. *Comentários ao Código de Defesa do Consumidor*. São Paulo: RT, 2004. p. 24-52.

[2] MARQUES, Claudia Lima; BENJAMIN, Antonio Herman V.; MIRAGEM, Bruno. *Comentários ao Código de Defesa do Consumidor*. 3. ed. São Paulo: RT, 2010. p. 30.

[3] MARQUES, Claudia Lima; BENJAMIN, Antonio Herman V.; MIRAGEM, Bruno. *Comentários ao Código de Defesa do Consumidor*. 3. ed. São Paulo: RT, 2010. p. 30.

contratos, em especial através dos próprios novos princípios contratuais da função social, da boa-fé objetiva e da equivalência material. Assim, a corporificação legislativa de uma atualizada teoria geral dos contratos protagonizada pelo CDC teve sua continuidade com o advento do Código Civil de 2002, o qual, a exemplo daquele, encontra-se carregado de novos princípios jurídicos contratuais e cláusulas gerais, todos hábeis a proteção do consumidor mais fraco nas relações contratuais comuns, sempre em conexão axiológica, valorativa, entre dita norma e a Constituição Federal e seus princípios constitucionais. Código de Defesa do Consumidor e o Código Civil de 2002 são, pois, normas representantes de uma nova concepção de contrato e, como tal, possuem pontos de confluência em termos de teoria contratual, em especial no que respeita aos princípios informadores de uma e de outra norma" (*III Jornada de Direito Civil*. Conselho da Justiça Federal. Org. Min. Ruy Rosado de Aguiar. Brasília: CJF, 2005).[4]

Na mesma perspectiva, o Ministro do STF Luiz Edson Fachin, em artigo publicado em Portugal, menciona a existência de um *approach* entre o então novo Código Civil brasileiro e o Código de Defesa do Consumidor.[5] De acordo com essa realidade, a compreensão dos princípios do CDC significa também, indiretamente, a percepção dos regramentos básicos do Código Civil de 2002.

Com este trabalho, portanto, o estudioso do Direito tem condições de compreender a sistemática de duas leis ao mesmo tempo, o que justifica a elaboração do presente capítulo, do ponto de vista técnico e metodológico. Em suma, a análise dos princípios jurídicos possibilita uma *visão panorâmica* do sistema jurídico, em uma antecipação de todas as abordagens que seguirão neste trabalho.

Não se pode esquecer, ato contínuo de estudo, da importância do estudo dos princípios jurídicos, que são regramentos básicos aplicáveis a uma determinada categoria ou ramo do conhecimento. Os princípios são abstraídos das normas, dos costumes, da doutrina, da jurisprudência e de aspectos políticos, econômicos e sociais. Reconhece-se, desde Rubens Limongi França, a força normativa dos princípios, bem como, mais recentemente, a sua posição constitucional e incidência imediata.[6]

No aspecto conceitual, interessante a construção de Miguel Reale, para quem "os princípios são 'verdades fundantes' de um sistema de conhecimento, como tais admitidas, por serem evidentes ou por terem sido comprovadas, mas também por motivos de ordem prática de caráter operacional, isto é, como pressupostos exigidos pelas necessidades da pesquisa e da *praxis*".[7] Entre os consumeristas, cumpre destacar a visão de Nelson Nery Jr. e Rosa Maria de Andrade Nery, os quais lecionam que os princípios são "regras de conduta que norteiam

---

[4] Tal posicionamento do jurista pode ser encontrado em: CUNHA, Wladimir Alcebíades Marinho Falcão. *Revisão judicial dos contratos*. Do CDC ao Código Civil de 2002. São Paulo: Método, 2007.
[5] FACHIN, Luiz Edson. Novo Código Civil brasileiro e o Código de Defesa do Consumidor: um *approach* de suas relações jurídicas. In: MONTEIRO, António Pinto (dir.). *Estudos de direito do consumidor*, n. 7. Coimbra: Centro de Direito de Consumo, 2005. p. 111.
[6] Sobre a visão clássica dos princípios, veja: LIMONGI FRANÇA, Rubens. *Princípios gerais de direito*. Atual. Antonio S. Limongi França e Flávio Tartuce. 3. ed. São Paulo: RT, 2010. Sobre a força constitucional dos princípios jurídicos: BONAVIDES, Paulo. *Curso de direito constitucional*. 17. ed. São Paulo: Malheiros, 2005. p. 275.
[7] REALE, Miguel. *Lições preliminares de direito*. 21. ed. São Paulo: Saraiva, 1994. p. 299.

o juiz na interpretação da norma, do ato ou negócio jurídico. Os princípios gerais de direito não se encontram positivados no sistema normativo. São regras estáticas que carecem de concreção. Têm como função principal auxiliar o juiz no preenchimento das lacunas".[8]

De toda sorte, alerte-se que os princípios não são aplicados apenas em casos de lacunas da lei, de forma meramente subsidiária, mas também de forma imediata, para corrigir normas injustas em determinadas situações. Em muitas concreções envolvendo entes privados – inclusive fornecedores e consumidores –, os princípios têm incidência imediata, como se verá na presente obra.

Na esteira dessas últimas conclusões, não se pode esquecer que, muitas vezes, os princípios encontram-se expressos nas normas jurídicas, mas não necessariamente. No caso do Código do Consumidor, muitos dos princípios a seguir demonstrados podem ser retirados dos arts. 1º, 4º e 6º da Lei 8.078/1990. Todavia, existem princípios que são implícitos ao sistema protetivo, caso do princípio da função social dos contratos.

Conforme notícia veiculada por mensagem eletrônica enviada pelo Instituto Brasileiro de Política de Direito do Consumidor (BRASILCON), a importância vital dos princípios consumeristas para todo o Direito foi reconhecida pela *International Law Association* (ILA-Londres), um dos principais fóruns de Direito Internacional do mundo, quando da realização do 75.º Congresso de Direito Internacional, realizado em Sófia (Bulgária), nos dias 26 a 30 de agosto de 2012. Na ocasião, foi elaborada a *Declaração de Sófia sobre o Desenvolvimento de Princípios Internacionais de Proteção do Consumidor*, com a edição dos seguintes regramentos fundamentais a respeito da matéria:

"*a)* Princípio da vulnerabilidade – os consumidores são vulneráveis frente aos contratos de massa e padronizados, em especial no que concerne à informação e ao poder de negociação; *b)* Princípio da proteção mais favorável ao consumidor – é desejável, em Direito Internacional Privado, desenvolver *standards* e aplicar normas que permitam aos consumidores beneficiarem-se da proteção mais favorável ao consumidor; *c)* Princípio da justiça contratual – as regras e o regulamento dos contratos de consumo devem ser efetivos e assegurar transparência e justiça contratual; *d)* Princípio do crédito responsável – crédito responsável impõe responsabilidade a todos os envolvidos no fornecimento de crédito ao consumidor, inclusive fornecedores, corretores, agentes e consultores; *e)* Princípio da participação dos grupos e associações de consumidores – grupos e associações de consumidores devem participar ativamente na elaboração e na regulação da proteção do consumidor".

Como se verá, os princípios expostos pela presente obra estão muito próximos dos editados naquele importante evento internacional. Vejamos, então, o seu estudo, de forma pontual.

2.2. PRINCÍPIO DO PROTECIONISMO DO CONSUMIDOR (ART. 1º DA LEI 8.078/1990)

Do texto legal, o princípio do protecionismo do consumidor pode ser retirado do art. 1º da Lei 8.078/1990, segundo o qual o Código Consumerista estabelece normas de ordem pública e interesse social, nos termos do art. 5º, inc. XXXII, e do art. 170, inc. V

---

[8] NERY JR., Nelson; NERY, Rosa Maria de Andrade. *Código Civil anotado*. 2. ed. São Paulo: RT, 2003. p. 141.

da Constituição Federal, além do art. 48 de suas Disposições Transitórias. Não se pode esquecer que, conforme o segundo comando constitucional citado, a proteção dos consumidores é um dos fundamentos da ordem econômica brasileira.

A natureza de norma de ordem pública e interesse social justifica plenamente o teor da Lei 12.291/2010, que torna obrigatória a exibição de um exemplar do Código de Defesa do Consumidor em todos os estabelecimentos comerciais do País, sob pena de imposição de multa no valor de R$ 1.064,10 (hum mil e sessenta e quatro reais e dez centavos). Na verdade, mais do que isso, diante de sua inegável importância para a sociedade, o Direito do Consumidor deveria ser matéria obrigatória na grade do ensino médio nas escolas do Brasil, públicas e privadas. Por óbvio, deve ser ainda disciplina autônoma e compulsória nas faculdades de Direito, o que não ocorre, muitas vezes.[9]

O *princípio do protecionismo do consumidor* enfeixa algumas consequências práticas que não podem ser esquecidas.

A *primeira consequência* é que as regras da Lei 8.078/1990 não podem ser afastadas por convenção entre as partes, sob pena de nulidade absoluta. Como fundamento para essa conclusão, pode ser citada a previsão do art. 51, inc. XV, do próprio CDC, segundo o qual são nulas de pleno direito as cláusulas abusivas que estejam em desacordo com o sistema de proteção do consumidor. O tema ainda será aprofundado no Capítulo 5 deste livro, que trata da proteção contratual.

Como *segunda consequência*, cabe sempre a intervenção do Ministério Público em questões envolvendo problemas de consumo. A Lei da Ação Civil Pública (Lei 7.347/1985) reconhece a legitimidade do Ministério Público para as demandas coletivas envolvendo danos materiais e morais aos consumidores (art. 1º). Tal incremento na atuação do Ministério Público representa a própria evolução da instituição, eis que, como bem aponta o promotor de justiça gaúcho Julio César Finger, "a parte mais visível desse 'novo' Ministério Público foi a constitucionalização e a posterior popularização das ações civis públicas para a efetivação de direitos coletivos e difusos. As ações movidas pelo Ministério Público serviram de base para a formação de uma 'doutrina' nacional acerca do que se configurariam esses 'novos direitos'".[10] A propósito, em 2018, o STJ editou a Súmula 601, estabelecendo que "o Ministério Público tem legitimidade ativa para atuar na defesa de direitos difusos, coletivos e individuais homogêneos dos consumidores, ainda que decorrentes da prestação de serviço público".

Como *terceira consequência*, toda a proteção constante da Lei Protetiva deve ser conhecida de ofício pelo juiz, caso da nulidade de eventual cláusula abusiva. Assim sendo, fica claro que representa uma total afronta ao princípio do protecionismo do consumidor o teor da Súmula 381 do Superior Tribunal de Justiça, segundo a qual, nos contratos bancários, é vedado ao julgador conhecer de ofício das abusividades das cláusulas contratuais. A crítica à referida ementa igualmente será aprofundada no Capítulo 5 deste livro, com as devidas referências doutrinárias.

---

[9] Essa necessidade de inclusão na grade dos cursos superiores de Direito é observada muito bem por Claudia Lima Marques (*Manual de Direito do Consumidor*. 3. ed. São Paulo: RT, 2010. p. 46-49).

[10] FINGER, Julio Cesar. O Ministério Público Pós-88 e a efetivação do Estado Democrático de Direito: podemos comemorar? In: RIBEIRO, Carlos Vinicius Alves (org.). *Ministério Público. Reflexões sobre princípios e funções institucionais*. São Paulo: Atlas, 2010. p. 88.

Cabe frisar que, como feliz iniciativa, o Projeto de Lei originário do Senado 281/2012 – uma das projeções legislativas de Reforma do CDC em curso no Congresso Nacional – pretende ampliar o sentido desse protecionismo, incluindo um parágrafo único ao art. 1º da Lei 8.078/1990, com a seguinte redação: "as normas e os negócios jurídicos devem ser interpretados e integrados da maneira mais favorável ao consumidor". No mesmo sentido é o Enunciado n. 1 do Instituto Brasileiro de Política e Direito do Consumidor (BRASILCON). Como se verá em vários trechos deste livro, tal caminho hermenêutico já pode e deve ser adotado, visando a efetiva tutela dos direitos dos consumidores brasileiros.

Ressaltando ainda mais a importância do princípio em questão, destaque-se, do ano de 2013, a emergência do Decreto 7.963, que institui o Plano Nacional de Consumo e Cidadania e cria a Câmara Nacional das Relações de Consumo. Nos termos do seu art. 1º, tal Plano tem como finalidade promover a proteção e defesa do consumidor em todo o território nacional, por meio da integração e articulação de políticas, programas e ações. O Plano Nacional de Consumo e Cidadania será executado pela União em colaboração com Estados, Distrito Federal, Municípios e com a sociedade. São suas diretivas fundamentais: *a)* educação para o consumo; *b)* adequada e eficaz prestação dos serviços públicos; *c)* garantia do acesso do consumidor à justiça; *d)* garantia de produtos e serviços com padrões adequados de qualidade, segurança, durabilidade, desempenho e acessibilidade; *e)* fortalecimento da participação social na defesa dos consumidores; *f)* prevenção e repressão de condutas que violem direitos do consumidor; e *g)* autodeterminação, privacidade, confidencialidade e segurança das informações e dados pessoais prestados ou coletados, inclusive por meio eletrônico (art. 2º).

Seguindo na análise dos demais regramentos fundamentais do CDC, frise-se que todos os princípios a seguir são decorrências naturais do princípio do protecionismo, retirado também da última norma citada, e que surgiu para amparar o vulnerável negocial na sociedade de consumo de massa (*mass consumption society*). Como bem explica Rizzatto Nunes a respeito do protecionismo, "o fato é que todas as normas instituídas no CDC têm como princípio e meta a proteção e a defesa do consumidor".[11]

2.3. PRINCÍPIO DA VULNERABILIDADE DO CONSUMIDOR (ART. 4º, INC. I, DA LEI 8.078/1990)

Pela leitura do art. 4º, inc. I, do CDC é constatada a clara intenção do legislador em dotar o consumidor, em todas as situações, da condição de vulnerável na relação jurídica de consumo. De acordo com a realidade da sociedade de consumo, não há como afastar tal posição desfavorável, principalmente se forem levadas em conta as revoluções pelas quais passaram as relações jurídicas e comerciais nas últimas décadas. Carlos Alberto Bittar comenta muito bem essas desigualdades, demonstrando que "essas desigualdades não encontram, nos sistemas jurídicos oriundos do liberalismo, resposta eficiente para a solução de problemas que decorrem da crise de relacionamento e de lesionamentos vários que sofrem os consumidores, pois os Códigos se estruturaram com base em uma noção de paridade entre as partes, de cunho abstrato".[12] Diante da vulnerabilidade patente dos

---

[11] RIZZATTO NUNES, Luiz Antonio. *Comentários ao Código de Defesa do Consumidor*. 3. ed. São Paulo: Saraiva, 2007. p. 94.
[12] BITTAR, Carlos Alberto. *Direitos do consumidor*. 5. ed. Rio de Janeiro: Forense Universitária, 2002. p. 2.

consumidores, surgiu a necessidade de elaboração de uma lei protetiva própria, caso da nossa Lei 8.078/1990.

Com efeito, há tempos não se pode falar mais no *poder de barganha* antes presente entre as partes negociais, nem mesmo em posição de equivalência nas relações obrigacionais existentes na sociedade de consumo. Os antigos elementos subjetivos da relação obrigacional (credor e devedor) ganharam nova denominação no mercado, bem como outros tratamentos legislativos. Nesse contexto de mudança, diante dessa frágil posição do consumidor é que se justifica o surgimento de um estatuto jurídico próprio para sua proteção. Conforme as lições de Claudia Lima Marques, Antonio Herman V. Benjamin e Bruno Miragem:

> "A vulnerabilidade é mais um estado da pessoa, um estado inerente de risco ou um sinal de confrontação excessiva de interesses identificado no mercado (assim Ripert, *Le règle morale*, p. 153), é uma situação permanente ou provisória, individual ou coletiva (Fiechter-Boulvard, *Rapport*, p. 324), que fragiliza, enfraquece o sujeito de direitos, desequilibrando a relação. A vulnerabilidade não é, pois, o fundamento das regras de proteção do sujeito mais fraco, é apenas a 'explicação' destas regras ou da atuação do legislador (Fiechter-Boulvar, *Rapport*, p. 324), é a técnica para as aplicar bem, é a noção instrumental que guia e ilumina a aplicação destas normas protetivas e reequilibradoras, à procura do fundamento da igualdade e da justiça equitativa".[13]

Entre os juristas europeus, Guido Alpa questiona as razões para a proteção legal dos consumidores. Entre essas, aponta a tutela da pessoa como o principal motivo para tal amparo.[14] Desse modo, não há como afastar, como principal justificativa para o surgimento do Código de Defesa do Consumidor, a proteção da dignidade da pessoa humana, que entre nós está consagrada no art. 1º, inc. III, da Constituição da República.

Ato contínuo de raciocínio, não se olvide a exposição do consumidor aos meios de oferta e informação, sendo impossível que a parte tenha conhecimento amplo sobre todos os produtos e serviços colocados no mercado. A publicidade e os demais meios de oferecimento do produto ou serviço estão relacionados a essa vulnerabilidade, eis que deixam o consumidor à mercê das vantagens sedutoras expostas pelos veículos de comunicação e informação.

Com a mitigação do modelo liberal da autonomia da vontade e a massificação dos contratos, percebeu-se uma discrepância na discussão e aplicação das regras comerciais, o que justifica a presunção de vulnerabilidade, reconhecida como uma *condição jurídica*, pelo tratamento legal de proteção. Tal presunção é absoluta ou *iure et de iure*, não aceitando declinação ou prova em contrário, em hipótese alguma.[15] Trazendo interessante conclusão a respeito dessa presunção absoluta, insta colacionar decisão do Tribunal do Rio Grande do Sul:

> "Plano *Nosso Modo*. TIM Celular S.A. Estação móvel celular. Prestação de serviços de telefonia móvel a microempresa. Comodato. Mau funcionamento. Inc. II, do art. 333, do CPC. Prazo decadencial não iniciado. VIII, do art. 6º, do CDC. Hipossu-

---

[13] MARQUES, Claudia Lima; BENJAMIN, Antonio Herman V.; MIRAGEM, Bruno. *Comentários ao Código de Defesa do Consumidor*. 3. ed. São Paulo: RT, 2010. p. 120.

[14] ALPA, Guido. *Il diritto dei consumatori*. Roma: Laterza, 2002. p. 23.

[15] Nesse sentido, por todos: LISBOA, Roberto Senise. *Responsabilidade civil nas relações de consumo*. São Paulo: RT, 2001. p. 85.

ficiência. Verossimilhança. Vulnerabilidade. Art. 4º do CDC. (1) 'o CDC não faz distinção entre pessoa física ou jurídica, ao formular o conceito de consumidor, quando estes adquirem serviços na qualidade de destinatário final, que buscam o atendimento de sua necessidade própria; ainda mais quando se trata de bem de consumo, além de haver um desequilíbrio entre as partes'. (...). Ainda, impõe-se dizer que o demandante, conforme o art. 4º do CDC é vulnerável, pois não possui conhecimento técnico-científico do serviço que contratou, este conceito diz respeito à relação de direito material, tendo presunção absoluta, não admitindo prova em contrário' (Recurso 71000533554, Porto Alegre, 3ª Turma Recursal Cível, TJRS, j. 13.07.2004, unânime, Rel. Dra. Maria de Lourdes Galvão Braccini de Gonzalez)" (TJRS – Recurso Cível 71000533554, Porto Alegre – Terceira Turma Recursal Cível – Rel. Des. Maria de Lourdes Galvão Braccini de Gonzalez – j. 13.07.2004).

O que se percebe, portanto, é que o conceito de vulnerabilidade é diverso do de hipossuficiência. Todo consumidor é sempre vulnerável, característica intrínseca à própria condição de destinatário final do produto ou serviço, mas nem sempre será hipossuficiente, como se verá a seguir. Assim, enquadrando-se a pessoa como consumidora, fará *jus* aos benefícios previstos nesse importante estatuto jurídico protetivo. Portanto, pode-se dizer que a vulnerabilidade é *elemento posto* da relação de consumo e não um *elemento pressuposto*, em regra.[16] O elemento pressuposto é a condição de consumidor. Vejamos, de forma esquematizada:

Sintetizando, constata-se que a *expressão consumidor vulnerável é pleonástica*, uma vez que todos os consumidores têm essa condição, decorrente de uma presunção que não admite discussão ou prova em contrário. Para concretizar, de acordo com a melhor concepção consumerista, uma pessoa pode ser vulnerável em determinada situação – sendo consumidora –, mas em outra hipótese fática poderá não assumir tal condição, dependendo da relação jurídica consubstanciada no caso concreto.

A título de exemplo, pode-se citar o caso de um empresário bem-sucedido. Se esse empresário adquirir um bem de produção para sua empresa, não poderá ser enquadrado como destinatário final do produto, não sendo um consumidor vulnerável. Entretanto, adquirindo um bem para uso próprio e dele não retirando lucro, será consumidor, havendo a presunção absoluta de sua vulnerabilidade.

Por derradeiro, entendo que, para se reconhecer a vulnerabilidade, pouco importa a situação política, social, econômica ou financeira da pessoa, bastando a condição de consumidor, enquadramento que depende da análise dos arts. 2º e 3º da Lei 8.078/1990, para daí decorrerem todos os benefícios legislativos, na melhor concepção do Código Consumerista. Deve-se deixar claro que entender que a situação da pessoa natural ou

---

[16] Construção inspirada em: GRAU, Eros Roberto. *O Direito Posto e o Direito Pressuposto.* 8. ed. São Paulo: Malheiros, 2008.

jurídica poderá influir na vulnerabilidade é confundir o princípio da vulnerabilidade com o da hipossuficiência, objeto de estudo a partir de agora.

2.4. PRINCÍPIO DA HIPOSSUFICIÊNCIA DO CONSUMIDOR (ART. 6º, INC. VIII, DA LEI 8.078/1990)

Ao contrário do que ocorre com a vulnerabilidade, a hipossuficiência é um *conceito fático* e não jurídico, fundado em uma disparidade ou discrepância notada no caso concreto. Assim sendo, *todo consumidor é vulnerável, mas nem todo consumidor é hipossuficiente*. Logicamente, o significado de hipossuficiência não pode, de maneira alguma, ser analisado de maneira restrita, dentro apenas de um conceito de discrepância econômica, financeira ou política.

A hipossuficiência, conforme ensina a doutrina, pode ser *técnica*, pelo desconhecimento em relação ao produto ou serviço adquirido, sendo essa a sua natureza perceptível na maioria dos casos. Nessa linha, aponta Roberto Senise Lisboa que "o reconhecimento judicial da hipossuficiência deve ser feito, destarte, à luz da situação socioeconômica do consumidor perante o fornecedor (hipossuficiência fática). Todavia, a hipossuficiência fática não é a única modalidade contemplada na noção de hipossuficiência, à luz do art. 4º da Lei de Introdução. Também caracteriza hipossuficiência a situação jurídica que impede o consumidor de obter a prova que se tornaria indispensável para responsabilizar o fornecedor pelo dano verificado (hipossuficiência técnica). Explica-se. Muitas vezes o consumidor não tem como demonstrar o nexo de causalidade para a fixação da responsabilidade do fornecedor, já que este é quem possui a integralidade das informações e o conhecimento técnico do produto ou serviço defeituoso".[17]

Desse modo, o conceito de hipossuficiência vai além do sentido literal das expressões *pobre* ou *sem recursos*, aplicáveis nos casos de concessão dos benefícios da justiça gratuita, no campo processual. O conceito de hipossuficiência consumerista é mais amplo, devendo ser apreciado pelo aplicador do direito caso a caso, no sentido de reconhecer a disparidade técnica ou informacional, diante de uma situação de desconhecimento, conforme reconhece a melhor doutrina e jurisprudência.[18] Pelos inúmeros julgados, vejamos decisão do Superior Tribunal de Justiça, em que a questão é debatida para a devida inversão do ônus da prova:

"Direito Processual Civil. Recurso especial. Ação de indenização por danos morais e materiais. Ocorrência de saques indevidos de numerário depositado em conta poupança. Inversão do ônus da prova. Art. 6º, VIII, do CDC. Possibilidade. Hipossuficiência técnica reconhecida. O art. 6º, VIII, do CDC, com vistas a garantir o pleno exercício do direito de defesa do consumidor, estabelece que a inversão do ônus da prova será deferida quando a alegação por ele apresentada seja verossímil,

---

[17] LISBOA, Roberto Senise. *Responsabilidade civil nas relações de consumo*, cit., p. 90. No mesmo sentido, anotam Nelson Nery Jr. e Rosa Maria de Andrade Nery (*Código Civil comentado e legislação extravagante*. 3. ed. São Paulo: RT, 2005. p. 957).

[18] Como bem aponta Claudia Lima Marques, "existem três tipos de vulnerabilidade: a técnica, a jurídica, a fática. E um quarto tipo de vulnerabilidade básica ou intrínseca do consumidor, a informacional" (MARQUES, Claudia Lima; BENJAMIN, Antonio Herman V.; BESSA, Leonardo Roscoe. *Manual de Direito do Consumidor*. 3. ed. São Paulo: RT, 2010. p. 88).

ou quando constatada a sua hipossuficiência. Na hipótese, reconhecida a hipossuficiência técnica do consumidor, em ação que versa sobre a realização de saques não autorizados em contas bancárias, mostra-se imperiosa a inversão do ônus probatório. Diante da necessidade de permitir ao recorrido a produção de eventuais provas capazes de ilidir a pretensão indenizatória do consumidor, deverão ser remetidos os autos à instância inicial, a fim de que oportunamente seja prolatada uma nova sentença. Recurso especial provido para determinar a inversão do ônus da prova na espécie" (STJ – REsp 915.599/SP – Terceira Turma – Rel. Min. Nancy Andrighi – j. 21.08.2008 – DJe 05.09.2008).

Como antes se adiantou, decorrência direta da hipossuficiência é o direito à inversão do ônus da prova a favor do consumidor, nos termos do art. 6º, inc. VIII, da Lei 8.078/1990, que reconhece como um dos direitos básicos do consumidor "a facilitação da defesa de seus direitos, inclusive com a inversão do ônus da prova, a seu favor, no processo civil, quando, a critério do juiz, for verossímil a alegação ou quando for ele hipossuficiente, segundo as regras ordinárias de experiências". A matéria é de grande interesse para a defesa individual e coletiva dos consumidores em juízo, assunto que será aprofundado no Capítulo 10 da presente obra.

De toda sorte, vale rever aquela ilustração anterior. No caso do empresário bem-sucedido que adquire um bem para consumo próprio, será ele consumidor, sendo, portanto, vulnerável. Todavia, o enquadramento ou não como hipossuficiente depende da análise das circunstâncias do caso concreto. Sendo ele desconhecedor do produto ou serviço que está adquirindo – o que, aliás, é a regra no mundo prático –, poderá ser considerado hipossuficiente.

Concluindo o presente item, pode-se dizer que a hipossuficiência do consumidor constitui um *plus*, um *algo a mais*, que traz a ele mais um benefício, qual seja a possibilidade de pleitear, no campo judicial, a inversão do ônus de provar, conforme estatui o art. 6º, inc. VIII, da Lei 8.078/1990. Nesse ponto, cumpre repisar mais uma vez, diferencia-se da vulnerabilidade, conceito jurídico indeclinável que justifica toda a proteção constante do Código do Consumidor, em todos os seus aspectos e seus preceitos.

2.5. PRINCÍPIO DA BOA-FÉ OBJETIVA (ART. 4º, INC. III, DA LEI 8.078/1990)

Regramento vital do Código de Defesa do Consumidor, representando seu *coração*, é o princípio da boa-fé objetiva, constante da longa redação do seu art. 4º, inciso III. Enuncia tal comando que constitui um dos princípios da Política Nacional das Relações de Consumo a "harmonização dos interesses dos participantes das relações de consumo e compatibilização da proteção do consumidor com a necessidade de desenvolvimento econômico e tecnológico, de modo a viabilizar os princípios nos quais se funda a ordem econômica (art. 170 da Constituição Federal), sempre com base na boa-fé e equilíbrio nas relações entre consumidores e fornecedores". Nesse contexto, nas relações negociais consumeristas deve estar presente o *justo equilíbrio*, em uma correta harmonia entre as partes, em todos os momentos relacionados com a prestação e o fornecimento.

Dentro dessas ideias, é de grande importância a observação do conceito de boa-fé, principalmente pela evolução sistemática de sua construção. Não se pode esquecer que o conceito de boa-fé contratual que consta do atual Código Civil tem sua raiz na construção consumerista da Lei 8.078/1990. Justamente por isso, quando da *I Jornada de Direito Civil*, realizada pelo Conselho da Justiça Federal e pelo Superior Tribunal de Justiça em 2002, reconheceu-se a necessidade de relacionar a boa-fé objetiva prevista no Código Civil com a regra constante do art. 4º, inc. III, do CDC, pelo teor do Enunciado n. 27: "na interpretação da cláusula geral da boa-fé, deve-se levar em conta o sistema do Código Civil e as conexões sistemáticas com outros estatutos normativos e fatores metajurídicos". Nota-se que o enunciado doutrinário reconhece a necessidade de diálogos entre as duas leis no que concerne a tal princípio, em uma feliz tentativa de *conexão legislativa*.

Como é notório, a boa-fé objetiva representa uma evolução do conceito de boa-fé, que saiu do plano psicológico ou intencional (boa-fé subjetiva), para o plano concreto da atuação humana (boa-fé objetiva). Pelo conceito anterior de boa-fé subjetiva, relativo ao elemento intrínseco do sujeito da relação negocial, a boa-fé estaria incluída nos limites da vontade da pessoa. Esse conceito de boa-fé subjetiva, condicionado somente à intenção das partes, acaba deixando de lado a conduta, que nada mais é do que a própria concretização dessa vontade. E como se sabe, conforme o dito popular, *não basta ser bem intencionado, pois de pessoas bem intencionadas o inferno está cheio*.

Cumpre esclarecer que foi com o *jusnaturalismo*, e toda a influência católica e cristã, que a boa-fé ganhou sua nova faceta, concernente a conduta dos negociantes, sendo denominada *boa-fé objetiva*. Nessa fase, foi fundamental o pensamento de Hugo Grotius, que deu uma nova dimensão à boa-fé, ao atrelá-la à interpretação dos negócios jurídicos, particularmente no campo contratual.[19] No Direito Comparado, outros pensadores, como Pufendorf, procuraram trazer a boa-fé para o campo da conduta, relacionando-a com uma "regra histórica de comportamento".[20] Da subjetivação saltou-se para a objetivação, o que é consolidado pelas codificações privadas europeias.

No BGB Alemão, por exemplo, está prevista a boa-fé objetiva no parágrafo 242, segundo o qual o devedor está obrigado a cumprir a prestação de acordo com os requisitos de fidelidade e boa-fé, levando em consideração os usos e bons costumes. No Direito alemão, duas expressões são utilizadas para apontar as modalidades de boa-fé ora expostas. O termo *Guten Glauben* – que quer dizer, literalmente, *bom pensamento* ou *boa crença* – denota a boa-fé subjetiva, enquanto *Treu und Glauben* – *fidelidade e pensamento* – a boa-fé objetiva.

Da atuação concreta das partes na relação contratual é que surge o conceito de *boa-fé objetiva*, que, nas palavras de Claudia Lima Marques, Herman Benjamin e Bruno Miragem, constitui uma *regra de conduta*.[21] Na mesma linha, conforme reconhece o Enunciado n. 26 do Conselho da Justiça Federal, aprovado na *I Jornada de Direito Civil*, a boa-fé objetiva vem a ser a exigência de um comportamento de lealdade dos participantes negociais, em todas as fases do negócio. A boa-fé objetiva tem relação direta com os *deveres anexos ou laterais de conduta*, que são deveres inerentes a qualquer negócio, sem a necessidade de previsão no instrumento. Entre eles merecem destaque o dever de cuidado, o dever

---

[19] MENEZES CORDEIRO, António Manuel da Rocha e. *A boa-fé no direito civil*. Coimbra: Almedina, 2001. p. 212.
[20] MENEZES CORDEIRO, António Manuel da Rocha e. *A boa-fé no direito civil*, cit., p. 224.
[21] MARQUES, Claudia Lima; BENJAMIN, Antonio Herman de V.; MIRAGEM, Bruno. *Comentários ao Código de Defesa do Consumidor*. 3. ed. São Paulo: RT, 2010. p. 124.

de respeito, o dever de lealdade, o dever de probidade, o dever de informar, o dever de transparência, o dever de agir honestamente e com razoabilidade.[22]

Atualizando a obra, frise-se que a boa-fé objetiva também foi valorizada de maneira considerável pelo vigente Código de Processo Civil, consolidando-se na norma a *boa-fé objetiva processual*. Nos termos do seu art. 5º, aquele que de qualquer forma participa do processo deve comportar-se de acordo com a boa-fé. Em reforço, todos os sujeitos do processo devem cooperar entre si para que se obtenha, em tempo razoável, decisão de mérito justa e efetiva (art. 6º do CPC/2015, consagrador do dever de colaboração processual).

Destaque-se, também, a vedação das *decisões-surpresa* pelos julgadores, pois o art. 10 do Estatuto Processual emergente enuncia que o juiz não pode decidir, em grau algum de jurisdição, com base em fundamento a respeito do qual não se tenha dado às partes oportunidade de se manifestar, ainda que se trate de matéria sobre a qual deva decidir de ofício. Como se verá em outros trechos deste livro, tal regra tem aplicação para as relações de consumo, especialmente no caso de reconhecimento de ofício da nulidade de cláusulas abusivas. Merece ser mencionada, ainda, a regra do art. 489, § 3º, do CPC/2015, pelo qual a decisão judicial deve ser interpretada a partir da conjugação de todos os seus elementos e em conformidade com o princípio da boa-fé.

Na órbita consumerista, Claudia Lima Marques, Herman Benjamin e Bruno Miragem lecionam que a boa-fé objetiva tem três funções básicas:

1ª) Servir como fonte de novos deveres especiais de conduta durante o vínculo contratual, os denominados deveres anexos, que serão por nós oportunamente estudados (*função criadora*).

2ª) Constituir uma causa limitadora do exercício, antes lícito, hoje abusivo, dos direitos subjetivos (*função limitadora*).

3ª) Ser utilizada como concreção e interpretação dos contratos (*função interpretadora*).[23]

Os mesmos juristas demonstram que "boa-fé é cooperação e respeito, é conduta esperada e leal, tutelada em todas as relações sociais".[24] Dessa forma, por esse princípio, exige-se no contrato de consumo o máximo de respeito e colaboração entre as partes, devendo aquele que atua com má-fé ser penalizado por uma interpretação *a contrario sensu*, ou por sanções que estão previstas na própria lei consumerista, como a decretação da nulidade do negócio ou a imputação da responsabilidade civil objetiva.

A boa-fé objetiva traz a ideia de equilíbrio negocial, que, na ótica do Direito do Consumidor, deve ser mantido em todos os momentos pelos quais passa o negócio jurídico. Sobre o tema, o argentino Carlos Gustavo Vallespinos ensina que "en este ámbito podemos señalar que la búsqueda del equilibrio negocial se manifiesta en la necesidad de un mayor intervencionismo estatal a la hora de ponderar todo el fenómeno negocial

---

[22] Sobre o tema da boa-fé objetiva e dos deveres anexos, por todos: MARTINS-COSTA, Judith. *A boa-fé no direito privado*. São Paulo: RT, 1999.
[23] MARQUES, Claudia Lima; BENJAMIN, Antonio Herman de V.; MIRAGEM, Bruno. *Comentários ao Código de Defesa do Consumidor*. 3. ed. São Paulo: RT, 2010. p. 125.
[24] MARQUES, Claudia Lima Marques; BENJAMIN, Antônio Herman V.; MIRAGEM, Bruno. *Comentários ao Código de Defesa do Consumidor*. 3. ed. São Paulo: RT, 2010. p. 125.

entre consumidores o usuarios y los proveedores profesionales, es decidir abarcativo desde la etapa previa al contrato, publicidad incluida, hasta el período poscontractual, pasando por lo atinente al contenido y ejecución del contrato".[25]

Verificadas tais conceituações, vejamos algumas regras que traduzem, na Lei 8.078/1990, a melhor expressão concreta do princípio em análise.

De início, o art. 9º do CDC valoriza a boa-fé objetiva, ao prever o dever do prestador ou fornecedor de informar o consumidor quanto ao perigo e à nocividade do produto ou serviço que coloca no mercado, visando à proteção da sua saúde e da sua segurança. A imputação de responsabilidade objetiva, prevista nos arts. 12, 14 e 18 do Código Consumerista, traz as consequências decorrentes do desrespeito a tal dever, havendo uma ampliação de responsabilidade, inclusive pela informação mal prestada. Em tais hipóteses, a boa-fé objetiva é determinante para apontar a responsabilidade pré-contratual, decorrente da má informação, da publicidade enganosa e abusiva.

Em relação aos meios de oferta, o Código Consumerista consagra normas de interessante conteúdo. Entre elas, o princípio da boa-fé objetiva faz-se sentir no seu art. 31, que estabelece a necessidade de informações precisas quanto à essência, quantidade e qualidade do produto ou do serviço; do mesmo modo, traz em seu bojo o regramento em questão, o que vem sendo observado na prática, com a imposição de sanções específicas em casos em que se percebe a má-fé na fase de oferta do produto ou do serviço. No Código de Direito do Consumidor, a valorização da boa-fé objetiva também pode ser visualizada pela proibição de publicidade simulada, abusiva e enganosa, conforme os seus arts. 36 e 37, respectivamente.

Partindo para outro aspecto, o art. 39 do Código Consumerista estabelece o conceito de abuso de direito como precursor da ilicitude do ato de consumo, em rol exemplificativo de situações, com a penalização civil de condutas cometidas pelos prestadores e fornecedores que não agem de acordo com a boa-fé esperada nas relações pessoais.

Na esfera contratual, o art. 48 do CDC, cujo conteúdo ainda será nesta obra aprofundado, regula especificamente as responsabilidades pré-contratual e pós-contratual do negócio de consumo, conceitos inerentes ao princípio da boa-fé objetiva. De acordo com esse dispositivo, todas as declarações de vontade constantes de escritos particulares, recibos e pré-contratos decorrentes da relação de consumo vinculam o fornecedor ou prestador, ensejando inclusive a execução específica, prevista no art. 84 da Lei Consumerista.

Aqui fica muito bem evidenciada a exigência de uma conduta leal dos contratantes em todas as fases do negócio jurídico. Essa responsabilidade presente em todas as fases do negócio também pode ser observada no capítulo específico que trata da oferta, publicidade e propaganda (arts. 30 a 38 da Lei 8.078/1990). O tema ainda será aprofundado em capítulos específicos desta obra, com os correspondentes exemplos práticos. De toda sorte, não se pode esquecer que, em qualquer esfera negocial, a boa-fé objetiva tem incidência em todas as suas fases. Nesse sentido, os Enunciados ns. 25 e 170, aprovados nas *Jornadas de Direito Civil*, estabelecendo que o juiz deve aplicar e as partes devem respeitar a boa-fé objetiva nas fases pré-contratual, contratual e pós-contratual.

Como outra nota doutrinária de relevo a respeito do tema, os casos de revisão dos contratos com base na crise econômica decorrente da pandemia da Covid-19 trouxeram como

---

[25] VALLESPINOS, Carlos Gustavo. *Contratos. Presupuestos*. Córdoba: Advocatus, Sala de Derecho Civil, Colégio de Abogados de Córdoba, 1999. p. 45.

argumento a boa-fé objetiva, especialmente nos contratos de consumo. A título de ilustração, vejamos dois arestos, sobre plano de saúde e dificuldades de continuidade do pagamento:

> "Agravo de instrumento. Ação de obrigação de fazer. Plano de saúde. Indeferimento do pedido de tutela provisória de urgência para determinar o restabelecimento do contrato de plano de saúde. Inconformismo. Cabimento. Presença dos requisitos para a concessão da tutela de urgência ao caso. A suspensão ou o cancelamento do plano de saúde por inadimplência durante a pandemia de Covid-19 pode, em tese, caracterizar prática abusiva. Observância da boa-fé objetiva, equilíbrio na relação de consumo e função social do contrato. Agravante teve o seu faturamento diretamente afetado pela brusca diminuição das operações aeroportuárias no aeroporto de Congonhas, local onde exerce suas atividades comerciais. Operadora de plano de saúde impedida de suspender ou rescindir o contrato com fundamento no inadimplemento do consumidor durante a pandemia de Covid-19. Decisão reformada. Agravo provido" (TJSP – AgIn 2098399-35.2020.8.26.0000 – Acórdão 13911514 – São Paulo – Oitava Câmara de Direito Privado – Rel. Des. Pedro de Alcântara da Silva Leme Filho – j. 29.08.2020 – DJESP 02.09.2020 – p. 3571).

> "Agravo de instrumento. Ação de obrigação de fazer. Plano de saúde. Indeferimento do pedido de tutela provisória de urgência para impedir que a operadora rescinda ou suspenda o contrato de plano de saúde durante o período da pandemia de Covid-19. Inconformismo. Cabimento. Presença dos requisitos para a concessão da tutela de urgência ao caso. A suspensão ou o cancelamento do plano de saúde por inadimplência durante a pandemia de Covid-19 pode, em tese, caracterizar prática abusiva. Observância da boa-fé objetiva, equilíbrio na relação de consumo e função social do contrato. Operadora de plano de saúde impedida de suspender ou rescindir o contrato com fundamento no inadimplemento do consumidor durante a pandemia de Covid-19. Decisão reformada. Agravo provido" (TJSP – AgIn 2079032-25.2020.8.26.0000 – Acórdão 13761978 – São Paulo – Oitava Câmara de Direito Privado – Rel. Des. Pedro de Alcântara da Silva Leme Filho – j. 17.07.2020 – DJESP 22.07.2020 – p. 2417).

Pois bem, sustentei, desde o início da pandemia da Covid-19, que a incidência da boa-fé objetiva em tempos pandêmicos trouxe a necessidade de se atender ao dever anexo de transparência. Assim, aqueles que almejavam a revisão contratual deveriam "abrir as contas", demonstrando especificamente os problemas econômicos existentes em seus negócios, causados pela grave crise sanitária. Não bastaria, então, alegar o surgimento da Covid-19 como hipótese de caso fortuito ou força maior, nos termos do art. 393 do Código Civil, para a exclusão da responsabilidade contratual.

Como antes escrevi, "além da premissa de ser a revisão a regra e a resolução contratual a exceção, é sempre recomendável o atendimento aos deveres de informar e de transparência, relacionados à boa-fé objetiva. Portanto, penso que as partes devem, sempre que possível e imediatamente, comunicar qual a sua situação econômica e se pretendem ou não cumprir com as suas obrigações futuras. No caso da impossibilidade de cumprimento, é saudável que a parte apresente já um plano de pagamento, com diluição das parcelas no futuro".[26] Nos contratos de consumo, contudo, caso houvesse dificuldade de o consumidor fazer essa comprovação, seria possível afastar tal exigência.

---

[26] TARTUCE, Flávio. O coronavírus e os contratos – Extinção, revisão e conservação – Boa-fé, bom senso e solidariedade. *Migalhas*, Ribeirão Preto, 27 mar. 2020. Coluna Migalhas Contratuais. Disponível em:

Na sequência, propus no meu texto a aplicação, por analogia, da moratória legal do art. 916 do CPC/2015, como sugestão de plano de pagamento. Assim seria possível pagar trinta por cento do valor total, em tempos de crise mais aguda como de fechamento de empresas ou de atividades, e o restante em até seis parcelas mensais, acrescidas de correção monetária e de juros de um por cento ao mês.

Com isso, penso, seria atendida uma máxima de bom senso e de razoabilidade, afastando-se uma indesejável moratória ampla e irrestrita, o que acabou sendo aplicado por alguns julgadores. Nesse sentido, destaco o seguinte julgado com ementa que se repetiu no Tribunal de Justiça de Minas Gerais em outros acórdãos com a mesma relatoria:

"Agravo de instrumento. Ação ordinária. Tutela provisória de urgência. Alteração do índice de reajuste do contrato firmado entre as partes. Requisitos do art. 300, do Código de Processo Civil. Ausência. Reforma da decisão recorrida. Consoante o disposto no art. 300, do CPC/2015, 'a tutela de urgência será concedida quando houver elementos que evidenciem a probabilidade do direito e o perigo de dano ou o risco ao resultado útil do processo'. 'Não se pode afirmar, em sede de tutela de urgência, que o aumento do índice IGP-DI, por si só, traduz onerosidade excessiva hábil a ensejar a intervenção do judiciário para autorizar a adequação do pacto, porquanto a questão demanda dilação probatória' (TJMG. Apelação Cível 1.0000.22.100306-4/002). Em lição voltada para a revisão contratual, Flávio Tartuce ensina que a parte que invoca a pandemia como forma de relativizar as suas obrigações tem o ônus de 'abrir as contas', demonstrando especificamente os problemas econômicos existentes em seus negócios, causados pela grave crise (...). Não basta, assim, alegar apenas o surgimento da Covid-19 (in Manual de Direito Civil, 11. ed. Rio de Janeiro: Método, 2021)" (TJMG – Agravo de instrumento 0097976-04.2022.8.13.0000 – 17ª Câmara Cível, Rel. Des. Roberto Vasconcellos – 19.10.2022 – DJEMG 19.10.2022).

Como última nota sobre o princípio da boa-fé objetiva nos contratos de consumo, deve ser citada a tese desenvolvida por Anderson Schreiber a respeito da existência de um verdadeiro *dever de negociar*, fundado nesse princípio. Vejamos as suas lições:

"A revisão judicial do contrato, embora mais útil que a resolução, não representa panaceia para todos os males. A necessidade de propositura de uma ação judicial para obtenção da revisão do contrato serve, por vezes, de desestímulo ao contratante, que teme ver sua relação contratual deteriorada pelo litígio. Daí ter se tornado cada vez mais comum a busca por soluções extrajudiciais que permitam o reequilíbrio do contrato sem a intervenção do Poder Judiciário. O problema é que, mesmo diante do aviso da contraparte de que o contrato se tornou desequilibrado, o outro contratante, não raro, silencia, beneficiando-se do passar do tempo. De outro lado, ocorre, às vezes, que um contratante só venha a invocar a onerosidade excessiva quando cobrado por sua prestação, ainda que o fato ensejador do desequilíbrio seja muito anterior. Para evitar essas vicissitudes, a legislação de diversos países tem procurado disciplinar o comportamento das partes em caso de excessiva onerosidade, exigindo, por exemplo, que o desequilíbrio contratual seja prontamente comunicado

---

<https://migalhas.uol.com.br/coluna/migalhas-contratuais/322919/o-coronavirus-e-os-contratos---extincao---revisao-e-conservacao---boa-fe--bom-senso-e-solidariedade>. Acesso em: 15 out. 2020.

à contraparte e que, uma vez chamado a avaliar tal desequilíbrio, o contratante não possa simplesmente se omitir. O mesmo caminho pode ser trilhado, a meu ver, no direito brasileiro, com base na boa-fé objetiva".[27]

Ainda segundo o jurista, "o dever de renegociar exsurge, assim, como um dever anexo ou lateral de comunicar a outra parte prontamente acerca de um fato significativo na vida do contrato – seu excessivo desequilíbrio – e de empreender esforços para superá--lo por meio da revisão extrajudicial. Como dever anexo, o dever de renegociar integra o objeto do contrato independentemente de expressa previsão das partes".[28] A quebra desse dever – seja pelo silêncio, pela sua recusa, pela sua ruptura ou pela ausência de comunicação imediata da intenção de renegociar – configuraria a violação positiva do contrato, gerando a responsabilidade civil do violador, conforme propõe o doutrinador. Acrescente-se que se pode falar, ainda, em desrespeito à eficácia interna da função social do contrato, na perspectiva de conservação do negócio jurídico (Enunciado n. 22, da *I Jornada de Direito Civil*).

Eis uma tese que tem sido muito debatida nos âmbitos doutrinário e jurisprudencial, notadamente por conta da pandemia da Covid-19, tendo o meu apoio integral, possibilitando que a revisão do contrato de consumo atinja mais efetividade.

A propósito, quando da tramitação na Câmara dos Deputados, havia proposta de emenda ao então Projeto 1.179 – que originou a Lei 14.010/2020 –, com o fim de introduzir esse dever de renegociar na norma emergente, o que acabou não prosperando, infelizmente.

2.6. PRINCÍPIO DA TRANSPARÊNCIA OU DA CONFIANÇA (ARTS. 4º, *CAPUT*, E 6º, INC. III, DA LEI 8.078/1990). A TUTELA DA INFORMAÇÃO

O mundo contemporâneo é caracterizado pela enorme velocidade e volume crescente de informações – elementos identificadores da melhor concepção da *mass consumption society* –, *armas de sedução* utilizadas pelos fornecedores e prestadores para atraírem os consumidores à aquisição de produtos e serviços.

Com o passar dos tempos, novas informações vão surgindo, o que não significa a sua distribuição igualitária entre as pessoas, eis que as informações ficam em poder somente de uma parcela de indivíduos. Nesse contexto, juristas observaram esse *deficit* de informação no Direito Privado, caso de Carlos Alberto Bittar, para quem o "alto poder de que desfruta a publicidade na sociedade atual em razão da expansão de seu mais importante veículo, a televisão (que impõe gostos, hábitos e costumes a todos), indistintamente, encontra no Código normas de equilíbrio necessárias e com medidas de defesa do consumidor suscetíveis de, em caso de violação, restaurar sua posição ou sancionar comportamentos lesivos".[29]

A informação, no âmbito jurídico, tem dupla face: o *dever de informar* e o *direito de ser informado*, sendo o primeiro relacionado com quem oferece o seu produto ou serviço

---

[27] SCHREIBER, Anderson. *Manual de direito civil contemporâneo*. São Paulo: Saraiva, 2018. p. 497-498.
[28] SCHREIBER, Anderson. *Manual de direito civil contemporâneo*. São Paulo: Saraiva, 2018. p. 497-498.
[29] BITTAR, Carlos Alberto. *Direitos do consumidor*, cit., p. 50.

ao mercado, e o segundo, com o consumidor vulnerável. A propósito dessa visão ampliada, o doutrinador argentino Juan Manuel Aparicio comenta:

"Esta exigencia referida a la información presupone un doble objetivo: que el consumidor esté en condiciones de prestar un consentimiento en forma reflexiva; que celebrado el contrato, adquirido el bien o contratado el servicio, el consumidor tenga el conocimiento necesario para el satisfactorio empleo y aprovechamiento de ellos; y, si existe algún peligro, reciba las instrucciones que le permitan prevenir el riesgo. El deber de información repercute sobre el entero desenvolvimiento del *iter contractual*, aunque tiene particular transcendencia y protagonismo en el momento que precede a la conclusión del negocio".[30]

Quanto ao texto da Lei Consumerista, estabelece o seu art. 6º, inc. III, que constitui direito básico dos consumidores "a informação adequada e clara sobre os diferentes produtos e serviços, com especificação correta de quantidade, características, composição, qualidade, tributos incidentes e preço, bem como sobre os riscos que apresentem". A menção aos tributos foi introduzida pela Lei 12.741, de 8 de dezembro de 2012, que visa a dar maior transparência a respeito dos impostos pagos pelos consumidores, o que deve ser informado de forma detalhada.

Em complemento, de acordo com o art. 1º da norma, "emitidos por ocasião da venda ao consumidor de mercadorias e serviços, em todo território nacional, deverá constar, dos documentos fiscais ou equivalentes, a informação do valor aproximado correspondente à totalidade dos tributos federais, estaduais e municipais, cuja incidência influi na formação dos respectivos preços de venda. § 1º A apuração do valor dos tributos incidentes deverá ser feita em relação a cada mercadoria ou serviço, separadamente, inclusive nas hipóteses de regimes jurídicos tributários diferenciados dos respectivos fabricantes, varejistas e prestadores de serviços, quando couber. § 2º A informação de que trata este artigo poderá constar de painel afixado em local visível do estabelecimento, ou por qualquer outro meio eletrônico ou impresso, de forma a demonstrar o valor ou percentual, ambos aproximados, dos tributos incidentes sobre todas as mercadorias ou serviços postos à venda. § 3º Na hipótese do § 2º, as informações a serem prestadas serão elaboradas em termos de percentuais sobre o preço a ser pago, quando se tratar de tributo com alíquota *ad valorem*, ou em valores monetários (no caso de alíquota específica); no caso de se utilizar meio eletrônico, este deverá estar disponível ao consumidor no âmbito do estabelecimento comercial" (Lei 12.741/2012).

Ainda no que diz respeito ao art. 6º, inciso III, do CDC, o Estatuto da Pessoa com Deficiência (Lei 13.146/2015), instituiu um parágrafo único em tal diploma da Lei 8.078/1990, estabelecendo que as informações prestadas aos consumidores devem ser acessíveis às pessoas com deficiência, observado o disposto em regulamento específico. Acreditamos que a norma vem em boa hora, pois o citado Estatuto regulamenta a Convenção de Nova York, tratado de direitos humanos do qual o País é signatário, com força de Emenda à Constituição.

---

[30] APARICIO, Juan Manuel. *Contratos*: presupuestos, cit., p. 115.

Partindo para ilustrações concretas, como concluiu o Superior Tribunal de Justiça a respeito da proteção dos consumidores quanto à informação, em problema relativo ao serviço de telefonia, vejamos:

"A exposição de motivos do Código de Defesa do Consumidor, sob esse ângulo, esclarece a razão de ser do direito à informação no sentido de que: 'O acesso dos consumidores a uma informação adequada que lhes permita fazer escolhas bem seguras conforme os desejos e necessidades de cada um' (Exposição de Motivos do Código de Defesa do Consumidor. Diário do Congresso Nacional, Seção II, 3 de maio de 1989, p. 1.663). (...). A informação ao consumidor, tem como escopo: 'i) consciencialização crítica dos desejos de consumo e da priorização das preferências que lhes digam respeito; ii) possibilitação de que sejam averiguados, de acordo com critérios técnicos e econômicos acessíveis ao leigo, as qualidades e o preço de cada produto ou de cada serviço; iii) criação e multiplicação de oportunidades para comparar os diversificados produtos; iv) conhecimento das posições jurídicas subjetivas próprias e alheias que se manifestam na contextualidade das séries infindáveis de situações de consumo; v) agilização e efetivação da presença estatal preventiva, mediadora, ou decisória, de conflitos do mercado de consumo' (Alcides Tomasetti Junior. O objetivo de transparência e o regime jurídico dos deveres e riscos de informação das declarações negociais para consumo, in *Revista de Direito do Consumidor*, n. 4, São Paulo: Revista dos Tribunais, número especial, 1992, pp. 52-90). (...). Deveras, é forçoso concluir que o direto à informação tem como desígnio promover completo esclarecimento quanto à escolha plenamente consciente do consumidor, de maneira a equilibrar a relação de vulnerabilidade do consumidor, colocando-o em posição de segurança na negociação de consumo, acerca dos dados relevantes para que a compra do produto ou serviço ofertado seja feita de maneira consciente" (STJ – REsp 976.836/RS – Primeira Seção – Rel. Min. Luiz Fux – j. 25.08.2010 – DJe 05.10.2010).

No contexto de valorização da transparência e da confiança nas relações negociais privadas, o Código de Defesa do Consumidor estabelece um regime próprio em relação aos meios de se propagar a informação, tendente a assegurar que a comunicação do fornecedor e a do produto ou serviço se façam de acordo com regras preestabelecidas, adequadas a ditames éticos e jurídicos que regulam a matéria. Nesse ínterim, vejamos julgado do STJ, publicado no seu *Informativo* n. 466, tratando do conteúdo de bebida alcoólica:

"Consumidor. Direito à informação. A questão posta no REsp cinge-se em saber se, a despeito de existir regulamento classificando como 'sem álcool' cervejas que possuem teor alcoólico inferior a meio por cento em volume, seria dado à sociedade empresária recorrente comercializar seu produto, possuidor de 0,30g/100g e 0,37g/100g de álcool em sua composição, fazendo constar do seu rótulo a expressão 'sem álcool'. A Turma negou provimento ao recurso, consignando que, independentemente do fato de existir norma regulamentar que classifique como sendo 'sem álcool' bebidas cujo teor alcoólico seja inferior a 0,5% por volume, não se afigura plausível a pretensão da fornecedora de levar ao mercado cerveja rotulada com a expressão 'sem álcool', quando essa substância encontra-se presente no produto. Ao assim proceder, estaria ela induzindo o consumidor a erro e, eventualmente, levando-o ao uso de substância que acreditava inexistente na composição do produto e pode revelar-se potencialmente lesiva à sua saúde. Destarte, entendeu-se correto o tribunal *a quo*, ao decidir que a comercialização de cerveja com teor alcoólico, ainda que inferior a 0,5% em cada volume, com informação ao consumidor, no rótulo do produto, de que se trata de bebida sem álcool vulnera o disposto nos arts. 6º e 9º do CDC ante o risco à saúde de pessoas impedidas do consumo" (STJ – REsp 1.181.066/RS – Rel. Des. Conv. Vasco Della Giustina – j. 15.03.2011).

Ainda ilustrando, outro *decisum* do STJ, publicado no seu *Informativo* n. 500, concluiu pela nulidade da cláusula excludente de cobertura securitária, diante da falta de clareza de sua elaboração, afastando a compreensão pela pessoa natural comum, diante da utilização de termos técnicos jurídicos. A ementa foi assim publicada, para as devidas reflexões:

"Contrato de seguro. Cláusula abusiva. Não observância do dever de informar. A Turma decidiu que, uma vez reconhecida a falha no dever geral de informação, direito básico do consumidor previsto no art. 6º, III, do CDC, é inválida cláusula securitária que exclui da cobertura de indenização o furto simples ocorrido no estabelecimento comercial contratante. A circunstância de o risco segurado ser limitado aos casos de furto qualificado (por arrombamento ou rompimento de obstáculo) exige, de plano, o conhecimento do aderente quanto às diferenças entre uma e outra espécie – qualificado e simples – conhecimento que, em razão da vulnerabilidade do consumidor, presumidamente ele não possui, ensejando, por isso, o vício no dever de informar. A condição exigida para cobertura do sinistro – ocorrência de furto qualificado –, por si só, apresenta conceituação específica da legislação penal, para cuja conceituação o próprio meio técnico-jurídico encontra dificuldades, o que denota sua abusividade" (STJ, REsp 1.293.006/SP – Rel. Min. Massami Uyeda – j. 21.06.2012).

Ainda no que toca às concretizações do princípio em estudo, o mesmo Tribunal Superior deduziu, também no ano de 2012, que viola o direito à plena informação do consumidor a conduta da empresa que explora o serviço de transporte coletivo ao não informar na roleta do ônibus o saldo remanescente do vale-transporte eletrônico. Assim, "no caso, a operadora do sistema de vale-transporte deixou de informar o saldo do cartão para mostrar apenas um gráfico quando o usuário passava pela roleta. O saldo somente era exibido quando inferior a R$ 20,00. Caso o valor remanescente fosse superior, o portador deveria realizar a consulta na internet ou em 'validadores' localizados em lojas e supermercados. Nessa situação, a Min. Relatora entendeu que a operadora do sistema de vale-transporte deve possibilitar ao usuário a consulta ao crédito remanescente durante o transporte, sendo insuficiente a disponibilização do serviço apenas na internet ou em poucos guichês espalhados pela região metropolitana. A informação incompleta, representada por gráficos disponibilizados no momento de uso do cartão, não supre o dever de prestar plena informação ao consumidor" (STJ – REsp 1.099.634/RJ – Rel. Min. Nancy Andrighi – j. 08.05.2012 – publicado no seu *Informativo* n. 497).

Também deve ser citado o acórdão superior, do ano de 2019, que entendeu violar o dever de informação a empresa de plano de saúde que não comunica previamente ao consumidor que determinada clínica médica não faz mais parte da sua rede credenciada. Vejamos esse importante julgado, que traz o prazo de trinta dias para essa comunicação prévia e imputa a responsabilidade solidária de todos os envolvidos com a prestação de serviços:

"Recurso especial. Civil. Plano de saúde. Descredenciamento de clínica médica. Comunicação prévia ao consumidor. Ausência. Violação do dever de informação.

Responsabilidade solidária. Prejuízo ao usuário. Suspensão de tratamento quimioterápico (...). Cinge-se a controvérsia a saber se a obrigação das operadoras de plano de saúde de comunicar aos seus beneficiários o descredenciamento de entidades hospitalares também envolve as clínicas médicas, ainda que a iniciativa pela rescisão do contrato tenha partido da própria clínica. Os planos e seguros privados de assistência à saúde são regidos pela Lei nº 9.656/1998. Não obstante isso, incidem as regras do Código de Defesa do Consumidor (Súmula nº 608), pois as operadoras da área que prestam serviços remunerados à população enquadram-se no conceito de fornecedor, existindo, pois, relação de consumo. Os instrumentos normativos (CDC e Lei nº 9.656/1998) incidem conjuntamente, sobretudo porque esses contratos, de longa duração, lidam com bens sensíveis, como a manutenção da vida. São essenciais, assim, tanto na formação quanto na execução da avença, a boa-fé entre as partes e o cumprimento dos deveres de informação, de cooperação e de lealdade (arts. 6º, III, e 46 do CDC). O legislador, atento às inter-relações que existem entre as fontes do direito, incluiu, dentre os dispositivos da Lei de Planos de Saúde, norma específica acerca do dever da operadora de informar o consumidor quanto ao descredenciamento de entidades hospitalares (art. 17, § 1º, da Lei nº 9.656/1998). O termo entidade hospitalar inscrito no art. 17, § 1º, da Lei nº 9.656/1998, à luz dos princípios consumeristas, deve ser entendido como gênero, a englobar também clínicas médicas, laboratórios, médicos e demais serviços conveniados. O usuário de plano de saúde tem o direito de ser informado acerca da modificação da rede conveniada (rol de credenciados), pois somente com a transparência poderá buscar o atendimento e o tratamento que melhor lhe satisfaz, segundo as possibilidades oferecidas. Precedente. É facultada à operadora de plano de saúde substituir qualquer entidade hospitalar cujos serviços e produtos foram contratados, referenciados ou credenciados desde que o faça por outro equivalente e comunique, com 30 (trinta) dias de antecedência, aos consumidores e à Agência Nacional de Saúde Suplementar (ANS), ainda que o descredenciamento tenha partido da clínica médica (art. 17, § 1º, da Lei nº 9.656/1998)" (STJ – REsp 1.561.445/SP – Terceira Turma – Rel. Min. Ricardo Villas Bôas Cueva – j. 13.08.2019 – DJe 16.08.2019).

Ademais, em 2022, a mesma Terceira Turma do STJ responsabilizou instituição de ensino pela falta de informação correta e completa a respeito de curso de educação física e o exercício posterior da profissão. Consoante o seu teor, "constitui dever da instituição de ensino a informação clara e transparente acerca do curso em que matriculados os seus alunos, orientando-os e advertindo-os acerca das modificações ocorridas em relação ao exercício da profissão àqueles que, após outubro de 2005, matricularam-se no curso de licenciatura. Alegada discrepância das informações oferecidas no sítio eletrônico da ré, em que seria garantido o amplo exercício da profissão ao aluno da licenciatura plena evidenciada pela parte autora. Ônus da ré em evidenciar fato impeditivo, modificativo ou extintivo do direito evidenciado não desincumbido. Conclusão alcançada na sentença a reconhecer, com base nas provas dos autos e no ônus probatórios das partes, a existência de falha na prestação dos serviços (falha informacional), que, na espécie, deve ser privilegiada, pois consentânea com o quando disciplinado nos arts. 6º e 30 do CDC" (STJ – Ag. Int no REsp 1.738.996/RJ – 3.ª Turma – Rel. Min. Paulo de Tarso Sanseverino – j. 30.05.2022 – DJe 02.06.2022).

No que concerne à tutela efetiva da informação, de início, destaque-se a previsão de proteção contra publicidade enganosa e abusiva, conforme art. 6º, inc. IV, da Lei 8.078/1990, inclusive pelo legado constitucional, por tratar o Texto Maior da regulamentação das informações que são levadas ao público e ao meio social. Nesse ínterim, o art. 220, § 3º, inc. II, da CF/1988 utiliza a expressão propaganda; o art. 22, inc. XXIX, e o § 4º do art. 220 tratam da *propaganda comercial*; o art. 5º, inc. LX, disciplina a *publicidade dos atos processuais*. Por fim, o seu art. 5º, inc. XIV, dispõe sobre o direito à informação como direito fundamental.

O amparo da informação transparente pode ser retirado especificamente do art. 4º, *caput*, do CDC, segundo o qual "a Política Nacional das Relações de Consumo tem por objetivo o atendimento das necessidades dos consumidores, o respeito à sua dignidade, saúde e segurança, a proteção de seus interesses econômicos, a melhoria da sua qualidade de vida, bem como a transparência e harmonia das relações de consumo". A ideia central do dispositivo é de, como bem aponta Claudia Lima Marques, "possibilitar a aproximação contratual mais sincera e menos danosa entre consumidor e fornecedor. Transparência significa informação clara e correta sobre o produto a ser vendido, sobre o contrato a ser firmado, significa lealdade e respeito nas relações entre fornecedor e consumidor, mesmo na fase pré-contratual, isto é, na fase negocial dos contratos de consumo".[31] Como se pode notar, a tutela da transparência e da confiança constitui um desdobramento da incidência da boa-fé objetiva nas relações consumeristas.

A concretizar tal proteção, repise-se que, entre os seus arts. 30 e 38, a Lei 8.078/1990 traz regulamentação própria quanto à matéria, relacionando regras aplicadas ao princípio da transparência ou da confiança. Como, muitas vezes, a intenção de formar um negócio tem sua base em uma publicidade, essas regras são muito importantes, inclusive porque denotam a responsabilidade pré-contratual prevista pelo Código de Defesa do Consumidor, assunto a ser abordado oportunamente nesta obra.

Entre todos os comandos, destaque-se de imediato o art. 30 do CDC, segundo o qual o meio de oferta vincula o conteúdo do contrato. Dessa forma, o produto ou serviço deverá estar na exata medida como previsto no meio de oferta, sob pena de o fornecedor ou prestador responder pelos vícios ou danos causados, devendo também, se for o caso, substituir o produto ou executar novamente o serviço. Eventualmente, repise-se, cabe ainda o cumprimento forçado do meio de oferta, por meio de tutela processual específica, nos termos dos arts. 35 e 84 da Lei Consumerista.

Partindo-se para a análise de alguns julgados que mencionam a tutela da transparência e da confiança, colaciona-se decisão do Tribunal Gaúcho, que fez incidir essa proteção em problema ocorrido no serviço de transporte para um importante jogo de futebol:

"Apelação cível. Transporte. Pacote turístico. Ingresso para assistir ao embate futebolístico Grêmio *x* Boca Juniors. Privação. Relação de consumo. Dever de qualidade. Quebra da confiança. Reveses material e moral diagnosticados. 1. Tutela da confiança: o mercado de consumo reclama a observância continente e irrestrita ao dever de qualidade dos serviços e produtos nele comercializados, amparado no princípio da confiança, que baliza e norteia as relações de consumo. Inobservado este dever de qualidade e, via reflexa, a tutela da confiança – pedra angular para o desenvolvimento do mercado –, a Lei impõe gravames de ordem contratual e extracontratual ao infrator. 2. Reveses material e moral: diagnosticada a mácula no serviço ofertado pela ré – privação de comparecer à partida futebolística de notório

---

[31] MARQUES, Claudia Lima. *Contratos no Código de Defesa do Consumidor*. 5. ed. São Paulo: RT, 2006. p. 594.

relevo, envolvendo clubes de tradição indesmentível no certame –, rompe-se o laço de confiança que ata consumidor e fornecedor do produto, ensejando a indenização por revés moral. Dano material insofismável. Apelo desprovido" (TJRS – Acórdão 70029751328, Pelotas – Décima Segunda Câmara Cível – Rel. Des. Umberto Guaspari Sudbrack – j. 28.05.2009 – *DOERS* 12.06.2009, p. 57).

Do mesmo modo, para ilustrar, vejamos decisão do Tribunal Paulista, na qual se concluiu que a empresa de plano de saúde que presta informações obscuras a respeito do contrato celebrado fere o princípio da transparência:

"Plano de saúde. Cláusula excludente da realização de cirurgias neurológicas, bem como da cobertura de colocação de próteses e órteses. Aplicação de prótese neurológica indispensável ao próprio ato cirúrgico, com a finalidade de evitar intervenção mais grave ao paciente e mais dispendiosa à operadora de plano de saúde. Obscuridade dos termos prótese e órtese ao consumidor, que ferem princípio da transparência da oferta. Aplicação do Código de Defesa do Consumidor e da Lei 9.656/1998 aos contratos relacionais celebrados antes de sua vigência, especialmente naquilo que consagra os princípios maiores do equilíbrio contratual e boa-fé objetiva. Ausência de prova sobre a negativa de adaptação do contrato à Lei 9.656/1998. Abusividade da cláusula excludente. Ação parcialmente procedente. Recursos improvidos" (TJSP – Apelação Cível 0000735-92.2010.8.26.0160 – Acórdão 4943464, Descalvado – Quarta Câmara de Direito Privado – Rel. Des. Francisco Loureiro – j. 10.02.2011 – *DJESP* 25.02.2011).

A demonstrar outra incidência do princípio em estudo, do Tribunal de Minas Gerais cite-se acórdão com grande interesse prático, segundo o qual os bancos devem detalhar aos consumidores, em prol da transparência, todas as transações que são feitas nas contas dos seus correntistas, dever esse que é desrespeitado muitas vezes:

"Ação de prestação de contas. Explanação dos lançamentos em conta corrente. Direito do correntista. Interesse processual manifesto. Independentemente do fornecimento de extratos bancários destinados a simples conferência, o correntista possui interesse em propor a ação de prestação de contas se paira dúvida quanto à correção dos valores lançados na sua conta. Notadamente nos contratos em que há múltiplas e complexas operações de crédito e débito, a prestação de contas afigura-se essencial para o reconhecimento dos lançamentos que um dos contratantes faz à conta do outro. Ademais, em homenagem aos princípios da transparência e da informação consagrados no Código de Defesa do Consumidor, exsurge o dever da instituição bancária de esclarecer de forma pormenorizada a administração financeira do contrato" (TJMG – Apelação cível 0142839-61.2008.8.13.0024, Belo Horizonte – Décima Terceira Câmara Cível – Rel. Des. Cláudia Maia – j. 09.12.2010 – *DJEMG* 01.02.2011).

Como último exemplo jurisprudencial, merece relevo julgado do STJ prolatado no ano de 2018 que aplica os princípios da transparência e da confiança à atividade médica e hospitalar, especialmente quanto ao seu dever de informar o paciente, concluindo que "o dever de informar é dever de conduta decorrente da boa-fé objetiva e sua simples inobservância caracteriza inadimplemento contratual, fonte de responsabilidade civil per se. A indenização, nesses casos, é devida pela privação sofrida pelo paciente em sua autodeterminação, por lhe ter sido retirada a oportunidade de ponderar os riscos e vantagens de determinado tratamento, que, ao final, lhe causou danos, que poderiam não ter sido causados, caso não fosse realizado o procedimento, por opção do paciente". Em complemento, o acórdão expressa que "inexistente legislação específica para regulamentar o dever de informação, é o Código de Defesa do Consumidor o diploma que desempenha essa função, tornando bastante rigorosos os deveres de informar com clareza, lealdade e exatidão (art. 6º, III, art. 8º, art. 9º)" (STJ – REsp 1.540.580/DF – Quarta Turma – Rel. Min. Lázaro Guimarães (Desembargador convocado do TRF da 5ª Região) – Rel. p/ Acórdão Min. Luis Felipe Salomão – j. 02.08.2018 – *DJe* 04.09.2018).

Mais uma afirmação importante que consta do aresto, repetida em outros, é no sentido de que cabe ao médico e ao hospital o ônus da prova quanto ao cumprimento do dever de informar. Por fim, deduziu-se que não pode o consentimento do paciente ser genérico (*blanket consent*), necessitando ser claramente individualizado para as necessidades pessoais do paciente.

Questão de grande relevo a respeito da informação e da transparência diz respeito à comunicação de práticas que visem ao *crédito responsável*, com o fim de evitar o chamado *superendividamento*, tema que ainda será abordado nesta obra de forma específica. De acordo com o Enunciado n. 3 do Instituto Brasileiro de Política e Direito do Consumidor (BRASILCON), constituem direitos básicos do consumidor as práticas de crédito responsável e de educação financeira, a prevenção e o tratamento do superendividamento, preservado o mínimo existencial, por meio da repactuação e revisão judicial da dívida, entre outras medidas.

O assunto está tratado pela *Lei do Superendividamento* (Lei 14.181/2021), que tem origem em projeto elaborado por juristas que compõem o BRASILCON, sob a liderança da Professora Claudia Lima Marques. Exatamente nos termos do enunciado doutrinário transcrito, o art. 6.º do CDC passou a estabelecer, por força dessa norma emergente e no seu inc. XI, que é direito básico dos consumidores "a garantia de práticas de crédito responsável, de educação financeira e de prevenção e tratamento de situações de superendividamento, preservado o mínimo existencial, nos termos da regulamentação, por meio da revisão e da repactuação da dívida, entre outras medidas". Em tom específico sobre a tutela da informação, o seu inc. XIII prevê como outro direito fundamental "a informação acerca dos preços dos produtos por unidade de medida, tal como por quilo, por litro, por metro ou por outra unidade, conforme o caso". A temática voltará a ser abordada nesta obra, ainda neste capítulo do livro.

Concluindo, como se nota, pela lei protetiva há uma ampla proteção em matéria de informação, inclusive em consonância com o previsto no art. 5º, inc. XIV, da CF/1988, pelos riscos decorrentes da exposição das pessoas a um grande número de dados informativos, próximo ao infinito. Vale citar as palavras de Ricardo Luis Lorenzetti, que discorre muito bem sobre a informação nos seguintes termos: "assinalou-se que o direito à informação é um pressuposto da participação democrática livre, porque a democracia pode se frustrar diante da ausência de participação, e, para participar, deve-se estar informado. A concepção do Direito Privado como controle difuso do poder justifica esta afirmação. Com esta finalidade de estabelecer uma norma de delimitação do poder e de participação, tem-se advertido duas fases sobre a informação, o direito à informação importa no direito de informar a de ser informado".[32] As lições do grande mestre argentino, como não poderia ser diferente, têm o meu total apoio.

---

[32] LORENZETTI, Ricardo Luis. *Fundamentos de Direito Privado*. Trad. Vera Jacob Fradera. São Paulo: RT, 1998. p. 511.

2.7. PRINCÍPIO DA FUNÇÃO SOCIAL DO CONTRATO

O Código Brasileiro de Defesa do Consumidor é prova evidente de que não se pode aceitar o contrato da maneira como antes era consagrado, regido pelo modelo estanque da autonomia da vontade e de sua consequente força obrigatória (*pacta sunt servanda*). A sociedade mudou, eis que vivemos sob o domínio do capital, e com isso deve-se modificar o modo de se ver e se analisar os pactos, sobretudo os contratos de consumo. Como já pronunciado em sede de recurso ao Superior Tribunal de Justiça, o Código Consumerista representa forte mitigação dessa obrigatoriedade da convenção, mormente nas hipóteses em que o negócio jurídico celebrado encerra uma situação de injustiça (STJ – AgRg no REsp 767.771/RS – Quarta Turma – Rel. Min. Jorge Scartezzini – j. 05.09.2006 – *DJ* 20.11.2006, p. 325).

Em prol dessa relativização do *pacta sunt servanda*, o Código do Consumidor traz como princípio fundamental, embora implícito, a função social dos contratos, conceito básico para a própria concepção do negócio de consumo. O objetivo principal da função social dos contratos é tentar equilibrar uma situação que sempre foi díspar, em que o consumidor sempre foi vítima das abusividades da outra parte da relação de consumo. Nesse sentido, Ada Pellegrini Grinover e Antônio Herman de Vasconcellos e Benjamin apontam apontam o seguinte:

> "A sociedade de consumo, ao contrário do que se imagina, não trouxe apenas benefícios para seus atores. Muito ao revés, em certos casos, a posição do consumidor, dentro deste modelo, piorou em vez de melhorar. Se antes fornecedor e consumidor encontravam-se em situação de relativo equilíbrio de poder e barganha (até porque se conheciam), agora é o fornecedor que, inegavelmente, assume a posição de força na relação de consumo e que, por isso mesmo, 'dita as regras'. E o direito não pode ficar alheio a tal fenômeno. O mercado, por sua vez, não apresenta, em si mesmo, mecanismos eficientes para superar tal vulnerabilidade do consumidor. Nem mesmo para mitigá-la. Logo, imprescindível a intervenção do Estado nas suas três esferas: o Legislativo formulando as normas jurídicas de consumo; o Executivo, implementando-as; e o Judiciário, dirimindo os conflitos decorrentes dos esforços de formulação e de implementação".[33]

Como destacado em outras obras, a função social dos contratos constitui um princípio contratual de ordem pública – conforme consta do art. 2.035, parágrafo único, do CC/2002 –, pelo qual o contrato deve ser, necessariamente, interpretado e visualizado de acordo com o contexto da sociedade.[34] Trata-se de um princípio expresso na codificação geral privada, ao enunciar o seu art. 421, na redação alterada pela Lei 13.874/2019, que a liberdade contratual será exercida nos limites da função social dos contratos. O sentido do último comando, agora corrigido, é o de que a finalidade coletiva dos negócios representa clara limitação ao exercício da autonomia privada no campo contratual.

---

[33] GRINOVER, Ada Pellegrini; BENJAMIN, Antonio Herman de Vasconcellos e. *Código Brasileiro de Defesa do Consumidor comentado pelos autores do anteprojeto*. 8. ed. Rio de Janeiro: Forense Universitária, 2004. p. 6.

[34] Veja-se o desenvolvimento de tal conceito em: TARTUCE, Flávio. *Direito Civil*. Teoria geral dos contratos e contratos em espécie. 20. ed. São Paulo: Método, 2025. vol. 3; TARTUCE, Flávio. *Função social dos contratos*. Do Código de Defesa do Consumidor ao Código Civil de 2002. 2. ed. São Paulo: Método, 2010.

No âmbito do Código de Defesa do Consumidor, a função social do contrato deve ser reconhecida como *princípio implícito*, como bem observam Nelson Nery Jr. e Rosa Maria de Andrade Nery, ao lecionarem que a revisão do contrato de consumo tem como fundamentos as cláusulas gerais da função social do contrato e da boa-fé objetiva, fundadas nas teorias da *base do negócio* (Larenz) e da *culpa in contrahendo* (Ihering).[35]

Do ponto de vista prático, a função social do contrato constitui um regramento que tem tanto uma *eficácia interna* (entre as partes contratantes) quanto uma *eficácia externa* (para além das partes contratantes). Essa *dupla eficácia do princípio* foi reconhecida quando das *Jornadas de Direito Civil*, promovidas pelo Conselho da Justiça Federal e pelo Superior Tribunal de Justiça. Como não poderia ser diferente, tais conclusões têm plena aplicação na órbita dos contratos de consumo. Ora, se os contratos civis estão submetidos a tais premissas, o que dizer, então, dos contratos de consumo?

No último plano, a eficiência do princípio se justifica ainda mais, pois, como bem leciona Claudia Lima Marques, o CDC é uma *lei de função social*, que traz "como consequência modificações profundas nas relações juridicamente relevantes na sociedade, em especial quando esta lei, como o CDC, introduz um rol de direitos (...). No caso do CDC, esta lei de função social intervém de maneira imperativa em relações jurídicas de direito privado, antes dominadas pela idade de autonomia da vontade".[36]

Sobre a *eficácia externa* do princípio, quando da I *Jornada de Direito Civil*, do ano de 2002, aprovou-se o Enunciado n. 21, estabelecendo-se que a função social do contrato representa uma exceção ao princípio da relatividade dos efeitos do contrato, possibilitando a *tutela externa do crédito*, ou seja, a eficácia do contrato perante terceiros.[37] Como exemplo dessa aplicação, a jurisprudência do STJ vinha entendendo que a vítima de um acidente de trânsito poderia demandar diretamente a seguradora do culpado, mesmo não havendo uma relação contratual de fato entre eles. Vejamos um desses acórdãos:

"Processual civil. Recurso especial. Prequestionamento. Acidente de trânsito. Culpa do segurado. Ação indenizatória. Terceiro prejudicado. Seguradora. Legitimidade passiva *ad causam*. Ônus da sucumbência. Sucumbência recíproca. Carece de prequestionamento o recurso especial acerca de tema não debatido no acórdão recorrido. A ação indenizatória de danos materiais, advindos do atropelamento e morte causados por segurado, pode ser ajuizada diretamente contra a seguradora, que tem responsabilidade por força da apólice securitária e não por ter agido com culpa no acidente. Os ônus da sucumbência devem ser proporcionalmente distribuídos entre as partes, no caso de sucumbência recíproca. Recurso provido na parte em que conhecido" (STJ – REsp 444.716/BA – Terceira Turma – Rel. Min. Nancy Andrighi – j. 11.05.2004 – *DJ* 31.05.2004, p. 300).

---

[35] NERY JR., Nelson; NERY, Rosa Maria de Andrade. *Código Civil Anotado*. 2. ed. São Paulo: RT, 2003. p. 912.

[36] MARQUES, Claudia Lima; BENJAMIN, Antonio Herman V.; BESSA, Leonardo Roscoe. *Manual de Direito do Consumidor*. 3. ed. São Paulo: RT, 2010. p. 64.

[37] Sobre o tema, veja-se: PENTEADO, Luciano de Camargo. *Efeitos contratuais perante terceiros*. São Paulo: Quartier Latin, 2007.

A decisão transcrita reconhece em seu bojo que a função social dos contratos está estribada no princípio da solidariedade social, retirado do art. 3º, inc. I, da Constituição Federal de 1988. Com isso, ampliam-se as responsabilidades, o que gera o dever de reparar por parte da seguradora, mesmo não tendo um contrato assinado e firmado formalmente com a vítima do acidente. De fato, esse entendimento anterior do Superior Tribunal de Justiça representava um grande avanço em matéria de ampliação dos efeitos contratuais.

Porém, infelizmente, a jurisprudência do Superior Tribunal de Justiça acabou por rever esse seu entendimento anterior, passando a concluir que a vítima não pode ingressar com ação apenas e diretamente contra a seguradora do culpado, mas somente contra ambos. Vejamos os principais trechos de uma das publicações constantes do *Informativo* n. *490* daquela Corte:

> "Recurso repetitivo. Seguro de responsabilidade civil. Ajuizamento direto exclusivamente contra a seguradora. A Seção firmou o entendimento de que descabe ação do terceiro prejudicado ajuizada, direta e exclusivamente, em face da seguradora do apontado causador do dano, porque, no seguro de responsabilidade civil facultativo, a obrigação da seguradora de ressarcir os danos sofridos por terceiros pressupõe a responsabilidade civil do segurado, a qual, de regra, não poderá ser reconhecida em demanda na qual este não interveio, sob pena de vulneração do devido processo legal e da ampla defesa. Esse posicionamento fundamenta-se no fato de o seguro de responsabilidade civil facultativa ter por finalidade neutralizar a obrigação do segurado em indenizar danos causados a terceiros nos limites dos valores contratados, após a obrigatória verificação da responsabilidade civil do segurado no sinistro. Em outras palavras, a obrigação da seguradora está sujeita à condição suspensiva que não se implementa pelo simples fato de ter ocorrido o sinistro, mas somente pela verificação da eventual obrigação civil do segurado. Isso porque o seguro de responsabilidade civil facultativo não é espécie de estipulação a favor de terceiro alheio ao negócio, ou seja, quem sofre o prejuízo não é beneficiário do negócio, mas sim o causador do dano. Acrescente-se, ainda, que o ajuizamento direto exclusivamente contra a seguradora ofende os princípios do contraditório e da ampla defesa, pois a ré não teria como defender-se dos fatos expostos na inicial, especialmente da descrição do sinistro. (...)" (STJ – REsp 962.230/RS – Rel. Min. Luis Felipe Salomão – j. 08.02.2012).

A conclusão revisada causa estranheza, eis que, presente a solidariedade, a vítima pode escolher contra quem demandar, nos termos da *opção de demanda* reconhecida pelo art. 275 do CC. Ademais, a nova posição acaba representando um retrocesso em relação ao entendimento anterior na perspectiva da função social do contrato e da solidariedade social que deve guiar todas as relações negociais.

A demonstrar a discordância de parte da doutrina em relação a tal mudança de posição do STJ, na *VI Jornada de Direito Civil* (2013) aprovou-se o seguinte enunciado: "o seguro de responsabilidade civil facultativo garante dois interesses, o do segurado contra os efeitos patrimoniais da imputação de responsabilidade e o da vítima à indenização, ambos destinatários da garantia, com pretensão própria e independente contra a seguradora" (Enunciado n. 544). De toda forma, essa discordância da doutrina não convenceu o Superior Tribunal de Justiça que, em 2015, editou a Súmula 529, expressando que "no seguro de responsabilidade civil facultativo, não cabe o ajuizamento de ação pelo terceiro prejudicado direta e exclusivamente em face da seguradora do apontado causador do dano".

Porém, em 2017, a Corte passou a aplicar uma ressalva a esse entendimento, o que representa, em certo sentido, uma volta àquela aplicação da eficácia externa da função social do contrato. Nos termos de uma nova tese firmada, a vítima de acidente de trânsito pode sim ajuizar demanda direta e exclusivamente contra a seguradora do causador do dano quando estiver reconhecida, na esfera administrativa, a responsabilidade deste pela ocorrência do sinistro e quando parte da indenização securitária já tiver sido paga.

Como importante afastamento prático da sumular, o Tribunal Superior concluiu o seguinte:

"Há hipóteses em que a obrigação civil de indenizar do segurado se revela incontroversa, como quando reconhece a culpa pelo acidente de trânsito ao acionar o seguro de automóvel contratado, ou quando firma acordo extrajudicial com a vítima obtendo a anuência da seguradora, ou, ainda, quando esta celebra acordo diretamente com a vítima. Nesses casos, mesmo não havendo liame contratual entre a seguradora e o terceiro prejudicado, forma-se, pelos fatos sucedidos, uma relação jurídica de direito material envolvendo ambos, sobretudo se paga a indenização securitária, cujo valor é o objeto contestado". Por isso, "na pretensão de complementação de indenização securitária decorrente de seguro de responsabilidade civil facultativo, a seguradora pode ser demandada direta e exclusivamente pelo terceiro prejudicado no sinistro, pois, com o pagamento tido como parcial na esfera administrativa, originou-se uma nova relação jurídica substancial entre as partes. Inexistência de restrição ao direito de defesa da seguradora ao não ser incluído em conjunto o segurado no polo passivo da lide" (STJ – REsp 1.584.970/MT – Terceira Turma – Rel. Min. Ricardo Villas Bôas Cueva – j. 24.10.2017 – *DJe* 30.10.2017).

Como sou entusiasta do entendimento que acabou sendo superado, essa nova forma de julgar me parece perfeita.

A respeito da *eficácia interna da função social do contrato*, com aplicação entre as partes, está ela prevista no Enunciado n. 360, da *IV Jornada de Direito Civil*, proposto pelo autor desta obra. No âmbito da Lei 8.078/1990, tal irradiação pode ser retirada de vários dispositivos. De início, fica claro que o princípio da função social, em termos de sua eficácia entre as partes, é retirado da interpretação contratual mais benéfica ao consumidor, conforme regra do art. 47 do CDC.[38] Nota-se que um dos impactos do princípio em questão é justamente proteger a parte vulnerável da relação negocial, o que pode ser retirado da norma e de outras da Lei de Consumo.

Do mesmo modo sintonizado com o princípio da função social do contrato, não se pode afastar a relevância do art. 51 do CDC para a nova visualização dos pactos e avenças celebrados sob a sua égide. Ora, quando o Código Consumerista reconhece a possibilidade de uma cláusula considerada abusiva declarar a nulidade de um negócio, está totalmente antenado com a intervenção estatal nos contratos e com aquilo que se espera de um direito contemporâneo mais justo e equilibrado. Isso é reconhecido pela obra de Claudia Lima Marques, Herman Benjamin e Bruno Miragem, no sentido de que "o Código de Defesa do Consumidor inova consideravelmente o espírito do direito das obrigações, e relativo à máxima *pacta sunt servanda*. A nova lei vai reduzir o espaço antes reservado para a au-

---

[38] No mesmo sentido: MORAIS, Ezequiel. *Código de Defesa do Consumidor Comentado*. São Paulo: RT, 2011. p. 234.

tonomia da vontade proibindo que se pactuem determinadas cláusulas, vai impor normas imperativas, que visam proteger o consumidor, reequilibrando o contrato, garantindo as legítimas expectativas que depositou no vínculo contratual".[39]

Como exemplo de incidência dos dois últimos comandos citados, e mencionando expressamente a função social do contrato – ao lado da boa-fé objetiva –, a Segunda Seção do Superior Tribunal de Justiça julgou, em 2020, que, havendo seguro habitacional, a seguradora deve responder pelos vícios construtivos que dizem respeito ao imóvel. Vejamos trecho da ementa:

"A interpretação fundada na boa-fé objetiva, contextualizada pela função socioeconômica que desempenha o contrato de seguro habitacional obrigatório vinculado ao SFH, leva a concluir que a restrição de cobertura, no tocante aos riscos indicados, deve ser compreendida como a exclusão da responsabilidade da seguradora com relação aos riscos que resultem de atos praticados pelo próprio segurado ou do uso e desgaste natural e esperado do bem, tendo como baliza a expectativa de vida útil do imóvel, porque configuram a atuação de forças normais sobre o prédio. Os vícios estruturais de construção provocam, por si mesmos, a atuação de forças anormais sobre a edificação, na medida em que, se é fragilizado o seu alicerce, qualquer esforço sobre ele – que seria naturalmente suportado acaso a estrutura estivesse íntegra – é potencializado, do ponto de vista das suas consequências, porque apto a ocasionar danos não esperados na situação de normalidade de fruição do bem" (STJ – REsp 1.804.965/SP – Segunda Seção – Rel. Min. Nancy Andrighi – j. 27.05.2020 – DJe 01.06.2020).

Na verdade, observa-se que a primeira tentativa relevante de trazer ao nosso sistema o princípio da função social dos contratos ocorreu com a promulgação da Lei 8.078/1990. Com o Código Civil de 2002, ocorreu uma ampliação do uso de tal regramento, inicialmente pelas previsões expressas que constam dos seus arts. 421 e 2.035, parágrafo único, bem como de outros dispositivos legais específicos.

Seguindo o estudo da eficácia interna do princípio, conforme antes exposto e com base na melhor doutrina, a função social dos contratos na órbita de consumo tem *relação simbiótica* com a manutenção do equilíbrio dos contratos, com a *equidade contratual* e com a plena possibilidade de revisão dos negócios. Como já pronunciado em sede jurisprudencial, "o juiz da equidade deve buscar a Justiça comutativa, analisando a qualidade do consentimento. Quando evidenciada a desvantagem do consumidor, ocasionada pelo desequilíbrio contratual gerado pelo abuso do poder econômico, restando, assim, ferido o princípio da equidade contratual, deve ele receber uma proteção compensatória. Uma disposição legal não pode ser utilizada para eximir de responsabilidade o contratante que age com notória má-fé em detrimento da coletividade, pois a ninguém é permitido valer-se da lei ou de exceção prevista em lei para obtenção de benefício próprio quando este vier em prejuízo de outrem" (STJ – REsp 436.853/DF – Terceira Turma – Rel. Min. Nancy Andrighi – j. 04.05.2006 – DJ 27.11.2006, p. 273).

---

[39] Os juristas apontam que existe no art. 51 do CDC uma finalidade educativa, devendo estar presentes nos contratos de consumo os deveres de clareza na redação e destaque. Mais adiante, os juristas reconhecem o "diálogo sistemático de coerência" entre o Código Civil e o Código de Defesa do Consumidor, eis que "no CC/2002 a autonomia da vontade dos civis e dos empresários nas relações entre eles também conhece como limite a função social do contrato (art. 421), a conduta conforme a boa-fé e a probidade (art. 422) e a ideia de abuso do direito (art. 187)" (MARQUES, Claudia Lima; BENJAMIN, Antonio Herman; MIRAGEM, Bruno. *Comentários ao Código de Defesa do Consumidor*. 3. ed. São Paulo: RT, 2010. p. 623).

O Código de Defesa do Consumidor inseriu a regra de que mesmo uma simples onerosidade excessiva ao consumidor, decorrente de fato superveniente, poderá ensejar a chamada revisão contratual (art. 6º, inc. V). Nesse contexto, deve-se entender que o papel da função social do contrato está intimamente ligado ao ponto de equilíbrio que o negócio jurídico celebrado deve atingir e manter. Dessa forma, um contrato que traz uma onerosidade excessiva a uma das partes – considerada vulnerável – não está cumprindo o seu papel sociológico, necessitando de revisão pelo órgão judicante. O tema ainda será aprofundado no capítulo referente à proteção contratual, cabendo, no presente tópico, estabelecer apenas a conexão com o regramento em análise.

Por fim, é preciso conectar a eficácia interna da função social dos contratos com a *conservação dos negócios jurídicos*, encarando-se a extinção do negócio como a última medida, a *ultima ratio*. No campo doutrinário, tal relação foi reconhecida pelo Enunciado n. 22 do Conselho da Justiça Federal, aprovado na *I Jornada de Direito Civil, in verbis*: "a função social do contrato, prevista no art. 421 do novo Código Civil, constitui cláusula geral, que reforça o princípio de conservação do contrato, assegurando trocas úteis e justas". No mesmo sentido, Nelson Nery Jr. e Rosa Maria de Andrade Nery apontam a conservação do contrato e do negócio jurídico como um dos regramentos básicos da Lei 8.078/1990, eis que "sempre que possível interpreta-se o contrato de consumo de modo a fazer com que suas cláusulas tenham aplicação, extraindo-se delas um máximo de utilidade".[40]

A correlação entre conservação contratual e função social também ganhou especial destaque nas ações judiciais fundadas na crise econômica causada pela pandemia da Covid-19, com a necessidade de manter negócios, empregos e empresas. Nesse sentido, entre muitos arestos estaduais, ressalta-se o seguinte: "a extinção de vínculos contratuais, a revisão judicial e a suspensão de cláusulas contratuais são medidas a serem evitadas pelas partes, sempre que possível. É vantajosa à decisão judicial a negociação feita pelos próprios contratantes, em atenção à boa-fé, ao dever de cooperação e à solidariedade social, mormente na atual situação, em que restrições ocasionadas pela pandemia de coronavírus são impostas a todos. Padece de razoabilidade a suspensão liminar, total e indefinida das obrigações contratuais de uma das partes em detrimento da outra e anteriormente à oitiva desta, mormente se não realizada qualquer tentativa de reconstrução do equilíbrio econômico do contrato por elas firmado" (TJDF – AgIn 07204.35-84.2020.8.07.0000 – Acórdão 128.4452 – Quinta Turma Cível 2 – Rel. Des. Hector Valverde – j. 16.09.2020 – DJe 30.09.2020). O relator do julgado é um notório consumerista, e as suas conclusões têm o meu total apoio.

Como outro exemplo concreto dessa tendência de conservação, cite-se a teoria do adimplemento substancial (*substancial performance*), amplamente admitida pela doutrina e pela jurisprudência. Conforme o Enunciado n. 361, aprovado na *IV Jornada de Direito Civil*: "o adimplemento substancial decorre dos princípios gerais contratuais, de modo a fazer preponderar a função social do contrato e o princípio da boa-fé objetiva, balizando a aplicação do art. 475". São autores do enunciado os juristas Jones Figueirêdo Alves e Eduardo Bussatta, que têm trabalhos de referência sobre o instituto.[41]

---

[40] NERY JR., Nelson; NERY, Rosa Maria de Andrade. *Código Civil Anotado*. 2. ed. São Paulo: RT, 2003. p. 942.
[41] ALVES, Jones Figueirêdo. A teoria do adimplemento substancial. In: DELGADO, Mário Luiz; ALVES, Jones Figueirêdo. *Questões controvertidas no novo Código Civil*. São Paulo: Método, 2005. vol. 4; BUSSATTA, Eduardo. *Resolução dos contratos e teoria do adimplemento substancial*. São Paulo: Saraiva, 2007.

Pela *teoria do adimplemento substancial*, em hipóteses em que a obrigação tiver sido quase toda cumprida, sendo a mora insignificante, não caberá a extinção do negócio, mas apenas outros efeitos jurídicos, visando sempre à manutenção da avença, o que igualmente deve ser incrementado em tempos de crise decorrente da pandemia. A jurisprudência superior tem aplicado a teoria em casos de mora de pouca relevância em contratos de financiamento:

"Agravo regimental. Venda com reserva de domínio. Busca e apreensão. Indeferimento. Adimplemento substancial do contrato. Comprovação. Reexame de prova. Súmula 7/STJ. 1. Tendo o *decisum* do Tribunal de origem reconhecido o não cabimento da busca e apreensão em razão do adimplemento substancial do contrato, a apreciação da controvérsia importa em reexame do conjunto probatório dos autos, razão por que não pode ser conhecida em sede de recurso especial, *ut* Súmula 7/STJ. 2. Agravo regimental não provido" (STJ – Ag. Rg. 607.406/RS – Quarta Turma – Rel. Min. Fernando Gonçalves – j. 09.11.2004 – *DJ* 29.11.2004, p. 346).

"Alienação fiduciária. Busca e apreensão. Deferimento liminar. Adimplemento substancial. Não viola a lei a decisão que indefere o pedido liminar de busca e apreensão considerando o pequeno valor da dívida em relação ao valor do bem e o fato de que este é essencial à atividade da devedora. Recurso não conhecido" (STJ – REsp 469.577/SC – Quarta Turma – Rel. Min. Ruy Rosado de Aguiar – j. 25.03.2003 – *DJ* 05.05.2003, p. 310 – *RNDJ* 43/122).

Nos dois casos, tanto na venda com reserva de domínio quanto na alienação fiduciária em garantia (discute-se se é contrato ou direito real), foi afastada a busca e apreensão da coisa com a consequente resolução do contrato, pois a parte havia cumprido o negócio jurídico substancialmente. Quanto a esse *cumprimento relevante*, deve ser analisado casuisticamente, tendo em vista a finalidade econômico-social do contrato e da obrigação.

Aliás, como têm pontuado doutrina e jurisprudência italianas, a análise do adimplemento substancial passa por *dois filtros*. O primeiro deles é *objetivo*, a partir da medida econômica do descumprimento, dentro da relação jurídica existente entre os envolvidos. O segundo é *subjetivo*, sob o foco dos comportamentos das partes no *processo contratual*.[42] Acreditamos que tais parâmetros também possam ser perfeitamente utilizados nos casos brasileiros, incrementando a sua aplicação em nosso país. Vale lembrar que no Código Civil Italiano há previsão expressa sobre o adimplemento substancial, no seu art. 1.455, segundo o qual o contrato não será resolvido se o inadimplemento de uma das partes tiver escassa importância, levando-se em conta o interesse da outra parte.

Em suma, para a caracterização do adimplemento substancial, entram em cena fatores quantitativos e qualitativos, conforme o preciso enunciado aprovado na *VII Jornada de Direito Civil*, de 2015: "para a caracterização do adimplemento substancial (tal qual reconhecido pelo Enunciado n. 361 da *IV Jornada de Direito Civil* – CJF), leva-se em conta tanto aspectos quantitativos quanto qualitativos" (Enunciado n. 586).

---

[42] CHINÉ, Giuseppe; FRATINI, Marco; ZOPPINI, Andrea. *Manuale di Diritto Civile*. Roma: Nel Diritto, IV Edizioni, 2013, p. 1369; citando a Decisão n. 6463, da Corte de Cassação Italiana, prolatada em 11 de março de 2008.

Não se pode negar que é preciso incluir no Código Civil uma regulamentação a respeito do instituto, o que está sendo proposto na Reforma do Código Civil, pela Comissão de Juristas nomeada no âmbito do Senado Federal. Assim, sugere-se a inclusão de um novo art. 475-A na Lei Geral Privada, prevendo o seu *caput* que "o adimplemento substancial do contrato pelo devedor pode ser oposto ao credor, evitando a resolução, observando-se especialmente: I – a proporção da prestação satisfeita em relação à parcela inadimplida; II – o interesse útil do credor na efetivação da prestação; III – a tutela da confiança legítima gerada pelos comportamentos das partes; IV – a possibilidade de conservação do contrato, em prol de sua função social e econômica". São inseridos na lei, como se nota, critérios objetivos e claros para a aplicação do adimplemento substancial, também com um parágrafo único, enunciando que "o disposto neste artigo não afasta eventual pretensão do credor pela reparação por perdas e danos".

A proposição é mais do que necessária, é essencial para trazer um aumento da segurança jurídica para os contratos, sobretudo para os momentos de crise que surgirem no futuro, afirmação que serve para os contratos de consumo, como não poderia ser diferente.

De toda sorte, apesar de representar um grande avanço, a jurisprudência do STJ acabou por afastar a aplicação da teoria do adimplemento substancial para a alienação fiduciária em garantia de bens móveis, em julgamento de pacificação prolatado na sua Segunda Seção, no ano de 2017, justamente pela ausência de lei específica regulando a aplicação do instituto (STJ – REsp 1.622.555/MG – Segunda Seção – Rel. Min. Marco Buzzi – Rel. p/ Acórdão Min. Marco Aurélio Bellizze – j. 22.02.2017 – *DJe* 16.03.2017). Como está desenvolvido no Capítulo 5 deste livro, penso que tal conclusão representa um grande retrocesso para a tutela dos direitos dos consumidores.

Como outra ilustração relativa à interação entre conservação negocial e função social do contrato, vale citar correto acórdão do Superior Tribunal de Justiça, publicado no seu *Informativo* n. 569, que diz respeito à chamada *exceção da ruína*. Nos termos do aresto, que citam as lições Claudia Lima Marques e Bruno Miragem:

"Os empregados demitidos sem justa causa e os aposentados que contribuíram para plano de saúde coletivo empresarial que tenha sido extinto não têm direito de serem mantidos nesse plano se o estipulante (ex-empregador) e a operadora redesenharam o sistema estabelecendo um novo plano de saúde coletivo a fim de evitar o seu colapso (exceção da ruína) ante prejuízos crescentes, desde que tenham sido asseguradas aos inativos as mesmas condições de cobertura assistencial proporcionadas aos empregados ativos (...). De fato, pela exceção da ruína – instituto que, conforme definição doutrinária, representa a circunstância liberatória decorrente da 'situação de ruína em que o devedor poderia incorrer, caso a execução do contrato, atingida por alterações fáticas, não fosse sustida' –, o vínculo contratual original pode sofrer ação liberatória e adaptadora às novas circunstâncias da realidade, com a finalidade de manter a relação jurídica sem a quebra do sistema, sendo imprescindível a cooperação mútua para modificar o contrato do modo menos danoso às partes. É por isso que, nos contratos cativos de longa duração, também chamados de relacionais, baseados na confiança, o rigorismo e a perenidade do vínculo existente entre as partes podem sofrer, excepcionalmente, algumas flexibilizações, a fim de evitar a ruína do sistema e da empresa, devendo ser respeitados, em qualquer caso, a boa--fé, que é bilateral, e os deveres de lealdade, de solidariedade (interna e externa) e de cooperação recíprocos. (...). Cumpre destacar, também, que a função social e a solidariedade nos planos de saúde coletivos assumem grande relevo, tendo em vista o mutualismo existente, caracterizador de um pacto tácito entre as diversas gerações de empregados passados, atuais e futuros (solidariedade intergeracional), trazendo o dever de todos para a viabilização do próprio contrato de assistência médica. Desse modo, na hipótese em apreço, não há como preservar indefinidamente a sistemática contratual original se verificada a exceção de ruína" (STJ – REsp 1.479.420/SP – Rel. Min. Ricardo Villas Bôas Cueva – j. 1º.9.2015, *DJe* 11.9.2015).

Outra concreção interessante diz respeito à necessidade de se manter como beneficiário de plano de saúde, e nas mesmas condições originalmente pactuadas, o trabalhador aposentado que contribuiu para o referido plano em decorrência do vínculo empregatício. Importante julgado do Superior Tribunal de Justiça assegura esse direito, à razão de um ano para cada ano de contribuição e desde que assumido o pagamento integral do plano (STJ – REsp 1.371.271/RJ – Terceira Turma – Rel. Min. Nancy Andrighi – j. 02.02.2017, *DJe* 10.02.2017).

Trata-se de aplicação direta e natural do previsto no art. 30 da Lei 9.656/1998, segundo o qual "ao consumidor que contribuir para produtos de que tratam o inciso I e o § 1º do art. 1º desta Lei, em decorrência de vínculo empregatício, no caso de rescisão ou exoneração do contrato de trabalho sem justa causa, é assegurado o direito de manter sua condição de beneficiário, nas mesmas condições de cobertura assistencial de que gozava quando da vigência do contrato de trabalho, desde que assuma o seu pagamento integral". Como se nota, não há qualquer justificativa para as empresas de plano de saúde oferecerem resistências quanto a tais pleitos dos consumidores.

Feitas tais considerações, por todo o exposto até aqui, o contrato deve ser, regra geral, mantido e conservado, sendo admitida a sua resolução ou revisão somente quando estiver presente uma situação desfavorável ao consumidor, com repercussões no mundo fático, de modo a tornar insuportável a manutenção do seu relacionamento negocial. Tem-se, na espécie, um princípio diferente do princípio da força obrigatória do contrato previsto no Direito Civil clássico (*pacta sunt servanda*), mas a regra continua sendo de manutenção da autonomia privada exposta pelas partes no momento da celebração da avença. De toda sorte, a manutenção do negócio, com sua concreta correção ou revisão, acaba representando uma espécie de punição para a parte que impôs o desequilíbrio ou a situação de injustiça ao consumidor.

O sentido da conservação contratual pode ser retirado do art. 51, § 2º, da Lei 8.078/1990, que estabelece a vedação de nulidade automática de todo o negócio, pela presença de uma cláusula abusiva. Enuncia tal comando que "a nulidade de uma cláusula contratual abusiva não invalida o contrato, exceto quando de sua ausência, apesar dos esforços de integração, decorrer um ônus excessivo a qualquer das partes". Para a manutenção do negócio, devem-se buscar formas de integração, decretando-se a nulidade da cláusula desproporcional, mas mantendo-se todo o resto do negócio jurídico. Trata-se de aplicação, na ótica consumerista, da antiga máxima segundo a qual a parte inútil do negócio não prejudica, em regra, a sua parte útil (*utile per inutile non vitiatur*).

Encerrando o presente tópico, percebe-se que o Código de Defesa do Consumidor valoriza sobremaneira, naquilo que for possível, a vontade anteriormente manifestada, visando a sua manutenção diante de uma confiança depositada, o que liga o princípio da conservação contratual à boa-fé objetiva. Como o intuito é o aproveitamento do negócio jurídico, diante da sua importância para a sociedade, a conservação também possui um traço que a relaciona com o princípio da função social dos contratos, o que parece ser a melhor opção principiológica.

2.8. PRINCÍPIO DA EQUIVALÊNCIA NEGOCIAL (ART. 6º, INC. II, DA LEI 8.078/1990)

Pelo princípio da equivalência negocial, é garantida a igualdade de condições no momento da contratação ou de aperfeiçoamento da relação jurídica patrimonial. De acordo com a norma do inciso II, art. 6º, do CDC, fica estabelecido o compromisso de tratamento igual a todos os consumidores, consagrada a igualdade nas contratações. A respeito dessa equivalência, mais uma vez são oportunas as lições de Claudia Lima Marques, Antônio Herman V. Benjamin e Bruno Miragem:

> "Com o advento do CDC, o contrato passa a ter seu equilíbrio, conteúdo ou equidade mais controlados, valorizando-se o seu sinalagma. Segundo Gernhuber, sinalagma é um elemento imanente estrutural dos contratos, é a dependência genética, condicionada e funcional de pelo menos duas prestações correspectivas, é o nexo final que, oriundo da vontade das partes, é moldado pela lei (Gernhuber, p. 52). Sinalagma não significa apenas bilateralidade, como muitos acreditam, influenciados pelo art. 1.102 do Code Civil francês, mas sim contrato, convenção, é um modelo de organização (*Organisation modell*) das relações privadas (etimologicamente, a palavra grega significa contrato ou convenção e só no direito romano, e em sua interpretação na Idade Média, passou a ser considerada sinônimo de bilateralidade perfeita nos contratos). O papel preponderante da lei sobre a vontade das partes, a impor uma maior boa-fé nas relações de mercado, conduz o ordenamento jurídico a controlar mais efetivamente este sinalagma e, por consequência, o equilíbrio contratual".[43]

A par dessa tentativa de concretizar a igualdade, fundamentada na isonomia constitucional, no máximo, o que se pode aceitar são privilégios aos consumidores que necessitem de proteção especial, tidos como *hipervulneráveis*, caso de idosos, crianças e adolescentes, que merecem proteção por duplo ou triplo motivo.[44]

No contexto de equivalência, o Código de Defesa do Consumidor veda que os destinatários finais sejam expostos a práticas desproporcionais, o que pode ser sentido pela inteligência dos arts. 39 e 51, que afastam, respectivamente, determinadas cláusulas e práticas abusivas, geradoras de nulidade absoluta e de responsabilidade civil, dependendo do caso concreto.

Além disso, o art. 8º da Lei Consumerista estabelece a vedação de produtos e serviços que acarretem riscos à saúde dos consumidores, sem exceção, o que também vai ao encontro à tentativa de igualdade de tratamento. Em tais situações, no caso de danos, todos terão direito à reparação integral, patrimonial, moral e estética, aplicando-se a teoria própria de responsabilidade civil, prevista pela Lei 8.078/1990.

Como tem decidido a jurisprudência superior, o conteúdo dessa norma vai muito além do simples atendimento às normas técnicas de segurança relativas ao produto. Consoante trecho de preciso aresto do STJ, "a adequação do produto com as normas técnicas vigentes à época do

---

[43] MARQUES, Claudia Lima; BENJAMIN, Antonio Herman V.; MIRAGEM, Bruno. *Comentários ao Código de Defesa do Consumidor*. 3. ed. São Paulo: RT, 2010. p. 148.

[44] Sobre o tema: NISHIYAMA, Adolfo Mamoru. *A proteção constitucional do consumidor*. 2. ed. São Paulo: Atlas, 2010. p. 229-238.

evento danoso e a aprovação antecedente pelo INMETRO não afastam a responsabilidade do fornecedor, pois, considerando a natureza de ordem pública e de interesse social das normas dispostas no diploma consumerista (art. 1º do CDC), estas (normas consumeristas) devem ser atendidas com primazia sobre aquelas (normas técnicas), sobretudo à luz do art. 8º do CDC (...)". O caso dizia respeito a uma gravíssima situação concreta, em que vícios de informação e de concepção de um berço colocado em circulação no mercado de consumo acarretaram a morte da filha e irmã dos autores da ação, deduzindo que "de rigor é o reconhecimento da responsabilidade dessa importadora pelo fato do produto e, assim, da obrigação de reparação civil, conforme acertadamente concluíram as instâncias ordinárias" (STJ – REsp 2.033.737/SP – Terceira Turma – Rel. Min. Marco Aurélio Bellizze – j. maio de 2023).

Acrescente-se que pelo § 1º desse mesmo art. 8º do CDC, em se tratando de produto industrial, ao fabricante cabe prestar as informações sobre os citados riscos do produto, através de impressos apropriados que devam acompanhá-lo. A Lei 13.486, de outubro de 2017, incluiu um segundo parágrafo ao comando, estabelecendo que o fornecedor deverá higienizar os equipamentos e utensílios utilizados no fornecimento de produtos ou serviços, ou colocados à disposição do consumidor.

Deve também informar, de maneira ostensiva e adequada, quando for o caso, sobre os riscos de contaminação oriundos do produto. A nova norma chega a causar estranheza, pois o seu conteúdo já era retirado do *caput* do art. 8º do CDC. Por óbvio, tais deveres eram extraídos da essência da Lei 8.078/1990, especialmente do dever anexo de informação, relacionado ao princípio da boa-fé objetiva. O novel preceito, assim, parece-me até inútil.

Feita tal nota de atualização, pelo princípio da equivalência negocial, assegura-se ao consumidor o direito de conhecer o produto ou o serviço que está adquirindo, de acordo com a ideia de plena liberdade de escolha e do dever anexo de informar. É oportuno, nesse sentido, citar o Decreto 4.680, de abril de 2003, que regulamenta o direito à informação, prevendo o seu art. 1º o dever dos fornecedores de informar quanto aos "alimentos e ingredientes alimentares destinados ao consumo humano ou animal, que contenham ou sejam produzidos a partir de organismos geneticamente modificados, sem prejuízo do cumprimento das demais normas aplicáveis". De acordo com essa estrutura proporcional, a lei proíbe qualquer tipo de discriminação no momento de contratar, sob o pretexto constitucional de que todos são iguais perante a lei, existindo também o dever de o prestador ou fornecedor informar todos sobre os riscos inerentes à prestação ou ao fornecimento.

Essa é a lógica e o sentido do que consta no art. 9º da Lei 8.078/1990, ao consagrar o dever de informar quanto aos produtos e serviços potencialmente nocivos ou perigosos à saúde e segurança. Esse comando legal mantém relação íntima com a segunda geração de direitos, relacionada com o princípio da igualdade *lato sensu*, ou isonomia, previsto no art. 5º, *caput*, da CF/1988. Na prática, tem-se exigido o respeito a esse dever por parte dos fornecedores e prestadores, chegando-se a impor graves consequências, inclusive penais, no caso do seu descumprimento.

Por tudo isso, percebe-se um contato direto entre o princípio da equivalência negocial e a boa-fé objetiva, havendo uma exigência de condutas de lealdade por parte dos profissionais da relação de consumo, que deverão, de maneira igualitária, fornecer condições iguais nas fases pré-contratual, contratual e pós-contratual do negócio jurídico.

A encerrar este tópico, tendo a coletividade como objeto de tratamento legal, o art. 10 do Código Consumerista veda ao fornecedor a conduta de colocar no mercado produto ou serviço que apresente alto grau de nocividade à saúde e à segurança de todos, o que, de igual modo, é expressão correta do princípio da equivalência. Nesse caso, há o dever geral de vigilância e informação, que atinge inclusive a fase pós-contratual, momento posterior ao do aperfeiçoamento do contrato.

Para as situações em que houver danos coletivos, os arts. 81 e 82 do Código Consumerista trazem a possibilidade de defesa de interesses e direitos individuais homogêneos, coletivos em sentido estrito e difusos, o que é grande repercussão do princípio ora comentado, haja vista somente ser possível a proteção coletiva nos casos de equivalência entre os prejudicados.

Conforme o Enunciado n. 2 do Instituto Brasileiro de Política e Direito do Consumidor (BRASILCON), os artigos 8º, 9º e 10 do Código de Defesa do Consumidor aplicam-se aos riscos provenientes de impactos ambientais decorrentes de produtos e serviços inseridos no mercado de consumo, o que tem grande relevância para as demandas coletivas.

2.9. PRINCÍPIO DA REPARAÇÃO INTEGRAL DOS DANOS (ART. 6º, INC. VI, DA LEI 8.078/1990). OS DANOS REPARÁVEIS NAS RELAÇÕES DE CONSUMO

No que concerne à responsabilidade civil na ótica consumerista – tema que merecerá abordagem em capítulo próprio –, o regramento fundamental é a reparação integral dos danos, que assegura aos consumidores as efetivas prevenção e reparação de todos os danos suportados, sejam eles materiais ou morais, individuais, coletivos ou difusos.

Em um primeiro momento, se existirem danos materiais no caso concreto, nas modalidades de danos emergentes – o que efetivamente se perdeu –, ou lucros cessantes – o que razoavelmente se deixou de lucrar –, o consumidor terá direito à reparação integral, sendo vedado qualquer tipo de tarifação ou tabelamento, previsto por lei, entendimento jurisprudencial ou convenção internacional. Nessa linha, conforme o Enunciado n. 550 do CJF/STJ, aprovado na *VI Jornada de Direito Civil*, em 2013, "a quantificação da reparação por danos extrapatrimoniais não deve estar sujeita a tabelamento ou a valores fixos". Obviamente, tal linha de pensar tem plena incidência para as relações jurídicas de consumo.

De uma mesma situação danosa terá o consumidor direito à reparação por danos morais, aqueles que atingem seus direitos da personalidade. Não se pode esquecer que a Súmula 37 do STJ admite a cumulação, em uma mesma ação, de pedido de reparação de danos materiais e morais, decorrentes do mesmo fato, o que tem plena aplicação às relações de consumo.

Ato contínuo, deve-se atentar para o fato de que, para a jurisprudência superior, o dano estético constitui uma terceira modalidade de dano, separável do dano moral, cabendo do mesmo modo indenização por tais prejuízos. Estabelece a Súmula 387 do STJ que é perfeitamente possível a cumulação de danos estéticos e danos morais. O entendimento parece ser o mais correto, em prol da tendência de ampliação de novas categorias de danos.

Em reforço, no dano estético há uma lesão a mais à personalidade, à dignidade humana. Como exemplo da presença de dano estético em relação de consumo, cite-se a hipótese de erro médico em cirurgia plástica estética, subsumindo-se plenamente ao

Código do Consumidor (nesse sentido: STJ – REsp 236.708/MG – Quarta Turma – Rel. Des. Conv. Carlos Fernando Mathias – j. 10.02.2009 – DJe 18.05.2009).

Além dos danos individuais, representando notável avanço, o Código de Defesa do Consumidor admite expressamente no seu art. 6º, inc. VI, a reparação de danos morais coletivos e dos danos difusos, categorias que merecem ser aqui diferenciadas para aprofundamentos posteriores. Anote-se que a conclusão a respeito da reparação desses danos é a mesma no âmbito civil, conforme se depreende do Enunciado n. 456, da *V Jornada de Direito Civil* do Conselho da Justiça Federal e do Superior Tribunal de Justiça, evento de 2011: "a expressão 'dano' no art. 944 abrange não só os danos individuais, materiais ou imateriais, mas também os danos sociais, difusos, coletivos e individuais homogêneos a serem reclamados pelos legitimados para propor ações coletivas".

O dano moral coletivo é modalidade de dano que atinge, ao mesmo tempo, vários direitos da personalidade, de pessoas determinadas ou determináveis (*danos morais somados ou acrescidos*). Deve-se compreender que os danos morais coletivos atingem direitos individuais homogêneos e coletivos em sentido estrito, em que as vítimas são determinadas ou determináveis. Por isso, a indenização deve ser destinada para elas, as vítimas concretas do evento.

Serve como inspiração para tal dedução o art. 81 do CDC. Pela norma, os interesses ou direitos individuais homogêneos são os decorrentes de origem comum, sendo possível identificar os direitos dos prejudicados. Já os interesses ou direitos coletivos em sentido estrito são os transindividuais e indivisíveis, de que seja titular grupo, categoria ou classe de pessoas ligadas entre si ou com a parte contrária por uma relação jurídica base.

Em sede de jurisprudência superior – apesar de algumas resistências –, o principal julgado que admitiu a reparação dos danos morais coletivos foi prolatado pela Terceira Turma do Superior Tribunal de Justiça no famoso caso das *pílulas de farinha*. O Tribunal entendeu por bem indenizar as mulheres que tomaram as citadas pílulas e vieram a engravidar, o que não estava planejado. A indenização foi em face da empresa *Schering do Brasil*, que fornecia a pílula anticoncepcional *Microvlar*, presente na decisão uma apurada análise da extensão do dano em relação às consumidoras. A longa ementa da decisão merece ser aqui transcrita, para as devidas reflexões:

> "Civil e processo civil. Recurso especial. Ação civil pública proposta pelo PROCON e pelo Estado de São Paulo. Anticoncepcional Microvlar. Acontecimentos que se notabilizaram como o 'caso das pílulas de farinha'. Cartelas de comprimidos sem princípio ativo, utilizadas para teste de maquinário, que acabaram atingindo consumidoras e não impediram a gravidez indesejada. Pedido de condenação genérica, permitindo futura liquidação individual por parte das consumidoras lesadas. Discussão vinculada à necessidade de respeito à segurança do consumidor, ao direito de informação e à compensação pelos danos morais sofridos. Nos termos de precedentes, associações possuem legitimidade ativa para propositura de ação relativa a direitos individuais homogêneos. Como o mesmo fato pode ensejar ofensa tanto a direitos difusos, quanto a coletivos e individuais, dependendo apenas da ótica com que se examina a questão, não há qualquer estranheza em se ter uma ação civil pública concomitante com ações individuais, quando perfeitamente delimitadas as matérias cognitivas em cada hipótese. A ação civil pública demanda atividade probatória congruente com a discussão que ela veicula; na presente hipótese, analisou-se a colocação ou não das consumidoras em risco e responsabilidade decorrente do des-

respeito ao dever de informação. Quanto às circunstâncias que envolvem a hipótese, o TJSP entendeu que não houve descarte eficaz do produto-teste, de forma que a empresa permitiu, de algum modo, que tais pílulas atingissem as consumidoras. Quanto a esse 'modo', verificou-se que a empresa não mantinha o mínimo controle sobre pelo menos quatro aspectos essenciais de sua atividade produtiva, quais sejam: a) sobre os funcionários, pois a estes era permitido entrar e sair da fábrica com o que bem entendessem; b) sobre o setor de descarga de produtos usados e/ou inservíveis, pois há depoimentos no sentido de que era possível encontrar medicamentos no 'lixão' da empresa; c) sobre o transporte dos resíduos; e d) sobre a incineração dos resíduos. E isso acontecia no mesmo instante em que a empresa se dedicava a manufaturar produto com potencialidade extremamente lesiva aos consumidores. Em nada socorre a empresa, assim, a alegação de que, até hoje, não foi possível verificar exatamente de que forma as pílulas-teste chegaram às mãos das consumidoras. O panorama fático adotado pelo acórdão recorrido mostra que tal demonstração talvez seja mesmo impossível, porque eram tantos e tão graves os erros e descuidos na linha de produção e descarte de medicamentos, que não seria hipótese infundada afirmar-se que os placebos atingiram as consumidoras de diversas formas ao mesmo tempo. A responsabilidade da fornecedora não está condicionada à introdução consciente e voluntária do produto lesivo no mercado consumidor. Tal ideia fomentaria uma terrível discrepância entre o nível dos riscos assumidos pela empresa em sua atividade comercial e o padrão de cuidados que a fornecedora deve ser obrigada a manter. Na hipótese, o objeto da lide é delimitar a responsabilidade da empresa quanto à falta de cuidados eficazes para garantir que, uma vez tendo produzido manufatura perigosa, tal produto fosse afastado das consumidoras. A alegada culpa exclusiva dos farmacêuticos na comercialização dos placebos parte de premissa fática que é inadmissível e que, de qualquer modo, não teria o alcance desejado no sentido de excluir totalmente a responsabilidade do fornecedor. A empresa fornecedora descumpre o dever de informação quando deixa de divulgar, imediatamente, notícia sobre riscos envolvendo seu produto, em face de juízo de valor a respeito da conveniência, para sua própria imagem, da divulgação ou não do problema. Ocorreu, no caso, uma curiosa inversão da relação entre interesses das consumidoras e interesses da fornecedora: esta alega ser lícito causar danos por falta, ou seja, permitir que as consumidoras sejam lesionadas na hipótese de existir uma pretensa dúvida sobre um risco real que posteriormente se concretiza, e não ser lícito agir por excesso, ou seja, tomar medidas de precaução ao primeiro sinal de risco. O dever de compensar danos morais, na hipótese, não fica afastado com a alegação de que a gravidez resultante da ineficácia do anticoncepcional trouxe, necessariamente, sentimentos positivos pelo surgimento de uma nova vida, porque o objeto dos autos não é discutir o dom da maternidade. Ao contrário, o produto em questão é um anticoncepcional, cuja única utilidade é a de evitar uma gravidez. A mulher que toma tal medicamento tem a intenção de utilizá-lo como meio a possibilitar sua escolha quanto ao momento de ter filhos, e a falha do remédio, ao frustrar a opção da mulher, dá ensejo à obrigação de compensação pelos danos morais, em liquidação posterior. Recurso especial não conhecido" (STJ – REsp 866.636/SP – Terceira Turma – Rel. Min. Nancy Andrighi – j. 29.11.2007 – *DJ* 06.12.2007, p. 312).

Três são as conclusões do julgado que merecem ser destacadas. A primeira é a de que o PROCON, como entidade de defesa dos consumidores, tem legitimidade para defesa de direitos individuais homogêneos com clara repercussão social. A segunda, que mais nos interessa, é no sentido de que os danos morais podem ser coletivos e não só individuais, o que é claro pela simples leitura do art. 6º, inc. VI, da Lei 8.078/1990. A terceira conclusão é a de que as mulheres que engravidaram sofreram lesões à personalidade diante de uma situação não esperada ou não planejada. Assim, obviamente, não é o nascimento do filho que causa o dano moral, mas sim a frustração de uma opção pessoal. Perfeitas são todas as conclusões desse exemplar acórdão, que merece o devido estudo por todos os operadores do Direito.

A respeito do dano difuso, pode ele ser visualizado como um dano social, sendo as duas expressões sinônimas. Para Antonio Junqueira de Azevedo, os danos sociais "são lesões à sociedade, no seu nível de vida, tanto por rebaixamento de seu patrimônio moral – principalmente a respeito da segurança – quanto por diminuição na qualidade de vida".[45] Na esteira dos ensinamentos do jurista, constata-se que tais prejuízos podem gerar repercussões materiais ou morais, o que os diferencia dos danos morais coletivos, pois os últimos são apenas extrapatrimoniais. Os danos sociais decorrem de *condutas socialmente reprováveis* ou *comportamentos exemplares negativos*, como quer o próprio Junqueira de Azevedo.[46]

Os danos sociais são difusos, pois envolvem situações em que as vítimas são indeterminadas ou indetermináveis, nos termos do art. 81, parágrafo único, inc. I, do CDC, segundo o qual são interesses ou direitos difusos os transindividuais, de natureza indivisível, de que sejam titulares pessoas indeterminadas e ligadas por circunstâncias de fato. Como não é possível determinar quais são as vítimas, a indenização deve ser destinada para um fundo de proteção – de acordo com os direitos atingidos –, ou mesmo para uma instituição de caridade, a critério do juiz.

Nessa linha, há decisão importante, do sempre pioneiro Tribunal de Justiça do Rio Grande do Sul, reconhecendo a reparação dos danos difusos e sociais. O caso envolve a fraude de um sistema de loterias (caso *Toto Bola*), o que gerou danos à sociedade. Fixada a indenização, os valores foram revertidos a favor do fundo gaúcho de proteção dos consumidores. Vejamos, mais uma vez, a ementa do julgado:

"Toto Bola. Sistema de loterias de chances múltiplas. Fraude que retirava ao consumidor a chance de vencer. Ação de reparação de danos materiais e morais. Danos materiais limitados ao valor das cartelas comprovadamente adquiridas. Danos morais puros não caracterizados. Possibilidade, porém, de excepcional aplicação da função punitiva da responsabilidade civil. Na presença de danos mais propriamente sociais do que individuais, recomenda-se o recolhimento dos valores da condenação ao fundo de defesa de interesses difusos. Recurso parcialmente provido. Não há que se falar em perda de uma chance, diante da remota possibilidade de ganho em um sistema de loterias. Danos materiais consistentes apenas no valor das cartelas comprovadamente adquiridas, sem reais chances

---

[45] AZEVEDO, Antonio Junqueira de. Por uma nova categoria de dano na responsabilidade civil: o dano social. In: FILOMENO, José Geraldo Brito; WAGNER JÚNIOR, Luiz Guilherme da Costa; GONÇALVES, Renato Afonso (Coord.). *O Código Civil e sua interdisciplinaridade*. Belo Horizonte: Del Rey, 2004. p. 376.

[46] AZEVEDO, Antonio Junqueira de. Por uma nova categoria de dano na responsabilidade civil: o dano social. In: FILOMENO, José Geraldo Brito; WAGNER JÚNIOR, Luiz Guilherme da Costa; GONÇALVES, Renato Afonso (Coord.). *O Código Civil e sua interdisciplinaridade*. Belo Horizonte: Del Rey, 2004. p. 376.

de êxito. Ausência de danos morais puros, que se caracterizam pela presença da dor física ou sofrimento moral, situações de angústia, forte estresse, grave desconforto, exposição à situação de vexame, vulnerabilidade ou outra ofensa a direitos da personalidade. Presença de fraude, porém, que não pode passar em branco. Além de possíveis respostas na esfera do direito penal e administrativo, o direito civil também pode contribuir para orientar os atores sociais no sentido de evitar determinadas condutas, mediante a punição econômica de quem age em desacordo com padrões mínimos exigidos pela ética das relações sociais e econômicas. Trata-se da função punitiva e dissuasória que a responsabilidade civil pode, excepcionalmente, assumir, ao lado de sua clássica função reparatória/compensatória. 'O Direito deve ser mais esperto do que o torto', frustrando as indevidas expectativas de lucro ilícito, à custa dos consumidores de boa-fé. Considerando, porém, que os danos verificados são mais sociais do que propriamente individuais, não é razoável que haja uma apropriação particular de tais valores, evitando-se a disfunção alhures denominada de *overcompensation*. Nesse caso, cabível a destinação do numerário para o Fundo de Defesa de Direitos Difusos, criado pela Lei 7.347/1985, e aplicável também aos danos coletivos de consumo, nos termos do art. 100, parágrafo único, do CDC. Tratando-se de dano social ocorrido no âmbito do Estado do Rio Grande do Sul, a condenação deverá reverter para o fundo gaúcho de defesa do consumidor. Recurso parcialmente provido" (TJRS – Recurso Cível 71001281054 – Primeira Turma Recursal Cível, Turmas Recursais – Rel. Des. Ricardo Torres Hermann – j. 12.07.2007).

No ano de 2013 surgiu outro acórdão sobre o tema, que merece especial destaque, por sua indiscutível amplitude perante toda a coletividade. O julgado, da Quarta Câmara de Direito Privado Tribunal de Justiça de São Paulo, condenou a empresa AMIL a pagar uma indenização de R$ 1.000.000,00 (um milhão de reais) a título de danos sociais, valor que deve ser destinado ao Hospital das Clínicas de São Paulo. A condenação se deu diante de reiteradas negativas de coberturas médicas, notoriamente praticadas por essa operadora de planos de saúde. Vejamos sua ementa:

"Plano de saúde. Pedido de cobertura para internação. Sentença que julgou procedente pedido feito pelo segurado, determinado que, por se tratar de situação de emergência, fosse dada a devida cobertura, ainda que dentro do prazo de carência, mantida. Dano moral. Caracterização em razão da peculiaridade de se cuidar de paciente acometido por infarto, com a recusa de atendimento e, consequentemente, procura de outro hospital em situação nitidamente aflitiva. Dano social. Contratos de seguro-saúde, a propósito de hipóteses reiteradamente analisadas e decididas. Indenização com caráter expressamente punitivo, no valor de um milhão de reais que não se confunde com a destinada ao segurado, revertida ao Hospital das Clínicas de São Paulo. Litigância de má-fé. Configuração pelo caráter protelatório do recurso. Aplicação de multa. Recurso da seguradora desprovido e do segurado provido em parte" (TJSP, Apelação 0027158-41.2010.8.26.0564 – 4.ª Câmara de Direito Privado – São Bernardo do Campo – Rel. Des. Teixeira Leite – j. 18.07.2013).

Frise-se que o aresto reconheceu o dano moral individual suportado pela vítima, indenizando-a em R$ 50.000,00 (cinquenta mil reais), em cumulação com o relevante valor mencionado, a título de danos sociais. Quanto ao último montante, constou do voto vencedor, com maestria, "que uma acentuada importância em dinheiro pode soar como alta a uma primeira vista, mas isso logo se dissipa em se comparada ao lucro exagerado que a seguradora obtém negando coberturas e obrigando que seus contratados, enquanto pacientes, a buscar na Justiça o que o próprio contrato lhes garante. Aliás, não só se ganha ao regatear e impor recusas absurdas, como ainda agrava o sistema de saúde pública, obrigando a busca de alternativas nos hospitais não conveniados e que cumprem missão humanitária, fazendo com que se desdobrem e gastem mais para curar doentes que possuem planos de assistência médica. Portanto, toda essa comparação permite, e autoriza, nessa demanda de um segurado, impor uma indenização punitiva de cunho social que será revertida a uma das instituições de saúde mais atuantes, o que, quem sabe, irá servir para despertar a noção de cidadania da seguradora". Tenho a honra de ter sido citado no julgamento, fundamentando grande parte das suas deduções jurídicas.

O valor da indenização social foi fixado de ofício pelos julgadores, o que pode ocorrer em casos tais, no meu entender, por ser a matéria de ordem pública. Como fundamento legal para tanto, por se tratar de questão atinente a direitos dos consumidores, cite-se o art. 1º do Código de Defesa do Consumidor, que dispõe ser a Lei 8.078/1990 norma de ordem pública e interesse social. Sendo assim, toda a proteção constante da Lei Consumerista pode ser reconhecida de ofício pelo julgador, inclusive o seu art. 6º, inc. VI, que trata dos danos morais coletivos e dos danos sociais ou difusos, consagrando o princípio da reparação integral dos danos na ótica consumerista.

De todo modo, infelizmente, a decisão do Tribunal Paulista acabou por ser reformada no âmbito do Superior Tribunal de Justiça, que afastou o reconhecimento dos danos sociais de ofício. Conforme o acórdão final de reforma, "nos termos do Enunciado 456 da V Jornada de Direito Civil do CJF/STJ, os danos sociais, difusos, coletivos e individuais homogêneos devem ser reclamados pelos legitimados para propor ações coletivas" (STJ – Ag. Int. no REsp 1.598.709/SP – Rel. Min. Maria Isabel Gallotti – Quarta Turma – j. 10.09.2019 – DJe 02.10.2019).

Por oportuno, ainda sobre o tema, anote-se que, quando da *VI Jornada de Direito Civil*, realizada em 2013, foi feita proposta de enunciado doutrinário com o seguinte teor: "é legítimo ao juiz reconhecer a existência de interesse coletivo amplo em ação individual, condenando o réu a pagar, a título de dano moral e em benefício coletivo, valor de desestímulo correspondente à prática lesiva reiterada de que foi vítima o autor da ação". A proposta, formulada por Adalberto Pasqualotto, não foi aprovada por uma pequena margem de votos, infelizmente.

Apesar dessa não aprovação, acredito que o seu teor pode ser perfeitamente aplicável na atualidade, sendo o tema dos danos sociais uma das atuais vertentes de avanço da matéria de responsabilidade civil. Em complemento, ressalte-se que há proposta de inclusão de norma no sentido de se admitir expressamente toda a proteção consumerista de ofício pelo juiz, conforme o Projeto de Lei originário do Senado Federal 281/2012. Nesse contexto, o art. 5º do CDC ganharia mais um inciso, estabelecendo como novo instrumento da Política Nacional das Relações de Consumo, "o conhecimento de ofício pelo Poder Judiciário, no âmbito do processo em curso e assegurado o contraditório, de violação a normas de defesa do consumidor".

A propósito dessa proposta de alteração, pontue-se que, conforme consta do último julgado citado, há entendimento da 2ª Seção do Superior Tribunal de Justiça pela impossibilidade do conhecimento de ofício dos danos sociais ou difusos. Nos termos do acórdão proferido em reclamação perante o Tribunal da Cidadania:

> "Na espécie, proferida a sentença pelo magistrado de piso, competia à Turma Recursal apreciar e julgar o recurso inominado nos limites da impugnação e das questões efetivamente suscitadas e discutidas no processo. Contudo, ao que se percebe, o acórdão reclamado valeu-se de argumentos jamais suscitados pelas partes, nem debatidos na instância de origem, para impor ao réu, d e ofício, condenação por dano social. Nos termos do Enunciado 456 da *V Jornada de Direito Civil* do CJF/STJ, os danos sociais, difusos, coletivos e individuais homogêneos devem ser reclamados pelos legitimados para propor ações coletivas. Assim, ainda que o autor da ação tivesse apresentado pedido de fixação de dano social, há ausência de legitimidade da parte para pleitear, em nome próprio, direito da coletividade" (STJ – Rcl 13.200/GO – Rel. Min. Luis Felipe Salomão – Segunda Seção – j. 08.10.2014 – *DJe* 14.11.2014).

Partindo para o último exemplo a respeito dos danos sociais, do ano de 2016, merece destaque *decisum* do STJ que condenou empresa de cigarro por publicidade abusiva dirigida ao público infantojuvenil. O julgado faz menção a danos morais coletivos, quando na verdade trata de danos sociais ou difusos, pois os valores da condenação são direcionados ao fundo de proteção dos direitos dos consumidores do Distrito Federal. Lamenta-se a redução do *quantum debeatur*, de R$ 14.000.000,00 – conforme condenação no TJDF –, para apenas R$ 500.000,00. Conforme a ementa:

> "Os fatos que ensejaram a presente demanda ocorreram anteriormente à edição e vigência da Lei nº 10.167/2000 que proibiu, de forma definitiva, propaganda de cigarro por rádio e televisão. Com efeito, quando da veiculação da propaganda vigorava a Lei nº 9.294/96, cuja redação original restringia entre 21h00 e 06h00 a publicidade do produto. O texto legal prescrevia, ainda, que a publicidade deveria ser ajustada a princípios básicos, não podendo, portanto, ser dirigida a crianças ou adolescentes nem conter a informação ou sugestão de que o produto pudesse trazer bem-estar ou benefício à saúde dos seus consumidores. Isso consta dos incisos II e VI do § 1º, art. 3º da referida lei. (...). A teor dos artigos 36 e 37, do CDC, nítida a ilicitude da propaganda veiculada. A uma, porque feriu o princípio da identificação da publicidade. A duas, porque revelou-se enganosa, induzindo o consumidor a erro porquanto se adotasse a conduta indicada pela publicidade, independente das consequências, teria condições de obter sucesso em sua vida. Além disso, a modificação do entendimento lançado no v. acórdão recorrido, o qual concluiu, após realização de contundente laudo pericial, pela caracterização de publicidade enganosa e, por conseguinte, identificou a responsabilidade da ora recorrente pelos danos suportados pela coletividade, sem dúvida demandaria a exegese do acervo fático-probatório dos autos, o que é vedado pelas Súmulas 5 e 7 do STJ. Em razão da inexistência de uma mensagem clara, direta que pudesse conferir ao consumidor a sua identificação imediata (no momento da exposição) e fácil (sem esforço ou capacitação técnica), reputa-se que a publicidade ora em debate, de fato, malferiu a redação do art. 36, do CDC e, portanto, cabível e devida a reparação dos danos morais coletivos. (...)" (STJ – REsp 1.101.949/DF – Quarta Turma – Rel. Min. Marco Buzzi – j. 10.05.2016 – *DJe* 30.05.2016).

Por tudo o que foi exposto, com intuito didático, é possível elaborar a seguinte tabela comparativa entre as últimas categorias demonstradas:

Danos morais coletivos	Danos sociais ou difusos
Atingem vários direitos da personalidade.	Causam um rebaixamento no nível de vida da coletividade (Junqueira).
Direitos individuais homogêneos ou coletivos em sentido estrito – vítimas determinadas ou determináveis.	Direitos difusos – vítimas indeterminadas. Toda a sociedade é vítima da conduta.
Indenização é destinada para as próprias vítimas.	Indenização para um fundo de proteção ou instituição de caridade.

Esclareça-se que não há qualquer óbice para a cumulação dos danos morais coletivos e dos danos sociais ou difusos em uma mesma ação. Isso foi reconhecido pela Quarta Turma do Superior Tribunal de Justiça, no julgamento do Recurso Especial 1.293.606/MG, em setembro de 2014. Conforme o Relator Ministro Luis Felipe Salomão, "as tutelas pleiteadas em ações civis públicas não são necessariamente puras e estanques. Não é preciso que se peça, de cada vez, uma tutela referente a direito individual homogêneo, em outra ação uma de direitos coletivos em sentido estrito e, em outra, uma de direitos difusos, notadamente em se tratando de ação manejada pelo Ministério Público, que detém legitimidade ampla no processo coletivo. Isso porque, embora determinado direito não possa pertencer, a um só tempo, a mais de uma categoria, isso não implica dizer que, no mesmo cenário fático ou jurídico conflituoso, violações simultâneas de direitos de mais de uma espécie não possam ocorrer".

Sem prejuízo dos danos materiais, estéticos, morais individuas, morais coletivos e difusos, tem se sustentado, na esfera das relações de consumo, a reparação do dano por *perda de uma chance*, categoria amplamente aceita pela doutrina e pela jurisprudência. Entre os estudiosos, destacam-se os trabalhos dos jovens juristas Sérgio Savi,[47] Rafael Peteffi da Silva[48] e Daniel Carnaúba.[49]

A perda de uma chance está caracterizada quando a pessoa vê frustrada uma expectativa, uma oportunidade futura, que, dentro da lógica do razoável, ocorreria se as coisas seguissem o seu curso normal. A partir dessa ideia, como expõem os juristas citados, essa chance deve ser séria e real. Buscando critérios objetivos para a aplicação da teoria, Sérgio Savi leciona que a perda da chance estará caracterizada quando a probabilidade da oportunidade for superior a 50% (cinquenta por cento).[50]

Na *V Jornada de Direito Civil*, evento realizado pelo Conselho da Justiça Federal e pelo Superior Tribunal de Justiça em 2011, foi aprovado enunciado doutrinário apresentando a ideia de chance séria e real, mas rejeitando a utilização de percentuais. Vejamos o Enunciado n. 444, proposto por Rafael Peteffi: "A responsabilidade civil pela perda de chance não se limita à categoria de danos extrapatrimoniais, pois, conforme as circunstâncias do caso concreto, a chance perdida pode apresentar também a natureza jurídica de dano patrimonial. A chance deve ser séria e real, não ficando adstrita a percentuais aprioristicos".

---

[47] SAVI, Sérgio. *Responsabilidade civil por perda de uma chance*. São Paulo: Atlas, 2006.
[48] SILVA, Rafael Peteffi da. *Responsabilidade civil pela perda de uma chance*. São Paulo: Atlas, 2007.
[49] CARNAÚBA, Daniel. *Responsabilidade civil pela perda de uma chance*. A álea e a técnica. São Paulo: Método, 2013.
[50] SAVI, Sérgio. *Responsabilidade civil por perda de uma chance*. São Paulo: Atlas, 2006. p. 33.

A ilustrar a prática, na ótica consumerista, o Tribunal do Rio Grande do Sul responsabilizou um hospital por morte de recém-nascido, havendo a *perda de chance de viver* (TJRS – Processo 70013036678, Caxias do Sul – Décima Câmara Cível – Juiz Rel. Luiz Ary Vessini de Lima – j. 22.12.2005). Fala-se ainda em *perda de chance de cura* do paciente, pelo emprego de uma técnica malsucedida pelo profissional da área de saúde.[51] Do Tribunal Paranaense, encerando exemplo da última hipótese:

"Responsabilidade civil. Hospital. Paciente internado em estado grave, vítima de acidente vascular cerebral, cujo quadro exigia intervenção cirúrgica imediata. Não realização do procedimento por questões financeiras. Culpa caracterizada. Responsabilidade objetiva. Falha na prestação dos serviços. Indenização devida. Pensão mensal. Danos morais. Fixação equitativa. Culpa da empregadora não demonstrada. Improcedência do pedido em face dela. Recurso parcialmente provido. 1. Patenteada está a conduta culposa do requerido, ensejadora do dever de indenizar, pois, inobstante a indicação imediata de cirurgia, em paciente que se encontrava internado em suas dependências, vítima de acidente vascular cerebral, deixa de realizá-la, motivado, exclusivamente, pela impossibilidade econômica da família em custeá-la, sequer oferecendo-lhe a opção de fazê-la de forma gratuita, pela beneficência. 2. Se não está em discussão a conduta desempenhada pelo médico, no exercício de seu mister, mas sim a intervenção direta do hospital nos serviços prestados ao paciente, que não o foram a contento, caracterizado está o defeito na prestação dos serviços pelo hospital, incidindo, na espécie, a responsabilidade objetiva, *ex vi* do art. 14, *caput*, do Código de Defesa do Consumidor. 3. Se o ato ilícito subtraiu da vítima a possibilidade de reverter a gravidade do quadro que se instalara e, com isso, a probabilidade de salvaguarda de sua vida, ainda que com eventuais sequelas, perfeitamente cabível a aplicação da teoria da perda da chance, para se acolher o pleito indenizatório em razão do óbito. 4. Devida é a pensão mensal à esposa, pela morte de seu marido, a vigorar desde o evento, até quando completaria 70 (setenta) anos de idade, no importe de 2/3 do último rendimento percebido à época, anotado em sua CTPS, com constituição de capital que assegure o cabal cumprimento da obrigação. 5. A fixação do montante devido a título de dano moral fica ao prudente arbítrio do julgador, devendo pesar, nestas circunstâncias, a gravidade e duração da lesão, a possibilidade de quem deve reparar o dano e as condições do ofendido, cumprindo levar em conta que a reparação não deve gerar o enriquecimento ilícito, constituindo, ainda, sanção apta a coibir atos da mesma espécie" (TJPR – Apelação Cível 0604589-4, Londrina – Décima Câmara Cível – Rel. Juiz Convocado Vitor Roberto Silva – *DJPR* 25.03.2010, p. 204).

Em outro campo, o Tribunal Gaúcho responsabilizou um curso preparatório para concursos públicos que assumiu o compromisso de transportar o aluno até o local da prova. Porém, houve atraso no transporte, o que gerou a *perda da chance de disputa em concurso público*, exsurgindo o dever de indenizar (TJRS – Processo 71000889238, Cruz Alta – Segunda Turma Recursal Cível – Juiz Rel. Clovis Moacyr Mattana Ramos – j. 07.06.2006).

---

[51] Sobre o tema: ROSÁRIA, Grácia Cristina Moreira do. *Perda da chance de cura na responsabilidade civil médica*. Rio de Janeiro: Lumen Juris, 2009.

Do ano de 2012, colaciona-se acórdão do Superior Tribunal de Justiça que condenou rede de supermercados pela frustração de consumidora em receber um prêmio de uma promoção publicitária (*Informativo* n. 495 do STJ):

"Danos materiais. Promoção publicitária de supermercado. Sorteio de casa. Teoria da perda de uma chance. A Turma, ao acolher os embargos de declaração com efeitos modificativos, deu provimento ao agravo e, de logo, julgou parcialmente provido o recurso especial para condenar o recorrido (supermercado) ao pagamento de danos materiais à recorrente (consumidora), em razão da perda de uma chance, uma vez que não lhe foi oportunizada a participação em um segundo sorteio de uma promoção publicitária veiculada pelo estabelecimento comercial no qual concorreria ao recebimento de uma casa. Na espécie, a promoção publicitária do supermercado oferecia aos concorrentes novecentos vales-compras de R$ 100,00 e trinta casas. A recorrente foi sorteada e, ao buscar seu prêmio – o vale-compra –, teve conhecimento de que, segundo o regulamento, as casas seriam sorteadas àqueles que tivessem sido premiados com os novecentos vales-compras. Ocorre que o segundo sorteio já tinha sido realizado sem a sua participação, tendo sido as trinta casas sorteadas entre os demais participantes. De início, afastou a Min. Relatora a reparação por dano moral sob o entendimento de que não houve publicidade enganosa. Segundo afirmou, estava claro no bilhete do sorteio que seriam sorteados 930 ganhadores – novecentos receberiam vales-compra no valor de R$ 100,00 e outros trinta, casas na importância de R$ 40.000,00, a ser depositado em caderneta de poupança. Por sua vez, reputou devido o ressarcimento pelo dano material, caracterizado pela perda da chance da recorrente de concorrer entre os novecentos participantes a uma das trinta casas em disputa. O acórdão reconheceu o fato incontroverso de que a recorrente não foi comunicada pelos promotores do evento e sequer recebeu o bilhete para participar do segundo sorteio, portanto ficou impedida de concorrer, efetivamente, a uma das trinta casas. Conclui-se, assim, que a reparação deste dano material deve corresponder ao pagamento do valor de 1/30 do prêmio, ou seja, 1/30 de R$ 40.000,00, corrigidos à época do segundo sorteio" (STJ – EDcl no AgRg no Ag 1.196.957/DF – Rel. Min. Maria Isabel Gallotti – j. 10.04.2012).

Apesar de não envolver, *a priori*, uma relação de consumo, cumpre destacar o acórdão mais comentado a respeito do tema, qual seja, aquele pronunciado pelo STJ em conhecido julgado envolvendo o programa *Show do Milhão*, do SBT. Uma participante do programa, originária do Estado da Bahia, chegou à última pergunta, a "pergunta do milhão", que, se respondida corretamente, geraria o prêmio de um milhão de reais. A pergunta então formulada foi a seguinte: "A Constituição reconhece direitos dos índios de quanto do território brasileiro? 1) 22%; 2) 2%; 3) 4% ou 4) 10%".

A participante não soube responder à pergunta, levando R$ 500 mil para casa. Mas, na verdade, a Constituição Federal não consagra tal reserva, tendo a participante constatado que a pergunta formulada estava totalmente errada. Foi então a juízo requerendo os outros R$ 500 mil, tendo obtido êxito em primeira e segunda instâncias, ação que teve curso no Tribunal de Justiça da Bahia. O STJ confirmou em parte as decisões anteriores, reduzindo o valor para R$ 125 mil, ou seja, os R$ 500 mil divididos pelas quatro assertivas, sendo essa a sua real chance de acerto (STJ – REsp 788.459/BA – Quarta Turma – Rel. Min. Fernando Gonçalves – j. 08.11.2005 – *DJ* 13.03.2006, p. 334).

Com o devido respeito, ainda vejo com ressalvas o enquadramento da perda de uma chance como nova categoria de dano. Isso porque tais danos são hoje, na grande maioria das situações, prejuízos hipotéticos ou eventuais, sendo certo que o sistema de responsabilidade civil brasileiro exige o dano presente e efetivo, o que pode ser retirado dos arts. 403 e 186 do Código Civil. A perda de uma chance, na verdade, trabalha com suposições, com o *se*. Além disso, as situações descritas pelos adeptos da teoria podem ser resolvidas atualmente em sede de danos materiais e morais, sem que a vítima tenha necessidade de provar que a chance é séria e real, o que é fundado em mera probabilidade.

Não obstante tal entrave, na prática brasileira tem-se percebido pedidos totalmente descabidos de indenização com base na festejada teoria. A título de exemplo, colaciona-se a decisão do Tribunal de Justiça de São Paulo na Apelação Cível 512.944.4/0-00, julgada em 4 de setembro de 2008 pela 4ª Câmara de Direito Privado, e que teve como relator o Des. Francisco Loureiro. Na demanda, um consumidor pleiteava indenização da Coca--Cola por não ter conseguido participar de promoção que poderia levá-lo para a Copa do Mundo da Alemanha. Pleiteava danos morais por perda de uma chance.

O Tribunal, por unanimidade, concluiu pela não incidência da teoria, pois as chances eram remotas. Além disso, afastou a reparação imaterial, pela ausência de lesão à personalidade. A ementa, com precisão, foi assim elaborada: "Responsabilidade civil. Danos morais. Consumidor que não conseguiu inserir os códigos exigidos pela promoção após efetuar seu cadastro no *site* indicado. Alegação de dano moral indenizável em razão da perda da chance de concorrer à viagem para a Alemanha e assistir à Copa do Mundo. Inexistência de danos morais, por ausência de violação a direitos da personalidade ou de sofrimento apreciável. Impossibilidade de se indenizar danos hipotéticos ou eventuais, se não mensurável economicamente a chance perdida. Ação improcedente. Recurso improvido". Ora, demandas como a exposta, fundadas em pedidos descabidos, devem ser rejeitadas de plano pelo Poder Judiciário, pois revelam intenções mesquinhas e egoísticas.

De todo modo, apesar dos argumentos expostos, não se pode negar que a reparação pela perda da chance tem sido admitida amplamente pelas nossas Cortes e pela doutrina, o que inspirou a Comissão de Juristas encarregada da Reforma do Código Civil a incluí-la na lei. Com essa necessária alteração legislativa e a inclusão da indenização pela perda da chance no Código Civil, todas essas dúvidas e contestações antes pontuadas serão afastadas.

A proposta é tratar a perda da chance como categoria autônoma de dano reparável, ao lado do dano patrimonial e do extrapatrimonial. A proposição consta da nova redação do art. 944-B, segundo o qual, em seu *caput*, "a indenização será concedida, se os danos forem certos, sejam eles diretos, indiretos, atuais ou futuros". Sobre o instituto em estudo, o projetado § 1º enunciará que "a perda de uma chance, desde que séria e real, constitui dano reparável". Adota-se, portanto, a posição majoritária da doutrina e da jurisprudência aqui expostas, bem como a necessidade do cálculo da probabilidade da chance ser efetivada, consoante o proposto § 2º do art. 944-B: "a indenização relativa à perda de uma chance deve ser calculada levando-se em conta a fração dos interesses que essa chance proporcionaria, caso concretizada, de acordo com as probabilidades envolvidas".

Segundo as justificativas da Subcomissão de Responsabilidade Civil, "a par do debate doutrinário, optamos por considerar que a perda de uma chance não se constitui em autêntica situação de causalidade probabilística, tratando-se de uma manifestação de figura autônoma de dano que se faz presente mesmo nos casos em que não se afirme a responsabilidade direta do agente pelo dano final (neste sentido o STJ deliberou no REsp 1.254.141-PR, Rel. Min. Nancy Andrighi, Informativo n. 513, 06.03.2013)". E mais, "a inserção da perda de uma chance como dano autônomo – lateralmente aos danos emergentes e lucros cessantes – reforça a sua condição de um *tertium genus* e não espécie de uma ou outra. A valorização de sua autonomia dogmática auxilia a superar as insuficiências da responsabilidade civil diante de lesões a interesses aleatórios. A ideia é deferir a mais ampla proteção à integridade dos bens jurídicos patrimoniais da vítima".

Como Relator-Geral nomeado para o trabalho de Reforma, acabei cedendo a minha posição doutrinária de ressalvas, tendo a ciência de que a perda de uma chance hoje é admitida pela maioria da doutrina e da jurisprudência. Assim, entendo que é imperiosa e necessária a alteração legislativa para a inclusão da perda de uma chance expressamente no Código Civil, o que atingirá as relações de consumo.

Superada a análise dos danos reparáveis na órbita das relações de consumo, o princípio da reparação integral de danos gera a responsabilidade objetiva de fornecedores e prestadores como regra das relações de consumo. Consigne-se que essa responsabilidade independentemente de culpa visa à facilitação das demandas em prol dos consumidores, representando um aspecto material do acesso à justiça.

A responsabilidade objetiva dos fornecedores ou prestadores beneficia tanto o *consumidor padrão* (*stander*) quanto o *consumidor equiparado* (*bystander*). Em um sentido de ampliação, o art. 17 da Lei 8.078/1990 considera consumidor qualquer vítima da relação de consumo, o que faz com que a grande maioria das relações de responsabilidade seja enquadrada no contexto do Código Consumerista. Todos esses aspectos relativos ao dever de indenizar serão aprofundados no Capítulo 4 desta obra.

Outro aspecto que apresenta estreita ligação com a reparação integral é a regra da solidariedade retirada da responsabilidade consumerista. Enuncia o art. 7º, parágrafo único, da Lei 8.078/1990 que "tendo mais de um autor a ofensa, todos responderão solidariamente pela reparação dos danos previstos nas normas de consumo". Como se extrai da melhor doutrina de Claudia Lima Marques, Antonio Herman Benjamin e Bruno Miragem, "o parágrafo único do art. 7º traz a regra geral sobre a solidariedade da cadeia de fornecedores de produtos e serviços".[52] O tema, do mesmo modo, será abordado no Capítulo 4 deste livro.

Por derradeiro a respeito deste regramento, é interessante apontar que, para alguns doutrinadores, o Código do Consumidor adotou também o *princípio da segurança*, que geraria justamente a responsabilidade objetiva dos fornecedores e prestadores, afastando-se a necessidade de prova do elemento culpa.[53] Com todo o respeito, parece-me que tal conclusão pode ser retirada do princípio da reparação integral dos danos, que justifica todo o sistema de responsabilidade civil adotado pela norma consumerista. Desse modo, não haveria necessidade de se criar um regramento diferente do que aqui foi exposto.

---

[52] MARQUES, Claudia Lima; BENJAMIN, Antônio Herman V.; MIRAGEM, Bruno. *Comentários ao Código de Defesa do Consumidor*. 3. ed. São Paulo: RT, 2010. p. 314.

[53] Nesse sentido, discorrendo sobre tal princípio: CAVALIERI FILHO, Sérgio. *Programa de Direito do Consumidor*. São Paulo: Atlas, 2008. p. 43.

2.10. PRINCÍPIOS DE PRESERVAÇÃO DO MÍNIMO EXISTENCIAL OU PATRIMÔNIO MÍNIMO DOS CONSUMIDORES E DO CRÉDITO RESPONSÁVEL, PARA A PROTEÇÃO E O TRATAMENTO DO SUPERENDIVIDAMENTO DO CONSUMIDOR (ART. 6.º, INCS. XI E XII, DA LEI 8.078/1990)

A *Lei do Superendividamento* (Lei 14.181/2021) incluiu no CDC, de forma expressa e incontestável, os *princípios da preservação do mínimo existencial dos consumidores* e também do *crédito responsável*, na linha do que já previa o Enunciado n. 3 do BRASILCON, aprovado em um dos seus Congressos Brasileiros. Sobre o superendividamento em si, o § 1.º no novo art. 54-A da Lei 8.078/1990 o define como a impossibilidade manifesta de o consumidor pessoa natural, de boa-fé, pagar a totalidade de suas dívidas de consumo, exigíveis e vincendas, sem comprometer seu mínimo existencial. Como se pode perceber, a própria ideia em estudo consta da definição do instituto tratado pela legislação emergente.

Sobre o conceito de *mínimo existencial* e sua aplicação no âmbito do Direito do Consumidor, destaque-se a obra de Káren Rick Danilevicz Bertoncello, que procura definir a ideia a partir de uma análise do seu momento, da sua forma e do seu conteúdo. Segundo ela, "o mínimo existencial substancial (ou mínimo existencial propriamente dito) pode ser identificado quanto ao momento, quanto à forma e quanto ao conteúdo, a saber: *a)* quanto ao momento, é identificado na fase conciliatória, quando alcançado o entendimento entre devedor e credor(es), com a formatação de acordo homologado pelo juiz; ou, na fase judicial, através da prolatação da sentença; *b)* quanto à forma (moldura), o mínimo existencial substancial deve ser assegurado *ex officio*, é irrenunciável, não podendo ser fixado aprioristicamente; *c)* quanto ao conteúdo (pintura), deve ser apurado quando da apreciação do caso concreto com a preservação de parte do orçamento pessoal do devedor para garantir que viva em condições dignas e viabilizando o pagamento das despesas básicas".[54]

Igualmente no âmbito doutrinário, Ingo Sarlet afirma que o mínimo existencial, como direito e garantia fundamental, traduz a ideia de "um direito a um conjunto de prestações estatais que assegure a cada um (a cada pessoa) uma vida condigna".[55] Segundo ele, muito além das relações mantidas entre o Estado e o particular, a construção tem uma eficácia entre os particulares, ou seja, uma *eficácia horizontal*: "é precisamente no campo da eficácia direta nas relações entre particulares que o mínimo existencial – na sua dimensão prestacional – há que ter operatividade. Se uma eficácia 'prestacional' já é possível até mesmo fora do âmbito do que tem sido considerado mínimo existencial (poder-se-á aqui citar o exemplo atual da disponibilização, ainda que cogente, por imposta pelo poder público, de vagas – portanto de um acesso a prestações no campo do direito à educação também por instituições particulares de ensino superior), o que não dizer quando estiverem em

---

[54] BERTONCELLO, Káren Rick Danilevicz. *Superendividamento do consumidor*. Mínimo existencial. Casos concretos. São Paulo: RT, 2015.

[55] SARLET, Ingo Wolfgang. Mínimo existencial e relações privadas: algumas aproximações. In: MARQUES, Cláudia Lima; CAVALLAZZI, Rosângela Lunardelli; LIMA, Clarissa Costa de (coord.). *Direitos do Consumidor Endividado II*: Vulnerabilidade e Inclusão. São Paulo: RT, 2016. p. 112.

causa prestações indispensáveis à satisfação das condições mínimas para uma vida com dignidade, com apoio também – mas como argumento adicional tão somente!".[56]

Assim, pela ideia de *mínimo existencial* procura-se assegurar à pessoa humana, no caso ao consumidor, um mínimo de direitos patrimoniais, para que viva com dignidade, o que também mantém relação com a *teoria do estatuto jurídico do patrimônio mínimo*, desenvolvida por Luiz Edson Fachin e tão cara aos civilistas contemporâneos. Segundo o Ministro do STF, a proteção do patrimônio mínimo tem relação direta com a tendência de *repersonalização do Direito Civil*, em que a pessoa passa a ser o centro do Direito Privado, em detrimento do patrimônio (*despatrimonialização do Direito Civil*). Como leciona:

> "A 'repersonalização' do Direito Civil recolhe, com destaque, a partir do texto constitucional, o princípio da dignidade da pessoa humana. Para bem entender os limites propostos à execução à luz do princípio constitucional da dignidade da pessoa humana, têm sentido verificações preliminares. A dignidade da pessoa é princípio fundamental da República Federativa do Brasil. É o que chama de princípio estruturante, constitutivo e indicativo das ideias diretivas básicas de toda a ordem constitucional. Tal princípio ganha concretização por meio de outros princípios e regras constitucionais formando um sistema interno harmônico, e afasta, de pronto, a ideia de predomínio do individualismo atomista no Direito. Aplica-se como leme a todo o ordenamento jurídico nacional, compondo-lhe o sentido e fulminando de inconstitucionalidade todo preceito que com ele conflitar. É de um princípio emancipatório que se trata".[57]

Na esteira das palavras transcritas, tratarei a *preservação do mínimo existencial* e a *tutela do patrimônio mínimo* como sinônimas, dentro da linha *dialogal*, de interação entre a doutrina consumerista e a civilista, seguida por mim e que inspira este livro desde a sua primeira edição. Na *I Jornada CDEA sobre Superendividamento e Proteção do Consumidor* da UFRGS e da UFRJ, propus enunciado doutrinário, que acabou sendo aprovado, segundo o qual "a menção ao mínimo existencial, constante da Lei 14.181/2021, deve abranger a teoria do patrimônio mínimo, com todas as suas aplicações doutrinárias e jurisprudenciais" (Enunciado 4). Ressalto, a propósito e como se verá a seguir, que a jurisprudência do Superior Tribunal de Justiça já vinha afirmando as duas expressões aqui analisadas para a efetiva proteção dos consumidores.

De todo modo, do mesmo evento por último mencionado, merecem destaque outros enunciados doutrinários a respeito da temática. Segundo o Enunciado 5, "a falta de regulamentação do mínimo existencial, que tem origem constitucional, não impede o reconhecimento do superendividamento da pessoa natural e a sua determinação no caso concreto". Ademais, "considera-se mínimo existencial, aos efeitos do disposto da Lei 14.181/21, os rendimentos mínimos destinados aos gastos com a subsistência digna do superendividado e de sua família, que lhe permitam prover necessidades vitais e despesas cotidianas, em especial com alimentação, habitação, vestuário, saúde e higiene" (Enunciado 6).

Por fim, foi aprovada ementa segundo a qual "a noção do mínimo existencial tem origem constitucional no princípio da dignidade da pessoa humana e é autoaplicável na concessão de crédito e na repactuação das dívidas, visando a prevenção e o tratamento do

---

[56] SARLET, Ingo Wolfgang. Mínimo existencial e relações privadas: algumas aproximações. In: MARQUES, Cláudia Lima; CAVALLAZZI, Rosângela Lunardelli; LIMA, Clarissa Costa de (coord.). *Direitos do Consumidor Endividado II*: Vulnerabilidade e Inclusão. São Paulo: RT, 2016. p. 137.

[57] FACHIN, Luiz Edson. *Estatuto jurídico do patrimônio mínimo*. Rio de Janeiro: Renovar, 2001. p. 190.

superendividamento do consumidor pessoa natural, por força da Lei 14.181,2021, cabendo a regulamentação prevista na Lei, sob o limite da proibição de retrocesso, esclarecer o mínimo existencial de consumo deve ter relação com 'o menor valor mensal não tributável a título de imposto de renda' ou ser feito por faixas de renda, como na França, com um valor fixo 'vital' de um salário mínimo ou de 2/3 do salário mínimo, em todos os casos" (Enunciado 7).

Sobre a concreção prática do mínimo existencial, destaco, de início, acórdão da Segunda Turma da Corte que reduziu o desconto de rendimentos de militar de 70% para o patamar de 30%, visando à proteção do seu mínimo existencial. Conforme o aresto, que confirma julgado estadual:

"Não é correta a exegese da norma no sentido de que poderia haver descontos de empréstimos consignados até o percentual de 70%, pois o mencionado patamar é relativo ao somatório dos descontos obrigatórios e dos autorizados, de modo que não há conflito entre o mencionado dispositivo e a Súmula nº 295 desta Corte Estadual, que define o limite de 30% para fins de descontos em casos de superendividamento. Todavia, ainda que assim não fosse, a tese não prosperaria. A uma, porque o limite de 70% da remuneração implicaria clara afronta à dignidade humana e à garantia do mínimo existencial. A duas, porque há de prevalecer a interpretação mais favorável ao consumidor. A três, porque distinções como essa são consideradas ofensivas ao princípio da isonomia" (STJ – REsp 1.831.959/RJ, 2.ª Turma, Rel. Min. Herman Benjamin, j. 03.10.2019, *DJe* 18.10.2019).

Anoto que numerosos são os julgados estaduais exatamente nesse sentido, sempre citando os mesmos fundamentos. Também a merecer relevo, a Terceira Turma do STJ aduziu que "a solução ao grave problema criado, adotada pelo acórdão recorrido, no sentido de determinar que sejam os pagamentos recalculados durante todo o contrato e que se garanta a amortização e o pagamento dos juros, amolda-se à função social dos contratos celebrados no âmbito do Sistema Financeiro Habitacional; preserva o mínimo existencial dos mutuários, projetado no direito à habitação, e resguarda o consumidor, garantindo-lhe uma interpretação mais favorável das cláusulas contratuais" (STJ – REsp 1.476.395/RS, 3.ª Turma, Rel. Min. Paulo de Tarso Sanseverino, j. 14.08.2018, *DJe* 11.10.2018).

A respeito do patrimônio mínimo do consumidor, releve-se decisão monocrática proferida pelo Ministro Moura Ribeiro no Agravo em Recurso Especial 1.352.260/MG, em 6 de março de 2019, segundo o qual, "não se pode punir a inadimplência com a condenação à miserabilidade, haja vista que dentre os fundamentos da nossa República sobressai o princípio da dignidade da pessoa humana, positivado no art. 1.º, inc. III, da Constituição Federal de 1988. Princípio que, transportado para a seara do direito privado e das relações patrimoniais entre particulares, implica a ideia do patrimônio mínimo, subprincípio segundo o qual o direito à satisfação do crédito não pode importar a obliteração pessoal do devedor, privando-o do essencial à sua existência condigna. Como forma de equacionar e harmonizar os interesses em litígio, exercendo juízo de razoabilidade, embora deva ser valorada a pretensão da instituição financeira, que concedeu crédito ao consumidor, vendo frustrada a expectativa de reavê-lo remunerado na forma contratada, mas atento à impositiva manutenção da própria subsistência do devedor, é que deve ser mantida a limitação dos descontos decorrentes dos empréstimos contraídos ao máximo de 30% (trinta por cento) do rendimento líquido do crédito alimentar deste".

A par dos julgados transcritos e das ementas doutrinárias, no contexto de recente e gravíssima crise econômica em virtude da pandemia de covid-19, a nova lei veio em ótima hora, com o fim de preservar vidas, negócios, empresas e empregos, tendo o meu apoio doutrinário e também o auxílio do Instituto Brasileiro de Direito Contratual (IBDCont), do qual fui o primeiro presidente, para a sua aprovação no Congresso Nacional. Ao lado de outras normas necessárias para o grave momento que passamos, como a Lei 14.112/2020 – que trouxe mudanças na Lei de Recuperação e Falências –, a *Lei do Superendividamento* representou e ainda representa um mecanismo normativo eficiente para superar grandes desafios impostos à nossa geração.

Com relação direta e umbilical com o mínimo existencial, o legislador inclui, ainda, *o princípio do crédito responsável*. Nas precisas palavras de Pablo Stolze Gagliano e Carlos Eduardo Elias de Oliveira, "chama-se de *princípio do crédito responsável* a norma que direciona o ordenamento jurídico em favor de práticas negociais saudáveis abrangentes das mais variadas formas de crédito. Trata-se de conceito já admitido pela doutrina e pela jurisprudência. Esse princípio é uma norma implícita na Constituição e foi concretizado pela Lei do Superendividamento mediante alterações no CDC e no Estatuto da Pessoa Idosa. Consiste em promover o 'crédito responsável', ou seja, a prática adotada por credores, por devedores e pelo Poder Público com vistas a evitar o superendividamento".[58]

Sobre o conteúdo que interessa ao presente capítulo da obra, o art. 4.º do CDC passou a tratar como mecanismos da política nacional das relações de consumo, o fomento de ações direcionadas à educação financeira e ambiental dos consumidores e a prevenção e tratamento do superendividamento como forma de evitar a exclusão social do consumidor, visando justamente preservar um mínimo de direitos patrimoniais para a existência digna (incs. IX e X).

Ademais, como se sabe, o art. 5.º da Lei 8.078/1990 traz os instrumentos que devem ser utilizados para a efetivação dessa política, a saber e entre outros: *a)* manutenção de assistência jurídica, integral e gratuita para o consumidor carente; *b)* instituição de Promotorias de Justiça de Defesa do Consumidor, no âmbito do Ministério Público; *c)* criação de delegacias de polícia especializadas no atendimento de consumidores vítimas de infrações penais de consumo; *d)* criação de Juizados Especiais Cíveis e Varas Especializadas para a solução de litígios de consumo; *e)* concessão de estímulos à criação e desenvolvimento das Associações de Defesa do Consumidor. A *Lei do Superendividamento* incluiu mais dois instrumentos, com grande relevância para o processo civil.

O primeiro deles, no novo inc. VI do art. 5.º do CDC, é a "instituição de mecanismos de prevenção e tratamento extrajudicial e judicial do superendividamento e de proteção do consumidor pessoa natural". O segundo é a instituição de núcleos de conciliação e mediação de conflitos oriundos de superendividamento (inc. VI). Tais instrumentos serão estudados pelo Professor Daniel Amorim Assumpção Neves, em capítulos próprios que tratam das categorias processuais.

Pois bem, no art. 6.º do CDC, objeto principal desta seção da obra, foram incluídos três incisos, que encerram a consagração principiológica da preservação do mínimo

---

[58] GAGLIANO, Pablo Stolze; ELIAS, Carlos Eduardo Elias de. *Comentários à "Lei do Superendividamento" (Lei nº 14.181, de 1º de julho de 2021) e o Princípio do Crédito Responsável*: uma primeira análise. Disponível em: www.flaviotartuce.adv.br. Artigos de convidados. Acesso em: 2 jul. 2021.

existencial, da tutela do patrimônio mínimo dos consumidores e da garantia do crédito responsável, aqui antes citados e analisados.

De acordo com o novo inc. XI desse comando, entre os direitos básicos do consumidor passou-se a prever textualmente "a garantia de práticas de crédito responsável, de educação financeira e de prevenção e tratamento de situações de superendividamento, preservado o mínimo existencial, nos termos da regulamentação, por meio da revisão e da repactuação da dívida, entre outras medidas". O novo inc. XII também assegura "a preservação do mínimo existencial, nos termos da regulamentação, na repactuação de dívidas e na concessão de crédito", exatamente como reconheceu os três julgados transcritos. Por fim, conforme antes demonstrei, está garantida "a informação acerca dos preços dos produtos por unidade de medida, tal como por quilo, por litro, por metro ou por outra unidade, conforme o caso" (inc. XIII do art. 6º do CDC).

Além de todas essas louváveis alterações, como se verá, o art. 51 da Lei 8.078/1990 recebeu novos incisos entre as cláusulas abusivas, que são nulas de pleno direito, mais uma vez visando amparar o mínimo existencial, afastando-se o superendividamento do consumidor. Também houve a inclusão de uma seção relacionada ao tratamento do tema, entre os arts. 54-A e 54-G, que estão estudadas no Capítulo 5 deste livro. Por fim, como se verá no Capítulo 15, no campo processual, foram incluídas regras sobre a conciliação no superendividamento, visando também à sua concretização no campo prático (arts. 104-A a 104-C do CDC).

O tema do *mínimo existencial do consumidor*, portanto, será analisado mais à frente, em outros pontos deste trabalho, sendo fundamental reafirmar a sua consagração como verdadeiro princípio estruturante da Lei 8.078/1990 pela Lei 14.181/2021.

3

ELEMENTOS DA RELAÇÃO JURÍDICA DE CONSUMO

Sumário: 3.1. A estrutura da relação jurídica de consumo. Visão geral – 3.2. Os elementos subjetivos da relação de consumo: 3.2.1. O fornecedor de produtos e o prestador de serviços. O conceito de *fornecedor equiparado;* 3.2.2. O consumidor. Teorias existentes. O consumidor equiparado ou *bystander* – 3.3. Elementos objetivos da relação de consumo: 3.3.1. Produto; 3.3.2. Serviço – 3.4. Exemplos de outras relações jurídicas contemporâneas e o seu enquadramento como relações de consumo: 3.4.1. O contrato de transporte e a incidência do Código do Consumidor; 3.4.2. Os serviços públicos e o Código de Defesa do Consumidor; 3.4.3. O condomínio edilício e o Código de Defesa do Consumidor; 3.4.4. A incidência do Código do Consumidor para os contratos de locação urbana; 3.4.5. A Lei 8.078/1990 e a previdência privada complementar; 3.4.6. Prestação de serviços educacionais como serviço de consumo; 3.4.7. As atividades notariais e registrais e a Lei 8.078/1990; 3.4.8. As relações entre advogados e clientes e o Código de Defesa do Consumidor.

3.1. A ESTRUTURA DA RELAÇÃO JURÍDICA DE CONSUMO. VISÃO GERAL

Para justificar a incidência do Código de Defesa do Consumidor, é preciso estudar a estrutura da *relação jurídica de consumo*, na perspectiva de seus elementos subjetivos e objetivos, ou seja, das partes relacionadas e o seu conteúdo.

Sobre o tema da relação jurídica em sentido amplo, como bem aponta Maria Helena Diniz, citando Del Vecchio, "a relação jurídica consiste num vínculo entre pessoas, em razão do qual uma pode pretender um bem a que outra é obrigada. Tal relação só existirá quando certas ações dos sujeitos, que constituem o âmbito pessoal de determinadas normas, forem relevantes no que atina ao caráter deôntico das normas aplicáveis à situação. Só haverá relação jurídica se o vínculo entre pessoas estiver normado, isto é, regulado por norma jurídica, que tem por escopo protegê-lo".[1] Desse modo, na esteira das lições dos juristas, constata-se que são elementos da relação jurídica, adaptados para a relação de consumo:[2]

---

[1] DINIZ, Maria Helena. *Compêndio de introdução à ciência do Direito*. 21. ed. São Paulo: Saraiva, 2010. p. 515.
[2] DINIZ, Maria Helena. *Compêndio de introdução à ciência do Direito*. 21. ed. São Paulo: Saraiva, 2010. p. 516-517.

a) *Existência de uma relação entre sujeitos jurídicos, substancialmente entre um sujeito ativo – titular de um direito – e um sujeito passivo – que tem um dever jurídico.* Na relação de consumo, tais elementos são o fornecedor de produtos e o prestador de serviços – de um lado – e o consumidor – do outro lado. Na grande maioria das vezes, as partes são credoras e devedoras entre si, eis que prevalecem nas relações de consumo as hipóteses em que há proporcionalidade das prestações (*sinalagma*). Isso ocorre, por exemplo, na compra e venda de consumo e na prestação de serviços, principais situações negociais típicas de consumo.

b) *Presença do poder do sujeito ativo sobre o objeto imediato, que é a prestação, e sobre o objeto mediato da relação, que é o bem jurídico tutelado (coisa, tarefa ou abstenção).* Na relação de consumo, o consumidor pode exigir a entrega do produto ou a prestação de serviço, nos termos do que foi convencionado e do disciplinado na Lei Consumerista. Nos termos do art. 3º do CDC, constata-se que os elementos objetivos, que formam a prestação da relação de consumo, são o produto e o serviço.

c) *Evidência na prática de um fato ou acontecimento propulsor, capaz de gerar consequências para o plano jurídico.* De acordo com Maria Helena Diniz, "pode ser um acontecimento, dependente ou não da vontade humana, a que a norma jurídica dá a função de criar, modificar ou extinguir direitos. É ele que tem o condão de vincular os sujeitos e de submeter o objeto ao poder da pessoa concretizando a relação".[3] No plano do Direito do Consumidor, esse fato é substancialmente um negócio jurídico, guiado pela autonomia privada, que é o direito que a pessoa tem de se autorregulamentar no plano contratual.

Superada essa análise estrutural, que *embaralha* o direito clássico ao contemporâneo, vejamos, de forma detalhada, os elementos da relação jurídica de consumo, retirados dos arts. 2º e 3º da Lei 8.078/1990.

3.2. OS ELEMENTOS SUBJETIVOS DA RELAÇÃO DE CONSUMO

3.2.1. O fornecedor de produtos e o prestador de serviços. O conceito de *fornecedor equiparado*

A englobar tanto o fornecedor de produtos quanto o prestador de serviços, estabelece o art. 3º, *caput*, da Lei 8.078/1990 que "fornecedor é toda pessoa física ou jurídica, pública ou privada, nacional ou estrangeira, bem como os entes despersonalizados, que desenvolvem atividade de produção, montagem, criação, construção, transformação, importação, exportação, distribuição ou comercialização de produtos ou prestação de serviços". A palavra *fornecedor* está em sentido amplo, a englobar o *fornecedor de produtos* – em sentido estrito – e o *prestador de serviços*.

Nota-se que o dispositivo amplia de forma considerável o número das pessoas que podem ser fornecedoras de produtos e prestadoras de serviços. Pode ela ser uma pessoa

---

[3] DINIZ, Maria Helena. *Compêndio de introdução à ciência do Direito*. 21. ed. São Paulo: Saraiva, 2010. p. 517.

natural ou física, caso, por exemplo, de um empresário individual que desenvolve uma atividade de subsistência. Cite-se a hipótese de uma senhora que fabrica chocolates em sua casa e os vende pelas ruas de uma cidade, com o intuito de lucro direto. Pode ainda ser uma pessoa jurídica, o que acontece na grande maioria das vezes com as empresas que atuam no mercado de consumo. Enuncia o comando em análise que o fornecedor pode ser ainda um ente despersonalizado ou despersonificado, caso da massa falida, de uma sociedade irregular ou de uma sociedade de fato. Entre os últimos, Rizzatto Nunes cita o exemplo das *pessoas jurídicas de fato*, caso de um camelô.[4]

A respeito da finalidade lucrativa ou não da pessoa jurídica fornecedora, é interessante reproduzir o entendimento do Superior Tribunal de Justiça, no sentido de que "para o fim de aplicação do Código de Defesa do Consumidor, o reconhecimento de uma pessoa física ou jurídica ou de um entre despersonalizado como fornecedor de serviços atende aos critérios puramente objetivos, sendo irrelevantes a sua natureza jurídica, a espécie dos serviços que prestam e até mesmo o fato de se tratar de uma sociedade civil, sem fins lucrativos, de caráter beneficente e filantrópico, bastando que desempenhem determinada atividade no mercado de consumo mediante remuneração" (STJ – REsp 519.310/SP – Terceira Turma – Rel. Min. Nancy Andrighi – j. 20.04.2004). Desse modo, entidades beneficentes podem perfeitamente ser enquadradas como fornecedoras ou prestadoras, sem qualquer entrave material.

Os fornecedores ou prestadores podem ser pessoas jurídicas de Direito Público ou de Direito Privado. Entre as primeiras, merecem relevo os serviços públicos que estão abrangidos pelo CDC, inclusive com tratamento específico no seu art. 22, tema que ainda será abordado no presente capítulo. Entre as últimas, os grandes fornecedores e prestadores são empresas privadas, inclusive com atuação em vários países (empresas multi ou transnacionais). Nesse contexto, a dicção legal estabelece que o fornecedor pode ser uma pessoa nacional ou estrangeira, sendo irrelevante qualquer tipo de limitação.

Na verdade, o que interessa mesmo na caracterização do fornecedor ou prestador é o fato de ele desenvolver uma *atividade*, que vem a ser a soma de atos coordenados para uma finalidade específica, como bem pontua Antonio Junqueira de Azevedo (com grifos do autor):

"'Atividade', noção pouco trabalhada pela doutrina, não é ato, e sim **conjunto de atos**. 'Atividade' foi definida por Túlio Ascarelli como a 'série de atos coordenáveis entre si, em relação a uma finalidade comum' (*Corso di diritto commerciale*. 3. ed. Milano: Giuffrè, 1962. p. 147). Para que haja atividade, há necessidade: (i) de uma **pluralidade de atos**; (ii) de uma **finalidade comum** que dirige e coordena os atos; (iii) de uma **dimensão temporal**, já que a atividade necessariamente se prolonga no tempo. A atividade, ao contrário do ato, não possui destinatário específico, mas se dirige ***ad incertam personam*** (ao mercado ou à coletividade, por exemplo), e sua apreciação é autônoma em relação aos atos que a compõem".[5]

---

[4] RIZZATTO NUNES, Luiz Antonio. *Comentários ao Código de Defesa do Consumidor*. 3. ed. São Paulo: Saraiva, 2007. p. 111.

[5] AZEVEDO, Antonio Junqueira de. (Parecer). Responsabilidade civil ambiental. Reestruturação societária do grupo integrado pela sociedade causadora do dano. Obrigação solidária do causador indireto do prejuízo e do controlador de sociedade anônima. Limites objetivos dos contratos de garantia e de transação.

A par dessa construção, se alguém atuar de forma isolada, em um ato único, não poderá se enquadrar como fornecedor ou prestador, como na hipótese de quem vende bens pela primeira vez, ou esporadicamente, com ou sem o intuito concreto de lucro. Como bem observa José Fernando Simão, há, na relação de consumo, o requisito da *habitualidade*, retirado do conceito de atividade, sendo interessante a ilustração do jurista:

> "O sujeito que, após anos de uso do carro, resolve vendê-lo, certamente não será fornecedor nos termos do Código de Defesa do Consumidor. Entretanto, se o mesmo sujeito tiver dezenas de carros em seu nome e habitualmente os vender ao público, estaremos diante de uma relação de consumo e ele será considerado fornecedor".[6]

Pelo mesmo raciocínio, não pode ser tido como fornecedor aquele que vende esporadicamente uma casa, a fim de comprar outra, para a mudança de seu endereço. Do mesmo modo, alguém que vende coisas usadas, de forma isolada, visando apenas desfazer-se delas.

Ainda, para a visualização da atividade do fornecedor, pode servir como amparo o art. 966 do Código Civil, que aponta os requisitos para a caracterização do empresário, *in verbis*: "considera-se empresário quem exerce profissionalmente atividade econômica organizada para a produção ou a circulação de bens ou de serviços." Na doutrina empresarial, merecem atenção os comentários no sentido de que não se pode falar em *atividade* quando há o ato ocasional de alguém, mas, sim, em relação àquele que atua "de modo sazonal ou mesmo periódico, porquanto, neste caso, a regularidade dos intervalos temporais permite que se entreveja configurada a habitualidade".[7] A mesma conclusão serve para a relação de consumo, visando a caracterizar o fornecedor de produtos ou prestador de serviços, em um mais um *diálogo de complementaridade* entre o CDC e o CC/2002.

Ato contínuo de estudo, a atividade desenvolvida deve ser *tipicamente profissional*, com intuito de *lucro direto* ou *vantagens indiretas*.[8] A norma descreve algumas dessas atividades, em rol meramente exemplificativo (*numerus apertus*), eis que a Lei Consumerista adotou um modelo aberto como regra dos seus preceitos. Vejamos, com as devidas exemplificações:

- Atividade de produção – caso dos fabricantes de gêneros alimentícios industrializados.
- Atividade de montagem – hipótese das montadoras de automóveis nacionais ou estrangeiras.
- Atividade de criação – situação de um autor de obra intelectual que coloca produtos no mercado.

Competência internacional e conflito de leis no espaço. Prescrição na responsabilidade civil ambiental e nas ações de regresso. *Novos pareceres e estudos de direito privado*. São Paulo: Saraiva, 2009. p. 400.

[6] SIMÃO, José Fernando. *Vícios do produto no novo Código Civil e no Código de Defesa do Consumidor*. São Paulo: Atlas, 2003. p. 38.

[7] FONSECA, Priscila M. P. Corrêa da; SZTAJN, Rachel. In: AZEVEDO, Álvaro Villaça (Coord.). *Código Civil comentado*. São Paulo: Atlas, 2008. t. XI, p. 84.

[8] Por todos a respeito dessa conclusão: MARQUES, Claudia Lima; BENJAMIN, Antonio Herman V.; MIRAGEM, Bruno. *Comentários ao Código de Defesa do Consumidor*. 3. ed. São Paulo: RT, 2010. p. 156.

- Atividade de construção – caso de uma construtora e incorporadora imobiliária.
- Atividade de transformação – comum na panificação das padarias, supermercados e afins.
- Atividade de importação – como no caso das empresas que trazem veículos fabricados em outros países para vender no Brasil.
- Atividade de exportação – caso de uma empresa nacional que fabrica calçados e vende seus produtos no exterior.
- Atividades de distribuição e comercialização – de produtos e serviços de terceiros ou próprios, desenvolvidas, por exemplo, pelas empresas de telefonia e pelas grandes lojas de eletrodomésticos.

Por fim, a respeito do elemento subjetivo em estudo, em um sentido de ampliação ainda maior, a doutrina construiu a ideia do *fornecedor equiparado*. A partir da tese de Leonardo Bessa, tal figura seria um intermediário na relação de consumo, com *posição de auxílio* ao lado do fornecedor de produtos ou prestador de serviços, caso das empresas que mantêm e administram bancos de dados dos consumidores.[9] A categoria conta com o apoio da nossa melhor doutrina, caso de Claudia Lima Marques, que cita o seu exemplo do estipulante profissional ou empregador dos seguros de vida em grupo e leciona:

"A figura do fornecedor equiparado, aquele que não é fornecedor do contrato principal de consumo, mas é intermediário, antigo terceiro, ou estipulante, hoje é o 'dono' da relação conexa (e principal) de consumo, por deter uma posição de poder na relação outra com o consumidor. É realmente uma interessante teoria, que será muito usada no futuro, ampliando – e com justiça – o campo de aplicação do CDC".[10]

A construção, do mesmo modo, conta com a minha adesão doutrinária, sendo certo que há decisão do Tribunal Mineiro que equiparou o órgão que mantém o cadastro à instituição financeira em relação de consumo:

"Indenização. Fornecedor. Contratação de empréstimo e financiamento. Fraude. Negligência. Injusta negativação. Dano moral. Montante indenizatório. Razoabilidade e proporcionalidade. Prequestionamento. Age negligentemente o fornecedor, equiparado à instituição financeira, que não prova ter tomado todos os cuidados necessários, a fim de evitar as possíveis fraudes cometidas por terceiro na contratação de empréstimos e financiamentos. (...)" (TJMG – Apelação cível 1.0024.08.958371-0/0021, Belo Horizonte – Nona Câmara Cível – Rel. Des. José Antônio Braga – j. 03.11.2009 – DJEMG 23.11.2009).

Na mesma linha, o Tribunal do Paraná aplicou o conceito de fornecedor equiparado para o agente financeiro, responsável pelo empréstimo visando à aquisição do bem

---

[9] BESSA, Leonardo. Fornecedor equiparado. *Revista de Direito do Consumidor*, São Paulo: RT, v. 61, p. 127, jan.-mar. 2007.

[10] MARQUES, Claudia Lima; BENJAMIN, Antonio Herman V.; BESSA, Leonardo Roscoe. *Manual de Direito do Consumidor*. 3. ed. São Paulo: RT, 2010. p. 105.

de consumo. Do negócio decorreu a inscrição indevida do consumidor no cadastro de inadimplentes, o que gerou a responsabilização solidária dos dois envolvidos na contratação. Nos termos da ementa:

"Aplicação do CDC. Fornecedor equiparado. Inversão do ônus da prova. Fatos aduzidos na inicial não refutados pela ré. Apelação (2). Agente financeiro. Integrante da cadeia de fornecedores do produto. Mútuo coligado à compra e venda. Responsabilização solidária pelos danos decorrentes da relação jurídica comerciante consumidor. Inscrição indevida nos órgãos de restrição ao crédito. Dano moral *in re ipsa*. Prescindibilidade da comprovação do dano. Cobrança abusiva. Inversão do ônus da prova. Fatos adesivo. Autora. Majoração dos danos morais. Pedido não acolhido. Responsabilização autônoma da terceira ré que aumenta o valor a ser recebido pela autora. Termo inicial dos juros de mora. Responsabilidade contratual. Juros contados da citação. Devolução do sofá. Impossibilidade. Vedação ao enriquecimento sem causa. Parcelas quitadas não foram objeto do pedido inicial. Apelação Cível 1 e Recurso adesivo conhecidos e parcialmente providos. Apelação Cível 2 conhecida e não provida" (TJPR – Apelação Cível 1284659-8, Londrina – Oitava Câmara Cível – Rel. Des. Guilherme Freire de Barros Teixeira – *DJPR* 24.02.2015, p. 335).

Do Tribunal Gaúcho, igualmente com conteúdo interessante e na mesma linha do último aresto, foram considerados fornecedores equiparados os dois entes relacionados com o contrato de empréstimo de dinheiro para funcionários públicos. Vejamos a sua ementa, com destaque especial:

"Recurso inominado. IPERGS. Instituto de Previdência do Estado do Rio Grande do Sul. FUSEPE. Fundação dos Servidores Públicos do Estado do Rio Grande do Sul. Pretensão de cancelamento de desconto de contribuição associativa e devolução em dobro de valores indevidamente descontados. Litisconsórcio passivo necessário. Inocorrência. Prazo para expedição de RPV. Lei Estadual nº 13.756/2011. Sentença reformada em parte. No tocante à preliminar de litisconsórcio passivo necessário, para a formação do qual a Lei exige seja ele unitário ou expressamente previsto, vislumbra-se evidente que a relação jurídica discutida não se enquadra em nenhuma dessas hipóteses, na medida em que a parte demandante sofria descontos de valores que eram repassados pelo IPERGS à FUSEPE, a título de contribuição para a manutenção da qualidade de associado, condição necessária para a fruição do empréstimo bancário que a referida fundação intermediava para os seus associados. Relação, portanto, diversa da que estava constituída entre a parte demandante e o banco privado. Caso concreto em que a parte autora encaminhou, na via administrativa, de forma expressa, o pedido de cancelamento da cobrança de contribuição à FUSEPE, após o total adimplemento do contrato de empréstimo intermediado, razão pela qual, diante do direito de não ser compelida a manter-se filiada – Art. 8º, V, CF/88 – Têm-se por indevidas as cobranças realizadas a partir do protocolo do pedido de desligamento. Pela aplicação do conceito de fornecedor equiparado, tendo os demandados participado de alguma forma da execução do contrato de mútuo bancário que configura relação de consumo, cabível a aplicação do Código de Defesa do Consumidor para obrigar a parte demandada à devolução em dobro dos valores indevidamente descontados, a teor do artigo 42, parágrafo único, do CDC, na medida em que à conduta lesiva não se pode conferir a qualidade de erro justificável. (...)" (TJRS – Recurso Cível 0058556-77.2015.8.21.9000, Caxias do Sul – Segunda Turma Recursal da Fazenda Pública – Rel. Des. Mauro Caum Gonçalves – j. 26.08.2016 – *DJERS* 27.09.2016).

Em 2019, surgiu importante precedente no âmbito do STJ, usando o termo *fornecedor aparente*, para o que seria o *fornecedor equiparado*, na minha interpretação. Conforme o seu conteúdo, que merece destaque em trecho fundamental, que explica o caso concreto:

"A adoção da teoria da aparência pela legislação consumerista conduz à conclusão de que o conceito legal do art. 3º do Código de Defesa do Consumidor abrange também a figura do fornecedor aparente, compreendendo aquele que, embora não tendo participado diretamente do processo de fabricação, apresenta-se como tal por ostentar nome, marca ou outro sinal de identificação em comum com o bem que foi fabricado por um terceiro, assumindo a posição de real fabricante do produto perante o mercado consumidor. O fornecedor aparente em prol das vantagens da utilização de marca internacionalmente reconhecida não pode se eximir dos ônus daí decorrentes, em atenção à teoria do risco da atividade adotada pelo Código de Defesa do Consumidor. Dessa forma, reconhece-se a responsabilidade solidária do fornecedor aparente para arcar com os danos causados pelos bens comercializados sob a mesma identificação (nome/marca), de modo que resta configurada sua legitimidade passiva para a respectiva ação de indenização em razão do fato ou vício do produto ou serviço. No presente caso, a empresa recorrente deve ser caracterizada como fornecedora aparente para fins de responsabilização civil pelos danos causados pela comercialização do produto defeituoso que ostenta a marca Toshiba, ainda que não tenha sido sua fabricante direta, pois ao utilizar marca de expressão global, inclusive com a inserção da mesma em sua razão social, beneficia-se da confiança previamente angariada por essa perante os consumidores. É de rigor, portanto, o reconhecimento da legitimidade passiva da empresa ré para arcar com os danos pleiteados na exordial" (STJ – REsp 1.580.432/SP – Quarta Turma – Rel. Min. Marco Buzzi – j. 06.12.2018 – *DJe* 04.02.2019).

Com tal interessante conceito, que deve ser incrementado nos próximos anos, encerra-se o estudo do fornecedor como elemento subjetivo da relação de consumo.

3.2.2. O consumidor. Teorias existentes. O consumidor equiparado ou *bystander*

Enuncia expressamente o art. 2º da Lei 8.078/1990 que "consumidor é toda pessoa física ou jurídica que adquire ou utiliza produto ou serviço como destinatário final". Vislumbrando-se o seu enquadramento inicial, o consumidor pode ser, pelo texto expresso, uma pessoa natural ou jurídica, sem qualquer distinção. A questão da pessoa jurídica como consumidora pode gerar perplexidades.[11] Porém, na minha opinião doutrinária, foi correta a opção do legislador consumerista.

A respeito da pessoa jurídica consumidora, como bem aponta José Geraldo Brito Filomeno, apesar de resistências pessoais, "prevaleceu, entretanto, como de resto em algumas legislações alienígenas inspiradas na nossa, a inclusão das pessoas jurídicas igualmente como 'consumidores' de produtos e serviços, embora com a ressalva de que assim são

---

[11] Sobre o tema: MORATO, Antonio Carlos. *A pessoa jurídica como consumidora*. São Paulo: RT, 2008.

entendidas aquelas como destinatárias finais dos produtos e serviços que adquirem, e não como insumos necessários ao desempenho de sua atividade lucrativa".[12]

Na minha opinião doutrinária, estando configurados os elementos da relação de consumo, não se cogita qualquer discussão a respeito de tal enquadramento, uma vez que, conforme outrora exposto, a *vulnerabilidade é elemento posto da relação de consumo*. Em outras palavras, é irrelevante ser a pessoa jurídica *forte* ou não economicamente, pois tal constatação acaba confundindo a hipossuficiência com a vulnerabilidade. De toda sorte, a jurisprudência do STJ já concluiu pela possibilidade de se mitigar a vulnerabilidade da pessoa jurídica, afastando-se a subsunção do CDC, pela presença de uma presunção relativa, tese à qual não me filio:

> "Processo civil e consumidor. (...). Relação de consumo. Caracterização. Destinação final fática e econômica do produto ou serviço. Atividade empresarial. Mitigação da regra. Vulnerabilidade da pessoa jurídica. Presunção relativa. (...). Ao encampar a pessoa jurídica no conceito de consumidor, a intenção do legislador foi conferir proteção à empresa nas hipóteses em que, participando de uma relação jurídica na qualidade de consumidora, sua condição ordinária de fornecedora não lhe proporcione uma posição de igualdade frente à parte contrária. Em outras palavras, a pessoa jurídica deve contar com o mesmo grau de vulnerabilidade que qualquer pessoa comum se encontraria ao celebrar aquele negócio, de sorte a manter o desequilíbrio da relação de consumo. A 'paridade de armas' entre a empresa-fornecedora e a empresa-consumidora afasta a presunção de fragilidade desta. Tal consideração se mostra de extrema relevância, pois uma mesma pessoa jurídica, enquanto consumidora, pode se mostrar vulnerável em determinadas relações de consumo e em outras não. Recurso provido" (STJ – RMS 27.512/BA – Terceira Turma – Rel. Min. Nancy Andrighi – j. 20.08.2009 – DJe 23.09.2009).

O consumidor pode ser ainda um ente despersonalizado, mesmo não constando expressamente menção a ele na Lei Consumerista. Incide a equivalência das posições jurídicas, uma vez que tais entes podem ser fornecedores, como antes exposto, cabendo, do mesmo modo, a sua qualificação como consumidores. A título de exemplo, cite-se julgado do Tribunal Paulista, que considerou o condomínio edilício – tratado então como ente despersonalizado – consumidor de uma prestação de serviços:

> "Contrato. Prestação de serviços. Relação de consumo. Condomínio e prestadora de serviços de engenharia e manutenção. Código de Defesa do Consumidor. Aplicabilidade. Condomínio, ente despersonalizado, com capacidade processual, pode ser considerado consumidor final dos serviços prestados pela agravada. Recurso provido nesse aspecto" (TJSP – Agravo de Instrumento 1.009.340-00/1, Santos – Trigésima Segunda Câmara de Direito Privado – Rel. Des. Orlando Pistoresi – j. 26.01.2005).

Apesar de a conclusão final da decisão ser perfeita, deve ser feita a ressalva de que sigo o entendimento segundo o qual o condomínio edilício pode ser considerado pessoa

---

[12] FILOMENO, José Geraldo Brito. *Código Brasileiro de Defesa do Consumidor comentado pelos autores do anteprojeto*. 8. ed. Rio de Janeiro: Forense Universitária, 2004. p. 32.

jurídica, conforme consta do Enunciado n. 90, do Conselho da Justiça Federal, da *I Jornada de Direito Civil*, que sintetiza o pensamento da melhor doutrina contemporânea.[13]

Tratando também do condomínio edilício, recente decisão do Superior Tribunal de Justiça considerou-o legitimado a defender os interesses dos seus componentes perante a incorporadora imobiliária, em tratamento regido pelo CDC. Nos termos da ementa:

"Polêmica em torno da possibilidade de inversão do ônus da prova para se atribuir a incorporadora demandada a demonstração da destinação integral do produto de financiamento garantido pela alienação fiduciária de unidades imobiliárias na incorporação em questão (patrimônio de afetação). Aplicabilidade do Código de Defesa do Consumidor ao condomínio de adquirentes de edifício em construção, nas hipóteses em que atua na defesa dos interesses dos seus condôminos frente a construtora/incorporadora. O condomínio equipara-se ao consumidor, enquanto coletividade que haja intervindo na relação de consumo. Aplicação do disposto no parágrafo único do art. 2º do CDC. Imposição de ônus probatório excessivamente complexo para o condomínio demandante, tendo a empresa demandada pleno acesso às provas necessárias à demonstração do fato controvertido" (STJ – REsp 1.560.728/MG – Terceira Turma – Rel. Min. Paulo de Tarso Sanseverino – j. 18.10.2016 – *DJe* 28.10.2016).

Ainda no tocante aos entes despersonalizados, vejamos decisão do Tribunal Fluminense que tratou o espólio como consumidor, em caso envolvendo a prestação de serviços de telefonia:

"Cessão do direito ao uso de linha telefônica. Morte do titular. Art. 1.572. Código Civil de 1916. Obrigação de fazer. Ação de obrigação de fazer. Uso de linha telefônica. Indevida rescisão do contrato. Com o falecimento do titular do direito de uso de linha telefônica, este se transmite aos herdeiros, na forma do art. 1.572 do Código Civil, integrando o acervo hereditário. Desta forma, é possível o espólio pleitear em ação de obrigação de fazer a instalação de linha telefônica, desde que esteja em dia com pagamentos. Os serviços interrompidos, com afronta ao disposto na Lei 9.472/1997 e no Código de Defesa do Consumidor, merecem ser restabelecidos. Afasta-se a possibilidade de indenização por dano moral, uma vez que o espólio é ente despersonalizado, sendo-lhe conferida apenas capacidade processual, como parte formal. Recurso provido em parte" (TJRJ – Acórdão 14.509/2002, Rio de Janeiro – Décima Quarta Câmara Cível – Rel. Des. Walter D' Agostino – j. 17.12.2002).

Mais uma vez, diante da equivalência das posições jurídicas, o consumidor pode ser pessoa de Direito Privado ou de Direito Público. Entre as primeiras, cite-se uma pessoa natural ou uma empresa que adquire um eletrodoméstico em uma loja de departamentos. Entre as últimas, consigne-se a hipótese de uma prefeitura como consumidora, conforme o entendimento jurisprudencial, transcrevendo-se por todos os julgados superiores:

---

[13] Por todos, esse é o entendimento de: LIMA, Frederico Viegas de. *Condomínio em edificações*. São Paulo: Saraiva, 2010. Trata-se de tese de pós-doutoramento defendida na Suíça. A posição do presente autor pode ser encontrada em: TARTUCE, Flávio. *Direito Civil. Lei de Introdução e Parte Geral*. 7. ed. São Paulo: GEN/Método, 2011. vol. 1; TARTUCE, Flávio. *Manual de Direito Civil. Volume Único*. São Paulo: GEN/Método, 2011.

"Administrativo. Serviço de telefonia. Falta de pagamento. Bloqueio parcial das linhas da Prefeitura. Município como consumidor. 1. A relação jurídica, na hipótese de serviço público prestado por concessionária, tem natureza de Direito Privado, pois o pagamento é feito sob a modalidade de tarifa, que não se classifica como taxa. 2. Nas condições indicadas, o pagamento é contraprestação, aplicável o CDC, e o serviço pode ser interrompido em caso de inadimplemento, desde que antecedido por aviso. 3. A continuidade do serviço, sem o efetivo pagamento, quebra o princípio da isonomia e ocasiona o enriquecimento sem causa de uma das partes, repudiado pelo Direito (interpretação conjunta dos arts. 42 e 71 do CDC). 4. Quando o consumidor é pessoa jurídica de direito público, a mesma regra deve lhe ser estendida, com a preservação apenas das unidades públicas cuja paralisação é inadmissível. 5. Recurso especial provido" (STJ – REsp 742.640/MG – Segunda Turma – Rel. Min. Eliana Calmon – j. 06.09.2007 – DJ 26.09.2007, p. 203).

Admite-se que o consumidor seja pessoa nacional ou estrangeira. Em relação ao último, imagine-se o caso de um turista, em férias no Brasil, que fica intoxicado com um alimento consumido na praia ou em um restaurante, podendo demandar os agentes causadores do dano com base na responsabilidade objetiva prevista pela Lei 8.078/1990.

Vistas as elucidações inaugurais, o principal qualificador da condição de consumidor é que deve ele ser *destinatário final* do produto ou serviço. Tal elemento é o que desperta as maiores dúvidas a respeito da matéria, surgindo teorias divergentes no que toca a essa qualificação. Vejamos tais teorias, de forma detalhada.

a) Teoria finalista

Na essência, a *teoria finalista ou subjetiva* foi a adotada expressamente pelo art. 2º do Código Brasileiro de Defesa do Consumidor para a qualificação do consumidor, pela presença do elemento da *destinação final* do produto ou do serviço. Tem prevalecido no Brasil a ideia de que o consumidor deve ser *destinatário final fático e econômico*, conforme as preciosas lições de Claudia Lima Marques:

"Destinatário final seria aquele destinatário fático e econômico do bem ou serviço, seja ele pessoa jurídica ou física. Logo, segundo essa interpretação teleológica, não basta ser destinatário fático do produto, retirá-lo da cadeia de produção, levá-lo para o escritório ou residência – é necessário ser destinatário econômico do bem, não adquiri-lo para revenda, não adquiri-lo para uso profissional, pois o bem seria novamente um instrumento de produção, cujo preço será incluído no preço final do profissional para adquiri-lo. Nesse caso, não haveria exigida 'destinação final' do produto ou do serviço, ou, como afirma o STJ, haveria consumo intermediário, ainda dentro das cadeias de produção e de distribuição. Essa interpretação restringe a figura do consumidor àquele que adquire (utiliza) um produto para uso próprio e de sua família, consumidor seria o não profissional, pois o fim do CDC é tutelar de maneira especial um grupo da sociedade que é mais vulnerável".[14]

---

[14] MARQUES, Claudia Lima; BENJAMIN, Antonio Herman V.; BESSA, Leonardo Roscoe. *Manual de Direito do Consumidor*. 3. ed. São Paulo: RT, 2010. p. 85.

Resumindo tal entendimento a respeito dos requisitos da *destinação final*, pode-se dizer que:

> 1º *Destinação final fática* – o consumidor é o último da cadeia de consumo, ou seja, depois dele, não há ninguém na transmissão do produto ou do serviço.
> 2º *Destinação final econômica* – o consumidor não utiliza o produto ou o serviço para o lucro, repasse ou transmissão onerosa.

Como destacado pela própria Claudia Lima Marques no trecho transcrito, vários julgados do Superior Tribunal de Justiça adotam esse posicionamento categórico. A ilustrar, por todos:

"Conflito de competência. Sociedade empresária. Consumidor. Destinatário final econômico. Não ocorrência. Foro de eleição. Validade. Relação de consumo e hipossuficiência. Não caracterização. 1. A jurisprudência desta Corte sedimenta-se no sentido da adoção da teoria finalista ou subjetiva para fins de caracterização da pessoa jurídica como consumidora em eventual relação de consumo, devendo, portanto, ser destinatária final econômica do bem ou serviço adquirido (REsp 541.867/BA). 2. Para que o consumidor seja considerado destinatário econômico final, o produto ou serviço adquirido ou utilizado não pode guardar qualquer conexão, direta ou indireta, com a atividade econômica por ele desenvolvida; o produto ou serviço deve ser utilizado para o atendimento de uma necessidade própria, pessoal do consumidor. 2. No caso em tela, não se verifica tal circunstância, porquanto o serviço de crédito tomado pela pessoa jurídica junto à instituição financeira decerto foi utilizado para o fomento da atividade empresarial, no desenvolvimento da atividade lucrativa, de forma que a sua circulação econômica não se encerra nas mãos da pessoa jurídica, sociedade empresária, motivo pelo qual não resta caracterizada, *in casu*, relação de consumo entre as partes. 3. Cláusula de eleição de foro legal e válida, devendo, portanto, ser respeitada, pois não há qualquer circunstância que evidencie situação de hipossuficiência da autora da demanda que possa dificultar a propositura da ação no foro eleito. 4. Conflito de competência conhecido para declarar competente o Juízo Federal da 12ª Vara da Seção Judiciária do Estado de São Paulo" (STJ – CC 92.519/SP – Segunda Seção – Rel. Min. Fernando Gonçalves – j. 16.02.2009 – *DJe* 04.03.2009).

"Competência. Relação de consumo. Utilização de equipamento e de serviços de crédito prestado por empresa administradora de cartão de crédito. Destinação final inexistente. A aquisição de bens ou a utilização de serviços, por pessoa natural ou jurídica, com o escopo de implementar ou incrementar a sua atividade negocial, não se reputa como relação de consumo e, sim, como uma atividade de consumo intermediária. Recurso especial conhecido e provido para reconhecer a incompetência absoluta da Vara Especializada de Defesa do Consumidor, para decretar a nulidade dos atos praticados e, por conseguinte, para determinar a remessa do feito a uma das Varas Cíveis da Comarca" (STJ – REsp 541.867/BA – Segunda Seção – Rel. Min. Antônio de Pádua Ribeiro – Rel. p/ Acórdão Min. Barros Monteiro – j. 10.11.2004 – *DJ* 16.05.2005, p. 227).

Adotando essas premissas, na *I Jornada de Direito Comercial*, promovida pelo Conselho da Justiça Federal em outubro de 2012, foi aprovado enunciado doutrinário no sentido de que não se aplica o Código de Defesa do Consumidor nos contratos entre empresários que tenham por objetivo o suprimento de insumos para as suas atividades de produção, comércio ou prestação de serviços (Enunciado n. 20).

Todavia, a verdade é que existem outras teorias a respeito da caracterização do consumidor. Uma delas, como se verá, até se justifica, eis que a aplicação cega e literal da teoria finalista pode gerar situações de injustiça.

b) Teoria maximalista

A *teoria maximalista ou objetiva* procura ampliar sobremaneira o conceito de consumidor e daí a construção da relação jurídica de consumo. Como bem apresenta Claudia Lima Marques, "os maximalistas viam nas normas do CDC o novo regulamento do mercado de consumo brasileiro, e não normas orientadas para proteger somente o consumidor não profissional. O CDC seria um código geral sobre o consumo, um código para a sociedade de consumo, que institui normas e princípios para todos os agentes do mercado, os quais podem assumir os papéis ora de fornecedores, ora de consumidores. A definição do art. 2º deve ser interpretada o mais extensivamente possível, segundo esta corrente, para que as normas do CDC possam ser aplicadas a um número cada vez maior de relações de consumo".[15]

Entre os maximalistas, destaca-se o trabalho muito bem articulado de Alinne Arquette Leite Novaes, que lhe valeu o título de mestre em Direito Civil pela Faculdade de Direito da Universidade Estadual do Rio de Janeiro, sob a orientação do Professor Gustavo Tepedino. Nessa obra, a partir de uma interpretação do art. 29 do Código de Defesa do Consumidor – que traz o conceito de consumidor por equiparação ou *bystander* –, a doutrinadora defende que o Código Consumerista deve ser aplicado a todos os contratos de adesão, aqueles com conteúdo imposto por uma das partes. Vale transcrever as suas palavras finais, conclusivas do citado trabalho:

> "Concluímos, então, dizendo que o Código de Defesa do Consumidor é totalmente aplicável aos contratos de adesão, em virtude da extensão do conceito de consumidor, equiparando a este todas as pessoas expostas às práticas previstas nos seus Capítulos V e VI, estando, como é sabido, os contratos de adesão disciplinados dentro desse último. E isso ocorre porque a intenção do legislador, ao elaborar o Código de Defesa do Consumidor, foi garantir justiça e equidade aos contratos realizados sob sua égide, para equilibrar partes contratuais em posições diferentes, tutelando de modo especial o partícipe contratual, que julgou ser vulnerável. Assim, entendeu o legislador que a simples exposição às práticas por ele previstas no CDC era suficiente para gerar uma situação de insegurança e de vulnerabilidade, considerando, portanto, que o simples fato de se submeter a um contrato de adesão colocava o aderente em posição inferior, se equiparando ao consumidor".[16]

Com todo o respeito que merece, não me filio a tal forma de pensar, eis que, conforme o Enunciado n. 171 do CJF/STJ, aprovado na *III Jornada de Direito Civil*, o contrato

---

[15] MARQUES, Claudia Lima; BENJAMIN, Antonio Herman V.; BESSA, Leonardo Roscoe. *Manual de Direito do Consumidor*. 3. ed. São Paulo: RT, 2010. p. 85.

[16] NOVAES, Alinne Arquette Leite. *A teoria contratual e o Código de Defesa do Consumidor*. São Paulo: RT, 2001. p. 165.

de adesão, mencionado pelos arts. 423 e 424 do CC, não se confunde com o contrato de consumo. Ora, para a caracterização do contrato de adesão, leva-se em conta a forma de contratação, havendo uma imposição, por uma das partes da relação negocial. Por outra via, o contrato de consumo tem como conteúdo os elementos subjetivos e objetivos que aqui estão sendo expostos.

Na prática, é comum que o contrato de consumo seja de adesão, e vice-versa. Mas não necessariamente, pois o contrato pode ser de adesão sem ser de consumo. Cite-se, por exemplo, o contrato de franquia ou *franchising*, na relação franqueador e franqueado. Para o último é imposto, na grande maioria das situações, o conteúdo de todo o negócio, por meio do *manual do franqueado*. Porém, o franqueado não é consumidor, pois não é destinatário final fático e econômico dos produtos ou serviços (nesse sentido, por todos: TJRS – Apelação Cível 70031345077, Porto Alegre – Décima Oitava Câmara Cível – Rel. Des. Pedro Celso Dal Prá – j. 10.09.2009 – *DJERS* 18.09.2009, p. 103; e TJSP, Agravo de Instrumento 7343481-2 – Acórdão n. 3616551, São Paulo – Vigésima Quarta Câmara de Direito Privado – Rel. Des. Salles Vieira – j. 23.04.2009 – *DJESP* 01.06.2009).

A propósito, ainda no que diz respeito à franquia, correto julgamento do Superior Tribunal de Justiça, publicado no seu *Informativo* n. 569, aduz o seguinte:

"No contrato de franquia empresarial, estabelece-se um vínculo associativo entre sociedades empresárias distintas, o qual, conforme a doutrina, caracteriza-se pelo 'uso necessário de bens intelectuais do franqueador (*franchisor*) e a participação no aviamento do franqueado (*franchise*)'. Dessa forma, verifica-se, novamente com base na doutrina, que o contrato de franquia tem relevância apenas na estrita esfera das empresas contratantes, traduzindo uma clássica obrigação contratual *inter partes*. Ademais, o STJ já decidiu por afastar a incidência do CDC para a disciplina da relação contratual entre franqueador e franqueado (AgRg no REsp 1.193.293/SP – Terceira Turma – *DJe* 11.12.2012; e AgRg no REsp 1.336.491/SP – Quarta Turma – *DJe* 13.12.2012). Aos olhos do consumidor, entretanto, trata-se de mera intermediação ou revenda de bens ou serviços do franqueador, que é fornecedor no mercado de consumo, ainda que de bens imateriais. Aliás, essa arquitetura comercial – na qual o consumidor tem acesso a produtos vinculados a uma empresa terceira, estranha à relação contratual diretamente estabelecida entre consumidor e vendedor – não é novidade no cenário consumerista e, além disso, não ocorre apenas nos contratos de franquia. Desse modo, extraindo-se dos arts. 14 e 18 do CDC a responsabilização solidária por eventuais defeitos ou vícios de todos que participem da introdução do produto ou serviço no mercado (REsp 1.058.221/PR – Terceira Turma – *DJe* 14.10.2011; e REsp 1.309.981/SP – Quarta Turma – *DJe* 17.12.2013) – inclusive daqueles que organizem a cadeia de fornecimento –, as franqueadoras atraem para si responsabilidade solidária pelos danos decorrentes da inadequação dos serviços prestados em razão da franquia, tendo em vista que cabe a elas a organização da cadeia de franqueados do serviço" (STJ – REsp 1.426.578/SP – Rel. Min. Marco Aurélio Bellizze – j. 23.06.2015, *DJe* 22.09.2015).

Em suma, a correta conclusão do acórdão é no sentido de que entre franqueador e franqueado, internamente, não há uma relação de consumo. Todavia, tal relação está presente frente aos adquirentes finais dos produtos e dos serviços advindos desse negócio, havendo solidariedade entre franqueador e franqueado frente ao consumidor, nos casos da presença de vícios do produto ou do serviço, conforme será desenvolvido no próximo capítulo desta obra.

Pontue-se que, em data mais próxima, foi promulgada a Lei 13.966/2019, que trata da figura contratual em questão. O seu art. 1º, ao definir a franquia, exclui expressamente a incidência da Lei 8.078/1990, de forma correta. Nos seus exatos termos, franquia empresarial é o sistema "pelo qual um franqueador autoriza por meio de contrato um franqueado a usar marcas e outros objetos de propriedade intelectual, sempre associados ao direito de produção ou distribuição exclusiva ou não exclusiva de produtos ou serviços e também ao direito de uso de métodos e sistemas de implantação e administração de negócio ou sistema operacional desenvolvido ou detido pelo franqueador, mediante remuneração direta ou indireta, sem que, no entanto, se caracterize relação de consumo ou vínculo empregatício, seja em relação ao franqueado ou a seus empregados, ainda que durante o período de treinamento".

Seguindo no estudo do tema, a rebater a *visão maximalista,* do ponto de vista organizacional e metodológico do sistema jurídico, o Código Civil de 2002 não pode perder total prestígio diante do CDC, como lei central do Direito Privado. Ademais, diante da aplicação da *teoria do diálogo das fontes*, a tese maximalista perde sua razão de ser, em certo sentido. Não se pode esquecer, além disso, que muitos dos preceitos que constam da codificação civil privada estão em harmonia com as regras da Lei Consumerista.

De toda sorte, em algumas situações de patente discrepância, hipossuficiência ou vulnerabilidade, justifica-se a ampliação do conceito de consumidor e da relação de consumo. Surge, nesse contexto, o que é denominado como *teoria finalista aprofundada*, uma variante da teoria maximalista que se justifica plenamente. Deve ficar claro que, por tudo o que já foi aqui exposto, prefere-se o termo "hipossuficiente" para justificar a incidência da teoria. Porém, tanto doutrina quanto jurisprudência utilizam também o conceito de vulnerabilidade para tal conclusão.

c) Teoria finalista aprofundada ou mitigada

Mais uma vez, a teoria é fruto do trabalho de criação de Claudia Lima Marques, a maior doutrinadora brasileira sobre o tema Direito do Consumidor. Nesse ínterim, cumpre colacionar seus ensinamentos:

> "Realmente, depois da entrada em vigor do CC/2002 a visão maximalista diminuiu em força, tendo sido muito importante para isto a atuação do STJ. Desde a entrada em vigor do CC/2002, parece-me crescer uma tendência nova da jurisprudência, concentrada na noção de consumidor final imediato (*Endverbraucher*), e de vulnerabilidade (art. 4º, I), que poderíamos denominar aqui de *finalismo aprofundado.*
>
> É uma interpretação finalista mais aprofundada e madura, que deve ser saudada. Em casos difíceis envolvendo pequenas empresas que utilizam insumos para a sua produção, mas não em sua área de expertise ou com uma utilização mista, principalmente na área de serviços, provada a vulnerabilidade, conclui-se pela destinação final de consumo prevalente. Essa nova linha, em especial do STJ, tem utilizado, sob o critério finalista e subjetivo, expressamente a equiparação do art. 29 do CDC, em se tratando de pessoa jurídica que comprove ser vulnerável e atue fora do âmbito de

sua especialidade, como hotel que compra gás. Isso porque o CDC conhece outras definições de consumidor. O conceito-chave aqui é o de vulnerabilidade".[17]

Há, portanto, um *tempero na teoria maximalista (teoria maximalista temperada, aprofundada ou mitigada)*, conjugando-a com a teoria finalista, segundo as lições de Claudia Lima Marques. De toda sorte, alguns juristas continuam entendendo tratar-se de aplicação da teoria maximalista, corrente a que estou filiado, o que está de acordo com uma visão mais simplificada da matéria.[18]

De fato, em muitas situações envolvendo pessoas notadamente hipersuficientes – seja a disparidade econômica, financeira, política, social, técnica ou informacional –, a *teoria maximalista* justifica-se plenamente. É possível ainda afirmar, na esteira das lições de Claudia Lima Marques, que, pela ampliação categórica, a vulnerabilidade passa a ser *elemento pressuposto* da relação jurídica de consumo e não um *elemento posto*, como no capítulo anterior foi demonstrado.

Nesse contexto, vejamos algumas pontuações baseadas em exemplos de Luiz Antonio Rizzatto Nunes.[19] Imaginem-se duas relações jurídicas continuadas, entre uma montadora de veículos e uma concessionária de automóveis, bem como entre a última e uma pessoa que adquire um veículo para uso próprio:

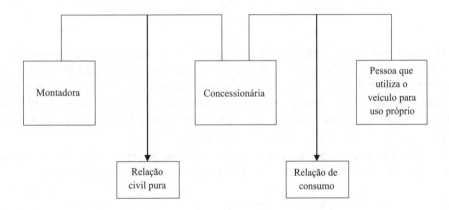

No esquema acima, a primeira relação entre a montadora e a concessionária não é uma relação de consumo, mas uma relação civil pura, eis que a concessionária não é destinatária final fática, pois após tal sujeito há a pessoa que adquire o veículo e o utiliza para uso próprio. Além disso, não é a concessionária destinatária final econômica, pois

---

[17] MARQUES, Claudia Lima; BENJAMIN, Antonio Herman V.; BESSA, Leonardo Roscoe. *Manual de Direito do Consumidor*. 3. ed. São Paulo: RT, 2010. p. 87.

[18] Entendendo tratar-se a conclusão de incidência da teoria maximalista: CAVALIERI FILHO, Sérgio. *Programa de Direito do Consumidor*. São Paulo: Atlas, 2008. p. 52-53; GARCIA, Leonardo Medeiros. *Direito do Consumidor*. 3. ed. Niterói: Impetus, 2007. p. 12-14.

[19] RIZZATTO NUNES, Luiz Antonio. *Comentários ao Código de Defesa do Consumidor*. 3. ed. São Paulo: Saraiva, 2007. p. 95-103. Esclareça-se que o presente autor foi aluno do Professor Rizzatto Nunes no curso de pós-graduação *lato sensu* em Direito Contratual do COGEAE-PUCSP, entre os anos de 1999 e 2001, passando a utilizar as ilustrações do jurista, desde então.

utiliza o veículo para sua atividade lucrativa primordial. Por outra via, há relação de consumo, regida pelo CDC, entre a concessionária e a pessoa que adquire o veículo para uso próprio, sendo o último destinatário final fático e econômico do bem.

Em mais uma concretização, a última pessoa é substituída por uma grande empresa que adquire uma frota de veículos para sua atividade primordial, que vem a ser a entrega de mercadorias. Vejamos o diagrama:

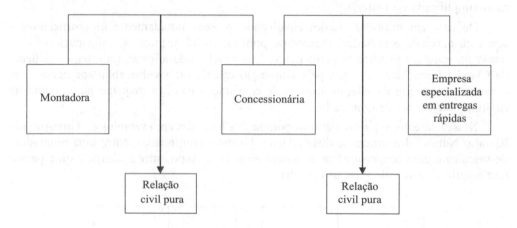

No que concerne à primeira relação jurídica (montadora e concessionária), nada muda, mantendo-se a relação civil, regida substancialmente pelo Código Civil de 2002. Porém, a relação estabelecida entre a empresa especializada em entregas e a concessionária não é uma relação de consumo pela *teoria finalista*. Isso porque tal empresa até pode ser destinatária final fática dos veículos, mas não é destinatária final econômica, por utilizar tais bens em sua atividade econômica predominante.

Por fim, a empresa especializada em entregas rápidas será substituída por um taxista ou um caminhoneiro, que adquire o veículo para sua manutenção profissional:

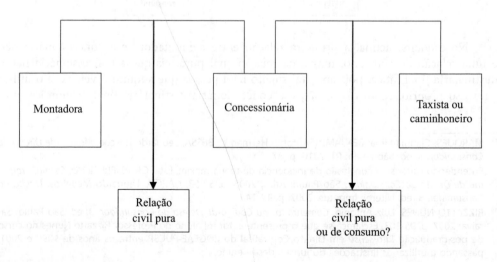

Mantendo-se mais uma vez a conclusão de que a primeira relação é civil, surge dúvida atroz a respeito da segunda relação, diante da patente disparidade que atinge o taxista e o caminhoneiro. Lembre-se de que, pela teoria finalista, ambos não seriam consumidores, já que retiram do veículo adquirido a sua atividade lucrativa primordial. Não haveria, portanto, a destinação econômica exigida para a caracterização do consumidor. Em casos como esse é que a doutrina e a jurisprudência têm reconhecido a aplicação da *teoria maximalista mitigada* ou da *teoria finalista aprofundada*.

Elucide-se com o exemplo de Rizzatto Nunes a respeito das canetas adquiridas pelo aluno e pelo professor para uma aula que será ministrada.[20] Se o aluno tiver um problema com a caneta (*v.g.*, a caneta estourou e manchou sua camisa), poderá fazer uso do CDC em face do comerciante e do fabricante, por ser destinatário final fático e econômico do bem adquirido. Por outra via, o professor não poderia fazer uso do CDC, por ser destinatário final do objeto, mas não destinatário final econômico, uma vez que utiliza a caneta em sua atividade profissional direta. Como bem observa o jurista, "isso não só seria ilógico como feriria o princípio da isonomia constitucional; além do mais, não está de acordo com o sistema do CDC".[21]

No contexto de ampliação do conceito de consumidor, vejamos os acórdãos relativos ao taxista pronunciados pelo STJ:

> "Direito civil. Vício do produto. Aquisição de veículo zero quilômetro para uso profissional. Responsabilidade solidária. Há responsabilidade solidária da concessionária (fornecedor) e do fabricante por vício em veículo zero quilômetro. A aquisição de veículo zero quilômetro para uso profissional como táxi, por si só, não afasta a possibilidade de aplicação das normas protetivas do CDC. Todos os que participam da introdução do produto ou serviço no mercado respondem solidariamente por eventual vício do produto ou de adequação, ou seja, imputa-se a toda a cadeia de fornecimento a responsabilidade pela garantia de qualidade e adequação do referido produto ou serviço (arts. 14 e 18 do CDC). Ao contrário do que ocorre na responsabilidade pelo fato do produto, no vício do produto a responsabilidade é solidária entre todos os fornecedores, inclusive o comerciante, a teor do que preconiza o art. 18 do mencionado Codex" (STJ – REsp 611.872/RJ – Rel. Min. Antonio Carlos Ferreira – j. 02.10.2012, publicado no *Informativo* n. 505).

> "Civil. Processual civil. Recurso especial. Direito do consumidor. Veículo com defeito. Responsabilidade do fornecedor. Indenização. Danos morais. Valor indenizatório. Redução do *quantum*. Precedentes desta Corte. 1. Aplicável à hipótese a legislação consumerista. O fato de o recorrido adquirir o veículo para uso comercial – táxi – não afasta a sua condição de hipossuficiente na relação com a empresa-recorrente, ensejando a aplicação das normas protetivas do CDC. 2. Verifica-se, *in casu*, que se trata de defeito relativo à falha na segurança, de caso em que o produto traz um vício intrínseco que potencializa um acidente de consumo, sujeitando-se o consumidor a um perigo iminente (defeito na mangueira de alimentação de combustível do veículo, propiciando vazamento causador do incêndio). Aplicação da regra do art. 27 do

---

[20] RIZZATTO NUNES, Luiz Antonio. *Comentários ao Código de Defesa do Consumidor*. 3. ed. São Paulo: Saraiva, 2007. p. 101-103.

[21] RIZZATTO NUNES, Luiz Antonio. *Comentários ao Código de Defesa do Consumidor*. 3. ed. São Paulo: Saraiva, 2007. p. 102.

CDC. 3. O Tribunal *a quo*, com base no conjunto fático-probatório trazido aos autos, entendeu que o defeito fora publicamente reconhecido pela recorrente, ao proceder ao *recall* com vistas à substituição da mangueira de alimentação do combustível. A pretendida reversão do *decisum* recorrido demanda reexame de provas analisadas nas instâncias ordinárias. Óbice da Súmula 7/STJ. 4. Esta Corte tem entendimento firmado no sentido de que 'quanto ao dano moral, não há que se falar em prova, deve-se, sim, comprovar o fato que gerou a dor, o sofrimento, sentimentos íntimos que o ensejam. Provado o fato, impõe-se a condenação' (Cf. AGA 356.447-RJ, *DJ* 11.06.2001). 5. Consideradas as peculiaridades do caso em questão e os princípios de moderação e da razoabilidade, o valor fixado pelo Tribunal *a quo*, a título de danos morais, em 100 (cem) salários mínimos, mostra-se excessivo, não se limitando à compensação dos prejuízos advindos do evento danoso, pelo que se impõe a respectiva redução à quantia certa de R$ 5.000,00 (cinco mil reais). 6. Recurso conhecido parcialmente e, nesta parte, provido" (STJ – REsp 575.469/RJ – Quarta Turma – Rel. Min. Jorge Scartezzini – j. 18.11.2004 – *DJ* 06.12.2004, p. 325).

"Consumidor. Taxista. Código de Defesa do Consumidor. Financiamento para aquisição de automóvel. Aplicação do CDC. O CDC incide sobre contrato de financiamento celebrado entre a CEF e o taxista para aquisição de veículo. A multa é calculada sobre o valor das prestações vencidas, não sobre o total do financiamento (art. 52, § 1º, do CDC). Recurso não conhecido" (STJ – REsp 231.208/PE – Quarta Turma – Rel. Min. Ruy Rosado de Aguiar – j. 07.12.2000 – *DJ* 19.03.2001, p. 114).

Pelo mesmo raciocínio, decisão do STJ a respeito do caminhoneiro:

"Civil. Relação de consumo. Destinatário final. A expressão destinatário final, de que trata o art. 2º, *caput,* do Código de Defesa do Consumidor abrange quem adquire mercadorias para fins não econômicos, e também aqueles que, destinando-os a fins econômicos, enfrentam o mercado de consumo em condições de vulnerabilidade; espécie em que caminhoneiro reclama a proteção do Código de Defesa do Consumidor porque o veículo adquirido, utilizado para prestar serviços que lhe possibilitariam sua mantença e a da família, apresentou defeitos de fabricação. Recurso especial não conhecido" (STJ – REsp 716.877/SP – Terceira Turma – Rel. Min. Ari Pargendler – j. 21.03.2007 – *DJ* 23.04.2007, p. 257).

Outros acórdãos mais recentes fazem incidir as mesmas premissas, confirmando as palavras expostas por Claudia Lima Marques. Conforme publicado na ferramenta *Jurisprudência em Teses* (Edição n. 39), do Tribunal da Cidadania, em 2015, "o Superior Tribunal de Justiça admite a mitigação da teoria finalista para autorizar a incidência do Código de Defesa do Consumidor nas hipóteses em que a parte (pessoa física ou jurídica), apesar de não ser destinatária final do produto ou serviço, apresenta-se em situação de vulnerabilidade" (Tese n. 1).

Seguindo nas concretizações dessa tese, vejamos decisão publicada em 2010 no *Informativo* n. 441 do Superior Tribunal de Justiça, a respeito da aquisição da aquisição de máquina de bordar para pequena produção de subsistência:

"A jurisprudência do STJ adota o conceito subjetivo ou finalista de consumidor, restrito à pessoa física ou jurídica que adquire o produto no mercado a fim de consumi-lo. Contudo, a teoria finalista pode ser abrandada a ponto de autorizar a aplicação das regras do CDC para resguardar, como consumidores (art. 2º daquele Código), determinados profissionais (microempresas e empresários individuais) que adquirem o bem para usá-lo no exercício de sua profissão. Para tanto, há que demonstrar sua vulnerabilidade técnica, jurídica ou econômica (hipossuficiência). No caso, cuida-se do contrato para a aquisição de uma máquina de bordar entabulado entre a empresa fabricante e a pessoa física que utiliza o bem para sua sobrevivência e de sua família, o que demonstra sua vulnerabilidade econômica. Destarte, correta a aplicação das regras de proteção do consumidor, a impor a nulidade da cláusula de eleição de foro que dificulta o livre acesso do hipossuficiente ao Judiciário. Precedentes citados: REsp 541.867-BA, *DJ* 16.05.2005; REsp 1.080.719-MG, *DJe* 17.08.2009; REsp 660.026-RJ, *DJ* 27.06.2005; REsp 684.613-SP, *DJ* 1º.07.2005; REsp 669.990-CE, *DJ* 11.09.2006, e CC 48.647-RS, *DJ* 05.12.2005" (STJ – REsp 1.010.834-GO – Rel. Min. Nancy Andrighi – j. 03.08.2010).

Deve ficar claro que, para o Superior Tribunal de Justiça, a hipossuficiência ou vulnerabilidade (a última, conforme as decisões) deve ser devidamente demonstrada para que se mitigue a teoria finalista. Nesse sentido, decisão extraída do seu *Informativo* n. *236*:

"Em ação de indenização por danos morais e materiais, a empresa alega a suspensão indevida do fornecimento de energia elétrica pela concessionária. Por outro lado, a ré sustentou preliminares de ilegitimidade ativa, incompetência da vara de defesa do consumidor por não existir relação de consumo e inépcia da inicial. O Tribunal *a quo* manteve a decisão agravada que rejeitou as preliminares. Daí o REsp da concessionária ré. A Turma, em princípio, examinou a questão relativa à admissibilidade e processamento desse REsp e reconheceu que, como a discussão versa sobre competência, poderia influenciar todo o curso processual, justificando, pela excepcionalidade, o julgamento do REsp, sem que ele permanecesse retido, conforme tem admitido a jurisprudência. A Turma também reconheceu a legitimidade ativa da recorrida, pois cabe à locatária, no caso a empresa, o pagamento das despesas de luz (art. 23 da Lei do Inquilinato). Mas proveu o recurso quanto à inexistência de consumo e a consequente incompetência da vara especializada em Direito do Consumidor. Argumentou-se que a pessoa jurídica com fins lucrativos caracteriza-se, na hipótese, como consumidora intermediária e a uniformização infraconstitucional da Segunda Seção deste Superior Tribunal perfilhou-se à orientação doutrinária finalista ou subjetiva, na qual o consumidor requer a proteção da lei. O Min. Relator ressaltou que existe um certo abrandamento na interpretação finalista a determinados consumidores profissionais, como pequenas empresas e profissionais liberais, tendo em vista a hipossuficiência. Entretanto, no caso concreto, a questão da hipossuficiência da empresa recorrida em momento algum restou reconhecida nas instâncias ordinárias. Isso posto, a Turma reconheceu a nulidade dos atos processuais praticados e determinou a distribuição do processo a um dos juízos cíveis da comarca. Precedente citado: REsp 541.867-BA" (STJ – REsp 661.145/ES – Rel. Min. Jorge Scartezzini – j. 22.02.2005).

Do mesmo modo, julgado mais atual, que afastou a aplicação do CDC à relação contratual para aquisição de insumos para a agricultura, por se tratar de grande produtor rural. Como reconhece o próprio acórdão, a conclusão deve ser pela existência da relação consumerista no caso de pequena agricultura de subsistência:

"Direito civil. Produtor rural de grande porte. Compra e venda de insumos agrícolas. Revisão de contrato. Código de Defesa do Consumidor. Não aplicação. Destinação final inexistente. Inversão do ônus da prova. Impossibilidade. Precedentes. Recurso especial parcialmente provido. I. Tratando-se de grande produtor rural e o contrato referindo-se, na sua origem, à compra de insumos agrícolas, não se aplica o Código de Defesa do Consumidor, pois não se trata de destinatário final, conforme bem estabelece o art. 2º do CDC, *in verbis*: 'Consumidor é toda pessoa física ou jurídica que adquire ou utiliza produto ou serviço como destinatário final'. II. Não havendo relação de consumo, torna-se inaplicável a inversão do ônus da prova prevista no inc. VIII do art. 6º, do CDC, a qual, mesmo nas relações de consumo, não é automática ou compulsória, pois depende de criteriosa análise do julgador a fim de preservar o contraditório e oferecer à parte contrária oportunidade de provar fatos que afastem o alegado contra si. III. O grande produtor rural é um empresário rural e, quando adquire sementes, insumos ou defensivos agrícolas para o implemento de sua atividade produtiva, não o faz como destinatário final, como acontece nos casos da agricultura de subsistência, em que a relação de consumo e a hipossuficiência ficam bem delineadas. IV. De qualquer forma, embora não seja aplicável o CDC no caso dos autos, nada impede o prosseguimento da ação com vista a se verificar a existência de eventual violação legal, contratual ou injustiça a ser reparada, agora com base na legislação comum. V. Recurso especial parcialmente provido" (STJ – REsp 914.384/MT – Terceira Turma – Rel. Min. Massami Uyeda – j. 02.09.2010 – *DJe* 01.10.2010).

Como se pode notar, o enquadramento do consumidor dependerá da presença de uma parte qualificada como *grande* ou *pequena, forte* ou *fraca*. Assim, ainda ilustrando, se um advogado adquire insumos para seu escritório, haverá relação de consumo, mesmo sendo os bens utilizados para sua pequena produção. Por outra via, se um grande escritório adquire tais insumos, não haverá relação de consumo.

Do mesmo modo, o raciocínio serve para o médico que adquire seringas (pela relação de consumo) e para o hospital que faz o mesmo (pela não existência da relação de consumo). Fica então a dúvida a respeito da situação em que o adquirente tem um *porte médio*. Em casos tais, tudo dependerá do julgador, se ele é um jurista maximalista ou não. Na verdade, no último caso, pode-se falar em um posicionamento *minimalista*, pouco explorado pela doutrina, mas existente.

A encerrar a exposição a respeito da teoria em questão, didático julgamento do ano de 2012 expõe muito bem quais os limites do *finalismo aprofundado*. De acordo com a publicação constante do *Informativo* n. *510* do STJ:

"A determinação da qualidade de consumidor deve, em regra, ser feita mediante aplicação da teoria finalista, que, numa exegese restritiva do art. 2º do CDC, considera destinatário final tão somente o destinatário fático e econômico do bem ou serviço, seja ele pessoa física ou jurídica. Dessa forma, fica excluído da proteção do CDC o consumo intermediário, assim entendido como aquele cujo produto retorna para as cadeias de produção e distribuição, compondo o custo (e, portanto, o preço final) de um novo bem ou serviço. Vale dizer, só pode ser considerado consumidor, para fins de tutela pelo CDC, aquele que exaure a função econômica do bem ou serviço, excluindo-o de forma definitiva do mercado de consumo. Todavia, a jurisprudência do STJ, tomando por base o conceito de consumidor por equiparação previsto no art. 29 do CDC, tem evoluído para uma aplicação temperada da teoria finalista frente às pessoas jurídicas, num processo que a doutrina vem denominando 'finalismo aprofundado'. Assim, tem se admitido que, em determinadas hipóteses, a pessoa jurídica adquirente de um produto ou serviço possa ser equiparada à condição de consumidora, por apresentar frente ao fornecedor alguma vulnerabilidade, que constitui o princípio-motor da política nacional das relações de consumo, premissa expressamente fixada no art. 4º, I, do CDC, que legitima toda a proteção conferida ao consumidor. A doutrina tradicionalmente aponta a existência de três modalidades de vulnerabilidade: técnica (ausência de conhecimento específico acerca do produto ou serviço objeto de consumo), jurídica (falta de conhecimento jurídico, contábil ou econômico e de seus reflexos na relação de consumo) e fática (situações em que a insuficiência econômica, física ou até mesmo psicológica do consumidor o coloca em pé de desigualdade frente ao fornecedor). Mais recentemente, tem se incluído também a vulnerabilidade informacional (dados insuficientes sobre o produto ou serviço capazes de influenciar no processo decisório de compra). Além disso, a casuística poderá apresentar novas formas de vulnerabilidade aptas a atrair a incidência do CDC à relação de consumo. Numa relação interempresarial, para além das hipóteses de vulnerabilidade já consagradas pela doutrina e pela jurisprudência, a relação de dependência de uma das partes frente à outra pode, conforme o caso, caracterizar uma vulnerabilidade legitimadora da aplicação do CDC, mitigando os rigores da teoria finalista e autorizando a equiparação da pessoa jurídica compradora à condição de consumidora" (STJ – REsp 1.195.642/RJ – Rel. Min. Nancy Andrighi – j. 13.11.2012).

O julgamento é louvável, por também levar em conta a dependência econômica nas relações interempresariais como um critério ampliador das relações de consumo. Lamenta-se apenas a utilização do termo "vulnerabilidade", pois, no meu entendimento, o que há de ser considerado é a hipossuficiência – conceito fático –, e não a vulnerabilidade – conceito jurídico decorrente de uma presunção absoluta da condição de consumidor.

d) Teoria minimalista

A par das teorias relativas ao consumidor, pode ser exposta uma corrente chamada de *minimalista*, que não vê a existência da relação de consumo em casos em que ela pode ser claramente percebida. Entre os adeptos dessa corrente, podem ser citados aqueles que entendem que não haveria uma relação de consumo entre banco e correntista, o que pode ser claramente percebido da leitura do art. 3º, § 2º, da Lei 8.078/1990, segundo o qual o serviço de crédito é abrangido pelo Código de Defesa do Consumido. Dessa forma se posicionavam os juristas Ives Gandra da Silva Martins e Arnoldo Wald, signatários da petição inicial da ADIn 2.591, que pretendia afastar a incidência das normas consumeristas para os contratos bancários.

Para o bem, o Supremo Tribunal Federal acabou por entender de forma contrária ao pedido, confirmando o que já constava da Súmula 297 do Superior Tribunal de Justiça, *in verbis:* "o Código de Defesa do Consumidor é aplicável às instituições financeiras". A corrente minimalista restou, assim, derrotada no âmbito dos nossos Tribunais, pelo menos parcialmente.

De toda sorte, anote-se que alguns julgados apontam ser a teoria minimalista sinônima da teoria finalista, em questões envolvendo justamente os contratos bancários:

"Contrato bancário. Relação de consumo. Destinatário final. Art. 2º do CDC. Não caracterização. Teoria minimalista ou finalista. Não caracterizada a condição de destinatário final, não há que se falar em aplicação das regras contidas na Lei do

Consumidor. Negócios jurídicos bancários que tinham por finalidade fomentar as atividades empresariais desenvolvidas pela empresa coapelante. Inexistência de relação de consumo. Negócios bancários que não foram celebrados por empresa na qualidade de destinatária final. Juros remuneratórios. Não demonstração de efetiva contratação. Limitação dos juros remuneratórios à taxa média do mercado à época da contratação. Precedentes do STJ. Comissão de permanência. Possibilidade de cobrança desde que não cumulada com outros encargos. Renovação automática do contrato. Possibilidade. Autores que não demonstraram a intenção de impedir a renovação da avença. Sentença mantida. Recursos não providos" (TJSP – Apelação 0008514-82.2008.8.26.0576 – Acórdão 4981658, São José do Rio Preto – Trigésima Sétima Câmara de Direito Privado – Rel. Des. Roberto Nussinkis Mac Cracken – j. 10.02.2011 – *DJESP* 16.03.2011).

"Cédula de crédito bancário. Alegação de necessidade de perícia. A matéria discutida em juízo depende de interpretação de cláusula de negócio jurídico bancário. Desnecessária a produção de outras provas, além daquelas já existentes nos autos. Preliminar afastada. Cédula de crédito bancário. Relação de consumo. Destinatário final. Art. 2º do CDC. Não caracterização. Teoria minimalista ou finalista. Não caracterizada a condição de destinatário final, não há que se falar em aplicação das regras contidas na Lei do Consumidor. Cédula de crédito bancário de capital de giro que tem por finalidade fomentar as atividades empresariais desenvolvidas pela empresa coapelante. Inexistência de relação de consumo. Negócio bancário que não foi celebrado por empresa na qualidade de destinatária final. Se não impugnado ou discutido no momento apropriado não autoriza ao julgador seu conhecimento de ofício. Súmula 381 do STJ. Recurso não provido" (TJSP – Apelação Cível 990.10.164057-0 – Acórdão 4821431, Bragança Paulista – Trigésima Sétima Câmara de Direito Privado – Rel. Des. Roberto Nussinkis Mac Cracken – j. 11.11.2010 – *DJESP* 14.12.2010).

A conclusão da comparação das teorias finalista e minimalista parece representar um engano. Além disso, diante dos julgados transcritos, deve ser feita a ressalva de que algumas decisões aplicam a teoria maximalista – ou a teoria finalista aprofundada – nas hipóteses em que pequenas empresas ou empresários individuais celebram contratos de empréstimos para obter capital para a sua atividade. Vejamos:

"Contrato. CDC. Pessoa jurídica. Crédito rotativo (cheque especial). Aplicabilidade. Contrato. Abertura de crédito em conta corrente. Juros contratuais. Admissibilidade. Norma constitucional que os fixou em limite não superior a 12% ao ano não é regra autoaplicável. Tipo de operação bancária pactuada não segue a limitação do Decreto 22.626/1933. Anatocismo. Inadmissibilidade. Súmulas 121 do STF e 93 do STJ. A cobrança de juros capitalizados somente é viável quando houver permissão legal, como é o caso das cédulas de crédito comercial, industrial e rural. Exclusão. Cabimento. Comissão de permanência, quando pactuada, não pode ultrapassar o limite dos juros contratuais, de 6,50% ao mês, não podendo haver cobrança cumulativa das duas verbas. Honorários de advogado. Sucumbência. Reciprocidade. Ocorrência. Ação revisional parcialmente procedente. Recurso provido em parte" (TJSP – Apelação Cível 1278319200, São Carlos – Vigésima Câmara de Direito Privado – Rel. Des. Álvaro Torres Júnior – j. 11.08.2008 – Data de registro 20.08.2008).

"Código de Defesa do Consumidor. Lei 8.078, de 11.09.1990. Empréstimo bancário. Aplicabilidade. Inversão do ônus da prova determinada, *ex officio*. Possibilidade.

O tomador de empréstimo é consumidor para os efeitos do Código de Defesa do Consumidor. Súmula 297 do Colendo Superior Tribunal de Justiça. Recurso parcialmente provido. Monitória. Contrato. Abertura de crédito rotativo em conta corrente. Pessoa jurídica. Cheque empresa. Valor de R$ 13.000,00, firmado em 02.07.2003. A comissão de permanência e a correção monetária não são cumuláveis (Súmula 30, do STJ). Pactuaram-se juros remuneratórios ou compensatórios à taxa de 8,95% ao mês ou de 111,71% ao ano no caso de impontualidade. Comissão de permanência à taxa vigente no mercado financeiro, juros de mora de 12% ao ano e multa de 2% (cláusula 6ª do contrato). Com a edição da MP 1.963-17, de 30.03.2000, atualmente reeditada sob o n. 2.170-26/2001, passou-se a admitir a capitalização mensal nos contratos firmados posteriormente à sua entrada em vigor, desde que houvesse previsão contratual. Vedada a comissão de permanência cumulada com os juros moratórios e com a multa contratual, ademais de não permitir sua cumulação com a correção monetária e com os juros remuneratórios, a teor das Súmulas 30, 294 e 296, do Colendo Superior Tribunal de Justiça. A comissão de permanência é permitida à base da taxa média dos juros de mercado apurada pelo Banco Central do Brasil, mas não pode ultrapassar o que foi pactuado (Súmula 296 do Colendo Superior Tribunal de Justiça). Recurso parcialmente provido" (TJSP – Apelação Cível 7193448-8 – Acórdão 2632182, Ourinhos – Décima Nona Câmara de Direito Privado – Rel. Des. Paulo Hatanaka – j. 29.04.2008 – *DJESP* 23.06.2008).

Ato contínuo, o Superior Tribunal de Justiça já entendeu, no passado, da mesma forma em hipótese de empréstimo de dinheiro, para a aquisição de máquina produtiva por uma pequena empresa:

"Contratos bancários. Contrato de repasse de empréstimo externo para compra de colheitadeira. Agricultor. Destinatário final. Incidência. Código de Defesa do Consumidor. Comprovação. Captação de recursos. Matéria de prova. Prequestionamento. Ausência. I. O agricultor que adquire bem móvel com a finalidade de utilizá-lo em sua atividade produtiva deve ser considerado destinatário final, para os fins do art. 2º do Código de Defesa do Consumidor. II. Aplica-se o Código de Defesa do Consumidor às relações jurídicas originadas dos pactos firmados entre os agentes econômicos, as instituições financeiras e os usuários de seus produtos e serviços. III. Afirmado pelo acórdão recorrido que não ficou provada a captação de recursos externos, rever esse entendimento encontra óbice no enunciado n. 7 da Súmula desta Corte. IV. Ausente o prequestionamento da questão federal suscitada, é inviável o recurso especial (Súmulas 282 e 356/STF). Recurso especial não conhecido, com ressalvas quanto à terminologia" (STJ – REsp 445.854/MS – Terceira Turma – Rel. Min. Castro Filho – j. 02.12.2003 – *DJ* 19.12.2003, p. 453).

Entendo que o raciocínio deve ser o mesmo nos casos de contratos de *"factoring"* celebrados por pequenas empresas, visando o incremento de sua atividade pelo crédito obtido. De qualquer forma, destaque-se acórdão do STJ segundo o qual tal relação jurídica não se enquadraria, como regra, nos elementos da relação de consumo, salvo os casos de patente vulnerabilidade ou hipossuficiência:

"A atividade de *factoring* não se submete às regras do CDC quando não for evidente a situação de vulnerabilidade da pessoa jurídica contratante. Isso porque as empresas de *factoring* não são instituições financeiras nos termos do art. 17 da Lei n. 4.595/1964, pois os recursos envolvidos não foram captados de terceiros. Assim, ausente o trinômio inerente às atividades das instituições financeiras: coleta, intermediação e aplicação de recursos. Além disso, a empresa contratante não está em situação de vulnerabilidade, o que afasta a possibilidade de considerá-la consumidora por equiparação (art. 29 do CDC). Por fim, conforme a jurisprudência do STJ, a obtenção de capital de giro não está submetida às regras do CDC. Precedentes citados: REsp 836.823-PR, *DJe* 23.08.2010; AgRg no Ag 1.071.538-SP, *DJe* 18.02.2009; REsp 468.887-MG, *DJe* 17.05.2010; AgRg no Ag 1.316.667-RO, *DJe* 11.03.2011, e AgRg no REsp 956.201-SP, *DJe* 24.08.2011" (STJ – REsp 938.979-DF – Rel. Min. Luis Felipe Salomão – j. 19.06.2012, publicação no seu *Informativo* n. 500).

Sucessivamente, a jurisprudência do Superior Tribunal de Justiça firmou o entendimento de não aplicação do CDC aos casos em que a pessoa jurídica firma contrato bancário de capital de giro, para fomentar a sua atividade. Conforme a assertiva n. 5, publicada na Edição n. 161 da ferramenta *Jurisprudência em Teses* da Corte, do final do ano de 2020 (Consumidor V), "não há relação de consumo entre a instituição financeira e a pessoa jurídica que busca financiamento bancário ou aplicação financeira para ampliar o capital giro ou fomentar atividade produtiva". Entre os seus precedentes, destacam-se: Ag. Int. no REsp 1.667.374/MA – Quarta Turma – Rel. Min. Luis Felipe Salomão – j. 20.08.2019 – *DJe* 23.08.2019; Ag. Int. no AREsp 555.083/SP – Quarta Turma – Rel. Min. Antonio Carlos Ferreira – j. 25.06.2019 – *DJe* 01.07.2019; e Ag. Int. no AREsp 1.331.871/SC – Terceira Turma – Rel. Min. Marco Aurélio Bellizze – j. 18.03.2019 – *DJe* 22.03.2019.

Em data mais recente, a confirmar a permanência da força da tese, julgou o STJ, em 2023, que "é pacífica a jurisprudência desta Corte no sentido de que não são aplicáveis as disposições do Código de Defesa do Consumidor ao mútuo obtido com o propósito de fomentar a atividade produtiva. O Tribunal de origem consignou a impossibilidade de dação em pagamento e de compensação, justificando pela carência de liquidez, ao aduzir que o recorrido manifestou desinteresse em aceitar as ações do Banco do Estado de Santa Catarina (BESC) como forma de dação em pagamento, bem como não haveria a existência da mútua de credor e devedor para que houvesse a possibilidade de compensação. Dessa forma, firmou-se a inviabilidade de compensação" (STJ – Ag. Int. no EDcl no REsp 2.027.383/TO – Terceira Turma – Rel. Min. Marco Aurélio Bellizze – DJE 13.03.2023).

Com o devido respeito, não me filio a essa forma de julgar, nos casos de hipossuficiência da pessoa jurídica que pretende fomentar seu capital de giro com o contrato bancário, devendo ser aplicada, em tais situações, a teoria finalista aprofundada.

A encerrar o presente tópico, como último tema, cumpre analisar o conceito de *consumidor equiparado* ou *bystander*, tão difundido pela doutrina e pela jurisprudência, retirado dos arts. 2º, parágrafo único, 17 e 29 da Lei 8.078/1990. Como se nota, três são as variantes legais da construção.

Deve ficar claro que os requisitos até o presente momento abordados se referem ao consumidor padrão (*stander*) ou em sentido estrito (*stricto sensu*). Entretanto, há um sentido de ampliação natural pela Lei Consumerista, ao considerar como consumidor a coletividade de pessoas, ainda que indetermináveis, que haja intervindo nas relações de consumo.

Esse é o primeiro conceito de consumidor equiparado ou por equiparação, retirado do art. 2º, parágrafo único, do CDC. Como bem pondera José Geraldo Brito Filomeno, "é a universalidade, conjunto de consumidores de produtos e serviços, ou mesmo grupo, classe ou categoria deles, e desde que relacionados a um determinado produto ou serviço, perspectiva essa extremamente relevante e realista, porquanto é natural que se previna, por exemplo, o consumo de produtos e serviços perigosos ou então nocivos, beneficiando-se, assim, abstratamente as referidas universalidades e categorias de potenciais consumidores. Ou, então, se já provocado o dano efetivo pelo consumo de tais produtos ou serviços, o que se pretende é conferir à universalidade ou grupo de consumidores os devidos instrumentos jurídico-processuais para que possa obter a justa e mais completa possível reparação dos responsáveis".[22]

Subsumindo a última ideia, colaciona-se interessante julgado do Tribunal Fluminense, em situação envolvendo a emissão de poluentes acima do aceitável por uma empresa, a causar danos potenciais à coletividade:

"Responsabilidade civil. Dano moral. Vazamento de substância química (catalisador) de unidade de refino de petróleo. Princípio da precaução. A Lei Consumerista identifica, além do consumidor *stricto sensu* (*standard*), como definido no art. 2º do CDC, o terceiro que não participa diretamente da relação de consumo, ou seja, todo aquele que se encontre na condição de consumidor equiparado, ou, segundo a indicação alienígena, *bystander*. O Código passa a ter, assim, múltiplos conceitos de consumidor: um geral (art. 2º, *caput*) e três outros por equiparação (arts. 2º, parágrafo único, 17 e 29). São, pois, equiparados ao consumidor *standard*: a coletividade de pessoas, ainda que indetermináveis, que haja intervindo nas relações de consumo (parágrafo único do art. 2º), todas as vítimas do evento (art. 17) e todas as pessoas, determináveis ou não, expostas às práticas nele previstas (art. 29). Portanto, a situação prevista em que a coletividade se encontra, potencialmente, na iminência de sofrer dano não provocado, deixa evidenciada a incidência das normas protetivas do Código de Defesa do Consumidor. Os diversos desastres tecnológicos de que os homens são responsáveis, como a contaminação das águas, do ar e a ameaça à camada de ozônio, assim como os problemas ocorridos no âmbito da saúde e segurança alimentar, têm chamado a atenção de todos acerca da necessidade de ser adotada uma atitude de maior prudência no uso das tecnologias hoje disponibilizadas. Os sentimentos e frustrações experimentados pelo autor durante todo o período que se seguiu a divulgação de que tal nuvem não tinha qualquer toxidade, pelo menos é o que ainda se presume, foram, sem qualquer dúvida, a causa direta do dano moral reclamado. Viveu o autor dias muito angustiantes, amargando sofrimentos e inquietações, que foram além do âmbito familiar. Evidente, portanto, que o dano moral injusto causado ao autor, independentemente de qualquer lesão física, gerou a dor e o sofrimento, vinculando o responsável ao dever de indenizar. Provimento do recurso" (TJRJ – Acórdão 2006.001.69259 – Primeira Câmara Cível – Rel. Des. Maldonado de Carvalho – j. 13.03.2007).

Como se extrai da ementa da decisão, há ainda outros dois conceitos de consumidor equiparado. De início, para os fins de responsabilidade civil, o art. 17 do CDC considera consumidor qualquer vítima da relação de consumo. O tema ainda será aprofundado no próximo capítulo da obra. Todavia, de imediato, interessante expor uma ilustração, envolvendo julgado do STJ que determinou ser consumidor equiparado o proprietário de uma residência sobre a qual caiu um avião:

---

[22] FILOMENO, José Geraldo Brito. *Código Brasileiro de Defesa do Consumidor*. 8. ed. Rio de Janeiro: Forense Universitária, 2004. p. 38.

"Código de Defesa do Consumidor. Acidente aéreo. Transporte de malotes. Relação de consumo. Caracterização. Responsabilidade pelo fato do serviço. Vítima do evento. Equiparação a consumidor. Art. 17 do CDC. I. Resta caracterizada relação de consumo se a aeronave que caiu sobre a casa das vítimas realizava serviço de transporte de malotes para um destinatário final, ainda que pessoa jurídica, uma vez que o art. 2º do Código de Defesa do Consumidor não faz tal distinção, definindo como consumidor, para os fins protetivos da lei, '... toda pessoa física ou jurídica que adquire ou utiliza produto ou serviço como destinatário final'. Abrandamento do rigor técnico do critério finalista. II. Em decorrência, pela aplicação conjugada com o art. 17 do mesmo diploma legal, cabível, por equiparação, o enquadramento do autor, atingido em terra, no conceito de consumidor. Logo, em tese, admissível a inversão do ônus da prova em seu favor. Recurso especial provido" (STJ – REsp 540.235/TO – Terceira Turma – Rel. Min. Castro Filho – *DJ* 06.03.2006).

Do mesmo Superior Tribunal de Justiça, cite-se ementa do ano de 2012, que concluiu ser consumidor equiparado o sujeito que foi vítima de um anúncio sexual realizado pela *internet*. Vejamos a publicação no *Informativo* n. 500 daquela Corte:

"Responsabilidade civil. Provedor de Internet. Anúncio erótico. O recorrente ajuizou ação de indenização por danos morais contra a primeira recorrida por ter-se utilizado do seu sítio eletrônico, na rede mundial de computadores, para veicular anúncio erótico no qual aquele ofereceria serviços sexuais, constando para contato o seu nome e endereço de trabalho. A primeira recorrida, em contestação, alegou que não disseminou o anúncio, pois assinara contrato de fornecimento de conteúdo com a segunda recorrida, empresa de publicidade, no qual ficou estipulado que aquela hospedaria, no seu sítio eletrônico, o site desta, entabulando cláusula de isenção de responsabilidade sobre todas as informações divulgadas. Para a Turma, o recorrente deve ser considerado consumidor por equiparação, art. 17 do CDC, tendo em vista se tratar de terceiro atingido pela relação de consumo estabelecida entre o provedor de internet e os seus usuários. Segundo o CDC, existe solidariedade entre todos os fornecedores que participaram da cadeia de prestação de serviço, comprovando-se a responsabilidade da segunda recorrida, que divulgou o anúncio de cunho erótico e homossexual, também está configurada a responsabilidade da primeira recorrida, site hospedeiro, por imputação legal decorrente da cadeia de consumo ou pela culpa *in eligendo*, em razão da parceria comercial. Ademais, é inócua a limitação de responsabilidade civil prevista contratualmente, pois não possui força de revogar lei em sentido formal" (STJ – REsp 997.993/MG – Rel. Min. Luis Felipe Salomão – j. 21.06.2012).

Segundo a publicação constante da ferramenta *Jurisprudência em Teses*, do STJ e em 2015 (Edição n. 39), "considera-se consumidor por equiparação (*bystander*), nos termos do art. 17 do CDC, o terceiro estranho à relação consumerista que experimenta prejuízos decorrentes do produto ou serviço vinculado à mencionada relação, bem como, a teor do art. 29, as pessoas determináveis ou não expostas às práticas previstas nos arts. 30 a 54 do referido Código" (premissa n. 12).

Assim, como se conclui pela análise dos julgados expostos e da última ementa, o sentido de ampliação de incidência da Lei Consumerista é bem considerável, dedução retirada também do art. 29 do CDC, segundo o qual se equiparam aos consumidores todas as pessoas, determináveis ou não, expostas às práticas comerciais e empresariais nele previstas. O último dispositivo, que consagra o último conceito de consumidor equiparado, tem incidência para as relações contratuais, conforme detalhamentos constantes do Capítulo 5 deste livro.

Expostos os elementos subjetivos da relação de consumo, vejamos os seus elementos objetivos, que formam o seu conteúdo ou a sua prestação.

3.3. ELEMENTOS OBJETIVOS DA RELAÇÃO DE CONSUMO

3.3.1. Produto

Nos termos literais do art. 3º, § 1º, da Lei 8.078/1990, produto é qualquer bem móvel ou imóvel, material ou imaterial, colocado no mercado de consumo (*mass consumption society*). Como bem demonstra Luiz Antonio Rizzatto Nunes, o Código de Defesa do Consumidor não adentrou na grande divergência existente entre os civilistas, a respeito dos conceitos de bens e coisas, preferindo utilizar o termo produto. São suas palavras:

> "Esse conceito de produto é universal nos dias atuais e está estreitamente ligado à ideia de bem, resultado da produção no mercado de consumo das sociedades capitalistas contemporâneas. É vantajoso o seu uso, pois o conceito passa a valer no meio jurídico e já era usado por todos os demais agentes do mercado (econômico, financeiro, de comunicações etc.)".[23]

Apesar da pontuação do jurista, constata-se que a Lei 8.078/1990 utilizou o termo *bem*, no sentido de ser uma *coisa* – algo que não é humano –, com interesse econômico e/ou jurídico, construção que é seguida por mim.[24] De acordo com a Lei Consumerista, o produto pode ser um bem móvel ou imóvel, diferenciação clássica do Direito Privado, que consta entre os arts. 79 e 84 do Código Civil Brasileiro.

O bem móvel é aquele que pode ser transportado sem prejuízo de sua integridade, caso de um automóvel, que pode ser o conteúdo de uma relação de consumo, como na aquisição de automóvel para uso próprio em uma concessionária de veículos, seja ele novo ou usado.

Por outra via, o bem imóvel é aquele cujo transporte ou remoção implica destruição ou deterioração considerável, hipótese de um apartamento, que, do mesmo modo, pode ser o objeto de uma relação de consumo, como presente em negócios de incorporação imobiliária (nesse sentido: STJ – REsp 334.829/DF – Terceira Turma – Rel. Min. Nancy Andrighi – j. 06.11.2001 – *DJ* 04.02.2002, p. 354). E isso ocorre inclusive se a incorporação for realizada por cooperativas habitacionais especializadas, nos termos da Súmula 602 do STJ, editada no ano de 2018. A propósito, conforme a afirmação n. 12, constante

---

[23] RIZZATTO NUNES, Luiz Antonio. *Comentários ao Código de Defesa do Consumidor*. 3. ed. São Paulo: Saraiva, 2007. p. 113.

[24] Tal conceito é utilizado principalmente por Sílvio Rodrigues, e seguido em minhas obras de Direito Civil. Veja-se: TARTUCE, Flávio. *Direito Civil. Lei de Introdução e Parte Geral*. 21. ed. Rio de Janeiro: Forense, 2025. vol. 1; TARTUCE, Flávio. *Manual de Direito Civil*. Volume Único. 15. ed. São Paulo: Método, 2025.

da Edição n. 74 da ferramenta *Jurisprudência em Teses* do STJ, "as normas do Código de Defesa do Consumidor são aplicáveis aos contratos do Sistema Financeiro de Habitação – SFH, desde que não vinculados ao Fundo de Compensação de Variações Salariais – FCVS e posteriores à entrada em vigor da Lei 8.078/90" (Consumidor III, de 2017).

A respeito dos imóveis, ainda, cite-se que a recente Lei 13.777/2018, que trata da multipropriedade imobiliária ou *time sharing*, prevê expressamente a aplicação do CDC no novo art. 1.358-B do Código Civil, *in verbis:* "a multipropriedade reger-se-á pelo disposto neste Capítulo e, de forma supletiva e subsidiária, pelas demais disposições deste Código e pelas disposições das Leis nºs 4.591, de 16 de dezembro de 1964, e 8.078, de 11 de setembro de 1990". Sobre a categoria, o dispositivo seguinte estabelece que "multipropriedade é o regime de condomínio em que cada um dos proprietários de um mesmo imóvel é titular de uma fração de tempo, à qual corresponde a faculdade de uso e gozo, com exclusividade, da totalidade do imóvel, a ser exercida pelos proprietários de forma alternada" (art. 1.358-C do CC/2002).

O produto pode ser um bem material (corpóreo ou tangível) ou imaterial (incorpóreo ou intangível). Como ilustração do primeiro, vejam-se as hipóteses agora há pouco mencionadas, de aquisição do veículo e do apartamento. Como bem imaterial, destaque-se o exemplo do *lazer*, que envolve uma plêiade de situações contemporâneas.

De início, quanto ao lazer, consigne-se a antiga ilustração de Nelson Nery Jr. e Rosa Maria de Andrade Nery a respeito do jogo de futebol, com citação de julgado do Tribunal Paulista nesse sentido.[25] Não se olvide que o antigo *Estatuto de Defesa do Torcedor* (Lei 10.671/2003) seguia a principiologia consumerista, enunciando o seu art. 40 que "a defesa dos interesses e direitos dos torcedores em juízo observará, no que couber, a mesma disciplina da defesa dos consumidores em juízo de que trata o Título III da Lei 8.078, de 11 de setembro de 1990".

Fez o mesmo a *Lei Geral do Esporte* (Lei 14.597/2023), que revogou essa norma anterior e deixou o tratamento do tema ainda mais claro. Como está no seu art. 142, "as relações de consumo em eventos esportivos regulam-se especialmente por esta Lei, sem prejuízo da aplicação das normas gerais de proteção ao consumidor". Ademais, preceitua o § 1º do comando emergente que, para os efeitos de subsunção das duas leis, "consideram-se consumidor o espectador do evento esportivo, torcedor ou não, que tenha adquirido o direito de ingressar no local onde se realiza o referido evento e fornecedora a organização esportiva responsável pela organização da competição em conjunto com a organização esportiva detentora do mando de campo, se pertinente, ou, alternativamente, as duas organizações esportivas competidoras, bem como as demais pessoas naturais ou jurídicas que detenham os direitos de realização da prova ou partida".

Por fim, está previsto expressamente que as organizações esportivas que administram e regulam modalidade esportiva em âmbito nacional caracterizam-se como fornecedoras, nos termos do CDC, e relativamente a eventos esportivos por elas organizados, ainda que o cumprimento das tarefas materiais locais a eles pertinentes seja incumbência de terceiros ou de outras organizações esportivas (§ 2º do art. 142 da Lei 14.597/2023 – *Lei Geral do Esporte*).

---

[25] NERY JR., Nelson; NERY, Rosa Maria de Andrade. *Código Civil Anotado*. 2. ed. São Paulo: RT, 2003. p. 909. O julgado citado é: TJSP – Agravo 281.523-1/1-00 – Oitava Câmara de Direito Privado – Rel. Des. César Lacerda – j. 07.02.1996.

Ainda a título exemplificativo, seguindo a sistemática dessa subsunção do CDC, em episódio trágico bem conhecido sobre o futebol brasileiro:

"Civil. Consumidor. Acidente em estádio de futebol em jogo de decisão da Taça João Havelange com características de Campeonato Brasileiro da 1ª Divisão. Queda do alambrado com dezenas de torcedores feridos no Estádio de S. Januário. Convincente a afirmação de que o autor foi acidentado quando cedeu o alambrado do estádio do Vasco da Gama, por sinal mal conservado e quando havia excesso de torcedores, certo de estar o autor na primeira relação de vítimas do B.O. Policial. Mas não provadas as suas lesões urge ordenar a sua indenização por danos morais, mas em moderada estipulação. Precedente: Apelo 9.818/05, 14ª Cível" (TJRJ – Acórdão 2005.001.49550 – Décima Quarta Câmara Cível – Rel. Des. Rudi Loewenkron – j. 17.01.2006).

Ou, mais recentemente, da jurisprudência superior e aplicando o CDC ao caso concreto, extrai-se o seguinte:

"Hipótese dos autos, o episódio violento ocorreu no entorno do estádio, na área reservada especialmente aos torcedores do Goiás Esporte Clube. Tanto é assim que o segundo recorrido e seus amigos conseguiram correr para dentro do estádio para se proteger, local que também acabou sendo invadido pelos torcedores adversários. Sendo a área destinada aos torcedores do Goiás, o recorrente deveria ter providenciado a segurança necessária para conter conflitos entre opositores, propiciando a chegada segura dos torcedores daquela agremiação ao local da partida. Mas não foi o que ocorreu, porquanto o reduzido número de seguranças no local não foi capaz de impedir a destruição do veículo de propriedade do primeiro recorrido. Para que haja o rompimento do nexo causal, o fato de terceiro, além de ser a única causa do evento danoso, não deve apresentar qualquer relação com a organização do negócio e os riscos da atividade. Na espécie, não está configurada tal excludente de responsabilidade, porquanto a entidade mandante tem o dever legal de assegurar a segurança do torcedor no interior e no entorno do estádio antes, durante e após a partida e essa obrigação foi descumprida pelo recorrente, à medida em que não disponibilizou seguranças em número suficiente para permitir a chegada ao estádio, em segurança, dos torcedores do time do Goiás Esporte Clube, o que permitiu que eles fossem encurralados por torcedores da agremiação adversária, os quais, munidos de foguetes e bombas, depredaram o veículo em que estavam o segundo recorrido e seus amigos. Ademais, os atos de violência entre torcedores adversários são, lamentavelmente, eventos frequentes, estando relacionados com a atividade desempenhada pela agremiação" (STJ – REsp 1.924.527/PR – 3.ª Turma – Rel. Min. Nancy Andrighi – j. 15.06.2021, DJe 17.06.2021).

Como última ilustração a respeito da incidência do CDC para os eventos danosos ocorridos em estádios de futebol, o Superior Tribunal de Justiça julgou que, "em partida de futebol, se houver tumulto causado por artefatos explosivos jogados contra a torcida visitante, o time mandante deve responder pelos danos causados aos torcedores". No caso concreto, nos termos do acórdão, "deve responder pelos danos causados aos torcedores o time mandante que não se desincumbiu adequadamente do dever de minimizar os riscos da partida, deixando de fiscalizar o porte de artefatos explosivos nos arredores do estádio e de organizar a segurança de forma a evitar tumultos na saída da partida" (STJ – REsp 1.773.885/SP – 3.ª Turma – Rel. Min. Ricardo Villas Bôas Cueva – j. 30.08.2022 – DJe 05.09.2022).

Ainda a respeito do lazer, as casas noturnas e de espetáculos estão abrangidas pela Lei Consumerista, conforme julgados a seguir, relativos às conhecidas agressões praticadas nos seus interiores:

"Ação de indenização. Agressão em casa noturna. Relação de consumo. Responsabilidade subjetiva. Julgamento *extra petita*. Honorários de advogado. 1. Há relação de consumo entre o cliente e a casa noturna. 2. Desnecessário enfrentar a questão da responsabilidade objetiva prevista no Código de Defesa do Consumidor quando o pedido veio também amparado na responsabilidade subjetiva e as instâncias ordinárias identificaram a negligência da casa noturna que ensejou o ato lesivo. 3. A valoração da prova diz com o erro de direito quanto ao valor de determinada prova, abstratamente considerada, não sendo o caso dos autos em que houve exame detalhado de todas as provas produzidas, incluída a pericial, sendo certo que o fato de testemunhas terem amizade com o autor por si só não as desqualifica quando se sabe que também estavam no local em que ocorreu o evento danoso. 4. Não existe decisão *extra petita* quando o pedido, embora sem a melhor técnica, menciona a perda da capacidade profissional da vítima, reconhecida nas instâncias ordinárias. 5. A exclusão do pedido de lucros cessantes justifica o reconhecimento da sucumbência recíproca, não se podendo falar em decaimento mínimo, aplicando-se o art. 21 do Código de Processo Civil com a redução do percentual sobre o valor da condenação. 6. Recurso especial conhecido e provido, em parte" (STJ – REsp 695.000/RJ – Terceira Turma – Rel. Min. Carlos Alberto Menezes Direito – j. 03.04.2007 – *DJU* 21.05.2007, p. 571).

"Apelação cível. Responsabilidade civil. Agressões físicas sofridas em casa noturna. Dever de segurança. Falha do serviço. Stuttgart. Relação de consumo. Dano moral caracterizado. Hipótese em que um cliente foi agredido por um dos frequentadores da danceteria, que adentrou armado nas dependências da casa noturna. A responsabilidade objetiva consagrada pelo Código de Defesa do Consumidor somente pode ser elidida caso reste comprovada culpa exclusiva da vítima ou inexistência de defeito no serviço prestado. Na espécie, o defeito na prestação do serviço é evidente, haja vista que a revista realizada pela segurança da cervejaria foi falha, pois permitiu que um frequentador adentrasse armado na casa noturna e agredisse involuntariamente o autor, causando lesões corporais com estocadas de arma branca. Os estabelecimentos comerciais são responsáveis pela incolumidade física dos seus frequentadores. Tendo em vista que a prestadora de serviço atua no setor de entretenimento e diversão, ela tem a obrigação de oferecer instalações adequadas, bem como propiciar um ambiente seguro e saudável aos seus clientes, porque, havendo qualquer dano aos seus frequentadores, decorrentes da má conservação e manutenção das instalações e equipamento ou de falhas na prestação dos seus serviços, especialmente segurança, a casa noturna deverá responder pelo adimplemento dos prejuízos suportados. (...)" (TJRS – Acórdão 70035309707, Porto Alegre – Nona Câmara Cível – Rel. Des. Tasso Caubi Soares Delabary – j. 21.07.2010 – *DJERS* 06.08.2010).

Festas populares, do mesmo modo, estão abrangidas pela Lei 8.078/1990, pela sistemática da questão do lazer. Assim, o caso dos rodeios, festas típicas do interior do País (TJMT – Apelação 69.465/2009, Várzea Grande – Terceira Câmara Cível – Rel. Des. Evandro Stábile – j. 14.12.2009 – *DJMT* 13.01.2010, p. 11). Citem-se, nesse contexto, as festas carnavalescas que são exploradas por profissionais da área, caso das *micaretas*, que são os carnavais fora de época e que reproduzem o carnaval de Salvador, em que foliões acompanham os trios elétricos, dentro das cordas, e pagando pelos abadás. O emblemático acórdão a seguir, do Superior Tribunal de Justiça, publicado no seu *Informativo* n. *370*, analisa muito bem a incidência do Código de Defesa do Consumidor em situações tais:

> "Dano moral. Morte. Micareta. Os recorridos buscaram da sociedade promotora de eventos a indenização por danos morais decorrentes do falecimento de seu filho, vítima de disparo de arma de fogo ocorrido no interior de bloco carnavalesco em que desfilava durante uma micareta (réplica em escala menor do carnaval de Salvador). Alegam que a morte do jovem estaria diretamente ligada à má prestação de serviços pela recorrente, visto que deixara de fornecer a segurança adequada ao evento, prometida quando da comercialização dos abadás (camisolões folgados que identificam o integrante do bloco). Nesse contexto, ao sopesar as razões recursais, não há como afastar a relação de causalidade entre o falecimento e a má prestação do serviço. O principal serviço que faz o consumidor pagar vultosa soma ao optar por um bloco e não aderir à dita 'pipoca' (o cordão de populares que fica à margem dos blocos fechados) é justamente a segurança. Esse serviço, se não oferecido da maneira esperada, tal como na hipótese dos autos, apresenta-se claramente defeituoso nos termos do art. 14, § 1º, do CDC. Diante da falha no serviço de segurança do bloco, enquanto não diligenciou impossibilitar o ingresso de pessoa portadora de arma de fogo na área delimitada por cordão de isolamento aos integrantes do bloco, não há como constatar a alegada excludente de culpa exclusiva de terceiro (art. 14, § 3º, II, do mesmo Código). Daí que se mantém incólume a condenação imposta ao recorrente de reparar os danos morais no valor de sessenta mil reais" (STJ – REsp 878.265-PB – Rel. Min. Nancy Andrighi – j. 02.10.2008).

A encerrar o presente tópico, atente-se ao fato de que os produtos digitais também podem ser englobados pela Lei Protetiva do consumidor, caso de programas de computador ou *softwares*. Para concretizar, vejamos decisão do Tribunal de Minas Gerais, em que se discutiu a aplicação do CDC para a aquisição de programas de computador por escritório de advocacia, prevalecendo, ao final, a *teoria finalista aprofundada* ou *maximalista*:

> "Direito do consumidor. Programa de computador. *Software*. Consumidor. Relação entre sociedade de advogados e empresa de *software*. Aplicação do Código de Defesa do Consumidor. Teoria finalista mitigada. Da responsabilidade pelo fato do produto e do serviço. Inadimplemento total da obrigação. Prescrição quinquenal. Voto vencido. O consumidor intermediário, por adquirir produto ou usufruir de serviço com o fim de, direta ou indiretamente, dinamizar ou instrumentalizar seu próprio negócio lucrativo, não se enquadra na definição constante no art. 2º do CDC, permitindo-se, entretanto, a mitigação à aplicação daquela teoria, na medida em que se admite, excepcionalmente, a aplicação das normas consumeristas a determinados consumidores profissionais, desde que demonstrada, *in concreto*, a vulnerabilidade técnica, jurídica ou econômica. Nas hipóteses de inadimplemento absoluto, não se estaria no âmbito do art. 18 (e, consequentemente, do art. 26 do CDC), mas no âmbito do art. 14, que, quanto à prescrição, leva à aplicação do art. 27, com prazo de cinco anos para o exercício da pretensão do consumidor. Como a prescrição é a perda da pretensão por ausência de seu exercício pelo titular, em determinado lapso de tempo, para se verificar se houve ou não prescrição é necessário constatar se nasceu ou não a pretensão respectiva, porquanto o prazo prescricional só começa a

fluir no momento em que nasce a pretensão, ou seja, quando se constata de forma inequívoca o inadimplemento total da obrigação. Recurso provido. Voto vencido: A norma consumerista somente tem aplicação quando o contratante puder ser caracterizado como destinatário final. Quando a aquisição de bens ou a utilização de serviços, por pessoa natural ou jurídica, possui o escopo de implementar ou incrementar a sua atividade-fim não se reputa como relação de consumo e, sim, como uma atividade de consumo intermediária, razão pela qual não se submete às normas do Código de Defesa do Consumidor. A partir da vigência do novo Código Civil, o prazo prescricional das ações de reparação de danos que não houver atingido a metade do tempo previsto no Código Civil de 1916 fluirá por inteiro, nos termos da nova Lei (art. 206) (Des. Electra Benevides)" (TJMG – Apelação Cível 1.0024.06.207799-5/0011, Belo Horizonte – Décima Câmara Cível – Rel. Des. Cabral da Silva – j. 02.06.2009 – DJEMG 23.06.2009).

Como decorrência natural da última forma de julgar, os produtos digitais vendidos pela internet também podem ser enquadrados como elementos objetivos caracterizadores da relação jurídica de consumo.

3.3.2. Serviço

Estabelece o art. 3º, § 2º, que o serviço é qualquer atividade fornecida no mercado de consumo, mediante remuneração, inclusive as de natureza bancária, financeira, de crédito e securitária, salvo as decorrentes das relações de caráter trabalhista.

De início, cumpre esclarecer que, apesar de a lei mencionar expressamente a remuneração, dando um caráter oneroso ao negócio, admite-se que o prestador tenha vantagens indiretas, sem que isso prejudique a qualificação da relação consumerista. Como primeiro exemplo, invoca-se o caso do estacionamento gratuito em lojas, *shoppings centers*, supermercados e afins, respondendo a empresa que é beneficiada pelo serviço, que serve como atrativo aos consumidores. Dessa forma, concluindo pela presença de responsabilidades, da jurisprudência:

"Indenização por danos materiais. Furto em estacionamento. Legitimidade passiva do supermercado. Terceirização do estacionamento. Irrelevância. Exoneração de responsabilidades estabelecida entre o supermercado e a empresa terceirizada não pode ser oposta ao consumidor. Solidariedade decorrente de lei. Furto Comprovado. A disponibilização de estacionamento visa angariar a clientela, ensejando a configuração de depósito irregular e consequente dever de guarda e vigilância, pouco importando tratar-se de estacionamento gratuito. Lucros cessantes afastados. Dano material correspondente ao valor do veículo furtado. Sentença parcialmente procedente. Recurso não provido" (TJSP – Apelação 0097300-21.2007.8.26.0000 – Acórdão 4895504, São Paulo – Décima Câmara de Direito Privado – Rel. Des. Antonio Manssur – j. 18.11.2010 – DJESP 24.02.2011).

"Civil. Apelação. Ação de indenização. Furto de motocicleta em supermercado. Responsabilidade civil da empresa configurada. Dever de guarda e vigilância. Dano material. Arts. 14 e 29 do CDC. Aplicação. Indenização cabível. Súmula 130 do STJ. Dever de indenizar. Responsabilidade civil do Estado. Não configuração. Recurso conhecido e não provido. O estabelecimento que permite, mesmo a título gratuito, o estacionamento de veículo em seu pátio, tem responsabilidade pela guarda e vigilância do bem, e responde por qualquer dano causado. Nos termos do art. 14 do CDC, o fornecedor de serviços ou de produtos responde para com o consumidor em caso de dano, independentemente de culpa. A teor do art. 29 do CDC, equiparam-se aos consumidores todas as pessoas determináveis ou não, expostas às práticas nele previstas. O furto de veículo em estacionamento privativo de empresa gera a obrigação de indenizar conforme prevê a Súmula 130 do STJ. Não há como imputar ao Estado a responsabilidade por prejuízo sofrido pelo furto ocorrido em estacionamento privado de supermercado. Recurso conhecido e não provido" (TJMG – Apelação Cível 1.0702.06.285022-8/0011, Uberlândia – Décima Sétima Câmara Cível – Rel. Des. Márcia de Paoli Balbino – j. 24.04.2008 – *DJEMG* 09.05.2008).

Como se retira da última ementa, o conceito de *consumidor equiparado* pode ser utilizado para se chegar à mesma dedução de responsabilidade. Ademais, não faz a jurisprudência distinção a respeito de ter ou não o consumidor efetuado compras no local, havendo sempre a responsabilidade da empresa, nos termos da Súmula 130 do STJ. Nesse sentido, destaco o seguinte acórdão:

"Direito civil. Responsabilidade civil. Furto em estacionamento. *Shopping center*. Veículo pertencente a possível locador de unidade comercial. Existência de vigilância no local. Obrigação de guarda. Indenização devida. Precedentes. Recurso provido. I. Nos termos do enunciado n. 130/STJ, 'a empresa responde, perante o cliente, pela reparação de dano ou furto de veículo ocorridos em seu estacionamento'. II. A jurisprudência deste Tribunal não faz distinção entre o consumidor que efetua compra e aquele que apenas vai ao local sem nada despender. Em ambos os casos, entende-se pelo cabimento da indenização em decorrência do furto de veículo. A responsabilidade pela indenização não decorre de contrato de depósito, mas da obrigação de zelar pela guarda e segurança dos veículos estacionados no local, presumivelmente seguro" (STJ – REsp 437.649/SP – Quarta Turma – Rel. Min. Sálvio de Figueiredo Teixeira – j. 06.02.2003 – *DJ* 24.02.2003, p. 242).

Outro exemplo que envolve as vantagens indiretas ao prestador é o sistema de milhagens ou de pontuação em companhias áreas, que igualmente serve como um atrativo aos consumidores, ou até mesmo como uma publicidade (nesse sentido: TJPE – Apelação 0188732-5, Recife – Sexta Câmara Cível – Rel. Des. Eduardo Augusto Paura Peres – j. 11.03.2010 – *DJEPE* 05.05.2010).

Fornecendo amparo doutrinário a essa forma de pensar, na VI *Jornada de Direito Civil*, em 2013, foi aprovado o Enunciado n. 559 do CJF/STJ, segundo o qual, "observado o Enunciado 369 do CJF, no transporte aéreo, nacional e internacional, a responsabilidade do transportador em relação aos passageiros gratuitos, que viajarem por cortesia, é objetiva, devendo atender à integral reparação de danos patrimoniais e extrapatrimoniais". A menção à reparação integral segue a linha defendida neste livro, de afastar qualquer tarifação da indenização nas relações de consumo.

Voltando à análise efetiva do conceito de serviço, a norma expressa que os serviços bancários, financeiros e de crédito são abrangidos pela norma consumerista. Por isso, os contratos celebrados entre bancos e correntistas para administração e transmissão de capitais financeiros são, em regra, de consumo, na esteira da Súmula 297 do STJ. Nessa mesma linha posicionou-se o Supremo Tribunal Federal na Ação Declaratória de Inconstitucionalidade 2.591, conhecida como *"ADIn dos Bancos"*, cuja longa ementa merece transcrição, para devida leitura:

"Código de Defesa do Consumidor. Art. 5º, XXXII, da CF/1988. Art. 170, V, da CF/1988. Instituições financeiras. Sujeição delas ao Código de Defesa do Consumidor, excluídas de sua abrangência a definição do custo das operações ativas e a remuneração das operações passivas praticadas na exploração da intermediação de dinheiro na economia [art. 3º, § 2º, do CDC]. Moeda e taxa de juros. Dever-poder do Banco Central do Brasil. Sujeição ao Código Civil. 1. As instituições financeiras estão, todas elas, alcançadas pela incidência das normas veiculadas pelo Código de Defesa do Consumidor. 2. 'Consumidor', para os efeitos do Código de Defesa do Consumidor, é toda pessoa física ou jurídica que utiliza, como destinatário final, atividade bancária, financeira e de crédito. 3. O preceito veiculado pelo art. 3º, § 2º, do Código de Defesa do Consumidor deve ser interpretado em coerência com a Constituição, o que importa em que o custo das operações ativas e a remuneração das operações passivas praticadas por instituições financeiras na exploração da intermediação de dinheiro na economia estejam excluídos da sua abrangência. 4. Ao Conselho Monetário Nacional incumbe a fixação, desde a perspectiva macroeconômica, da taxa-base de juros praticável no mercado financeiro. 5. O Banco Central do Brasil está vinculado pelo dever-poder de fiscalizar as instituições financeiras, em especial na estipulação contratual das taxas de juros por elas praticadas no desempenho da intermediação de dinheiro na economia. 6. Ação direta julgada improcedente, afastando-se a exegese que submete às normas do Código de Defesa do Consumidor [Lei 8.078/1990] a definição do custo das operações ativas e da remuneração das operações passivas praticadas por instituições financeiras no desempenho da intermediação de dinheiro na economia, sem prejuízo do controle, pelo Banco Central do Brasil, e do controle e revisão, pelo Poder Judiciário, nos termos do disposto no Código Civil, em cada caso, de eventual abusividade, onerosidade excessiva ou outras distorções na composição contratual da taxa de juros. Art. 192 da CF/1988. Norma-objetivo. Exigência de lei complementar exclusivamente para a regulamentação do Sistema Financeiro. 7. O preceito veiculado pelo art. 192 da Constituição do Brasil consubstancia norma-objetivo que estabelece os fins a serem perseguidos pelo sistema financeiro nacional, a promoção do desenvolvimento equilibrado do País e a realização dos interesses da coletividade. 8. A exigência de lei complementar veiculada pelo art. 192 da Constituição abrange exclusivamente a regulamentação da estrutura do sistema financeiro. Conselho Monetário Nacional. Art. 4º, VIII, da Lei 4.595/1964. Capacidade normativa atinente à Constituição, funcionamento e fiscalização das instituições financeiras. Ilegalidade de resoluções que excedem essa matéria. 9. O Conselho Monetário Nacional é titular de capacidade normativa – a chamada capacidade normativa de conjuntura – no exercício da qual lhe incumbe regular, além da constituição e fiscalização, o funcionamento das instituições financeiras, isto é, o desempenho de suas atividades no plano do sistema financeiro. 10. Tudo o quanto exceda esse desempenho não pode ser objeto de regulação por ato normativo produzido pelo Conselho Monetário Nacional. 11. A produção de atos normativos pelo Conselho Monetário Nacional, quando não respeitem ao funcionamento das instituições financeiras, é abusiva, consubstanciando afronta à legalidade" (STF – ADI 2.591/DF – Tribunal Pleno – Rel. Min. Carlos Velloso – Rel. p/ Acórdão Min. Eros Grau – j. 07.06.2006).

Podem ser citados, assim, os contratos de conta-corrente, conta poupança, depósito bancário de quantias e bens, mútuo bancário e negócios de investimentos. A propósito, com precisão técnica, julgado do ano de 2014, do Tribunal da Cidadania, aduz que "o CDC é aplicável aos contratos referentes a aplicações em fundos de investimento firmados entre as instituições financeiras e seus clientes, pessoas físicas e destinatários finais, que contrataram o serviço da instituição financeira para investir economias amealhadas ao longo da vida" (STJ – REsp 656.932/SP – Rel. Min. Antonio Carlos Ferreira – j. 24.04.2014 – publicado no seu *Informativo* n. 541).

Deve ser feita a ressalva de que, se uma grande empresa adquire valores para fomentar sua atividade produtiva, não haveria, na esteira de julgados já transcritos, uma relação de consumo. Tratando-se de uma pequena empresa ou de um empresário individual de pequeno ou médio porte, justifica-se a incidência do CDC pela patente vulnerabilidade ou hipossuficiência, incidindo a *teoria finalista aprofundada* ou a *teoria maximalista*. Decisões nessa linha de pensamento aqui já foram transcritas.

Consigne-se, no contexto de negócios financeiros contemporâneos, que o contrato de cartão de crédito também é abrangido pela Lei 8.078/1990, nas relações entre o titular do cartão e a empresa que explora o serviço, surgindo uma quantidade considerável de demandas relativas, principalmente, à responsabilidade civil, que ainda serão estudadas (ver, por exemplo: STJ – REsp 1061500/RS – Terceira Turma – Rel. Min. Sidnei Beneti – j. 04.11.2008 – *DJe* 20.11.2008; e STJ – REsp 81.269/SP – Segunda Turma – Rel. Min. Castro Filho – j. 08.05.2001 – *DJ* 25.06.2001, p. 150).

Nas relações entre comerciantes e empresas de cartão de crédito, em regra e pela teoria finalista, não há relação de consumo, uma vez que o serviço é contratado com os fins de facilitação da atuação dos primeiros (STJ – REsp 910.799/RS – Terceira Turma – Rel. Min. Sidnei Beneti – j. 24.08.2010 – *DJe* 12.11.2010). No caso de se tratar de comerciante de pequeno porte, pode-se sustentar perfeitamente a incidência da teoria finalista aprofundada ou da teoria maximalista, na esteira do que foi antes exposto.

Cumpre destacar que, também nos contratos com emissão de cédula de crédito rural, incide a Lei 8.078/1990, com as mesmas ressalvas feitas por último (entre os mais recentes acórdãos: STJ – AgRg no Ag 1.064.081/SE – Quarta Turma – Rel. Min. Luis Felipe Salomão – j. 15.03.2011 – *DJe* 18.03.2011; e STJ – REsp 302.265/RS – Quarta Turma – Rel. Min. Luis Felipe Salomão – j. 18.03.2010 – *DJe* 12.04.2010).

Os contratos para aquisição de bens de consumo por meio de arrendamento mercantil ou *leasing* igualmente são abrangidos pelo Código Consumerista, conforme remansosa jurisprudência. Um dos principais precedentes dessa incidência é o Agravo Regimental no Recurso Especial 374.351/RS, da Terceira Turma do STJ, de relatoria da Ministra Nancy Andrighi, que debateu a revisão desses negócios diante da desvalorização do real perante o dólar (julgado em 30.04.2002). O tema ainda será aprofundado quando da abordagem da revisão contratual consagrada pela Lei 8.078/1990.

De toda sorte, em julgado publicado em 2015, o Superior Tribunal de Justiça concluiu que, em regra, o CDC não é aplicado aos contratos de *leasing* ou de *lease back*, considerando-se os casos de aquisição de insumos para a máquina produtiva da empresa:

"Processual civil e civil. CDC e direito econômico. 'Operação casada'. Arrendamento mercantil (*lease back*) e Certificado de Depósito Bancário (CDB). Nulidade do depósito em CDB. Incremento do capital de giro e da atividade empresarial.

Ausência de relação de consumo e de vulnerabilidade. Não incidência do CDC. Julgamento *extra petita* não caracterizado. Manutenção do acórdão recorrido por fundamento diverso. Possibilidade. Art. 257 do RISTJ. Vedação de 'operação casada' em leis econômicas. Recurso desprovido. Diante da teoria finalista, acolhida na jurisprudência deste Tribunal Superior, contratos celebrados para a obtenção de financiamento mediante arrendamento mercantil, do tipo *lease back*, e para a aplicação financeira dos respectivos recursos em CDB com o propósito de ampliar o capital de giro e fomentar a atividade empresarial não são regidos pelo Código de Defesa do Consumidor, ausente a figura do consumidor definido no art. 2º do referido diploma. O Superior Tribunal de Justiça tem atenuado a aplicação da teoria finalista, admitindo a incidência do Código de Defesa de Consumidor na relação jurídico-obrigacional entre comerciantes ou profissionais quando estiver caracterizada situação de vulnerabilidade ou hipossuficiência. Ocorre que o acórdão recorrido não apreciou a questão da hipossuficiência ou da vulnerabilidade da autora, tema que, sem dúvida, demandaria o exame das provas referidas, genericamente, pela recorrida. Incidência da mesma orientação contida na Súmula n. 7 do STJ. Cabe ao magistrado aplicar a norma legal que entender adequada aos fatos da causa, não precisando nem devendo se limitar aos dispositivos apresentados pelas partes para julgar o feito, vigorando em nosso Direito os princípios inseridos nos brocardos da *mihi factum, dabo tibi jus* e *jura novit curia*. Nesta instância especial, permite-se a este Tribunal Superior, aplicando o direito à espécie na forma do art. 257, parte final, do RISTJ, manter o acórdão recorrido mediante a adoção de dispositivos legais e de argumentos jurídicos diversos dos apresentados pelas instâncias de origem e nas contrarrazões ao recurso especial. 6. Apesar de inexistir relação de consumo e de não incidirem as regras do CDC no presente caso, a procedência da ação deve ser mantida por fundamentos jurídicos diversos dos contidos no acórdão recorrido, tendo em vista que a prática da 'operação casada' vem sendo proibida há muito tempo na legislação pátria infraconstitucional, inclusive na época da contratação (outubro de 1993), tipificando-a ora como 'crime contra a ordem econômica', ora como mera 'infração da ordem econômica'. De fato, o interesse jurídico protegido extrapola o âmbito da relação contratual estabelecida entre particulares e nela interfere, sendo irrelevante, no caso concreto, incidir ou não o CDC (STJ – Resp 746.885/SP – Quarta Turma – Rel. Min. Antonio Carlos Ferreira – j. 18.12.2014 – *Dje* 23.02.2015).

Ainda sobre os serviços financeiros, entendeu o Tribunal da Cidadania, em 2017, que o Código de Defesa do Consumidor tem incidência para os contratos de corretagem de valores e títulos mobiliários. A ementa do acórdão traz anotação técnica importante, ao reconhecer que "é incabível retirar a condição de consumidor de uma determinada pessoa em razão da presunção de seu nível de discernimento comparado ao da média dos consumidores. Impõe-se reconhecer a relação de consumo existente entre o contratante que visa a atender necessidades próprias e as sociedades que prestam de forma habitual e profissional o serviço de corretagem de valores e títulos mobiliários" (STJ – REsp 1.599.535/RS – Terceira Turma – Rel. Min. Nancy Andrighi – j. 14.03.2017, *DJe* 21.03.2017). Como se pode perceber, prevaleceu, para a conclusão da presença da relação de consumo a análise do objeto do contrato e não a da condição pessoal do contratante.

Voltando ao conteúdo do art. 3º, § 2º, do CDC, está expresso que os serviços securitários são abrangidos pela Lei Protetiva, caso dos seguros em geral. Ilustrando, o seguro de automóvel, em regra, é um contrato de consumo, a não ser se contratado no interesse patrimonial de alguém (por todos: STJ – REsp 1097758/MG – Terceira Turma – Rel. Min. Massami Uyeda – j. 10.02.2009 – *DJe* 27.02.2009). Do mesmo modo, o contrato de seguro de vida, celebrado no interesse de uma pessoa ou de uma família (entre os julgados mais recentes: REsp 1.077.342/MG – Terceira Turma – Rel. Min. Massami Uyeda – j. 22.06.2010 – *DJe* 03.09.2010).

No tocante ao contrato de seguro-saúde, é clara a Súmula 608 do STJ, incidente para tais negócios: "Aplica-se o Código de Defesa do Consumidor aos contratos de plano de saúde, salvo os administrados por entidades de autogestão". Pontue-se que essa nova ementa surgiu no ano de 2018, em substituição à antiga Súmula 469 da Corte, ora cancelada, diante da exceção quanto aos contratos de autogestão, conforme será desenvolvido a seguir.

Na mesma linha quanto à incidência do CDC aos planos de saúde como regra, e com tom de ampliação, a Súmula 100 do Tribunal de Justiça de São Paulo, do ano de 2013: "o contrato de plano/seguro saúde submete-se aos ditames do Código de Defesa do Consumidor e da Lei n. 9.656/1998 ainda que a avença tenha sido celebrada antes da vigência desses diplomas legais".

Porém, ressalve-se que, para o Superior Tribunal de Justiça, não são abrangidos pelo Código de Defesa do Consumidor os *contratos de autogestão* dos serviços de saúde. Conforme acórdão prolatado no ano de 2016, pela Segunda Seção da Corte, "a operadora de planos privados de assistência à saúde, na modalidade de autogestão, é pessoa jurídica de direito privado sem finalidades lucrativas que, vinculada ou não à entidade pública ou privada, opera plano de assistência à saúde com exclusividade para um público determinado de beneficiários. A constituição dos planos sob a modalidade de autogestão diferencia, sensivelmente, essas pessoas jurídicas quanto à administração, forma de associação, obtenção e repartição de receitas, diverso dos contratos firmados com empresas que exploram essa atividade no mercado e visam ao lucro. Não se aplica o Código de Defesa do Consumidor ao contrato de plano de saúde administrado por entidade de autogestão, por inexistência de relação de consumo" (STJ – REsp 1.285.483/PB – Segunda Seção – Rel. Min. Luis Felipe Salomão – j. 22.06.2016 – *DJe* 16.08.2016).

Nos termos do voto do Ministro Relator, Luis Felipe Salomão, "a inegável diferença estrutural existente entre os planos de saúde oferecidos pelas entidades constituídas sob aquele modelo, de acesso restrito a um grupo determinado, daqueles comercializados por operadoras que oferecem seus produtos ao mercado geral e objetivam o lucro, ensejam a retomada do tema e encorajam submeter a questão ao criterioso exame desta Seção" (REsp 1.285.483/PB). Não se olvide que, pelo atual CPC, tal decisão vincula os advogados (art. 332, inciso III) e os julgadores de primeira e segunda instâncias (art. 489, § 1º, inciso VI). A afirmação também consta da Edição n. 74 da ferramenta *Jurisprudência em Teses da Corte*, publicada em 2017 (Tese n. 17, Consumidor III) e da sua recente Súmula 608, antes transcrita. Em suma, tal posição deve ser considerada majoritária e consolidada, para os devidos fins práticos.

Outra questão que merece ser comentada sobre os contratos de plano de saúde diz respeito ao regime de contratação por pessoas jurídicas ou por grupos de segurados, realidade que se tornou a regra no mercado brasileiro nos últimos anos. Sabe-se que as operadoras de planos de saúde passaram a oferecer tal opção, muitas vezes a única, para supostamente fugirem da aplicação do CDC.

Como bem aponta Fernando Martins, professor e promotor de justiça em Minas Gerais, "se anteriormente a grande maioria dos contratos de prestação de serviços de saúde era celebrada na modalidade individual ou familiar (Lei 9.656/98, artigo 16, inciso VII, alínea 'a'; RN 195/2009 da ANS, artigo 3º), atualmente as operadoras, ao tempo que limitam as pactuações em tais categorias, oferecem com bastante voracidade formas coletivas de contratação. Há incessante contratualização pelos tipos 'coletivo empresarial' e 'coletivo por adesão' (Lei 9.656/98, artigo 16, inciso VII, alíneas 'b' e 'c'; RN 195/2009 da ANS, artigo 5º e 9º, respectivamente), envolvendo, respectivamente, pessoas jurídicas de caráter profissional ou pessoas jurídicas de vínculo associativo".[26]

Sobre a citada *fuga*, aduz o mesmo autor que "evidente que essa tendência resta facilitada (e até parece ser incorretamente incentivada) considerando regramento secundário pelo qual à ANS não cabe interferir ou mesmo fixar preços e reajustes das mensalidades em regimes contratuais coletivos, abrindo espaço para 'ampla' liberdade de atuação das operadoras. Trata-se da fuga ao Direito para o refúgio no território da *lex mercatoria*".[27]

Assim, nesse sistema de contratação, supostamente alheio ao CDC, haveria a possibilidade de aumento livre dos valores das parcelas do plano de saúde, bem como o direito das empresas de rescindirem unilateralmente tais negócios. Na minha opinião doutrinária, na linha do que desenvolve o último doutrinador citado, a rescisão unilateral de tais contratos constitui abuso de direito, que não pode ser admitido pelo Poder Judiciário. Ademais, a *engenhoca jurídica* construída pelas empresas e pelo mercado não tem o condão de afastar a aplicação do CDC para tais negócios.

Exatamente na linha de vedar o abuso de direito já surgem julgados dos nossos Tribunais, podendo ser citado acórdão do STJ, segundo o qual "não é válida a rescisão unilateral imotivada de plano de saúde coletivo empresarial por parte da operadora em face de microempresa com apenas dois beneficiários" (STJ – REsp 1.701.600/SP – Terceira Turma – Rel. Min. Nancy Andrighi – j. 06.03.2018 – *DJe* 09.03.2018). Ou, ainda, com mais detalhes, sobre o regime jurídico a ser aplicado:

"Recurso especial. Civil. Saúde suplementar. Negativa de prestação jurisdicional. Não ocorrência. Plano de saúde coletivo empresarial. Categoria. Menos de trinta beneficiários. Rescisão unilateral e imotivada. Cláusula contratual. Mitigação. Vulnerabilidade. Configuração. Características híbridas. Plano individual e coletivo. CDC. Incidência. Motivação idônea. Necessidade. Reajustes anuais. Mecanismo do agrupamento de contratos. Reajuste por faixa etária. Idoso. Percentual abusivo. Demonstração. Quantias pagas a maior. Devolução. Prescrição trienal. Observância. (...). 2. As questões controvertidas nestes autos são: se é válida a cláusula contratual que admite a rescisão unilateral e imotivada do plano de saúde coletivo empresarial que contém menos de 30 (trinta) beneficiários e se a devolução das quantias de

---

[26] MARTINS, Fernando. Denúncia vazia pode caracterizar abuso do direito de romper plano de saúde. Disponível em: <http://www.conjur.com.br>. Acesso em: 6 nov. 2018. Artigo publicado em 30 de março de 2016.

[27] MARTINS, Fernando. Denúncia vazia pode caracterizar abuso do direito de romper plano de saúde. Disponível em: <http://www.conjur.com.br>. Acesso em: 6 nov. 2018. Artigo publicado em 30 de março de 2016.

mensalidades pagas a maior deve se dar a partir de cada desembolso ou do ajuizamento da demanda. 3. É vedada a suspensão ou a rescisão unilateral nos planos individuais ou familiares, salvo por motivo de fraude ou de não pagamento da mensalidade por período superior a 60 (sessenta) dias (art. 13, parágrafo único, II, da Lei n. 9.656/1998). Incidência do princípio da conservação dos contratos. 4. Nos contratos de planos privados de assistência à saúde coletivos, admite-se a rescisão unilateral e imotivada após a vigência do período de 12 (doze) meses e mediante prévia notificação da outra parte com antecedência mínima de 60 (sessenta) dias, desde que haja cláusula contratual a respeito (art. 17, *caput* e parágrafo único, da RN ANS n. 195/2009). 5. Os contratos grupais de assistência à saúde com menos de 30 (trinta) beneficiários possuem características híbridas, pois ostentam alguns comportamentos dos contratos individuais ou familiares, apesar de serem coletivos. De fato, tais avenças com número pequeno de usuários contêm atuária similar aos planos individuais, já que há reduzida diluição do risco, além de possuírem a exigência do cumprimento de carências. Em contrapartida, estão sujeitos à rescisão unilateral pela operadora e possuem reajustes livremente pactuados, o que lhes possibilita a comercialização no mercado por preços mais baixos e atraentes. 6. Diante da vulnerabilidade dos planos coletivos com quantidade inferior a 30 (trinta) usuários, cujos estipulantes possuem pouco poder de negociação em relação à operadora, sendo maior o ônus de mudança para outra empresa caso as condições oferecidas não sejam satisfatórias, e para dissipar de forma mais equilibrada o risco, a ANS editou a RN n. 309/2012, dispondo sobre o agrupamento desses contratos coletivos pela operadora para fins de cálculo e aplicação de reajuste anual. 7. Os contratos coletivos de plano de saúde com menos de 30 (trinta) beneficiários não podem ser transmudados em plano familiar, que não possui a figura do estipulante e cuja contratação é individual. A precificação entre eles é diversa, não podendo o CDC ser usado para desnaturar a contratação. 8. Em vista das características dos contratos coletivos, a rescisão unilateral pela operadora é possível, pois não se aplica a vedação do art. 13, parágrafo único, II, da Lei n. 9.656/1998, mas, ante a natureza híbrida e a vulnerabilidade do grupo possuidor de menos de 30 (trinta) beneficiários, deve tal resilição conter temperamentos, incidindo, no ponto, a legislação do consumidor para coibir abusividades, primando também pela conservação contratual (princípio da conservação dos contratos). 9. A cláusula contratual que faculta a não renovação do contrato de assistência médico-hospitalar nos contratos de plano de saúde com menos de 30 (trinta) usuários não pode ser usada pela operadora sem haver motivação idônea. Logo, na hipótese, a operadora não pode tentar majorar, de forma desarrazoada e desproporcional, o custeio do plano de saúde, e, após, rescindi-lo unilateralmente, já que tal comportamento configura abusividade nos planos coletivos com menos de 30 (trinta) beneficiários. 10. É possível a devolução dos valores de mensalidades de plano de saúde pagos a maior, diante do expurgo de parcelas judicialmente declaradas ilegais, a exemplo de reajustes reconhecidamente abusivos, em virtude do princípio que veda o enriquecimento sem causa. Aplicação da prescrição trienal em tal pretensão condenatória de ressarcimento das quantias indevidamente pagas. Precedente da Segunda Seção, em recurso repetitivo. 11. Recurso especial parcialmente provido" (STJ – REsp 1.553.013/SP – Terceira Turma – Rel. Min. Ricardo Villas Bôas Cueva – j. 13.03.2018 – *DJe* 20.03.2018).

No mesmo sentido, de 2019, entendeu-se na Quarta Turma da Corte, citando o precedente acima que "a regulamentação dos planos coletivos empresariais (Lei nº

9.656/98, art. 16, VII) distingue aqueles com menos de trinta usuários, cujas bases atuariais se assemelham às dos planos individuais e familiares, impondo sejam agrupados com a finalidade de diluição do risco de operação e apuração do cálculo do percentual de reajuste a ser aplicado em cada um deles (Resoluções 195/2009 e 309/2012 da ANS). Nesses tipos de contrato, em vista da vulnerabilidade da empresa estipulante, dotada de escasso poder de barganha, não se admite a simples rescisão unilateral pela operadora de plano de saúde, havendo necessidade de motivação idônea. Precedente da Terceira Turma (REsp 1.553.013/SP, Relator Ministro Ricardo Villas Bôas Cueva, *DJ* 20.3.2018)" (STJ – REsp 1.776.047/SP – Quarta Turma – Rel. Min. Maria Isabel Gallotti – j. 23.04.2019 – *DJe* 25.04.2019).

Ressalve-se, contudo, em relação ao penúltimo acórdão a minha posição no sentido de que o CDC deve ser aplicado a tais contratos sem qualquer restrição, não havendo ressalva a esse respeito na recente Súmula 608 da Corte.

Exposta essa divergência, também o seguro empresarial pode e deve estar abrangido pelo Código de Defesa do Consumidor. Na esteira de correto julgamento do Tribunal da Cidadania, do ano de 2014:

> "Há relação de consumo no seguro empresarial se a pessoa jurídica o firmar visando à proteção do próprio patrimônio (destinação pessoal), sem o integrar nos produtos ou serviços que oferece, mesmo que seja para resguardar insumos utilizados em sua atividade comercial, pois será a destinatária final dos serviços securitários. Situação diversa seria se o seguro empresarial fosse contratado para cobrir riscos dos clientes, ocasião em que faria parte dos serviços prestados pela pessoa jurídica, o que configuraria consumo intermediário, não protegido pelo CDC. A cláusula securitária a qual garante a proteção do patrimônio do segurado apenas contra o furto qualificado, sem esclarecer o significado e o alcance do termo 'qualificado', bem como a situação concernente ao furto simples, está eivada de abusividade por falha no dever geral de informação da seguradora e por sonegar ao consumidor o conhecimento suficiente acerca do objeto contratado. Não pode ser exigido do consumidor o conhecimento de termos técnico-jurídicos específicos, ainda mais a diferença entre tipos penais de mesmo gênero" (STJ – REsp 1.352.419/SP – Terceira Turma – Rel. Min. Ricardo Villas Bôas Cueva – j. 19.08.2014, *DJe* 08.09.2014).

Todavia, como se extrai da ementa, se o seguro é celebrado para a proteção da *máquina produtiva da empresa*, especialmente para cobrir danos sofridos por terceiros, não há que falar em contrato de consumo. Em muitos casos, aliás, não haverá sequer um contrato de adesão, pois o conteúdo do negócio é amplamente discutido e negociado por duas grandes empresas, a segurada e a seguradora. Nessa linha, do Tribunal Paulista:

> "Seguro empresarial. Ação declaratória de nulidade de cláusula cumulada com pedido de indenização. Cláusula excludente de cobertura. Admissibilidade. Inaplicabilidade do Código de Defesa do Consumidor. Relação com a seguradora que se caracteriza como insumo, e não consumo. Ocorrência de furto de bens da empresa já parcialmente indenizada. Equipamentos não indenizados cuja cobertura fora expressamente excluída, a teor das 'condições gerais' do contrato. Sentença reformada. Ação improcedente. Recurso provido" (TJSP – Apelação 1017459-91.2014.8.26.0071

– Acórdão 9297989, Bauru – Sexta Câmara de Direito Privado – Rel. Des. Vito Guglielmi – j. 18.03.2016 – *DJESP* 01.04.2016).

Ou, ainda, contando com o meu apoio doutrinário, igualmente tratando de seguro entre empresas, relativo à proteção da máquina produtiva da segurada:

"Ação de indenização. Seguro. CDC. Inaplicabilidade. Contrato de seguro de equipamentos de alto valor, dentre eles o guindaste sinistrado, que constitui insumo da atividade empresarial das Apelantes. Dimensão do negócio jurídico que é substrato suficiente para afastar a alegação de vulnerabilidade das Apelantes. Cerceamento de defesa. Questão principal devolvida que diz respeito à validade da cláusula de exclusão de risco da seguradora. Prova estritamente documental no caso concreto. Desnecessidade de prova pericial ou de instrução probatória. Preliminar afastada. Mérito. Pretensão de recebimento de indenização securitária da seguradora Apelada. Pedido corretamente julgado improcedente. Documentos que provam o descumprimento contratual pela Apelante, pois o guindaste sinistrado estava sendo operado por funcionário sem a experiência mínima exigida na apólice de seguro. Imperícia configurada. Causa de exclusão de risco. Abusividade da cláusula não configurada. Sentença mantida na íntegra, nos termos do art. 252 do RITJSP. Recurso não provido. Visualizar ementa completa" (TJSP – Apelação 1062283-82.2013.8.26.0100, São Paulo – 12ª Câmara de Direito Privado – Des. Tasso Duarte de Melo – j. 14.09.2016 – Registro em 20.09.2016).

A encerrar o estudo do seguro, pontue-se que para o STJ não há relação de consumo quanto ao antigo DPVAT, que era o seguro obrigatório de veículos, recentemente substituído pelo SPVAT (Seguro Obrigatório para Proteção de Vítimas de Acidentes de Trânsito). Nos termos de importante aresto superior, "em se tratando de obrigação imposta por lei, na qual não há acordo de vontade entre as partes, tampouco qualquer ingerência das seguradoras componentes do consórcio do seguro DPVAT nas regras atinentes à indenização securitária (extensão do seguro; hipóteses de cobertura; valores correspondentes; dentre outras), além de inexistir sequer a opção de contratação ou escolha do produto ou fornecedor pelo segurado, revela-se ausente relação consumerista na espécie, ainda que se valha das figuras equiparadas de consumidor dispostas na Lei n. 8.078/90" (STJ – REsp 1.635.398/PR – Terceira Turma – Rel. Min. Marco Aurélio Bellizze – j. 17.10.2017 – *DJe* 23.01.2017).

Assim, a ausência de autonomia das partes na celebração afastaria a subsunção da Lei 8.078/1990, o que constitui um argumento bem plausível juridicamente.

Continuando no estudo da norma, estão excluídas as relações de caráter trabalhista, regidas pela legislação especial, no caso a Consolidação das Leis do Trabalho (CLT). Por tais relações são compreendidas as *relações de emprego*, com os elementos que lhe são peculiares, como a *pessoalidade*, a *subordinação jurídica*, a *onerosidade*, a *habitualidade* ou *não eventualidade* e a *exclusividade*.[28]

Sendo assim, imagine-se que um produto explode dentro de uma fábrica, vindo a atingir um de seus empregados. Logicamente, o empregado demandará o empregador, e não o fabricante do produto, com base no acidente de trabalho e não no acidente de consumo. Em suma, incide a CLT na situação descrita e não o CDC. Em outras palavras, o protecionismo do empregado prevalece sobre o protecionismo do consumidor.

---

[28] Elementos retirados da mais recente doutrina trabalhista de: CASSAR, Vólia Bomfim. *Direito do Trabalho*. 3. ed. Niterói: Impetus, 2009. p. 199-222.

Entretanto, deve ficar claro que o Código de Defesa do Consumidor incide sobre algumas relações de trabalho individual, como na hipótese de um jardineiro, de um dentista, de um advogado, de um médico, de um empreiteiro, todos prestando serviços eventuais. Em situações tais, é bem possível estarmos diante de uma relação de consumo que também é uma relação de trabalho, e não necessariamente uma relação de emprego, diga-se de passagem.

Imagine-se o singelo exemplo de um jardineiro individual que presta seu serviço para alguém. O jardineiro é um trabalhador, sem ser um empregado. Na outra ponta da relação há um consumidor, destinatário final de um produto ou serviço. Restam, então, duas dúvidas. Quem merecerá proteção nessa hipótese? Qual a justiça competente para apreciar eventual dilema contratual entre as partes: a Justiça do Trabalho ou a Justiça Comum Estadual?

No caso descrito, sabe-se que ambos os envolvidos têm proteção constitucional. O consumidor está protegido no art. 5º, inc. XXXII, da Constituição Federal, como antes exposto. Por outra via, o trabalhador – e não mais empregado – tem o amparo do art. 7º da Constituição, alterado pela Emenda Constitucional 45/2004. Um *consumerista* diria que o direito do consumidor prevalece. Já um *trabalhista* afirmaria o contrário, como se ouve quando a questão é levada a debate em ambientes diferenciados. Surge o grande dilema, eis que ambos os vulneráveis têm o seu próprio princípio do protecionismo.

Na hipótese exposta, acredita-se que a solução está na aplicação da *técnica de ponderação*, fazendo-se um juízo de razoabilidade de acordo com o caso concreto.[29] Há, assim, uma espécie de *ponderação meritória*, favorável à proteção que deve prevalecer naquela situação concreta. Eis a solução para esse problema, que envolve um *diálogo das fontes* entre as normas consumeristas e trabalhistas, sob o prisma constitucional, eis que tanto os consumidores quanto os trabalhadores estão protegidos pelo Texto Maior.

Outras normas podem auxiliar na solução desse problema. Imagine-se que a questão de conflito é o contrato escrito e celebrado entre as partes, que traz dois valores para o serviço prestado pelo jardineiro. Adotando-se uma interpretação *pro* consumidor, valeria o preço menor (art. 47 do CDC). Com uma interpretação *pro* trabalhador, o preço maior deve prevalecer. Ora, o Código Civil de 2002 pode auxiliar na definição do direito tutelado. Se o contrato foi imposto pelo trabalhador, o que geralmente ocorre, o consumidor será aderente, adotando-se uma interpretação que lhe seja mais favorável (art. 423 do CC/2002). Na hipótese fática de ter o consumidor estipulado o contrato, o aderente será o trabalhador.

Entende-se que tais soluções devem ser adotadas também para a fixação da Justiça competente para apreciar a questão, de acordo com o pedido e a causa de pedir (*solução processual*). Se quem merecer a proteção for o consumidor, a competência será da Justiça Comum Estadual, mais bem habituada com a principiologia consumerista. Caso contrário, a competência será da Justiça do Trabalho, até porque o art. 114, inc. I, da Constituição Federal, alterado pela EC 45/2004, fixa a competência dessa justiça especializada para apreciar as ações oriundas da relação de trabalho. Houve clara ampliação da competência, uma vez que não se menciona mais a relação de emprego, com aqueles elementos fixos e tradicionais já conhecidos.

---

[29] Sobre a técnica de ponderação, por todos: ALEXY, Robert. *Teoria dos direitos fundamentais*. Trad. Virgílio Afonso da Silva. São Paulo: Malheiros, 2008.

Não me filio, portanto, a soluções simplistas que, cegamente e por preferências ideológicas, conduzem a uma ou outra competência específica. De toda sorte, tem prevalecido o entendimento de competência da Justiça Comum Estadual para os casos envolvendo dilemas envolvendo profissionais liberais, notadamente cobrança de valores. Nessa linha, a Súmula 363 do STJ: "compete à Justiça estadual processar e julgar a ação de cobrança ajuizada por profissional liberal contra cliente".

A controvérsia envolve também a competência para cobrança de honorários advocatícios, sendo majoritária e hoje consolidada a tese de competência, mais uma vez, da Justiça Comum. Por todos os numerosos julgados do TST, colaciono os seguintes:

"Recurso de revista. 1. Honorários advocatícios. Ação de cobrança. Ente público. Incompetência da Justiça do Trabalho. Precedentes. Esta colenda Corte Superior tem entendido que a Justiça do Trabalho é incompetente para julgar ações de cobrança de honorários de advogado, por se tratar de relação de consumo, hipótese que não se enquadra no art. 114 da Constituição Federal, mesmo após a ampliação da competência desta justiça especializada. Precedentes da SBDI-1. Na hipótese dos autos, a competência da Justiça Comum encontra-se reforçada pela presença do ente público no polo passivo da demanda, haja vista que o Supremo Tribunal Federal decidiu, mediante reiterados julgados, ser a Justiça do Trabalho incompetente para processar e julgar causas que envolvam o poder público e servidores vinculados a ele por relação jurídico-administrativa, uma vez que essas ações não se reputam oriundas da relação de trabalho referida no art. 114, I, da Constituição Federal. Recurso de revista não conhecido" (TST – Recurso de Revista 907.800-78.2006.5.12.0036 – Segunda Turma – Rel. Min. Guilherme Augusto Caputo Bastos – *DEJT* 11.03.2011, p. 357).

"Recurso de revista. Ação de cobrança. Contrato de mandato de honorários advocatícios. Reclamação trabalhista. Advogado destituído. Relação cliente x advogado. Incompetência da Justiça do Trabalho. Em razão do contrato de honorários advocatícios decorrer do mandato, cujo objeto decorre exatamente de um contrato de resultado, resta claro que a lide versa sobre relação de consumo, a afastar a competência da Justiça do Trabalho. *In casu*, o trabalho não é o cerne do contrato, mas sim um bem de consumo que se traduziu nele, que é o resultado esperado diante de um contrato realizado entre as partes, qual seja o provimento favorável na ação trabalhista ajuizada. Assim, a competência da Justiça do Trabalho estará assegurada apenas quando não houver, pela natureza dos serviços realizados, relação contratual de consumo. A natureza da pretensão deduzida em juízo encontra-se fora do âmbito das matérias a serem apreciadas na Justiça do Trabalho. Recurso de revista conhecido e desprovido" (TST – Recurso de Revista 91.600-29.2008.5.15.0051 – Sexta Turma – Rel. Min. Aloysio Corrêa da Veiga – *DEJT* 04.06.2010, p. 842).

De toda sorte, essa forma de pensar não é pacífica no próprio Tribunal Superior do Trabalho, pois existem outras ementas que concluem pela competência da Justiça do Trabalho para julgar demandas relativas a profissionais liberais, com clara presença da relação de consumo. Vejamos uma dessas decisões:

"Agravo de instrumento. Competência material. Justiça do Trabalho. Ação de cobrança de honorários advocatícios. Constatada possível ofensa ao art. 114, I, da Constituição. Merece ser provido o apelo para determinar o processamento do recurso denegado. Agravo de instrumento a que se dá provimento. II. Recurso de revista. Competência material. Justiça do Trabalho. Ação de cobrança de honorários advocatícios. Emenda Constitucional 45/2004. 1. A reforma do Judiciário, mediante a edição da Emenda Constitucional 45/2004, alargou a competência desta justiça especializada, que deixou de apreciar apenas os dissídios oriundos das relações de emprego para passar a conciliar e julgar controvérsias provenientes de relações de trabalho. Nesta, encontram-se mitigados alguns dos elementos necessários para a caracterização daquela, mormente a subordinação. 2. Como consequência da alteração do texto constitucional, o Tribunal Superior do Trabalho cancelou a Orientação Jurisprudencial 138 da SBDI-2, abrindo espaço para que esta especializada processe e julgue as ações de cobrança de honorários advocatícios ajuizadas pelos causídicos em face da prestação de serviços a particulares. Precedente. Recurso de revista conhecido e provido" (TST – RR 363/2007-771-04-40.7 – Oitava Turma – Rel. Min. Maria Cristina Irigoyen Peduzzi – *DEJT* 26.06.2009, p. 1.746).

Apesar de estar o primeiro entendimento quase que consolidado, propõe-se a análise dos problemas envolvendo as relações de trabalho *versus* relações de consumo caso a caso, na esteira da tese da ponderação dos direitos dos vulneráveis envolvidos, antes exposta (*ponderação meritória*).

Como outro tema de relevo, destaque-se que os serviços oferecidos pela *internet* também podem (e devem) ser objeto das relações de consumo. Aliás, há proposta de alteração da Lei 8.078/1990, em curso no Congresso Nacional, para inclusão de dispositivos expressos nesse sentido, o que vem em boa hora, para que não resista qualquer dúvida a respeito da questão (PLS 281/2012).

O texto inicial do Projeto pretende, dentre outras alterações, introduzir os arts. 44-A a 44-E ao CDC, incluindo a Seção VII ao Capítulo V ("Das Práticas Comerciais"), para tratar do comércio eletrônico. Estabelece a primeira norma que "Esta seção dispõe sobre normas gerais de proteção do consumidor no comércio eletrônico, visando a fortalecer a sua confiança e assegurar tutela efetiva, com a diminuição da assimetria de informações, a preservação da segurança nas transações, a proteção da autodeterminação e da privacidade dos dados pessoais. Parágrafo único. As normas desta Seção aplicam-se às atividades desenvolvidas pelos fornecedores de produtos ou serviços por meio eletrônico ou similar".

Complemento que no Projeto de Reforma do Código Civil, elaborado pela Comissão de Juristas nomeada no âmbito do Senado Federal, há proposta de se incluir na Lei Geral Privada um novo livro sobre o *Direito Civil Digital*. E, entre as regras propostas, ainda sem numeração, uma delas preverá que "as situações jurídicas digitais estão submetidas, entre outras, às normas de direito contratual, direito do consumidor, direitos autorais, direitos de personalidade e de proteção de dados pessoais, à observância da boa-fé, da função social e da transparência, bem como às normas e termos de uso estabelecidos pelas plataformas e serviços digitais envolvidos, desde que não contrariem a legislação brasileira, sobretudo as normas cogentes ou de ordem pública".

Ademais, há sugestão, oriunda de proposta formulada pela Professora Cláudia Lima Marques, de se incluir previsões legais relativas à prestação de serviços digitais, nos novos arts. 609-A a 609-G do Código Civil. Entre elas, o parágrafo único do art. 609-E enunciará que "os prestadores de serviços digitais são civilmente responsáveis, na forma prevista neste Código e pelo Código de Defesa do Consumidor, pelos vazamentos de informações e de dados dos usuários ou de terceiros". Além disso, o projetado art. 609-G da Lei Geral

Privada preceituará que "as regras desta seção não excluem a aplicação de outras, mormente as do Código do Consumidor, bem como de princípios constantes de convenções de que País seja signatário, envolvendo, direta ou indiretamente, os serviços prestados no ambiente digital". Pela necessidade imperiosa de se regular o ambiente digital no Brasil, espera-se a sua aprovação pelo Parlamento Brasileiro.

Na mesma linha de incidência da Lei Consumerista para tais negócios, foi editado, em março de 2013, o Decreto 7.962, que regulamenta a Lei 8.078/1990 para dispor sobre a contratação no comércio eletrônico. A norma trata das informações claras a respeito do produto, serviço e do fornecedor; do atendimento facilitado ao consumidor e do respeito ao direito de arrependimento em tais negócios digitais.

Estabelece o seu art. 2º, em prol da transparência dessas relações contratuais, que os sítios eletrônicos ou demais meios eletrônicos utilizados para oferta ou conclusão de contrato de consumo devem disponibilizar, em local de destaque e de fácil visualização, as seguintes informações: *a)* nome empresarial e número de inscrição do fornecedor, quando houver, no Cadastro Nacional de Pessoas Físicas ou no Cadastro Nacional de Pessoas Jurídicas do Ministério da Fazenda; *b)* endereço físico e eletrônico, e demais informações necessárias para sua localização e contato; *c)* características essenciais do produto ou do serviço, incluídos os riscos à saúde e à segurança dos consumidores; *d)* discriminação, no preço, de quaisquer despesas adicionais ou acessórias, tais como as de entrega ou seguros; *e)* condições integrais da oferta, incluídas modalidades de pagamento, disponibilidade, forma e prazo da execução do serviço ou da entrega ou disponibilização do produto; e *f)* informações claras e ostensivas a respeito de quaisquer restrições à fruição da oferta.

Em complemento, os sítios eletrônicos ou demais meios eletrônicos utilizados para ofertas de compras coletivas ou modalidades análogas de contratação deverão conter, além dessas informações, as seguintes: I – quantidade mínima de consumidores para a efetivação do contrato; II – prazo para utilização da oferta pelo consumidor; e III – identificação do fornecedor responsável pelo sítio eletrônico e do fornecedor do produto ou serviço ofertado (art. 3º do Decreto 7.962/2013).

Nos termos do seu art. 4º, para garantir o atendimento facilitado ao consumidor no comércio eletrônico, o fornecedor deverá apresentar sumário do contrato antes da contratação, com as informações necessárias ao pleno exercício do direito de escolha do consumidor, enfatizadas as cláusulas que limitem direitos. Deve, ainda, fornecer ferramentas eficazes ao consumidor para identificação e correção imediata de erros ocorridos nas etapas anteriores à finalização da contratação.

Há também o dever de confirmar imediatamente o recebimento da aceitação da oferta, bem como de disponibilizar o contrato ao consumidor em meio que permita sua conservação e reprodução, imediatamente após a contratação. Impõe-se, na sequência, o dever do fornecedor em manter serviço adequado e eficaz de atendimento em meio eletrônico, que possibilite ao consumidor a resolução de demandas referentes à informação, dúvida, reclamação, suspensão ou cancelamento do contrato. Em caso tais, deve o fornecedor confirmar imediatamente o recebimento das demandas do consumidor, pelo mesmo meio empregado pelo consumidor e utilizar mecanismos de segurança eficazes para pagamento e para tratamento de dados do consumidor.

Diante da boa-fé objetiva, o fornecedor deve informar, de forma clara e ostensiva, os meios adequados e eficazes para o exercício do direito de arrependimento pelo consumidor, o que pode ser efetivado pela mesma ferramenta utilizada para a contratação, sem prejuízo de outros meios disponibilizados. O exercício do direito de arrependimento implica a rescisão dos contratos acessórios, sem qualquer ônus para o consumidor, devendo ser comunicado imediatamente pelo fornecedor à instituição financeira ou à administradora do cartão de crédito ou similar, para que o negócio seja desfeito e os valores sejam devolvidos (art. 5º do Decreto 7.962/2013).

As contratações no comércio eletrônico deverão observar o cumprimento das condições da oferta, com a entrega dos produtos e serviços contratados, observados prazos, quantidade, qualidade e adequação (art. 6º). O desrespeito a qualquer uma dessas regras enseja o fornecedor a penalidades administrativas tratadas pelo Código de Defesa do Consumidor (art. 7º).

Por derradeiro, sem prejuízo de todas essas normas, a ilustrar a já subsunção da Lei Consumerista a serviços dessa natureza, em debate sobre a existência ou não de remuneração direta, da jurisprudência superior:

"Direito do consumidor e responsabilidade civil. Recurso especial. Indenização. Art. 159 do CC/1916 e arts. 6º, VI, e 14 da Lei 8.078/1990. Deficiência na fundamentação. Súmula 284/STF. Provedor da *internet*. Divulgação de matéria não autorizada. Responsabilidade da empresa prestadora de serviço. Relação de consumo. Remuneração indireta. Danos morais. *Quantum* razoável. Valor mantido. 1. Não tendo a recorrente explicitado de que forma o v. acórdão recorrido teria violado determinados dispositivos legais (art. 159 do Código Civil de 1916 e arts. 6º, VI, e 14, ambos da Lei 8.078/1990), não se conhece do recurso especial, neste aspecto, porquanto deficiente a sua fundamentação. Incidência da Súmula 284/STF. 2. Inexiste violação ao art. 3º, § 2º, do Código de Defesa do Consumidor, porquanto, para a caracterização da relação de consumo, o serviço pode ser prestado pelo fornecedor mediante remuneração obtida de forma indireta. 3. Quanto ao dissídio jurisprudencial, consideradas as peculiaridades do caso em questão, quais sejam, psicóloga, funcionária de empresa comercial de porte, inserida, equivocadamente e sem sua autorização, em site de encontros na internet, pertencente à empresa-recorrente, como 'pessoa que se propõe a participar de programas de caráter afetivo e sexual', inclusive com indicação de seu nome completo e número de telefone do trabalho, o valor fixado pelo Tribunal *a quo* a título de danos morais mostra-se razoável, limitando-se à compensação do sofrimento advindo do evento danoso. Valor indenizatório mantido em 200 (duzentos) salários mínimos, passível de correção monetária a contar desta data. 4. Recurso não conhecido" (STJ – REsp 566.468/RJ – Quarta Turma – Rel. Min. Jorge Scartezzini – j. 23.11.2004 – *DJ* 17.12.2004, p. 561).

Como não poderia ser diferente, estou totalmente filiado ao conteúdo do julgado.

3.4. EXEMPLOS DE OUTRAS RELAÇÕES JURÍDICAS CONTEMPORÂNEAS E O SEU ENQUADRAMENTO COMO RELAÇÕES DE CONSUMO

Superada a análise dos elementos da relação de consumo, com a ilustração de várias situações concretas atuais, cumpre abordar outras relações jurídicas contemporâneas, a fim de esclarecer os limites concretos do campo de subsunção da Lei Consumerista. Vejamos, de forma detalhada e pontual.

3.4.1. O contrato de transporte e a incidência do Código do Consumidor

O contrato de transporte é um dos negócios jurídicos com maior aplicação na realidade, diante do conhecido interesse do ser humano em se deslocar de um local para outro. A categoria é definida pelo art. 730 do Código Civil de 2002, *in verbis*: "pelo contrato de transporte alguém se obriga, mediante retribuição, a transportar, de um lugar para outro, pessoas ou coisas". Desse modo, duas são as modalidades básicas tratadas pela codificação privada: o transporte de pessoas e o transporte de coisas.

Na grande maioria das vezes, haverá relação de consumo no transporte de pessoas ou coisas. Cite-se, a propósito, o transporte coletivo por meio de ônibus, seja municipal, intermunicipal ou interestadual (veja-se debate em: STJ – REsp 402.227/RJ – Quarta Turma – Rel. Min. Aldir Passarinho Junior – j. 07.12.2004 – *DJ* 11.04.2005, p. 305; e STJ – REsp 418.395/MA – Quarta Turma – Rel. Min. Barros Monteiro – j. 28.05.2002 – *DJ* 16.09.2002, p. 195). Do mesmo modo, conforme visto no Capítulo 1 desta obra, a jurisprudência superior tem entendido que o transporte aéreo, seja nacional ou internacional, é abrangido pela Lei 8.078/1990 (por todos: STJ – AgRg no Ag 1.297.315/SP – Quarta Turma – Rel. Min. Aldir Passarinho Junior – j. 09.11.2010 – *DJe* 23.11.2010). E isso, inclusive nos casos de extravios de mercadoria transportada (STJ – AgRg no Ag 1.035.077/SP – Terceira Turma – Rel. Min. Massami Uyeda – j. 22.06.2010 – *DJe* 01.07.2010).

Seguindo nas ilustrações, entendo pela incidência do CDC para o transporte feito pelo UBER e por outras empresas de transporte compartilhado. Sendo assim, por tal subsunção haverá a responsabilidade solidária também da empresa que explora o aplicativo em casos de problemas no serviço de transporte. Adotando esse caminho, na IX Jornada de Direito Civil (2022), a comissão de Novas Tecnologias aprovou o Enunciado n. 686, prevendo que se aplica "o sistema de proteção e defesa do consumidor, conforme disciplinado pela Lei n. 8.078, de 11 de setembro de 1990, às relações contratuais formadas entre os aplicativos de transporte de passageiros e os usuários dos serviços correlatos".

Nessa linha, vejamos conclusão de importante precedente do Tribunal Paulista, com expressa menção à Lei Consumerista:

> "Serviço de transporte individual de passageiro, com prévia contratação entre as partes, não passível de benefícios outorgados aos permissionários de condução de táxis. Atividade econômica desempenhada pelo postulante que deve observar o princípio da livre concorrência e a defesa do consumidor, encontrando previsão nos artigos 3º e 4º da Lei Federal nº 12.587/12 (Lei de Diretrizes de Mobilidade Urbana), que admite a natureza de serviço de transporte individual privado. Poder de vigilância e fiscalização outorgado aos entes públicos que deve se restringir às condições de conservação e de segurança do veículo, sua regularidade documental, aplicação das Leis de trânsito, coibição de embriaguez ao volante etc., não podendo a Administração Municipal apreender veículos apenas porque o motorista não é considerado oficialmente taxista. Inteligência dos artigos 1º e 22, §§ 1º e 2º, da Lei Municipal nº 13.775/2010, 1º, IV, 30, V, 170, IV e V, parágrafo único, todos da Constituição Federal, e 3º, 4º e 12-A da Lei Federal nº 12.587/2012, com alterações da Lei nº 12.865/2013. Decisão reformada para conceder a liminar pleiteada. Recurso provido" (TJSP – Agravo de Instrumento 2110453-72.2016.8.26.0000, Campinas – Acórdão 9745297 – Décima Terceira Câmara de Direito Público – Rel. Des. Djalma Lofrano – j. 24.08.2016 – *DJESP* 29.09.2016).

Deve ser esclarecido o teor do art. 732 do CC, segundo o qual "aos contratos de transporte, em geral, são aplicáveis, quando couber, desde que não contrariem as disposições deste Código, os preceitos constantes da legislação especial e de tratados e convenções internacionais". Compreendendo o teor do comando, não pode ele trazer a conclusão de que o Código Civil exclui a incidência do CDC, presentes no contrato de transporte os elementos da relação de consumo. Nesse sentido, vejamos o teor do Enunciado n. 369 do CJF/STJ, aprovado na *IV Jornada de Direito Civil*:

"Diante do preceito constante no art. 732 do Código Civil, teleologicamente e em uma visão constitucional de unidade do sistema, quando o contrato de transporte constituir uma relação de consumo, aplicam-se as normas do Código de Defesa do Consumidor que forem mais benéficas a este".

Sem prejuízo de todos os casos apontados, nas hipóteses em que o transporte for utilizado com intuito direto de lucro, dentro da *máquina produtiva* de uma empresa, não haverá relação de consumo. Nessa linha, vejamos publicação constante do *Informativo* n. 442 do STJ:

"A Turma negou provimento ao recurso especial, mantendo a decisão do tribunal *a quo*, que entendeu inexistir, na espécie, relação de consumo entre, de um lado, revendedora de máquinas e equipamentos e, do outro, transportadora. Cuidou-se, na origem, de ação indenizatória ajuizada pela ora recorrente sob a alegação de que um gerador de energia, objeto do contrato de transporte firmado com a empresa recorrida, teria sofrido avarias durante o trajeto. O STJ aplica ao caso a teoria finalista, segundo a qual se considera consumidor aquele que adquire ou utiliza produto ou serviço como destinatário final. Na espécie, ressaltou-se que o produto não seria destinado à recorrida, mas a cliente da revendedora, motivo pelo qual foi afastada a regra especial de competência do art. 101, I, do CDC para fazer incidir a do art. 100, IV, *a*, do CPC" (STJ – REsp 836.823/PR – Rel. Min. Sidnei Beneti – j. 12.08.2010).

Mais recentemente, decidiu a mesma Corte Superior da seguinte forma:

"Na hipótese em foco, a mercadoria transportada destinava-se a ampliar e a melhorar a prestação do serviço e, por conseguinte, aumentar os lucros. Sob esse enfoque, não se pode conceber o contrato de transporte isoladamente. Na verdade, a importação da mercadoria tem natureza de ato complexo, envolvendo (i) a compra e venda propriamente dita, (ii) o desembaraço para retirar o bem do país de origem, (iii) o eventual seguro, (iv) o transporte e (v) o desembaraço no país de destino mediante o recolhimento de taxas, impostos etc. Essas etapas do ato complexo de importação, conforme o caso, podem ser efetivadas diretamente por agentes da própria empresa adquirente ou envolver terceiros contratados para cada fim específico. Mas essa última possibilidade – contratação de terceiros –, por si, não permite que se aplique separadamente, a cada etapa, normas legais diversas da incidente sobre o ciclo completo da importação. Desse modo, não há como considerar a importadora destinatária final do ato complexo de importação nem dos atos e contratos intermediários, entre eles o contrato de transporte, para o propósito da tutela protetiva da legislação consumerista, sobretudo porque a mercadoria importada irá integrar a cadeia produtiva dos serviços prestados pela empresa contratante do transporte.

(...). Ademais, não se desconhece que o STJ tem atenuado a incidência da teoria finalista, aplicando o CDC quando, apesar de relação jurídico-obrigacional entre comerciantes ou profissionais, estiver caracterizada situação de vulnerabilidade ou hipossuficiência. Entretanto, a empresa importadora não apresenta vulnerabilidade ou hipossuficiência, o que afasta a incidência das normas do CDC" (STJ – REsp 1.162.649/SP – Rel. originário Min. Luis Felipe Salomão – Rel. p/ acórdão Min. Antonio Carlos Ferreira – j. 13.05.2014 – publicado no seu *Informativo* n. *541*).

No ano de 2017, concluiu na mesma esteira a Corte Superior, ao julgar que o Código de Defesa do Consumidor não se aplica ao contrato de compra e venda de insumos para a indústria de autopeças (STJ – REsp 1.442.674/PR – Terceira Turma – Rel. Ministro Paulo de Tarso Sanseverino – j. 07.03.2017, *DJe* 30.03.2017). Para tanto, cita-se a teoria finalista, sem nenhuma ressalva, pela ausência de situação de hipossuficiência do embarcador das mercadorias.

Como está claro do teor completo dos últimos acórdãos, as deduções merecem ser ressalvadas para as hipóteses envolvendo pessoas vulneráveis ou hipossuficientes, situações em que o CDC pode se subsumir, diante da incidência da *teoria finalista aprofundada* ou *maximalista*, na esteira do antes exposto. Cite-se, a esse propósito e como consta da ementa derradeira, uma pequena empresa que adquire uma máquina para a sua atividade principal, e cujo transporte é contratado em outro negócio de consumo.

A encerrar o tema, além da aplicação do CDC, outra norma que deve ser aplicada ao transporte é o Estatuto da Pessoa com Deficiência (Lei n. 13.146/2015), que reconhece o direito das pessoas com deficiência à acessibilidade.

Conforme o seu art. 3º, inc. I, essa é conceituada como a "possibilidade e condição de alcance para utilização, com segurança e autonomia, de espaços, mobiliários, equipamentos urbanos, edificações, transportes, informação e comunicação, inclusive seus sistemas e tecnologias, bem como de outros serviços e instalações abertos ao público, de uso público ou privados de uso coletivo, tanto na zona urbana como na rural, por pessoa com deficiência ou com mobilidade reduzida". Em complemento, o art. 53 do EPD expressa que a acessibilidade visa a garantia à pessoa do direito de viver de forma independente e exercer os seus direitos de cidadania e de participação social.

A título de exemplo de sua incidência, em *diálogo* com o CDC e o Código Civil, as normas emergentes citadas foram aplicadas pelo Superior Tribunal de Justiça para responsabilizar empresa de transporte público diante dos atos de seus motoristas que não paravam os ônibus no ponto para transportar cadeirante, que tinha até que se esconder para conseguir o acesso ao veículo. Nos termos do acórdão, que demonstra outros problemas no transporte:

"A acessibilidade no transporte coletivo é de nodal importância para a efetiva inclusão das pessoas com deficiência, pois lhes propicia o exercício da cidadania e dos direitos e liberdades individuais, interligando-as a locais de trabalho, lazer, saúde, dentre outros. Sem o serviço adequado e em igualdade de oportunidades com os demais indivíduos, as pessoas com deficiência ficam de fora dos espaços urbanos e interações sociais, o que agrava ainda mais a segregação que historicamente lhes é imposta. (...). Consoante destacou o acórdão recorrido, houve sucessivas falhas na prestação do serviço, a exemplo do não funcionamento do elevador de acesso aos ônibus e do tratamento discriminatório dispensado ao usuário pelos prepostos da concessionária.

A renitência da recorrente em fornecer o serviço ao recorrido é de tal monta que se chegou à inusitada situação de o usuário 'precisar se esconder e pedir a outra pessoa dar o sinal, pois o motorista do ônibus não pararia se o visse no ponto'. Nesse cenário, o dano moral, entendido como lesão à esfera dos direitos da personalidade do indivíduo, sobressai de forma patente. As barreiras físicas e atitudinais impostas pela recorrente e seus prepostos repercutiram na esfera da subjetividade do autor-recorrido, restringindo, ainda, seu direito à mobilidade" (STJ – REsp 1.733.468/MG – Terceira Turma – Rel. Min. Nancy Andrighi, j. 19.06.2018 – DJe 25.06.2018).

Pontue-se que a indenização imaterial foi mantida em R$ 25.000,00 (vinte e cinco mil reais).

3.4.2. Os serviços públicos e o Código de Defesa do Consumidor

O *caput* do art. 22 do Código de Defesa do Consumidor é bem claro no sentido de abranger os serviços públicos, enunciando que "os órgãos públicos, por si ou suas empresas, concessionárias, permissionárias ou sob qualquer outra forma de empreendimento, são obrigados a fornecer serviços adequados, eficientes, seguros e, quanto aos essenciais, contínuos". Como se depreende da simples leitura do comando, o CDC abrange todos os serviços públicos, sejam eles prestados diretamente pelo Estado ou por empresas privadas. Desse modo, a título de exemplo, aplica-se a Lei 8.078/1990 nas seguintes situações concretas:

- Serviços de transporte público para destinatários finais: STJ – REsp 976.836/RS – Primeira Seção – Rel. Min. Luiz Fux – j. 25.08.2010 – DJe 05.10.2010.
- Prestação de serviços rodoviários, por meio de empresas concessionárias: STJ – AgRg no Ag 1067391/SP – Quarta Turma – Rel. Min. Luis Felipe Salomão – j. 25.05.2010 – DJe 17.06.2010; e STJ – REsp 647.710/RJ – Terceira Turma – Rel. Min. Castro Filho – j. 20.06.2006 – DJ 30.06.2006, p. 216.
- Serviços públicos de educação: TJRS – Acórdão 70022516512, Encantado – Nona Câmara Cível – Rel. Des. Odone Sanguiné – j. 16.04.2008 – DOERS 23.09.2008, p. 27; e TJMT – Apelação 63396/2009, Capital – Terceira Câmara Cível – Rel. Des. José Tadeu Cury – j. 23.02.2010 – DJMT 03.03.2010, p. 26 (julgados relacionados a agressões e acidente ocorridos no interior de escolas públicas).
- Serviços de telefonia fixa ou móvel: STJ – AgRg no AgRg no REsp 1.032.454/RJ – Primeira Turma – Rel. Min. Luiz Fux – j. 06.10.2009 – DJe 16.10.2009.
- Serviços públicos de fornecimento de água e esgoto, luz (energia elétrica) e gás, respectivamente: STJ – AgRg no REsp 1.151.496/SP – Primeira Turma – Rel. Min. Arnaldo Esteves Lima – j. 23.11.2010 – DJe 02.12.2010; STJ – AgRg no REsp 1.016.463/MA – Primeira Turma – Rel. Min. Arnaldo Esteves Lima – j. 14.12.2010 – DJe 02.02.2011; STJ – REsp 661.145/ES – Quarta Turma – Rel. Min. Jorge Scartezzini – j. 22.02.2005 – DJ 28.03.2005, p. 286.

Como bem observa Luiz Antonio Rizzatto Nunes, a existência do art. 22 do CDC, "por si só, é de fundamental importância para impedir que prestadores de serviços públicos pudessem construir 'teorias', para tentar dizer que não estariam submetidos às normas do CDC. Aliás, mesmo com a expressa redação do art. 22, ainda assim há prestadores de serviços que lutam na Justiça 'fundamentados' no argumento de que não estão submetidos às regras da Lei 8.078/1990".[30] Feito tal esclarecimento contundente, ao qual estou filiado, ainda será exposto no presente trabalho o debate acerca da interrupção de serviços públicos essenciais, o que envolve o citado comando consumerista.

Como consta da premissa n. 1, publicada na Edição n. 74 da ferramenta *Jurisprudência em Teses* do STJ, de 2017 (Consumidor III), "a relação entre concessionária de serviço público e o usuário final para o fornecimento de serviços públicos essenciais é consumerista, sendo cabível a aplicação do Código de Defesa do Consumidor". São citados como alguns precedentes sobre a conclusão: REsp 1.595.018/RJ – Segunda Turma – Rel. Min. Humberto Martins – j. 18.08.2016 – *DJe* 29.08.2016; AgRg no REsp 1.421.766/RS – Primeira Turma – Rel. Ministro Olindo Menezes (Desembargador convocado do TRF da 1ª Região) – j. 17.12.2015 – *DJe* 04.02.2016 e REsp 1.396.925/MG – Corte Especial – Rel. Ministro Herman Benjamin – j. 05.11.2014, *DJe* 26.02.2015).

Merece também destaque a tese n. 2, constante do mesmo informativo jurisprudencial, segundo a qual "as empresas públicas, as concessionárias e as permissionárias prestadoras de serviços públicos respondem objetivamente pelos danos causados a terceiros, nos termos do art. 37, § 6º, da Constituição Federal e dos arts. 14 e 22 do Código de Defesa do Consumidor" (Edição n. 74, Consumidor III, 2017).

Pontue-se que o Superior Tribunal de Justiça tem afastado a aplicação do CDC em algumas situações envolvendo os serviços públicos, em especial os contratos administrativos, conforme se depreende da Edição n. 160 da sua ferramenta *Jurisprudência em Teses*, publicada em 2020 (Consumidor IV).

Conforme a assertiva n. 8, "o Código de Defesa do Consumidor – CDC, em regra, é inaplicável aos contratos administrativos, tendo em vista as prerrogativas já asseguradas pela lei à administração pública". Em um dos seus precedentes, para ilustrar, afastou-se a subsunção da Lei 8.078/1990 para um contrato de fiança bancária acessório ao contrato administrativo (STJ – REsp 1.745.415/SP – Terceira Turma – Rel. Min. Paulo de Tarso Sanseverino – j. 14.05.2019 – *DJe* 21.05.2019). Por isso, conforme a afirmação n. 10 da mesma publicação, "o Código de Defesa do Consumidor é inaplicável a contrato acessório de contrato administrativo, pois não se origina de uma relação de consumo".

De todo modo, nos termos da tese n. 9, constante da mesma Edição n. 160 do *Jurisprudência em Teses*, "em situações excepcionais, a administração pública pode ser considerada consumidora de serviços (art. 2º do CDC) por ser possível reconhecer sua vulnerabilidade, mesmo em relações contratuais regidas, preponderantemente, por normas de direito público, e por se aplicarem aos contratos administrativos, de forma supletiva, as normas de direito privado (art. 54 da Lei n. 8.666/1993)". Percebe-se, portanto, que a teoria finalista aprofundada pode ser aplicada em favor da administração pública, como na situação concreta em que figura como parte em um contrato bancário (STJ – REsp 1.772.730/DF – Segunda Turma – Rel. Min. Herman Benjamin – j. 26.05.2020 – *DJe* 16.09.2020).

---

[30] RIZZATTO NUNES, Luiz Antonio. *Comentários ao Código de Defesa do Consumidor*. 3. ed. São Paulo: Saraiva, 2007. p. 324.

Para encerrar este tópico, destaco a Lei 13.460, de junho de 2017, que disciplina a participação, a proteção e a defesa dos direitos do usuário dos serviços públicos da administração pública. Como está claro pelo teor do seu art. 1º, § 2º, inc. II, a aplicação dessa norma não afasta a necessidade de cumprimento do disposto no Código de Defesa do Consumidor, quando caracterizada a relação de consumo na prestação desses serviços. É imperioso, portanto, o *diálogo* entre as duas normas, para a efetiva proteção do usuário-consumidor dos serviços públicos.

3.4.3. O condomínio edilício e o Código de Defesa do Consumidor

Questão que sempre surge reside em saber se o Código de Defesa do Consumidor é aplicado às relações existentes entre condôminos e condomínio edilício, tratadas pelo Código Civil de 2002 entre os seus arts. 1.331 e 1.358. De início, é preciso ter em mente que tal relação jurídica é, essencialmente, uma *relação dominial*, estabelecida substancialmente entre bens, e não entre pessoas. Por isso é que o condomínio é estudado no livro dedicado ao Direito das Coisas. Não havendo uma relação direta entre sujeitos, isso exclui por si só a incidência da Lei 8.078/1990, pois não se preenche os requisitos mínimos de alteridade previstos entre os seus arts. 2º e 3º. Nessa linha, já concluiu o Superior Tribunal de Justiça, em decisão publicada no seu *Informativo* n. *297*:

> "Segundo a jurisprudência, não há relação de consumo entre condômino e condomínio para litígios envolvendo cobrança de taxas, muito menos poderíamos cogitar da existência de tal relação entre o profissional contratado pelo condomínio para controlar tais cobranças e um dos condôminos, tal como no caso. O réu, contador, foi contratado pelo condomínio, para prestar serviços, cabendo ao contratante a publicidade ou não do rol de inadimplentes fornecida por ele. Por simples análise do caso, conclui-se inexistir relação de consumo entre o condômino e o contador, há entre o condomínio e seu contratado, o contador. Apenas o condomínio, nesta condição, pode ser caracterizado como consumidor, pois a prestação do serviço de contadoria fora destinada àquele como um fim em si mesmo, e não, individualmente, a cada um dos condôminos. Não há, portanto, como se vislumbrar qualquer relação de consumo entre o contador e o condômino, ou qualquer responsabilidade do contador em relação direta ao condômino, pela publicidade do seu nome no rol dos inadimplentes, publicação que, segundo se afirma, sequer chegou a acontecer" (STJ – REsp 441.873-DF – Rel. Min. Castro Filho – j. 19.09.2006).

No Tribunal da Cidadania, tal forma de pensar tanto se consolidou que passou a compor a ferramenta *Jurisprudência em Teses*, da Corte. Conforme a premissa número 10, constante de sua Edição n. 68, dedicada ao condomínio edilício e publicada em 2016, "nas relações jurídicas estabelecidas entre condomínio e condôminos não incide o Código de Defesa do Consumidor". Sem prejuízo do último aresto, são citados como precedentes: AgRg no REsp 1.096.723/PR – Quarta Turma – Rel. Min. Marco Buzzi – j. 07.04.2015 – *DJe* 14.04.2015; AgRg no AREsp 506.687/DF – Quarta Turma – Rel. Min. Maria Isabel Gallotti, j. 05.02.2015 – *DJe* 20.02.2015; REsp 860.064/PR – Quarta Turma – Rel. Min. Raul Araújo – j. 27.03.2012 – *DJe* 02.08.2012; e AgRg no Ag 1.122.191/SP – Quarta Turma – Rel. Min. Luis Felipe Salomão – j. 22.06.2010 – *DJe* 01.07.2010). Essa afirmação consta da Edição n. 74 da mesma ferramenta, publicada em 2017 (Consumidor III, Tese n. 14).

Na mesma forma de pensar, concluindo pela inexistência das figuras de fornecedor e consumidor, do Tribunal de Minas Gerais, em acórdão relacionado à discussão das taxas condominiais, para ilustrar:

"Apelação cível. Cerceamento de defesa. Decisão proferida em audiência. Preclusão. Discussão sobre questão já decidida. Coisa julgada. Conhecer parcialmente do recurso. Ação de cobrança. Taxa de condomínio. Inaplicabilidade do CDC. Revelia. Provimento da pretensão. Manutenção. 1. Contra as decisões interlocutórias proferidas na audiência de instrução e julgamento caberá agravo na forma retida, devendo ser interposto oral e imediatamente, conforme disposto no § 3º, do art. 522, do CPC; embora não se submetam as decisões interlocutórias ao fenômeno da coisa julgada material, estão elas sujeitas ao fenômeno da preclusão. 2. As questões que já foram decididas e transitaram em julgado através de acórdão proferido não podem ser novamente discutidas, sob pena de ser violado o princípio da coisa julgada. 3. Em razão da ausência das figuras do fornecedor e do consumidor, não se aplicam as disposições do Código de Defesa do Consumidor à relação entre condômino e condomínio. 4. Sendo decretada a revelia, reputam-se verdadeiros o valor e o período exigidos pela parte autora na ação de cobrança" (TJMG – Apelação Cível 1.0687.08.062715-5/0021, Timóteo – Nona Câmara Cível – Rel. Des. Pedro Bernardes – j. 10.11.2009 – *DJEMG* 01.03.2010).

Por fim, quanto ao tema, pelo caminho da existência de uma obrigação própria da coisa ou ambulatória (*propter rem*), e não de uma interação puramente pessoal, como ocorre nas relações de consumo, do Tribunal Paulista:

"Consumidor. Ação de cobrança. Valor do débito. Incidência de juros de 1% a partir da citação. Multa de 2% a partir da vigência do atual Código Civil, não havendo falar em vinculação ao Código de Defesa do Consumidor. Recurso desprovido. 1. A relação jurídica estabelecida entre condomínio e condômino não é regida pelas normas do Código de Defesa do Consumidor, pois se trata de obrigação *propter rem*, regida pelas normas do Código Civil. 2. Em se tratando de ilícito contratual. Não pagamento de despesas condominiais. Os juros moratórios incidem, a partir da vigência do Código Civil em vigor, no percentual de 1% ao mês, contado da citação, nos termos do art. 406 do Código Civil de 2002 cumulado com o art. 161, § 1º, do CTN" (TJSP – Apelação 992.08.068926-3 – Acórdão 4239916, São Paulo – Vigésima Nona Câmara de Direito Privado – Rel. Des. Reinaldo Caldas – j. 09.12.2009 – *DJESP* 26.02.2010).

A findar o tópico, cabe esclarecer que as conclusões *supra* valem para as relações condominiais internas, mantidas entre condôminos e condomínio. Eventualmente, como antes desenvolvido, pode o condomínio edilício assumir a posição de consumidor em face de terceiro.

3.4.4. A incidência do Código do Consumidor para os contratos de locação urbana

Prevalece em sede doutrinária e jurisprudencial, no Brasil, o afastamento da locação imobiliária como contrato de consumo. Como uma das principais justificativas, argumenta-se pela existência de um estatuto jurídico próprio a regulamentar a relação jurídica estabelecida entre locador e locatário, no caso a Lei de Locação (Lei 8.245/1991).

Ademais, é sustentado que o locador não pode ser tido como fornecedor ou prestador, pela ausência de uma atividade descrita no CDC e da *profissionalidade* própria dessas qualificações. Nessa linha de conclusão, vejamos decisão do STJ, relativa a cláusulas abusivas introduzidas por imobiliárias em contratos de locação:

"Locação. Ação civil pública proposta em face de apenas uma administradora de imóvel. Cláusula contratual abusiva. Ilegitimidade ativa do Ministério Público Estadual. Direito individual privado. Código de Defesa do Consumidor. Inaplicabilidade. 1. Nos termos do art. 129, inc. III, da Constituição Federal e do art. 25, inc. IV, letra *a*, da Lei 8.625/1993, possui o Ministério Público, como função institucional, a defesa dos interesses difusos, coletivos e individuais indisponíveis e homogêneos. 2. No caso dos autos, a falta de configuração de interesse coletivo afasta a legitimidade ativa *ad causam* do Ministério Público para ajuizar ação civil pública objetivando a declaração de nulidade de cláusulas abusivas constantes de contratos de locação realizados com apenas uma administradora do ramo imobiliário. 3. É pacífica e remansosa a jurisprudência, nesta Corte, no sentido de que o Código de Defesa do Consumidor não é aplicável aos contratos locatícios, que são reguladas por legislação própria. Precedentes. 4. Recurso especial desprovido" (STJ – REsp 605.295/MG – Quinta Turma – Rel. Min. Laurita Vaz – j. 20.10.2009 – *DJe* 02.08.2010).

Do mesmo modo, em outro debate, daquela Superior Instância:

"Administrativo. Agravo regimental no agravo de instrumento contra decisão que indeferiu o processamento do recurso especial. Art. 535 do CPC. Omissão que não se verifica. Contrato de locação. Aplicação do Código de Defesa do Consumidor. Impossibilidade. Incidência das Súmulas 5 e 7 do STJ. Agravo regimental desprovido. 1. Não há falar em omissão quando o Tribunal de origem se manifesta fundamentadamente a respeito de todas as questões postas à sua apreciação, decidindo, entretanto, contrariamente aos interesses da agravante. Ademais, o magistrado não está obrigado a rebater, um a um, os argumentos apresentados pela parte. 2. A jurisprudência desta Corte é firme quanto à impossibilidade de aplicação do Código de Defesa do Consumidor nas relações locatícias, regidas pela Lei 8.245/1991. Precedentes. 3. O reexame de provas e cláusulas contratuais, imprescindível para eventual alteração do exame do julgado *a quo* quanto à natureza do contrato firmado entre as partes, encontra óbice nas Súmulas 5 e 7 desta Corte. 4. Agravo regimental desprovido" (STJ – AgRg-Ag 1.089.413/SP – Quinta Turma – Rel. Min. Napoleão Nunes Maia Filho – j. 08.06.2010 – *DJe* 28.06.2010).

Demonstrando ser essa a posição consolidada na Corte, em 2017 foi publicada a seguinte premissa na Edição n. 74 da sua ferramenta *Jurisprudência em Teses*: "o Código de Defesa do Consumidor não é aplicável aos contratos locatícios regidos pela Lei n. 8.245/91" (afirmação n. 13, Consumidor III).

Não tem sido outra a conclusão dos Tribunais Estaduais, sendo pertinente destacar apenas algumas das numerosas ementas que afastam a subsunção do CDC às relações locatícias, na linha do exposto anteriormente:

"Locação de imóveis. Ação de despejo por falta de pagamento cumulada com rescisão contratual e cobrança. Débito confessado. Recusa da locadora no recebimento dos aluguéis que deveria ensejar ação de consignação em pagamento, o que não ocorreu. Multa fixada no contrato. Código de Defesa do Consumidor. Inaplicabilidade. Sentença mantida. Apelação improvida" (TJSP – Apelação 0161257-53.2008.8.26.0002 – Acórdão 5009862, São Paulo – Trigésima Sexta Câmara de Direito Privado – Rel. Des. Jayme de Queiroz Lopes – j. 17.03.2011 – *DJESP* 29.03.2011).

"Embargos à execução. Locação predial urbana. Multa pactuada em 20% (vinte por cento), sobre o débito apurado (vencimento antecipado de parcelas). Abusividade inocorrente. Inaplicabilidade do Código de Defesa do Consumidor. Relação de consumo. Inexistência. Exequente que decaiu de parte mínima do pedido. Ausência de sucumbência recíproca. Impossibilidade de condenação nos ônus sucumbenciais. Inteligência do art. 21, parágrafo único, do Código de Processo Civil. Verba honorária. Majoração. Art. 20, § 4º, do CPC" (TJMG – Apelação Cível 5009106-74.2009.8.13.0024, Belo Horizonte – Nona Câmara Cível – Rel. Des. Tarcisio Martins Costa – j. 14.12.2010 – *DJEMG* 24.01.2011).

"Apelação cível. Locação. Ação de despejo cumulada com cobrança. Purga da mora. Necessidade de depósito do valor integral. Multa moratória. Inaplicabilidade das regras do CDC. Ausência de abusividade no contrato. Caso em que a autora comprova o fato constitutivo de seu direito e não tendo o réu demonstrado o cumprimento integral de sua obrigação ou comprovado fato impeditivo, a manutenção da sentença é medida que se impõe. Ausência de comprovação da integral quitação do débito, sendo que a purga da mora deve atender aos requisitos dispostos no art. 62, inc. II, da Lei do Inquilinato. A multa moratória pactuada no contrato de locação (20%) não é ilegal, pois o Código de Defesa do Consumidor não incide nos contratos de locação de imóvel por não se tratar de relação de consumo e nem prestação de serviço, caracterizando-se, objetivamente, como uma cessão de uso remunerado. Apelo desprovido" (TJRS – Apelação Cível 70033045204, São Leopoldo – Décima Sexta Câmara Cível – Rel. Des. Marco Aurélio dos Santos Caminha – j. 27.01.2011 – *DJERS* 09.02.2011).

Ressalve-se a minha opinião doutrinária – a partir das lições expostas por Claudia Lima Marques quando da *IV Jornada de Direito Civil* (2006) – no sentido de possibilidade de subsunção do CDC para as hipóteses em que o locador é um profissional na atividade locatícia, sendo viável juridicamente qualificá-lo como *prestador de serviços de moradia*.

Anote-se que a tese da existência de um estatuto jurídico próprio a disciplinar a matéria não afasta totalmente a incidência possível da Lei Consumerista, servindo como substrato bastante para tanto a festejada tese do *diálogo das fontes*. Tal entendimento, por certo, ainda é minoritário na doutrina, não havendo ainda julgado conhecido a aplicá-lo. A propósito, vejamos as palavras de Sérgio Cavalieri Filho sobre essa problemática:

"A Mestre Claudia Lima Marques mantém-se firme em seu entendimento de que a aplicação das normas protetivas do CDC deveria ser a regra na locação residencial. Em que pese a autoridade dos seus argumentos, a maioria da doutrina e da jurisprudência inclina-se pela não incidência do CDC nas relações residenciais. De regra, o locador não faz da locação uma atividade habitual, profissional, de modo a caracteriza-lo como fornecedor, salvo em se tratando de empresa proprietária de muitos imóveis destinados à locação".[31]

---

[31] CAVALIERI FILHO, Sérgio. *Programa de Direito do Consumidor*. São Paulo: Atlas, 2008. p. 233-234.

Como se pode notar, o próprio jurista abre margem para outra interpretação. Consigne-se que a questão foi recentemente debatida em sede de acórdão prolatado pelo Tribunal Paulista. Vejamos:

"Locação. Despejo por falta de pagamento cumulado com cobrança de alugueres e encargos. Ação julgada parcialmente procedente. Não incidência do Código de Defesa do Consumidor. Irrelevância de que locador não seja proprietário do imóvel. Vínculo de natureza pessoal. Responsabilidade até a entrega das chaves ao locador e não da lavratura do auto de imissão na posse. Exclusão, ademais, da multa compensatória e que não se confunde com aquela moratória. Recurso provido em parte. Não há relação de consumo entre dois particulares que deliberam contratar a locação de imóvel, nada existindo que possa enquadrar o autor como sendo 'locador profissional'. (...)" (TJSP – Apelação 992.08.027721-6 – Acórdão 4340494, Avaré – Trigésima Segunda Câmara de Direito Privado – Rel. Des. Kioitsi Chicuta – j. 25.02.2010 – *DJESP* 23.03.2010).

A tendência de comunicação entre as normas parece indicar uma possível aplicação do CDC para os casos de *locadores profissionais* no futuro, o que viria em boa hora. Ato contínuo, já se aplica a Lei 8.078/1990 às relações jurídicas estabelecidas entre locadores e locatários e imobiliárias que lhes prestam serviços. Nessa linha correta de raciocínio, do Superior Tribunal de Justiça e do Tribunal do Distrito Federal, em demandas coletivas:

"Processo civil. Ação civil pública. Locação. Cláusulas abusivas. Administradoras de imóveis. Legitimidade passiva *ad causam*. Interesses individuais homogêneos. As administradoras de imóveis são legitimadas para figurarem no polo passivo em ações civis coletivas propostas pelo Ministério Público com objetivo de declarar nulidade e modificação de cláusulas abusivas, contidas em contratos de locação elaboradas por aquelas. (Precedentes). Recurso especial provido" (STJ – REsp 614.981/MG – Quinta Turma – Rel. Min. Felix Fischer – j. 09.08.2005 – *DJ* 26.09.2005, p. 439).

"Processo civil. Ação civil pública. Ministério Público. Legitimidade. 1. O Ministério Público Federal está legitimado a recorrer à instância especial nas ações ajuizadas pelo Ministério Público Estadual. 2. O MP está legitimado a defender direitos individuais homogêneos, quando tais direitos têm repercussão no interesse público. 3. Questão referente a contrato de locação, formulado como contrato de adesão pelas empresas locadoras, com exigência da Taxa Imobiliária para inquilinos, é de interesse público pela repercussão das locações na sociedade. 4. Embargos de divergência conhecidos e recebidos" (STJ – EREsp 114.908/SP – Corte Especial – Rel. Min. Eliana Calmon – j. 07.11.2001 – *DJ* 20.05.2002, p. 95).

"Apelação cível. Ação civil pública. Cabimento. Locação. Contrato de adesão. Cobrança de juros de mora abusivos. Relação havida entre inquilinos e administradora de imóveis. Código de Defesa do Consumidor. Aplicabilidade. Interesses individuais homogêneos. Interesse público. Propriedade da via eleita. Sentença cassada. I. Diferentemente da existente entre locador e locatário, a relação jurídica havida entre este e a imobiliária, prestadora do serviço de intermediação de locação de móveis, qualifica-se como de consumo, nos estritos moldes do art. 14 do Código de Defesa do Consumidor. II. A questão referente a contrato de locação, formulado como de adesão pelas empresas administradoras de imóveis, é de interesse público pela repercussão das locações na sociedade. Precedentes do egrégio Superior Tribunal de Justiça. III. A cobrança de encargos abusivos em contratos locatícios de adesão, firmados entre locatários e a imobiliária que administra os imóveis respectivos, perfaz-se liame hábil a caracterizar o interesse individual homogêneo que autoriza a defesa por meio de ação coletiva. IV. Apelo provido para cassar a sentença" (TJDF – Recurso 2009.04.1.012604-6 – Acórdão 481.411 – Primeira Turma Cível – Rel. Des. Nivio Geraldo Gonçalves – *DJDFTE* 23.02.2011, p. 114).

Do Superior Tribunal de Justiça, merece destaque outro julgado a respeito das imobiliárias, que traz corretas deduções a respeito da vulnerabilidade do aderente:

"Direito do consumidor. Aplicabilidade do CDC aos contratos de administração imobiliária. É possível a aplicação do CDC à relação entre proprietário de imóvel e a imobiliária contratada por ele para administrar o bem. Isso porque o proprietário do imóvel é, de fato, destinatário final fático e também econômico do serviço prestado. Revela-se, ainda, a presunção da sua vulnerabilidade, seja porque o contrato firmado é de adesão, seja porque é uma atividade complexa e especializada ou, ainda, porque os mercados se comportam de forma diferenciada e específica em cada lugar e período. No cenário caracterizado pela presença da administradora na atividade de locação imobiliária sobressaem pelo menos duas relações jurídicas distintas: a de prestação de serviços, estabelecida entre o proprietário de um ou mais imóveis e a administradora; e a de locação propriamente dita, em que a imobiliária atua como intermediária de um contrato de locação. Nas duas situações, evidencia-se a destinação final econômica do serviço prestado ao contratante, devendo a relação jurídica estabelecida ser regida pelas disposições do diploma consumerista" (REsp 509.304/PR – Rel. Min. Villas Bôas Cueva – j. 16.05.2013, publicado no seu *Informativo* n. 523).

Ainda a ilustrar, e com tom mais ampliativo, o Tribunal de Justiça do Distrito Federal admitiu a figura do *locatário consumidor por equiparação* ou *bystander*, incidindo os arts. 17 e 29 do CDC. Na hipótese, um falsário celebrou contrato de locação em nome de outrem, que foi prejudicado pela relação jurídica estabelecida, diante da sua inscrição em cadastro de inadimplentes. De toda sorte, o julgado afastou o dever de indenizar do locador, pela presença da culpa exclusiva de terceiro, uma das excludentes da responsabilidade objetiva do fornecedor. Vejamos a ementa da decisão:

"Civil e direito do consumidor. Contratos de locação. Celebração mediante fraude. Falsificação impassível de ser aferida. Cautelas observadas pela locadora. Exibição de todos os documentos pessoais, comprovante de residência e de propriedade de imóvel. Inserção do nome do consumidor vitimado pela fraude em cadastro de devedores inadimplentes. Fatos decorrentes da culpa de terceiro. Causa excludente de responsabilidade (CDC, art. 14, § 3º, II). Responsabilização da fornecedora. Impossibilidade. 1 – Conquanto não tenha concertado nenhum vínculo obrigacional nem mantido relacionamento comercial com a empresa especializada na locação e administração de imóveis, o autor, em tendo experimentado as consequências derivadas da celebração de contratos de locação em seu nome pelo falsário que se passara por sua pessoa, equipara-se ao consumidor ante o enquadramento do havido na conceituação que está impregnada no artigo 17 do Código de Defesa do Consumidor. 2 – Emoldurado o relacionamento havido como sendo de consumo, a responsabilidade da fornecedora de serviços é de natureza objetiva, prescindindo sua caracterização da comprovação de que tenha agido com culpa, bastando tão somente a comprovação de que ocorrera o ilícito e que dele tenha emergido efeitos materiais afetando o consumidor para que sua obrigação emerja, sendo-lhe ressalvado, contudo, o direito de se eximir da sua responsabilização se evidenciar que o havido derivara da culpa exclusiva do consumidor ou de terceiro, qualificando-se essas ocorrências como causas excludentes de responsabilidade (CDC, art. 14, § 3º, II). 3 – Aferido que as celebrações dos contratos que foram concertados de forma fraudulenta em nome do consumidor foram precedidas de todas as cautelas possíveis e passíveis de serem exigidas da fornecedora, pois lhe foram exibidos todos os documentos pessoais daquele com quem contratara, comprovantes de residência e de que possuía imóvel e as assinaturas apostas nos instrumentos pelo falsário reconhecidas por notário público, não lhe pode ser debitada nenhuma responsabilidade pelo havido e pelas consequências que dele germinaram ante a circunstância de que derivara de fato de terceiro, ensejando a caracterização da excludente de responsabilidade apta a alforriá-la da responsabilização pelo ilícito e pelos efeitos que irradiaram, afetando sua pessoa, e do alcançado diretamente pela fraude. 4 – Recurso conhecido e improvido. Unânime" (TJDF – Apelação Cível 740007019988070001 – Rel. Des. Teófilo Caetano – j. 01.08.2007 – 2ª Turma Cível – Data de Publicação: 11.09.2007).

Apesar da conclusão final, a última *decisum* representa um firme caminhar para a incidência do CDC às relações locatícias, o que parece ser tendência para o futuro. Em suma, os acórdãos transcritos delineiam o destino de ampliação da incidência da Lei 8.078/1990, o que foi paulatinamente conquistado nos seus mais de trinta anos de vigência no Brasil. O que se pretende, agora, é alargar ainda mais a sua subsunção, por ser uma importante norma de interesse público e social.

3.4.5. A Lei 8.078/1990 e a previdência privada complementar

Diante de sérios problemas estruturais que acometem o sistema de previdência pública em nosso País, tornou-se comum no Brasil a celebração de contratos que têm por objeto planos de previdência privada complementar (fundos de pensão), administrados por empresas financeiras. Como se extrai do site do Banco Central do Brasil, tais entidades são fiscalizadas pela Superintendência Nacional de Previdência Complementar (PREVIC), que é uma autarquia vinculada ao Ministério da Previdência Social: "A PREVIC atua como entidade de fiscalização e de supervisão das atividades das entidades fechadas de previdência complementar e de execução das políticas para o regime de previdência complementar operado pelas entidades fechadas de previdência complementar, observando, inclusive, as diretrizes estabelecidas pelo Conselho Monetário Nacional e pelo Conselho Nacional de Previdência Complementar".[32]

Ora, não há dúvidas de que o Código de Defesa do Consumidor é plenamente aplicável a tais negócios de investimentos financeiros, visando uma aposentadoria posterior. Não deixava dúvidas, nesse sentido, o teor originário da Súmula 321 do STJ, *in verbis*: "o Código de Defesa do Consumidor é aplicável à relação jurídica entre a entidade de previdência privada e seus participantes". Consigne-se que, em hipóteses tais, a jurispru-

---

[32] Disponível em: <http://www.bcb.gov.br/pre/composicao/spc.asp>. Acesso em: 30 mar. 2011.

dência superior tem entendido pela devolução dos valores pagos em casos de desistência por parte do associado do plano:

"Previdência complementar. Restituição das contribuições pessoais. Integralidade. Correção monetária do saldo de poupança. Índices. Recomposição da real desvalorização da moeda. Súmula 289/STJ. Código de Defesa do Consumidor. Aplicação a entidades fechadas de previdência. Cabimento. 1. 'Consoante entendimento pacificado do STJ, é devida a restituição integral das contribuições vertidas pelo ex-associado à entidade de previdência complementar, por ocasião de seu desligamento'. 2. 'A restituição das parcelas pagas a plano de previdência privada deve ser objeto de correção plena, por índice que recomponha a efetiva desvalorização da moeda (Súmula 289/STJ)'. 3. 'O CDC é aplicável à relação jurídica entre a entidade de previdência privada e seus participantes' (Súmula 321/STJ). 4. Agravo regimental desprovido" (STJ – AgRg no Ag 766.447/RN – Terceira Turma – Rel. Min. Paulo de Tarso Sanseverino – j. 28.09.2010 – *DJe* 06.10.2010).

Destaque-se, a propósito, que, para o mesmo STJ, pelo teor de sua Súmula 291, "a ação de cobrança de parcelas de complementação de aposentadoria pela previdência privada prescreve em cinco anos". O exemplo típico de aplicação de todos esses entendimentos envolve a tão conhecida Caixa de Previdência dos Funcionários do Banco do Brasil – PREVI (ver: STJ – AgRg no REsp 734.136/DF – Quarta Turma – Rel. Min. Hélio Quaglia Barbosa – j. 18.09.2007 – *DJ* 08.10.2007, p. 290; e STJ, AgRg no REsp 801.588/DF – Rel. Min. Aldir Passarinho Junior – j. 16.03.2006 – *DJ* 24.04.2006, p. 410).

Atualizando a obra, pontue-se que o Superior Tribunal de Justiça acabou por rever o conteúdo da sua Súmula 321, em fevereiro de 2016, sendo esta cancelada e substituída pela Súmula 563 da mesma Corte.

Como já constava da ferramenta *Jurisprudência em Teses*, do próprio Tribunal da Cidadania (Edição n. 39 de 2015, tese n. 13), "o Código de Defesa do Consumidor se aplica indistintamente às entidades abertas e fechadas de previdência complementar, consoante a Súmula 321/STJ". Para tal verbete, eram citados os seguintes acórdãos do próprio STJ: AgRg no AREsp 667.721/MG – Rel. Min. Marco Buzzi – Quarta Turma – j. 09.06.2015 – *DJe* 15.06.2015; AgRg no AREsp 666.127/RJ – Rel. Min. Luis Felipe Salomão – Quarta Turma – j. 16.04.2015, *DJe* 27.04.2015 e AgRg no AREsp 288.165/DF – Rel. Min. Antonio Carlos Ferreira – Quarta Turma – j. 20.11.2014, *DJe* 28.11.2014).

Todavia, conforme constava da mesma publicação, (tese n. 14) "o Código de Defesa do Consumidor não é aplicável à relação jurídica existente entre o participante e a entidade fechada de previdência privada" (REsp 1.431.273/SE – Rel. Min. Moura Ribeiro – Terceira Turma – j. 09.06.2015 – *DJe* 18.06.2015, EDcl no AREsp 530.138/SC – Rel. Min. João Otávio de Noronha – Terceira Turma – j. 02.06.2015 – *DJe* 09.06.2015 e REsp 1.443.304/SE – Rel. Min. Ricardo Villas Bôas Cueva – Terceira Turma – j. 26.05.2015 – *DJe* 02.06.2015). Esclarecendo a situação fática, o que a jurisprudência superior conclui é que "nos termos da Súmula 321/STJ, o diploma consumerista é aplicável à relação jurídica entre a entidade de previdência privada e seus participantes. Exegese que alcança inclusive os vínculos jurídicos instaurados com as entidades fechadas (os denominados fundos de pensão). Ressalva do entendimento de que a incidência de determinada norma consumerista pode ser afastada quando incompatível com norma específica inerente à relação contratual de previdência complementar (AgRg no AREsp 504.022/SC – Rel. Min. Luis Felipe Salomão – Segunda Seção – j. 10.09.2014, *DJe* 30.09.2014).

Assim, com tom complementar, também se publicou na ferramenta *Jurisprudência em Teses*, em 2015, que "é descabida a aplicação do Código de Defesa do Consumidor alheia às normas específicas inerentes à relação contratual de previdência privada complementar e à modalidade contratual da transação, negócio jurídico disciplinado pelo Código Civil, inclusive no tocante à disciplina peculiar para o seu desfazimento" (Edição n. 39, de 2015).

Diante dessas ressalvas, de fevereiro de 2016, reafirme-se a edição da Súmula 563 do STJ, em substituição à antiga Súmula 321, com a seguinte redação: "o Código de Defesa do Consumidor é aplicável às entidades abertas de previdência complementar, não incidindo nos contratos previdenciários celebrados com entidades fechadas".

Com o devido respeito, não concordo com tais mitigações e com a nova sumular, pois o CDC deve ser aplicado aos planos de previdência privada complementar em qualquer situação. Todavia, o teor da nova ementa é que deve ser considerado para os devidos fins práticos.

3.4.6. Prestação de serviços educacionais como serviço de consumo

A prestação de serviços educacionais, obviamente, está submetida à incidência do Código do Consumidor, notadamente nos casos envolvendo escolas privadas, do ensino médio ao ensino superior, ou até mesmo na pós-graduação. A propósito dessa incidência, a jurisprudência superior já entendeu pela subsunção da multa moratória de 2% sobre o valor da dívida para os casos de inadimplência, nos termos do art. 52, § 1º, do CDC (STJ – AgRg no Ag 572.088/SP – Terceira Turma – Rel. Min. Humberto Gomes de Barros – j. 09.05.2006 – *DJ* 29.05.2006, p. 230; e STJ – AgRg no Ag 460.768/SP – Quarta Turma – Rel. Min. Aldir Passarinho Junior – j. 06.03.2003 – *DJ* 19.05.2003, p. 237).

Ainda no contexto de ilustração, diante do sistema consumerista, o Superior Tribunal de Justiça tem concluído que a exigência antecipada de mensalidades escolares referentes a um semestre inteiro do curso constitui prática ou cláusula abusiva que não pode ser admitida: "é abusiva a cláusula contratual que prevê o pagamento integral da semestralidade, independentemente do número de disciplinas que o aluno irá cursar no período, pois consiste em contraprestação sem relação com os serviços educacionais efetivamente prestados. (...)" (STJ – AgRg no Ag 774.257/MG – Terceira Turma – Rel. Min. Humberto Gomes de Barros – j. 19.09.2006 – *DJ* 16.10.2006, p. 368).

Em reforço de ilustração, conforme publicado pela ferramenta *Jurisprudência em Teses*, Edição n. 42, do Superior Tribunal de Justiça, em setembro de 2015, "a instituição de ensino superior responde objetivamente pelos danos causados ao aluno em decorrência da falta de reconhecimento do curso pelo MEC, quando violado o dever de informação ao consumidor". A questão consolidou-se de tal forma no Tribunal da Cidadania que, em novembro de 2017, aprovou-se a Súmula 595 da Corte, com o mesmo teor de responsabilização objetiva, fundada no CDC.

Não obstante, várias situações concretas podem envolver atos praticados no interior de escolas, como é o caso de atos de agressão continuada ou *bullying*, gerando responsabilidade objetiva pela ótica consumerista. Exemplificando, vejamos acórdãos do Tribunal do Distrito Federal:

"Civil. Direito do consumidor. Dano moral. Dano moral configurado. Fixação do *quantum* indenizatório de acordo com os parâmetros da proporcionalidade e razoabilidade. Recurso improvido. Sentença mantida pelos próprios fundamentos. 1. A empresa prestadora de serviços educacionais responde de forma objetiva pela incolumidade física e moral dos alunos, só se exonerando nas hipóteses de inexistência do defeito na prestação do serviço, culpa exclusiva do consumidor ou de terceiro e caso fortuito e a força maior, eis que estes rompem o nexo causal, sem o qual não há se falar em responsabilidade. O nexo causal, *in casu*, se verifica porque a escola tem o dever de guarda e vigilância dos seus alunos. Ao receber o aluno em seu estabelecimento, assume o compromisso de velar pela preservação de sua integridade física e moral. Restando comprovada a ocorrência de violência sexual de aluna em um dos banheiros disponíveis aos alunos no mesmo andar das suas dependências, deve a instituição de ensino responder objetivamente, nos termos do art. 14 do Código de Defesa do Consumidor. A circunstância de a lesão à integridade moral da aluna ter ocorrido fora do horário das aulas não afasta o dever de indenizar, porque o estabelecimento de ensino permite o acesso dos alunos antes do horário regulamentar. A prestação de segurança à integridade física do consumidor é inerente à atividade comercial desenvolvida pelo estabelecimento de ensino, principalmente quando instalado em *shopping center*, porquanto a principal diferença existente entre estes estabelecimentos e os centros tradicionais reside justamente na criação de um ambiente seguro para a realização de compras e afins, capaz de atrair alunos a tais praças privilegiadas. O dever de segurança é extensivo aos banheiros existentes no andar onde a instituição de ensino está estabelecida, porque ali os alunos não comparecem como frequentadores do *shopping*. Não há fato de terceiro se a empresa prestadora de serviços educacionais tem o dever de evitar o dano. É irrelevante o fato de o ofensor ter conhecido a vítima fora de suas dependências, porque foi ali que encontrou ambiente propício para o seu desiderato criminoso, por falta de vigilância da instituição de ensino. Por ser a prestação de segurança ínsita à atividade dos estabelecimentos de ensino, a responsabilidade civil desses por danos causados aos bens ou à integridade física do aluno não admite a excludente de força maior derivada de qualquer meio irresistível de violência. 2. O dano moral é inconteste e decorre da simples violência suportada pela aluna independentemente de qualquer outro efeito em relação à vítima. 3. O arbitramento do valor devido a título de indenização por danos morais se sujeita à decisão judicial, informada pelos critérios apontados pela doutrina e jurisprudência e condensados pelos princípios da proporcionalidade, razoabilidade e adequação. Observados tais parâmetros, e considerando a capacidade financeira da empresa requerida, o valor fixado na sentença não merece reparo. (...)" (TJDF – Recurso 2008.03.1.010538-8 – Acórdão 346.402 – Primeira Turma Recursal dos Juizados Especiais Cíveis e Criminais – Rel. Juíza Maria de Fátima Rafael de Aguiar Ramos – *DJDFTE* 16.03.2009, p. 208).

"Direito civil. Indenização. Danos morais. Abalos psicológicos decorrentes de violência escolar. *Bullying*. Ofensa ao princípio da dignidade da pessoa. Sentença reformada. Condenação do colégio. Valor módico, atendendo-se às peculiaridades do caso. 1. Cuida-se de recurso de apelação interposto de sentença que julgou improcedente pedido de indenização por danos morais por entender que não restou configurado o nexo causal entre a conduta do colégio e eventual dano moral alegado pelo autor. Este pretende receber indenização sob o argumento de haver estudado no estabelecimento de ensino em 2005 e ali teria sido alvo de várias agressões físicas que o deixaram com traumas que refletem em sua conduta e na dificuldade de aprendizado. 2. Na espécie, restou demonstrado nos autos que o recorrente sofreu agressões físicas e verbais de alguns colegas de turma que iam muito além de pequenos atritos entre crianças daquela idade, no interior do estabelecimento réu, durante todo o ano letivo de 2005. É certo que tais agressões, por si só, configuram dano moral cuja responsabilidade de indenização seria do Colégio em razão de sua responsabilidade objetiva. Com efeito, o Colégio réu tomou algumas medidas na tentativa de contornar a situação, contudo, tais providências foram inócuas para solucionar o problema, tendo em vista que as agressões se perpetuaram pelo ano letivo. Talvez porque o estabelecimento de ensino apelado não atentou para o papel da escola como instrumento de inclusão social, sobretudo no caso de crianças tidas como 'diferentes'. Nesse ponto, vale registrar que o ingresso no mundo adulto requer a apropriação de conhecimentos socialmente produzidos. A interiorização de tais conhecimentos e experiências vividas se processa, primeiro, no interior da família e do grupo em que este indivíduo se insere, e, depois, em instituições como a escola. No dizer de Helder Baruffi, 'Neste processo de socialização ou de inserção do indivíduo na sociedade, a educação tem papel estratégico, principalmente na construção da cidadania'" (TJDF – Recurso 2006.03.1.008331-2 – Acórdão 317.276 – Segunda Turma Cível – Rel. Des. Waldir Leôncio Júnior – *DJDFTE* 25.08.2008, p. 70).

Por certo, como há nesses ambientes, muitas vezes, uma troca de agressividades, a tendência é que se amplie a incidência do CDC, o que vem em boa hora, a partir da ideia de que a Lei Consumerista é importante norma de interesse público e social.

3.4.7. As atividades notariais e registrais e a Lei 8.078/1990

Debate-se nos meios jurídicos a possibilidade de incidência da Lei 8.078/1990 para as atividades de notários e registradores. Como é notório, tais atividades são exercidas por delegação do Poder Público, nos termos do art. 236 da Constituição Federal, o que seria um suposto entrave para a subsunção da Norma Consumerista. Com o devido respeito, a tese não convence, eis que, como visto, os serviços públicos, diretos ou indiretos, podem ser abrangidos pelo art. 22 do Código do Consumidor.

Também se argumenta pela existência de estatutos normativos próprios, a afastar a Lei Consumerista, caso da Lei 6.015/1973 (Lei de Registros Públicos) e da Lei 8.935/1994 (Lei dos Serviços Notariais e de Registro). Mais uma vez, a premissa de interação legislativa apregoada pela festejada teoria do *diálogo das fontes* afasta mansamente tal assertiva teórica. Todavia, conhecido acórdão do Superior Tribunal de Justiça, por maioria de votos, acabou afastando a subsunção da Lei do Consumidor às atividades notariais, pelos argumentos de declinação acima expostos:

"Processual. Administrativo. Constitucional. Responsabilidade civil. Tabelionato de Notas. Foro competente. Serviços notariais. A atividade notarial não é regida pelo CDC. (Vencidos a Ministra Nancy Andrighi e o Ministro Castro Filho.) O foro competente a ser aplicado em ação de reparação de danos, em que figure no polo passivo da demanda pessoa jurídica que presta serviço notarial, é o do domicílio do autor. Tal conclusão é possível seja pelo art. 101, I, do CDC, ou pelo art. 100, parágrafo único do CPC, bem como segundo a regra geral de competência prevista no CPC. Recurso especial conhecido e provido" (STJ – REsp 625.144/SP – Terceira Turma – Rel. Min. Nancy Andrighi – j. 14.03.2006 – *DJ* 29.05.2006, p. 232).

Cumpre ressalvar que a questão não é pacífica no próprio STJ, havendo julgado posterior com o seguinte teor da ementa: "O Código de Defesa do Consumidor aplica-se à atividade notarial" (STJ – REsp 1.163.652/PE – Segunda Turma – Rel. Min. Herman Benjamin – j. 01.06.2010 – *DJe* 01.07.2010). As mesmas premissas de debate valem para o registro público delegado pelo Estado, e entendo que é perfeitamente possível enquadrar a atividade como sendo de consumo.

3.4.8. As relações entre advogados e clientes e o Código de Defesa do Consumidor

Para finalizar o presente capítulo, vejamos o intrincado e apaixonado debate acerca da incidência do Código de Defesa do Consumidor às relações estabelecidas entre advogados e clientes. Como é notório, prevalece em larga escala, em sede de Superior Tribunal de Justiça, o entendimento de não aplicação da Lei 8.078/1990.

Primeiro – e mais uma vez –, pela existência de uma lei específica, no caso o Estatuto da Advocacia (Lei 8.906/1994). *Segundo*, porque as atividades do advogado encontram fortes limitações éticas, não sendo possível enquadrá-las como atividade fornecida no *mercado de consumo*, conforme consta do art. 3º, § 2º, do CDC – tese defendida pelo Conselho Federal da OAB, conforme relata Claudia Lima Marques.[33] Concluindo desse modo, por todos, vejamos ementa de acórdão que menciona outras duas decisões:

"Civil e processual civil. Contrato de prestação de serviços advocatícios. Foro de eleição. Possibilidade. Precedentes. Exceção de competência. Efeito suspensivo. Decisão definitiva do Tribunal de origem. Precedentes. Recurso especial não conhecido. 1. As relações contratuais entre clientes e advogados são regidas pelo Estatuto da OAB, aprovado pela Lei 8.906/1994, a elas não se aplicando o Código de Defesa do Consumidor. Precedentes (REsp 539077/MS – Quarta Turma – Rel. Min. Aldir Passarinho Junior – j. 26.04.2005 – *DJ* 30.05.2005, p. 383; REsp 914105/GO – Quarta Turma – Rel. Min. Fernando Gonçalves – j. 09.09.2008 – *DJe* 22.09.2008). 2. O Superior Tribunal de Justiça entende que a exceção de competência suspende o curso do processo até a decisão definitiva na origem, subsistindo, somente, o efeito devolutivo ao recurso especial. 3. Recurso especial não conhecido" (STJ – REsp 1.134.889/PE – Quarta Turma – Rel. Min. Honildo Amaral de Mello Castro (Desembargador Convocado do TJAP) – j. 23.03.2010 – *DJe* 08.04.2010).

Por outra via, afastando todo o raciocínio antes desenvolvido, há decisões da mesma Corte Superior que concluem pela subsunção do Código de Defesa do Consumidor às relações entre advogados e clientes:

"Código de Defesa do Consumidor. Incidência na relação entre advogado e cliente. Precedentes da Corte. 1. Ressalvada a posição do Relator, a Turma já decidiu pela incidência do Código de Defesa do Consumidor na relação entre advogado e cliente. 2. Recurso especial conhecido, mas desprovido" (STJ – REsp 651.278/RS – Terceira Turma – Rel. Min. Carlos Alberto Menezes Direito – j. 28.10.2004 – *DJ* 17.12.2004, p. 544 – *REPDJ* 01.02.2005, p. 559).

---

[33] MARQUES, Claudia Lima; BENJAMIN, Antonio Herman V.; BESSA, Leonardo Roscoe. *Manual de Direito do Consumidor*. 3. ed. São Paulo: RT, 2010. p. 100-101.

"Prestação de serviços advocatícios. Código de Defesa do Consumidor. Aplicabilidade. I. Aplica-se o Código de Defesa do Consumidor aos serviços prestados por profissionais liberais, com as ressalvas nele contidas. II. Caracterizada a sucumbência recíproca devem ser os ônus distribuídos conforme determina o art. 21 do CPC. III. Recursos especiais não conhecidos" (STJ – REsp 364.168/SE – Terceira Turma – Rel. Min. Antônio de Pádua Ribeiro – j. 20.04.2004 – *DJ* 21.06.2004, p. 215).

Entretanto, conforme publicado na ferramenta *Jurisprudência em Teses*, em sua Edição n. 39/2015 (premissa n. 10), do STJ, prevalece naquela Corte, no momento, a posição de que "não se aplica o Código de Defesa do Consumidor à relação contratual entre advogados e clientes, a qual é regida pelo Estatuto da Advocacia e da OAB – Lei n. 8.906/94" (AgRg nos EDcl no REsp 1.474.886/PB – Rel. Min. Antonio Carlos Ferreira – Quarta Turma – j. 18.06.2015 – *DJe* 26.06.2015; REsp 1.134.709/MG – Rel. Min. Maria Isabel Gallotti – Quarta Turma – j. 19.05.2015 – *DJe* 03.06.2015; REsp 1.371.431/RJ – Rel. Min. Ricardo Villas Bôas Cueva – Terceira Turma – j. 25.06.2013 – *DJe* 08.08.2013; REsp 1.150.711/MG – Rel. Min. Luis Felipe Salomão – Quarta Turma – j. 06.12.2011 – *DJe* 15.03.2012 e REsp 1.123.422/PR – Rel. Min. João Otávio de Noronha – Quarta Turma – j. 04.08.2011 – *DJe* 15.08.2011).

De toda maneira, a polêmica, por óbvio, se repete em sede de Tribunais Estaduais (constata-se a oscilação em: TJDF – Recurso 2010.00.2.006496-3 – Acórdão 431.834 – Primeira Turma Cível – Rel. Des. Lécio Resende – *DJDFTE* 07.07.2010, p. 46; TJRS – Recurso Cível 71002742492, Triunfo – Primeira Turma Recursal Cível – Rel. Des. Ricardo Torres Hermann – j. 28.10.2010 – *DJERS* 05.11.2010; TJMG – Embargos Infringentes 1.0024.03.985985-5/0041, Belo Horizonte – Décima Primeira Câmara Cível – Rel. Des. Duarte de Paula – j. 25.03.2009 – *DJEMG* 18.05.2009; TJPR – Apelação Cível 356945-9 – Acórdão n. 6422, Curitiba – Sétima Câmara Cível – Rel. Des. José Mauricio Pinto de Almeida – j. 26.09.2006 – *DJPR* 20.10.2006; 2º TAC-SP – Agravo de Instrumento 873.636-00/4 – Sexta Câmara – Rel. Des. Andrade Neto – j. 23.02.2005).

Com o devido respeito a quem se posiciona de forma contrária, entendo que a relação entre advogado e cliente é, sim, uma relação de consumo, pela presença de uma prestação de serviços realizada a um destinatário final fático e econômico, que é o cliente. Ademais, trata-se também de uma relação de trabalho, quando prestado por pessoa individual, servindo *como luva* a tese antes exposta a respeito da *ponderação meritória* – concluindo-se favoravelmente ao direito que merece proteção no caso concreto –, inclusive quanto à fixação da Justiça Competente.

A tese de existência de uma lei específica é afastada pela *teoria do diálogo das fontes*, na esteira dos argumentos também utilizados para as relações locatícias e as atividades notariais e registrais. Repise-se que não se pode conceber o sistema jurídico como algo inerente e fechado, mas em constante interação.

Por fim, enquadrar a atividade do advogado como sendo *oferecida no mercado de consumo* não a torna uma atividade mercantil, o que é vedado pelo Estatuto da Advocacia em vários de seus preceitos. O sentido de *mercado de consumo* é aquele da sociedade de consumo em massa (*mass consumption society*), sem que haja efetivamente um fim comercial de lucro direto, na trilha de exemplos antes demonstrados. Ainda a título de argumentação, o Estado, do mesmo modo, presta tais serviços, de forma direta ou indireta, sem que esteja presente o intuito de lucro. Isso também ocorre com pessoas jurídicas ou naturais prestadoras de serviços públicos por concessão e delegação, na esteira de ilustrações antes expostas neste livro.

Não se olvide que a atividade do advogado é essencial e indispensável à administração da Justiça, como expressa o art. 133 da Constituição Federal. Eventual enquadramento de sua atividade como de consumo não representa qualquer lesão quanto ao objeto do comando superior. Na verdade, só há um reforço da norma, eis que as responsabilidades do advogado são aumentadas, pela incidência dos justos preceitos consumeristas.

manentais prestadoras de serviços públicos por concessão e da exceção na escrita de ilustrações nelas expostas, neste livro.

Não se olvide que a atividade do advogado é essencial e indispensável à administração da Justiça, como expressa o art. 133 da Constituição Federal. Recolhei enquadramento de sua atividade como de consumo não representa qualquer lesão quanto ao objeto do sondando superior. Na verdade, só há um rol oposto de normas, em que as responsabilidades do advogado são aumentadas pela incidência dos riscos dos preceitos consumeristas.

4

RESPONSABILIDADE CIVIL PELO CÓDIGO DE DEFESA DO CONSUMIDOR

Sumário: 4.1. A unificação da responsabilidade civil pelo Código de Defesa do Consumidor. A responsabilidade civil objetiva e solidária como regra do Código do Consumidor (risco-proveito). A responsabilidade subjetiva dos profissionais liberais como exceção – 4.2. Análise dos casos específicos de responsabilidade civil pelo Código de Defesa do Consumidor: 4.2.1. As quatro hipóteses tratadas pela Lei 8.078/1990 em relação ao produto e ao serviço. Vício *versus* fato (defeito). Panorama geral e a questão da solidariedade; 4.2.2. Responsabilidade civil pelo vício do produto; 4.2.3. Responsabilidade civil pelo fato do produto ou defeito; 4.2.4. Responsabilidade civil pelo vício do serviço; 4.2.5. Responsabilidade civil pelo fato do serviço ou defeito – 4.3. O consumidor equiparado e a responsabilidade civil. Aprofundamentos quanto ao tema e confrontações em relação ao art. 931 do Código Civil – 4.4. Excludentes de responsabilidade civil pelo Código de Defesa do Consumidor: 4.4.1. As excludentes da não colocação do produto no mercado e da ausência de defeito; 4.4.2. A excludente da culpa ou fato exclusivo de terceiro; 4.4.3. A excludente da culpa ou fato exclusivo do próprio consumidor; 4.4.4. O enquadramento do caso fortuito e da força maior como excludentes da responsabilidade civil consumerista. Os eventos internos e externos e o risco de empreendimento; 4.4.5. Os riscos do desenvolvimento como excludentes de responsabilidade pelo Código de Defesa do Consumidor – 4.5. O fato concorrente do consumidor como atenuante da responsabilidade civil dos fornecedores e prestadores – 4.6. A responsabilidade civil pelo cigarro e o Código de Defesa do Consumidor – 4.7. A responsabilidade civil pelo Código de Defesa do Consumidor e o *recall* – 4.8. A Lei Geral de Proteção de Dados e a responsabilidade civil.

4.1. A UNIFICAÇÃO DA RESPONSABILIDADE CIVIL PELO CÓDIGO DE DEFESA DO CONSUMIDOR. A RESPONSABILIDADE CIVIL OBJETIVA E SOLIDÁRIA COMO REGRA DO CÓDIGO DO CONSUMIDOR (RISCO-PROVEITO). A RESPONSABILIDADE SUBJETIVA DOS PROFISSIONAIS LIBERAIS COMO EXCEÇÃO

Desde os primórdios do Direito Romano, convencionou-se classificar a responsabilidade civil, quanto à origem, em contratual ou negocial e extracontratual ou *aquiliana*, a última devido à sua origem na *Lex Aquilia de Damno*. A própria etimologia da palavra "responsabilidade" demonstra tal divisão, eis que decorrente do verbo latino *respondere*, de *spondeo*, que nasceu de uma obrigação primitiva e de natureza contratual, pela qual o devedor se vinculava ao credor nos contratos verbais.[1]

Essa divisão, consagradora de um *modelo dualista ou binário de responsabilidade civil*, acabou por influenciar a elaboração das codificações privadas modernas. O Código Civil Francês, por exemplo, traz a responsabilidade civil delitual ou extracontratual entre os seus arts. 1.382 e 1386, enquanto a responsabilidade contratual está nos arts. 1.146 a 1.155, no capítulo que trata dos danos e dos interesses decorrentes do descumprimento da obrigação.

Entre as codificações mais atuais, o Código Civil Italiano, de 1942, também consagra a *divisio*, em seu *Livro IV*, que regula as obrigações. A responsabilidade civil extracontratual, por fatos ilícitos, está prevista entre os arts. 2.043 e 2.059. Por outra via, a responsabilidade contratual, decorrente do inadimplemento obrigacional, tem os efeitos descritos nos arts. 1.218 a 1.229.

De modo semelhante fez o Código Civil Português, de 1966, eis que a responsabilidade por fatos ilícitos e pelo risco consta dos arts. 483º a 510º, ao passo que a decorrente do não cumprimento das obrigações está entre os arts. 790º e 836º. De qualquer forma, já há uma tentativa de unificação na legislação portuguesa, pela previsão da *obrigação de indemnização*, entre os arts. 562º e 572º. De acordo com as lições de Antunes Varela, os trabalhos preparatórios da então nova legislação civil portuguesa colocaram em relevo os pontos de congruência entre os dois tipos de responsabilidade, o que culminou com a elaboração dos citados dispositivos, em um tratamento legal em conjunto no tocante às consequências da responsabilidade.[2]

As codificações brasileiras foram pensadas na mesma esteira dessa partilha metodológica, adotando o citado *sistema dualista*. No Código Civil de 1916, a responsabilidade extracontratual, a *obrigação por atos ilícitos*, estava entre os arts. 1.518 e 1.553; a responsabilidade contratual, *as consequências da inexecução das obrigações*, nos arts. 1.056 a 1.058, completados pelos dispositivos relativos às perdas e danos (arts. 1.059 a 1.061) e aos juros legais (arts. 1.062 a 1.064). Isso sem falar no tratamento da cláusula penal, decorrência natural do inadimplemento, que era matéria dos comandos anteriores (arts. 916 a 927). Além da divisão, o conceito estruturante de ato ilícito constava do art. 159 do Código de 1916.

Na codificação brasileira de 2002, ora em vigor e mais bem organizada, o *Título IX* do *Livro das Obrigações* recebeu o nome "*Da responsabilidade civil*", tratando, a princípio, da responsabilidade extracontratual (arts. 927 a 954), uma vez que o seu dispositivo inaugural faz menção ao ato ilícito (art. 186) e ao abuso de direito (art. 187). De outro modo, a responsabilidade contratual, decorrente do inadimplemento das obrigações, consta dos arts. 389 a 420 do CC/2002. Na Parte Geral, assim como no Código Civil anterior, há o conceito de ato ilícito (art. 186), ao lado do de abuso de direito (art. 187), categorias básicas da responsabilidade civil.

Apesar da consolidação dessa *setorização*, como bem afirma Fernando Noronha, a divisão da responsabilidade civil em extracontratual e contratual reflete "um tempo do

---

[1] AZEVEDO, Álvaro Villaça. *Teoria geral das obrigações. Responsabilidade civil.* 10. ed. São Paulo: Atlas, 2004. p. 273. Expõe o professor Villaça que a palavra tem origem em um jogo de perguntas e respostas que eram feitas quando da constituição dos negócios "*spondesne mihi dare centum? Spondeo*" (Prometes me dar um cento? Prometo).

[2] ANTUNES VARELA, João de Matos. *Das obrigações em geral.* 10. ed. 3. reimpr. Coimbra: Coimbra Editora, 2005. v. I, p. 877.

passado", uma vez que os princípios e regramentos básicos que regem as duas supostas modalidades de responsabilidade civil são idênticos.[3] Em sentido muito próximo, leciona Judith Martins-Costa que há um grande questionamento acerca dessa distinção, "pois não resiste à constatação de que, na moderna sociedade de massas, ambas têm, a rigor, uma mesma fonte, o 'contato social', e obedecem aos mesmos princípios, nascendo de um mesmo fato, qual seja, a violação de dever jurídico preexistente".[4]

O Código Brasileiro de Defesa do Consumidor representa uma superação desse *modelo dual* anterior, unificando a responsabilidade civil. Na verdade, pela Lei Consumerista, pouco importa se a responsabilidade civil decorre de um contrato ou não, pois o tratamento diferenciado se refere apenas aos produtos e serviços, enquadrando-se nos últimos a veiculação de informações pela oferta e publicidade (Capítulo 6 desta obra).[5]

Por oportuno, destaque-se que, sem qualquer distinção a respeito da responsabilidade civil, a Lei 8.078/1990 aplica-se à atual problemática dos contratos coligados e dos deveres deles decorrentes, tão comuns no mercado de consumo. Tais negócios estão interligados por um ponto ou nexo de convergência, seja direto ou indireto, presentes, por exemplo, nos contratos de plano de saúde, na incorporação imobiliária ou outros negócios imobiliários, bem como em contratos eletrônicos ou digitais.[6] O tema será repisado e aprofundado no próximo capítulo deste livro.

Como demonstrado exaustivamente no presente estudo, o Código Brasileiro de Defesa do Consumidor consagra como regra a responsabilidade objetiva e solidária dos fornecedores de produtos e prestadores de serviços, frente aos consumidores. Tal opção visa a facilitar a tutela dos direitos do consumidor, em prol da *reparação integral dos danos*, constituindo um aspecto material do acesso à justiça. Desse modo, não tem o consumidor o ônus de comprovar a culpa dos réus nas hipóteses de vícios ou defeitos dos produtos ou serviços. Trata-se de hipótese de responsabilidade independente de culpa, prevista expressamente em lei, nos moldes do que preceitua a primeira parte do art. 927, parágrafo único, do Código Civil, *in verbis*:

> "Art. 927. Aquele que, por ato ilícito (arts. 186 e 187), causar dano a outrem, fica obrigado a repará-lo.
>
> Parágrafo único. Haverá obrigação de reparar o dano, independentemente de culpa, nos casos especificados em lei, ou quando a atividade normalmente desenvolvida pelo autor do dano implicar, por sua natureza, risco para os direitos de outrem".

Deve ficar bem claro que, como a responsabilidade objetiva consumerista é especificada em lei, não se debate a existência ou não de uma atividade de risco, nos termos da segunda parte do comando, que consagra a chamada *cláusula geral de responsabilidade objetiva*.

---

[3] NORONHA, Fernando. *Direito das obrigações*. São Paulo: Saraiva, 2003. v. 1, p. 432-433.
[4] MARTINS-COSTA, Judith. Do inadimplemento das obrigações. In: TEIXEIRA, Sálvio de Figueiredo (Coord.). *Comentários ao novo Código Civil*. Rio de Janeiro: Forense, 2003. v. V, t. II, p. 97.
[5] A tentativa de unificação da responsabilidade civil pelo CDC é apresentada, entre outros, por: CALIXTO, Marcelo Junqueira. *A culpa na responsabilidade civil*. Estrutura e função. Rio de Janeiro: Renovar, 2008. p. 81; SANSEVERINO, Paulo de Tarso Vieira. *Responsabilidade civil no Código do Consumidor e a defesa do fornecedor*. 2. ed. São Paulo: Saraiva, 2007.
[6] Sobre o tema dos contratos coligados: HIRONAKA, Giselda Maria Fernandes Novaes. Contratos atípicos e contratos coligados: características fundamentais e dessemelhança. *Direito civil*: estudos. Belo Horizonte: Del Rey, 2000. p. 135; LEONARDO, Rodrigo Xavier. *Redes contratuais no mercado habitacional*. São Paulo: Saraiva, 2003; MARINO, Francisco Paulo de Crescenzo. *Contratos coligados no direito brasileiro*. São Paulo: Saraiva, 2009.

Na verdade, o CDC adotou expressamente a ideia da *teoria do risco-proveito*, aquele que gera a responsabilidade sem culpa justamente por trazer benefícios, ganhos ou vantagens. Em outras palavras, aquele que expõe aos riscos outras pessoas, determinadas ou não, por dele tirar um benefício, direto ou não, deve arcar com as consequências da situação de agravamento. Uma dessas decorrências é justamente a responsabilidade objetiva e solidária dos agentes envolvidos com a prestação ou fornecimento.

A par dessa forma de pensar, José Geraldo Brito Filomeno apresenta os seguintes pontos fundamentais para justificar a responsabilidade objetiva prevista na Lei 8.078/1990: *a)* a produção em massa; *b)* a vulnerabilidade do consumidor; *c)* a insuficiência da responsabilidade subjetiva; *d)* a existência de antecedentes legislativos, ainda que limitados a certas atividades; *e)* o fato de que o fornecedor tem de responder pelos riscos que seus produtos acarretam, já que lucra com a venda.[7] Relativamente ao último fator, leciona o jurista, mencionando a sua origem romana: "como já de resto diziam os romanos, 'ubi emolumentum ibi onus, ubi commoda, ibi incommoda'; ou seja, quem lucra com determinada atividade que representa um risco a terceiro deve também responder pelos danos que a mesma venha a acarretar".[8]

Consigne-se que várias decisões jurisprudenciais fazem menção a tal máxima e à concepção do *risco-proveito* (por todos: TJDF – Recurso Inominado 0731579-80.2015.8.07.0016 – Terceira Turma Recursal dos Juizados Especiais – Rel. Juiz Asiel Henrique de Sousa – j. 20.09.2016 – *DJDFTE* 27.09.2016; TJRS – Apelação Cível 0306485-11.2015.8.21.7000, Sananduva – Nona Câmara Cível – Rel. Des. Eugênio Facchini Neto – j. 25.11.2015; TJSP – Apelação 4002586-41.2013.8.26.0533 – Acórdão 8959634, Santa Bárbara d'Oeste – Vigésima Quarta Câmara de Direito Privado – Rel. Des. Ferreira da Cruz – j. 05.11.2015 – *DJESP* 17.11.2015; TJMG – Apelação Cível 5253483-86.2008.8.13.0702, Uberlândia – Décima Quarta Câmara Cível – Rel. Des. Rogério Medeiros – j. 03.02.2011 – *DJEMG* 15.03.2011; TJSP – Apelação com Revisão 554.789.4/0 – Acórdão 3578545, Santos – Terceira Câmara de Direito Privado – Rel. Des. Egidio Giacóia – j. 07.04.2009 – *DJESP* 08.05.2009; e TJRJ – Apelação Cível 2006.001.48011 – Quarta Câmara Cível – Rel. Des. Sidney Hartung – j. 13.03.2007).

Essa responsabilidade objetiva gera uma inversão automática e legal do ônus da prova, não havendo necessidade de o consumidor demonstrar o dolo ou a culpa do fornecedor ou prestador. Nesse sentido, aliás, ementa publicada pelo STJ por meio da ferramenta *Jurisprudência em Teses* (Edição n. 39), em 2015, segundo a qual "em demanda que trata da responsabilidade pelo fato do produto ou do serviço (arts. 12 e 14 do CDC), a inversão do ônus da prova decorre da lei (*ope legis*), não se aplicando o art. 6º, inciso VIII, do CDC".

Pois bem, o Código de Defesa do Consumidor, ao adotar a premissa geral de responsabilidade objetiva, quebra a regra da responsabilidade subjetiva prevista pelo Código Civil de 2002, fundada na culpa *lato sensu*, que engloba o dolo (intenção de causar prejuízo por ação ou omissão voluntária) e a culpa *stricto sensu* (desrespeito a um dever preexistente, seja ele legal, contratual ou social). Vejamos o quadro com essa confrontação:

---

[7] FILOMENO, José Geraldo Brito. *Manual de direito do consumidor*. 9. ed. São Paulo: Atlas, 2007. p. 171.
[8] FILOMENO, José Geraldo Brito. *Manual de direito do consumidor*. 9. ed. São Paulo: Atlas, 2007. p. 171.

Código Civil de 2002	Código de Defesa do Consumidor
Regra: Responsabilidade civil subjetiva, fundada na culpa *lato sensu* ou em sentido amplo (arts. 186 e 927, parágrafo único, do CC).	**Regra:** Responsabilidade civil objetiva dos fornecedores de produtos e prestadores de serviços (arts. 12, 14, 18, 19 e 20 do CDC).
Exceção: Responsabilidade civil objetiva, nos casos especificados em lei ou presente a atividade de risco (art. 927, parágrafo único, do CC). O próprio Código Civil consagra várias hipóteses de responsabilidade objetiva, como nos casos de ato de terceiro (arts. 932 e 933), fato do animal (art. 936) e fato da coisa (arts. 937 e 938).	**Exceção:** Responsabilidade civil subjetiva dos profissionais liberais (art. 14, § 4º, do CDC).

Conforme se retira da exposição resumida acima, a regra da responsabilidade objetiva do Código Consumerista é quebrada em relação aos profissionais liberais que prestam serviço, uma vez que somente respondem mediante a prova de culpa (responsabilidade subjetiva). Enuncia o art. 14, § 4º, da Lei 8.078/1990 que "a responsabilidade pessoal dos profissionais liberais será apurada mediante a verificação da culpa". Para caracterização desse profissional liberal, preciosas são as lições de Rizzatto Nunes, no sentido de que devem estar presentes as seguintes características: *a)* autonomia profissional, sem subordinação; *b)* prestação pessoal dos serviços; *c)* elaboração de regras pessoais de atendimento; *d)* atuação lícita e eticamente admitida.[9]

A norma é justificada, visto que os profissionais liberais individuais, assim como os consumidores, estão muitas vezes em posição de vulnerabilidade ou hipossuficiência. Além disso, quando o serviço é prestado por um profissional liberal, há um caráter personalíssimo ou *intuitu personae* na relação jurídica estabelecida, conforme bem expõe Zelmo Denari.[10] Desse modo, a título de exemplo, a responsabilidade pessoal de advogados, dentistas e médicos somente existe no âmbito consumerista se provada a sua culpa, ou seja, o seu dolo – intenção de causar prejuízo – ou a sua culpa, por imprudência (falta de cuidado + ação), negligência (falta de cuidado + omissão) ou imperícia (falta de qualificação geral para desempenho de uma atribuição).

Como outro importante aspecto de estudo, é utilizada, também como justificativa para a responsabilidade subjetiva dos profissionais liberais, a premissa da assunção de uma obrigação de meio ou de diligência. Nas hipóteses envolvendo os profissionais da área de saúde, caso dos médicos, a responsabilidade subjetiva é expressa pelo art. 951 do Código Civil, *in verbis*: "o disposto nos arts. 948, 949 e 950 aplica-se ainda no caso de indenização devida por aquele que, no exercício de atividade profissional, por negligência, imprudência ou imperícia, causar a morte do paciente, agravar-lhe o mal, causar-lhe lesão, ou inabilitá-lo para o trabalho".

No entanto, há uma questão relevante, controvertida e profunda relativa à obrigação assumida pelos profissionais liberais, notadamente pelos médicos, o que tem relação com

---

[9] RIZZATTO NUNES, Luiz Antonio. *Comentários ao Código de Defesa do Consumidor*. 3. ed. São Paulo: Saraiva, 2007. p. 230-231.

[10] DENARI, Zelmo. *Código de Defesa do Consumidor*. Comentado pelos autores do anteprojeto. 8. ed. Rio de Janeiro: Forense Universitária, 2004. p. 196-197.

a classificação das obrigações quanto ao conteúdo. Tal classificação, em *obrigações de meio e de resultado*, é atribuída a Demogue, conforme aponta a doutrina civilista brasileira.[11] Assim, de acordo com Washington de Barros Monteiro, na obrigação de resultado "obriga-se o devedor a realizar um fato determinado, adstringe-se a alcançar certo objetivo". Já na obrigação de meio, "o devedor obriga-se a empregar diligência, a conduzir-se com prudência, para atingir a meta colimada pelo ato".[12] Muito próxima é a ideia, entre os clássicos, de Rubens Limongi França, que afirma: "obrigações de meio são aquelas em que o devedor se obriga a 'diligenciar' honestamente a realizar um fim, com os meios que dispõe; obrigações de resultado são aquelas em que o devedor se obriga a realizar determinado fim, independentemente da cogitação dos meios".[13]

Como decorrência lógica dessa conclusão conceitual, afirma-se que a obrigação de meio gera responsabilidade subjetiva, enquanto a de resultado ocasiona a responsabilidade objetiva ou a culpa presumida.[14] Em certo sentido, a afirmação, no caso brasileiro, parece decorrer da evolução a respeito do contrato de transporte, desde o Decreto-lei 2.681, de 1912, que trata da responsabilidade das empresas de estradas de ferro e que passou a ser aplicada por analogia a todos os tipos de transporte. A citada norma previa a culpa presumida das transportadoras, havendo evolução para a responsabilidade sem culpa ou objetiva. Diante da *cláusula de incolumidade* presente no transporte, relativa a uma obrigação de resultado de levar a pessoa ou a coisa até o destino com segurança, a afirmação que relaciona a obrigação de resultado à responsabilidade sem culpa ganhou força no cenário brasileiro.

Do transporte, passou a premissa teórica relativa às obrigações de resultado a atingir os médicos que assumem obrigação de fim, mais especificamente os médicos-cirurgiões plásticos estéticos, no caso de cirurgia embelezadora, conforme várias decisões de nossos Tribunais (por todos: TJSP – Apelação com Revisão 238.350.4/2 – Acórdão 3423421, São Paulo – Décima Câmara de Direito Privado – Rel. Des. Octavio Helena – j. 02.12.2008 – *DJESP* 19.02.2009; TJRS – Acórdão 70022772537, São Borja – Nona Câmara Cível – Rel. Des. Tasso Caubi Soares Delabary – j. 10.09.2008 – *DOERS* 16.09.2008, p. 42; TJMG – Apelação Cível 2.0000.00.495907-9/0001, Lavras – Décima Terceira Câmara Cível – Rel. Des. Fábio Maia Viani – j. 1º.11.2007 – *DJEMG* 1º.12.2007; TJPR – Apelação Cível 0241611-3, Londrina – Quinta Câmara Cível – Rel. Juiz Convocado Sérgio Luiz Patitucci – *DJPR* 07.12.2007, p. 124; TJRJ – Acórdão 2007.001.08531 – Décima Sétima Câmara Cível – Rel. Des. Maria Inês da Penha Gaspar – j. 21.03.2007; TJDF – Apelação Cível 19990110286579 – Acórdão 141243 – Quinta Turma Cível – Rel. Des. Haydevalda Sampaio – j. 11.06.2001 – *DJU* 15.08.2001, p. 70). Do Superior Tribunal de Justiça pode ser destacada a seguinte ementa:

---

[11] MONTEIRO, Washington de Barros. *Curso de direito civil*. Atual. por Carlos Alberto Dabus Maluf. 32. ed. São Paulo: Saraiva, 2003. v. 4: Direito das obrigações. 1ª parte, p. 56.

[12] MONTEIRO, Washington de Barros. *Curso de direito civil*. Atual. por Carlos Alberto Dabus Maluf. 32. ed. São Paulo: Saraiva, 2003. v. 4: Direito das obrigações. 1ª parte, p. 56.

[13] LIMONGI FRANÇA, Rubens. *Enciclopédia Saraiva de Direito*. São Paulo: Saraiva, 1977. t. 55, p. 291-292.

[14] Por todos, entre os civilistas: DINIZ, Maria Helena. *Curso de direito civil brasileiro*. 24. ed. São Paulo: Saraiva, 2009. v. 2, p. 206-207; GAGLIANO, Pablo Stolze; PAMPLONA FILHO, Rodolfo. *Novo curso de direito civil*. 8. ed. São Paulo: Saraiva, 2007. v. II: Direito das obrigações, p. 96-97. Os últimos autores falam em culpa presumida.

"Civil e processual. Cirurgia estética ou plástica. Obrigação de resultado (responsabilidade contratual ou objetiva). Indenização. Inversão do ônus da prova. I. Contratada a realização da cirurgia estética embelezadora, o cirurgião assume obrigação de resultado (responsabilidade contratual ou objetiva), devendo indenizar pelo não cumprimento da mesma, decorrente de eventual deformidade ou de alguma irregularidade. II. Cabível a inversão do ônus da prova. III. Recurso conhecido e provido" (STJ – REsp 81.101/PR – Terceira Turma – Rel. Min. Waldemar Zveiter – j. 13.04.1999 – DJ 31.05.1999, p. 140).

Ademais, cumpre anotar que existem decisões que concluem que o médico tem culpa presumida ao assumir a obrigação de resultado, ou seja, posiciona-se na transição para a responsabilidade sem culpa. Nessa linha, sem prejuízo de julgados dos Tribunais Estaduais no mesmo sentido:

"Cirurgia estética. Danos morais. Nos procedimentos cirúrgicos estéticos, a responsabilidade do médico é subjetiva com presunção de culpa. Esse é o entendimento da Turma que, ao não conhecer do apelo especial, manteve a condenação do recorrente – médico – pelos danos morais causados ao paciente. Inicialmente, destacou-se a vasta jurisprudência desta Corte no sentido de que é de resultado a obrigação nas cirurgias estéticas, comprometendo-se o profissional com o efeito embelezador prometido. Em seguida, sustentou-se que, conquanto a obrigação seja de resultado, a responsabilidade do médico permanece subjetiva, com inversão do ônus da prova, cabendo-lhe comprovar que os danos suportados pelo paciente advieram de fatores externos e alheios a sua atuação profissional. Vale dizer, a presunção de culpa do cirurgião por insucesso na cirurgia plástica pode ser afastada mediante prova contundente de ocorrência de fator imponderável, apto a eximi-lo do dever de indenizar. Considerou-se, ainda, que, apesar de não estarem expressamente previstos no CDC o caso fortuito e a força maior, eles podem ser invocados como causas excludentes de responsabilidade dos fornecedores de serviços. No caso, o tribunal *a quo*, amparado nos elementos fático-probatórios contidos nos autos, concluiu que o paciente não foi advertido dos riscos da cirurgia e também o médico não logrou êxito em provar a ocorrência do fortuito. Assim, rever os fundamentos do acórdão recorrido importaria necessariamente no reexame de provas, o que é defeso nesta fase recursal ante a incidência da Súm. n. 7/STJ" (STJ – REsp 985.888/SP – Min. Luis Felipe Salomão – j. 16.02.2012 – publicado no *Informativo* n. 491 do STJ).

"Civil. Processual civil. Recurso especial. Responsabilidade civil. Nulidade dos acórdãos proferidos em sede de embargos de declaração não configurada. Cirurgia plástica estética. Obrigação de resultado. Dano comprovado. Presunção de culpa do médico não afastada. Precedentes. 1. Não há falar em nulidade de acórdão exarado em sede de embargos de declaração que, nos estreitos limites em que proposta a controvérsia, assevera inexistente omissão do aresto embargado, acerca da especificação da modalidade culposa imputada ao demandado, porquanto assentado na tese de que presumida a culpa do cirurgião plástico em decorrência do insucesso de cirurgia plástica meramente estética. 2. A obrigação assumida pelo médico, normalmente, é obrigação de meios, posto que objeto do contrato estabelecido com o paciente não é a cura assegurada, mas sim o compromisso do profissional no sentido de uma prestação de cuidados precisos e em consonância com a ciência médica na busca pela cura. 3. Apesar de abalizada doutrina em sentido contrário, este Superior Tribunal de Justiça tem entendido que a situação é distinta, todavia, quando o médico se compromete com o paciente a alcançar um determinado resultado, o que ocorre no caso da cirurgia plástica meramente estética. Nesta hipótese, segundo o entendimento nesta Corte Superior, o que se tem é uma obrigação de resultados e não de meios. 4. No caso das obrigações de meio, à vítima incumbe, mais do que demonstrar o dano, provar que este decorreu de culpa por parte do médico. Já nas obrigações de resultado, como a que serviu de origem à controvérsia, basta que a vítima demonstre, como fez, o dano (que o médico não alcançou o resultado prometido e contratado) para que a culpa se presuma, havendo, destarte, a inversão do ônus da prova. 5. Não se priva, assim, o médico da possibilidade de demonstrar, pelos meios de prova admissíveis, que o evento danoso tenha decorrido, por exemplo, de motivo de força maior, caso fortuito ou mesmo de culpa exclusiva da 'vítima' (paciente). 6. Recurso especial a que se nega provimento" (STJ – REsp 236.708/MG – Quarta Turma – Rel. Min. Carlos Fernando Mathias (Juiz Federal Convocado do TRF 1ª Região) – j. 10.02.2009 – DJe 18.05.2009).

De toda sorte, deve-se fazer uma ressalva em relação ao médico-cirurgião plástico reparador, que não assume obrigação de resultado, mas de meio, sujeitando-se à responsabilidade subjetiva. A atuação de tais profissionais é comum nos casos de acidentes, surgindo a necessidade de prova de culpa para a sua responsabilidade, conforme a melhor jurisprudência (a ilustrar: TJSP – Apelação com Revisão 317.053.4/2 – Acórdão 3248005, Campinas – Terceira Câmara de Direito Privado – Rel. Des. Jesus de Nazareth Lofrano – j. 16.09.2008 – *DJESP* 10.10.2008; TJMG – Acórdão 1.0024.03.038091-9/001, Belo Horizonte – Décima Sétima Câmara Cível – Rel. Des. Eduardo Mariné da Cunha – j. 03.08.2006 – *DJMG* 31.08.2006). Na mesma linha, vejamos as palavras de Pablo Stolze Gagliano e Rodolfo Pamplona Filho:

"Em se tratando de cirurgia plástica estética, haverá, segundo a melhor doutrina, obrigação de resultado. Entretanto, se se tratar de cirurgia plástica reparadora (decorrente de queimaduras, por exemplo), a obrigação do médico será reputada de meio, e a sua responsabilidade excluída, se não conseguir recompor integralmente o corpo do paciente, a despeito de haver utilizado as melhores técnicas disponíveis".[15]

Por fim, quanto às ilustrações, existem outras interpretações jurisprudenciais relativas à obrigação de resultado dos dentistas e de outros profissionais da área da saúde (quanto ao dentista estético: TJRS – Acórdão 70006078000, São Leopoldo – Nona Câmara Cível – Rel. Des. Adão Sergio do Nascimento Cassiano – j. 17.11.2004). A jurisprudência superior já concluiu pela presença da obrigação de resultado na atuação do médico responsável pela ultrassonografia, em decisão que encerra polêmica quando exposta:

"Agravo regimental no agravo de instrumento. Ação de indenização. Erro médico. Diagnóstico de gestação gemelar. Existência de um único nascituro. Dano moral configurado. Exame. Obrigação de resultado. Responsabilidade objetiva. Agravo regimental improvido. I. O exame ultrassonográfico para controle de gravidez implica em obrigação de resultado, caracterizada pela responsabilidade objetiva. II.

---

[15] GAGLIANO, Pablo Stolze; PAMPLONA FILHO, Rodolfo. *Novo Curso de Direito Civil*. 9. ed. São Paulo: Saraiva, 2011. v. III: Responsabilidade civil. p. 249.

O erro no diagnóstico de gestação gemelar, quando existente um único nascituro, resulta em danos morais passíveis de indenização. Agravo regimental improvido" (STJ – AgRg no Ag 744.181/RN – Terceira Turma – Rel. Min. Sidnei Beneti – j. 11.11.2008 – *DJe* 26.11.2008).

Mas qual seria a diferença prática entre a culpa presumida e a responsabilidade objetiva, tema que sempre gerou dúvidas entre os aplicadores do Direito? De comum, tanto na culpa presumida como na responsabilidade objetiva inverte-se o ônus da prova, ou seja, o autor da ação não necessita provar a culpa do réu. Todavia, como diferença fulcral entre as categorias, na culpa presumida, hipótese de responsabilidade subjetiva, se o réu provar que não teve culpa, não responderá. Por seu turno, na responsabilidade objetiva, essa comprovação não basta para excluir o dever de reparar do agente, que somente é afastado se comprovada uma das excludentes de nexo de causalidade, a seguir estudadas (culpa ou fato exclusivo da vítima, culpa ou fato exclusivo de terceiro, caso fortuito ou força maior).

Feito tal esclarecimento, apesar de uma suposta consolidação de posicionamento na doutrina e na jurisprudência a respeito do tema, há uma tendência a se reverter essa forma de pensar a respeito do *dueto obrigação de resultado-responsabilidade objetiva*. Isso porque não há qualquer conclusão plausível ou lógico-intuitiva que chegue à dedução de que a obrigação de resultado deve gerar uma responsabilidade sem culpa.

Ademais, há quem entenda que não se pode presumir que o médico cirurgião estético oferece uma obrigação de resultado. A propósito de uma revisão conceitual pelo último caminho, vejamos as palavras da Professora Titular da Faculdade de Direito da USP Giselda Maria Fernandes Novaes Hironaka:

"Cada um de nós sabe – sem sombra de dúvida – que o valor humano relativo ao padrão de beleza é um valor que gera uma expectativa, e até uma esperança, que não pode ser totalmente satisfeita. Dificilmente alguém se reconhece plenamente satisfeito acerca de seu próprio perfil estético; ora o tipo de cabelo, ora a cor dos olhos, ora o contorno da face... sempre há um certo aspecto que gostaríamos de alterar, se possível. E isto gera o sonho. E o sonho, a expectativa. E a expectativa, a decisão pela cirurgia. E dela, em tantas vezes, a frustração em face do resultado obtido, ainda que tudo tenha se dado dentro dos perfeitos parâmetros da eficiência técnica e da diligência médica. O que fazer, num caso assim, em sede de responsabilidade civil do cirurgião? Ele é responsável pela frustração do paciente, ainda quando o tenha preparado convenientemente e tenha, principalmente, dedicado sua maior e melhor atuação técnica.

Nesse passo, já há uma parte da doutrina e jurisprudência posicionando-se em sentido diverso, ou seja, entendendo configurar-se em obrigação de meio este tipo de atividade médica, a cirurgia estética.

Caminhar-se-á, quiçá, por um mar de injustiças caso o comportamento da jurisprudência não se altere, permanecendo predominante a tese da responsabilidade (independente de culpa) do cirurgião plástico e do anestesista, pois cada caso é um caso, e cada paciente apresenta um histórico e um quadro clínico distinto de outro, o que inadmite, no meu sentir, a generalização do assunto pela objetivação da responsabilidade."[16]

---

[16] HIRONAKA, Giselda Maria Fernandes Novaes. *Cirurgia plástica e responsabilidade civil do médico: para uma análise jurídica da culpa do cirurgião plástico*. Disponível em: <www.flaviotartuce.adv.br>. Acesso em: 7 abr.

Da mesma forma, propondo a revisão, alude Paulo Lôbo que "é irrelevante que a obrigação profissional liberal classifique-se como de meio ou de resultado. Pretendeu-se que, na obrigação de meio, a responsabilidade dependeria da demonstração antecipada da culpa; na obrigação de resultado, a inversão do ônus da prova seria obrigatória. Não há qualquer fundamento para tal discriminação, além de prejudicar o contratante, que estaria com o ônus adicional de demonstrar ser de resultado a obrigação do profissional".[17]

Ainda em sede doutrinária, destaque-se o excelente trabalho monográfico de Pablo Renteria, fruto de sua dissertação de mestrado defendida na Faculdade de Direito da UERJ, propondo uma revisitação crítica dos conceitos expostos.[18]

Na jurisprudência podem ser encontrados julgados que concluem que, mesmo havendo obrigação de resultado, a responsabilidade do médico continua sendo subjetiva, por incidência dos termos expressos da norma jurídica. Do Superior Tribunal de Justiça, ementa recente:

"Recurso especial. Responsabilidade civil. Erro médico. Art. 14 do CDC. Cirurgia plástica. Obrigação de resultado. Caso fortuito. Excludente de responsabilidade. 1. Os procedimentos cirúrgicos de fins meramente estéticos caracterizam verdadeira obrigação de resultado, pois neles o cirurgião assume verdadeiro compromisso pelo efeito embelezador prometido. 2. Nas obrigações de resultado, a responsabilidade do profissional da medicina permanece subjetiva. Cumpre ao médico, contudo, demonstrar que os eventos danosos decorreram de fatores externos e alheios à sua atuação durante a cirurgia. 3. Apesar de não prevista expressamente no CDC, a eximente de caso fortuito possui força liberatória e exclui a responsabilidade do cirurgião plástico, pois rompe o nexo de causalidade entre o dano apontado pelo paciente e o serviço prestado pelo profissional. 4. Age com cautela e conforme os ditames da boa-fé objetiva o médico que colhe a assinatura do paciente em 'termo de consentimento informado', de maneira a alertá-lo acerca de eventuais problemas que possam surgir durante o pós-operatório. Recurso especial a que se nega provimento" (STJ – REsp 1.180.815/MG – Terceira Turma – Rel. Min. Nancy Andrighi – j. 19.08.2010 – DJe 26.08.2010).

De fato, em termos gerais, a responsabilidade objetiva somente pode decorrer de lei ou de uma atividade de risco desempenhada pelo autor do dano, o que é retirado do art. 927, parágrafo único, do CC/2002, antes transcrito. Definitivamente, a responsabilidade objetiva dos profissionais médicos e afins, pelos termos do CC/2002 e do CDC – em *diálogo das fontes* –, é subjetiva, e não objetiva. Assim, não há como enquadrá-los na primeira parte do art. 927, parágrafo único, do Código Civil. Nesse sentido, resta a dúvida se os profissionais que desenvolvem obrigação de resultado podem ser enquadrados na segunda parte do comando legal, ou seja, na aclamada *cláusula geral de responsabilidade objetiva*, em decorrência de uma atividade de risco normalmente desempenhada. Há quem entenda por tal subsunção, como é o caso de Claudio Luiz Bueno de Godoy.[19]

2009. Trata-se do conteúdo de palestra proferida na VII Reunião Anual dos Dermatologistas do Estado de São Paulo, na cidade de Santos (SP), em 30 de novembro de 2002, promovida pela Sociedade Brasileira de Dermatologia – Regional São Paulo.

[17] LÔBO, Paulo. *Obrigações*. 2. ed. São Paulo: Saraiva, 2011. p. 39.

[18] RENTERIA, Pablo. *Obrigações de meios e de resultado*. Análise crítica. São Paulo: GEN/Método, 2011.

[19] GODOY, Claudio Luiz Bueno de. *Código Civil comentado*. Coord. Ministro Cesar Peluzo. São Paulo: Manole, 2007. p. 766-767.

Todavia, a construção jurídica merece ressalva, mormente nas situações em que há cirurgia plástica estética, uma vez que a iniciativa do risco não é do profissional, mas do paciente. Em outras palavras, é o último quem procura a situação arriscada, geralmente por uma questão de satisfação pessoal. Em reforço, a realização de uma intervenção médica não é um ato normal, podendo-se dizer que, em regra, o risco está na busca pela cirurgia plástica estética. A depender das condições gerais da pessoa a ser operada, esse risco pode ser acentuado, fato que pode configurar o perigo. Em todos os casos, repise-se, por iniciativa do próprio paciente, consumidor.

De qualquer maneira, a persistir a conclusão da responsabilidade sem culpa, o novo enquadramento está na atividade de risco, e não na obrigação de resultado, sendo esse um caminho melhor a ser percorrido tecnicamente. Em suma, o médico cirurgião plástico estético irá responder pelo risco da atividade, e não pelo risco profissional.

A encerrar o presente tópico, aquelas antigas deduções antes fixadas a respeito das obrigações de meio e de resultado merecem mesmo um novo dimensionamento, com novas reflexões pela doutrina e pela jurisprudência.

4.2. ANÁLISE DOS CASOS ESPECÍFICOS DE RESPONSABILIDADE CIVIL PELO CÓDIGO DE DEFESA DO CONSUMIDOR

4.2.1. As quatro hipóteses tratadas pela Lei 8.078/1990 em relação ao produto e ao serviço. Vício *versus* fato (defeito). Panorama geral e a questão da solidariedade

Como antes exposto, o Código de Defesa do Consumidor concentra a abordagem da responsabilidade civil no produto e no serviço. Nesse contexto, surgem a responsabilidade pelo vício ou pelo fato, sendo o último também denominado de *defeito*. Desse modo, *quatro* são as situações básicas de responsabilidade civil tratadas pela Lei Consumerista:

- Responsabilidade pelo vício do produto.
- Responsabilidade pelo fato do produto (defeito).
- Responsabilidade pelo vício do serviço.
- Responsabilidade pelo fato do serviço (defeito).

Tal divisão é fundamental para compreender a responsabilidade civil dos fornecedores de produtos e prestadores de serviços, podendo ser encontrada nas páginas da melhor doutrina.[20] Cumpre relevar, de imediato, que existem diferenças bem claras a respeito dos seus efeitos e das atribuições de responsabilidades.

---

[20] Veja-se, por todos: RIZZATTO NUNES, Luiz Antonio. *Comentários ao Código de Defesa do Consumidor*. 3. ed. São Paulo: Saraiva, 2007. p. 171-234; MARQUES, Claudia Lima; BENJAMIN, Antônio Herman V.; BESSA, Leonardo Roscoe. *Manual de Direito do Consumidor*. 3. ed. São Paulo: RT, 2010. p. 137-210; GARCIA, Leonardo de Medeiros. *Direito do Consumidor*. Código Comentado e Jurisprudência. 3. ed. Niterói: Impetus, 2007. p. 54-95; GAGLIANO, Pablo Stolze; PAMPLONA FILHO, Rodolfo. *Novo Curso de Direito Civil*. Responsabilidade civil. 9. ed. São Paulo: Saraiva, 2011. p. 309-322. v. III.

Antes de se demonstrar tais decorrências, é preciso diferenciar o *vício* do *fato* ou *defeito*. No *vício* – seja do produto ou do serviço –, o problema fica adstrito aos limites do bem de consumo, sem outras repercussões (*prejuízos intrínsecos*). Por outra via, no *fato ou defeito* – seja também do produto ou serviço –, há outras decorrências, como é o caso de outros danos materiais, de danos morais e dos danos estéticos (*prejuízos extrínsecos*). Anote-se que as expressões destacadas são utilizadas com tom didático interessante por Leonardo de Medeiros Garcia.[21]

De outra forma, pode-se dizer que, quando o dano permanece nos limites do produto ou serviço, está presente o vício. Se o problema extrapola os seus limites, há fato ou defeito, presente, no último caso, o acidente de consumo propriamente dito. Vejamos alguns exemplos concretos.

De início, determinado consumidor compra um ferro de passar roupas. Certo dia, passando uma camisa em sua casa, o aparelho explode, não atingindo nada nem ninguém. Nesse caso, está presente o *vício do produto*. Por outra via, se o mesmo eletrodoméstico explode, causando danos físicos no consumidor, há *fato do produto* ou *defeito*.

Como segunda ilustração, alguém para o seu veículo em uma ladeira. Porém, o sistema de frenagem do automóvel apresenta problemas e este desce a ladeira, sem atingir nada ou ninguém (vício do produto). Se o veículo descer a ladeira e atingir uma pessoa ao final da descida, está presente o fato do produto ou defeito.

Ainda, alguém contrata um jardineiro para cortar a grama de sua casa. Se o serviço não for prestado a contento, é evidente o vício do serviço. Se o jardineiro matar o cão de estimação do consumidor, flagrante o fato do serviço ou defeito.

Como quarto exemplo, um consumidor contrata um encanador para um conserto em sua casa. Se o problema não é sanado, há vício do serviço. Se o encanador falhar, causando um grave dano na residência do consumidor, presente o fato do serviço ou defeito.

Por fim, o caso concreto criado por Rizzatto Nunes para a diferenciação das categorias pode até parecer surreal. Todavia, há uma forte carga didática na ilustração, tanto que o utilizo há mais de uma década em sala de aula.[22] Vejamos. Dois consumidores adquirem dois liquidificadores em uma loja de departamentos e resolvem utilizar o produto para fazer um bolo. Quando o primeiro liga o aparelho, o motor estoura, fazendo com que a pá de liquidificação fure o copo e atinja a barriga do consumidor, que é hospitalizado. Na situação, está presente o fato do produto ou defeito. A segunda consumidora liga o seu aparelho e os mesmos fatos acontecem. Porém, a pá do liquidificador fura o copo, mas não atinge o consumidor, estando evidenciado o vício do produto. Então, arremata o jurista: "no primeiro caso, ele sofreu acidente de consumo. É defeito. No segundo, ela nada sofreu. Apenas o liquidificador deixou de funcionar. É vício".[23] Como contribuição, repise-se que basta imaginar que a pá é o problema referente ao bem de consumo. Se o problema permanece nos limites do produto, há vício. Se romper as suas esferas, há fato ou defeito (acidente de consumo).

---

[21] GARCIA, Leonardo de Medeiros. *Direito do consumidor*. Código comentado e jurisprudência. 5. ed. Rio de Janeiro: Impetus, 2009. p. 107-124.
[22] A criação do exemplo está em: RIZZATTO NUNES, Luiz Antonio. *Comentários ao Código de Defesa do Consumidor*. 3. ed. São Paulo: Saraiva, 2007. p. 238-239.
[23] RIZZATTO NUNES, Luiz Antonio. *Comentários ao Código de Defesa do Consumidor*. 3. ed. São Paulo: Saraiva, 2007. p. 239.

Feitas tais elucidações por meio de concreções, a primeira diferença em relação ao vício e ao fato se refere às pessoas legitimadas a responder as situações correspondentes. Como já ficou claro, o Código de Defesa do Consumidor adota a regra geral da solidariedade presumida entre os envolvidos no fornecimento dos produtos e na prestação de serviços. De início, lembre-se que essa solidariedade pode ser retirada do art. 7º, parágrafo único, da Lei 8.078/1990, conforme expõe a melhor doutrina.[24]

A ideia de solidariedade é ainda abstraída do sentido dos arts. 14, 18, 19 e 20 da Lei Consumerista, eis que o Código do Consumidor Brasileiro representa uma das principais rupturas do *modelo dual de responsabilidade* – contratual e extracontratual. Sendo assim, a solidariedade é a regra, no contrato ou fora dele, em caso de haver uma relação jurídica de consumo, conforme reconhecem várias decisões do Superior Tribunal de Justiça (para ilustrar, sem prejuízo de outros acórdãos: STJ – REsp 547.794/PR – Quarta Turma – Rel. Min. Maria Isabel Gallotti – j. 15.02.2011 – *DJe* 22.02.2011; STJ – AgRg no REsp 1.124.566/AL – Quarta Turma – Rel. Min. Aldir Passarinho Junior – j. 23.11.2010 – *DJe* 06.12.2010; STJ – REsp 1.190.772/RJ – Quarta Turma – Rel. Min. Luis Felipe Salomão – j. 19.10.2010 – *DJe* 26.10.2010).

Fazendo a devida comparação, no sistema civil puro, fora das relações consumeristas, o art. 265 do CC/2002 incide na responsabilidade civil contratual, enquanto o art. 942, na codificação para a responsabilidade civil extracontratual. O art. 265 do Código dispõe que a solidariedade não se presume, decorre da lei (solidariedade legal) ou da vontade das partes (solidariedade convencional).

Por outra via, de acordo com o art. 942 da codificação, os bens do responsável pela ofensa ou violação do direito de outrem ficam sujeitos à reparação do dano causado. Se a ofensa tiver mais de um autor, todos responderão solidariamente pela reparação. Em complemento, de acordo com o seu parágrafo, são solidariamente responsáveis com os autores os coautores do ato e as pessoas designadas no art. 932 da mesma norma. Insta saber se a última regra traz uma presunção de solidariedade, assim como o Código do Consumidor, e a resposta parece ser negativa. Isso porque, em regra, ao contrário do que ocorre com as relações consumeristas, não há na relação civil uma cadeia de *partes hipersuficientes*, em detrimento do consumidor vulnerável.

Pois bem, como visto, quatro são as hipóteses de responsabilidade civil previstas pelo Código de Defesa do Consumidor: *a)* responsabilidade pelo vício do produto; *b)* responsabilidade pelo fato do produto ou defeito; *c)* responsabilidade pelo vício do serviço; e *d)* responsabilidade pelo fato do serviço ou defeito. Em três delas, há a solução da solidariedade, respondendo todos os envolvidos com o fornecimento ou a prestação. Em uma delas, a solidariedade não se faz presente. A diferenciação não é claramente difundida perante o público jurídico nacional. Tanto isso é verdade que muitos erros são cometidos na prática, sendo ouvidos com frequência nas salas de aula.

---

[24] A *solidariedade passiva legal* como regra consumerista á observada por autores como Nelson Nery Jr. e Rosa Maria de Andrade Nery (*Leis civis comentadas*. São Paulo: RT, 2006. p. 193); Luiz Antonio Rizzatto Nunes (*Comentários ao Código de Defesa do Consumidor*. 3. ed. São Paulo: Saraiva, 2007. p. 159); Sérgio Cavalieri Filho (*Programa de responsabilidade civil*. 8. ed. São Paulo: Atlas, 2008. p. 248); Leonardo de Medeiros Garcia (*Direito do Consumidor. Código Comentado e Jurisprudência*. 3. ed. Niterói: Impetus, 2007. p. 47-48); Claudia Lima Marques, Antonio Herman Benjamin e Bruno Miragem (*Comentários ao Código de Defesa do Consumidor*, cit., p. 223). Os últimos foram citados no Capítulo 2 deste livro.

A exceção à solidariedade atinge o *fato do produto* ou *defeito*, pelo que consta dos arts. 12 e 13 da Lei 8.078/1990. Isso porque ambos os comandos consagram a *responsabilidade imediata do fabricante* – ou de quem o substitua nesse papel – e a *responsabilidade subsidiária do comerciante*. É a redação do *caput* do primeiro comando legal:

"Art. 12. O fabricante, o produtor, o construtor, nacional ou estrangeiro, e o importador respondem, independentemente da existência de culpa, pela reparação dos danos causados aos consumidores por defeitos decorrentes de projeto, fabricação, construção, montagem, fórmulas, manipulação, apresentação ou acondicionamento de seus produtos, bem como por informações insuficientes ou inadequadas sobre sua utilização e riscos".

O comerciante tem responsabilidade mediata, somente respondendo nas hipóteses previstas no art. 13 da Lei 8.078/1990, *in verbis:* "o comerciante é igualmente responsável, nos termos do artigo anterior, quando: I – o fabricante, o construtor, o produtor ou o importador não puderem ser identificados; II – o produto for fornecido sem identificação clara do seu fabricante, produtor, construtor ou importador; III – não conservar adequadamente os produtos perecíveis". Vejamos, sucessivamente.

A primeira situação prevista refere-se ao fato de o fabricante ou o seu substituto não poder ser identificado, transferindo-se a responsabilidade ao comerciante. Como bem aponta Luiz Antonio Rizzatto Nunes, a norma tem incidência para as hipóteses em que há venda de produtos a granel, nas feiras e nos supermercados: "o feirante adquire no atacadista – que já é outro comerciante, distribuidor, vulgarmente chamado de atravessador –, quilos de batatas, de diversas origens e os coloca à venda. Elas podem inclusive ser vendidas misturadas. O mesmo acontece com praticamente todos os produtos hortifrutigranjeiros".[25]

A segunda hipótese trata da situação em que o produto é fornecido sem a identificação clara de quem seja o fabricante ou o seu substituto. Aqui, a lesão ao dever de informar relacionado à boa-fé objetiva transfere a responsabilidade ao comerciante, diante de uma relação de confiança estabelecida.

Por fim, o terceiro caso é aquele em que o comerciante não conserva de forma adequada os produtos perecíveis, clara situação de culpa, por desrespeito a um dever legal ou contratual – ou seja, de responsabilidade subjetiva do comerciante, o que gera a transferência do dever de indenizar. Ilustrando, imagine-se que um supermercado tem o mau costume de desligar as suas geladeiras para economizar energia, gerando estrago dos alimentos que serão consumidos e, consequentemente, problemas de saúde nos consumidores. Na hipótese descrita, a responsabilidade, sem dúvida, será do comerciante, do supermercado.

Cumpre destacar que o entendimento majoritário da doutrina é no sentido de sustentar a responsabilidade subsidiária do comerciante, assim posicionando-se, por exemplo, Zelmo Denari, Leonardo de Medeiros Garcia, Gustavo Tepedino, Maria Helena Diniz, Sérgio Cavalieri Filho, Roberto Senise Lisboa, Pablo Stolze Gagliano e Rodolfo Pamplona Filho, Cristiano Heineck Schmitt, Paulo Roque Khouri, Paulo de Tarso Sanseverino, Carlos Roberto Gonçalves e Sílvio de Salvo Venosa.[26]

---

[25] RIZZATTO NUNES, Luiz Antonio. *Comentários ao Código de Defesa do Consumidor*. 3. ed. São Paulo: Saraiva, 2007. p. 199.

[26] Vejamos as fontes: DENARI, Zelmo. *Código de Defesa do Consumidor*. Comentado pelos autores do anteprojeto. 8. ed. Rio de Janeiro: Forense Universitária, 2004. p. 192; GARCIA, Leonardo de Medeiros. *Direito do Consumidor*. Código comentado e jurisprudência. 3. ed. Niterói: Impetus, 2007. p. 47-48;

A jurisprudência nacional do mesmo modo tem aplicado esse sentido de forma constante, em julgados que reconhecem a ilegitimidade passiva do comerciante em ações contra ele propostas diretamente, em hipóteses de não enquadramento no art. 13 do CDC. Para ilustrar, por todos os inúmeros julgados:

"Apelação cível. Responsabilidade civil. Explosão de bateria de celular. Acidente de consumo. Fato do produto. Ilegitimidade passiva da ré comerciante. Reconhecimento. Em se tratando de acidente de consumo pelo fato do produto, o comerciante só pode ser responsabilizado diretamente em casos específicos, pois não se enquadra no conceito de fornecedor (art. 12 do CDC), para fins de responsabilidade solidária. Como vem defendendo a esmagadora doutrina especializada, a responsabilidade do comerciante é subsidiária, e não solidária, tal como estabelecido na sentença. Ilegitimidade passiva do comerciante reconhecida, já que identificado o fornecedor do produto defeituoso. Apelação provida" (TJRS – Acórdão 70026053116, Porto Alegre – Nona Câmara Cível – Rel. Des. Marilene Bonzanini Bernardi – j. 11.03.2009 – DOERS 19.03.2009, p. 43).

"Indenizatória. Defeitos em veículo. Responsabilidade pelo fato do produto. [...] Ilegitimidade *ad causam*. Indenizatória. Defeitos em veículo. Ação ajuizada contra comerciante, vendedor do automóvel com vício de fabricação. Responsabilidade pelo fato do produto. Art. 13 do Código de Defesa do Consumidor. Inocorrência das hipóteses em que o comerciante responde solidariamente. Ilegitimidade passiva reconhecida. Recurso provido para tal fim" (1º TAC-SP – Recurso 1066838-7 – Décima Câmara – Rel. Juiz Ary Bauer – j. 26.03.2002).

"Comerciante. Responsabilidade. Código de Defesa do Consumidor. Fato do produto. Diferenciação entre fato do produto e vício do produto. Hipótese em que o fabricante está identificado e em que não se alegou falha na conservação. Ilegitimidade passiva. Agravo provido para extinguir o processo. Como nesta ação a autora, alegando ter adquirido e consumido iogurtes impróprios para o consumo, pede indenização pelos gastos médicos e danos morais sofridos, é o fato do produto quem a fundamenta. Nela, portanto, o comerciante somente se responsabiliza se não identificado o fabricante ou se suceder falha na conservação do produto. Não sucedida a primeira hipótese e não alegada a segunda, não se verifica sequer em tese a responsabilidade do agravante, impondo-se a extinção do processo em relação a ela sem julgamento do mérito" (TJSP – Agravo de Instrumento 190.164-4 – Osasco – Décima Câmara de Direito Privado – Rel. Des. Mauricio Vidigal – j. 20.03.2001).

TEPEDINO, Gustavo. A responsabilidade civil por acidente de consumo na ótica civil-constitucional. *Temas de direito civil*. 3. ed. Rio de Janeiro: Renovar, 2004. p. 275; DINIZ, Maria Helena. *Curso de direito civil brasileiro*. 21. ed. São Paulo: Saraiva, 2007. v. 7: Responsabilidade Civil. p. 452); CAVALIERI FILHO, Sérgio. *Programa de responsabilidade civil*. 7. ed. São Paulo: Atlas, 2007. p. 467; LISBOA, Roberto Senise. *Responsabilidade civil nas relações de consumo*. São Paulo: RT, 2001; GAGLIANO, Pablo Stolze; PAMPLONA FILHO, Rodolfo. *Novo curso de direito civil*. Responsabilidade civil. vol. III, p. 310; SCHMITT, Cristiano Heineck. *Responsabilidade civil*. Porto Alegre: Verbo Jurídico, 2010. p. 149-151; KHOURI, Paulo R. Roque. *Direito do Consumidor*. 2. ed. São Paulo: Atlas, 2005. p. 161; SANSEVERINO, Paulo de Tarso Vieira. *Responsabilidade civil no Código do Consumidor e a defesa do fornecedor*. 2. ed. São Paulo: Saraiva, 2007. p. 176-177; GONÇALVES. Carlos Roberto. *Direito civil brasileiro*. 2. ed. São Paulo: Saraiva, 2007. v. IV: Responsabilidade civil. p. 262; VENOSA, Sílvio de Salvo. *Direito Civil*. 5. ed. São Paulo: Atlas, 2005. v. IV: Responsabilidade civil. p. 219.

Porém, a questão está longe de ser unânime, entendendo alguns doutrinadores pela existência da solidariedade também no fato do produto. Nesse sentido, opinam Claudia Lima Marques, Antonio Herman Benjamin e Bruno Miragem, no sentido de que, "considerando que o *caput* do art. 13 impõe a aplicação do art. 12 também para o comerciante, podemos concluir que, nestes casos, a sua responsabilidade solidária é a mesma do fabricante, oriunda de uma imputação objetiva, dependendo somente do defeito e do nexo causal entre defeito e dano".[27] Do mesmo modo conclui Luiz Antonio Rizzatto Nunes.[28] Deve ficar claro, todavia, que esta última conclusão não é a majoritária no sistema nacional consumerista.

Da nossa parte, ao analisar a realidade legal brasileira, não há dúvida de que foi adotada a responsabilidade subsidiária em relação aos comerciantes no fato do produto. De toda sorte, mesmo concluindo-se que há lesão ao princípio do protecionismo dos consumidores – retirado do art. 1º da Lei 8.078/1990 e do art. 5º, XXXII, da CF/1988 –, nota-se que foi uma opção do legislador retirar a responsabilidade direta dos comerciantes, uma vez que, na maioria das vezes, os defeitos se referem à fabricação, e não à comercialização. Deve ficar consignado, *de lege ferenda*, que essa não parece ser a solução mais justa em muitas hipóteses, mormente se houver dificuldade de prova em relação ao fato danoso, o que pode representar uma prova maligna, diabólica.

Para ilustrar tal dificuldade, pense-se na ilustração em que um consumidor comprou um iogurte estragado e, ao ingeri-lo, teve uma intoxicação, ficando internado por vários dias. Está presente, no caso descrito, o fato do produto ou defeito. Contra quem deve ser proposta a demanda? Em um primeiro momento, contra o fabricante, nos termos do art. 12 do CDC. Entretanto, pode o fabricante provar que houve culpa exclusiva do comerciante – o supermercado –, que não armazenou o iogurte de forma adequada, excluindo a sua responsabilidade (art. 12, § 3º, inc. III, da Lei 8.078/1990). Se a ação for proposta na Justiça Comum – não no Juizado Especial Cível –, a sentença de improcedência gerará a condenação do consumidor pelos ônus da sucumbência. O fim da história será semelhante na hipótese de propositura contra ambos – fabricante e comerciante –, sendo a ação julgada procedente apenas contra um deles.

Observe-se, portanto, que, dentro da técnica processual, o melhor caminho exposto ao consumidor no caso de dúvida é ingressar com uma demanda para produção antecipada da prova, nos termos do art. 381 do Código de Processo Civil de 2015.[29] Isso dificulta em muito a sua vitória judicial, ferindo o próprio espírito da Lei Consumerista, que veio para facilitar o caminho processual dos vulneráveis negociais. Tanto isso é verdade, que a Lei Protetiva veda a denunciação da lide nas hipóteses de fato do produto, nos termos do

---

[27] MARQUES, Claudia; BENJAMIN, Antonio Herman V.; MIRAGEM, Bruno. *Comentários ao Código de Defesa do Consumidor*. 3. ed. São Paulo: RT, 2010. p. 412. De toda sorte, insta verificar que Bruno Miragem, em obra solitária, sustenta ser a responsabilidade do comerciante subsidiária ou supletiva no fato do produto (MIRAGEM, Bruno. *Curso de Direito do Consumidor*. 2. ed. São Paulo: RT, 2010. p. 395).

[28] RIZZATTO NUNES, Luiz Antonio. *Comentários ao Código de Defesa do Consumidor*. 3. ed. São Paulo: Saraiva, 2007. p. 199.

[29] Essa já era a conclusão do coautor Daniel Amorim Assumpção Neves, ao discorrer, em sua tese de doutorado defendida na Universidade de São Paulo, sobre a possibilidade das *ações probatórias autônomas* (NEVES, Daniel Amorim Assumpção. *Ações probatórias autônomas*. São Paulo: Saraiva, 2008. Coleção Theotonio Negrão).

seu art. 88, que assim determina: "na hipótese do art. 13, parágrafo único deste código, a ação de regresso poderá ser ajuizada em processo autônomo, facultada a possibilidade de prosseguir-se nos mesmos autos, vedada a denunciação da lide".

Feito esse esclarecimento inicial, pode ser elaborado o seguinte quadro elucidativo a respeito da presença ou não da solidariedade:

Responsabilidade pelo vício do produto.	Há solidariedade entre fabricante e comerciante.
Responsabilidade pelo fato do produto ou defeito.	Não há solidariedade entre fabricante e comerciante. Presente uma responsabilidade direta ou imediata do fabricante e uma responsabilidade subsidiária ou mediata do comerciante.
Responsabilidade civil pelo vício do serviço.	Há solidariedade entre todos os envolvidos na prestação.
Responsabilidade civil pelo fato do serviço.	Há solidariedade entre todos os envolvidos na prestação.

Superado esse ponto, vejamos as consequências pontuais e efeitos presentes em cada uma das hipóteses de responsabilidade civil expostas no quadro acima, o que inclui os prazos correspondentes para se pleitear os direitos.

4.2.2. Responsabilidade civil pelo vício do produto

De início, há a responsabilidade por *vício do produto* (art. 18 da Lei 8.078/1990), presente quando existe um problema oculto ou aparente no bem de consumo, que o torna impróprio para uso ou diminui o seu valor, tido como um *vício por inadequação*. Em casos tais, repise-se, não há repercussões fora do produto, não se podendo falar em responsabilização por outros danos materiais – além do valor da coisa –, morais ou estéticos. Em suma, lembre-se de que no vício o problema permanece no produto, não rompendo os seus limites. A título de ilustração, o § 6º do art. 18 do CDC lista algumas situações em que o vício do produto está presente, em rol exemplificativo, pois os bens são considerados impróprios para uso e consumo:

I) Os produtos cujos prazos de validade estejam vencidos, o que atinge os produtos perecíveis adquiridos em mercados e lojas do gênero.

II) Os produtos deteriorados, alterados, adulterados, avariados, falsificados, corrompidos, fraudados, nocivos à vida ou à saúde, perigosos ou, ainda, aqueles em desacordo com as normas regulamentares de fabricação, distribuição ou apresentação.

III) Os produtos que, por qualquer motivo, se revelem inadequados ao fim a que se destinam. Como exemplo, cite-se um brinquedo que pode causar danos às crianças.

Deve ficar claro que o vício do produto não se confunde com as deteriorações normais decorrentes do uso da coisa. Sendo assim, para a caracterização ou não do vício deve ser considerada a *vida útil* do produto que está sendo adquirido. Conforme se extrai de trecho de publicação constante do *Informativo* n. 506 do STJ:

"O fornecedor responde por vício oculto de produto durável decorrente da própria fabricação e não do desgaste natural gerado pela fruição ordinária, desde que haja reclamação dentro do prazo decadencial de noventa dias após evidenciado o defeito, ainda que o vício se manifeste somente após o término do prazo de garantia contratual, devendo ser observado como limite temporal para o surgimento do defeito o critério de vida útil do bem. O fornecedor não é, *ad aeternum,* responsável pelos produtos colocados em circulação, mas sua responsabilidade não se limita, pura e simplesmente, ao prazo contratual de garantia, o qual é estipulado unilateralmente por ele próprio" (STJ – REsp 984.106/SC – Rel. Min. Luis Felipe Salomão – j. 04.10.2012).

No mesmo sentido, vale destacar julgado do Tribunal de Justiça do Rio Grande do Norte, com tom didático e com citação a esta obra:

"Também a moderna doutrina consumerista (Flávio Tartuce, Bruno Miragem, Leonardo Roscoe Bessa, Antônio Herman de Vasconcellos e Benjamin e Claudia Lima Marques) compreende que para a caracterização ou não do vício deve ser considerada a vida útil do produto que está sendo adquirido. Assim, o fornecedor deve ser responsabilizado pelo vício por período além da garantia contratual, levando-se em consideração critério da vida útil do bem. Logo, o fornecedor permanece responsável por garantir o desempenho do produto ou bem durante todo o período de sua vida útil estimada, segundo as regras de experiência e o caso concreto, de modo que se o vício oculto se manifestar nesse ínterim (vida útil do bem), mesmo após o término do prazo da garantia contratual, poderá o consumidor exigir, à sua escolha, uma das alternativas que lhe são postas à disposição pelo art. 18, § 1º, do CDC – vide TJSP, AC 0258813-21.2009.8.26.0002, Relator Desembargador Gomes Varjão, julgado em 24.03.2014" (TJRN – Apelação Cível 2016.005840-2 – Origem da 2ª Vara Cível da Comarca de Natal – Rel. Des. João Rebouças – j. 16.08.2016).

A título de exemplo, não pode o comprador de um veículo alegar que o pneu está careca após cinco anos de uso, não havendo vício do produto em casos tais. Anote-se que o PLS 283/2012, originário do Senado Federal, mais uma vez, pretende incluir norma a respeito da *vida útil*, acrescentando novo parágrafo no art. 26, no sentido de esse critério ser considerado para os devidos fins de enquadramento dos vícios do produto ou do serviço.

Uma importante decorrência que deve ser analisada a respeito do *tempo de vida útil* diz respeito à chamada *obsolescência programada,* hipótese em que o produto é preparado previamente, com a intenção de durar por tempo limitado, bem menos do que o esperado pelo consumidor. A prática é evidenciada sucessivamente nos casos de produtos eletrônicos, caso de *smartphones, tablets,* impressoras e computadores. Sendo demonstrada ou evidente tal situação no caso concreto, penso haver vício do produto, aplicando-se as consequências analisadas neste tópico.

Como bem lecionam Cildo Giolo Júnior e Paulo Agesípolis Gomes Duarte, "a chamada obsolescência programada ou obsolescência planejada é uma estratégia utilizada pelos fornecedores com o intuito de estimular a aquisição de novos produtos em um curto período de tempo, fazendo com os produtos adquiridos se tornem ultrapassados, perdendo o valor econômico em relação ao preço pago na compra. Graças a esta prática usual, há um considerável aumento da venda de produtos de forma periódica e o consequente lucro aos fornecedores, graças a uma diminuição na vida útil do produto".[30] Além da ocorrência do vício do produto, os autores demonstram, com razão, estar presente uma prática abusiva. Sem falar nos amplos prejuízos ambientais que a *obsolescência programada* ocasiona.

No âmbito da jurisprudência, pode ser encontrado o seguinte julgado estadual, do pioneiro Tribunal Gaúcho, que reconhece a situação como vício do produto:

"Direito do consumidor. Vício do produto. Celular. Prazo de garantia contratual expirado. Defeito surgido dois meses após. Conceito de vida útil e obsolescência programada. Condicionamento do conserto a depósito de valor considerável. Dever de devolução do preço pago. Complexidade da causa inexistente. Dano moral não configurado. Recurso provido em parte" (TJRS – Recurso Cível 0001334-83.2017.8.21.9000 – Capão da Canoa – Terceira Turma Recursal Cível – Rel. Des. Cleber Augusto Tonial – j. 09.03.2017 – DJERS 15.03.2017).

Porém, em sentido contrário, entendendo não haver demonstração da prática ou mesmo a presença de qualquer ilicitude na conduta:

"Consumidor. Telefonia móvel. Migração de tecnologia. CDMA para GSM. Pretensão a manter tecnologia obsoleta. Improcedência do pedido. Sentença mantida. 1. O autor requereu continuar com seu aparelho ou que a operadora ré fornecesse um valor maior do que R$ 99,00 para a troca do aparelho. 2. Não há nos autos referência a qualquer problema advindo da instalação da nova tecnologia adotada pela ré e, invariavelmente, pelas demais concorrentes. 3. Os aparelhos celulares, como todo equipamento eletrônico, e quase a maioria dos bens de consumo modernos, sujeitam-se ao fenômeno da 'obsolescência programada', tornando-se descartáveis com o passar do tempo diante do advento de novas tecnologias. Daí porque não há fundamento válido a justificar que o investimento feito em sua compra foi considerável e que apenas por isso teria o consumidor direito a alguma retribuição. 4. Em que pese não seja imune às críticas, esse modo de funcionamento do mundo capitalista não é ilícito, nem ilegal, de modo que não se pode compelir a fornecedora a atender os reclames do consumidor. Recurso desprovido" (TJRS – Recurso Cível 49446-25.2013.8.21.9000 – Santo Antônio da Patrulha – Terceira Turma Recursal Cível – Rel. Des. Cleber Augusto Tonial – j. 30.01.2014 – DJERS 04.02.2014).

Não estou filiado à última forma de julgar, uma vez que, evidenciada a programação prévia de desgaste, abaixo do esperado tempo útil do produto, estará presente o seu vício, a ensejar pelo menos a troca do aparelho.

Merece destaque, ainda, um terceiro aresto da mesma Corte Estadual, que entendeu que a prática somente pode ser imputada ao fabricante e não ao prestador de serviços responsável pelo reparo de aparelho celular. Nos termos do julgado:

"Descabe ao autor pretender o valor equivalente do aparelho quando incontroverso nos autos que não foi o requerido quem deu causa à necessidade de reparo do

---

[30] GIOLO JÚNIOR, Cildo; GOMES DUARTE, Paulo Agesípolis. *A vulnerabilidade do consumidor diante da obsolescência programada*. Disponível em: <http://www.publicadireito.com.br/artigos/?cod=7a1bb1ae4894617e>. Acesso em: 15 out. 2017. Texto publicado no XXII Congresso Nacional do CONPEDI/UNINOVE, em 2013.

bem. O aparelho foi encaminhado ao demandado para reparação da tela do visor justamente porque tinha problemas. A impossibilidade de reparo do aparelho pela inexistência de peças para reposição não pode ser atribuída ao requerido. Obsolescência programada da tecnologia imputável aos fabricantes e decorrente da constante atualização tecnológica. Cabia ao demandante fazer prova cabal da ocorrência de danos morais e materiais decorrentes de qualquer ação ou omissão do requerido. Ônus que lhe cabia, a teor do art. 373, I, do CPC. A ausência de falha na prestação do serviço, igualmente desacompanhada de prova concreta dos danos materiais ou de abalos psicológicos impõe a improcedência da demanda" (TJRS – Recurso Cível 0052644-02.2015.8.21.9000 – Quaraí – Primeira Turma Recursal Cível – Rel. Des. José Ricardo de Bem Sanhudo – j. 28.06.2016 – DJERS 01.07.2016).

A possibilidade de inversão do ônus da prova prevista no CDC coloca a conclusão do julgamento em xeque.

Não se pode esquecer, ademais, que, no vício do produto, há solidariedade entre todos os envolvidos com o fornecimento, caso do fabricante, do produtor e do comerciante. Assim sendo, correto o entendimento do Superior Tribunal de Justiça que responsabiliza a instituição financeira juntamente com a construtora, por vícios na construção do imóvel, cuja obra foi financiada com recursos do Sistema Financeiro de Habitação:

"Recurso especial. Sistema financeiro da habitação. Vícios na construção de imóvel cuja obra foi financiada. Legitimidade do agente financeiro. 1. Em se tratando de empreendimento de natureza popular, destinado a mutuários de baixa renda, como na hipótese em julgamento, o agente financeiro é parte legítima para responder, solidariamente, por vícios na construção de imóvel cuja obra foi por ele financiada com recursos do Sistema Financeiro da Habitação. Precedentes. 2. Ressalva quanto à fundamentação do voto-vista, no sentido de que a legitimidade passiva da instituição financeira não decorreria da mera circunstância de haver financiado a obra e nem de se tratar de mútuo contraído no âmbito do SFH, mas do fato de ter a CEF provido o empreendimento, elaborado o projeto com todas as especificações, escolhido a construtora e o negociado diretamente, dentro de programa de habitação popular. 3. Recurso especial improvido" (STJ – REsp 738.071/SC – Rel. Min. Luis Felipe Salomão – Quarta Turma – j. 09.08.2011 – DJe 09.12.2011).

A forma de julgar deveria ser a mesma no tocante à instituição financeira que financia contrato para a aquisição de veículo por consumidor. Porém, infelizmente, há julgado da mesma Corte que exclui a sua responsabilidade pelo vício do produto, na seguinte linha:

"Por certo que o banco não está obrigado a responder por defeito de produto que não forneceu tão somente porque o consumidor adquiriu-o com valores obtidos por meio de financiamento bancário. Se o banco fornece dinheiro, o consumidor é livre para escolher o produto que lhe aprouver. No caso de o bem apresentar defeito, o comprador ainda continua devedor da instituição financeira. Não há relação de acessoriedade entre o contrato de compra e venda de bem de consumo e o de financiamento que propicia numerário ao consumidor para aquisição de bem que, pelo registro do contrato de alienação fiduciária, tem sua propriedade transferida para o credor" (STJ – REsp 1.014.547/DF – Rel. Min. João Otávio de Noronha – Quarta Turma – j. 25.08.2009 – DJe 07.12.2009).

Entendo que há uma clara contradição entre os arestos – este e o anterior –, sendo certo que o primeiro entendimento deve prevalecer, como aplicação direta da solidariedade consumerista. Quanto à falta de acessoriedade mencionada pelo último acórdão, parece tratar-se de um equívoco, eis que sem o financiamento, por certo, o negócio não se realizaria.

De toda sorte, pontue-se que a questão não é pacífica naquela Corte Superior, pois alguns arestos, mais recentes, consideram a responsabilidade do "banco da montadora", que financia a aquisição do veículo. Vejamos, nesse sentido, dois acórdãos do Tribunal da Cidadania, estes sim com o meu total apoio doutrinário:

"Agravo regimental no agravo em recurso especial. Responsabilidade por vício do produto. Veículo novo defeituoso. Responsabilidade solidária do 'banco da montadora' integrante da cadeia de consumo. Legitimidade passiva do banco. 1. Demanda movida por consumidor que visa a resolução do contrato de compra e venda e de financiamento do bem móvel defeituoso. 2. Responsabilidade solidária da instituição financeira vinculada à concessionária do veículo ('banco da montadora'), pois parte integrante da cadeia de consumo. Legitimidade passiva do Banco da Montadora presente. 3. Agravo regimental a que se nega provimento" (STJ – AgRg no AREsp 712.368/SP – Terceira Turma – Rel. Min. Moura Ribeiro – j. 23.02.2016 – *DJe* 04.03.2016).

"Recurso especial. Consumidor. Responsabilidade por vício do produto. Veículo novo defeituoso. Responsabilidade solidária do 'banco da montadora' integrante da cadeia de consumo. Aplicação do art. 18 do CDC. Votos vencidos. 1. Demanda movida por consumidor postulando a rescisão de contrato de compra e venda de um automóvel (Golf) em razão de vício de qualidade, bem como de arrendamento mercantil firmado com o 'banco da montadora' para financiamento do veículo. 2. Responsabilidade solidária da instituição financeira vinculada à concessionária do veículo ('banco da montadora'), pois parte integrante da cadeia de consumo. 3. Distinção em relação às instituições financeiras que atuam como 'banco de varejo', apenas concedendo financiamento ao consumidor para aquisição de um veículo novo ou usado sem vinculação direta com o fabricante. 4. Aplicação do art. 18 do CDC. 5. Recurso especial a que se nega provimento por maioria, com dois votos vencidos" (STJ – REsp 1379839/SP – Terceira Turma – Rel. Min. Nancy Andrighi – Rel. p/ Acórdão Min. Paulo de Tarso Sanseverino – j. 11.11.2014 – *DJe* 15.12.2014).

O último acórdão demonstra a divergência existente na Corte, que deve pacificar o tema em breve, em sua Segunda Seção, dando mais estabilidade ao direito do consumidor brasileiro. Fico com a última posição colacionada, substancialmente pela ideia de *risco--proveito*. Ora, se as instituições bancárias, componentes do mesmo grupo econômico, têm bônus com a contratação da aquisição financiada do veículo, devem também suportar os eventuais ônus e as responsabilidades decorrentes do negócio jurídico.

Seguindo nos exemplos, o próprio STJ publicou ementa em setembro de 2015, por meio da ferramenta *Jurisprudência em Teses*, Edição n. 42, premissa n. 6, segundo a qual "a constatação de defeito em veículo zero-quilômetro revela hipótese de vício do produto e impõe a responsabilização solidária da concessionária e do fabricante" (acórdãos: AgRg no AREsp 661.420/ES – Rel. Min. Marco Aurélio Bellizze – Terceira Turma, j. 26.05.2015 – *DJe* 10.06.2015; EDcl no REsp 567.333/RN – Rel. Min. Raul Araújo – Quarta Turma – j. 20.06.2013 – *DJe* 28.06.2013; REsp 611.872/RJ – Rel. Min. Antonio Carlos Ferreira – Quarta Turma – j. 02.10.2012 – *DJe* 23.10.2012 e REsp 547.794/PR – Rel. Min. Maria Isabel

Gallotti – Quarta Turma – j. 15.02.2011 – *DJe* 22.02.2011). Pontue-se que tais arestos não tratam da responsabilidade do agente que financia a compra, mas apenas da solidariedade entre o fabricante e a concessionária que vende o veículo, o que parece ser bem claro e cristalino. Vistas tais concretizações, ressalte-se que a lei estabelece duas exceções internas bem específicas a respeito da solidariedade no vício do produto.

A *primeira exceção* tem relação com os produtos fornecidos *in natura*, respondendo perante o consumidor o fornecedor imediato, exceto quando identificado claramente seu produtor (art. 18, § 5º, do CDC). Para concretizar a norma, se alguém adquire uma maçã estragada em uma feira livre, a responsabilidade, em regra, será do feirante. Porém, se na maçã constar o selo do produtor, o que é bem comum, o último responderá pelo vício.

Como *segunda exceção*, determina o § 2º do art. 19 que o fornecedor imediato – no caso, o comerciante – será responsável pelo vício de quantidade quando fizer a pesagem ou a medição e o instrumento utilizado não estiver aferido segundo os padrões oficiais. O desrespeito à lealdade negocial, à boa-fé objetiva, acaba por gerar a sua responsabilidade pessoal, afastando o dever de reparar o fabricante. A título de exemplo, se há um problema na balança do mercado, que está adulterada, a responsabilidade será do comerciante e não do produtor ou fabricante.

Estabelece o art. 18, *caput*, do CDC que "os fornecedores de produtos de consumo duráveis ou não duráveis respondem *solidariamente* pelos *vícios de qualidade* ou quantidade que os tornem impróprios ou inadequados ao consumo a que se destinam ou lhes diminuam o valor, assim como por aqueles decorrentes da disparidade, com as indicações constantes do recipiente, da embalagem, rotulagem ou mensagem publicitária, respeitadas as variações decorrentes de sua natureza, podendo o consumidor exigir a substituição das partes viciadas" (com destaques do autor). Como se nota, tal comando consagra e descreve os chamados *vícios de qualidade do produto*.

Ilustre-se com a hipótese de um veículo que não funciona de forma adequada, como espera o consumidor (STJ – REsp 991.985/PR – Segunda Turma – Rel. Min. Castro Meira – j. 18.12.2007 – *DJ* 11.02.2008, p. 84). Pode ainda ser citada a situação do imóvel adquirido de um profissional que apresente sério problema no encanamento, pois utilizado material diverso do esperado (TJRS – Recurso Cível 71001577337, Porto Alegre – Primeira Turma Recursal Cível – Rel. Des. Heleno Tregnago Saraiva – j. 17.07.2008 – *DOERS* 22.07.2008, p. 104).

Mas não é só, uma vez que o art. 19 da Lei 8.078/1990 trata dos *vícios de quantidade*, do mesmo modo a gerar a solidariedade, enunciando que "os fornecedores respondem *solidariamente* pelos *vícios de quantidade do produto* sempre que, respeitadas as variações decorrentes de sua natureza, seu conteúdo líquido for inferior às indicações constantes do recipiente, da embalagem, rotulagem ou de mensagem publicitária" (mais uma vez, o presente autor destacou). A título de exemplos, cite-se a hipótese de uma goiabada que tem menos conteúdo do que consta da embalagem; ou do pacote com rolos de papel higiênico com menor metragem do que o previsto. Ainda, a situação de uma máquina de lavar roupas que suporta menos do que os dez quilos acordados (TJRS – Recurso Cível 71002590800, Porto Alegre – Terceira Turma Recursal Cível – Rel. Des. Jerson Moacir Gubert – j. 29.07.2010 – *DJERS* 06.08.2010).

Nos casos de vícios de qualidade, prevê o § 1º do art. 18 do CDC que, não sendo o vício sanado no prazo máximo de trinta dias pelo fornecedor, pode o consumidor ingressar em juízo para exercício das opções dadas pela norma, e que ainda serão estudadas. Observa-

-se que a própria lei concede ao fornecedor o direito de sanar o problema em trinta dias da sua reclamação. Trata-se de um dos poucos dispositivos no Código Consumerista que traz um direito fundamental do fornecedor de produtos. O prazo previsto tem natureza decadencial, caducando o direito ao final do transcurso do tempo.

Porém, não se olvide que, para a jurisprudência superior, o consumidor é quem tem a opção de levar o produto para a assistência técnica ou não, para que o vício seja sanado no prazo de trinta dias. Nos termos de ementa de recente aresto, "como a defesa do consumidor foi erigida a princípio geral da atividade econômica pelo art. 170, V, da Constituição Federal, é ele – consumidor – quem deve escolher a alternativa que lhe parece menos onerosa ou embaraçosa para exercer seu direito de ter sanado o vício em 30 dias – levar o produto ao comerciante, à assistência técnica ou diretamente ao fabricante –, não cabendo ao fornecedor impor-lhe a opção que mais convém" (STJ – REsp 1.634.851/RJ – Terceira Turma – Rel. Min. Nancy Andrighi – j. 12.09.2017 – DJe 15.02.2018).

Anote-se, contudo, que, se há essa *opção* com relação ao consumidor, tem-se julgado que há um *dever* quanto ao fornecedor, o que inclui o comerciante: "por estar incluído na cadeia de fornecimento do produto, quem o comercializa, ainda que não seja seu fabricante, fica responsável, perante o consumidor, por receber o item que apresentar defeito e encaminhá-lo à assistência técnica, independente do prazo de 72 horas da compra, sempre observado o prazo decadencial do art. 26 do CDC. Precedente recente da Terceira Turma desta Corte" (STJ – REsp 1.568.938/RS – Terceira Turma – Rel. Min. Moura Ribeiro – j. 25.08.2020 – DJe 03.09.2020).

Surge então a indagação: quais são as consequências caso o consumidor não respeite tal direito do fornecedor, sendo exercida a opção de levar o bem à assistência técnica? Na doutrina, em profundo estudo, José Fernando Simão aponta que a corrente majoritária, a qual estão filiados Odete Novais Carneiro Queiroz, Alberto do Amaral Jr., Zelmo Denari, Jorge Alberto Quadros de Carvalho Silva e Luiz Antonio Rizzatto Nunes, reconhece que se o consumidor não respeitar tal prazo de trinta dias, não poderá fazer uso das medidas previstas nos incisos do comando legal, caso da opção de resolução do contrato.[31] Muito próximo, esclarece Leonardo Roscoe Bessa que o art. 18, § 1º, do Código Consumerista tem ampla aplicação nos casos em que se configura o abuso de direito por parte do consumidor.[32] Nessa linha, tem aplicação em face do consumidor o art. 187 do CC/2002, segundo o qual também comete ato ilícito o titular de um direito que, ao exercê-lo, excede manifestamente os limites impostos pelo seu fim econômico e social, pela boa-fé objetiva e pelos bons costumes. Em um sadio *diálogo* entre as normas, nota-se que o consumidor que não respeita tal prazo não atenta para o dever de colaboração negocial decorrente da boa-fé objetiva.

Na jurisprudência, o prazo de trinta dias é também apontado como um direito do fornecedor (por todos: TJSP – Agravo de Instrumento 1102616000 – Rel. Rocha de Souza – j. 17.05.2007 – registro 17.05.2007). Existem julgados concluindo pela carência de ação, por falta de adequação e interesse processual, em casos em que o consumidor não respeita esse prazo de trinta dias para a solução do vício. Nesse sentido, parecendo ser a melhor solução a ser mantida na vigência do CPC/2015 (art. 485, inc. VI):

---
[31] SIMÃO, José Fernando. *Vícios do produto no novo Código Civil e no Código de Defesa do Consumidor.* São Paulo: Atlas, 2003. p. 102.
[32] BESSA, Leonardo Roscoe; MARQUES, Claudia Lima; BENJAMIN, Antonio Herman V. *Manual de Direito do Consumidor.* 3. ed. São Paulo: RT, 2010. p. 183-184.

"Consumidor. Vício do produto. Faculdade do fornecedor de sanar o vício no prazo de 30 dias. Impossibilidade no caso concreto do uso imediato pelo consumidor das alternativas postas à disposição pelo art. 18, § 1º, do CDC. Ausência de prova mínima quanto ao fato de ter sido oportunizado o conserto. Sentença mantida. Carência de ação. Recurso improvido" (TJRS – Recurso Cível 71002384907, Rio Pardo – Segunda Turma Recursal Cível – Rel. Des. Vivian Cristina Angonese Spengler – j. 14.07.2010 – DJERS 22.07.2010).

"Consumidor. Vício do produto. Omissão de pedido de conserto na assistência técnica. Hipótese em que não foi conferida ao fornecedor a possibilidade de sanar o vício. Carência de ação decretada. Extinção do processo sem resolução do mérito. Recurso provido" (TJRS – Recurso Cível 71001106194, Guaíba – Segunda Turma Recursal Cível – Rel. Mylene Maria Michel – j. 24.01.2007).

Consigne-se que a jurisprudência também reconhece ser o caso de improcedência, entrando no mérito da questão e afastando o direito material à resolução contratual ou à troca do produto pelo vício:

"Indenizatória c/c obrigação de fazer. Direito do consumidor. Vício do produto. Autora que pretende a troca por um produto de outra marca. Concretamente, não se discutiu a veracidade dos fatos narrados ou mesmo a ocorrência de defeito no aparelho de DVD que foi adquirido pela autora. Na verdade, o fundamento que embasou a sentença de improcedência, ora recorrida, foi a não concessão por parte da autora de oportunidade para que as rés sanassem o defeito. O Código de Defesa do Consumidor estabelece alguns direitos aos fornecedores de bens e serviços, suficientes e necessários a evitar um desequilíbrio exagerado em desfavor dos mesmos. O § 1º, do art. 18, do CODECON concede um prazo de trinta dias para que o comerciante ou o fabricante sane o defeito apresentado pelo bem colocado no mercado, garantindo ao consumidor, depois de expirado o referido prazo, a substituição do produto ou a devolução do valor pago, entre outras medidas. Portanto, correto o fundamento adotado pelo sentenciante monocrático, no sentido de que os pedidos formulados pela autora somente seriam cabíveis depois de concedido o prazo da Lei para a solução dos defeitos. Apelo improvido" (TJRJ – Apelação 2009.001.05283 – Décima Quinta Câmara Cível – Rel. Des. Celso Ferreira Filho – j. 14.04.2009 – DORJ 30.04.2009, p. 172).

"Consumidor. Pleito de restituição das quantias pagas. Alegada publicidade enganosa. Aquisição de máquina de fazer pão. Produto que não apresentou funcionamento de acordo com sua publicidade. O Código de Defesa do Consumidor, em seu art. 18, § 1º, estabelece o prazo máximo de 30 dias para que o comerciante/fornecedor possa sanar o vício existente no produto. Não tendo o consumidor encaminhado o produto para a assistência técnica, a fim de verificar a real existência do defeito alegado, descabe o pedido de restituição do valor do mesmo. Recurso desprovido" (TJRS – Recurso Cível 71001132851, Porto Alegre – Terceira Turma Recursal Cível – Rel. Eugênio Facchini Neto – j. 12.12.2006).

Com o devido respeito, não estou filiado ao entendimento esposado nas duas últimas ementas, pois elas afastam um direito material do consumidor ao ingressarem no mérito da questão. Na verdade, a melhor solução é mesma a carência de ação, dando-se nova oportunidade para o consumidor prejudicado demandar em juízo. Reafirmamos que essa posição deve ser mantida na vigência do atual CPC, concluindo-se pela falta de interesse processual (art. 485, inc. VI, do CPC/2015).

Outro ponto relevante refere-se à devolução do produto pelo fornecedor dentro do prazo de trinta dias, mas sem a resolução do problema. Ora, em situações tais, considera-se o vício não sanado como um novo, não estando prejudicado qualquer direito do consumidor.[33] Destaque-se que a situação descrita é muito comum em casos concretos relativos a automóveis, repetindo-se na prática a hipótese em que a concessionária entrega o veículo ainda com vício, ou com outro problema.

Recente e polêmico julgado do Superior Tribunal de Justiça considerou que é lícita a conduta de fornecedor que concede apenas três dias para troca de produtos com vícios, a contar da emissão da nota fiscal, impondo ao consumidor, após tal prazo, a procura de assistência técnica credenciada pelo fabricante, para que realize a análise quanto à existência ou não do vício no produto (STJ – REsp 1.459.555/RJ – Terceira Turma – Rel. Min. Ricardo Villas Bôas Cueva – j. 14.02.2017 – *DJe* 20.02.2017). Penso existir um sério problema técnico no julgado, qual seja de quebrar a solidariedade prevista no *caput* do art. 18 do CDC. Com o devido respeito, a regra da solidariedade faz com que o ônus de encaminhar o produto à assistência técnica seja do fabricante, e não do consumidor.

A respeito do prazo de 30 dias existente em favor do fornecedor, acórdão do STJ do ano de 2018, e que cita esta obra, considerou que "em havendo sucessiva manifestação do mesmo vício no produto, o trintídio legal é computado de forma corrida, isto é, sem que haja o reinício do prazo toda vez que o bem for entregue ao fornecedor para a resolução de idêntico problema, nem a suspensão quando devolvido o produto ao consumidor sem o devido reparo" (STJ – REsp 1.684.132/CE – Terceira Turma – Rel. Min. Nancy Andrighi – j. 02.10.2018 – *DJe* 04.10.2018). Sobre a suspensão do prazo, consta do voto da Ministra Relatora que "também sob uma perspectiva teleológica, não é possível aceitar a interrupção ou a suspensão do prazo a cada manifestação do vício, pois isso significaria uma subversão à ideia fundamental do CDC de atribuir ao próprio fornecedor os riscos inerentes à atividade econômica exercida. Com efeito, não se pode admitir que o consumidor, indefinidamente, suporte os ônus de ter adquirido produto defeituoso, tendo que reiteradas vezes ser desprovido da posse do bem para o seu conserto e, ainda, tendo que lidar com a ineficácia dos meios empregados para a correção do problema apresentado ou até mesmo a impossibilidade de sua solução". As conclusões me parecem corretas, do ponto de vista técnico.

Superados esses importantes aspectos, nos termos do § 2º do art. 18 do CDC, podem as partes convencionar a redução ou ampliação do prazo decadencial previsto no parágrafo anterior, não podendo ser inferior a sete nem superior a cento e oitenta dias. Nos contratos de adesão, aqueles com conteúdo imposto por uma das partes, a *cláusula de prazo* deverá ser convencionada em separado, por meio de manifestação expressa do consumidor. Em algumas hipóteses, não há necessidade de o consumidor respeitar o prazo de trinta dias, podendo fazer uso imediato das opções dadas em lei. Vejamos essas três previsões:

---

[33] Nessa linha, veja-se: BESSA, Leonardo Roscoe; MARQUES, Claudia Lima; BENJAMIN, Antonio Herman V. *Manual de Direito do Consumidor*. 3. ed. São Paulo: RT, 2010. p. 185.

1ª) Quando, em razão da extensão do vício, a substituição das partes viciadas puder comprometer a qualidade ou características do produto. Exemplo: problema atinge um componente de um veículo que somente pode ser substituído pelo fabricante.

2ª) Diante da extensão do vício, a substituição das partes viciadas puder gerar a diminuição substancial do valor da coisa. Exemplo: um problema atingiu o veículo e ele não mais funciona, tornando-se um bem de consumo imprestável.

3ª) Quando se tratar de produto essencial. Exemplo: o veículo é utilizado como instrumento de trabalho por um taxista. Ainda para ilustrar, cite-se o caso do eletrodoméstico comprado especialmente para ser utilizado pelo consumidor quando de suas férias (TJRS – Recurso Cível 71002225001, Porto Alegre – Segunda Turma Recursal Cível – Rel. Des. Fernanda Carravetta Vilande – j. 21.10.2009 – DJERS 03.11.2009, p. 96). Como outra exposição prática, o Ministério Público Federal entende que o aparelho celular é um bem essencial, o que realmente parece ser o correto (Enunciado n. 8 da 3ª Câmara de Coordenação e Revisão do Ministério Público Federal). Opino que a expressão *produto essencial* merece interpretação extensiva, de acordo com a realidade social brasileira, sempre visando à tutela efetiva dos direitos dos consumidores.

As *opções judiciais* a que tem direito o consumidor nos casos de vícios do produto constam dos arts. 18 e 19 da Lei 8.078/1990. Como reconheceu recente julgado do Superior Tribunal de Justiça, trata-se de efetivas *opções* do consumidor, que tem o direito de escolher a melhor alternativa para reparar o vício no produto, de acordo com os seus interesses (STJ – REsp 1.634.851/RJ – Terceira Turma – Rel. Min. Nancy Andrighi – j. 24.12.2017).

O primeiro dispositivo citado consagra tais prerrogativas havendo *vício de qualidade*, podendo o consumidor exigir, alternativamente, de acordo com a sua livre escolha:

I) A substituição do produto por outro da mesma espécie, em perfeitas condições de uso. Tendo o consumidor optado por essa alternativa, e não sendo possível a substituição do bem, poderá haver substituição por outro de espécie, marca ou modelo diversos, mediante complementação ou restituição de eventual diferença de preço (art. 18, § 4º, do CDC). Exemplo: o veículo apresenta vício no seu funcionamento. Pode o consumidor pleitear outro veículo da concessionária onde o adquiriu. Não havendo unidade do mesmo modelo, poderá pleitear um equivalente, tendo direito a eventual diferença no preço.

II) A restituição imediata da quantia paga, monetariamente atualizada, sem prejuízo de eventuais perdas e danos. A solução é pela resolução do negócio celebrado, com a devolução do valor pago, o que compõe as perdas e danos, nos termos do art. 402 do CC (pela menção ao que efetivamente se perdeu). Impropriamente, a norma faz menção às perdas e danos em separado, o que deve ser visto com ressalvas, pois, presentes outros prejuízos, haverá fato do produto e não vício. Na ilustração que está sendo analisada, havendo a resolução do contrato de compra de veículo, com a restituição dos montantes pagos, por óbvio que o bem deve ser devolvido à concessionária ou vendedora, sob pena de se caracterizar o enriquecimento sem causa do comprador. Nessa linha, citando a minha posição: "o art. 18, § 1º, do Código de Defesa do Consumidor confere ao consumidor, nas hipóteses de constatação de vício que torne o bem adquirido inadequado ao uso a que se destina, três alternativas, dentre as quais, a restituição imediata da quantia paga, monetariamente atualizada, sem prejuízo de eventuais perdas e danos. Acolhida a pretensão redibitória, rescinde-se o contrato de compra e venda, retornando as partes à situação anterior à sua celebração ('status quo ante'), sendo uma das consequências automáticas da sentença a sua eficácia restitutória, com a restituição atualizada do preço pelo vendedor e devolução da coisa adquirida pelo comprador. Concreção dos princípios da boa-fé objetiva (art. 422) e da vedação do enriquecimento sem causa positivados pelo Código Civil de 2002 (art. 884)" (STJ – REsp 1.823.284/SP – Terceira Turma – Rel. Min. Paulo de Tarso Sanseverino – j. 13.10.2020 – *DJe* 15.10.2020).

III) O abatimento proporcional do preço. Exemplo: se houve um problema estrutural no automóvel e o consumidor fez a opção em consertá-lo por conta própria, terá direito ao valor que teve que desembolsar pelo reparo. Cite-se, ainda, o abatimento pelo conserto do encanamento do apartamento adquirido em negócio de consumo.

Presente o *vício de quantidade*, as alternativas judiciais do consumidor são muito próximas, nos termos do art. 19 do CDC, podendo o consumidor exigir, mais uma vez, alternativamente e de acordo com a sua livre escolha:

I) O abatimento proporcional do preço.

II) A complementação do peso ou medida.

III) A substituição do produto por outro da mesma espécie, marca ou modelo, sem os aludidos vícios. Mais uma vez, não sendo possível a substituição do bem, poderá haver substituição por outro de espécie, marca ou modelo diversos, mediante complementação ou restituição de eventual diferença de preço (art. 19, § 1º que manda aplicar o art. 18, § 4º, do CDC).

IV) A restituição imediata da quantia paga, monetariamente atualizada, sem prejuízo de eventuais perdas e danos. Novamente, a hipótese é de resolução do negócio com a devolução das quantias pagas, valores que compões as perdas e danos. Repise-se que a norma faz menção às perdas e danos em separado, o que deve ser visto com ressalvas, pois, presentes outros prejuízos, haverá fato do produto e não vício.

A ilustrar a incidência do vício de quantidade, entendeu o Superior Tribunal de Justiça que, "ainda que haja abatimento no preço do produto, o fornecedor responderá por vício de quantidade na hipótese em que reduzir o volume da mercadoria para quantidade diversa da que habitualmente fornecia no mercado, sem informar na embalagem, de forma clara, precisa e ostensiva, a diminuição do conteúdo" (STJ – REsp 1.364.915/MG – Rel. Min. Humberto Martins – j. 14.05.2013, publicado no seu *Informativo* n. 524). O acórdão conclui que a informação adequada constitui um direito básico do consumidor, conferindo a ele uma escolha consciente e permitindo que suas expectativas em relação ao produto ou serviço sejam de fato atingidas (*consentimento informado* ou *vontade qualificada*).

Os prazos para reclamar o vício do produto – seja ele de qualidade ou de quantidade – são decadenciais, nos termos do art. 26 do CDC, eis que as ações correspondentes são constitutivas negativas. Desse modo, escoados os prazos, ocorrerá a extinção da ação proposta, com resolução do mérito, nos termos do art. 487, II, do CPC/2015, correspondente ao art. 269, inc. IV, do CPC/1973 (por todos: STJ – AgRg no REsp 1.171.635/MT – Rel. Min. Vasco Della Giustina (Desembargador Convocado do TJ/RS) – Terceira Turma – j. 23.11.2010 – *DJe* 03.12.2010). Os prazos, essenciais para o estudo e compreensão da matéria aqui tratada, são os seguintes:

> I) Prazo decadencial de trinta dias, tratando-se de fornecimento de produtos não duráveis, que são aqueles que desaparecem facilmente com o consumo (*bens consumíveis faticamente*, nos termos do art. 86, primeira parte, do CC/2002). Exemplos: gêneros alimentícios.
>
> II) Prazo decadencial de noventa dias, tratando-se de fornecimento produtos duráveis, que são aqueles que não desaparecem facilmente com o consumo (*bens inconsumíveis faticamente*, nos termos do art. 86, primeira parte, do CC/2002). Exemplos: automóveis, imóveis, aparelhos celulares e eletrodomésticos.

De imediato – o que servirá para outras situações de vícios expostas a seguir –, ressalte-se a louvável proposta de ampliação dos prazos do art. 26 do CDC, para 60 e 180 dias, nos casos de bens não duráveis e duráveis, respectivamente (PLS 283/2012, originário do Senado Federal). A projeção, que conta com o meu total apoio, representa mais uma feliz ampliação dos direitos consumeristas em nosso País, estando mais bem adaptada à realidade social brasileira.

Voltando à legislação em vigor, em caso de dúvida, ou seja, se não restar claro se o produto é durável ou não, deve-se entender pela aplicação do prazo maior de 90 dias, o que é incidência do princípio do protecionismo do consumidor, retirado do art. 1º da Lei 8.078/1990 e do art. 5º, inc. XXXII, da CF/1988.

A propósito dessa diferenciação, aresto do Superior Tribunal de Justiça traz elementos que podem auxiliar o intérprete na correta conclusão quanto ao enquadramento dos bens duráveis e não duráveis. Pontue-se que o julgado diz respeito a um vestido de noiva, tratado como bem durável e sujeito ao prazo decadencial de 90 dias. Na linha do *decisum*:

"Entende-se por produto durável aquele que, como o próprio nome consigna, não se extingue pelo uso, levando certo tempo para se desgastar, que variará conforme a qualidade da mercadoria, os cuidados que lhe são emprestados pelo usuário, o grau de utilização e o meio ambiente no qual inserido. Portanto, natural que um terno, um eletrodoméstico, um automóvel ou até mesmo um livro, à evidência exemplos de produtos duráveis, se desgastem com o tempo, já que a finitude é, de certo modo, inerente a todo bem. Por outro lado, os produtos não duráveis, tais como alimentos, os remédios e combustíveis, em regra *in natura*, findam com o mero uso, extinguindo-se em um único ato de consumo. Assim, por consequência, nos produtos não duráveis o desgaste é imediato. Diante disso, o vestido de noiva deve ser classificado como um bem durável, pois não se extingue pelo mero uso, sendo notório que, por seu valor sentimental, há quem o guarde para a posteridade, muitas vezes com a finalidade de vê-lo reutilizado em cerimônias de casamento por familiares (filhas, netas e bisnetas) de uma mesma estirpe. Há pessoas, inclusive, que mantêm o vestido de noiva como lembrança da escolha de vida e da emoção vivenciada no momento do enlace amoroso, enquanto há aquelas que o guardam para uma possível reforma, seja por meio de aproveitamento do material (normalmente valioso), do tingimento da roupa (cujo tecido, em regra, é de alta qualidade) ou, ainda, para extrair lucro econômico, por meio de aluguel (negócio rentável e comum atualmente)" (STJ – REsp 1.161.941/DF – Rel. Min. Ricardo Villas Bôas Cueva – j. 05.11.2013, publicado no seu *Informativo* n. 533).

Feito esse fulcral esclarecimento, quanto ao início da contagem dos prazos, se o vício for aparente ou de fácil constatação, dar-se-á da entrega efetiva do produto ou tradição real (art. 26, § 1.º, do CDC). A ilustrar, a falta de peças de um faqueiro adquirido, perceptível de imediato.

Entretanto, no caso de vício oculto, o prazo inicia-se no momento em que ficar evidenciado o problema (art. 26, § 3º, do CDC). Como ilustração da última hipótese, cite-se o caso em que o barulho do veículo somente pode ser percebido após uma determinada velocidade atingida. Nessa linha, do STJ, "conforme premissa de fato fixada pela corte de origem, o vício do produto era oculto. Nesse sentido, o *dies a quo* do prazo decadencial de que trata o art. 26, § 3º, do Código de Defesa do Consumidor é a data em ficar evidenciado o aludido vício, ainda que haja uma garantia contratual, sem abandonar, contudo, o critério da vida útil do bem durável, a fim de que o fornecedor não fique responsável por solucionar o vício eternamente" (STJ – REsp 1.123.004/DF – Segunda Turma – Rel. Min. Mauro Campbell Marques – j. 01.12.2011 – DJe 09.12.2011).

Nos termos literais do que consta do art. 26, § 2º, do CDC, tais prazos podem ser *obstados*. Trata-se de uma exceção à regra segundo a qual o prazo decadencial não pode ser impedido, suspenso ou interrompido, como consta do art. 207 do CC/2002. Diverge a doutrina se tal *obstação* constituiria uma suspensão ou uma interrupção.[34]

A questão é importante, pois, na suspensão, o prazo para e depois continua de onde parou. Já na interrupção, o prazo para e volta ao seu início. A divergência é muito bem exposta por Leonardo de Medeiros Garcia, que demonstra as duas correntes doutrinárias fundamentais existentes sobre o tema. Para a primeira corrente, à qual estão filiados Zelmo Denari e Fábio Ulhoa Coelho, a hipótese é de suspensão do prazo. Para a segunda, liderada por Claudia Lima Marques, Luiz Edson Fachin e Odete Novais Carneiro Queiroz, a hipótese é de interrupção, entendendo do mesmo modo o doutrinador citado.[35] Contribuindo para a pesquisa realizada, anote-se que Rizzatto Nunes defende uma terceira conclusão, segundo a qual não se trata nem de suspensão nem de interrupção, mas da constituição de um direito a favor do consumidor.[36]

Na minha opinião doutrinária, a hipótese é de uma *suspensão especial*, que decorre de uma atuação do consumidor. Para a devida argumentação técnica, fazemos nossas as palavras de José Fernando Simão, professor da Faculdade de Direito da USP:

"Em que pese o Código Civil realmente incluir entre as causas de interrupção da prescrição atos do interessado, em momento algum esse diploma fixa o término do

---

[34] GARCIA, Leonardo de Medeiros. *Direito do Consumidor*. Código Civil Comentado e Jurisprudência. 3. ed. Niterói: Impetus, 2007. p. 100.
[35] GARCIA, Leonardo de Medeiros. *Direito do Consumidor*. Código Civil Comentado e Jurisprudência. 3. ed. Niterói: Impetus, 2007. p. 101.
[36] RIZZATTO NUNES, Luiz Antonio. *Comentários ao Código de Defesa do Consumidor*. 3. ed. São Paulo: Saraiva, 2007. p. 361.

período de 'interrupção', como faz o CDC. Por outro lado, ao tratar da causa de suspensão da prescrição, o Código Civil expressamente determina o período durante o qual essa não correrá, utilizando as expressões como 'na constância do matrimônio' (art. 197, I) e 'durante o poder familiar' (art. 197, II).

Ora, tais expressões têm significado idêntico àquelas utilizadas pela legislação no art. 26 do CDC e levam-nos a concluir se tratar realmente de suspensão e não de interrupção da decadência".[37]

A par dessa forma de pensar, o prazo já contado deve ser considerado quando de sua volta, premissa que é seguida por muitos julgados (por todos: TJSP – Apelação 9191745-04.2009.8.26.0000 – Acórdão 5021282, São Paulo – Vigésima Nona Câmara de Direito Privado – Rel. Des. Pereira Calças – j. 23.03.2011 – *DJESP* 11.04.2011; TJMG – Apelação Cível 5688694-84.2009.8.13.0702, Uberlândia – Décima Oitava Câmara Cível – Rel. Des. Guilherme Luciano Baeta Nunes – j. 01.02.2011 – *DJEMG* 18.02.2011; e TJDF – Recurso 2007.10.1.011291-4 – Acórdão 327.139 – Primeira Turma Recursal dos Juizados Especiais Cíveis e Criminais – Rel. Juiz Esdras Neves – *DJDFTE* 29.10.2008, p. 225).

De qualquer modo, cabe ressaltar que o PLS 283/2012 pretende encerrar a polêmica, utilizando a expressão "interrompem a decadência" no art. 26 do CDC. A proposta está fundada na premissa de que a interrupção, como regra, é melhor para a tutela dos direitos do consumidor.

Feita tal constatação, voltando-se à legislação aplicável no momento, são hipóteses em que ocorre tal *obstação*, nos termos da norma consumerista vigente:

1ª) A reclamação comprovadamente formulada pelo consumidor ao fornecedor, até a respectiva resposta, o que deve ocorrer de forma inequívoca. Deve ficar claro que tal norma prevalece sobre o art. 18, § 1º, do CDC, ou seja, se o fornecedor não responde quanto à solução do problema, o prazo permanecerá obstado. Entender que o prazo volta a correr após os trinta dias sem a resposta do fornecedor coloca em desprestígio todo o sistema consagrado para a proteção do vulnerável negocial.

2ª) A instauração do inquérito civil pelo Ministério Público até o seu encerramento. Nos termos do art. 8º da Lei da Ação Civil Pública (Lei 7.347/1985), o inquérito civil é um procedimento administrativo que visa a investigar ou a dirimir situações de lesão a direitos coletivos, caso dos direitos dos consumidores. Enuncia o comando legal citado que o Ministério Público poderá instaurar, sob sua presidência, inquérito civil, ou requisitar, de qualquer organismo público ou particular, certidões, informações, exames ou perícias.

Além dessas situações previstas na Lei Consumerista, atente-se ao fato de que os prazos de decadência do art. 26 do CDC ficaram suspensos entre os dias 12 de junho e 30 de outubro de 2020, por força da Lei 14.010/2020, que instituiu Regime Jurídico Emergencial e Transitório das relações jurídicas de Direito Privado (RJET) no período da pandemia do coronavírus (Covid-19). Nos termos do seu art. 3º, *caput*, "os prazos prescricionais

---

[37] SIMÃO, José Fernando. Vícios do produto. Questões controvertidas. In: MORATO, Antonio Carlos; NÉRI, Paulo de Tarso (orgs.). *20 anos do Código de Defesa do Consumidor*. Estudos em homenagem ao Professor José Geraldo Brito Filomeno. São Paulo: Atlas, 2010. p. 410.

consideram-se impedidos ou suspensos, conforme o caso, a partir da entrada em vigor desta Lei até 30 de outubro de 2020". Quanto à suspensão dos prazos decadenciais, foi instituída regra específica no seu § 2º. Essa suspensão em tempos pandêmicos ainda tem repercutido em muitos casos práticos.

Seguindo no estudo da matéria, não se olvide da edição em 2012, pelo STJ, de Súmula estabelecendo que "a decadência do artigo 26 do CDC não é aplicável à prestação de contas para obter esclarecimentos sobre cobrança de taxas, tarifas e encargos bancários" (Súmula n. 477). Consultando-se os precedentes que geraram ementa, constata-se que a Corte Superior entende pela aplicação de prazo previsto no Código Civil para a hipótese da citada prestação de contas. Como no caso há geralmente uma ação de repetição de indébito, é forçoso deduzir pela aplicação do prazo geral de dez anos, estabelecido pelo art. 205 da codificação civil privada.

Vistos tais aspectos, não se pode deixar de fazer um paralelo entre os vícios do produto e os chamados *vícios redibitórios*, previstos nos arts. 441 a 446 do CC/2002, uma vez que a presente obra pretende trazer uma visão *dialogal* entre as duas normas. Os vícios redibitórios, com grande aplicação na esfera contratual, têm a mesma natureza dos vícios do produto quanto à origem, constituindo vícios que atingem o objetivo do negócio e não a vontade da parte, como é comum nos vícios do consentimento. A respeito dessa diferenciação, no tocante ao erro, vejamos ementa do STJ, que *serviria como luva* também para a hipótese de vícios do produto:

"Direito civil. Vício de consentimento (erro). Vício redibitório. Distinção. Venda conjunta de coisas. Art. 1.138 do CC/1916 (art. 503 do CC/2002). Interpretação. Temperamento da regra. O equívoco inerente ao vício redibitório não se confunde com o erro substancial, vício de consentimento previsto na Parte Geral do Código Civil, tido como defeito dos atos negociais. O legislador tratou o vício redibitório de forma especial, projetando inclusive efeitos diferentes daqueles previstos para o erro substancial. O vício redibitório, da forma como sistematizado pelo CC/1916, cujas regras foram mantidas pelo CC/2002, atinge a própria coisa, objetivamente considerada, e não a psique do agente. O erro substancial, por sua vez, alcança a vontade do contratante, operando subjetivamente em sua esfera mental. O art. 1.138 do CC/1916, cuja redação foi integralmente mantida pelo art. 503 do CC/2002, deve ser interpretado com temperamento, sempre tendo em vista a necessidade de se verificar o reflexo que o defeito verificado em uma ou mais coisas singulares tem no negócio envolvendo a venda de coisas compostas, coletivas ou de universalidades de fato. Recurso especial a que se nega provimento" (STJ – REsp 991.317/MG – Terceira Turma – Rel. Min. Nancy Andrighi – j. 03.12.2009 – *DJe* 18.12.2009).

Todavia, existem algumas diferenciações fundamentais a respeito das categorias dos vícios do produto e dos vícios redibitórios, as quais se deve atentar.

Como *primeira diferença*, destaque-se que os vícios redibitórios, pela literalidade do art. 441 do CC/2002, seriam apenas nos *vícios ocultos* que acometem o objeto do contrato. Por outra via, os vícios do produto podem ser aparentes ou ocultos, como antes exposto. De toda sorte, deve ficar claro que entendo que os vícios redibitórios do mesmo podem ser aparentes ou ocultos, pela diferenciação de prazos para reclamação que constam do art. 445 do CC/2002, conforme a seguir está demonstrado.[38]

---

[38] A questão está exposta em: TARTUCE, Flávio. *Direito Civil*. 6. ed. São Paulo: GEN/Método, 2011. v. 3: Teoria geral dos contratos e contratos em espécie, e TARTUCE, Flávio. *Direito Civil*. Volume Único. São Paulo: GEN/Método, 2011.

Constituindo uma *segunda diferença*, nos contratos de natureza civil, não se pode falar em solidariedade entre fornecedores, não havendo responsabilidade além daquela pessoa que firmou o contrato, pela decorrência lógica do princípio da relatividade dos efeitos contratuais (*res inter alios*).

A *terceira diferença* refere-se aos prazos decadenciais para reclamar os vícios. Os prazos previstos no CDC admitem obstação, ou seja, uma suspensão especial. Por outra via, os prazos decadenciais do CC/2002 não podem ser suspensos ou interrompidos, pela regra do seu art. 207. Assim, o sistema do CDC é muito mais vantajoso do que o sistema do CC/2002 em tal aspecto.

Como *quarta diferença*, vejamos os prazos em si. Os prazos decadenciais para reclamar os vícios redibitórios estão estabelecidos pelo art. 445 do CC/2002. O *caput* do comando consagra prazos de trinta dias se a coisa for móvel e um ano para o imóvel, contados da entrega efetiva da coisa, em regra. Porém, se o vício, por sua natureza, somente pode ser percebido mais tarde, os prazos são de cento e oitenta dias para móveis e um ano para imóveis, contado do conhecimento do vício (art. 445, § 1º, do CC/2002). Anote-se que, ao contrário do Código Consumerista, o Código Civil não adota como critério a *durabilidade* ou *consuntibilidade física* dos bens adquiridos, mas sim a sua mobilidade.

No presente momento, surge uma questão de controvérsia. Como os prazos do Código Civil são maiores do que os prazos de trinta e noventa dias do art. 26 do CDC, poderia o consumidor utilizá-los, como aplicação da tese do *diálogo das fontes*? Como não poderia ser diferente, Claudia Lima Marques, Herman Benjamin e Bruno Miragem respondem que sim, sendo suas palavras: "a jurisprudência brasileira tem sido muito receptiva ao uso da teoria de Erik Jayme sobre o diálogo das fontes para aplicar o prazo mais favorável ao consumidor em matéria de decadência e prescrição como autoriza o art. 7º do CDC".[39] Concluindo desse modo, subsumindo os prazos maiores do Código Civil, a ilustrar: TJPR – Apelação Cível 0497436-3, Mandaguari – Oitava Câmara Cível – Rel. Des. João Domingos Kuster Puppi – DJPR 01.08.2008, p. 95.

O entendimento pode parecer justo, sem dúvidas, apesar de afastar-se da pura técnica. Todavia, não se pode esquecer que, quanto à possibilidade de o prazo poder ser suspenso, a proteção constante do CDC é muito mais favorável ao consumidor do que consta do CC/2002, uma vez que no sistema civil o prazo de decadência não pode ser suspenso. Então, a aplicação das normas relativas aos vícios redibitórios pode constituir uma *armadilha* contra o consumidor.

No que concerne ao eventual prazo de *garantia contratual* dado pelo fornecedor como uma decadência convencional, o art. 50 do CDC é muito claro, no sentido de não prejudicar os prazos estabelecidos em lei. O tema ainda será aprofundado no próximo capítulo da obra.

A garantia legal de adequação do produto independe de termo escrito ou expresso, incidindo *ex vi lege*, sendo vedada a exoneração contratual do fornecedor (art. 24 do CDC). Frise-se que há proposta de inclusão de preceito complementar à norma atual, por meio do Projeto de Lei 283/2012, originário do Senado Federal. A projeção visa ao art. 24-A, com a seguinte dicção: "o fornecedor é responsável perante o consumidor por qualquer

---

[39] MARQUES, Claudia Lima; BENJAMIN, Antonio Herman; MIRAGEM, Bruno. *Comentários ao Código de Defesa do Consumidor*. 3. ed. São Paulo: RT, 2010. p. 594.

vício do produto ou serviço, durante o prazo mínimo de dois anos, a contar da data efetiva da entrega ou prestação. Parágrafo único. Presumem-se como vícios de fabricação, construção ou produção aqueles apresentados no prazo de seis meses a partir da entrega do produto ou realização do serviço, exceto se for apresentada prova em contrário ou da quebra do nexo causal for comprovada culpa exclusiva do consumidor ou de terceiro". A proposição é louvável, ampliando, mais uma vez, a tutela dos direitos dos consumidores. Desse modo, como outras propostas, espera-se a sua aprovação.

Voltando ao sistema vigente, a citada *cláusula de não indenizar* é ainda vedada pelo art. 25 do CDC, segundo o qual "é vedada a estipulação contratual de cláusula que impossibilite, exonere ou atenue a obrigação de indenizar prevista nesta e nas seções anteriores". A solidariedade entre fornecedores é reforçada pelo § 1º do dispositivo, pois, "havendo mais de um responsável pela causação do dano, todos responderão solidariamente pela reparação prevista nesta e nas seções anteriores". Além disso, prevê o § 2º do art. 25 que, sendo o dano causado por componente ou peça incorporada ao produto ou serviço, são responsáveis solidários seu fabricante, construtor ou importador e o que realizou a incorporação.

Em 2022, a Primeira Turma do STJ concluiu, a respeito do § 1º do art. 25 do CDC que a solidariedade ali prevista não pode admitir interpretação extensiva. Em caso relacionado a contrato de mútuo celebrado com a Caixa Econômica Federal julgou-se o seguinte:

"Havendo condenação de mais de um réu, e sendo omissa a sentença em relação à parcela de responsabilidade de cada demandado, a solução para essa omissão, na execução, deve partir da premissa de que 'a solidariedade não se presume; resulta da lei ou da vontade das partes' (art. 265 do CC). No caso, inexiste qualquer previsão legal e/ou convencional quanto à obrigação solidária entre os corréus, pelo que aplicável a norma do art. 257 do CC, segundo a qual 'havendo mais de um devedor ou mais de um credor em obrigação divisível, esta presume-se dividida em tantas obrigações, iguais e distintas, quantos os credores ou devedores'. A norma do art. 25, § 1º, do CDC, rege a responsabilidade solidária daqueles que provocam dano ao consumidor por vício do produto ou do serviço, não sendo esta a relação jurídica estabelecida entre as partes, decorrente de revisão de contrato de mútuo, de modo que, por se tratar de exceção à regra geral do art. 265 do CC, a previsão de solidariedade contida no supracitado dispositivo deve ser interpretada restritivamente" (STJ – REsp 1.647.238/RJ – Primeira Turma – Rel. Min. Gurgel de Faria – j. 17.05.2022, v.u.).

Com o devido respeito, penso que a norma consumerista analisada incide sempre para as relações de consumo e não só para os casos de responsabilidade civil por vício ou por fato do produto. A solidariedade para a ação de revisão contratual é retirada da própria essência do CDC, razão pela qual não me filio ao julgado.

A encerrar o estudo do vício do produto, deve ficar clara a intenção da norma, ao preceituar que a ignorância do fornecedor sobre os vícios de qualidade por inadequação dos produtos não o exime de responsabilidade (art. 23 do CDC). Dessa forma, há um dever legal do fornecedor em evitar o vício, sendo irrelevante o fator culposo ou subjetivo para que surja a correspondente responsabilidade, uma vez que o Código Consumerista adota um sistema objetivo de deveres negociais.[40] Em outras palavras, pensar o contrário seria

---

[40] Nesse sentido, por todos: MARQUES, Claudia Lima; BENJAMIN, Antonio Herman; MIRAGEM, Bruno. *Comentários ao Código de Defesa do Consumidor*. 3. ed. São Paulo: RT, 2010. p. 570.

a volta ao um modelo clássico e superado de Direito Privado, fundando em boas ou más intenções. Fazendo incidir tal ideia, vejamos exemplar julgado do Tribunal Paranaense:

> "Apelação cível. Ação declaratória de nulidade de título de crédito e cautelar de sustação de protesto. Locação de automóvel. Relação de consumo. Dano no motor. Bem que teria sido entregue em perfeitas condições de uso. Argumento afastado. Vício oculto que não exime a responsabilidade do fornecedor. Art. 23 do CDC. Nível de óleo e água no radiador. Verificação que é ônus da apelante. Descumprimento de dever inerente à sua função. Locatário que notificou a ocorrência. Inexistência de violação contratual pelo apelado. Sentença mantida. Recurso desprovido" (TJPR – Apelação Cível 0558126-6, Curitiba – Décima Primeira Câmara Cível – Rel. Des. Augusto Lopes Cortes – *DJPR* 06.04.2009, p. 193).

O aresto tem o total apoio deste autor, sendo perfeito tecnicamente, com conclusão que deve ser repetida por outras Cortes.

4.2.3. Responsabilidade civil pelo fato do produto ou defeito

Como antes exposto, no fato do produto ou defeito estão presentes outras consequências além do próprio produto, outros danos suportados pelo consumidor, a gerar a responsabilidade objetiva direta e imediata do fabricante (art. 12 do CDC). Além disso, há a responsabilidade subsidiária ou mediata do comerciante ou de quem o substitua (art. 13 da Lei 8.078/1990).

Presente o fato do produto, a Lei Consumerista assegura o direito de regresso daquele que ressarciu o dano contra o culpado, ou de acordo com as participações para o evento danoso (art. 13, parágrafo único, do CDC). Entretanto, como visto, nas ações propostas pelo consumidor envolvendo os arts. 12 e 13 da Lei 8.078/1990, é vedada a denunciação da lide para exercício desse direito de regresso (art. 88 do CDC).

Nos termos da norma, o direito de regresso pode ser exercido em processo autônomo, sendo facultada ainda a possibilidade de prosseguir-se nos mesmos autos da ação proposta pelo próprio consumidor. Isso, em momento posterior ao recebimento pelo consumidor do que lhe é devido, em prol da economia processual. Tal dispositivo não foi atingido pelo Código de Processo Civil de 2015, merecendo plena subsunção na sua vigência.

A respeito da vedação da denunciação da lide, anotam com precisão Nelson Nery Jr. e Rosa Maria de Andrade Nery, estendendo a conclusão para o chamamento ao processo, nas hipóteses de solidariedade:

> "O sistema do CDC veda a utilização da denunciação da lide e do chamamento ao processo, ambas condenatórias, porque o direito de indenização do consumidor é fundado na responsabilidade objetiva. Embora esteja mencionada como vedada a denunciação da lide na hipótese do CDC 13, parágrafo único, na verdade o sistema do CDC não admite a denunciação da lide nas ações versando lides de consumo. Seria injusto discutir-se, por denunciação da lide ou chamamento ao processo, a conduta do fornecedor ou de terceiro (dolo ou culpa), que é elemento da responsabilidade subjetiva, em detrimento do consumidor que tem o direito de ser ressarcido em face da responsabilidade objetiva do fornecedor, isto é, sem que se discuta dolo ou culpa".[41]

---

[41] NERY JR., Nelson; NERY, Rosa Maria de Andrade. *Código Civil Anotado*. 2. ed. São Paulo: RT, 2003. p. 981.

Apesar de ser esse o entendimento mais justo e correto, em prol da proteção dos consumidores, a jurisprudência superior vinha entendendo que a vedação da denunciação da lide somente atingiria as hipóteses dos arts. 12 e 13 do CDC, e não outras situações, como aquelas relativas a problemas no serviço. Nessa linha de pensamento:

"Civil e processual. Ação de indenização. Danos morais. Inscrição em cadastros de devedores. Cheques roubados da empresa responsável pela entrega dos talonários. Denunciação da lide. Rejeição com base no art. 88 do CDC. Vedação restrita à responsabilidade do comerciante (CDC, art. 13). Fato do serviço. Ausência de restrição com base na relação consumerista. Descabimento. Abertura de contencioso paralelo. I. A vedação à denunciação à lide disposta no art. 88 da Lei 8.078/1990 restringe-se à responsabilidade do comerciante por fato do produto (art. 13), não alcançando o defeito na prestação de serviços (art. 14). II. Precedentes do STJ. III. Impossibilidade, contudo, da denunciação, por pretender o réu inserir discussão jurídica alheia ao direito da autora, cuja relação contratual é direta e exclusiva com a instituição financeira, contratante da transportadora terceirizada, ressalvado o direito de regresso. IV. Recurso especial não conhecido" (STJ – REsp 1.024.791/SP – Quarta Turma – Rel. Min. Aldir Passarinho Junior – j. 05.02.2009 – *DJe* 09.03.2009).

"Civil e processual. Ação de indenização. Danos morais. Travamento de porta de agência bancária. Denunciação à lide da empresa de segurança. Rejeição com base no art. 88 do CDC. Vedação restrita à responsabilidade do comerciante (CDC, art. 13). Fato do serviço. Ausência de restrição com base na relação consumerista. Hipótese, todavia, que deve ser apreciada à luz da lei processual civil (art. 70, III). Anulação do acórdão. Multa. Afastamento. Súmula 98-STJ. I. A vedação à denunciação à lide disposta no art. 88 da Lei 8.078/1990 restringe-se à responsabilidade do comerciante por fato do produto (art. 13), não alcançando o defeito na prestação de serviços (art. 14), situação, todavia, que não exclui o exame do caso concreto à luz da norma processual geral de cabimento da denunciação, prevista no art. 70, III, da lei adjetiva civil. II. Anulação do acórdão estadual, para que a Corte *a quo* se manifeste sobre o pedido de denunciação à lide, nos termos acima. III. Precedentes do STJ. IV. 'Embargos de declaração manifestados com notório propósito de prequestionamento não têm caráter protelatório' (Súmula 98 do STJ). V. Recurso especial conhecido e parcialmente provido" (STJ – REsp 439.233/SP – Quarta Turma – Rel. Min. Aldir Passarinho Junior – j. 04.10.2007 – *DJ* 22.10.2007, p. 277).

Todavia, houve uma feliz mudança na posição do Superior Tribunal de Justiça, o que é salutar para a efetiva defesa dos direitos dos consumidores. Conforme ementa publicada em setembro de 2015, por meio da ferramenta *Jurisprudência em Teses* (Edição 39), daquela Corte: "a vedação à denunciação da lide prevista no art. 88 do CDC não se restringe à responsabilidade de comerciante por fato do produto (art. 13 do CDC), sendo aplicável também nas demais hipóteses de responsabilidade civil por acidentes de consumo (arts. 12 e 14 do CDC)". Como precedentes para a tese foram citados os seguintes acórdãos, todos bem recentes: AgRg no AREsp 619.161/PR – Rel. Min. Luis Felipe Salomão – Quarta Turma – j. 07.04.2015 – *DJe* 13.04.2015; AgRg no AgRg no AREsp 546.629/SP – Rel. Min. Antonio Carlos Ferreira – Quarta Turma – j. 03.03.2015 – *DJe* 11.03.2015; EDcl no Ag 1.249.523/RJ – Rel. Min. Raul Araújo – Quarta Turma – j. 05.06.2014 – *DJe* 20.06.2014; REsp 1.286.577/SP – Rel. Min. Nancy Andrighi – Terceira Turma – j. 17.09.2013 – *DJe*

23.09.2013; REsp 1.165.279/SP – Rel. Min. Paulo De Tarso Sanseverino – Terceira Turma – j. 22.05.2012 – DJe 28.05.2012).

Pelas mesmas premissas anteriores, o próprio STJ ainda admite o chamamento ao processo em lides de consumo, na contramão do posicionamento doutrinário antes esposado e da sua última tendência quanto à denunciação da lide do mesmo Tribunal da Cidadania. Por todos:

> "Responsabilidade civil. Direito do consumidor. Transporte coletivo. Seguro. Chamamento ao processo. Processo sumário. Consoante já decidiu a Eg. Quarta Turma, 'é possível o chamamento ao processo da seguradora da ré (art. 101, II, do CDC), empresa de transporte coletivo, na ação de responsabilidade promovida pelo passageiro, vítima de acidente de trânsito causado pelo motorista do coletivo, não se aplicando ao caso a vedação do art. 280, I, do CPC' (REsps 178.839-RJ e 214.216-RJ). Achando-se a causa, porém, em fase avançada (realização de perícia médico-legal), a anulação do feito, além de importar em sério tumulto processual, ainda acarretaria prejuízo ao consumidor, autor da ação. Hipótese em que, ademais, a ré não sofre a perda do seu direito de regresso contra a empresa seguradora. Recurso especial não conhecido" (STJ – REsp 313.334/RJ – Quarta Turma – Rel. Min. Barros Monteiro – j. 05.04.2001 – DJ 25.06.2001, p. 197).

Com o devido respeito, entendo que as modalidades de intervenção de terceiros, em regra, tumultuam o processo, dificultando o caminho judicial dos consumidores, já tormentosos, conclusão que gerou uma mudança na posição do STJ a respeito da denunciação da lide. Assim, o melhor caminho, sem dúvidas, é o seu afastamento, dando primazia ao recebimento dos direitos devidos pelo consumidor e assegurando-se o direito de regresso em posterior momento. Por isso, estou filiado ao posicionamento de Nelson Nery Jr. e Rosa Maria de Andrade Nery, antes exposto.

Superado tal aspecto processual, o § 1º do art. 12 do CDC estabelece alguns parâmetros ilustrativos da caracterização do produto defeituoso, preconizando que haverá enquadramento quando o bem de consumo não oferece a segurança que dele legitimamente se espera, levando-se em consideração as circunstâncias relevantes, entre as quais: *a)* sua apresentação; *b)* o uso e os riscos que razoavelmente dele se esperam; *c)* a época em que foi colocado em circulação. Como se extrai da obra solitária de Bruno Miragem, três são as modalidades de defeitos que podem ser retiradas desse comando legal:[42]

> – *Defeitos de projeto ou concepção* – aqueles que atingem a própria apresentação ou essência do produto, que gera danos independentemente de qualquer fator externo. Exemplo citado pelo jurista é o do remédio talidomida, "cujo uso em pacientes grávidas, para minorar efeitos de indisposição, deu causa a deformações físicas da criança".[43] Como exemplo, podem ser invocados os fogos de artifício e o caso do cigarro, tema que ainda será aprofundado no presente capítulo.

---

[42] MIRAGEM, Bruno. *Curso de Direito do Consumidor*. 2. ed. São Paulo: RT, 2010. p. 366-370.
[43] MIRAGEM, Bruno. *Curso de Direito do Consumidor*. 2. ed. São Paulo: RT, 2010. p. 367.

> – *Defeitos de execução, produção ou fabricação* – relativos a falhas do dever de segurança quando da colocação do produto ou serviço no meio de consumo. A título de ilustração, cite-se a hipótese em que o veículo é comercializado com um problema no seu cinto de segurança, sendo necessário convocar os consumidores para o reparo (*recall*). Cite-se, ainda, a situação concreta, julgada recentemente pelo STJ, em que se reconheceu o fato do produto, pois o *air bag* do veículo não funcionou, agravando o dano quando do acidente. Consta da ementa do julgado, que cita esta obra: "considera-se o produto como defeituoso quando não fornece a segurança que o consumidor dele se espera, levando--se em consideração a época e o modo em que foi prestado, e no que mais importa para a espécie, os riscos inerentes a sua regular utilização. O fato da utilização do *air bag*, como mecanismo de segurança de periculosidade inerente, não autoriza que as montadoras de veículos se eximam da responsabilidade em ressarcir danos fora da normalidade do uso e os riscos que razoavelmente dele se esperam (art. 12, § 1º, II, do CDC)" (STJ – REsp 1.656.614/SC – Terceira Turma – Rel. Min. Nancy Andrighi – j. 23.05.2017 – DJe 02.06.2017).
>
> – *Defeitos de informação ou comercialização* – segundo Bruno Miragem, "aqueles decorrentes da apresentação ou informações insuficientes ou inadequadas sobre a sua fruição ou riscos".[44] Para concretizar, imagine-se a hipótese em que um brinquedo foi comercializado como dirigido para uma margem de idade inadequada, podendo causar danos às crianças.

Esclareça-se que tais modalidades também servem para o fato ou defeito do serviço, uma vez que os mesmos critérios para o fato ou defeito do serviço constam do art. 14, § 1º, do Código Protetivo. O tema ainda será exposto em momento oportuno.

Por outra via, o produto não é considerado defeituoso pelo fato de outro de melhor qualidade ter sido colocado no mercado (art. 12, § 2º, do CDC). A ilustrar, o fato de se colocar no mercado um veículo com nova estrutura ou *design* não significa dizer que o modelo anterior tinha um defeito (TJPB – Apelação Cível 888.2004.010463-9/001, João Pessoa – Terceira Câmara Cível – Rel. Des. João Antônio de Moura – j. 15.03.2005 – DJPB 29.03.2005). Do mesmo modo, se o sabor de uma bebida é aperfeiçoado pelo fabricante, levando em conta o paladar do brasileiro.

Evidenciado o fato do produto ou defeito, o consumidor prejudicado pode manejar uma ação de reparação de danos contra o agente causador do prejuízo, o que é decorrência direta do *princípio da reparação integral*. Tal demanda condenatória está sujeita ao prazo prescricional de cinco anos, previsto pelo art. 27 da Lei 8.078/1990 para o acidente de consumo. O dispositivo estabelece, de forma justa e correta, que o prazo será contado da ocorrência do evento danoso *ou* do conhecimento de sua autoria, o que por último ocorrer. Adota-se, assim, a teoria da *actio nata*, em sua faceta subjetiva, segundo a qual o prazo deve ter início não a partir da ocorrência do fato danoso, mas sim da ciência do prejuízo. Quebra-se então a regra geral do Direito Civil, do nascimento da pretensão no momento da violação do direito subjetivo, por interpretação do art. 189 do CC/2002.

Além desse claro benefício ao consumidor, cumpre destacar que o CDC consagra um prazo maior do que aquele previsto pelo Código Civil de 2002 para os casos de reparação

---

[44] MIRAGEM, Bruno. *Curso de Direito do Consumidor*. 2. ed. São Paulo: RT, 2010. p. 369.

civil de qualquer natureza, que é de três anos (art. 206, § 3º, V, do CC/2002). Por oportuno, com todo o respeito em relação a eventual posicionamento em contrário, entendo que poderão ser aplicadas às situações de acidente de consumo as regras relacionadas com a suspensão e interrupção da prescrição previstas no Código Civil Brasileiro (arts. 197 a 204), em *diálogo das fontes*.

A fim de ilustrar e de fixar a aplicação do prazo, vejamos tudo o que aqui foi exposto, tomando como exemplo aquele caso do ferro de passar roupas que explode quando manejado pelo seu adquirente. Se o ferro explode, mas não atinge nem fere ninguém, estará presente o *vício do produto*. Nessa hipótese, o consumidor poderá pleitear do comerciante ou do fabricante (solidariedade) um eletrodoméstico novo. O prazo para tanto é decadencial de noventa dias, nos termos do art. 26 do CDC.

Entretanto, se nessa mesma situação o eletrodoméstico explode e atinge o consumidor, causando-lhe danos morais e estéticos, estará presente o *fato do produto* ou *defeito*. Na situação descrita, a ação indenizatória deverá ser proposta, em regra, em face do fabricante e no prazo prescricional de cinco anos a partir da ocorrência do fato ou da ciência de uma séria deformidade pelo consumidor (art. 27 do CDC).

Atente-se, ainda, ao fato de que esse prazo prescricional de cinco anos ficou suspenso no período entre 12 de junho e 30 de outubro de 2020, por força do art. 3º da Lei 14.010/2020, que instituiu o Regime Jurídico Emergencial e Transitório das relações jurídicas de Direito Privado (RJET) no período da pandemia Covid-19.

Podem ser colacionados outros exemplos de incidência do prazo prescricional de cinco anos pela melhor jurisprudência. De início, julgado do Tribunal Gaúcho relativo a uma faixa térmica que superaqueceu, causando danos materiais e estéticos ao consumidor:

"Responsabilidade civil. Consumidor. Fato do produto. Prescrição. Faixa térmica. Superaquecimento e combustão. Danos ao patrimônio e à saúde do consumidor. Inversão do ônus da prova *ope legis*. Alegação de mau uso do produto. Direito de informação. Juntada de documentos em sede de recurso, por alegação de fato novo. Conhecimento da matéria pela Turma. Direito à restituição do valor pago pelo produto. Indenização por danos morais. A autora adquiriu uma faixa térmica da ré, fato confirmado pela juntada da respectiva nota fiscal. A consumidora colocou o produto em uso sob cobertor, vindo a causar superaquecimento, o que acarretou danos a seu patrimônio (queima do colchão) e à sua saúde (queimaduras leves). Correta a decisão que não acolheu a arguição de decadência, pois, a se tratar de fato do produto, o prazo prescricional é de cinco anos, *ex vi* do art. 27 do CDC. A ré alega que, diante do depoimento pessoal da autora, que admitiu ter usado o produto sob cobertor, surgiu fato novo. Diante disso, juntou, em sede de razões recursais, o manual do usuário do produto, o qual adverte para que este não seja abafado. Em sede de Juizados Especiais, diante do princípio da informalidade, é possível conhecer de documento juntado em sede de recurso, excepcionalmente, desde que se possibilite o contraditório à parte contrária. A alegação de mau uso do produto não pode ser aceita, uma vez que o dever de informação ao consumidor dos riscos à sua saúde, mesmo que decorrentes do manejo inadequado do equipamento, não foi cumprido (art. 12, § 1º, II, do CDC). Isso porque o manual do usuário refere apenas que o produto nunca deverá ser abafado, por baixo de roupas de cama, pois poderá ocasionar superaquecimento, danificando o produto. Essa advertência não é suficiente para informar o consumidor dos riscos à sua saúde. Restaram provados a aquisição e os danos, daí porque, invertido o ônus da prova em virtude da Lei (art. 12, *caput*, do CDC), cumpria à ré demonstrar a culpa exclusiva do consumidor e que o defeito inexiste. Não se desincumbiu de tal mister, pois, malferido o dever de informação, o produto é defeituoso, pois não se poderia esperar risco à saúde do consumidor de tal gravidade apenas em função do uso inadequado do produto. Sentença mantida por seus próprios fundamentos. Recurso improvido" (TJRS – Recurso Cível 71002419166, Porto Alegre – Primeira Turma Recursal Cível – Rel. Des. Fábio Vieira Heerdt – j. 15.07.2010 – *DJERS* 23.07.2010).

Do Tribunal de Justiça de São Paulo, acórdão que determinou o dever de indenizar da empresa fabricante pela explosão de uma garrafa de refrigerante, aplicando-se o prazo prescricional do art. 27:

"Indenização. Danos morais e materiais. Sentença que condenou a empresa, uma vez comprovada a ocorrência do nexo de causalidade entre o fato e dano decorrente de fato do produto. Explosão de garrafa de refrigerante. Hipótese, contudo, de prescrição da ação nos termos do art. 27 do CDC. Ausência de elementos para uma interpretação mais favorável ao consumidor. Dano de caráter imediato cujo agravamento não transfere o termo inicial de contagem desse prazo. Recurso, nesse sentido, acolhido" (TJSP – Apelação Cível 297.806.4/6 – Acórdão 2638058, São Paulo – Quarta Câmara de Direito Privado – Rel. Des. Teixeira Leite – j. 29.05.2008 – *DJESP* 20.06.2008).

Do Superior Tribunal de Justiça, destaque-se acórdão que aplicou o prazo em comento para defeito em herbicida, que prejudicou toda a safra do consumidor:

"Responsabilidade civil. Alegação de dano por fato do produto e não de vício do produto. Ineficácia de herbicida. Prejuízo à safra. Prazo decadencial. 5 anos. Art. 27 do Código de Defesa do Consumidor. Recurso provido para afastar a decadência prosseguindo-se no exame do mérito no tribunal de origem. 1. Diante do fundamento da inicial de ocorrência do fato do produto, e não vício, no mau funcionamento de herbicida que, por não combater as ervas daninhas, enseja prejuízo à safra, e consequentemente, ao patrimônio do usuário, o prazo decadencial é de 5 (cinco) anos (CDC, art. 27). 2. Recurso especial provido para afastar preliminar de decadência, devendo o Tribunal de origem prosseguir no julgamento de mérito" (STJ – Terceira Turma – REsp 953.187/MT – Rel. Min. Sidnei Beneti – j. 23.06.2009 – *DJe* 29.06.2009).

Do ano de 2015, concluiu o mesmo Tribunal da Cidadania, em aresto publicado no seu *Informativo* n. 557 e com clara didática:

"O aparecimento de grave vício em revestimento (pisos e azulejos), quando já se encontrava devidamente instalado na residência do consumidor, configura fato do produto, sendo, portanto, de cinco anos o prazo prescricional da pretensão reparatória (art. 27 do CDC). Nas relações de consumo, consoante entendimento do STJ, os prazos de 30 dias e 90 dias estabelecidos no art. 26 referem-se a vícios do produto e são decadenciais, enquanto o quinquenal, previsto no art. 27, é prescricional e se relaciona à reparação de danos por fato do produto ou serviço (REsp 411.535/SP – Quarta Turma – *DJ* de 30.09.2002). O vício do produto, nos termos do art. 18 do CDC, é aquele correspondente ao não atendimento, em essência, das expectativas do consumidor no tocante à qualidade e à quantidade, que o torne impróprio ou inadequado ao consumo ou lhe diminua o valor. Assim, o vício do produto restringe-se ao próprio produto e não aos danos que ele pode gerar para o consumidor, sujeitando-se ao prazo decadencial do art. 26 do CDC. O fato do produto, por sua vez, sobressai quando esse vício for grave a ponto de ocasionar dano indenizável ao patrimônio material ou moral do consumidor, por se tratar, na expressão utilizada pela lei, de defeito. É o que se extrai do art. 12 do CDC, que cuida da responsabilidade pelo fato do produto e do serviço. Ressalte-se que, não obstante o § 1º do art. 12 do CDC preconizar que produto defeituoso é aquele desprovido de segurança, doutrina e jurisprudência convergem quanto à compreensão de que o defeito é um vício grave e causador de danos ao patrimônio jurídico ou moral. Desse modo, a eclosão tardia do vício do revestimento, quando já se encontrava devidamente instalado na residência do consumidor, determina a existência de danos materiais indenizáveis e relacionados com a necessidade de, no mínimo, contratar serviços destinados à substituição do produto defeituoso, caracterizando o fato do produto, sujeito ao prazo prescricional de 5 anos" (STJ – REsp 1.176.323/SP – Rel. Min. Villas Bôas Cueva – j. 03.03.2015 – *DJe* 16.03.2015).

Cumpre destacar que o mesmo Superior Tribunal de Justiça tem subsumido o prazo do art. 27 do CDC e a teoria da *actio nata* em sua faceta subjetiva, para as hipóteses dos males decorrentes do tabagismo. Nessa linha, entre os julgados mais recentes, citando os precedentes anteriores:

"Agravo regimental. Recurso especial. Negativa de prestação jurisdicional. Não ocorrência. Responsabilidade civil. Relação de consumo. Fato do produto. Tabagismo. Prescrição quinquenal. Início da contagem do prazo. Conhecimento do dano e de sua autoria. Precedente da E. Segunda Seção desta A. Corte. Incidência do Enunciado 83/STJ. Agravo regimental improvido. I. A e. Segunda Seção desta a. Corte, por ocasião do julgamento do Recurso Especial 489.895/SP, Rel. Min. Fernando Gonçalves, *DJe* 23.04.2010, reiterando a jurisprudência desta a. Corte, considerou que, em se tratando de ação que objetiva a reparação dos danos causados pelo tabagismo, por se tratar de dano causado por fato do produto ou do serviço prestado, a prescrição é quinquenal, regida pelo art. 27 do Código de Defesa do Consumidor, norma especial que afasta a incidência da regra geral, contida no CC/1916. II. Agravo regimental improvido" (STJ – AgRg-REsp 1.081.784/RS – Terceira Turma – Rel. Min. Massami Uyeda – j. 07.12.2010 – *DJe* 03.02.2011).

De qualquer maneira, como se verá mais adiante, apesar de o STJ aplicar tal prazo e o próprio Código do Consumidor para os danos do tabagismo, tem afastado a responsabilidade das empresas que exploram o setor.

Como última nota, a confirmar a inexistência de solidariedade no fato do produto, julgado da Terceira Turma do STJ concluiu que "a inexistência de responsabilidade solidária por fato do produto entre os fornecedores da cadeia de consumo impede a extensão do acordo feito por um réu em benefício do outro" (STJ – REsp 1.968.143/RJ – Terceira Turma – Rel. Min. Marco Aurélio Bellizze – j. 08.02.2022, v.u.). Consoante o *decisum*, de forma correta e seguindo muito das afirmações aqui desenvolvidas, "em relação à responsabilidade por vício do produto ou serviço, o art. 18 do Código de Defesa do Consumidor não faz qualquer diferenciação entre os fornecedores, estabelecendo a responsabilidade solidária de todos eles. Percebe-se que a regra geral acerca da responsabilidade pelo fato do produto é objetiva e solidária entre o fabricante, o produtor, o construtor e o importador, a teor do art. 12 do

CDC. Ou seja, todos os fornecedores que integram a cadeia de consumo irão responder conjuntamente independentemente de culpa. Ocorre que, ao tratar da responsabilidade do comerciante pelo fato do produto, o Código de Defesa do Consumidor disciplinou de forma diversa, estabelecendo a responsabilidade subsidiária, conforme se verifica do disposto no art. 13, incisos I a III, do CDC. Isto é, o comerciante somente será responsabilizado pelo fato do produto ou serviço quando o fabricante, o construtor, o produtor ou o importador não puderem ser identificados (incisos I e II) ou quando não conservar adequadamente os produtos perecíveis (inciso III). Em conclusão, inexistindo responsabilidade solidária não há que se falar em extensão do acordo feito por um réu em benefício do outro, tendo em vista a inaplicabilidade da regra do art. 844, § 3º, do Código Civil" (REsp 1.968.143/RJ).

Superado o estudo dos aspectos pontuais relativos ao produto, passa-se à abordagem do serviço, iniciando-se pelo vício, de forma detalhada e pontual.

4.2.4. Responsabilidade civil pelo vício do serviço

Frise-se que, nas hipóteses envolvendo o serviço, tem-se o mesmo tratamento legal, conforme aqui construído, presente a mesma diferenciação concreta entre o chamado *vício do serviço* e o *fato do serviço*, sendo o último o defeito a gerar o acidente de consumo.

Iniciando-se pelo vício do serviço, aplica-se a regra de solidariedade, entre todos os envolvidos com a prestação. Em outras palavras, se um serviço contratado tiver sido mal prestado, responderão todos os envolvidos. Nos termos do § 2º do art. 20 do CDC, são considerados como impróprios os serviços que se mostrem inadequados para os fins que razoavelmente deles se esperam, bem como aqueles que não atendam as normas regulamentares de prestabilidade.

Em casos tais, enuncia o *caput* do mesmo preceito legal que o prestador de serviços responde pelos vícios de qualidade que os tornem impróprios ao consumo ou lhes diminuam o valor, assim como por aqueles decorrentes da disparidade com as indicações constantes da oferta ou mensagem publicitária. Como se pode notar, o vício do serviço acaba por englobar os problemas decorrentes da oferta ou publicidade, tema que ainda será aprofundado no Capítulo 6 desta obra.

Imagine-se então as hipóteses em que os serviços prestados por profissionais liberais, como médicos, dentistas, jardineiros, mecânicos, encanadores e reformadores em geral são mal prestados, sem outras repercussões, além do próprio bem de consumo. Em situações tais, o consumidor prejudicado pode exigir, alternativamente, e de acordo com a sua livre escolha, nos termos do já citado art. 20 do CDC:

I) A reexecução dos serviços, sem custo adicional e quando cabível. A título de exemplo, se o conserto de um eletrodoméstico foi mal feito, poderá ser pleiteado que o serviço seja realizado novamente. Nos termos do § 1º do art. 20 do CDC, a reexecução dos serviços poderá ser confiada a terceiros devidamente capacitados, por conta e risco do fornecedor. Tal atribuição a terceiro poderá ocorrer no plano judicial ou extrajudicial. Na última hipótese, o consumidor pode, dentro do bom senso, pagar o serviço a terceiro habilitado e cobrar do prestador original.

II) A restituição imediata da quantia paga, monetariamente atualizada, sem prejuízo de eventuais perdas e danos. Trata-se da resolução do negócio, voltando-se à situação anterior. Mais uma vez, a menção às perdas e danos deve ser vista com ressalvas, eis que, havendo outros prejuízos além do valor do bem, estará presente o fato do serviço ou defeito.

III) O abatimento proporcional do preço, nos casos em que do serviço se tem menos do que se espera.

Frise-se a premissa da solidariedade passiva, no vício do serviço, respondendo todos os envolvidos com a prestação. A título de exemplo, respondem solidariamente o franqueado e o franqueador pelo atraso na entrega de um colchão:

"Consumidor. Compra e venda de colchão. Produto pago e não entregue. Inexecução contratual que ultrapassa o limite do razoável. Dano moral configurado. *Quantum* mantido. Afastada preliminar de ilegitimidade passiva. É legítima para figurar no polo passivo do feito a franqueada, em face da solidariedade do fabricante por vício do serviço, porque parte integrante da cadeia de fornecedores (art. 3º c/c art. 7º, parágrafo único, do CDC). Sentença mantida. Recurso desprovido" (TJRS – Recurso Cível 71002428852, São Leopoldo – Terceira Turma Recursal Cível – Rel. Des. Carlos Eduardo Richinitti – j. 14.10.2010 – *DJERS* 21.10.2010).

Na mesma linha, decisão do Tribunal do Distrito Federal, em hipótese de intermediação de serviços de seguro por uma fornecedora de produtos:

"Civil. Processo civil. CDC. Legitimidade passiva. Empresa vendedora do produto financiado intermedeia seguro das prestações. Omissão de informações na contratação do seguro. Solidariedade passiva. Inversão do ônus da prova. Sentença mantida. 1. Se a empresa vendedora de produto – cujo preço é financiado – negocia, através de preposto seu, no interior de sua loja, a venda de seguro prestação a ser garantido por seguradora com ela conveniada, é parte legítima passiva a responder por eventual vício do serviço. 2. Ademais, se não presta as devidas e indispensáveis informações sobre as cláusulas e condições securitárias à adquirente, pessoa inculta e leiga, deve responder pela sua omissão, mormente quando não apresenta prova suficiente a elidir a verossímil versão autoral da hipossuficiente consumidora (inc. VIII do art. 6º do CDC). 3. Recurso conhecido e improvido" (TJDF – Recurso 20020110519145 – Acórdão 167.467 – Segunda Turma Recursal dos Juizados Especiais Cíveis e Criminais – Rel. Des. Benito Augusto Tiezzi – j. 04.12.2002 – *DJU* 10.02.2003, p. 41).

Por fim, a demonstrar a efetivação da solidariedade no vício do serviço, decisão do Tribunal Fluminense que atribui a responsabilidade civil à instituição financeira por problemas relativos a cartão de crédito:

"Cartão de crédito bancário. Instituição financeira. Legitimidade passiva. Solidariedade. Reconhecimento. Cartão de crédito. Parceria comercial com banco. Solidariedade. Legitimação passiva *ad causam* do banco. A prática comercial evidencia uma indiscutível parceria entre empresas de cartão de crédito e bancos, tanto assim que estes últimos, além de captarem seus clientes para serem usuários de determinado cartão, emitem correspondência, debitam fatura em conta corrente, suspendem o uso do cartão, fazem cobrança etc. Ora, se prestam serviços conjuntamente, há entre eles solidariedade, à luz dos arts. 7º, parágrafo único e 25, § 1º do CDC, fazendo do banco legitimado para figurar no polo passivo de ação de responsabilidade por dano causado por fato ou vício do serviço. Provimento parcial do recurso" (TJRJ – Apelação Cível 19127/1999, Rio de Janeiro – Segunda Câmara Cível – Rel. Des. Sergio Cavalieri Filho – j. 29.02.2000).

Nos casos de serviços que tenham por objetivo a reparação ou o conserto de qualquer produto, deve ser considerada implícita a obrigação do fornecedor de empregar componentes de reposição originais adequados e novos, ou que mantenham as especificações técnicas do fabricante (art. 21 do CDC). Isso, salvo quanto aos últimos, autorização em contrário do consumidor.

A título de exemplo, se uma concessionária de veículo está incumbida de reparar um automóvel, deverá empregar as suas peças originais. Havendo demora na obtenção dessas peças, caberá à concessionária reembolsar o consumidor por todas as despesas. Nessa linha, do extinto Primeiro Tribunal de Alçada Civil de São Paulo, cabe transcrever:

> "Responsabilidade civil. Ação indenizatória por danos materiais e morais decorrentes da falta de peça para reposição de veículo importado. Direito do consumidor. Responsabilidade da empresa concessionária e da importadora que deve ser reconhecida quanto aos gastos tidos pela demandante com a compra de um pneu dianteiro, com o alinhamento e balanceamento dos pneus dianteiros, com o reparo realizado em outra concessionária e com a locação de automóvel. Arts. 21, 32 e 18, § 1º, do CDC. Ocorrência de dano moral não configurada no caso. Ação que deve ser julgada parcialmente procedente. Recurso provido em parte para tanto" (1º TAC-SP – Agravo de Instrumento 824304-1 – Quinta Câmara – Rel. Juiz Sebastião Thiago de Siqueira – j. 08.08.2001).

Mais uma vez, também no vício do serviço, a ignorância do fornecedor quanto a tais problemas não o exime de responsabilidade, pelos mesmos fundamentos antes expostos (art. 23 do CDC). Ademais, a garantia legal de adequação do serviço independe de termo expresso, sendo vedada a exoneração contratual do fornecedor ou a cláusula que afaste a citada solidariedade (arts. 24 e 25 do CDC). Sendo convencionada a garantia contratual, essa é complementar à legal, na esteira do art. 50 do CDC, dispositivo que será aprofundado no próximo capítulo.

Os prazos para reclamação dos vícios do serviço são aqueles decadenciais tratados pelo art. 26 do CDC. Desse modo, os prazos serão de trinta dias, no caso de serviços não duráveis, e de noventa dias para os serviços duráveis. Esses prazos serão contados da execução do serviço (vício aparente) ou do seu conhecimento (vício oculto). Concretizando a norma, fazendo incidir tais prazos a problemas referentes à prestação de serviços de turismo ou lazer:

> "Responsabilidade civil. Turismo. A ação promovida pelos autores diz respeito a vícios de qualidade de serviço, aparentes e de fácil constatação, e não a fato de serviços, envolvendo acidente de consumo. Aplicação do prazo do art. 26, do CDC, para a decadência. Ação foi proposta mais de três meses após o recebimento da resposta inequívoca negativa da requerida, e, portanto, em prazo superior àquele previsto no art. 26, I, e § 2º, I, do CDC, aplicável à espécie, por se tratar de pedido fundado na responsabilidade por vício do serviço, aparente e de fácil constatação. Recurso desprovido" (TJSP – Apelação Cível 991.99.060357-2 – Acórdão 4249458, São Paulo – Décima Segunda Câmara de Direito Privado – Rel. Des. Rebello Pinheiro – j. 25.11.2009 – *DJESP* 28.01.2010).

Na prática, muitas vezes haverá certa dificuldade ao apontar se o serviço é durável ou não. Em casos tais, aplicando-se a interpretação mais favorável ao consumidor e o princípio do protecionismo, o prazo a ser computado é de noventa dias (*in dubio pro consumidor*).

A ilustrar, o serviço de lavagem de carro é considerado um serviço não durável, estando submetido ao prazo decadencial de trinta dias. O conserto do carro é considerado um serviço durável, estando submetido ao prazo de noventa dias. A respeito da perolização e cristalização da pintura do veículo, há grande dúvida a respeito da natureza do serviço, subsumindo-se o prazo maior, que é de noventa dias.

Os citados prazos decadenciais podem ser *obstados* – na esteira do que foi comentado quanto ao vício do produto – quando houver reclamação comprovadamente formulada pelo consumidor, até a respectiva resposta inequívoca do prestador, bem como a instauração do inquérito civil pelo Ministério Público. Em outras palavras, incide plenamente o previsto no art. 26, § 2º, da Lei 8.078/1990. Subsumindo muito bem o texto legal, do avançado e técnico Tribunal Gaúcho, em hipótese em que o prestador de serviços não deu resposta quanto à solução do problema:

> "Relação de consumo. Ação de reparação de danos. Prestação de serviço de mecânica. Conserto de motor. Vício do serviço. Dever de indenizar. Dano moral inexistente. Decadência não implementada. 1. Não se verifica a decadência, prevista no art. 26, inc. II, do Código de Defesa do Consumidor se, alguns dias depois do conserto, já houve a reclamação, a qual, a teor do disposto no art. 26, § 2º, inc. I, do CDC, obsta a fluência do prazo, não tendo recomeçado a fluir, pois a ré não recusou de forma inequívoca a reparação dos problemas verificados. 2. A prova dos autos demonstra ter havido má prestação do serviço de conserto do motor da caminhonete do autor, surgindo para a ré o dever de indenizar. Quantia esta arbitrada em consonância com o depoimento do mecânico, sendo descontado o valor ainda devido pelo autor. 3. Não havendo qualquer violação a atributo de personalidade, inexistente o dano moral. Recurso parcialmente provido" (TJRS – Recurso Cível 71001594662, São Leopoldo – Primeira Turma Recursal Cível – Rel. Des. Ricardo Torres Hermann – j. 05.06.2008 – *DOERS* 10.06.2008, p. 114).

Quanto à reclamação formulada pelo consumidor, deve-se concluir que pode ser feita por carta, por telefone, por meio eletrônico ou até verbalmente, desde que comprovada posteriormente. Conforme consta de preciso aresto do Superior Tribunal de Justiça, "a lei não preestabelece uma forma para a realização da reclamação, exigindo apenas comprovação de que o fornecedor tomou ciência inequívoca quanto ao propósito do consumidor de reclamar pelos vícios do produto ou serviço. A reclamação obstativa da decadência, prevista no art. 26, § 2º, I, do CDC, pode ser feita documentalmente – por meio físico ou eletrônico – ou mesmo verbalmente – pessoalmente ou por telefone – e, consequentemente, a sua comprovação pode dar-se por todos os meios admitidos em direito. Admitindo-se que a reclamação ao fornecedor pode dar-se pelas mais amplas formas admitidas, sendo apenas exigível ao consumidor que comprove a sua efetiva realização, inviável o julgamento antecipado da lide, quando este pleiteou a produção de prova oral para tal desiderato" (STJ – REsp 1.442.597/DF – Terceira Turma – Rel. Min. Nancy Andrighi – j. 24.10.2017 – *DJe* 30.10.2017). A afirmação vale para todos os casos de vícios, seja do produto ou do serviço.

Como exemplo final do vício do serviço – que em certa medida acabou se fundindo com o vício do produto no caso analisado –, em julgado de 2019, o Superior Tribunal de Justiça concluiu que a instituição bancária responde pela baixa qualidade dos recibos que emite, notadamente em caixas eletrônicos, a trazer dificuldades ao consumidor de comprovar o seu conteúdo no futuro. Vejamos a publicação dessa importante ementa, que tem o meu total apoio doutrinário:

> "Recurso especial. Ação civil pública. Comprovante de operações financeiras. Emissão em papel termossensível. Baixa durabilidade. Prestação de serviço deficiente. Obrigação de emissão gratuita de segunda via do comprovante. 1. O Código de Defesa do Consumidor, para além da responsabilidade decorrente dos acidentes de consumo (arts. 12 a 17), cuja preocupação primordial é a segurança física e patrimonial do consumidor, regulamentou também a responsabilidade pelo vício do produto ou do serviço (arts. 18 a 25), em que a atenção se voltou à análise da efetiva adequação à finalidade a que se destina. Previu, assim, que o fornecedor responderá pelos vícios de qualidade que tornem os serviços impróprios ao consumo ou lhes diminuam o valor ou, ainda, pelos decorrentes da disparidade com as indicações constantes da oferta ou da mensagem publicitária (art. 20). 2. A noção de vício passou a ser objetivada, tendo a norma trazido parâmetros a serem observados, independentemente do que fora disposto no contrato, além de ter estabelecido um novo dever jurídico ao fornecedor: o dever de qualidade e funcionalidade, a ser analisado de acordo com as circunstâncias do caso concreto, devendo-se ter em conta ainda a efetiva adequação à finalidade a que se destina e às expectativas legítimas do consumidor com aquele serviço, bem como se se trata de obrigação de meio ou de resultado. 3. A instituição financeira, ao emitir comprovantes de suas operações por meio de papel termossensível, acabou atraindo para si a responsabilidade pelo vício de qualidade do produto. Isso porque, por sua própria escolha, em troca do aumento dos lucros – já que a impressão no papel térmico é mais rápida e bem mais em conta –, passou a ofertar o serviço de forma inadequada, emitindo comprovantes cuja durabilidade não atendem as exigências e as necessidades do consumidor, vulnerando o princípio da confiança. 4. É da natureza específica do tipo de serviço prestado emitir documentos de longa vida útil, a permitir que os consumidores possam, quando lhes for exigido, comprovar as operações realizadas. Em verdade, a 'fragilidade' dos documentos emitidos em papel termossensível acaba por ampliar o desequilíbrio na relação de consumo, em vista da dificuldade que o consumidor terá em comprovar o seu direito pelo desbotamento das informações no comprovante. 5. Condicionar a durabilidade de um comprovante às suas condições de armazenamento, além de incompatível com a segurança e a qualidade que se exigem da prestação de serviços, torna a relação excessivamente onerosa para o consumidor, que, além dos custos de emitir um novo recibo em outra forma de impressão (fotocópia), teria o ônus de arcar, em caso de perda, com uma nova tarifa pela emissão da 2ª via do recibo, o que se mostra abusivo e desproporcional. 6. O reconhecimento da falha do serviço não pode importar, por outro lado, em repasse pelo aumento de tarifa ao consumidor nem em prejuízos ao meio ambiente. 7. Na hipótese, o serviço disponibilizado foi inadequado e ineficiente, porquanto incidente na frustração da legítima expectativa de qualidade e funcionalidade do consumidor-médio em relação ao esmaecimento prematuro das impressões em papel térmico, concretizando-se o nexo de imputação na frustração da confiança a que fora induzido o cliente. 8. Recurso especial não provido" (STJ – REsp 1.414.774/RJ – Quarta Turma – Rel. Min. Luis Felipe Salomão – j. 16.05.2019 – *DJe* 05.06.2019).

Abordado o vício do produto, vejamos a última hipótese de responsabilidade civil específica do Código de Defesa do Consumidor, qual seja o fato do serviço ou defeito.

4.2.5. Responsabilidade civil pelo fato do serviço ou defeito

O *fato do serviço* ou *defeito* está tratado pelo art. 14 do CDC, gerando a responsabilidade civil objetiva e solidária entre todos os envolvidos com a prestação, pela presença de outros danos, além do próprio serviço como bem de consumo. Deve ficar claro que, no fato do serviço, a responsabilidade civil dos profissionais liberais somente existe se houver culpa de sua parte (responsabilidade subjetiva), conforme preconiza o art. 14, § 4º, da Lei 8.078/1990.

Assim como ocorre com o produto, o serviço é defeituoso quando não fornece a segurança que o consumidor dele pode esperar, levando-se em consideração as circunstâncias relevantes, entre as quais o modo de seu fornecimento; o resultado e os riscos que razoavelmente dele se esperam e a época em que foi fornecido (art. 14, § 1º, da Lei 8.078/1990). Valem os mesmos comentários feitos em relação às modalidades de defeitos no produto, na linha das lições de Bruno Miragem antes expostas (p. 145).

Por outra via, estabelece o § 2º do art. 14 do CDC que o serviço, da mesma forma acontece com o produto, não é considerado defeituoso pela adoção de novas técnicas. Dessa forma, se uma empresa passa a utilizar uma nova técnica para desentupimento, isso não quer dizer que há o reconhecimento de que as medidas anteriores eram ruins ou defeituosas.

Deve-se atentar que, no fato do serviço ou defeito, há evidente solidariedade entre todos os envolvidos na prestação, não havendo a mesma diferenciação prevista para o fato do produto, na esteira do que consta dos arts. 12 e 13 do CDC. Isso porque é difícil diferenciar quem é o prestador direto e o indireto na cadeia de prestação, dificuldade que não existe no fato do produto, em que a figura do fabricante é bem clara. Sobre tal dedução, vejamos as palavras conjuntas de Claudia Lima Marques, Antonio Herman Benjamin e Bruno Miragem:

> "A organização da cadeia de fornecimento de serviços é responsabilidade do fornecedor (dever de escolha, de vigilância), aqui pouco importando a participação eventual do consumidor na escolha de alguns dos muitos possíveis. No sistema do CDC é impossível transferir aos membros da cadeia responsabilidade exclusiva, nem impedir que o consumidor se retrate, em face da escolha posterior de um membro novo da cadeia".[45]

Na verdade, a tarefa de identificação de quem seja o prestador direto ou não poderia trazer a impossibilidade de tutela jurisdicional da parte vulnerável. Aqui, é interessante transcrever as palavras de Roberto Senise Lisboa:

> "A responsabilidade do fornecedor de serviços pelo acidente de consumo é objetiva, ou seja, independe da existência de culpa, a menos que o agente causador do prejuízo moral puro ou cumulado com o patrimonial seja profissional liberal, caso em que a sua responsabilidade poderá ser subjetiva (vide, a respeito do tema, o art. 14, *caput*, e § 4º).
>
> Qualquer fornecedor de serviços, em princípio, responde objetivamente pelos danos sofridos pelo consumidor, salvo o profissional liberal. Assim, tanto a pessoa física

---

[45] MARQUES, Claudia Lima; BENJAMIN, Antonio Herman; MIRAGEM, Bruno. *Comentários ao Código de Defesa do Consumidor*. 3. ed. São Paulo: RT, 2010. p. 422.

como a pessoa jurídica de direito público ou privado que atuam como fornecedores de serviços no mercado de consumo podem vir a responder sem culpa".[46]

Tais conclusões, sem dúvida, ampliam muito a responsabilidade dos parceiros de prestação. Como primeira ilustração, vejamos decisão do Superior Tribunal de Justiça, que responsabiliza uma instituição bancária pelo serviço mal prestado por empresa terceirizada, o que acabou por acarretar a inscrição do nome do correntista em cadastro de inadimplentes. Pela presença dos danos morais, o caso é exemplo típico de fato do serviço:

"Recurso especial. Extravio de talões de cheque. Empresa terceirizada. Uso indevido dos títulos por terceiros. Inscrição indevida em cadastro de proteção de crédito. Responsabilidade do banco. Dano moral. Presunção. Valor da indenização excessivo – Redução. Recurso especial parcialmente provido. 1. Em casos de inscrição indevida em órgãos de proteção ao crédito, não se faz necessária a prova do prejuízo. 2. Restou caracterizada a legitimidade passiva do Banco recorrente, o qual é responsável pela entrega dos talões de cheque ao cliente, de forma segura, de modo que, optando por terceirizar esse serviço, assume eventual defeito na sua prestação, mediante culpa *in eligendo,* por defeito do serviço, nos termos do art. 14 do Código de Defesa do Consumidor, que disciplina a responsabilidade objetiva pela reparação dos danos (REsp 640.196, Terceira Turma, Rel. Min. Castro Filho, *DJ* 01.08.2005). 3. Firmou-se entendimento nesta Corte Superior que, sempre que desarrazoado o valor imposto na condenação, impõe-se sua adequação, evitando-se assim o injustificado locupletamento da parte vencedora. 4. Recurso especial conhecido em parte e nela parcialmente provido" (STJ – REsp 782.898/MT – Quarta Turma – Rel. Min. Hélio Quaglia Barbosa – j. 21.11.2006 – *DJ* 04.12.2006, p. 328).

Em caso próximo, essa forma de julgar foi confirmada em acórdão superior de data mais recente, publicado no *Informativo* n. *542* da Corte:

"Prescreve em cinco anos a pretensão de correntista de obter reparação dos danos causados por instituição financeira decorrentes da entrega, sem autorização, de talonário de cheques a terceiro que, em nome do correntista, passa a emitir várias cártulas sem provisão de fundos, gerando inscrição indevida em órgãos de proteção ao crédito. Na hipótese, o serviço mostra-se defeituoso, na medida em que a instituição financeira não forneceu a segurança legitimamente esperada pelo correntista. Isso porque constitui fato notório que os talonários de cheques depositados em agência bancária somente podem ser retirados pelo próprio correntista, mediante assinatura de documento atestando a sua entrega, para possibilitar o seu posterior uso. O banco tem a posse desse documento, esperando-se dele um mínimo de diligência na sua guarda e entrega ao seu correntista. A Segunda Seção do STJ, a propósito, editou recentemente enunciado sumular acerca da responsabilidade civil das instituições financeiras, segundo o qual as 'instituições financeiras respondem objetivamente pelos danos gerados por fortuito interno relativo a fraudes e delitos praticados por terceiros no âmbito de operações bancárias' (Súmula 479). Sendo assim, em face da defeituosa prestação de serviço pela instituição bancária, não atendendo à segurança legitimamente esperada pelo consumidor, tem-se a caracterização de

---

[46] LISBOA, Roberto Senise. *Responsabilidade civil nas relações de consumo.* São Paulo: RT, 2001. p. 241.

fato do serviço, disciplinado pelo art. 14 do CDC. O STJ, aliás, julgando um caso semelhante – em que os talões de cheque foram roubados da empresa responsável pela entrega de talonários –, entendeu tratar-se de hipótese de defeito na prestação do serviço, aplicando o art. 14 do CDC (REsp 1.024.791/SP, Quarta Turma, *DJe* 09.03.2009). Ademais, a doutrina, analisando a falha no serviço de banco de dados, tem interpretado o CDC de modo a enquadrá-la, também, como fato do serviço. Ante o exposto, incidindo o art. 14 do CDC, deve ser aplicado, por consequência, o prazo prescricional previsto no art. 27 do mesmo estatuto legal, segundo o qual prescreve em cinco anos a pretensão à reparação pelos danos causados por fato do serviço, iniciando-se a contagem do prazo a partir do conhecimento do dano e de sua autoria" (STJ – REsp 1.254.883/PR – Rel. Min. Paulo de Tarso Sanseverino – j. 03.04.2014).

Daquela mesma Corte Superior consigne-se aresto que aplicou o fato do serviço em hipótese de devolução de cheque por motivo diverso à realidade dos fatos. Conforme consta da ementa de publicação no *Informativo* n. 507 do STJ:

> "É cabível a indenização por danos morais pela instituição financeira quando cheque apresentado fora do prazo legal e já prescrito é devolvido sob o argumento de insuficiência de fundos. Considerando que a Lei n. 7.357/1985 diz que 'a existência de fundos disponíveis é verificada no momento da apresentação do cheque para pagamento' (art. 4º, § 1º) e, paralelamente, afirma que o título deve ser apresentado para pagamento em determinado prazo (art. 33), impõe-se ao sacador (emitente), de forma implícita, a obrigação de manter provisão de fundos somente durante o prazo de apresentação do cheque. Com isso, evita-se que o sacador fique obrigado em caráter perpétuo a manter dinheiro em conta para o seu pagamento. Por outro lado, a instituição financeira não está impedida de proceder à compensação do cheque após o prazo de apresentação se houver saldo em conta. Contudo, não poderá devolvê-lo por insuficiência de fundos se a apresentação tiver ocorrido após o prazo que a lei assinalou para a prática desse ato. Ademais, de acordo com o Manual Operacional da Compe (Centralizadora da Compensação de Cheques), o cheque deve ser devolvido pelo 'motivo 11' quando, em primeira apresentação, não tiver fundos e, pelo 'motivo 12', quando não tiver fundos em segunda apresentação. Dito isso, é preciso acrescentar que só será possível afirmar que o cheque foi devolvido por falta de fundos quando ele podia ser validamente apresentado. No mesmo passo, vale destacar que o referido Manual estabelece que o cheque sem fundos [motivos 11 e 12] somente pode ser devolvido pelo motivo correspondente. Diante disso, se a instituição financeira fundamentou a devolução de cheque em insuficiência de fundos, mas o motivo era outro, resta configurada uma clara hipótese de defeito na prestação do serviço bancário, visto que o banco recorrido não atendeu a regramento administrativo baixado de forma cogente pelo órgão regulador; configura-se, portanto, sua responsabilidade objetiva pelos danos deflagrados ao consumidor, nos termos do art. 14 da Lei n. 8.078/1990. Tal conclusão é reforçada quando, além de o cheque ter sido apresentado fora do prazo, ainda se consumou a prescrição" (STJ – REsp 1.297.353/SP – Rel. Min. Sidnei Beneti – j. 16.10.2012).

Também do Tribunal da Cidadania, acórdão de 2019 aplicou as regras relativas ao fato do serviço quanto a exame de DNA com falso resultado, o que ocasionou na mãe da criança danos morais, diante da resposta negativa que havia sido dada em um primeiro momento, de forma errônea. Conforme o *decisum*:

"Em se tratando da realização de exames médicos laboratoriais, tem-se por legítima a expectativa do consumidor quanto à exatidão das conclusões lançadas nos laudos respectivos, de modo que eventual erro de diagnóstico de patologia ou equívoco no atestado de determinada condição biológica implica defeito na prestação do serviço, a atrair a responsabilidade objetiva do laboratório". E mais, "ante a 'sacralização' do exame de DNA – corriqueiramente considerado pelo senso comum como prova absoluta da (in)existência de vínculo biológico – a indicação de paternidade que, em exame genético, se mostra inexistente sujeita a mãe a um estado de angústia e sofrimento íntimo, pois lança dúvidas quanto ao seu julgamento sobre a realidade dos fatos. O fato que tinha como certo é contrastado com a verdade científica, resultando em um momento de incompreensão e aflição. Ademais, o antagonismo entre a nomeação feita e a exclusão da paternidade, atestada pelo exame, rebaixa a validade da palavra da mãe, inclusive perante o próprio filho, a depender de seu desenvolvimento psicossocial. O simples fato do resultado negativo do exame de DNA agride, ainda, de maneira grave, a honra e reputação da mãe, ante os padrões culturais que, embora estereotipados, predominam socialmente. Basta a ideia de que a mulher tenha tido envolvimento sexual com mais de um homem, ou de que não saiba quem é o pai do seu filho, para que seja questionada sua honestidade e moralidade. Ante as circunstâncias concretas dos autos, tem-se por justa e adequada a quantia de R$ 50.000,00 (cinquenta mil reais) a título de compensação por danos morais" (STJ – REsp 1.700.827/PR – Terceira Turma – Rel. Min. Nancy Andrighi – j. 05.11.2019 – DJe 08.11.2019).

A propósito da aplicação do CDC nessas hipóteses, veja-se a afirmação n. 6 constante da Edição n. 160 da ferramenta *Jurisprudência em Teses*, do STJ, publicada no ano de 2020: "o serviço prestado por laboratórios na realização de exames médicos em geral, a exemplo do teste genético para fins de investigação de paternidade e do HIV, está sujeito às disposições do Código de Defesa do Consumidor".

Ainda quanto ao Superior Tribunal de Justiça, no ano de 2021, entendeu-se pela presença do fato do serviço em razão de a empresa de transporte aéreo ter entregue passageiro menor desacompanhado, após horas de atraso, em cidade diversa da previamente contratada. Julgou-se pela presença de danos morais nessa situação concreta, fixando-se a indenização em R$ 10.000,00 (dez mil reais) (STJ – REsp 1.733.136/RO – Rel. Ministro Paulo de Tarso Sanseverino – Terceira Turma – j. 21.09.2021 – DJe 24.09.2021).

Seguindo nas ilustrações, destaque-se que algumas conclusões desta obra foram adotadas em julgado do Tribunal de Justiça de São Paulo, aplicando a solidariedade no fato do serviço:

"Apelação. Extravio de talonários de cheques. Empresa de Correios. Responsabilidade do banco. Uso indevido de títulos por terceiros. Ajuizamento de ação executiva em face da autora. Incidentes que, por certo, infringiram a imagem e honra subjetiva da empresa autora. Dano moral caracterizado e quantificado respeitando as peculiaridades do caso, bem como os princípios da razoabilidade e proporcionalidade" (TJSP – Apelação 000040055.2011.8.26.0575, da Comarca de São José do Rio Pardo – 22ª Câmara de Direito Privado do Tribunal de Justiça de São Paulo – Rel. Des. Roberto Mac Cracken – j. 08.03.2012).

Igualmente incidindo a solidariedade em decorrência do serviço, acórdão do Superior Tribunal de Justiça do ano de 2012 concluiu que a "operadora de plano de saúde é solidariamente responsável pela sua rede de serviços médico-hospitalar credenciada.

Reconheceu-se sua legitimidade passiva para figurar na ação indenizatória movida por segurado, em razão da má prestação de serviço por profissional conveniado. Assim, ao selecionar médicos para prestar assistência em seu nome, o plano de saúde se compromete com o serviço, assumindo essa obrigação, e por isso tem responsabilidade objetiva perante os consumidores, podendo em ação regressiva averiguar a culpa do médico ou do hospital. Precedentes citados: AgRg no REsp 1.037.348-SP, *DJe* 17.08.2011; AgRg no REsp 1.029.043-SP, *DJe* 08.06.2009, e REsp 138.059-MG, *DJ* 11.06.2001" (STJ – REsp 966.371/RS – Rel. Min. Raul Araújo – j. 27.03.2012, publicado no seu *Informativo* n. 494). Exatamente no mesmo sentido, a assertiva n. 7, da Edição n. 160 da *Jurisprudência em Teses*, do Tribunal da Cidadania: "a operadora do plano de saúde, na condição de fornecedora de serviço, responde solidariamente perante o consumidor pelos defeitos em sua prestação, seja quando os fornece por meio de hospital próprio e médicos contratados ou por meio de médicos e hospitais credenciados".

Ou ainda, outra novel ementa, julgando do mesmo modo no que concerne à responsabilização de seguradora pelo mau serviço prestado por oficina mecânica por ela indicada: "a Turma, aplicando o Código de Defesa do Consumidor decidiu que a seguradora tem responsabilidade objetiva e solidária pela qualidade dos serviços executados no automóvel do consumidor por oficina que indicou ou credenciou. Ao fazer tal indicação, a seguradora, como fornecedora de serviços, amplia a sua responsabilidade aos consertos realizados pela oficina credenciada" (STJ – REsp 827.833/MG – Rel. Min. Raul Araújo – j. 24.04.2012, *Informativo* n. 496 da Corte).

Da criação doutrinária, cumpre destacar enunciado aprovado na *V Jornada de Direito Civil*, evento de 2011, segundo o qual os profissionais liberais devem responder objetiva e solidariamente pelos defeitos existentes em equipamentos utilizados em sua atividade, presente um *misto* de fato do serviço e fato do produto. Vejamos o teor do Enunciado n. 460, proposto pelo jurista Adalberto Pasqualotto, e que contou com o apoio deste autor: "a responsabilidade subjetiva do profissional da área da saúde, nos termos do art. 951 do Código Civil e do art. 14, § 4º, do Código de Defesa do Consumidor, não afasta a sua responsabilidade objetiva pelo fato da coisa da qual tem a guarda, em caso de uso de aparelhos ou instrumentos que, por eventual disfunção, venham a causar danos a pacientes, sem prejuízo do direito regressivo do profissional em relação ao fornecedor do aparelho e sem prejuízo da ação direta do paciente, na condição de consumidor, contra tal fornecedor". Como se debateu naquele evento, o fato do serviço estaria configurado pela má escolha do equipamento utilizado.

De toda sorte, cabe esclarecer que o Código de Defesa do Consumidor não se aplica na relação entre o médico e a empresa que vendeu o equipamento, pois, na espécie, o objeto adquirido é utilizado na principal atividade do profissional liberal. Conforme se extrai de ementa publicada no *Informativo* n. 556 do Tribunal da Cidadania:

> "Não há relação de consumo entre o fornecedor de equipamento médico-hospitalar e o médico que firmam contrato de compra e venda de equipamento de ultrassom com cláusula de reserva de domínio e de indexação ao dólar americano, na hipótese em que o profissional de saúde tenha adquirido o objeto do contrato para o desempenho de sua atividade econômica. Com efeito, consumidor é toda pessoa física ou jurídica que adquire ou utiliza, como destinatário final, produto ou serviço oriundo de um fornecedor. Assim, segundo a teoria subjetiva ou finalista, adotada pela Segunda Seção do STJ, destinatário final é aquele que ultima a atividade

econômica, ou seja, que retira de circulação do mercado o bem ou o serviço para consumi-lo, suprindo uma necessidade ou satisfação própria. Por isso, fala-se em destinatário final econômico (e não apenas fático) do bem ou serviço, haja vista que não basta ao consumidor ser adquirente ou usuário, mas deve haver o rompimento da cadeia econômica com o uso pessoal a impedir, portanto, a reutilização dele no processo produtivo, seja na revenda, no uso profissional, na transformação por meio de beneficiamento ou montagem ou em outra forma indireta. Desse modo, a relação de consumo (consumidor final) não pode ser confundida com relação de insumo (consumidor intermediário). Na hipótese em foco, não se pode entender que a aquisição do equipamento de ultrassom, utilizado na atividade profissional do médico, tenha ocorrido sob o amparo do CDC" (STJ – REsp 1.321.614/SP – Rel. originário Min. Paulo de Tarso Sanseverino – Rel. para acórdão Min. Ricardo Villas Bôas Cueva – j. 16.12.2014 – *DJe* 03.03.2015).

Do ano de 2017, interessante aresto do mesmo Tribunal da Cidadania concluiu pela responsabilidade civil de fabricante de veículos por fraude praticada por terceiro no interior de uma de suas concessionárias. *In casu*, um empresário negociou a compra de veículo novo com um dos prepostos da loja e, posteriormente, descobriu que foi vítima de fraude, não tendo sido o veículo entregue no prazo combinado. Mesmo após registrar boletim de ocorrência, pelo crime de estelionato, o comprador não recebeu o automóvel, muito menos o seu dinheiro de volta. Concluindo pela responsabilidade da fabricante, o acórdão deduz que "quando qualquer entidade se apresente como fornecedor de determinado bem ou serviço ou mesmo que ela, por sua ação ou omissão, causar danos causados ao consumidor, será por eles responsável. Aplicação da teoria da aparência e da teoria da causalidade adequada. Na hipótese dos autos, o suposto estelionatário atuava dentro de uma concessionária de veículos mantida pela recorrente – onde todo o atendimento ao recorrido aconteceu – com ampla liberdade dentro do mencionado estabelecimento comercial" (STJ – REsp 1.637.611/RJ – Terceira Turma – Rel. Min. Nancy Andrighi – j. 22.08.2017 – *DJe* 25.08.2017). Além da devolução do valor pago, foi mantida a indenização por danos morais no importe de R$ 8.000,00.

Feitas tais considerações, e partindo para outra situação fática, pela incidência das mesmas regras de solidariedade, a jurisprudência superior vinha responsabilizando a empresa de turismo pelo atraso do voo objeto do pacote vendido e outros problemas enfrentados na viagem. Vejamos duas ementas:

"Civil. Responsabilidade civil. Agência de turismo. Se vendeu 'pacote turístico', nele incluindo transporte aéreo por meio de voo fretado, a agência de turismo responde pela má prestação desse serviço. Recurso especial não conhecido" (STJ – REsp 783.016/SC – Terceira Turma – Rel. Min. Ari Pargendler – j. 16.05.2006 – *DJ* 05.06.2006, p. 279).

"Responsabilidade civil. Agência de turismo. Pacote turístico. Serviço prestado com deficiência. Dano moral. Cabimento. Prova. *Quantum*. Razoabilidade. Recurso provido. I. A prova do dano moral se satisfaz, na espécie, com a demonstração do fato que o ensejou e pela experiência comum. Não há negar, no caso, o desconforto, o aborrecimento, o incômodo e os transtornos causados pela demora imprevista, pelo excessivo atraso na conclusão da viagem, pela substituição injustificada do transporte aéreo pelo terrestre e pela omissão da empresa de turismo nas providências, sequer diligenciando em avisar os parentes que haviam ido ao aeroporto para receber os ora recorrentes, segundo reconhecido nas instâncias ordinárias. II. A indenização por danos morais, como se tem salientado, deve ser fixada em termos razoáveis, não se justificando que a reparação enseje enriquecimento indevido, com manifestos abusos e exageros. III. Certo é que o ocorrido não representou desconforto ou perturbação de maior monta. E que não se deve deferir a indenização por dano moral por qualquer contrariedade. Todavia, não menos certo igualmente é que não se pode deixar de atribuir à empresa-ré o mau serviço prestado, o descaso e a negligência com que se houve, em desrespeito ao direito dos que com ela contrataram" (STJ – REsp 304.738/SP – Quarta Turma – Rel. Min. Sálvio de Figueiredo Teixeira – j. 08.05.2001 – *DJ* 13.08.2001, p. 167).

Do mesmo modo, em julgado mais antigo, o mesmo Tribunal Superior responsabilizou a agência de viagens por um incêndio que atingiu a embarcação de transporte, objeto do serviço comercializado:

"Responsabilidade civil. Agência de viagens. Código de Defesa do Consumidor. Incêndio em embarcação. A operadora de viagens que organiza pacote turístico responde pelo dano decorrente do incêndio que consumiu a embarcação por ela contratada. Passageiros que foram obrigados a se lançar ao mar, sem proteção de coletes salva-vidas, inexistentes no barco. Precedente (REsp 287.849/SP). Dano moral fixado em valor equivalente a 400 salários mínimos. Recurso não conhecido" (STJ – REsp 291.384/RJ – Quarta Turma – Rel. Min Ruy Rosado de Aguiar – j. 15.05.2001 – *DJ* 17.09.2001, p. 169).

A questão se consolidou de tal forma que, em setembro de 2015, o Superior Tribunal de Justiça publicou ementa por meio da ferramenta *Jurisprudência em Teses* (Edição 42 de 2015), segundo a qual "a agência de turismo que comercializa pacotes de viagens responde solidariamente, nos termos do art. 14 do CDC, pelos defeitos na prestação dos serviços que integram o pacote".

De 2018, merece relevo julgado que responsabilizou o Clube de Turismo Bancorbrás, por problemas experimentados por consumidora em sua viagem para Canoa Quebrada, Estado do Ceará. Como consta do próprio aresto, tal pessoa jurídica oferece títulos aos consumidores, "que, após o pagamento de taxas de adesão e de manutenção mensal, bem como a observância de prazo de carência, adquirem o direito não cumulativo de utilizar 7 (sete) diárias, no período de um ano, em qualquer um dos hotéis pré-selecionados pela Bancorbrás no Brasil e no exterior ('rede conveniada')" (REsp 1.378.284/PB).

Ainda conforme o acórdão, "evidencia-se que os prestadores de serviço de hospedagem credenciados funcionam como verdadeiros prepostos ou representantes autônomos da Bancorbrás, o que atrai a incidência do artigo 34 do CDC. *Mutatis mutandis*: REsp 1.209.633/RS, Rel. Ministro Luis Felipe Salomão, Quarta Turma, julgado em 14.04.2015, *DJe* 04.05.2015". E mais, "o caso, portanto, não pode ser tratado como culpa exclusiva de terceiro, pois o hotel conveniado integra a cadeia de consumo referente ao serviço introduzido no mercado pela Bancorbrás. Em verdade, sobressai a indissociabilidade entre as obrigações de fazer assumidas pela Bancorbrás e o hotel credenciado. A oferta do título de clube de turismo com direito a diárias de hospedagem com padrão de qualidade vincula-se à atuação do estabelecimento previamente admitido como parceiro pela Bancorbrás.

Assim, a responsabilidade objetiva e solidária não pode ser afastada" (STJ – REsp 1.378.284/PB – Quarta Turma – Rel. Min. Luis Felipe Salomão – j. 08.02.2018 – *DJe* 07.03.2018).

Em 2020, a afirmação foi publicada na Edição n. 160 da ferramenta *Jurisprudência em Teses* da Corte: "o clube de turismo e a rede conveniada de hotéis são responsáveis solidariamente pelo padrão de atendimento e pela qualidade dos serviços prestados, em razão da indissociabilidade entre as obrigações de fazer assumidas pela empresa e pelo hotel credenciado (art. 34 do CDC)". Por todos esses argumentos, não se poderia afastar a responsabilização do citado "clube", não se cogitando a culpa exclusiva de terceiros.

De fato, alguns profissionais que atuam no setor de turismo sempre viram exageros em tais conclusões, pleiteando o mesmo tratamento diferenciado existente para o produto, constante dos arts. 12 e 13 do CDC. Aliás, a questão não é pacífica no Superior Tribunal de Justiça, podendo ser encontrado julgado anterior que afastava a responsabilidade da agência de viagens por problemas encontrados no trajeto objeto do pacote turístico (STJ – REsp 797.836/MG – Quarta Turma – Rel. Min. Jorge Scartezzini – j. 02.05.2006 – *DJ* 29.05.2006, p. 263). Porém, com o devido respeito, tal diferenciação não existe no produto, estando os acórdãos anteriormente transcritos de acordo com a melhor técnica da Lei Consumerista.

Em 2022, surgiu outro acórdão, que intensificou a polêmica no âmbito da jurisprudência, concluindo que a empresa que comercializa as passagens aéreas pela internet não pode responder pela perda da bagagem, por ausência de relação de causalidade entre qualquer conduta sua e o prejuízo causado. Consoante o aresto, que utiliza as ideias constantes dos arts. 12 e 13 do CDC, "a vendedora de passagem aérea não responde solidariamente pelos danos morais experimentados pelo passageiro em razão do extravio de bagagem. A venda da passagem aérea, muito embora possa constituir antecedente necessário do dano, não representa, propriamente, uma de suas causas. O nexo de causalidade se estabelece, no caso, exclusivamente em relação à conduta da transportadora aérea. Uma leitura sistemática dos arts. 12, 13 e 14 do CDC exclui a responsabilidade solidária do comerciante não apenas pelos fatos do produto, mas também pelos fatos do serviço" (STJ – REsp 1.994.563/MG – Terceira Turma – Rel. Min. Nancy Andrighi – j. 25.10.2022).

A posição foi confirmada em 2023, em novo *decisum*, em que se afirmou que "a vendedora de passagem aérea não responde solidariamente com a companhia aérea pelos danos morais e materiais experimentados pelo passageiro em razão do cancelamento do voo" (STJ – REsp 2.082.256/SP – Terceira Turma – Rel. Min. Marco Aurélio Bellizze – por maioria – j. 12.09.2023 – *DJe* 21.09.2023).

Existe, assim, uma divergência instalada no STJ, que deve ser sanada, para os fins de que a jurisprudência se mantenha íntegra e coerente, nos termos do art. 926, *caput*, do CPC. Aguardemos se esse entendimento será consolidado na atual composição da Corte, alterando a sua posição anterior, sobretudo tendo em vista o surgimento da nova legislação, em 2024, como exposto a seguir.

Anote-se a existência anterior de projetos de lei com o objetivo de trazer um tratamento diferenciado para as empresas que vendem os pacotes, afastando incidência da solidariedade do Código do Consumidor (Projeto de Lei 5.120/2001, convertido na Lei 12.974/2014). Estabelecia o art. 12 da norma projetada que as agências de turismo responderiam objetivamente pelos danos causados por defeitos nos serviços prestados diretamente ou contratados de terceiros e por estes prestados ou executados. Porém, a agência de viagens que intermediar a contratação de serviços turísticos organizados e prestados por terceiros, inclusive os oferecidos por operadoras turísticas, não responderiam pela sua prestação ou execução, salvo nos casos de culpa (art. 13 do Projeto).

Além disso, nos termos do art. 14 do Projeto de Lei, ressalvados os casos de comprovada força maior, razão técnica ou expressa responsabilidade legal de outras entidades, a agência de viagens e turismo promotora e organizadora de serviços turísticos seria a responsável pela prestação efetiva dos mencionados serviços e pelo reembolso devido aos consumidores por serviços não prestados, conforme convencionado. Por fim, a projeção estabelecia que agências de viagens e turismo não responderiam diretamente por atos e fatos decorrentes da participação de prestadores de serviços específicos cujas atividades estivessem sujeitas à legislação especial, ou tratados internacionais de que o Brasil seja signatário, ou dependam de autorização, permissão ou concessão (art. 15 do Projeto).

Entretanto, essa tentativa de limitar a responsabilidade civil das empresas de turismo acabou não prosperando, uma vez que todas essas propostas foram vetadas quando da emergência da Lei 12.974/2014.

O mesmo ocorreu com a emergência da nova Lei 14.978/2024, que trouxe alterações importantes na legislação sobre o turismo. Foi vetado o art. 3º do anterior projeto de lei, na parte em que alterava o § 8º do art. 23 e os §§ 9º e 10 do art. 27 da Lei 11.771/2008, conhecida como *Lei Geral do Turismo*.

Conforme o primeiro comando vetado, "§ 8º A responsabilidade solidária do meio de hospedagem não se aplica nas hipóteses de: I – falência ou recuperação judicial do intermediador da reserva antes do repasse dos recursos ao meio de hospedagem; ou II – culpa exclusiva do intermediador, desde que não tenha havido o proveito econômico do meio de hospedagem". Ademais, nos termos do proposto § 9º do art. 27 da Lei 11.771/2008, "a agência de turismo responde objetiva e solidariamente pelos danos causados pelos serviços de intermediação que prestar, limitada a sua responsabilidade ao proveito econômico deles obtido". Por fim, sugeria-se um § 10 para o mesmo comando, segundo o qual "a responsabilidade solidária da agência de turismo de que trata o § 9º deste artigo não se aplica nas hipóteses de: I – falência ou recuperação judicial do fornecedor dos serviços intermediados pela agência; ou II – culpa exclusiva do fornecedor dos serviços à agência".

Todos os comandos foram vetados pelo fato de que, "em que pese a boa intenção do legislador, a proposição incorre em vício de inconstitucionalidade ao violar as garantias constitucionais de defesa do consumidor expressamente previstas no art. 5º, *caput*, inciso XXXII, e no art. 170, caput, inciso V, da Constituição". Além dos fundamentos constitucionais da proteção dos consumidores, destacou o então Presidente da República que "a proposição contraria o interesse público ao afrontar o disposto na Lei 8.078, de 11 de setembro de 1990 – Código de Defesa do Consumidor, que determina a responsabilidade solidária e objetiva por danos causados a consumidores para todos os fornecedores que compõem a cadeia de consumo, com vistas à proteção ao consumidor".

Não há dúvida de que esses vetos sucessivos fazem com que a responsabilidade dessas empresas esteja vinculada ao CDC de forma consolidada, especialmente à solidariedade nele prevista, trazendo a conclusão inafastável de sua eventual responsabilização objetiva. A esse propósito, aliás, a nova lei de 2024 trouxe a seguinte redação para o art. 23, *caput* e § 7º, da Lei 11.771/2008: "consideram-se meios de hospedagem os empreendimentos ou estabelecimentos destinados a prestar serviços de alojamento temporário, ofertados em unidades de frequência individual ou coletiva de uso exclusivo de hóspede, bem como outros serviços necessários aos usuários, denominados serviços de hospedagem, mediante instrumento contratual, tácito ou expresso, e cobrança de diária. (...). § 7º Os meios de hospedagem respondem objetiva e solidariamente pelos danos causados pelos serviços que prestarem". A emergência da última regra deve afastar definitivamente o entendimento em contrário do Superior Tribunal de Justiça, aqui antes pontuado.

Como última nota a respeito do tema do turismo, destaque-se o surgimento da Lei 14.046/2020, originária da Medida Provisória 948, dispondo sobre o adiamento e o cancelamento de serviços, de reservas e de eventos dos setores de turismo e de cultura em razão da pandemia de Covid-19. A norma tem claro intuito protetivo das empresas, em detrimento dos direitos e interesses dos consumidores, assim como outras normas que surgiram nesse mesmo período de crise, caso da que trata do transporte aéreo (Lei 14.034/2020). Sucessivamente, pontue-se que foi editada nova MP, de número 1.036, depois convertida na Lei 14.186/2021, renovando os prazos previstos nas normas anteriores, até 31 de dezembro de 2021.

Entre as suas regras, o seu art. 2º estabelece que na hipótese de adiamento ou de cancelamento de serviços, de reservas e de eventos, incluídos *shows* e espetáculos, em razão da pandemia, o prestador de serviços ou a sociedade empresária não serão obrigados a reembolsar os valores pagos pelo consumidor, desde que assegurem: *a)* a remarcação dos serviços, das reservas e dos eventos adiados; ou *b)* a disponibilização de crédito para uso ou abatimento na compra de outros serviços, reservas e eventos disponíveis nas respectivas empresas.

Consoante o § 1º desse comando, tais operações se darão sem custo adicional, taxa ou multa ao consumidor, em qualquer data e a partir de 1º de janeiro de 2020, e estender-se-ão pelo prazo de cento e vinte dias, contado da comunicação do adiamento ou do cancelamento dos serviços, ou trinta dias antes da realização do evento, o que ocorrer antes. Se o consumidor não fizer essa solicitação no prazo assinalado de cento e vinte dias, por motivo de falecimento, de internação ou de força maior, o prazo será restituído em proveito da parte, do herdeiro ou do sucessor, a contar da data de ocorrência do fato impeditivo da solicitação (§ 2º). E esse crédito poderá ser utilizado pelo consumidor até 31 de dezembro de 2022 (§ 4º). O prazo para restituição pelo prestador de serviço do valor recebido é até essa mesma data, "somente na hipótese de ficarem impossibilitados de oferecer a remarcação dos serviços ou a disponibilização de crédito referidas nos incisos I e II do *caput* deste artigo" (§ 6º do art. 2º da Lei 14.046/2020, na redação dada pela Lei 14.186/2021).

Como derradeira regra a ser destacada, mais uma vez excessivamente protetiva das empresas de turismo – e também de espetáculos –, o art. 5º da Lei 14.046/2020 prevê que eventuais cancelamentos ou adiamentos dos contratos de natureza consumerista regidos pela norma caracterizam hipótese de caso fortuito ou de força maior, "e não são cabíveis reparação por danos morais, aplicação de multas ou imposição das penalidades previstas no art. 56 da Lei nº 8.078, de 11 de setembro de 1990, ressalvadas as situações previstas no § 7º do art. 2º e no § 1º do art. 4º desta Lei, desde que caracterizada má-fé do prestador de serviço ou da sociedade empresária". Lamenta-se o teor da última norma, generalizando os adiamentos como eventos imprevisíveis e inevitáveis e decretando-se uma indesejada moratória ampla e irrestrita, em detrimento dos interesses dos consumidores.

Como última ilustração a respeito do fato do serviço, o Superior Tribunal de Justiça confirmou a responsabilização de empresa de transporte aéreo que não ofereceu condições dignas para a viagem de cadeirante, realidade que, infelizmente, é comum em nosso País, especialmente no transporte por ônibus. Vejamos a ementa desse *decisum*, que cita o Estatuto da Pessoa com Deficiência:

"Recurso especial. Ação condenatória. Acessibilidade em transporte aéreo. Cadeirante submetido a tratamento indigno ao embarcar em aeronave. Ausência dos meios materiais necessários ao ingresso desembaraçado no avião do dependente de tratamento especial. Responsabilidade da prestadora de serviços configurada. Redução do *quantum* indenizatório improcedente. Recurso especial desprovido. Hipótese: Trata-se de ação condenatória cuja pretensão é o reconhecimento da responsabilidade civil da companhia aérea por não promover condições dignas de acessibilidade de pessoa cadeirante ao interior da aeronave. (...). O Brasil assumiu no plano internacional compromissos destinados à concretização do convívio social de forma independente da pessoa portadora de deficiência, sobretudo por meio da garantia da acessibilidade, imprescindível à autodeterminação do indivíduo com dificuldade de locomoção. A Resolução n. 9/2007 da Agência Nacional de Aviação Civil, cuja vigência perdurou de 14.6.2007 até 12.1.2014, atribuiu às empresas aéreas a obrigação de assegurar os meios para o acesso desembaraçado da pessoa com deficiência no interior da aeronave, aplicando-se, portanto, aos fatos versados na demanda. Nos termos do art. 14, *caput*, da Lei n. 8.078/90, o fornecedor de serviços responde, objetivamente, pela reparação dos danos causados ao consumidor, em razão da incontroversa má prestação do serviço por ela fornecido, o que ocorreu na hipótese. O fato de terceiro, excludente da responsabilidade do transportador, é aquele imprevisto e que não tem relação com a atividade de transporte, não sendo o caso dos autos, uma vez que o constrangimento, previsível no deslocamento coletivo de pessoas, decorreu da própria relação contratual entre os envolvidos e, preponderantemente, da forma que o serviço foi prestado pela ora recorrente. A indenização por danos morais fixada em quantia sintonizada aos princípios da razoabilidade e proporcionalidade não enseja a interposição do recurso especial, dada a necessidade de exame de elementos de ordem fática, cabendo sua revisão apenas em casos de manifesta excessividade ou irrisoriedade do montante arbitrado. Incidência da Súmula 7 do STJ. Verba indenizatória mantida em R$ 15.000,00 (quinze mil reais)" (STJ – REsp 1.611.915/RS – Quarta Turma – Rel. Min. Marco Buzzi – j. 06.12.2018 – DJe 04.02.2019).

Superados os exemplos concretos do fato do serviço, sabe-se que incide o prazo prescricional de cinco anos para a ação de reparação de danos decorrentes do fato do serviço ou defeito (acidente de consumo), iniciando-se a sua contagem a partir do conhecimento do dano e de sua autoria (art. 27 do CDC).

A ilustrar a incidência desse prazo no fato do serviço, um consumidor vai até um restaurante na cidade de São Paulo em seu automóvel. O estabelecimento oferece serviço de estacionamento ou *valet* na porta. O dono do veículo entrega as chaves ao manobrista, que se descuida, e o carro é furtado. No caso em questão, há fato do serviço diante do prejuízo do valor do veículo, presente a responsabilidade solidária entre o restaurante, a empresa prestadora do serviço de estacionamento e o próprio manobrista. Os dois primeiros têm responsabilidade objetiva, enquanto o último tem responsabilidade subjetiva, porque se trata de profissional liberal (art. 14, § 4º, da Lei 8.078/1990). O prazo para a ação condenatória é de cinco anos, a contar do evento danoso, no caso.

Com outra concreção, ainda mais prática, tem-se entendido que "o furto das joias, objeto do penhor, constitui falha do serviço prestado pela instituição financeira e não inadimplemento contratual, devendo incidir o prazo prescricional de 5 (cinco) anos para as ações de indenização, previsto no art. 27 do Código de Defesa do Consumidor" (STJ –REsp 1.369.579/PR – Quarta Turma – Rel. Min. Luis Felipe Salomão – j. 24.10.2017 – *DJe* 23.11.2017).

A verdade é que existem grandes debates jurisprudenciais a respeito do enquadramento do evento como vício ou fato do serviço e do correspondente prazo para exercício do direito. Para a correta diferenciação, valem as lições inaugurais do presente capítulo. A título de exemplo, se estiverem presentes danos morais em decorrência do atraso no serviço de transporte, a hipótese é de fato do serviço, subsumindo-se o prazo prescricional de cinco anos:

"Juizados especiais. Direito do consumidor. Vício na prestação de serviço de transporte terrestre que enseja fato do serviço. Prescrição. Dano moral. 1. Em caso de vício do produto ou serviço aplicável se mostra o art. 26, do Código de Defesa do Consumidor; no presente caso, o vício do serviço teve desdobramentos, consistentes no atraso da viagem por mais de três horas, o que configura fato do serviço, sendo aplicável o disposto no art. 27, do mesmo Código, não tendo ainda transcorrido o prazo de cinco anos legalmente previsto. 2. O atraso em viagem empreendida por empresa de transporte terrestre, superior a três horas, decorrente de defeitos mecânicos apresentados pelo ônibus, deixando os passageiros à míngua, tendo que suportar fome, calor, mal cheiro e desconforto do veículo durante a noite, consubstancia dano moral, ultrapassando os meros dissabores e aborrecimentos do cotidiano e dando ensejo à reparação pleiteada. 3. O valor fixado a título de indenização por danos morais (R$ 3.000,00) guarda pertinência com o quadro fático evidenciado, obedecendo aos princípios da razoabilidade e da proporcionalidade, especialmente considerando-se a natureza, gravidade e extensão do dano. 4. Recorrente condenado ao pagamento de custas processuais e honorários advocatícios, fixados em 10% (dez por cento) sobre o valor da condenação. 5. Recurso conhecido e improvido. Sentença mantida por seus próprios fundamentos, nos termos do art. 46, da Lei 9.099/1995" (TJDF – Recurso 2009.07.1.035079-2 – Acórdão 484.675 – Primeira Turma Recursal dos Juizados Especiais Cíveis e Criminais do DF – Rel. Juíza Rita de Cassia de Cerqueira Lima Rocha – *DJDFTE* 04.03.2011, p. 252).

Por fim, a cobrança indevida de um serviço que causa dano moral também se enquadra no fato do serviço, subsumindo-se mais uma vez o citado prazo legal. Por todos:

"Apelação cível. Responsabilidade civil. Contrato de telefonia. Decadência. Inocorrência. Cobrança indevida de serviço não contratado. Não comprovada a solicitação. Dano moral. Pessoa jurídica. Não demonstrado. Repetição em dobro. Possibilidade. Ônus sucumbencial. 1. Não se aplica ao caso o prazo decadencial do art. 26, II, do CDC, uma vez que reclama a autora a inexigibilidade dos débitos por serviço supostamente não contratado; não se trata de vício de serviço, mas sim de reparação de danos por fato do serviço, que prevê prazo prescricional de cinco anos, nos termos do art. 27 da legislação consumerista. 2. Caracterizada a ilicitude da parte ré, uma vez que inseriu serviços de telefonia na fatura mensal da autora sem que esta tivesse requisitado. Contudo, mesmo sendo possível a caracterização do dano moral para pessoa jurídica, este não restou devidamente comprovado. Sequer demonstrou a autora o cadastro de seu nome nos órgãos de proteção ao crédito, sendo que os aborrecimentos, em razão das dificuldades para solucionar o caso, não configuram, por si só, situação geradora de dano moral. 3. Nos termos do parágrafo único do art. 42 do CDC, é devida a repetição do indébito apenas da quantia efetivamente paga e comprovada. 4. Sucumbência redimensionada. Apelo parcialmente provido. Unânime" (TJRS – Apelação Cível 70037229648, Santa Rosa – Nona Câmara Cível – Rel. Des. Íris Helena Medeiros Nogueira – j. 15.09.2010 – *DJERS* 23.09.2010).

Finalizado o estudo das quatro situações específicas de responsabilidade consumerista, parte-se à abordagem aprofundada do conceito de consumidor por equiparação, para os fins de responsabilização privada.

4.3. O CONSUMIDOR EQUIPARADO E A RESPONSABILIDADE CIVIL. APROFUNDAMENTOS QUANTO AO TEMA E CONFRONTAÇÕES EM RELAÇÃO AO ART. 931 DO CÓDIGO CIVIL

Como exaustivamente demonstrado no capítulo anterior, o CDC amplia substancialmente o conceito de consumidor, ao consagrar o enquadramento do consumidor equiparado, por equiparação ou *bystander*. Consagra o art. 17 da Lei 8.078/1990 que todos os prejudicados pelo evento de consumo, ou seja, todas as vítimas, mesmo não tendo relação direta de consumo com o prestador ou fornecedor, podem ingressar com ação fundada no Código de Defesa do Consumidor, visando a responsabilização objetiva do agente causador do dano. Como bem aponta a doutrina mais apurada, "basta ser 'vítima' de um produto ou serviço para ser privilegiado com a posição de consumidor legalmente protegido pelas normas sobre responsabilidade objetiva pelo fato do produto presentes no CDC".[47]

A construção ampliativa merece louvor, diante dos riscos decorrentes da prestação ou fornecimento na sociedade de consumo de massa. Quebra-se, assim, a ideia de imediatismo da clássica responsabilidade civil, ampliando-se o nexo causal, pela relação de solidariedade em relação a terceiros prejudicados. Comparativamente, o Código Civil de 2002 não tem regra semelhante, constituindo este conceito do Código de Defesa do Consumidor uma ampliação interessante da teoria do risco.

A título de ilustração, imagine-se o caso de compra de um eletrodoméstico, de uma televisão. Várias pessoas estão na residência do consumidor-comprador assistindo a um filme, quando, de repente, o aparelho explode, atingindo todos os que estão à sua volta. Pois bem, não só o comprador do aparelho, que manteve a relação contratual direta com o fabricante, mas todos aqueles prejudicados pelo evento danoso poderão pleitear indenização daquele, eis que são *consumidores por equiparação ou bystanders* (art. 17 da Lei 8.078/1990). O raciocínio jurídico é que se um produto inseguro foi colocado no mercado, deve existir a responsabilidade, já que a empresa que o produziu dele retirou lucros e riqueza (*risco-proveito*). Se a sua colocação no mercado gera riscos à coletividade, a empresa fornecedora ou prestadora deverá assumir os ônus deles decorrentes (*risco criado*).

Tratando exatamente da ilustração anterior, que há muito tempo nos acompanha em aulas e exposições, decidiu a 8ª Câmara de Direito Privado do Tribunal de Justiça

---
[47] MARQUES, Claudia Lima; BENJAMIN, Antonio Herman; MIRAGEM, Bruno. *Comentários ao Código de Defesa do Consumidor*. 3. ed. São Paulo: RT, 2010. p. 471.

de São Paulo, em julgamento de janeiro de 2015 e de relatoria do Desembargador Luiz Ambra:

> "Responsabilidade civil. Indenização. Danos materiais e morais. Explosão de televisor em residência, adquirido três dias antes. Ferimentos na mãe e filhos menores, a genitora vindo a falecer cerca de vinte dias depois. Fatos bem demonstrados, presumindo-se a culpa do fabricante de acordo com norma expressa do Código do Consumidor. Indenização corretamente estabelecida, improvido o apelo da ré, provido em parte o dos autores para majorar a indenização, nos termos do acórdão" (TJSP – Apelação n. 0004338-05.2010.8.26.0604, originária da Comarca de Sumaré).

O acórdão bem aplica o conceito de consumidor equiparado, lamentando-se apenas a menção à culpa presumida e não à responsabilidade objetiva. Quanto ao valor da indenização extrapatrimonial, pontue-se que corretamente foi fixada em cerca de R$ 200.000,00 (duzentos mil reais).

Partindo para outras ilustrações, retome-se o exemplo exposto no capítulo anterior do livro, de julgamento do Superior Tribunal de Justiça, no sentido de reconhecer como consumidor equiparado o proprietário de um imóvel sobre o qual caiu um avião (STJ – REsp 540.235/TO – Terceira Turma – Rel. Min. Castro Filho – *DJ* 06.03.2006). Mais recentemente concluiu o Tribunal da Cidadania no mesmo sentido, em julgado similar, relativo ao acidente da TAM ocorrido no Aeroporto de Congonhas em 1996. O acórdão foi assim publicado no seu *Informativo* n. 525:

> "Direito do consumidor. Prazo de prescrição da pretensão de ressarcimento por danos decorrentes da queda de aeronave. É de cinco anos o prazo de prescrição da pretensão de ressarcimento de danos sofridos pelos moradores de casas atingidas pela queda, em 1996, de aeronave pertencente a pessoa jurídica nacional e de direito privado prestadora de serviço de transporte aéreo. Isso porque, na hipótese, verifica-se a configuração de um fato do serviço, ocorrido no âmbito de relação de consumo, o que enseja a aplicação do prazo prescricional previsto no art. 27 do CDC. Com efeito, nesse contexto, enquadra-se a sociedade empresária no conceito de fornecedor estabelecido no art. 3º do CDC, enquanto os moradores das casas atingidas pela queda da aeronave, embora não tenham utilizado o serviço como destinatários finais, equiparam-se a consumidores pelo simples fato de serem vítimas do evento (*bystanders*), de acordo com o art. 17 do referido diploma legal. Ademais, não há dúvida de que o evento em análise configura fato do serviço, pelo qual responde o fornecedor, em consonância com o disposto do art. 14 do CDC. Importante esclarecer, ainda, que a aparente antinomia entre a Lei 7.565/1986 – Código Brasileiro de Aeronáutica –, o CDC e o CC/1916, no que tange ao prazo de prescrição da pretensão de ressarcimento em caso de danos sofridos por terceiros na superfície, causados por acidente aéreo, não pode ser resolvida pela simples aplicação das regras tradicionais da anterioridade, da especialidade ou da hierarquia, que levam à exclusão de uma norma pela outra, mas sim pela aplicação coordenada das leis, pela interpretação integrativa, de forma a definir o verdadeiro alcance de cada uma delas à luz do caso concreto. Tem-se, portanto, uma norma geral anterior (CC/1916) – que, por sinal, sequer regulava de modo especial o contrato de transporte – e duas especiais que lhe são posteriores (CBA/1986 e CDC/1990). No entanto, nenhuma delas expressamente revoga a outra, é com ela incompatível ou regula inteiramente a mesma matéria, o que permite afirmar que essas normas se interpenetram, pro-

movendo um verdadeiro diálogo de fontes. A propósito, o CBA regula, nos arts. 268 a 272, a responsabilidade do transportador aéreo perante terceiros na superfície e estabelece, no seu art. 317, II, o prazo prescricional de dois anos da pretensão de ressarcimento dos danos a eles causados. Essa norma especial, no entanto, não foi revogada, como já afirmado, nem impede a incidência do CDC quando evidenciada a relação de consumo entre as partes envolvidas. Destaque-se, por oportuno, que o CBA não se limita a regulamentar apenas o transporte aéreo regular de passageiros, realizado por quem detenha a respectiva concessão, mas todo serviço de exploração de aeronave, operado por pessoa física ou jurídica, proprietária ou não, com ou sem fins lucrativos. Assim, o CBA será plenamente aplicado, desde que a relação jurídica não esteja regida pelo CDC, cuja força normativa é extraída diretamente da CF (art. 5º, XXXII). Ademais, não há falar em incidência do art. 177 do CC/1916, diploma legal reservado ao tratamento das relações jurídicas entre pessoas que se encontrem em patamar de igualdade, o que não ocorre na hipótese" (STJ – REsp 1.202.013/SP – Rel. Min. Nancy Andrighi – j. 18.06.2013).

Como se percebe, o aresto traz importante debate sobre a incidência do prazo prescricional para a demanda de responsabilidade civil proposta pelos familiares das vítimas, concluindo pela incidência do prazo de cinco anos, tratado pelo art. 27 do Código Consumerista. A tese do *diálogo das fontes* pode ser retirada da ementa, pelas menções ao Código Brasileiro da Aeronáutica e ao Código Civil de 1916; prevalecendo o CDC por ser mais favorável aos prejudicados pelo evento danoso, no caso concreto.

Seguindo nos exemplos, do mesmo Tribunal Superior, serve a ilustração das vítimas atingidas pela explosão de uma fábrica de fogos de artifício, consideradas consumidoras equiparadas:

"Processual civil. Ação civil pública. Explosão de loja de fogos de artifício. Interesses individuais homogêneos. Legitimidade ativa da Procuradoria de Assistência Judiciária. Responsabilidade pelo fato do produto. Vítimas do evento. Equiparação a consumidores. I. Procuradoria de assistência judiciária tem legitimidade ativa para propor ação civil pública objetivando indenização por danos materiais e morais decorrentes de explosão de estabelecimento que explorava o comércio de fogos de artifício e congêneres, porquanto, no que se refere à defesa dos interesses do consumidor por meio de ações coletivas, a intenção do legislador pátrio foi ampliar o campo da legitimação ativa, conforme se depreende do art. 82 e incisos do CDC, bem assim do art. 5º, inc. XXXII, da Constituição Federal, ao dispor expressamente que incumbe ao Estado promover, na forma da lei, a defesa do consumidor. I. Em consonância com o art. 17 do Código de Defesa do Consumidor, equiparam-se aos consumidores todas as pessoas que, embora não tendo participado diretamente da relação de consumo, vêm a sofrer as consequências do evento danoso, dada a potencial gravidade que pode atingir o fato do produto ou do serviço, na modalidade vício de qualidade por insegurança. Recurso especial não conhecido" (STJ – REsp 181.580/SP – Terceira Turma – Rel. Min. Castro Filho – j. 09.12.2003 – *DJ* 22.03.2004, p. 292).

Anote-se que o Superior Tribunal de Justiça também concluiu serem consumidores todos os prejudicados pela explosão de uma barragem, conforme ementa a seguir transcrita:

"Agravo regimental. Ação de indenização. Rompimento de barragem. Equiparação ao consumidor. Inversão do ônus da prova. Matéria de prova. Reexame. Inviabilidade.

Súmula 7/STJ. Decisão agravada mantida. Improvimento. 1. Consumidor por equiparação, aplicação do art. 17 do CDC. 2. Houve o reconhecimento da hipossuficiência do consumidor, assim como da verossimilhança de suas alegações, julgando atendidas as exigências encartadas no art. 6º, VIII, do CDC. A inversão do ônus da prova foi concedida após a apreciação de aspectos ligados ao conjunto fático-probatório dos autos. O reexame de tais elementos, formadores da convicção do juiz da causa, não é possível na via estreita do recurso especial por exigir a análise e matéria de prova. 3. A pretensão recursal esbarra na Súmula 7/STJ. 4. Agravo improvido com aplicação de multa" (STJ – AgRg-Ag 1.321.999/MG – Quarta Turma – Rel. Min. Luis Felipe Salomão – j. 19.10.2010 – *DJe* 04.11.2010).

Em complemento a este último *decisum*, e representante de uma clara evolução a respeito do tema, a mesma Corte Superior, em 2002, aplicou a construção do consumidor *bystander* a hipótese de danos ambientais, em um sadio diálogo entre a Lei n. 6.938/1981 e o CDC, ambos consagradores da responsabilidade objetiva. Consoante trecho do acórdão, "na hipótese de danos individuais decorrentes do exercício de atividade empresarial poluidora destinada à fabricação de produtos para comercialização, é possível, em virtude da caracterização do acidente de consumo, o reconhecimento da figura do consumidor por equiparação, o que atrai a incidência das disposições do Código de Defesa do Consumidor" (STJ – REsp 2.009.210/RS – Terceira Turma – Rel. Min. Nancy Andrighi – j. 29.09.2022).

A afirmação da tese se repetiu em 2023, em um novo caso envolvendo uma barragem de uma hidrelétrica. Assim, entendeu-se na Segunda Seção da Corte, em síntese, que "é possível o reconhecimento da figura do consumidor por equiparação na hipótese de danos individuais decorrentes do exercício de atividade de exploração de potencial hidroenergético causadora de impacto ambiental, em virtude da caracterização do acidente de consumo" (STJ – REsp 2.018.386/BA – Segunda Seção – Rel. Min. Nancy Andrighi – por unanimidade – j. 10.05.2023 – *DJe* 12.05.2023). Como o julgamento reuniu todos os julgadores do Tribunal da Cidadania responsáveis pelos casos de Direito Privado na Corte, parece indicar uma tendência inafastável de novos entendimentos na mesma linha.

No mesmo sentido, a propósito, enunciado aprovado na histórica *I Jornada Jurídica de Prevenção e Gerenciamento de Crises Ambientais*, promovida pelo Conselho da Justiça Federal em novembro de 2024, fruto de proposta formulada por mim. Nos seus termos, "é possível o reconhecimento da figura do consumidor, por equiparação ou equiparado, na hipótese de danos individuais decorrentes do exercício de atividade de exploração de potencial hidroenergético causadora de impacto ambiental, em virtude da caracterização do acidente de consumo". Essa posição, portanto, tende a se consolidar não só na jurisprudência como na doutrina.

Partindo-se para outro exemplo, em rumoroso julgado do ano de 2011, aquela Corte considerou como consumidores equiparados os pais de uma criança que foi atacada por animais em um circo. Considerou-se ainda a solidariedade entre todos os envolvidos com a prestação de serviço *(fato do serviço ou defeito)*. Vejamos a publicação no *Informativo* n. 468 do STJ:

"Danos morais. Responsabilidade solidária. CDC. Trata-se de ação indenizatória por danos materiais e morais ajuizada pelos pais em decorrência da morte de filho (seis anos), atacado e morto por leões durante espetáculo de circo instalado na área contígua a *shopping center*. O menor fora tirar fotos com cavalos acompanhado por prepostos do circo quando os leões que aguardavam em jaula precária para participar do espetáculo o puxaram entre as grades. Para as instâncias ordinárias, a locação do espaço para a instalação do circo firmada pelas empresas locadoras rés, ora recorrentes (integrantes do mesmo grupo societário do *shopping*), teve a motivação de atrair o público consumidor e elevar os lucros, caracterizando uma relação de consumo; daí se reconhecer a legitimidade das empresas locadoras para responderem à ação solidariamente, visto que consentiram na instalação do circo com total falta de segurança, de recursos humanos e físicos (segundo apurou o laudo da Secretaria de Defesa Social). Isso porque o contrato de locação foi firmado em papel timbrado com logotipo do *shopping* em que as empresas figuravam como locadoras e o circo se obrigava, entre outras coisas, a fornecer 500 convites para os espetáculos e obedecer às normas do *shopping center*; os aluguéis e encargos eram pagos na administração do condomínio do *shopping*, tudo a indicar que havia ligação administrativa e financeira entre o *shopping* e as empresas locadoras. Agora, no REsp, discute-se a extensão da responsabilidade das empresas locadoras pelo evento danoso e o *quantum* da indenização fixado pelas instâncias ordinárias em R$ 1 milhão. Para o Min. Relator, diante das peculiaridades do caso concreto analisadas no tribunal *a quo*, não cabe falar em ilegitimidade *ad causam* das litisconsortes passivas (empresas locadoras recorrentes). Assim, examinou as razões do TJ para condená-las por equiparação a consumidor nos termos do art. 17 do CDC. Explicou o Min. Relator que o citado artigo estende o conceito de consumidor àqueles que, mesmo não sendo consumidores diretos, acabam sofrendo as consequências do acidente de consumo, ou seja, as vítimas do evento (*bystanders*). Na hipótese, as recorrentes não conseguiram provas de que a locação do circo não representava serviço que o condomínio do *shopping*, sócio das empresas recorrentes, pôs à disposição dos frequentadores. Dessa forma, nesse caso, o ônus da prova caberia ao fornecedor. Asseverou que o novo Código Civil, no art. 927, parágrafo único, admite a responsabilidade sem culpa pelo exercício de atividade que, por sua natureza, representa risco ao direito de outrem. Observou, ainda, que a responsabilidade indireta, no caso dos autos, vem do risco da própria atividade (apresentação de animais selvagens), sendo inerente a obrigação de zelar pela guarda dos frequentadores e consumidores, o que garante à vítima ser indenizada (art. 93 do CC/2002 e Súm. 130-STJ). Já o *quantum* foi reduzido a R$ 275 mil, com correção monetária a contar desse julgamento e juros contados da data do evento danoso. Diante do exposto, a Turma, por maioria, deu parcial provimento ao recurso. Precedentes citados: REsp 476.428-SC, *DJ* 09.05.2005; REsp 181.580-SP, *DJ* 22.03.2004; REsp 7.134-SP, *DJ* 08.04.1991; e REsp 437.649-SP, *DJ* 24.02.2003" (STJ – REsp 1.100.571/PE – Rel. Min. Luis Felipe Salomão – j. 07.04.2011).

Ainda a ilustrar, igualmente, a hipótese do pneu de um veículo que explode, sendo considerado consumidor o prejudicado correspondente (TJPR – Recurso 167271-7 – Acórdão 5298, Ponta Grossa – Oitava Câmara Cível – Rel. Des. Rafael Augusto Cassetari – j. 11.08.2005). Em sentido semelhante, julgado paulista que considerou consumidor equiparado a vítima atingida pelo botijão de gás que explodiu (TJSP – Apelação 9133219-54.2003.8.26.0000 – Acórdão 4866894, São Paulo – Nona Câmara de Direito Privado – Rel. Des. Antonio Vilenilson – j. 28.09.2010 – *DJESP* 24.01.2011). Ou, ainda, o consumidor que foi atingido em um supermercado por uma cadeira de bebê defeituosa (TJDF – Recurso 2007.01.1.137336-6 – Acórdão 490.960 – Primeira Turma Cível – Rel. Des. Flavio Rostirola – *DJDFTE* 30.03.2011, p. 147). Por fim, cite-se interessante decisão do Tribunal

Fluminense, que considerou consumidor por equiparação a pessoa que foi atingida por vigilantes da transportadora de valores em perseguição a criminosos na via pública (TJRJ – Apelação Cível 2009.001.70719 – Quinta Câmara Cível – Rel. Des. Katya Monnerat – j. 08.07.2010 – *DORJ* 12.07.2010, p. 185).

A construção *bystander* não é aplicada somente para os fins de uma responsabilização extracontratual, mas também em decorrência do contrato de consumo, eis que o CDC rompeu com o sistema dual de responsabilidade civil, como exposto ao início do presente capítulo. Dessa feita, é comum a incidência da ideia para os casos de *cliente bancário clonado*.

Imagine-se a hipótese de alguém que tem toda a documentação furtada ou roubada. O criminoso ou um terceiro, munido desses documentos, vai até um banco e abre uma conta-corrente em nome da vítima, emitindo vários cheques sem fundos, fazendo com que o seu nome seja inscrito em cadastro de inadimplentes. O *clonado*, na situação descrita, poderá ingressar com demanda em face da instituição bancária, subsumindo-se a responsabilidade objetiva com base no art. 17 do CDC (a título de exemplo: TJMG – Apelação Cível 0324980-05.2010.8.13.0145, Juiz de Fora – Décima Segunda Câmara Cível – Rel. Des. Domingos Coelho – j. 02.03.2011 – *DJEMG* 21.03.2011; TJDF – Recurso 2009.01.1.145985-8 – Acórdão 477.397 – Primeira Turma Recursal dos Juizados Especiais Cíveis e Criminais do DF – Rel. Juíza Rita de Cassia de Cerqueira Lima Rocha – *DJDFTE* 04.02.2011, p. 242; TJRS – Apelação Cível 70024134561, Getúlio Vargas – Nona Câmara Cível – Rel. Des. Íris Helena Medeiros Nogueira – j. 09.07.2008 – *DOERS* 17.07.2008, p. 28; e TJES – Apelação Cível 35020208357 – Primeira Câmara Cível – Rel. Des. Carlos Henrique Rios do Amaral – *DJES* 19.11.2009, p. 20).

Na mesma linha, o Superior Tribunal de Justiça, em julgamento de incidente de recursos repetitivos, acabou por concluir pela responsabilização da instituição bancária nesses casos. Com tom elucidativo, vejamos a publicação no *Informativo* n. *481* daquele Tribunal Superior:

> "Repetitivo. Fraude. Terceiros. Abertura. Conta-corrente. Trata-se, na origem, de ação declaratória de inexistência de dívida cumulada com pedido de indenização por danos morais ajuizada contra instituição financeira na qual o recorrente alega nunca ter tido relação jurídica com ela, mas que, apesar disso, teve seu nome negativado em cadastro de proteção ao crédito em razão de dívida que jamais contraiu, situação que lhe causou sérios transtornos e manifesto abalo psicológico. Na espécie, o tribunal *a quo* afastou a responsabilidade da instituição financeira pela abertura de conta-corrente em nome do recorrente ao fundamento de que um terceiro a efetuou mediante a utilização de documentos originais. Assim, a Seção, ao julgar o recurso sob o regime do art. 543-C do CPC c/c a Res. n. 8/2008-STJ, entendeu que as instituições bancárias respondem objetivamente pelos danos causados por fraudes ou delitos praticados por terceiros – por exemplo, a abertura de conta-corrente ou o recebimento de empréstimos mediante fraude ou utilização de documentos falsos –, uma vez que tal responsabilidade decorre do risco do empreendimento. Daí, a Seção deu provimento ao recurso e fixou a indenização por danos morais em R$ 15 mil com correção monetária a partir do julgamento desse recurso (Súm. n. 362-STJ) e juros de mora a contar da data do evento danoso (Súm. n. 54-STJ), bem como declarou inexistente a dívida e determinou a imediata exclusão do nome do recorrente dos cadastros de proteção ao crédito, sob pena de multa de R$ 100,00 por dia de descumprimento" (STJ – REsp 1.197.929/PR – Rel. Min. Luis Felipe Salomão – j. 24.08.2011).

A questão se consolidou de tal forma que, no ano de 2012, foi editada a Súmula 479 daquela Corte Superior, com tom ampliado, abrangendo outras hipóteses de fraudes bancárias praticadas por terceiros: "as instituições financeiras respondem objetivamente pelos danos gerados por fortuito interno relativo a fraudes e delitos praticados por terceiros no âmbito de operações bancárias". De toda sorte, a ementa mereceria um reparo, eis que todas as fraudes bancárias praticadas por terceiros configuram fortuitos internos. A súmula parece demonstrar que alguns eventos podem ser tidos como externos, o que é um equívoco pensar.

Vale, contudo, a ressalva de que, se a fraude foi praticada com o uso da senha e o cartão do próprio correntista, não se deve aplicar a solução prevista na súmula, presente a culpa ou fato exclusivo da própria vítima. Vejamos, nesse contexto de afirmação, trecho de aresto de 2017 do próprio STJ:

"De acordo com a jurisprudência do Superior Tribunal de Justiça, a responsabilidade da instituição financeira deve ser afastada quando o evento danoso decorre de transações que, embora contestadas, são realizadas com a apresentação física do cartão original e mediante uso de senha pessoal do correntista. Hipótese em que as conclusões da perícia oficial atestaram a inexistência de indícios de ter sido o cartão do autor alvo de fraude ou ação criminosa, bem como que todas as transações contestadas foram realizadas com o cartão original e mediante uso de senha pessoal do correntista" (STJ – REsp 1.633.785/SP – Terceira Turma – Rel. Min. Ricardo Villas Bôas Cueva – j. 24.10.2017 – *DJe* 30.10.2017).

Na mesma linha, a assertiva n. 8, publicada na Edição n. 161 da ferramenta *Jurisprudência em Teses da Corte*, de 2020 (Consumidor V): "as instituições financeiras são responsáveis por reparar os danos sofridos pelo consumidor que tenha o cartão de crédito roubado, furtado ou extraviado e que venha a ser utilizado indevidamente, ressalvada as hipóteses de culpa exclusiva do consumidor ou de terceiros".

Em 2019, surgiu outra ressalva à sumular na Corte, de que a instituição bancária não pode responder por fraudes em boletos no caso de intermediação de contrato entre particulares. Conforme trecho do acórdão, "o banco recorrido não pode ser considerado um fornecedor da relação de consumo que causou prejuízos à recorrente, pois não se verifica qualquer falha na prestação de seu serviço bancário, apenas por ter emitido o boleto utilizado para pagamento. Não pertencendo à cadeia de fornecimento em questão, não há como responsabilizar o banco recorrido pelos produtos não recebidos. Ademais, também não se pode considerar esse suposto estelionato como uma falha no dever de segurança dos serviços bancários prestados pelo recorrido" (STJ – REsp 1.786.157/SP – Terceira Turma – Rel. Min. Nancy Andrighi – j. 03.09.2019 – *DJe* 05.09.2019). No caso descrito, de fato, não há uma relação de consumo entre as partes, a afastar a aplicação da sumular.

Em 2023, reafirmou-se o mesmo entendimento em caso envolvendo o uso do cartão com o chip do correntista, agora em relação de consumo: "não se pode responsabilizar instituição financeira em caso de transações realizadas mediante a apresentação de cartão físico com chip e a senha pessoal do correntista, sem indícios de fraude" (STJ – REsp 1.898.812/SP – Quarta Turma – Rel. Min. Maria Isabel Gallotti – j. 15.08.2023 – v.u.).

Com o devido respeito, tenho dúvidas se mesmo a utilização do cartão, do chip e da senha pessoais também não ingressa no risco do empreendimento do banco, dependendo das circunstâncias que envolvem a demanda. O próprio STJ, a propósito, tem julgado que o banco deve responder em caso de golpes dados por estelionatários no âmbito de suas atividades: "a instituição financeira responde objetivamente por falha na prestação de serviços bancários ao permitir a contratação de empréstimo por estelionatário" (STJ – REsp 2.052.228/DF – Terceira Turma – Rel. Min. Nancy Andrighi – j. 12.09.2023 – DJe 15.09.2023 – v.u.). Eis, portanto, um tema que precisa ser pacificado com clareza pelo Tribunal da Cidadania.

Superados esses exemplos e debates, deve ficar claro que, segundo o entendimento majoritário, o conceito de consumidor equiparado somente se refere às hipóteses de fato do produto ou do serviço, e não ao vício, o que visa a restringir a aplicação do conceito. Nessa linha de pensamento, colaciona-se decisão do STJ:

"Civil e processual civil. Ação de indenização. Extravio de bagagens do preposto contendo partituras a serem executadas em espetáculo organizado pela empresa autora. Legitimidade ativa *ad causam*. Equiparação ao consumidor. Impossibilidade. Teoria da asserção. Empresa autora beneficiária do contrato havido entre o maestro e a ré. Responsabilidade extracontratual. 1. Em caso de defeito de conformidade ou vício do serviço, não cabe a aplicação do art. 17, CDC, pois a Lei somente equiparou as vítimas do evento ao consumidor nas hipóteses dos arts. 12 a 16 do CDC. 2. A teoria da asserção, adotada pelo nosso sistema legal, permite a verificação das condições da ação com base nos fatos narrados na petição inicial. 3. No caso em exame, como causa de pedir e fundamentação jurídica, a autora invocou, além do Código de Defesa do Consumidor, também o Código Civil e a teoria geral da responsabilidade civil. 4. Destarte, como o acórdão apreciou a causa apenas aplicando o art. 17, CDC, malferindo o dispositivo legal, o que, como examinado, por si só, no caso concreto, não implica em ilegitimidade passiva da autora, a melhor solução para a hipótese é acolher em parte o recurso da ré, apenas para cassar o acórdão, permitindo que novo julgamento seja realizado, apreciando-se todos os ângulos da questão, notadamente o pedido com base na teoria geral da responsabilidade civil. 5. Recurso especial parcialmente conhecido e, na extensão, provido" (STJ – REsp 753.512/RJ – Quarta Turma – Rel. Min. João Otávio de Noronha – Rel. p/ Acórdão Min. Luis Felipe Salomão – j. 16.03.2010 – DJe 10.08.2010).

Particularmente quanto aos negócios jurídicos, o conceito de consumidor *bystander* mantém relação com o princípio da função social dos contratos, constituindo exceção à relatividade dos efeitos contratuais, nos termos do que consta do Enunciado n. 21 do CJF/STJ, aprovado na I Jornada de Direito Civil, *in verbis*: "a função social do contrato, prevista no art. 421 do novo Código Civil, constitui cláusula geral, a impor a revisão do princípio da relatividade dos efeitos do contrato em relação a terceiros, implicando a tutela externa do crédito". Tal conclusão representa clara aplicação da eficácia externa da função social dos contratos, exposta no Capítulo 2 desta obra.

Pois bem, há uma forte interação entre o conceito de consumidor equiparado e a regra do art. 931 do Código Civil de 2002, dispositivo que merece transcrição para os devidos aprofundamentos:

"Art. 931. Ressalvados outros casos previstos em lei especial, os empresários individuais e as empresas respondem independentemente de culpa pelos danos causados pelos produtos postos em circulação".

Como se pode observar, o comando em destaque consagra a responsabilidade objetiva das empresas que fornecem produtos ao mercado de consumo. O grande debate que existe no campo doutrinário reside em saber se a norma constitui ou não uma novidade no sistema de responsabilidade civil.

Na minha opinião doutrinária, a melhor conclusão é de que esse dispositivo privado não revogou o que estabelece a Lei 8.078/1990 a respeito da responsabilidade civil pelo fato do produto, sendo certo que somente foi mantido esse comando na então nova codificação porque, quando da sua elaboração, o Código de Defesa do Consumidor ainda não existia em nosso ordenamento jurídico. Não se trata, assim, de uma novidade introduzida pelo CC/2002, pois o CDC já atingia os empresários individuais e empresas, nas relações que estes mantinham com os destinatários finais – pelo que consta dos arts. 2º e 3º da Lei Consumerista –, bem como nas relações com outras empresas, como consumidores equiparados (arts. 17 e 29).

De qualquer maneira, há corrente doutrinária respeitável que sustenta ser o dispositivo uma novidade no sistema, pois o seu conteúdo não tinha tratamento no Código Protetivo. Essa é a opinião de Maria Helena Diniz, no seguinte sentido: "logo, o artigo *sub examine* terá aplicação nas hipóteses que não configurarem relação de consumo, visto que esta recai sob a égide da Lei 8.078/1990, que continuará regendo os casos de responsabilidade civil pelo fato ou vício do produto. Assim, esse dispositivo consagra a responsabilidade civil objetiva de empresa ou empresário pelo risco advindo da sua atividade empresarial, provocado por produto, colocado em circulação junto ao público, p. ex., a terceiro (montador de veículo), lesado pelo seu produto (peça de automóvel contendo grave defeito de fabricação) posto em circulação. O mesmo se diga de companhia distribuidora de gás, que responderá pelo dano causado a terceiro (transeunte) pela explosão de botijão que transporta".[48]

A opinião doutrinária sustentada é que o comando tem incidência na relação interna entre fornecedores, quando o produto posto em circulação pelo primeiro causa dano a um segundo fornecedor, o que é compartilhado por Gustavo Tepedino.[49] No mesmo sentido, dispõe o Enunciado n. 42 do Conselho da Justiça Federal, aprovado na *I Jornada de Direito Civil*, que "o art. 931 amplia o conceito de fato do produto existente no art. 12 do Código de Defesa do Consumidor, imputando responsabilidade civil à empresa e aos empresários individuais vinculados à circulação dos produtos". Na mesma linha, o Enunciado n. 378 do CJF/STJ, da *IV Jornada de Direito Civil*, pelo qual "aplica-se o art. 931 do Código Civil, haja ou não relação de consumo".

Ora, com o devido respeito, a lógica de extensão de responsabilidades já poderia ser retirada do art. 17 do CDC, o que afasta a tese da *novidade*. Aliás, para beneficiar o empresário consumidor equiparado, pode ser perfeitamente utilizado o sistema consumerista. Da mesma forma quanto ao consumidor padrão, retirado do art. 2º da Lei 8.078/1990. Partilhando dessas ideias, em contradição com o enunciado doutrinário anterior, o Enunciado n. 190, da *III Jornada de Direito Civil*, com a seguinte redação: "a regra do art. 931 do CC não afasta as normas acerca da responsabilidade pelo fato do produto previstas no art. 12

---

[48] DINIZ, Maria Helena. *Código Civil Anotado*. 15. ed. São Paulo: Saraiva, 2010. p. 630.
[49] TEPEDINO, Gustavo. Liberdade de escolha, dever de informar, defeito do produto e boa-fé objetiva nas ações de indenização contra os fabricantes de cigarros. In: LOPEZ, Teresa Ancona (Coord.). *Estudos e pareceres sobre livre-arbítrio, responsabilidade e produto de risco inerente. O paradigma do tabaco. Aspectos civis e processuais*. Rio de Janeiro: Renovar, 2009. p. 237.

do CDC, que continuam mais favoráveis ao consumidor lesado". Vejamos as justificativas do enunciado apresentadas naquele evento pelo atual Ministro do STJ Paulo de Tarso Sanseverino:

"Na realidade, a norma do art. 931 não pode ser interpretada na sua literalidade, sob pena de inviabilização de diversos setores da atividade empresarial (*v.g.*, fabricantes de facas).

A mais razoável é uma interpretação teleológica, conforme preconiza Sérgio Cavalieri Filho (*Programa de responsabilidade civil*, São Paulo: Malheiros, 2003, p. 187), conjugando a norma do art. 931 do CC com a do § 1º do art. 12 do CDC e exigindo-se que o produto não apresente a segurança legitimamente esperada por seu usuário.

Com essa interpretação do art. 931 do CC, que é necessária para se evitar a ocorrência de exageros, verifica-se que o sistema de responsabilidade pelo fato do produto (acidentes de consumo) constante do CDC continua mais favorável ao consumidor lesado.

Em primeiro lugar, o CDC acolhe o princípio da reparação integral do dano sofrido pelo consumidor no seu art. 6º, VI, sem qualquer restrição. Isso impede a aplicação do art. 944, parágrafo único, do CC, que permite a redução da indenização na medida da culpabilidade.

Em segundo lugar, o prazo de prescrição do CDC continua em cinco anos (art. 27), enquanto o do CC foi reduzido para apenas três anos nas ações de reparação de danos (art. 206, § 3º, V).

Em terceiro lugar, o sistema de responsabilidade por acidentes de consumo do CDC (arts. 12 a 17), que inclui o fato do produto e o fato do serviço, apresenta-se mais completo na proteção do consumidor do que aquele constante do CC, como fazem a limitação das hipóteses de exoneração da responsabilidade civil (§ 3º do art. 12) e ampliação do conceito de consumidor para abranger todas as vítimas de acidentes de consumo (art. 17).

Portanto, essas breves considerações denotam que o regime de responsabilidade pelo fato do produto do CDC continua mais vantajoso ao consumidor do que o do CC".

Vislumbrando mais um exemplo prático, imagine-se uma farmácia de uma cidade do interior que comercializa um lote de remédios estragados, assim entregues por fato do fabricante. Os consumidores ingressam com demandas contra a farmácia com base no vício do produto. Porém, após a notícia, a farmácia fica com péssima imagem perante o mercado local, sofrendo danos materiais e morais. Ingressará então a pessoa jurídica com demanda em face do fabricante dos medicamentos.

Ora, é perfeitamente possível enquadrá-la como consumidora equiparada, nos termos do art. 17 do CDC, incidindo toda a proteção da norma consumerista. Com tom subsidiário, pode ser também utilizado o art. 931 do CC/2002. Destaque-se que esse efeito subsidiário do dispositivo privado foi reconhecido por acórdão do Tribunal Mineiro, em demanda envolvendo um consumidor padrão:

"Consumidor. Fornecedor de produtos. Vícios de qualidade. Responsabilidade objetiva. Causa excludente. Danos materiais e morais. 1. A responsabilidade do fornecedor de produtos pelos defeitos destes é objetiva, conforme previsto no art. 12 do Código de Defesa do Consumidor, bem como na regra subsidiária contida no art. 931 do Código Civil. 2. Em casos de imputação objetiva do dever de indenizar, compete à vítima provar a ocorrência do fato e que dele adveio um dano. Por outro lado, o agente pode se eximir da responsabilidade em algumas hipóteses, entre as quais se destacam aquelas expressamente contempladas no art. 12, § 3º, do Código de Defesa do Consumidor. 3. Não provada qualquer causa excludente do dever de indenizar, impõe-se a responsabilização do agente. 4. Os danos materiais emergentes consistem naquilo que a vítima efetivamente perdeu pelo inadimplemento de uma obrigação que incumbia ao agente. Demonstrados os danos, é procedente o pedido. 5. Não se exige a comprovação efetiva do dano moral. No entanto, é necessário que a vítima demonstre a violação ao *neminem laedere* e que a argumentação por ela trazida convença o julgador de sua existência. Em regra, o descumprimento contratual não enseja condenação por danos morais. Meros dissabores, aborrecimentos, percalços do dia a dia, não são suficientes à caracterização do dever de indenizar. Recurso provido em parte" (TJMG – Apelação Cível 1.0471.05.045078-5/0011, Pará de Minas – Décima Sexta Câmara Cível – Rel. Des. Wagner Wilson – j. 03.12.2008 – *DJEMG* 16.01.2009).

À luz da teoria do *diálogo das fontes*, que procura uma interação de complementaridade entre os dois Códigos, essa parece ser a melhor conclusão, o que faz com que a discussão perca relevo. Isso é muito bem observado por Bruno Miragem, a quem estou integralmente filiado, que ensina em precisas lições: "parece claro que o art. 931 do CC não pode afastar o regime legal do CDC. Mas pode somar-se a este. A presença do defeito e, de certo modo, da presunção de defeito, por ocasião do dano causado por produtos ou serviços (cabe ao fornecedor demonstrar sua inexistência), é requisito necessário para fazer incidir a responsabilidade civil com fundamento no CDC. Isto não exclui que, por intermédio do diálogo das fontes, se encontre um efeito útil para a norma, sobretudo em vista na finalidade da responsabilidade objetiva por danos causados por produtos, que em primeiro plano é a proteção do consumidor no mercado de consumo".[50]

A propósito, seguindo essa lógica de interação entre as duas leis mais importantes para o Direito Privado Brasileiro, na *VI Jornada de Direito Civil*, realizada em 2013, aprovou-se o Enunciado n. 562 do CJF/STJ, segundo o qual "aos casos do art. 931 do Código Civil aplicam-se as excludentes da responsabilidade objetiva". E, ainda, o Enunciado n. 661, da *IX Jornada de Direito Civil*, de maio de 2022, preceitua que "a aplicação do art. 931 do Código Civil para a responsabilização dos empresários individuais e das empresas pelos danos causados pelos produtos postos em circulação não prescinde da verificação da antijuridicidade do ato".

Em suma, o preceito civil deve ser interpretado de acordo com as excludentes de responsabilidade civil tratadas pelo CDC e com a tradicional exigência da ilicitude e do dano, para que surja o dever de indenizar, sendo o primeiro tema abordado no tópico a seguir, que merecerá os devidos aprofundamentos.

Para encerrar a análise do dispositivo e o tópico, no Projeto de Reforma do Código Civil, a Relatoria-Geral da Comissão de Juristas – formada por mim e pela Professora Rosa Maria de Andrade Nery – sugeriu a revogação expressa do dispositivo, para que todas as polêmicas aqui expostas fossem afastadas.

Porém, em *emenda de consenso* com a Subcomissão de responsabilidade civil – formada pelo Professor Nelson Rosenvald, pela Ministra Maria Isabel Gallotti e pela Juíza

---

[50] MIRAGEM, Bruno. *Curso de Direito do Consumidor*. 2. ed. São Paulo: RT, 2010. p. 397.

Patrícia Carrijo –, resolveu-se manter o dispositivo, mencionando o fabricante e os defeitos no *caput*, e com a inclusão de um parágrafo único. Nesse contexto, sugere-se a seguinte nova redação para o comando: "Art. 931. Ressalvados outros casos previstos em lei especial, o fabricante responde independentemente de culpa pelos danos causados por defeitos nos produtos postos em circulação. Parágrafo único. O produto é considerado defeituoso quando não oferece a segurança que dele legitimamente se espera no momento em que é posto em circulação".

Sobre a proposta do *caput*, de acordo com as justificativas da citada Subcomissão, "o art. 931 deve ser explícito quanto à ampliação do conceito de fato do produto existente no CDC. A ressalva é importante, pois a regra não afasta as normas acerca da responsabilidade pelo fato do produto previstas no art. 12 do Código de Defesa do Consumidor, que continuam mais favoráveis ao consumidor lesado (III Jornada de Direito Civil – Enunciado n. 190). A seguir, corrige-se o equívoco constante da redação atual ao se referir a 'empresários individuais e as empresas', a qual termina por destacar a atividade exercida ('empresas') ao invés de se referir a quem a exerce ('empresários' e 'sociedades empresárias'). Em seu lugar, propõe-se a adoção da expressão 'fabricante', entendido como aquele que transforma a matéria-prima em produto final, sendo o verdadeiro introdutor do produto defeituoso no mercado (sobre o tema seja consentido remeter a Marcelo Junqueira CALIXTO, Responsabilidade Civil do Fornecedor de Produtos pelos Riscos do Desenvolvimento, Rio de Janeiro, Renovar, 2004). O dispositivo proposto também busca esclarecer que a responsabilidade civil, de natureza objetiva, do fabricante não se fundamenta no 'risco da atividade' ou no 'risco do negócio' e sim na existência de um defeito no produto". Pelo exposto, o sentido passará a ser, de fato, de complementar o que já está consagrado no CDC.

No tocante ao parágrafo único, justificaram os juristas da mesma Subcomissão que "o parágrafo único ora proposto esclarece que o momento relevante para a aferição do caráter defeituoso do produto é aquele contemporâneo à sua introdução no mercado. Em consequência, o fabricante não poderá ser demandado pelo fato de seus produtos terem passado a apresentar novos itens de segurança, desde que, ao tempo da introdução no mercado, o produto, embora desprovido de tais itens, fosse considerado seguro. Tal solução, portanto, equipara-se àquela já constante do art. 12, § 2º, do CDC. Por outro lado, o fabricante poderá ser responsabilizado por um defeito já existente no produto, ao tempo de sua introdução no mercado, e que só veio a ser descoberto mais tarde, por força do desenvolvimento do conhecimento científico, os chamados 'riscos do desenvolvimento'".

Como se percebe, trata-se de proposta que consolida a posição doutrinária até tida como majoritária sobre o comando, vencidas as minhas ressalvas doutrinárias para a retirada da norma do Código Civil. Espera-se, assim, a sua aprovação pelo Parlamento Brasileiro.

4.4. EXCLUDENTES DE RESPONSABILIDADE CIVIL PELO CÓDIGO DE DEFESA DO CONSUMIDOR

Como é notório, a Lei 8.078/1990 consagra excludentes próprias de responsabilidade civil nos seus arts. 12, § 3º, e 14, § 3º, que, para afastar o dever de indenizar, devem ser provadas pelos fornecedores e prestadores, ônus que sempre lhes cabe. O primeiro dispositivo é aplicado às hipóteses de responsabilidade pelo produto, estabelecendo o preceito que "o fabricante, o construtor, o produtor ou importador só não será responsabilizado quando provar: I – que não colocou o produto no mercado; II – que, embora haja colocado o produto no mercado, o defeito inexiste; III – a culpa exclusiva do consumidor ou de terceiro". Por sua vez, o último comando citado trata das excludentes do dever de reparar que decorre de serviço, enunciando que "o fornecedor de serviços só não será responsabilizado quando provar: I – que, tendo prestado o serviço, o defeito inexiste; II – a culpa exclusiva do consumidor ou de terceiro".

Para o Superior Tribunal de Justiça, como não poderia ser diferente, cabe ao fornecedor ou prestador o ônus de provar a presença de tais excludentes. Como se retira de decisão do ano de 2021, da sua Terceira Turma, "o fornecedor responde, independentemente de culpa, pela reparação dos danos causados aos consumidores por defeitos do produto (art. 12 do CDC). O defeito, portanto, se apresenta como pressuposto especial à responsabilidade civil do fornecedor pelo acidente de consumo. Todavia, basta ao consumidor demonstrar a relação de causa e efeito entre o produto e o dano, que induz à presunção de existência do defeito, cabendo ao fornecedor, na tentativa de se eximir de sua responsabilidade, comprovar, por prova cabal, a sua inexistência ou a configuração de outra excludente de responsabilidade consagrada no § 3º do art. 12 do CDC" (STJ – REsp 1.955.890/SP – Rel. Ministra Nancy Andrighi – Terceira Turma – j. 05.10.2021 – *DJe* 08.10.2021).

Feita essa importante anotação prática, vejamos tais excludentes expostas de forma separada e pontual.

4.4.1. As excludentes da não colocação do produto no mercado e da ausência de defeito

Como primeira excludente, a lei menciona a não colocação do produto no mercado (art. 12, § 3º, inc. I) e a ausência de defeito no produto ou no serviço (art. 12, § 3º, inc. II e art. 14, § 3º, I). Em suma, não haverá dever de indenizar por parte dos fornecedores e prestadores se não houver dano reparável. Como é notório, ausente o dano, ausente a responsabilidade civil, dedução que pode ser retirada, entre outros, do art. 927, *caput*, do CC/2002. A verdade é que a ausência de dano não constitui excludente de responsabilidade civil, mas falta de um de seus pressupostos, pecando o legislador consumerista por falta de melhor técnica nesse aspecto.

A título de exemplificação, cumpre destacar que muitos julgados apontam a ausência de defeito como excludente da responsabilidade civil das empresas de cigarro, pois um produto perigoso não é defeituoso (por todos: TJRJ – Apelação Cível 3531/2002, Rio de Janeiro – Sexta Câmara Cível – Rel. Des. Luiz Zveiter – j. 21.05.2002). O tema ainda será aprofundado no presente capítulo. Todavia, já fica clara a minha opinião doutrinária, no sentido de que há, no cigarro, um defeito na sua própria concepção, surgindo daí o dever de reparar das empresas tabagistas.

Também para ilustrar, concluiu o Tribunal de Justiça de Minas Gerais que "não sendo demonstrada a existência de defeito no princípio ativo do contraceptivo fabricado pela ré e o nexo causal entre a gravidez da autora e o uso do produto, não há se falar em dever de indenizar" (TJMG – Apelação Cível 0901337-22.2003.8.13.0433, Montes Claros – Décima Sexta Câmara Cível – Rel. Des. Wagner Wilson – j. 20.10.2010 – *DJEMG* 19.11.2010).

A alegação de ausência de defeito pode, do mesmo modo, ser utilizada em casos de serviços médicos prestados a contento, não havendo qualquer equívoco na atuação do profissional, o que serve para afastar o dever de reparar do médico e do hospital (veja-se: TJPR – Apelação Cível 0698808-7, Curitiba – Décima Câmara Cível – Rel. Juiz Convocado

Albino Jacomel Guerios – *DJPR* 15.10.2010, p. 516; TJRS – Apelação Cível 70023295231, Santa Cruz do Sul – Décima Câmara Cível – Rel. Des. Paulo Roberto Lessa Franz – j. 09.10.2008 – *DOERS* 23.10.2008, p. 52; e TJRS – Apelação Cível 70013749148, Porto Alegre – Décima Câmara Cível – Rel. Des. Paulo Roberto Lessa Franz – j. 26.01.2006).

Sobre a ausência de dano, deve ser feito um aparte, notadamente a respeito dos danos morais, os danos imateriais que atingem direitos da personalidade do consumidor. Isso porque são comuns no Brasil as *demandas frívolas*, na expressão cunhada por Anderson Schreiber, em que se pleiteia a indenização imaterial sem qualquer fundamento para tanto.[51] Como bem decidido quando da *III Jornada de Direito Civil*, "o dano moral, assim compreendido todo o dano extrapatrimonial, não se caracteriza quando há mero aborrecimento inerente a prejuízo material" (Enunciado n. 159 do CJF/STJ).

De início, vejamos acórdão do Superior Tribunal de Justiça que afastou a indenização pela aquisição de um pacote de bolachas com um objeto metálico, que não foi ingerido:

"Responsabilidade civil. Produto impróprio para o consumo. Objeto metálico cravado em bolacha do tipo 'água e sal'. Objeto não ingerido. Dano moral inexistente. 1. A simples aquisição de bolachas do tipo 'água e sal', em pacote no qual uma delas se encontrava com objeto metálico que a tornava imprópria para o consumo, sem que houvesse ingestão do produto, não acarreta dano moral apto a ensejar reparação. Precedentes. 2. Verifica-se, pela moldura fática apresentada no acórdão, que houve inequivocamente vício do produto que o tornou impróprio para o consumo, nos termos do art. 18, *caput*, do CDC. Porém, não se verificou o acidente de consumo, ou, consoante o art. 12 do CDC, o fato do produto, por isso descabe a indenização pretendida. 3. De ofício, a Turma determinou a expedição de cópias à agência sanitária reguladora para apurar eventual responsabilidade administrativa. 4. Recurso especial principal provido e adesivo prejudicado" (STJ – REsp 1131139/SP – Quarta Turma – Rel. Min. Luis Felipe Salomão – j. 16.11.2010 – *DJe* 01.12.2010).

De fato, aquele Tribunal Superior vinha entendendo que, no caso de não ingestão do produto com problemas, não há que se falar em dano moral, conclusão adotada para o caso de refrigerante com um inseto no seu interior (STJ – REsp 747.396/DF – Quarta Turma – Rel. Min. Fernando Gonçalves – j. 09.03.2010 – *DJe* 22.03.2010). Por outra via, se o produto for ingerido, caberia indenização por dano moral, conforme se extrai do seguinte acórdão, publicado no recente *Informativo* n. 472 do STJ:

"Dano moral. Consumidor. Alimento. Ingestão. Inseto. Trata-se de REsp em que a controvérsia reside em determinar a responsabilidade da recorrente pelos danos morais alegados pelo recorrido, que afirma ter encontrado uma barata no interior da lata de leite condensado por ela fabricado, bem como em verificar se tal fato é capaz de gerar abalo psicológico indenizável. A Turma entendeu, entre outras questões, ser incontroverso, conforme os autos, que havia uma barata dentro da lata de leite condensado adquirida pelo recorrido, já que o recipiente foi aberto na presença de testemunhas, funcionários do Procon, e o laudo pericial permite concluir

---

[51] A expressão "demandas frívolas" é de Anderson Schreiber, que abordou muito bem o tema em sua notável obra, fruto de tese de doutoramento defendida na Itália (SCHREIBER, Anderson. *Novos paradigmas da responsabilidade civil*. 3. ed. São Paulo: Atlas, 2011, p. 187-215). Logo ao início do capítulo é citada expressão da obra de Tim Maia: "Não quero dinheiro".

que a barata não entrou espontaneamente pelos furos abertos na lata, tampouco foi através deles introduzida, não havendo, portanto, ofensa ao art. 12, § 3º, do CDC, notadamente porque não comprovada a existência de culpa exclusiva do recorrido, permanecendo hígida a responsabilidade objetiva da sociedade empresária fornecedora, ora recorrente. Por outro lado, consignou-se que a indenização de R$ 15 mil fixada pelo tribunal *a quo* não se mostra exorbitante. Considerou-se a sensação de náusea, asco e repugnância que acomete aquele que descobre ter ingerido alimento contaminado por um inseto morto, sobretudo uma barata, artrópode notadamente sujo, que vive nos esgotos e traz consigo o risco de inúmeras doenças. Note-se que, de acordo com a sentença, o recorrente já havia consumido parte do leite condensado, quando, por uma das pequenas aberturas feitas para sorver o produto chupando da própria lata, observou algo estranho saindo de uma delas, ou seja, houve contato direto com o inseto, o que aumenta a sensação de mal-estar. Além disso, não há dúvida de que essa sensação se protrai no tempo, causando incômodo durante longo período, vindo à tona sempre que se alimenta, em especial do produto que originou o problema, interferindo profundamente no cotidiano da pessoa" (STJ – REsp 1.239.060/MG – Rel. Min. Nancy Andrighi – j. 10.05.2011).

Em 2014, surgiu outra tendência no Tribunal da Cidadania, que passou a considerar a reparação de danos imateriais mesmo nos casos em que o produto não é consumido. Inaugurou-se, assim, uma forma de julgar que admite a reparação civil pelo *perigo de dano*, não mais tratada a hipótese como de mero aborrecimento ou transtorno cotidiano. Vejamos o teor da ementa, que foi publicada no *Informativo* n. 537 daquela Corte Superior:

"Recurso especial. Direito do consumidor. Ação de compensação por dano moral. Aquisição de garrafa de refrigerante contendo corpo estranho em seu conteúdo. Não ingestão. Exposição do consumidor a risco concreto de lesão à sua saúde e segurança. Fato do produto. Existência de dano moral. Violação do dever de não acarretar riscos ao consumidor. Ofensa ao direito fundamental à alimentação adequada. Artigos analisados: 4º, 8º, 12 e 18, CDC, e 2º, Lei 11.346/2006. 1. Ação de compensação por dano moral, ajuizada em 20.04.2007, da qual foi extraído o presente recurso especial, concluso ao Gabinete em 10.06.2013. 2. Discute-se a existência de dano moral na hipótese em que o consumidor adquire garrafa de refrigerante com corpo estranho em seu conteúdo, sem, contudo, ingeri-lo. 3. A aquisição de produto de gênero alimentício contendo em seu interior corpo estranho, expondo o consumidor a risco concreto de lesão à sua saúde e segurança, ainda que não ocorra a ingestão de seu conteúdo, dá direito à compensação por dano moral, dada a ofensa ao direito fundamental à alimentação adequada, corolário do princípio da dignidade da pessoa humana. 4. Hipótese em que se caracteriza defeito do produto (art. 12, CDC), o qual expõe o consumidor a risco concreto de dano à sua saúde e segurança, em clara infringência ao dever legal dirigido ao fornecedor, previsto no art. 8º do CDC. 5. Recurso especial não provido" (STJ – REsp 1.424.304/SP – Rel. Min. Nancy Andrighi – Terceira Turma – j. 11.03.2014 – *DJe* 19.05.2014).

Na doutrina contemporânea, o tema é exposto por Pablo Malheiros da Cunha Frota, em sua tese de doutorado defendida na UFPR.[52] Destaca o professor que os juristas

---

[52] FROTA, Pablo Malheiros da Cunha. *Responsabilidade civil por danos*. Imputação e nexo de causalidade. Curitiba: Juruá, 2014.

presentes no encontro de 2013 dos Grupos de Pesquisa em Direito Civil Constitucional, liderados pelos Professores Gustavo Tepedino (UERJ), Luiz Edson Fachin (UFPR) e Paulo Lôbo (UFPE), editaram a Carta de Recife. Nas suas palavras, "um dos pontos debatidos e que se encontra na Carta de Recife, documento haurido das reflexões apresentadas pelos pesquisadores no citado encontro, foi justamente a preocupação com essa situação de responsabilidade com e sem dano, como consta do seguinte trecho da aludida Carta: 'A análise crítica do dano na contemporaneidade impõe o caminho de reflexão sobre a eventual possibilidade de se cogitar da responsabilidade sem dano'".[53]

Sem dúvidas, essa reflexão é imperiosa e poderá alterar todas as balizas teóricas da responsabilidade civil, especialmente no âmbito das relações de consumo. O grande desafio, entretanto, é saber determinar os limites para a nova tese, que pode gerar situações de injustiça, mormente de pedidos totalmente imotivados, fundados em meros aborrecimentos.

A propósito desse debate, a respeito do fato de o consumidor ter encontrado um corpo estanho em um produto, mas sem consumi-lo, surgiram arestos posteriores, afastando a posição inaugurada pela Ministra Nancy Andrighi no Recurso Especial n. 1.424.304/SP. Assim julgando:

> "No âmbito da jurisprudência do STJ, não se configura o dano moral quando ausente a ingestão do produto considerado impróprio para o consumo, em virtude da presença de objeto estranho no seu interior, por não extrapolar o âmbito individual que justifique a litigiosidade, porquanto atendida a expectativa do consumidor em sua dimensão plural. A tecnologia utilizada nas embalagens dos refrigerantes é padronizada e guarda, na essência, os mesmos atributos e as mesmas qualidades no mundo inteiro. Inexiste um sistemático defeito de segurança capaz de colocar em risco a incolumidade da sociedade de consumo, a culminar no desrespeito à dignidade da pessoa humana, no desprezo à saúde pública e no descaso com a segurança alimentar" (STJ – 1.395.647/SC – Rel. Min. Ricardo Villas Bôas Cueva – Terceira Turma – j. 18.11.2014 – *DJe* 19.12.2014).

E, ainda: "a jurisprudência do Superior Tribunal de Justiça se consolidou no sentido de que a ausência de ingestão de produto impróprio para o consumo configura, em regra, hipótese de mero dissabor vivenciado pelo consumidor, o que afasta eventual pretensão indenizatória decorrente de alegado dano moral. Precedentes" (STJ – AgRg no AREsp 489.030/SP – Rel. Min. Luis Felipe Salomão – Quarta Turma – j. 16.04.2015 – *DJe* 27.04.2015).

Em novembro de 2017, mais uma vez no âmbito da Terceira Turma da Corte Superior, a Ministra Nancy Andrighi prolatou voto no sentido de que apenas o ato de se levar à boca alimento que tenha corpo estranho já caracteriza o sentimento de ojeriza e a exposição do consumidor a risco concreto, configurando dano moral indenizável. Conforme disse a julgadora na ocasião, "levar à boca possui as mesmas consequências negativas à saúde e integridade física. Não concordo com a jurisprudência que diz que, se compro uma garrafa de Coca-Cola, e tem um bicho lá dentro, mas eu não tomo, não mereço dano moral. Lembro daquele caso dramático da lata de tomate, que tinha uma camisinha com o nó feito, o que demonstra ter sido claramente usada; claro que a parte não comeu. Mas o sentimento de ojeriza é para sempre. Já imaginou a criança engolir o anel? Temos que ser muito exigentes ao consumidor.

---

[53] FROTA, Pablo Malheiros da Cunha. *Responsabilidade civil por danos*. Imputação e nexo de causalidade. Curitiba: Juruá, 2014. p. 225.

Abriu o pacote já está caracterizado". O caso dizia respeito a criança que encontrou uma aliança em recheio de uma bolacha. Ao final, a indenização foi fixada em R$ 10.000,00 (STJ – REsp 1.644.405 – j. 09.11.2017). Sucessivamente, vinha-se julgando no mesmo sentido dessa última posição, no âmbito da Terceira Turma da Corte, sempre em acórdãos relatados pela Ministra Nancy Andrighi.

A demonstrar toda essa divergência, pontue-se que na Edição n. 39 da ferramenta *Jurisprudência em Teses*, do próprio STJ e que trata do Direito do Consumidor, poderiam ser encontradas premissas conflitantes sobre o tema. Conforme a tese número 2, "a simples aquisição do produto considerado impróprio para o consumo, em virtude da presença de corpo estranho, sem que se tenha ingerido o seu conteúdo, não revela o sofrimento capaz de ensejar indenização por danos morais".

Por outra via, nos termos da tese 3, "a aquisição de produto de gênero alimentício contendo em seu interior corpo estranho, expondo o consumidor a risco concreto de lesão à sua saúde e segurança, ainda que não ocorra a ingestão de seu conteúdo, dá direito à compensação por dano moral, dada a ofensa ao direito fundamental à alimentação adequada, corolário do princípio da dignidade da pessoa humana". Todavia, no ano de 2019, essas duas afirmações foram retiradas dessa edição da ferramenta da Corte Superior, o que reforçava a minha percepção de que o tema ainda estava aberto para ser discutido nos meios jurídicos, teóricos e práticos, especialmente porque o STJ deve manter a sua jurisprudência estável, íntegra e coerente, conforme consta do art. 926 do Código de Processo Civil de 2015.

Finalmente, em 2021, a questão foi pacificada na Segunda Seção da Corte Superior, seguindo a tese da Ministra Nancy Andrighi, e encerrando-se o debate a respeito da temática. Consoante o acórdão, que passou a influenciar todas as decisões posteriores:

> "A presença de corpo estranho em alimento industrializado excede aos riscos razoavelmente esperados pelo consumidor em relação a esse tipo de produto, sobretudo levando-se em consideração que o Estado, no exercício do poder de polícia e da atividade regulatória, já valora limites máximos tolerados nos alimentos para contaminantes, resíduos tóxicos outros elementos que envolvam risco à saúde. Dessa forma, à luz do disposto no art. 12, *caput* e § 1º, do CDC, tem-se por defeituoso o produto, a permitir a responsabilização do fornecedor, haja vista a incrementada – e desarrazoada – insegurança alimentar causada ao consumidor. Em tal hipótese, o dano extrapatrimonial exsurge em razão da exposição do consumidor a risco concreto de lesão à sua saúde e à sua incolumidade física e psíquica, em violação do seu direito fundamental à alimentação adequada. É irrelevante, para fins de caracterização do dano moral, a efetiva ingestão do corpo estranho pelo consumidor, haja vista que, invariavelmente, estará presente a potencialidade lesiva decorrente da aquisição do produto contaminado. Essa distinção entre as hipóteses de ingestão ou não do alimento insalubre pelo consumidor, bem como da deglutição do próprio corpo estranho, para além da hipótese de efetivo comprometimento de sua saúde, é de inegável relevância no momento da quantificação da indenização, não surtindo efeitos, todavia, no que tange à caracterização, *a priori*, do dano moral" (STJ – REsp 1.899.304/SP – Rel. Ministra Nancy Andrighi – Segunda Seção – j. 25.08.2021 – *DJe* 04.10.2021).

Como se pode notar, a conclusão final foi no sentido de estarem presentes danos morais pela simples presença de um corpo estranho em um produto adquirido, entendimento que deve ser considerado para os devidos fins práticos.

Partindo-se para outro caso concreto, deduzia-se, em sede de Superior Tribunal de Justiça, que a aquisição de um veículo novo com vício, por si só, não geraria danos morais indenizáveis:

"Recurso especial. Violação ao art. 535 do Código de Processo Civil. Inocorrência. Ação de indenização. Compra de veículo 'zero' defeituoso. Danos morais. Inexistência. Mero dissabor. I. Não há falar em maltrato ao disposto no art. 535 da lei de ritos quando a matéria enfocada é devidamente abordada no âmbito do acórdão recorrido. II. Os danos morais surgem em decorrência de uma conduta ilícita ou injusta, que venha a causar forte sentimento negativo em qualquer pessoa de senso comum, como vexame, constrangimento, humilhação, dor. Isso, entretanto, não se vislumbra no caso dos autos, uma vez que os aborrecimentos ficaram limitados à indignação da pessoa, sem qualquer repercussão no mundo exterior. Recurso especial parcialmente provido" (STJ – REsp 628.854/ES – Terceira Turma – Rel. Min. Castro Filho – j. 03.05.2007 – *DJ* 18.06.2007, p. 255).

Porém, mais recentemente, o mesmo Tribunal de Cidadania concluiu que é cabível a reparação de danos morais quando o consumidor de automóvel zero quilômetro necessita retornar à concessionária por diversas vezes para reparar defeitos apresentados no veículo adquirido (STJ – REsp 1.443.268/DF – Rel. Min. Sidnei Beneti – j. 03.06.2014 – publicado no seu *Informativo* n. 544).

Em 2015, a premissa foi confirmada por ementa publicada pelo STJ na ferramenta *Jurisprudência em Teses*, Edição n. 42, de 2015, com o seguinte teor: "é cabível indenização por dano moral quando o consumidor de veículo zero-quilômetro necessita retornar à concessionária por diversas vezes para reparo de defeitos apresentados no veículo". Além do precedente anterior, são citados os seguintes acórdãos, no mesmo sentido: AgRg no AREsp 692.459/SC – Rel. Min. Luis Felipe Salomão – Quarta Turma – j. 16.06.2015 – *DJe* 23.06.2015; AgRg no AREsp 453.644/PR – Rel. Min. Raul Araújo – Quarta Turma – j. 21.05.2015 – *DJe* 22.06.2015; AgRg no AREsp 672.872/PR – Rel. Min. Marco Aurélio Bellizze – Terceira Turma – j. 26.05.2015 – *DJe* 10.06.2015; AgRg no AREsp 533.916/RJ – Rel. Min. João Otávio De Noronha – Terceira Turma – j. 05.05.2015 – *DJe* 11.05.2015; AgRg no REsp 1.368.742/DF – Rel. Min. Antonio Carlos Ferreira – Quarta Turma – j. 17.03.2015 – *DJe* 24.03.2015; AgRg no AREsp 385.994/MS – Rel. Min. Maria Isabel Gallotti – Quarta Turma – j. 25.11.2014 – *DJe* 10.12.2014 e REsp 1.395.285/SP – Rel. Min. Nancy Andrighi – Terceira Turma – j. 03.12.2013 – *DJe* 12.12.2013). Como se verá a seguir, o novo entendimento parece ter relação com a *teoria da perda do tempo*, analisada a seguir.

Ainda para ilustrar a respeito dos transtornos, do *Informativo* n. 463 do STJ extrai-se ementa segundo a qual o envio ao consumidor de cartão pré-pago não gera dano moral, havendo apenas uma má-prestação de serviços, sem maiores repercussões no campo de prejuízos:

"Dano moral. Cartão megabônus. O envio ao consumidor do denominado cartão megabônus (cartão pré-pago vinculado a programa de recompensas) com informações que levariam a crer tratar-se de verdadeiro cartão de crédito não dá ensejo à reparação de dano moral, apesar de configurar, conforme as instâncias ordinárias, má prestação de serviço ao consumidor. Mesmo constatado causar certo incômodo ao contratante, o envio não repercute de forma significativa na esfera subjetiva do consumidor. Também assim, a tentativa de utilizar o cartão como se fosse de crédito não vulnera a dignidade do consumidor, mostrando-se apenas como mero dissabor.

Anote-se haver multiplicidade de ações que buscam essa reparação (mais de 60 mil) e que já foi editada a Súm. 149-TJRJ, do mesmo teor deste julgamento. Precedentes citados: REsp 1.072.308-RS, *DJe* 10.06.2010; REsp 876.527-RJ, *DJe* 28.04.2008; REsp 338.162-MG, *DJ* 18.02.2002; REsp 590.512-MG, *DJ* 17.12.2004, e REsp 403.919-MG, *DJ* 04.08.2003" (STJ – REsp 1.151.688-RJ – Rel. Min. Luis Felipe Salomão – j. 17.02.2011).

Na mesma linha, tem-se entendido, naquela Corte Superior, que o mero lançamento de valor incorreto na cobrança do cartão de crédito, por si só, não gera dano moral indenizável. Nos termos de aresto publicado no seu *Informativo* n. *479*, que elenca várias situações que servem de ilustração:

"Não há dano moral *in re ipsa* quando a causa de pedir da ação se constitui unicamente na inclusão de valor indevido na fatura de cartão de crédito de consumidor. Assim como o saque indevido, também o simples recebimento de fatura de cartão de crédito na qual incluída cobrança indevida não constitui ofensa a direito da personalidade (honra, imagem, privacidade, integridade física); não causa, portanto, dano moral objetivo, *in re ipsa*. Aliás, o STJ já se pronunciou no sentido de que a cobrança indevida de serviço não contratado, da qual não resultara inscrição nos órgãos de proteção ao crédito, ou até mesmo a simples prática de ato ilícito não têm por consequência a ocorrência de dano moral (AgRg no AREsp 316.452-RS, Quarta Turma, *DJe* 30/9/2013; e AgRg no REsp 1.346.581-SP, Terceira Turma, *DJe* 12/11/2012). Além disso, em outras oportunidades, entendeu o STJ que certas falhas na prestação de serviço bancário, como a recusa na aprovação de crédito e bloqueio de cartão, não geram dano moral *in re ipsa* (AgRg nos EDcl no AREsp 43.739-SP, Quarta Turma, *DJe* 4/2/2013; e REsp 1.365.281-SP, Quarta Turma, *DJe* 23/8/2013). Portanto, o envio de cobrança indevida não acarreta, por si só, dano moral objetivo, *in re ipsa*, na medida em que não ofende direito da personalidade. A configuração do dano moral dependerá da consideração de peculiaridades do caso concreto, a serem alegadas e comprovadas nos autos. Com efeito, a jurisprudência tem entendido caracterizado dano moral quando evidenciado abuso na forma de cobrança, com publicidade negativa de dados do consumidor, reiteração da cobrança indevida, inscrição em cadastros de inadimplentes, protesto, ameaças descabidas, descrédito, coação, constrangimento, ou interferência malsã na sua vida social, por exemplo (REsp 326.163-RJ, Quarta Turma, *DJ* 13/11/2006; e REsp 1.102.787-PR, Terceira Turma, *DJe* 29/3/2010). Esse entendimento é mais compatível com a dinâmica atual dos meios de pagamento, por meio de cartões e internet, os quais facilitam a circulação de bens, mas, por outro lado, ensejam fraudes, as quais, quando ocorrem, devem ser coibidas, propiciando-se o ressarcimento do lesado na exata medida do prejuízo" (STJ – REsp 1.550.509/RJ – Rel. Min. Maria Isabel Gallotti – j. 03.03.2016 – *DJe* 14.03.2016).

O que se concluiu, acertadamente, é que o mero descumprimento do negócio de consumo ou a má prestação do serviço, por si, não gera dano moral ao consumidor. Pelo bom senso, pela equidade e pelas máximas de experiência, deve estar evidenciada a lesão aos direitos da personalidade, para que se possa falar em dano imaterial reparável. Isso, para que o nobre instituto do dano moral não caia em desprestígio.

Um caso em que a lesão a direito da personalidade parece estar presente diz respeito à situação concreta em que o consumidor envia uma carta registrada que não atinge o seu destinatário. Como bem pontuou a Segunda Seção do Superior Tribunal de Justiça, em acórdão publicado no ano de 2015, "a contratação de serviços postais oferecidos pelos Correios, por meio de tarifa especial, para envio de carta registrada, que permite o posterior rastreamento pelo próprio órgão de postagem revela a existência de contrato de consumo, devendo a fornecedora responder objetivamente ao cliente por danos morais advindos da falha do serviço quando não comprovada a efetiva entrega. É incontroverso que o embargado sofreu danos morais decorrentes do extravio de sua correspondência, motivo pelo qual o montante indenizatório fixado em R$ 1.000,00 (mil reais) pelas instâncias ordinárias foi mantido pelo acórdão proferido pela Quarta Turma, porquanto razoável, sob pena de enriquecimento sem causa" (STJ – EREsp 1.097.266/PB – Rel. Min. Ricardo Villas Bôas Cueva – Segunda Seção – j. 10.12.2014 – *DJe* 24.02.2015).

Lamenta-se apenas o valor que foi fixado a título de reparação imaterial, irrisório na minha opinião. Assim, deve-se atentar para louvável ampliação dos casos de dano moral, em que está presente um *aborrecimento relevante*, notadamente pela *perda do tempo*. Essa ampliação de situações danosas, inconcebíveis no passado, representa um caminhar para a reflexão da responsabilidade civil sem dano. Como bem exposto por Vitor Guglinski, "a ocorrência sucessiva e acintosa de mau atendimento ao consumidor, gerando a perda de tempo útil, tem levado a jurisprudência a dar seus primeiros passos para solucionar os dissabores experimentados por milhares de consumidores, passando a admitir a reparação civil pela perda do tempo livre".[54]

Com grande influência para a admissão dos danos que decorrem da perda do tempo, cabe destacar o trabalho de Marcos Dessaune, sobre o *desvio produtivo do consumidor*.[55] A conclusão de vários trechos da obra é no sentido de ser o tempo um bem jurídico merecedor de tutela. O autor fala em *tempo vital, existencial* ou *produtivo*, como um dos objetos do direito fundamental à vida, sustentado pelo valor fundamental da dignidade humana, retirado do art. 1º, inc. III, da Constituição Federal, e do rol aberto dos direitos da personalidade.[56] Conforme se retira da introdução à segunda edição da obra do autor, em resumo ao seu trabalho:

> "A minha tese é que o fornecedor, ao atender mal, criar um problema de consumo potencial ou efetivamente danoso e se esquivar da responsabilidade de saná-lo espontânea, rápida e efetivamente, induz o consumidor em estado de carência e condição de vulnerabilidade a incorrer em um dano extrapatrimonial de natureza existencial, que deve ser indenizado *in re ipsa* pelo fornecedor que o causou, independentemente da existência de culpa. O desvio produtivo do consumidor, portanto, é um fato ou evento danoso que não se amolda à jurisprudência tradicional, segundo a qual represente 'mero dissabor, aborrecimento, percalço ou contratempo normal na vida do consumidor'".[57]

Nas conclusões da sua obra, Dessaune apresenta *sete requisitos* ou pressupostos necessários para a configuração da responsabilidade civil por desvio produtivo do consumidor que, em regra, é objetiva, pela incidência das regras do Código de Defesa do Consumidor.[58]

---

[54] GUGLINSKI, Vitor Vilela. Danos morais pela perda do tempo útil: uma nova modalidade. *Jus Navigandi*, Teresina, ano 17, n. 3237, 12 maio 2012. Disponível em: <http://jus.com.br/revista/texto/21753>. Acesso em: 21 set. 2013.

[55] DESSAUNE, Marcos. *Teoria aprofundada do desvio produtivo do consumidor*. O prejuízo do tempo desperdiçado e da vida alterada. Vitória: Edição do autor, 2017.

[56] DESSAUNE, Marcos. *Teoria aprofundada do desvio produtivo do consumidor*. O prejuízo do tempo desperdiçado e da vida alterada, cit., p. 247.

[57] DESSAUNE, Marcos. *Teoria aprofundada do desvio produtivo do consumidor*. O prejuízo do tempo desperdiçado e da vida alterada, cit., p. 32.

[58] DESSAUNE, Marcos. *Teoria aprofundada do desvio produtivo do consumidor*. O prejuízo do tempo desperdiçado e da vida alterada, cit., p. 250-251.

O primeiro requisito é o consumo potencial ou efetivamente danoso ao consumidor. O segundo é a prática abusiva do fornecedor de se esquivar da responsabilidade pelo problema de consumo. O terceiro requisito constitui o fato ou evento danoso de desvio produtivo do consumidor, representado pelo "dispêndio de tempo vital do consumidor, pelo adiamento ou supressão das suas atividades existenciais planejadas ou desejadas, pelo desvio de suas competências dessas atividades e, muitas vezes, pela assunção de deveres e custos do fornecedor".[59] O quarto requisito é a relação de causalidade entre a prática abusiva e o evento danoso dela resultante. Como quinto requisito, destaca Dessaune o dano extrapatrimonial de natureza existencial sofrido pelo consumidor, tido como um dano existencial e presumido ou *in re ipsa*. O sexto elemento essencial é o dano emergente ou lucro cessante sofrido pelo consumidor, ou seja, podem estar presentes também danos patrimoniais. Por fim, o sétimo requisito é o dano coletivo, que também pode estar presente na situação descrita.[60]

A título de exemplo a respeito da perda do tempo ou do desvio produtivo, fato corriqueiro que é, poder-se-ia imaginar que uma espera exagerada em fila de banco constituiria um mero aborrecimento, não caracterizador do dano moral ao consumidor. Todavia, o Superior Tribunal de Justiça tem entendido de forma contrária, condenando a instituição pelo excesso de tempo perdido pelo usuário do serviço. O *decisum* foi assim publicado no *Informativo* n. 504 daquela Corte Superior:

> "O dano moral decorrente da demora no atendimento ao cliente não surge apenas da violação de legislação que estipula tempo máximo de espera, mas depende da verificação dos fatos que causaram sofrimento além do normal ao consumidor. Isso porque a legislação que determina o tempo máximo de espera tem cunho administrativo e trata da responsabilidade da instituição financeira perante a Administração Pública, a qual poderá aplicar sanções às instituições que descumprirem a norma. Assim, a extrapolação do tempo de espera deverá ser considerada como um dos elementos analisados no momento da verificação da ocorrência do dano moral. No caso, além da demora desarrazoada no atendimento, a cliente encontrava-se com a saúde debilitada e permaneceu o tempo todo em pé, caracterizando indiferença do banco quanto à situação. Para a Turma, o somatório dessas circunstâncias caracterizou o dano moral. Por fim, o colegiado entendeu razoável o valor da indenização em R$ 3 mil, ante o caráter pedagógico da condenação. Precedentes citados: AgRg no Ag 1.331.848-SP, DJe 13.09.2011; REsp 1.234.549-SP, DJe 10.02.2012, e REsp 598.183-DF, DJe 27.11.2006" (STJ – REsp 1.218.497/MT – Rel. Min. Sidnei Beneti – j. 11.09.2012).

Entre 2017 e 2018 surgiram no Tribunal da Cidadania os primeiros arestos citando expressamente a tese do *desvio produtivo*, com o seguinte resumo dos fatos e merecendo destaque:

a) Responsabilização de um banco por lançamento indevido de encargos, "porque resultantes exclusivamente de falha operacional do banco. Situação que extrapolou o mero aborrecimento do cotidiano ou dissabor por insucesso negocial. Recalcitrância injustificada da casa bancária em cobrar encargos bancários resultantes de sua própria desídia, pois não procedeu ao débito das parcelas na conta-corrente da

---

[59] DESSAUNE, Marcos. *Teoria aprofundada do desvio produtivo do consumidor. O prejuízo do tempo desperdiçado e da vida alterada*, cit., p. 250.

[60] DESSAUNE, Marcos. *Teoria aprofundada do desvio produtivo do consumidor. O prejuízo do tempo desperdiçado e da vida alterada*, cit., p. 250-251.

autora, nas datas dos vencimentos, exigindo, posteriormente, de forma abusiva, os encargos resultantes do pagamento com atraso. Decurso de mais de três anos sem solução da pendência pela instituição financeira. Necessidade de ajuizamento de duas ações judiciais pela autora. Adoção, no caso, da teoria do Desvio Produtivo do Consumidor, tendo em vista que a autora foi privada de tempo relevante para dedicar-se ao exercício de atividades que melhor lhe aprouvesse, submetendo-se, em função do episódio em cotejo, a intermináveis percalços para a solução de problemas oriundos de má prestação do serviço bancário. Danos morais indenizáveis configurados. Preservação da indenização arbitrada, com moderação, em cinco mil reais" (STJ – AgREsp 1.260.458/SP – Rel. Min. Marco Aurélio Bellizze – j. 25.04.2018).

b) Reconhecimento do dever de indenizar de montadora e revendedora de veículos pela demora em resolver problema relativo a automóvel zero quilômetro: "Frustração em desfavor do consumidor. Aquisição de veículo com vício sério, cujo reparo não torna indene o périplo anterior ao saneamento. Violação de elemento integrante da moral humana, constituindo dano indenizável. Desvio produtivo do consumidor que não merece passar impune. Inteligência dos artigos 186 e 927 do Código Civil. 'Quantum' arbitrado de acordo com a extensão do dano e dos paradigmas jurisprudenciais. Artigo 944 do Código Civil. R$ 15.000,00" (STJ – AgREsp 1.241.259/SP – Rel. Min. Antonio Carlos Ferreira – j. 27.03.2018).

c) Responsabilização de empresa responsável pela manutenção de *site* e de *e-mail* corporativo, que não resolveu de imediato sérios problemas que atingiam a prestação de serviços essenciais para a autora, "também devida, como forma de recompor os danos causados pelo afastamento da consumidora da sua seara de competência para tratar do assunto que deveria ter sido solucionado de pronto pela fornecedora" (STJ – AgREsp 1.132.385/SP – Rel. Min. Paulo de Tarso Sanseverino – j. 03.10.2017).

Como outra ilustração importante, no âmbito do STJ, cite-se julgado de 2019 que reconheceu a presença de danos sociais – chamados no acórdão de danos coletivos –, diante da má prestação de serviços por entidade bancária, na demora excessiva de atendimento dos clientes. O aresto fundamenta a possibilidade de reparação coletiva na tese do desvio produtivo do consumidor – ou da perda do tempo –, conforme aqui antes desenvolvido. Vejamos parte do seu teor:

"No dano moral coletivo, a função punitiva – sancionamento exemplar ao ofensor – é, aliada ao caráter preventivo – de inibição da reiteração da prática ilícita – e ao princípio da vedação do enriquecimento ilícito do agente, a fim de que o eventual proveito patrimonial obtido com a prática do ato irregular seja revertido em favor da sociedade. O dever de qualidade, segurança, durabilidade e desempenho que é atribuído aos fornecedores de produtos e serviços pelo art. 4º, II, *d*, do CDC, tem um conteúdo coletivo implícito, uma função social, relacionada à otimização e ao máximo aproveitamento dos recursos produtivos disponíveis na sociedade, entre eles, o tempo. O desrespeito voluntário das garantias legais, com o nítido intuito de otimizar o lucro em prejuízo da qualidade do serviço, revela ofensa aos deveres anexos ao princípio boa-fé objetiva e configura lesão injusta e intolerável à função social da atividade produtiva e à proteção do tempo útil do consumidor. Na hipótese concreta, a instituição financeira recorrida optou por não adequar seu serviço aos padrões de qualidade previstos em lei municipal e federal, impondo à sociedade o desperdício de tempo útil e acarretando violação injusta e intolerável ao interesse social de máximo aproveitamento dos recursos produtivos, o que é suficiente para a configuração do dano moral coletivo" (STJ – REsp 1.737.412/SE – Terceira Turma – Rel. Min. Nancy Andrighi – j. 05.02.2019 – *DJe* 08.02.2019).

Foi, assim, restabelecida a sentença de primeiro grau, com as seguintes determinações: *a)* imposição de dever ao banco de disponibilizar pessoal suficiente para atendimento nos caixas, a fim de que seja possível observar o tempo máximo de espera na fila de atendimento fixado por lei municipal, de 15 minutos em dias normas e 30 minutos em dias especiais; *b)* dever de instalar pelo menos quinze assentos para idosos, gestantes, deficientes e pessoal com crianças de colo; *c)* obrigação de eliminar obstáculos a pessoas com dificuldade de locomoção para o atendimento nos caixas; e *d)* dever de construir sanitários, para o público, com a sua correta indicação. Quanto à indenização coletiva, foi fixada, de forma correta, em R$ 200.000,00 (duzentos mil reais). As conclusões finais do aresto têm o meu total apoio doutrinário.

No ano de 2022, a tese foi novamente aplicada pela Terceira Turma do STJ, que mais uma vez reconheceu danos morais coletivos pela incidência da ideia do desvio produtivo para a espera em banco. Consoante a tese afirmada: "a inadequada prestação de serviços bancários, caracterizada pela reiterada existência de caixas eletrônicos inoperantes, sobretudo por falta de numerário, e pelo consequente excesso de espera em filas por tempo superior ao estabelecido em legislação municipal, é apta a caracterizar danos morais coletivos" (STJ – REsp 1.929.288/TO – Terceira Turma – Rel. Min. Nancy Andrighi – j. 22.02.2022 – *DJe* 24.02.2022 – m.v.).

Entretanto, em dezembro de 2020, surgiu acórdão no âmbito da Quarta Turma do Superior Tribunal de Justiça no sentido de que o dano moral deve estar atrelado a interesses existenciais da vítima, afastando-se a indenização por mera frustração do consumidor. O julgamento se deu no Recurso Especial 1.406.245, tendo sido relator o Ministro Luis Felipe Salomão. Segundo ele, "como bem adverte a doutrina especializada, é recorrente o equívoco de se tomar o dano moral em seu sentido natural, e não jurídico, associando-o a qualquer prejuízo incalculável, como figura receptora de todos os anseios, dotada de uma vastidão tecnicamente insustentável, e mais comumente correlacionando-o à dor, ao aborrecimento, ao sofrimento e à frustração". E mais, haveria um risco de se considerar que meros aborrecimentos triviais podem caracterizar o dano moral, "visto que, a par dos evidentes reflexos de ordem econômico-social deletérios, isso tornaria a convivência social insuportável e poderia ser usado contra ambos os polos da relação contratual". Por fim, entendeu que "o uso da reparação dos danos morais como instrumento para compelir o banco e a vendedora do veículo a fornecer serviço de qualidade desborda do fim do instituto" (STJ – REsp 1.406.245/RS – Quarta Turma – Rel. Min. Luis Felipe Salomão – j. 03.12.2020). Em certo sentido, parece-me que o *decisum* colocava em dúvida a tese da perda do tempo e do desvio produtivo.

De toda sorte, em 2024, a questão relativa ao tempo de espera em banco como geradora de dano moral presumido ou *in re ipsa* foi julgada no âmbito da Segunda Seção da Corte, em sede de recursos repetitivos (Tema n. 1156). Ao final, foi vencedora a seguinte tese, que passa a ser aplicada para a prática: "o simples descumprimento do prazo estabelecido em legislação específica para a prestação de serviço bancário não gera por si só dano moral *in re ipsa*". Ademais, sobre o caso concreto posto em julgamento, entendeu-se que "é necessário que, além do ato ilícito, estejam presentes também o dano e o nexo de causalidade, tendo em vista serem elementos da responsabilidade civil. Na hipótese, o autor não demonstrou como a espera na fila do banco lhe causou prejuízos, circunstância que não ultrapassou a esfera do mero aborrecimento cotidiano" (STJ, REsp 1.962.275/GO, 2.ª Seção, Rel. Min. Ricardo Villas Bôas Cueva, j. 24.04.2024, *DJe* 29.04.2024).

Com o devido respeito, estava filiado à tese proposta pela Ministra Nancy Andrighi, que acabou não prevalecendo e com ressalvas importantes, a saber: "1. O simples descumprimento do prazo estabelecido em legislação específica para a prestação de serviços bancários não gera dano moral *in re ipsa*. 2. O descumprimento do prazo, quando comprovado que foi prolongado, reiterado, acompanhado de outros constrangimentos, ou quando envolver consumidor hipervulnerável, além da perda do tempo, pode resultar em dano moral". De todo modo, a posição anterior, sem as exceções ou ressalvas finais, é que acabou prevalecendo, devendo ser aplicada na prática.

Nota-se que o acórdão não considerou a perda do tempo como geradora de uma modalidade autônoma de dano, mas inserido no dano moral, como pretende o projeto de Reforma do Código Civil, mas dentro do dano extrapatrimonial, com critérios quantitativos do valor devido na proposta de novo art. 944-A.

Expostos esses exemplos e debates de incidência da tese do desvio produtivo no âmbito do STJ, fazendo-se um contraponto em relação à recente jurisprudência superior, entendo que o atraso de voo, especialmente nos casos de viagens internacionais, gera dano moral e de natureza presumida. Isso porque há clara perda do tempo do consumidor, que muito antecipadamente planeja e se organiza para fazer a viagem.

Porém, em sentido contrário, julgado da Terceira Turma do STJ do ano de 2018 considerou que, "na específica hipótese de atraso de voo operado por companhia aérea, não se vislumbra que o dano moral possa ser presumido em decorrência da mera demora e eventual desconforto, aflição e transtornos suportados pelo passageiro. Isso porque vários outros fatores devem ser considerados a fim de que se possa investigar acerca da real ocorrência do dano moral, exigindo-se, por conseguinte, a prova, por parte do passageiro, da lesão extrapatrimonial sofrida". O acórdão ainda traz o seguinte conteúdo, a ser considerado para os fins de julgamento da questão:

> "Sem dúvida, as circunstâncias que envolvem o caso concreto servirão de baliza para a possível comprovação e a consequente constatação da ocorrência do dano moral. A exemplo, pode-se citar particularidades a serem observadas: i) a averiguação acerca do tempo que se levou para a solução do problema, isto é, a real duração do atraso; ii) se a companhia aérea ofertou alternativas para melhor atender aos passageiros; iii) se foram prestadas a tempo e modo informações claras e precisas por parte da companhia aérea a fim de amenizar os desconfortos inerentes à ocasião; iv) se foi oferecido suporte material (alimentação, hospedagem etc.) quando o atraso for considerável; v) se o passageiro, devido ao atraso da aeronave, acabou por perder compromisso inadiável no destino, dentre outros. Na hipótese, não foi invocado nenhum fato extraordinário que tenha ofendido o âmago da personalidade do recorrente. Via de consequência, não há como se falar em abalo moral indenizável" (STJ – REsp 1.584.465/MG – Terceira Turma – Rel. Min. Nancy Andrighi – j. 13.11.2018 – *DJe* 21.11.2018).

Existem julgados posteriores no mesmo sentido, a demonstrar que essa é a posição da Corte, especialmente no âmbito da sua Terceira Turma (por exemplo: STJ – REsp 1.796.716/MG – Rel. Min. Nancy Andrighi – j. 27.08.2019 – *DJe* 29.08.2019). Entretanto, reitere-se que, no meu entendimento, nos casos de atraso de voo internacional a perda do tempo mostra-se flagrante, sendo necessário concluir pela presença de danos morais *in re ipsa*.

Ainda sobre o tema, a Lei 14.034/2020 consagrou regras emergenciais para a aviação civil brasileira, em razão da pandemia da Covid-19. Todavia, ao contrário da Lei 14.010/2020, a norma emergente trouxe regras definitivas, muito além do reembolso do valor das passagens que foram canceladas em virtude da pandemia, no longo prazo de doze meses, contados da data do voo cancelado (art. 3º). Conforme esse comando, na redação dada pela Lei 14.174/2021, "o reembolso do valor da passagem aérea devido ao consumidor por cancelamento de voo no período compreendido entre 19 de março de 2020 e 31 de dezembro de 2021 será realizado pelo transportador no prazo de 12 (doze) meses, contado da data do voo cancelado, observadas a atualização monetária calculada com base no INPC e, quando cabível, a prestação de assistência material, nos termos da regulamentação vigente".

Entre essas normas permanentes, foi incluído um art. 251-A no Código Brasileiro de Aeronáutica, exigindo a prova efetiva do dano moral – chamado na norma de *dano extrapatrimonial* –, em virtude de falha na execução do contrato de transporte, o que inclui o atraso de voo e o extravio de bagagem. Trata-se de um claro retrocesso na tutela dos consumidores, diante justamente dos julgados que vinham concluindo pela presença de danos presumidos ou *in re ipsa* em casos tais.

Voltando-se ao tema principal, vários julgamentos fazem menção expressa à tese do *desvio produtivo*, em mais de uma centena de acórdãos, o que demonstra que a categoria desenvolvida por Marcos Dessaune, de fato, tem encontrado crescente aplicação prática. Vejamos três dessas ementas, somente para ilustrar, dentre as mais recentes:

"Telefonia. Vício na prestação do serviço. Atendimento desrespeitoso. Expressões injuriosas. Fato não contestado. Protocolos para obtenção da gravação da ligação não atendidos, mesmo diante da formulação de reclamação perante o Procon. Revelia. Reconhecimento dos respectivos efeitos. Veracidade dos fatos. Danos morais caracterizados. Fatos que extrapolam a normalidade de descumprimento contratual. Indenização devida também pelo desvio produtivo do consumidor. Apelação parcialmente provida" (TJSP – Apelação 1001164-40.2016.8.26.0028 – Acórdão 10928587, Aparecida – 33ª Câmara de Direito Privado – Rel. Des. Sá Moreira de Oliveira – j. 30.10.2017 – *DJESP* 08.11.2017, p. 2319).

"Apelação cível. Relação de consumo. Ação indenizatória por dano material e moral. Alega a autora que em seu benefício previdenciário, que recebe junto ao primeiro réu, vem sofrendo descontos indevidos realizados pelo segundo réu. Sentença de parcial procedência dos pedidos para: 'Condenar a segunda ré a pagar à parte autora a quantia equivalente ao dobro de tudo o que foi descontado pela segunda ré, valor este acrescido de correção monetária e juros de um por cento ao mês, a contar da citação. Condeno a segunda ré ao pagamento de custas e honorários de sucumbência, que fixo em dez por cento do valor da condenação. Julgo improcedente o pedido em face da primeira ré'. Irresignação da parte autora quanto ao não reconhecimento do dano moral. Falha na prestação do serviço incontroversa diante da ausência de recurso da ré. Infere-se evidente a frustração da legítima expectativa do consumidor, que ultrapassa o mero aborrecimento cotidiano, além de ter perdido seu tempo livre em razão da conduta abusiva praticada pela ré, da qual resulta o dever de indenizar, com base na responsabilidade objetiva atrelada à teoria do risco do empreendimento. Perda do tempo livre do autor. Desvio produtivo do consumidor apto a configurar danos morais. Dá-se provimento parcial ao recurso" (TJRJ – Apelação 0008556-87.2014.8.19.0036, Nilópolis – 24ª Câmara Cível Consumidor – Rel. Desig. Des. Ana Célia Montemor Soares Rios Gonçalves – *DORJ* 05.10.2017, p. 580).

"Direito do consumidor. Apelação cível. Ação de indenização. Fila de instituição bancária. Demora no atendimento. Lei estadual. Tempo superior ao fixado por legislação. Desvio produtivo do consumidor. Perda de tempo útil. Dano moral. Caracterização. Sentença reformada. Apelação a que se dá provimento. 1. Hipótese na qual restou comprovada a espera excessiva em fila de banco de mais de 1h e 20, contrariando a Lei estadual que estipula 30 (trinta) minutos com prazo máximo de atendimento. 2. O desvio produtivo do consumidor configura-se quando este, diante de uma situação de mau atendimento, é obrigado a desperdiçar o seu tempo útil e desviar-se de seus afazeres, gerando o direito à reparação civil. 3. Quanto ao arbitramento da indenização, deve o magistrado tomar todas as cautelas para que o valor não seja fonte de enriquecimento sem causa, ao mesmo tempo que não seja meramente simbólica. 4. Desta feita, o *quantum* indenizatório deve ser fixado em R$ 2.000,00, por atender às balizas da razoabilidade e da proporcionalidade no intuito de retribuir o dano moral sofrido pelo apelante. 5. Apelação a que se dá provimento à unanimidade" (TJPE – Apelação 0103190-74.2013.8.17.0001 – 4ª Câmara Cível – Rel. Des. Francisco Eduardo Gonçalves Sertório Canto – j. 17.11.2016 – *DJEPE* 06.12.2016).

Sem dúvidas, trata-se de uma importante mudança no pensamento dos julgadores brasileiros, bem como de expressiva ampliação da ideia de dano moral. A minha posição doutrinária é no sentido de não se tratar hoje de uma nova modalidade de dano, mas de um contra-argumento para a afirmação da presença de meros aborrecimentos aos consumidores, muitas vezes percebida na prática.

Cabe ressaltar que o tema foi objeto de proposta de enunciado quando da *VI Jornada de Direito Civil*, em 2013, formulada por Wladimir Alcebíades Marinho Falcão Cunha e que contou com o meu forte apoio na ocasião. A proposição tinha o seguinte teor: "as microlesões do dia a dia, relacionadas à alteração da rotina e/ou do curso natural da vida do indivíduo em situações cotidianas do tráfego jurídico-econômico comum (labor, consumo, lazer etc.), vindo a ocasionar aborrecimentos relevantes e não meros aborrecimentos, integram a acepção lata de dano, pois também significam lesão a interesses ou bens jurídicos ligados à personalidade humana, ainda que em escala menos grave do que nos danos extrapatrimoniais. Como tal, tais lesões constituem danos extrapatrimoniais residuais e devem também ser indenizadas". Infelizmente, por uma pequena margem de votos, a proposta não foi aprovada naquele evento, que se tornou o mais importante do Direito Privado Brasileiro.

De toda sorte, a questão deve ser refletida pela comunidade jurídica nacional, uma vez que o *filtro* relativo aos meros aborrecimentos muitas vezes tem afastado pedidos justos de reparação imaterial de direitos dos consumidores.

4.4.2. A excludente da culpa ou fato exclusivo de terceiro

A culpa ou fato exclusivo de terceiro é fator obstante do nexo de causalidade, constituindo uma das excludentes da responsabilidade civil consumerista. Não se pode esquecer que o nexo de causalidade constitui a relação de causa e efeito entre a conduta do agente e o dano causado.[61] Assim sendo, as excludentes de nexo servem para qualquer modalidade de responsabilidade, seja ela subjetiva ou objetiva.

---

[61] A construção está baseada, entre outros, nas ideias de Maria Helena Diniz, que assim conceitua a causalidade: "1. *Filosofia do direito*. a) Relação entre uma causa e um efeito; b) qualidade de produzir efeito; c) princípio em razão do qual os efeitos se ligam às causas. 2. *Direito civil e direito penal*. Um dos elementos

Apesar de a lei mencionar a *culpa* exclusiva de terceiro, seria melhor utilizar o termo *fato* exclusivo de terceiro, uma vez que a responsabilidade civil pelo CDC, em regra, independe de culpa, o que pode gerar a confusão. Na verdade, a expressão fato exclusivo é concebida em sentido amplo, a englobar a culpa (desrespeito a um dever preexistente) e o risco assumido por outrem (conduta acima da situação de normalidade, uma iminência de perigo que pode causar dano). Muitos acórdãos, acertadamente, preferem a expressão ampla (por todos: TJSP – Apelação 9059293-06.2004.8.26.0000 – Acórdão 4978699, Bauru – Vigésima Quarta Câmara de Direito Privado – Rel. Des. Rômolo Russo – j. 24.02.2011 – *DJESP* 23.03.2011; TJRS – Recurso Cível 71002709756, Porto Alegre – Primeira Turma Recursal Cível – Rel. Des. Leandro Raul Klippel – j. 26.08.2010 – *DJERS* 02.09.2010; TJRJ – Apelação 2009.001.05440 – Primeira Câmara Cível – Rel. Des. Camilo Ribeiro Ruliere – j. 27.05.2009 – *DORJ* 14.07.2009, p. 55; e TJPR – Apelação Cível 0473497-4, Foz do Iguaçu – Décima Câmara Cível – Rel. Des. Marcos de Luca Fanchin – *DJPR* 08.08.2008, p. 113).

Deve ficar claro que esse *terceiro* deve ser pessoa totalmente estranha à relação jurídica estabelecida. Se houver qualquer *relação de confiança* ou *de pressuposição* entre tal terceiro e o fornecedor ou prestador, o último responderá. Anote-se que, nos casos envolvendo a oferta ou publicidade, há norma específica a respeito da relação de pressuposição dos envolvidos com a publicidade, no art. 34 da Lei 8.078/1990.

Como bem observa Sérgio Cavalieri Filho, "terceiro que integra a corrente produtiva, ainda que remotamente, não é terceiro; é fornecedor solidário. Assim, se a enfermeira, por descuido ou intencionalmente, aplica medicamente errado no paciente – ou em dose excessiva – causando-lhe a morte, não haverá nenhuma responsabilidade do fornecedor do medicamento. O acidente não decorreu de defeito do produto, mas da exclusiva conduta da enfermeira, caso em que deverá responder o hospital por defeito do serviço".[62] Por razões óbvias, o comerciante não pode ser considerado um *terceiro* no caso de um defeito que atinge o produto. Por todos os julgados, colaciona-se:

"Direito do consumidor. Recurso especial. Ação de indenização por danos morais e materiais. Consumo de produto colocado em circulação quando seu prazo de validade já havia transcorrido. 'Arrozina Tradicional' vencida que foi consumida por bebês que tinham apenas três meses de vida, causando-lhes gastroenterite aguda. Vício de segurança. Responsabilidade do fabricante. Possibilidade. Comerciante que não pode ser tido como terceiro estranho à relação de consumo. Não configuração de culpa exclusiva de terceiro. Produto alimentício destinado especificamente para bebês exposto em gôndola de supermercado, com o prazo de validade vencido, que coloca em risco a saúde de bebês com apenas três meses de vida, causando-lhe gastroenterite aguda, enseja a responsabilização por fato do produto, ante a existência de vício de segurança previsto no art. 12 do CDC. O comerciante e o fabricante estão inseridos no âmbito da cadeia de produção e distribuição, razão pela qual não podem ser tidos como terceiros estranhos à relação de consumo. A eventual configuração da culpa do comerciante que coloca à venda produto com prazo de validade vencido não tem o condão de afastar o direito de o consumidor propor ação de reparação pelos danos resultantes da ingestão da mercadoria estragada em

---

indispensáveis para a configuração do ilícito ou do delito, pois as responsabilidades civil e penal não poderão existir sem a relação ou o nexo de causalidade entre o dano ou resultado e o comportamento do agente. Deveras, considera-se causa a ação ou omissão sem a qual o resultado não teria ocorrido" (DINIZ, Maria Helena. *Dicionário jurídico*. 2. ed. São Paulo: Saraiva, 2005. v. 1, p. 641).

[62] CAVALIERI FILHO, Sérgio. *Programa de Direito do Consumidor*. São Paulo: Atlas, 2008. p. 255.

face do fabricante. Recurso especial não provido" (STJ – REsp 980.860/SP – Terceira Turma – Rel. Min. Nancy Andrighi – j. 23.04.2009 – *DJe* 02.06.2009).

Do mesmo Superior Tribunal de Justiça, repise-se o acórdão a respeito da morte ocorrida em *micareta*, o que ingressa no risco-proveito do serviço de lazer prestado, não cabendo a excludente do fato de terceiro:

"Processual civil e consumidor. Recurso especial. Ação de compensação por danos morais. Falecimento de menor em bloco participante de micareta. Negativa de prestação jurisdicional. Inexistência. Atuação de advogado sem procuração nos autos em audiência de oitiva de testemunhas. Prequestionamento. Ausência. Existência de fundamento inatacado. Deficiência na prestação do serviço de segurança oferecido pelo bloco constatada. Não ocorrência da culpa exclusiva de terceiro. Não há violação ao art. 535 do CPC quando ausentes omissão, contradição ou obscuridade no acórdão recorrido. O prequestionamento dos dispositivos legais tidos por violados constitui requisito específico de admissibilidade do recurso especial. É inadmissível o recurso especial se existe fundamento inatacado suficiente para manter a conclusão do julgado recorrido quanto ao ponto. Súmula 283/STF. Nos termos do art. 14, § 1º, CDC, considera-se defeituoso o serviço que não fornece a segurança que o consumidor dele pode esperar. Nas micaretas, o principal serviço que faz o associado optar pelo bloco é o de segurança, que, uma vez não oferecido da maneira esperada, como ocorreu na hipótese dos autos, em que não foi impedido o ingresso de pessoa portando arma de fogo no interior do bloco, apresenta-se inequivocamente defeituoso. Recurso especial não conhecido" (STJ – REsp 878.265/PB – Terceira Turma – Rel. Min. Fátima Nancy Andrighi – j. 02.10.2008 – *DJe* 10.12.2008).

Nota-se, na prática e na grande maioria das vezes, que o argumento da culpa ou fato exclusivo de terceiro não prospera, justamente pela existência da relação de pressuposição pelo produto ou serviço. Cite-se a comum situação em que a instituição bancária ou financeira alega que a fraude relativa ao *cliente clonado* foi causada por um terceiro totalmente estranho à relação, argumento que não acaba vingando (por todos: STJ – REsp 703.129/SP – Terceira Turma – Rel. Min. Carlos Alberto Menezes Direito – j. 21.08.2007 – *DJ* 06.11.2007, p. 169).

Por fim, deve ser feito o alerta de que, no transporte de pessoas – em regra, um negócio de consumo –, a excludente da culpa ou fato exclusivo de terceiro não é cabível. Estabelece o art. 735 do Código Civil – que reproduz a antiga Súmula 187 do STF – que "a responsabilidade contratual do transportador por acidente com o passageiro não é elidida por culpa de terceiro, contra o qual tem ação regressiva". Como se pode notar, a subsunção do Código Civil é melhor para os consumidores do que a aplicação do Código do Consumidor, devendo ser buscada a primeira norma pela festejada tese do *diálogo das fontes*. Então, naquele caso do avião que caiu na região Centro-Oeste do Brasil, por ter sido atingido por um jatinho (culpa exclusiva de terceiro), a empresa aérea deve indenizar os familiares, consumidores por equiparação, pela incidência da norma civil. Por incrível que pareça, se fosse incidente o Código do Consumidor, isoladamente, a empresa aérea não responderia.

4.4.3. A excludente da culpa ou fato exclusivo do próprio consumidor

A culpa exclusiva do próprio consumidor representa a culpa exclusiva da vítima, outro *fator obstativo* do nexo causal, a excluir a responsabilidade civil, seja ela objetiva ou subjetiva. Tem-se, na espécie, a autoexposição da própria vítima ao risco ou ao dano, por ter ela, por conta própria, assumido as consequências de sua conduta, de forma consciente ou inconsciente. Mais uma vez, por razões óbvias de ampliação, prefere-se o termo *fato exclusivo do consumidor*, a englobar a culpa e o risco, o que também é acompanhado pela melhor jurisprudência (veja-se: TJPR – Apelação Cível 0640090-8, Curitiba – Décima Câmara Cível – Rel. Juiz Convocado Albino Jacomel Guerios – *DJPR* 16.04.2010, p. 270; TJRJ – Apelação 2009.001.16031 – Oitava Câmara Cível – Rel. Des. Gabriel Zéfiro – *DORJ* 15.06.2009, p. 151; e TJMG – Apelação Cível 1.0701.03.039127-3/001, Uberaba – Décima Primeira Câmara Cível – Rel. Designado Des. Maurício Barros – j. 22.05.2006 – *DJMG* 21.07.2006).

Há também e inicialmente a culpa ou o fato exclusivo do consumidor quando ele desrespeita as normas regulares de utilização do produto constantes do seu manual de instruções, muitas vezes por sequer ter lido o seu conteúdo.

Outro caso típico em que há *risco exclusivo* assumido pelo consumidor ocorre no *surfismo ferroviário*, prática que foi muito comum em São Paulo e no Rio de Janeiro, presente quando alguém, por ato de aventura ou desafio, viaja em cima do vagão do trem, o que exclui a responsabilidade objetiva do transportador, típica prestação de serviço (nesse sentido: STJ – REsp 160.051/RJ – Terceira Turma – Rel. Min. Antônio de Pádua Ribeiro – j. 05.12.2002 – *DJ* 17.02.2003, p. 268; e STJ – REsp 261.027/RJ – Quarta Turma – Rel. Min. Barros Monteiro – j. 19.04.2001 – *DJ* 13.08.2001, p. 164).

A respeito da culpa exclusiva da vítima, por desrespeito a norma regulamentar contratual, é comum a sua adoção para afastar a responsabilidade civil do médico, quando o paciente não toma as devidas medidas para a sua recuperação ou para o sucesso da intervenção. A título de exemplo, vejamos interessante julgado do Tribunal Gaúcho, que aplicou a premissa diante do uso do tabaco por parte da paciente médica de cirurgia plástica estética ou embelezadora:

"Apelação cível. Ação monitória. Realização de cirurgia plástica embelezadora. Obrigação de resultado. Ausência de nexo causal. Culpa exclusiva da paciente. Uso indiscriminado de tabaco. Não havendo o reconhecimento na ação indenizatória (n. 1.06.0000582-0) proposta pela parte demandada (paciente) de defeito na prestação do serviço prestado por parte do autor (médico) e diante da prova inequívoca da realização de cirurgia e do acerto do valor da mesma entre as partes, justo se faz o pagamento da dívida existente por parte da ora apelante. Apelo desprovido. Unânime" (TJRS – Apelação Cível 70036200970, Bagé – Quinta Câmara Cível – Rel. Des. Gelson Rolim Stockerm – j. 28.05.2010 – *DJERS* 09.06.2010).

Pelo mesmo caminho, quando um frequentador de casa noturna causa exclusivamente a confusão que gera a agressão física, não há que se falar em responsabilidade civil do prestador de serviços de lazer. Vejamos, nesse diapasão, acórdão do Tribunal de Minas Gerais:

"Apelação cível. Responsabilidade civil. Danos morais. Tumulto em casa noturna. Retirada do autor. Agressão física. Legítima defesa demonstrada. Relação de consumo. Culpa exclusiva da vítima. Improcedência do pedido que se impõe. A responsabilidade civil dos prestadores de serviços por falha na prestação de serviços se sujeita aos preceitos do art. 14, do CDC, sendo certo o dever de indenizar se ele não provar a ocorrência de alguma causa excludente da responsabilidade objetiva, como a culpa exclusiva do consumidor ou de terceiro, ou que inexiste o defeito ou falha na prestação do serviço. Tendo em vista que o conjunto fático-

-probatório dos autos comprovou que a parte autora causou tumulto em casa noturna, e que, por isso, foi retirado do local pelos seguranças, não há falar em conduta imotivada dos prepostos da ré. Se da prova testemunhal colhida demonstrou, também, que o autor investiu contra o chefe de segurança da ré, que, para se defender, desferiu-lhe um golpe, a solução de rigor é a improcedência do pedido, haja vista a demonstração de que os fatos se deram por culpa exclusiva do requerente, e, sob a ótica do CDC, presente a excludente de responsabilidade do prestador de serviços" (TJMG – Apelação Cível 4997061-38.2009.8.13.0024, Belo Horizonte – Décima Sétima Câmara Cível – Rel. Des. Luciano Pinto – j. 13.01.2011 – DJEMG 01.02.2011).

Do mesmo modo, entende-se que se o correntista bancário não guardar devidamente o seu cartão magnético ficará evidente a sua culpa exclusiva, a excluir eventual responsabilidade por vício ou fato do serviço. Do Tribunal de São Paulo:

"Responsabilidade civil. Danos morais e materiais. Saques em conta corrente. Cartão magnético e senha utilizados por terceiro. Furto ocorrido na residência dos autores. Culpa exclusiva da vítima. Em que pese, regra geral, a incidência do Código de Defesa do Consumidor sobre a relação jurídica travada entre instituição financeira e correntista, o dever de indenizar é afastado se o substrato probatório e fático dos autos comprovar que o correntista não zelou pela guarda segura de seu cartão e de sua senha pessoal, oportunizando, com isto, a atuação de terceiro fraudador. Ação improcedente. Recurso não provido" (TJSP – Apelação 990.10.263689-5 – Acórdão 4815381, Itápolis – Vigésima Primeira Câmara de Direito Privado – Rel. Des. Itamar Gaino – j. 10.11.2010 – DJESP 07.12.2010).

Igualmente a título de ilustração, se o próprio consumidor fizer instalações irregulares e em desacordo com a legislação vigente, a causar refluxo no esgoto e danificando móveis e utensílios, presente está a culpa exclusiva da vítima, a afastar o dever de indenizar do prestador do serviço correspondente (TJSP – Apelação 992.05.060392-1 – Acórdão 4355202, Bauru – Trigésima Segunda Câmara de Direito Privado – Rel. Des. Walter Zeni – j. 04.03.2010 – DJESP 31.03.2010). A dedução deve ser a mesma se o consumidor fraudar o serviço público, caso da energia elétrica (popular *gato*). Todavia, deve ficar claro que o ônus de tal comprovação cabe ao prestador do serviço (por todos: TJBA – Recurso Cível 0004662-71.2008.805.0079-1 – Terceira Turma Recursal – Rel. Juiz Baltazar Miranda Saraiva – DJBA 28.10.2010).

Como último exemplo contemporâneo relativo à culpa ou fato exclusivo do consumidor, no caso de existência de dívida, é perfeitamente lícita a inscrição do nome do devedor em cadastro de inadimplentes, o que constitui exercício regular de direito por parte do credor. Como tal excludente não consta expressamente do Código de Defesa do Consumidor, ao contrário do que ocorre com o Código Civil (art. 188, inc. II, do CC), o caminho de conclusão pela improcedência da demanda passa pela verificação da culpa exclusiva da própria vítima.

Superado o estudo das excludentes de responsabilidade civil previstas expressamente pelo CDC, cumpre analisar o enquadramento de outros fatores obstativos, caso dos eventos extraordinários. Parte-se então para o estudo de uma das principais polêmicas do sistema de responsabilidade consumerista, pela falta de previsão expressa a respeito do caso fortuito e a força maior.

4.4.4. O enquadramento do caso fortuito e da força maior como excludentes da responsabilidade civil consumerista. Os eventos internos e externos e o risco do empreendimento

Questão das mais convertidas refere-se a saber se o caso fortuito e a força maior são excludentes de responsabilidade civil no sistema consumerista, uma vez que a lei não trouxe previsão expressa quanto a tais eventos. É forte a corrente doutrinária no sentido de que o rol de excludentes é taxativo (*numerus clausus*), não se admitindo outros fatores obstativos do nexo de causalidade ou da ilicitude.[63]

Porém, há ainda outra visão, qual seja a de que os eventos imprevisíveis e inevitáveis podem ser considerados excludentes da responsabilidade no sistema do Código do Consumo, visto que constituem fatores obstativos gerais do nexo de causalidade, aplicáveis tanto à responsabilidade subjetiva quanto à objetiva. Esse é o entendimento compartilhado pelo presente autor. Pela mesma trilha, essa é a opinião do atual Ministro do Superior Tribunal de Justiça, Paulo de Tarso Vieira Sanseverino, em sua dissertação de mestrado defendida na Universidade Federal do Rio Grande do Sul, nos seguintes termos: "o caso fortuito e a força maior enquadram-se, portanto, como causas de exclusão da responsabilidade civil do fornecedor, embora não previstas expressamente no Código de Defesa do Consumidor. O fundamental é que o acontecimento inevitável ocorra fora da esfera de vigilância do fornecedor, via de regra, após a colocação do produto no mercado, tendo força suficiente para romper a relação de causalidade".[64]

Antes de se aprofundar o tema, insta anotar que se segue o entendimento de Orlando Gomes, segundo qual o caso fortuito é o evento totalmente imprevisível, enquanto a força maior é o evento previsível, mas inevitável.[65] Entre os contemporâneos, Sérgio Cavalieri Filho, Pablo Stolze Gagliano e Rodolfo Pamplona Filho, seguem a mesma divisão conceitual.[66] Concluindo dessa forma, não há que se diferenciar a presença de uma conduta humana de um ato de terceiro, o que pode gerar choques de pensamento. O caso fortuito *é mais* do que a força maior, pois é um fato que não se espera, o que constitui algo raro na atualidade, uma vez que, no mundo pós-moderno, tudo pode acontecer.

Voltando-se à temática consumerista, Zelmo Denari, um dos autores do anteprojeto que gerou o Código Brasileiro de Defesa do Consumidor, admite o caso fortuito e a força maior como excludentes do dever de reparar na ótica do consumidor, sendo pertinente destacar as suas lições:

> "As hipóteses de caso fortuito e força maior, descritas no art. 393 do Código Civil como eximentes da responsabilidade na ordem civil, não estão elencadas entre as causas excludentes da responsabilidade civil pelo fato do produto.

---

[63] Nessa linha de pensamento: Claudia Lima Marques, Antonio Herman V. Benjamin e Bruno Miragem (*Comentários ao Código de Defesa do Consumidor*. 3. ed. São Paulo: RT, 2010. p. 383); Rizzatto Nunes (*Comentários ao Código de Defesa do Consumido*. 3. ed. São Paulo: Saraiva, 2007. p. 195); Nelson Nery Jr. e Rosa Maria de Andrade Nery (*Leis civis comentadas*. São Paulo: RT, 2006. p. 195); e Roberto Senise Lisboa (*Responsabilidade civil nas relações de consumo*. São Paulo: RT, 2001. p. 270).

[64] SANSEVERINO, Paulo de Tarso Vieira. *Responsabilidade civil no Código do Consumidor e a defesa do fornecedor*. 2. ed. São Paulo: Saraiva, 2007. p. 312.

[65] GOMES, Orlando. *Obrigações*. Atual. Humberto Theodoro Júnior. 11. ed. Rio de Janeiro: Forense, 1997. p. 148.

[66] CAVALIERI FILHO, Sérgio. *Programa de responsabilidade civil*. 7. ed. São Paulo: Atlas, 2007. p. 65; GAGLIANO, Pablo Stolze; PAMPLONA FILHO, Rodolfo. *Novo curso de direito civil*. 9. ed. v. III. Responsabilidade civil. São Paulo: Saraiva, 2011. p. 152-153.

Mas a doutrina mais atualizada já advertiu que esses acontecimentos – ditados por forças físicas da natureza ou que, de qualquer forma, escapam ao controle do homem – tanto podem ocorrer antes como depois da introdução do produto no mercado de consumo.

Na primeira hipótese, instalando-se na fase de concepção ou durante o processo produtivo, o fornecedor não pode invocá-la para se subtrair à responsabilidade por danos.

[...]

Por outro lado, quando o caso fortuito ou força maior se manifesta após a introdução do produto no mercado de consumo, ocorre a ruptura do nexo de causalidade que liga o defeito ao evento danoso. Nem tem cabimento qualquer alusão ao defeito do produto, uma vez que aqueles acontecimentos, na maior da parte imprevisíveis, criam obstáculos de tal monta que a boa vontade do fornecedor não pode suprir. Na verdade, diante do impacto do acontecimento, a vítima sequer pode alegar que o produto se ressentia de defeito, vale dizer, fica afastada a responsabilidade dos fornecedores pela inocorrência dos respectivos pressupostos".[67]

Mais à frente, o jurista chega à mesma conclusão em relação à prestação de serviços, ou seja, de que o caso fortuito e a força maior devem ser considerados excludentes da responsabilidade civil.[68] Em sede de superior instância, já se concluiu desse modo, expressamente (entre os mais recentes: "Consumidor. Responsabilidade civil. Nas relações de consumo, a ocorrência de força maior ou de caso fortuito exclui a responsabilidade do fornecedor de serviços. Recurso especial conhecido e provido" (STJ – REsp 996.833/SP – Terceira Turma – Rel. Min. Ari Pargendler – j. 04.12.2007 – DJ 1º.02.2008, p. 1). Mais remotamente, do mesmo Tribunal da Cidadania:

"Ação de indenização. Estacionamento. Chuva de granizo. Vagas cobertas e descobertas. Art. 1.277 do Código Civil. Código de Defesa do Consumidor. Precedente da Corte. 1. Como assentado em precedente da Corte, o 'fato de o art. 14, § 3º, do Código de Defesa do Consumidor não se referir ao caso fortuito e à força maior, ao arrolar as causas de isenção de responsabilidade do fornecedor de serviços, não significa que, no sistema por ele instituído, não possam ser invocadas. Aplicação do art. 1.058 do Código Civil' (REsp n. 120.647-SP, Relator o Senhor Ministro Eduardo Ribeiro, DJ 15.05.2000). 2. Havendo vagas cobertas e descobertas é incabível a presunção de que o estacionamento seria feito em vaga coberta, ausente qualquer prova sobre o assunto. 3. Recurso especial conhecido e provido" (STJ – REsp 330.523/SP – Terceira Turma – Rel. Min. Carlos Alberto Menezes Direito – j. 11.12.2001 – DJ 25.03.2002, p. 278).

A verdade é que a omissão legislativa gerou um grande debate jurídico. Na jurisprudência prevalecem os julgados que admitem a alegação do caso fortuito e da força maior como excludentes da responsabilização dos fornecedores de produtos e prestadores de serviços (por todos os numerosos acórdãos: STJ – REsp 402.708/SP – Segunda Turma – Rel. Min. Eliana Calmon – j. 24.08.2004 – DJ 28.02.2005, p. 267; STJ – REsp 241.813/SP – Quarta

---

[67] DENARI, Zelmo. *Código de Defesa do Consumidor*. Comentado pelos autores do anteprojeto, cit., p. 190.
[68] DENARI, Zelmo. *Código de Defesa do Consumidor*. Comentado pelos autores do anteprojeto, cit., p. 195.

Turma – Rel. Min. Sálvio de Figueiredo Teixeira – j. 23.10.2001 – *DJU* 04.02.2002, p. 372; TJDF – Recurso 2004.09.1.005206-5 – Acórdão 308.873 – Quinta Turma Cível – Rel. Des. Lecir Manoel da Luz – *DJDFTE* 19.06.2008, p. 183; TJSC – Acórdão 2007.041167-5, Xanxerê – Rel. Des. Nelson Juliano Schaefer Martins – *DJSC* 17.12.2007, p. 88; TJMG – Acórdão 1.0024.03.073463-6/001, Belo Horizonte – Décima Quarta Câmara Cível – Rel. Des. Renato Martins Jacob – j. 06.09.2006 – *DJMG* 23.10.2006; TJRJ – Acórdão 23301/2003, Rio de Janeiro – Quinta Câmara Cível – Rel. Des. Henrique de Andrade Figueira – j. 21.10.2003; 1º TAC-SP – Agravo de Instrumento 834719-5 – Quarta Câmara – Rel. Juiz Paulo Roberto de Santana – j. 21.08.2002).

Opino que a conclusão deve levar em conta a relação que o fato tido como imprevisível ou inevitável tem com o fornecimento do produto ou a prestação de serviço, ou seja, com o chamado *risco do empreendimento*, tão caro aos italianos.[69] O debate traz à tona aquela antiga diferenciação entre *fortuito interno e fortuito externo*, bem desenvolvida, entre os clássicos, por Agostinho Alvim.[70]

O primeiro – *fortuito interno* – é aquele que tem relação com o negócio desenvolvido, não excluindo a responsabilização civil. O segundo – *fortuito externo* – é totalmente estranho ou alheio ao negócio, excluindo o dever de indenizar. Conforme enunciado doutrinário aprovado na *V Jornada de Direito Civil*, evento de 2011, "o caso fortuito e a força maior somente serão considerados como excludentes da responsabilidade civil quando o fato gerador do dano não for conexo à atividade desenvolvida" (Enunciado n. 443).

De *lege ferenda*, observo que o Projeto de Reforma do Código Civil, elaborado pela Comissão de Juristas, nomeada no âmbito do Senado Federal, pretende, em boa hora, inserir o conteúdo desse enunciado doutrinário na lei, em prol da segurança jurídica. Nesse contexto, o seu novo art. 927-B, que tratará da obrigação de indenizar, receberá um § 3º, com a seguinte redação: "o caso fortuito ou a força maior somente exclui a responsabilidade civil quando o fato gerador do dano não for conexo à atividade desenvolvida pelo autor do dano". Espera-se a sua aprovação imediata pelo Congresso Nacional, que gerará um impacto importante também para as relações de consumo.

No plano da jurisprudência, destaco, de início e sem prejuízo de outras concreções que serão estudadas, a assertiva n. 7 publicada na Edição n. 161 da ferramenta *Jurisprudência em Teses* do STJ (Consumidor V, de 2020): "a ocorrência de fortuito externo afasta responsabilidade civil objetiva das instituições financeiras, por não caracterizar vício na prestação do serviço".

Em outras palavras, deve-se atentar para os riscos que envolvem a atividade a partir da ideia de *proveito* ao vulnerável da relação estabelecida. Como bem aponta Anderson Schreiber, "a conclusão acerca da incidência ou não da teoria do fortuito interno parece, antes, vinculada a um juízo valorativo acerca de *quem* deve suportar o ônus representado por certo dano. Reconhece-se certo fato como inevitável, mas se entende que tal fatalidade não deve ser suportada pela vítima. Daí a aplicação da teoria do fortuito interno ser mais

---

[69] Sobre o tema, do risco do empreendimento, entre os italianos: ALPA, Guido; BESSONE, Mario. *La responsabilità civile*. A cura di Pietro Maria Putti. 3. ed. Milano: Giuffrè, 2001; ALPA, Guido; BESSONE, Mario. *Trattato di diritto privato*. Diretto da Pietro Rescigno. Torino: UTET, Ristampa, 1987. t. 6: Obbligazione e contratti.

[70] ALVIM, Agostinho. *Da inexecução das obrigações*. 4. ed. São Paulo: Saraiva, 1980. p. 314-315.

intensa no campo da responsabilidade objetiva, onde é de praxe atribuir ao responsável certos riscos que, embora não tenham sido causados pela sua atividade em si, não devem recair tampouco sobre a vítima".[71]

Anote-se que é preciso adaptar as construções à diferenciação seguida por este autor, ou seja, também devem ser consideradas a *força maior interna* e a *força maior externa*. Isso porque estamos filiados à construção de que o caso fortuito é o evento totalmente imprevisível, e a força maior, o evento previsível, mas inevitável, conforme outrora demonstrado. Assim, *ambas as categorias podem ser internas ou externas*, conforme reconhece a jurisprudência (TRF 2ª Região – Acórdão 2000.50.01.008713-4 – Sétima Turma Especializada – Rel. Des. Fed. Reis Friede – *DJU* 23.10.2007, p. 292).

A diferenciação entre eventos internos e externos vem sendo seguida por parcela considerável da doutrina nacional.[72] Em sede de Superior Tribunal de Justiça, tem-se aplicado essa categorização a casos que envolvem assalto à mão armada a ônibus, concluindo o Tribunal tratar-se de *fortuito externo*, pois não é essencial ao negócio a segurança ao passageiro, de modo a impedir o evento. Vejamos a ementa de um dos julgados:

"Processo civil. Recurso especial. Indenização por danos morais, estéticos e materiais. Assalto à mão armada no interior de ônibus coletivo. Caso fortuito externo. Exclusão de responsabilidade da transportadora. 1. A Segunda Seção desta Corte já proclamou o entendimento de que o fato inteiramente estranho ao transporte em si (assalto à mão armada no interior de ônibus coletivo) constitui caso fortuito, excludente de responsabilidade da empresa transportadora. 3. Recurso conhecido e provido" (STJ – REsp 726.371/RJ – Quarta Turma – Rel. Min. Hélio Quaglia Barbosa – j. 07.12.2006 – *DJU* 05.02.2007, p. 244).

Do ano de 2012, acórdão do mesmo Superior Tribunal de Justiça considerou que o roubo no caso do serviço prestado pelos correios constitui um evento externo, a excluir a responsabilidade civil do prestador de serviços. Conforme o julgado, "o roubo mediante uso de arma de fogo é fato de terceiro equiparável à força maior, que deve excluir o dever de indenizar, mesmo no sistema de responsabilidade civil objetiva, por se tratar de fato inevitável e irresistível que gera uma impossibilidade absoluta de não ocorrência do dano. Não é razoável exigir que os prestadores de serviço de transporte de cargas alcancem absoluta segurança contra roubos, uma vez que a segurança pública é dever do Estado, também não havendo imposição legal obrigando as empresas transportadoras a contratar escoltas ou rastreamento de caminhão e, sem parecer técnico especializado, nem sequer é possível presumir se, por exemplo, a escolta armada seria eficaz para afastar o risco ou se o agravaria pelo caráter ostensivo do aparato" (STJ – REsp 976.564/SP – Rel.

---

[71] SCHREIBER, Anderson. Flexibilização do nexo causal em relações de consumo. In: MARTINS, Guilherme Magalhães (coord.). *Temas de Direito do Consumidor*. Rio de Janeiro: Lumen Juris, 2010. p. 38-39.

[72] Da doutrina nacional, podem ser citados como seguidores da divisão: CAVALIERI FILHO, Sérgio. *Programa de responsabilidade civil*. 7. ed. São Paulo: Atlas, 2007. VENOSA, Sílvio de Salvo. *Direito civil*. Responsabilidade civil. 10. ed. São Paulo: Atlas, 2010. v. IV, p. 272-273: GONÇALVES, Carlos Roberto. *Direito civil brasileiro*. Responsabilidade civil. 5. ed. São Paulo: Saraiva, 2010. v. IV, p. 287; GAGLIANO, Pablo Stolze; PAMPLONA FILHO, Rodolfo. *Novo curso de direito civil*. Responsabilidade civil. 9. ed. São Paulo: Saraiva, 2011. v. III, p. 156-157; GARCIA, Leonardo de Medeiros. *Direito do consumidor*. 3. ed. Niterói: Impetus, 2007. p. 57-58.

Min. Luis Felipe Salomão - j. 20.09.2012). A decisão foi publicada no *Informativo* n. *505* daquela Corte Superior, podendo ser encontrado outro julgamento na mesma publicação, concluindo pela subsunção do Código de Defesa do Consumidor ao serviço de correio (STJ - REsp 1.210.732/SC - Rel. Min. Luis Felipe Salomão - j. 02.10.2012).

Todavia, a mesma Corte entende que se o assalto ocorrer dentro de uma agência dos correios que oferece o serviço de *banco postal*, estará presente um evento interno, a gerar a responsabilização civil do prestador de serviços. Nos termos da publicação constante do *Informativo* n. *559* do Tribunal da Cidadania, "dentro do seu poder de livremente contratar e oferecer diversos tipos de serviços, ao agregar a atividade de correspondente bancário ao seu empreendimento, acaba-se por criar risco inerente à própria atividade das instituições financeiras, devendo por isso responder pelos danos que essa nova atribuição tenha gerado aos seus consumidores, uma vez que atraiu para si o ônus de fornecer a segurança legitimamente esperada para esse tipo de negócio" (STJ - REsp 1.183.121/SC - Rel. Min. Luis Felipe Salomão - j. 24.02.2015 - *DJe* 07.04.2015).

Como se pode notar, os arestos trazem conclusões diferentes em casos concretos muito próximos, com o mesmo prestador de serviço. Não se pode negar, contudo, que o banco postal cria mais risco ou até mesmo perigo aos consumidores que o simples correio, estando o assalto coberto pelo risco de sua atividade.

Por outro lado, entende-se naquela superior instância que o assalto a um banco não constitui um evento externo, mas interno, pois ingressa no *risco do negócio ou do empreendimento*, não afastando o dever de reparar da instituição respectiva, o que está em plena sintonia com a ideia de risco-proveito do Código do Consumidor. Assim, com variações na argumentação desenvolvida: STJ - REsp 1093617/PE - Quarta Turma - Rel. Min. João Otávio de Noronha - j. 17.03.2009 - *DJe* 23.03.2009; STJ - REsp 787.124/RS - Primeira Turma - Rel. Min. José Delgado - j. 20.04.2006 - *DJ* 22.05.2006, p. 167; STJ - REsp 694.153/PE - Quarta Turma - Rel. Min. Cesar Asfor Rocha - j. 28.06.2005 - *DJ* 05.09.2005, p. 429; e STJ - REsp 613.036/RJ - Terceira Turma - Rel. Min. Castro Filho - j. 14.06.2004 - *DJ* 01.07.2004, p. 194).

Em outro julgado, do ano de 2012, a mesma Corte Superior concluiu que o banco responde pelo assalto ocorrido até o seu estacionamento, conveniado ou não, não havendo dever de indenizar por eventos a partir desse ambiente, em especial pelo fato social conhecido como "saidinha de banco". Conforme consta de publicação no *Informativo* n. *512* do STJ:

> "A instituição financeira não pode ser responsabilizada por assalto sofrido por sua correntista em via pública, isto é, fora das dependências de sua agência bancária, após a retirada, na agência, de valores em espécie, sem que tenha havido qualquer falha determinante para a ocorrência do sinistro no sistema de segurança da instituição. O STJ tem reconhecido amplamente a responsabilidade objetiva dos bancos pelos assaltos ocorridos no interior de suas agências, em razão do risco inerente à atividade bancária. Além disso, já se reconheceu, também, a responsabilidade da instituição financeira por assalto acontecido nas dependências de estacionamento oferecido aos seus clientes exatamente com o escopo de mais segurança. Não há, contudo, como responsabilizar a instituição financeira na hipótese em que o assalto tenha ocorrido fora das dependências da agência bancária, em via pública, sem que tenha havido qualquer falha na segurança interna da agência bancária que propiciasse a atuação dos criminosos após a efetivação do saque, tendo em vista a inexistência de vício na prestação de serviços por

parte da instituição financeira. Além do mais, se o ilícito ocorre em via pública, é do Estado, e não da instituição financeira, o dever de garantir a segurança dos cidadãos e de evitar a atuação dos criminosos" (STJ – REsp 1.284.962/MG – Rel. Min. Nancy Andrighi – j. 11.12.2012).

No que diz respeito ao estacionamento do banco, ressalte-se que essa forma de julgar foi confirmada pelo STJ em setembro de 2015 com a publicação de ementa por meio de sua ferramenta *Jurisprudência em Teses* (Edição 42), estabelecendo que "o roubo no interior de estacionamento de veículos, pelo qual seja direta ou indiretamente responsável a instituição financeira, não caracteriza caso fortuito ou motivo de força maior capaz de desonerá-la da responsabilidade pelos danos suportados por seu cliente vitimado, existindo solidariedade se o estacionamento for explorado por terceiro".

A propósito, do ano de 2013, cabe destacar o julgamento superior no sentido de que os estacionamentos em geral, excluídos os relativos às instituições bancárias, não respondem por assaltos à mão armada, mas apenas por furtos, pelo fato de serem os primeiros estranhos ao risco do negócio ou risco do empreendimento. Nos termos da publicação do aresto, de mesma relatoria, que merece destaque:

"Não é possível atribuir responsabilidade civil a sociedade empresária responsável por estacionamento particular e autônomo – independente e desvinculado de agência bancária – em razão da ocorrência, nas dependências daquele estacionamento, de roubo à mão armada de valores recentemente sacados na referida agência e de outros pertences que o cliente carregava consigo no momento do crime. Nesses casos, o estacionamento em si consiste na própria atividade-fim da sociedade empresária, e não num serviço assessório prestado apenas para cativar os clientes de instituição financeira. Consequentemente, não é razoável impor à sociedade responsável pelo estacionamento o dever de garantir a segurança individual do usuário e a proteção dos bens portados por ele, sobretudo na hipótese em que ele realize operação sabidamente de risco consistente no saque de valores em agência bancária, uma vez que essas pretensas contraprestações não estariam compreendidas por contrato que abranja exclusivamente a guarda de veículo. Nesse contexto, ainda que o usuário, no seu subconsciente, possa imaginar que, parando o seu veículo em estacionamento privado, estará protegendo, além do seu veículo, também a si próprio, a responsabilidade do estabelecimento não pode ultrapassar o dever contratual de guarda do automóvel, sob pena de se extrair do instrumento consequências que vão além do contratado, com clara violação do *pacta sunt servanda*. Não se trata, portanto, de resguardar os interesses da parte hipossuficiente da relação de consumo, mas sim de assegurar ao consumidor apenas aquilo que ele legitimamente poderia esperar do serviço contratado. Além disso, deve-se frisar que a imposição de tamanho ônus aos estacionamentos de veículos – de serem responsáveis pela integridade física e patrimonial dos usuários – mostra-se temerária, inclusive na perspectiva dos consumidores, na medida em que a sua viabilização exigiria investimentos que certamente teriam reflexo direto no custo do serviço, que hoje já é elevado" (STJ – REsp 1.232.795/SP – Rel. Min. Nancy Andrighi – j. 02.04.2013, publicado no seu *Informativo* n. 521).

Em 2019, tal entendimento foi consolidado no âmbito da Segunda Seção da Corte, com a seguinte tese: "o roubo à mão armada em estacionamento gratuito, externo e de livre acesso configura fortuito externo, afastando a responsabilização do estabelecimento comercial" (STJ – EREsp 1.431.606/SP – Segunda Seção – Rel. Min. Maria Isabel Gallotti – j. 27.03.2019 – DJe 02.05.2019). Como se nota, é imperioso verificar onde se localiza o estacionamento para se concluir se o roubo é ou não um evento externo, que está fora do risco do empreendimento, a caracterizar o caso fortuito e a força maior.

A demonstrar que essa é a posição consolidada, especialmente quanto aos bancos, da Corte, em 2017 foi publicada a seguinte premissa na Edição n. 74 da sua ferramenta *Jurisprudência em Teses*: "é objetiva a responsabilidade civil das instituições financeiras pelos crimes ocorridos no interior do estabelecimento bancário por se tratar de risco inerente à atividade econômica" (tese n. 5, Consumidor III). Na verdade, não se trata apenas de responsabilização objetiva, mas de reconhecimento consolidado do dever de indenizar em casos tais.

Ainda sobre esse problema social, conclui-se em sede de STJ que o assalto a *shopping center* e a supermercado ingressa na proteção de riscos esperada pelos consumidores, não sendo a hipótese de configuração do caso fortuito ou força maior. Na esfera do que aqui se discute, haveria, portanto, um fortuito interno. Vejamos ementas de dois julgados nesse sentido:

"Agravo interno no agravo em recurso especial. Ação de indenização por danos morais e estéticos. Assalto nas dependências de *shopping center*. Vítima atingida por projétil de arma de fogo. Força maior. Inexistência. Valor dos danos morais/estéticos. Razoabilidade. Decisão mantida. Recurso desprovido. 1. O acórdão recorrido está em conformidade com a jurisprudência desta Corte, no sentido de que é dever de estabelecimentos como *shopping centers* zelar pela segurança de seu ambiente, de modo que não há falar em força maior para exími-los da responsabilidade civil decorrente de roubos violentos. Precedentes. 2. Somente é admissível o exame do valor fixado a título de danos morais e estéticos em hipóteses excepcionais, quando for verificada a exorbitância ou a índole irrisória da importância arbitrada, em flagrante ofensa aos princípios da razoabilidade e da proporcionalidade, o que não se verifica no caso em debate. 3. Agravo interno a que se nega provimento" (STJ – Ag. Int. no AREsp 1.027.025/SP – Quarta Turma – Rel. Min. Raul Araújo – j. 18.06.2019 – DJe 28.06.2019).

"Recurso especial. Ação de indenização por danos morais em razão de roubo sofrido em estacionamento de supermercado. Procedência da pretensão. Força maior ou caso fortuito. Não reconhecimento. Conduta omissiva e negligente do estabelecimento comercial. Verificação. Dever de propiciar a seus clientes integral segurança em área de seu domínio. Aplicação do direito à espécie. Possibilidade, *in casu*. Dano moral. Comprovação. Desnecessidade. *Damnum in re ipsa*, na espécie. Fixação do *quantum*. Observância dos parâmetros da razoabilidade. Recurso especial provido. I. É dever de estabelecimentos como *shopping centers* e hipermercados zelar pela segurança de seu ambiente, de modo que não se há falar em força maior para exími-los da responsabilidade civil decorrente de assaltos violentos aos consumidores. II. Afastado o fundamento jurídico do acórdão *a quo*, cumpre a esta Corte Superior julgar a causa, aplicando, se necessário, o direito à espécie. III. Por se estar diante da figura do *damnum in re ipsa*, ou seja, a configuração do dano está ínsita à própria eclosão do fato pernicioso, despicienda a comprovação do dano. IV. A fixação da indenização por dano moral deve revestir-se de caráter indenizatório e sancionatório, adstrito ao princípio da razoabilidade e, de outro lado, há de servir como meio propedêutico ao agente causador do dano. V. Recurso especial conhecido e provido" (STJ – REsp 582.047/RS – Terceira Turma – Rel. Min. Massami Uyeda – j. 17.02.2009 – DJe 04.08.2009).

Na linha do último aresto, a respeito dos estacionamentos localizados nos interiores dos *shoppings*, conforme se extrai de acórdão de 2013, publicado no *Informativo* n. 534 daquela Corte Superior:

"O *shopping center* deve reparar o cliente pelos danos morais decorrentes de tentativa de roubo, não consumado apenas em razão de comportamento do próprio cliente, ocorrida nas proximidades da cancela de saída de seu estacionamento, mas ainda em seu interior. Tratando-se de relação de consumo, incumbe ao fornecedor do serviço e do local do estacionamento o dever de proteger a pessoa e os bens do consumidor. A sociedade empresária que forneça serviço de estacionamento aos seus clientes deve responder por furtos, roubos ou latrocínios ocorridos no interior do seu estabelecimento; pois, em troca dos benefícios financeiros indiretos decorrentes desse acréscimo de conforto aos consumidores, assume-se o dever – implícito na relação contratual – de lealdade e segurança, como aplicação concreta do princípio da confiança (...). Ressalte-se que o leitor ótico situado na saída do estacionamento encontra-se ainda dentro da área do *shopping center*, sendo certo que tais cancelas – com controles eletrônicos que comprovam a entrada do veículo, o seu tempo de permanência e o pagamento do preço – são ali instaladas no exclusivo interesse da administradora do estacionamento com o escopo precípuo de evitar o inadimplemento pelo usuário do serviço" (STJ – REsp 1.269.691/PB – Rel. originária Min. Isabel Gallotti – Rel. para acórdão Min. Luis Felipe Salomão – j. 21.11.2013).

Em 2023, essa responsabilização civil do *shopping center* foi afirmada mesmo no caso de o assalto ocorrer na cancela de entrada do seu estacionamento, ocorrência tida novamente como um evento ou fortuito interno, que ingressa no risco da sua atividade, diante da expectativa de segurança gerada nos clientes consumidores. Consoante a tese do acórdão da Terceira Turma do STJ, o *"shopping center* e o estacionamento vinculado a ele podem ser responsabilizados por roubo à mão armada ocorrido na cancela para ingresso no estabelecimento comercial, em via pública" (STJ – REsp 2.031.816/RJ – Terceira Turma – Rel. Min. Nancy Andrighi – por unanimidade – j. 14.03.2023). E mais: "a única razão para que o consumidor permaneça desprotegido, aguardando a abertura da cancela, é, justamente, para ingressar no estabelecimento do fornecedor. Logo, não pode o *shopping center* buscar afastar sua responsabilidade por aquilo que criou para se beneficiar e que também lhe incumbe proteger, sob pena de violar até mesmo o comando da boa-fé objetiva e o princípio da proteção contratual do consumidor" (REsp 2.031.816/RJ). Como não poderia ser diferente, estou totalmente filiado à conclusão do acórdão.

Entretanto, assim como ocorre com o banco, se o assalto ocorrer na via pública não há que se reconhecer o dever de indenizar do *shopping* ou do grande supermercado. Nos termos de outro aresto do STJ, "em casos de roubo, a jurisprudência desta Corte tem admitido a interpretação extensiva da Súmula n. 130/STJ para entender configurado o dever de indenizar de estabelecimentos comerciais quando o crime for praticado no estacionamento de empresas destinadas à exploração econômica direta da referida atividade (hipótese em que configurado fortuito interno) ou quando esta for explorada de forma indireta por grandes *shopping centers* ou redes de hipermercados (hipótese em que o dever de reparar resulta da frustração de legítima expectativa de segurança do consumidor). No caso, a prática do crime de roubo, com emprego inclusive de arma de fogo, de cliente de atacadista, ocorrido em estacionamento gratuito, localizado em área pública em frente ao estabelecimento comercial, constitui verdadeira hipótese de caso fortuito (ou motivo de força maior) que afasta da empresa o dever de indenizar o prejuízo suportado por seu cliente (art. 393 do Código Civil)" (STJ – REsp 1.642.397/DF – Terceira Turma – Rel. Min. Ricardo Villas Bôas Cueva – j. 20.03.2018 – DJe 23.03.2018).

Seguindo no estudo do tema, a mesma Corte Superior julgou que o ataque de psicopata no cinema do *shopping*, metralhando as pessoas que ali se encontram, constitui um evento externo, a excluir a responsabilidade do prestador de serviços (caso Mateus da Costa Meira, ocorrido em 3 de novembro de 1999). A conclusão foi assim publicada no *Informativo* n. 433 do STJ:

"Responsabilidade. *Shopping center*. Trata-se de REsp em que se discute a responsabilidade e, consequentemente, o dever do *shopping* ora recorrente de indenizar em decorrência de disparos de arma de fogo na sala de um cinema daquele *shopping*, fato que levou à morte várias pessoas, entre as quais, o filho do ora recorrido. A Turma entendeu que, para chegar à configuração do dever de indenizar, não basta que o ofendido demonstre sua dor, visto que somente ocorrerá a responsabilidade civil se reunidos todos os seus elementos essenciais, tais como dano, ilicitude e nexo causal. Em sendo assim, não há como deferir qualquer pretensão indenizatória se não foi comprovado, ao curso da instrução, nas instâncias ordinárias, o nexo de causalidade entre os tiros desferidos e a responsabilidade do *shopping* onde se situava o cinema. Desse modo, rompido o nexo causal da obrigação de indenizar, não há falar em direito à percepção de indenização por danos morais e materiais. Diante disso, deu-se provimento ao recurso" (STJ – REsp 1.164.889-SP – Rel. Min. Honildo Amaral de Mello Castro (Desembargador Convocado do TJAP) – j. 04.05.2010).

Essa forma de julgar foi confirmada pelo STJ em aresto de data mais próxima, segundo o qual:

"'Não se revela razoável exigir das equipes de segurança de um cinema ou de uma administradora de *shopping centers* que previssem, evitassem ou estivessem antecipadamente preparadas para conter os danos resultantes de uma investida homicida promovida por terceiro usuário, mesmo porque tais medidas não estão compreendidas entre os deveres e cuidados ordinariamente exigidos de estabelecimentos comerciais de tais espécies' (REsp 1.384.630/SP – Rel. Min. Paulo de Tarso Sanseverino – Rel. p/ Acórdão Min. Ricardo Villas Bôas Cueva – Terceira Turma – j. 20.02.2014 – DJe 12.06.2014; grifou-se). Assim, se o *shopping* e o cinema não concorreram para a eclosão do evento que ocasionou os alegados danos morais, não há que se lhes imputar qualquer responsabilidade, sendo certo que esta deve ser atribuída, com exclusividade, em hipóteses tais, a quem praticou a conduta danosa, ensejando, assim, o reconhecimento do fato de terceiro, excludente do nexo de causalidade e, em consequência, do dever de indenizar (art. 14, § 3º, inc. II, CDC)" (STJ – REsp 1.133.731/SP – Quarta Turma – Rel. Min. Marco Buzzi – j. 12.08.2014 – DJe 20.08.2014).

Cumpre anotar que as decisões superiores acabam por reformar entendimento do Tribunal Paulista, que, muitas vezes, julga pela responsabilidade do *shopping center* e da empresa de cinema:

"Indenização por danos morais e materiais. Homicídio ocorrido em cinema localizado dentro de *shopping center*. Responsabilidade solidária do empreendedor e do lojista decorrente da relação de consumo estabelecida entre o consumidor e aquelas pessoas. Estabelecimentos que angariam frequentadores em razão da segurança que oferecem. Verba fixada, entretanto, que se mostra exagerada quanto a um aspecto. Recursos das rés e das autoras parcialmente providos" (TJSP – Apelação com revisão 3850464300 – Sétima Câmara de Direito Privado – Rel. Arthur Del Guércio – j. 23.11.2006).

Com o devido respeito, há uma ampliação exagerada da responsabilidade dos entes privados quando, na verdade, quem deveria responder seriam os entes públicos, pela flagrante falta de segurança. A questão passa por uma necessária revisão da responsabilidade civil estatal, diante da falsa premissa da responsabilidade subjetiva estatal, por omissão dos entes e agentes públicos.[73]

Por fim, sobre o ambiente do *shopping center*, o Superior Tribunal de Justiça, novamente de forma correta, julgou em 2019 que a queda de parte do teto constitui um evento interno, que não pode ser enquadrado como caso fortuito ou força maior, pois ingressa no risco do empreendimento ou da atividade desenvolvida. Sendo assim, especialmente pela expectativa de segurança criada, a empresa deve responder:

"A prestação de segurança aos bens e à integridade física do consumidor é inerente à atividade comercial desenvolvida pelos hipermercados e pelos *shopping centers*, porquanto a principal diferença existente entres estes estabelecimentos e os centros comerciais tradicionais reside justamente na criação de um ambiente seguro para a realização de compras e afins, capaz de incidir e conduzir o consumidor a tais praças privilegiadas, de forma a incrementar o volume de vendas. A responsabilidade civil do *shopping center* no caso de danos causados à integridade física dos consumidores ou aos seus bens não pode, em regra, ser afastada sob a alegação de caso fortuito ou força maior, pois a prestação de segurança devida por este tipo de estabelecimento é inerente à atividade comercial exercida por ele. Um consumidor que está no interior de uma loja, em um *shopping center*, não imagina que o teto irá desabar sobre si, ainda que haja uma forte tempestade no exterior do empreendimento, afinal, a estrutura do estabelecimento deve – sempre, em qualquer época do ano – ser hábil a suportar rajadas de vento e fortes chuvas" (STJ – REsp 1.764.439/SP – Terceira Turma – Rel. Min. Nancy Andrighi – j. 21.05.2019 – DJe 24.05.2019).

Entre os anos de 2017 e 2018 surgiu outro debate interessante na Corte sobre o assalto praticado nas dependências ou em local próximo da lanchonete McDonald's.

Em um primeiro acórdão, da Terceira Turma, entendeu-se que "no caso, a prática do crime de roubo, com emprego inclusive de arma de fogo, de cliente de lanchonete *fast-food*,

---

[73] Essa revisão conceitual da responsabilidade civil do Estado consta de outra obra, fruto de tese de doutorado defendida na Universidade de São Paulo: TARTUCE, Flávio. *Responsabilidade civil objetiva e risco. A teoria do risco concorrente*. São Paulo: Método, 2011.

ocorrido no estacionamento externo e gratuito por ela oferecido, constitui verdadeira hipótese de caso fortuito (ou motivo de força maior) que afasta do estabelecimento comercial proprietário da mencionada área o dever de indenizar (art. 393 do Código Civil)" (STJ – REsp 1.431.606/SP – Terceira Turma – Rel. Min. Paulo de Tarso Sanseverino – Rel. p/ Acórdão Min. Ricardo Villas Bôas Cueva – j. 15.08.2017 – DJe 13.10.2017). Entendeu-se, assim, pela presença de um evento externo, fora do risco da atividade da empresa de *fast-food*.

Merece destaque, do voto vencido da Ministra Nancy Andrighi, a tentativa de buscar critérios para o preenchimento dos eventos internos e externos. Conforme as julgadoras, "dentre as circunstâncias relevantes, podem ser elencadas as seguintes (frise-se, sem qualquer intuito de exaurimento): 1. Pagamento direto pelo uso do espaço para estacionamento; 2. Natureza da atividade empresarial exercida; 3. Porte do estabelecimento comercial; 4. Nível de acesso ao estacionamento (fato de o estacionamento ser ou não exclusivo para clientes); 5. Controle de entrada e saída por meio de cancelas ou entrega de tickets; 6. Aparatos físicos de segurança na área de parqueamento, tais como muros, cercas, grades, guaritas e sistema de videovigilância; 7. Presença de guardas ou vigilantes no local; 8. Nível de iluminação" (REsp 1.431.606/SP). Como se pode perceber, o Tribunal da Cidadania, com correção, tem buscado critérios objetivos para a determinação de a ocorrência estar ou não dentro do risco da atividade, o que deve ser ampliado nos próximos anos.

Em setembro de 2018, em caso relativo a assalto ocorrido no *drive-thru* a solução foi diversa, pois julgou-se que "diante de tais circunstâncias trazidas nos autos, tenho que o serviço disponibilizado foi inadequado e ineficiente, não havendo falar em caso fortuito ou força maior, mas sim fortuito interno, porquanto incidente na proteção dos riscos esperados da atividade empresarial desenvolvida e na frustração da legítima expectativa de segurança do consumidor-médio, concretizando-se o nexo de imputação na frustração da confiança a que fora induzido o cliente. Ademais, configurada a responsabilização da fornecedora em razão da própria publicidade veiculada pela empresa, em que se constata a promessa de segurança dos clientes" (STJ – REsp 1.450.434/SP – Quarta Turma – Rel. Min. Luis Felipe Salomão – j. 18.09.2018). Conclui-se, como se percebe pelo trecho destacado, tratar-se de um evento interno.

Com o devido respeito à última forma de julgar, entendo que nas duas hipóteses tem-se um evento externo, que foge do risco da atividade ou do risco do empreendimento, pois não existem medidas concretas e efetivas que podem ser tomadas pela lanchonete para evitar o fato. A questão é de segurança pública e deveria sempre envolver a responsabilidade civil do Estado.

Superado esse interessante e atual debate sobre a ocorrência de assaltos em ambientes privados, ilustre-se que o conceito de fortuito externo é aplicado para afastar o dever de reparar em casos de eventos da natureza sem relação com o objetivo do fornecimento ou prestação. Nessa linha, decisão do Tribunal Paulista, em situação envolvendo danos a consumidor equiparado ou *bystander*:

"Queda de painel publicitário diante de vendaval. O fortuito externo exclui a obrigação de indenizar e, no caso, não se constatou que a queda do objeto se deu em virtude de falha de sustentação, mas, sim, de força anormal e inevitável de fenômeno da natureza. Vítimas que sofreram danos de natureza leve. Improcedência mantida. Não provimento, prejudicado o agravo retido" (TJSP – Apelação 482.081.4/0 – Acórdão

3334021, Osasco – Quarta Câmara de Direito Privado – Rel. Des. Ênio Santarelli Zuliani – j. 16.10.2008 – *DJESP* 17.12.2008).

Por outra via, a ideia de *fortuito interno* vem sendo aplicada pela inteligência jurisprudencial para não excluir a responsabilidade civil, mormente em fatos concretos de *negativação* do nome do consumidor em cadastro de inadimplentes:

"Dano moral. Nítida a hipossuficiência do consumidor, que não tem como fazer a prova de que não contratou com a ré. Indevida negativação de nome de consumidor junto a banco de dados de proteção ao crédito. Ocorrência de fortuito interno, que se incorpora ao risco da atividade de fornecimento de serviços de massa. Danos morais *in re ipsa* decorrentes da negativação. Critérios para mensuração. Funções punitiva e ressarcitória. Montante fixado em patamar razoável. Recurso provido em parte, apenas para alterar o índice de correção monetária do valor indenizatório" (TJSP – Apelação Cível 490.260.4/0 – Acórdão 3509627, São Paulo – Quarta Câmara de Direito Privado – Rel. Des. Francisco Loureiro – j. 05.03.2009 – *DJESP* 30.03.2009).

Do Superior Tribunal de Justiça pode ainda ser destacado julgado que concluiu pelo fortuito interno em caso de acidente ocorrido em excursão do colégio. A ementa é interessante, por revelar uma hipótese que muito ocorre na prática. Vejamos:

"Civil e processual civil. Acidente ocorrido com aluno durante excursão organizada pelo colégio. Existência de defeito. Fato do serviço. Responsabilidade objetiva. Ausência de excludentes de responsabilidade. 1. É incontroverso no caso que o serviço prestado pela instituição de ensino foi defeituoso, tendo em vista que o passeio ao parque, que se relacionava à atividade acadêmica a cargo do colégio, foi realizado sem a previsão de um corpo de funcionários compatível com o número de alunos que participava da atividade. 2. O Tribunal de origem, a pretexto de justificar a aplicação do art. 14 do CDC, impôs a necessidade de comprovação de culpa da escola, violando o dispositivo ao qual pretendia dar vigência, que prevê a responsabilidade objetiva da escola. 3. Na relação de consumo, existindo caso fortuito interno, ocorrido no momento da realização do serviço, como na hipótese em apreço, permanece a responsabilidade do fornecedor, pois, tendo o fato relação com os próprios riscos da atividade, não ocorre o rompimento do nexo causal. 4. Os estabelecimentos de ensino têm dever de segurança em relação ao aluno no período em que estiverem sob sua vigilância e autoridade, dever este do qual deriva a responsabilidade pelos danos ocorridos. 5. Face as peculiaridades do caso concreto e os critérios de fixação dos danos morais adotados por esta Corte, tem-se por razoável a condenação da recorrida ao pagamento de R$ 20.000,00 (vinte mil reais) a título de danos morais. 6. A não realização do necessário cotejo analítico dos acórdãos, com indicação das circunstâncias que identifiquem as semelhanças entre o aresto recorrido e os paradigmas, implica o desatendimento de requisitos indispensáveis à comprovação do dissídio jurisprudencial. 7. Recursos especiais conhecidos em parte e, nesta parte, providos para condenar o réu a indenizar os danos morais e materiais suportados pelo autor" (STJ – REsp 762.075/DF – Quarta Turma – Rel. Min. Luis Felipe Salomão – j. 16.06.2009 – *DJe* 29.06.2009).

O fortuito interno ainda é aplicado em julgados anteriores acerca do *apagão aéreo*, o qual atingiu o País, trazendo a conclusão de responsabilidade da empresa aérea, pois se ingressa nos *riscos do empreendimento* (veja-se: TJSP – Apelação 991.09.028950-2 – Acórdão 4753638, São Paulo – Décima Oitava Câmara de Direito Privado – Rel. Des. Rubens Cury – j. 28.09.2010 – *DJESP* 04.11.2010; TJSP – Apelação 7256443-5 – Acórdão 3462329, São Paulo – Vigésima Quarta Câmara de Direito Privado – Rel. Des. Antônio Ribeiro Pinto – j. 22.01.2009 – *DJESP* 25.02.2009; e TJDF – Recurso 2007.09.1.014464-0 – Acórdão 317.416 – Segunda Turma Recursal dos Juizados Especiais Cíveis e Criminais – Rel. Designado Juiz Alfeu Machado – *DJDFTE* 22.08.2008, p. 106).

De todo modo, com a emergência da Lei 14.034/2020 – que, como visto, surgiu para socorrer as empresas aéreas em tempos de pandemia de Covid-19 –, esse entendimento sobre o "apagão aéreo" tende a ser alterado para os fatos que eventualmente ocorrerem no futuro, uma vez que foram incluídas novas excludentes de responsabilidade civil dessas empresas, caracterizadoras de caso fortuito ou força maior, ou de eventos externos, que estão fora do risco da atividade das empresas.

Nos termos do novo § 3º do art. 256 do Código Brasileiro de Aeronáutica, incluído pelo diploma, constitui caso fortuito ou força maior, para fins de análise do atraso do voo a ocorrência de um ou mais dos seguintes eventos, desde que supervenientes, imprevisíveis e inevitáveis: *a)* restrições ao pouso ou à decolagem decorrentes de condições meteorológicas adversas impostas por órgão do sistema de controle do espaço aéreo; *b)* restrições ao pouso ou à decolagem decorrentes de indisponibilidade da infraestrutura aeroportuária, podendo aqui ser enquadrado o citado "apagão aéreo"; *c)* restrições ao voo, ao pouso ou à decolagem decorrentes de determinações da autoridade de aviação civil ou de qualquer outra autoridade ou órgão da Administração Pública, que será responsabilizada, podendo aqui também se enquadrar esses eventos; e *d)* a decretação de pandemia ou publicação de atos de Governo que dela decorram, com vistas a impedir ou a restringir o transporte aéreo ou as atividades aeroportuárias, hipótese, essa sim, que tem relação com a crise decorrente da Covid-19, objeto da Lei 14.034/2020.

Entendo que foram incluídas na lei excludentes que antes não eram admitidas, pois ingressavam no risco do empreendimento ou risco do negócio das empresas de transporte aéreo, o que representa outro retrocesso na tutela e proteção dos passageiros-consumidores, além da antes citada necessidade de prova efetiva do dano moral.

Como última ilustração, merece ser citado o exemplo a respeito dos atos de assédio sexual ou libidinosos praticados no interior de trens. Julgado superior da Terceira Turma do STJ concluiu tratar-se de *evento interno*, que entra no risco da atividade desenvolvida pela concessionária do serviço. Nos termos da publicação constante do *Informativo* n. 628 do Tribunal da Cidadania:

> "Em reforço à responsabilidade objetiva do transportador, não se pode olvidar que a legislação consumerista preceitua que o fornecedor de serviços responde pela reparação dos danos causados, independentemente da existência de culpa, decorrente dos defeitos relativos à prestação destes serviços, nos termos do art. 14, §§ 1.º e 3.º, do CDC. Ademais, a cláusula de incolumidade é ínsita ao contrato de transporte, implicando obrigação de resultado do transportador, consistente em levar o passageiro com conforto e segurança ao seu destino, salvo se demonstrada causa de exclusão do nexo de causalidade, notadamente o caso fortuito, a força maior ou a culpa exclusiva da vítima ou de terceiro. O fato de terceiro, conforme se apresente, pode ou não romper o nexo de causalidade. Exclui-se a responsabilidade do transportador quando a conduta praticada por terceiro,

sendo causa única do evento danoso, não guarda relação com a organização do negócio e os riscos da atividade de transporte, equiparando-se a fortuito externo. De outro turno, a culpa de terceiro não é apta a romper o nexo causal quando se mostra conexa à atividade econômica e aos riscos inerentes à sua exploração, caracterizando fortuito interno. Por envolver, necessariamente, uma grande aglomeração de pessoas em um mesmo espaço físico, aliados à baixa qualidade do serviço prestado, incluído a pouca quantidade de vagões ou ônibus postos à disposição do público, a prestação do serviço de transporte de passageiros vem propiciando a ocorrência de eventos de assédio sexual. Em outros termos, mais que um simples cenário ou ocasião, o transporte público tem concorrido para a causa dos eventos de assédio sexual. Em tal contexto, a ocorrência desses fatos acaba sendo arrastada para o bojo da prestação do serviço de transporte público, tornando-se assim mais um risco da atividade, a qual todos os passageiros, mas especialmente as mulheres, tornam-se vítimas" (STJ – REsp 1.662.551/SP – Terceira Turma – Rel. Min. Nancy Andrighi – j. 15.05.2018, por maioria – *DJe* 25.06.2018).

Porém, a questão não era pacífica na Corte, pois na Quarta Turma já existiam acórdãos em sentido oposto, concluindo pela presença de um evento externo, fora do risco da atividade ou do empreendimento empresa transportadora; e também um fato de terceiro. Assim, por exemplo, em caso relativo a assédio praticado dentro do metrô de São Paulo:

"Nos termos da jurisprudência desta Corte Superior, não há responsabilidade da empresa de transporte coletivo em caso de ilícito alheio e estranho à atividade de transporte, pois o evento é considerado caso fortuito ou força maior, excluindo-se, portanto, a responsabilidade da empresa transportadora. Precedentes do STJ. Não pode haver diferenciação quanto ao tratamento da questão apenas à luz da natureza dos delitos. Na hipótese, sequer é possível imputar à transportadora eventual negligência, pois, como restou consignado pela instância ordinária, o autor do ilícito foi identificado e detido pela equipe de segurança da concessionária de transporte coletivo, tendo sido, inclusive, conduzido à Delegacia de Polícia, estando apto, portanto, a responder pelos seus atos penal e civilmente" (STJ – REsp 1.748.295/SP – Quarta Turma – Rel. Min. Luis Felipe Salomão – Rel. p/ Acórdão Min. Marco Buzzi – j. 13.12.2018 – *DJe* 13.02.2019).

Em dezembro de 2020, a questão se pacificou no âmbito da Segunda Seção, no julgamento do REsp 1.833.722 e do REsp 1.853.361, na linha da segunda conclusão e por cinco votos a quatro. Prevaleceu o voto do Ministro Raul Araújo, no sentido de que "não há meio de se evitar tal repugnante crime onde quer que ocorra", observando-se que se trata de comportamento "covarde" e "oportunista", praticado em "uma fração de segundos". E mais, segundo o Relator, "é sempre inevitável. Quando muito consegue-se prender o depravado, o opressor. Era inevitável, quando muito previsível em tese. Por mais que se saiba da sua possibilidade de sua ocorrência, não se sabe quando, nem onde, nem quem o praticará. Como acontece com os assaltos à mão armada. São inevitáveis, não estão ao alcance do transportador. E na vida muita coisa é assim, infelizmente". Seguiram essa posição os Ministros Marco Buzzi, Antonio Carlos Ferreira, Villas Bôas Cueva e Marco Antonio Bellizze. Foram vencidos os Ministros Nancy Andrighi, Luis Felipe Salomão, Paulo de Tarso Sanseverino e Moura Ribeiro.

Com o devido respeito à posição que prevaleceu no STJ, entendo que o assédio sexual ou o ato libidinoso praticado no interior de vagões de trens ou do metrô constitui fato corriqueiro e plenamente evitável, o que o coloca dentro do risco da atividade ou do empreendimento.

Todos esses debates demonstram a necessidade de buscar critérios para o enquadramento dos eventos internos e externos, o que pretendo pesquisar de forma mais profunda em estudos complementares no futuro. Alguns fatores já podem ser aqui apresentados: *a)* a criação do risco; *b)* a existência de preços diferenciados, a eventualmente cobrir a segurança pretendida ou contratada; *c)* a sensação de segurança ou de insegurança criada ao público; *d)* a possibilidade de evitar o fato, dentro do poder de controle do agente; *e)* a existência anterior do evento e a sua repetição corriqueira. Em casos de dúvidas entre esses critérios, em havendo relação de consumo, deve-se adotar a interpretação que seja mais favorável ao consumidor, vulnerável da relação jurídica, imputando-se o dever de indenizar.

Como palavras finais sobre o tema, pode-se concluir que os mergulhos nos eventos *internos* e *externos* estão consolidados na civilística nacional, seja no campo teórico ou prático. Todos os exemplos demonstram que, realmente, o rol dos arts. 12, § 3º e 14, § 3º da Lei 8.078/1990 não é taxativo (*numerus clausus*), mas exemplificativo (*numerus apertus*), admitindo-se outras excludentes, dentro, por óbvio, do bom senso. A questão envolve a equidade, a justiça do caso concreto, prevista expressamente como fonte consumerista pelo *caput* do art. 7º do Código do Consumidor. Resumindo a análise de tais eventos, pode ser elaborado o seguinte quadro comparativo, quanto aos eventos *internos* e *externos*.

Caso fortuito externo e força maior externa	Caso fortuito interno e força maior interna
Não têm relação com o fornecimento do produto ou a prestação de serviços.	Têm relação com o fornecimento do produto e a prestação de serviços (ingressam no risco-proveito ou no risco do empreendimento).
São excludentes de responsabilidade.	Não são excludentes de responsabilidade.

Superado esse ponto, vejamos o eventual enquadramento dos *riscos do desenvolvimento* como excludentes da responsabilidade consumerista.

4.4.5. Os riscos do desenvolvimento como excludentes de responsabilidade pelo Código de Defesa do Consumidor

Outra questão que merece ser debatida nesta obra está relacionada aos *riscos do desenvolvimento* como excludentes do sistema do consumidor. Trata-se de um dos temas mais atuais da responsabilidade civil. Os *riscos do desenvolvimento*, segundo Marcelo Junqueira Calixto, são aqueles que não são conhecidos pelas ciências quando da colocação do produto no mercado, vindo a ser descobertos posteriormente, após a utilização do produto e diante dos avanços científicos.[74]

Ilustrando, mencione-se o problema futuro que pode surgir a respeito dos alimentos transgênicos, decorrentes de modificação genética. Imagine-se se, no futuro, for descoberto

---

[74] CALIXTO, Marcelo Junqueira. *A responsabilidade civil pelo fornecedor de produtos pelos riscos do desenvolvimento*. Rio de Janeiro: Renovar, 2004. p. 176.

e comprovado cientificamente que tais alimentos causam doenças, como o câncer. Consigne-se que a matéria foi regulada, no Brasil, timidamente e de forma insatisfatória, pela Lei 11.105, de 2005, denominada Lei de Biossegurança. No tocante à responsabilidade civil, foi inserida norma prevendo a responsabilidade objetiva das empresas que desenvolvem atividades de transformação genética, em regime próximo à responsabilidade ambiental, que ainda será estudada (art. 20).

O tema dos *riscos do desenvolvimento* é amplamente debatido no Velho Continente, particularmente diante da Diretiva 85/374/CEE, da Comunidade Europeia, de 25 de julho de 1985, relativa "à aproximação das disposições legislativas, regulamentares e administrativas dos Estados-Membros em matéria de responsabilidade decorrente dos produtos defeituosos". O art. 7º da referida Diretiva Internacional enuncia as hipóteses em que a empresa não responde pelo produto colocado no mercado.

O primeiro caso de exclusão da responsabilidade diz respeito à hipótese de prova do produtor de que não colocou o produto em circulação, situação em que o dano não se faz presente. Ademais, pode-se falar em ausência de nexo de causalidade em casos tais, não havendo a necessária relação de causa e efeito entre uma eventual conduta e o dano presente. A segunda hipótese de exclusão da reparação refere-se ao caso de o produtor provar que, tendo em conta as circunstâncias, se pode considerar que o defeito não existia no momento em que o produto foi colocado em circulação ou que este defeito surgiu posteriormente. Tal definição tem relação com os *riscos do desenvolvimento*.

Igualmente, não haverá responsabilidade do fabricante se ele provar que produto não foi fabricado para venda ou para qualquer outra forma de distribuição com um fim econômico por parte do produtor, nem fabricado ou distribuído no âmbito da sua atividade profissional. A quarta situação é se o defeito, bem como o consequente dano ao consumidor, é devido à conformidade do produto com normas imperativas estabelecidas pelas autoridades públicas. Como quinta previsão, o produtor não responde se o estado dos conhecimentos científicos e técnicos no momento da colocação em circulação do produto não lhe permitiu detectar a existência do defeito, excludente do mesmo modo interativa aos *riscos do desenvolvimento*. Por fim, o produtor não responde pelo defeito imputável à concepção do produto no qual foi incorporada a parte componente ou às instruções dadas pelos fabricantes.

No sistema português, a referida Diretiva foi recepcionada pelo Decreto-lei 383, de 6 de novembro de 1989, alterado, posteriormente, pelo Decreto-lei 131, de 24 de abril de 2001. As previsões sobre os riscos do desenvolvimento recebem críticas contundentes da doutrina, eis que estariam mais próximas de um sistema de responsabilidade subjetiva fundada na culpa. Leciona Menezes Leitão, professor catedrático da Universidade de Lisboa, que "esta exoneração foi, porém, subordinada através do art. 15º da Diretiva a um procedimento de *stand-still* comunitário para aumentar, se possível, o nível de proteção da Comunidade de modo uniforme, tendo-se previsto expressamente uma eventual revisão da Diretiva, neste ponto, após o estudo de sua utilização pelos tribunais".[75]

De todo modo, a questão não é pacífica entre os lusitanos, uma vez que a comissão elaboradora do anteprojeto do Código do Consumidor Português pretende reproduzir

---

[75] LEITÃO, Luís Manuel Teles de Menezes. *Direito das obrigações*. 5. ed. Coimbra: Almedina, 2006. v. I, p. 392.

a norma da Diretiva, com a menção dos *riscos do desenvolvimento* como excludente da responsabilidade do produtor.[76] Relembre-se que a comissão elaboradora é presidida pelo professor catedrático da Universidade de Coimbra António Pinto Monteiro, contando com vários acadêmicos em seus quadros.[77] Ainda em Portugal, todo o debate relativo a essa Diretiva levou Carlos Ferreira de Almeida, professor da Universidade Nova de Lisboa, a afirmar que "o balanço acerca das virtualidades da Directiva é muito desequilibrado, sendo raras as vozes favoráveis ao seu conteúdo. Nenhuma directiva comunitária é porventura tão criticada e tão mal-amada como esta".[78]

O tema dos riscos do desenvolvimento é discutido por igual na Itália, precisamente porque houve uma alteração legislativa no tocante à Diretiva Europeia. Conforme aponta Guido Alpa, o risco do desenvolvimento (*rischio dello sviluppo*) exclui a responsabilidade do produtor do sistema italiano. Porém, a empresa deverá responder se, depois da sua colocação do mercado, conhecia ou deveria conhecer a sua periculosidade, omitindo-se em adotar as medidas idôneas para evitar o dano, principalmente aquelas relacionadas à informação do público.[79] As conclusões do jurista são de incidência da responsabilidade do Código Civil Italiano em situações tais, nos termos do seu art. 2.050, da exposição ao perigo a gerar a responsabilidade por culpa presumida.

No caso brasileiro, pode-se afirmar que o tema divide a doutrina, havendo uma propensão a afirmar que os *riscos do desenvolvimento* não excluem o dever de indenizar, apesar de fortes resistências. Nessa linha de raciocínio foi a opinião dos juristas presentes na I *Jornada de Direito Civil*, com a aprovação do Enunciado n. 43, dispondo que "a responsabilidade civil pelo fato do produto, prevista no art. 931 do novo Código Civil, também inclui os riscos do desenvolvimento". Em apurado estudo, ao expor toda a controvérsia doutrinária relativa ao assunto e filiar-se à corrente da responsabilização, lecionam Silmara Juny de Abreu Chinelato e Antonio Carlos Morato, professores da Universidade de São Paulo:

> "Considerando, ainda, que o risco do desenvolvimento relaciona-se com o fato do produto, com sua segurança, envolvendo direito à via, à integridade física e psíquica do consumidor, direitos da personalidade de grande relevância, somente poderia ser admitido no ordenamento jurídico de modo expresso, como ocorre nos países europeus que adotaram a Diretiva 85/374, e jamais implícito.

---

[76] *Código do Consumidor*. Anteprojecto. Comissão do Código Consumidor. Ministério da Economia e da Inovação. Secretaria de Estado do Comércio, Serviços e Defesa do Consumidor. Lisboa: Instituto do Consumidor, 2006. p. 174.

[77] Além de Pinto Monteiro, são integrantes da Comissão: professor Doutor Carlos Ferreira de Almeida (Universidade Nova de Lisboa), professor Doutor Paulo Cardoso Correia Mota Pinto (Juiz Conselheiro do Tribunal Constitucional e professor da Universidade de Coimbra), Dr. Manuel Tomé Soares Gomes (Desembargador do Tribunal de Relação de Lisboa), Maria Manuela Flores Ferreira (Procuradora-geral do Tribunal Central de Lisboa), Mestre Mário Paulo da Silva Tenreiro (Chefe da Unidade da Comissão Europeia, em Bruxelas, sobre política dos consumidores), professor José Eduardo Tavares de Souza (Universidade do Porto), professor Doutor Augusto Silva Dias (Universidade de Lisboa e Universidade Lusíada) e professora Doutora Maria da Glória Ferreira Pinto Dias Garcia (Universidade de Lisboa e Universidade Católica Portuguesa).

[78] ALMEIDA, Carlos Ferreira de. *Direito do consumo*. Coimbra: Almedina, 2005. p. 173.

[79] ALPA, Guido. *Il diritto dei consumatori*. 3. ed. Roma: Laterza, 2002. p. 404.

A opção do legislador foi clara no sentido de não acolher tal excludente de responsabilidade, não havendo margem à dúvida quanto à interpretação taxativa do rol do § 3º do art. 12 do CDC, no qual o risco do desenvolvimento não se inclui."[80]

De fato, seja no sistema civilista ou, principalmente, consumerista, a melhor conclusão é a de que o fornecedor responde pelos *riscos do desenvolvimento*, servindo como alento as ideias de risco-proveito e de risco do empreendimento. Ademais, a responsabilidade, na proporção do risco presente, pode ser retirada do art. 10 da Lei 8.078/1990, eis que o fornecedor não poderá colocar no mercado produto que sabia ou deveria saber tratar-se de perigoso.

Em reforço, subsume-se o imperativo do art. 8º do Código Consumerista, no sentido de que os produtos colocados no mercado de consumo não acarretarão riscos à saúde ou à segurança dos consumidores, exceto os considerados normais e previsíveis em decorrência de sua natureza e fruição, obrigando-se os fornecedores, em qualquer situação, a disponibilizarem as informações necessárias e adequadas a seu respeito. Na mesma linha, opina Bruno Miragem que os riscos do desenvolvimento ingressam na garantia de efetividade do direito do consumidor, ao adotar um sistema de responsabilidade objetiva que engloba os riscos colocados no mercado de consumo.[81] Por bem, a jurisprudência nacional tem chegado à mesma conclusão, cabendo destacar:

"Plano de saúde. Recusa da seguradora em custear o tratamento de quimioterapia sob alegação de que se trata de medicamento experimental. Sentença procedente. Dano moral configurado. Prevendo o contrato cobertura para a quimioterapia, não poderia a primeira apelante negar o custeio para o tratamento correlato, através de nova técnica, mais eficaz e indicada para o paciente. Ademais, de acordo com o denominado risco do desenvolvimento, é de serem imputados aos fornecedores de serviço não só as novas técnicas, mas também os efeitos colaterais que a ciência só veio a conhecer posteriormente, caso em que a nova descoberta é incorporada aos serviços. Danos morais reduzidos ao patamar de R$ 8.000,00, com juros moratórios a contar da citação. Quanto à restituição da quantia de R$ 4.120,81, deve ser na forma simples e não em dobro, vez que além do pagamento não ter sido realizado diretamente em favor do réu (fls. 77), não houve cobrança indevida, mas apenas a recusa da cobertura securitária, não sendo, assim, aplicável o art. 42 da Lei 8.078/1990. Provimento parcial de ambos os recursos" (TJRJ – Apelação 2009.001.19443 – Quarta Câmara Cível – Rel. Des. Mônica Tolledo de Oliveira – j. 15.09.2009 – *DORJ* 21.09.2009, p. 137).

Pelo mesmo caminho de inclusão dos riscos do desenvolvimento na responsabilidade civil, vejamos julgado do Superior Tribunal de Justiça, que determinou a responsabilidade da empresa de medicamento pelo produto que, posteriormente, descobriu-se ser de uso limitado ou restritivo:

"Direito do consumidor. Consumo de Survector, medicamento inicialmente vendido de forma livre em farmácias. Posterior alteração de sua prescrição e imposição de restri-

---

[80] CHINELATO, Silmara Juny de Abreu; MORATO, Antonio Carlos. O risco do desenvolvimento nas relações de consumo. In: NERY, Rosa Maria de Andrade; DONNINI, Rogério. *Responsabilidade civil*. Estudos em homenagem ao professor Rui Geraldo Camargo Viana. São Paulo: RT, 2009. p. 57-58.
[81] MIRAGEM, Bruno. *Curso de Direito do Consumidor*. 2. ed. São Paulo: RT, 2010. p. 392.

ção à comercialização. Risco do produto avaliado posteriormente, culminando com a sua proibição em diversos países. Recorrente que iniciou o consumo do medicamento à época em que sua venda era livre. Dependência contraída, com diversas restrições experimentadas pelo paciente. Dano moral reconhecido. É dever do fornecedor a ampla publicidade ao mercado de consumo a respeito dos riscos inerentes a seus produtos e serviços. A comercialização livre do medicamento Survector, com indicação na bula de mero ativador de memória, sem efeitos colaterais, por ocasião de sua disponibilização ao mercado, gerou o risco de dependência para usuários. A posterior alteração da bula do medicamento, que passou a ser indicado para o tratamento de transtornos depressivos, com alto risco de dependência, não é suficiente para retirar do fornecedor a responsabilidade pelos danos causados aos consumidores. O aumento da periculosidade do medicamento deveria ser amplamente divulgado nos meios de comunicação. A mera alteração da bula e do controle de receitas na sua comercialização não são suficientes para prestar a adequada informação ao consumidor. A circunstância de o paciente ter consumido o produto sem prescrição médica não retira do fornecedor a obrigação de indenizar. Pelo sistema do CDC, o fornecedor somente se desobriga nas hipóteses de culpa exclusiva do consumidor (art. 12, § 3º, do CDC), o que não ocorre na hipótese, já que a própria bula do medicamento não indicava os riscos associados à sua administração, caracterizando culpa concorrente do laboratório. A caracterização da negligência do fornecedor em colocar o medicamento no mercado de consumo ganha relevo à medida que, conforme se nota pela manifestação de diversas autoridades de saúde, inclusive a OMC, o cloridrato de amineptina, princípio ativo do Survector, foi considerado um produto com alto potencial de dependência e baixa eficácia terapêutica em diversas partes do mundo, circunstâncias que inclusive levaram a seu banimento em muitos países. Deve ser mantida a indenização fixada, a título de dano moral, para o paciente que adquiriu dependência da droga. Recurso especial conhecido e provido" (STJ – REsp 971.845/DF – Rel. Min. Humberto Gomes de Barros – Terceira Turma – Rel. p/ Acórdão Min. Nancy Andrighi – j. 21.08.2008 – DJe 01.12.2008).

Exatamente nesse sentido julgou o mesmo Superior Tribunal de Justiça no ano de 2020 o seguinte:

"O risco do desenvolvimento, entendido como aquele que não podia ser conhecido ou evitado no momento em que o medicamento foi colocado em circulação, constitui defeito existente desde o momento da concepção do produto, embora não perceptível *a priori*, caracterizando, pois, hipótese de fortuito interno. Embora a bula seja o mais importante documento sanitário de veiculação de informações técnico-científicas e orientadoras sobre um medicamento, não pode o fabricante se aproveitar da tramitação administrativa do pedido de atualização junto a Anvisa para se eximir do dever de dar, prontamente, amplo conhecimento ao público – pacientes e profissionais da área de saúde –, por qualquer outro meio de comunicação, dos riscos inerentes ao uso do remédio que fez circular no mercado de consumo. Hipótese em que o desconhecimento quanto à possibilidade de desenvolvimento do jogo patológico como reação adversa ao uso do medicamento SIFROL subtraiu da paciente a capacidade de relacionar, de imediato, o transtorno mental e comportamental de controle do impulso ao tratamento médico ao qual estava sendo submetida, sobretudo por se tratar de um efeito absolutamente anormal e imprevisível para a consumidora leiga e desinformada, especialmente para a consumidora portadora de doença de Parkinson, como na espécie" (STJ – REsp 1.774.372/RS – Terceira Turma – Rel. Min. Nancy Andrighi – j. 05.05.2020 – DJe 18.05.2020).

Pontuo que o julgado afastou a alegação de culpa ou fato concorrente do consumidor.

Sem dúvida, os riscos do desenvolvimento constituem um dos temas mais delicados na ótica consumerista, devendo ser debatidos com grande profundidade pela doutrina e pela jurisprudência nacionais, no presente e no futuro.

4.5. O FATO CONCORRENTE DO CONSUMIDOR COMO ATENUANTE DA RESPONSABILIDADE CIVIL DOS FORNECEDORES E PRESTADORES

Superado o estudo das excludentes de responsabilidade consumerista, cumpre expor o fato concorrente do consumidor como atenuante da responsabilidade civil dos fornecedores de produtos e prestadores de serviços. O tema, como outros deste capítulo, foi estudado pelo presente autor por ocasião da defesa de sua tese de doutorado na Faculdade de Direito da Universidade de São Paulo, publicada por esta mesma editora.[82]

Como é notório, o Código Civil estabeleceu um sistema de responsabilidade civil baseado na extensão do dano e no grau de culpa dos envolvidos com o evento (art. 944). Assim, havendo excessiva desproporção entre o grau de culpa do agente e o dano, poderá o juiz reduzir equitativamente a indenização. Mais do que isso, consagra-se a culpa concorrente da vítima como atenuante da responsabilidade civil (art. 945 do CC).

Questão importante reside em saber se tais parâmetros têm incidência também para a responsabilidade civil objetiva, notadamente para a responsabilidade civil prevista pela Lei 8.078/1990. A indagação foi inicialmente respondida quando da *I Jornada de Direito Civil* (2002), com a aprovação do Enunciado n. 46, cuja redação original era a seguinte: "A possibilidade de redução do montante da indenização em face do grau de culpa do agente, estabelecida no parágrafo único do art. 944 do novo Código Civil, deve ser interpretada restritivamente, por representar uma exceção ao princípio da reparação integral do dano, *não se aplicando às hipóteses de responsabilidade objetiva*" (grifos deste autor).

Quando da *IV Jornada de Direito Civil* (2006), por proposição do presente autor, a parte em destaque da ementa doutrinária foi excluída pelo Enunciado n. 380 da *IV Jornada de Direito Civil* ("atribui-se nova redação ao Enunciado n. 46 da *I Jornada de Direito Civil*, com a supressão da parte final: não se aplicando às hipóteses de responsabilidade objetiva"). Na *V Jornada de Direito Civil* (2011), a questão se concretizou pela aprovação do Enunciado n. 459, também proposto por mim: "a conduta da vítima pode ser fator atenuante do nexo de causalidade na responsabilidade civil objetiva".

Isso porque tem-se admitido amplamente o *fato concorrente da vítima* como atenuante da responsabilidade objetiva. A expressão deve ser entendida em sentido amplo, a englobar a *culpa concorrente* e o *risco concorrente* do próprio consumidor. Na ótica do Direito do Consumidor, o problema é muito bem enfrentado por Sérgio Cavalieri Filho:

"Muitos autores não admitem a culpa concorrente nas relações de consumo por considerarem incompatível a concorrência de culpa na responsabilidade objetiva. Como falar em culpa concorrente onde não há culpa? Por esse fundamento, todavia,

---

[82] TARTUCE, Flávio. *Responsabilidade civil objetiva e risco*. A teoria do risco concorrente. São Paulo: GEN/Método, 2011.

a tese é insustentável porque, na realidade, o problema é de concorrência de causas e não de culpa, e o nexo causal é pressuposto fundamental em qualquer espécie de responsabilidade. Entendemos, assim, que mesmo em sede de responsabilidade objetiva é possível a participação da vítima (culpa concorrente) na produção do resultado, como, de resto, tem admitido a jurisprudência em casos de responsabilidade civil no Estado".[83]

Ora, na esteira das palavras transcritas, o fato concorrente da vítima constitui uma atenuante que diminui a calibração do nexo de causalidade, diminuindo o *quantum debeatur*. Essa é a opinião de Caitlin Sampaio Mulholland que, em tese de doutorado defendida na UERJ, resolve o problema a partir do estudo da *concausalidade (soma de causas)*, que pode estar presente em casos envolvendo o produto ou o serviço. Vejamos suas palavras:

"O segundo caso é a, *contrario sensu*, o de uma pessoa que assume o risco de sofrer um dano através de conduta perigosa, quando tinha capacidade de antever a realização do resultado. Aqui a vítima conhecia e previa a possibilidade do evento danoso e aceita o risco do dano, como se fosse um blefe (culpa consciente). Mesmo nessa hipótese não pode haver a exclusão da responsabilidade por parte do agente. Primeiramente, porque não é possível inferir-se a existência de um contrato tácito de assunção de riscos e exclusão da responsabilidade. E em segundo lugar, porque o dano ocasionado teve como causa a conduta de um agente. Contudo, nesse caso, existe uma diminuição do *quantum* indenizatório, na medida em que existe a concorrência de causas. Um exemplo deste último caso é de uma pessoa que invade um depósito de produtos pirotécnicos e o da empresa que não utilizou os meios para promover a segurança do local. Outro exemplo é o da pessoa que atravessa a rua em local permitido, com sinal aberto para ela, mas um carro, em alta velocidade e visivelmente mostrando sinais de que não vai parar a tempo de impedir o dano, a atropela. Há concorrência de culpas, pois o pedestre assumiu os riscos de sua atitude, por mais que fosse lícita, de gerar o dano ocasionado".[84]

Trata-se de incidência da máxima da equidade, retirada da isonomia constitucional e do bom senso (art. 5º, *caput*, da CF/1988). Deve ficar bem claro que o fato concorrente da vítima não é fator excludente da responsabilidade do fornecedor, mas simplesmente um fator de diminuição do dever de reparar. Desse modo, a indenização será fixada com razoabilidade, de acordo com as contribuições dos envolvidos, seja por culpa, fato ou risco assumido.

Na mesma linha de análise da concausalidade, o próprio proponente do Enunciado n. 46 do Conselho da Justiça Federal, da *I Jornada de Direito Civil*, Paulo de Tarso Sanseverino, mudou seu entendimento em relação à redação original da proposta anterior. Em artigo que sintetiza a sua tese de doutorado, defendida na Universidade Federal do Rio Grande do Sul, o jurista expõe, ao comentar o enunciado, que, "voltando a refletir, com maior profundidade, a respeito do tema por ocasião da elaboração da presente tese, convenci-me, após aprofundar a pesquisa, da possibilidade da incidência da cláusula geral de redução também na responsabilidade objetiva, revisando posição anteriormente

---

[83] CAVALIERI FILHO, Sérgio. *Programa de Direito do Consumidor*, São Paulo: Atlas, 2008. p. 254.
[84] MULHOLLAND, Caitlin Sampaio. *A responsabilidade civil por presunção de causalidade*. Rio de Janeiro: GZ, 2009. p. 24.

sustentada".[85] O saudoso Ministro do STJ recomendava que a interpretação de acordo com a *gravidade da culpa* seja substituída pela interpretação segundo a *relevância da causa*.[86] Uma das causas relevantes que este estudo propõe é justamente a assunção do risco pelas partes envolvidas com o evento danoso.

Destaque-se que, como argumento para as proposições quando das *IV e V Jornadas de Direito Civil*, aduzimos que, em casos de responsabilidade objetiva fundada no Código de Defesa do Consumidor, pode o réu alegar a culpa exclusiva do consumidor ou de terceiro, visando afastar *totalmente* a sua responsabilidade.

Para tal fim, foram citados os arts. 12, § 3º, e 14, § 3º, ambos da Lei 8.078/1990, que preveem tais excludentes. Dessa forma, foi argumentado que, se o suposto agente pode *o mais*, que é alegar a excludente total de responsabilidade para afastar a indenização, poderia *o menos*, que é atestar a conduta concorrente, visando diminuir o *quantum* indenizatório.

Em reforço, juntou-se, nas ocasiões, notório julgado do Superior Tribunal de Justiça, o qual admitiu a discussão de culpa concorrente em ação de responsabilidade objetiva fundada no Código Consumerista. Trata-se do famoso *caso do escorregador*, normalmente utilizado como fundamento para a tese da concausalidade consumerista, diante dos riscos assumidos pelo próprio consumidor:

"Código de Defesa do Consumidor. Responsabilidade do fornecedor. Culpa concorrente da vítima. Hotel. Piscina. Agência de viagens. Responsabilidade do hotel, que não sinaliza convenientemente a profundidade da piscina, de acesso livre aos hóspedes. Art. 14 do CDC. A culpa concorrente da vítima permite a redução da condenação imposta ao fornecedor. Art. 12, § 2º, III, do CDC. A agência de viagens responde pelo dano pessoal que decorreu do mau serviço do hotel contratado por ela para a hospedagem durante o pacote de turismo. Recursos conhecidos e providos em parte" (STJ – REsp 287.849/SP – Quarta Turma – Rel. Min. Ruy Rosado de Aguiar – j. 17.04.2001 – *DJ* 13.08.2001, p. 165).

Na verdade, outros julgados do STJ reconhecem o fato concorrente do consumidor como fator atenuante da responsabilidade civil. Vejamos o primeiro deles:

"Agravo regimental no agravo de instrumento. Responsabilidade objetiva. Culpa concorrente. Agravo regimental improvido. Na responsabilidade objetiva é desnecessário discutir a culpa do agente, uma vez que sua responsabilidade independe de culpa; entretanto, pode-se discutir a culpa concorrente ou exclusiva da vítima. Agravo regimental improvido" (STJ – AgRg no Ag 852.683/RJ – Quarta Turma – Rel. Min. Luis Felipe Salomão – j. 15.02.2011 – *DJe* 21.02.2011).

Na mesma linha, em lide relativa à fraude bancária praticada por meio de cheque furtado, em que ficou devidamente comprovada a falta de cuidado por parte do consumidor:

"Consumidor. Recurso especial. Cheque furtado. Devolução por motivo de conta encerrada. Falta de conferência da autenticidade da assinatura. Protesto indevido.

---

[85] SANSEVERINO, Paulo de Tarso Vieira. Indenização e equidade no Código Civil de 2002. In: CARVALHO NETO, Inácio de (Coord.). *Novos direitos*. Após seis anos de vigência do Código Civil de 2002. Curitiba: Juruá, 2009. p. 103.

[86] SANSEVERINO, Paulo de Tarso Vieira. Indenização e equidade no Código Civil de 2002, cit., p. 103-104.

Inscrição no cadastro de inadimplentes. Dano moral. Configuração. Culpa concorrente. A falta de diligência da instituição financeira em conferir a autenticidade da assinatura do emitente do título, mesmo quando já encerrada a conta e ainda que o banco não tenha recebido aviso de furto do cheque, enseja a responsabilidade de indenizar os danos morais decorrentes do protesto indevido e da inscrição do consumidor nos cadastros de inadimplentes. Precedentes. Consideradas as peculiaridades do processo, caracteriza-se hipótese de culpa concorrente quando a conduta da vítima contribui para a ocorrência do ilícito, devendo, por certo, a indenização atender ao critério da proporcionalidade. Recurso especial parcialmente conhecido e nessa parte provido" (STJ – REsp 712.591/RS – Terceira Turma – Rel. Min. Nancy Andrighi – j. 16.11.2006 – *DJ* 04.12.2006, p. 300).

Em aresto de 2013, o mesmo Tribunal da Cidadania aplicou a ideia de *risco concorrente* em caso envolvendo a responsabilidade objetiva bancária, fundada no Código de Defesa do Consumidor. Houve a redução do valor reparatório pela conduta da vítima, uma pessoa jurídica consumidora, que contribuiu para o próprio prejuízo pela falta de diligência na emissão de títulos de crédito. Vejamos a publicação da ementa desse instigante acórdão, que cita trechos deste livro e toda a evolução aqui exposta, especialmente a percebida nas *Jornadas de Direito Civil*:

"Recursos especiais. Consumidor. Responsabilidade concorrente. 1) Ação de indenização movida por correntista contra o banco. Pagamento de cheques emitidos mediante assinatura apenas de gerente, quando exigida a assinatura deste e de mais um diretor. Responsabilidade objetiva do banco. 2) Responsabilidade concorrente reconhecida. Indenização à metade. 3) Correção monetária a partir da data de cada cheque indevidamente pago. 4) Juros de mora contados a partir da citação e não de cada pagamento de cheque. Inadimplemento contratual e não indenização por ato ilícito. 5) Lucros cessantes devidos. Atividade empresarial pressupõe uso produtivo do dinheiro e não permanência contemplativa em conta bancária. 6) Liquidação de lucros cessantes por arbitramento. 7) Aplicação do direito à espécie impossível, pois pleiteada somente na peça extraprocessual informal do memorial, quando impossível observar o contraditório. 8) Nulidade inexistente na dispensa de prova oral, pois testemunhos jamais influiriam na conclusão do julgamento. 9) Recursos especiais improvidos. 1. Há responsabilidade objetiva do banco, que paga cheques assinados apenas por gerente, quando exigível dupla assinatura, também assinatura de um diretor. Aplicação do art. 24 do CDC. 2. A responsabilidade concorrente é admissível, ainda que no caso de responsabilidade objetiva do fornecedor ou prestador, quando há responsabilidade subjetiva patente e irrecusável também do consumidor, não se exigindo, no caso, a exclusividade da culpa. (...)" (STJ – REsp 1.349.894/SP – Rel. Min. Sidnei Beneti – Terceira Turma – j. 04.04.2013 – *DJe* 11.04.2013).

Em outro acórdão a ser destacado, do ano de 2023, concluiu a Corte Superior, em hipótese de fato do produto de um veículo, cujo pneu esvaziou subitamente, por problema de fabricação, que "o excesso de velocidade e a não utilização de cinto de segurança, em acidente automobilístico com resultado morte, são elementos que conduzem ao reconhecimento da culpa concorrente da vítima" (STJ – Ag. Int. no REsp 1.651.663/SP – Quarta Turma – Rel. Min. Marco Buzzi – por unanimidade – j. 23.03.2023). Como afirma o relator, ao analisar o art. 12 do CDC e demonstrar a posição consolidada do Tribunal, "a culpa concorrente da vítima não é excludente da responsabilidade civil, matéria disciplinada nesse dispositivo do CDC, mas, sim, atenuante dessa responsabilidade".

Insta anotar que o próprio codificador civil brasileiro admitiu a discussão da culpa concorrente da vítima, ou melhor, tecnicamente, de fato concorrente da vítima, em um caso de responsabilidade objetiva, a saber, na responsabilidade do transportador de pessoas. O dispositivo em questão, art. 738 do Código Civil, enuncia, em seu *caput*, que a pessoa transportada deve sujeitar-se às normas estabelecidas pelo transportador, constantes no bilhete ou afixadas à vista dos usuários. Além disso, deve abster-se de quaisquer atos que causem incômodo ou prejuízo aos passageiros, danifiquem o veículo, dificultem ou impeçam a execução normal do serviço.

A norma é completada pelo seu parágrafo único, segundo o qual, se o prejuízo sofrido pela pessoa transportada for atribuível à transgressão de normas e instruções regulamentares, o juiz reduzirá equitativamente a indenização, na medida em que a vítima houver concorrido para a ocorrência do dano. Na jurisprudência, vários são os acórdãos que reconhecem o fato concorrente da vítima como atenuante da responsabilidade do transportador, que é submetida ao CDC.

Cite-se o entendimento relativo ao *pingente de trem*, aquele passageiro que vai pendurado do lado de fora do vagão, podendo ser geralmente notado por quem opera a máquina. Por vezes, fica ele pendurado por pura diversão, mas, em algumas situações, o faz por necessidade, devido ao fato de o vagão estar lotado. Deve ficar claro que a sua atitude não se confunde com a do *surfista* de trem, o qual é aquele que viaja em cima do vagão. A respeito do *pingente*, o Superior Tribunal de Justiça tem entendido pela presença da culpa concorrente da vítima, não se excluindo totalmente a responsabilidade da empresa férrea, mas atenuando-a (STJ – REsp 226.348/SP – Terceira Turma – Rel. Min. Castro Filho – j. 19.09.2006 – *DJ* 23.10.2006, p. 294; e STJ – REsp 324.166/SP – Quarta Turma – Rel. Min. Ruy Rosado de Aguiar – j. 18.10.2001 – *DJ* 18.02.2002, p. 455). Existem decisões de Tribunais Estaduais na mesma linha, julgando pela contribuição das condutas (ilustrando: TJRJ – Acórdão 2006.001.54574 – Décima Sexta Câmara Cível – Rel. Des. Conv. Pedro Freire Raguenet – j. 09.01.2007).

Pode até parecer que a admissão do fato concorrente do consumidor constitui um argumento contrário à tutela de seus direitos, violando a proteção constitucional constante do art. 5º, inc. XXXII, do Texto Maior. Trata-se de um engano, uma vez que, em algumas situações, o fato ou o risco concorrente constitui um argumento para proteção dos vulneráveis negociais, pela divisão justa dos custos sociais da responsabilidade civil. Isso pode ser percebido pelo próximo tópico deste capítulo, que enfrenta o problema da responsabilidade civil que surge do tabagismo.

Como palavras finais sobre o tema, na *VIII Jornada de Direito Civil*, promovida pelo Conselho da Justiça Federal em abril de 2018, foi aprovado importante enunciado doutrinário, de autoria da jurista Judith Martins-Costa, que complementa, em certo sentido, a minha proposta anterior (Enunciado n. 630). Conforme o seu teor, a questão relativa à redução do *quantum* prevista no art. 945 não diz respeito à compensação de culpas, mas se resolve com a causalidade, devendo-se verificar a contribuição dos envolvidos, do agente causador do dano e da vítima, para a atribuição do valor reparatório.

Conforme esse Enunciado n. 630 do Conselho da Justiça Federal, "culpas não se compensam. Para os efeitos do art. 945, do Código Civil, cabe observar os seguintes critérios: (i) há diminuição do 'quantum' da reparação do dano causado quando, ao lado da conduta do lesante, verifica-se ação ou omissão do próprio lesado da qual resulta o dano, ou o seu agravamento, desde que, (ii) reportadas ambas as condutas a um mesmo fato, ou ao mesmo fundamento de imputação, conquanto possam ser simultâneas ou sucessivas, devendo-se considerar o percentual causal do agir de cada um".

Os itens (i) e (ii) da ementa doutrinária parecem desnecessários, pois já retirados do antigo Enunciado n. 459 da *V Jornada de Direito Civil*. Destaque-se, porém, a salutar análise da responsabilidade civil de acordo com o percentual de conduta de cada um dos envolvidos, agente e vítima, o que deve ser aplicado aos casos de responsabilidade civil fundada no CDC.

4.6. A RESPONSABILIDADE CIVIL PELO CIGARRO E O CÓDIGO DE DEFESA DO CONSUMIDOR[87]

Seguindo no estudo da responsabilidade consumerista, cumpre analisar um dos principais problemas da responsabilidade civil contemporânea, qual seja o dever de indenizar das empresas tabagistas pelo uso do cigarro. O tema está no cerne das discussões sociais e jurídicas dos tempos atuais, cabendo relevar as fortes restrições legislativas ao uso do cigarro, especialmente em locais fechados, por uma questão de saúde pública e interesse social.

Após a entrada em vigor, no Estado de São Paulo, da Lei 13.541/2009, outras unidades da federação resolveram copiar a iniciativa dessa proibição, como é o caso do Rio de Janeiro (Lei 5.517/2009). O que se pode dizer, até o presente momento, é que a citada *lei antifumo* passou a ter ampla aplicação na cidade de São Paulo. Muito mais do que a fiscalização por parte dos órgãos públicos, os cidadãos e as entidades privadas têm colaborado para sua efetivação. Isso porque a proibição ou o não uso do cigarro parecem estar impregnados no senso comum, não só no Brasil, mas em todo o Planeta.

A demonstrar tal evidência, a revista *Veja* publicou notícia, em sua edição de 25 de novembro de 2009, com o título "A morte lenta do cigarro".[88] A reportagem inicia-se com a seguinte constatação mundial, após tratar da realidade brasileira de restrições ao cigarro:

> "A constatação dos tempos atuais é inequívoca: a moda contra o cigarro, que agora se espalha pelo Brasil, pegou. Pegou nas democracias do Ocidente e, em certos casos, até mesmo em países mais pobres. Em alguns, as restrições são ousadas (Irlanda, 2004: o cigarro é banido até do símbolo nacional, os pubs). E outros são proibições ainda tímidas (República Checa, 2006: começou o veto ao cigarro nas escolas). Há países onde a lei funciona perfeitamente bem (Suécia, 2005: o cigarro sumiu dos locais públicos). Há outros em que é ignorada (Paquistão, 2003: fuma-se até dentro dos órgãos públicos). Apesar das diferenças de ritmo e de intensidade o banimento do cigarro parece inexorável no Ocidente. O melhor exemplo talvez seja a França, a Paris dos cafés, dos maços de Gauloises colocados com o elmo alado dos gauleses

---

[87] Estudo retirado de: TARTUCE, Flávio. *Responsabilidade civil objetiva e risco*. A teoria do risco concorrente. São Paulo: GEN/Método, 2011. Resolvi repetir aqui a publicação do estudo, diante da amplitude maior desta obra quanto ao público jurídico, como um *manual*.

[88] *REVISTA VEJA*. São Paulo: Abril, Edição 2.140, ano 42, n. 47, 25 nov. 2009, p. 163-166. Reportagem assinada pelo jornalista André Petry, de Nova York, Estados Unidos da América.

outrora invencíveis. Em 1991, entrou em vigor uma lei que bania o cigarro dos locais públicos e exigia que os restaurantes criassem áreas para não fumantes. Foi francamente ignorada. No ano passado, uma nova lei, mas rígida que a anterior, pegou. O cigarro é a droga mais popular do século XX. Teve a mais espetacular trajetória de um produto no surgimento da sociedade de massas. No apogeu, era símbolo das mais instintivas ambições humanas: a riqueza, o poder, a beleza. No ocaso, virou câncer, dor e morte".[89]

Na verdade, parece-me que a permissão para o uso totalmente livre e indiscriminado do cigarro foi um erro histórico da humanidade, por óbvio influenciado por questões econômicas e pelo poderio político latente das empresas de tabaco. Trata-se de um erro que necessita ser corrigido. A afirmação pode parecer forte, sobretudo para as pessoas que compõem as gerações anteriores. Entretanto, para as gerações sucessivas, o erro é perfeitamente perceptível, em especial se for considerada a cultura contemporânea da saúde e do bem-estar de vida (*wellness life*).

Tal engano da humanidade foi constatado pelo sociólogo Sérgio Luís Boeira, em sua obra *Atrás da cortina de fumaça*.[90] Ao analisar a questão histórica, o pesquisador aponta para o fato de que a "expansão da manufatura de tabaco acentua globalmente após a Independência dos EUA. Primeiro, porque mesmo durante a guerra de independência os europeus incrementam a importação de fumo da América Latina e do Caribe e promovem o cultivo em outras regiões – como Áustria, Alemanha, Itália e Indonésia. Segundo, porque após a libertação estadunidense, a Inglaterra perde o monopólio da fabricação de pastilhas, rapé, cigarros e tabaco de pipa. Este fato provoca o surgimento de fábricas, ainda que rudimentares, baseadas na manufatura, e não em máquinas".[91] Mais à frente, demonstra o sociólogo que o cigarro tornou-se substancialmente popular na segunda metade do século XIX, estimulado o seu uso pela urbanização e pelo ritmo de vida da modernidade e do capitalismo, fortemente influenciado pelo modo de vida norte-americano (*American way of life*). A respeito desse período, expõe o sociólogo: "Fumar cigarros torna-se mais prático do que fumar charuto ou cachimbo, o que induz muitos à experimentação e possivelmente ao hábito ou vício".[92] No século XX, incrementou-se o desenvolvimento concreto e efetivo das indústrias de tabaco, sobretudo americanas e britânicas, ocorrendo também, nesse período, o surgimento dos primeiros estudos relativos aos seus males.[93]

O pesquisador destaca que os movimentos antitabagistas e antifumo cresceram significativamente na segunda metade do século, encontrando o seu apogeu na virada para o século XXI e no seu início, conforme já demonstrado. Na década de 1990, as entidades

---

[89] REVISTA VEJA. São Paulo: Abril, Edição 2.140, ano 42, n. 47, 25 nov. 2009, p. 163.
[90] BOEIRA, Sérgio Luís. *Atrás da cortina de fumaça*. Tabaco, tabagismo e meio ambiente. Estratégias da indústria e dilemas da crítica. Tese – (Doutorado) Itajaí: Universidade Federal de Santa Catarina, 2002. Trata-se de tese de doutorado da área de ciências humanas, defendida perante a Universidade Federal de Santa Catarina.
[91] BOEIRA, Sérgio Luís. *Atrás da cortina de fumaça*. Tabaco, tabagismo e meio ambiente. Estratégias da indústria e dilemas da crítica, cit., p. 48.
[92] BOEIRA, Sérgio Luís. *Atrás da cortina de fumaça*. Tabaco, tabagismo e meio ambiente. Estratégias da indústria e dilemas da crítica, cit., p. 51.
[93] BOEIRA, Sérgio Luís. *Atrás da cortina de fumaça*. Tabaco, tabagismo e meio ambiente. Estratégias da indústria e dilemas da crítica, cit., p. 56.

públicas de saúde descobriram que as próprias empresas de cigarro haviam documentado os graves males do produto, não revelando tais dados, por óbvio, para a sociedade:

> "Em meados da década de 1990, os órgãos públicos de saúde descobrem que desde a década de 1950 há, nos laboratórios das empresas fumageiras, pesquisa científica sigilosa e em profundidade sobre os efeitos do tabagismo. Obra capital neste sentido é *The Cigarette Papers*, que tende a ser reconhecida como um marco na história da luta antitabagista – embora seja limitada teórica e metodologicamente pelo paradigma disjuntor-redutor. O que Glanz e sua equipe chamam de irresponsabilidade e maneira enganosa é basicamente o fato de que a indústria mantém em segredo pesquisas científicas que contrariam frontalmente os seus próprios discursos públicos, tendo sido comprovadas alterações e supressões de trechos considerados perigosos para a imagem pública das empresas. Tais documentos da BAT e Brown & Williamson reconhecem que o tabagismo é causa determinante de uma variedade de doenças – e por isso mesmo, durante vários anos, os empresários investiram em pesquisas para identificar e remover toxinas específicas encontradas na fumaça de cigarros".[94]

Não se olvide que as denúncias relativas aos documentos da Brown & Williamson estão relatadas no filme de Michael Mann, *O Informante* (1999). É interessante pontuar que muitos julgadores utilizam a existência de tais documentos como argumento para as decisões, apesar de os *cultuadores do cigarro* ignorarem ou negarem a existência desses estudos.

Para demonstrar a magnitude desse grave *engano humano*, Sérgio Boeira faz profunda análise dos efeitos biomédicos e epidemiológicos do consumo do cigarro, o que não deixa qualquer dúvida a respeito dos males do produto, diante das inúmeras fontes interdisciplinares pesquisadas.[95] Assim, a partir das conclusões divulgadas pela Organização Mundial da Saúde, evidencia-se que o cigarro constitui um *fator de risco de danos à saúde*.[96] O entendimento das entidades médicas é no sentido de que *não existe consumo regular de tabaco isento de risco à saúde*.[97] Os estudos demonstram que há 4.720 substâncias tóxicas na composição do cigarro, sendo 70 delas causadoras de câncer. E mais, a respeito dessa doença: "A participação do tabagismo como fator de risco é bastante elevada, em alguns casos, inclusive tornando ineficaz a quase totalidade dos tratamentos médicos que excluam a superação do vício".[98]

Há duas tabelas bem interessantes apresentadas por Sérgio Boeira em sua obra. A primeira demonstra os tipos de câncer mais comuns e o percentual de doentes que são fumantes. Vejamos: câncer de pulmão, 80% a 90% são fumantes; câncer nos lábios, 90%; na bochecha, 87%; na língua, 95%; no estômago, 80%; nos rins, 90%; no tubo digestivo (da boca ao ânus), 80%. A segunda tabela expõe os principais tipos de câncer no mundo,

---

[94] BOEIRA, Sérgio Luís. *Atrás da cortina de fumaça*. Tabaco, tabagismo e meio ambiente. Estratégias da indústria e dilemas da crítica, cit., p. 426.

[95] BOEIRA, Sérgio Luís. *Atrás da cortina de fumaça*. Tabaco, tabagismo e meio ambiente. Estratégias da indústria e dilemas da crítica, cit., p. 79-91.

[96] BOEIRA, Sérgio Luís. *Atrás da cortina de fumaça*. Tabaco, tabagismo e meio ambiente. Estratégias da indústria e dilemas da crítica, cit., p. 80.

[97] BOEIRA, Sérgio Luís. *Atrás da cortina de fumaça*. Tabaco, tabagismo e meio ambiente. Estratégias da indústria e dilemas da crítica, cit., p. 82.

[98] BOEIRA, Sérgio Luís. *Atrás da cortina de fumaça*. Tabaco, tabagismo e meio ambiente. Estratégias da indústria e dilemas da crítica, cit., p. 86.

destacando-se em negrito aqueles que têm relação com o tabagismo, a saber: 1º) **câncer de pulmão**; 2º) **câncer de estômago**; 3º) **intestino**; 4º) fígado; 5º) mama; 6º) **esôfago**; 7º) **boca**; 8º) colo do útero; 9º) próstata; 10º) bexiga.[99]

A tabela comparativa exposta tem condições técnicas de afastar a tese da impossibilidade de prova do nexo de causalidade nas ações de responsabilidade civil fundadas no câncer decorrente do tabagismo, conforme prega parte considerável da doutrina e da jurisprudência, e cujos argumentos serão devidamente rebatidos. Nos casos dos males destacados, não há dúvida de que é possível estabelecer uma relação de causa e efeito entre a colocação de um produto tão arriscado no mercado – no caso, o cigarro – e os danos causados aos seus consumidores.

Como forte e contundente tática ao consumo utilizada pelas empresas de tabaco, destaca-se sobremaneira o papel que a publicidade e os meios de *marketing* sempre exerceram para *seduzir* ao uso do produto, levando as pessoas à experimentação e, consequentemente, ao vício. Para a devida pesquisa, este autor compareceu à exposição *Propagandas de cigarro – como a indústria do fumo enganou você*, com mostra de cartazes e vídeos relativos à publicidade do cigarro nos séculos XIX e XX. A exposição foi realizada na cidade de São Paulo, na Livraria Cultura do Conjunto Nacional, entre os dias 15 e 26 de outubro de 2009.

Entre as diversas peças das campanhas publicitárias da época, de início, cumpre destacar aquelas que têm relações com os temas familiares e a criança. Não deixa de chocar o cartaz em que aparece um bebê de colo dizendo à mãe: "Nossa, mamãe, você certamente aprecia o seu Marlboro!".[100] Na mostra, foram expostas também peças de publicidade em que crianças distribuem caixas de maços de cigarro aos pais. Ainda no que concerne a temas da família, produtos como o *Lucky Strike*, o *Pall Mall* e o *Murad* associavam as suas marcas à figura do Papai Noel, que aparecia fumando em suas campanhas de vendas.

Todas as campanhas publicitárias foram veiculadas em momentos históricos em que ainda não estavam amplamente difundidos os terríveis males do cigarro. E as empresas de tabaco aproveitaram-se muito bem desse fato, introduzindo o ato de fumar no *DNA social* de algumas gerações. Atualmente, tais campanhas contrastam com a obrigatoriedade de propagação de ideias antitabagistas, que constam dos maços, o que inclui o Brasil. Na contemporaneidade, podem ser notadas nos maços fotos e imagens de doentes terminais de câncer, de fetos mortos, de pessoas com membros amputados, de mulheres com peles envelhecidas, de homens inconformados com a impotência sexual, entre outros – tudo em relação causal com o hábito de fumar. O Ministério da Saúde brasileiro há tempos adverte sobre os males do cigarro, conforme orientação do art. 220, § 4º, da Constituição Federal de 1988.

Deve ficar claro que não há qualquer dúvida quanto à incidência do Código de Defesa do Consumidor ao cigarro, tido tipicamente como um produto colocado no mercado de consumo, nos termos dos arts. 2º e 3º da Lei 8.078/1990.

---

[99] BOEIRA, Sérgio Luís. *Atrás da cortina de fumaça*. Tabaco, tabagismo e meio ambiente. Estratégias da indústria e dilemas da crítica, cit., p. 86.
[100] Imagem disponível em: <http://lane.stanford.edu/tobacco/index.html>. Acesso em: 18 dez. 2009.

No âmbito jurisprudencial, as decisões a respeito do tema no Brasil começaram a surgir na última década do século passado, notadamente em ações propostas pelos próprios fumantes ou por seus familiares, em casos de morte. Esses julgados anteriores – e que ainda predominam – são no sentido de se excluir a responsabilidade civil das empresas de cigarros pelos males causados aos fumantes, por meio de vários argumentos. Para ilustrar, do Tribunal de Justiça do Rio de Janeiro, do ano de 1999, ao aplicar a prescrição quinquenal do Código de Defesa do Consumidor, bem como a culpa exclusiva da vítima, a afastar o dever de reparar da empresa tabagista:

"Responsabilidade civil de fabricante. Tabagismo. Doença incurável. Dano moral. Pedido genérico. Prescrição quinquenal. Extinção da ação. Indenização. Dano moral e estético. Laringectomia decorrente de uso de cigarro. Agravo de instrumento contra decisão, proferida em audiência, que rejeitou as preliminares de inépcia da inicial e de prescrição, como também indeferiu expedição de ofícios aos hospitais e médicos que trataram do autor e designou prova pericial médica. Provimento. Nas ações de indenização por dano moral, o pedido há de ser certo e determinado, assim como o valor da causa deve ser declarado pelo autor. Vulnerabilidade do princípio do contraditório pelo entendimento contrário. Hipótese que não encontra amparo para formulação de pedido genérico. Inteligência do CPC, art. 286. Aplicação do CPC, art. 284. Prescrição. Pedido baseado na Lei 8.078/1990. Prescrição quinquenal. Aplicação do art. 27, CDC. *Dies a quo* contado do dano e do conhecimento do autor dele. Fato notório, há mais de 5 anos da propositura da ação, de que o tabagismo é um dos maiores responsáveis pelo câncer na laringe. Extinção do processo, com julgamento do mérito. Aplicação do CPC, art. 269, IV" (TJRJ – Agravo de Instrumento 3350/1999, Rio de Janeiro – Décima Terceira Câmara Cível – Rel. Des. Julio Cesar Paraguassu – j. 25.11.1999).

Ou, ainda, do mesmo Tribunal, concluindo pela inexistência de nexo de causalidade, diante da licitude da atividade da empresa que desenvolve a atividade: TJRJ – Acórdão 58/1998, Rio de Janeiro – Décima Câmara Cível – Rel. Des. João Spyrides – j. 23.03.1999.

Os julgados de improcedência reproduziram-se de modo significativo na entrada do século XXI, sendo pertinente destacar alguns de seus argumentos para que sejam devidamente rebatidos por este autor, que propõe a aplicação da concausalidade e da *teoria do risco concorrente* para a problemática do cigarro.

Conforme já se demonstrou, há decisões que expressam a inexistência de nexo de causalidade entre o consumo do produto e os danos à saúde suportados, sendo esse o principal argumento acolhido pelos julgadores (TJSC – Acórdão 2005.034931-6, Criciúma – Câmara Especial Temporária de Direito Civil – Rel. Des. Domingos Paludo – *DJSC* 18.12.2009, p. 453; TJMG – Apelação Cível 1.0596.04.019579-1/0011, Santa Rita do Sapucaí – Décima Oitava Câmara Cível – Rel. Des. Unias Silva – j. 16.09.2008 – *DJEMG* 07.10.2008; TJRJ – Acórdão 34198/2004, Rio de Janeiro – Oitava Câmara Cível – Rel. Des. Helena Bekhor – j. 22.03.2005; TJSP – Acórdão com Revisão 268.911-4/8-00, Itápolis – Quinta Câmara de Direito Privado – Rel. Des. Maury Ângelo Bottesini – j. 28.11.2005; TJRS – Acórdão 70005752415, Porto Alegre – Quinta Câmara Cível (Reg. Exceção) – Rel. Des. Marta Borges Ortiz – j. 04.11.2004).

Existem acórdãos de improcedência da demanda que apontam para a ausência de ilicitude ao se comercializar o cigarro, havendo um exercício regular de direito por parte das empresas, o que não constitui ato ilícito, pelas dicções do art. 188, I, do CC/2002 e do art. 160, I, do CC/1916 (TJDF – Recurso n. 2001.01.1.012900-6 – Acórdão 313.218 – Segunda Turma Cível – Rel. Des. Fábio Eduardo Marques – *DJDFTE* 14.07.2008, p. 87; e TJSP – Acórdão 283.965-4/3-00, São Paulo – Sexta Câmara de Direito Privado – Rel. Des. Justino Magno Araújo – j. 15.12.2005).

Podem ser colacionados ainda os tão mencionados julgamentos que atribuem culpa exclusiva à vítima, a excluir a responsabilidade do fornecedor (TJRJ – Acórdão 2005.001.40350 – Quarta Câmara Cível – Rel. Des. Mario dos Santos Paulo – j. 07.02.2006; TJPR – Apelação Cível 0569832-6, Curitiba – Nona Câmara Cível – Rel. Des. José Augusto Gomes Aniceto – *DJPR* 25.09.2009, p. 369; e TJSC – Acórdão 2005.021210-5, Criciúma – Quarta Câmara de Direito Civil – Rel. Des. José Trindade dos Santos – *DJSC* 02.06.2008, p. 109).

Em complemento ao último argumento, há decisões de rejeição do pedido reparatório que se fundam no livre-arbítrio de fumar ou de parar de fumar (TJSC – Acórdão 2005.029372-7, Criciúma – Segunda Câmara de Direito Civil – Rel. Des. Newton Janke – *DJSC* 27.11.2008, p. 72; TJSP – Apelação com Revisão 270.309.4/0 – Acórdão 4012392, Cotia – Sexta Câmara de Direito Privado – Rel. Des. Sebastião Carlos Garcia – j. 20.08.2009 – *DJESP* 14.09.2009; e TJRS – Acórdão 70022248215, Porto Alegre – Décima Câmara Cível – Rel. Des. Paulo Antônio Kretzmann – j. 28.02.2008 – *DOERS* 27.05.2008, p. 30).

Por óbvio, também existem julgados de condenação das empresas de cigarros, sendo certo que decisões nesse sentido tiveram um crescimento neste século que se inicia em nosso país. Entre as decisões de procedência, cumpre destacar a notória e primeva decisão do Tribunal Gaúcho, do ano de 2003, com ementa bastante elucidativa, inclusive a respeito de questões históricas relativas ao cigarro:

> "Apelação cível. Responsabilidade civil. Danos materiais e morais. Tabagismo. Ação de indenização ajuizada pela família. Resultado danoso atribuído a empresas fumageiras em virtude da colocação no mercado de produto sabidamente nocivo, instigando e propiciando seu consumo, por meio de propaganda enganosa. Ilegitimidade passiva, no caso concreto, de uma das corrés. Caracterização do nexo causal quanto à outra codemandada. Culpa. Responsabilidade civil subjetiva decorrente de omissão e negligência, caracterizando-se a omissão na ação. Aplicação, também, do CDC, caracterizando-se, ainda, a responsabilidade objetiva. Indenização devida" (TJRS – Acórdão 70000144626, Santa Cruz do Sul – Nona Câmara Cível (Reg. Exceção) – Rel. Des. Ana Lúcia Carvalho Pinto Vieira – j. 29.10.2003).

Como fortes e contundentes argumentos sociológicos e jurídicos, constam do corpo da decisão:

> "É fato notório, cientificamente demonstrado, inclusive reconhecido de forma oficial pelo próprio Governo Federal, que o fumo traz inúmeros malefícios à saúde, tanto à do fumante como à do não fumante, sendo, por tais razões, de ordem médico--científica, inegável que a nicotina vicia, por isso que gera dependência química e psíquica, e causa câncer de pulmão, enfisema pulmonar, infarto do coração entre outras doenças igualmente graves e fatais. A indústria de tabaco, em todo o mundo, desde a década de 1950, já conhecia os males que o consumo do fumo causa aos seres humanos, de modo que, nessas circunstâncias, a conduta das empresas em omitir a informação é evidentemente dolosa, como bem demonstram os arquivos secretos dessas empresas, revelados nos Estados Unidos em ação judicial movida

por estados norte-americanos contra grandes empresas transnacionais de tabaco, arquivos esses que se contrapõem e desmentem o posicionamento público das empresas, revelando-o falso e doloso, pois divulgado apenas para enganar o público, e demonstrando a real orientação das empresas, adotada internamente, no sentido de que sempre tiveram pleno conhecimento e consciência de todos os males causados pelo fumo. E tal posicionamento público, falso e doloso, sempre foi historicamente sustentado por maciça propaganda enganosa, que reiteradamente associou o fumo a imagens de beleza, sucesso, liberdade, poder, riqueza e inteligência, omitindo, reiteradamente, ciência aos usuários dos malefícios do uso, sem tomar qualquer atitude para minimizar tais malefícios e, pelo contrário, trabalhando no sentido da desinformação, aliciando, em particular os jovens, em estratégia dolosa para com o público, consumidor ou não."

Tal acórdão concluiu pelo nexo de causalidade entre a atividade de se colocar o produto no mercado e os danos sofridos pela vítima e por seus familiares, "porquanto fato notório que a nicotina causa dependência química e psicológica e que o hábito de fumar provoca diversos danos à saúde, entre os quais o câncer e o enfisema pulmonar, males de que foi acometido o falecido, não comprovando, a ré, qualquer fato impeditivo, modificativo ou extintivo do direito dos autores". A decisão atribui culpa à empresa pela omissão e negligência na informação, nos termos do art. 159 do CC/1916 (responsabilidade subjetiva). Ato contínuo, deduz ser a sua conduta violadora dos deveres consubstanciados nas máximas latinas de *neminem laeder* e *suum cuique tribuere* – "não lesar a ninguém" e "dar a cada um o que é seu" –, bem como no princípio da boa-fé objetiva.

O *decisum* considera não relevante a tese de licitude da atividade de comercialização do cigarro perante as leis do Estado, sendo do mesmo modo impertinente para o mérito a dependência ou voluntariedade no uso ou consumo, com o intuito de afastar a responsabilidade. Em suma, a questão do livre-arbítrio foi descartada pela decisão.

Por fim, no que tange aos argumentos jurídicos de procedência da demanda, foi aplicada a responsabilidade objetiva do Código de Defesa do Consumidor, sendo o cigarro considerado um produto defeituoso, não só em relação aos fumantes (consumidores-padrão) como no tocante aos não fumantes ou fumantes passivos (consumidores equiparados), "uma vez que não oferece a segurança que dele se pode esperar, considerando-se a apresentação, o uso e os riscos que razoavelmente dele se esperam (art. 12, § 1º, do CDC)". A culpa exclusiva do consumidor foi tida como não caracterizada, uma vez que "o ato voluntário do uso ou consumo não induz culpa e, na verdade, no caso, sequer há opção livre de fumar ou não fumar, em decorrência da dependência química e psíquica e diante da propaganda massiva e aliciante, que sempre cultuou os malefícios do cigarro, o que afasta em definitivo qualquer alegação de culpa concorrente ou exclusiva da vítima".

Os valores indenizatórios fixados foram bem elevados. A título de danos materiais, foram reparados a venda de imóvel e de bovinos (para tratar a vítima), as despesas médicas e hospitalares comprovadas, a hospedagem de acompanhantes durante a internação, os gastos com o funeral e o luto da família (danos emergentes). Ainda foram ressarcidos os prejuízos decorrentes do fechamento do minimercado da vítima, desde a época da constatação da doença até a data em que o falecido completaria setenta anos de idade, conforme a expectativa de vida dos gaúchos (lucros cessantes). Como reparação pelos danos morais, foi fixada a quantia de seiscentos salários mínimos para a esposa, de quinhentos salários mínimos para cada um dos quatro filhos e de trezentos salários mínimos para cada um dos genros, totalizando os danos imateriais três mil e duzentos salários mínimos.

Além dessa até então inédita e excelente decisão, igualmente concluindo pela procedência de ação proposta por uso de cigarros, há acórdão do Tribunal de Justiça de São Paulo, que do mesmo modo enfrentou o problema sob a perspectiva da responsabilidade objetiva do Código do Consumidor. A ação foi proposta pela própria fumante – que pleiteou danos materiais e morais pela perda de membros inferiores como consequência do tabagismo – e julgada procedente em primeira instância, condenando-se a empresa Souza Cruz S/A a indenizá-la em R$ 600.000,00 (seiscentos mil reais). A ementa do julgado foi o seguinte:

"Responsabilidade civil. Indenização por danos morais e materiais. Tabagismo. Amputação dos membros inferiores. Vítima acometida de tromboangeíte aguda obliterante. Nexo causal configurado. Incidência do Código de Defesa do Consumidor. Responsabilidade objetiva decorrente da teoria do risco assumida com a fabricação e comercialização do produto. Omissão dos resultados das pesquisas sobre o efeito viciante da nicotina. Dever de indenizar. Recurso improvido" (TJSP – Apelação com Revisão 379.261.4/5 – Acórdão 3320623, São Paulo – Oitava Câmara de Direito Privado – Rel. Des. Joaquim Garcia – j. 08.10.2008 – *DJESP* 13.11.2008).

Em sua relatoria, o Desembargador José Garcia concluiu pela incidência da responsabilidade sem culpa da Lei 8.078/1990, aduzindo que "as indústrias de produtos derivados do tabaco, apesar de atuarem dentro da lei vigente, não se eximem da responsabilidade objetiva, dada a teoria do risco, pelos efeitos nocivos causados aos indivíduos pelo uso ou consumo de seus produtos colocados à venda no mercado legitimamente, máxime à luz do Código de Defesa do Consumidor, cujas normas de ordem pública atingem fatos ainda não consolidados antes de sua vigência". Em reforço, o julgador menciona, assim como consta do inédito julgado do Tribunal Gaúcho, a existência de estudos secretos das próprias empresas de cigarro comprovando os males do produto. O relator analisou ainda as questões relativas à exploração publicitária do passado, bem como os baixos índices de fumantes que conseguem se livrar do vício – cerca de 5% dos usuários, segundo os estudos médicos que constam do acórdão. De forma interdisciplinar, o voto do relator enfrentou questões psicológicas e sociais, aduzindo que, "com o uso regular de cigarros, estabelece-se um condicionamento que faz com que a pessoa passe a ter o fumo integrado à sua rotina. Além disso, o cigarro é também utilizado como um tipo de modulador de emoções, o que faz com que seu uso se amplie significativamente e não esteja associado apenas à necessidade fisiológica de reposição periódica da droga".

Analisando a questão fática, o Desembargador Joaquim Garcia reconhece a existência de inúmeros julgados de improcedência no País, por ausência de nexo de causalidade entre o ato de fumar e os males existentes. Porém, de outra forma, concluiu o magistrado que a autora padecia de tromboangeíte obliterante (doença de Buerger), "cuja literatura médica a respeito é praticamente unânime ao afirmar que a doença manifesta-se somente em fumantes, ou seja, o tabagismo é condição *sine qua non* para o desenvolvimento da moléstia contraída". Comprovado o nexo de causalidade, e sendo reconhecida a possibilidade de se responder também por atos lícitos, os danos materiais comprovados foram indenizados. A respeito do sempre invocado livre-arbítrio, entendeu o relator que "não se revela hábil para afastar o dever de indenizar dessas companhias, pelas mesmas razões que não se presta a justificar a descriminação das drogas". Relativamente à questão da prova do uso de determinada marca de cigarro, fez incidir na inversão do ônus da prova, de forma correta e esperada. Por fim, o magistrado entendeu pela presença de danos morais presumidos (*in re ipsa*), diante da amputação dos membros inferiores da autora. Em suma, votou pela confirmação da sentença ora atacada, negando provimento ao recurso de apelação.

Pelo mesmo caminho de não provimento do recurso votou o Desembargador Caetano Lagrasta, cuja decisão merece destaque especial. No início do seu voto, o magistrado já salienta que "julgar-se questão de tamanha envergadura para a Saúde Pública e Defesa da Cidadania e do Consumidor, implica que se adentre a fatores sociais, e até, a vivência do próprio julgador, iniciado na senda do consumo de cigarros, desde os 14 anos, e dele afastado, há aproximadamente onze anos". Nas páginas seguintes do voto são expostos com detalhes os aprofundamentos esperados, bem como um histórico a respeito da publicidade, comercialização e uso cultural do cigarro, desde o final dos anos 20 do século XX. O seguinte trecho do seu voto merece ser transcrito:

> "A partir do final dos anos 20, dificilmente seria possível ingressar num cinema ou teatro onde público, personagens e atores não se apresentassem fumando, numa atitude de 'glamour' e de conduta social adequada. Mesmo as fotografias de propaganda mostravam os astros e estrelas fazendo uso de cigarros, como condição de sucesso, segurança e integração social. Este comportamento restou generalizado, independente do país de origem dos espetáculos. Por outro lado, os jovens contavam com o cigarro como elemento de ingresso no mundo adulto e fator de segurança para frequentar os ambientes sociais e mundanos. [...] Desde logo, há que se concluir que o prolongamento desta propaganda não se interrompe em 1950, ao contrário, prossegue nas programações, na projeção de filmes de época, reiteradamente repetidos pelas empresas de televisão 'abertas' e 'por assinatura'. E, somente após longa batalha é que vem sendo possível impedir a propaganda escancarada ou subliminar (*outdoors*, carros de corrida, revistas, jornais, fotonovelas, telenovelas etc.). Estas, além de outras circunstâncias, infernizaram a vida dos adolescentes, pois deviam apresentar-se nos bailes e festas portando cigarros, se possível de qualidade (na época o 'Columbia', muito mais caros do que os do tipo 'Mistura Fina' ou 'Petit Londrinos', que eram consumidor por operários, encanadores, eletricistas, pedreiros etc.), ainda que não os fumassem, mas que se prestavam a causar impacto às mocinhas.
>
> (...).
>
> Assim, o prolatado **arbítrio** do jovem ou, mesmo, da criança, ou o do doente-dependente, por facilmente cooptáveis, não resistiria, como não resistiu, ao assédio massacrante da propaganda, ainda que lhes atribua, em elevado grau, comportamento consciente, para que se sentissem partícipes de uma espécie de vida em sociedade, desde logo empunhando o cigarro como manifestação de 'status' ou de segurança, 'auxílio' no enfrentamento dos desafios dessa mesma sociedade, a partir da saída para o recreio, ao cinema ou às festas da vida escolar, e no ínvio caminho, em direção à morte".

Ao mergulhar nos fatos em espécie, o magistrado aponta para o fato de que a doença que atingiu a autora da ação – tromboangeíte obliterante – é um mal exclusivo dos fumantes, a atestar a existência de nexo causal com os produtos colocados no mercado. Ato contínuo, de forma corajosa, o julgador conclui que o Estado tem papel de participação para os danos sociais decorrentes do tabagismo, por não elevar os preços dos produtos e não tomar medidas para impedir o contrabando e a falsificação dos cigarros. Ademais, o voto expõe a existência de estudos médicos mais recentes, os quais atestam que grupos internacionais de cientistas identificaram um conjunto de variações genéticas que aumentam o risco de câncer no pulmão dos fumantes. A questão da publicidade enganosa não passou despercebida, diante de práticas sucessivas por meio dos anos de omissão de informações a respeito dos males do cigarro.

Sem prejuízo dessas teses, o que mais se destaca no voto do Desembargador Caetano Lagrasta são as premissas para afastar a alegação de que a atividade de comercialização do cigarro é plenamente lícita, *in verbis*: "também é sofístico o argumento de que a empresa requerida planta, industrializa e comercializa objeto lícito. O problema não está no plantio, antes nos ingredientes agregados ao fumo na fase de industrialização e que vêm sendo regularmente combatidos mundialmente, em nome da Saúde Pública. E este seria o limite para o exercício regular de um direito (fl. 1217), ante as circunstâncias que enfatizam os riscos da atividade, salvo se a indústria do fumo se mostre infensa a estes, quando da fabricação, e não aos da eclosão das doenças, quando denunciadas". Por fim, a respeito desse instigante voto, chama a atenção a força das palavras que afastam o argumento do *livre-arbítrio*, chegando o juiz a insinuar a existência de um "dogma de alguma estranha e impossível religião do vício".

Encerrando o estudo desse importante acórdão do Tribunal Paulista, deve ser comentado o voto vencido do Desembargador Sílvio Marques Neto, que deu provimento ao recurso, julgando improcedente a ação. O voto está amparado nas conhecidas premissas outrora mencionadas, sobretudo em duas: *a)* ausência de nexo de causalidade entre o fumo e os males da autora, por insuficiência de prova; e *b)* a autora não desconhecia os males do cigarro – foi devidamente informada pela cartela do produto – e fumou porque assim o quis (livre-arbítrio). O magistrado demonstra que o entendimento jurisprudencial consolidado até aquele momento seria no sentido de improcedência das demandas fundadas no tabagismo.

De toda sorte, apesar desses julgados de procedência, insta destacar que prevalecem na jurisprudência nacional as decisões afastando a condenação das empresas de tabaco diante dos fumantes. No ano de 2010, surgiram definitivas decisões nesse sentido no Superior Tribunal de Justiça, as quais declinam o dever de reparar das empresas por vários e já conhecidos argumentos. Os resumos dos julgamentos encontram-se publicados nos *Informativos* n. 432 e n. 436 daquele Tribunal. De início, colaciona-se a primeira decisão:

> "Responsabilidade civil. Cigarro. O falecido, tabagista desde a adolescência (meados de 1950), foi diagnosticado como portador de doença broncopulmonar obstrutiva crônica e de enfisema pulmonar em 1998. Após anos de tratamento, faleceu em decorrência de adenocarcinoma pulmonar no ano de 2001. Então, seus familiares (a esposa, filhos e netos) ajuizaram ação de reparação dos danos morais contra o fabricante de cigarros, com lastro na suposta informação inadequada prestada por ele durante décadas, que omitia os males possivelmente decorrentes do fumo, e no incentivo a seu consumo mediante a prática de propaganda tida por enganosa, além de enxergar a existência de nexo de causalidade entre a morte decorrente do câncer e os vícios do produto, que alegam ser de conhecimento do fabricante desde muitas décadas. Nesse contexto, há que se esclarecer que a pretensão de ressarcimento dos autores da ação em razão dos danos morais, diferentemente da pretensão do próprio fumante, surgiu com a morte dele, momento a partir do qual eles tinham ação exercitável a ajuizar (*actio nata*) com o objetivo de compensar o dano que lhes é próprio, daí não se poder falar em prescrição, porque foi respeitado o prazo prescricional de cinco anos do art. 27 do CDC. Note-se que o cigarro classifica-se como produto de periculosidade inerente (art. 9º do CDC) de ser, tal como o álcool,

fator de risco de diversas enfermidades. Não se revela como produto defeituoso (art. 12, § 1º, do mesmo Código) ou de alto grau de nocividade ou periculosidade à saúde ou segurança, esse último de comercialização proibida (art. 10 do mesmo diploma). O art. 220, § 4º, da CF/1988 chancela a comercialização do cigarro, apenas lhe restringe a propaganda, ciente o legislador constituinte dos riscos de seu consumo. Já o CDC considera defeito a falha que se desvia da normalidade, capaz de gerar frustração no consumidor, que passa a não experimentar a segurança que se espera do produto ou serviço. Destarte, diz respeito a algo que escapa do razoável, que discrepa do padrão do produto ou de congêneres, e não à capacidade inerente a todas as unidades produzidas de o produto gerar danos, tal como no caso do cigarro. Frise-se que, antes da CF/1988 (gênese das limitações impostas ao tabaco) e das legislações restritivas do consumo e publicidade que a seguiram (notadamente, o CDC e a Lei 9.294/1996), não existia o dever jurídico de informação que determinasse à indústria do fumo conduta diversa daquela que, por décadas, praticou. Não há como aceitar a tese da existência de anterior dever de informação, mesmo a partir de um ângulo principiológico, visto que a boa-fé (inerente à criação desse dever acessório) não possui conteúdo *per se*, mas, necessariamente, insere-se em um conteúdo contextual, afeito à carga histórico-social. Ao se considerarem os fatores legais, históricos e culturais vigentes nas décadas de cinquenta a oitenta do século anterior, não há como cogitar o princípio da boa-fé de forma fluida, sem conteúdo substancial e contrário aos usos e costumes por séculos preexistentes, para concluir que era exigível, àquela época, o dever jurídico de informação. De fato, não havia norma advinda de lei, princípio geral de direito ou costume que impusesse tal comportamento. Esses fundamentos, por si sós, seriam suficientes para negar a indenização pleiteada, mas se soma a eles o fato de que, ao considerar a teoria do dano direto e imediato acolhida no direito civil brasileiro (art. 403 do CC/2002 e art. 1.060 do CC/1916), constata-se que ainda não está comprovada pela Medicina a causalidade necessária, direta e exclusiva entre o tabaco e câncer, pois ela se limita a afirmar a existência de fator de risco entre eles, tal como outros fatores, como a alimentação, o álcool e o modo de vida sedentário ou estressante. Se fosse possível, na hipótese, determinar o quanto foi relevante o cigarro para o falecimento (a proporção causal existente entre eles), poder-se-ia cogitar o nexo causal juridicamente satisfatório. Apesar de reconhecidamente robustas, somente as estatísticas não podem dar lastro à responsabilidade civil em casos concretos de morte supostamente associada ao tabagismo, sem que se investigue, episodicamente, o preenchimento dos requisitos legais. Precedentes citados do STF: RE 130.764-PR, *DJ* 19.05.1995; do STJ: REsp 489.895-SP, *DJe* 23.04.2010; REsp 967.623-RJ, *DJe* 29.06.2009; REsp 1.112.796-PR, *DJ* 05.12.2007, e REsp 719.738-RS, *DJe* 22.09.2008" (STJ – REsp 1.113.804/RS – Rel. Min. Luis Felipe Salomão – j. 27.04.2010).

Como outro julgado relevante, do *Informativo* n. 436 do STJ, igualmente afastando o dever de indenizar da empresa de cigarro:

"Dano moral. Fumante. Mostra-se incontroverso, nos autos, que o recorrido, autor da ação de indenização ajuizada contra a fabricante de cigarros, começou a fumar no mesmo ano em que as advertências sobre os malefícios provocados pelo fumo passaram a ser estampadas, de forma explícita, nos maços de cigarro (1988). Isso, por si só, é suficiente para afastar suas alegações acerca do desconhecimento dos males atribuídos ao fumo; pois, mesmo diante dessas advertências, optou, ao valer-se de seu livre-arbítrio, por adquirir, espontaneamente, o hábito de fumar. Outrossim, nos autos, há laudo pericial conclusivo de que não se pode, no caso, comprovar a relação entre o tabagismo desenvolvido pelo recorrido e o surgimento de sua enfermidade (tromboangeíte obliterante – TAO ou doença de Buerger). Assim, não há falar em direito à indenização por danos morais, pois ausente o nexo de causalidade da obrigação de indenizar. Precedentes citados: REsp 325.622-RJ, *DJe* 10.11.2008; REsp 719.738-RS, *DJe* 22.09.2008; e REsp 737.797-RJ, *DJ* 28.08.2006" (STJ – REsp 886.347/RS – Rel. Min. Honildo Amaral de Mello Castro (Desembargador Convocado do TJAP) – j. 25.05.2010).

Em maio de 2018, essa posição pela improcedência foi reafirmada pela Corte Superior, em julgado que cita a nossa posição defendida na tese de doutoramento aqui tão citada, mas a ela não adere. O caso envolvia a tromboangeíte obliterante que acometeu a vítima, tendo a ação sido proposta por familiares do fumante que veio a falecer. Houve reforma de decisão do Tribunal de Justiça do Rio Grande do Sul, que condenou a empresa de cigarros. Vejamos o trecho principal da sua longa ementa:

"1. Caso concreto em que a recorrente foi responsabilizada objetivamente pelos danos morais sofridos pelos familiares de fumante, diagnosticado com tromboangeíte obliterante, sob o fundamento de que a morte decorreu do consumo, entre 1973 e 2002, dos cigarros fabricados pela empresa. (...). 4. Controvérsia jurídica de mérito exaustivamente analisada pela Quarta Turma nos *leading cases* REsp n. 1.113.804/RS e REsp n. 886.347/RS. Resumo das teses firmadas, pertinentes à hipótese dos autos: (i) periculosidade inerente do cigarro; (ii) licitude da atividade econômica explorada pela indústria tabagista, possuindo previsão legal e constitucional; (iii) impossibilidade de aplicação retroativa dos parâmetros atuais da legislação consumerista a fatos pretéritos; (iv) necessidade de contextualização histórico-social da boa-fé objetiva; (v) livre-arbítrio do indivíduo ao decidir iniciar ou persistir no consumo do cigarro; e (vi) imprescindibilidade da comprovação concreta do nexo causal entre os danos e o tabagismo, sob o prisma da necessariedade, sendo insuficientes referências genéricas à probabilidade estatística ou à literatura médica. 5. A configuração da responsabilidade objetiva nas relações de consumo prescinde do elemento culpa, mas não dispensa (i) a comprovação do dano, (ii) a identificação da autoria, com a necessária descrição da conduta do fornecedor que violou um dever jurídico subjacente de segurança ou informação e (iii) a demonstração do nexo causal. 6. No que se refere à responsabilidade civil por danos relacionados ao tabagismo, é inviável imputar a morte de fumante exclusiva e diretamente a determinada empresa fabricante de cigarros, pois o desenvolvimento de uma doença associada ao tabagismo não é instantâneo e normalmente decorre do uso excessivo e duradouro ao longo de todo um período, associado a outros fatores, inclusive de natureza genética. (...). 8. Na hipótese, não há como afirmar que o(s) produto(s) consumido(s) pelo falecido ao longo de aproximadamente 3 (três) décadas foram efetivamente aqueles produzidos ou comercializados pela recorrente. Prova negativa de impossível elaboração. 9. No caso, não houve a comprovação do nexo causal, sob o prisma da necessariedade, pois o acórdão consignou que a doença associada ao tabagismo não foi a causa imediata do evento morte e que o paciente possuía outros hábitos de risco, além de reconhecer que a literatura médica não é unânime quanto à tese de que a tromboangeíte obliterante se manifesta exclusivamente em fumantes. 10. Não há como acolher a responsabilidade civil por uma genérica violação do dever de informação diante da alteração dos paradigmas legais e do fato de que o fumante optou por prosseguir no consumo do cigarro em período no qual já havia a divulgação ostensiva dos malefícios do tabagismo e após ter sido especificamente alertado pelos médicos a respeito dos efeitos da droga em seu organismo, conforme expresso no acórdão recorrido. 11. Aquele que, por livre e espontânea vontade, inicia-se no consumo de cigarros, propagando tal hábito durante certo período de tempo, não pode, doravante, pretender atribuir a responsabilidade de sua conduta a um dos fabricantes do produto, que exerce atividade lícita e regulamentada pelo Poder Público. Tese análoga à firmada por esta Corte Superior acerca da responsabilidade civil das empresas fabricantes de bebidas alcoólicas" (STJ – REsp 1.322.964/RS – Terceira Turma – Rel. Min. Ricardo Villas Bôas Cueva – j. 22.05.2018 – *DJe* 01.06.2018).

Como antes exposto, e isso consta do último *decisum*, a minha opinião doutrinária é no sentido de distribuição justa e equitativa dos riscos assumidos pelas partes, a fixar o *quantum indenizatório* de acordo com a ideia do risco concorrente. Assim, não se filia aos julgados do STJ transcritos, muito menos aos entendimentos doutrinários que buscam afastar a indenização contra as empresas que comercializam o cigarro.

No campo da doutrina, destaque-se a obra coletiva intitulada *Estudos e pareceres sobre livre-arbítrio, responsabilidade e produto de risco inerente. O paradigma do tabaco. Aspectos civis e processuais* (Rio de Janeiro: Renovar, 2009). O livro é coordenado pela professora titular da Universidade de São Paulo Teresa Ancona Lopez, contando com artigos e pareceres de Ada Pelegrini Grinover, Adroaldo Furtado Fabrício, Álvaro Villaça Azevedo, Arruda Alvim, Cândido Rangel Dinamarco, Eduardo Ribeiro, Fábio Ulhoa Coelho, Galeno Lacerda, Gustavo Tepedino, José Carlos Moreira Alves, José Ignácio Botelho de Mesquita, Judith Martins-Costa, Maria Celina Bodin de Moraes, Nelson Nery Jr., René Ariel Dotti, Ruy Rosado de Aguiar Júnior, além da própria coordenadora.[101]

Seja por um caminho ou outro, os pareceres procuram afastar a responsabilidade da empresa tabagista, enfrentando questões como nexo de causalidade, a culpa exclusiva da vítima, a inexistência de defeito no produto fumígeno, o atendimento da boa-fé pela publicidade do cigarro, a incidência da prescrição, a questão da prova a ser construída na ação pelo fumante, entre outros.

De início, a respeito da ausência do nexo de causalidade, na maioria das vezes estará presente o elo entre os danos provados pelos consumidores de cigarro e o uso do produto.[102] Conforme outrora exposto, existem doenças exclusivas decorrentes do tabagismo, por exemplo, a doença de Buerger, e, nesses casos, o nexo causal é bem evidente e incontestável.[103] Cumpre relembrar que quadros comparativos, como o exposto

---

[101] LOPEZ, Teresa Ancona. *Estudos e pareceres sobre livre-arbítrio, responsabilidade e produto de risco inerente. O paradigma do tabaco. Aspectos civis e processuais*. Rio de Janeiro: Renovar, 2009.

[102] Entendendo pela ausência de nexo causal na questão relativa aos danos decorrentes do uso do cigarro, ver, naquela obra coletiva, as posições de Gustavo Tepedino, José Carlos Moreira Alves, Galeno Lacerda e Nelson Nery Jr. (LOPEZ, Teresa Ancona. *Estudos e pareceres sobre livre-arbítrio, responsabilidade e produto de risco inerente. O paradigma do tabaco. Aspectos civis e processuais*. Rio de Janeiro: Renovar, 2009).

[103] Destaque-se que nenhum dos pareceres e estudos constantes da obra coletiva que se analisa enfrentou a questão da doença de Buerger, sendo os artigos e pareceres direcionados somente para os mais diversos tipos de câncer. Nota-se, contudo, que a decisão de improcedência publicada no *Informativo* n. 436 do STJ menciona tal doença.

por Sérgio Boeira, têm plenas condições de demonstrar que as doenças cancerígenas são causadas pelo uso do cigarro. Além disso, provas médicas e testemunhais têm o condão de comprovar qual era a marca utilizada pela vítima. A título de exemplo, cite-se que, muitas vezes, consta das certidões de óbito elaboradas por médicos que a causa da morte foi o uso continuado do cigarro. Por fim, a estatística de mercado pode determinar com grau razoável de probabilidade qual era a marca utilizada pelo falecido ou doente.

A respeito do nexo causal, insta deixar bem claro que a responsabilidade civil das empresas de tabaco é objetiva, diante da comum aplicação do Código de Defesa do Consumidor. De maneira subsidiária, em diálogo das fontes, pode ainda ser utilizado o art. 931 do Código Civil, que trata da responsabilidade objetiva referente aos produtos colocados em circulação. Desse modo, não restam dúvidas de que o cigarro é um produto defeituoso, eis que não oferece segurança aos seus consumidores, levando-se em conta os perigos à saúde (art. 12, § 1º, da Lei 8.078/1990).

Em reforço, podem ainda ser subsumidos os dispositivos consumeristas que tratam da proteção da saúde e da segurança dos consumidores (arts. 8º a 10 da Lei 8.078/1990). Pela simples leitura atenta dos dispositivos aventados e pelo senso comum, nota-se que são totalmente inconsistentes os argumentos de inexistência de defeito no cigarro, como parte da doutrina considera.[104] Talvez a questão até seja cultural, chocando-se, nesse sentido, o modo de agir e o pensamento de gerações distintas.

Nesse contexto de contraponto, não se pode negar que o produto perigoso é defeituoso quando causa danos ao consumidor. Essa é a essência contemporânea do conceito de defeito: o dano causado ao consumidor. Pensar ao contrário, ou seja, verificar o problema a partir da conduta, representa uma volta ao modelo subjetivo ou culposo no sistema consumerista. Em reforço, é imperioso relembrar que, nos casos de responsabilidade objetiva, o nexo causal pode ser formado pela lei, que qualifica a conduta que causou o dano (imputação objetiva).

Ato contínuo de abordagem do tema, pode-se dizer que está presente no caso do cigarro um *defeito de criação*, o qual afeta "as características gerais da produção em consequência de erro havido no momento da elaboração de seu projeto ou de sua fórmula".[105] Em casos tais, "o fabricante responde pela concepção ou idealização de seu produto que não tenha a virtude de evitar os riscos à saúde e segurança, não aceitáveis pelos consumidores, dentro de determinados 'standards'".[106] Isso parece claro e evidente, em especial pela perda de pessoas próximas pelo uso do cigarro e pela farta bibliografia médica que condena essa prática. Há gerações que não conseguiram vencer a luta pela vida contra o cigarro. Outras até hoje lutam contra os seus males, com algumas vitórias, dada a evolução da medicina. E para aqueles que pensam o contrário, seria interessante interrogarem-se se seria aceitável o incentivo do uso do tabaco aos próprios filhos.

---

[104] Considerando inexistente o defeito no cigarro, com o principal argumento de que o produto perigoso não é defeituoso, naquela obra coletiva; Adroaldo Furtado Fabrício, Álvaro Villaça Azevedo, Galeno Lacerda, Nelson Nery Jr., Ruy Rosado de Aguiar Jr. e Teresa Ancona Lopez.
[105] ALVIM, Arruda; ALVIM, Thereza; ALVIM, Eduardo Arruda; MARINS, James. *Código do Consumidor comentado*. 2. ed., 2. tir. São Paulo: RT, 1995. p. 103.
[106] ALVIM, Arruda; ALVIM, Thereza; ALVIM, Eduardo Arruda; MARINS, James. *Código do Consumidor comentado*, cit., p. 103.

Conforme aponta a doutrina mais atenta, pode-se falar em defeitos ocultos, pelo problema quanto ao acesso à informação dos males do cigarro, principalmente se forem levados em conta aqueles que se iniciaram no fumo antes do início da veiculação de informações sobre os males do produto.[107] Para que o argumento da ausência de nexo de causalidade fique devidamente afastado, cite-se, ainda, a correta aplicação da teoria da presunção de nexo de causalidade, utilizada em alguns julgados, que tem relação direta com a *pressuposição de responsabilidade pela colocação das pessoas em risco pelo produto*.[108] Voltando mais uma vez ao argumento do defeito, de fato, se o uso do cigarro não causar males à pessoa pelo seu uso continuado, o que até acontece, não há que se falar em defeito. Por outra via, presente o prejuízo, o produto perigoso é elevado à condição de produto defeituoso, surgindo, então, a responsabilidade civil.

Sobre a questão do exercício regular de direito e da licitude da atividade desenvolvida, cumpre destacar que o Direito Civil Brasileiro admite a responsabilidade civil por atos lícitos.[109]

De início, cite-se a hipótese de legítima defesa putativa, em que o agente pensa que está tutelando imediatamente um direito seu, ou de terceiro, o que não é verdade.[110] Além da legítima defesa putativa, admite-se a responsabilidade civil decorrente do *estado de necessidade agressivo*. O art. 188, inc. I, do Código Civil enuncia que não constitui ato ilícito a deterioração ou destruição da coisa alheia, ou a lesão à pessoa, a fim de remover perigo iminente (estado de necessidade). Todavia, nos termos do art. 929 da atual codificação privada, se a pessoa lesada ou o dono da coisa, em casos tais, não for culpado do perigo, assistir-lhe-á direito à indenização do prejuízo que sofreram. O exemplo clássico é o de um pedestre que vê uma criança gritando em meio às chamas que atingem uma casa. O pedestre arromba a porta da casa, apaga o incêndio e salva a criança. Nos termos dos dispositivos visualizados, se quem causou o incêndio não foi o dono da casa, o pedestre-herói terá que indenizá-lo, ressalvado o direito de regresso contra o real culpado (art. 930 do Código Civil). Ora, seria irrazoável imaginar um sistema que ordena que uma pessoa em ato heroico tenha o dever de reparar, enquanto as empresas de tabaco, em condutas nada heroicas, tão somente lucrativas, sejam excluídas de qualquer responsabilidade pelos produtos perigosos postos em circulação.

Além desses argumentos, insta verificar que, muitas vezes, principalmente para os fumantes das décadas mais remotas, a questão do cigarro pode ser resolvida pela figura do abuso de direito. Isso porque as empresas não informavam dos males causados pelo produto, enganando os consumidores. Assim, estaria configurada a publicidade enganosa,

---

[107] MORAES, Carlos Alexandre. *Responsabilidade civil das empresas tabagistas*. Curitiba: Juruá, 2009. p. 165.

[108] Sobre essa presunção do nexo causal na questão do cigarro, com a citação de outras decisões jurisprudenciais: MULHOLLAND, Caitlin Sampaio. *A responsabilidade civil por presunção de causalidade*, cit., p. 248-257.

[109] Argumentando pela licitude do ato de vender de cigarros na obra coletiva abordada: Adroaldo Furtado Fabrício, Ruy Rosado de Aguiar Jr. e Teresa Ancona Lopez.

[110] Conforme o art. 188, inc. I, do Código Civil, a legítima defesa não constitui ato ilícito. Concluindo pelo dever de indenizar, presente a legítima defesa putativa: "Civil. Dano moral. Legítima defesa putativa. A legítima defesa putativa supõe negligência na apreciação dos fatos, e por isso não exclui a responsabilidade civil pelos danos que dela decorram. Recurso especial conhecido e provido" (STJ – REsp 513.891/ RJ – Terceira Turma – Rel. Min. Ari Pargendler – j. 20.03.2007 – *DJ* 16.04.2007, p. 181).

nos termos do art. 37, § 1º, da Lei 8.078/1990, o que gera o seu dever de indenizar. Conforme dispõe o art. 187 do Código Civil de 2002, pode-se falar ainda em quebra da boa-fé, pela falsidade da informação, o que é muito bem exposto por Claudia Lima Marques em excelente e corajoso parecer sobre a questão.[111]

Em suma, comercializar cigarros pode até ser considerado lícito, diante de um erro histórico cometido pela humanidade. Porém, comercializar o produto sem as corretas informações de seus males – já conhecidos pelas próprias empresas –, gerando danos, configura um ilícito por equiparação (art. 927, *caput,* do Código Civil), conforme bem aponta Lúcio Delfino.[112] Não nos fazem mudar de opinião os argumentos contrários, apesar dos grandes esforços da doutrina de escol.[113]

No que concerne à questão da publicidade, o parecer de Judith Martins-Costa quase chega a convencer, em especial pelos *argumentos realeanos.* Aduz a jurista:

"Traduzindo esses dados para as categorias teóricas do tridimensionalismo de Miguel Reale, observaremos que o *fato* da consciência social acerca dos malefícios do cigarro tem permanecido, através dos tempos, relativamente o mesmo; porém esse fato (a consciência social) *recebe diferentes valorações sociais e jurídicas no curso dos tempos,* resultando, então, em diferentes recepções normativas por parte do Direito. Quando a consciência social dos males do fumo convivia com a sua 'glamourização' sociocultural, havia uma ampla tolerância jurídica; porém passa-se, progressivamente, à 'desglamourização' sociocultural do fumo, em virtude da ascensão ao *status* de valor social do culto à saúde. Então, verifica-se uma relativa intolerância jurídica, expressa nas leis e medidas administrativas restritivas ao fumo e na regulação da propaganda de cigarros".[114]

A conclusão a que chega mais à frente, quanto à oferta e à boa-fé, é a de que não é possível interpretar as situações jurídicas do passado com a realidade social do presente e vice-versa. Assim, alega que houve equívoco do julgador do Tribunal Gaúcho ao condenar a empresa Souza Cruz, eis que agiu "trazendo a pré-compreensão e interpretação *hoje devidas* ao princípio da boa-fé objetiva para selecionar, filtrar, apreciar e, finalmente, julgar, fatos ocorridos nas longínquas décadas de 40 e 50 do século passado, deixando de lado os dados contextuais e ignorando *a circunstancialidade em que o conhecimento das concretas situações de vida relativas ao tratamento jurídico dos riscos do tabagismo efetivamente se*

---

[111] MARQUES, Claudia Lima. Violação do dever de boa-fé, corretamente, nos atos negociais omissivos afetando o direito/liberdade de escolha. Nexo causal entre a falha/defeito de informação e defeito de qualidade nos produtos de tabaco e o dano final morte. Responsabilidade do fabricante do produto, direito a ressarcimento dos danos materiais e morais, sejam preventivos, reparatórios ou satisfatórios. *Revista dos Tribunais,* São Paulo: RT, n. 835, p. 74-133, 2005.

[112] DELFINO, Lúcio. *Responsabilidade civil e tabagismo.* Curitiba: Juruá, 2008. p. 265-325.

[113] Excluindo a responsabilidade das empresas pela questão da publicidade que não pode ser tida como enganosa ou abusiva, naquela obra coletiva: Fábio Ulhoa Coelho, Adroaldo Furtado Fabrício e Gustavo Tepedino.

[114] MARTINS-COSTA, Judith. Ação indenizatória. Dever de informar do fabricante sobre os riscos do tabagismo. In: LOPEZ, Teresa Ancona (Coord.). *Estudos e pareceres sobre livre-arbítrio, responsabilidade e produto de risco inerente.* O paradigma do tabaco. Aspectos civis e processuais. Rio de Janeiro: Renovar, 2009. p. 284.

processa".[115] Anote-se que os fortes argumentos da jurista foram utilizados no julgamento do Superior Tribunal de Justiça publicado no seu *Informativo* n. *432*.

As belas lições da doutrinadora, na verdade, servem em parte para a premissa jurídica que aqui se propõe. A boa-fé objetiva, a veiculação da oferta do cigarro e as experiências sociais do passado devem ser levadas em conta para a fixação do *quantum debeatur*, por interação direta com a assunção dos riscos pelas empresas e fumantes. Todavia, não se pode dizer que tais deduções sociais servem para excluir totalmente a responsabilidade ou a ilicitude das condutas das empresas de tabaco, inclusive na questão da publicidade, como quer a jurista gaúcha. Não se pode colocar totalmente o peso do risco em cima dos consumidores, como se pretende. Em verdade, a boa-fé objetiva e o dever de informar servem para calibrar as condutas, influindo diretamente na ponderação e na fixação das responsabilidades de cada uma das partes envolvidas.

No que toca ao argumento do *livre-arbítrio*, esse já foi exaustivamente rebatido. Cumpre discorrer sobre ele um pouco mais, eis que farta doutrina partidária da conclusão da irreparabilidade o utiliza.[116] Em verdade, na realidade pós-moderna não há o citado livre-arbítrio, conceito essencialmente liberal da modernidade, modelo no qual algumas gerações de juristas se formaram. O que existe na contemporaneidade é uma inafastável e irresistível tendência de intervenção estatal, de dirigismo negocial, a fim de proteger partes vulneráveis (consumidores, trabalhadores, aderentes, mulheres sob violência, crianças e adolescentes, além de outras questões subjetivas) e valores fundamentais (moradia, saúde, segurança, função social, vedação do enriquecimento sem causa e da onerosidade excessiva, entre outros aspectos de valoração objetiva).

Eis mais uma ideia que conflita gerações no Direito. Em reforço, cumpre lembrar as palavras do Desembargador Caetano Lagrasta, em julgado do Tribunal de São Paulo, no sentido de que o argumento do livre-arbítrio parece fundamentar uma pretensa religião que cultua o cigarro. Em reforço, fica a dúvida se realmente havia um *livre e irrestrito arbítrio* no que toca aos fumantes do passado remoto.

Em relação a argumentos acessórios relativos à liberdade e à autonomia privada, caso da *vedação do comportamento contraditório*, insta deixar claro que a máxima do *venire contra factum proprium* não consegue vencer valores fundamentais, caso da tutela da saúde, que está no art. 6º da Constituição Federal (*técnica de ponderação*, adotada expressamente pelo art. 489, § 2º, do CPC/2015).[117]

Por fim, o argumento principal a ser rebatido é o da culpa exclusiva da vítima. Esse parece ser o maior sofisma jurídico pregado por parte da doutrina e da jurisprudência, que concluem pela inexistência de dever de indenizar os fumantes ou seus familiares, ferindo a lógica do razoável. Não se pode admitir que a carga de culpa fique somente concentrada no consumidor, sobretudo se as empresas de cigarro assumem um risco-proveito, altamente lucrativo. O argumento é por completo inócuo nos casos de fumantes passivos, caso, por exemplo, de trabalhadores de

---

[115] MARTINS-COSTA, Judith. Ação indenizatória. Dever de informar do fabricante sobre os riscos do tabagismo, cit., p. 289.
[116] Discorrendo de forma profunda sobre o livre-arbítrio e a liberdade do fumante, em uma visão liberal, naquela obra coletiva: Teresa Ancona Lopez, Álvaro Villaça Azevedo, Galeno Lacerda, Nelson Nery Jr., Maria Celina Bodin de Moraes e René Ariel Dotti.
[117] Na citada obra coletiva, enquadrando o fumante que pleiteia a indenização na vedação do comportamento contraditório que decorre da boa-fé: Teresa Ancona Lopez, Nelson Nery Jr. e Gustavo Tepedino.

locais em que o fumo vem – ou vinha – a ser permitido (*v.g.*, casas noturnas e restaurantes), que acabam se enquadrando no conceito de consumidor por equiparação ou *bystander* (art. 17 do CDC). Há até o cúmulo das vozes argumentativas que pregam que a pessoa fuma para depois pleitear indenização ou para que seus familiares o façam. Quem já vivenciou os últimos dias de um fumante sabe muito bem como o argumento é descabido, seja do ponto de vista fático ou social.

A minha conclusão definitiva é a de que o problema do cigarro deve ser resolvido pela *teoria do risco concorrente*. Na linha das lições de Judith Martins-Costa antes esposadas, dois momentos distintos devem ser imaginados, para duas soluções do mesmo modo discrepantes. Atente-se para o fato de que as soluções são de divisões diferentes das responsabilidades, sem a atribuição do ônus de forma exclusiva a apenas um dos envolvidos.

De início, para aqueles que começaram a fumar antes da publicidade e da propaganda de alerta, o fator de assunção do risco deve ser diminuído ou até excluído, eis que não tinham conhecimento – ou não deveriam ter – de todos os males causados pelo fumo. Muitas dessas pessoas foram enganadas anos a fio. Aqui se enquadram os que se iniciaram no fumo antes do início do século XXI e que são justamente os personagens principais das demandas em curso perante o Poder Judiciário brasileiro. O maior índice de risco assumido, por óbvio, está na conduta dos fabricantes e comerciantes de cigarros, até porque sabiam ou deveriam saber dos males do produto. É possível deduzir ainda que, diante do grau de instrução do brasileiro comum, não se pode atribuir qualquer índice de riscos aos consumidores, aplicando-se a reparação integral dos danos. Entretanto, aumentando o grau de esclarecimento do fumante, a ponderação deve ser diversa.

Para ilustrar, se uma pessoa altamente esclarecida começou a fumar nos anos 1980, sendo razoável que ela sabia dos males do cigarro, o grau de risco assumido deve ser em torno de 10% ou 20%, enquanto os outros 90% ou 80% correm por conta da empresa de tabaco. Na mesma hipótese, mas envolvendo um analfabeto sem instrução cultural, o grau de risco será de 100% por parte da empresa.

Por outra via, para aqueles que iniciaram o hábito mais recentemente – devidamente informados, sabendo e conhecendo os males do cigarro –, a situação é diferente. Inverte-se o raciocínio, uma vez que a maior carga de risco assumido se dá por parte do fumante. Nesse contexto, pode-se imaginar 90% de risco por parte do fumante e 10% pela empresa; 80% de risco pelo fumante e 20% pela empresa, e assim sucessivamente, o que depende da análise caso a caso pelo aplicador do Direito. Contudo, mesmo em casos tais, não se pode admitir a culpa ou o fato exclusivo da vítima, havendo, na verdade, um risco concorrente. Eis mais um exemplo de que a resolução do problema pela concausalidade pode ser favorável ao consumidor, pois em circunstâncias normais poder-se-ia falar em culpa exclusiva do consumidor, como faz parte da doutrina e da jurisprudência, muitas vezes amparada no livre-arbítrio.

Concluindo, a indenização deve ser fixada de acordo com os riscos assumidos pelas partes, aplicando-se a equidade e buscando-se o critério máximo de justiça. Um sistema justo, equânime e ponderado de responsabilidade civil é aquele que procura dividir os custos do dever de indenizar de acordo com os seus participantes e na medida dos riscos assumidos por cada um deles.

Para findar o presente capítulo, colaciona-se tabela com todos os argumentos doutrinários aqui expostos, constantes na citada obra coletiva, com os correspondentes contra-argumentos ou *rebates,* para os fins de atribuição de uma responsabilidade civil concorrente entre fumantes e empresas tabagistas.

Argumento	Quem segue	Contra-argumento
Ausência de nexo de causalidade entre o cigarro e o dano.	Gustavo Tepedino. Moreira Alves. Galeno Lacerda. Nelson Nery Jr.	Há nexo de causalidade, pela causalidade adequada, entre o risco do produto e os danos causados. Aplica-se a responsabilidade objetiva do CDC. Produto perigoso que causa dano é produto defeituoso. No cigarro há um defeito de criação. As estatísticas e os cálculos podem demonstrar que o prejuízo é causado pelo cigarro. No caso da doença de Buerguer, o mal é evidentemente causado pelo cigarro. Provas médicas (laudos) e testemunhais podem provar a marca utilizada pela vítima. Vale também a estatística de mercado para apontar quais as marcas mais usadas.
Licitude da atividade e exercício regular de direito por parte da empresa.	Tereza Ancona Lopez. Gustavo Tepedino. Adroaldo Furtado Fabrício. Ruy Rosado de Aguiar.	É possível a responsabilidade por atos lícitos, o que, aliás, pode ser retirado do art. 927, parágrafo único, do CC. O art. 929 do CC admite a responsabilidade pelo estado de necessidade. Admite-se a responsabilidade civil por legítima defesa putativa. O abuso de direito da informação pode atribuir a responsabilidade, no caso das pessoas que passaram a fumar em tempos remotos. Será que as empresas não sabiam que fazia mal o cigarro, mesmo antes da década de 1990?
Não há problema na publicidade, pois as empresas não sabiam dos males do cigarro. Assim, não haveria publicidade enganosa. A boa-fé objetiva impõe que as condutas sejam analisadas de acordo com a realidade da época (realidade cultural e social).	Judith Martins-Costa, utilizando a teoria tridimensional de Miguel Reale. Quase convence. *Informativo n. 432* do STJ.	O argumento não tem o condão de excluir totalmente a responsabilidade das empresas, mas de atenuá-la, havendo uma concorrência de risco. De toda sorte, como o fumante não sabia dos males, não se pode atribuir-lhe o maior peso de risco, mas sim fazê-lo com relação às empresas, diante de um risco-proveito. A boa-fé objetiva e o dever de informar servem para calibrar as condutas, fixando-se a responsabilidade civil de acordo com as contribuições causais.

Argumento	Quem segue	Contra-argumento
Livre-arbítrio.	Teresa Ancona Lopez. Álvaro Villaça Azevedo. Galeno Lacerda. Gustavo Tepedino. Nelson Nery Jr. Maria Celina Bodin de Moraes. René Ariel Dotti.	Na realidade pós-modernidade não há o citado livre-arbítrio, TOTAL E IRRESTRITO, modelo liberal da modernidade. O que há no momento é uma tendência de intervenção estatal, de dirigismo, dentro do modelo democrático. Essa intervenção tende a proteger os vulneráveis e valores fundamentais.
Vedação do comportamento contraditório (*venire contra factum proprium*).	Teresa Ancona Lopez. Nelson Nery Jr. Gustavo Tepedino.	Pela técnica de ponderação (art. 489 § 2º do CPC/2015), a boa-fé objetiva não vence valores fundamentais, como a tutela da saúde, constante do art. 6º da CF/1988. Valores fundamentais são irrenunciáveis.
Culpa exclusiva da vítima.	Praticamente todos os citados.	A carga da culpa não pode ficar toda sobre o fumante. A empresa tabagista tem um risco-proveito. O consumidor também assume risco, o que depende das circunstâncias fáticas. A indenização deve ser fixada de acordo com os riscos assumidos, o que depende da ciência ou não e da assunção dos riscos, de acordo com a informação e a época vivida. O argumento é inócuo quanto aos fumantes passivos, que são consumidores equiparados (art. 17 do CDC).

4.7. A RESPONSABILIDADE CIVIL PELO CÓDIGO DE DEFESA DO CONSUMIDOR E O *RECALL*

O *recall, rechamada* ou *convocação* tornou-se um acontecimento constante no mercado de consumo. A palavra *recall* está assim traduzida no *Dicionário Aulete*, um dos poucos em que o verbete é encontrado: "Convocação. Em países de língua inglesa e no Brasil, nome do procedimento em que o fornecedor convoca, por meio de anúncios veiculados na imprensa, os compradores de seu produto, quando constatado um defeito de fabricação, a fim de corrigi-lo antes que cause acidente, prejuízo, dano etc. ao consumidor".[118] Todos os anos, milhares de empresas convocam os seus consumidores para a troca de peças ou mesmo de todo o produto, visando afastar eventuais danos futuros. Na *mass consumption society* ou sociedade de consumo de massa, as trocas mais comuns são de peças de veículos e de brinquedos infantis.

---

[118] Dicionário disponível para os assinantes do sítio *Universo On-Line* em: <http://aulete.uol.com.br>. Acesso em: 10 dez. 2009.

Não se pode negar que o ato dos fornecedores de convocar os consumidores é uma ação movida pela boa-fé objetiva, em especial na fase pós-contratual ou pós-consumo. Agem assim os fabricantes movidos pela orientação constante do art. 4º, III, e do art. 6º, II, da Lei 8.078/1990. Não olvidam, do mesmo modo, as normas que vedam aos fornecedores manter no mercado de consumo produtos que saibam ser perigosos (arts. 8º e 10 da Lei Consumerista), bem como o comando que enuncia o dever de informar a respeito dos riscos e perigos relativos aos bens de consumo (art. 9º do CDC). Anote-se que o dever de retirar do mercado produto perigoso ou nocivo constava expressamente do art. 11 da Lei 8.078/1990, norma que foi vetada pelo então Presidente da República. Era a redação da norma vetada:

"Art. 11. O produto ou serviço que, mesmo adequadamente utilizado ou fruído, apresenta alto grau de nocividade ou periculosidade será retirado imediatamente do mercado pelo fornecedor, sempre às suas expensas, sem prejuízo da responsabilidade pela reparação de eventuais danos". Razões do veto: "O dispositivo é contrário ao interesse público, pois, ao determinar a retirada do mercado de produtos e serviços que apresentem 'alto grau de nocividade ou periculosidade', mesmo quando 'adequadamente utilizados', impossibilita a produção e o comércio de bens indispensáveis à vida moderna (*e.g.* materiais radioativos, produtos químicos e outros). Cabe, quanto a tais produtos e serviços, a adoção de cuidados especiais, a serem disciplinados em legislação específica".

Todavia, deve ficar claro que tal veto não prejudica o dever de se fazer o *recall*, prática que se mostrou até mais efetiva do que a simples retirada do produto. O que se verifica no *recall* é um ato de convocação dos fornecedores para que os consumidores ajam em colaboração ou cooperação, um dos ditames da boa-fé objetiva.

Não restam dúvidas de que há um paralelo entre a responsabilidade pós-contratual ou *post pactum finitum* e a prática do *recall*, aplicando-se o princípio da boa-fé nessa fase negocial. Tal interação é muito bem delineada por Rogério Ferraz Donnini, com as seguintes lições:

"O *recall* evita que o fornecedor suporte uma gama enorme de ações de indenização daqueles que eventualmente sofreriam prejuízos, desde que a substituição do produto nocivo ou perigoso seja realizada de maneira apropriada. O *recall*, assim, não caracteriza uma culpa do fornecedor após a extinção do contrato firmado com o consumidor. Ao contrário. Trata-se de expediente preventivo. Há, em verdade, a antecipação do fornecedor para que o fato que provavelmente sucederia (dano) não se concretize. Embora essa substituição de produto ocorra normalmente após extinto o contrato, inexiste culpa do fornecedor. Não há, destarte, responsabilidade civil do fornecedor, haja vista que o prejuízo ainda não ocorreu. Desde que seja feita a troca da peça avariada de forma adequada, foram os deveres acessórios cumpridos".[119]

De fato, se há a troca, o dano não estará presente, não se cogitando o dever de indenizar do fornecedor. Nessa linha vem decidindo a jurisprudência nacional. A título de exemplo, do Tribunal do Distrito Federal: "Ação coletiva. CDC. Alegação de riscos a consumidores.

---

[119] DONNINI, Rogério Ferraz. *Responsabilidade pós-contratual no Código Civil e no Código de Defesa do Consumidor.* São Paulo: Saraiva, 2004. p. 125.

Exposição a produtos viciados ou defeituosos que foram objeto de *recall*. Danos morais. Inocorrência. O recolhimento preventivo de brinquedo (*recall*) em face de defeito na concepção ou de componente nocivo à saúde, não gera, por si só, danos morais. Precedentes do STJ" (TJDF – Recurso 2007.01.1.110169-4 – Acórdão 329.335 – Segunda Turma Cível – Rel. Des. Carmelita Brasil – *DJDFTE* 12.11.2008, p. 77). Na mesma perspectiva:

"Indenização. Danos morais e materiais. Convocação para troca de equipamentos através de *recall*. Impossibilidade de reparação de dano hipotético ou potencial. Não há se falar em dano moral ou material em decorrência de convocação da autora para troca de equipamentos em seu veículo através de *recall* pela simples preocupação advinda com a ciência do defeito ou pelo não abatimento do valor do carro no momento da compra. Não existe reparação de dano hipotético ou potencial. Além do mais, não há se falar em danos materiais se o preço de venda do veículo foi superior ao preço de compra. Não é qualquer dissabor, ou qualquer incômodo, que dá ensejo à indenização por abalo moral. É preciso se ter em conta, sempre, que não se pode estimular a proliferação da chamada 'indústria do dano moral'. Apelo improvido" (TJRS – Acórdão 70004786117, Porto Alegre – Quinta Câmara Cível – Rel. Des. Marco Aurélio dos Santos Caminha – j. 25.09.2003).

Por outra via, se o problema na coisa é anterior ao *recall*, a convocação posterior para a troca evidencia o vício, surgindo a obrigação de reparar do fabricante, com base no Código de Defesa do Consumidor, conforme reconhecido pelo Superior Tribunal de Justiça na ementa a seguir colacionada:

"Civil. Processual civil. Recurso especial. Direito do consumidor. Veículo com defeito. Responsabilidade do fornecedor. Indenização. Danos morais. Valor indenizatório. Redução do *quantum*. Precedentes desta Corte. 1. Aplicável à hipótese a legislação consumerista. O fato de o recorrido adquirir o veículo para uso comercial – táxi – não afasta a sua condição de hipossuficiente na relação com a empresa-recorrente, ensejando a aplicação das normas protetivas do CDC. 2. Verifica-se, *in casu*, que se trata de defeito relativo à falha na segurança, de caso em que o produto traz um vício intrínseco que potencializa um acidente de consumo, sujeitando-se o consumidor a um perigo iminente (defeito na mangueira de alimentação de combustível do veículo, propiciando vazamento causador do incêndio). Aplicação da regra do art. 27 do CDC. 3. O Tribunal *a quo*, com base no conjunto fático-probatório trazido aos autos, entendeu que o defeito fora publicamente reconhecido pela recorrente, ao proceder ao *recall* com vistas à substituição da mangueira de alimentação do combustível. A pretendida reversão do *decisum* recorrido demanda reexame de provas analisadas nas instâncias ordinárias. Óbice da Súmula 7/STJ. 4. Esta Corte tem entendimento firmado no sentido de que 'quanto ao dano moral, não há que se falar em prova, deve-se, sim, comprovar o fato que gerou a dor, o sofrimento, sentimentos íntimos que o ensejam. Provado o fato, impõe-se a condenação' (Cf. AGA 356.447-RJ, *DJ* 11.06.2001). 5. Consideradas as peculiaridades do caso em questão e os princípios de moderação e da razoabilidade, o valor fixado pelo Tribunal *a quo*, a título de danos morais, em 100 (cem) salários mínimos, mostra-se excessivo, não se limitando à compensação dos prejuízos advindos do evento danoso, pelo que se impõe a respectiva redução a quantia certa de R$ 5.000,00 (cinco mil reais). 6. Recurso conhecido parcialmente e, nesta parte, provido" (STJ – REsp 575.469/RJ – Quarta Turma – Rel. Min. Jorge Scartezzini – j. 18.11.2004 – *DJ* 06.12.2004, p. 325).

Na mesma linha, colaciona-se ementa do Tribunal Paulista, seguindo as lições expostas nesta obra:

"Indenização. Dano moral. Acidente de veículo com evento morte. Cinto de segurança traseiro. Defeito de fabricação. *Recall* posterior ao evento. Ônus da prova do fabricante. Considerações sobre a Teoria da carga dinâmica da prova. Dano moral configurado. Sentença reformada. Recurso provido, por maioria" (TJSP, Apelação 0281461-98.2009.8.26.0000 – 8ª Câmara de Direito Privado, Registro – Rel. Des. Caetano Lagrasta – j. 15.08.2012).

Entretanto, situação mais intrincada se faz presente quando o consumidor – avisado ou não – não troca o produto com defeito, vindo a ocorrer o evento danoso. A primeira questão a ser esclarecida é a de que, em casos tais, haverá responsabilidade do fornecedor diante do produto nocivo ou que apresenta riscos. A questão da informação, aqui, é importante para se atenuar a responsabilidade deste. Consigne-se que pode ser encontrada decisão que responsabilizou exclusivamente componente da cadeia de consumo – no caso, o comerciante – por não ter atendido à clara convocação dos consumidores para a troca de produtos:

"Consumidor. Fato do produto. Ingestão de produto (toddynho) que resultou em problemas estomacais. *Recall* publicado para a substituição do produto, não atendido pelo supermercado, o qual possui responsabilidade objetiva. Nexo de causalidade presente. Dano moral *in re ipsa*. Lesão à saúde do consumidor. Dever de indenizar. Dano material representado pelas despesas de aquisição do produto e gastos com atendimento. Sentença de improcedência reformada. Deram provimento ao recurso" (TJRS – Recurso Cível 71001416346, Porto Alegre – Primeira Turma Recursal Cível – Rel. Des. Heleno Tregnago Saraiva – j. 15.05.2008 – *DOERS* 20.05.2008, p. 106).

Ora, se o consumidor não foi devidamente informado – pois os meios de comunicação da *convocação* foram insuficientes ou equivocados –, a responsabilidade do fornecedor será integral, pela soma da colocação de um produto perigoso no mercado com a falha na informação. Com base em norma que consta da Lei 8.078/1990, alerte-se que o ônus da prova a respeito da comunicação cabe ao fornecedor (art. 38).

Temática ainda mais complicada está relacionada à hipótese em que o consumidor é devidamente comunicado do *recall*, o que é provado pelo fornecedor ou decorre das circunstâncias e do bom senso, mas não o atende, vindo a ocorrer o infortúnio.

A título de exemplo, uma montadora de veículos convoca os consumidores de determinado modelo *popular* a fazerem um reforço no engate do cinto de segurança que, segundo estudos técnico-científicos, apresenta riscos de se soltar em casos de freadas bruscas. Diante da enorme quantidade de unidades do automóvel, o *recall* é anunciado na TV aberta, em jornais, no rádio e na *internet*. Atendendo ao seu dever de informar, a montadora envia cartas para todos os seus consumidores com aviso de recebimento e mensagens eletrônicas com certificação de leitura pelos destinatários. Determinado consumidor, que foi devidamente avisado do *recall*, conforme prova que pode ser construída pelo fornecedor, resolve não atender à convocação, assumindo os riscos de utilizar o veículo problemático. Em certa ocasião, o consumidor, ao dirigir o seu veículo, freia bruscamente, e o cinto de segurança não consegue segurar o impacto, vindo o motorista a chocar o seu rosto contra o para-brisa. A colisão lhe causa danos materiais, morais e estéticos, o que faz a vítima ingressar com ação indenizatória em face do fabricante do veículo, pela presença do fato do produto (art. 12 do Código de Defesa do Consumidor).

In casu, não se pode afastar o dever de indenizar do fabricante, presente o defeito do produto colocado em circulação. Entretanto, a vítima, ao não atender o *recall*, assumiu o risco, devendo a indenização ser reduzida razoavelmente, de acordo com as circunstâncias. Incidem, na espécie, as normas dos arts. 944 e 945 do Código Civil de 2002 e a *teoria do risco concorrente*.

Verifica-se, desse modo, que o risco assumido é a construção mais adequada, uma vez que não se pode atribuir culpa exclusiva ao consumidor ao não atender a convocação. Isso porque não se pode falar em desrespeito a um dever principal legal ou contratual. Em verdade, é até possível alegar violação de um dever anexo por parte do consumidor, no caso, do dever de colaboração ou cooperação. Porém, a ideia de risco concorrente tem melhor *encaixe* no tipo descrito. Na concreção exposta, entende-se que o percentual de risco é maior por parte do consumidor e em menor montante por parte do fornecedor, que procurou minorar as consequências da exposição de outrem ao perigo.

Pode-se ainda trabalhar com algumas variações, tais como 70% de risco do consumidor e 30% de risco do fornecedor. Exemplificando, se a vítima pleiteia no problema descrito reparação integral de R$ 10.000,00 (dez mil reais), esta será fixada em valor próximo a R$ 3.000,00 (três mil reais). Evidencie-se, mais uma vez, que não se pode afirmar que a conclusão pela *teoria do risco concorrente* é contrária aos interesses dos consumidores, pois alguns julgadores poderiam apontar que, na problematização ora descrita, houve culpa exclusiva da vítima ou do consumidor.

Como últimas reflexões sobre o assunto, nota-se que a tese da concausalidade pelos riscos demonstra ter efetiva aplicação prática. Mais do que isso, mostra ser razoável e equânime, na linha do preceito máximo de justiça de "dar a cada um o que é seu". Valem as palavras no sentido de que não se pode atribuir a uma das partes, em hipóteses tais, o papel isolado de único causador do evento danoso, o que acaba sendo uma visão maniqueísta e superada, a qual procura dividir a responsabilidade civil em *heróis* e *vilões*. Sintetizando, no caso do *recall*, é possível dividir as responsabilidades de acordo com as contribuições dos envolvidos no caso concreto, notadamente pelos riscos assumidos.

4.8. A LEI GERAL DE PROTEÇÃO DE DADOS E A RESPONSABILIDADE CIVIL

Como é notório, a proteção dos dados pessoais acabou por ser regulamentada pela Lei 13.709, de 14 de agosto de 2018, conhecida pelas iniciais LGPD, norma que trata do tema em sessenta e cinco artigos. A lei sofreu claras influências do Regulamento Geral de Proteção de Dados Europeu, de maio de 2018, amparando sobremaneira a intimidade e a vida privada, que estão sob constante ataque, notadamente nas redes sociais. Em termos gerais, existe uma ampla preocupação com os dados e informações comercializáveis das pessoas naturais, inclusive nos meios digitais, e objetiva-se proteger os direitos fundamentais de liberdade e de privacidade, bem como o livre desenvolvimento da personalidade (art. 1º). Não se pode negar, ademais, que muitas vezes o usuário da *internet* enquadra-se como consumidor não só de produtos adquiridos, mas dos próprios serviços prestados por empresas no mundo digital.

Nos termos do preceito seguinte da norma específica, a disciplina da proteção de dados pessoais tem como fundamentos: *a)* o respeito à privacidade; *b)* a autodeterminação informativa, com amparo na autonomia privada; *c)* a liberdade de expressão, de informação, de comunicação e de opinião; *d)* a inviolabilidade da intimidade, da honra e da imagem; *e)* o desenvolvimento econômico e tecnológico e a inovação; *f)* a livre-iniciativa, a livre concorrência e a defesa do consumidor; e *g)* os direitos humanos, o livre desenvolvimento da personalidade, a dignidade e o exercício da cidadania pelas pessoas naturais (art. 2º).

O diploma tem incidência sobre qualquer operação de tratamento realizada por pessoa natural ou por pessoa jurídica de Direito Público ou Privado, independentemente do meio, do país de sua sede ou do país onde estejam localizados os dados (art. 3º da Lei 13.709/2018). Isso desde que a operação de tratamento ocorra no território nacional, a sua atividade tenha por objetivo a oferta ou o fornecimento de bens ou serviços ou os dados pessoais objeto do tratamento tenham sido coletados no território nacional. Estão excluídos do âmbito da norma os tratamentos de dados feitos para fins acadêmicos, jornalísticos, artísticos ou relacionados a investigação de ilícitos em geral, entre outros (art. 4º da Lei 13.709/2018).

Como tem sido comum na legislação mais recente, o seu art. 5º traz conceitos fundamentais para fins de subsunção da norma, a saber:

- Dado pessoal: informação relacionada a pessoa natural identificada ou identificável.
- Dado pessoal sensível: dado pessoal sobre origem racial ou étnica, convicção religiosa, opinião política, filiação a sindicato ou a organização de caráter religioso, filosófico ou político, dado referente à saúde ou à vida sexual, dado genético ou biométrico, quando vinculado a uma pessoa natural.
- Dado anonimizado: relativo a titular que não possa ser identificado, considerando a utilização de meios técnicos razoáveis e disponíveis na ocasião de seu tratamento.
- Banco de dados: conjunto estruturado de dados pessoais, estabelecido em um ou em vários locais, em suporte eletrônico ou físico.
- Titular do dado: pessoa natural a quem se referem os dados pessoais que são objeto de tratamento.
- Controlador: pessoa natural ou jurídica, de Direito Público ou Privado, a quem competem as decisões referentes ao tratamento de dados pessoais.
- Operador: pessoa natural ou jurídica, de Direito Público ou Privado, que realiza o tratamento de dados pessoais em nome do controlador.
- Encarregado: pessoa indicada pelo controlador e operador para atuar como canal de comunicação entre o controlador, os titulares dos dados e a Autoridade Nacional de Proteção de Dados (ANPD).
- Agentes de tratamento: o controlador e o operador.
- Tratamento: toda operação realizada com dados pessoais, como as que se referem a coleta, produção, recepção, classificação, utilização, acesso, reprodução, transmissão, distribuição, processamento, arquivamento, armazenamento, eliminação, avaliação ou controle da informação, modificação, comunicação, transferência, difusão ou extração.

- Anonimização: utilização de meios técnicos razoáveis e disponíveis no momento do tratamento, por meio dos quais um dado perde a possibilidade de associação, direta ou indireta, a um indivíduo.
- Consentimento: manifestação livre, informada e inequívoca pela qual o titular concorda com o tratamento de seus dados pessoais para uma finalidade determinada.
- Bloqueio: suspensão temporária de qualquer operação de tratamento, mediante guarda do dado pessoal ou do banco de dados.
- Eliminação: exclusão de dado ou de conjunto de dados armazenados em banco de dados, independentemente do procedimento empregado.
- Transferência internacional de dados: transferência de dados pessoais para país estrangeiro ou organismo internacional do qual o País seja membro.
- Uso compartilhado de dados: comunicação, difusão, transferência internacional, interconexão de dados pessoais ou tratamento compartilhado de bancos de dados pessoais por órgãos e entidades públicos no cumprimento de suas competências legais, ou entre esses e entes privados, reciprocamente, com autorização específica, para uma ou mais modalidades de tratamento permitidas por esses entes públicos, ou entre entes privados.
- Relatório de impacto à proteção de dados pessoais: documentação do controlador que contém a descrição dos processos de tratamento de dados pessoais que podem gerar riscos às liberdades civis e aos direitos fundamentais, bem como medidas, salvaguardas e mecanismos de mitigação de risco.
- Órgão de pesquisa: órgão ou entidade da administração pública direta ou indireta ou pessoa jurídica de direito privado sem fins lucrativos legalmente constituída sob as leis brasileiras, com sede e foro no País, que inclua em sua missão institucional ou em seu objetivo social ou estatutário a pesquisa básica ou aplicada de caráter histórico, científico, tecnológico ou estatístico.
- Autoridade nacional: órgão da administração pública indireta responsável por zelar, implementar e fiscalizar o cumprimento da lei em todo o território nacional.

Em suma, as categorias definidas pelo comando devem ser assim entendidas para a compreensão de sua incidência. Como outra regra importante, o art. 6º da Lei 13.709/2018 consagra os princípios que devem guiar o tratamento dos dados pessoais, inclusive dos consumidores. O primeiro deles é o princípio da *boa-fé*, seja ela subjetiva – a que existe no plano intencional – ou objetiva – concretizada no plano da conduta, também prevista no CDC, como exposto em outros capítulos deste livro. O segundo princípio é o da *finalidade*, com a realização do tratamento para propósitos legítimos, específicos, explícitos e informados ao titular, sem possibilidade de tratamento posterior de forma incompatível com essas finalidades. O terceiro regramento é o da *adequação*, compatibilizando-se o tratamento dos dados com as finalidades informadas ao titular, de acordo com o contexto do seu uso. Há ainda previsão quanto à *necessidade*, considerada como a limitação do tratamento ao mínimo necessário para a realização de suas finalidades, com abrangência dos dados pertinentes, proporcionais e não excessivos em relação aos objetivos do tratamento de dados.

O quinto princípio é o do *livre acesso*, visando a propiciar aos titulares a consulta facilitada e gratuita sobre a forma e a duração do tratamento, bem como sobre a integralidade de seus dados pessoais. A qualidade dos dados é entendida como a garantia, aos titulares, de exatidão, clareza, relevância e atualização dos dados, de acordo com a necessidade e para o cumprimento da finalidade de seu tratamento. Como desdobramento da boa-fé, assegura-se a *transparência*, com o amparo aos titulares de informações claras, precisas e facilmente acessíveis sobre a realização do tratamento e os respectivos agentes, observados os segredos comercial e industrial. O sétimo princípio é o da *segurança*, com o uso de medidas técnicas e administrativas aptas a proteger os dados pessoais de acessos não autorizados e de situações acidentais ou ilícitas de destruição, perda, alteração, comunicação ou difusão.

Consagra-se também a *prevenção*, com a adoção de medidas para evitar a ocorrência de danos em virtude do tratamento de dados pessoais. O décimo princípio amparado pela lei é o da *não discriminação*, diante da impossibilidade de realização do tratamento para fins discriminatórios ilícitos ou abusivos, nos termos da isonomia consagrada pelo art. 5º, *caput*, do Texto Maior. Por fim, como décimo primeiro princípio, existe previsão a respeito da *responsabilização e prestação de contas*, com a demonstração, pelo agente, da adoção de medidas eficazes e capazes de comprovar a observância e o cumprimento das normas de proteção de dados pessoais e, inclusive, da eficácia dessas medidas.

O art. 7º do novo comando prevê que o tratamento de dados pessoais somente poderá ser realizado nas seguintes hipóteses: *a)* mediante o fornecimento de consentimento pelo titular; *b)* para o cumprimento de obrigação legal ou regulatória pelo controlador; *c)* pela administração pública, para o tratamento e uso compartilhado de dados necessários à execução de políticas públicas previstas em leis e regulamentos ou respaldadas em contratos, convênios ou instrumentos congêneres; *d)* para a realização de estudos por órgão de pesquisa, garantida, sempre que possível, a anonimização dos dados pessoais; *e)* quando necessário para a execução de contrato ou de procedimentos preliminares relacionados a contrato do qual seja parte o titular, a pedido do titular dos dados; *f)* para o exercício regular de direitos em processo judicial, administrativo ou arbitral; *g)* para a proteção da vida ou da incolumidade física do titular ou de terceiro; *h)* para a tutela da saúde, exclusivamente, em procedimento realizado por profissionais de saúde, serviços de saúde ou autoridade sanitária; *i)* quando necessário para atender aos interesses legítimos do controlador ou de terceiro, exceto no caso de prevalecerem direitos e liberdades fundamentais do titular que exijam a proteção dos dados pessoais; ou *j)* para a proteção do crédito, inclusive quanto ao disposto na legislação pertinente, notadamente pelo que consta do art. 43 do CDC.

Entendo, salvo melhor juízo e com maiores reflexões, que essa previsão quanto à utilização dos dados pessoais não afasta a possibilidade de aplicação da técnica da ponderação em casos de conflitos entre direitos da personalidade ou fundamentais, de acordo com as circunstâncias do caso concreto, na linha do que foi aqui defendido.

Outro dispositivo que merece ser comentado diz respeito à utilização dos *dados sensíveis*, entendidos como aqueles sobre origem racial ou étnica, convicção religiosa, opinião política, filiação a sindicato ou a organização de caráter religioso, filosófico ou político; dados referentes à saúde ou à vida sexual; dados genéticos ou biométricos, quando vinculados a uma pessoa natural.

O seu uso, conforme o art. 11 da nova norma e em regra, somente é possível quando o titular ou seu responsável legal consentir, de forma específica e destacada. Nos termos do mesmo preceito, a utilização de dados sensíveis sem o fornecimento de consentimento do titular somente é cabível nas hipóteses em que for indispensável para: *a)* cumprimento de obrigação legal ou regulatória pelo controlador; *b)* tratamento compartilhado de dados necessários à execução, pela administração pública, de políticas públicas previstas em leis ou regulamentos; *c)* realização de estudos por órgão de pesquisa, garantida, sempre que possível, a anonimização dos dados pessoais sensíveis; *d)* exercício regular de direitos, inclusive em contrato e em processo judicial, administrativo e arbitral; *e)* proteção da vida ou da incolumidade física do titular ou de terceiro; *f)* tutela da saúde, exclusivamente, em procedimento realizado por profissionais de saúde, serviços de saúde ou autoridade sanitária ou *g)* garantia da prevenção à fraude e à segurança do titular, nos processos de identificação e autenticação de cadastro em sistemas eletrônicos.

Sobre o sistema de responsabilidade civil que consta da norma, conforme o seu art. 42, o controlador ou o operador que, em razão do exercício de atividade de tratamento de dados pessoais, causar a outrem dano patrimonial, moral, individual ou coletivo, em violação à legislação de proteção de dados pessoais, é obrigado a repará-lo. Para a efetiva reparação do dano, o mesmo comando estabelece que o operador responde solidariamente pelos danos causados pelo tratamento quando descumprir as obrigações da legislação de proteção de dados ou quando não tiver seguido as instruções lícitas do controlador, hipótese em que o operador equipara-se ao controlador, salvo as exceções a seguir comentadas. Ademais, está previsto no mesmo comando que os controladores que estiverem diretamente envolvidos no tratamento do qual decorreram danos ao titular dos dados respondem solidariamente, novamente com as exceções a seguir listadas.

A respeito do dano moral, este será presumido ou *in re ipsa* em algumas situações, como naquelas de disponibilização ou comercialização de informações pessoais do consumidor em bancos de dados, ausente a comunicação prévia. Exatamente nesse sentido, a tese n. 2 publicada na Edição n. 160 da ferramenta *Jurisprudência em Teses* do Superior Tribunal de Justiça (Consumidor IV, do ano de 2020).

Ainda, conforme o § 2º do art. 42 da Lei 13.709/2018, o juiz, no processo civil, poderá inverter o ônus da prova a favor do titular dos dados quando, a seu juízo, for verossímil a alegação, houver hipossuficiência para fins de produção de prova ou quando a produção de prova pelo titular resultar-lhe excessivamente onerosa. Nota-se, aqui, uma clara influência da inversão do ônus da prova consagrada justamente pelo CDC (art. 6º, inc. VIII). Entendo que tal inversão é possível inclusive quanto ao elemento culpa, uma vez que a responsabilidade do controlador ou operador, pelo menos em regra, é subjetiva. Aqui já se indica uma possibilidade de utilização da responsabilidade objetiva no âmbito da LGPD, em *diálogo* com a Lei 8.078/1990.

As ações de reparação por danos coletivos que tenham por objeto essa responsabilização podem ser exercidas coletivamente em juízo, observado o disposto na legislação pertinente (§ 3º do art. 42 da Lei 13.709/2018). Eventualmente, como consequência da solidariedade, aquele que reparar o dano ao titular tem direito de regresso contra os demais responsáveis, na medida de sua participação no evento danoso (§ 3º do art. 42 da Lei 13.709/2018). Adota-se, portanto, a mesma ideia constante do art. 942 do Código Civil e do próprio CDC, que consagra a solidariedade como regra da responsabilidade civil consumerista.

Além disso, o art. 43 da LGPD preceitua que os agentes de tratamento de dados só não serão responsabilizados quando provarem: *a)* que não realizaram o tratamento de dados pessoais que lhes é atribuído; *b)* que, embora tenham realizado o tratamento de dados pessoais que lhes é atribuído, não houve violação à legislação de proteção de dados; ou *c)* que o dano é decorrente de culpa exclusiva do titular dos dados ou de terceiro. O fato de a lei apontar quais são as excludentes de responsabilização civil é próprio do modelo de responsabilidade objetiva, como se dá com o CDC, o que pode ser defendido a respeito do uso dos dados pessoais, como exceção ao regime de responsabilidade subjetiva previsto no Marco Civil da Internet.

A norma ainda estabelece, no seu art. 44, que o tratamento de dados pessoais será irregular quando deixar de observar a legislação ou quando não fornecer a segurança que o titular dele pode esperar, consideradas as circunstâncias relevantes, entre as quais: *a)* o modo pelo qual é realizado; *b)* o resultado e os riscos que razoavelmente dele se esperam; e *c)* as técnicas de tratamento de dados pessoais disponíveis à época em que foi realizado. Nos termos do seu parágrafo único, responde pelos danos decorrentes da violação da segurança dos dados o controlador ou o operador que, ao deixar de adotar as medidas de segurança previstas no art. 46 da própria lei, der causa ao dano. A menção ao risco parece indicar, mais uma vez, um modelo de responsabilização sem culpa, diante da cláusula geral de responsabilidade objetiva prevista no art. 927, parágrafo único, segunda parte, do Código Civil.

Por fim, como última regra a ser estudada, o art. 45 da Lei 13.709/2018 prescreve que as hipóteses de violação do direito do titular no âmbito das relações de consumo permanecem sujeitas às regras de responsabilidade contidas na legislação pertinente, ou seja, à responsabilidade objetiva e solidária prevista no CDC, aqui tão estudada.

Percebo um conflito entre a LGPD e o Marco Civil da Internet, que parecem ter adotado modelos diferentes de responsabilidade civil. A primeira adotou um sistema de responsabilidade civil subjetiva, no seu art. 14, e a segunda, um modelo de responsabilidade objetivo.

A propósito dessa divergência e da necessidade de se pacificar a temática no âmbito da jurisprudência, em 2023 surgiu importante precedente da Terceira Turma do STJ, deduzindo que "a instituição financeira responde pelo defeito na prestação de serviço consistente no tratamento indevido de dados pessoais bancários, quando tais informações são utilizadas por estelionatário para facilitar a aplicação de golpe em desfavor do consumidor" (STJ – REsp 2.077.278/SP – Terceira Turma – Rel. Min. Nancy Andrighi – por unanimidade – j. 03.10.2023 – *DJe* 09.10.2023).

A posição firmada pelo Superior Tribunal de Justiça, portanto, foi pela correta responsabilização objetiva ou independentemente de culpa da instituição financeira pelo vazamento de dados dos consumidores, aplicando-se a mesma ideia constante da antes citada Súmula n. 479 da Corte e a concepção do fato do serviço (art. 14 do CDC), estudadas no presente capítulo.

Em 2024 surgiu outro importante julgado, não só afirmando a responsabilidade objetiva por vazamento de dados, como também os danos presumidos ou *in re ipsa*, em virtude de serem eles sensíveis. Vejamos a íntegra do aresto:

"Civil, consumidor e processual civil. Recurso especial. Ação de obrigação de fazer c/c indenização por danos morais. Tema 710 e Súmula 550 do STJ. *Credit scoring*. Distinção. Banco de dados regido pela Lei 12.414/2011. Tratamento e abertura do cadastro sem consentimento. Possibilidade. Comunicação. Necessidade. Disponibilização dos dados do cadastrado. Hipóteses previstas na Lei 12.414/2011. Informações cadastrais e de adimplemento. Possibilidade de compartilhamento apenas a outros bancos de dados. Restrição legal quanto aos dados que podem ser disponibilizados a terceiros consulentes. Inobservância quanto aos deveres legais de tratamento de dados pelo gestor de banco de dados. Disponibilização indevida de dados do cadastrado. Dano moral presumido. Responsabilidade objetiva do gestor de banco de dados. Configuração. 1. Ação de obrigação de fazer c/c indenização por danos morais, da qual foi extraído o presente recurso especial, interposto em 09.02.2024 e concluso ao gabinete em 05.04.2024. 2. O propósito recursal é decidir se (I) o gestor de banco de dados para formação de histórico de crédito pode disponibilizar informações cadastrais (dados pessoais não sensíveis) dos cadastrados a terceiros consulentes, sem a sua comunicação e prévio consentimento; e (II) essa prática configura dano moral ao cadastrado. 3. O Tema 710/STJ e a Súmula 550/STJ tratam especificamente do *credit scoring*, ficando expressamente consignado que essa prática 'não constitui banco de dados', o qual é regulamentado pela Lei 12.414/2011, que 'disciplina a formação e consulta a bancos de dados com informações de adimplemento, de pessoas naturais ou de pessoas jurídicas, para formação de histórico de crédito'. 4. O gestor de banco de dados, com a finalidade de proteção do crédito, pode realizar o tratamento de dados pessoais não sensíveis e abrir cadastro com informações de adimplemento de pessoas naturais e jurídicas, sem o consentimento prévio do cadastrado, em observância aos arts. 4º, I, da Lei 12.414/2011 e 7º, X, da LGPD. 5. Todavia, o gestor de banco de dados regido pela Lei 12.414/2011 somente pode disponibilizar a terceiros consulentes (I) o *score* de crédito, sendo desnecessário o consentimento prévio; e (II) o histórico de crédito, mediante prévia autorização específica do cadastrado (nos moldes do Anexo do Decreto 9.936/2019), conforme o art. 4º, IV, 'a' e 'b' da referida lei. 6. Por outro lado, em observância o inciso III do art. 4º da Lei 12.414/2011, as informações cadastrais e de adimplemento armazenadas somente podem ser compartilhadas com outros bancos de dados, que são geridos por instituições devidamente autorizadas para tanto na forma da lei e regulamento. 7. Portanto, se um terceiro consulente tem interesse em obter as informações cadastrais do cadastrado, ainda que sejam dados pessoais não sensíveis, deve ele obter o prévio e expresso consentimento do titular, com base na autonomia da vontade, pois não há autorização legal para que o gestor de banco de dados disponibilize tais dados aos consulentes. 8. Em relação à abertura do cadastro pelo gestor de banco de dados, embora não seja exigido o consentimento prévio, é necessária a comunicação ao cadastrado, inclusive quanto aos demais agentes de tratamento, podendo exigir o cancelamento do seu cadastro a qualquer momento, nos termos do art. 4º, I e § 4º, da Lei 12.414/2011, além de exercer os demais direitos previstos em lei quanto aos seus dados. 9. A inobservância dos deveres associados ao tratamento (que inclui a coleta, o armazenamento e a transferência a terceiros) dos dados do titular – dentre os quais se inclui o dever de informar – faz nascer para este a pretensão de indenização pelos danos causados e a de fazer cessar, imediatamente, a ofensa aos direitos da personalidade. Precedente. 10. A disponibilização indevida de dados pessoais pelos bancos de dados para terceiros caracteriza dano moral presumido (*in re ipsa*) ao cadastrado titular dos dados, diante, sobretudo, da forte sensação de insegurança por ele experimentada. 11. O gestor de banco de dados que disponibiliza para terceiros consulentes o acesso aos dados do cadastrado que somente poderiam ser compartilhados entre bancos de dados – como as informações cadastrais – deve responder objetivamente pelos danos morais causados ao cadastrado, em observância aos arts. 16 da Lei 12.414/2011 e 42 e 43, II, da LGPD. 12. No recurso sob julgamento, foram disponibilizadas indevidamente as informações cadastrais e de adimplemento da recorrente a terceiros consulentes, os quais, contudo, somente poderiam ter acesso ao score de crédito e, mediante prévia autorização, ao histórico de crédito. 13. Recurso especial conhecido e parcialmente provido para julgar parcialmente procedentes os pedidos formulados na inicial, a fim de condenar a ré (BOA VISTA) a (I) se abster de disponibilizar, de qualquer forma, os dados da autora (informações cadastrais e de adimplemento), sem a sua prévia autorização, para terceiros consulentes, com exceção de outros bancos de dados; e (II) pagar a autora o valor de R$ 11.000,00, a título de indenização por danos morais" (STJ – REsp 2.133.261/SP – Terceira Turma – Rel. Min. Nancy Andrighi – j. 08.10.2024 – *DJe* 10.10.2024).

Espero que outros julgados na mesma linha surjam, concluindo pela responsabilidade objetiva em situações semelhantes, em prol da justiça e da correta aplicação da legislação brasileira, sobretudo do CDC e da LGPD, em necessário *diálogo das fontes*.

5

A PROTEÇÃO CONTRATUAL PELO CÓDIGO DE DEFESA DO CONSUMIDOR

Sumário: 5.1. O conceito contemporâneo ou pós-moderno de contrato e o direito do consumidor. Os contratos coligados, os contratos cativos de longa duração e os "contratos inteligentes" – 5.2. A revisão contratual por fato superveniente no Código de Defesa do Consumidor – 5.3. A função social do contrato e a não vinculação das cláusulas desconhecidas e incompreensíveis (art. 46 do CDC). A interpretação mais favorável ao consumidor (art. 47 do CDC) – 5.4. A força vinculativa dos escritos e a boa-fé objetiva nos contratos de consumo (art. 48 da Lei 8.078/1990). A aplicação dos conceitos parcelares da boa-fé objetiva: 5.4.1. *Supressio* e *surrectio*; 5.4.2. *Tu quoque*; 5.4.3. *Exceptio doli*; 5.4.4. *Venire contra factum proprium*; 5.4.5. *Duty to mitigate the loss* – 5.5. O direito de arrependimento nos contratos de consumo (art. 49 da Lei 8.078/1990) – 5.6. A garantia contratual do art. 50 da Lei 8.078/1990 – 5.7. As cláusulas abusivas no Código de Defesa do Consumidor. Análise do rol exemplificativo do art. 51 da Lei 8.078/1990 e suas decorrências: 5.7.1. Cláusulas que impossibilitem, exonerem ou atenuem a responsabilidade do fornecedor por vícios de qualquer natureza dos produtos e serviços ou impliquem renúncia ou disposição de direitos (art. 51, inc. I, do CDC); 5.7.2. Cláusulas que subtraiam ao consumidor a opção de reembolso da quantia já paga (art. 51, inc. II, do CDC); 5.7.3. Cláusulas que transfiram responsabilidades a terceiros (art. 51, inc. III, do CDC); 5.7.4. Cláusulas que estabeleçam obrigações consideradas iníquas, abusivas, que coloquem o consumidor em desvantagem exagerada, ou que sejam incompatíveis com a boa-fé ou a equidade (art. 51, inc. IV, do CDC); 5.7.5. Cláusulas que estabeleçam inversão do ônus da prova em prejuízo do consumidor (art. 51, inc. VI, do CDC); 5.7.6. Cláusulas que determinem a utilização compulsória de arbitragem (art. 51, inc. VII, do CDC); 5.7.7. Cláusulas que imponham representante para concluir ou realizar outro negócio jurídico pelo consumidor (art. 51, inc. VIII, do CDC); 5.7.8. Cláusulas que deixem ao fornecedor a opção de concluir ou não o contrato, embora obrigando o consumidor (art. 51, inc. IX, do CDC); 5.7.9. Cláusulas que permitam ao fornecedor, direta ou indiretamente, variação do preço de maneira unilateral (art. 51, inc. X, do CDC); 5.7.10. Cláusulas que autorizem o fornecedor a cancelar o contrato unilateralmente, sem que igual direito seja conferido ao consumidor (art. 51, inc. XI, do CDC); 5.7.11. Cláusulas que obriguem o consumidor a ressarcir os custos de cobrança de sua obrigação, sem que igual direito lhe seja conferido contra o fornecedor (art. 51, inc. XII, do CDC); 5.7.12. Cláusulas que autorizem o fornecedor a modificar unilateralmente o conteúdo ou a qualidade do contrato, após sua celebração (art. 51, inc. XIII, do CDC); 5.7.13. Cláusulas que infrinjam ou possibilitem a violação de normas ambientais (art. 51, inc. XIV, do CDC); 5.7.14. Cláusulas que estejam em desacordo com o sistema de proteção ao consumidor (art. 51, inc. XV, do CDC); 5.7.15. Cláusulas que possibilitem a renúncia do direito de indenização por benfeitorias necessárias (art. 51, inc. XVI, do CDC); 5.7.16. Cláusulas que condicionem ou limitem de qualquer forma o acesso aos órgãos do Poder Judiciário (art. 51, inc. XVII, do CDC); 5.7.17. Cláusulas que estabeleçam prazos de carência em caso de impontualidade das prestações mensais ou impeçam o restabelecimento integral dos direitos do consumidor e de seus meios de pagamento a partir da purgação da mora ou do acordo com os credores (art. 51, inc. XVIII, do CDC) – 5.8. Os contratos de fornecimento de crédito na Lei 8.078/1990 (art. 52) e o problema do superendividamento do consumidor. Análise da Lei 14.181/2021. A nulidade absoluta da cláusula de decaimento (art. 53) – 5.9. O tratamento dos contratos de adesão pelo art. 54 do Código de Defesa do Consumidor. Purgação da mora e teoria do adimplemento substancial na alienação fiduciária em garantia de bens móveis.

5.1. O CONCEITO CONTEMPORÂNEO OU PÓS-MODERNO DE CONTRATO E O DIREITO DO CONSUMIDOR. OS CONTRATOS COLIGADOS, OS CONTRATOS CATIVOS DE LONGA DURAÇÃO E OS "CONTRATOS INTELIGENTES"

Não há exagero algum em se afirmar que o contrato é o instituto mais importante do Direito Privado, diante de sua enorme interação com o meio social. O mundo se transforma e o contrato, como principal expressão negocial ou mais importante negócio jurídico, transforma-se com ele. Como bem aponta José de Oliveira Ascensão, "o contrato é, sem contestação, o mais importante negócio jurídico. Ao seu lado, os negócios jurídicos unilaterais representam uma faixa estreita".[1] Se há o incremento das relações humanas, também as relações contratuais vão se tornando cada vez mais complexas. O ser humano evolui e se transforma sempre acompanhado pelas manifestações negociais.

Como se extrai de uma das últimas obras de Caio Mário da Silva Pereira, "sobre o contrato atuam diversas forças convergentes, das quais cumpre destacar a presença de duas, que não seriam as únicas, porém as mais convincentes: a força obrigatória e a influência de fatores determinantes das injunções sociais".[2] No tocante à influência social, é marcante que o contrato sempre reproduziu – e continua reproduzindo – a realidade fática, temporal e espacial, da sociedade em que está inserido. E, na realidade contemporânea, cumpre destacar que a grande maioria dos contratos enquadra-se como contratos de consumo.

A interpretação do contrato de acordo com a realidade social representa uma das manifestações da ideia de *função social do contrato*, conforme exposto no Capítulo 2 deste livro. Ao lado dessa manifestação social principiológica, diante dos anseios da coletividade, surge o fenômeno da *complexidade contratual*. Como três manifestações desse incremento, podem ser citados os fenômenos da *conexão ou coligação contratual*, da *contratação eletrônica ou digital* e dos *contratos cativos de longa duração*. Insta verificar, de antemão, que tais figuras, via de regra, assumem a configuração de contratos de consumo, estando regidos pela Lei 8.078/1990.

A respeito dos primeiros – dos *contratos conexos, coligados ou redes contratuais* –, trata-se de outra expressão da realidade social dos pactos, proveniente da própria ideia

---

[1] ASCENSÃO, José de Oliveira. *Direito civil* – teoria geral. 2. ed. Coimbra: Coimbra, 2003. v. II: Acções e factos jurídicos. p. 432.
[2] PEREIRA, Caio Mário da Silva. *Direito civil:* alguns aspectos da sua evolução. Rio de Janeiro: Forense, 2001. p. 225.

de função social do contrato. Tais negócios estão interligados por um ponto ou nexo de convergência, seja direto ou indireto, presentes, por exemplo, nos negócios de plano de saúde e em negócios imobiliários. Como se verá, a *Lei do Superendividamento* tratou do tema, inserindo regra no art. 54-F no CDC, prevendo a coligação com a existência com contratos principais e acessórios.

Como ilustração de relevo a respeito da coligação contratual em relação de consumo, recente aresto do Superior Tribunal de Justiça, publicado no seu *Informativo* n. 554, concluiu da seguinte maneira:

"Na hipótese de rescisão de contrato de compra e venda de automóvel firmado entre consumidor e concessionária em razão de vício de qualidade do produto, deverá ser também rescindido o contrato de arrendamento mercantil do veículo defeituoso firmado com instituição financeira pertencente ao mesmo grupo econômico da montadora do veículo (banco de montadora) (...). Esclareça-se que o microssistema normativo do CDC conferiu ao consumidor o direito de demandar contra quaisquer dos integrantes da cadeia produtiva com o objetivo de alcançar a plena reparação de prejuízos sofridos no curso da relação de consumo. Ademais, a regra do art. 18 do CDC, ao regular a responsabilidade por vício do produto, deixa expressa a responsabilidade solidária entre todos os fornecedores integrantes da cadeia de consumo. Nesse sentido, observe-se que as regras do art. 7º, parágrafo único, e do art. 25, § 1º, do CDC, estatuem claramente que, 'havendo mais de um responsável pela causação do dano, todos responderão pela reparação prevista nesta e nas Seções anteriores'. Amplia-se, assim, o nexo de imputação para abranger pessoas que, no sistema tradicional do Código Civil, não seriam atingidas, como é o caso da instituição financeira integrante do mesmo grupo econômico da montadora. Na hipótese ora em análise, não se trata de instituição financeira que atua como 'banco de varejo' – apenas concedendo financiamento ao consumidor para aquisição de um veículo novo ou usado sem vinculação direta com o fabricante –, mas sim de instituição financeira que atua como 'banco de montadora', isto é, que integra o mesmo grupo econômico da montadora que se beneficia com a venda de seus automóveis, inclusive estipulando juros mais baixos que a média do mercado para esse segmento para atrair o público consumidor para os veículos da sua marca. É evidente, assim, que o banco da montadora faz parte da mesma cadeia de consumo, sendo também responsável pelos vícios ou defeitos do veículo objeto da negociação" (STJ – REsp 1.379.839/SP – Rel. originária Min. Nancy Andrighi – Rel. para Acórdão Min. Paulo de Tarso Sanseverino – j. 11.11.2014 – *DJe* 15.12.2014).

A conclusão do julgamento é precisa e correta, representante clara da aplicação da teoria da aparência e da boa-fé objetiva, bem como da solidariedade prevista pelo Código Consumerista.

Seguindo nas concretizações dos contratos coligados, merece destaque a ementa publicada pelo STJ em 2015 pela ferramenta *Jurisprudência em Teses* (Edição n. 42, Consumidor II), segundo a qual "as bandeiras ou marcas de cartão de crédito respondem solidariamente com os bancos e as administradoras de cartão de crédito pelos danos decorrentes da má prestação de serviços". Com precisão, conforme se retira de um dos arestos que gerou a ementa, "todos os que integram a cadeia de fornecedores do serviço de cartão de crédito respondem solidariamente em caso de fato ou vício do serviço. Cabe às administradoras do cartão, aos estabelecimentos comerciais, às instituições financeiras emitentes do cartão e até mesmo às proprietárias das bandeiras, verificar a idoneidade das compras realizadas com cartões magnéticos, utilizando-se de meios que dificultem ou impossibilitem fraudes e transações realizadas por estranhos em nome de seus clientes" (STJ – PET no AgRg no REsp 1.391.029/SP – Terceira Turma – Rel. Min. Sidnei Beneti – j. 04.02.2014 – *DJe* 17.02.2014).

Sobre a interpretação do conteúdo dos contratos coligados, deve-se levar em conta a sua finalidade e função social, conforme consta do Enunciado 621, aprovado na *VIII Jornada de Direito Civil*, em 2018: "os contratos coligados devem ser interpretados a partir do exame do conjunto das cláusulas contratuais, de forma a privilegiar a finalidade negocial que lhes é comum".

Para encerrar a temática, anoto que o Projeto de Reforma e Atualização do Código Civil, elaborado pela Comissão de Juristas nomeada no Senado Federal, pretende inserir regra interpretativa a respeito dos contratos coligados, ao lado de outras figuras negociais interdependentes, e trazendo para o texto da lei os enunciados doutrinários destacados. Trata-se do novo art. 421-E da Lei Geral Privada, segundo o qual devem ser interpretados, a partir do exame conjunto de suas cláusulas contratuais, de forma a privilegiar a finalidade negocial que lhes é comum, os contratos: *a)* coligados; *b)* firmados com unidade de interesses; *c)* celebrados pelas partes de forma a torná-los estrutural e funcionalmente reunidos; *d)* cujos efeitos pretendidos pelas partes dependam da celebração de mais de um tipo contratual; e *e)* que se voltem ao fomento de vários negócios comuns às mesmas partes. Em prol da certeza, da segurança e da estabilidade das relações privadas, espera-se a aprovação da proposta pelo Parlamento Brasileiro, uma vez que não há, na Lei Geral Privada, uma norma sequer sobre os contratos coligados, norma que terá impacto também para os contratos de consumo.

No que concerne à contratação eletrônica ou digital, consigne-se que muitas vezes ela se dá por forma de redes negociais e na maior rede que o ser humano já criou, a rede mundial de computadores, a internet. E não se olvide que, preenchidos os requisitos dos arts. 2º e 3º da Lei 8.078/1990, aplica-se aos contratos digitais ou eletrônicos o Código de Defesa do Consumidor, conclusão muito comum na esfera jurisprudencial, como outrora apontado. Nesse sentido, a título de exemplo:

"Mútuo. Contratação eletrônica. Prova. Restituição. Negativa de contratação de empréstimo por meio eletrônico. Incidência do Código de Defesa do Consumidor. Responsabilidade por fato do serviço. Risco do empreendedor. Responsabilidade objetiva do fornecedor do serviço. Ausência de prova da culpa exclusiva do titular. Ação procedente. Negaram provimento" (TJRS – Apelação Cível 70034623835, São Sebastião do Caí – Décima Nona Câmara Cível – Rel. Des. Carlos Rafael dos Santos Júnior – j. 16.03.2010 – *DJERS* 23.03.2010).

"Exibição de documentos. Medida cautelar. Contratos e extratos bancários. Interesse de agir. Exibição cabível por serem documentos comuns às partes. Não há custo pela exibição e localização de documentos. Alegação de impossibilidade de exibição, por se tratar de contratação eletrônica. Irrelevância. Direito do consumidor de ter acesso a todas as cláusulas do contrato. Recurso improvido" (TJSP – Apelação 7258867-3 – Acórdão 3372493, São José dos Campos – Décima Sexta Câmara de Direito Privado – Rel. Des. Candido Pedro Alem Júnior – j. 18.11.2008 – *DJESP* 15.12.2008).

Como fenômeno mais recente, podem ser mencionadas as contratações realizadas por meio de aplicativos, sobretudo pelo celular. Além da possibilidade de incidência do CDC para o Uber, como exposto no Capítulo 3 desta obra, podem ser citadas as contratações feitas por aplicativos de compras em geral, de entregas rápidas de alimentos, de serviços de locação de imóveis e de vagas em hotéis. Reconhecendo a incidência da Lei 8.078/1990 para tais hipóteses, vejamos dois julgados estaduais recentes:

"Consumidor. Aquisição *on-line* de ingressos de visita ao Cristo Redentor. Erro sistêmico. Falha na prestação do serviço. Descaso. Dano moral configurado. Valor proporcional. Recurso improvido. I – Em 8.9.2018, o consumidor, no *site* da requerida, realizou a compra de três entradas, para o ponto turístico do Cristo Redentor, no Rio de Janeiro, para passeio a ser realizado no dia 9.9.2018. A página da internet da requerida, por erro, efetivou a cobrança e não emitiu os *tickets*, razão pela qual o recorrido se dirigiu, via transporte por aplicativo, até o ponto de embarque escolhido (Ponto das Paineiras), a fim de solucionar o imbróglio. Todavia, o preposto da requerida, em tom descortês, afirmou que a parte consumidora, por ter comprado *on-line*, deveria resolver o problema pelo *site*, e não naquele local. II – Insurge-se a empresa requerida contra a sentença de procedência que a condenou a reembolsar ao consumidor os gastos com os bilhetes (R$ 243,00) e transporte (R$ 53,00) e a pagar R$ 1.500,00, a título de danos morais. Aduz que: (I) inexiste comprovação do efetivo pagamento dos ingressos; (II) houve culpa exclusiva do consumidor, por não concluir corretamente todas as etapas à aquisição das entradas; (III) subsidiariamente, à míngua de comprovação de má-fé, seja arbitrada a condenação na forma simples; (IV) a inexistência de dano moral. III – A questão de direito material deve ser dirimida à luz das normas protetivas do CDC (arts. 6º e 14). IV – Nesse quadro, as alegações recursais desacompanhadas de qualquer anterior comprovação reforçam a verossimilhança dos fatos narrados pelo consumidor, escudados em conjunto probatório que possibilita a formação do convencimento do magistrado (IDs 8235175, 8235123, 8235124 e 8235125). V – Ademais, não comprovada a existência de fato impeditivo, modificativo ou extintivo do direito da parte autora (CPC, art. 373, inciso II) ou de ato de culpa exclusiva do consumidor, revela-se insuficiente a mera alegação de que o recorrido não finalizou corretamente a compra, uma vez que resultou comprovado o efetivo pagamento das entradas (ID 8235175, p. 2), as quais não puderam ser devidamente impressas e usufruídas em razão de erro no *site* da recorrente. VI – No mais, ausente interesse recursal no que concerne à devolução na forma simples dos valores despendidos pelo consumidor, uma vez que, na sentença de origem, não foi determinada a devolução em dobro. VII – Noutro giro, os danos morais decorrem do abalo a qualquer dos atributos da personalidade, em especial à dignidade da vítima desencadeada pelo evento (CF, art. 5º, V e X). VIII – Nesse diapasão, muito embora o mero inadimplemento contratual, isoladamente considerado, não se mostre suficiente à configuração do dano extrapatrimonial, no caso concreto, o descaso da parte ré aos legítimos reclames da parte consumidora (tentou solucionar o imbróglio, por meio dos canais de atendimento disponíveis, inclusive se descolocando até uma loja física da recorrente, e ao ter ignorada sua existência jurídica, se viu obrigado a bater às portas do Judiciário, para ver garantidos seus direitos) supera os limites do mero dissabor e caracteriza a reparação por danos morais, por ofensa aos atributos da personalidade. IX – Por fim, irretocável o valor da condenação (R$ 1.500,00) fixado em observância aos critérios de proporcionalidade, suficiente a compensar os dissabores experimentados, sem proporcionar enriquecimento indevido (ausente ofensa à proibição de excesso). Estimativa condizente à adotada pelas Turmas Recursais do TJDFT: 1ª TR, Acórdão 1081274; 2ª TR, Acórdão 1164533; 3º TR, Acórdão 1163106. X – Recurso conhecido e improvido. Sentença confirmada por seus próprios fundamentos. Condenado o recorrente ao pagamento das custas processuais e dos honorários advocatícios fixados em 10% sobre o valor da causa (Lei n. 9.099/95, arts. 46 e 55)" (TJDF – Recurso Inominado 0752109-03.2018.8.07.0016 – Terceira Turma Recursal dos Juizados Especiais – Rel. Juiz Fernando Antônio Tavernard Lima – j. 28.05.2019 – *DJDFTE* 03.06.2019 – p. 12043).

"Recurso inominado. Consumidor. Ação de repetição de indébito c/c indenização por danos morais. *Google Play.* Autora que confirma a compra de 1 (um) aplicativo, no valor de R$ 2,90. Lançamento de mais de 30 cobranças na fatura do cartão de crédito, efetuados no mesmo dia, totalizando R$ 1.100,64, excedendo, inclusive, o limite do cartão de crédito. Acordo formalizado entre o banco réu e a demandante no valor de R$ 3.000,00. Ausência de prova da regularidade dos lançamentos. Prática abusiva evidenciada. Dever de restituição na forma dobrada. Sentença confirmada. Recurso não provido" (TJRS – Recurso Cível 0021457-68.2018.8.21.9000 – Santa Maria – Quarta Turma Recursal Cível – Rel. Des. Gisele Anne Vieira de Azambuja – j. 18.05.2018 – *DJERS* 24.05.2018).

Acrescente-se que a subsunção do CDC não afasta a aplicação do CC/2002, em *diálogo das fontes*, forma correta de se interpretar hoje os contratos eletrônicos ou digitais no plano legislativo. Em relação ao Código Civil, não se pode esquecer a regra do seu art. 425, segundo o qual é lícita a estipulação de contratos atípicos, aqueles sem previsão legal específica, incidindo a teoria geral dos contratos consagrada pela codificação geral privada.

No contexto dos contratos digitais, temos ainda os chamados *smart contracts* ou "contratos inteligentes". Como explica Angélica Carlini, esses contratos mantêm relação com a tecnologia *blockchain*, que vem a ser "uma base de dados compartilhada entre diferentes pessoas que não se conhecem, que guardam todos os registros das transações realizadas. Esses registros são ordenados por blocos que contêm as informações e protegidos por chaves denominadas *hash*, que são uma assinatura criptografada. Qualquer alteração na base de dados vai gerar um novo *hash*, e todos os participantes da rede saberão disso e poderão certificar a autenticidade da transação realizada. Não há possibilidade de mudanças retroativas porque cada transação é certificada com um carimbo digital que contém a data e o horário, o que contribui para garantir a segurança da transação. Além disso, cada transação realizada na rede é caracterizada como um bloco que é enviado a todos os nós de rede (participantes da rede entre pares) e agregado a outros blocos, de forma que todos conheçam todas as transações realizadas e podem validá-las".[3]

Na sequência, a jurista explica com maiores detalhes como se dá a contratação nos *smart contracts*, merecendo destaque as suas palavras:

"A contratação é totalmente automatizada e a vontade do ser humano só pode se manifestar nos estritos limites do que foi previamente configurado no sistema computacional que rege a máquina. Se o humano desejar alguma coisa que não esteja à venda, ou se quiser que a máquina interprete alguma de suas intenções,

---

[3] CARLINI, Angélica. *Smart contracts*: inteligentes ou obedientes? Disponível em: https://www.migalhas.com.br/coluna/migalhas-contratuais/358010/smart-contracts-inteligentes-ou-obedientes. Acesso em: 10 out. 2022.

isso não será possível porque não há programação para essas variáveis. Essa é a ideia central dos *smart contracts*, as partes contratantes devem fixar previamente todas as condições que desejam que sejam transportadas para a linguagem computacional e, depois que isso for feito, não existe mais espaço para modificações para os termos fixados no contrato. Se as condições previstas forem ocorrendo, as consequências desejadas igualmente ocorrerão sem intervenção humana, sem subjetividade na interpretação e, principalmente, sem viabilizar a intervenção de terceiros estatais ou privados".[4]

A par dessa realidade, a doutrinadora conclui que o termo *smart contracts*, em tradução literal contratos inteligentes, não seria o mais adequado, pois "são, na verdade, contratos obedientes, mas não inteligentes porque não tomam decisões sozinhos, são orientados a agir a partir de cláusulas ou condições previamente determinadas por humanos e que devem ser rigorosamente obedecidas, sem qualquer interferência externa".[5]

Por isso, conclui ela que essas figuras não devem ser utilizadas no âmbito das relações de consumo ou de determinadas áreas do Direito Civil, em que certas peculiaridades e aspectos subjetivos devem ser observados, sob pena de serem gerados graves conflitos na interpretação do conteúdo negocial. Estou totalmente filiado a esse entendimento da Professora Angélica Carlini, que passo a adotar, depois de muito refletir sobre essa nova realidade contratual.

Como não poderia ser diferente, o Projeto de Reforma do Código Civil, pretende nele inserir regras a respeito da formação dos contratos digitais e também quanto à sua interpretação, nos capítulos relativos aos contratos e também no novo livro que é proposto pela Comissão de Juristas, denominado como *Direito Civil Digital*, e que certamente impactará para os contratos de consumo, a par da *teoria do diálogo das fontes*.

Entre as proposições que devem ser destacadas, sobre o art. 428 da Lei Geral Privada, propõe-se que passe a prever, com melhoras no texto, que "respeitados os casos disciplinados em lei especial, deixa de ser obrigatória a proposta, se: I – feita sem prazo à pessoa presente, não for imediatamente aceita; II – feita sem prazo à pessoa ausente, tiver decorrido tempo suficiente para chegar a resposta ao proponente; III – feita à pessoa ausente, não tiver sido expedida a resposta dentro do prazo definido pelo proponente; IV – antes dela ou simultaneamente, chegar à outra parte a retratação do proponente". A locução visa a afastar a incidência do Código Civil para os contratos de consumo, pois o CDC tem uma regulamentação própria sobre a temática.

Sobre a proposta realizada por correio eletrônico, por aplicativo digital ou por ferramenta de envio de mensagens que, por sua natureza, admita que o conhecimento da proposta ocorra de modo assíncrono à sua remessa, passará a gerar, por texto expresso do § 1º do comando, a contratação entre ausentes. E com aprimoramento mais do que necessário a respeito do contrato entre presentes, o novo § 2º do art. 428 enunciará: "con-

---

[4] CARLINI, Angélica. *Smart contracts*: inteligentes ou obedientes? Disponível em: https://www.migalhas.com.br/coluna/migalhas-contratuais/358010/smart-contracts-inteligentes-ou-obedientes. Acesso em: 10 out. 2022.

[5] CARLINI, Angélica. *Smart contracts*: inteligentes ou obedientes? Disponível em: https://www.migalhas.com.br/coluna/migalhas-contratuais/358010/smart-contracts-inteligentes-ou-obedientes. Acesso em: 10 out. 2022.

sidera-se presente a pessoa que contrata por telefone, videoconferência, aplicativos digitais de comunicação instantânea ou síncrona ou por qualquer outro meio de comunicação semelhante, em que os contratantes também permaneçam simultaneamente conectados". Os textos sugeridos resolvem muitos dos problemas hoje vislumbrados na teoria e na prática.

Também vale repisar que a Comissão de Juristas, em boa hora, seguindo proposições da Professora Claudia Lima Marques, almeja inserir no Código Civil um tratamento típico sobre a prestação de serviços e de acesso a conteúdos digitais, o que é mais do que necessário no mundo contemporâneo (arts. 609-A a 609-F). Na definição proposta pela jurista, e aceita amplamente na nossa Comissão, nos termos do primeiro comando a ser incluído na Norma Geral Privada, "a prestação digital de serviço ou de acesso a seus conteúdos digitais é composta por um conjunto de prestações de fazer, economicamente relevantes, que permitam ao usuário criar, tratar, armazenar ou ter acesso a dados em formato digital, assim como partilhar, efetivar mudanças ou qualquer outra interação com dados em formato digital e no ambiente virtual" (art. 609-A).

Em termos gerais, as novas regras propostas tratam: *a)* da atuação dos prestadores de serviços e de conteúdo digital, conforme a boa-fé objetiva e a transparência (art. 609-B); *b)* do seu dever de notificação dos usuários, em sistema de suporte claro e duradouro, sobre quaisquer propostas de alteração das suas cláusulas contratuais gerais, sendo nulas as cláusulas que imponham unilateralmente alterações aos contratos ou extensão de efeitos retroativos a cláusulas contratuais, exceto se mais benéficas para os usuários, mesmo que empresários (art. 609-C); *c)* da determinação de que contrato de prestação de serviço pode ser celebrado por tempo determinado e renovável, mantendo-se ao menos pelo tempo necessário para a compensação dos investimentos realizados pelas partes (art. 609-D); *d)* do dever de os prestadores de serviços digitais tomarem medidas para salvaguardar a segurança esperada e necessária para o meio digital e a natureza do contrato, em especial contra fraudes, contra programas informáticos maliciosos, contra violações de dados ou contra a criação de outros riscos em matéria de cibersegurança, sob pena de sua responsabilização civil (art. 609-E); *e)* da necessidade de que a utilização de inteligência artificial na prestação do serviço digital seja claramente identificada, seguindo-se os padrões éticos segundo os princípios da boa-fé e da função social do contrato (art. 609-F); e *f)* da possibilidade de aplicação de outras leis para o contrato em questão, como o Código de Defesa do Consumidor, bem como de princípios constantes de convenções de que o País seja signatário, envolvendo, direta ou indiretamente, os serviços prestados no ambiente digital (art. 609-G).

No novo livro proposto pela Comissão de Juristas, como está no primeiro comando sugerido, ainda sem numeração, o *Direito Civil Digital*, conforme regulado neste Código, visa a fortalecer o exercício da autonomia privada, a preservar a dignidade das pessoas e a segurança de seu patrimônio, bem como apontar critérios para definir a licitude e a regularidade dos atos e das atividades que se desenvolvem no ambiente digital". E nos termos da proposta seguinte, "caracteriza-se como ambiente digital o espaço virtual interconectado por meio da *internet*, compreendendo redes mundiais de computadores, dispositivos móveis, plataformas digitais, sistemas de comunicação *on-line* e quaisquer outras tecnologias interativas que permitam a criação, o armazenamento, a transmissão e a recepção de dados e informações".

Entre os vários tópicos recomendados para esse novo livro, o seu Capítulo VIII tratará da celebração do contrato por meio digital, entendido e definido como todo acordo de vontades celebrado em ambiente digital, como os contratos eletrônicos, pactos via aplicativos, *e-mail* ou qualquer outro meio tecnológico que permita a comunicação entre as partes e a criação de direitos e deveres entre elas, pela aceitação de proposta de negócio ou de oferta de produtos e serviços.

Por fim, destaco as proposições feitas justamente para os chamados *contratos inteligentes* (*smart contracts*), aqueles nos quais alguma ou todas as obrigações contratuais são definidas ou executadas automaticamente por um programa de computador, com a utilização de sequência de registros eletrônicos de dados, e garantindo-se a integridade e a precisão de sua ordenação cronológica, nos termos da proposta de dispositivo formulado pela Comissão de Juristas.

Esse comando terá ainda um parágrafo único, preceituando que o fornecedor que utiliza contratos inteligentes ou, na sua ausência, a pessoa cujo comércio, negócio ou profissão envolva a sua implementação para terceiros, no contexto da execução de um acordo ou parte dele e ao disponibilizar dados, deve garantir que tais contratos cumpram os seguintes requisitos: *a)* robustez e controle de acesso, para assegurar que o contrato inteligente foi projetado para oferecer mecanismos de controle de acesso e um grau muito elevado de segurança, a fim de evitar erros funcionais e resistir à manipulação por terceiros; *b)* término seguro e interrupção, para garantir que exista um mecanismo para encerrar a execução contínua de transações e que o contrato inteligente inclua funções internas capazes de reiniciar ou instruir o contrato a parar ou interromper a operação, especialmente para evitar futuras execuções acidentais; *c)* auditabilidade, com arquivamento de dados e continuidade, para garantir, em circunstâncias em que um contrato inteligente precise ser encerrado ou desativado, a possibilidade de arquivar os seus dados transacionais, a sua lógica e o seu código a fim de manter-se o registro dos dados das operações passadas; *d)* controle de acesso, para assegurar que o contrato inteligente esteja protegido por meio de mecanismos rigorosos de controle de acesso nas camadas de governança; e *e)* consistência, para garantir a conformidade com os termos do acordo que o contrato inteligente executa.

Como se pode notar, as proposições são completas, e mais do que necessárias, para trazer segurança jurídica e estabilidade para as relações privadas, a incluir as relações de consumo, aguardando-se a sua aprovação pelo Congresso Nacional.

Voltando-se ao cerne principal deste capítulo, como terceiro importante fenômeno da atualidade, os *contratos cativos de longa duração*, na feliz expressão de Claudia Lima Marques, são aqueles negócios que se consolidam de forma continuada no tempo, baseados na estrita confiança depositada pelas partes por anos a fio. Vejamos as palavras da jurista a respeito da *nova* categoria:

> "Trata-se de uma série de novos contratos ou relações contratuais que utilizam os métodos de contratação de massa (por meio de contratos de adesão ou de condições gerais dos contratos) para fornecer serviços especiais no mercado, criando relações jurídicas complexas, envolvendo uma cadeia de fornecedores organizados entre si e com uma característica determinante: a posição de 'catividade' ou 'dependência' dos clientes, consumidores".[6]

---

[6] MARQUES, Claudia Lima. *Contratos no Código de Defesa do Consumidor*. 5. ed. São Paulo: RT, 2006. p. 92.

A doutrinadora aponta a existência de outras denominações para o fenômeno, tais como contratos múltiplos, serviços contínuos, relações contratuais triangulares ou contratos de serviços de longa duração. Tais negócios são ainda denominados contratos relacionais, tema estudado por Ronaldo Porto Macedo Jr., em sua tese de doutorado.[7] Vejamos o conceito desenvolvido pelo jurista:

> "Contratos relacionais, numa brevíssima e provisória definição (...), são contratos que se desenvolvem numa relação complexa, na qual elementos não promissórios do contrato, relacionados ao seu contexto, são levados em consideração significativamente frequente e clara. Esta natureza relacional da contratação é particularmente frequente e clara (porém não exclusiva) em contratos que se prolongam no tempo, isto é, em contratos de longa duração. Numa acepção ampla, contudo, todos os contratos são mais ou menos e jamais não relacionais ou descontínuos, como os denomino neste trabalho. O conceito de contrato relacional é, em sua dimensão descritiva, um tipo ideal que se contrapõe ao contrato descontínuo. Este último caracterizado pela pretensão de antecipação completa do futuro no presente, pela impessoalidade, por se constituir como unidade separada (ou descontínua) e por se apoiar na pressuposição de uma barganha instrumental, isto é, nele o acordo de vontades derivado da promessa é seu exclusivo núcleo de fonte obrigacional".[8]

O que se percebe, portanto, é que nos contratos relacionais há um verdadeiro casamento *negocial* entre as partes, uma relação de confiança construída e consolidada. A título de exemplo, podem ser citados um contrato entre banco e correntista mantido há muito tempo, cumprido rigorosamente dentro daquilo que foi pactuado entre as partes; um contrato de seguro de vida celebrado e pago pontualmente pelo segurado há décadas; os contratos de plano de saúde e de previdência privada. Em casos tais, deve-se valorizar a conduta de confiança das partes, a boa-fé objetiva depositada pelos participantes negociais, conforme se depreende do seguinte julgado do STJ, publicado no seu *Informativo* n. 467:

> "Contrato. Seguro. Vida. Interrupção. Renovação. Trata-se, na origem, de ação para cumprimento de obrigação de fazer proposta contra empresa de seguro na qual o recorrente alega que, há mais de 30 anos, vem contratando, continuamente, seguro de vida individual oferecido pela recorrida, mediante renovação automática de apólice de seguro. Em 1999, continuou a manter vínculo com a seguradora; porém, dessa vez, aderindo a uma apólice coletiva vigente a partir do ano 2000, que vinha sendo renovada ano a ano até que, em 2006, a recorrida enviou-lhe uma correspondência informando que não mais teria intenção de renovar o seguro nos termos em que fora contratado. Ofereceu-lhe, em substituição, três alternativas, que o recorrente reputou excessivamente desvantajosas, daí a propositura da ação. A Min. Relatora entendeu que a pretensão da seguradora de modificar abruptamente as condições do seguro, não renovando o ajuste anterior, ofende os princípios da boa-fé objetiva, da cooperação, da confiança e da lealdade que devem orientar a interpretação dos contratos que regulam relações de consumo. Verificado prejuízo da seguradora e identificada a necessidade de correção da carteira de seguro em razão de novo cálculo atuarial, cabe a ela ver o consumidor como um colaborador, um parceiro que a tem acompanhado por anos a fio. Logo, os aumentos necessários para o

---

[7] MACEDO JR., Ronaldo. *Contratos relacionais*. 2. ed. São Paulo: RT, 2006.
[8] MACEDO JR., Ronaldo. *Contratos relacionais*. 2. ed. São Paulo: RT, 2006. p. 5.

reequilíbrio da carteira devem ser estabelecidos de maneira suave e gradual, por meio de um cronograma extenso, do qual o segurado tem de ser comunicado previamente. Agindo assim, a seguradora permite que o segurado se prepare para novos custos que onerarão, a longo prazo, o seguro de vida e colabore com a seguradora, aumentando sua participação e mitigando os prejuízos. A intenção de modificar abruptamente a relação jurídica continuada com a simples notificação entregue com alguns meses de antecedência ofende o sistema de proteção ao consumidor e não pode prevalecer. Daí a Seção, ao prosseguir o julgamento, por maioria, conheceu do recurso e a ele deu provimento" (STJ – REsp 1.073.595/MG – Rel. Min. Nancy Andrighi – j. 23.03.2011).

Aliás, na linha do conteúdo desse último e fundamental precedente, na *VI Jornada de Direito Civil*, realizada em 2013, foram aprovados dois enunciados doutrinários importantes para a ideia contemporânea de contrato exposta neste tópico. O primeiro deles preceitua que "a recusa de renovação das apólices de seguro de vida pelas seguradoras em razão da idade do segurado é discriminatória e atenta contra a função social do contrato" (Enunciado n. 542). O segundo expressa que "constitui abuso do direito a modificação acentuada das condições do seguro de vida e de saúde pela seguradora quando da renovação do contrato" (Enunciado n. 543).

Na verdade, a jurisprudência superior admite o aumento do valor do plano de saúde por faixa etária, desde que a majoração seja previamente informada ao consumidor e não ocorra de forma drástica e repentina. A premissa foi firmada em julgamento de incidente de recursos repetitivos, ao final de 2016. Conforme a tese resumida, para os devidos fins vinculativos de repercussão geral, "o reajuste de mensalidade de plano de saúde individual ou familiar fundado na mudança de faixa etária do beneficiário é válido desde que (i) haja previsão contratual, (ii) sejam observadas as normas expedidas pelos órgãos governamentais reguladores e (iii) não sejam aplicados percentuais desarrazoados ou aleatórios que, concretamente e sem base atuarial idônea, onerem excessivamente o consumidor ou discriminem o idoso" (STJ – REsp 1.568.244/RJ – Segunda Seção – Rel. Min. Ricardo Villas Bôas Cueva – j. 14.12.2016 – DJe 19.12.2016).

Em complemento, cite-se a notória e repetitiva negativa das empresas de planos de saúde em cobrir tratamentos essenciais dos segurados, especialmente naqueles casos envolvendo idosos, que são *hipervulneráveis* negociais. Por bem, a jurisprudência nacional tem imposto a cobertura por meio de tutela específica, com a fixação de multas diárias consideráveis, sem prejuízo da cabível reparação dos danos presentes nessas hipóteses.

Exatamente sobre essas complicadas questões práticas, para o contexto do presente capítulo, é interessante verificar o conceito contemporâneo ou *pós-moderno* de contrato. Como é notório, o Código Civil brasileiro de 2002, a exemplo do seu antecessor, não definiu o contrato como categoria jurídica.

Em um primeiro momento, pode-se pensar que agiu bem o novel legislador, pois não cabe a ele, e sim à doutrina, a tarefa de conceituar as categorias jurídicas.[9] Todavia, cumpre assinalar que a atual codificação brasileira está baseada, entre outros, no *princípio*

---

[9] Como se extrai da clássica obra de Washington de Barros Monteiro, que entende que o Código Civil Brasileiro de 1916 fez bem ao não conceituar ao contrato (*Curso de direito civil* – 2ª parte. 34. ed. Atual.

da operabilidade, que tem um dos seus sentidos expressos na simplicidade ou facilitação dos institutos civis.[10] Consigne-se que o Código Civil brasileiro conceitua algumas figuras contratuais típicas, caso da compra e venda (art. 481), mas não chegou a definir o contrato, relegando, mais uma vez, a tarefa à doutrina. No Projeto de Reforma do Código Civil, elaborando pela Comissão de Juristas nomeada no Senado Federal, também não foi feita proposta para se definir o instituto.

De todo modo, em boa hora e seguindo-se proposição da Professora Rosa Maria de Andrade Nery, que atuou como Relatora-Geral do Anteprojeto ao meu lado, sugere-se incluir na Lei Geral Privada regra a respeito da definição básica de quatro tipos de contratos.

Nos termos do projetado art. 421-B para CC/2002, deve-se levar em conta para o tratamento legal e para a identificação das funções realizadas pelos diversos tipos contratuais, a circunstância de disponibilizarem: *a)* bens e serviços ligados à atividade de produção e de intermediação das cadeias produtivas, típicos dos contratos celebrados entre empresas; *b)* bens e serviços terminais das cadeias produtivas ao consumidor final, marca dos contratos de consumo; *c)* força de trabalho a uma cadeia produtiva, característica dos contratos de trabalho; *d)* bens e serviços independentemente de sua integração a qualquer cadeia produtiva, como se dá com os contratos civis. Aprovado o conteúdo da nova norma, ela resolverá muitos dos problemas hoje existentes a respeito de conflitos normativos, trazendo a esperada estabilidade para as relações privadas.

Feita essa importante nota sobre a reforma da legislação brasileira, em uma *visão clássica* ou *moderna*, pois própria da modernidade, tem-se notado a prevalência do conceito do instituto que pode ser extraído do art. 1.321 do Código Civil italiano, ou seja, de que o contrato é o acordo de duas ou mais partes para constituir, regular ou extinguir entre elas uma relação jurídica de caráter patrimonial. Muitos juristas brasileiros seguem essa conceituação, como, por exemplo, Orlando Gomes[11] e Álvaro Villaça Azevedo.[12]

A partir da construção clássica nota-se que o contrato, de início, é espécie do gênero negócio jurídico. Assim, há uma composição de interesses das partes – pelo menos duas – com conteúdo lícito e finalidade específica. Para a compreensão do contrato é fundamental o estudo estrutural do negócio jurídico, mormente os planos da existência, da validade e da eficácia. Serve como norte o art. 104 do Código Civil brasileiro, que aponta os requisitos de validade do negócio jurídico: *a)* agente capaz; *b)* objeto lícito, possível, determinado ou determinável; *c)* forma prescrita ou não defesa em lei.

Cumpre anotar que tal feição clássica do contrato limita o seu conteúdo às questões patrimoniais ou econômicas. Trata-se da *patrimonialidade*, tão cara aos italianos. Conforme comentam Cian e Trabucchi, esse requisito da *patrimonialidade* serve para distinguir o contrato de outras figuras negociais, genericamente tidas como convenções,

---

por Carlos Alberto Dabus Maluf e Regina Beatriz Tavares da Silva. São Paulo: Saraiva, 2004. v. 5: Direito das Obrigações. p. 4).

[10] Sobre os princípios do Código Civil brasileiro de 2002: REALE, Miguel. Estrutura e espírito do novo Código Civil Brasileiro. *História do novo Código Civil*. São Paulo: RT, 2005.

[11] GOMES, Orlando. *Contratos*. 17. ed. Atual. e notas de Humberto Theodoro Júnior. Rio de Janeiro: Forense, 1996. p. 5.

[12] AZEVEDO, Álvaro Villaça. *Teoria geral dos contratos típicos e atípicos*. São Paulo: Atlas, 2002. p. 21.

caso dos negócios de direito de família.[13] Nesse contexto de definição, o contrato não pode ter uma feição existencial ou extrapatrimonial. A título de exemplo, pela visão clássica, o contrato não pode ter como conteúdo os direitos da personalidade, mesmo que indiretamente.

Na doutrina mais recente, há interessantes tentativas de ampliação ou remodelagem do conceito de contrato, o que sem dúvida alarga a margem de incidência de conceito, ou seja, a abrangência do mundo contratual. Deve ficar claro que tal visão de maior abrangência serve perfeitamente para a delimitação do que seja o contrato de consumo. Releve-se a construção denominada *pós-moderna* de Paulo Nalin, da Universidade Federal do Paraná. Para o jurista, o contrato constitui "a relação jurídica subjetiva, nucleada na solidariedade constitucional, destinada à produção de efeitos jurídicos existenciais e patrimoniais, não só entre os titulares subjetivos da relação, como também perante terceiros".[14] Devem-se aprofundar as razões de pertinência da construção doutrinária.

De início, constata-se que o contrato está amparado em valores constitucionais. Não há dúvida de que questões que envolvem direitos fundamentais, mormente aqueles com repercussões sociais, refletem na autonomia privada, caso do direito à saúde.[15] No Brasil podem ser encontrados vários julgados que colocam em *sopesamento* a questão da saúde e a manutenção econômica, prevalecendo, muitas vezes, a primeira. Da recente jurisprudência do Tribunal Paulista, pode ser transcrita a seguinte ementa, tutelando amplamente a vida e a saúde:

"Plano de saúde. Paciente em tratamento de câncer. Cobertura para realização de sessões de radioterapia convencional. Recusa de cobertura para nova espécie de radioterapia prescrita à autora, com a técnica IMRT, porque não incluída ainda no rol de procedimentos divulgados pela ANS. Inadmissibilidade. Não se tratando de procedimento experimental, deve se considerar abrangido pela proteção do contrato em vigor. Recurso desprovido" (TJSP – Agravo de Instrumento 590.949.4/4 – Acórdão 3309012, São Bernardo do Campo – Segunda Câmara de Direito Privado – Rel. Des. Morato de Andrade – j. 21.10.2008 – *DJESP* 14.11.2008).

Como segundo ponto de defesa da construção de Paulo Nalin, muito pertinente para a concepção dos contratos de consumo, é ela instigante e prática porque conclui que o contrato envolve situações existenciais das partes contratantes. Tem-se relacionado a proteção individual da dignidade humana e dos interesses difusos e coletivos com o princípio da função social do contrato.

Nesse sentido, na *I Jornada de Direito Civil*, evento promovido em 2002 pelo Conselho da Justiça Federal e pelo Superior Tribunal de Justiça, foi aprovado o Enunciado

---

[13] CIAN, Giorgio; TRABUCCHI, Alberto. *Commentario breve al Codice Civile*. 4. ed. Padova: Cedam, 1992. p. 1.042.
[14] NALIN, Paulo. *Do contrato*: conceito pós-moderno. Curitiba: Juruá, 2005. p. 255.
[15] Sobre o tema de aplicação dos direitos fundamentais constitucionais nas relações privadas, valem como consulta as obras de Daniel Sarmento (*Direitos fundamentais e relações privadas*. Rio de Janeiro: Lumen Juris, 2004) e de Ingo Wolfgang Sarlet (*A influência dos direitos fundamentais no direito privado*: o caso brasileiro. Separata da obra *Direitos fundamentais e direito privado* – uma perspectiva de direito comparado. Coimbra: Almedina, 2006).

doutrinário n. 23, dispondo que "a função social do contrato, prevista no art. 421 do novo Código Civil, não elimina o princípio da autonomia contratual, mas atenua ou reduz o alcance desse princípio quando presentes interesses metaindividuais ou interesse individual relativo à dignidade da pessoa humana".

Em atualização à obra de Orlando Gomes, Antonio Junqueira de Azevedo e Francisco Paulo de Crescenzo Marino, da Universidade de São Paulo, fazem a mesma correlação, afirmando que "entendemos que há pelo menos três casos nos quais a violação ao princípio da função social deve levar à ineficácia superveniente do contrato. Juntamente com a ofensa a interesses coletivos (meio ambiente, concorrência etc.), deve-se arrolar a lesão à dignidade da pessoa humana e a impossibilidade de obtenção do fim último visado pelo contrato".[16]

Terceiro e por fim, a construção de Paulo Nalin é interessante, pois traz a dedução de que o contrato pode gerar efeitos perante terceiros. Algumas dessas *externalidades* constam da própria legislação, como é o caso da estipulação em favor de terceiro – comum no seguro de vida – e da promessa de fato de terceiro – por exemplo, a hipótese de um promotor de eventos que é contratado para agenciar uma apresentação de um cantor famoso, que não comparece, causando danos a consumidores. No entanto, além disso, reconhece-se a eficácia externa da função social dos contratos, *a tutela externa do crédito*, com efeitos contratuais atingindo terceiros. O tema já foi exposto no Capítulo 2 da presente obra.

Essa visão ampliada do contrato, flagrante nos contratos de consumo, é uma marca da autonomia privada, princípio que superou a ideia liberal de autonomia da vontade. Parcela considerável da doutrina atual, nacional e estrangeira, propõe a substituição do antigo *princípio da autonomia da vontade* pelo *princípio da autonomia privada*.[17]

A autonomia privada pode ser conceituada como um regramento básico, de ordem particular – mas influenciado por normas de ordem pública –, pelo qual, na formação dos contratos, além da vontade das partes, entram em cena outros fatores: psicológicos, políticos, econômicos e sociais. Trata-se do direito da parte de autorregulamentar os seus interesses, decorrente da sua própria dignidade humana, mas que encontra limitações em normas de ordem pública, particularmente nos princípios sociais contratuais.[18]

A existência dessa substituição é indeclinável, pois, como afirma Fernando Noronha, "foi precisamente em consequência da revisão a que foram submetidos o liberalismo eco-

---

[16] GOMES, Orlando. *Contratos*. 26. ed. Atual. por Antonio Junqueira de Azevedo e Francisco Paulo de Crescenzo Marino. Coordenação de Edvaldo Brito. Rio de Janeiro: Forense, 2007. p. 37.

[17] Sobre a supremacia da autonomia privada sobre a autonomia da vontade, recomenda-se a leitura das obras de Francisco Amaral (*Direito civil – introdução*. 5. ed. Rio de Janeiro: Renovar, 2003); Fernando Noronha (*O direito dos contratos e seus princípios fundamentais:* autonomia privada, boa-fé, justiça contratual. São Paulo: Saraiva, 1994); Renan Lotufo (*Código Civil comentado*. São Paulo: Saraiva, 2003. v. I e II); Luiz Díez-Picazo e Antonio Gullón (*Sistema de derecho civil*. 11. ed. Madrid: Tecnos, 2003. v. 1); Menezes Cordeiro (*Tratado de direito civil português* – parte geral. 3. ed. Coimbra: Almedina, 2005. t. I); Enzo Roppo (*O contrato*. Coimbra: Almedina, 1988); Álvaro Villaça Azevedo (*Contratos inominados ou atípicos e negócio fiduciário*. 3. ed. Belém: CEJUP, 1988); e Giselda Maria Fernandes Novaes Hironaka (Contratos atípicos e contratos coligados: características fundamentais e dessemelhança. *Direito civil – estudos*. Belo Horizonte: Del Rey, 2000. p. 135-143).

[18] Conceito inspirado em Fernando Noronha e Daniel Sarmento, constante em obra escrita em coautoria com Giselda Maria Fernandes Novaes Hironaka (HIRONAKA, Giselda Maria Fernandes Novaes; TARTUCE, Flávio. O princípio da autonomia privada e o direito contratual brasileiro. In: HIRONAKA, Giselda Maria Fernandes Novaes; TARTUCE, Flávio (Coord.). *Direito contratual:* temas atuais. São Paulo: Método, 2008. p. 45-50).

nômico e, sobretudo, as concepções voluntaristas do negócio jurídico, que se passou a falar em *autonomia privada*, de preferência a mais antiga autonomia da vontade. E, realmente, se a antiga autonomia da vontade, com o conteúdo que lhe era atribuído, era passível de críticas, já a autonomia privada é noção não só com sólidos fundamentos, como extremamente importante".[19] De acordo com a *personalização do direito privado* e a *valorização da pessoa* como centro do direito privado, o conceito de autonomia privada é de fato o mais adequado, pois a autonomia não é da vontade, mas da pessoa.

Ensinam os autores espanhóis Luiz Díez-Picazo e Antonio Gullón que "conviene en este punto observar que cuando se habla, como es usual entre nosotros, de 'autonomía de la voluntad', no deja de incurrirse en algún equívoco. Porque el sujeto de la autonomía no es la voluntad, sino la persona con realidad unitaria. La autonomía no se ejercita queriendo – función de la voluntad – sino estableciendo, disponiendo, gobernando. La voluntad o el querer es un requisito indudable del acto de autonomía (que hay de ser siempre libre y voluntario), pero para ejercitar la autonomía es preciso el despliegue de las demás potencias".[20]

Em reforço, não há dúvida de que a vontade – de *per si* – perdeu o destaque que exercia no passado, relativamente à formação dos contratos e dos negócios jurídicos. Vários são os fatores que entraram em cena para a concretização prática dessa distinta visão. As relações pessoais estão em suposta *crise*, o que na verdade representa uma importante mudança estrutural nas relações negociais, sendo certo que tal espectro deve ser analisado sob o prisma da concretude do instituto contrato e do que este representa para o meio social. Predominam em larga escala os contratos de adesão, com o conteúdo imposto por uma das partes negociais, tida como mais forte ou *hipersuficiente*, muitas vezes por ter o domínio das informações. Na grande maioria das vezes, estar-se-á diante de um contrato que é de consumo e de adesão, mesmo não havendo uma confusão absoluta entre as citadas categorias.

Não se olvide, mais uma vez, que a *Lei da Liberdade Econômica* (Lei 13.874/2019) – originária da MP 881 – representa uma tentativa de volta ao liberalismo e individualismo exacerbados do início do século XXI, pela valorização excessiva da liberdade individual. Como se retira do seu art. 2º, são princípios que a norteiam: *a)* a liberdade como uma garantia no exercício de atividades econômicas; *b)* a boa-fé do particular perante o Poder Público; *c)* a intervenção subsidiária e excepcional do Estado sobre o exercício de atividades econômicas; e *d)* o reconhecimento da vulnerabilidade do particular perante o Estado. Todavia, o principal *alvo* dessa norma emergente é o contrato civil e empresarial, negociado ou paritário, não trazendo o diploma qualquer alteração quanto aos negócios tratados pelo Código de Defesa do Consumidor.

Sem dúvida, no mundo contemporâneo, a autonomia privada faz com que o contrato ingresse em outros meios, como é o caso do Direito de Família e do Direito das Coisas, sem falar no domínio natural do Direito do Consumidor. Como afirma Luciano de Camargo Penteado, olhando para o futuro, "todo contrato gera obrigação para, ao menos, uma das partes contratantes. Entretanto, nem todo contrato rege-se, apenas, pelo direito das obrigações. Existem contratos de direito de empresa, contratos de direito obrigacional,

---

[19] NORONHA, Fernando. *O direito dos contratos e seus princípios fundamentais:* autonomia privada, boa-fé, justiça contratual, cit., p. 113.
[20] DÍEZ-PICAZO, Luiz; GULLÓN, Antonio Gullón. *Sistema de derecho civil*. 11. ed. Madrid: Tecnos, 2003. v. 1, p. 379.

contratos de direito das coisas, contratos de direito de família. No sistema brasileiro, não existem contratos de direito das sucessões, por conta da vedação do art. 426 do Código Civil, o que não significa que, *de lege ferenda*, não se possa introduzir, no direito positivo, a figura, doutrinariamente admitida e utilizada na praxe de alguns países, como é o caso da Alemanha. Interessante proposição teórica seria, em acréscimo, postular a existência de contratos da parte geral, como parece ser o caso do ato que origina a associação, no atual sistema do Código Civil".[21] Amplia-se a seara contratual, por exemplo, com a forte tendência de aproximação dos direitos pessoais e dos direitos reais, desmontando aquele antigo quadro comparativo exposto nas aulas inaugurais sobre Direito das Coisas.[22]

A título de exemplo dessa aproximação, cai aquela premissa de que os direitos pessoais teriam efeitos *inter partes* e os direitos reais efeitos *erga omnes*. Como antes se demonstrou neste livro, a função social do contrato – em sua eficácia externa – traz a conclusão de que o contrato gera efeitos perante terceiros. A respeito dos efeitos restritos dos direitos reais, a tendência pode ser percebida pela Súmula 308 do Superior Tribunal de Justiça, pela qual a boa-fé objetiva faz com que a hipoteca tenha seus efeitos limitados aos celebrantes, não em relação a terceiros. Enuncia a citada ementa: "a hipoteca firmada entre a construtora e o agente financeiro, anterior ou posterior à celebração da promessa de compra e venda, não tem eficácia perante os adquirentes do imóvel".

A súmula surgiu dos casos de notória construtora que recebeu os pagamentos, mas não fez os devidos repasses aos agentes financeiros. Foram protegidos os consumidores adquirentes e adimplentes, restringindo-se os efeitos da hipoteca entre tal construtora e o banco. Prestigiou-se a boa-fé objetiva como preceito de ordem pública e a função social do contrato, pela proteção dos consumidores adquirentes de acordo com a ideia de justiça contratual.

Concluindo o tópico, a contemporaneidade demonstra que o futuro é de uma contratualização de todo o Direito, um *neocontratualismo*, tese defendida há tempos por Norberto Bobbio.[23] Entre os portugueses, Rui Alarcão também demonstra a tendência, ao discorrer sobre a necessidade de menos leis, melhores leis.[24] Para o jurista de Coimbra, "se está assistindo a um recuo do 'direito estadual ou estatal', e se fala mesmo em 'direito negociado', embora se deva advertir que aquele recuo a esta negociação comporta perigos, relativamente aos quais importa estar prevenido e encontrar respostas, não avulsas mas institucionais. Como quer que seja, uma coisa se afigura certa: a necessidade de novos modelos de realização do Direito, incluindo modelos alternativos de realização jurisdicional e onde haverá certamente lugar destacado para paradigmas contratuais e para mecanismos de natureza ou de recorte contratual, que têm, de resto, tradição jurídica-política, precursora de dimensões modernas ou pós-modernas".[25] E arremata, sustentando que tem ganhado

---

[21] PENTEADO, Luciano de Camargo. *Efeitos contratuais perante terceiros*. São Paulo: Quartier Latin, 2007. p. 89.

[22] Sobre o tema, ver: TARTUCE, Flávio. *Direito civil*. Volume 4. Direito das Coisas. São Paulo: GEN/Método, 2014. Capítulo 1.

[23] BOBBIO, Norberto; PONTARA, Giulliano; VECA, Salvatore. *Crise de la democrazia e neocontrattualismo*. Roma: Editora Riuniti, 1984.

[24] ALARCÃO, Rui. Menos leis, melhores leis. *Revista Brasileira de Direito Comparado*, Rio de Janeiro: Instituto de Direito Comparado Luso-brasileiro, n. 31, p. 2, 2009.

[25] ALARCÃO, Rui. Menos leis, melhores leis. *Revista Brasileira de Direito Comparado*, Rio de Janeiro: Instituto de Direito Comparado Luso-brasileiro, n. 31, p. 4.

força a contratualização sociopolítica, para que exista uma sociedade mais consensual do que autoritária ou conflituosa.[26] Em suma, a construção de contrato serve não só para as partes envolvidas mas também para toda a sociedade.

O contrato rompe suas barreiras iniciais, não tendo limites de incidência. Para tal rompimento, sem dúvidas, contribuem muito os contratos de consumo. Não se pode esquecer que, na grande maioria das vezes e no mundo contemporâneo, vivencia-se a realidade de aplicação do Código de Defesa do Consumidor.

Superada essa visão inaugural, parte-se ao estudo da revisão contratual por fato superveniente no Código de Defesa do Consumidor, assunto dos mais importantes, que serve para a concretização efetiva dos princípios sociais contratuais, caso da boa-fé objetiva e da função social.

5.2. A REVISÃO CONTRATUAL POR FATO SUPERVENIENTE NO CÓDIGO DE DEFESA DO CONSUMIDOR

Como apontado no Capítulo 2 desta obra, há uma forte relação entre o princípio da função social do contrato e a manutenção do ponto de equilíbrio do negócio, o que alguns doutrinadores preferem denominar *equivalência material*.[27] Na verdade, trata-se de uma clara incidência da eficácia interna da função social do contrato, que veda a onerosidade excessiva e o enriquecimento sem causa. Como bem exposto pelo Professor Álvaro Villaça Azevedo em suas palestras, o contrato não pode gerar uma situação de *massacre* de uma parte sobre a outra, sendo essa uma boa concepção a respeito da função social.[28] Em outras palavras, um contrato que acarreta onerosidade excessiva a uma das partes, especialmente tida como vulnerável, não está cumprindo o seu papel sociológico, necessitando de revisão pelo órgão judicante.

O Código de Defesa do Consumidor disciplina a revisão contratual por fato superveniente (fato novo) no seu art. 6º, inc. V. Constata-se que a norma trata da alteração das circunstâncias iniciais do negócio celebrado, o que não se confunde com as hipóteses em que há um vício de formação no negócio. Enuncia o citado dispositivo legal:

"Art. 6º São direitos básicos do consumidor:

(...)

V – a modificação das cláusulas contratuais que estabelecem prestações desproporcionais ou sua revisão em razão de fatos supervenientes que as tornem excessivamente onerosas."

Existem claras diferenças entre essa revisão contratual e a consagrada pelo Código Civil de 2002. Isso porque a codificação privada exige o fator imprevisibilidade para a

---

[26] ALARCÃO, Rui. Menos leis, melhores leis. *Revista Brasileira de Direito Comparado*, Rio de Janeiro: Instituto de Direito Comparado Luso-brasileiro, n. 31, p. 8.

[27] Nesse sentido, inspirado na doutrina de Paulo Lôbo, o trabalho de Rodrigo Toscano de Brito, fruto de sua tese de doutorado defendida na PUCSP (BRITO, Rodrigo Toscano de. *Equivalência material dos contratos. Civil, empresariais e de consumo*. São Paulo: Saraiva, 2007).

[28] Conforme exposição realizada no *I Encontro Regional da Associação dos Advogados de São Paulo*, em Campinas, no dia 12 de março de 2010, em painel sobre Direito Civil, que contou com a minha mediação.

revisão contratual por fato superveniente, tendo consagrado, segundo o entendimento majoritário, a *teoria da imprevisão*, com origem na antiga cláusula *rebus sic stantibus*.[29] As diferenças entre as duas normas a respeito da revisão contratual foram confirmadas pela Lei 14.010/2020, como se verá a seguir. Determina o art. 317 do CC/2002 que "quando, por motivos imprevisíveis, sobrevier desproporção manifesta entre o valor da prestação devida e o do momento de sua execução, poderá o juiz corrigi-lo, a pedido da parte, de modo que assegure, quanto possível, o valor real da prestação".

Além desse dispositivo, tem-se sustentado que a revisão contratual do contrato civil igualmente é possível pela subsunção do art. 478 do CC/2002, *in verbis*: "nos contratos de execução continuada ou diferida, se a prestação de uma das partes se tornar excessivamente onerosa, com extrema vantagem para a outra, em virtude de acontecimentos extraordinários e imprevisíveis, poderá o devedor pedir a resolução do contrato. Os efeitos da sentença que a decretar retroagirão à data da citação". Nessa linha de conclusão está o Enunciado n. 176 do CJF/STJ, da *III Jornada de Direito Civil*, segundo o qual, "em atenção ao princípio da conservação dos negócios jurídicos, o art. 478 do Código Civil de 2002 deverá conduzir, sempre que possível, à revisão judicial dos contratos e não à resolução contratual". Reproduz-se o modelo italiano, eis que o art. 1.467 do *Codice*, que trata da resolução, também é utilizado para a revisão do negócio diante de um fato superveniente.

Não restam dúvidas de que a revisão contratual tratada pelo Código de Defesa do Consumidor é facilitada justamente por não exigir o fator imprevisibilidade, bastando que o desequilíbrio negocial ou a onerosidade excessiva decorra de um fato superveniente, ou seja, um fato novo não existente quando da contratação original. Na realidade civilista, o grande problema é o enquadramento dessa imprevisibilidade, o que tem tornado a revisão judicial do contrato civil praticamente impossível no campo prático.[30]

Trazendo claramente, e de forma didática, a diferenciação entre a revisão contratual tratada pelo CDC e pelo CC/2002, extrai-se de aresto do Superior Tribunal de Justiça o seguinte:

"A teoria da base objetiva, que teria sido introduzida em nosso ordenamento pelo art. 6º, inciso V, do Código de Defesa do Consumidor – CDC, difere da teoria da imprevisão por prescindir da previsibilidade de fato que determine oneração excessiva de um dos contratantes. Tem por pressuposto a premissa de que a celebração de um contrato ocorre mediante consideração de determinadas circunstâncias, as quais, se modificadas no curso da relação contratual, determinam, por sua vez, consequências diversas daquelas inicialmente estabelecidas, com repercussão direta no equilíbrio das obrigações pactuadas. Nesse contexto, a intervenção judicial se daria nos casos em que o contrato fosse atingido por fatos que comprometessem as circunstâncias intrínsecas à formulação do vínculo contratual, ou seja, sua base

---

[29] Por todos os civilistas, mencionado a teoria da imprevisão como fundamento: AZEVEDO, Álvaro Villaça. O novo Código Civil brasileiro: tramitação; função social do contrato; boa-fé objetiva; teoria da imprevisão e, em especial, onerosidade excessiva – "Laesio enormis". In: DELGADO, Mário Luiz; ALVES, Jones Figueirêdo. *Questões controvertidas no novo Código Civil*. São Paulo: Método, 2004. vol. 2; DINIZ, Maria Helena. *Código Civil Anotado*. 15. ed. São Paulo: Saraiva, 2010. p. 302-303; VENOSA, Silvio de Salvo. *Código Civil Interpretado*. 2. ed. São Paulo: Atlas, 2011. p. 395.

[30] A respeito de tais dificuldades, ver: TARTUCE, Flávio. *Direito Civil*. 6. ed. São Paulo: GEN/Método, 2011. v. 3: Teoria geral dos contratos e contratos em espécie. Capítulo 4.

objetiva. Em que pese sua relevante inovação, tal teoria, ao dispensar, em especial, o requisito de imprevisibilidade, foi acolhida em nosso ordenamento apenas para as relações de consumo, que demandam especial proteção" (STJ – REsp 1.321.614/ SP – Terceira Turma – Rel. Min. Paulo de Tarso Sanseverino – Rel. p/ Acórdão Min.Ricardo Villas Bôas Cueva – j. 16.12.2014 – *DJe* 03.03.2015).

Sendo assim, pela opção de facilitação, fica claro que *o* CDC não adotou a teoria da imprevisão, ao contrário do que muitas vezes se tem afirmado.[31] Na mesma linha de pensamento, a não adoção da teoria da imprevisão pela Lei 8.078/1990 pode ser retirada das lições de juristas como Rizzatto Nunes,[32] Nelson Nery Jr. e Rosa Maria de Andrade Nery,[33] Paulo Roque Khouri,[34] João Batista de Almeida,[35] Claudia Lima Marques, Antonio Herman Benjamin e Bruno Miragem,[36] o que é compartilhado por este autor. Afirma-se, com a devida precisão teórica, que o Código de Defesa do Consumidor adotou a *teoria da base objetiva do negócio jurídico*, de influência germânica, desenvolvida, entre outros, por Karl Larenz.[37] Nessa linha, vejamos as palavras de Claudia Lima Marques:

"A norma do art. 6º do CDC avança, em relação ao Código Civil (arts. 478-480 – Da resolução por onerosidade excessiva), ao não exigir que o fato superveniente seja imprevisível ou irresistível – apenas exibe a quebra da base objetiva do negócio, a quebra de seu equilíbrio intrínseco, a destruição da relação de equivalência entre as prestações, o desaparecimento do fim essencial do contrato. Em outras palavras, o elemento autorizador da ação modificadora do Judiciário é o resultado objetivo da engenharia contratual, que agora apresenta mencionada onerosidade excessiva para o consumidor, resultado de simples fato superveniente, fato que não necessita ser extraordinário, irresistível, fato que podia ser previsto e não foi".[38]

Cumpre destacar que na jurisprudência dos Tribunais Estaduais podem ser encontradas várias decisões que fazem menção à *teoria da base objetiva* e não à *teoria da imprevisão* (TJDF – Recurso 2013.03.1.010936-3 – Acórdão Ac. 918.430 – Terceira Turma Cível – Rel. Des. Gilberto Pereira de Oliveira – *DJDFTE* 16.02.2016, p. 359; TJSP – Apelação 0056866-08.2012.8.26.0002 – Acórdão 9545715, São Paulo – Décima Terceira Câmara de Direito Privado – Rel. Des. Ana de Lourdes – j. 24.06.2016 – *DJESP* 05.07.2016; TJMG – Apelação Cível 1.0520.09.024641-1/004 – Rel. Des. Cabral da Silva – j. 18.08.2015 – *DJEMG*

---

[31] A afirmação de ter sido adotada a teoria da imprevisão pelo CDC pode ser encontrada em: FILOMENO, José Geraldo Brito. 9. ed. *Manual de Direito do Consumidor*. São Paulo: Atlas, 2007. p. 207-209.
[32] RIZZATTO NUNES, Luiz Antonio. *Comentários ao Código de Defesa do Consumidor*. 3. ed. São Paulo: Saraiva, 2007. p. 146-147.
[33] NERY JR., Nelson; NERY, Rosa Maria de Andrade. *Código Civil Anotado*. 2. ed. São Paulo: RT, 2003. p. 912-913.
[34] KHOURI, Paulo R. Roque. *Direito do Consumidor*. 2. ed. São Paulo: Atlas, 2005. p. 93-94.
[35] ALMEIDA, João Batista de. Resolução e revisão dos contratos. In: PFEIFFER, Roberto. A. C.; PASQUALOTTO, Adalberto (cords.). *Código de Defesa do Consumidor e o Código Civil de 2002. Convergências e assimetrias*. São Paulo: RT, 2005. p. 242-243.
[36] MARQUES, Claudia Lima; BENJAMIN, Antonio Herman; MIRAGEM, Bruno. *Comentários ao Código de Defesa do Consumidor*. 3. ed. São Paulo: RT, 2010. p. 279.
[37] LARENZ, Karl. *Base del negocio jurídico y cumplimiento de los contratos*. Trad. Carlos Fernandéz Rodríguez. Granada: Comares, 2002.
[38] MARQUES, Claudia Lima; BENJAMIN, Antonio Herman V.; BESSA, Leonardo Roscoe. *Manual de Direito do Consumidor*. 3. ed. São Paulo: RT, 2010. p. 71.

02.09.2015; TJBA – Recurso 0012491-64.2009.805.0113-1 – Terceira Turma Recursal – Rel. Juíza Josefa Cristina Tomaz Martins Kunrath – *DJBA* 17.02.2011; TJPE – Apelação Cível 0134498-7, Recife – Quarta Câmara Cível – Rel. Des. Jones Figueirêdo – j. 24.09.2010 – *DJEPE* 21.10.2010; TJRS – Agravo de Instrumento 70007363195, Santa Vitória do Palmar – Décima Terceira Câmara Cível – Rel. Des. Marco Aurélio de Oliveira Canosa – j. 10.02.2004; TJSC – Apelação Cível 2003.010228-0, Blumenau – Primeira Câmara de Direito Comercial – Rel. Juiz Túlio José Moura Pinheiro – j. 09.10.2003).

Na prática, os principais acórdãos relativos à revisão contratual por fato superveniente no Brasil referem-se aos negócios de arrendamento mercantil (*leasing*) celebrados na década de noventa para a aquisição de veículos. Tais contratos tinham a atualização de valores atrelados à variação cambial, o que servia como um suposto atrativo aos consumidores. Com a alta do dólar em relação ao real em janeiro de 1999, os contratos ficaram excessivamente onerosos aos consumidores, o que motivou um enxame de ações judiciais de revisão. Após uma grande variação na forma de decidir, o Superior Tribunal de Justiça chegou a concluir pela revisão, adotando a teoria da imprevisão:

> "Recurso especial. *Leasing*. Contrato de arrendamento mercantil expresso em dólar americano. Variação cambial. CDC. Teoria da imprevisão. Aplicabilidade. Alegação de ofensa aos arts. 115 e 145 do Código Civil. Ausência de prequestionamento (Súmulas 282/STF e 211/STJ). Dissenso jurisprudencial não caracterizado. Acórdão local em consonância com recentes decisões do Superior Tribunal de Justiça. I. Aplica-se o Código de Defesa do Consumidor aos contratos de arrendamento mercantil. II. A abrupta e forte desvalorização do real frente ao dólar americano constitui evento objetivo e inesperado apto a ensejar a revisão de cláusula contratual, de modo a evitar o enriquecimento sem causa de um contratante em detrimento do outro (art. 6º, V, do CDC). III. Agravo regimental desprovido" (STJ – Ag. Rg. 430.393/ RJ – Terceira Turma – Rel. Min. Antônio de Pádua Ribeiro – *DJ* 05.08.2002, p. 339. Veja: STJ, REsp 293.864/SE, REsp 361.694/RS e REsp 331.082/SC).

O julgado chega ao destino final da revisão adotando dois equívocos. O primeiro é a consubstanciado na afirmação de que o CDC consagrou a teoria da imprevisão. O segundo está relacionado à dedução de que a alta do dólar seria um fator imprevisível. A conclusão final é correta, apesar de se percorrer um caminho errado, de linhas tortas.

Na verdade, os entendimentos precisos daquela Corte Superior são aqueles no sentido de dispensar a imprevisibilidade para a revisão contratual, bastando o desequilíbrio negocial em virtude de um fato novo. Por todas as decisões, transcreve-se a seguinte, um dos principais precedentes do Superior Tribunal de Justiça a respeito da matéria:

> "Processual civil e civil. Revisão de contrato de arrendamento mercantil (*leasing*). Recurso especial. Nulidade de cláusula por ofensa ao direito de informação do consumidor. Fundamento inatacado. Indexação em moeda estrangeira (dólar). Crise cambial de janeiro de 1999 – Plano Real. Aplicabilidade do art. 6º, inc. V, do CDC. Onerosidade excessiva caracterizada. Boa-fé objetiva do consumidor e direito de informação. Necessidade de prova da captação de recurso financeiro proveniente do exterior. Recurso especial. Reexame de provas. Interpretação de cláusula contratual. Inadmitida a alegação de inaplicabilidade das disposições do Código de Defesa do Consumidor aos contratos de arrendamento mercantil (*leasing*), e não impugnado especificamente, nas razões do recurso especial, o fundamento do v. acórdão recorrido,

suficiente para manter a sua conclusão, de nulidade da cláusula que prevê a cobrança de taxa de juros por ofensa ao direito de informação do consumidor, nos termos do inc. XV do art. 51 do referido diploma legal, impõe-se o juízo negativo de admissibilidade do recurso especial quanto ao ponto. O preceito esculpido no inc. V do art. 6º do CDC dispensa a prova do caráter imprevisível do fato superveniente, bastando a demonstração objetiva da excessiva onerosidade advinda para o consumidor. A desvalorização da moeda nacional frente à moeda estrangeira que serviu de parâmetro ao reajuste contratual, por ocasião da crise cambial de janeiro de 1999, apresentou grau expressivo de oscilação, a ponto de caracterizar a onerosidade excessiva que impede o devedor de solver as obrigações pactuadas. A equação econômico-financeira deixa de ser respeitada quando o valor da parcela mensal sofre um reajuste que não é acompanhado pela correspondente valorização do bem da vida no mercado, havendo quebra da paridade contratual, à medida que apenas a instituição financeira está assegurada quanto aos riscos da variação cambial, pela prestação do consumidor indexada em dólar americano. É ilegal a transferência de risco da atividade financeira, no mercado de capitais, próprio das instituições de crédito, ao consumidor, ainda mais que não observado o seu direito de informação (arts. 6º, III, 31, 51, XV, 52, 54, § 3º, do CDC). Incumbe à arrendadora desincumbir-se do ônus da prova de captação específica de recursos provenientes de empréstimo em moeda estrangeira, quando impugnada a validade da cláusula de correção pela variação cambial. Esta prova deve acompanhar a contestação (art. 297 e 396 do CPC), uma vez que os negócios jurídicos entre a instituição financeira e o banco estrangeiro são alheios ao consumidor, que não possui meios de averiguar as operações mercantis daquela, sob pena de violar o art. 6º da Lei 8.880/1994. Simples interpretação de cláusula contratual e reexame de prova não ensejam recurso especial" (STJ – Ag. Rg. no REsp 374.351/RS – Terceira Turma – Rel. Min. Nancy Andrighi – *DJ* 24.06.2002, p. 299).

As ementas na linha exposta se sucederam no STJ, afastando-se da teoria da imprevisão (STJ – REsp 596.934/RJ – Terceira Turma – Rel. Min. Castro Filho – j. 14.06.2004 – *DJ* 01.07.2004, p. 193; STJ – AgRg no REsp 677.708/SP – Terceira Turma – Rel. Min. Ari Pargendler – j. 20.09.2005 – *DJ* 28.11.2005, p. 280; STJ – AgRg no REsp 586.314/SP – Quarta Turma – Rel. Min. Barros Monteiro – j. 20.10.2005 – *DJ* 19.12.2005, p. 416; STJ – AgRg no REsp 437.317/SP – Terceira Turma – Rel. Min. Paulo Furtado (Desembargador Convocado do TJBA) – j. 24.03.2009 – *DJe* 15.04.2009; e STJ – AgRg no REsp 976.578/SP – Terceira Turma – Rel. Min. Nancy Andrighi – j. 06.08.2009 – *DJe* 19.08.2009). Curioso verificar que o Superior Tribunal de Justiça, nos acórdãos citados, tem dividido a onerosidade excessiva de forma igualitária entre as partes – empresas de *leasing* e consumidores –, tratando-as como iguais. Em outras palavras, o dólar é fixado em um patamar médio. Nessa linha, cumpre transcrever ainda o seguinte aresto:

"Direito do consumidor. *Leasing*. Contrato com cláusula de correção atrelada à variação do dólar americano. Aplicabilidade do Código de Defesa do Consumidor. Revisão da cláusula que prevê a variação cambial. Onerosidade excessiva. Distribuição dos ônus da valorização cambial entre arrendantes e arrendatários. Recurso parcialmente acolhido. I. Segundo assentou a jurisprudência das Turmas que integram a Segunda Seção desta Corte, os contratos de *leasing* submetem-se ao Código de Defesa do Consumidor. II. A cláusula que atrela a correção das prestações à variação cambial não pode ser considerada nula *a priori*, uma vez que a legislação específica permite que, nos casos em que a captação dos recursos da operação se dê no exterior, seja avençado o repasse dessa variação ao tomador do financiamento. III. Consoante o art. 6º, V, do Código de Defesa do Consumidor, sobrevindo, na execução do contrato, onerosidade excessiva para uma das partes, é possível a revisão da cláusula que gera o desajuste, a fim de recompor o equilíbrio da equação contratual. IV. No caso dos contratos de *leasing* atrelados à variação cambial, os arrendatários, pela própria conveniência e a despeito do risco inerente, escolheram a forma contratual que no momento da realização do negócio lhes garantia prestações mais baixas, posto que o custo financeiro dos empréstimos em dólar era bem menor do que os custos em reais. A súbita alteração na política cambial, condensada na maxidesvalorização do real, ocorrida em janeiro de 1999, entretanto, criou a circunstância da onerosidade excessiva, a justificar a revisão judicial da cláusula que a instituiu. V. Contendo o contrato opção entre outro indexador e a variação cambial e tendo sido consignado que os recursos a serem utilizados tinham sido captados no exterior, gerando para a arrendante a obrigação de pagamento em dólar, enseja-se a revisão da cláusula de variação cambial com base no art. 6º, V, do Código de Defesa do Consumidor, para permitir a distribuição, entre arrendantes e arrendatários, dos ônus da modificação súbita da política cambial com a significativa valorização do dólar americano" (STJ – REsp 437.660/SP – Quarta Turma – Rel. Min. Sálvio de Figueiredo Teixeira – j. 08.04.2003 – *DJ* 05.05.2003, p. 306, *RDDP*, vol. 6, p. 111, *RSTJ*, vol. 168, p. 412).

Não estou filiado a tais julgamentos, pois consumidores e prestadoras não estão em situação de igualdade para que o prejuízo seja distribuído de forma igualitária entre eles. Aplica-se a proporcionalidade, fundada em meros critérios objetivos, matemáticos. Porém, afasta-se da razoabilidade, baseada em critérios subjetivos, no bom senso e na equidade do julgador.

Em reforço, há violação da especialidade, decorrência da máxima da isonomia, retirada do art. 5º, *caput*, da Constituição Federal. Como se sabe, pelo preceito máximo de justiça, deve-se tratar de maneira igual os iguais e de maneira desigual os desiguais. Os julgados demonstram como a incidência da pura proporcionalidade, desacompanhada da *lógica do razoável*, pode gerar decisões injustas.

Como outra nota doutrinária fundamental, do tópico, a *Lei da Liberdade Econômica* (Lei 13.874/2019) introduziu previsões no Código Civil de 2002 no sentido de ser a revisão contratual excepcional e limitada às partes (arts. 421, parágrafo único, e 421-A, inc. III). Na verdade, diante das dificuldades práticas de se aplicar a teoria da imprevisão, a revisão do contrato civil sempre foi excepcional. Reitero que essas alterações não atingem os contratos de consumo, tendo incidência apenas para as relações civis e empresariais, não submetidas à Lei 8.078/1990.

Seguindo-se no estudo do tema, é fundamental analisar o tratamento da revisão contratual na Lei 14.010/2020, que criou o Regime Jurídico Emergencial Transitório de Direito Privado (RJET). O novo diploma tem origem no Projeto de Lei 1.179/2020, por iniciativa dos Ministros Dias Toffoli (STF) e Antonio Carlos Ferreira (STJ), tendo sido proposto pelo Senador Antonio Anastasia. O seu conteúdo foi elaborado sob a liderança do Professor Otávio Luiz Rodrigues Jr., contando com a minha honrosa participação e o meu total apoio.

A sua inspiração, segundo o jurista, foi a Lei Failliot, da França, de 21 de janeiro de 1918. Segundo ele, "era uma lei de guerra, de caráter transitório, mas que introduziu no ordenamento jurídico um suporte normativo que possibilitou a resolução, por qualquer das partes contratantes, de obrigações de fornecimento de mercadorias e alimentos, contraídas antes de 1º de agosto de 1914, bem assim que ostentassem a natureza sucessiva e continuada, ou apenas diferida".[39]

Como primeira norma a ser estudada a respeito da revisão contratual, destaque-se o seu art. 7º. Inicialmente, o preceito havia sido vetado pelo Sr. Presidente da República, sob o argumento de que a legislação civil já disporia de mecanismos suficientes para a revisão contratual. Todavia, o Congresso Nacional derrubou o veto pois, de fato, apesar da existência de normas a respeito da temática, haveria a necessidade de sua adaptação e de pequenos ajustes para atender aos desafios decorrentes da pandemia da Covid-19.

Conforme o *caput* desse art. 7º da Lei 14.010/2020, não se consideram fatos imprevisíveis, para os fins exclusivos dos arts. 317, 478, 479 e 480 do Código Civil, o aumento da inflação, a variação cambial, a desvalorização ou a substituição do padrão monetário. Assim, adotou-se o entendimento consolidado de análise limitada da imprevisibilidade, o que acaba por dificultar ou limitar a revisão contratual dos contratos civis; algo que se sustenta para os tempos pandêmicos, em prol da conservação dos contratos.

Com interesse direto para esta obra, tais afastamentos não se aplicam à revisão dos contratos de consumo, regida pelo Código de Defesa do Consumidor (Lei 8.078/1990) que, como visto, não exige o elemento da imprevisibilidade. É o que estabelece o § 1º do comando, ao enunciar "as regras sobre revisão contratual previstas na Lei nº 8.078, de 11 de setembro de 1990 (Código de Defesa do Consumidor), e na Lei nº 8.245, de 18 de outubro de 1991, não se sujeitam ao disposto no *caput* deste artigo".

Ademais, o art. 7º, § 2º, do RJET preceitua que, "para os fins desta Lei, as normas de proteção ao consumidor não se aplicam às relações contratuais subordinadas ao Código Civil, incluindo aquelas estabelecidas exclusivamente entre empresas ou empresários". Assim, não é possível aplicar a revisão contratual prevista no CDC aos contratos civis ou mesmo aos contratos que se enquadram como de consumo, mas que sejam celebrados somente por empresas ou empresários. Afastou-se, portanto, para as ações revisionais fundadas na crise decorrente da Covid-19, a chamada *teoria finalista aprofundada*, que possibilita a utilização da Lei Protetiva em favor de sujeitos que não sejam destinatários finais do produto ou serviço, mas que estejam em situação de vulnerabilidade ou hipossuficiência. O tema foi estudado no Capítulo 3 deste livro.

Não incide, portanto, para essas revisões fundadas na pandemia entre empresários, a tese n. 1 constante da Edição n. 39 da ferramenta *Jurisprudência em Teses*, do STJ, *in verbis*: "o Superior Tribunal de Justiça admite a mitigação da teoria finalista para autorizar a incidência do Código de Defesa do Consumidor – CDC nas hipóteses em que a parte (pessoa física ou jurídica), apesar de não ser destinatária final do produto ou serviço, apresenta-se em situação de vulnerabilidade". Novamente, essa limitação visa a trazer mais estabilidade aos contratos, limitando-se aos fins da lei transitória.

Em todas as hipóteses de revisão, mesmo dos contratos e negócios submetidos ao CDC, as consequências decorrentes da pandemia do coronavírus nas execuções dos contratos não terão efeitos jurídicos retroativos ou *ex tunc*, mas apenas efeitos a partir de então ou *ex nunc*. É o que consta do art. 6º da Lei 14.010/2020, outra norma que também

---

[39] RODRIGUES JÚNIOR, Otávio Luiz. A célebre lei do deputado Failliot e a teoria da imprevisão. Disponível em: <https://www.conjur.com.br/2020-abr-02/direito-comparado-celebre-lei-deputado-failliot-teoria-imprevisao>. Acesso em: 15 out. 2020.

traz segurança aos contratos em tempos tão difíceis, sendo louvável. Esse comando também havia sido vetado pelo Sr. Presidente da República, de forma inexplicável, uma vez que tutela, mais uma vez, a segurança e a estabilidade das relações contratuais, afastando pedidos retroativos oportunistas.

Muitas foram as ações judiciais propostas para a revisão dos contratos de consumo a partir de 2020, em virtude da pandemia da Covid-19, com grandes variações de entendimento. O que se procurou, na essência, foi afastar uma moratória ampla e irrestrita em benefício de qualquer uma das partes, o que poderia colocar em dúvida o sistema jurídico nacional.

A título de ilustração, em contrato de aquisição de energia, o Tribunal de Justiça deferiu a revisão do contrato, nos seguintes termos:

> "Agravo de instrumento. Ação de revisão contratual cumulada com repetição de indébito. Decisão que deferiu a tutela antecipada para determinar que o agravado pague apenas a energia elétrica efetivamente consumida, em razão da pandemia (Covid-19). Parte agravante que pleiteia reforma da decisão. Desacolhimento. Crise de saúde em combate à pandemia do Covid-19. Medidas restritivas governamentais em garantia do isolamento social que a todos afeta, especialmente com limitação às atividades turísticas e educacionais desenvolvidas pelo autor. Força maior que justifica análise da situação contratual frente a excepcionalidade vivificada. Cláusula contratual que impõe aquisição mínima de energia fora dos padrões da razoabilidade e proporcionalidade, com desequilíbrio evidente. Sacrifício excepcional que a todos se impõe. Consumidor que não pretende a suspensão dos pagamentos, mas lançamentos pelo consumo efetivamente realizado enquanto perdurar a situação excepcional. Decisão agravada mantida" (TJSP – AgIn 2231179-36.2020.8.26.0000 – Acórdão 14075283, Campinas – Trigésima Segunda Câmara de Direito Privado – Rel. Des. Luis Fernando Nishi – j. 20.10.2020 – *DJESP* 23.10.2020, p. 2635).

Muitos arestos se repetiram, na mesma linha, a respeito desses contratos de aquisição de energia. Outro grande foco de debate foi o âmbito dos contratos educacionais, celebrados com instituições de ensino privadas, notadamente diante da suspensão das aulas presenciais e a sua substituição por aulas a distância. Deferindo a revisão nessas hipóteses, com a possibilidade de desconto da mensalidade, transcrevem-se, todos do Tribunal Fluminense e somente a ilustrar:

> "Agravo de instrumento. Processual civil. Ação de obrigação de fazer. Relação de consumo. Ação de revisão de cláusula contratual. Redução da mensalidade do curso de medicina. Suspensão das aulas presenciais causada pela pandemia do Covid-19. Onerosidade excessiva. Desequilíbrio contratual. Possibilidade de revisão contratual em razão de fatos supervenientes, na forma do artigo 6º, inciso V, do Código de Defesa do Consumidor. Observância da boa-fé objetiva na execução dos contratos, a teor do artigo 422 do Código Civil. Grade curricular que prevê percentual considerável de aulas presenciais. Percentual de 50% que se ajusta ao caso concreto, eis que os agravantes estão em estágio avançado do curso em que as aulas são majoritariamente ministradas de modo presencial. Manutenção da obrigatoriedade de pagamento integral da mensalidade, sem o correspondente cumprimento da contraprestação efetiva dos serviços educacionais contratados, que encerra situação extremamente onerosa para o aluno a exigir a redução equitativa ao reequilíbrio contratual, com respaldo nos artigos 39, V, e 51, IV, § 1º, II, e § 2º, todos do CDC. Precedentes

do STJ em situação jurídica congênere. Gradação do percentual de desconto que deverá variar segundo a natureza da prestação do serviço educacional, consoante se afigure mais ou menos imprescindível a aula presencial. Estágio derradeiro do curso de medicina em que o ensino virtual, ainda que síncrono, é irrefragavelmente contraproducente e não guarda congruência com o que foi contratado. Cabimento da intervenção judicial em contrato de consumo para a restauração do sinalagma no período excepcional de crise sanitária. Precedentes da corte. Concessão da tutela de urgência que é mantida, com majoração do percentual de desconto. Recurso dos autores a que se dá parcial provimento. Recurso do réu a que se nega provimento. Agravo interno prejudicado" (TJRJ – AgIn 0049028-34.2020.8.19.0000, Rio de Janeiro – Vigésima Quarta Câmara Cível – Rel. Des. André Luiz Cidra – *DORJ* 01.12.2020, p. 589).

"Agravo de instrumento. Direito do consumidor e processual civil. Ação de revisão de cláusula contratual. Deferimento parcial da tutela de urgência para reduzir a mensalidade da faculdade de medicina em 15%, em razão da suspensão das aulas presenciais causada pela pandemia da Covid-19. Lei Estadual nº 8.894/2020 que estabelece condições e limites mínimos de abatimento nas mensalidades, com previsão de instalação de mesa de negociação para cada modalidade de ensino ou curso ofertado, mediante representação paritária de estudantes ou de seus responsáveis financeiros, profissionais da educação e proprietários do estabelecimento. Aplicação do índice de 30% que se determina, segundo os parâmetros legais. Suspensão do feito matriz em virtude da existência de ações civis públicas versando a mesma matéria. Aplicação do tema nº 60 do sistema de recursos repetitivos do Superior Tribunal de Justiça, segundo o qual 'ajuizada ação coletiva atinente a macrolide geradora de processos multitudinários, suspendem-se as ações individuais, no aguardo do julgamento da ação coletiva'. Agravo de Instrumento nº 0034995-39.2020.8.19.0000 a que se dá parcial provimento. Agravo de Instrumento nº 0039357-84.2020.8.19.0000 a que se nega provimento" (TJRJ – AgIn 0039357-84.2020.8.19.0000, Rio de Janeiro – Segunda Câmara Cível – Rel. Des. Luiz Roldão de Freitas Gomes Filho – *DORJ* 19.11.2020, p. 271).

"Direito do consumidor. Agravo. Ação de revisão contratual c/c tutela antecipada. Contrato de serviço de ensino superior. Pedido de redução do valor das mensalidades em razão da alteração na forma da prestação do serviço. Pandemia (Covid-19). Desequilíbrio contratual. Provimento parcial ao recurso com a redução nas mensalidades no percentual de 30% (trinta por cento)" (TJRJ – AgIn 0055661-61.2020.8.19.0000, Rio de Janeiro – Vigésima Terceira Câmara Cível – Rel. Des. Antonio Carlos Arrabida Paes – *DORJ* 10.11.2020, p. 513).

Entendo que a revisão judicial desses contratos de ensino celebrados com instituições privadas de ensino somente se justificaria se houver perda de qualidade e de quantidade do conteúdo fornecido, próprio da alteração de circunstâncias, a ensejar a presença do fato superveniente. Em todos os casos de revisão, contudo, cabe a advertência, retirada de acórdão do Tribunal de Justiça de São Paulo, no sentido de que "a mera dificuldade financeira do consumidor não é suporte para o descumprimento das obrigações sem as consequências da mora ou do inadimplemento" (TJSP – AgIn 2174726-21.2020.8.26.0000 – Acórdão 13919752, São Paulo – Décima Sétima Câmara de Direito Privado – Rel. Des. Afonso Bráz – j. 31.08.2020 – *DJESP* 03.09.2020, p. 2216).

Exatamente nesse sentido foi a conclusão constante do primeiro precedente que surgiu a respeito da revisão dos contratos de consumo no âmbito do Superior Tribunal de Justiça. A revisão foi afastada, pois foi comprovada a continuidade da prestação dos serviços durante o isolamento social, com aulas *on-line*. Considerou-se, conforme aqui defendido, que "a revisão dos contratos em razão da pandemia não constitui decorrência lógica ou automática, devendo ser analisadas a natureza do contrato e a conduta das partes – tanto no âmbito material como na esfera processual –, especialmente quando o evento superveniente e imprevisível não se encontra no domínio da atividade econômica do fornecedor". Assim, e em complemento, constou do aresto o seguinte:

> "Os princípios da função social e da boa-fé contratual devem ser sopesados nesses casos com especial rigor a fim de bem delimitar as hipóteses em que a onerosidade sobressai como fator estrutural do negócio – condição que deve ser reequilibrada tanto pelo Poder Judiciário quanto pelos envolvidos –, e aquelas que evidenciam ônus moderado ou mesmo situação de oportunismo para uma das partes. No caso, não houve comprovação do incremento dos gastos pelo consumidor, invocando-se ainda como ponto central à revisão do contrato, por outro lado, o enriquecimento sem causa do fornecedor – situação que não traduz a tônica da revisão com fundamento na quebra da base objetiva dos contratos. A redução do número de aulas, por sua vez, decorreu de atos das autoridades públicas como medida sanitária. Ademais, somente foram inviabilizadas as aulas de caráter extracurricular (aulas de cozinha experimental, educação física, robótica, laboratório de ciências e arte/música). Nesse contexto, não se evidencia base legal para se admitir a revisão do contrato na hipótese" (STJ – REsp 1.998.206/DF – Quarta Turma – Rel. Min. Luis Felipe Salomão – j. 14.06.2022 – *DJe* 04.08.2022).

Reitero que estou totalmente filiado às conclusões do julgado, que cita afirmações de Anderson Schreiber e José Fernando Simão, constantes do *Código Civil Comentado*, do qual sou coautor, publicado por esta mesma casa editorial.

Para encerrar o tópico, anoto que no Projeto de Reforma e Atualização do Código Civil, após intensos debates na Comissão de Juristas, foram feitas propostas de alteração dos seus arts. 317 e 478, a fim de se aprimorar o tratamento do tema, *objetivando-se* as possibilidades de revisão contratual e visando a trazer uma maior previsibilidade e segurança para o panorama contratual no Brasil, inclusive para diferenciar os contratos civis e de consumo.

A respeito do art. 478, ele passará a prever, com valorização dos riscos contratados e na linha das ideias inseridas pela Lei da Liberdade Econômica, que, "nos contratos de execução continuada ou diferida, havendo alteração superveniente das circunstâncias objetivas que serviram de fundamento para a celebração do contrato, em decorrência de eventos imprevisíveis que gerem onerosidade excessiva para um dos contratantes e que excedam os riscos normais da contratação, o devedor poderá pedir a sua revisão ou a sua resolução". Além da menção aos riscos próprios da contratação, é retirada do texto legal a menção à extrema vantagem para a outra parte, na linha do Enunciado n. 365, da *IV Jornada de Direito Civil*, e pela sua comum mitigação pela jurisprudência brasileira.

Afastando-se da mesma forma os fatores subjetivos para a resolução ou revisão contratual, os seus §§ 1º e 2º preverão que, "para a identificação dos riscos normais da contratação, deve-se considerar a sua alocação, originalmente pactuada" e "há imprevisibilidade do evento quando a alteração superveniente das circunstâncias ou dos seus efeitos não poderiam ser razoavelmente previstos por pessoa de diligência normal ou com a mesma qualificação da parte prejudicada pela onerosidade excessiva e diante das circunstâncias presentes no momento da contratação". Nota-se, mais uma vez, uma objetivação das circunstâncias que podem ensejar a revisão ou resolução contratual.

Segundo justificaram os juristas que compuseram a Subcomissão de Direito Contratual, as proposições estão inspiradas no art. 313 do BGB Alemão, eis que "a norma do Direito Alemão se funda na alteração das circunstâncias que serviram de fundamento para o contrato e que não tenha sido prevista pelas partes, extrapolando os riscos legais e contratuais (ou seja, aqueles que derivam da gestão de riscos realizada pelas partes), autorizando a revisão do contrato. Propõe-se a alteração sugerida a estabelecer requisitos que permitam a revisão do contrato por iniciativa da parte prejudicada pela onerosidade excessiva derivada da alteração de circunstâncias – o atual art. 478 se refere expressamente apenas à resolução, sendo que a redação do atual art. 317 se mostra insuficiente para assegurar adequado instrumento de revisão contratual. Daí por que se propõe mecanismo que, a um só tempo, permita a revisão contratual e assegure, quando necessário, a resolução contratual".

Também se inseriu no texto, como eles mesmos afirmaram, o teor do Enunciado n. 175, da *III Jornada de Direito Civil*, e do Enunciado n. 366, da *IV Jornada de Direito Civil*. Destaco que, mesmo com as minhas ressalvas doutrinárias, acabei cedendo à posição da maioria, em prol da segurança jurídica e do *espírito democrático* que guiou os trabalhos da nossa Comissão de Juristas.

Com outra proposta relevante, o projetado § 3º do art. 478 do CC/2002 preceituará que "a revisão se limitará ao necessário para eliminar ou mitigar a onerosidade excessiva, observadas a boa-fé, a alocação de riscos originalmente pactuada pelas partes e a ausência de sacrifício excessivo às partes", o que visa a conservar o máximo possível o contrato, em prol de suas funções social e econômica. Ademais, o § 4º sugerido para o preceito, mais uma vez com vistas a afastar argumentos subjetivos das partes, preverá que "não se aplica o disposto neste artigo para a mera impossibilidade econômica de adimplemento decorrente de fato pertinente à esfera pessoal ou subjetiva de um dos contratantes".

Com grande relevância para esta obra, o novo § 5º do art. 478 do CC/2002 afastará a incidência das regras da codificação privada para os contatos de consumo, e vice-versa, prevendo que "o disposto nesta seção não se aplica aos contratos de consumo, cuja revisão e resolução se sujeitam ao Código de Defesa do Consumidor". Não se pode negar que a última proposição é de vital importância para segurança jurídica.

Pontuo que, quanto ao art. 317 do CC/2002, a ideia é de *espelhamento* com o art. 478, com a seguinte redação para o seu caput: "se, em decorrência de eventos imprevisíveis, houver alteração superveniente das circunstâncias objetivas que serviram de fundamento para a constituição da obrigação e que isto gere onerosidade excessiva, excedendo os riscos normais da obrigação, para qualquer das partes, poderá o juiz, a pedido do prejudicado, corrigi-la, de modo que assegure, tanto quanto possível, o valor real da prestação". E na linha não só do Enunciado n. 175, da *III Jornada*, como também do Enunciado n. 17, da *I Jornada de Direito Civil*, há a proposta de um parágrafo único para o comando: "para os fins deste artigo devem ser também considerados os eventos previsíveis, mas de resultados imprevisíveis". Novamente, apenas se consolidam no texto as ideias da doutrina majoritária, retiradas das tão citadas *Jornadas de Direito Civil*.

Como se pode perceber pelas breves anotações doutrinárias, todas as proposições têm fundamentos consideráveis, sendo imperiosa a sua aprovação pelo Parlamento Brasileiro, em especial para se separar a revisão dos contratos civis da revisão dos contratos de consumo, exatamente como defendido neste livro.

5.3. A FUNÇÃO SOCIAL DO CONTRATO E A NÃO VINCULAÇÃO DAS CLÁUSULAS DESCONHECIDAS E INCOMPREENSÍVEIS (ART. 46 DO CDC). A INTERPRETAÇÃO MAIS FAVORÁVEL AO CONSUMIDOR (ART. 47 DO CDC)

Não há dúvidas de que a função social dos contratos constitui uma festejada mudança que revolucionou o Direito Contratual Brasileiro, trazendo uma nova concepção do instituto, de acordo com todas as tendências socializantes do Direito. As mudanças trazidas pelo novo princípio são inafastáveis e indeclináveis, o que também atinge os contratos de consumo, como não poderia ser diferente.

Repise-se que, pelo princípio da função social do contrato, deve-se interpretar e visualizar o contrato de acordo com o meio que o cerca. O contrato não pode ser mais concebido como uma *bolha* que envolve as partes, ou uma *corrente* que as aprisiona. Trazendo um sentido de *libertação negocial*, a função social dos contratos funciona como uma *agulha*, forte e contundente, que fura a bolha; como uma *chave* que abre as correntes. Em sentido próximo, ensina Teresa Negreiros que "partimos da premissa de que a função social do contrato, quando concebida como um princípio, antes de qualquer outro sentido e alcance que se lhe possa atribuir, significa muito simplesmente que o contrato não deve ser concebido como uma relação jurídica que só interessa às partes contratantes, impermeável às condicionantes sociais que o cercam e que são por ele próprio afetadas".[40]

Alguns dos comandos relativos à proteção contratual do Código Consumerista trazem essa ideia em moldes perfeitos, mitigando a força obrigatória da convenção, a antiga premissa liberal segundo o qual o contrato faz lei entre as partes (*pacta sunt servanda*). Não se pode aceitar o contrato da maneira como antes era consagrado; a sociedade mudou, vivemos sob o domínio do capital, e com isso deve mudar a maneira de ver e analisar os pactos, sobretudo os contratos de consumo.

De início, o regramento em questão pode ser abstraído do art. 46 da Lei 8.078/1990, segundo o qual "os contratos que regulam as relações de consumo não obrigarão os consumidores, se não lhes for dada a oportunidade de tomar conhecimento prévio de seu conteúdo, ou se os respectivos instrumentos forem redigidos de modo a dificultar a compreensão de seu sentido e alcance".

A norma está a prever a não vinculação de determinadas cláusulas, que são consideradas como não escritas ou inexistentes. Em um primeiro momento, resta claro que a opção do legislador foi de tratar do plano da existência do negócio jurídico, pois o comando, por si

---

[40] NEGREIROS, Teresa. *Teoria do contrato*. Novos paradigmas. Rio de Janeiro: Renovar, 2002. p. 206.

só, não estabelece a solução da invalidade. Todavia, pode-se interpretar pela nulidade das cláusulas de infringência ao preceito, conjugando-se o art. 46 com o art. 51, inc. XV, da Lei 8.078/1990, que consagra como abusiva qualquer cláusula que esteja em desacordo com o sistema de proteção do consumidor. Essa parece ser a melhor solução, pelos problemas que a inexistência pode gerar, já que a *teoria da inexistência do negócio jurídico* não foi adotada expressamente pelo sistema civil brasileiro. Tal caminho, pela nulidade absoluta, por vezes é seguido pela jurisprudência nacional (nessa linha: TJMG – Apelação Cível 0770829-75.2008.8.13.0024, Belo Horizonte – Décima Sexta Câmara Cível – Rel. Des. Sebastião Pereira de Souza – j. 03.03.2011 – *DJEMG* 08.04.2011).

Aprofundando-se na análise do art. 46 do CDC, para começar, são considerados como não vinculativas as *cláusulas desconhecidas*, ou que o consumidor não teve a oportunidade de conhecer, havendo a chamada violação do *dever de oportunizar*.[41] A origem da previsão está na vedação da chamada condição puramente potestativa, aquela que representa a vontade ou o puro arbítrio de apenas uma das partes, considerada ilícita pelo art. 122 do CC/2002.

Ilustrando a incidência dessa primeira parte do art. 46 do CDC, o consumidor deve ter o devido conhecimento prévio a respeito da taxa de juros estipulada no contrato bancário ou financeiro, sob pena de sua não incidência (com grande repetição no Tribunal Paulista e mesmo relator, por todos: TJSP – Apelação 9216881-08.2006.8.26.0000 – Acórdão 5042241, São Paulo – Vigésima Terceira Câmara de Direito Privado – Rel. Des. Sérgio Shimura – j. 30.03.2011 – *DJESP* 14.04.2011; TJSP – Apelação 9182798-29.2007.8.26.0000 – Acórdão 5042265, São Paulo – Vigésima Terceira Câmara de Direito Privado – Rel. Des. Sérgio Shimura – j. 30.03.2011 – *DJESP* 14.04.2011). Na verdade, o que ocorre muitas vezes na prática com os negócios bancários é que o consumidor sequer tem o devido conhecimento do conteúdo do contrato mantido com a instituição financeira, pois não lhe é dada a devida oportunidade para tanto.

Como outra ilustração, no caso de um contrato de seguro de vida, a cláusula limitativa de direitos deve ser comunicada previamente e em termos claros e ostensivos, sob pena de sua não vinculação. Nessa linha, do Tribunal Paulista:

"Seguro de vida e acidentes pessoais. Ação de cobrança de indenização. Cláusula com exclusão de cobertura em caso de separação judicial ou divórcio do casal. Morte. Separação judicial anterior. Desconhecimento prévio de cláusula limitativa. CDC, art. 46. Boa-fé e dever de informação (CDC, art. 30). Indenização devida. Recurso provido. É devida a indenização pelo falecimento do ex-cônjuge do segurado, ainda que o sinistro tenha ocorrido após a separação judicial do casal, se o segurado não tinha ciência de cláusula limitativa da cobertura. Nos contratos de consumo, eventual limitação de direito do segurado deve constar de forma clara e com destaque e, obviamente, ser entregue ao consumidor no ato da contratação, sob pena de não obrigar o contratante (CDC, art. 46). Cabe à seguradora demonstrar prévia disponibilização ao segurado da apólice e das condições gerais do seguro, nos termos do art. 6º, VIII do CDC" (TJSP – Apelação 9082668-60.2009.8.26.0000 – Acórdão 5010702, Araras – Trigésima Quinta Câmara de Direito Privado – Rel. Des. Clóvis Castelo – j. 21.03.2011 – *DJESP* 31.03.2011).

---

[41] MARQUES, Claudia Lima; BENJAMIN, Antonio Herman; MIRAGEM, Bruno. *Comentários ao Código de Defesa do Consumidor*. 3. ed. São Paulo: RT, 2010. p. 866.

Pelo mesmo caminho, do Superior Tribunal de Justiça, tratando de caso relativo à exclusão da garantia do seguro de vida em caso de embriaguez do motorista:

"Recurso especial. Indenização decorrente de seguro de vida. Acidente automobilístico. Embriaguez. Cláusula limitativa de cobertura da qual não foi dado o perfeito conhecimento ao segurado. Abusividade. Infringência ao art. 54, § 4º do Código de Defesa do Consumidor. Recurso especial provido. 1. Por se tratar de relação de consumo, a eventual limitação de direito do segurado deve constar, de forma clara e com destaque, nos moldes do art. 54, § 4º do CODECON e, obviamente, ser entregue ao consumidor no ato da contratação, não sendo admitida a entrega posterior. 2. No caso concreto, surge incontroverso que o documento que integra o contrato de seguro de vida não foi apresentado por ocasião da contratação, além do que a cláusula restritiva constou tão somente do 'manual do segurado', enviado após a assinatura da proposta. Portanto, configurada a violação ao art. 54, § 4º do CDC. 3. Nos termos do art. 46 do Código de Defesa do Consumidor: 'Os contratos que regulam as relações de consumo não obrigarão os consumidores, se não lhes for dada a oportunidade de tomar conhecimento prévio de seu conteúdo, ou se os respectivos instrumentos forem redigidos de modo a dificultar a compreensão de seu sentido e alcance'. 4. Deve ser afastada a multa aplicada com apoio no art. 538, parágrafo único do CPC, pois não são protelatórios os embargos de declaração opostos com fins de prequestionamento. 5. Recurso especial provido" (STJ – REsp 1.219.406/MG – Quarta Turma – Rel. Min. Luis Felipe Salomão – j. 15.02.2011 – DJe 18.02.2011).

Seguindo no estudo do tema, do mesmo modo não vinculam o consumidor as cláusulas incompreensíveis ou ininteligíveis, geralmente diante de um sério problema de redação, que visa a enganar o consumidor. A não vinculação decorre de um dolo contratual praticado pelo fornecedor ou prestador, via de regra com o claro intuito de induzir o consumidor a erro e obter um enriquecimento sem causa. A título de exemplo, muitas vezes verifica-se em contratos de seguro cláusulas mal escritas ou mal elaboradas, de difícil entendimento até pelo mais experiente aplicador do Direito, por utilizar expressões técnicas da área jurídica ou de gerenciamento de riscos. Em casos tais, tem-se entendido que, se o conjunto probatório da demanda evidenciar a inexatidão das informações apresentadas, no ato da contratação, pois a proposta não traz informação precisa e clara a respeito das limitações de cobertura, há violação do art. 46 do CDC (TJSP – Apelação 0001976-43.2005.8.26.0624 – Acórdão 4980354, Tatuí – Nona Câmara de Direito Privado – Rel. Des. Grava Brasil – j. 01.03.2011 – DJESP 23.03.2011).

As cláusulas contratuais devem ser elaboradas para a devida compreensão pelo *brasileiro médio* (pessoa natural comum). Assim sendo, diante da realidade cultural brasileira, os termos devem ser simples, sem grandes desafios em sua leitura e compreensão, sob pela de sua não vinculação ou a cabível solução de nulidade absoluta, conforme outrora se expôs. A concretizar tal importante premissa socializante, o Tribunal de Minas Gerais deduziu o seguinte:

"Aplica-se o art. 46 do Código de Defesa do Consumidor para afastar, em contrato de seguro, cláusula de exclusão de indenização por defeito de instalação elétrica que tenha provocado sinistro, por se tratar de disposição capciosa, que dificulta a compreensão do seu sentido e alcance. A queima da central eletrônica de controle do sistema injetor de combustível (módulo) é um defeito, uma avaria em peça do veículo. O curto circuito até pode ser causa de um incêndio, mas se os seus efeitos ficarem limitados à peça não se pode falar na ocorrência de um incêndio. (...)" (TJMG – Apelação Cível 1.0525.08.133576-8/0011, Pouso Alegre – Décima Terceira Câmara Cível – Rel. Des. Luiz Carlos Gomes da Mata – j. 16.04.2009 – *DJEMG* 11.05.2009).

Existe no art. 46 do CDC um *ponto de simbiose* entre o princípio da boa-fé objetiva e a função social do contrato, a mitigar a força obrigatória da convenção. Isso porque o desrespeito ao dever de informar com clareza gera como consequência a interpretação do pacto de acordo com a realidade social, afastando aquilo que aparentemente foi convencionado entre as partes. Em outras palavras, o concreto e o efetivo prevalecem sobre o meramente formal, tendência do Direito Civil Contemporâneo.

Superada a análise desse importante comando, o art. 47 da Lei 8.078/1990 consagra a máxima *in dubio pro consumidor*, ao preconizar que "as cláusulas contratuais serão interpretadas de maneira mais favorável ao consumidor". Aqui, o princípio da função social do contrato, em sua eficácia interna, é flagrante pela preocupação em se proteger o consumidor como parte vulnerável da relação negocial, o que repercute na hermenêutica do negócio jurídico. Nesse sentido, mencionando a interação entre a regra e o princípio, da jurisprudência paulista:

"Plano de saúde. Obrigação de fazer. Negativa de atendimento quanto à realização do tratamento denominado 'oxigenoterapia em câmara hiperbárica', sob alegação de se tratar de tratamento sem aprovação da ANS e estar excluído do contrato. Abusividade. Tratamento aprovado pela comunidade médica. Parte integrante do tratamento demandado pelo autor. Incidência do Código de Defesa do Consumidor e da Lei 9.656/1998. Presente o princípio da vulnerabilidade emergente do Código de Defesa do Consumidor. O contrato de consumo, como o de seguro individual de saúde, típicos de adesão, devem ser interpretados de modo favorável ao aderente (CDC, art. 47) atendendo à função social do contrato. Reconhecida a abusividade na exclusão do tratamento. Mantida a sentença de procedência. Recurso improvido" (TJSP – Apelação 0003799-67.2009.8.26.0024 – Acórdão 4992907, Andradina – Quinta Câmara de Direito Privado – Rel. Des. James Siano – j. 02.03.2011 – *DJESP* 20.04.2011).

Atente-se ao fato de ter o Código Civil de 2002 adotado a mesma premissa para o contrato de adesão, dispondo o seu art. 423 que "quando houver no contrato de adesão cláusulas ambíguas ou contraditórias, dever-se-á adotar a interpretação mais favorável ao aderente". Consubstancia a norma a regra *in dubio pro aderente*, interpretando-se o negócio jurídico em desfavor do seu estipulante (*interpretatio contra stipulatorem* ou *contra proferentem*). Como bem aponta Ezequiel Morais, a tendência mundial, seja nos países que seguem o modelo romano-germânico ou naqueles do tronco anglo-saxão, é justamente a de interpretar os contratos em desfavor da parte que tem o poder de impor o seu conteúdo. Cita o doutrinador, por oportuno, que a mesma premissa hermenêutica pode ser encontrada no Código Italiano de Consumo (art. 35), no Código de Consumo Francês (art. L 133.2) e no Código Argentino de Direito do Consumidor (art. 3º).[42]

---

[42] MORAIS, Ezequiel; PODESTÁ, Fábio Henrique; e CARAZAI, Marcos Marins. *Código de Defesa do Consumidor Comentado*. São Paulo: RT, 2010. p. 234-238.

Anote-se que a *Lei da Liberdade Econômica* (Lei 13.874/2019) ampliou essa proteção no novo art. 113, § 1º, inc. IV, ao estabelecer que a interpretação do negócio jurídico deve lhe atribuir o sentido que for mais benéfico à parte que não redigiu o dispositivo, se identificável. Assim, a interpretação favorável ao aderente não atinge somente as situações de conflito entre duas cláusulas contratuais, mas também os casos em que há conflito interpretativo decorrente de apenas uma cláusula isoladamente.

No Projeto de Reforma do Código Civil, elaborado pela Comissão de Juristas nomeada no Senado Federal, almeja-se uma ampliação ainda maior da interpretação favorável ao aderente, não só no caso de cláusulas ambíguas ou contraditórias, passando o novo § 2º do seu art. 423 a prever que "os contratos de adesão serão interpretados de maneira mais favorável ao aderente". Como será visto a seguir, também são feitas outras proposições importantes para o comando.

Feita essa nota, na atual realidade jurídica brasileira, pela teoria do *diálogo das fontes*, sendo o contrato de consumo e de adesão ao mesmo tempo, subsumem-se todos esses preceitos, conforme reconhecido pelos acórdãos a seguir:

"Ação de indenização. Danos morais e materiais. Contrato de seguro. Pedido de transporte aéreo negado. Cobertura de acidente pessoal. Cláusulas contraditórias. Interpretação mais favorável ao consumidor-aderente. Aplicabilidade do Código de Defesa do Consumidor. Art. 47 do CDC e art. 423 do CC. Dano material devido. Juros de mora, a partir da citação. Correção monetária, desde o efetivo desembolso. Dano moral. Não configurado. Sentença parcialmente reformada. A interpretação dada às cláusulas de um contrato de adesão, em caso de dúvida, deve ocorrer de forma mais favorável ao consumidor-aderente, parte mais fraca da relação, tentando-se extrair delas a maior utilidade possível, à luz da norma prevista no art. 47 do CDC e no art. 423 do CC. O contrato de seguro não pode ficar adstrito ao pagamento de uma indenização, mas também, e primordialmente, em prestar uma garantia e segurança ao segurado. O termo *a quo* dos juros de mora e da correção monetária no valor do dano material deve ocorrer, respectivamente, a partir da citação e do efetivo desembolso. A situação apresentada nos autos cinge-se a um mero dissabor, aborrecimento, não sendo capaz de causar um desequilíbrio psicológico do segurado, razão pela qual não há que se falar no instituto do dano moral" (TJMG – Apelação Cível 1.0024.07.463173-0/0011, Belo Horizonte – Décima Sexta Câmara Cível – Rel. Des. Nicolau Masselli – j. 15.04.2009 – *DJEMG* 29.05.2009).

"Apelação cível. Título de capitalização. Resgate antecipado. Cláusulas ambíguas. I. Quando ocorre o resgate antecipado de título de capitalização, devem ser atendidas as disposições contratuais no sentido da aplicação de redutor previsto no contrato, quando este se mostrar razoável e não atentar contra os princípios insculpidos no Código Consumerista e no Código Civil. II. Constando do contrato cláusulas ambíguas ou contraditórias, estas devem ser interpretadas da forma mais favorável ao aderente, nos termos do art. 47 do Código de Defesa do Consumidor e art. 423 do CC. III. Sendo atendido em parte, embora mínima, o pedido do autor, verificada está a parcial procedência da ação, permanecendo a condenação do demandante ao pagamento da totalidade das custas e honorários advocatícios à parte contrária, em face da sucumbência mínima desta. Apelo parcialmente provido" (TJRS – Apelação Cível 70006779292, Porto Alegre – Sexta Câmara Cível – Rel. Des. Ney Wiedemann Neto – j. 30.06.2004).

De toda sorte, como se verá mais à frente, o contrato de adesão não necessariamente é um contrato de consumo, hipótese em que terá incidência apenas o comando da codificação geral privada. Por outra via, o que é mais raro, nem sempre o contrato de consumo é de adesão, aplicando-se tão somente o CDC em hipóteses tais. Esse ponto de divergência entre os dois preceitos deve ser observado, em relação às suas abrangências.

Voltando-se ao art. 47 do CDC, imagine-se a contratação de um serviço de conserto de um encanamento, em que o contrato traz expressamente dois preços, um fixo e um de acordo com a extensão do trabalho do encanador. Diante da presunção absoluta de vulnerabilidade do consumidor, valerá a menor remuneração, o que não comporta qualquer debate ou discussão para afastar a premissa.

Em outro caso prático interessante, a jurisprudência paulista interpretou um compromisso de compra e venda da maneira mais favorável ao compromissário comprador, a afastar o pagamento de valor residual calculado de forma unilateral pelo promitente vendedor, pela não possibilidade de o prestador surpreender o consumidor com algo não esperado (vedação da surpresa). Vejamos a ementa da decisão:

"Ação de adjudicação compulsória. Promitente comprador pretende adjudicação de imóvel após pagamento de número de prestações previsto contratualmente. Promitente vendedor opõe resíduo de preço. Prestações calculadas pelo próprio promitente vendedor. Recibos apontavam número da prestação e total de prestações por pagar. Comportamento do promitente vendedor alimentou justa expectativa do promitente comprador de que quitação adviria do pagamento do número de prestações. Dever de lealdade e não surpresa, derivados do princípio da boa-fé (art. 4º, inc. III do CDC). Contrato interpretado mais favoravelmente ao promitente comprador (art. 47 do CDC). Precedentes do TJSP. Adjudicação cabível. Recurso improvido" (TJSP – Apelação 9214340-36.2005.8.26.0000 – Acórdão 5049061, Poá – Sétima Câmara de Direito Privado – Rel. Des. Luiz Antonio Costa – j. 06.04.2011 – *DJESP* 18.04.2011).

Nos contratos de plano de saúde, como outrora já se demonstrou, vários são os julgados que aplicam a premissa *in dubio pro consumidor* para abranger coberturas negadas injustificadamente pelas prestadoras de serviço de seguro. A propósito, trazendo essa interpretação favorável ao consumidor-segurado, na *VII Jornada de Direito Civil*, promovida pelo Conselho da Justiça Federal em 2015, aprovou-se enunciado segundo o qual "impõe-se o pagamento de indenização do seguro mesmo diante de condutas, omissões ou declarações ambíguas do segurado que não guardem relação com o sinistro" (Enunciado n. 585).

Um dos temas de grande discussão prática refere-se à cobertura relativa ao *stent*, aparelho utilizado após as cirurgias do coração para garantir o seu pleno funcionamento, visando a afastar o entupimento de suas veias. Por todos os acórdãos, vejamos duas ementas estaduais, com menções expressas ao art. 47 do CDC e conteúdo impecável:

"Apelação. Incidência do CDC. Prótese necessária à cirurgia de angioplastia. Ilegalidade da exclusão de *stents* da cobertura securitária. Cláusula obscura. As disposições do Código de Defesa do Consumidor são aplicadas nas relações contratuais mantidas junto a operadoras de planos de saúde. De acordo com o art. 47 do Código de Defesa do Consumidor as cláusulas redigidas de forma a dificultar o entendimento do consumidor devem ser interpretadas da maneira mais favorável a este. O *stent* não tem função de substituir total ou parcialmente quaisquer órgãos, servindo apenas de reforço ao órgão afetado que exija cirurgia, não podendo, portanto, ser caracterizado como uma prótese" (TJMG – Apelação Cível 2949590-11.2009.8.13.0105, Governador Valadares – Décima Quinta Câmara Cível – Rel. Des. Tibúrcio Marques – j. 14.01.2011 – *DJEMG* 02.02.2011).

"Plano de saúde. Implantação de *stent*. Alegação da seguradora de que se trata de uma prótese, devendo incidir a exclusão existente no contrato efetivado pelas partes [art. 8º]. Inadmissibilidade. Exclusão que contraria a função social do contrato [art. 421 do CC], retirando do paciente a possibilidade de sobrevida com dignidade. Inexistência de comprovação pela seguradora de que ofertou condições acessíveis para que o autor migrasse ao novo plano [sem restrições de qualquer espécie], adaptado aos termos da Lei 9.656/1998. Intervenção do Judiciário para decidir em favor do consumidor idoso [art. 47, da Lei 8.078/1990], obrigando a AMIL a reembolsar os custos do procedimento, sem cabimento, contudo, de danos morais na espécie. Não provimento dos recursos" (TJSP – Apelação 990.10.208879-0 – Acórdão 4590510, São Paulo – Quarta Câmara de Direito Privado – Rel. Des. Ênio Santarelli Zuliani – j. 24.06.2010 – *DJESP* 22.07.2010).

Não se pode negar que, presente tal negativa ao STENT, deve o segurado ser indenizado pelos danos morais sofridos, diante da clara lesão ao direito fundamental à saúde. Por bem, tal solução vem sendo adotada pela jurisprudência superior, em importante conclusão (por todos: STJ – AgRg no REsp 1.235.440/RS – Rel. Min. Luis Felipe Salomão – Quarta Turma – j. 05.09.2013 – *DJe* 16.09.2013; AgRg no AREsp 102.550/PE – Rel. Min. Maria Isabel Gallotti – Quarta Turma – j. 06.08.2013 – *DJe* 16.08.2013 e REsp 1.364.775/MG – Rel. Min. Nancy Andrighi – Terceira Turma – j. 20.06.2013 – *DJe* 28.06.2013).

Todavia, em julgado de 2019, entendeu a mesma Corte Superior que, se o paciente somente tiver conhecimento da negativa da cobertura quanto ao *stent* após ter alta hospitalar, não haverá dano moral, o que me parece correto tecnicamente. Como constou do acórdão, "na hipótese, o procedimento cirúrgico foi realizado sem qualquer empecilho por parte da operadora de plano de saúde, sendo que o autor somente tomou conhecimento da negativa de cobertura dos *stents* utilizados quando teve alta hospitalar. Dessa forma, conquanto tenha sido reconhecida pelas instâncias ordinárias a abusividade na respectiva negativa de cobertura do procedimento, tal fato não comprometeu a saúde do recorrente, tampouco acarretou atrasos ou embaraços em seu tratamento, o que afasta a ocorrência de dano moral" (STJ – REsp 1.800.758/SP – Terceira Turma – Rel. Min. Marco Aurélio Bellizze – j. 07.05.2019 – *DJe* 10.05.2019). Como se percebe, é necessário analisar as especificidades do caso concreto a respeito da hipótese fática que envolve o *stent*.

Seguindo nas ilustrações, ainda do Superior Tribunal de Justiça, na mesma linha de justa decisão, conclui-se pela presença de cobertura relativa ao marca-passo em instrumento com cláusula demasiadamente ampla, aplicando-se a justiça esperada, nos termos do art. 47 do CDC, vejamos o seguinte julgado:

"Agravo regimental. Seguro. Plano de saúde. Negativa de prestação jurisdicional. Não ocorrência. Fornecimento de marca-passo. Cláusula ampla. Interpretação favorável ao consumidor. Art. 47 do CDC. Fundamento inatacado. Súmula STF/283.

I. Tendo encontrado motivação suficiente para fundar a decisão, não fica o Órgão julgador obrigado a responder, um a um, os questionamentos suscitados pelas partes, mormente se notório seu propósito de infringência do julgado. II. Examinando o contrato firmado entre as partes concluiu o Colegiado estadual que o fornecimento de marcapasso não estaria excluído de cobertura. Isso porque, tratando-se de cláusula demasiadamente ampla, inserida em contrato de adesão, sua interpretação deveria ser feita da maneira mais favorável ao consumidor, em consonância com o art. 47 do Código de Defesa do Consumidor. III. Esse fundamento, suficiente, por si só, para manter a conclusão do julgado, não foi impugnado nas razões do especial, atraindo, à hipótese, a aplicação da Súmula 283 do Supremo Tribunal Federal. Agravo improvido" (STJ – AgRg-Ag 1.002.040/RS – Terceira Turma – Rel. Min. Sidnei Beneti – j. 19.06.2008 – DJe 01.07.2008).

Na mesma esteira, deduz o Tribunal da Cidadania que é abusiva a negativa do plano de saúde em cobrir as despesas de intervenção cirúrgica de gastroplastia, necessária à garantia da sobrevivência do segurado acometido por obesidade mórbida. Vejamos o que pode ser retirado de aresto publicado no seu *Informativo* n. 510:

"A gastroplastia, indicada para o tratamento da obesidade mórbida, bem como de outras doenças dela derivadas, constitui cirurgia essencial à preservação da vida e da saúde do paciente segurado, não se confundindo com simples tratamento para emagrecimento. Os contratos de seguro-saúde são contratos de consumo submetidos a cláusulas contratuais gerais, ocorrendo a sua aceitação por simples adesão pelo segurado. Nesses contratos, as cláusulas seguem as regras de interpretação dos negócios jurídicos estandardizados, ou seja, existindo cláusulas ambíguas ou contraditórias, deve ser aplicada a interpretação mais favorável ao aderente, conforme o art. 47 do CDC. Assim, a cláusula contratual de exclusão da cobertura securitária para casos de tratamento estético de emagrecimento prevista no contrato de seguro-saúde não abrange a cirurgia para tratamento de obesidade mórbida. Precedentes citados: REsp 1.175.616/MT, DJe 4/3/2011; AgRg no AREsp 52.420/MG, DJe 12/12/2011; REsp 311.509/SP, DJ 25/6/2001, e REsp 735.750/SP, DJe 16/2/2012" (STJ – REsp 1.249.701/SC – Rel. Min. Paulo de Tarso Sanseverino – j. 04.12.2012).

Em 2023, a Segunda Seção da Corte, mais uma vez em interpretação favorável aos consumidores, concluiu que as empresas de plano de saúde devem cobrir as cirurgias plásticas reparadoras e funcionais, que devem ser realizadas após as cirurgias bariátricas. As teses firmadas quando do julgamento do Tema n. 1.069 de repercussão geral foram as seguintes:

"(I) É de cobertura obrigatória pelos planos de saúde a cirurgia plástica de caráter reparador ou funcional indicada pelo médico assistente, em paciente pós-cirurgia bariátrica, visto ser parte decorrente do tratamento da obesidade mórbida;

(II) Havendo dúvidas justificadas e razoáveis quanto ao caráter eminentemente estético da cirurgia plástica indicada ao paciente pós-cirurgia bariátrica, a operadora de plano de saúde pode se utilizar do procedimento da junta médica, formada para dirimir a divergência técnico-assistencial, desde que arque com os honorários dos respectivos profissionais e sem prejuízo do exercício do direito de ação pelo beneficiário, em caso de parecer desfavorável à indicação clínica do médico assistente, ao qual não se vincula o julgador" (STJ – REsp 1.870.834/SP – Segunda Seção – Rel.

Min. Ricardo Villas Bôas Cueva – por unanimidade – j. 13.09.2023 – *DJe* 19.09.2023; REsp 1.872.321/SP – Segunda Seção – Rel. Min. Ricardo Villas Bôas Cueva – por unanimidade – j. 13.09.2023, *DJe* 19.09.2023 (Tema 1.069)).

Em sentido próximo, do mesmo Tribunal Superior, presentes divergências entre os documentos entregues ao segurado, entendeu-se pela prevalência da cobertura do seguro por invalidez em valor superior, por ser a interpretação mais benéfica ao segurado-consumidor. Na espécie, aplicou-se ainda o art. 46 do CDC, por último estudado, em interação efetiva com o art. 47 da mesma norma:

> "Direito do consumidor. Contrato de seguro. Invalidez permanente. Valor da indenização. Divergência entre os documentos entregues ao segurado. Prevalência do entregue quando da contratação. Cláusula limitativa da cobertura. Não incidência. Arts. 46 e 47 da Lei 8.078/1990. Doutrina. Precedente. Recurso provido. I. Havendo divergência no valor indenizatório a ser pago entre os documentos emitidos pela seguradora, deve prevalecer aquele entregue ao consumidor quando da contratação ('certificado individual'), e não o enviado posteriormente, em que consta cláusula restritiva (condições gerais). II. Nas relações de consumo, o consumidor só se vincula às disposições contratuais em que, previamente, lhe é dada a oportunidade de prévio conhecimento, nos termos do art. 46 do Código de Defesa do Consumidor. III. As informações prestadas ao consumidor devem ser claras e precisas, de modo a possibilitar a liberdade de escolha na contratação de produtos e serviços. Ademais, na linha do art. 54, § 4º da Lei 8.078/1990, devem ser redigidas em destaque as cláusulas que importem em exclusão ou restrição de direitos" (STJ – REsp 485760/RJ – Quarta Turma – Rel. Min. Sálvio de Figueiredo Teixeira – j. 17.06.2003 – *DJU* 01.03.2004, p. 186).

Na mesma linha, e mais recentemente, também quanto ao contrato de seguro entendeu-se na Corte, aplicando-se o art. 47 do CDC, que "sendo evidente a existência de datas diferentes relacionadas a uma mesma proposta de seguro, a condição contratual mais benéfica ao consumidor deve ser prestigiada. A dubiedade em relação a elemento essencial ao aperfeiçoamento da contratação reclama do julgador uma interpretação favorável ao consumidor, parte presumidamente hipossuficiente da relação de consumo" (STJ – REsp 1.726.225/RJ – Terceira Turma – Rel. Min. Moura Ribeiro – j. 18.09.2018 – *DJe* 24.09.2018).

Merece destaque, igualmente, o julgamento superior que interpretou extensivamente cláusula do contrato de plano de saúde, a fim de incluir filho da segurada dependente, abarcando também a tutela da família constante do art. 226 da Constituição Federal. Vejamos a publicação constante do *Informativo* n. 520 do STJ:

> "No caso em que o contrato de seguro de saúde preveja automática cobertura para determinadas lesões que acometam o filho de 'segurada' nascido durante a vigência do pacto, deve ser garantida a referida cobertura, não apenas ao filho da 'segurada titular', mas também ao filho de 'segurada dependente'. Tratando-se, nessa hipótese, de relação de consumo instrumentalizada por contrato de adesão, as cláusulas contratuais, redigidas pela própria seguradora, devem ser interpretadas da forma mais favorável à outra parte, que figura como consumidora aderente, de acordo com o que dispõe o art. 47 do CDC. Assim, deve-se entender que a expressão 'segurada' abrange também a 'segurada dependente', não se restringindo à 'segurada titular'. Com efeito, caso a seguradora pretendesse restringir o campo de abrangência da cláusula contratual, haveria de especificar ser esta aplicável apenas à titular do seguro contratado" (STJ – REsp 1.133.338/SP – Rel. Min. Paulo de Tarso Sanseverino – j. 02.04.2013).

Igualmente trazendo debate sobre a *tutela da família*, notadamente sobre o planejamento familiar, vinha-se discutindo no âmbito do Tribunal da Cidadania se o plano de saúde deve cobrir ou não a utilização de técnicas de reprodução assistida pelos segurados--consumidores. Em 2020, a sua Terceira Turma analisou hipótese fática relativa à obrigação de a operadora do plano de saúde custear o procedimento de fertilização *in vitro* associado ao tratamento de endometriose profunda, concluindo da seguinte forma:

"Esta Turma, ao julgar o REsp 1.815.796/RJ (julgado em 26.05.2020, *DJe* de 09.06.2020), fez a distinção entre o tratamento da infertilidade – que, segundo a jurisprudência, não é de cobertura obrigatória pelo plano de saúde (REsp 1.590.221/DF, Terceira Turma, julgado em 07.11.2017, *DJe* de 13.11.2017) – e a prevenção da infertilidade, enquanto efeito adverso do tratamento prescrito ao paciente e coberto pelo plano de saúde. Hipótese em que o procedimento de fertilização *in vitro* não foi prescrito à recorrente para prevenir a infertilidade decorrente do tratamento para a endometriose, senão como tratamento da infertilidade coexistente à endometriose, a cuja cobertura não está obrigada a operadora do plano de saúde" (STJ – REsp 1.859.606/SP – Terceira Turma – Rel. Min. Nancy Andrighi – j. 06.10.2020 – *DJe* 15.10.2020).

Em 2021, a temática foi analisada no âmbito da Segunda Seção da Corte, em repercussão geral (Tema 1067), firmando-se a tese segundo a qual "salvo disposição contratual expressa, os planos de saúde não são obrigados a custear o tratamento médico de fertilização *in vitro*" (STJ – REsp 1.851.062/SP – Rel. Ministro Marco Buzzi – Segunda Seção – j. 13.10.2021 – *DJe* 27.10.2021). Essa é a posição a ser considerada atualmente, para os devidos fins práticos, apesar de toda a divergência formada, justamente pela necessidade de tutela da família.

Também deve ser destacada a conclusão do Tribunal da Cidadania no sentido de interpretar o contrato de seguro-saúde de maneira mais favorável ao consumidor, determinando a cobertura por tratamentos experimentais existentes no País, especialmente quando houver risco de vida ao segurado. Nos termos da publicação constante do *Informativo* n. 551 da Corte:

"A seguradora ou operadora de plano de saúde deve custear tratamento experimental existente no País, em instituição de reputação científica reconhecida, de doença listada na CID-OMS, desde que haja indicação médica para tanto, e os médicos que acompanhem o quadro clínico do paciente atestem a ineficácia ou a insuficiência dos tratamentos indicados convencionalmente para a cura ou controle eficaz da doença. Cumpre esclarecer que o art. 12 da Lei 9.656/1998 estabelece as coberturas mínimas que devem ser garantidas aos segurados e beneficiários dos planos de saúde. Nesse sentido, as operadoras são obrigadas a cobrir os tratamentos e serviços necessários à busca da cura ou controle da doença apresentada pelo paciente e listada na Classificação Estatística Internacional de Doenças e Problemas Relacionados com a Saúde, da Organização Mundial de Saúde (CID-OMS). (...). Desse modo, o tratamento experimental, por força de sua recomendada utilidade, embora eventual, transmuda--se em tratamento mínimo a ser garantido ao paciente, escopo da Lei 9.656/1998, como se vê nos citados arts. 10 e 12. Isto é, nas situações em que os tratamentos convencionais não forem suficientes ou eficientes – fato atestado pelos médicos que acompanham o quadro clínico do paciente –, existindo no País tratamento experimental, em instituição de reputação científica reconhecida, com indicação para a doença, a seguradora ou operadora deve arcar com os custos do tratamento, na medida em que passa a ser o único de real interesse para o contratante. Assim, a restrição contida no art. 10, I, da Lei 9.656/1998 somente deve ter aplicação nas hipóteses em que os tratamentos convencionais mínimos garantidos pelo art. 12 da mesma Lei sejam de fato úteis e eficazes para o contratante segurado. Ou seja, não pode o paciente, à custa da seguradora ou operadora de plano de saúde, optar por tratamento experimental, por considerá-lo mais eficiente ou menos agressivo, pois lhe é disponibilizado tratamento útil, suficiente para atender o mínimo garantido pela Lei" (STJ – REsp 1.279.241/SP – Rel. Min. Raul Araújo – j. 16.09.2014).

Apesar dessa posição anterior, destaque-se o surgimento de outro precedente, da Terceira Turma do mesmo STJ e em 2017, concluindo de outra maneira. Conforme trecho da ementa do julgamento, "além do contrato firmado entre as partes, a própria Lei 9.656/98, que regulamenta a prestação dos serviços de saúde, autoriza, expressamente, em seu art. 10, V, a possibilidade de exclusão do 'fornecimento de medicamentos importados não nacionalizados'. A manutenção da higidez do setor de suplementação privada de assistência à saúde, do qual a recorrente faz parte, depende do equilíbrio econômico-financeiro decorrente da flexibilização das coberturas assistenciais oferecidas que envolvem a gestão dos custos dos contratos de planos de saúde. Determinar judicialmente o fornecimento de fármacos importados, sem o devido registro no órgão fiscalizador competente, implica em negar vigência ao art. 12 da Lei 6.360/76" (STJ – REsp 1.663.141/SP – Terceira Turma – Rel. Ministra Nancy Andrighi – j. 03.08.2017 – DJe 08.08.2017).

Em 2018, contudo, seguindo o primeiro julgado, concluiu-se que a empresa de plano de saúde não tem ingerência sobre o melhor tratamento disponível para o segurado-paciente, que deve prevalecer nas circunstâncias concretas. Vejamos trecho do seu exato conteúdo:

"Quem decide se a situação concreta de enfermidade do paciente está adequada ao tratamento conforme as indicações da bula/manual da ANVISA daquele específico remédio é o profissional médico. Autorizar que a operadora negue a cobertura de tratamento sob a justificativa de que a doença do paciente não está contida nas indicações da bula representa inegável ingerência na ciência médica, em odioso e inaceitável prejuízo do paciente enfermo". E mais: "o caráter experimental a que faz referência o art. 10, I, da Lei 9.656 diz respeito ao tratamento clínico ou cirúrgico incompatível com as normas de controle sanitário ou, ainda, aquele não reconhecido como eficaz pela comunidade científica. A ingerência da operadora, além de não ter fundamento na Lei 9.656/98, consiste em ação iníqua e abusiva na relação contratual, e coloca concretamente o consumidor em desvantagem exagerada (art. 51, IV, do CDC)" (STJ – REsp 1.721.705/SP – Terceira Turma – Rel. Min. Nancy Andrighi – j. 28.08.2018 – DJe 06.09.2018).

No caso concreto, a consumidora-segurada "detectou o ressurgimento de um problema oncológico que imaginava ter superado e recebeu recomendação médica de imediato tratamento quimioterápico, com utilização do Temodal, sob pena de comprometimento de sua saúde". Por isso, e diante da negativa da seguradora quanto à cobertura do tratamento, houve o reconhecimento da presença de danos morais reparáveis (STJ – REsp 1.721.705/SP – Terceira Turma – Rel. Min. Nancy Andrighi – j. 28.08.2018 – DJe 06.09.2018).

A questão, portanto, pendia de pacificação na Segunda Seção da Corte, com a clareza das premissas que devem ser seguidas pelos julgadores, o que foi feito em outubro de 2018, em sede de julgamento de recursos repetitivos. Conforme a tese firmada pela Segunda Seção no julgamento da análise dos Recursos Especiais ns. 1.726.563 e 1.712.163, "as operadoras de plano de saúde não estão obrigadas a fornecer medicamento não registrado pela Anvisa" (Tema 990). Conforme os argumentos do Ministro Relator, Paulo Dias Moura Ribeiro, "não se impõe na hipótese em que o medicamento recomendado seja de importação e comercialização vetada pelos órgãos governamentais, porque o Judiciário não pode impor que a operadora do plano de saúde realize ato tipificado como infração de natureza sanitária, prevista no artigo 66 da Lei 6.360/76, e criminal também, prevista na norma do artigo 273 do Código Penal". Ainda segundo o Magistrado, o Poder Judiciário não pode "atropelar todo o sistema criado para dar segurança sanitária aos usuários de medicamentos, sob pena de causar mais malefícios que benefícios" (Tema n. 990 de repercussão geral, do Superior Tribunal de Justiça).

Com o devido respeito, a minha posição é na linha do primeiro e do penúltimo último julgado, notadamente na necessidade de busca do melhor tratamento para o segurado-consumidor. Além dos argumentos ali constantes, reitere-se a necessidade de se interpretar o contrato de plano de saúde da maneira mais favorável ao consumidor. Em complemento, penso que a citada cobertura entra, sim, no risco da atividade das prestadoras de serviços (*risco do empreendimento*).

Acrescente-se que, mais uma vez interpretando o contrato de seguro-saúde de maneira mais favorável ao consumidor, a mesma Corte Superior deduz a necessidade de se cobrir o tratamento domiciliar do segurado (*home care*), mais uma vez quando este for melhor para a tutela da saúde do consumidor. Vejamos o principal aresto que trata do tema, com destaque:

"Recurso especial. Plano de saúde. Serviço de *home care*. Cobertura pelo plano de saúde. Dano moral. 1. Polêmica em torno da cobertura por plano de saúde do serviço de *home care* para paciente portador de doença pulmonar obstrutiva crônica. 2. O serviço de 'home care' (tratamento domiciliar) constitui desdobramento do tratamento hospitalar contratualmente previsto que não pode ser limitado pela operadora do plano de saúde. 3. Na dúvida, a interpretação das cláusulas dos contratos de adesão deve ser feita da forma mais favorável ao consumidor. Inteligência do enunciado normativo do art. 47 do CDC. Doutrina e jurisprudência do STJ acerca do tema. 4. Ressalva no sentido de que, nos contratos de plano de saúde sem contratação específica, o serviço de internação domiciliar (*home care*) pode ser utilizado em substituição à internação hospitalar, desde que observados certos requisitos como a indicação do médico assistente, a concordância do paciente e a não afetação do equilíbrio contratual nas hipóteses em que o custo do atendimento domiciliar por dia supera o custo diário em hospital. 5. Dano moral reconhecido pelas instâncias de origem. Súmula 07/STJ. 6. Recurso especial a que se nega provimento" (STJ – REsp 1.378.707/RJ – Terceira Turma – Rel. Min. Paulo de Tarso Sanseverino – j. 26.05.2015 – DJe 15.06.2015).

Em 2018, o entendimento foi confirmado em outro julgado superior, que afasta a possibilidade de o plano de saúde excluir previamente a cobertura por tratamento domiciliar. Conforme a sua correta ementa, "controvérsia acerca da alta gradativa (ou 'desmame') do serviço de 'home care' oferecido pela operadora de plano de saúde, não obstante a ausência de previsão contratual. Distinção entre internação domiciliar e assistência domiciliar, como modalidades do serviço de 'home care'. Caso concreto em que o acórdão recorrido encontra-se fundamentado, dentre outras provas, no laudo do médico assistente, recomendando a manutenção da assistência em regime de 24 horas diárias" (STJ – REsp 1.599.436/RJ – Terceira Turma – Rel. Min. Paulo de Tarso Sanseverino – j. 23.10.2018 – *DJe* 29.10.2018). Na verdade, parece haver certa contradição entre os últimos julgamentos e a posição firmada na Corte Superior a respeito dos medicamentos que estão fora da lista de medicamentos da ANVISA.

Do ano de 2023, como outro exemplo importante, concluiu o Tribunal da Cidadania que "é obrigatória a cobertura, pela operadora do plano de saúde, de cirurgias de transgenitalização e de plástica mamária com implantação de próteses em mulher transexual" (STJ – REsp 2.097.812/MG – Terceira Turma – Rel. Min. Nancy Andrighi – por unanimidade – j. 21.11.2023 – *DJe* 23.11.2023). Como se retira do voto da Ministra Relatora, uma das razões da necessidade de cobertura diz respeito ao fato de que tais intervenções médicas foram incorporadas pelo SUS, estando em tais fatos a sua motivação, além do chamado *direito fundamental ao gênero*, reconhecido amplamente pelos Tribunais Superiores no Brasil:

> "Os procedimentos de afirmação de gênero do masculino para o feminino são reconhecidos pelo Conselho Federal de Medicina (CFM) e foram também incorporados ao SUS, com indicação para o processo transexualizador, constando, inclusive, na tabela de procedimentos, medicamentos, órteses, próteses e materiais especiais do SUS, vinculados ao CID 10 F640 – transexualismo (atual CID 11 HA60 – incongruência de gênero), não se tratando, pois, de procedimentos experimentais.
>
> Os procedimentos que integram a redesignação sexual no sexo masculino e a plástica mamária incluindo prótese, descritos na Portaria 2.803/2013 do Ministério da Saúde, constam do anexo I do rol de procedimentos e eventos em saúde da ANS (Resolução ANS 465/2021), sem diretrizes de utilização, a saber: orquiectomia, amputação total do pênis, neovagina, reconstrução da mama com prótese, dentre outros.
>
> No processo transexualizador, a cirurgia plástica mamária reconstrutiva bilateral incluindo prótese mamária de silicone é procedimento que, muito antes de melhorar a aparência, visa à afirmação do próprio gênero, incluída no conceito de saúde integral do ser humano, enquanto medida de prevenção ao adoecimento decorrente do sofrimento causado pela incongruência de gênero, pelo preconceito e pelo estigma social vivido por quem experiencia a inadequação de um corpo masculino à sua identidade feminina.
>
> Tratando-se de procedimentos cirúrgicos prescritos pelo médico assistente, que não se enquadram nas exceções do art. 10 da Lei n. 9.656/1998, que são reconhecidos pelo CFM e foram incorporados ao SUS para a mesma indicação clínica (CID 10 F640 – transexualismo, atual CID 11 HA60 – incongruência de gênero), e que estão listados no rol da ANS sem diretrizes de utilização, encontram-se satisfeitos os pressupostos que impõem à operadora do plano de saúde a obrigação de sua cobertura, conforme preconizado no projeto terapêutico singular norteado por protocolos e diretrizes vigentes para o processo transexualizador" (STJ – REsp 2.097.812/MG – Terceira Turma – Rel. Min. Nancy Andrighi – por unanimidade – j. 21.11.2023 – *DJe* 23.11.2023).

Conforme se pode perceber, por todos os exemplos aqui trazidos, há grande variação no entendimento da Corte Superior a respeito dos eventos que devem ou não ser cobertos pelas empresas de plano de saúde, variando muito a interpretação jurisprudencial que tem sido feita a respeito do contrato de plano de saúde, um dos mais importantes na realidade prática do Direito Privado Brasileiro.

Como última concreção de destaque sobre o dispositivo, o STJ aplicou a interpretação mais favorável ao consumidor ao julgar, no ano de 2020, pelo "recebimento de prêmio constante do título de capitalização denominado Telesena, edição Primavera, na modalidade 'raspadinha', premiando com 'salário extra', correspondente a uma prestação mensal de R$ 5.000,00 pelo período de um ano". Além do dispositivo, julgou-se pela vinculação da oferta anterior, uma vez que, "diante da indevida contradição entre as informações constantes em destaque no título de capitalização, no sentido de que três valores iguais seriam suficientes para o pagamento do prêmio instantâneo, e aquelas constantes nas cláusulas gerais, de que seriam necessários, além dos três valores iguais, a frase 'ligue 0800...', deve prevalecer, sempre, a interpretação mais favorável ao consumidor, na forma do art. 47 do CDC" (STJ – REsp 1.740.997/CE – Terceira Turma – Rel. Min. Paulo de Tarso Sanseverino – j. 09.06.2020 – DJe 12.06.2020).

Expostas todas essas ilustrações e polêmicas, a encerrar o presente tópico, consigne-se a existência de milhares de decisões jurisprudenciais de aplicação do art. 47 do CDC que, em prol da função social do contrato, têm consagrado uma visualização realista dos pactos, da maneira a beneficiar com justiça a parte vulnerável da relação negocial. Do mesmo modo, o princípio da boa-fé objetiva também tem realizado transformações efetivas no mundo contratual, como se pode perceber do próximo tópico do presente capítulo.

5.4. A FORÇA VINCULATIVA DOS ESCRITOS E A BOA-FÉ OBJETIVA NOS CONTRATOS DE CONSUMO (ART. 48 DA LEI 8.078/1990). A APLICAÇÃO DOS CONCEITOS PARCELARES DA BOA-FÉ OBJETIVA

Além do princípio da função social do contrato, como antes se expôs nesta obra de forma exaustiva, a boa-fé objetiva constitui outro pilar fundamental do Código Brasileiro de Defesa do Consumidor. Sem prejuízo do art. 4º, inc. III, da Lei 8.078/1990, merece destaque, no capítulo referente à proteção contratual, o art. 48 do CDC, *in verbis*:

"Art. 48. As declarações de vontade constantes de escritos particulares, recibos e pré-contratos relativos às relações de consumo vinculam o fornecedor, ensejando inclusive execução específica, nos termos do art. 84 e parágrafos".

Pelo teor do preceito, fica evidenciada a *função de integração* da boa-fé objetiva em todas as fases contratuais: fase pré-contratual, fase contratual e fase pós-contratual. Nessa linha, não se olvida o teor do Enunciado n. 26, aprovado na *I Jornada de Direito Civil* do Conselho da Justiça Federal, segundo o qual "a cláusula geral contida no art. 422 do novo Código Civil impõe ao juiz interpretar e, quando necessário, suprir e corrigir o contrato segundo a boa-fé objetiva, entendida como a exigência de comportamento leal dos contratantes". Ora, se a premissa civil foi inspirada pelo Código Consumerista, a conclusão deve ser necessariamente a mesma para os contratos de consumo.

A respeito da abrangência das fases contratuais, na mesma *I Jornada de Direito Civil* foi aprovado o Enunciado n. 25, estabelecendo que "o art. 422 do Código Civil não inviabiliza a aplicação, pelo julgador, do princípio da boa-fé nas fases pré e pós-contratual". Ato contínuo, da *III Jornada de Direito Civil*, o Enunciado n. 170 CJF/STJ, *in verbis*: "a boa-fé objetiva deve ser observada pelas partes na fase de negociações preliminares e após a execução do contrato, quando tal exigência decorrer da natureza do contrato".

Como se pode perceber, há uma diferença sutil entre os enunciados doutrinários, eis que o primeiro é dirigido ao juiz, enquanto o último é direcionado às partes. As menções constantes do art. 48 do CDC a qualquer escrito, pré-contrato ou recibo deixa clara a total abrangência do regramento, visando interpretar o negócio de acordo com a lealdade e a confiança depositada.

A força vinculativa da boa-fé é marcante, uma vez que não sendo respeitado o que se espera do negócio celebrado, caberão as medidas de tutela específica tratadas pelo art. 84 do CDC, inclusive com a possibilidade de fixação de multa diária ou *astreintes*. No que concerne à proposta de contratar, há claro diálogo com o art. 427 do CC/2002, segundo o qual a proposta formalizada vincula o proponente, se contiver os elementos fundamentais do negócio a ser celebrado. Como bem pondera Nelson Nery Jr. a respeito do art. 48 do CDC, "o juiz poderá determinar qualquer providência que o caso mereça, a fim de que seja assegurado o resultado prático equivalente ao adimplemento da obrigação de fazer. Não quer o Código a resolução em perdas e danos. Tais providências judiciais podem ser de vária ordem, tais como a busca e apreensão, desfazimento de obra, remoção de pessoas e coisas, impedimentos de atividade nociva, além de requisição de força policial".[43]

Na esteira das palavras do jurista, consagra-se o princípio da conservação dos negócios jurídicos, sendo a solução de extinção do contrato a *ultima ratio*, o último caminho a ser percorrido. Não se pode esquecer do ponto de ligação entre tal princípio de manutenção e a função social do contrato, conforme reconhecido pelo Enunciado n. 22, da *I Jornada de Direito Civil*: "a função social do contrato, prevista no art. 421 do novo Código Civil, constitui cláusula geral, que reforça o princípio de conservação do contrato, assegurando trocas úteis e justas". Mais uma vez, notam-se os princípios da função social e da boa-fé em interessante interação simbiótica, como se espera.

Deve ficar claro, todavia, que a incidência da força vinculativa dos instrumentos não afasta o direito à indenização dos danos a que o consumidor tem direito, decorrência natural do festejado princípio da reparação integral dos danos (art. 6º, inc. V, da Lei 8.078/1990). Algumas das decisões a seguir expostas deixam clara tal constatação.

Partindo-se para os exemplos jurisprudenciais de incidência da norma em comento, interessante julgado do Tribunal de São Paulo fez incidir a força vinculativa do art. 48 do CDC para reconhecer o direito à internação de segurado de seguro-saúde internacional, sem prejuízo da responsabilidade civil de todas as empresas envolvidas para com a prestação de serviços contratada. A ementa é bem interessante, por sintetizar algumas outras questões expostas nos capítulos anteriores deste livro:

"1. Ação indenizatória de danos materiais e morais fundada no inadimplemento de seguro-viagem contratado em pacote turístico internacional. Autor submetido a cirurgia cardíaca, com implantação de desfibrilador ventricular, em hospital localizado na cidade de Livorno, Itália, sem a correspondente cobertura integral

---

[43] NERY JR., Nelson. *Código Brasileiro de Defesa do Consumidor*. 8. ed. Rio de Janeiro: Forense Universitária, 2004. p. 548.

do débito hospitalar pela seguradora anteriormente contratada. Relação de consumo. Cerceamento de defesa inocorrente. Legitimidade e solidariedade passiva das corrés (agência de turismo, operadora de turismo e seguradora). Art. 275 do CC e art. 14 do CDC. 2. Responsabilidade solidária de todas as empresas integrantes da cadeia de fornecedores dos serviços, que comercializam pacotes de viagens em parceria empresarial, pelos danos causados aos consumidores por defeitos na prestação dos serviços contratados. Art. 25, § 1º do CDC. 3. Vedação legal à estipulação contratual de cláusula que impossibilite, exonere ou atenue a obrigação de indenizar. Art. 25, *caput* do CDC. 4. A declaração pré-contratual da seguradora integra o contrato celebrado entre as partes, vinculando a prestadora de serviços. Art. 48 do CDC. Descumprimento injustificado. Lesão à boa-fé objetiva. Art. 422 do CC. Ineficácia de cláusula contratual limitativa de cobertura para doenças preexistentes, exageradamente desvantajosa para o consumidor e que desvirtuaria a própria essência protetiva plena da cobertura de assistência de viagem internacional contratada. Art. 51, *caput* e IV do CDC. 5. Verbas indenizatórias devidas. Condenação a ser apurada por liquidação em artigos mantida, a fim de se evitar a propositura de eventual ação autônoma, aproveitando-se todo o exame fático até aqui ocorrido, preservada a ampla defesa. Notícia de celebração de acordo não cumprido integralmente pela empresa contratada, sem qualquer justificativa plausível. Reparação material integral mantida. 6. Transtornos e abalos emocionais gravíssimos causados a indivíduo idoso, lançado ao desamparo após infarto, por empresa contratada para assisti-lo em viagem internacional. Danos morais moderadamente fixados, em atenção à sua dúplice função punitiva ao ofensor e compensatória à vítima, à maneira dos *punitive damages* do direito norte-americano, origem remota do art. 5º, V e X da CF/1988. 7. Desobediência injustificada às ordens judiciais e tentativa de induzimento do julgador em erro, sem qualquer temor institucional ao Poder Judiciário. Fatos gravíssimos. Multa diária limitada, por ora, a R$ 500.000,00, tendo em vista princípios de razoabilidade e proporcionalidade, desde que efetivado o pagamento do débito ao órgão fazendário da cidade de Livorno em até 15 dias após a prolação deste acórdão. Persistindo a desobediência após tal prazo, a multa diária voltará a fluir no montante de R$ 5.000,00, por inescusável recidiva. Possibilidade de majoração das *astreintes* a qualquer tempo. (...)" (TJSP – Apelação 0047211-20.2008.8.26.0562 – Acórdão 4978866, Santos – Trigésima Quarta Câmara de Direito Privado – Rel. Des. Soares Levada – j. 28.02.2011 – *DJESP* 21.03.2011).

São interessantes os julgados estaduais relativos à negativa por parte de empresa que explora o serviço de telefonia em cumprir a promessa pública do plano de expansão feita anteriormente, devendo ser responsabilizada por tal conduta de surpresa, nos termos do art. 48 do CDC e do respeito à promessa anterior. Por todos, entre os mais recentes:

"Responsabilidade civil. Desídia de operadora de serviços de telefonia. Oferta pública, convocando interessados em aderir a plano de expansão. Inscrição e sorteio, indicando a expectativa de instalação de linhas. Promessa de contratar, descumprida, sem justa causa. Dever reparatório. Inteligência dos arts. 159 e 1.080, do Código Civil de 1916; arts. 186, 187, 427 e 429, do Código Civil vigente; arts. 6º, IV e VI, 30, 35 e 48, da Lei 8.078/1990. Recurso do autor. Provimento" (TJSP – Apelação 9090199-71.2007.8.26.0000 – Acórdão 4859898, Santos – Trigésima Câmara de Direito Privado – Rel. Des. Carlos Russo – j. 17.11.2010 – *DJESP* 11.01.2011).

Ainda do Tribunal de São Paulo, aplicou-se o art. 48 do CDC para se determinar a força vinculativa de promessa de bolsa escolar, para todo o período de estudos do curso, e não apenas para o primeiro semestre do curso (TJSP – Apelação 992.09.032175-7 – Acórdão 4614215, Santos – Trigésima Câmara de Direito Privado – Rel. Des. Orlando Pistoresi – j. 28.07.2010 – *DJESP* 18.08.2010). A decisão comprova como as justas expectativas geradas na parte contratual despertam uma nova ética negocial, eis que não cabe a alegação de que a bolsa foi dada como mero ato de liberalidade, que pode ser quebrado a qualquer tempo.

No que concerne à fase pós-contratual, constata-se que o art. 48 do CDC faz menção expressa ao recibo, que tem notória força vinculativa. Sendo assim, em regra, não cabe ao prestador fazer cobrança de valor a mais, alegando que o montante pago pelo consumidor não cobriu todos os serviços prestados. O que ser percebe é que o comando em análise traz como conteúdo a máxima da boa-fé objetiva que veda o comportamento contraditório, consubstanciada na expressão *venire contra factum proprium non potest*.

Na verdade, não só esse, mas outros *conceitos parcelares da boa-fé objetiva* têm plena incidência para os contratos de consumo. Tais construções, advindas do Direito Comparado e retiradas da obra do jurista lusitano António Manuel da Rocha e Menezes Cordeiro, têm sido amplamente debatidas no cenário jurídico brasileiro, cabendo o seu estudo de forma pontual.[44] Como se reconheceu na *V Jornada de Direito Civil* do Superior Tribunal de Justiça, evento de 2011, "as diversas hipóteses de exercício inadmissível de uma situação jurídica subjetiva, tais como *supressio, tu quoque, surrectio* e *venire contra factum proprium*, são concreções da boa-fé objetiva" (Enunciado n. 412).

5.4.1. Supressio e surrectio

A *supressio* (*Verwirkung*) significa a supressão, por renúncia tácita, de um direito ou de uma posição jurídica, pelo seu não exercício com o passar dos tempos. No âmbito das relações civis, o seu sentido pode ser notado pela leitura do art. 330 do CC, que adota o conceito, eis que "o pagamento reiteradamente feito em outro local faz presumir renúncia do credor relativamente ao previsto no contrato". A título de ilustração, caso tenha sido previsto no instrumento obrigacional o benefício da obrigação portável (cujo pagamento deve ser efetuado no domicílio do credor), e tendo o devedor o costume de pagar no seu próprio domicílio de forma reiterada, sem qualquer manifestação do credor, a obrigação passará a ser considerada quesível (aquela cujo pagamento deve ocorrer no domicílio do devedor).

Ao mesmo tempo que o credor perde um direito por essa supressão, surge um direito a favor do devedor, por meio da *surrectio* (*Erwirkung*), direito este que não existia juridicamente até então, mas que decorre da efetividade social, de acordo com os costumes. Em outras palavras, enquanto a *supressio* constitui a perda de um direito ou de uma posição jurídica pelo seu não exercício no tempo, a *surrectio* é o surgimento de um direito diante de práticas, usos e costumes. Ambos os conceitos podem ser retirados do citado art. 330 do CC/2002, constituindo *duas faces da mesma moeda*, como bem afirma José Fernando Simão.[45]

---

[44] MENEZES CORDEIRO, António Manuel da Rocha e. *Da boa-fé no direito civil*. Coimbra: Almedina, 2001. Trata-se da obra definitiva a respeito do tema, uma tese de doutorado defendida na clássica Universidade de Lisboa, com cerca de 1.300 páginas.
[45] SIMÃO, José Fernando. *Direito civil. Contratos*. (Série Leituras Jurídicas). 3. ed. São Paulo: Atlas, 2008. p. 38.

No âmbito do Direito do Consumidor, o Tribunal da Justiça da Bahia incidiu as duas construções para afastar o direito da seguradora de rescindir unilateralmente um contrato se seguro-saúde empresarial pelo fato de ter sido o segurado demitido: "Recurso. Plano de saúde empresarial. Demissão. Manutenção do plano. Exclusão do segurado. Prática abusiva. Ofensa às regras do Código de Defesa do Consumidor, da Lei 9.656/1998 e ao princípio da boa-fé objetiva. *Surrectio* e *supressio*. Sentença confirmada. Recurso improvido" (TJBA – Recurso 63252-0/2003-1 – Segunda Turma Recursal – Rel. Juiz Moacir Reis Fernandes Filho – *DJBA* 28.05.2009).

Do Tribunal do Paraná, em sentido próximo, a *supressio* foi aplicada para afastar o direito de negativa de cobertura por parte de empresa de plano de saúde, por não ter sido exercida tal prerrogativa em momento contratual posterior:

"Apelação cível. Ação cominatória de obrigação de fazer c/c indenização por danos morais. Plano de saúde. Negativa de cobertura de exame prescrito por médico. Existência de trato sucessivo: incidência do Código de Defesa do Consumidor, mas não da Lei 9.656/1998. Interpretação contratual eivada de abusividade. Violação aos arts. 47, 51, *caput* e IV e 54, §§ 3º e 4º, CDC. Valor arbitrado a título de honorários advocatícios em conformidade ao que prescreve o art. 21, § 4º, CPC. Sentença mantida. 1. As disposições da Lei 9.656/1998 só se aplicam aos contratos celebrados a partir de sua vigência, bem como para os contratos que, celebrados anteriormente, foram adaptados para seu regime. 2. A incidência do Código de Defesa do Consumidor ao presente caso veda que se interprete restritivamente o rol de procedimentos assegurados pelo plano de saúde. 3. A tais circunstâncias revela-se aplicável a figura jurídica da *supressio* – bem descrita nas palavras de Menezes Cordeiro: 'A *supressio* caracteriza-se como a situação do direito que, não tendo sido, em certas circunstâncias, exercido durante um determinado lapso de tempo, não possa mais sê-lo, por outra forma, se contrariar a boa-fé'. Recurso conhecido e não provido" (TJPR – Apelação Cível 0567394-3, Curitiba – Nona Câmara Cível – Rel. Des. Rosana Amara Girardi Fachin – *DJPR* 17.07.2009, p. 344).

Por fim, do Tribunal do Rio Grande do Sul, cite-se instigante decisão que tem relação com o art. 48 do CDC, segundo a qual não tem a empresa de consórcio o direito de negar a emissão da certidão de propriedade de veículo, alegando a falta de pagamento de suposto valor residual, em desrespeito ao que foi previamente pactuado. Vejamos a ementa do julgado, com menção expressa aos dois conceitos aqui estudados:

"Consumidor. Consórcio de veículo. Equívoco na cobrança das parcelas mensais. Saldo a pagar no final do grupo. Inexigibilidade. Aplicação do princípio da boa-fé objetiva. Teorias da *surrectio* e *supressio*. Dever de concessão da liberação da alienação fiduciária pendente sobre o veículo. Danos materiais ocorrentes. Dano moral inocorrente. 1. Tendo o autor pago rigorosamente as parcelas do consórcio durante os 36 meses do grupo, não pode a administradora, ao final, negar-lhe a liberação da alienação fiduciária que recaía sobre o veículo adquirido com a carta de crédito. Isso porque, com os pagamentos realizados, criou-se ao autor a legítima expectativa de estar adquirindo parceladamente o veículo e quitando sua obrigação com o pagamento da última parcela. Ao mesmo tempo, em contrapartida, a inércia da ré fez desaparecer seu direito de cobrar o valor pago a menor. Aplicação do Princípio da Boa-fé Objetiva e das teorias da *surrectio e supressio*. 2. Comprovando o autor o gasto realizado com a notificação extrajudicial da ré, deve ser indenizado em tal monta. 3. Embora a conduta ilícita por parte da ré, tem-se que não experimentou o autor aborrecimento que extrapole os meros dissabores da vida em sociedade, não havendo falar em dano moral indenizável. Recurso parcialmente provido" (TJRS – Recurso Cível 71001586668, Três Passos – Primeira Turma Recursal Cível – Rel. Des. Ricardo Torres Hermann – j. 15.05.2008 – *DOERS* 20.05.2008, p. 100).

O aresto demonstra, na linha do que antes foi exposto, que a *supressio* e a *surrectio* são realmente duas faces da mesma moeda, incidentes ao mesmo tempo para as relações contratuais.

5.4.2. Tu quoque

O termo *tu quoque* significa que um contratante que violou uma norma jurídica não poderá, sem a caracterização do abuso de direito por quebra da boa-fé, aproveitar-se dessa situação anteriormente criada pelo desrespeito. Conforme lembra Ronnie Preuss Duarte, "a locução designa a situação de abuso que se verifica quando um sujeito viola uma norma jurídica e, posteriormente, tenta tirar proveito da situação em benefício próprio".[46]

Desse modo, está vedado que alguém faça contra o outro o que não faria contra si mesmo (*regra de ouro*), conforme ensina Cláudio Luiz Bueno de Godoy.[47] Relata o professor da USP que "Pelo 'tu quoque', expressão cuja origem, como lembra Fernando Noronha, está no grito de dor de Júlio César, ao perceber que seu filho adotivo Bruto estava entre os que atentavam contra sua vida ('Tu quoque, fili'? Ou 'Tu quoque, Brute, fili mi'?), evita-se que uma pessoa que viole uma norma jurídica possa exercer direito dessa mesma norma inferido ou, especialmente, que possa recorrer, em defesa, a normas que ela própria violou. Trata-se da regra de tradição ética que, verdadeiramente, obsta que se faça com outrem o que não se quer seja feito consigo mesmo".[48]

Incidindo a construção para o negócio jurídico de consumo, o Tribunal do Paraná já se pronunciou da seguinte forma, aplicando o preceito:

"Responsabilidade civil. Relação de consumo. Compra de aparelho celular. Parcelamento do valor. Inadimplemento. Recusa de prestar assistência técnica. Indenização por danos materiais e morais indevida. 1. Pelo princípio *tu quoque*, decorrente da boa-fé, não se justifica a cobrança de adimplemento do contrato se a própria parte que pleiteia o descumpriu. 2. Não há razão em indenizar por danos materiais e morais o consumidor que deixa de pagar a maior parte das parcelas da compra de um produto. Apelação não provida" (TJPR – Apelação Cível 0722417-3, Bandeirantes – Décima Câmara Cível – Rel. Des. Nilson Mizuta – *DJPR* 01.03.2011, p. 307).

Como se pode notar da ementa, a boa-fé objetiva exigida do fornecedor ou prestador também é premissa de conduta contra o consumidor. De data mais próxima, do Tribunal

---

[46] DUARTE, Ronnie Preuss. A cláusula geral da boa-fé no novo Código Civil brasileiro. In: DELGADO, Mário Luiz; ALVES, Jones Figueirêdo. *Questões controvertidas no novo Código Civil*. São Paulo: Método, 2004. v. 2, p. 399.

[47] GODOY, Cláudio Luiz Bueno de. *Função social do contrato*. De acordo com o novo Código Civil. (Coleção Prof. Agostinho Alvim). São Paulo: Saraiva, 2004. p. 87-94.

[48] GODOY, Cláudio Luiz Bueno de. *Função social do contrato*. De acordo com o novo Código Civil. (Coleção Prof. Agostinho Alvim). São Paulo: Saraiva, 2004. p. 88.

Paulista, merece relevo o julgado que determinou a manutenção das mesmas condições do plano de saúde para ex-empregado, que fazia parte de contrato em grupo. Conforme o *decisum*, "a partir dos princípios da boa-fé e da justiça contratual pretende-se evitar não só que o faltoso se beneficie da própria falta, mas, ainda, resguardar o equilíbrio entre as prestações contratuais. Além disso, o 'tu quoque' leva a que qualquer atentado a uma das prestações ou deveres de prestar represente, em verdade, um atentado ao próprio sinalagma. Assim, seria a cláusula de boa-fé contrariada, a se obrigar os ex-funcionários a aderir a novo contrato estipulado entre a ex-empregadora e a seguradora" (TJSP – Apelação Cível 1004905-14.2014.8.26.0625 – Acórdão 9248343, Taubaté – Décima Câmara de Direito Privado – Rel. Des. César Ciampolini – j. 23.02.2016 – *DJESP* 01.07.2016).

Anote-se que o Superior Tribunal de Justiça tem entendido do mesmo modo, excetuando-se a situação fática em que o contrato entre a ex-empregadora e a empresa de plano de saúde é rescindido. Nessa linha, como se retira de acórdão superior do ano de 2019, que conta com o meu apoio, "a exclusão de beneficiário de plano de saúde coletivo, após a cessação do seu vínculo com a pessoa jurídica estipulante, está disciplinada por lei e por resolução da agência reguladora e só pode ocorrer após a comprovação de que foi verdadeiramente assegurado o seu direito de manutenção (arts. 30 e 31 da Lei 9.656/98 e RN 279/11, da ANS). Diferente é a hipótese em que a pessoa jurídica estipulante rescinde o contrato com a operadora, afetando não apenas um beneficiário, senão toda a população do plano de saúde coletivo. Na espécie, inviável a manutenção do ex-empregado, considerando o cancelamento do plano de saúde coletivo pelo empregador que concedia este benefício a seus empregados ativos e ex-empregados" (STJ – REsp 1.736.898/RS – Terceira Turma – Rel. Min. Nancy Andrighi – j. 17.09.2019 – *DJe* 20.09.2019).

Como se pode perceber, a máxima *tu quoque* pode trazer a conclusão de vedação da surpresa em relação aos consumidores.

5.4.3. *Exceptio doli*

A *exceptio doli* é conceituada como a defesa do réu contra ações dolosas, contrárias à boa-fé. Aqui a boa-fé objetiva é utilizada como defesa, tendo uma importante *função reativa*, conforme leciona José Fernando Simão.[49] A *exceptio* mais conhecida no Direito Civil brasileiro é aquela constante no art. 476 do Código Civil, a *exceptio non adimpleti contractus*, segundo a qual, nos contratos bilaterais, nenhuma das partes pode exigir que uma parte cumpra com a sua obrigação se primeiro não cumprir com a própria.[50] Vale lembrar que os contratos bilaterais ou sinalagmáticos são aqueles que envolvem direitos e deveres para ambas as partes, de forma proporcional, sendo exemplo típico a compra e venda.

Não resta a menor dúvida de que a exceção de contrato não cumprido não só pode como deve ser aplicada em favor do consumidor, como nas hipóteses de compra e venda de consumo. Como primeiro caminho para tal afirmação, pode ser citada a incidência da boa-fé objetiva constante do art. 4º, inc. III, da Lei 8.078/1990. Como segundo caminho, a *teoria do diálogo das fontes* permite a conexão pelo art. 476 do CC/2002 em benefício do

---

[49] SIMÃO, José Fernando. *Direito civil. Contratos.* (Série Leituras Jurídicas). 3. ed. São Paulo: Atlas, 2008.
[50] Nesse sentido: ZANETTI, Cristiano de Souza. *Responsabilidade pela ruptura das negociações.* São Paulo: Juarez de Oliveira, 2005. p. 112-114.

consumidor. Não tem sido diferente a conclusão da jurisprudência nacional, nas hipóteses em que o produto ou o serviço não estão a contento ou de acordo com o esperado, especialmente nas hipóteses de vício (por todos: TJES – Apelação Cível 35060210016 – Primeira Câmara Cível – Rel. Des. Arnaldo Santos Souza – j. 06.07.2010 – *DJES* 03.09.2010, p. 72; TJSC – Apelação Cível 2003.011376-2, Joinville – Segunda Câmara de Direito Comercial – Rel. Des. Jorge Luiz de Borba – *DJSC* 03.09.2009, p. 328; e TJSP – Apelação com Revisão 207.759.4/7 – Acórdão 4134137, Barueri – Nona Câmara de Direito Privado – Rel. Des. Viviani Nicolau – j. 13.10.2009 – *DJESP* 12.11.2009).

Anote-se, por fim, que a máxima da *exceptio* tem o condão de afastar o direito de eventual inclusão do nome de consumidores em cadastro de inadimplentes, podendo ainda configurá-la como indevida ou abusiva, a gerar o direito à reparação de danos a favor do consumidor (TJDF – Recurso 2009.01.1.116487-2 – Acórdão 481.366 – Segunda Turma Recursal dos Juizados Especiais Cíveis e Criminais do DF – Rel. Juiz Asiel Henrique – *DJDF-TE* 22.02.2011, p. 277; TJSP – Apelação 992.07.044110-2 – Acórdão 4805183, São Carlos – Trigésima Câmara de Direito Privado – Rel. Des. Carlos Russo – j. 10.11.2010 – *DJESP* 09.12.2010; e TJMG – Apelação Cível 1.0024.07.485048-8/0011, Belo Horizonte – Décima Oitava Câmara Cível – Rel. Des. Elpídio Donizetti – j. 17.06.2008 – *DJEMG* 28.06.2008).

5.4.4. *Venire contra factum proprium*

Como outrora exposto, pela máxima *venire contra factum proprium non potest*, determinada pessoa não pode exercer um direito próprio contrariando um comportamento anterior, devendo ser mantida a confiança e o dever de lealdade, decorrentes da boa-fé objetiva. O conceito mantém relação com a *teoria dos atos próprios*, muito bem explorada no Direito Espanhol por Luís Díez-Picazo.[51]

Para Anderson Schreiber, que desenvolveu excelente trabalho monográfico sobre o tema no Brasil, podem ser apontados quatro pressupostos para aplicação da proibição do comportamento contraditório: 1º) um fato próprio, uma conduta inicial; 2º) a legítima confiança de outrem na conservação do sentido objetivo dessa conduta; 3º) um comportamento contraditório a este sentido objetivo; 4º) um dano ou um potencial de dano decorrente da contradição.[52]

A relação com o respeito à confiança depositada, um dos deveres anexos à boa-fé objetiva, é muito clara, conforme consta do Enunciado n. 362 da *IV Jornada de Direito Civil*: "A vedação do comportamento contraditório (*venire contra factum proprium*) funda-se na proteção da confiança, como se extrai dos arts. 187 e 422 do Código Civil". A premissa é a mesma para os contratos de consumo, sem qualquer distinção, podendo tal conclusão ser retirada, entre outros, do sempre invocado art. 4º, inc. III, do CDC.

Ilustrando para os contratos de consumo, destaque-se julgado do Tribunal Paulista que fez incidir o *venire* contra uma empresa administradora de cartão de crédito que mantinha a prática de aceitar o pagamento dos valores atrasados. No caso, a empresa, repentinamente, alegou a rescisão contratual, com base em cláusula contratual que previa a extinção do contrato havendo inadimplemento. A Corte mitigou a força obrigatória dessa

---

[51] DÍEZ-PICAZO, Luis. *La doctrina de los propios actos*. Barcelona: Editorial Bosch, 1963.

[52] SCHREIBER, Anderson. *A proibição do comportamento contraditório*. Tutela de confiança e *venire contra factum proprium*. Rio de Janeiro: Renovar, 2005. p. 124.

cláusula, ao apontar que a extinção do negócio jurídico e a cobrança integral não seriam possíveis, diante dos comportamentos de recebimento parcial do crédito. O consumidor foi indenizado pela negativação de seu nome em cadastro pela cobrança do valor integral:

"Dano moral. Responsabilidade civil. Negativação no Serasa e constrangimento pela recusa do cartão de crédito, cancelado pela ré. Caracterização. Boa-fé objetiva. *Venire contra factum proprium*. Administradora que aceitava pagamento das faturas com atraso. Cobrança dos encargos da mora. Ocorrência. Repentinamente invoca cláusula contratual para considerar o contrato rescindido, a conta encerrada e o débito vencido antecipadamente. Simultaneamente providencia a inclusão do nome do titular no Serasa. Inadmissibilidade. Inversão do comportamento anteriormente adotado e exercício abusivo da posição jurídica. Recurso improvido" (TJSP – Apelação Cível 174.305-4/2-00, São Paulo – Terceira Câmara de Direito Privado-A – Rel. Enéas Costa Garcia – j. 16.12.2005, v.u., voto 309).

Em outro julgado, por aplicar o *venire contra factum proprium*, o Tribunal Paulista afastou a extinção do contrato de seguro de forma automática, pois a seguradora vinha aceitando os pagamentos e emitindo faturas, mesmo com a presença da mora do segurado:

"Seguro de vida e acidentes pessoais. Ação de cobrança. Atraso no pagamento de parcelas mensais do prêmio. Cancelamento automático do contrato de seguro. Inadmissibilidade. Se a lei prevê a purga da mora, é porque afastada está a hipótese de resolução automática da avença. Diante do Código de Defesa do Consumidor, é reputada nula a cláusula que autoriza o fornecedor (seguradora) a resolver unilateralmente o contrato. Não pode o segurador cobrar os prêmios em atraso e, ao mesmo tempo, em caso de sinistro, furtar-se ao pagamento do capital de cobertura. Conduta contraditória e incompatível com a boa-fé (*venire contra factum proprium*). A jurisprudência do E. STJ prevê a necessidade de interpelação do segurado moroso para o desfazimento do contrato, o que não ocorreu. Ademais, a mora do segurado é de escassa importância, pois iniciada a partir do momento em que foi internado em nosocômio para tratar da doença letal. Recurso provido" (TJSP – Apelação 9147968-66.2009.8.26.0000 – Acórdão 4912959, São Paulo – Vigésima Quinta Câmara de Direito Privado – Rel. Des. Antônio Benedito Ribeiro Pinto – j. 20.01.2011 – *DJESP* 16.02.2011).

Vale lembrar, nos termos do que consta do final do acórdão, que a jurisprudência tem entendido pela necessidade de notificação do segurado que está em mora para que o contrato seja reputado como extinto. Trata-se de aplicação do princípio da boa-fé objetiva, porém no seu sentido de amparo do dever de informar. Nesse sentido, vale citar a Súmula 616 do STJ, editada no ano de 2018, segundo a qual "a indenização securitária é devida quando ausente a comunicação prévia do segurado acerca do atraso no pagamento do prêmio, por constituir requisito essencial para a suspensão ou resolução do contrato de seguro".

O *venire* tem sido aplicado em sentido muito próximo por outras Cortes Estaduais, podendo ser transcrito o seguinte resumo de acórdão do Tribunal Mineiro, relativo a contrato de plano de saúde:

"Ação ordinária. Rescisão por atraso no pagamento de 'contrato de seguro-saúde' firmado em momento posterior ao advento da Lei 9.656/1998. Requisitos. Notificação pessoal do consumidor. Inadimplência superior a 60 (sessenta) dias. Preenchimento. Ausência. Por força do art. 13, parágrafo único, II, da Lei 9.656/1998, a suspensão ou rescisão unilateral do contrato de seguro saúde por motivo de inadimplência nos últimos 12 (doze) meses de vigência do contrato, durante mais de 60 (sessenta) dias, pressupõe a notificação pessoal do consumidor. O cancelamento do plano de saúde promovido pela demandada está em nítido descompasso com a sua conduta anterior e caracteriza violação à doutrina dos atos próprios, *venire contra factum proprium*, mormente se considerarmos que a operadora de saúde aceitou receber, ainda que extemporaneamente, as mensalidades que justificariam o cancelamento da avença. Como a demandada descumpriu a norma contida no parágrafo único, II, da Lei 9.656/1998, deixando de enviar notificação pessoal válida aos consumidores, a fim de evitar a rescisão do contrato de seguro saúde por meio do pagamento das mensalidades em atraso, mostra-se correta a sentença que julgou procedente o pedido inicial, determinando o restabelecimento do contrato ilicitamente cancelado" (TJMG – Apelação Cível 0741246-16.2006.8.13.0024, Belo Horizonte – Décima Sétima Câmara Cível – Rel. Des. Lucas Pereira – j. 18.03.2010 – *DJEMG* 01.06.2010).

A encerrar as concreções do *venire contra factum proprium*, julgado do Tribunal do Rio Grande do Sul aplicou a máxima contra fabricante e comerciantes de aparelhos de ar-condicionado, que indicaram terceiro a prestar serviço de reparo de um produto, não podendo quedar-se de responder pelo vício do produto já conhecido:

"Consumidor. Aparelho de ar-condicionado *split*. Vício do produto. Encaminhamento à assistência técnica. Pedido de devolução do preço e de indenização. Dano moral configurado excepcionalmente. Valor da indenização mantido. Inexistência de complexidade do feito. Legitimidade passiva das rés. 1. Absolutamente desnecessária a realização de perícia, mormente quando a assistência técnica autorizada poderia ter esclarecido o defeito apresentado pelo aparelho. 2. Respondem solidariamente a fabricante e a comerciante. 3. Trata-se de relação típica de consumo, portanto aplicáveis as disposições do art. 18 e § 1º do Código de Defesa do Consumidor. Não sanado o vício no prazo de 30 dias, abre-se ao consumidor a possibilidade de postular a restituição da quantia paga ou a substituição do produto defeituoso. 2. Incontroverso o encaminhamento do produto à assistência técnica, sem a resolução do problema até o ajuizamento da demanda, configurado está o direito da autora em ver resolvido o contrato e devolvido o preço pago, acrescido de perdas e danos. 3. Ao contrário do sustentado pelas rés, não se pode atribuir à consumidora o fato de o aparelho ter sido colocado e retirado por empresa que não se constituía em uma assistência técnica autorizada. Consoante se vê da troca de e-mails de fls. 26, a 'empresa de referência' foi indicada pelas próprias rés para a realização do trabalho, não podendo agora ser invocado tal fato como causa ensejadora da perda da garantia. Decorre do princípio da boa-fé objetiva o dever anexo de transparência a repelir o *non venire contra factum proprium* 3. Configura-se, de forma excepcional, o dano moral em razão do descaso das rés em relação à autora. 4. Impossível reduzir o valor da indenização estabelecido na sentença (R$ 3.500,00), pois adequado ao caso concreto e aos critérios de proporcionalidade e razoabilidade. Sentença mantida por seus próprios fundamentos. Recursos improvidos" (TJRS – Recurso Cível 71002812733, Porto Alegre – Primeira Turma Recursal Cível – Rel. Des. Ricardo Torres Hermann – j. 28.10.2010 – *DJERS* 05.11.2010).

Como se percebe, a máxima que veda o comportamento contraditório tem variadas aplicações, não só nas relações civis como também nos contratos de consumo.

5.4.5. *Duty to mitigate the loss*

Em relação a esse último conceito parcelar, deve ficar claro que não é ele retirado da obra de Menezes Cordeiro, mas de outra fonte do Direito Privado Contemporâneo. Trata-se do dever imposto ao credor de mitigar suas perdas, ou seja, o próprio prejuízo. Sobre essa premissa foi aprovado o Enunciado n. 169 do CJF/STJ na *III Jornada de Direito Civil*, pelo qual "O princípio da boa-fé objetiva deve levar o credor a evitar o agravamento do próprio prejuízo".

A proposta doutrinária, elaborada por Vera Maria Jacob de Fradera, professora da Universidade Federal do Rio Grande do Sul, representa muito bem a natureza do dever de colaboração, presente em todas as fases contratuais e que decorre do princípio da boa-fé objetiva, incidente para qualquer contrato.[53]

Anote-se que o Enunciado n. 169 CJF/STJ está inspirado no art. 77 da Convenção de Viena de 1980, sobre a venda internacional de mercadorias, no sentido de que "a parte que invoca a quebra do contrato deve tomar as medidas razoáveis, levando em consideração as circunstâncias, para limitar a perda, nela compreendido o prejuízo resultante da quebra. Se ela negligencia em tomar tais medidas, a parte faltosa pode pedir a redução das perdas e danos, em proporção igual ao montante da perda que poderia ter sido diminuída". Para a autora da proposta, há uma relação direta com o princípio da boa-fé objetiva, uma vez que a mitigação do próprio prejuízo constituiria um dever de natureza acessória, um dever anexo, derivado da boa conduta que deve existir entre os negociantes.

Também sobre o conceito, merece destaque o Enunciado 629, aprovado na *VIII Jornada de Direito Civil* do Conselho da Justiça Federal, em 2018, e com premissas que podem ser aplicadas em favor dos consumidores. Conforme a sua redação, "a indenização não inclui os prejuízos agravados, nem os que poderiam ser evitados ou reduzidos mediante esforço razoável da vítima. Os custos da mitigação devem ser considerados no cálculo da indenização".

A título de exemplo para os contratos de consumo, imagine-se um contrato bancário ou financeiro em que há descumprimento por parte do consumidor. Segundo a minha interpretação doutrinária, já aplicada pela jurisprudência estadual, não pode a instituição financeira permanecer inerte, aguardando que, diante da alta taxa de juros prevista no instrumento contratual, a dívida atinja montantes astronômicos. Se assim agir, como consequência da violação da boa-fé, os juros devem ser reduzidos. Vejamos a ementa de julgado do Mato Grosso do Sul que subsume tais premissas:

"Apelação cível. Ação de cobrança. Aplicação do princípio *duty to mitigate the loss*. Contrato de cartão de crédito. Contrato de adesão. Aplicabilidade do CDC. Revisão das cláusulas abusivas. Possibilidade. Juros remuneratórios. Cópia do contrato. Ausência. Aplicação do art. 333 do CPC. Manutenção da limitação dos juros em 12% ao ano. Comissão de permanência. Impossibilidade de averiguação da sua cobrança cumulada com outros encargos. Inexistência de cópia do contrato. Manutenção da sentença que afastou a possibilidade de cobrança de capitalização mensal de juros. Prática ilegal. Anatocismo. Súmula 121 do STF. Usura. Multa. 2%. Falta de interesse recursal. Recurso

---

[53] Sobre o tema, da jurista: FRADERA, Vera Jacob. Pode o credor ser instado a diminuir o próprio prejuízo? *Revista Trimestral de Direito Civil*, Rio de Janeiro: Padma, v. 19, 2004.

parcialmente conhecido e improvido. Se a instituição financeira permanece inerte por longo período, aguardando que a dívida atinja montantes astronômicos, impõe-se-lhe a aplicação do princípio denominado *duty to mitigate the loss*, que impõe, nestes casos, por penalidade, a redução do crédito do mutuário deveria, nos termos do princípio da boa-fé objetiva, evitar o agravamento do próprio prejuízo. Nos termos da Súmula 297 do STJ e precedentes do Supremo Tribunal Federal, o Código de Defesa do Consumidor é aplicável às instituições financeiras. O contrato de cartão de crédito é considerado de adesão, eis que resulta da padronização e uniformização das cláusulas contratuais realizadas pela instituição financeira, as quais o consumidor é obrigado a aceitá-las em bloco, em seu prejuízo. Na esteira do entendimento atual do Superior Tribunal de Justiça, levando-se em consideração a situação jurídica específica do contrato, é de se admitir a revisão das cláusulas consideradas abusivas pelo Código de Defesa do Consumidor. Se os juros remuneratórios contratados excedem a taxa média de mercado, fixada pelo Banco Central do Brasil, fica autorizada a revisão contratual, eis que caracterizada a abusividade, devendo os juros ser reduzidos ao valor da taxa média de mercado. Outrossim, quando a instituição financeira não comprova os fatos extintivos, modificativos ou impeditivos do direito do autor, demonstrando que a taxa de juros por ele cobrada não é extorsiva, mantém-se a fixação dos juros em 12%, nos termos da sentença. Mantém-se a sentença recorrida que afastou a possibilidade de cobrança da comissão de permanência se não houver nos autos cópia do contrato, permitindo aferir se a sua cobrança foi cumulada com outros encargos. A capitalização mensal de juros, denominada anatocismo, é prática vedada pelo nosso ordenamento jurídico, a exemplo do que ocorre com o art. 13 do Decreto 22.626/1933, tanto que o STF editou a Súmula 121, que estabelece ser vedada a capitalização de juros. Se a sentença apenas afasta a possibilidade de cobrança da multa em percentual superior a 2%, nos termos contratados, carece o autor de interesse recursal" (TJMS – Apelação Cível 2009.022658-4/0000-00, Campo Grande – Terceira Turma Cível – Rel. Des. Rubens Bergonzi Bossay – *DJEMS* 24.09.2009, p. 12).

Exatamente na mesma linha, destaque-se decisão recente do Tribunal de Justiça do Rio de Janeiro, que substituiu os vultosos juros contratuais pelos juros legais, incidindo o *duty to mitigate the loss* (TJRJ – Apelação Cível 0010623-64.2009.8.19.0209 – 9.ª Câmara Cível – Rel. Des. Roberto de Abreu e Silva, j. 2011).

Em sentido próximo, o Tribunal de Justiça de São Paulo fez incidir o *duty to mitigate the loss* em face de instituição bancária, que não apresentou o contrato que iniciou o relacionamento com o correntista. Ademais, o banco, durante a execução do contrato, manteve a incidência de taxas e de juros sobre essas em relação à conta inativa, não solicitando o comparecimento do cliente na agência para o seu devido encerramento. Além de reconhecer a impossibilidade da cobrança dos valores, o Tribunal Paulista concluiu pelo dever de indenizar do banco, diante da inscrição indevida do nome do correntista em cadastro de inadimplentes (TJSP – Apelação 0003643-11.2012.8.26.0627 – Vigésima Câmara de Direito Privado, Teodoro Sampaio – Rel. Des. Correia Lima – j. 15.06.2015).

No âmbito do Superior Tribunal de Justiça a tese foi afastada diante do mero retardamento da ação de cobrança, por si só, como se extrai de julgado do ano de 2017 da Corte, assim ementado:

"Recurso especial. Ação de cobrança. Contrato de cartão de crédito. Aplicação do princípio *duty to mitigate the loss*. Inviabilidade no caso concreto. Juros remuneratórios. Ausência de contrato nos autos. Distribuição dinâmica do ônus da prova. Taxa média de mercado. Recurso provido. 1. O princípio *duty to mitigate the loss* conduz à ideia de dever, fundado na boa-fé objetiva, de mitigação pelo credor de seus próprios prejuízos, buscando, diante do inadimplemento do devedor, adotar medidas razoáveis, considerando as circunstâncias concretas, para diminuir suas perdas. Sob o aspecto do abuso de direito, o credor que se comporta de maneira excessiva e violando deveres anexos aos contratos (*v.g.* lealdade, confiança ou cooperação), agravando, com isso, a situação do devedor, é que deve ser instado a mitigar suas próprias perdas. É claro que não se pode exigir que o credor se prejudique na tentativa de mitigação da perda ou que atue contrariamente à sua atividade empresarial, porquanto aí não haverá razoabilidade. 2. O ajuizamento de ação de cobrança muito próximo ao implemento do prazo prescricional, mas ainda dentro do lapso legalmente previsto, não pode ser considerado, por si só, como fundamento para a aplicação do *duty to mitigate the loss*. Para tanto, é necessário que, além do exercício tardio do direito de ação, o credor tenha violado, comprovadamente, alguns dos deveres anexos ao contrato, promovendo condutas ou omitindo-se diante de determinadas circunstâncias, ou levando o devedor à legítima expectativa de que a dívida não mais seria cobrada ou cobrada a menor. 3. A razão utilizada pelas instâncias ordinárias para aplicar ao caso o postulado do *duty to mitigate the loss* está fundada tão somente na inércia da instituição financeira, a qual deixou para ajuizar a ação de cobrança quando já estava próximo de vencer o prazo prescricional e, com isso, acabou obtendo crédito mais vantajoso diante da acumulação dos encargos ao longo do tempo. 4. Não há nos autos nenhum outro elemento que demonstre haver a instituição financeira, no caso em exame, criado no devedor expectativa de que não cobraria a dívida ou que a cobraria a menor, ou mesmo de haver violado seu dever de informação. Não há, outrossim, elemento nos autos no qual se possa identificar qualquer conduta do devedor no sentido de negociar sua dívida e de ter sido impedido de fazê-lo pela ora recorrente, ou ainda qualquer outra circunstância que pudesse levar à conclusão de quebra da confiança ou dos deveres anexos aos negócios jurídicos por nenhuma das partes contratantes, tais como a lealdade, a cooperação, a probidade, entre outros. 5. Desse modo, entende-se não adequada a aplicação ao caso concreto do *duty to mitigate the loss*. (...). 7. Recurso especial provido" (STJ – REsp 1.201.672/MS – Quarta Turma – Rel. Min. Lázaro Guimarães (Desembargador Convocado do TRF da 5ª Região) – j. 21.11.2017 – DJe 27.11.2017).

Com o devido respeito, não me filio a essa última forma de julgar, pois o atraso em promover a demanda enseja sim, e por si só, a aplicação do conceito, uma vez que a inércia do credor acaba por trazer prejuízos consideráveis aos devedores, e vantagens incontestáveis ao banco.

Por fim, quanto às ilustrações, parece-me haver uma relação direta entre o *duty to mitigate the loss* e a cláusula de *stop loss*, tema analisado pelo Superior Tribunal de Justiça no ano de 2014. Nos termos de julgado publicado no *Informativo* n. 541 da Corte Superior:

> "A instituição financeira que, descumprindo o que foi oferecido a seu cliente, deixa de acionar mecanismo denominado *stop loss*, pactuado em contrato de investimento, incorre em infração contratual passível de gerar a obrigação de indenizar o investidor pelos prejuízos causados. Com efeito, o risco faz parte da aplicação em fundos de investimento, podendo a instituição financeira criar mecanismos ou oferecer garantias próprias para reduzir ou afastar a possibilidade de prejuízos decorrentes das variações

observadas no mercado financeiro interno e externo. Nessa linha intelectiva, ante a possibilidade de perdas no investimento, cabe à instituição prestadora do serviço informar claramente o grau de risco da respectiva aplicação e, se houver, as eventuais garantias concedidas contratualmente, sendo relevantes as propagandas efetuadas e os prospectos entregues ao público e ao contratante, os quais obrigam a contratada. Neste contexto, o mecanismo *stop loss*, como o próprio nome indica, fixa o ponto de encerramento de uma operação financeira com o propósito de 'parar' ou até de evitar determinada 'perda'. Assim, a falta de observância do referido pacto permite a responsabilização da instituição financeira pelos prejuízos suportados pelo investidor. Na hipótese em foco, ainda que se interprete o ajuste firmado, tão somente, como um regime de metas quanto ao limite de perdas, não há como afastar a responsabilidade da contratada, tendo em vista a ocorrência de grave defeito na publicidade e nas informações relacionadas aos riscos dos investimentos" (STJ – REsp 656.932/SP – Rel. Min. Antonio Carlos Ferreira – j. 24.04.2014).

Com esse importante e instigante conceito parcelar, encerra-se o estudo das incidências concretas da boa-fé objetiva para os contratos de consumo. Parte-se então à abordagem do direito de arrependimento, tratado pelo art. 49 da Lei 8.078/1990.

5.5. O DIREITO DE ARREPENDIMENTO NOS CONTRATOS DE CONSUMO (ART. 49 DA LEI 8.078/1990)

Tema dos mais relevantes na ótica consumerista é o concernente ao direito de arrependimento nos contratos de consumo, tratado pelo art. 49 da Lei 8.078/1990. Em sua redação literal, enuncia o *caput* do comando que "o consumidor pode desistir do contrato, no prazo de 7 dias a contar de sua assinatura ou do ato de recebimento do produto ou serviço, sempre que a contratação de fornecimento de produtos e serviços ocorrer fora do estabelecimento comercial, especialmente por telefone ou a domicílio". Ato contínuo, o parágrafo único da norma preceitua que, se o consumidor exercitar tal direito, os valores eventualmente pagos, a qualquer título, durante o prazo de reflexão, serão devolvidos de imediato, monetariamente atualizados, o que visa a afastar o enriquecimento sem causa ou indevido.

Esse direito de arrependimento, relativo ao *prazo de reflexão* de sete dias, constitui um *direito potestativo* colocado à disposição do consumidor, contrapondo-se a um estado de sujeição existente contra o fornecedor ou prestador. Como se trata do exercício de um direito legítimo, não há a necessidade de qualquer justificativa, não surgindo da sua atuação regular qualquer direito de indenização por perdas e danos a favor da outra parte. Como decorrência lógica de tais constatações, não se pode falar também em incidência de multa pelo exercício, o que contraria a própria concepção do sistema de proteção ao consumidor.

A propósito da existência de um *direito potestativo do consumidor*, o Superior Tribunal de Justiça, em notável julgamento do ano de 2013, deduziu que:

"O Procon pode aplicar multa a fornecedor em razão do repasse aos consumidores, efetivado com base em cláusula contratual, do ônus de arcar com as despesas postais decorrentes do exercício do direito de arrependimento previsto no art. 49 do CDC. De acordo com o *caput* do referido dispositivo legal, o consumidor pode desistir do contrato, no prazo de sete dias a contar de sua assinatura ou do ato de recebimento do produto ou serviço, sempre que a contratação de fornecimento de produtos e serviços ocorrer fora do estabelecimento comercial, especialmente por telefone ou a domicílio. O parágrafo único do art. 49 do CDC, por sua vez, especifica que o consumidor, ao exercer o referido direito de arrependimento, terá de volta, imediatamente e monetariamente atualizados, todos os valores eventualmente pagos, a qualquer título, durante o prazo de reflexão – período de sete dias contido no *caput* do art. 49 do CDC –, entendendo-se incluídos nestes valores todas as despesas decorrentes da utilização do serviço postal para a devolução do produto, quantia esta que não pode ser repassada ao consumidor. Aceitar o contrário significaria criar limitação ao direito de arrependimento legalmente não prevista, de modo a desestimular o comércio fora do estabelecimento, tão comum nos dias atuais. Deve-se considerar, ademais, o fato de que eventuais prejuízos enfrentados pelo fornecedor nesse tipo de contratação são inerentes à modalidade de venda agressiva fora do estabelecimento comercial (pela internet, por telefone ou a domicílio)" (STJ – REsp 1.340.604/RJ – Rel. Min. Mauro Campbell Marques – j. 15.08.2013 – publicado no seu *Informativo* n. 528).

Como bem pontuam Claudia Lima Marques, Herman Benjamin e Bruno Miragem, tal direito existe para proteger a declaração de vontade do consumidor, possibilitando que ele reflita com calma nas agressivas situações de vendas a domicílio.[54] De acordo com os juristas, há um notável avanço confrontando-se a previsão com o sistema civil, que não consagra qualquer regra geral de arrependimento para os contratos regidos unicamente pelo CC/2002. Deve ficar claro que não se trata de venda a contento ou *ad gustum,* tratada pelos arts. 509 a 512 do CC, pois nesse caso há necessidade de o comprador motivar as razões da sua não aprovação. No tipo do art. 49 do CDC, dispensa-se qualquer motivação para o exercício do arrependimento dentro do prazo de reflexão.

De qualquer maneira, apesar de sua indiscutível importância social, o dispositivo em análise é alvo de importantes alterações estruturais por meio do antigo Projeto de Lei 281/2012. A primeira delas diz respeito à ampliação do prazo para quatorze dias, assim como ocorre nos Países que compõem a Comunidade Europeia. Nessa linha, o *caput* do comando passaria a ser assim redigido: "o consumidor pode desistir da contratação a distância, no prazo de quatorze dias, a contar da aceitação da oferta ou do recebimento ou disponibilidade do produto ou serviço, o que ocorrer por último".

Feita tal consideração, insta verificar os limites de aplicação do comando na atualidade, bem como outras projeções visadas pelo PLS 281/2012. Pela literalidade hoje vigente, a sua incidência se restringe às vendas realizadas fora do estabelecimento empresarial, citando a norma as vendas por telefone ou a domicílio (chamada a última de *venda porta a porta*). De toda maneira, quando a lei foi elaborada, ainda não existia a atual evolução a respeito das vendas pela Internet ou outros meios de comunicação semelhantes ou próximos, devendo o referido dispositivo ser estendido para tais hipóteses, conforme reconhece a melhor doutrina. Nessa linha, posicionam-se, por todos, Nelson Nery Jr. e Rosa Maria de Andrade Nery, afirmando que "o CDC enumerou, de maneira exemplificativa, as formas de contratação fora do estabelecimento comercial: por telefone e a domicílio. O caráter de *numerus apertus* desse elenco é dado pelo advérbio 'especialmente' constante da norma. Assim, as contratações por telefone, fax, videotexto, mala direta, reembolso postal, catálogo, prospectos, lista de preços, a domicílio, via Internet etc.".[55]

---

[54] MARQUES, Claudia Lima; BENJAMIN, Antonio Herman; MIRAGEM, Bruno. *Comentários ao Código de Defesa do Consumidor.* 3. ed. São Paulo: RT, 2010. p. 911.

[55] NERY JR., Nelson; NERY, Rosa Maria de Andrade. *Código Civil anotado.* 2. ed. São Paulo: RT, 2003. p. 944.

Ainda no âmbito da doutrina, como bem aponta Alexandre Junqueira Gomide, "o art. 49 do CDC também deve ser aplicado às transações envolvendo o comércio eletrônico via Internet. Nesse sentido, a doutrina é quase unânime. A doutrina apenas não pode ser considerada unânime porque existe uma corrente minoritária que defende que a disposição do art. 49 do CDC não deve ser aplicada quando o consumidor visita o estabelecimento virtual do comerciante. A justificativa dessa doutrina é que, nesse caso, não estaria configurada a contratação à distância, uma vez que a iniciativa para aquisição do produto foi realizada pelo próprio consumidor. O principal adepto desta corrente é Fábio Ulhôa Coelho".[56]

No que concerne às vendas pela *internet*, não tem sido diferente a conclusão da jurisprudência nacional, colacionando-se as seguintes ementas, somente a título ilustrativo:

"Compra e venda pela 'internet'. Desistência manifestada no prazo do art. 49 do CDC. Cabimento da restituição do valor debitado pela operadora de cartão de crédito. Descabimento, porém, de indenização pelo dano moral atribuído a desgastes e dissabores, já que pessoa jurídica não sofre tal sorte de repercussão psíquica, assim como de aluguéis pela sala na qual os bens ficaram guardados até retirada pelo vendedor. Apelação parcialmente provida" (TJSP – Apelação 0117190-97.2008.8.26.0100 – Acórdão 4926888, São Paulo – Trigésima Sexta Câmara de Direito Privado – Rel. Des. Arantes Theodoro – j. 03.02.2011 – DJESP 18.02.2011).

"Reparação de danos. Consumidor. Compra e venda de aparelho celular efetuada pela internet. Direito de arrependimento exercido conforme art. 49 do CDC. Transtornos para confirmar o distrato. Má comunicação entre a loja e a operadora do cartão de crédito. Cobrança das parcelas na fatura. Direito à restituição, em dobro, dos valores pagos. Inexistência de danos morais. Recurso parcialmente provido" (TJRS – Recurso Cível 71002280618, Soledade – Segunda Turma Recursal Cível – Rel. Des. Vivian Cristina Angonese Spengler – j. 21.10.2009 – DJERS 29.10.2009, p. 159).

Destaque-se, mais uma vez, que o anterior PLS 281/2012 pretende incluir expressamente menção aos contratos celebrados por meio eletrônico, não pairando qualquer dúvida a respeito da questão. De acordo com a proposição, o art. 49 ganharia mais um parágrafo, estabelecendo que "por contratação a distância entende-se aquela efetivada fora do estabelecimento, ou sem a presença física simultânea do consumidor e fornecedor, especialmente em domicílio, por telefone, reembolso postal, por meio eletrônico ou similar".

Nessa linha, há um debate intenso no Brasil, a respeito da subsunção do art. 49 da Lei 8.078/1990 para as compras de passagens aéreas pela internet ou outro meio de comunicação à distância. Algumas decisões afastam a incidência da norma, uma vez que o consumidor tem consciência do que está adquirindo, o que foge do fim social do artigo consumerista, de sua *mens legis* (por todas: TJDF – Recurso 2010.01.1.014473-2 – Acórdão 492.650 – Segunda Turma Recursal dos Juizados Especiais Cíveis e Criminais do DF – Rel. Juiz José Guilherme de Souza – DJDFTE 05.04.2011, p. 244). Essa é a opinião de Alexandre Gomide, que dessa forma se posiciona, a despeito da corrente minoritária antes

---

[56] GOMIDE, Alexandre Junqueira. *Direito de arrependimento nos contratos de consumo*. São Paulo: Almedina, 2014. p. 146-147.

citada: "ainda assim, admitimos a teoria de Fábio Ulhôa Coelho numa única hipótese: na contratação a distância de serviços de transportes aéreos".[57]

Porém, outras tantas ementas aplicam com justiça o art. 49 do CDC para as compras de passagens aéreas pela *internet* ou telefone, pois o fim social da norma é justamente de abranger a hipótese de compra e venda contemporânea (nessa linha: TJDF – Recurso 2008.01.1.125046-8 – Acórdão 398.269 – Primeira Turma Recursal dos Juizados Especiais Cíveis e Criminais – Rel. Juíza Wilde Maria Silva Justiniano Ribeiro – *DJDFTE* 13.01.2010, p. 151; TJBA – Recurso 124461-2/2007-1 – Terceira Turma Recursal – Rel. Juiz José Cícero Landin Neto – j. 28.05.2008 – *DJBA* 05.06.2008; e TJRS – Recurso inominado 71000597799, Caxias do Sul – Primeira Turma Recursal Cível – Rel. Des. João Pedro Cavalli Júnior – j. 18.11.2004).

De fato, não se pode buscar o fim social da lei em prejuízo do consumidor, o que viola a própria concepção da Lei 8.078/1990 como norma protecionista e com fundamento constitucional. Pelo último caminho, são ilegais e abusivas as multas cobradas pelas empresas aéreas dentro do prazo de arrependimento, contado, nessa hipótese, da celebração do contrato. Ato contínuo, merece aplicação integral o parágrafo único do art. 49 do CDC, com a devolução integral do que foi pago pelo consumidor, valor que deve ser atualizado integralmente.

Para afastar qualquer dúvida a respeito da matéria, mais uma vez o PLS 281/2012 tende a incluir preceito específico sobre as compras de passagens áreas, com a seguinte dicção: "sem prejuízo do direito de rescisão do contrato de transporte aéreo antes de iniciada a viagem (art. 740, § 3º, do Código Civil), o exercício do direito de arrependimento do consumidor de passagens aéreas poderá ter seu prazo diferenciado, em virtude das peculiaridades do contrato, por norma fundamentada das agências reguladoras" (art. 49-A).

A inovação proposta vem em boa hora. Contudo, entendo que é preciso mudar a proposição legal, não se atribuindo a regulamentação do prazo à agência reguladora, o que abriria um precedente perigoso no âmbito das relações do consumo. Nesse contexto, melhor seria que a nova norma trouxesse um prazo de arrependimento de 72 horas antes do início da viagem, o que é mais bem adaptado à realidade das passagens aéreas.

Ainda no que concerne à abrangência atual da norma, ela não tem subsunção para as situações de venda realizada no estabelecimento empresarial, com presença física e corpórea do consumidor, o que é aclamado amplamente na prática. Nessa linha:

"O arrependimento de que trata o art. 49 do CDC somente é possível nos casos ali elencados, ou seja, somente se a compra se deu por telefone ou internet. No caso aqui posto a venda se deu diretamente na loja da operadora, não incidindo a regra do art. 49, *caput* do CDC. Pedido de cancelamento de linha que não veio comprovado nos autos. Preliminar rejeitada, apelação improvida" (TJRS – Apelação Cível 70029597242, Teutônia – Décima Nona Câmara Cível – Rel. Des. Guinther Spode – j. 21.07.2009 – *DOERS* 28.07.2009, p. 69). Em reforço, colaciona-se: "Autora que adquiriu os bens de livre e espontânea vontade no estabelecimento comercial da ré. Posterior arrependimento. Impossibilidade. Relação de consumo

---

[57] GOMIDE, Alexandre Junqueira. *Direito de arrependimento nos contratos de consumo.* São Paulo: Almedina, 2014. p. 148.

que não se sujeita ao art. 49 do Código de Defesa do Consumidor. Solicitação de cancelamento dos negócios não demonstrada suficientemente. Anotação de inadimplência. Ilicitude. Inexistência. Dano moral não patenteado. Apelo desprovido" (TJSP – Apelação 992.08.002923-9 – Acórdão 4727236, Osasco – Trigésima Câmara de Direito Privado – Rel. Des. Marcos Ramos – j. 22.09.2010 – *DJESP* 25.10.2010).

Mais uma vez, cabe fazer pontuação a respeito do antigo PLS 281/2012, pois há proposta de inclusão de dispositivo relativo às vendas realizadas no estabelecimento empresarial, mas sem que o consumidor tenha contato imediato com o que está sendo adquirido. Nesse contexto, pretende-se a inclusão de norma preceituando que se equipara à modalidade de contratação à distância "aquela em que, embora realizada no estabelecimento, o consumidor não teve a prévia oportunidade de conhecer o produto ou serviço, por não se encontrar em exposição ou pela impossibilidade ou dificuldade de acesso a seu conteúdo". Cite-se a compra realizada em estabelecimentos por meio de computadores que estão dentro da loja.

Na atual realidade legislativa, efetivamente, nas situações em que o produto ou o serviço é adquirido no estabelecimento, não há o direito de arrependimento. Todavia, na prática, há um costume saudável de as empresas trocarem produtos, em especial quando o consumidor diz não estar satisfeito com eles; ou ainda porque o bem de consumo não lhe serviu. Os fornecedores assim o fazem para não perderem a clientela, mantendo um bom relacionamento com a coletividade consumerista.

A par da existência desse costume reiterado, pode-se construir uma tese, a partir da boa-fé objetiva, no sentido de que já há um direito de troca a favor do consumidor (*surrectio*), afastando a impossibilidade de troca pela outra parte (*supressio*). Deve ficar bem claro que se trata de uma tese, que ainda deve ser devidamente desenvolvida no âmbito do Direito Privado Brasileiro. Ressalve-se que, em todos os casos, há obrigatoriedade de troca de produtos quando presentes vícios no produto ou do serviço, na esteira do exposto no capítulo anterior desta obra.

De qualquer modo, filia-se aos julgados que subsumem o art. 49 do CDC para as vendas realizadas no estabelecimento em que são utilizados meios agressivos de *marketing* para trazer o consumidor de fora para dentro do estabelecimento. Nessa linha, com interessantes conclusões, vejamos ementa do Tribunal de Justiça de São Paulo:

"Negócio jurídico – Contrato – Direito de arrependimento – Incidência do Código de Defesa do Consumidor – Hipótese em que o contrato foi firmado dentro do estabelecimento comercial – Art. 49 do CDC que não deve ser interpretado restritivamente – Método agressivo de 'marketing' que permite o direito de arrependimento – Caso em que a consumidora foi premiada após participação de jogo, ganhando direito a conhecer hotel, onde foi convencida a contratar, em duna emocional – Vontade maculada pelo entusiasmo temporário, causado pelo estímulo repentino e de ansiedade de contratação, derivado do método de apresentação do produto ou serviço – Direito de arrependimento que deve ser garantido em homenagem à boa-fé contratual, evitando-se que a venda emocional possa legitimar contratações maculadas pela ausência de transparência e respeito aos interesses do contratante mais fraco – Recurso não provido" (TJSP – Apelação com Revisão 9134379-17.2003.8.26.0000 – Décima Quarta Câmara de Direito Privado – Rel. Melo Colombi – j. 09.05.2007 – Data de registro: 25.05.2007).

Em reforço, da mesma Corte Estadual, destaco o seguinte acórdão:

"Na verdade, procura-se proteger o consumidor de uma manifestação de vontade maculada pelo entusiasmo temporário, produzido pelo estímulo repentino, pelo efeito de surpresa e de ansiedade de contratação, causados pelo método de apresentação do produto. Nessa esteira, a contração em que se convida o consumidor a ingressar no estabelecimento comercial por meio de chamarizes como festas, coquetéis, sorteios, jogos em geral, num clima 'emocional' de consumo, como diria Claudia Lima Marques, deve receber proteção do Código consumerista" (TJSP – Agravo de Instrumento 0000882-84.2008.8.26.0000 – Vigésima Sexta Câmara de Direito Privado – Barretos – Rel. Felipe Ferreira – j. 28.01.2008 – Data de registro: 07.02.2008).

Constata-se que tais situações fugiram da abrangência do PLS 281/2012. Quem sabe não seria o caso de incluí-las no CDC, na esteira dos acórdãos e doutrinas citados.

Como outro ponto importante para a prática, a Lei 13.786/2018, conhecida como "Lei dos Distratos", passou a estabelecer expressamente a possibilidade de aplicação do direito de arrependimento do art. 49 do Código de Defesa do Consumidor para os casos de aquisição de imóveis em estandes de venda.

A nova norma incluiu, de início, um novo art. 35-A na Lei de Incorporações (Lei 4.591/1964), impondo a obrigatoriedade de elaboração de um quadro-resumo nesses contratos, para o fim de deixar mais transparente o pacto celebrando, atendendo-se à boa-fé objetiva. Sobre a existência de um dever na elaboração desse quadro, diante do dever de informar, destaco o Enunciado n. 653, aprovado na *IX Jornada de Direito Civil*, em maio de 2022: "o quadro-resumo a que se refere o art. 35-A da Lei n. 4.591/1964 é obrigação do incorporador na alienação de imóveis em fase de construção ou já construídos".

Pois bem, uma das exigências, nos termos do seu inciso VIII, diz respeito às "informações acerca da possibilidade do exercício, por parte do adquirente do imóvel, do direito de arrependimento previsto no art. 49 da Lei nº 8.078, de 11 de setembro de 1990 (Código de Defesa do Consumidor), em todos os contratos firmados em estandes de vendas e fora da sede do incorporador ou do estabelecimento comercial". Exatamente no mesmo sentido foi incluído um art. 26-A na Lei 6.766/1979 para os contratos por ela abrangidos, ou seja, para os loteamentos em geral, mencionando-se o loteador, em vez do incorporador.

Sucessivamente, a Lei 4.591/1964 recebeu também um art. 67-A, que regula o desfazimento do contrato celebrado exclusivamente com o incorporador, mediante distrato ou resolução por inadimplemento absoluto de obrigação do adquirente. Nos termos do seu § 10, os contratos firmados em estandes de vendas e fora da sede do incorporador permitem ao adquirente o exercício do direito de arrependimento, durante o prazo improrrogável de sete dias, com a devolução de todos os valores eventualmente antecipados, inclusive a comissão de corretagem. Confirma-se, assim, o teor do art. 49 do CDC, quanto à existência de um direito potestativo do adquirente.

Todavia, de forma totalmente sem sentido, o novo § 11 da norma estatui que "caberá ao adquirente demonstrar o exercício tempestivo do direito de arrependimento por meio de carta registrada, com aviso de recebimento, considerada a data da postagem como data inicial da contagem do prazo a que se refere o § 10 deste artigo". Eis um sério engano técnico do legislador, pois, se aplicada a literalidade da norma, o direito de arrependimento passa a ser eterno.

O prazo de arrependimento, nos termos literais do art. 49 do CDC, deve ser contado da celebração do negócio, e não da postagem da carta para o seu exercício. A norma clama, portanto, de alteração legislativa. Até que isso ocorra, deve ser totalmente desconsiderada pelos julgadores, pela total ausência de sentido jurídico. Anote-se que esse é apenas um dos problemas técnicos da nova lei, que é totalmente desequilibrada, atendendo aos interesses das incorporadoras e construtoras, em detrimento dos adquirentes, como regra, consumidores.

Por fim, a respeito do exercício desse direito potestativo, o novo § 12 do art. 67-A da Lei 4.591/1964 enuncia que, transcorrido o prazo de sete dias sem o exercício do direito de arrependimento, será observada a irretratabilidade do compromisso e da incorporação imobiliária. Assim, nota-se que o compromisso de compra e venda de imóvel registrado na matrícula passou a ser irretratável só depois do prazo de arrependimento, em se tratando de imóvel adquirido em estandes de vendas. Antes desse lapso, não se pode mais falar de irretratabilidade, o que não deixa de ser certo desvio categórico.

Seguindo o estudo do tema, deve ficar claro que a boa-fé objetiva deve estar presente para o exercício desse direito de arrependimento por parte do consumidor. Justamente para se evitar abusos é que o prazo de reflexão é exíguo, de apenas sete dias, conforme lecionam Nelson Nery Jr. e Rosa Maria de Andrade Nery.[58]

Em outras palavras, não pode o consumidor agir no exercício deste direito em abuso, desrespeitando a boa-fé e a função social do negócio, servindo como parâmetro o art. 187 do CC/2002, mais uma vez em *diálogo das fontes*. Imagine-se, por exemplo, a hipótese de alguém que utiliza um serviço prestado pela internet e sempre se arrepende, de forma continuada, para nunca pagar pelo consumo. Por óbvio que a norma está sendo aplicada em desrespeito ao seu escopo principal, não podendo a conduta do consumidor ser premiada.

Ainda ilustrando, não pode o consumidor "*voltar atrás*" em relação às informações prestadas pela internet, caindo em contradição, aplicando-se a máxima que veda o comportamento contraditório (*venire contra factum proprium non potest*). Nesse sentido, da jurisprudência gaúcha:

> "Consumidor. Contrato. Rastreamento veicular. Cientificação de cláusula de multa para rescisão antecipada. Pedido contraposto. Limitação de reembolso de despesas. I. Não prospera a pretensão à desobrigação de cláusula contratual da qual a consumidora, em que pese tenha contratado o serviço por telefone, foi efetivamente cientificada, não só ao receber uma via do contrato pelo correio e não exercer o direito de arrependimento no prazo do art. 49 do CDC, mas também ao aceitar expressamente as condições gerais do contrato através da internet. II. Acolhimento da pretensão recursal atinente à limitação das despesas reembolsáveis à parte contrária. Recurso provido em parte. Unânime" (TJRS – Recurso Cível 71001678457, Porto Alegre – Primeira Turma Recursal Cível – Rel. Des. João Pedro Cavalli Júnior – j. 17.07.2008 – *DOERS* 22.07.2008, p. 102).

Como último assunto relativo ao art. 49 do CDC, vale citar o conteúdo do art. 8º da Lei 14.010/2020, que instituiu o Regime Jurídico Emergencial e Transitório das relações jurídicas de Direito Privado (RJET) no período da pandemia do coronavírus. Reitero que o

---

[58] NERY JR., Nelson; NERY, Rosa Maria de Andrade. *Código Civil Anotado*. 2. ed. São Paulo: RT, 2003. p. 944.

novo diploma tem origem no Projeto de Lei 1.179/2020, uma iniciativa dos Ministros Dias Toffoli (STF) e Antonio Carlos Ferreira (STJ), tendo sido proposto pelo Senador Antonio Anastasia. Como antes pontuado, foi ele elaborado por um grupo de civilistas, liderado pelo Professor Otávio Luiz Rodrigues, contando com a minha participação e total apoio.

Nos termos do dispositivo que interessa ao presente tema, "até 30 de outubro de 2020, fica suspensa a aplicação do art. 49 do Código de Defesa do Consumidor na hipótese de entrega domiciliar (*delivery*) de produtos perecíveis ou de consumo imediato e de medicamentos" (art. 8º da Lei 14.010/2020). O preceito, portanto, afastou a aplicação do prazo de arrependimento de sete dias para os serviços nele referidos e que foram muito incrementados e considerados essenciais no período da pandemia, iniciado em 12 de março de 2020. Para a entrega de outros produtos, como roupas e outros bens duráveis, o art. 49 do CDC continuou tendo plena aplicação.

Vale a advertência de que o comando não afastou a possibilidade de alegação de vícios ou defeitos referentes a tais serviços, ou mesmo quanto aos produtos que são adquiridos em contratação a distância e entregues por *delivery*, na linha das lições e conclusões desenvolvidas no capítulo anterior desta obra.

Encerrada a abordagem do direito de arrependimento a favor do consumidor, parte-se ao estudo da garantia contratual consagrada pelo art. 50 da Lei 8.078/1990.

5.6. A GARANTIA CONTRATUAL DO ART. 50 DA LEI 8.078/1990

A garantia contratual constitui modalidade de decadência convencional, sendo o prazo concedido geralmente pelo vendedor para ampliar o direito potestativo dado pela lei ao comprador de determinado bem de consumo. A título de ilustração, cite-se a comum *garantia estendida*, fornecida quando da venda de eletrodomésticos ou da prestação de serviços cotidianos.

A categoria está tratada pelo art. 50 da Lei 8.078/1990, consagrando o seu *caput* o caráter complementar da garantia contratual em relação à garantia legal. Como bem pontuam Nelson Nery Jr. e Rosa Maria de Andrade Nery, é inadmissível substituir a garantia legal pela contratual, pois a primeira é obrigatória e inderrogável, enquanto a última é meramente complementar.[59] Não se olvide que os prazos de garantia legal são aqueles previstos no art. 26 do CDC, ou seja, trinta dias para os bens não duráveis e noventa dias para os bens duráveis.

O caráter de complementaridade da garantia contratual em relação à legal é muito bem explorado por Rizzatto Nunes, que apresenta a sua correta interpretação, no sentido de que "complementar significa que se soma o prazo de garantia ao prazo contratual".[60] Apresenta então o magistrado mais um didático exemplo, que auxilia em muito na compreensão da categoria consumerista:

"Portanto, não se deve confundir prazo de reclamação com garantia legal de adequação. Se o fornecedor dá *prazo* de garantia contratual (até a Copa de 2002, um, dois anos etc.), *dentro* do tempo garantido até o fim (inclusive último dia), o produto não

---

[59] NERY JR., Nelson; NERY, Rosa Maria de Andrade. *Código Civil Comentado*. 2. ed. São Paulo: RT, p. 945.
[60] RIZZATTO NUNES, Luiz Antonio. *Comentários ao Código de Defesa do Consumidor*. 3. ed. São Paulo: Saraiva, 2007. p. 574-575.

pode apresentar vício. Se *apresentar*, o consumidor tem o direito de reclamar, que se estende até 30 ou 90 dias após o término da garantia.

Se o fornecedor não dá prazo, então os 30 ou 90 dias correm do dia da aquisição ou término do serviço. Claro que sempre haverá, como vimos, a hipótese de *vício oculto*, que gera início do prazo para reclamar apenas quando ocorre".[61]

Fica claro, portanto, a ideia de *soma dos prazos (garantia contratual + garantia legal)*, conforme igualmente defendem Claudia Lima Marques, Herman Benjamin e Bruno Miragem.[62] Insta anotar que julgado do Superior Tribunal de Justiça deu outra interpretação para a hipótese, entendendo não se tratar de soma dos prazos, mas de aplicação analógica e em complemento do art. 26 do CDC. Na verdade, a solução, ao final, foi exatamente a mesma. Vejamos a ementa, que reproduz um bom resumo a respeito dos problemas referentes às garantias no sistema consumerista:

"Consumidor. Responsabilidade pelo fato ou vício do produto. Distinção. Direito de reclamar. Prazos. Vício de adequação. Prazo decadencial. Defeito de segurança. Prazo prescricional. Garantia legal e prazo de reclamação. Distinção. Garantia contratual. Aplicação, por analogia, dos prazos de reclamação atinentes à garantia legal. No sistema do CDC, a responsabilidade pela qualidade biparte-se na exigência de adequação e segurança, segundo o que razoavelmente se pode esperar dos produtos e serviços. Nesse contexto, fixa, de um lado, a responsabilidade pelo fato do produto ou do serviço, que compreende os defeitos de segurança; e de outro, a responsabilidade por vício do produto ou do serviço, que abrange os vícios por inadequação. Observada a classificação utilizada pelo CDC, um produto ou serviço apresentará vício de adequação sempre que não corresponder à legítima expectativa do consumidor quanto à sua utilização ou fruição, ou seja, quando a desconformidade do produto ou do serviço comprometer a sua prestabilidade. Outrossim, um produto ou serviço apresentará defeito de segurança quando, além de não corresponder à expectativa do consumidor, sua utilização ou fruição for capaz de adicionar riscos à sua incolumidade ou de terceiros. O CDC apresenta duas regras distintas para regular o direito de reclamar, conforme se trate de vício de adequação ou defeito de segurança. Na primeira hipótese, os prazos para reclamação são decadenciais, nos termos do art. 26 do CDC, sendo de 30 (trinta) dias para produto ou serviço não durável e de 90 (noventa) dias para produto ou serviço durável. A pretensão à reparação pelos danos causados por fato do produto ou serviço vem regulada no art. 27 do CDC, prescrevendo em 5 (cinco) anos. A garantia legal é obrigatória, dela não podendo se esquivar o fornecedor. Paralelamente a ela, porém, pode o fornecedor oferecer uma garantia contratual, alargando o prazo ou o alcance da garantia legal. A lei não fixa expressamente um prazo de garantia legal. O que há é prazo para reclamar contra o descumprimento dessa garantia, o qual, em se tratando de vício de adequação, está previsto no art. 26 do CDC, sendo de 90 (noventa) ou 30 (trinta) dias, conforme seja produto ou serviço durável ou não. Diferentemente do que ocorre com a garantia legal contra vícios de adequação, cujos prazos de reclamação

---

[61] RIZZATTO NUNES, Luiz Antonio. *Comentários ao Código de Defesa do Consumidor*. 3. ed. São Paulo: Saraiva, 2007. p. 574-575.
[62] MARQUES, Claudia Lima; BENJAMIN, Antonio Herman; MIRAGEM, Bruno. *Comentários ao Código de Defesa do Consumidor*. 3. ed. São Paulo: RT, 2010. p. 930.

estão contidos no art. 26 do CDC, a lei não estabelece prazo de reclamação para a garantia contratual. Nessas condições, uma interpretação teleológica e sistemática do CDC permite integrar analogicamente a regra relativa à garantia contratual, estendendo-lhe os prazos de reclamação atinentes à garantia legal, ou seja, a partir do término da garantia contratual, o consumidor terá 30 (bens não duráveis) ou 90 (bens duráveis) dias para reclamar por vícios de adequação surgidos no decorrer do período desta garantia. Recurso especial conhecido e provido" (STJ – REsp 967.623/RJ – Terceira Turma – Rel. Min. Nancy Andrighi – j. 16.04.2009 – DJe 29.06.2009).

Destaque-se a existência de um outro julgado do STJ, publicado no seu *Informativo* n. 463, que parece dar a correta interpretação da soma dos prazos, conforme se depreende da seguinte publicação:

"Prazo. Decadência. Reclamação. Vícios. Produto. A Turma reiterou a jurisprudência deste Superior Tribunal e entendeu que o termo a quo do prazo de decadência para as reclamações de vícios no produto (art. 26 do CDC), no caso, um veículo automotor, dá-se após a garantia contratual. Isso acontece em razão de que o adiamento do início do referido prazo, em tais casos, justifica-se pela possibilidade contratualmente estabelecida de que seja sanado o defeito apresentado durante a garantia. Precedente citado: REsp 1.021.261-RS, *DJe* 06.05.2010" (STJ – REsp 547.794-PR – Rel. Min. Maria Isabel Gallotti – j. 15.02.2011).

Em resumo, conforme se depreende de ementa publicada pelo próprio Superior Tribunal de Justiça pela ferramenta *Jurisprudência em Teses*, em setembro de 2015, "o início da contagem do prazo de decadência para a reclamação de vícios do produto (art. 26 do CDC) se dá após o encerramento da garantia contratual". Em suma, de fato, os citados prazos devem ser somados.

Questão de debate refere-se à possibilidade de se cobrar pela garantia contratual concedida, o que é usual na prática da *garantia estendida*. O que se entende de forma majoritária é que tal garantia contratual somente pode ser cobrada se efetivamente contratada, o que não pode ser presumido na espécie, sob pena de responsabilização civil do fornecedor. Nessa linha de dedução, vejamos duas recentes ementas de Tribunais Estaduais:

"Recurso inominado. Contrato de compra e venda de aparelho de ar condicionado. Garantia estendida não contratada. Cobrança indevida. Restituição em dobro. Inocorrência de danos morais. Procedência parcial dos pedidos. Sentença mantida por seus próprios fundamentos. Improvimento do recurso" (TJBA – Recurso 0001911-05.2009.805.0103-1 – Terceira Turma Recursal – Rel. Juiz Marcelo Silva Britto – *DJBA* 14.02.2011).

"Consumidor. Aquisição de televisão. Cobrança de taxa de garantia estendida. Não contratação. Preliminar de ilegitimidade passiva afastada. Cobrança indevida. Conduta abusiva. Direito à desconstituição do débito e à devolução dos valores pagos indevidamente. 1. Ilegitimidade passiva da recorrente afastada, vez que a cobrança indevida foi incluída nas cobranças efetuadas pela ré, logo, figura como fornecedor responsável perante o consumidor. Se não é a ré capaz de cancelar o serviço não solicitado deve abster-se de incluí-lo em suas faturas. 2. Ré não se desincumbiu do ônus que lhe competia de comprovar a contratação da garantia estendida pela parte autora. Aliás, prova de fácil produção para a ré, visto que detém grande aporte técnico. 3. Restituição em dobro dos valores indevidamente pagos, que se impõe, com base no art. 42, parágrafo único, do CDC. Negaram provimento ao recurso" (TJRS – Recurso Cível 71002673820, Porto Alegre – Primeira Turma Recursal Cível – Rel. Des. Heleno Tregnago Saraiva – j. 12.08.2010 – *DJERS* 19.08.2010).

O *caput* do art. 50 do CDC ainda prenuncia que a garantia contratual deve ser concebida por escrito pelo fornecedor de produtos ou prestador de serviços, o que é denominado como *termo de garantia*. A norma está em sintonia com o dever de informar próprio da boa-fé objetiva. Como bem pondera Ezequiel Morais, apesar da informalidade que rege os contratos civis ou de consumo (art. 107 do CC), a garantia contratual exige forma escrita, o que é reconhecido também em outras fontes do Direito Comparado, caso das normas italianas.[63] A norma visa a dar maior segurança aos consumidores, para a tutela efetiva dos seus direitos.

Em complemento, estipula o parágrafo único do art. 50 que o termo de garantia ou equivalente deve ser padronizado e esclarecer, de maneira adequada, em que consiste a garantia, especialmente o seu lapso temporal. Além disso, deve indicar a forma e o lugar em que pode ser exercitada e os ônus a cargo do consumidor. Em suma, as informações constantes do termo devem ser completas e precisas, para o seu devido exercício por parte do vulnerável negocial.

O art. 50, parágrafo único, do CDC ainda preceitua que o termo de garantia deve ser efetivamente entregue e preenchido pelo fornecedor, no ato do fornecimento, acompanhado de manual de instruções, de instalação e uso do produto em linguagem didática, com ilustrações. O desrespeito a tais deveres inerentes à boa-fé objetiva pode gerar a responsabilização do fornecedor ou prestador, nas hipóteses de danos causados aos consumidores.

Como outro tema importante, cumpre trazer mais um debate envolvendo os vícios redibitórios tratados pelo Código Civil, em *diálogo das fontes*. Enuncia o art. 446 do CC/2002 que "não correrão os prazos do artigo antecedente na constância de cláusula de garantia; mas o adquirente deve denunciar o defeito ao alienante nos trinta dias seguintes ao seu descobrimento, sob pena de decadência". O dispositivo sempre gerou dúvidas, desde a entrada em vigor do Código Civil. Esclareça-se que os "prazos do artigo antecedente" são os prazos decadenciais de trinta dias, cento e oito dias e um ano para a reclamação dos vícios redibitórios.

Em verdade, trata o comando legal de prazo de garantia convencional que independe do legal e vice-versa, exatamente como consta do CDC. O art. 50 da Lei 8.078/1990 serve perfeitamente para a interpretação do preceito privado, por meio de um *diálogo de complementaridade*. Assim, na vigência de prazo de garantia (decadência convencional), não correrão os prazos legais (decadência legal).

Porém, diante do dever anexo de informação, inerente à boa-fé objetiva, o alienante deverá denunciar o vício no prazo de trinta dias contados do seu descobrimento, sob pena de decadência. A dúvida relativa ao dispositivo gira em torno da decadência mencionada ao seu final. Essa decadência se refere à perda da garantia convencional ou à perda do direito de ingressar com as ações edilícias?

---

[63] MORAIS, Ezequiel; PODESTÁ, Fábio Henrique; e CARAZAI, Marcos Marins. *Código de Defesa do Consumidor Comentado*. São Paulo: RT, 2010. p. 245.

Entendo que a decadência referenciada no final do art. 446 do CC está ligada à perda do direito de garantia e não ao direito de ingressar com as ações edilícias fundadas em vícios redibitórios. Sendo assim, findo o prazo de garantia convencional, ou não exercendo o adquirente o direito no prazo de 30 dias fixado no art. 446 do CC, iniciam-se os prazos legais previstos no art. 445 do CC.

Essa é a melhor interpretação, dentro da ideia de justiça, pois, caso contrário, seria pior aceitar um prazo de garantia convencional, uma vez que o prazo de exercício do direito é reduzido para trinta dias. Interpretando dessa forma, leciona Maria Helena Diniz que, "com o término do prazo de garantia ou não denunciando o adquirente o vício dentro do prazo de trinta dias, os prazos legais do art. 445 iniciar-se-ão".[64] Essa *solução de complementaridade* dos prazos no sistema civil já é aplicada pela melhor jurisprudência nacional (TJRS – Recurso 34989-90.2010.8.21.9000 – Três de Maio – Segunda Turma Recursal Cível – Rel. Des. Fernanda Carravetta Vilande – j. 13.04.2011 – DJERS 19.04.2011).

Para encerrar o tópico, destaco que, no Projeto de Reforma do Código Civil, elaborado pela Comissão de Juristas nomeada no Senado Federal, pretende-se resolver os dilemas hoje existentes a respeito do seu art. 446, passando o seu *caput* a prever que "a garantia contratual é complementar à garantia legal e será conferida mediante termo escrito". Ademais, nos termos do projetado § 1º para o comando, "esse termo deve esclarecer, de maneira adequada e clara, em que consiste a garantia, bem como a forma, o prazo e o lugar em que pode ser exercitada e os ônus a cargo do adquirente". Como se pode perceber, claras são as influências do art. 50 do CDC para a norma projetada, em prol do dever de informação, anexo à boa-fé objetiva.

Sobre a contagem do prazo, o projetado § 2º desse art. 446 enunciará que "não correrão os prazos de garantia legal por vícios ocultos na constância de cláusula de garantia, mas o adquirente deve denunciar o vício ao alienante no prazo de trinta dias, sob pena de perda da garantia contratual". E, resolvendo totalmente a divergência hoje existente a respeito da norma e aqui exposta, o novo § 3º do art. 446: "cessada a garantia contratual, nos termos do parágrafo anterior, inicia-se o prazo de decadência da garantia legal, nos termos do art. 445".

Aguarda-se, por razões óbvias aqui demonstradas, a sua aprovação integral pelo Parlamento Brasileiro, em prol da segurança jurídica e da necessária estabilidade para as relações privadas.

5.7. AS CLÁUSULAS ABUSIVAS NO CÓDIGO DE DEFESA DO CONSUMIDOR. ANÁLISE DO ROL EXEMPLIFICATIVO DO ART. 51 DA LEI 8.078/1990 E SUAS DECORRÊNCIAS

Sintonizado com os princípios da função social do contrato e da boa-fé objetiva, o art. 51 da Lei 8.078/1990 consagra um rol exemplificativo ou *numerus apertus* de cláusulas abusivas, consideradas como nulas de pleno de direito nos contratos de consumo (nulidade absoluta ou tão somente nulidade). Esclareça-se que a expressão *cláusulas abusivas* é mais contemporânea, para substituir o antigo termo *cláusulas leoninas*, que remonta ao Direito Romano.

---

[64] DINIZ, Maria Helena. *Código Civil anotado*. 15. ed. São Paulo: Saraiva, 2010. p. 382.

A natureza meramente exemplificativa, tema praticamente pacífico em sede doutrinária e jurisprudencial em nosso País, fica clara pela redação do *caput* do comando em estudo ("são nulas de pleno direito, *entre outras*, as cláusulas contratuais relativas ao fornecimento de produtos e serviços que..." – com destaque por este autor). Como bem aponta Cristiano Heineck Schmitt, em trabalho monográfico sobre a matéria, "todas essas situações exprimem contrariedade à boa-fé, mas o legislador preferiu ser meticuloso, explicitando cada uma delas, as quais servem de auxílio ao juiz, sem limitar a sua atividade, uma vez que esse rol é apenas exemplificativo. A não adequação do caso concreto ao rol do art. 51 do CDC não impedirá a atividade meticulosa do magistrado na análise das cláusulas do instrumento, a fim de comprovar a abusividade ou não de uma ou de todas elas".[65]

As cláusulas são consideradas ilícitas pela presença de um *abuso de direito contratual*. Além da nulidade absoluta, é possível reconhecer que, presente o dano, as cláusulas abusivas podem gerar o dever de reparar, ou seja, a responsabilidade civil do fornecedor ou prestador.

O art. 51 do CDC representa uma das mais importantes mitigações da força obrigatória da convenção (*pacta sunt servanda*) na realidade brasileira, o que reduz substancialmente o poder das partes, em situação de profundo intervencionismo ou dirigismo contratual. Antes do estudo das consequências concretas da nulidade, vejamos, pontualmente, as cláusulas que são descritas como nulas pelo preceito legal.

5.7.1. Cláusulas que impossibilitem, exonerem ou atenuem a responsabilidade do fornecedor por vícios de qualquer natureza dos produtos e serviços ou impliquem renúncia ou disposição de direitos (art. 51, inc. I, do CDC)

A norma repete a vedação da *cláusula de não indenizar* ou *cláusula de irresponsabilidade* para os contratos de consumo, já tratada pelo art. 25 da Lei 8.078/1990, considerada nula de pleno direito. Além da cláusula de exclusão total da responsabilidade do fornecedor ou prestador, não tem validade a cláusula que atenua o dever de reparar dos fornecedores ou prestadores em detrimento do consumidor. Na verdade, conforme exposto no capítulo anterior desta obra, tal atenuação somente é admitida nos casos de fato ou culpa concorrente do consumidor, o que decorre das circunstâncias fáticas e não do que foi pactuado.

A título de exemplo, se um frequentador de academias assina um termo de autorresponsabilidade, não se pode afastar total ou parcialmente a responsabilidade da prestadora por força do contrato, o que somente é possível pelo fato ou risco assumido pelo próprio consumidor.

Como outra ilustração concreta de falta de vinculação da cláusula de não indenizar na realidade dos contatos de consumo, cite-se a conhecida placa encontrada em estacionamentos, com dizeres próximos a: "o estacionamento não se responsabiliza por objetos deixados no interior do veículo". Ora, o estacionamento deve sim responder pela segurança no seu interior, o que é inerente à própria contratação, pois esse é o fator buscado pelos consumidores (*causa contratual*). Nesse sentido, repise-se o teor da Súmula 130 do

---

[65] SCHMITT, Cristiano Heineck. *Cláusulas abusivas nas relações de consumo*. 2. ed. São Paulo: RT, 2008. p. 142.

Superior Tribunal de Justiça, segundo a qual "a empresa responde, perante o cliente, pela reparação de dano ou furto de veículo ocorridos em seu estacionamento". Apesar dessa responsabilização pelo furto, não se pode esquecer que as empresas de estacionamentos – excluídos os relativos aos bancos – não respondem pelo assalto à mão armada, pois tal fato escapa do risco do empreendimento ou risco do negócio ofertado (ver, por todos: STJ – REsp 1.232.795/SP – Rel. Min. Nancy Andrighi – j. 02.04.2013, publicado no seu *Informativo* n. *521*).

Destaque-se, também, a Súmula 302 do STJ, que determina a nulidade por abusividade da cláusula contratual de plano de saúde que limita no tempo a internação hospitalar do segurado. A cláusula é claramente antissocial, por mais uma vez violar a própria concepção do negócio jurídico celebrado. Cite-se, ainda, o teor da Súmula 112 do Tribunal de Justiça do Rio de Janeiro, segundo a qual é nula, por ser abusiva, a cláusula que exclui de cobertura de componente que integre, necessariamente, cirurgia ou procedimento coberto por plano ou seguro de saúde, tais como *stent* e marca-passo.

Ainda do Tribunal da Cidadania, colhe-se de acórdão da sua Terceira Turma, e de 2024, a conclusão segundo a qual "nos contratos de prestação de serviços de TV por assinatura e internet, são nulas as cláusulas que preveem a responsabilidade do consumidor em indenizar dano, perda, furto, roubo, extravio de quaisquer equipamentos entregues em comodato ou locação pela prestadora de serviço" (STJ – REsp 1.852.362/SP – Terceira Turma – Rel. Min. Humberto Martins– j. 06.08.2024 – m.v.).

Como uma última concreção do art. 51, inc. I, do CDC, o Tribunal Paulista considerou nula a cláusula contratual que afasta a responsabilidade de empresa de loteamento pelo atraso na entrega da obra (TJSP – Apelação 994.09.288608-0 – Acórdão 4713819, São Paulo – Quarta Câmara de Direito Privado – Rel. Des. Ênio Santarelli Zuliani – j. 09.09.2010 – *DJESP* 06.10.2010). Mais uma vez, na esteira das hipóteses acima, nota-se o afastamento de cláusula contratual, por entrar em conflito com a própria causa do negócio jurídico celebrado.

5.7.2. Cláusulas que subtraiam ao consumidor a opção de reembolso da quantia já paga (art. 51, inc. II, do CDC)

O fundamento da previsão é a antiga máxima de vedação do enriquecimento sem causa, retirada do atual Código Civil (arts. 884 a 886). Especificamente, o art. 53 do mesmo CDC estabelece a nulidade, nos contratos de financiamento em geral, da *cláusula de decaimento* ou *perdimento*, que encerra a perda de todas as parcelas pagas, mesmo nas hipóteses de inadimplemento. O tema será aprofundado ainda no presente capítulo.

A propósito de uma interessante incidência da previsão do art. 51 do CDC, concluiu o Tribunal Paulista pelo direito de reembolso relativo a medicamento para tratamento hepático, o que estaria dentro da cobertura do plano de saúde, reconhecendo-se a nulidade absoluta da cláusula em contrário (TJSP – Apelação 0477776-65.2010.8.26.0000 – Acórdão 4964682, São Paulo – Quinta Câmara de Direito Privado – Rel. Des. Silvério Ribeiro – j. 09.02.2011 – *DJESP* 14.03.2011).

Ainda no que diz respeito ao reembolso de despesas, destaque-se importante *decisum* do Tribunal da Cidadania, que assim concluiu: "o plano de saúde deve reembolsar o segurado pelas despesas que pagou com tratamento médico realizado em situação de urgência ou emergência por hospital não credenciado, ainda que o referido hospital integre expressamente tabela contratual que exclui da cobertura os hospitais de alto custo, limitando-se o reembolso, no mínimo, ao valor da tabela de referência de preços de serviços médicos e hospitalares praticados pelo plano de saúde". Ainda nos termos do julgamento, "o contrato de plano de assistência à saúde, por definição, tem por objeto propiciar, mediante o pagamento de um preço (consistente em prestações antecipadas e periódicas), a cobertura de custos de tratamento médico e atendimentos médico, hospitalar e laboratorial perante profissionais e rede de hospitais e laboratórios próprios ou credenciados. Desse modo, a estipulação contratual que vincula a cobertura contratada aos médicos e hospitais de sua rede ou conveniados é inerente a esta espécie contratual e, como tal, não encerra, em si, qualquer abusividade" (STJ – REsp 1.286.133/MG – Rel. Min. Marco Aurélio Bellizze – j. 05.04.2016 – DJe 11.04.2016 – publicado no seu *Informativo* n. 580).

Porém, de forma correta, julgou-se que, "excepcionalmente, nos casos de urgência e emergência, em que não se afigurar possível a utilização dos serviços médicos, próprios, credenciados ou conveniados, a empresa de plano de saúde, mediante reembolso, responsabiliza-se pelos custos e despesas médicas expendidos pelo contratante em tais condições, limitada, no mínimo, aos preços de serviços médicos e hospitalares praticados pelo respectivo produto" (STJ – REsp 1.286.133/MG – Rel. Min. Marco Aurélio Bellizze – j. 05.04.2016 – DJe 11.04.2016 – publicado no seu *Informativo* n. 580. Precedentes citados: REsp 267.530/SP – Quarta Turma – *DJ* 12.03.2001; REsp 685.109/MG – Terceira Turma – *DJ* 09.10.2006; REsp 809.685/MA – Quarta Turma – *DJe* 17.12.2010; e REsp 1.437.877/RJ – Terceira Turma – *DJe* 02.06.2014).

Eis mais um caso em que o Superior Tribunal de Justiça aplicou corretamente o conteúdo do CDC em contrato de plano de saúde, o que tem sido uma tendência nos últimos anos.

Como última nota, pontue-se que em 2019 esse entendimento jurisprudencial foi ampliado para casos em que não há emergência ou urgência no tratamento médico, mas escolha do paciente e segurado fora da rede credenciada, por um tratamento que melhor lhe atenda. Todavia, julgou-se que o direito de reembolso deve ser nos limites do que foi contratado com o plano de saúde. Nos termos exatos de trecho do aresto, que merece destaque:

"O comando do art. 12, VI, da Lei 9.656/98 dispõe, como regra, que o reembolso de despesas médicas em estabelecimentos não contratados, credenciados ou referenciados pelas operadoras está limitado às hipóteses de urgência ou emergência. Todavia, a exegese desse dispositivo que mais se coaduna com os princípios da boa-fé e da proteção da confiança nas relações privadas – sobretudo considerando a decisão do STF, em repercussão geral (Tema 345), acerca do ressarcimento devido ao SUS pelos planos de saúde – é aquela que permite que o beneficiário seja reembolsado quando, mesmo não se tratando de caso de urgência ou emergência, optar pelo atendimento em estabelecimento não contratado, credenciado ou referenciado pela operadora, respeitados os limites estabelecidos contratualmente. Esse entendimento respeita, a um só tempo, o equilíbrio atuarial das operadoras de plano de saúde e o interesse do beneficiário, que escolhe hospital não integrante da rede credenciada de seu plano de saúde e, por conta disso, terá de arcar com o excedente da tabela de reembolso prevista no contrato. Tal solução reveste-se de razoabilidade, não impondo desvantagem exagerada à recorrente, pois a suposta exorbitância de valores despendidos pelos recorridos na utilização dos serviços prestados por médico de referência em seu segmento profissional será suportada por eles, dado que o reembolso está limitado ao valor da tabela do plano de saúde contratado" (STJ – REsp 1.760.955/SP – Terceira Turma – Rel. Min. Nancy Andrighi – j. 11.06.2019 – *DJe* 30.08.2019).

Essa forma de julgar parece-me justa e equilibrada, devendo ser repetida na Corte nos próximos anos.

5.7.3. Cláusulas que transfiram responsabilidades a terceiros (art. 51, inc. III, do CDC)

A abusividade é patente por afetar o sistema de solidariedade e de responsabilidade objetiva adotado pelo Código Consumerista, havendo previsão no mesmo sentido no art. 25 da Lei 8.078/1990. A cláusula é nula, ainda, por se afastar da ideia de *risco-proveito* consagrado pelo CDC. Desse modo, é nula a cláusula que transfere a responsabilidade para uma seguradora, pois, na verdade, o consumidor tem, em regra, a livre escolha em optar contra quem demandar.

Na mesma linha, o Tribunal do Paraná pronunciou que "Não pode a construtora pretender responsabilizar o banco pelo atraso da entrega da obra, sob a rubrica da força maior, por este haver descumprido promessa de repasse de financiamento, vez que se trata de negócio *inter alios acta*, ou seja, relação jurídica alheia e que não tem o condão de interferir no direito do consumidor em receber os imóveis já quitados. III. Consoante a inteligência do art. 51, III, do CDC, é nula qualquer cláusula contratual em que se transfira a terceiro a responsabilidade do negócio inadimplido, significando que à construtora não cabe transferir ao consumidor os riscos assumidos pelo financiamento mal sucedido. (...)" (TJPR – Recurso 181115-6 – Acórdão 1582, Curitiba – Nona Câmara Cível – Rel. Des. Rubens Oliveira Fontoura – j. 07.11.2005). Em conclusão, não cabe a comum transferência de responsabilidades, verificada na conduta de muitos fornecedores no Brasil.

5.7.4. Cláusulas que estabeleçam obrigações consideradas iníquas, abusivas, que coloquem o consumidor em desvantagem exagerada, ou que sejam incompatíveis com a boa-fé ou a equidade (art. 51, inc. IV, do CDC)

Eis o mais festejado inciso do art. 51 do CDC, por trazer um sistema totalmente aberto, que pode englobar uma série de situações, em especial pelas menções à boa-fé e à equidade. Da última, aliás, extrai-se a ideia de justiça contratual, inerente à *eficácia interna da função social do contrato*. Confirma-se, sem dúvidas, que o rol do art. 51 é totalmente ilustrativo. Como bem ponderam Claudia Lima Marques, Herman Benjamin e Bruno Miragem, o preceito consagra uma *cláusula geral sobre cláusulas abusivas no CDC*, a incluir a lesão, instituto clássico do Direito Privado.[66]

Aponta Paulo R. Roque Khouri, citando o saudoso Ruy Rosado de Aguiar Jr., que o inciso IV do art. 51 consagrou a *cláusula geral da lesão enorme*, eis que "o CDC recuperou o instituto da lesão, que havia sido abolido pelo Código Civil brasileiro. Na lesão, como dito anteriormente, o desequilíbrio se manifesta na cláusula-preço. O consumidor estará pagando, por um produto ou serviço, valor excessivamente oneroso. Evidente que, se o

---

[66] MARQUES, Claudia Lima; BENJAMIN, Antonio Herman; MIRAGEM, Bruno. *Comentários ao Código de Defesa do Consumidor*. 3. ed. São Paulo: RT, 2010. p. 944-949.

consumidor paga por um bem ou serviço valor desproporcional ao objeto contratado, não se pode negar que este contrato nasceu desequilibrado. E aqui o objetivo é prestar ao consumidor a proteção em uma cláusula essencial de qualquer contrato oneroso, a cláusula-preço".[67]

Cumpre anotar que o Código Civil de 2002 consagrou a lesão como vício do consentimento, a gerar a anulação do negócio jurídico correspondente (arts. 157 e 171 do CC). Todavia, a lesão civilista tem uma feição subjetiva, por exigir a premente necessidade ou inexperiência, ao lado da onerosidade excessiva. A lesão tratada pelo art. 51, inc. IV, é uma *lesão objetivada*, como o é todo o sistema consumerista; bastando o mero desequilíbrio pela quebra da boa-fé e da função social para a sua configuração. Ato contínuo, a lesão consumerista gera a nulidade absoluta e não relativa do contrato, trazendo uma consequência de maior gravidade. Eis mais uma importante confrontação entre o CDC e o CC/2002, na linha do *diálogo das fontes* que inspira o presente estudo.

A respeito do conteúdo de uma cláusula tida como exagerada, a colocar o consumidor em posição em desvantagem, o § 1º do art. 51 traz alguns parâmetros exemplificativos. Nesse contexto, a norma presume como exagerada, entre outros casos, a vontade que: *a)* ofende os princípios fundamentais do sistema jurídico a que pertence; *b)* restringe direitos ou obrigações fundamentais inerentes à natureza do contrato, de tal modo a ameaçar seu objeto ou equilíbrio contratual; *c)* se mostra excessivamente onerosa para o consumidor, considerando-se a natureza e conteúdo do contrato, o interesse das partes e outras circunstâncias peculiares ao caso. Diante do sistema protecionista colocado à disposição dos consumidores, entendo que as presunções citadas são absolutas ou *iure et de iure*, não admitindo declinação ou previsão em contrário.

Como primeiro exemplo de cláusula abusiva por representar lesão objetiva, anote-se o teor do Enunciado n. 432, da *V Jornada de Direito Civil* do Conselho da Justiça Federal e do Superior Tribunal de Justiça (2011): "em contratos de financiamento bancário, são abusivas cláusulas contratuais de repasse de custos administrativos (como análise do crédito, abertura de cadastro, emissão de fichas de compensação bancária etc.), seja por estarem intrinsecamente vinculadas ao exercício da atividade econômica, seja por violarem o princípio da boa-fé objetiva". De toda sorte, infelizmente, a jurisprudência superior entende pela possibilidade de cobrança de tais valores pelas entidades bancárias, como fez o STJ, em relação à taxa de abertura de crédito (TAC) e à taxa de emissão de carnê ou boleto (TEC). O tema ainda será retomado no presente capítulo, com a análise das Súmulas 565 e 566 daquela Corte Superior, do ano de 2016.

Outra interessante concretização de cláusula que representa a renúncia de um direito inerente ao contrato envolve a exceção de contrato de não cumprido e a cláusula *solve et repete*, exemplo retirado do raciocínio de Nelson Nery Jr.[68] Como é notório, para os contratos bilaterais – aqueles com direitos e deveres para ambas as partes –, vale a máxima da exceção de contrato não cumprido, antes explicada (art. 476 do CC). Repisando, em tais negócios, não pode uma parte contratual exigir que a outra cumpra com a sua obrigação, se não cumprir com a própria. Porém, desde os primórdios jurídicos, admite-se a validade

---

[67] KHOURI, Paulo R. Roque A. *Direito do Consumidor*. 2. ed. São Paulo: Atlas, 2005. p. 105.
[68] NERY JR., Nelson. *Código de Defesa do Consumidor*. Comentado pelos autores do anteprojeto. 8. ed. Rio de Janeiro: Forense Universitária, 2004. p. 566-567.

e eficácia da cláusula *solve et repete* ou *cláusula paga e depois pede*, a afastar a invocação da exceção de contrato não cumprido. Ora, como tal cláusula representa uma renúncia a um direito reconhecidamente inerente aos contratos bilaterais, sustenta-se a sua nulidade quando inserida em contratos de consumo.[69]

Diante da existência de milhares de julgados que fazem incidir a regra do inc. IV do art. 51, presumindo muitas vezes a desvantagem nos moldes do exposto, vejamos apenas algumas decisões ilustrativas do Superior Tribunal de Justiça, para que a efetividade da citada cláusula geral fique bem delineada.

De início, pronuncia-se a respeito de dívida em contrato bancário que "a orientação desta Corte é no sentido de que a cláusula contratual que permite a emissão da nota promissória em favor do banco caracteriza-se como abusiva, porque violadora do princípio da boa-fé, consagrado no art. 51, inc. IV, do Código de Defesa do Consumidor" (STJ – AgRg no REsp 1.025.797/RS – Terceira Turma – Rel. Min. Sidnei Beneti – j. 10.06.2008 – *DJe* 20.06.2008).

Ato contínuo de estudo, já se entendeu na hipótese de o contrato bancário prever a incidência de juros remuneratórios, porém sem lhe precisar o montante, que está correta a decisão que considera nula tal cláusula, por desrespeito à boa-fé objetiva (STJ – REsp 715.894/PR – Segunda Seção – Rel. Min. Nancy Andrighi – j. 26.04.2006 – *DJ* 19.03.2007, p. 284). Eis uma situação típica de desvantagem ao consumidor, em clara situação de onerosidade excessiva e desrespeito ao dever de informar decorrente da boa-fé objetiva.

Igualmente, merece destaque o julgado superior que entendeu pela abusividade da cláusula contratual que autoriza a instituição financeira, no caso uma empresa de cartão de crédito, a compartilhar dados pessoais de seus clientes e consumidores. A conclusão foi pelo desrespeito à transparência e à confiança em tal previsão contratual. E mais:

> "A impossibilidade de contratação do serviço de cartão de crédito, sem a opção de negar o compartilhamento dos dados do consumidor, revela exposição que o torna indiscutivelmente vulnerável, de maneira impossível de ser mensurada e projetada. De fato, a partir da exposição de seus dados financeiros abre-se possibilidade para intromissões diversas na vida do consumidor. Conhecem-se seus hábitos, monitoram-se a maneira de viver e a forma de efetuar despesas. Por isso, a imprescindibilidade da autorização real e espontânea quanto à exposição. Considera-se abusiva a cláusula em destaque também porque a obrigação que ela anuncia se mostra prescindível à execução do serviço contratado, qual seja obtenção de crédito por meio de cartão" (STJ – REsp 1.348.532/SP – Quarta Turma – Rel. Min. Luis Felipe Salomão – j. 10.10.2017 – *DJe* 30.11.2017).

Além disso, o mesmo STJ conclui com justiça que "é abusiva a cláusula prevista em contrato de plano de saúde que suspende o atendimento em razão do atraso de pagamento de uma única parcela. Precedente da Terceira Turma. Na hipótese, a própria empresa seguradora contribuiu para a mora, pois, em razão de problemas internos, não enviou ao segurado o boleto para pagamento. II. É ilegal, também, a estipulação que prevê a submissão do segurado a novo período de carência, de duração equivalente ao prazo

---

[69] NERY JR., Nelson. *Código de Defesa do Consumidor*. Comentado pelos autores do anteprojeto. 8. ed. Rio de Janeiro: Forense Universitária, 2004. p. 566-567.

pelo qual perdurou a mora, após o adimplemento do débito em atraso. III. Recusado atendimento pela seguradora de saúde em decorrência de cláusulas abusivas, quando o segurado encontrava-se em situação de urgência e extrema necessidade de cuidados médicos, é nítida a caracterização do dano moral. Recurso provido" (STJ – REsp 259.263/SP – Terceira Turma – Rel. Min. Castro Filho – j. 02.08.2005 – *DJ* 20.02.2006, p. 330).

Também sobre o contrato de plano de saúde, *decisum* do ano de 2016, do Tribunal da Cidadania, considerou que "é nula a cláusula inserta por operadora de plano privado de assistência à saúde em formulário de Declaração de Doenças ou Lesões Preexistentes (Declaração de Saúde) prevendo a renúncia pelo consumidor contratante à entrevista qualificada orientada por um médico, seguida apenas de espaço para aposição de assinatura, sem qualquer menção ao fato de tal entrevista se tratar de faculdade do beneficiário". Segundo o Ministro Relator, em tais contratos, a seguradora deve "a) esclarecer o pretenso segurado acerca do que consiste uma declaração de doenças e lesões preexistentes e das consequências do incorreto preenchimento dos dados ou de eventuais equívocos nas respostas às indagações ali formuladas; e b) esclarecer que, no caso de o segurado ter dúvida acerca de alguma questão, teria direito à orientação de um médico durante o preenchimento do documento, oportunidade em que o profissional de saúde iria elucidar o que estava sendo indagado, por exemplo, os termos técnicos para definir eventuais doenças e/ou lesões que o segurado ou parente pudessem ter sofrido antes daquela data" (STJ – REsp 1.554.448/PE – Rel. Min. João Otávio de Noronha – j. 18.02.2016 – *DJe* 26.02.2016 – publicado no seu *Informativo* n. 578).

A propósito do tema, em 2018, foi editada a Súmula 609 pela Corte Superior, estabelecendo, com precisão, que "a recusa de cobertura securitária, sob a alegação de doença preexistente, é ilícita se não houve a exigência de exames médicos prévios à contratação ou a demonstração de má-fé do segurado". Além da nulidade da cláusula que afasta a cobertura, tem-se a solução de interpretar o contrato de plano de saúde da maneira mais favorável ao segurado-consumidor.

Ainda no que diz respeito às operadoras de plano de saúde, outro aresto superior, ainda mais recente, considerou que, "em contrato de plano de assistência à saúde, é abusiva a cláusula que preveja o indeferimento de quaisquer procedimentos médico-hospitalares quando solicitados por médicos não cooperados" (REsp 1.330.919/MT – *Informativo* n. 588 do STJ – agosto de 2016). O Ministro Relator, com precisão, destaca inicialmente o caráter existencial dos contratos de plano de saúde, na linha do que está defendido. Vejamos as suas palavras:

> "O contrato de plano de saúde, além da nítida relação jurídica patrimonial que, por meio dele, se estabelece, reverbera também caráter existencial, intrinsecamente ligado à tutela do direito fundamental à saúde do usuário, o que coloca tal espécie contratual em uma perspectiva de grande relevância no sistema jurídico pátrio. (...). Consoante doutrina a respeito do tema, conquanto a Carta da República se refira, por excelência, ao Poder Público, sabe-se que a eficácia do direito fundamental à saúde ultrapassa o âmbito das relações travadas entre Estado e cidadãos – eficácia vertical –, para abarcar as relações jurídicas firmadas entre os cidadãos, limitando a autonomia das partes, com o intuito de se obter a máxima concretização do aspecto existencial, sem, contudo, eliminar os interesses materiais. Suscita-se, pois, a eficácia horizontal do direito fundamental à saúde, visualizando a incidência direta e imediata desse direito nos contratos de plano de saúde. Todavia, o que se nota, muitas vezes, no âmbito privado, é a colisão dos interesses das partes, ficando, de um lado, as operadoras do

plano de saúde – de caráter eminentemente patrimonial – e, de outro, os usuários – com olhar voltado para sua subsistência. Assim, para dirimir os conflitos existentes no decorrer da execução contratual, há que se buscar, nesses casos, o diálogo das fontes, que permite a aplicação simultânea e complementar de normas distintas. Por isso, é salutar, nos contratos de plano de saúde, condensar a legislação especial (Lei n. 9.656/1998), especialmente com o CDC, pois, segundo o entendimento doutrinário, esse contrato configura-se como um 'contrato cativo e de longa duração, a envolver por muitos anos um fornecedor e um consumidor, com uma finalidade em comum, que é assegurar para o usuário o tratamento e ajudá-lo a suportar os riscos futuros envolvendo a sua saúde'. Assim, diante da concepção social do contrato, aquele que declara algo referente ao negócio que está prestes a concluir deve responder pela confiança que a outra parte nele depositou ao contratar. Isso porque o direito dos contratos assume a função de realizar a equitativa distribuição de direitos e deveres entre os contratantes, buscando atingir a justiça contratual, a qual se perfectibiliza, pois, na exata equivalência das prestações ou sacrifícios suportados pelas partes, bem como na proteção da confiança e da boa-fé de ambos os contratantes".

E arremata, com conclusão que tem o meu apoio:

"Embora seja conduta embasada em cláusulas contratuais, nota-se que as práticas realizadas pela operadora do plano de saúde, sobretudo negar as solicitações feitas por médicos não cooperados, mostram-se contrárias ao permitido pela legislação consumerista. Naquela situação em que o usuário busca o médico de sua confiança, mas realiza os exames por ele solicitados em instalações da rede credenciada, não há prejuízo nenhum para a cooperativa, haja vista que o valor da consulta foi arcado exclusivamente pelo usuário, sem pedido de reembolso. Indeferir a solicitação de qualquer procedimento hospitalar requerido por médico não cooperado estaria afetando não mais o princípio do equilíbrio contratual, mas o da boa-fé objetiva" (STJ – REsp 1.330.919/MT – Rel. Min. Luis Felipe Salomão – j. 02.08.2016 – *DJe* 18.08.2016 – publicado no seu *Informativo* n. 588).

Em novembro de 2017, ainda no que concerne a tais negócios, o Superior Tribunal de Justiça editou a sua Súmula 597, segundo a qual a cláusula contratual de plano de saúde que prevê carência para utilização dos serviços de assistência médica nas situações de emergência ou de urgência é considerada abusiva, se ultrapassado o prazo máximo de 24 horas, contado da data da contratação. Por óbvio, os serviços de emergência ou de urgência devem ser prestados de imediato, nos termos do que consta da sumular.

Reafirme-se, mais uma vez, que o Tribunal da Cidadania tem sido implacável em relação às abusividades praticadas pelas empresas de plano de saúde, mormente pelo claro conteúdo existencial em tais negócios.

Seguindo nas concreções práticas, foram reconhecidas como nulas as cláusulas que permitiam às construtoras dispor do imóvel alienado a terceiros, instituindo hipoteca em favor do banco, outra típica situação de onerosidade excessiva ou desequilíbrio negocial em prejuízo ao consumidor (STJ – REsp 410.306/DF – Quarta Turma – Rel. Min. Ruy Rosado de Aguiar – j. 27.08.2002 – *DJ* 07.10.2002, p. 265). Além disso, para o mesmo Tribunal, no seguro de automóvel, em caso de perda total, a indenização a ser paga pela seguradora deve tomar como base a quantia ajustada na apólice. Sendo assim, é abusiva a cláusula que inclui na apólice um valor, sobre o qual o segurado paga o prêmio, e pretender indenizá-lo por valor menor, correspondente ao preço de mercado, estipulado pela própria seguradora (STJ – REsp 191.189/MG – Terceira Turma – Rel. Min. Nilson

Naves – Rel. p/ Acórdão Min. Waldemar Zveiter – j. 05.12.2000 – *DJ* 05.03.2001, p. 154; e STJ – REsp 176.890/MG – Segunda Seção – Rel. Min. Waldemar Zveiter – j. 22.09.1999 – *DJ* 19.02.2001, p. 130).

Em julgado superior de 2018, que cita esta obra e a nossa interpretação do inc. IV do art. 51 do CDC, concluiu-se, a respeito do transporte aéreo, que "a previsão de cancelamento unilateral da passagem de volta, em razão do não comparecimento para embarque no trecho de ida (*no show*), configura prática rechaçada pelo Código de Defesa do Consumidor, nos termos dos referidos dispositivos legais acima transcritos, devendo o Poder Judiciário restabelecer o necessário equilíbrio contratual". O aresto cita as nossas lições no sentido de que, "dentre os diversos mecanismos de proteção ao consumidor estabelecidos pela lei, a fim de equalizar a relação faticamente desigual em comparação ao fornecedor, destacam-se os arts. 39 e 51 do CDC, que, com base nos princípios da função social do contrato e da boa-fé objetiva, estabelecem, em rol exemplificativo, as hipóteses, respectivamente, das chamadas práticas abusivas, vedadas pelo ordenamento jurídico, e das cláusulas abusivas, consideradas nulas de pleno direito em contratos de consumo, configurando nítida mitigação da força obrigatória dos contratos (*pacta sunt servanda*)". Entendeu-se, ainda, pela presença de venda casada, vedada pelo art. 39, inc. I, do CDC, pois a cláusula do pacto "condiciona o fornecimento do serviço de transporte aéreo do 'trecho de volta' à utilização do 'trecho de ida'" (STJ – REsp 1.699.780/SP – Terceira Turma – Rel. Min. Marco Aurélio Bellizze – j. 11.09.2018 – *DJe* 17.09.2018). Ao final, o consumidor foi indenizado em R$ 5.000,00 (cinco mil reais), em virtude do citado cancelamento.

Anote-se que a Quarta Turma do Tribunal da Cidadania tem concluído da mesma forma, mas sob o argumento de abusividade pelo inc. XV do mesmo art. 51 do CDC, o que demonstra uma pacificação da Corte sobre o tema a respeito da conclusão final, em elogiável entendimento (STJ – REsp 1.595.731/RO – Quarta Turma – Rel. Min. Luis Felipe Salomão – j. 14.11.2017 – *DJe* 01.02.2018).

Apesar de todos esses exemplos louváveis da Corte Superior, em alguns casos não se aplica bem o dispositivo consumerista em comento. Cite-se, a título de exemplo, o reconhecimento da *cláusula de fidelização* considerada, "em regra, legítima em contrato de telefonia. Isso porque o assinante recebe benefícios em contrapartida à adesão dessa cláusula, havendo, além disso, a necessidade de garantir um retorno mínimo à empresa contratada pelas benesses conferidas. Precedente citado: AgRg no REsp 1.204.952/DF, *DJe* de 20/8/2012" (STJ – AgRg no AREsp 253.609/RS – Rel. Min. Mauro Campbell Marques – j. 18.12.2012. Ver, mais recentemente: STJ – REsp 1.097.582/MS – Quarta Turma – Rel. Min. Marco Buzzi – j. 19.03.2013, *DJe* 08.04.2013).

Com o devido respeito, estou alinhado aos julgados estaduais que concluem de maneira diversa, no sentido de que "a cláusula de fidelização é abusiva, na medida em que coloca o consumidor em posição extremamente desvantajosa e desigual, violando, ainda, a livre concorrência e os princípios da confiança, da transparência, da informação, bem como da boa-fé objetiva. Demonstrada a nulidade da cláusula de fidelidade, o reconhecimento do caráter indevido da cobrança efetuada a este título é mero corolário lógico. A existência dos danos morais no caso vertente é *in re ipsa*, ou seja, decorre automaticamente da negativação do nome do consumidor no cadastro de inadimplentes, sendo prescindível a comprovação de efetivo prejuízo, na medida em que o mesmo é presumido" (TJMG – Apelação Cível 1.0024.10.030764-4/001 – Rel. Des. Rogério Medeiros – j. 17.01.2013 – *DJEMG* 25.01.2013).

Sobre a multa por fidelização nos contratos de prestação de serviços de TV a cabo, há aresto recente do STJ que admite a sua cobrança. Porém, a conclusão do *decisum* é no sentido de que a citada penalidade deve ser proporcional ao tempo faltante para o término da relação de fidelização. Ainda de acordo com o mesmo acórdão superior, eventual cláusula em contrário deve ser tida como nula, por abusividade, o que tem fundamento no preceito que ora se estuda (art. 51, inc. IV, do CDC):

"Isso porque a cobrança integral da multa, sem computar o prazo de carência parcialmente cumprido pelo consumidor, coloca o fornecedor em vantagem exagerada, caracterizando conduta iníqua, incompatível com a equidade, consoante disposto no § 1º e inciso IV do artigo 51 do Código Consumerista. Nesse panorama, sobressai o direito básico do consumidor à proteção contra práticas e cláusulas abusivas, que consubstanciem prestações desproporcionais, cuja adequação deve ser realizada pelo Judiciário, a fim de garantir o equilíbrio contratual entre as partes, afastando-se o ônus excessivo e o enriquecimento sem causa porventura detectado (artigos 6º, incisos IV e V, e 51, § 2º, do CDC), providência concretizadora do princípio constitucional de defesa do consumidor, sem olvidar, contudo, o princípio da conservação dos contratos" (STJ – REsp 1.362.084/RJ – Quarta Turma – Rel. Min. Luis Felipe Salomão – j. 16.05.2017 – *DJe* 01.08.2017).

Outra hipótese em que não se aplicou corretamente a regra do art. 51, inc. IV, do CDC, no meu entender, disse respeito à polêmica relacionada ao "rol da ANS" nos contratos de plano de saúde suplementar. Após muitos debates, a questão foi analisada pela Segunda Seção do Superior Tribunal de Justiça em junho de 2022, nos autos do EREsp 1.886.929/SP, tendo sido Relator o Luis Felipe Salomão. Por maioria de votos, foram geradas as seguintes afirmações de tese, que dizem respeito às exclusões de cobertura que constam dos contratos de plano de saúde:

"1 – O rol de Procedimentos e Eventos em Saúde Suplementar é, em regra, taxativo;

2 – A operadora de plano ou seguro de saúde não é obrigada a arcar com tratamento não constante do rol da ANS se existe, para a cura do paciente, outro procedimento eficaz, efetivo e seguro já incorporado ao rol;

3 – É possível a contratação de cobertura ampliada ou a negociação de aditivo contratual para a cobertura de procedimento extra rol;

4 – Não havendo substituto terapêutico ou esgotados os procedimentos do rol da ANS, pode haver, a título excepcional, a cobertura do tratamento indicado pelo médico ou odontólogo assistente, desde que (i) não tenha sido indeferido expressamente, pela ANS, a incorporação do procedimento ao rol da Saúde Suplementar; (ii) haja comprovação da eficácia do tratamento à luz da medicina baseada em evidências; (iii) haja recomendações de órgãos técnicos de renome nacionais (como CONITEC e NATJUS) e estrangeiros; e (iv) seja realizado, quando possível, o diálogo interinstitucional do magistrado com entes ou pessoas com *expertise* técnica na área da saúde, incluída a Comissão de Atualização do rol de Procedimentos e Eventos em Saúde Suplementar, sem deslocamento da competência do julgamento do feito para a Justiça Federal, ante a ilegitimidade passiva *ad causam* da ANS".

Votaram com o Relator os Ministros Raul Araújo, Maria Isabel Gallotti, Ricardo Villas Bôas Cueva, Marco Buzzi e Marco Aurélio Bellizze. Foram vencidos, a quem me filio, os Ministros Nancy Andrighi, Paulo de Tarso Sanseverino e Moura Ribeiro.

De todo modo, o que se percebe da tese final é que não se afirmou, definitivamente, que o rol dos procedimentos seria fechado ou taxativo, pois seriam admitidas algumas exceções. Seja como for, a conclusão final do julgado foi duramente criticada nos meios jurídico e social e reacendeu, após alguns anos, a intensa alegação do argumento da proteção da dignidade humana nas relações privadas.

A par dessas críticas, muito rapidamente e em caráter de urgência, houve intensa mobilização do Poder Legislativo, que elaborou uma nova norma jurídica sobre o tema. Surgiu, assim, a Lei n. 14.454, de setembro de 2022, que introduziu mudanças na Lei n. 9.656/1998. Consoante o novo § 12 do seu art. 10, "o rol de procedimentos e eventos em saúde suplementar, atualizado pela ANS a cada nova incorporação, constitui a referência básica para os planos privados de assistência à saúde contratados a partir de 1º de janeiro de 1999 e para os contratos adaptados a esta Lei e fixa as diretrizes de atenção à saúde". A menção à referência básica evidencia não haver um rol taxativo.

Em continuidade dessa afirmação, o novo § 13 do art. 10 da Lei n. 9.656/1998 enuncia que, em caso de tratamento ou procedimento prescrito por médico ou odontólogo assistente que não estejam previstos no rol da ANS, a cobertura deverá ser autorizada pela operadora de planos de assistência à saúde, desde que: *a)* exista comprovação da eficácia, à luz das ciências da saúde, baseada em evidências científicas e plano terapêutico; ou *b)* existam recomendações pela Comissão Nacional de Incorporação de Tecnologias no Sistema Único de Saúde (Conitec), ou exista recomendação de, no mínimo, um órgão de avaliação de tecnologias em saúde que tenha renome internacional, desde que sejam aprovadas também para seus nacionais.

Observa-se, portanto, que a decisão do Superior Tribunal de Justiça acabou sendo superada por uma nova lei que, espera-se, estabilize o quadro fático, trazendo os valores de justiça e de segurança para essa delicada e intricada situação.

Sobre essa intricada temática, em julgado de 2023, considerou o Tribunal da Cidadania que "até 1/7/2022, data da vigência da Resolução Normativa n. 539/2022 da ANS, é devido o reembolso integral de tratamento multidisciplinar para beneficiário portador de transtorno do espectro autista realizado fora da rede credenciada, inclusive às sessões de musicoterapia, na hipótese de inobservância de prestação assumida no contrato ou se ficar demonstrado o descumprimento de ordem judicial" (STJ – REsp 2.043.003/SP – Terceira Turma – Rel. Min. Nancy Andrighi – por unanimidade – j. 21.03.2023 – *DJe* 23.03.2023).

O aresto foi pronunciado levando-se em conta a realidade fática e jurídica existente quando do julgamento pela Segunda Seção, aqui antes destacado, pelo rol taxativo. O seguinte trecho do acórdão explica muito bem a profunda questão, sobretudo a regulamentação então existente a respeito do tema:

"No âmbito judicial, até o julgamento, pela Segunda Seção, do EREsp 1.889.704/SP, em 8/6/2022 (*DJe* de 3/8/2022), havia divergência no STJ sobre a obrigatoriedade de cobertura de procedimentos e eventos não listados no rol da ANS, considerando que a Terceira Turma entendia se tratar de rol exemplificativo, enquanto a Quarta Turma defendia a sua natureza taxativa.

A reboque desse precedente, a ANS publicou a Resolução Normativa 539/2022, com vigência a partir de 1/7/2022, que tornou obrigatória a cobertura para qualquer método ou técnica indicado pelo médico assistente para o tratamento do paciente portador de transtorno global do desenvolvimento, e logo expediu o Comunicado n. 95, de 23/6/2022 (*DOU* 24/6/2022), por meio do qual impôs a todas as operadoras de planos de saúde que, por determinação judicial ou por mera liberalidade, estivessem atendendo aos beneficiários portadores de transtornos globais do desenvolvimento em determinada técnica/método/abordagem indicado pelo médico assistente, tal como a ABA, o dever de manutenção do tratamento, estabelecendo, expressamente, que a sua suspensão configuraria negativa indevida de cobertura.

Assim, até 1/7/2022, data da vigência da Resolução Normativa 539/2022, havia dúvida razoável quanto à cobertura obrigatória das terapias multidisciplinares pelo método ABA ou outras terapias assemelhadas prescritas para os portadores de transtornos globais do desenvolvimento, sendo certo que, desde 24/6/2022 (data da publicação do Comunicado n. 95 da ANS), as operadoras de planos de saúde já estavam proibidas de suspender os tratamentos em curso.

Do exposto se pode inferir que, enquanto amparada em cláusula contratual redigida com base nas normas editadas pela agência reguladora, a recusa da operadora não caracteriza a inexecução do contrato apta a justificar o reembolso integral. Noutro ângulo, a inobservância de prestação assumida no contrato, o descumprimento de ordem judicial que determina a cobertura ou a violação de atos normativos da ANS pela operadora podem gerar o dever de indenizar, mediante o reembolso integral, ante a caracterização da negativa indevida de cobertura.

Com efeito, sendo as decisões anteriores a 1/7/2022, o reembolso integral pretendido será devido apenas se demonstrado o descumprimento da ordem judicial que deferiu a antecipação dos efeitos da tutela. Do contrário, eventual reembolso de despesas assumidas pelo beneficiário com tratamento realizado fora da rede assistencial se dará nos limites do contrato" (STJ - REsp 2.043.003/SP - Terceira Turma - Rel. Min. Nancy Andrighi - por unanimidade - j. 21.03.2023 - DJe 23.03.2023).

Em 2024 surgiram outros arestos superiores sobre a mesma temática e que precisam ser destacados, sobretudo quanto às suas teses principais, pela sua enorme relevância para a prática.

Conforme o primeiro deles, "nos tratamentos de caráter continuado, deverão ser observadas, a partir da sua vigência, as inovações trazidas pela Lei 14.454/2022, diante da aplicabilidade imediata da lei nova" (STJ - REsp 2.037.616/SP - Segunda Seção - Rel. Min. Nancy Andrighi - Rel. p/ acórdão Min. Ricardo Villas Bôas Cueva - j. 24.04.2024 - DJe 08.05.2024 - v.u.). Há, portanto, no conteúdo do *decisum*, importante entendimento a respeito da incidência imediata da nova lei.

Já o segundo acórdão concluiu que "é abusiva a negativa de tratamento essencial ao controle de doença degenerativa do sistema nervoso, apenas por ser o medicamento administrável na forma oral em ambiente domiciliar, quando, entre outras circunstâncias, esteja incluído no rol da ANS e faça parte de específico tratamento escalonado pelo qual o paciente necessariamente precisa passar para ter direito ao fornecimento de fármaco de cobertura obrigatória" (STJ - Ag. Int. no AREsp. 2.251.773-DF - Quarta Turma - Rel. Min. Antonio Carlos Ferreira - Rel. p/ acórdão Min. Marco Buzzi - j. 21.05.2024 - m.v.). A conclusão final sobre o caso concreto foi no sentido de que, "embora a situação clínica da recorrente não se amolde ao conceito legal de emergência médica – relativo a casos que indiquem risco imediato de vida ou dano irreparável à saúde do paciente, declarado por médico – não havendo se falar, portanto, em violação ao art. 35-C da Lei 9.656/1998, de rigor, todavia, concluir que a negativa de cobertura, na hipótese, revela-se abusiva".

Por fim, igualmente com conteúdo humanista inegável, entendeu a Terceira Turma do STJ que "o plano de saúde é obrigado a cobrir, de forma ilimitada, as terapias prescritas ao paciente com Síndrome de Down" (STJ – Ag. Int. no AREsp 2.511.984/MS – Terceira Turma – Rel. Min. Moura Ribeiro – j. 26.08.2024 – DJe 28.08.2024). Destaco que essa conclusão tem se repetido na Corte, merecendo aplausos pela correta aplicação do CDC.

Superados esses delicados assuntos, como última ilustração da jurisprudência superior a respeito do inc. IV do art. 51 do CDC, concluiu a sua Terceira Turma, em 2022, que a pontuação adquirida em vida por consumidor em programa de milhagem de companhia aérea não se transmite aos seus herdeiros (STJ – REsp 1.878.651/SP – Terceira Turma – Rel. Min. Moura Ribeiro – j. 04.10.2022 – *DJe* 07.10.2022). Entre outras teses firmadas, considerou-se que não é nula, por interpretação do dispositivo citado, a cláusula que prevê a extinção das milhas com a morte do seu usuário: "inexistindo ilegalidade intrínseca, nos termos do art. 51, IV do CDC, as cláusulas constantes de contrato de adesão só serão declaradas nulas quando estabelecerem obrigações consideradas iníquas, abusivas, que coloquem o consumidor em desvantagem exagerada, ou sejam incompatíveis com a boa-fé ou a equidade" (REsp 1.878.651).

Apesar das críticas feitas por muitos colegas doutrinadores – não só do Direito do Consumidor, mas também do Direito Civil –, estou totalmente filiado ao julgado, notadamente pela minha preocupação com a criação de "bolhas econômicas", *anárquicas juridicamente* e sem lastro, em virtude de "moedas paralelas", como são os pontos das companhias aéreas. Além disso, vejo nas pontuações adquiridas por escolha dos consumidores, como foi o caso julgado, um caráter personalíssimo na sua contratação. Em verdade, é preciso regulamentar a temática da herança de bens digitais, o que está sendo proposto pelo Projeto de Reforma do Código Civil, elaborado pela Comissão de Juristas nomeada no âmbito do Senado Federal, em prol da certeza e da segurança jurídica

Em complemento, como bem observado pelo Ministro Moura Ribeiro, citando a minha posição doutrinária, "deve ser considerado como contrato unilateral e benéfico a adesão ao Plano de Benefícios que dispensa contraprestação pecuniária do seu beneficiário e que prevê responsabilidade somente ao seu instituidor. Entendimento doutrinário". E, nesse contexto, "os contratos benéficos, que por sua natureza são *intuito personae*, devem ser interpretados restritivamente, consoante disposto no art. 114 do CC/02" (STJ – REsp 1.878.651/SP – Terceira Turma – Rel. Min. Moura Ribeiro – j. 04.10.2022 – *DJe* 07.10.2022). Por isso, reafirmo que estou totalmente filiado ao *decisum*, cujo conteúdo deve ser lido, para os necessários debates, inclusive por envolver o tema das "novas tecnologias", sendo imperiosa a regulamentação legal da herança e do patrimônio digital em nosso País.

Por fim, algumas palavras devem ser ditas em relação à chamada *cláusula-surpresa*, que constava do art. 51, inc. V, da Lei 8.078/1990, dispositivo que foi vetado pelo então Presidente da República. O texto tinha a seguinte redação, ao reconhecer a nulidade das cláusulas contratuais que, "segundo as circunstâncias e, em particular, segundo a aparência global do contrato, venham, após sua conclusão, a surpreender o consumidor". As razões do veto foram: "reproduz, no essencial, o que já está explicitado no inciso IV. É, portanto, desnecessário".

Pelo conteúdo do veto, como expõe a doutrina, a *cláusula-surpresa* é vedada pela previsão do comando em análise, havendo desrespeito à boa-fé objetiva pelo rompimento das justas expectativas depositadas pelo consumidor.[70] Aplicando tal premissa, do Tribunal de Minas Gerais: "A cláusula constante de contrato de adesão, prevendo a cobrança de comissão de permanência à taxa de mercado, por ser incerta e causar surpresa ao mutuário, é ilegal e não pode produzir efeitos, devendo ser substituída pelo INPC, índice justo e aceitável para recompor o valor do capital emprestado" (TJMG – Apelação Cível 1.0145.06.342112-0/0011, Juiz de Fora – Décima Oitava Câmara Cível – Rel. Des. Guilherme Luciano Baeta Nunes – j. 20.01.2009 – *DJEMG* 17.02.2009). Como visto em vários trechos deste livro, a criação de justas expectativas tem relação umbilical com o princípio da boa-fé objetiva, o *coração* do CDC.

5.7.5. Cláusulas que estabeleçam inversão do ônus da prova em prejuízo do consumidor (art. 51, inc. VI, do CDC)

Conforme outrora foi exposto, a inversão do ônus da prova constitui um *plus*, uma *arma diferenciada* a favor do consumidor nas demandas fundadas em produtos ou serviços. Diante dessa sua natureza, obviamente, é nula por abusividade a cláusula que estabeleça a citada *arma* em prejuízo ou contra o próprio consumidor. Ora, por razões óbvias de tutela dos vulneráveis, não se pode utilizar a *arma legal* criada em desfavor daquele que justificou a sua criação.

Em reforço, a consagração da responsabilidade objetiva como regra consumerista afasta a necessidade de o consumidor provar a culpa do fornecedor ou prestador, constituindo a cláusula que imponha o ônus da prova da culpa ao consumidor algo manifestamente excessivo, em claro flagrante ao sistema de proteção consumerista. Como bem exemplifica Bruno Miragem, na hipótese da presença de um vício do produto, não é lícita a exigência ao consumidor vulnerável da prova do mau funcionamento do bem adquirido, o que é flagrante afronta à proteção do consumidor quanto aos vícios.[71]

5.7.6. Cláusulas que determinem a utilização compulsória de arbitragem (art. 51, inc. VII, do CDC)

No plano contratual, o compromisso é o acordo de vontades por meio do qual as partes, preferindo não se submeter à decisão judicial, confiam a árbitros a solução de seus conflitos de interesse, de cunho patrimonial. O compromisso, assim, é um dos meios jurídicos que pode conduzir à arbitragem, sendo tratado pelo CC/2002 na parte alusiva às várias espécies de contratos e regulamentado, ainda, pela Lei 9.307/1996 (Lei de Arbitragem).

---

[70] NERY JR., Nelson. *Código de Defesa do Consumidor*. Comentado pelos autores do anteprojeto. 8. ed. Rio de Janeiro: Forense Universitária, 2004. p. 572-573; MIRAGEM, Bruno. *Curso de Direito do Consumidor*. 2. ed. São Paulo: RT, 2010, p. 256-257.
[71] MIRAGEM, Bruno. *Curso de Direito do Consumidor*. 2. ed. São Paulo: RT, 2010. p. 253.

Nos dizeres de Carlos Alberto Carmona, a arbitragem constitui um "meio alternativo de solução de controvérsia através da intervenção de uma ou mais pessoas que recebem seus poderes de uma convenção privada, decidindo com base nela, sem intervenção estatal, sendo a decisão destinada a assumir a mesma eficácia da sentença judicial".[72] Para o jurista, portanto, a arbitragem é jurisdição, tendo sido esta a opção da Lei 9.307/1996, o que é compartilhado por mim. A partir das lições transmitidas pelo doutrinador citado, em disciplina ministrada no curso de doutorado na Faculdade de Direito da USP, pode-se dizer que o compromisso é contrato, a arbitragem é jurisdição; o compromisso é um contrato que gera efeitos processuais.

Conforme estipula o art. 852 do CC/2002, a arbitragem restringe-se somente a direitos patrimoniais disponíveis, não podendo atingir os direitos da personalidade ou inerentes à dignidade da pessoa humana, visualizados pelos arts. 11 a 21 do Código Civil em vigor. Isso acaba justificando o teor do art. 51, inc. VI, da Lei 8.078/1990, eis que a proteção dos direitos do consumidor, com *status* constitucional, está mais próxima desses direitos existenciais relativos à proteção da pessoa. Há quem critique a vedação consumerista, caso de Carlos Alberto Carmona, que vê na arbitragem um importante mecanismo de exercício da autonomia privada e de solução de disputas.

Diante dessas críticas, a reforma da Lei de Arbitragem pretendia trazer regra específica propiciando que a arbitragem fosse utilizada para resolver as demandas envolvendo os consumidores. Nesse contexto, seria incluído no art. 4º da Lei 9.307/1996 um § 3º, estabelecendo que "na relação de consumo estabelecida por meio de contrato de adesão, a cláusula compromissória só terá eficácia se o aderente tomar a iniciativa de instituir a arbitragem ou concordar expressamente com a sua instituição". Todavia, quando do surgimento da Lei 13.129, de 26 de maio de 2015, a proposta foi vetada pela Presidência da República, com os seguintes argumentos:

> "Da forma prevista, os dispositivos alterariam as regras para arbitragem em contrato de adesão. Com isso, autorizariam, de forma ampla, a arbitragem nas relações de consumo, sem deixar claro que a manifestação de vontade do consumidor deva se dar também no momento posterior ao surgimento de eventual controvérsia e não apenas no momento inicial da assinatura do contrato. Em decorrência das garantias próprias do direito do consumidor, tal ampliação do espaço da arbitragem, sem os devidos recortes, poderia significar um retrocesso e ofensa ao princípio norteador de proteção do consumidor".

Estou filiado ao veto, em parte, sendo certo que o tema ainda merece um melhor debate pela sociedade e pela comunidade jurídica. Da forma como estava no texto, de fato, a sua inserção representaria um retrocesso para a tutela dos consumidores, pela generalização que ocasionaria. De toda sorte, penso que seria até viável admitir a arbitragem em matéria de consumo tratando-se de pessoa jurídica consumidora e sendo dela a iniciativa de instauração da arbitragem.

A propósito desse tema, cumpre anotar que, não obstante o veto à proposta de alteração legislativa, julgado do Superior Tribunal de Justiça, do ano de 2016, admitiu a

---

[72] CARMONA, Carlos Alberto. *Arbitragem e processo*. Um comentário à Lei 9.307/1996. 2. ed. São Paulo: Atlas, 2006. p. 51.

instauração de arbitragem em conflito de consumo, sendo do consumidor a iniciativa de início do painel arbitral. Nos termos do aresto, que merece destaque:

> "Não há incompatibilidade entre os arts. 51, VII, do CDC e 4º, § 2º, da Lei n. 9.307/96. Visando conciliar os normativos e garantir a maior proteção ao consumidor é que entende-se que a cláusula compromissória só virá a ter eficácia caso este aderente venha a tomar a iniciativa de instituir a arbitragem, ou concorde, expressamente, com a sua instituição, não havendo, por conseguinte, falar em compulsoriedade. Ademais, há situações em que, apesar de se tratar de consumidor, não há vulnerabilidade da parte a justificar sua proteção. (...). Assim, é possível a cláusula arbitral em contrato de adesão de consumo quando não se verificar presente a sua imposição pelo fornecedor ou a vulnerabilidade do consumidor, bem como quando a iniciativa da instauração ocorrer pelo consumidor ou, no caso de iniciativa do fornecedor, venha a concordar ou ratificar expressamente com a instituição" (STJ – REsp 1.189.050/SP – Quarta Turma – Rel. Min. Luis Felipe Salomão – j. 01.03.2016).

Em 2018, surgiu outro julgado a ser destacado, que corrobora essas afirmações, no sentido de que "o art. 51, VII, do CDC limita-se a vedar a adoção prévia e compulsória da arbitragem, no momento da celebração do contrato, mas não impede que, posteriormente, diante de eventual litígio, havendo consenso entre as partes (em especial a aquiescência do consumidor), seja instaurado o procedimento arbitral". Porém, na situação julgada a arbitragem foi afastada, pois "na hipótese sob julgamento, a atitude da recorrente (consumidora) de promover o ajuizamento da ação principal perante o juízo estatal evidencia, ainda que de forma implícita, a sua discordância em submeter-se ao procedimento arbitral, não podendo, pois, nos termos do art. 51, VII, do CDC, prevalecer a cláusula que impõe a sua utilização, visto ter-se dado de forma compulsória" (STJ – REsp 1.628.819/MG – Terceira Turma – Rel. Min. Nancy Andrighi – j. 27.02.2018 – *DJe* 15.03.2018).

No ano de 2019, na Edição n. 122 da ferramenta *Jurisprudência em Teses* da Corte, dedicada à arbitragem, publicou-se a afirmação n. 11, preceituando que "a legislação consumerista impede a adoção prévia e compulsória da arbitragem no momento da celebração do contrato, mas não proíbe que, posteriormente, em face de eventual litígio, havendo consenso entre as partes, seja instaurado o procedimento arbitral". Os dois acórdãos transcritos são citados como precedentes, ao lado de outros (STJ – Ag. Int. no AREsp 1.192.648/GO – Quarta Turma – Rel. Min. Raul Araújo – j. 27.11.2018 – *DJe* 04.12.2018; e Ag. Int. no AREsp 1.152.469/GO – Quarta Turma – Rel. Min. Maria Isabel Gallotti – j. 08.05.2018 – *DJe* 18.05.2018).

No âmbito da doutrina, na *II Jornada de Solução e Prevenção Extrajudicial dos Litígios*, promovida pelo Conselho da Justiça Federal em 2021, aprovou-se o Enunciado n. 103, segundo o qual "é admissível a implementação da arbitragem *on-line* na resolução dos conflitos de consumo, respeitada a vontade do consumidor e observada sua vulnerabilidade e compreensão dos termos do procedimento, como forma de promoção de acesso à justiça".

Com o devido respeito a quem defende o contrário, penso não ser possível juridicamente a cláusula compromissória prévia vinculativa ao consumidor, o que entra em conflito com o dispositivo do CDC ora analisado. Todavia, nos casos de ser o consumidor uma pessoa jurídica, mitigada a sua hipossuficiência, não haveria óbice para que fosse firmado um compromisso arbitral posterior, sendo de iniciativa a instituição do procedimento. Tanto isso é verdade que, no último evento, sugeri a substituição do termo "vulnerabilidade" por "hipossuficiência", o que acabou não sendo adotado na aprovação final do enunciado doutrinário. O termo atual, constante do enunciado, deixa dúvidas práticas, uma vez que todo consumidor, sem exceção, é vulnerável.

Ainda a esse propósito, a Segunda Seção do Superior Tribunal de Justiça, em 2023, reafirmou não ser possível a arbitragem compulsória de consumo, devendo haver, sempre, a concordância expressa do consumidor para que ela seja possível. Conforme a tese exarada, "com o ajuizamento, pelo consumidor, de ação perante o Poder Judiciário, presume-se a discordância dele em submeter-se ao juízo arbitral, sendo nula a cláusula de contrato de consumo que determina a utilização compulsória da arbitragem" (STJ – EREsp 1.636.889/MG – Segunda Seção – Rel. Min. Nancy Andrighi – v.u. – j. 09.08.2023 – *DJe* 14.08.2023).

Acrescente-se que não se pode confundir a arbitragem com a mediação. Na arbitragem, os árbitros nomeados decidem questões relativas a uma obrigação de cunho patrimonial. Na mediação, os mediadores buscam a facilitação do diálogo entre as partes para que elas mesmas se componham, o que parece ter sido adotado pelo CPC/2015, especialmente pela redação do seu art. 165. A mediação pode estar relacionada com direitos personalíssimos, não havendo qualquer óbice de sua utilização para as contendas relativas a consumidores. Deve ficar claro que tanto a arbitragem quanto a mediação situam-se como mecanismos adequados e extrajudiciais de solução dos conflitos, a par da tendência de *desjudicialização das contendas*, ou seja, de "fuga do Judiciário".[73]

Sobre a utilização de plataformas digitais com o intuito de incremento não só da mediação como da conciliação, também foram aprovados enunciados importantes na *II Jornada de Solução e Prevenção Extrajudicial dos Litígios*, promovida pelo Conselho da Justiça Federal em 2021, que merecem ser destacados nesta obra. Consoante o Enunciado 133, "em disputas consumeristas, o Poder Público deve incentivar que o consumidor resolva eventuais disputas com fornecedores por meios extrajudiciais, como o Serviço de Atendimento ao Consumidor (SAC) ou plataforma CONSUMIDOR.GOV.BR, antes de propor ações judiciais sobre o tema". Em sentido próximo, de acordo com o Enunciado 141, "recomenda-se o estímulo à utilização e à integração de mecanismos como a plataforma CONSUMIDOR.GOV.BR, criada pela Secretaria Nacional do Consumidor – Senacon com o apoio de Procons, com vistas a promover o acesso e a criação de alternativas para a solução eficiente dos conflitos de consumo".

Além disso, não se pode esquecer que "os princípios da confidencialidade e da boa-fé devem ser observados na mediação *on-line*" (Enunciado 140). Todavia, tais plataformas não podem ser consideradas, por si só, como mecanismos de solução de conflito, sem se atentar aos requisitos legais, sobretudo aos que estão previstos na Lei 13.140/2015. Nesse sentido, o Enunciado 179: "para que a plataforma digital ou outro meio de comunicação à distância sejam considerados mediação ou conciliação, o procedimento deve atender aos requisitos legais destinados a tais formas de resolução de conflitos".

Voltando-se ao tema central da arbitragem, o art. 853 do CC/2002 consagra a possibilidade da *cláusula compromissória* (*pactum de compromittendo*), para resolver divergências

---

[73] Conclusões retiradas de: TARTUCE, Fernanda. *Mediação nos conflitos civis*. São Paulo: Método, 2009.

mediante juízo arbitral, na forma estabelecida pela Lei 9.307/1996. Nesse sentido, prevê o art. 4º da referida lei que "a cláusula compromissória é a convenção através da qual as partes em um contrato comprometem-se a submeter à arbitragem os litígios que possam vir a surgir, relativamente a tal contrato".

A cláusula compromissória deve ser estipulada por escrito, podendo estar inserida no próprio contrato ou em documento apartado que a ele se refira. Em regra, a referida cláusula vincula as partes, sendo obrigatória, diante do princípio da força obrigatória das convenções (*pacta sunt servanda*). No que se refere aos contratos de adesão, a cláusula compromissória só terá eficácia se o aderente tomar a iniciativa de instituir a arbitragem ou concordar, expressamente, com a sua instituição, desde que por escrito em documento anexo ou em negrito, com a assinatura ou visto especialmente para essa cláusula (art. 4º, § 2º, da Lei 9.307/1996). Porém, como restou claro, nos contratos de consumo, a cláusula de arbitragem compulsória é considerada nula, o que representa uma diferenciação importante entre os negócios de adesão e de consumo.

5.7.7. Cláusulas que imponham representante para concluir ou realizar outro negócio jurídico pelo consumidor (art. 51, inc. VIII, do CDC)

Conforme se extrai da melhor doutrina, o comando em questão trata da chamada *cláusula-mandato*, pela nomeação de um mandatário impositivo pelo consumidor.[74] A cláusula é considerada abusiva pela presunção absoluta de um desequilíbrio, afastando do vulnerável negocial o exercício efetivo de seus direitos.

Na jurisprudência podem ser encontradas várias aplicações da norma, caso das decorrências da Súmula 60 do STJ, segundo a qual "é nula a obrigação cambial assumida por procurador do mutuário vinculado ao mutuante, no exclusivo interesse deste". O teor da súmula tem relação com a vedação da autocontratação. Como exemplo de sua incidência nas relações de consumo, vejamos ementa daquele Tribunal Superior:

> "Processo civil. Recurso especial. Agravo regimental. Contrato bancário. Nota promissória. Cláusula mandato. Violação ao art. 51, IV, CDC. Súmula 60/STJ. Nulidade. Desprovimento. 1. É nula a cláusula contratual em que o devedor autoriza o credor a sacar, para cobrança, título de crédito representativo de qualquer quantia em atraso. Isto porque tal cláusula não se coaduna com o contrato de mandato, que pressupõe a inexistência de conflitos entre mandante e mandatário. Precedentes (REsp 504.036/RS e AgRgAg 562.705/RS). 2. Ademais, a orientação desta Corte é no sentido de que a cláusula contratual que permite a emissão da nota promissória em favor do banco/embargado, caracteriza-se como abusiva, porque violadora do princípio da boa-fé, consagrado no art. 51, inc. IV do Código de Defesa do Consumidor. Precedente (REsp 511.450/RS). 3. Agravo regimental desprovido" (STJ – AgRg no REsp 808.603/RS – Quarta Turma – Rel. Min. Jorge Scartezzini – j. 04.05.2006 – DJ 29.05.2006, p. 264).

No que concerne aos contratos celebrados para a aquisição da casa própria, a jurisprudência tem concluído que "é ilegal e abusiva a cláusula por meio da qual, em

---

[74] NERY JR., Nelson; NERY, Rosa Maria de Andrade. *Código Civil Anotado*. 2. ed. São Paulo: RT, 2003. p. 949; MIRAGEM, Bruno. *Curso de Direito do Consumidor*. 2. ed. São Paulo: RT, 2010. p. 253-255.

contratos do sistema financeiro da habitação, os mutuários conferem mandato à CEF para: assinar cédulas hipotecárias; assinar escritura de retificação, ratificação e aditamento do contrato de mútuo; receber indenização da seguradora; representá-los com poderes amplos em caso de desapropriação do imóvel (TRF da 1ª Região – Apelação Cível 199833000193031 – Quinta Turma – Juiz Federal Marcelo Albernaz (convocado) – j. 17.04.2009). O art. 51, inc. III, do Código de Defesa do Consumidor, aplicável aos contratos bancários, veda expressamente a estipulação de cláusula contratual que imponha ao consumidor a constituição de representante ou mandatário para concluir ou realizar outro negócio em seu nome. Ademais, há potencial conflito de interesses entre a credora (CEF) e os devedores (mutuários) no que tange à execução do contrato e aos seus efeitos, tornando possível a utilização do mandato em detrimento do mandante, o que foge à sua natureza. (...)" (TRF da 1ª Região – Apelação Cível 2001.33.00.001074-0, Bahia – Quinta Turma – Rel. Des. Fed. Fagundes de Deus – j. 06.12.2010 – *DJF1* 17.12.2010, p. 1.685).

Por fim, em relação aos contratos de cartão de crédito, tem-se entendido de forma correta que se afigura nula por abusividade a cláusula contratual firmada no sentido de colocar o devedor na condição de mandante, concedendo poderes para a empresa prestadora do crédito contrair financiamento em instituições financeiras (TJMG – Apelação Cível 1.0024.04.257745-2/0011, Belo Horizonte – Décima Segunda Câmara Cível – Rel. Des. Alvimar de Ávila – j. 28.05.2008 – *DJEMG* 07.06.2008; TJSP – Apelação 1140258-1 – Acórdão 2722617, São Paulo – Décima Nona Câmara de Direito Privado – Rel. Des. Ricardo José Negrão Nogueira – j. 07.07.2008 – *DJESP* 12.08.2008; e TJMG – Apelação Cível 1.0024.03.038225-3/0011, Belo Horizonte – Décima Sexta Câmara Cível – Rel. Des. Sebastião Pereira de Souza – j. 31.10.2007 – *DJEMG* 29.02.2008).

Essa posição acabou por ser sedimentada pela Segunda Seção do STJ em 2015, em sede de julgamento de incidente de recursos repetitivos, com a seguinte ementa: "nos contratos de cartão de crédito, é abusiva a previsão de cláusula-mandato que permita à operadora emitir título cambial contra o usuário do cartão" (REsp 1.084.640/SP – Rel. Min. Marco Buzzi – j. 23.09.2015 – *DJe* 29.09.2015).

5.7.8. Cláusulas que deixem ao fornecedor a opção de concluir ou não o contrato, embora obrigando o consumidor (art. 51, inc. IX, do CDC)

Como bem pondera Bruno Miragem, trata-se de situação de *cláusula puramente potestativa*, pois deixa o negócio ao livre-arbítrio apenas do fornecedor ou prestador.[75] No conteúdo do inciso há uma clara vedação da falta de equivalência contratual, em que o fornecedor tem um direito sem a devida correspondência jurídica em relação à outra parte. Deve ficar claro que o termo *concluir* quer dizer formar ou constituir o negócio jurídico, tendo o comando incidência na fase pré-contratual ou de oferta.

A título de exemplo, imagine-se uma hipótese de celebração de um orçamento, em que conste a opção do prestador não celebrar o contrato definitivo. A cláusula deve ser tida como nula também por entrar em conflito com a força vinculativa do orçamento, retirada do art. 40 do CDC.

---

[75] MIRAGEM, Bruno. *Curso de Direito do Consumidor*. 2. ed. São Paulo: RT, 2010. p. 255.

5.7.9. Cláusulas que permitam ao fornecedor, direta ou indiretamente, variação do preço de maneira unilateral (art. 51, inc. X, do CDC)

O reconhecimento da abusividade tem relação com a vedação do enriquecimento sem causa, tendo o preceito grande aplicação no Brasil, diante de numerosos abusos cometidos. Além disso, a declaração de nulidade visa à manutenção do equilíbrio do negócio, de sua base objetiva. Como leciona Rizzatto Nunes, "a regra, é verdade, dirige-se aos casos em que o negócio já foi firmado, uma vez que, no sistema de liberdade de preços atualmente vigente no País, o valor inicialmente é fixado de forma livre pelo fornecedor. O que ele não pode fazer é modificá-lo para aumentá-lo após ter efetuado a transação".[76]

Para ilustrar, não pode uma escola valer-se de uma cláusula para aumentar sem qualquer justificativa a mensalidade inicialmente contratada, com vistas ao locupletamento sem razão. Do mesmo modo, o financiamento em crediário não pode trazer cláusulas que alteram substancialmente o preço no decorrer do negócio de trato sucessivo, gerando onerosidade excessiva (TJRS – Apelação Cível 70025540824, Novo Hamburgo – Décima Segunda Câmara Cível – Rel. Des. Orlando Heemann Junior – j. 18.12.2008 – *DOERS* 12.01.2009, p. 72).

A mesma premissa de vedação do desequilíbrio vale para os contratos de plano de saúde, como se tem reconhecido na prática, em que as empresas impõem aumentos abusivos com fundamento em cláusulas de variação unilateral (por todos: TJSP – Apelação APL 994.07.026282-4 – Acórdão 4668039, São Paulo – Primeira Câmara de Direito Privado – Rel. Des. Paulo Eduardo Razuk – j. 10.08.2010 – *DJESP* 10.09.2010; TJPR – Apelação Cível 0396304-0, Curitiba – Oitava Câmara Cível – Rel. Des. Carvilio da Silveira Filho – *DJPR* 04.05.2009, p. 142; TJRS – Apelação Cível 2006.001.13644 – Quinta Câmara Cível – Rel. Des. Milton Fernandes de Souza – j. 25.04.2006; e TJRS – Apelação Cível 70006640445, Porto Alegre – Quinta Câmara Cível – Rel. Des. Ana Maria Nedel Scalzilli – j. 05.08.2004).

5.7.10. Cláusulas que autorizem o fornecedor a cancelar o contrato unilateralmente, sem que igual direito seja conferido ao consumidor (art. 51, inc. XI, do CDC)

O CDC encerra no inciso em comento um importante controle sobre o direito de resilição contratual, mais uma vez vedando uma cláusula puramente potestativa, denominada *cláusula de rescisão unilateral* ou *de cancelamento unilateral*. Reside por igual no conteúdo da norma a máxima que veda o comportamento contraditório, relacionada à boa-fé objetiva e às justas expectativas depositadas no negócio jurídico (*venire contra factum proprium non potest*).

A cláusula em questão merece um cuidado especial nos contratos cativos de longa duração, especialmente nos contratos de plano de saúde, em que a finalidade tem relação com a tutela da vida e da integridade físico-psíquica. Numerosos são os julgados que reconhecem a nulidade da referida cláusula em casos tais. A título de exemplo, do STJ, colaciona-se:

"Consumidor. Plano de saúde. Cláusula abusiva. Nulidade. Rescisão unilateral do contrato pela seguradora. Lei 9.656/1998. É nula, por expressa previsão legal, e em

---

[76] RIZZATTO NUNES, Luiz Antonio. *Comentários ao Código de Defesa do Consumidor*. 3. ed. São Paulo: Saraiva, 2007. p. 596.

razão de sua abusividade, a cláusula inserida em contrato de plano de saúde que permite a sua rescisão unilateral pela seguradora, sob simples alegação de inviabilidade de manutenção da avença. Recurso provido" (STJ – REsp 602.397/RS – Terceira Turma – Rel. Min. Castro Filho – j. 21.06.2005 – *DJ* 01.08.2005, p. 443).

Ainda, de forma contundente, do Tribunal do Rio Grande do Sul: "O cancelamento unilateral da apólice é inadmissível, sendo abusiva a cláusula que o prevê, nos termos do art. 51, IV e XI do CDC. A seguradora não pode impor ao segurado, depois de tantos anos de contratação, o cancelamento unilateral da apólice, pena de quebra do contrato. Dano moral não configurado, uma vez que o mero descumprimento contratual não dá ensejo a tal reparação" (TJRS – Apelação Cível 70030813992, Osório – Quinta Câmara Cível – Rel. Des. Romeu Marques Ribeiro Filho – j. 24.11.2010 – *DJERS* 02.12.2010). Esclareça-se que a afirmação vale para qualquer tipo contratual, inclusive os negócios securitários, o que não poderia ser diferente.

De todo modo, por força de previsão de lei específica, tem-se entendido na jurisprudência superior que nos casos de contratos de planos de saúde celebrados com pessoas jurídicas, e de forma coletiva, haveria um direito à resilição unilateral do contrato pela empresa de plano de saúde. Isso se daria por força do art. 13, parágrafo único, inc. II, da Lei 9.656/1998, que veda a resilição unilateral dos contratos de plano de saúde, mas não se aplica às modalidades coletivas. Concluindo desse modo, por todos:

> "Nos termos da jurisprudência da Segunda Seção desta Corte Superior, é possível a rescisão unilateral de contrato de plano de saúde na modalidade coletiva, após a vigência do período de 12 meses e mediante prévia notificação da outra parte, porquanto o art. 13, parágrafo único, II, 'b', da Lei nº 9.656/98, aplica-se apenas aos contratos individuais ou familiares. Precedentes" (STJ – Ag. Int. no REsp 1.755.474/SP – Quarta Turma – Rel. Min. Marco Buzzi – j. 23.04.2019 – *DJe* 26.04.2019).

A questão foi novamente analisada pela Segunda Seção da Corte em 2022, firmando-se a tese segundo a qual "a operadora, mesmo após o exercício regular do direito à rescisão unilateral de plano coletivo, deverá assegurar a continuidade dos cuidados assistenciais prescritos a usuário internado ou em pleno tratamento médico garantidor de sua sobrevivência ou de sua incolumidade física, até a efetiva alta, desde que o titular arque integralmente com a contraprestação devida" (STJ – REsp 1.846.123/SP – Segunda Seção – Rel. Min. Luis Felipe Salomão, j. 22.06.2022, v.u. – Tema 1082). O entendimento traz ressalva importante, considerando-se a tutela da vida e da saúde os usuários do plano de saúde.

Igualmente de forma correta, como outra ressalva exposta no Capítulo 3 deste livro, o Tribunal da Cidadania tem entendido que essa possibilidade de resilição unilateral não incide para as hipóteses de planos de saúde celebrados com até trinta pessoas, o que, para a Corte seria equiparado a um plano familiar. Conforme consta do trecho de importante ementa, que cita outro precedente:

> "A regulamentação dos planos coletivos empresariais (Lei nº 9.656/98, art. 16, VII) distingue aqueles com menos de trinta usuários, cujas bases atuariais se assemelham às dos planos individuais e familiares, impondo sejam agrupados com a finalidade de diluição do risco de operação e apuração do cálculo do percentual de reajuste a ser aplicado em cada um deles (Resoluções 195/2009 e 309/2012 da ANS). Nesses

tipos de contrato, em vista da vulnerabilidade da empresa estipulante, dotada de escasso poder de barganha, não se admite a simples rescisão unilateral pela operadora de plano de saúde, havendo necessidade de motivação idônea. Precedente da Terceira Turma (REsp 1.553.013/SP, Relator Ministro Ricardo Villas Bôas Cueva, *DJ* 20.3.2018)" (STJ REsp 1.776.047/SP – Quarta Turma – Rel. Min. Maria Isabel Gallotti – j. 23.04.2019 – *DJe* 25.04.2019).

Espero que esse último entendimento se consolide de forma continuada na Segunda Seção da Corte, até porque as famílias não têm mais opções por planos de saúde que não sejam os coletivos, e celebrados por intermédio de pessoas jurídicas.

5.7.11. Cláusulas que obriguem o consumidor a ressarcir os custos de cobrança de sua obrigação, sem que igual direito lhe seja conferido contra o fornecedor (art. 51, inc. XII, do CDC)

Interpretando o dispositivo, Ezequiel Morais demonstra que o CDC não veda a estipulação que impõe ao consumidor o pagamento das despesas de cobrança em decorrência do inadimplemento, mas apenas determina que esse direito seja uma *via de mão dupla*, ou seja, somente será válida a cláusula se constar do mesmo modo contra o fornecedor.[77] Como ocorre com outras previsões já expostas, a norma visa a manter o equilíbrio contratual, a sua equivalência material e a boa-fé objetiva.

De toda sorte, mesmo constando o pagamento de tais despesas de forma bilateral, a cláusula de imposição não pode trazer uma onerosidade excessiva, sob pena de se configurar a abusividade por outro inciso do art. 51, caso do inc. IV, a gerar do mesmo modo a sua nulidade absoluta. A título de exemplo, pode ser citado o entendimento de Tribunais Estaduais no sentido de ser nula a cláusula contratual que impõe ao consumidor o pagamento de taxas que seriam da instituição financeira, caso da *TEC* ou *tarifa de emissão de carnê* (por todos: TJMG – Apelação Cível 2698226-67.2008.8.13.0024, Belo Horizonte – Décima Sexta Câmara Cível – Rel. Des. Sebastião Pereira de Souza – j. 04.02.2011 – *DJEMG* 25.03.2011; TJDF – Recurso 2009.07.1.010285-9 – Acórdão 442.252 – Primeira Turma Recursal dos Juizados Especiais Cíveis e Criminais – Rel. Juíza Wilde Maria Silva Justiniano Ribeiro – *DJDFTE* 01.09.2010, p. 215; TJRS – Apelação Cível 70029096377, Novo Hamburgo – Segunda Câmara Especial Cível – Rel. Des. Lúcia de Fátima Cerveira – j. 29.09.2010 – *DJERS* 13.10.2010; e TJPR – Apelação Cível 0512247-4, Curitiba – Décima Sétima Câmara Cível – Rel. Des. Vicente Del Prete Misurelli – *DJPR* 24.10.2008, p. 101).

Porém, infelizmente, o STJ acabou por concluir pela possibilidade da cobrança da citada taxa bancária, além da tarifa de abertura de crédito (Cf. REsp 1.251.331/RS e REsp 1.255.573/RS, julgados em setembro de 2013). A questão se consolidou de tal forma que, em fevereiro de 2016, foram editadas duas súmulas admitindo parcialmente tais cobranças. De início, prevê a Súmula 565 da Corte Superior "a pactuação das tarifas de abertura de crédito (TAC) e de emissão de carnê (TEC), ou outra denominação para o mesmo fato gerador, é válida apenas nos contratos bancários anteriores ao início da vigência

---

[77] MORAIS, Ezequiel; PODESTÁ, Fábio Henrique; e CARAZAI, Marcos Marins. *Código de Defesa do Consumidor Comentado*. São Paulo: RT, 2010. p. 251.

da Resolução-CMN n. 3.518/2007, em 30/4/2008". E, ainda, a Súmula 566 do STJ: "nos contratos bancários posteriores ao início da vigência da Resolução-CMN n. 3.518/2007, em 30/4/2008, pode ser cobrada a tarifa de cadastro no início do relacionamento entre o consumidor e a instituição financeira".

Trata-se de equívocos, que colocam o consumidor em clara desvantagem, uma vez que os bancos já atingem lucros milionários em nosso País, por conta de outras taxas de serviços bancários que são cobradas e pelos altos juros decorrentes dos fornecimentos de créditos. Assim, entendo que a cobrança de tais valores, em qualquer período de tempo, representa evidente abusividade contra os vulneráveis contratuais, nos termos da vedação constante do art. 51, inc. XII, da Lei 8.078/1990.

A propósito da cobrança de taxas bancárias, há variação a respeito de quais valores podem ou não podem ser cobrados, como se extrai do *Informativo* n. 637 do STJ, de dezembro de 2018, em julgamentos pronunciados em sede de recursos repetitivos. Dali se retira, de início, que "é abusiva a cláusula que prevê o ressarcimento pelo consumidor da comissão do correspondente bancário, em contratos celebrados a partir de 25.02.2011, data de entrada em vigor da Res. CMN 3.954/2011, sendo válida a cláusula no período anterior a essa resolução, ressalvado o controle da onerosidade excessiva" (STJ – REsp 1.578.553/SP – Segunda Seção – Rel. Min. Paulo de Tarso Sanseverino – por unanimidade, j. 28.11.2018 – DJe 06.12.2018 – Tema 958). Nesse último acórdão também se concluiu que "é abusiva a cláusula que prevê a cobrança de ressarcimento de serviços prestados por terceiros, sem a especificação do serviço a ser efetivamente prestado". Porém, não haveria abusividade da "tarifa de avaliação do bem dado em garantia, bem como da cláusula que prevê o ressarcimento de despesa com o registro do contrato, ressalvadas: a abusividade da cobrança por serviço não efetivamente prestado e a possibilidade de controle da onerosidade excessiva, em cada caso concreto".

Seguindo sobre as taxas bancárias, a Corte ainda entendeu que "é abusiva a cláusula que prevê o ressarcimento pelo consumidor da despesa com o registro do pré-gravame, em contratos celebrados a partir de 25.02.2011, data de entrada em vigor da Resolução CMN 3.954/2011, sendo válida a cláusula pactuada no período anterior a essa resolução, ressalvado o controle da onerosidade excessiva" (STJ – REsp 1.639.259/SP – Segunda Seção – Rel. Min. Paulo de Tarso Sanseverino – por unanimidade – j. 12.12.2018 – DJe 17.12.2018 – Tema 972). Como última tese, retirada desse *decisum*, deduziu-se que, em confirmação à Súmula 473 da própria Corte, nos contratos bancários em geral, o consumidor "não pode ser compelido a contratar seguro com a instituição financeira ou com seguradora por ela indicada". Como se pode notar, a maioria das taxas e valores cobrados foram considerados abusivos, devendo tais teses ser adotadas para os devidos fins práticos.

Ainda sobre o inciso em análise, do ano de 2013, cite-se aresto que deduziu pela abusividade da cláusula contratual que atribui exclusivamente ao consumidor em mora a obrigação de arcar com os honorários advocatícios referentes à cobrança extrajudicial da dívida, sem exigir do fornecedor a demonstração de que a contratação de advogado fora efetivamente necessária e de que os serviços prestados pelo profissional contratado sejam privativos da advocacia.

Conforme consta da publicação no *Informativo* n. 524 daquela Corte Superior:

> "É certo que o art. 395 do CC autoriza o ressarcimento do valor de honorários decorrentes da contratação de serviços advocatícios extrajudiciais. Todavia, não se

pode perder de vista que, nos contratos de consumo, além da existência de cláusula expressa para a responsabilização do consumidor, deve haver reciprocidade, garantindo-se igual direito ao consumidor na hipótese de inadimplemento do fornecedor. Ademais, deve-se ressaltar que a liberdade contratual, integrada pela boa-fé objetiva, acrescenta ao contrato deveres anexos, entre os quais se destaca o ônus do credor de minorar seu prejuízo mediante soluções amigáveis antes da contratação de serviço especializado. Assim, o exercício regular do direito de ressarcimento aos honorários advocatícios depende da demonstração de sua imprescindibilidade para a solução extrajudicial de impasse entre as partes contratantes ou para a adoção de medidas preparatórias ao processo judicial, bem como da prestação efetiva de serviços privativos de advogado" (STJ – REsp 1.274.629/AP – Rel. Min. Nancy Andrighi – j. 16.05.2013).

Por bem, esse último acórdão também segue a linha desejada, de tutela efetiva dos direitos dos consumidores, na contramão das sumulares por último comentadas.

5.7.12. Cláusulas que autorizem o fornecedor a modificar unilateralmente o conteúdo ou a qualidade do contrato, após sua celebração (art. 51, inc. XIII, do CDC)

Diante das justas expectativas depositadas no negócio, não pode o fornecedor modificar unilateralmente o contrato e sem qualquer motivo, sendo a sua cláusula autorizadora nula por abusividade. Consigne-se que Claudia Lima Marques, Herman Benjamin e Bruno Miragem criticam o comando, pela utilização da expressão *qualidade*, que acaba restringindo a sua concretização.[78] Assim, a correta interpretação seria no sentido de se vedar qualquer alteração posterior do contrato, qualquer quebra das *regras do jogo*, a gerar um desequilíbrio ou uma situação de injustiça contra o consumidor. Cite-se, em conformidade com previsão anterior, a cláusula que altera o preço ou os juros inicialmente contratados pelas partes.

Em reforço, da realidade jurisprudencial, é nula a cláusula que muda as regras do plano de telefonia, sem qualquer fundamento (TJBA – Recurso 81957-3/2006-1 – Segunda Turma Recursal – Rel. Juiz Aurelino Otacílio Pereira Neto – *DJBA* 13.07.2009). Ou, ainda, é nula a cláusula contratual que afasta a possibilidade de devolução de valores pagos em contrato de serviços educacionais em caso de não reconhecimento do curso de mestrado pelos órgãos existentes, quebrando as expectativas depositadas quando da contratação inicial (TJSP – Apelação 7159326-9 – Acórdão 3922190, Santos – Vigésima Segunda Câmara de Direito Privado – Rel. Des. Roberto Bedaque – j. 24.06.2009 – *DJESP* 20.07.2009).

Por fim, "a cláusula contratual que possibilita ao credor modificar unilateralmente o contrato após a sua celebração, aumentando o número de prestações devidas pelo contratante, deve ser reputada como nula, porquanto manifestamente abusiva, afrontando o princípio da boa-fé objetiva (arts. 4º, III, e 51, XIII, do CDC e 422 do Código Civil). Provimento parcial do recurso para manter as obrigações originalmente contratadas" (TJRJ – Apelação Cível 2008.001.64668 – Décima Oitava Câmara Cível – Rel. Des. Celia Meliga Pessoa – *DORJ* 13.08.2009, p. 200).

---

[78] MARQUES, Claudia Lima; BENJAMIN, Antonio Herman; MIRAGEM, Bruno. *Comentários ao Código de Defesa do Consumidor*. 3. ed. São Paulo: RT, 2010. p. 955.

5.7.13. Cláusulas que infrinjam ou possibilitem a violação de normas ambientais (art. 51, inc. XIV, do CDC)

A previsão estabelece interessante conexão dialogal do Direito do Consumidor com o Direito Ambiental, mormente com a proteção do *Bem Ambiental* retirada do art. 225 da CF/1988. Enuncia o *caput* do dispositivo constitucional que "todos têm direito ao meio ambiente ecologicamente equilibrado, bem de uso comum do povo e essencial à sadia qualidade de vida, impondo-se ao Poder Público e à coletividade o dever de defendê-lo e preservá-lo para as presentes e futuras gerações".

Nesse contexto de proteção, o Bem Ambiental constitui um bem difuso, que supera a antiga dicotomia público *x* privado, surgindo um novo conceito de interesse, maior do que essa simples contradição, qual seja a tripartição do interesse coletivo em direitos individuais homogêneos, direitos coletivos em sentido estrito e direitos difusos. Leciona Rui Carvalho Piva que o Bem Ambiental é "um valor difuso, imaterial ou material, que serve de objeto mediato a relações jurídicas de natureza ambiental".[79]

Sendo difuso, o meio ambiente envolve interesses que não podem ser determinados em um primeiro momento, ou seja, os interesses públicos e os privados ao mesmo tempo, o que justifica a responsabilização objetiva daqueles que lhe causam danos, nos termos do art. 14, § 1º, da Lei 6.938/1981.[80] Preocupa-se com os interesses transgeracionais ou intergeracionais relativos a esse bem de todos, pela proteção das futuras gerações, aquelas que ainda virão (*equidade intergeracional*).[81] Como decorrência de tais premissas teóricas, o direito ao equilíbrio no Bem Ambiental é considerado pela doutrina como um direito fundamental.[82]

Destaco que na histórica *I Jornada Jurídica de Prevenção e Gerenciamento de Crises Ambientais*, promovida pelo Conselho da Justiça Federal em novembro de 2024, foram aprovados enunciados doutrinários importantes sobre a temática. Como primeiro deles, a tratar dos recursos hídricos, "a água, como bem ambiental de uso comum do povo e essencial à sadia qualidade de vida considerada pela jurisprudência do Supremo Tribunal Federal um bem jurídico autônomo, tem sua gestão estabelecida pela Constituição Federal, conforme indicado em seu art. 225, que deve ser necessariamente observado e aplicado regularmente por todos os órgãos investidos de poder e, particularmente, em face de crises hídricas no contexto das mudanças climáticas".

Sobre a incidência do Código de Defesa do Consumidor para os casos de responsabilidade civil, vale repisar a seguinte ementa, oriunda de proposta formulada por mim: "é possível o reconhecimento da figura do consumidor, por equiparação ou equiparado, na hipótese de danos individuais decorrentes do exercício de atividade de exploração de potencial hidroenergético causadora de impacto ambiental, em virtude da caracterização do acidente de consumo".

---

[79] PIVA, Rui Carvalho. *Bem ambiental*. São Paulo: Max Limonad, 2000. p. 114.
[80] PIVA, Rui Carvalho. *Bem ambiental*, cit., p. 114.
[81] Ver: BARROSO, Lucas Abreu. Novas fronteiras da obrigação de indenizar e da determinação da responsabilidade civil. In: DELGADO, Mário Luiz; ALVES, Jones Figueirêdo (Coord.). *Questões controvertidas no novo Código Civil*. São Paulo: Método, 2006. v. 5: Responsabilidade civil, p. 365.
[82] Nesse sentido: LEMOS, Patrícia Faga Iglecias. *Meio ambiente e responsabilidade civil do proprietário*: análise do nexo causal. São Paulo: RT, 2008. p. 96.

Por fim, merece relevo a seguinte tese afirmada nesse importante evento: "nos casos de litigância climática, o magistrado deve aplicar, em regra, com base no princípio constitucional da precaução, a inversão do ônus da prova contra o poluidor/emissor, tendo obrigatoriamente que justificar os casos de não aplicação do art. 6, VIII, do CDC".

Seguindo no estudo do tema, diante de sua indeclinável abrangência difusa, a proteção do meio ambiente envolve igualmente os contratos. Nesse contexto, pode-se afirmar que o contrato que viola valores ambientais é nulo por desrespeito à função social do contrato (função socioambiental). Utiliza-se a eficácia externa do princípio, pela proteção dos direitos difusos e coletivos, na esteira do Enunciado n. 23 do CJF/STJ, da *I Jornada de Direito Civil*. Não poderia ser diferente com os contratos de consumo, em que a proteção coletiva é marcante.

Para ilustrar, se, em determinado contrato de fornecimento de um produto, o consumidor aceita contratualmente que o seu uso cause danos ao meio ambiente, a previsão é nula, por contrariar os citados valores de proteção. Além dessa decretação de nulidade, é possível retirar o produto do mercado, diante de seu índice de periculosidade ao meio ambiente.

5.7.14. Cláusulas que estejam em desacordo com o sistema de proteção ao consumidor (art. 51, inc. XV, do CDC)

Mais uma vez, o inciso consagra um sistema aberto de proteção, ao preconizar a nulidade de qualquer cláusula que entre em conflito com o sistema de proteção consumerista. Sem prejuízo das ilustrações já expostas quando do estudo do inc. IV, um bom exemplo envolve a cláusula de eleição de foro, quando inserida em contratos de consumo. Como se sabe, trata-se da previsão que escolhe o juízo competente a apreciar o conflito contratual, cláusula essa que é válida, em regra, por força da antiga Súmula 335 do Supremo Tribunal Federal e do art. 63 do CPC/2015. De acordo com o último comando, "as partes podem modificar a competência em razão do valor e do território, elegendo foro onde será proposta ação oriunda de direitos e obrigações".

Pois bem, no que toca às ações de responsabilidade civil, a cláusula de eleição de foro é flagrantemente nula, por violar a regra do art. 101, inc. I, do CDC, que estabelece o foro privilegiado para os consumidores em demandas de tal natureza. Insta verificar se a premissa vale para qualquer demanda envolvendo os consumidores.

Na esteira dos ensinamentos de Nelson Nery Jr., respondo positivamente para a última indagação. Isso porque a cláusula de eleição de foro representa uma afronta ao direito fundamental do consumidor de facilitação de sua defesa, retirado do art. 6º, inc. VIII, do CDC.[83] Nessa linha, é totalmente desnecessário debater se houve ou não prejuízo ao consumidor, como muitas vezes insiste a jurisprudência (nesse sentido: STJ – REsp 1.089.993/SP – Terceira Turma – Rel. Min. Massami Uyeda – j. 18.02.2010 – *DJe* 08.03.2010; STJ – REsp 1084291/RS – Terceira Turma – Rel. Min. Massami Uyeda – j. 05.05.2009 – *DJe* 04.08.2009; STJ – REsp 669.990/CE – Quarta Turma – Rel. Min. Jorge Scartezzini – j. 17.08.2006 – *DJ* 11.09.2006, p. 289; e TJSP – Agravo de Instrumento

---

[83] NERY JR., Nelson. *Código de Defesa do Consumidor*. Comentado pelos autores do anteprojeto. 8. ed. Rio de Janeiro: Forense Universitária, 2004. p. 563.

0567717-26.2010.8.26.0000 – Acórdão n. 5023138, São Paulo – Vigésima Câmara de Direito Privado – Rel. Des. Francisco Giaquinto – j. 14.02.2011 – *DJESP* 15.04.2011).

Todavia, a posição acima não é pacífica, pois existem arestos que exigem a prova do citado prejuízo ao consumidor, bem como de sua hipossuficiência. Entre os arestos mais recentes da Corte Superior, julgou-se em caso envolvendo compromisso de compra e venda para imóvel em loteamento que:

"Apesar da proteção contratual do consumidor estabelecida pelo CDC, o benefício do foro privilegiado estampado no art. 101, I, do CPC não resulta, *per se*, em nulidade absoluta das cláusulas de eleição de foro estabelecidas contratualmente. O STJ possui entendimento no sentido de que a cláusula que estipula a eleição de foro em contrato de adesão, só poderá ser considerada inválida quando demonstrada a hipossuficiência ou a dificuldade de acesso da parte ao Poder Judiciário. Nesta perspectiva, a situação de hipossuficiência de uma das partes, por sua manifesta excepcionalidade, deve ser demonstrada com dados concretos em que se verifique o prejuízo processual para alguma delas. A condição de consumidor, considerada isoladamente, não gera presunção de hipossuficiência a fim de repelir a aplicação da cláusula de derrogação da competência territorial quando convencionada, ainda que em contrato de adesão" (STJ – REsp 1.675.012/SP – Terceira Turma – Rel. Ministra Nancy Andrighi – j. 08.08.2017 – *DJe* 14.08.2017).

Com o devido respeito, é preciso concluir que o prejuízo decorre de uma presunção absoluta de proteção, retirada do art. 1º da Lei 8.078/1990 (*princípio do protecionismo do consumidor*).[84] Outro julgado do STJ concluiu indiretamente dessa forma, ao reconhecer a nulidade absoluta da cláusula de eleição de foro em contrato de consumo, sem qualquer condição de exigência complementar (STJ – AgRg no Ag 1070671/SC – Quarta Turma – Rel. Min. João Otávio de Noronha – j. 27.04.2010 – *DJe* 10.05.2010).

Esse último caminho parece ter sido o adotado pelo art. 112, parágrafo único, do Código de Processo Civil de 1973, instituído pela Lei 11.208/2006, segundo o qual "a nulidade da cláusula de eleição de foro, em contrato de adesão, pode ser declarada de ofício pelo juiz, que declinará de competência para o juízo de domicílio do réu". Como se pode notar, o dispositivo legal não fazia qualquer menção da necessidade de prova do prejuízo ao vulnerável. Ressalte-se, porém, que a norma processual sempre teve incidência aos contratos de adesão, que não necessariamente são de negócios de consumo, como ainda será demonstrado no presente capítulo.

O Código de Processo Civil de 2015 trouxe mudanças importantes a respeito do tema. Reitere-se que, conforme o seu art. 63, *caput*, as partes podem modificar a competência em razão do valor e do território, elegendo foro onde será proposta ação oriunda de direitos e obrigações. Esse preceito equivale, em parte, ao art. 111, *caput*, do CPC/1973, mas acrescenta o conceito de cláusula de eleição de foro.

Ademais, conforme o § 1º do art. 63 do CPC/2015, em sua redação anterior, a eleição de foro só produziria efeitos quando constasse de instrumento escrito e aludisse

---

[84] NERY JR., Nelson. *Código de Defesa do Consumidor*. Comentado pelos autores do anteprojeto. 8. ed. Rio de Janeiro: Forense Universitária, 2004. p. 563.

expressamente a determinado negócio jurídico. Corresponde a regra ao antigo art. 111, § 1º, do CPC revogado.

O dispositivo foi recentemente alterado pela Lei 14.879/2024, passando a prever que a eleição de foro somente produz efeito quando constar de instrumento escrito, aludir expressamente a determinado negócio jurídico e guardar pertinência com o domicílio ou a residência de uma das partes ou com o local da obrigação, ressalvada a pactuação consumerista, quando favorável ao consumidor.

Essa norma foi alterada por conta de demanda surgida no Tribunal de Justiça do Distrito Federal, diante da concentração de ações na Corte, por razões diferentes, para não admitir a *cláusula eleição de foro ou de juízo aleatório*, que não tenha relação ou pertinência com os domicílios das partes, o que vem em boa hora, no meu entender.

A mesma norma emergente incluiu, também, um novo § 5º no art. 63 do Estatuto Processual, enunciando que o ajuizamento de ação em juízo aleatório, entendido como aquele sem vinculação com o domicílio ou a residência das partes ou com o negócio jurídico discutido na demanda, constitui prática abusiva que justifica a declinação de competência de ofício. Como não poderia ser diferente, diante de notórios abusos e excessos cometidos, sobretudo em contratos de adesão e de consumo, as modificações têm o meu total apoio doutrinário.

O foro contratual obriga os herdeiros e sucessores das partes (art. 63, § 2.º, do CPC/2015, repetição do art. 111, § 2.º, do CPC/1973. Além disso, antes da citação, a cláusula de eleição de foro, se abusiva, pode ser reputada ineficaz de ofício pelo juiz, que determinará a remessa dos autos ao juízo do foro de domicílio do réu (art. 63, § 3.º, do CPC/2015). A abusividade pode ser reconhecida em qualquer contrato, seja de adesão ou não, o que amplia o texto instrumental anterior.

De todo modo, entendo que a última solução apresentada pelo Estatuto Processual de 2015, quando confrontada com o antigo art. 112, parágrafo único, do CPC/1973, não é das melhores, havendo aqui um retrocesso. Isso porque a abusividade da cláusula de eleição de foro, por envolver ordem pública – especialmente a tutela do aderente ou do consumidor como vulnerável contratual –, não deveria gerar a mera ineficácia do ato, mas a sua nulidade absoluta. De toda a sorte, cabe ao legislador fazer tal opção, devendo a norma ser respeitada.

Por fim, pontue-se que, como regra decorrente da última alteração, o CPC/2015 passou a dispor que, citado o réu, incumbe a ele alegar a abusividade da cláusula de eleição de foro na contestação, sob pena de preclusão (art. 63, § 4.º). A última norma está em sintonia com a nova solução, pela ineficácia da cláusula de eleição de foro.

5.7.15. Cláusulas que possibilitem a renúncia do direito de indenização por benfeitorias necessárias (art. 51, inc. XVI, do CDC)

Nos termos dos arts. 96 e 97 do Código Civil, as benfeitorias como bens acessórios são melhoramentos ou acrescidos introduzidos em um bem principal, classificadas quanto à essencialidade em necessárias, úteis e voluptuárias. Nos termos da lei, são necessárias as benfeitorias que visam à conservação do bem principal, tidas como essenciais ao último. As benfeitorias úteis são aquelas que aumentam ou facilitam o uso do bem principal. Por fim, as voluptuárias são as de mero deleite ou recreio, que não aumentam o uso habitual do bem, ainda que o tornem mais agradável ou sejam de elevado valor.

Diante da *relação de essencialidade* com o bem principal, o Código do Consumidor deduz como abusiva a cláusula de renúncia às benfeitorias necessárias. Não se pode esquecer da presunção de boa-fé a favor do consumidor, a gerar o direito de indenização por tais benfeitorias, nos termos do art. 1.219 do Código Civil.

A previsão consumerista em comento tem grande concreção prática, em casos relativos a compromissos de compra e venda de imóveis celebrados com incorporadoras ou outros profissionais que são inadimplidos pelos consumidores, sendo forçoso reconhecer o direito a tais benfeitorias. Por todos os inúmeros julgados:

"Ação de rescisão de compromisso de venda e compra cumulada com reintegração de posse. Descumprimento de cláusula contratual. Rescisão do contrato e reintegração de posse que se impõe, diante da inadimplência e não purgação da mora. Desnecessidade da reconvenção para análise do pedido de devolução das parcelas pagas, já que a matéria constitui o próprio objeto do campo cognitivo da demanda principal. Incabível a perda integral das prestações pagas. Aplicação do disposto no Código de Defesa do Consumidor. Direito à devolução dos valores, com retenção de 50% das parcelas pagas. Nulidade da cláusula que nega o direito à indenização pelas benfeitorias necessárias e úteis. Não cabimento de direito de retenção. Ausência de discriminação, na hipótese, das benfeitorias necessárias. Reforma parcial da R. Sentença. Dá-se parcial provimento ao recurso" (TJSP – Apelação Cível 9057567-26.2006.8.26.0000 – Acórdão 4988092, Araçatuba – Quinta Câmara de Direito Privado – Rel. Des. Christine Santini – j. 23.02.2011 – *DJESP* 07.04.2011).

"Compromisso de venda e compra. Inadimplemento do compromissário comprador. *Exceptio non adimpleti contractus.* Perda das prestações pagas incabível. Incabível também devolução integral dos valores pagos pela ocupação do imóvel por mais de quatorze anos. Aplicação do disposto no Código de Defesa do Consumidor. Direito à devolução dos valores, com retenção de 70% das parcelas pagas. Nulidade da cláusula que nega direito à indenização pelas benfeitorias necessárias e úteis. Não cabimento, na hipótese, de direito de retenção, por ausência de discriminação de forma completa das benfeitorias necessárias e úteis introduzidas no imóvel" (TJSP – Apelação com Revisão 414.447.4/8 – Acórdão 4140044, Suzano – Quinta Câmara de Direito Privado – Rel. Des. Christine Santini – j. 21.10.2009 – *DJESP* 11.11.2009).

As decisões transcritas são interessantes, pois vão além da previsão consumerista, estabelecendo também o direito de indenização por benfeitorias úteis ao possuidor de boa-fé, o que está em sintonia com o citado art. 1.219 do CC/2002. Como não poderia ser diferente, as conclusões constantes das ementas contam o meu apoio doutrinário, pela opção do saudável caminho do *diálogo das fontes*.

5.7.16. Cláusulas que condicionem ou limitem de qualquer forma o acesso aos órgãos do Poder Judiciário (art. 51, inc. XVII, do CDC)

Esse inciso foi incluído pela *Lei do Superendividamento* (Lei 14.181/2021), tendo o intuito de tutelar o consumidor que passa por dificuldades financeiras, dentro da ideia de preservação do seu mínimo existencial ou da tutela do patrimônio mínimo, como desenvolvi no Capítulo 2 deste livro. Nesse contexto, pode-se afirmar que é nula qualquer previsão contratual que afaste o acesso à Jurisdição Estatal, nos termos do art. 5º, inc. XXXV, da Constituição Federal.

A título de exemplo, são inválidas, eivadas de nulidade absoluta, as cláusulas contratuais que remetem o consumidor, obrigatoriamente, a plataformas administrativas digitais ou a câmaras privadas, afastando o Poder Judiciário da apreciação imediata de suas demandas. Quanto às citadas plataformas, tem-se percebido uma tendência de incremento de sua utilização, inclusive por políticas públicas, o que deve ser visto sempre como uma faculdade ou opção atribuída aos consumidores. Sobre as Câmaras Privadas, como antes pontuado, são nulas as cláusulas compromissórias compulsórias de arbitragem (art. 5º, inc. VII, do CDC), o que ganhou reforço pela nova previsão.

Acrescente-se que não se pode admitir a necessidade de esgotamento da via administrativa, seja ela qual for, por previsão contratual, para que o consumidor possa demandar em juízo em face do fornecedor. Numerosos são os acórdãos nesse sentido, sendo pertinente transcrever apenas um deles, a concretizar essa afirmação e no âmbito de um contrato de seguro:

"Mostra-se desnecessário o esgotamento da via administrativa para proposição de ação judicial, decorrência da aplicação do princípio de acesso à Justiça (art. 5º, inc. XXXV, da Constituição Federal). Aplicação do Código de Defesa do Consumidor. A seguradora sub-rogou-se em todos os direitos dos usuários do serviço fornecido pela ré (arts. 349 e 786 do Código Civil), o que justifica a aplicação do Código de Defesa do Consumidor. Evidentemente, O CDC deve ser interpretado em harmonia com as demais disposições normativas que disciplinam os serviços prestados pela ré. Na solução do recurso, não interfere a incidência ou não do CDC" (TJSP – Apelação Cível n. 1003106-14.2019.8.26.0510 – Acórdão n. 14663274 – Rio Claro – Décima Segunda Câmara de Direito Privado – Rel. Des. Alexandre David Malfatti – j. 26.05.2021 – *DJESP* 31.05.2021, p. 2661).

Vale retomar, ainda, a invalidade da cláusula de eleição de foro imposta ao consumidor em demandas de responsabilidade civil ou mesmo de revisão contratual. Exatamente nessa linha, da recente jurisprudência paulista:

"Cláusula de eleição de foro. Possibilidade de reconhecimento de abusividade de ofício. Aplicabilidade do art. 63, parágrafo 3º, do CPC. Precedentes do STJ. Contrato de adesão e relação de consumo. Facilitação dos direitos de defesa do consumidor aderente. Óbice ao acesso à justiça e ao contraditório e à ampla defesa da parte hipossuficiente" (TJSP – Agravo de Instrumento n. 2254354-59.2020.8.26.0000 – Acórdão n. 14749554 – São João da Boa Vista – Vigésima Primeira Câmara de Direito Privado – Rel. Des. Fábio Podestá – j. 23.06.2021 – *DJESP* 28.06.2021, p. 2195).

Por fim, quanto à limitação do acesso aos órgãos do Poder Judiciário, não se pode admitir, como derradeira concreção, restrições clausuladas em pactos de consumo, inclusive em acordos, que dizem respeito a imposição de custas e despesas processuais a consumidores em novas demandas sucessivamente promovidas, especialmente àqueles que estejam passando em situação de superendividamento, o que motivou a inclusão desse inciso.

5.7.17. Cláusulas que estabeleçam prazos de carência em caso de impontualidade das prestações mensais ou impeçam o restabelecimento integral dos direitos do consumidor e de seus meios de pagamento a partir da purgação da mora ou do acordo com os credores (art. 51, inc. XVIII, do CDC)

Trata-se de previsão legal incluída no contexto de ampla proteção do consumidor superendividado, pela Lei 14.181/2021. Como se percebe, são duas as vedações previstas pela norma emergente, que podem estar vinculadas ou não a um mesmo caso concreto.

De início, passa a ser reconhecida expressamente a nulidade absoluta das cláusulas contratuais que fixam prazo de carência – com a impossibilidade de o consumidor usufruir do produto ou do serviço –, em caso de impontualidade ou inadimplemento relativo de suas prestações mensais, em havendo um negócio ou contrato de trato sucessivo, com cumprimento periódico no tempo.

A ideia é que o consumidor superendividado continue tendo o serviço prestado ou o produto fornecido, presumindo a sua boa-fé, para que possa continuar cumprindo com as suas obrigações, notadamente para manter o seu mínimo vital. Cite-se, a título de exemplo, um contrato de plano de saúde, sendo nula a cláusula contratual que afasta a prestação do serviço e a cobertura em havendo a mera impontualidade contratual.

Vale lembrar, nesse contexto, que a jurisprudência superior já vinha entendendo que a simples mora do segurado-consumidor não enseja a extinção automática do contrato de seguro de vida. Nesse contexto, cito mais uma vez a Súmula 616 do STJ, no sentido de que "a indenização securitária é devida quando ausente a comunicação prévia do segurado acerca do atraso no pagamento do prêmio, por constituir requisito essencial para a suspensão ou resolução do contrato de seguro".

A segunda previsão constante do inciso é relativa às cláusulas contratuais que impeçam o restabelecimento integral dos direitos do consumidor – novamente incluindo a prestação de serviços ou o fornecimento dos produtos –, e de seus meios de pagamento – como aqueles que foram pactuados entre as partes –, a partir da purgação da mora ou da celebração de acordo com os credores. Como é notório, a purgação ou emenda da mora é cabível, em favor do devedor, quando ele oferece a prestação, mais a importância dos prejuízos decorrentes do dia da oferta (art. 401, inc. I, do CC).

Como "acordos", entende-se qualquer ato ou negócio em que as partes fixam a possibilidade de um novo parcelamento da dívida, incluindo-se transações e negociações em geral. A título de ilustração, imagine-se o caso de um contrato de mútuo bancário em que há o inadimplemento do devedor-consumidor, que sucessivamente purgou a mora ou celebrou acordo posterior, devendo continuar a receber os valores do empréstimo e sendo nula qualquer previsão negocial que preveja o contrário.

Pelos exemplos citados nota-se, portanto, o claro objetivo em se tutelar o consumidor superendividado, sendo certo que muitos julgados futuros devem surgir, de aplicação desse novo inciso do art. 51 do CDC.

Realizado o estudo das hipóteses descritas pelo art. 51 da Lei 8.078/1990, é preciso fixar algumas de suas decorrências. Como as hipóteses descritas são de nulidade absoluta, deve-se reconhecer a imprescritibilidade da ação declaratória correspondente, o que é incidência da regra do art. 169 do Código Civil, segundo o qual a nulidade não convalesce pelo decurso do tempo (nesse sentido, quanto à decretação da nulidade: TJSC – Apelação Cível 2007.014544-6, Araranguá – Rel. Juiz Paulo Roberto Camargo Costa – j. 22.07.2010 – *DJSC* 29.07.2010, p. 261; e TJSC – Apelação Cível 2007.015529-6, Criciúma – Terceira Câmara de Direito Comercial – Rel. Des. Marco Aurélio Gastaldi Buzzi – *DJSC* 12.05.2008, p. 156).

Eis mais um caminho pelo *diálogo das fontes* que protege o consumidor, diante da não submissão a qualquer prazo prescricional ou decadencial. Ademais, a imprescritibilidade está fundada no argumento de que a nulidade absoluta envolve ordem pública.

Como explica Cristiano Heineck Schmitt ao tratar do tema, "entre as características das nulidades (absolutas) que mais se destacam, podemos referir, em regra, a insanabilidade, a alegação por qualquer interessado, a decretação de ofício pelo juiz, com efeito *ex tunc*, a dispensa de ação específica para poder ser reconhecida, a imprescritibilidade e a impossibilidade de produzir efeitos".[85] Vejamos tais corretas conclusões aplicadas na realidade consumerista nacional.

De início, em detrimento da impossibilidade de se sanar a nulidade absoluta – nos termos do que estabelece o citado art. 169 do CC/2002 –, o § 2º do art. 51 do CDC acaba por consagrar o *princípio da conservação contratual*, que visa à manutenção da autonomia privada. Determina o último comando que a nulidade de uma cláusula contratual abusiva não invalida o contrato, em regra, exceto quando de sua ausência, apesar dos esforços de integração, decorrer ônus excessivo a qualquer das partes.

Desse modo, deve o juiz fazer uso das máximas de experiência e dos princípios gerais consumeristas para suprir e corrigir o contrato. Em verdade, a correção ou revisão do negócio e a sua imposição para a outra parte acabam por funcionar como uma punição contra o abusador contratual, devendo ser tidas como regras no sistema consumerista.[86]

Sendo assim, é cabível por parte do consumidor, diretamente, uma ação de revisão e não de nulidade, o que representa o exercício de um direito por parte do vulnerável negocial, de acordo com a sua conveniência. A premissa é admitida em numerosos julgados, sendo desnecessário colacioná-los, diante de sua enorme quantidade. Por razões óbvias, a ação de revisão também não prescreve, por envolver a citada ordem pública.

Consigne-se que, no sistema civil, dois dispositivos adotam a mesma ideia de preservação. O primeiro a ser evocado é o art. 170 do CC/2002, que admite a convalidação do negócio jurídico nulo, pela sua conversão indireta e substancial em outro negócio. Além desse, o art. 184 da codificação consagra a redução do negócio jurídico, dispondo que a invalidade parcial de um negócio não o prejudica na parte válida, pois a parte inútil não pode viciar a parte útil do contrato (*utile per inutile non vitiatur*). Todos os preceitos, inclusive o do Código do Consumidor, ao valorizarem a conservação do negócio jurídico, têm relação direta com o princípio da função social dos contratos em sua eficácia interna. Nesse sentido, repise-se o teor do Enunciado n. 22 do CJF/STJ, da *I Jornada de Direito Civil*: "a função social do contrato, prevista no art. 421 do NCC,

---

[85] SCHMITT, Cristiano Heineck. *Cláusulas abusivas nas relações de consumo*. 2. ed. São Paulo: RT, 2008. p. 145.
[86] Como entendem, por todos, Claudia Lima Marques, Herman Benjamin e Bruno Miragem (*Comentários ao Código de Defesa do Consumidor*. 3. ed. São Paulo: RT, 2010. p. 958).

constitui cláusula geral, que reforça o princípio da conservação do contrato, assegurando trocas úteis e justas".

No que concerne à propositura da demanda de nulidade da cláusula abusiva, não se olvide a premissa fixada pelo art. 168, *caput*, do CC, segundo o qual as nulidades absolutas podem ser alegadas por qualquer interessado, ou pelo Ministério Público, quando lhe couber intervir.

Em complemento, dispõe o art. 51, § 4º, do CDC que é facultado a qualquer consumidor ou a entidade protetiva requerer ao Ministério Público que ajuíze a competente ação para declarar a nulidade de cláusula contratual que contrarie o disposto no CDC ou que, de qualquer forma, não assegure o justo equilíbrio entre direitos e obrigações das partes. Resta claro, pela legitimidade reconhecida ao MP, que a matéria é de ordem pública, nos termos do sempre citado art. 1º da Lei 8.078/1990.

A encerrar o tópico, cumpre trazer à tona o polêmico tema relativo à revisão de ofício ou *ex officio* das cláusulas abusivas, o que constitui uma normal decorrência da nulidade absoluta. Como é notório, prescreve categoricamente o parágrafo único do art. 168 do Código Civil que "as nulidades devem ser pronunciadas pelo juiz, quando conhecer do negócio jurídico ou dos seus efeitos e as encontrar provadas, não lhe sendo permitido supri-las, ainda que a requerimento das partes". O dispositivo transcrito confirma a premissa de que a nulidade absoluta é matéria de ordem pública também na esfera puramente civil.

A polêmica a respeito da questão instaurou-se definitivamente entre nós com a edição da infeliz Súmula 381 do Superior Tribunal de Justiça, publicada em 5 de maio de 2009, com a seguinte redação: "nos contratos bancários, é vedado ao julgador conhecer, de ofício, da abusividade das cláusulas". Ora, tal ementa representa uma séria afronta à proteção dos direitos dos consumidores e aos preceitos gerais de Direito, devendo ser imediatamente cancelada por aquele Tribunal Superior.

A necessidade de cancelamento ou de sua revisão é aprofundada com a emergência do Código de Processo Civil em vigor, que, em vários de seus comandos, traz a ideia de que os juízes de primeira e segunda instâncias devem seguir as decisões superiores, especialmente aquelas constantes em súmulas. Entre vários dispositivos, destaque-se o art. 489, § 1.º, inc. VI, do CPC/2015, segundo o qual não se considera fundamentada qualquer decisão judicial, sob pena de nulidade, que deixar de seguir enunciado de súmula, jurisprudência ou precedente invocado pela parte, sem demonstrar a existência de distinção no caso em julgamento ou a superação do entendimento.

Como *primeiro argumento* de crítica e pelo cancelamento, constata-se que a súmula representa um contrassenso jurídico, tendo em vista o art. 1º do CDC e a comum aplicação da Lei 8.078/1990 aos contratos bancários, conforme reconhecido pela Súmula 297 do próprio STJ. Repise-se que o art. 1º do CDC é expresso ao prever que a lei consumerista é norma de ordem pública e interesse social, nos termos da proteção que consta do Texto Maior. Como decorrência natural do preceito, deve o juiz conhecer de ofício da proteção dos consumidores, pela previsão constitucional de sua tutela (art. 5º, inc. XXXV, da CF/1988). Releve-se, por oportuno, que o próprio STJ já havia se pronunciado, em momento anterior, no sentido de que "questões de ordem pública contempladas pelo Código de Defesa do Consumidor, independentemente de sua natureza, podem e devem ser conhecidas, de ofício, pelo julgador. Por serem de ordem pública, transcendem o interesse e se sobrepõem até à vontade das partes" (STJ – AgRg no REsp 703.558/RS – Terceira Turma – Rel. Min. Castro

Filho – j. 29.03.2005 – *DJ* 16.05.2005, p. 349). Percebe-se, em tal contexto, um retrocesso no entendimento anterior do próprio Tribunal Superior. Ademais, em outro julgado mais recente, o STJ adotou entendimento contrário à sua própria Súmula 381:

> "Processual civil. Agravo regimental no recurso especial. Aplicação do Código de Defesa do Consumidor, possibilidade de revisão do contrato e declaração *ex officio* da nulidade de cláusula nitidamente abusiva. Recurso a que se nega provimento. 1. O Código de Defesa do Consumidor é norma de ordem pública, que autoriza a revisão contratual e a declaração de nulidade de pleno direito de cláusulas contratuais abusivas, o que pode ser feito até mesmo de ofício pelo Poder Judiciário. Precedente (REsp 1.061.530/RS, afetado à Segunda Seção). 2. Agravo regimental a que se nega provimento" (STJ – AgRg no REsp 334.991/RS – Quarta Turma – Rel. Min. Honildo Amaral de Mello Castro (Desembargador Convocado do TJAP) – j. 10.11.2009 – *DJe* 23.11.2009).

Como *segundo aspecto*, firme-se que o CC/2002, como norma geral privada, preconiza, no seu art. 168, parágrafo único, que as nulidades absolutas devem ser conhecidas de ofício pelo juiz. Trata-se de decorrência natural da antiga lição pela qual as matérias de ordem pública devem ser conhecidas *ex officio* pelo magistrado. Anote-se a costumeira aplicação de tal premissa em instâncias superiores, o que demonstra igualmente o conflito da comentada súmula em relação à posição daquela Corte (a título de exemplo, recente acórdão: STJ – REsp 730.129/SP – Terceira Turma – Rel. Min. Paulo Furtado (Desembargador Convocado do TJBA) – j. 02.03.2010 – *DJe* 10.03.2010). Em um *diálogo entre as fontes*, a norma privada não só pode como deve ser aplicada de forma subsidiária às relações de consumo (*diálogo de complementaridade*). Não se olvide, por outra via de aplicação, que as cláusulas abusivas, descritas no art. 51 do CDC, geram a nulidade absoluta da previsão contratual, mais uma vez com base na ordem pública.

Como *terceiro argumento*, a principal tese jurídica que dá sustento à súmula não tem o condão de vencer a nulidade absoluta e as questões de ordem pública suscitadas. De um dos seus precedentes, retira-se que "a jurisprudência da Segunda Seção consolidou-se no sentido de que fere o princípio do *tantum devolutum quantum appellatum* a revisão, de ofício, pelo juiz, de cláusulas contratuais que não foram objeto de recurso. (...)" (STJ – AgRg nos EREsp 801421/RS – Segunda Seção – Rel. Min. Ari Pargendler – j. 14.03.2007 – *DJ* 16.04.2007, p. 164). De acordo com o preceito citado na ementa, em decorrência dos princípios *dispositivo* e da *congruência*, o reexame na instância superior prende-se aos pontos objetos do recurso. Deve ficar bem claro que não se trata de um princípio absoluto, mas que encontra limitações em outros princípios e nas matérias de ordem pública, como é o caso das nulidades absolutas e da proteção dos interesses dos consumidores. Pensar o contrário sobreporia o Direito Processual à tutela efetiva do Direito Material, quando o inverso deve prevalecer.

Como *quarto argumento* pelo cancelamento da Súmula 381 do STJ, nota-se que tem a sua ementa o condão de engessar a atuação do magistrado, aprisionando-o aos pedidos formulados pelas partes. Por isso, a súmula já foi criticada por alguns juízes, caso de Gerivaldo Neiva, Pablo Stolze Gagliano e Salomão Viana, em textos publicados na *internet*.[87]

---

[87] Veja-se: NEIVA, Gerivaldo. A Súmula 381 do STJ. Um ato falho? Disponível em: <http://professorflaviotartuce.blogspot.com/2009/05/sumula-381-do-stj-artigo-de-gerivaldo.html>. Acesso em: 1º maio 2011;

Como verdadeiro absurdo, a súmula veda ao juiz que conheça de abusividade apenas nos contratos bancários. Simbolizando, em tais contratos (e somente nesses), o magistrado deve se comportar como Pôncio Pilatos, lavando as mãos e mantendo-se distante do abuso ou do excesso cometido. Em suma, somente atuará se houver pedido em tal sentido. A súmula fere totalmente a lógica do razoável e a equidade que se espera do Direito como um todo. Há *um quê* de proteção ou defesa dos bancos em detrimento do consumidor, quando o sistema consagra justamente o contrário, pela existência de lei específica e contundente de tutela dos vulneráveis, o CDC.

A encerrar, como *quinto argumento*, entra em cena a questão principiológica. Cláusulas abusivas, sejam em contratos bancários ou não, são consideradas violadoras dos princípios da função social dos contratos e da boa-fé objetiva. Ambos os princípios – função social do contrato e boa-fé objetiva – são preceitos de ordem pública pela civilística contemporânea. Quanto à função social do contrato, é claro o art. 2.035, parágrafo único, do CC/2002, no sentido de que nenhuma convenção prevalecerá se contrariar preceitos de ordem pública, tais como aqueles que visam a assegurar a função social dos contratos e da propriedade. A respeito da boa-fé objetiva, na *IV Jornada de Direito Civil* do Conselho da Justiça Federal concluiu-se que "os princípios da probidade e da confiança são de ordem pública, estando a parte lesada somente obrigada a demonstrar a existência da violação" (Enunciado n. 363 do CJF/STJ).

Em reforço de crítica, as palavras de Claudia Lima Marques, Herman Benjamin e Bruno Miragem, que sustentam a inconstitucionalidade da referida súmula, por desrespeito à proteção constante do art. 5º, inc. XXXII, da CF/1988, negando vigência ao sistema de nulidades absolutas do Código Civil em *diálogo* com o Código de Defesa do Consumidor.[88] Os juristas de escol esperam, portanto, que a Sessão Especial do Tribunal da Cidadania e defensor dos consumidores cancele ou revise a súmula.

Em texto mais recente, o último jurista citado reforça essa necessidade de revisão da sumular, questão que foi suscitada em 2015 no Superior Tribunal de Justiça. Conforme expõe, "no ano passado, o Ministro Paulo de Tarso Sanseverino afetou o julgamento do Recurso Especial 1.465.832/RS, sugerindo, em face, especialmente do novo Código de Processo Civil a alteração do enunciado da Súmula 381, para o qual propôs a seguinte redação: 'na declaração de nulidade de cláusula abusiva, prevista no art. 51 do CDC, deverão ser respeitados o contraditório e a ampla defesa, não podendo ser reconhecida de ofício em segundo grau de jurisdição'".[89] A propósito, o Ministro Sanseverino tem feito a ressalva da sua posição quanto à sumular em todos os julgamentos que participa. Do ano de 2017, merece destaque: "ponderação do relator no sentido da revisão por esta Corte da orientação jurisprudencial firmada em sede de recurso repetitivo (REsp 1.031.530/RS – DJe 10.03.2009) e transformada na Súmula n.º 381/STJ. (...), em face do disposto no

---

GAGLIANO, Pablo Stolze; VIANA, Salomão. É sempre vedado ao julgador conhecer, de ofício, da abusividade de cláusulas em contrato bancário? Reflexões sobre a Súmula 381 do STJ. Disponível em: <http://www.flaviotartuce.adv.br/artigosc/Artigo_pabloesal_381.doc>. Acesso em: 1º maio 2011.

[88] MARQUES, Claudia Lima; BENJAMIN, Antonio Herman; MIRAGEM, Bruno. *Comentários ao Código de Defesa do Consumidor.* 3. ed. São Paulo: RT, 2010. p. 941.

[89] MIRAGEM, Bruno. Pela autoridade e coerência do direito. Súmula 381 do STJ deve ser revisada. Disponível em: <http://www.conjur.com.br/2016-out-12/garantias-consumo-autoridade-coerencia-direito-sumula-381--stj-revisada2>. Acesso em: 13 nov. 2016.

art. 10 do CPC/2015" (STJ – REsp 1.465.832/RS – Terceira Turma – Rel. Min. Paulo de Tarso Sanseverino – j. 06.06.2017 – *DJe* 27.06.2017).

Cabe esclarecer que a menção ao CPC/2015 diz respeito à vedação das *decisões--surpresa*, retiradas do seu art. 10, uma das aplicações da boa-fé objetiva processual, *in verbis*: "O juiz não pode decidir, em grau algum de jurisdição, com base em fundamento a respeito do qual não se tenha dado às partes oportunidade de se manifestar, ainda que se trate de matéria sobre a qual deva decidir de ofício". Assim, antes do conhecimento de ofício da nulidade da cláusula, por abusividade, deve o juiz ouvir as partes da demanda.

Ademais, como se pode perceber, pelo novo texto, a vedação do conhecimento de ofício atingiria apenas a segunda instância. Entendo que a redação sugerida para a sumular, em tal aspecto, não é o ideal, pois a nulidade deve ser considerada em qualquer grau de jurisdição. Porém, perante o texto atual, trata-se de um passo importante para a proteção dos consumidores. Por fim, pela proposta, não há qualquer vinculação aos contratos bancários. O novo texto tem incidência para qualquer relação contratual, sem privilégios, o que parece salutar.

Voltando ao artigo de Bruno Miragem, demonstra o jurista as amplas críticas da doutrina, inclusive deste autor: "registram-se, desde então, dezenas de estudos doutrinários destacando, em uníssono, o equívoco do Superior Tribunal de Justiça na edição da súmula, de autoria, dentre outros, de Claudia Lima Marques, Nelson Nery Junior, Fábio de Souza Trajano, Flávio Caetano de Paula, Rafael Calmon Rangel, Andressa Jarletti de Oliveira, Vitor Vilela Guglinski, Oscar Ivan Prux, Améllia Soares da Rocha, Gerson Amauri Calgaro, Pablo Stolze Gagliano e Salomão Viana, Fredie Didier Júnior, Antônio Carlos Efing, Flávio Tartuce, Alexandre Torres Petry, Gustavo Brum, Leonardo Macedo Poli Sérgio Augusto Pereira Lorentino, Gerivaldo Neiva e Hildeliza Lacerda Tinoco Boechat Cabral, Nayron Divino Toledo Malheiros, Ricardo Giuliani Neto e Ezequiel Morais".[90]

De fato, a Súmula 381 do STJ está muito longe de ser *cidadã*, por trazer clara ideologia de cega proteção dos bancos. Como bem expõe Ezequiel Morais, com coragem, "é possível verificar que nos últimos anos (2008 e 2009) o consumidor não mais tem encontrado no STJ a guarida de outrora".[91] Em complemento, na linha das palavras de Bruno Miragem no último texto, vivemos uma oportunidade única para que os graves equívocos da citada sumular sejam afastados definitivamente do ordenamento jurídico brasileiro.

Em suma, deduz-se juridicamente que, por contrariar a CF/1988, o CDC, o CC/2002 e seus princípios, bem como a lógica equânime do sistema, deve a Súmula 381 do STJ ser imediatamente revista, a fim de não trazer ainda mais prejuízos aos consumidores do que já vem causando.

---

[90] MIRAGEM, Bruno. Pela autoridade e coerência do direito. Súmula 381 do STJ deve ser revisada. Disponível em: <http://www.conjur.com.br/2016-out-12/garantias-consumo-autoridade-coerencia-direito-sumula-381--stj-revisada2>. Acesso em: 13 nov. 2016.
[91] MORAIS, Ezequiel; PODESTÁ, Fábio Henrique; e CARAZAI, Marcos Marins. *Código de Defesa do Consumidor Comentado*. São Paulo: RT, 2010. p. 254.

5.8. OS CONTRATOS DE FORNECIMENTO DE CRÉDITO NA LEI 8.078/1990 (ART. 52) E O PROBLEMA DO SUPERENDIVIDAMENTO DO CONSUMIDOR. ANÁLISE DA LEI 14.181/2021. A NULIDADE ABSOLUTA DA CLÁUSULA DE DECAIMENTO (ART. 53)

O art. 52 da Lei 8.078/1990, mais um comando em sintonia como o dever anexo de informar que decorre da boa-fé objetiva, estabelece os requisitos para os contratos de concessão de crédito e financiamentos em geral, a saber:

a) O preço do produto ou serviço em moeda corrente nacional, pelo valor nominal, o que está de acordo com o *princípio do nominalismo*, retirado do art. 315 do Código Civil. Em complemento, em regra, são nulas as estipulações em moeda estrangeira, exceção que deve ser feita para os contratos internacionais e para os contratos de arrendamento mercantil (*leasing*), em que há captação de recursos no exterior (art. 318 do CC e Decreto-lei 857/1969).

b) O montante dos juros de mora, para as hipóteses de inadimplemento relativo, bem como da taxa efetiva anual de juros. Como se sabe, os juros são frutos civis ou rendimentos, constituindo valores devidos pela utilização de capital alheio.

c) Os acréscimos legalmente previstos, caso da correção monetária e das penalidades contratuais.

d) O número e a periodicidade das prestações, o que é fundamental na caracterização dos contratos de trato sucessivo, aqueles com cumprimento de forma periódica no tempo.

e) A soma total a pagar, com e sem financiamento. Isso, para que o consumidor tenha a exata medida do valor integral que está sendo pago, preceito que muitas vezes é desrespeitado na prática.

No que concerne aos juros estipulados por força do contrato (*juros convencionais*), algumas palavras merecem ser ditas, especialmente no tocante ao seu limite, tema explosivo na realidade nacional. Entendo ser lamentável o tratamento dado pela jurisprudência majoritária à questão, uma vez que é comum as instituições bancárias cobrarem juros excessivamente abusivos, tornando *caro* o crédito em nosso País. Isso também ocorre com empresas financeiras, caso das que prestam o serviço de cartão de crédito.

Em suma, é lamentável o teor da Súmula 596 do Supremo Tribunal Federal, segundo a qual as instituições bancárias, como integrantes do Sistema Financeiro Nacional, não estão sujeitas à Lei de Usura. Do mesmo modo, não há como concordar com o teor da Súmula 283 do Superior Tribunal de Justiça, *in verbis*: "as empresas administradoras de cartão de crédito são instituições financeiras e, por isso, os juros remuneratórios por elas cobrados não sofrem as limitações da Lei de Usura". Compreendo que a Lei de Usura está em total sintonia com a proteção dos vulneráveis (consumidores e aderentes contratuais), constante do Código de Defesa do Consumidor e do Código Civil de 2002, devendo, pois, ser estabelecido um limite para os juros convencionais.

Como se sabe, a Lei de Usura estabelece em seu art. 1º que a taxa de juros não pode ser superior ao dobro da taxa legal. Ora, a taxa legal é aquela referenciada pelo art. 406 do CC/2002, ou seja, após a entrada em vigor da Lei 14.905/2024, a taxa SELIC descontada a correção monetária que, em regra é o IPCA (Índice Nacional de Preços ao Consumidor Amplo). Em relação ao *mútuo oneroso* ou *feneratício*, em que há empréstimo de dinheiro a juros, enuncia o art. 591 do CC/2002, em seu novo parágrafo único, inserido pela mesma norma emergente, que, se a taxa de juros não for pactuada, se aplica a taxa legal prevista nesse art. 406.

De toda sorte, o que se tem entendido de forma reiterada no plano da jurisprudência superior há tempos é que os juros das instituições bancárias e financeiras podem ser fixados de acordo com as regras de mercado (Súmula 296 do STJ). Em paradigmática decisão do ano de 2008, o Superior Tribunal de Justiça concluiu de forma definitiva:

"Direito processual civil e bancário. Recurso especial. Ação revisional de cláusulas de contrato bancário. Incidente de processo repetitivo. Juros remuneratórios. Configuração da mora. Juros moratórios. Inscrição/manutenção em cadastro de inadimplentes. Disposições de ofício. Delimitação do julgamento. I. Julgamento das questões idênticas que caracterizam a multiplicidade. Orientação 1 – Juros remuneratórios. a) As instituições financeiras não se sujeitam à limitação dos juros remuneratórios estipulada na Lei de Usura (Decreto 22.626/1933), Súmula 596/STF; b) A estipulação de juros remuneratórios superiores a 12% ao ano, por si só, não indica abusividade; c) São inaplicáveis aos juros remuneratórios dos contratos de mútuo bancário as disposições do art. 591 c/c o art. 406 do CC/2002; d) É admitida a revisão das taxas de juros remuneratórios em situações excepcionais, desde que caracterizada a relação de consumo e que a abusividade (capaz de colocar o consumidor em desvantagem exagerada – art. 51, § 1º, do CDC) fique cabalmente demonstrada, ante as peculiaridades do julgamento em concreto. (...) Os juros remuneratórios contratados encontram-se no limite que esta Corte tem considerado razoável e, sob a ótica do Direito do Consumidor, não merecem ser revistos, porquanto não demonstrada a onerosidade excessiva na hipótese. (...)" (STJ – REsp 1.061.530/RS – Segunda Seção – Rel. Min. Nancy Andrighi – j. 22.10.2008 – DJe 10.03.2009).

Do mesmo modo, mais recentemente, o STJ julgou que não sendo fixados os juros pelas partes em contrato bancário, incidem as taxas de mercado e não o art. 406 do CC/2002. Em suma, as regras mercadológicas prevalecem sobre a lei, o que representa uma clara influência da escola da *Análise Econômica do Direito* e do *Law and Economics*. O julgado foi assim publicado no *Informativo* n. 434 do STJ:

"Repetitivo. Cheque especial. Juros remuneratórios. A Seção, ao julgar recurso representativo de controvérsia (art. 543-C e Res. 8/2008-STJ) sobre a legalidade da cobrança de juros remuneratórios decorrente do contrato bancário, quando não há prova da taxa pactuada ou quando a cláusula ajustada entre as partes não tenha indicado o percentual a ser observado, reafirmou a jurisprudência deste Superior Tribunal de que, quando não pactuada a taxa, o juiz deve limitar os juros remuneratórios à taxa média de mercado divulgada pelo Banco Central (Bacen), salvo se menor a taxa cobrada pelo próprio banco (mais vantajosa para o cliente). Anotou-se que o caso dos autos é uma ação de revisão de cláusula de contrato de cheque especial combinada com repetição de indébito em que o tribunal *a quo* constatou não haver, no contrato firmado, o percentual da taxa para a cobrança dos juros remuneratórios, apesar de eles estarem previstos em uma das cláusulas do contrato. Precedentes citados: REsp

715.894-PR, *DJ* 19.03.2007; AgRg no REsp 1.068.221-PR, *DJe* 24.11.2008; AgRg no REsp 1.003.938-RS, *DJe* 18.12.2008; AgRg no REsp 1.071.291-PR, *DJe* 23.03.2009; REsp 1.039.878-RS, *DJe* 20.06.2008; AgRg no REsp 1.050.605-RS, *DJe* 05.08.2008; AgRg no Ag 761.303-PR, *DJe* 04.08.2009; AgRg no REsp 1.015.238-PR, *DJe* 07.05.2008; EDcl no Ag 841.712-PR, *DJe* 28.08.2009, e AgRg no REsp 1.043.101-RS, *DJe* 17.11.2008" (STJ – REsp 1.112.879-PR – Rel. Min. Nancy Andrighi – j. 12.05.2010).

Infelizmente, a questão se estabilizou de tal forma no Superior Tribunal de Justiça que, em 2015, foi editada a sua Súmula n. 530, segundo a qual "nos contratos bancários, na impossibilidade de comprovar a taxa de juros efetivamente contratada – por ausência de pactuação ou pela falta de juntada do instrumento aos autos –, aplica-se a taxa média de mercado, divulgada pelo Bacen, praticada nas operações da mesma espécie, salvo se a taxa cobrada for mais vantajosa para o devedor". Apesar de se mencionar a taxa mais vantajosa ao devedor, a verdade é que têm prevalecido as abusivas taxas de mercado.

Em complemento, a respeito da capitalização dos juros, a posição do Superior Tribunal de Justiça é que a sua cobrança é permitida, quando houver expressa pactuação entre as partes (REsp 1.388.972/SC – Segunda Seção, por unanimidade – Rel. Min. Marco Buzzi – j. 08/02/2017 – *DJe* 13.03.2017, publicado no seu *Informativo* n. 599). Vejamos o trecho principal da publicação:

"É inegável que a capitalização, seja em periodicidade anual ou ainda com incidência inferior à ânua – cuja necessidade de pactuação, aliás, é firme na jurisprudência desta Casa –, não pode ser cobrada sem que tenham as partes contratantes, de forma prévia e tomando por base os princípios basilares dos contratos em geral, assim acordado, pois a ninguém será dado negar o caráter essencial da vontade como elemento do negócio jurídico, ainda que nos contratos de adesão, uma vez que a ciência prévia dos encargos estipulados decorre da aplicação dos princípios afetos ao dirigismo contratual. De fato, sendo pacífico o entendimento de que a capitalização inferior à anual depende de pactuação, outra não pode ser a conclusão em relação àquela em periodicidade ânua, sob pena de ser a única modalidade (periodicidade) do encargo a incidir de maneira automática no sistema financeiro, embora inexistente qualquer determinação legal nesse sentido, pois o artigo 591 do Código Civil apenas permite a capitalização anual e não determina a sua aplicação automaticamente" (REsp 1.388.972/SC).

Na linha da premissa antes esposada, já defendida no ano de 2004, por ocasião de dissertação de mestrado na PUCSP, não me filio ao entendimento transcrito nos julgados, que não trazem qualquer limitação à cobrança de juros pelas instituições bancárias ou financeiras.[92] Em tom de crítica, fazemos nossas as palavras dos doutrinadores Pablo Stolze Gagliano e Rodolfo Pamplona Filho:

"Falar sobre a aplicação de juros na atividade bancária é adentrar em um terreno explosivo.
De fato, fizemos questão de mostrar como a disciplina genérica do instituto, bem como as peculiaridades encontradas em uma relação jurídica especial, como a tra-

---

[92] TARTUCE, Flávio. *A função social dos contratos*. Do Código de Defesa do Consumidor ao Novo Código Civil. São Paulo: Método, 2005; TARTUCE, Flávio. *A função social dos contratos*. Do Código de Defesa do Consumidor ao Código Civil de 2002. 2. ed. São Paulo: Método, 2007.

balhista, em que o próprio ordenamento reconhece as desigualdades dos sujeitos e busca tutelá-los de forma mais efetiva, reconhecendo que, mesmo ali, ainda é observada, no final das contas, a regra geral.

Isso tudo para mostrar que 'há algo de errado no reino da Dinamarca' quando se fala da disciplina dos juros bancários no Brasil.

(...)

Em nosso entendimento, sob o argumento de que a atividade financeira é essencialmente instável, e que a imobilização da taxa de juros prejudicaria o desenvolvimento do País, inúmeros abusos são cometidos, em detrimento sempre da parte mais fraca, o correntista, o depositante, o poupador."[93]

Em verdade, vive-se um total paradoxo no Brasil, eis que os Tribunais Superiores concluíram pela incidência do Código de Defesa do Consumidor para os contratos bancários e financeiros (Súmula 297 do STJ e STF – ADI 2.591/DF – Tribunal Pleno – Rel. Min. Carlos Velloso – Rel. p/ Acórdão Min. Eros Grau – j. 07.06.2006). Porém, não obstante *o espírito da lei consumerista* vedar a lesão, o abuso de direito e o enriquecimento sem causa, as instituições bancárias e financeiras podem cobrar as excessivas taxas de juros de mercado que, aliás, elas mesmas fixam.

Em suma, aplica-se o CDC de forma *fatiada*, muito distante de seu real potencial de mudança. Espera-se que essa infeliz realidade seja alterada nos próximos anos, quando novas gerações de julgadores assumirem o papel direcionador da jurisprudência no Brasil. A esse respeito, vejamos o que bem destacou a Ministra Nancy Andrighi em voto prolatado no ano de 2012:

"Em matéria de contratos bancários, os juros remuneratórios são essenciais e preponderantes na decisão de contratar. São justamente essas taxas de juros que viabilizam a saudável concorrência e que levam o consumidor a optar por uma ou outra instituição financeira. Entretanto, apesar de sua irrefutável importância, nota-se que a maioria da população brasileira ainda não compreende o cálculo dos juros bancários. Vê-se que não há qualquer esclarecimento prévio, tampouco se concretizou o ideal de educação do consumidor, previsto no art. 4º, IV, do CDC. Nesse contexto, a capitalização de juros está longe de ser um instituto conhecido, compreendido e facilmente identificado pelo consumidor médio comum. A realidade cotidiana é a de que os contratos bancários, muito embora estejam cada vez mais difundidos na nossa sociedade, ainda são incompreensíveis à maioria dos consumidores, que são levados a contratar e aos poucos vão aprendendo empiricamente com suas próprias experiências. A partir dessas premissas, obtém-se o padrão de comportamento a ser esperado do homem médio, que aceita a contratação do financiamento a partir do confronto entre taxas nominais ofertadas no mercado. Deve-se ainda ter em consideração, como medida da atitude objetivamente esperada de cada contratante, o padrão de conhecimento e comportamento do homem médio da sociedade de massa brasileira. Isso porque vivemos numa sociedade de profundas disparidades sociais, com relativamente baixo grau de instrução" (STJ – REsp 1.302.738/SC – Rel. Min. Nancy Andrighi – Terceira Turma – j. 03.05.2012 – *DJe* 10.05.2012 – publicado no seu *Informativo* n. 496).

---

[93] GAGLIANO, Pablo Stolze; PAMPLONA FILHO, Rodolfo. *Novo curso de direito civil*. Teoria geral das obrigações. 8. ed. São Paulo: Saraiva, 2007. v. II, p. 300.

Esperava-se que outras decisões seguissem a linha esposada no voto. Em verdade, percebeu-se a partir do ano de 2012 que medidas do Poder Executivo acabaram por reduzir as taxas de juros bancários em nosso País. Entretanto, diante da mais recente e grave crise financeira que atingiu o País a partir de 2014, os juros bancários voltaram a subir no País. E de forma explosiva. No presente momento, ainda estão em patamar muito elevado.

Aguardava-se que tal tarefa fosse desempenhada, antes do Executivo, pelo Poder Judiciário, o que não acabou ocorrendo nos últimos anos, o que pode ser percebido pelos julgados anteriormente transcritos. Infelizmente, as premissas constantes do voto da Ministra Nancy Andrighi acabaram não prevalecendo em nossas Cortes Superiores, que não cumpriram com sua função jurídica e social.

Confirmando-se o entendimento majoritário da jurisprudência superior, o art. 3º da Lei 14.905/2024 passou a prever que não se aplica o disposto na Lei de Usura às obrigações: "I) contratadas entre pessoas jurídicas; II – representadas por títulos de crédito ou valores mobiliários; III – contraídas perante: a) instituições financeiras e demais instituições autorizadas a funcionar pelo Banco Central do Brasil; b) fundos ou clubes de investimento; c) sociedades de arrendamento mercantil e empresas simples de crédito; d) organizações da sociedade civil de interesse público de que trata a Lei 9.790/1999, e que se dedicam à concessão de crédito; ou IV – realizadas nos mercados financeiro, de capitais ou de valores mobiliários". Confesso que tenho muitas preocupações acerca dessas últimas previsões, sobretudo com a possível concessão de créditos sem lastro, cujo final nós já sabemos qual é: a quebra do mercado, com nefastos efeitos para toda a sociedade.

Como outra questão a ser pontuada a respeito da cobrança de juros e do empréstimo de dinheiro, também merece destaque o debate que se deu no âmbito do STJ a respeito da possibilidade de retenção de salário ou outros proventos por instituição bancária, com o fim de pagamento de valores devidos por mútuo oneroso.

Inicialmente, em fevereiro de 2018, foi editada a Súmula 603 do STJ, com a seguinte dicção: "é vedado ao banco mutuante reter, em qualquer extensão, os salários, vencimentos e/ou proventos de correntista para adimplir o mútuo (comum) contraído, ainda que haja cláusula contratual autorizativa, excluído o empréstimo garantido por margem salarial consignável, com desconto em folha de pagamento, que possui regramento legal específico e admite a retenção de percentual".

Porém, em agosto do mesmo ano, a referida sumular foi cancelada pela sua Segunda Seção. Vejamos o que constou do novo julgamento de pacificação sobre o tema:

> "Na análise da licitude do desconto em conta-corrente de débitos advindos do mútuo feneratício, devem ser consideradas duas situações distintas: a primeira, objeto da Súmula, cuida de coibir ato ilícito, no qual a instituição financeira apropria-se, indevidamente, de quantias em conta-corrente para satisfazer crédito cujo montante fora por ela estabelecido unilateralmente e que, eventualmente, inclui tarifas bancárias, multas e outros encargos moratórios, não previstos no contrato; a segunda hipótese, vedada pela Súmula 603/STJ, trata de descontos realizados com a finalidade de amortização de dívida de mútuo, comum, constituída bilateralmente, como expressão da livre manifestação da vontade das partes. É lícito o desconto em conta-corrente bancária comum, ainda que usada para recebimento de salário, das prestações de contrato de empréstimo bancário livremente pactuado, sem que

o correntista, posteriormente, tenha revogado a ordem. Precedentes" (STJ – REsp 1.555.722/SP – Segunda Seção – Rel. Min. Lázaro Guimarães (Desembargador Convocado do TRF da 5ª Região) – j. 22.08.2018 – *DJe* 25.09.2018).

Com o devido respeito, fico com o voto vencido do Ministro Luis Felipe Salomão, para quem "da leitura do enunciado de Súmula, fica clara a sua teleologia de prevenir que o banco administrador da conta-corrente, abusivamente, se valha dessa circunstância para submeter o correntista ao seu arbítrio, isto é, em patente harmonia com o estabelecido no supramencionado art. 3º, parágrafos, da Resolução do CMN n. 3.695/2009, que estabelece que o banco não pode reter (*sponte propria*, isto é, sem a prévia ou atual anuência do cliente) valores para pagamento do débito, e que os descontos do crédito de mútuo só poderão perdurar enquanto for mantida a permissão por parte do correntista. Com efeito, evidentemente, não se tem por fim restringir a autonomia privada, visto que, como máxima de experiência, é comum que os mútuos tenham previsão dessa forma de pagamento, pois traz comodidade e tem o óbvio condão de reduzir o *spread* bancário, visto que diminui os custos de cobrança (*v.g.*, emissão de boleto), assim como, estatisticamente, o risco de mora" (REsp 1.555.722/SP). Entretanto, para os devidos fins práticos, passa a prevalecer a tese constante do acórdão, no sentido de que é possível o desconto dos salários.

Como última observação a respeito dos juros, em 2020, o Superior Tribunal de Justiça entendeu que as lojas varejistas não podem cobrar juros acima dos limites legais, pois não são instituições financeiras. Conforme o *decisum*, que tem o meu total apoio doutrinário:

"A cobrança de juros remuneratórios superiores aos limites estabelecidos pelo Código Civil de 2002 é excepcional e deve ser interpretada restritivamente. Apenas às instituições financeiras, submetidas à regulação, controle e fiscalização do Conselho Monetário Nacional, é permitido cobrar juros acima do teto legal. Súmula 596/STF e precedente da 2ª Seção. A previsão do art. 2º da Lei 6.463/77 faz referência a um sistema obsoleto, em que a aquisição de mercadorias a prestação dependia da atuação do varejista como instituição financeira e no qual o controle dos juros estava sujeito ao escrutínio dos próprios consumidores e à regulação e fiscalização do Ministério da Fazenda. Após a Lei 4.595/64, o art. 2º da Lei 6.463/77 passou a não mais encontrar suporte fático apto a sua incidência, sendo, pois, ineficaz, não podendo ser interpretado extensivamente para permitir a equiparação dos varejistas a instituições financeiras e não autorizando a cobrança de encargos cuja exigibilidade a elas é restrita. Na hipótese concreta, o contrato é regido pelas disposições do Código Civil, e não pelos regulamentos do CMN e do BACEN, haja vista a ora recorrente não ser uma instituição financeira. Assim, os juros remuneratórios devem observar os limites do art. 406 c/c art. 591 do CC/02" (STJ – REsp 1.720.656/MG – Terceira Turma – Rel. Min. Nancy Andrighi – j. 28.04.2020 – *DJe* 07.05.2020).

Superados esses aspectos práticos a respeito dos juros e do mútuo oneroso, em relação à cláusula penal ou multa moratória, importante decorrência do inadimplemento, o art. 52, § 1º, do CDC enuncia que o seu montante não pode ser superior a 2% (dois por cento) sobre o valor da dívida. Não se pode esquecer que tal multa somente incide se estiver prevista pelas partes.

Conforme se retira de ementa publicada pelo STJ em 2015 pela ferramenta *Jurisprudência em Teses* (Edição n. 39), "a redução da multa moratória para 2% prevista no art. 52, § 1º, do CDC aplica-se às relações de consumo de natureza contratual, não incidindo sobre as sanções tributárias, que estão sujeitas à legislação própria de direito público". De acordo com um dos arestos que gerou a ementa, que trata de ICMS, "na seara tributária, não é possível reduzir a multa ao percentual de 2% (dois por cento), porquanto estabelecidas em legislação pertinente às relações de consumo – Lei 9.298/96. Precedentes" (STJ – REsp 1.164.662/SP – Segunda Turma – Rel. Min. Castro Meira – j. 24.08.2010 – DJe 08.09.2010).

De toda sorte, não resta a menor dúvida de que a norma relativa à cláusula penal é de ordem pública, sendo nula por abusividade a cláusula contratual que estabeleça limite maior para a multa moratória, nos termos do art. 51, incs. IV e XV, do CDC (por todas as centenas de julgados encontrados: TJSP – Apelação 9171524-39.2005.8.26.0000 – Acórdão 4995270, São Caetano do Sul – Vigésima Sétima Câmara de Direito Privado – Rel. Des. Berenice Marcondes César – j. 22.02.2011 – *DJESP* 22.03.2011; TJMG – Apelação Cível 1661480-65.2004.8.13.0702, Uberlândia – Décima Oitava Câmara Cível – Rel. Des. Guilherme Luciano Baeta Nunes – j. 16.11.2010 – *DJEMG* 02.12.2010; TJPR – Apelação Cível 0491340-8, Curitiba – Sexta Câmara Cível – Rel. Des. Antônio Renato Strapasson – *DJPR* 20.03.2009, p. 259; TJRS – Apelação Cível 70015891914, Caxias do Sul – Décima Quarta Câmara Cível – Rel. Des. Judith dos Santos Mottecy – j. 14.09.2006 – *DOERS* 01.10.2008, p. 82; TJDF – Apelação Cível 2000.09.1.004710-8 – Acórdão 274732 – Quarta Turma Cível – Rel. Des. Lecir Manoel da Luz – *DJU* 21.06.2007, p. 106; e TJSC – Apelação Cível 1998.002252-5, Rio do Sul – Segunda Câmara Comercial – Rel. Des. Maria do Rocio Luz Santa Ritta – j. 09.10.2003). Em caso de excesso, na esteira da melhor conclusão jurisprudencial colacionada, deve ocorrer a redução do negócio jurídico até o patamar considerado como válido pela legislação consumerista.

Nesse contexto, deve ser vista com grandes ressalvas a chamada *cláusula de pontualidade*, que muitas vezes disfarça, em contratos de consumo, multas exageradas, acima do montante permitido pela lei, o que deve ser afastado de plano. Sobre o tema, vejamos as precisas palavras de José Fernando Simão, com citação de jurisprudência estadual:

> "Um dos debates mais intensos da doutrina e da jurisprudência diz respeito ao chamado abono de pontualidade. Explica Christiano Cassettari que muitos condomínios tentaram buscar uma alternativa para resolver o problema do aumento da inadimplência, que a redução do percentual da cláusula penal lhe causou. Uma saída muito utilizada por vários condomínios foi a cláusula de bonificação ou abono de pontualidade, que é uma sanção premial. O abono de pontualidade é um desconto, geralmente de 10% (dez por cento), para o condômino que pagar a taxa até o dia do vencimento. Esse instituto foi criado com intuito de estimular os condôminos a pagarem em dia as despesas mensais do condomínio (*Multa Contratual* – Teoria e prática da cláusula penal. 1ª ed. 2009, Editora RT).
>
> A questão não se limita aos Condomínios, pois vários prestadores de serviços a incluem em seus contratos. Universidades particulares, por exemplo, escalonam as datas de pagamentos e concedem 'descontos' para pagamentos antecipados. Qual a natureza desses chamados 'descontos'? Silvio de Salvo Venosa chama o abono pontualidade de 'cláusula penal às avessas'. Concordamos com Venosa e com Cassettari neste tocante. O referido abono cumulado com cláusula penal é ilegal, pois reflete, na verdade, dupla multa e subverte a real data de pagamento da prestação. Um exemplo esclarece a questão.

O contrato prevê que se a mensalidade escolar no importe de R$ 100,00 for paga até o dia 5 do mês, há um desconto de 20%, se paga até o dia 10, o desconto é de 10% e se paga na data do vencimento, dia 15, não há desconto. Entretanto, se houver atraso a multa moratória é de 10%. Na realidade, o valor da prestação é de R$ 80,00, pois se deve descontar o abono de pontualidade de 20%, que é cláusula penal disfarçada. Então, temos no contrato duas cláusulas penais cumuladas: a primeira que transforma o valor da prestação de R$ 80,00 em R$ 100,00 e a segunda, aplicada após o vencimento, que transforma o valor de R$ 100,00 em R$ 110,00. E assim decidiu o TJSP, no mês de agosto de 2009: 'Prestação de serviços educacionais. Cobrança. Desconto ou abatimento por pontualidade. Cláusula penal. Apuração dos valores devidos a título de mensalidades não pagas, deverá ser considerado o valor líquido da prestação, descontado o abatimento por pontualidade. Multa contratual. Redução para 2%. Incidência do Código de Defesa do Consumidor. Recurso improvido' (Apelação sem revisão n. 987905004 – Trigésima Primeira Câmara de Direito Privado – Rel. Des. Francisco Casconi – j. 11.08.2009).

Essa interpretação do tema decorre do princípio que veda o enriquecimento sem causa, pois a existência de duas multas (uma declarada e outra disfarçada) faz com que os prejuízos sejam presumidos (de maneira absoluta) de forma dobrada. Ademais, ofende a função social do contrato em sua eficácia interna, pois gera uma obrigação por demais pesada ao devedor".[94]

Como não poderia ser diferente, esse entendimento conta com o meu total apoio doutrinário, devendo a cláusula de pontualidade ser reprimida pelos órgãos e entidades de proteção dos direitos dos consumidores, bem como pelo Poder Judiciário Nessa esteira, não me filio a acórdão do Superior Tribunal de Justiça, do ano de 2016, que considerou válida e eficaz a cláusula de desconto ou de abono por pontualidade inserida em contratos de serviços educacionais. Reitere-se que entendo ser tal desconto nada mais do que uma multa disfarçada, superior aos limites legais. Vejamos a sua ementa:

"Recurso especial. Ação civil pública destinada ao reconhecimento de abusividade de prática comercial conhecida como 'desconto de pontualidade' inserida em contrato de prestação de serviços educacionais. Improcedência. Inexistência de multa camuflada. Legitimidade da contratação. Reconhecimento. Recurso especial provido. 1. A par das medidas diretas que atuam imediatamente no comportamento do indivíduo (proibindo este, materialmente, de violar a norma ou compelindo-o a agir segundo a norma), ganham relevância as medidas indiretas que influenciam psicologicamente o indivíduo a atuar segundo a norma. Assim, o sistema jurídico promocional, para o propósito de impedir um comportamento social indesejado, não se limita a tornar essa conduta mais difícil ou desvantajosa, impondo obstáculos e punições para o descumprimento da norma (técnica do desencorajamento, por meio de sanções negativas). O ordenamento jurídico promocional vai além, vai ao encontro do comportamento social desejado, estimulando a observância da norma, seja por meio da facilitação de seu cumprimento, seja por meio da concessão de benefícios, vantagens e prêmios decorrentes da efetivação da conduta socialmente adequada prevista na norma (técnica do encorajamento, por meio de sanções positivas). 1.1 As normas que disciplinam o

---

[94] SIMÃO, José Fernando. Cláusula Penal e Abono de Pontualidade ou Cláusula Penal e Cláusula Penal disfarçada. Disponível em: <http://www.professorsimao.com.br/artigos_simao_cf1109.html>. Acesso em: 2 maio 2011.

contrato (seja o Código Civil, seja o Código de Defesa do Consumidor) comportam, além das sanções legais decorrentes do descumprimento das obrigações ajustadas contratualmente (de caráter coercitivo e punitivo), as denominadas sanções positivas, que, ao contrário, têm por propósito definir consequências vantajosas em decorrência do correto cumprimento das obrigações contratuais. 2. Os serviços educacionais são contratados mediante o pagamento de um preço de anuidade certo, definido e aceito pelas partes (diluído nos valores nominais constantes das mensalidades e matrícula). Inexiste, no bojo da presente ação civil pública, qualquer discussão quanto à existência de defeito de informação ou de vício de consentimento, especificamente em relação ao preço estipulado da anuidade escolar à época da celebração dos contratos de prestação de serviços educacionais. Em momento algum se cogita que o aluno/consumidor teria sido levado, erroneamente, a supor que o preço de sua mensalidade seria aquele já deduzido do valor do desconto. Aliás, insinuações nesse sentido cederiam à realidade dos termos contratados, em especial, repisa-se, no tocante ao preço da anuidade efetivamente ajustado. 2.2 Se o somatório dos valores nominais constantes das mensalidades (incluídos, aí, os valores de matrícula) equivale ao preço da anuidade contratada, ressai inquestionável que a concessão do denominado 'desconto por pontualidade' consubstancia idônea medida de estímulo à consecução do cumprimento do contrato, a premiar, legitimamente, o consumidor que efetuar o pagamento de sua mensalidade na data avençada. 2.3 A disposição contratual sob comento estimula o cumprimento da obrigação avençada, o que converge com os interesses de ambas as partes contratantes. De um lado, representa uma vantagem econômica ao consumidor que efetiva o pagamento tempestivamente (colocando-o em situação de destaque em relação ao consumidor que, ao contrário, procede ao pagamento com atraso, promovendo, entre eles, isonomia material, e não apenas formal), e, em relação à instituição de ensino, não raras vezes, propicia até um adiantamento do valor a ser pago. 2.4 A proibição da estipulação de sanções premiais, como a tratada nos presentes autos, faria com que o redimensionamento dos custos do serviço pelo fornecedor (a quem cabe, exclusivamente, definir o valor de seus serviços) fosse repassado ao consumidor, indistintamente, tenha ele o mérito de ser adimplente ou não. Além de o desconto de pontualidade significar indiscutível benefício ao consumidor adimplente – que pagará por um valor efetivamente menor do preço da anuidade ajustado –, conferindo-lhe isonomia material, tal estipulação corrobora com a transparência sobre a que título os valores contratados são pagos, indiscutivelmente. 3. O desconto de pontualidade é caracterizado justamente pela cobrança de um valor inferior ao efetivamente contratado (que é o preço da anuidade diluído nos valores das mensalidades e matrícula). Não se pode confundir o preço efetivamente ajustado pelas partes com aquele a que se chega pelo abatimento proporcionado pelo desconto. O consumidor que não efetiva a sua obrigação, no caso, até a data do vencimento, não faz jus ao desconto. Não há qualquer incidência de dupla penalização ao consumidor no fato de a multa moratória incidir sobre o valor efetivamente contratado. Entendimento contrário, sim, ensejaria duplo benefício ao consumidor, que, além de obter o desconto para efetivar a sua obrigação nos exatos termos contratados, em caso de descumprimento, teria, ainda a seu favor, a incidência da multa moratória sobre valor inferior ao que efetivamente contratou. Sob esse prisma, o desconto não pode servir para punir aquele que o concede. 3.1 São distintas as hipóteses de incidência da multa, que tem por propósito punir o inadimplemento, e a do desconto de pontualidade, que, ao contrário, tem por finalidade premiar o adimplemento, o que, por si só, afasta qualquer possibilidade de *bis in idem*, seja em relação à vantagem, seja em relação à punição daí advinda. 3.2 Entendimento que se aplica ainda que o desconto seja dado até a data do vencimento. Primeiro, não se pode olvidar que a estipulação contratual que concede o desconto por pontualidade até a data de vencimento é indiscutivelmente mais favorável ao consumidor do que aquela que estipula a concessão do desconto até a data imediatamente anterior ao vencimento. No tocante à materialização do preço ajustado, tem-se inexistir qualquer óbice ao seu reconhecimento, pois o pagamento efetuado até a data do vencimento toma por base justamente o valor contratado, sobre o qual incidirá o desconto; já o pagamento feito após o vencimento, de igual modo, toma também por base o valor contratado, sobre o qual incidirá a multa contratual. Tem-se, nesse contexto, não ser possível maior materialização do preço ajustado do que se dá em tal hipótese. 4. Recurso especial provido" (STJ – REsp 1.424.814/SP – Terceira Turma – Rel. Min. Marco Aurélio Bellizze – j. 04.10.2016 – *DJe* 10.10.2016).

Com o devido respeito, por representar clara lesão aos direitos dos consumidores, espero que tal conclusão não se repita no Tribunal da Cidadania, surgindo posições em sentido contrário, na linha das palavras do Professor José Fernando Simão, antes transcritas.

Outra questão de debate se refere ao limite da multa compensatória para os contratos de consumo, aquela relacionada ao inadimplemento absoluto do negócio. A problemática surge, pois o Código de Defesa do Consumidor estabelece apenas o teto para a multa moratória, ou seja, para os casos de inadimplemento relativo ou mora. A partir da teoria do *diálogo das fontes,* entendo pela aplicação do art. 412 do CC/2002, sendo o limite da cláusula penal compensatória consumerista o valor da obrigação principal, o que confirma o caráter acessório da multa. Concluindo dessa forma, do Tribunal do Paraná:

"Civil, processual civil e direito do consumidor. Princípio da dialeticidade. Ausência de violação. Plano de saúde. Multa rescisória. Estipulação lícita. Abusividade. Não ocorrência. Natureza compensatória. Apelo conhecido e provido. Recurso adesivo prejudicado. As razões do apelo contêm suficiente impugnação ao teor da sentença, de modo que não houve violação ao princípio da dialeticidade. É lícita a estipulação de penalidade para o caso de desistência imotivada de contrato de plano de saúde antes de seu termo. Essa multa tem natureza compensatória e, portanto, não se confunde com aquela do art. 52, § 1º do CDC, de índole moratória. O percentual previsto no ajuste não é abusivo, haja vista que bem inferior ao máximo legalmente permitido (art. 412 do Código Civil)" (TJPR – Apelação Cível 0503513-4, Londrina – Décima Câmara Cível – Rel. Des. Ronald Schulman – *DJPR* 01.06.2009, p. 176).

De toda sorte, se qualquer multa for exagerada em uma relação de consumo, seja ela moratória ou compensatória, é possível fazer incidir, pelo *caminho dialogal,* o art. 413 do CC/2002, *in verbis:* "a penalidade **deve** ser reduzida equitativamente pelo juiz se a obrigação principal tiver sido cumprida em parte, ou se o montante da penalidade for manifestamente excessivo, tendo-se em vista a natureza e a finalidade do negócio". Trata-se de mais um dispositivo civil em relação direta com a *eficácia interna da função social do contrato,* por afastar a situação de injustiça que decorre da onerosidade excessiva.

Conclui-se que se trata de norma de ordem pública, cabendo a decisão de redução *ex officio* pelo magistrado, independentemente de arguição pela parte (Enunciado n. 356 do CJF/STJ). Além disso, não cabe a sua exclusão por força de pacto ou contrato, uma vez que a autonomia privada encontra limitações nas normas cogentes de ordem pública. Assim, vale a dicção do Enunciado n. 355 do CJF/STJ: "não podem as partes renunciar à possibilidade de redução da cláusula penal se ocorrer qualquer das hipóteses previstas no art. 413 do Código Civil, por se tratar de preceito de ordem pública".[95]

Deve ficar claro, ainda sobre o art. 413 do CC, o teor do Enunciado n. 359 do CJF/STJ, *in verbis*: "a redação do art. 413 do Código Civil de 2002 não impõe que a redução da penalidade seja proporcionalmente idêntica ao percentual adimplido". Segundo o seu proponente, Jorge Cesa Ferreira da Silva:

> "A pena deve ser reduzida equitativamente. Muito embora a 'proporcionalidade' faça parte do juízo de equidade, ela não foi referida no texto e tal circunstância não é isenta de conteúdo normativo. Ocorre que o juízo de equidade é mais amplo do que o juízo de proporcionalidade, entendida esta como 'proporcionalidade direta' ou 'matemática'. Assim, por exemplo, se ocorreu adimplemento de metade do devido, isso não quer dizer que a pena prevista deve ser reduzida em 50%. Serão as circunstâncias do caso que determinarão. Entrarão em questão os interesses do credor, não só patrimoniais, na prestação, o grau de culpa do devedor, a situação econômica deste, a importância do montante prestado, entre outros elementos de cunho valorativo."[96]

Estou há tempos plenamente filiado ao teor do enunciado doutrinário, pois o que fundamenta o art. 413 do CC é a razoabilidade e não a estrita proporcionalidade matemática. Tais premissas, repise-se, podem ser incidentes a um contrato de consumo, por *diálogo das fontes*, notadamente no caso de uma multa compensatória sujeita ao limite do art. 412 da mesma codificação. Em relação à multa moratória, somente se duvida da aplicação prática da redução equitativa, uma vez que o montante previsto pela lei é de pequena monta (2%).

Exatamente na linha de aplicação do art. 413 do Código Civil para a redução da multa compensatória em contrato de consumo, o que representa clara aplicação da teoria do *diálogo das fontes*, cite-se recente julgado do Superior Tribunal de Justiça, segundo o qual "na hipótese em exame, o valor da multa penitencial, de 25 a 100% do montante contratado, transfere ao consumidor os riscos da atividade empresarial desenvolvida pelo fornecedor e se mostra excessivamente onerosa para a parte menos favorecida, prejudicando o equilíbrio contratual. É equitativo reduzir o valor da multa aos patamares previstos na Deliberação Normativa nº 161 de 09.08.1985 da EMBRATUR, que fixa o limite de 20% do valor do contrato às desistências, condicionando a cobrança de valores superiores à efetiva prova de gastos irrecuperáveis pela agência de turismo" (STJ – REsp 1.580.278/SP – Terceira Turma – Rel. Min. Nancy Andrighi – j. 21.08.2018 – DJe 03.09.2018).

A questão da cláusula penal nas relações de consumo deve ser analisada, ainda, tendo em vista o recente julgamento do Superior Tribunal de Justiça sobre a sua *inversão* ou *reversão* nos negócios jurídicos imobiliários, bem como antes citada Lei 13.786/2018, conhecida como "Lei dos Distratos".

---

[95] Os enunciados doutrinários aprovados na *IV Jornada de Direito Civil* são de Christiano Cassettari (*Multa contratual*. Teoria e prática. São Paulo: RT, 2009). Com a mesma conclusão, ver: DINIZ, Maria Helena. *Código Civil anotado*. 15. ed. São Paulo: Saraiva, 2010. p. 359; GAGLIANO, Pablo Stolze; PAMPLONA FILHO, Rodolfo. *Novo curso de direito civil*. Teoria geral das obrigações. 8. ed. São Paulo: Saraiva, 2007. v. II, p. 324.

[96] SILVA, Jorge Cesa Ferreira da. *Inadimplemento das obrigações* São Paulo: RT, 2006. p. 273.

De início, sobre o julgamento da Segunda Seção do STJ sobre a *inversão ou reversão da cláusula penal*, com repercussão geral, teve ele a minha atuação, ao lado de outros professores e juristas, quando da audiência pública realizada no STJ em agosto de 2018 (Temas 970 e 971 – REsp 1.498.484/DF – Segunda Seção – Rel. Min. Luis Felipe Salomão – por maioria – j. 22.05.2019 – *DJe* 25.06.2019; e REsp 1.631.485/DF – Segunda Seção – Rel. Min. Luis Felipe Salomão – por maioria – j. 22.05.2019 – *DJe* 25.06.2019, respectivamente).

Os acórdãos esclarecem que as teses alcançam apenas os negócios anteriores à nova lei e que ela não tem aplicação retroativa. Conforme trecho do voto do Relator, após citar farta doutrina sobre o tema, "penso que não se pode cogitar de aplicação simples e direta da nova Lei n. 13.786/18 para a solução de casos anteriores ao advento do mencionado Diploma legal (retroatividade da lei, com consequente modificação jurisprudencial, com ou sem modulação). Ainda que se possa cogitar de invocação de algum instituto da nova lei de regência para auxiliar nas decisões futuras, e apenas como norte principiológico – pois haveria mesmo necessidade de tratamento mais adequado e uniforme para alguns temas controvertidos –, é bem de ver que a questão da aplicação ou não da nova legislação a contratos anteriores a sua vigência está a exigir, segundo penso, uma pronta solução do STJ, de modo a trazer segurança e evitar que os jurisdicionados que firmaram contratos anteriores sejam surpreendidos, ao arrepio do direito adquirido e do ato jurídico perfeito" (REsp 1.498.484/DF).

Quando da audiência pública realizada em agosto de 2018, defendi a possibilidade da inversão da multa, o que acabou por ter sido adotado no segundo julgamento. Conforme a tese ali fixada, "no contrato de adesão firmado entre o comprador e a construtora/incorporadora, havendo previsão de cláusula penal apenas para o inadimplemento do adquirente, deverá ela ser considerada para a fixação da indenização pelo inadimplemento do vendedor. As obrigações heterogêneas (obrigações de fazer e de dar) serão convertidas em dinheiro, por arbitramento judicial" (REsp 1.631.485/DF).

Pontue-se que o que foi considerado no julgamento para a análise da abusividade da previsão unilateral da multa não foi o fato de o contrato ser ou não de consumo, mas o seu caráter como negócio de adesão, o que foi por mim sustentado. Como expressamente consta do voto do Ministro Salomão, "nessa esteira, como bem abordado pelo jurista Flávio Tartuce na audiência pública levada a efeito, os contratos de aquisição imobiliária, para além de serem contratos de consumo ou não (como no caso de imóveis adquiridos por investidores), são usualmente de adesão, 'em que não há margem para negociação, ao passo que, pelo menos em regra, claro, existem exceções, as cláusulas são predispostas e são impostas ao adquirente'".

Ao contrário do que alguns insistem em sustentar – por não admitirem a derrota da tese que defendem –, a Corte concluiu sim pela inversão da cláusula penal. Porém, adotando o entendimento exposto pelo Professor José Fernando Simão na citada audiência pública, a conclusão foi no sentido de não ser essa conversão da multa automática, ou seja, não se pode adotar exatamente o mesmo percentual fixado contra o consumidor em seu favor. Vejamos, nesse sentido, trecho da manifestação do jurista, citada nos acórdãos: "se a construtora – e depois vou dar uma solução jurídica que me parece adequada – impuser – e segundo o Professor Flávio Tartuce, eventualmente, indevidamente – uma cláusula penal em desfavor do consumidor, o problema é que a previsão de descumprimento daquela cláusula penal é para a prestação do consumidor. Invertê-la em desfavor da construtora é ignorar a natureza jurídica das prestações. As prestações não são iguais. Inversão de cláusula penal é criar cláusula penal em desfavor de alguém desconsiderando a diferença de prestações: dar e fazer, dar e não fazer ou fazer e não fazer. Defendeu a nulidade da cláusula abusiva, por ineficácia ou invalidação, no lugar da inversão pretendida pelo recorrente".

Como se pode perceber, José Fernando Simão defendia a tese de nulidade da cláusula penal, por ser unilateral e violadora da função social do contrato (art. 2.035, parágrafo único, do Código Civil), o que foi adotado apenas no voto vencido da Ministra Maria Isabel Gallotti. Não se pode negar que esse entendimento também é bem plausível e poderia trazer um impacto econômico até maior para as construtoras e incorporadoras vendedoras. Todavia, foi adotada a sua posição no julgamento final de que a inversão não poderia ser automática e com o mesmo parâmetro, pela diferença das naturezas das obrigações, conforme consta da tese transcrita.

A título de exemplo, geralmente os contratos fixam uma cláusula penal por inadimplemento dos consumidores entre 1% e 2% do valor total do contrato. Como não há previsão dessa penalidade pelo atraso na entrega do imóvel, já que é o vendedor quem impõe todo o conteúdo do contrato e por óbvio não colocará tal previsão em seu desfavor, é imperioso inverter ou reverter essa multa. Em regra, o percentual que consta do instrumento vale como parâmetro, incidindo mensalmente sobre o valor total do contrato.

Entretanto, em sendo essa penalidade excessiva – como será em muitos casos de inversão automática –, caberá a sua diminuição, tendo como fundamento a redução equitativa da cláusula penal, prevista no antes citado art. 413 do Código Civil. Concretizando, imagine-se que o valor do contrato é de R$ 500.000,00 e há atraso na entrega do apartamento e ausência de multa em face do vendedor, prevendo o contrato multa de 2% a ser invertida, o que gerará o direito a um valor de R$ 10.000,00 por mês de atraso em benefício do comprador. Como será exposto a seguir, da outra tese firmada pelo STJ nesse emblemático julgamento, essa multa serve para reparar os locatícios, ou seja, os lucros cessantes suportados pelos adquirentes, na locação de outro imóvel. Por óbvio, que o valor é excessivo, eis que um imóvel desse valor é alugado entre R$ 1.000,00 a R$ 2.500,00, o que depende da região e da cidade onde se encontra.

Esclareça-se que, no meu entendimento, cabe ao vendedor – que deu causa ao inadimplemento e não incluiu a cláusula de penalidade em violação à boa-fé e à função social do contrato – comprovar que o valor da inversão automática da cláusula penal está exagerado, via de regra por laudo pericial de especialista no mercado imobiliário onde se encontra o bem imóvel. Não havendo tal comprovação, vale o parâmetro estabelecido no instrumento, ou seja, a inversão será automática.

A segunda tese fixada pelo Superior Tribunal de Justiça foi no sentido de que "a cláusula penal moratória tem a finalidade de indenizar pelo adimplemento tardio da obrigação, e, em regra, estabelecida em valor equivalente ao locativo, afasta-se sua cumulação com lucros cessantes" (REsp 1.498.484/DF – Segunda Seção – Rel. Min. Luis Felipe Salomão – por maioria – j. 22.05.2019 – DJe 25.06.2019 – Tema 970). É preciso também esclarecer o conteúdo dessa afirmação, tendo em vista os debates que foram travados na audiência pública da qual participamos e os próprios conteúdos dos acórdãos.

O que acabou prevalecendo foi o entendimento do saudoso Professor Sylvio Capanema, de que a cláusula penal fixada contra o adquirente tem natureza moratória, mas, caso invertida, passa a ser uma multa compensatória. Vejamos novos trechos dos votos do Ministro Relator: "Sylvio Capanema também comungando da opinião revelada pelos outros expositores, afirmou a natureza compensatória da cláusula penal, traduzindo sua cumulação com lucros cessantes, ou com qualquer outra verba a título de perdas e danos, em um *bis in idem* repudiado pela ordem jurídica brasileira. Asseverou que a cláusula penal não é punitiva, mas, ao contrário, substitui a obrigação que visa garantir, não havendo, portanto, como cumulá-la com qualquer outra análoga a perdas e danos, sob pena de enriquecimento indevido do próprio credor". E, mais à frente: "como é notório e bem exposto em audiência pública pelo jurista Sylvio Capanema de Souza, habitualmente, nos contratos de promessa de compra e venda, há cláusula estabelecendo multa que varia de 0,5% a 1% do valor total do imóvel a cada mês de atraso, pois representa o aluguel que o imóvel alugado, normalmente, produziria ao locador" (STJ – REsp 1.498.484/DF – Segunda Seção – Rel. Min. Luis Felipe Salomão – por maioria – j. 22.05.2019 – *DJe* 25.06.2019 – Tema 970).

Tal posição acabou por me convencer, não sendo possível a cumulação da cláusula penal compensatória com os lucros cessantes, pelo que consta do art. 410 do Código Civil: "quando se estipular a cláusula penal para o caso de total inadimplemento da obrigação, esta converter-se-á em alternativa a benefício do credor". Pelo teor do preceito, não cabe a cumulação de cláusula penal compensatória com perdas e danos, pelo menos em regra, o que também se retira do parágrafo único do art. 416 da própria codificação geral privada ("Ainda que o prejuízo exceda ao previsto na cláusula penal, não pode o credor exigir indenização suplementar se assim não foi convencionado. Se o tiver sido, a pena vale como mínimo da indenização, competindo ao credor provar o prejuízo excedente").

Ao final, entendo que o Superior Tribunal de Justiça chegou a um correto e justo equilíbrio no julgamento das duas questões relativas à cláusula penal nos negócios imobiliários, e que tais posições não só podem como devem guiar as interpretações de conteúdo da Lei 13.786/2018 que, infelizmente e como se verá a seguir, distanciou-se da equidade e do desejável equilíbrio contratual, beneficiando sobremaneira a parte mais forte da avença, a construtora ou incorporadora.

Sobre a Lei 13.786/2018, conhecida como "Lei dos Distratos", estabelece ela penalidades de 25% a 50% do valor pago, para os casos de inadimplemento do contrato por parte dos adquirentes. Na verdade, essas multas superam em muito o que vinha sendo aplicado pela jurisprudência superior – entre 10% e 25% –, e, sendo exageradas e desproporcionais, o que depende de análise de acordo com as peculiaridades do caso concreto, será imperiosa a sua redução, novamente com base no art. 413 do Código Civil.

Nesse sentido, cite-se a posição doutrinária de José Fernando Simão sobre a multa de 50%, em nosso *Código Civil comentado*, publicado por este mesmo grupo editorial, "a cláusula penal de 50% imposta pela Lei n. 13.786/2018, que alterou o texto da Lei n. 4.591/1964, com a criação do art. 67-A no caso de desistência da aquisição pelo adquirente do imóvel sujeito ao regime do patrimônio de afetação, revela-se excessiva, *ab initio*. Primeiro, porque a multa nasce em um contrato por adesão em que o adquirente não pode debater seu conteúdo (natureza do negócio). Depois, porque trata de aquisição da casa própria (muitas vezes, finalidade do negócio). Por último, porque é superior a todas as demais multas previstas no ordenamento jurídico brasileiro".[97]

Como pior de todas as previsões dessa norma específica, o § 5º do novo art. 67-A da Lei 4.591/1964 preceitua: "quando a incorporação estiver submetida ao regime do patrimônio de afetação, de que tratam os arts. 31-A a 31-F desta Lei, o incorporador restituirá os valores pagos pelo adquirente, deduzidos os valores descritos neste artigo e atualizados com base no índice contratualmente estabelecido para a correção monetária das parcelas do preço do imóvel, no prazo máximo de 30 (trinta) dias após o habite-se ou documento equivalente expedido pelo órgão público municipal competente, admitindo-se, nessa hipótese, que a pena referida no inciso II do *caput* deste artigo seja estabelecida até o limite de 50% (cinquenta por cento) da quantia paga".

Além da absurda previsão a respeito da multa excessiva, a norma traz outro sério problema, sob o argumento de incentivar o incremento do uso patrimônio de afetação, que oferece supostamente uma maior segurança aos adquirentes, uma vez que os valores pagos ficam vinculados à obra.

O outro problema diz respeito à devolução dos valores pagos somente trinta dias após a expedição do "habite-se" ou do documento equivalente pelo órgão municipal, o que contraria a jurisprudência até então dominante, retirada da Súmula 543 do STJ, e coloca o adquirente em posição excessivamente onerosa. Sobre a citada sumular, é a sua previsão: "na hipótese de resolução de contrato de promessa de compra e venda de imóvel submetido ao Código de Defesa do Consumidor, deve ocorrer a imediata restituição das parcelas pagas pelo promitente comprador – integralmente, em caso de culpa exclusiva do promitente vendedor/construtor, ou parcialmente, caso tenha sido o comprador quem deu causa ao desfazimento". Em havendo relação de consumo, a norma viola o art. 39, inc. X, do CDC; sendo possível alegar a inconstitucionalidade da previsão, por desrespeito à efetiva tutela dos consumidores, constante do art. 5º, inc. XIII, da CF/1988. Por esses argumentos, espera-se que a jurisprudência afaste esse conteúdo do dispositivo.

Superada mais essa questão de grande repercussão prática, em todos os casos de financiamentos ou cessão de crédito, o consumidor tem o direito de liquidar antecipadamente o contrato de forma total ou parcial, devendo ser reduzidos os juros e os acréscimos proporcionalmente (art. 52, § 2º, do CDC). A redução por razoabilidade dos juros e dos acréscimos afasta o enriquecimento sem causa por parte daquele que concede o crédito.

Além disso, como observam Claudia Lima Marques, Herman Benjamin e Bruno Miragem, a norma visa a afastar o *superendividamento do consumidor*, fenômeno muito comum na realidade brasileira, em especial pelas facilidades de concessão de crédito, desde que com altas taxas de juros. Como bem explicam, "o superendividamento pode ser definido como impossibilidade global do devedor-pessoa física, consumidor, leigo e de boa-fé, de pagar todas as suas dívidas atuais e futuras de consumo (excluídas as dívidas com o Fisco, oriundas de delitos e alimentos) em um tempo razoável com sua capacidade atual de rendas e patrimônio".[98]

---

[97] SIMÃO, José Fernando. *Código Civil Comentado*. Doutrina e Jurisprudência. Rio de Janeiro: Forense, 2019, p. 236.
[98] MARQUES, Claudia Lima; BENJAMIN, Antonio Herman; MIRAGEM, Bruno. *Comentários ao Código de Defesa do Consumidor*. 3. ed. São Paulo: RT, 2010. p. 1.051.

Em complemento, ensina Heloísa Carpena que o superendividado é a "pessoa física que contrata a concessão de um crédito, destinado à aquisição de produtos ou serviços que, por sua vez, visam atender a uma necessidade pessoal, nunca profissional do adquirente. A mais importante característica refere-se à condição pessoal do consumidor, que deve agir de boa-fé".[99] Como já afirmava nesta obra, o afastamento dessa infeliz situação se dá pela necessidade de redução das taxas de juros convencionais no Brasil, na linha do outrora exposto. Também passa pela necessidade de efetivação de medidas educacionais para o *brasileiro médio* que, em regra, não sabe lidar com a concessão de crédito.

Em 2021, o tema passou a ser tratado pela Lei 14.181/2021 *(Lei do Superendividamento)*, como decorrência do Projeto de Lei 3.515/2015, por iniciativa e liderança da Professora Claudia Lima Marques, à frente do BRASILCON. O Instituto Brasileiro de Direito Contratual (IBDCONT), então por mim presidido, apoiou fortemente a aprovação dessa lei, fundamental para os tempos de grave crise que enfrentamos neste momento, por causa da pandemia de covid-19. Além das modificações dos arts. 4º, 5º, 6º e 51 do CDC, aqui já analisados, foi introduzido um capítulo a respeito "da prevenção e do tratamento do superendividamento" (arts. 54-A e 54-G da Lei 8.078/1990).

Nos termos do novo art. 54-A, a nova norma dispõe sobre a prevenção do superendividamento da pessoa natural, sobre o crédito responsável e sobre a educação financeira do consumidor. Quanto ao conceito da situação tratada da norma, o § 1º desse comando segue as construções doutrinárias expostas, prevendo que se entende "por superendividamento a impossibilidade manifesta de o consumidor pessoa natural, de boa-fé, pagar a totalidade de suas dívidas de consumo, exigíveis e vincendas, sem comprometer seu mínimo existencial, nos termos da regulamentação".

Como antes demonstrado, a normatização traz o claro objetivo de preservar o *mínimo existencial* ou o *patrimônio mínimo* do consumidor. Essa boa-fé pode ser demonstrada, por exemplo, pelo interesse de o consumidor procurar os seus credores para pagar as suas dívidas.

Em 2022, houve grande debate sobre qual o montante atenderia a esse mínimo existencial. O Governo Federal, por meio do Decreto n. 11.150, de julho de 2022, estabeleceu regra no sentido de que, "no âmbito da prevenção, do tratamento e da conciliação administrativa ou judicial das situações de superendividamento, considera-se mínimo existencial a renda mensal do consumidor pessoa natural equivalente a vinte e cinco por cento do salário mínimo vigente na data de publicação deste Decreto" (art. 3º). Consoante os seus parágrafos, a apuração da preservação ou do não comprometimento do mínimo existencial seria realizada considerando-se a base mensal, por meio da contraposição entre a renda total mensal do consumidor e as parcelas das suas dívidas vencidas e a vencer no mesmo mês. O reajustamento anual do salário mínimo não implicaria a atualização desse valor, competindo ao Conselho Monetário Nacional a atualização desse montante.

O art. 4º do citado Decreto trouxe a previsão segundo a qual não serão computados na aferição da preservação e do não comprometimento do mínimo existencial as dívidas e os limites de créditos não afetos ao consumo; havendo outras exclusões no mesmo comando.

---

[99] CARPENA, Heloísa. Contornos atuais do superendividamento. *Temas de Direito do Consumidor*. Rio de Janeiro: Lumen Juris, 2010. p. 233.

De toda sorte, a verdade é que 25% de um salário mínimo não atendiam e não atendem ao mínimo existencial ou ao patrimônio mínimo para a sobrevivência de qualquer pessoa. Assim, a norma foi duramente criticada por doutrinadores do Direito do Consumidor do nosso País, sendo certo que me juntava ao coro.

No próprio ano de 2022, foram promovidas demandas em face desse Decreto n. 11.150/2002, destacando-se a ADPF promovida pela Associação Nacional dos Membros do Ministério Público, em agosto de 2022. No mesmo mês, o Ministério Público Federal emitiu nota técnica requerendo a revisão do Decreto.

Em junho de 2023, com a troca no comando do Governo Federal, essa norma anterior foi alterada pelo Decreto n. 11.567. Assim, o art. 3º do Decreto n. 11.150/2022 passou a prever que, "no âmbito da prevenção, do tratamento e da conciliação administrativa ou judicial das situações de superendividamento, considera-se mínimo existencial a renda mensal do consumidor pessoa natural equivalente a R$ 600,00 (seiscentos reais)".

Houve, portanto, um aumento do parâmetro para o mínimo existencial, de 25% de um salário mínimo, para esse novo montante. De toda sorte, no meu entender, mais uma vez, a regulamentação não atende às finalidades da *Lei do Superendividamento*, estando distante da realidade concreta e das diversidades regionais do País, com realidades econômicas distintas.

O art. 2º do Decreto n. 11.567/2023 também passou a prever que "a Secretaria Nacional do Consumidor do Ministério da Justiça e Segurança Pública organizará, periodicamente, mutirões para a repactuação de dívidas para a prevenção e o tratamento do superendividamento por dívidas de consumo", o que tem grande utilidade prática. A competência para tanto será exercida em articulação com os órgãos do Sistema Nacional de Defesa do Consumidor nos Estados, no Distrito Federal e nos Municípios.

Foi revogado o antes citado § 2º do art. 3º do Decreto n. 11.150, de 2022, que afastava a atualização do valor, uma vez que o salário mínimo foi substituído pelo valor fixo de R$ 600,00 (seiscentos reais)" . Os seus demais comandos, contudo, foram mantidos.

Com o devido respeito, apesar da melhora do conteúdo dessa regulamentação, entendo ser necessária a realização de audiências públicas, pelo Governo Federal, para tratar desse delicado assunto, ouvidos os especialistas no tema, para que a normatização atenda efetivamente ao mínimo existencial, ao patrimônio mínimo e aos princípios do Código de Defesa do Consumidor.

Feita essa importante nota de atualização, a lei prevê que essas dívidas englobam quaisquer compromissos financeiros assumidos decorrentes de relação de consumo, inclusive operações de crédito, compras a prazo e serviços de prestação continuada, ou seja, contratos de trato sucessivo em geral (art. 54-A, § 2º, do CDC).

Penso que a ideia de superendividamento igualmente pode ser aplicada para as relações civis, conforme o Enunciado n. 650, aprovado na *IX Jornada de Direito Civil*, realizada pelo Conselho da Justiça Federal e pelo Superior Tribunal de Justiça em maio de 2022: "o conceito de pessoa superendividada, previsto no art. 54-A, § 1º, do Código de Defesa do Consumidor, deve abranger, além das dívidas de consumo, as dívidas em geral, de modo a se verificar o real grau de comprometimento do seu patrimônio mínimo para uma existência digna".

A título de exemplo, é possível aplicar todas as regras a seguir estudadas, e também outras relacionadas ao tratamento do superendividamento, para dívidas locatícias ou condominiais. Destaco que coordenei os trabalhos da comissão de Direito Contratual na IX *Jornada*, ao lado do Ministro Marco Buzzi e da Professora Cláudia Lima Marques, sendo esse um dos enunciados mais importantes do nosso grupo.

Valorizando a necessidade da presença de boa-fé, o comando também estabelece que as normas de prevenção e proteção a respeito do superendividamento não se aplicam ao consumidor cujas dívidas tenham sido contraídas mediante fraude ou má-fé, sejam oriundas de contratos celebrados dolosamente, ou seja, com a intenção e o propósito de não realizar o pagamento, ou decorram da aquisição ou contratação de produtos e serviços de luxo de alto valor (art. 54-A, § 3º, do CDC). A análise do que sejam *produtos e serviços de luxo de alto valor* demanda análise casuística, constituindo uma cláusula geral. Para tanto, penso que deve ser considerada a realidade econômica e social do local onde pactuados tais contratos, como se retira do art. 113, *caput,* do Código Civil.

Sobre esse primeiro comando, na *I Jornada CDEA sobre Superendividamento e Proteção do Consumidor* da UFRGS e da UFRJ, realizada em 2021, foram aprovados enunciados doutrinários importantes. Nos termos do Enunciado n. 1, "os dispostos nos artigos 54-A *usque* 54-D da Lei 14.181/21 sobre a prevenção do superendividamento do consumidor se aplicam ao crédito imobiliário e dívidas com garantias reais".

Além disso, estabelece o Enunciado n. 8 que "aos créditos consignados, aqueles que envolvem autorização prévia do consumidor pessoa natural para consignação em folha de pagamento, se aplicam as disposições contidas nos arts. 54-A a 54-D, inclusive parágrafo único". Por fim, preceitua o Enunciado n. 16 do mesmo evento que, "para a exclusão da prevenção e tratamento do superendividamento, segundo art. 54-A, par. 3 *in fine* do CDC, como regra de exceção, deve-se interpretar restritivamente e atentar à combinação do alto valor e da superfluidade dos produtos e serviços, não bastando um ou outro, isoladamente; devendo ser determinado caso a caso".

Seguindo nos estudos dos preceitos legais, conforme o art. 54-B do CDC, para prevenir o superendividamento e tutelar o dever de informação decorrente da boa-fé objetiva, no fornecimento de crédito e na venda a prazo, além das informações obrigatórias previstas no art. 52, aqui antes estudado, e na legislação aplicável à matéria, o fornecedor ou o intermediário deverá informar o consumidor, prévia e adequadamente, no momento da oferta, sobre: *a)* o custo efetivo total e a descrição dos elementos que compõem esse custo; *b)* a taxa efetiva mensal de juros, bem como a taxa dos juros de mora e o total de encargos, de qualquer natureza, previstos para o atraso no pagamento; *c)* o montante das prestações e o prazo de validade da oferta, que deve ser, no mínimo, de 2 (dois) dias, visando dar tempo hábil para que o consumidor reflita sobre ela; *d)* o nome e o endereço, inclusive o eletrônico, do fornecedor; *e)* o direito do consumidor à liquidação antecipada e não onerosa do débito, nos termos do § 2º do art. 52 do próprio CDC e da eventual regulamentação específica aplicada ao contrato.

As informações referidas no art. 52 e também neste último preceito devem constar de forma clara e resumida do próprio contrato, da fatura ou de instrumento apartado, de fácil acesso ao consumidor, ou seja, de maneira que possa ser percebido e compreendido por ele (art. 54-B, § 1º, do CDC). Mais uma vez, visa-se tutelar o dever de informação decorrente da boa-fé objetiva. Eventualmente, caso tais informações claras e resumidas não constem do contrato, não haverá a sua vinculação ao consumidor, nos termos do art. 46 do CDC, que complementa o preceito.

Sobre o custo efetivo total da operação de crédito ao consumidor consistirá em taxa percentual anual e compreenderá todos os valores cobrados do consumidor, sem prejuízo do cálculo padronizado pela autoridade reguladora do sistema financeiro (art. 54-B, § 2º, do CDC). Novamente, caso tais informações não sejam claras no instrumento negocial, não haverá a vinculação de sua cobrança.

Também visando tutelar a informação e sob pena de incidência do art. 46 do CDC, a *Lei do Superendividamento* incluiu importante preceito no § 3º desse novo art. 54-B. Conforme o novo comando – sem prejuízo do disposto no art. 37 da Lei Consumerista, que trata das publicidades enganosa e abusiva –, a oferta de crédito ao consumidor e a oferta de venda a prazo, ou a fatura mensal, conforme o caso, devem indicar, no mínimo, o custo efetivo total, o agente financiador e a soma total a pagar, com e sem financiamento.

No mesmo sentido de tutelar a questão relativa à oferta e à publicidade, nos termos do que consta dos arts. 30 a 38 da própria Lei 8.078/1990, o novo art. 54-C veda, expressa ou implicitamente, na oferta de crédito ao consumidor, publicitária ou não, determinadas práticas, com o intuito de evitar o superendividamento e efetivar o crédito responsável.

Conforme o seu inc. I, seriam vedadas as referências aos termos "sem juros", "gratuito", "sem acréscimo" ou com "taxa zero" ou a "expressão de sentido ou entendimento semelhante". Em complemento, o parágrafo único do art. 54-C traria a previsão de que essa norma não seria aplicada à oferta de produto ou serviço para pagamento por meio de cartão de crédito. Entretanto, a norma foi vetada pelo Sr. Presidente da República, sob o argumento de que "o mercado pode e deve oferecer crédito nas modalidades, nos prazos e com os custos que entender adequados, com adaptação natural aos diversos tipos de tomadores, o que constitui em relevante incentivo à aquisição de bens duráveis, e a Lei não deve operar para vedar a oferta do crédito em condições específicas, desde que haja regularidade em sua concessão, pois o dispositivo não afastaria a oferta das modalidades de crédito referidas, entretanto, limitaria as condições concorrenciais nos mercados". Com o devido respeito, não se filia ao veto presidencial, uma vez que a norma proposta efetivaria de forma correta e adequada a tutela da informação, afastando meios agressivos de "marketing" nas concessões de crédito.

Os demais incisos do art. 54-C não foram revogados. Assim, na dicção do seu inc. II, constitui prática vedada indicar que a operação de crédito poderá ser concluída sem consulta a serviços de proteção ao crédito, caso do SERASA e do SCPC, ou sem avaliação da situação financeira do consumidor, o que igualmente é um agressivo e indesejado meio publicitário para atrair os consumidores, incentivando um *crédito irresponsável*.

Consoante o inc. III do preceito, também é vedado ocultar ou dificultar a compreensão sobre os ônus e os riscos da contratação do crédito ou da venda a prazo. A título de exemplo, é vedado mascarar, por artifícios publicitários, a real taxa de juros e as multas que estão sendo cobradas em um financiamento ou em uma concessão de crédito.

Igualmente, não se admite o *assédio ao consumo*, entendido como "assediar ou pressionar o consumidor para contratar o fornecimento de produto, serviço ou crédito, principalmente se se tratar de consumidor idoso, analfabeto, doente ou em estado de vulnerabilidade agravada ou se a contratação envolver prêmio" (art. 54-C, inc. IV, do CDC). O trecho final do dispositivo protege o *consumidor hipervulnerável*, que além de ser vulnerável pela condição de destinatário final do produto ou do serviço, tem uma condição especial de tutela.

A respeito do assunto, destaco o Enunciado n. 14, aprovado na *I Jornada CDEA sobre Superendividamento e Proteção do Consumidor* da UFRGS e da UFRJ, em 2021, segundo o qual "o assédio de consumo, como gênero, está em todas as práticas comerciais agressivas que limitam a liberdade de escolha do consumidor e, ao se considerar as práticas de coerção diversas, a vulnerabilidade potencializada e o tratamento de dados para oferta dirigida e programada de consumo, identificam-se as espécies de: assédio de consumo por persuasão indevida; assédio de consumo por personificação de dados; assédio de consumo qualificado, ao se tratar de consumidor com vulnerabilidade agravada e assédio de consumo". Como se percebe, a ementa doutrinária procura classificar o instituto que ora se veda.

Por fim, também constitui prática vedada no âmbito da prevenção e ao combate ao superendividamento "condicionar o atendimento de pretensões do consumidor ou o início de tratativas à renúncia ou à desistência de demandas judiciais, ao pagamento de honorários advocatícios ou a depósitos judiciais" (art. 54-C, inc. V, da Lei 8.078/1990). Ilustrando, não pode uma instituição bancária ou financeira exigir que o consumidor não ingresse com uma ação judicial, ou renuncie expressamente a ela, para que inicie as conversas para a celebração de um acordo.

Complementando a última norma, o novel art. 54-D do CDC elenca condutas que devem ser praticadas na oferta de crédito, previamente à contratação, pelo fornecedor ou eventual intermediário, caso de agentes que "vendem" os créditos. O rol desses verdadeiros deveres principais é meramente exemplificativo ou *numerus apertus*, pelo uso da locução "entre outras condutas", no final do dispositivo.

Como primeira conduta, o fornecedor do crédito ou eventual intermediário deve informar e esclarecer adequadamente o consumidor, considerada a sua idade, sobre a natureza e a modalidade do crédito oferecido, sobre todos os custos incidentes, conforme os antes analisados arts. 52 e 54-B do CDC, e sobre as consequências genéricas e específicas do inadimplemento (art. 54-D, inc. I). Deve comunicar, portanto, sobre a taxa de juros, sobre as multas e ainda sobre a possibilidade de inscrição do nome do devedor nos cadastros restritivos.

O fornecedor ou o intermediário deve também avaliar, de forma responsável, as condições de crédito do consumidor, mediante análise das informações disponíveis em bancos de dados de proteção ao crédito, observado o disposto no próprio CDC e na legislação sobre proteção de dados, a LGPD (art. 54-D, inc. II). Eventualmente, dentro da ideia de crédito responsável, pode a empresa se negar a conceder o crédito, sem que isso gere qualquer ilicitude na sua conduta, gerador de sua responsabilidade civil. A empresa que nega tal concessão, de forma devidamente justificada, pratica exercício regular de direito que constitui um ato lícito, nos termos do art. 188, inc. I, do Código Civil. Sobre a LGPD (Lei 13.709/2018) merece destaque a necessidade de proteção dos dados pessoais sensíveis dos consumidores, conforme o art. 11 dessa norma específica.

Por fim, deve o fornecedor informar a identidade do agente financiador e entregar ao consumidor, ao garante – caso de um fiador da dívida –, e a outros coobrigados – como outros devedores solidários –, cópia do contrato de crédito, para que seja efetivada a necessária informação do consumidor (art. 54-D, inc. I).

Em complemento e para concretizar a necessidade de se atender a última norma, o seu parágrafo único enuncia que o descumprimento de qualquer dos deveres previstos no *caput* deste artigo e nos arts. 52 e 54-C poderá acarretar judicialmente a redução dos juros, dos encargos – caso das multas –, ou de qualquer acréscimo ao valor da obrigação principal. Em suma, nota-se a redução dos acessórios da dívida.

Além disso, como consequência da violação desses deveres, poderá se dar a dilação do prazo de pagamento previsto no contrato original, conforme a gravidade da conduta do fornecedor e as possibilidades financeiras do consumidor, critérios que devem ser levados em conta para o aumento do prazo.

Tudo isso, sem prejuízo de outras sanções e de indenização por perdas e danos, patrimoniais e morais, ao consumidor. Louva-se a técnica do legislador, que utiliza a correta expressão "danos morais", em consonância não só com o art. 6º, inc. VI, do próprio CDC, como também com o art. 5º, incs. V e X, da CF/1988 e o art. 186 do Código Civil. Infelizmente, normas recentes do nosso País vinham trazendo a expressão "danos extrapatrimoniais", em disparidade com o Texto Maior e com a legislação. O que se percebe, portanto, é que o desrespeito à boa-fé objetiva pelo fornecedor e seus prepostos acarreta consequências claras e determinadas em lei, o que veio em boa hora.

O art. 54-E do CDC, na redação dada pela *Lei do Superendividamento*, era um dos seus comandos mais importantes, tratando do crédito consignado, mas, infelizmente, acabou sendo vetado pelo Sr. Presidente da República. Conforme o seu *caput*, nos contratos "em que o modo de pagamento da dívida envolva autorização prévia do consumidor pessoa natural para consignação em folha de pagamento, a soma das parcelas reservadas para pagamento de dívidas não poderá ser superior a 30% (trinta por cento) de sua remuneração mensal, assim definida em legislação especial, podendo o limite ser acrescido em 5% (cinco por cento) destinados exclusivamente à amortização de despesas contraídas por meio de cartão de crédito ou a saque por meio de cartão de crédito". Esse limite poderia ser excepcionado no caso de repactuação de dívidas que possibilitem a redução do custo efetivo total inicialmente contratado pelo consumidor e desde que essa repactuação seja submetida à aprovação do Poder Judiciário (art. 54-E, § 6º).

Pontuo que a solução de limitar os empréstimos em geral já vinha sendo aplicada pela jurisprudência, podendo ser destacado o seguinte aresto, o qual cita o então projeto de lei sobre a temática: "validade da cláusula autorizadora de desconto em conta-corrente para pagamento das prestações do contrato de empréstimo, ainda que se trate de conta utilizada para recebimento de salário. Os descontos, todavia, não podem ultrapassar 30% (trinta por cento) da remuneração líquida percebida pelo devedor, após deduzidos os descontos obrigatórios (Previdência e Imposto de Renda). Preservação do mínimo existencial, em consonância com o princípio da dignidade humana. Doutrina sobre o tema" (STJ – REsp 1.584.501/SP – Terceira Turma – Rel. Min. Paulo de Tarso Sanseverino – j. 06.10.2016 – DJe 13.10.2016). Assim, penso que o veto não afasta essa solução.

Consoante o seu § 1º, também vetado, o descumprimento do disposto na norma daria causa imediata à revisão do contrato ou à sua renegociação, hipótese em que o juiz poderia adotar, entre outras, de forma cumulada ou alternada, as seguintes medidas: *a)* dilação do prazo de pagamento previsto no contrato original, de modo a adequá-lo ao disposto no preceito, sem acréscimo nas obrigações do consumidor; *b)* redução dos encargos da dívida e da remuneração do fornecedor; *c)* constituição, consolidação ou substituição de garantias. Essa regra não se aplicaria quando o consumidor houvesse apresentado informações incorretas, violando o dever de informação decorrente da boa-fé objetiva (art. 54-E, § 5º).

Além disso, pelo § 2º desse art. 54-E, o consumidor poderia desistir, em sete dias, da contratação de crédito consignado, a contar da data da celebração ou do recebimento de cópia do contrato, sem necessidade de indicar o motivo, ficando a eficácia da rescisão suspensa até a devolução ao fornecedor do crédito do valor total financiado ou concedido que foi entregue, acrescido de eventuais juros incidentes até a data da efetiva devolução e de tributos. Trata-se do exercício de um direito potestativo de arrependimento, nos moldes do art. 49 do próprio CDC.

Ademais, pelo que a norma pretendia tratar, o consumidor deveria remeter ao fornecedor ou ao intermediário do crédito, nesse prazo de sete dias, o formulário para o exercício de tal direito potestativo de arrependimento, por carta ou qualquer outro meio de comunicação, inclusive eletrônico, com registro de envio e de recebimento. Deveria, ainda, devolver o valor relativo ao crédito em até um dia útil contado da data em que o consumidor fosse informado sobre a forma da devolução e o montante a devolver.

Não seria devida pelo fornecedor a devolução de eventuais tarifas pagas pelo consumidor em razão dos serviços prestados (art. 54-E, § 3º). O fornecedor facilitaria o exercício do direito potestativo de arrependimento, mediante a disponibilização de formulário de fácil preenchimento pelo consumidor, em meio físico ou eletrônico, anexo ao contrato, com todos os dados relativos à identificação do fornecedor e do contrato, e mediante indicação da forma de devolução das quantias (art. 54-E, § 4º).

Nas injustificadas razões de veto, o então Presidente de República argumentou que, "apesar da boa intenção do legislador, a propositura contrariaria interesse público ao restringir de forma geral a trinta por cento o limite da margem de crédito já anteriormente definida pela Lei nº 14.131, de 30 de março de 2021, que estabeleceu o percentual máximo de consignação em quarenta por cento, dos quais cinco por cento seriam destinados exclusivamente para amortização de despesas contraídas por meio de cartão de crédito ou de utilização com finalidade de saque por meio do cartão de crédito, para até 31 de dezembro de 2021, nas hipóteses previstas no inciso VI do *caput* do art. 115 da Lei nº 8.213, de 24 de julho de 1991, no § 1º do art. 1º e no § 5º do art. 6º da Lei nº 10.820, de 17 de dezembro de 2003, e no § 2º do art. 45 da Lei nº 8.112, de 11 de dezembro de 1990, bem como em outras leis que vierem a sucedê-las no tratamento da matéria, trazendo instabilidade para as operações contratadas no período de vigência das duas legislações". E mais, destacou-se que "o crédito consignado é uma das modalidades mais baratas e acessíveis, só tendo taxas médias mais altas que o crédito imobiliário, conforme dados do Banco Central do Brasil. Assim, a restrição generalizada do limite de margem do crédito consignado reduziria a capacidade de o beneficiário acessar modalidade de crédito, cujas taxas de juros são, devido à robustez da garantia, inferiores a outras modalidades. A restrição acabaria, assim, por forçar o consumidor a assumir dívidas mais custosas e de maior dificuldade de pagamento".

Com esse veto, perdeu objeto e também foi revogado o art. 4º da *Lei do Superendividamento* que previa que a norma não se aplicaria às "operações de crédito consignado e de cartão de crédito com reserva de margem celebradas ou repactuadas antes da entrada em vigor desta Lei com amparo em normas específicas ou de vigência temporária que admitam percentuais distintos de margem e de taxas e encargos, podendo ser mantidas as margens estipuladas à época da contratação até o término do prazo inicialmente acordado".

De toda sorte, sigo a orientação doutrinária constante no Enunciado n. 9 da *I Jornada CDEA sobre Superendividamento e Proteção do Consumidor UFRGS-UFRJ*, segundo o qual "apesar do veto ao art. 54-E que se refere a capacidade de consignação, para evitar o superendividamento do consumidor e garantir a preservação do mínimo existencial na concessão de crédito é necessário manter a limitação do crédito consignado em 30%".

Assim, não me filio à posição consolidada na Segunda Seção do Superior Tribunal de Justiça, que em 2022 concluiu que "são lícitos os descontos de parcelas de empréstimos bancários comuns em conta-corrente, ainda que utilizada para recebimento de salários, desde que previamente autorizados pelo mutuário e enquanto esta autorização perdurar, não sendo aplicável, por analogia, a limitação prevista no § 1º do art. 1º da Lei n. 10.820/2003, que disciplina os empréstimos consignados em folha de pagamento" (STJ – Resp 1.863.973/SP – Segunda Seção – Rel. Min. Marco Aurélio Bellizze – j. 09/03/2022, v.u. – Tema 1085). Foi afastada, assim, a limitação de 35%, prevista na norma específica, e aplicável aos funcionários públicos; com a tentativa de sua extensão para qualquer contrato bancário.

Entre as teses que consubstanciam a conclusão final, afirma-se no *decisum* que:

"Não se pode conceber, sob qualquer ângulo que se analise a questão, que a estipulação contratual de desconto em conta-corrente, como forma de pagamento em empréstimos bancários comuns, a atender aos interesses e à conveniência das partes contratantes, sob o signo da autonomia da vontade e em absoluta consonância com as diretrizes regulamentares expedidas pelo Conselho Monetário Nacional, possa, ao mesmo tempo, vilipendiar direito do titular da conta-corrente, o qual detém a faculdade de revogar o ajuste ao seu alvedrio, assumindo, naturalmente, as consequências contratuais de sua opção. A pretendida limitação dos descontos em conta-corrente, por aplicação analógica da Lei n. 10.820/2003, tampouco se revestiria de instrumento idôneo a combater o endividamento exacerbado, com vistas à preservação do mínimo existencial do mutuário" (STJ – REsp 1.863.973/SP – Segunda Seção – Rel. Min. Marco Aurélio Bellizze – j. 09.03.2022 – v.u. – Tema 1085).

Com o devido respeito, não concordo com tais afirmações, uma vez que a própria Lei do Superendividamento, em sua redação original, previa uma limitação, o que acabou sendo vetado pelo então Presidente da República, de forma injustificada. A solução pela analogia seria um meio para efetivar a nova norma, o que acabou sendo afastado pela jurisprudência superior, infelizmente.

Seguindo no estudo da norma emergente, o novo art. 54-F enuncia que são conexos, coligados ou interdependentes, entre outros, o contrato principal de fornecimento de produto ou serviço e os contratos acessórios de crédito que lhe garantam o financiamento quando o fornecedor de crédito: *a)* recorrer aos serviços do fornecedor de produto ou serviço para a preparação ou a conclusão do contrato de crédito; e *b)* oferecer o crédito no local da atividade empresarial do fornecedor de produto ou serviço financiado ou onde o contrato principal for celebrado. Foram adotadas expressões amplas pelo legislador no sentido de serem sinônimos os contratos conexos, coligados ou interdependentes, entendidos como os negócios de consumo que estão interligados por um ponto ou nexo de convergência, seja direto ou indireto.

Nesses contratos ou negócios, o exercício do direito de arrependimento do art. 49 do CDC, no contrato principal ou no contrato de crédito, implica a resolução de pleno direito do contrato que lhe seja conexo, aplicação do *princípio da gravitação jurídica*, segundo o qual o acessório segue o principal (art. 54-F, § 1º, do CDC).

Eventualmente, se houver inexecução de qualquer das obrigações e deveres do fornecedor de produto ou serviço previstos em todas as regras relativas ao tema do superendividamento, o consumidor poderá requerer a rescisão do contrato não cumprido contra o fornecedor do crédito (art. 54-F, § 2º, do CDC). Esse direito de rescisão, diante do inadimplemento do fornecedor (resolução), caberá igualmente ao consumidor: *a)* contra o portador de cheque pós-datado emitido para aquisição de produto ou serviço a prazo; e *b)* contra o administrador ou o emitente de cartão de crédito ou similar quando o cartão de crédito ou similar e o produto ou serviço forem fornecidos pelo mesmo fornecedor ou por entidades pertencentes a um mesmo grupo econômico.

O art. 54-G, outra inovação salutar, passou a reconhecer novas práticas abusivas no âmbito da concessão de créditos e da vedação ao superendividamento, sem prejuízo do disposto no art. 39 do próprio CDC na legislação aplicável à matéria.

Como primeira prática vedada, temos a de realizar ou proceder à cobrança ou ao débito em conta de qualquer quantia que houver sido contestada pelo consumidor em compra realizada com cartão de crédito ou similar, enquanto não for adequadamente solucionada a controvérsia, desde que o consumidor haja notificado a administradora do cartão com antecedência de pelo menos dez dias contados da data de vencimento da fatura. A norma também veda a manutenção do valor na fatura seguinte e ainda assegura ao consumidor o direito de deduzir do total da fatura o valor em disputa e efetuar o pagamento da parte não contestada, podendo o emissor lançar como crédito em confiança o valor idêntico ao da transação contestada que tenha sido cobrada, enquanto não encerrada a apuração da contestação (art. 54-G, inc. I, do CDC). Como se pode perceber, a previsão visa afastar o acúmulo desmedido de dívidas, com vistas a evitar o superendividamento.

A segunda prática abusiva vedada no âmbito da concessão de créditos é a de recusar ou não entregar ao consumidor, ao garantidor da dívida e aos outros coobrigados – caso de devedores solidárias – cópia da minuta do contrato principal de consumo ou do contrato de crédito, em papel ou outro suporte duradouro, disponível e acessível, e, após a conclusão, cópia do contrato (art. 54-G, inc. II, do CDC). Trata-se de mais uma previsão que visa atender ao dever de informação decorrente da boa-fé objetiva.

Por fim, também é vedado impedir ou dificultar, em caso de utilização fraudulenta do cartão de crédito ou similar, que o consumidor peça e obtenha, quando aplicável, a anulação ou o imediato bloqueio do pagamento, ou ainda a restituição dos valores indevidamente recebidos (art. 54-G, inc. III, do CDC). Além da vedação ao superendividamento injustificado, a previsão visa afastar o enriquecimento sem causa das instituições financeiras (art. 54-G, inc. III, do CDC).

Em continuidade, o § 1º do art. 54-G do CDC preceitua que, sem prejuízo do dever de informação e esclarecimento do consumidor, e da entrega da minuta do contrato, no empréstimo cuja liquidação seja feita mediante consignação em folha de pagamento, a formalização e a entrega da cópia do contrato ou do instrumento de contratação ocorrerão após o fornecedor do crédito obter da fonte pagadora a indicação sobre a existência de margem consignável. Consoante o Enunciado n. 12, da *I Jornada CDEA sobre Superendividamento e Proteção do Consumidor* da UFRGS e da UFRJ, a consulta prévia sobre a existência de margem consignável pelo credor é condição para a formalização do contrato de crédito consignado, o que visa atender à boa-fé objetiva.

Além disso, o § 2º do comando, em diálogo com o art. 52 do CDC, prevê que nos contratos de adesão o fornecedor deve prestar ao consumidor, previamente, as informações de que tratam aquela norma, e também o que está no novo art. 54-B deste Código, além de outras porventura determinadas na legislação em vigor, em atendimento ao dever anexo de informação. Além disso, o fornecedor fica obrigado a entregar ao consumidor cópia do contrato, após a sua conclusão, sob pena de sua responsabilização civil, por desrespeito à boa-fé.

Último preceito a ser comentado neste capítulo sobre o superendividamento, o art. 3º da Lei 14.181/2021 consagra importante regra de direito intertemporal, prevendo que "a validade dos negócios e dos demais atos jurídicos de crédito em curso constituídos antes da entrada em vigor desta Lei obedece ao disposto em lei anterior, mas os efeitos produzidos após a entrada em vigor desta Lei subordinam-se aos seus preceitos". O comando é claramente influenciado e tem redação muito próxima ao art. 2.035, *caput*, do Código Civil.

Pelas duas normas, quanto ao plano da validade – caso das regras relativas à nulidade absoluta ou relativa do negócio jurídico –, aplica-se a norma do momento da sua celebração ou constituição. Em relação ao plano da eficácia – citando-se os dispositivos de resolução por inadimplemento e do exercício do direito de arrependimento –, incidem as normas do momento da produção dos efeitos. Na verdade, o meu entendimento é que essa já era a solução, aplicando-se anteriormente o diploma civil, em *diálogos das fontes*. Assim, as normas sobre superendividamento que dizem respeito à eficácia, aqui estudadas, não só podem como devem ser aplicadas aos contratos celebrados antes da sua entrada em vigor, o que se deu em 2 de julho de 2021.

Como derradeira nota sobre o tema, a *Lei do Superendividamento* também inclui normas sobre a conciliação no superendividamento (novos arts. 104-A e 104-B do CDC). Como regra fundamental, está estabelecido no primeiro comando que a requerimento do consumidor superendividado pessoa natural, o juiz poderá instaurar processo de repactuação de dívidas, com vistas à realização de audiência conciliatória, presidida por ele ou por conciliador credenciado no juízo, com a presença de todos os credores de dívidas previstas no art. 54-A.

Nessa audiência, o consumidor apresentará proposta de plano de pagamento com prazo máximo de cinco anos, preservados o seu mínimo existencial ou patrimônio mínimo, nos termos da regulamentação, e as garantias e as formas de pagamento originalmente pactuadas. A temática está analisada pelo Professor Daniel Amorim Assumpção Neves, em novo capítulo introduzido neste livro, a partir de sua edição de 2022.

Atualizada a obra com o estudo da nova *Lei do Superendividamento*, e seguindo na análise dos dispositivos seguintes, o art. 53 da Lei 8.078/1990 estabelece a nulidade específica, por abusividade, da *cláusula de decaimento* ou *de perdimento*, relativa à perda de todas as parcelas pagas em contratos de financiamento. Vejamos a redação desse importante comando:

> "Art. 53. Nos contratos de compra e venda de móveis ou imóveis mediante pagamento em prestações, bem como nas alienações fiduciárias em garantia, consideram-se nulas de pleno direito as cláusulas que estabeleçam a perda total das prestações pagas em benefício do credor que, em razão do inadimplemento, pleitear a resolução do contrato e a retomada do produto alienado.

§ 1º (Vetado).

§ 2º Nos contratos do sistema de consórcio de produtos duráveis, a compensação ou a restituição das parcelas quitadas, na forma deste artigo, terá descontada, além da vantagem econômica auferida com a fruição, os prejuízos que o desistente ou inadimplente causar ao grupo.

§ 3º Os contratos de que trata o *caput* deste artigo serão expressos em moeda corrente nacional".

Várias são as aplicações concretas de afastamento da malfadada *cláusula de decaimento*. Vejamos três ementas do Superior Tribunal de Justiça, a título de ilustração, para casos envolvendo o compromisso de compra e venda de imóvel registrado na matrícula, configurado como negócio de consumo, e celebrados antes da malfadada "Lei dos Distratos":

"Direito civil e processual civil. Embargos de declaração. Ausência de omissão, contradição ou obscuridade. Ação de rescisão de compromisso de compra e venda de imóvel com pedido de devolução das parcelas pagas. Legitimidade ativa *ad causam*. Possibilidade. Fundamento. *Favor debitoris*. Cláusula de decaimento. Enriquecimento sem causa das promitentes-vendedoras. Limitação. Os embargos de declaração são corretamente rejeitados quando ausente omissão, contradição ou obscuridade a ser sanada. O direito à devolução das prestações pagas decorre da força integrativa do princípio geral de direito privado *favor debitoris* (corolário, no Direito das Obrigações, do *favor libertatis*). O promissário-comprador inadimplente que não usufrui do imóvel tem legitimidade ativa *ad causam* para postular nulidade da cláusula que estabelece o decaimento de metade das prestações pagas. A devolução das prestações pagas, mediante retenção de 30% (trinta por cento) do valor pago pela promissária--compradora, objetiva evitar o enriquecimento sem causa do vendedor, bem como o reembolso das despesas do negócio e a indenização pela rescisão contratual. Recurso especial a que se dá provimento" (STJ – REsp 345.725/SP – Terceira Turma – Rel. Min. Nancy Andrighi – j. 13.05.2003 – *DJ* 18.08.2003, p. 202).

"Compromisso de compra e venda de imóvel. Perda das prestações pagas. Distrato pactuado na vigência do Código de Defesa do Consumidor. Nulidade da cláusula. Recurso desacolhido. Nula é a cláusula que prevê a perda das prestações pagas, em distrato de compromisso de compra-e-venda celebrado na vigência do Código de Defesa do Consumidor, podendo a parte inadimplente requerer a restituição do *quantum* pago, com correção monetária desde cada desembolso, autorizada a retenção de importância fixada pelas instâncias ordinárias em razão do descumprimento do contrato" (STJ – REsp 241.636/SP – Quarta Turma – Rel. Min. Sálvio de Figueiredo Teixeira – j. 17.02.2000 – *DJ* 03.04.2000, p. 157).

"Promessa de compra e venda. Código de Defesa do Consumidor. Cláusula de decaimento. Precedentes da Corte. 1. O Código de Defesa do Consumidor não autoriza a cláusula de decaimento estipulando a perda integral ou quase integral das prestações pagas. Mas, a nulidade de tal cláusula não impede o magistrado de aplicar a regra do art. 924 do Código Civil e autorizar, de acordo com as circunstâncias do caso, uma retenção que, no caso, deve ser de 10% (dez por cento)" (STJ – REsp 149.399/DF – Terceira Turma – Rel. Min. Carlos Alberto Menezes Direito – j. 04.02.1999 – *DJ* 29.03.1999, p. 164).

Como se nota dos arestos colacionados, mesmo com a nulidade da cláusula de perda de todas as parcelas pagas, havia divergência sobre o montante da dívida que pode ser retido pelo promitente-vendedor a título de multa pelo inadimplemento absoluto da outra parte, visando a cobrir os prejuízos suportados. Opino que se deve analisar casuisticamente, de acordo com as circunstâncias do caso, servindo sempre o controle do art. 413 do Código Civil. *A priori*, um montante entre 10% e 30% sobre o valor da dívida não se mostra excessivamente oneroso. Acima disso, presume-se a presença da onerosidade excessiva.

Em relação ao contrato de consórcio de produtos duráveis (*v.g.*, veículos), valem as mesmas premissas ora fixadas. Nos termos do art. 2º da Lei 11.795/2008, anote-se que o "consórcio é a reunião de pessoas naturais e jurídicas em grupo, com prazo de duração e número de cotas previamente determinados, promovida por administradora de consórcio, com a finalidade de propiciar a seus integrantes, de forma isonômica, a aquisição de bens ou serviços, por meio de autofinanciamento". Nesse contrato, igualmente, é nula a *cláusula de decaimento*, devendo o valor a ser devolvido ser atualizado monetariamente (STJ – REsp 299.386/RJ – Quarta Turma – Rel. Min. Ruy Rosado de Aguiar – j. 17.05.2001 – *DJ* 04.02.2002, p. 380).

Entretanto, ressalve-se que, em havendo desistência por parte do consorciado, a compensação ou a restituição das parcelas quitadas terá descontada, além da vantagem econômica auferida com a fruição, os prejuízos que o desistente causar ao grupo. Conforme a jurisprudência, tais prejuízos devem ser provados pela empresa que administra o consórcio, não podendo ser presumidos (STJ – REsp 871.421/SC – Terceira Turma – Rel. Min. Sidnei Beneti – j. 11.03.2008 – *DJe* 01.04.2008). Tal linha de decisão representa clara proteção aos consumidores.

O direito de desistência no consórcio é um direito potestativo do consorciado. Nesse contexto, vários julgados entendem ser abusiva a cláusula que afasta do consumidor o direito de desistir do contrato de consórcio antes do encerramento do grupo (por todos: TJMG – Apelação Cível 5921251-43.2009.8.13.0702, Uberlândia – Décima Câmara Cível – Rel. Des. Pereira da Silva – j. 01.03.2011 – *DJEMG* 25.03.2011; TJDF – Recurso 2007.01.1.110618-5 – Acórdão 362.209 – Primeira Turma Recursal dos Juizados Especiais Cíveis e Criminais – Rel. Juíza Lucimeire Maria da Silva – *DJDFTE* 22.06.2009, p. 225; e TJDF – Recurso 2008.01.1.001565-9 – Acórdão 359.946 – Primeira Turma Recursal dos Juizados Especiais Cíveis e Criminais – Rel. Des. Lucimeire Maria da Silva – *DJDFTE* 12.06.2009, p. 155).

Em relação ao montante do valor pago pelo consorciado que pode ser retido pela empresa que administra o consórcio, esse também deve abranger a chamada *taxa de administração*. Da jurisprudência superior, fazendo controle contra o abuso de direito em relação a tal taxa:

> "Civil. Agravo no recurso especial. Consórcio. Embargos de declaração. Reforma em prejuízo da parte. Disposição de ofício. Não ocorrência. Devolução de parcelas. Desistência. Momento. Taxa de administração. Abusividade. Limitação. (...) 'Se houver cláusula contratual que fixe taxa de administração em valor que exceda o limite legal previsto no art. 42 do Dec. 70.951/1972, estará caracterizada a prática abusiva da administradora de consórcio, o que impõe a exclusão do percentual que sobejar ao estipulado na referida Lei' (REsp 541.184/PB – Rel. Min. Nancy Andrighi – j. 25.04.2006). Agravo no recurso especial não provido" (STJ – AgRg no REsp 764.771/RS – Terceira Turma – Rel. Min. Nancy Andrighi – j. 10.08.2006 – *DJ* 28.08.2006, p. 287).

Penso que a devolução dos valores pagos deve ocorrer imediatamente em uma única parcela, e não apenas com o encerramento do contrato coletivo – na hipótese do consórcio –, ou com o fim da obra – no compromisso de compra e venda. Conforme decidiu recentemente o Tribunal da Cidadania, em sede de recursos repetitivos:

"Em contrato de promessa de compra e venda de imóvel submetido ao CDC, é abusiva a cláusula contratual que determine, no caso de resolução, a restituição dos valores devidos somente ao término da obra ou de forma parcelada, independentemente de qual das partes tenha dado causa ao fim do negócio. De fato, a despeito da inexistência literal de dispositivo que imponha a devolução imediata do que é devido pelo promitente vendedor de imóvel, inegável que o CDC optou por fórmulas abertas para a nunciação das chamadas 'práticas abusivas' e 'cláusulas abusivas', lançando mão de um rol meramente exemplificativo para descrevê-las (arts. 39 e 51). Nessa linha, a jurisprudência do STJ vem proclamando serem abusivas situações como a ora em análise, por ofensa ao art. 51, II e IV, do CDC, haja vista que poderá o promitente vendedor, uma vez mais, revender o imóvel a terceiros e, a um só tempo, auferir vantagem com os valores retidos, além da própria valorização do imóvel, como normalmente acontece. Se bem analisada, a referida cláusula parece abusiva mesmo no âmbito do direito comum, porquanto, desde o CC/1916 – que foi reafirmado pelo CC/2002 –, são ilícitas as cláusulas puramente potestativas, assim entendidas aquelas que sujeitam a pactuação 'ao puro arbítrio de uma das partes' (art. 115 do CC/1916 e art. 122 do CC/2002). Ademais, em hipóteses como esta, revela-se evidente potestatividade, o que é considerado abusivo tanto pelo art. 51, IX, do CDC quanto pelo art. 122 do CC/2002'. Precedentes citados: AgRg no Ag 866.542/SC – Terceira Turma – DJe 11.12.2012; REsp 633.793/SC – Terceira Turma – DJ 27.06.2005; e AgRg no REsp 997.956/SC – Quarta Turma – DJe 02.08.2012" (STJ – REsp 1.300.418/SC – Rel. Min. Luis Felipe Salomão – j. 13.11.2013 – publicado no seu *Informativo* n. 533).

Pontue-se que a questão se estabilizou de tal forma sobre o compromisso de compra e venda que, em 2015, o Superior Tribunal de Justiça editou a antes citada Súmula n. 543, que merece ser transcrita mais uma vez: "na hipótese de resolução de contrato de promessa de compra e venda de imóvel submetido ao Código de Defesa do Consumidor, deve ocorrer a imediata restituição das parcelas pagas pelo promitente-comprador integralmente, em caso de culpa exclusiva do promitente vendedor/construtor, ou parcialmente, caso tenha sido o comprador quem deu causa ao desfazimento".

Porém, não se olvide que, em relação ao consórcio, a Corte tem entendimento diferente, conforme julgado pela sua Segunda Seção no ano de 2010. Nos termos da tese então firmada, que não tem a minha concordância, "é devida a restituição de valores vertidos por consorciado desistente ao grupo de consórcio, mas não de imediato, e sim em até trinta dias a contar do prazo previsto contratualmente para o encerramento do plano" (STJ – REsp 1.119.300/RS – Segunda Seção – Rel. Min. Luis Felipe Salomão – j. 14.04.2010 – DJe 27.08.2010). Apesar de não ser esta a minha posição, deve ela ser considerada como majoritária para os devidos fins práticos.

Como última nota sobre o art. 53 do CDC, debateu-se intensamente nos últimos anos a sua incidência para os casos de alienação fiduciária em garantia de bens imóveis. Isso porque o art. 27 da Lei n. 9.514/1977 prevaleceria sobre o dispositivo consumerista, por ser mais específico.

Alguns autores, caso de Afrânio Carlos Camargo Dantezer e Melhim Chalhub, respondem negativamente quanto à subsunção da norma do CDC, argumentando que o referido preceito é incompatível com o art. 27 da Lei 9.514/1997, que deve prevalecer por ser mais específico. Esse já era o entendimento dominante na jurisprudência superior, infelizmente. Assim julgando, por todos:

"Recurso especial. Compromisso de compra e venda de imóvel com pacto adjeto de alienação fiduciária em garantia. Ação de rescisão contratual por desinteresse exclusivo do adquirente. Violação dos arts. 26 e 27 da Lei nº 9.514/97. Norma especial que prevalece sobre o CDC. Precedentes. Recurso provido. 1. 'A Lei nº 9.514/1997, que instituiu a alienação fiduciária de bens imóveis, é norma especial e também posterior ao Código de Defesa do Consumidor – CDC. Em tais circunstâncias, o inadimplemento do devedor fiduciante enseja a aplicação da regra prevista nos arts. 26 e 27 da lei especial' (Ag. Int. no REsp 1.822.750/SP, Rel. Ministra Nancy Andrighi, 3ª Turma, j. 18/11/2019, DJe 20/11/2019). 2. Recurso especial provido" (STJ – REsp 1.839.190/SP – Quarta Turma – Rel. Min. Luis Felipe Salomão – j. 25.08.2020).

"Direito civil. Ação de rescisão contratual cumulada com restituição de valores pagos e reparação de danos materiais. Prequestionamento. Ausência. Súmula 282/STF. Contrato de compra e venda de imóvel. Alienação fiduciária em garantia. Código de Defesa do Consumidor, art. 53. Não incidência. 1. Ação de rescisão contratual cumulada com restituição de valores pagos e reparação de danos materiais, em virtude de contrato de compra e venda de imóvel garantido por alienação fiduciária firmado entre as partes. 2. A ausência de decisão acerca dos argumentos invocados pelos recorrentes em suas razões recursais impede o conhecimento do recurso especial. 3. A Lei nº 9.514/1997, que instituiu a alienação fiduciária de bens imóveis, é norma especial e posterior ao Código de Defesa do Consumidor – CDC. Em tais circunstâncias, o inadimplemento do devedor fiduciante enseja a aplicação da regra prevista nos arts. 26 e 27 da lei especial. 4. Recurso especial parcialmente conhecido e, nessa extensão, não provido, com majoração de honorários" (STJ – REsp 1.871.911/SP – Terceira Turma – Rel. Min. Nancy Andrighi – j. 25.08.2020).

"Processual civil. Agravo regimental no agravo regimental no recurso especial. Recursos simultâneos. Não conhecimento do posterior. Princípio da unirrecorribilidade. Inovação recursal. Inadmissibilidade. Alienação fiduciária em garantia. Inadimplência. Arts. 26 e 27 da Lei n. 9.514/1997. Decisão mantida. (...). A Lei n. 9.514/1997, que instituiu a alienação fiduciária de bens imóveis, é norma especial e também posterior ao Código de Defesa do Consumidor – CDC. Em tais circunstâncias, o inadimplemento do devedor fiduciante enseja a aplicação da regra prevista nos arts. 26 e 27 da lei especial" (STJ – Ag. Rg. no Ag. Rg. no REsp 1.172.146/SP – Quarta Turma – Rel. Min. Antonio Carlos Ferreira – j. 18.06.2015 – DJe 26.06.2015).

"Tratando, especificamente, da alienação fiduciária de bens imóveis, tal como regrada pela Lei nº 9.514/97, Melhim Namen Chalhub opina, igualmente, pela sua prevalência sobre o regramento contido no Código de Defesa do Consumidor, naquilo que diz respeito às consequências do inadimplemento do devedor, sustentando, inclusive, a inexistência de compatibilidade material entre as normas em referência: 'considerando, assim, o conteúdo e a finalidade das normas em questão, cotejando-se as disposições do art. 27 da Lei nº 9.514/97 com as do art. 53 do CDC, pode-se concluir pela inaplicabilidade deste último à alienação fiduciária de imóveis, porque o regime especial dessa garantia já contempla a tutela do devedor, e o faz de maneira específica, com rigorosa adequação à estrutura e função dessa garantia e do contrato de mútuo, pelo qual o devedor deve restituir integralmente a quantia tomada por empréstimo, enquanto o art. 53 do CDC apenas enuncia um princípio geral ao qual o art. 27 da Lei nº 9.514/97 se adéqua perfeitamente' (in *Negócio Fiduciário*. 3.ª ed. Rio de Janeiro: Renovar, 2006, página 335). Observa-se, por conseguinte, que a solução da controvérsia, seja ela buscada no âmbito do conflito de normas, seja pela ótica da inexistência de conflitos entre os dispositivos normativos em questão, leva à prevalência da norma específica de regência da alienação fiduciária de bens imóveis, concluindo-se, por conseguinte, pelo descabimento da pretensão de restituição das prestações adimplidas, por força dos §§ 4.º, 5.º e 6.º, do art. 27, da Lei nº 9.514/97, *verbis*. (...)" (STJ – Decisão monocrática no Ag. Rg. no Agravo de Instrumento 932750/SP – Min. Hélio Quaglia Barbosa – j. 10.12.2007).

Em sentido contrário, citando os autores mencionados e combatendo tal argumento, Marco Aurélio Bezerra de Melo sustenta que tal solução conduz ao enriquecimento sem causa do credor fiduciário, em detrimento do devedor fiduciante. Além disso, com razão que tem o meu total apoio, argumenta que "a densidade axiológica da Lei 8.078/1990 é muito maior do que a da Lei 9.514/1997, pois seu fundamento de validade é a Carta Magna Federal, que inclui a vulnerabilidade e a necessidade de proteção especial do consumidor como garantia fundamental (art. 5.º, XXXII) e como princípio da ordem econômica (art. 170, V), repudiando, outrossim, o confisco e o enriquecimento em causa".[100] Como não poderia ser diferente, estou filiado ao último jurista, sobretudo diante do caráter principiológico do CDC, que tem sido muito esquecido pela jurisprudência.

De todo modo, apesar desses fortes argumentos, em outubro de 2022, a Segunda Seção do Superior Tribunal de Justiça adotou o primeiro caminho, pela prevalência das regras específicas da Lei 9.514/1997 sobre o art. 53 do CDC. Conforme o enunciado da tese, em votação unânime, "em contrato de compra e venda de imóvel com garantia de alienação fiduciária devidamente registrada, a resolução do pacto na hipótese de inadimplemento do devedor, devidamente constituída em mora, deverá observar a forma prevista na Lei 9.514/1997, por se tratar de legislação específica, afastando-se, por conseguinte, a aplicação do Código de Defesa do Consumidor".

Lamenta-se o teor do *decisum*, com o devido respeito, pois se reafirme o CDC é norma principiológica, pela proteção constitucional dos consumidores, e que deveria prevalecer nesses casos. De toda sorte, a tese transcrita deve ser levada em conta para os devidos fins práticos.

5.9. O TRATAMENTO DOS CONTRATOS DE ADESÃO PELO ART. 54 DO CÓDIGO DE DEFESA DO CONSUMIDOR. PURGAÇÃO DA MORA E TEORIA DO ADIMPLEMENTO SUBSTANCIAL NA ALIENAÇÃO FIDUCIÁRIA EM GARANTIA DE BENS MÓVEIS

A findar o presente capítulo, cumpre estudar o preceito do art. 54 do Código de Defesa do Consumidor, que cuidou de definir o contrato de adesão. Prevê o *caput* do preceito consumerista que "contrato de adesão é aquele cujas cláusulas tenham sido aprovadas pela

---

[100] MELO, Marco Aurélio Bezerra. *Direito Civil*. Coisas. 2. ed. São Paulo: Atlas, 2018. p. 516.

autoridade competente ou estabelecidas unilateralmente pelo fornecedor de produtos ou serviços, sem que o consumidor possa discutir ou modificar substancialmente seu conteúdo".

Como se pode perceber, o contrato de adesão é aquele imposto pelo estipulante, seja ele um órgão público ou privado, geralmente o detentor do domínio ou poderio contratual. Restam ao aderente duas opções, quais sejam aceitar ou não o conteúdo do negócio (*take-it-or-leave-it*). A situação oposta ao contrato de adesão se dá no chamado *contrato paritário*, em que há plena negociação do conteúdo pelas partes.

Entendo que o conceito acima não deveria estar reproduzido no Código de Defesa do Consumidor, mas no Código Civil de 2002, norma que assume o papel central no Direito Privado, como um *planeta*, naquela simbologia do *sistema solar* de Ricardo Lorenzetti.

Em sua redação atual, o vigente Código Civil não define o contrato de adesão. Em prol da operabilidade, o antigo Projeto de Lei 699/2011, proposto originalmente pelo Deputado Ricardo Fiúza sob o número 6.960/2002, pretendia fazê-lo, conforme sugestão de Jones Figueirêdo Alves, passando o art. 423 do CC/2002 a ter a seguinte redação:

"Art. 423. Contrato de adesão é aquele cujas cláusulas tenham sido aprovadas pela autoridade competente ou estabelecidas unilateralmente por um dos contratantes, sem que o aderente possa discutir ou modificar substancialmente seu conteúdo.

§ 1º Os contratos de adesão escritos serão redigidos em termos claros e com caracteres ostensivos e legíveis, de modo a facilitar a sua compreensão pelo aderente.

§ 2º As cláusulas contratuais, nos contratos de adesão, serão interpretadas de maneira mais favorável ao aderente."

As justificativas apresentadas pelo Deputado Ricardo Fiúza, autor do projeto original, são pertinentes, contando com o meu apoio:

"A proposta pretende dar redação mais completa ao dispositivo, acrescentando a definição de contrato de adesão e compatibilizando o art. 423 com o que já dispõe o art. 54 do CDC. A sugestão, aqui, é do Desembargador Jones Figueirêdo Alves, como aliás são todas as outras a seguir expostas, no que se refere à matéria contratual. Diz ele: 'O princípio de interpretação contratual mais favorável ao aderente decorre de necessidade isonômica estabelecendo em seus fins uma igualdade substancial real entre os contratantes'. É que, como lembra Georges Ripert, 'o único ato de vontade do aderente consiste em colocar-se em situação tal que a lei da outra parte é soberana. E, quando pratica aquele ato de vontade, o aderente é levado a isso pela imperiosa necessidade de contratar'. O dispositivo, ao preceituar a sua aplicação, todavia, em casos de cláusulas obscuras ou ambíguas, vem limitá-lo a essas hipóteses, o que contraria o avanço trazido pelo art. 47 do CDC, prevendo o princípio aplicado a todas as cláusulas contratuais. O aderente, como sujeito da relação contratual, deve receber idêntico tratamento dado ao consumidor, diante do significado da igualdade de fato que estimula o princípio, razão pela qual se impõe a alteração do dispositivo".[101]

Sempre considerei a proposta como louvável, por afastar a confusão conceitual entre os conceitos de contrato de consumo e de adesão, muito comum na doutrina e na jurisprudência, como se verá a seguir.

---

[101] FIUZA, Ricardo. *O novo Código Civil e as propostas de aperfeiçoamento*. São Paulo: Saraiva, 2003. p. 77.

Anoto que, inspirado justamente pelo Projeto Ricardo Fiúza, o atual Projeto de Reforma e Atualização do Código Civil, elaborado pela Comissão de Juristas nomeada no Senado Federal, pretende inserir na Lei Geral Privada o conceito de contrato de adesão, além da ampliação de regras interpretativas. Consoante o projetado art. 423, em seu *caput*, "a expressão 'contrato de adesão' engloba tanto aqueles cujas cláusulas tenham sido aprovadas pela autoridade competente, como aqueles em que as cláusulas sejam estabelecidas unilateralmente por um dos contratantes, sem que o aderente possa discutir ou modificar substancialmente seu conteúdo". Como se pode notar, adota-se um conceito amplo e necessário para a categoria, na linha do que está no art. 54 do CDC, mas com a possibilidade de não o confundir com o contrato de consumo, conforme o Enunciado n. 171 da *III Jornada de Direito Civil*.

Seguindo, conforme o seu projetado § 1º, em prol do dever anexo de informação, amparado na boa-fé objetiva, as cláusulas postas para adesão, no contrato escrito ou disponibilizado em espaço virtual, serão redigidas em termos claros e com caracteres ostensivos e legíveis, de modo a facilitar a sua compreensão pelo aderente. E, por fim, ampliando-se a interpretação *pro aderente*, o novo § 2º do art. 423: "os contratos de adesão serão interpretados de maneira mais favorável ao aderente". Com a aprovação das proposições, muitos dilemas relativos a essa importante figura contratual restarão superados, sobretudo para a prática contratual, para diferenciar a figura dos contratos de consumo.

Como visto, não há como afastar o contrato da constante ingerência exercida pelo meio social. Nesse contexto se situa o contrato de adesão, que constitui um fenômeno há muito tempo percebido pela teoria contratual. Notório é que, com a evolução da sociedade, passou-se exigir uma maior celeridade e intensidade das relações negociais, surgindo, nesse contexto, a *estandardização*.

Orlando Gomes, em obra específica sobre o assunto, lembra que as exigências práticas da vida econômica, a necessidade de circulação intensa de bens e de capital, entre outros fatores, consolidaram de forma plena essa figura contratual. Anote-se que o notável jurista define contrato de adesão como "o negócio jurídico no qual a participação de um dos sujeitos sucede pela aceitação em bloco de uma série de cláusulas formuladas antecipadamente, de modo geral e abstrato, pela outra parte, para constituir o conteúdo normativo e obrigacional de futuras relações concretas".[102]

Maria Helena Diniz prefere utilizar a expressão *contratos por adesão* para denominar o *contrato de adesão*, "verificando que se constitui pela adesão da vontade de um oblato indeterminado à oferta permanente do proponente ostensivo". Desse modo, "os contratos por adesão constituem uma oposição à ideia de contrato paritário, por inexistir a liberdade de convenção, visto que excluem a possibilidade de qualquer debate e transigência entre as partes, uma vez que um dos contratantes se limita a aceitar as cláusulas e condições previamente redigidas e impressas pelo outro (*RT*, 795:234, 519:163; JB, 158:263), aderindo a uma situação contratual já definida em todos os seus termos".[103]

Compreendem-se perfeitamente as razões técnicas apontadas pela eminente civilista. Porém, pela terminologia utilizada tanto pelo Código de Defesa do Consumidor (art. 54)

---

[102] GOMES, Orlando. *Contrato de adesão*: condições gerais dos contratos, São Paulo: RT, 1972. p. 3.
[103] DINIZ, Maria Helena. *Curso de Direito Civil Brasileiro*. Teoria geral das obrigações contratuais e extracontratuais. 25. ed. São Paulo: Saraiva, 2009. p. 87.

quanto pelo Código Civil de 2002 (arts. 423 e 424), prefere-se a expressão *contratos de adesão*. Na realidade, pode-se dizer que as expressões *contratos de adesão* e *contratos por adesão* são sinônimas, conclusão essa que tem a finalidade de inclusão da proteção do vulnerável contratual.

Não estou filiado, portanto, à clássica distinção de Orlando Gomes, por não ser condizente com a pós-modernidade jurídica. Para ele, "o que caracteriza o contrato de adesão propriamente dito é a circunstância de que aquela a quem é proposto não pode deixar de contratar, porque tem necessidade de satisfazer a um interesse que, por outro modo, não pode ser atendido". Há, portanto, no *contrato de adesão* um monopólio, não presente no *contrato por adesão*, presente a última figura nos demais casos em que o conteúdo é imposto por uma das partes, de forma total ou parcial.[104]

Ora, se fosse feita a diferenciação do clássico jurista, os dispositivos de proteção do aderente (arts. 423 e 424 do CC e art. 54 do CDC) não se aplicariam aos *contratos por adesão*, mas somente aos *contratos de adesão*, aqueles que apresentam um monopólio no conteúdo. Isso contraria o princípio da função social dos contratos, eis que a intenção do legislador foi proteger todos os aderentes que tiveram contra si a imposição de cláusulas contratuais, de forma ampla ou restrita.

Não se olvide que os arts. 423 e 424 do CC/2002, ao protegerem o aderente como vulnerável contratual, trazem como conteúdo a *eficácia interna da função social do contrato*. O primeiro dispositivo, como visto, consagra a interpretação *pro* aderente. O último transpõe para os contratos de adesão a excelente experiência relativa às cláusulas abusivas nos contratos de consumo, estabelecendo a nulidade absoluta das cláusulas de renúncia a um direito inerente ao negócio. É importante salientar, para essa conclusão, que os princípios têm uma notável função de integração, de interpretação e correção do sistema. Com a diferenciação dos contratos de adesão e por adesão, portanto, poderíamos chegar a situações injustas, em clara lesão ao princípio constitucional da isonomia.

Em suma, pode-se dizer que o contrato de adesão é aquele em que uma parte, o estipulante, impõe o conteúdo negocial, restando à outra parte, o aderente, duas opções: aceitar ou não o conteúdo desse negócio. Esse conceito deve ser visto em sentido amplo, de modo a englobar todas as figuras negociais em que as cláusulas são preestabelecidas ou predispostas, caso do *contrato-tipo* e do *contrato formulário*, categorias em que as cláusulas são predeterminadas até por um terceiro. Como se sabe, os últimos contratos até são comercializados, em alguns casos (*v.g.*, modelos de contratos vendidos em papelarias ou pela *internet*).

Os parágrafos do art. 54 do Código Consumerista completam essa categorização. Inicialmente, o seu § 1º preceitua que a inserção de cláusulas eventualmente discutidas no formulário não afasta a natureza de contrato de adesão. Somente se houve uma mudança substancial da estrutura do negócio, poderá ele ser tido como um contrato paritário.

De acordo com a previsão seguinte, o § 2º do art. 54 admite, na figura negocial, a cláusula resolutória, uma condição resolutiva expressa, desde que esta não traga uma desvantagem excessiva ao consumidor. Tal preceito pode abranger a alienação fiduciária em garantia de bem móvel, caso estejam presentes os elementos da relação de consumo.

---

[104] GOMES, Orlando. *Contrato de adesão*: condições gerais dos contratos, São Paulo: RT, 1972. p. 120.

O tema merece uma abordagem à parte, diante da alteração do art. 3º, § 2º, do Decreto-lei 911/1969, pela Lei 10.931/2004, conforme tabela a seguir. Cabe anotar que do quadro comparativo consta o novo tratamento dado ao instituto, pela Lei 13.043, de novembro de 2014, que modificou o *caput* do comando, sem qualquer relevância para o tema exposto:

Redação anterior	Nova redação, conforme a Lei 10.931/2004 e Lei 13.043/2014
Art. 3º O proprietário fiduciário ou credor poderá requerer contra o devedor ou terceiro a busca e apreensão do bem alienado fiduciariamente, a qual será concedida liminarmente, desde que comprovada a mora ou o inadimplemento do devedor.	Art. 3º O proprietário fiduciário ou credor poderá, desde que comprovada a mora, na forma estabelecida pelo § 2º do art. 2º, ou o inadimplemento, requerer contra o devedor ou terceiro a busca e apreensão do bem alienado fiduciariamente, a qual será concedida liminarmente, podendo ser apreciada em plantão judiciário.
§ 1º Despachada a inicial e executada a liminar, o réu será citado para, em três dias, apresentar contestação ou, **se já tiver pago 40% (quarenta por cento) do preço financiado, requerer a purgação de mora.**	§ 1º Cinco dias após executada a liminar mencionada no *caput*, consolidar-se-ão a propriedade e a posse plena e exclusiva do bem no patrimônio do credor fiduciário, cabendo às repartições competentes, quando for o caso, expedir novo certificado de registro de propriedade em nome do credor, ou de terceiro por ele indicado, livre do ônus da propriedade fiduciária.
§ 2º Na contestação, só se poderá alegar o pagamento do débito vencido ou o cumprimento das obrigações contratuais.	§ 2º No prazo do § 1º, **o devedor fiduciante poderá pagar a integralidade da dívida pendente, segundo os valores apresentados pelo credor fiduciário na inicial, hipótese na qual o bem lhe será restituído livre do ônus.**

Diante dessa confrontação, surge o entendimento pelo qual a lei não mais defere, na alienação fiduciária em garantia de bens móveis, a possibilidade de purgação da mora nos casos em que houver o pagamento de 40% (quarenta por cento) do valor devido. Pela nova redação do texto legal, o devedor fiduciante teria que pagar integralmente a dívida, pois caso contrário ocorreria consolidação da propriedade a favor do credor fiduciário.

Acertadamente, o extinto Segundo Tribunal de Alçada Civil de São Paulo, logo após a entrada em vigor da alteração, assim não entendeu, concluindo que o direito de purgação da mora está mantido, pela possibilidade de liquidação antecipada da dívida. Vejamos esse importante precedente:

"Agravo de instrumento. Alienação fiduciária. Purgação da mora. Faculdade não excluída pelas inovações introduzidas no Decreto-lei 911, de 1.º.10.1969, pela Lei 10.931, de 02.08.2004. Normas que devem ser interpretadas em conjunto com o art. 54, § 2º, do CDC. Recurso improvido" (2º TAC-SP – Agravo de Instrumento 869850-0/3, Carapicuíba – Oitava Câmara – Rel. Juiz Antonio Carlos Vilen – j. 18.11.2004 – *Boletim da AASP* 2.426, p. 3.513).

Consta do julgado que o art. 54 do CDC admite que os contratos de adesão contenham cláusula resolutiva, desde que a escolha caiba ao consumidor. Ora, sabendo-se que a resolução é forma de extinção dos contratos por inexecução, a "escolha a que se refere o dispositivo, em caso de existência de cláusula resolutória expressa, deve ser interpretada como a possibilidade que o devedor em mora tem de optar entre a purgação e a continuidade da relação contratual, de um lado, e a extinção por inadimplemento, de outro". A conclusão é que a inovação introduzida pela Lei 10.931/2004 não é incompatível com essa interpretação, mas "simplesmente conferiu mais uma faculdade ao devedor, qual seja a de obter a extinção do contrato, com a restituição do bem apreendido, livre de ônus, pela integral execução das obrigações pactuadas". Em suma, permanece íntegro o direito de utilização da purgação da mora em favor dos consumidores.

Concordo integralmente com a conclusão do julgado, pois está em sintonia com o princípio da conservação negocial, anexo à função social dos contratos. Em reforço, está mantida a proteção dos consumidores vulneráveis, conforme a Lei 8.078/1990, sendo certo que a alienação fiduciária de bens móveis quase sempre tem como parte destinatários finais, fáticos e econômicos, que pretendem adquirir um bem de consumo, geralmente veículos.

Ainda no plano jurisprudencial, outros acórdãos surgiram, sucessivamente, entendendo pela manutenção da Súmula 284 do STJ. A título de ilustração, podem ser citados: TJRS – Apelação Cível 256654-04.2009.8.21.7000, Viamão – 14.ª Câmara Cível – Rel. Des. Niwton Carpes da Silva – j. 31.03.2011 – *DJERS* 14.04.2011; TJSP – Apelação 9201022-44.2009.8.26.0000 – Acórdão 5101330 – São José do Rio Preto – 35.ª Câmara de Direito Privado – Rel. Des. Clóvis Castelo – j. 02.05.2011 – *DJESP* 17.05.2011; TJSP – Agravo de Instrumento 0466858-02.2010.8.26.0000 – Acórdão 5094151, Mirassol – 28.ª Câmara de Direito Privado – Rel. Des. Eduardo Sá Pinto Sandeville – j. 26.04.2011 – *DJESP* 17.05.2011; e TJMG – Agravo de Instrumento 0197982-05.2011.8.13.0000, Uberaba – 12.ª Câmara Cível – Rel. Des. José Flávio de Almeida – j. 27.04.2011 – *DJEMG* 09.05.2011.

Todavia, a questão não era pacífica no passado, sendo certo que do Segundo Tribunal de Alçada de São Paulo já existiam decisões em sentido contrário, ou seja, pelo cancelamento da sumular. Por todos:

> "Alienação fiduciária. Busca e apreensão. Purgação da mora. Faculdade excluída pelas inovações introduzidas no Decreto-lei 911/1969 pela Lei 10.931/2004. Inadmissibilidade. Não há se falar em purgação da mora nos contratos de alienação fiduciária em garantia, ante as modificações trazidas pela Lei 10.931/2004" (Segundo Tribunal de Alçada Civil de São Paulo – AI 873.712-00/6 – 8.ª Câmara – Rel. Juiz Orlando Pistoresi – j. 02.12.2004).

Na mesma linha, outros tantos arestos trazem a mesma conclusão, de superação da citada sumular (ver: TJDF – Recurso 2010.00.2.006330-9 – Acórdão 430.572 – 3.ª Turma Cível – Rel. Des. Humberto Adjuto Ulhôa – *DJDFTE* 01.07.2010, p. 71 e TJMG – Agravo de Instrumento 0053691-09.2011.8.13.0000, Montes Claros – 17.ª Câmara Cível – Rel.ª Des.ª Márcia de Paoli Balbino – j. 03.03.2011 – *DJEMG* 05.04.2011). Do próprio Superior Tribunal de Justiça, infelizmente, concluindo dessa última maneira:

> "Agravo Regimental no Recurso Especial. Fundamentos insuficientes para reformar a decisão agravada. Contrato garantido com cláusula de alienação fiduciária. Ação de busca e apreensão. Purgação da mora após a vigência da Lei 10.931/04. Impos-

sibilidade. Necessidade de pagamento da integralidade da dívida. Súmula 83 do STJ. 1. O agravante não trouxe argumentos novos capazes de infirmar os fundamentos que alicerçaram a decisão agravada, razão que enseja a negativa de provimento ao agravo regimental. 2. Com a nova redação do artigo 3º do Decreto-lei 911/69, dada pela Lei 10.931/04, não há mais se falar em purgação da mora nas ações de busca e apreensão de bem alienado fiduciariamente, devendo o devedor pagar a integralidade da dívida, no prazo de 5 dias após a execução da liminar, hipótese na qual o bem lhe será restituído livre de ônus. 3. A perfeita harmonia entre o acórdão recorrido e a jurisprudência dominante desta Corte Superior impõe a aplicação, à hipótese dos autos, do Enunciado 83 da Súmula do STJ. 4. Agravo regimental não provido" (STJ – AgRg no REsp 1.183.477/DF – Terceira Turma – Rel. Min. Vasco Della Giustina (Desembargador convocado do TJRS) – j. 03.05.2011 – DJe 10.05.2011).

Em 2014, o Superior Tribunal de Justiça acabou consolidando essa última forma de pensar, em julgamento da sua Segunda Seção relativo a recursos repetitivos, assim publicado no seu *Informativo* n. *540:*

"Direito civil. Impossibilidade de purgação da mora em contratos de alienação fiduciária firmados após a vigência da Lei 10.931/2004. Recurso repetitivo (art. 543-C do CPC e Res. 8/2008-STJ). Nos contratos firmados na vigência da Lei 10.931/2004, que alterou o art. 3º, §§ 1º e 2º, do Decreto-lei 911/1969, compete ao devedor, no prazo de cinco dias após a execução da liminar na ação de busca e apreensão, pagar a integralidade da dívida – entendida esta como os valores apresentados e comprovados pelo credor na inicial –, sob pena de consolidação da propriedade do bem móvel objeto de alienação fiduciária. De início, convém esclarecer que a Súmula 284 do STJ, anterior à Lei 10.931/2004, orienta que a purgação da mora, nos contratos de alienação fiduciária, só é permitida quando já pagos pelo menos 40% (quarenta por cento) do valor financiado. A referida súmula espelha a redação primitiva do § 1º do art. 3º do Decreto-lei 911/1969, que tinha a seguinte redação: 'Despachada a inicial e executada a liminar, o réu será citado para, em três dias, apresentar contestação ou, se já houver pago 40% (quarenta por cento) do preço financiado, requerer a purgação de mora'. Contudo, do cotejo entre a redação originária e a atual – conferida pela Lei 10.931/2004 –, fica límpido que a lei não faculta mais ao devedor a purgação da mora, expressão inclusive suprimida das disposições atuais, não se extraindo do texto legal a interpretação de que é possível o pagamento apenas da dívida vencida. Ademais, a redação vigente do art. 3º, §§ 1º e 2º, do Decreto-lei 911/1969 estabelece que o devedor fiduciante poderá pagar a integralidade da dívida pendente e, se assim o fizer, o bem lhe será restituído livre de ônus, não havendo, portanto, dúvida acerca de se tratar de pagamento de toda a dívida, isto é, de extinção da obrigação. (...). Portanto, sob pena de se gerar insegurança jurídica e violar o princípio da tripartição dos Poderes, não cabe ao Poder Judiciário, a pretexto de interpretar a Lei 10.931/2004, criar hipótese de purgação da mora não contemplada pela lei. Com efeito, é regra basilar de hermenêutica a prevalência da regra excepcional, quando há confronto entre as regras específicas e as demais do ordenamento jurídico. Assim, como o CDC não regula contratos específicos, em casos de incompatibilidade entre a norma consumerista e a aludida norma específica, deve prevalecer essa última, pois a lei especial traz novo regramento a par dos já existentes. (...). De mais a mais, o STJ, em diversos precedentes, já afirmou que, após o advento da Lei 10.931/2004, que deu nova redação ao art. 3º do Decreto-lei 911/1969, não há falar em purgação da mora, haja vista que, sob a nova sistemática, após o decurso do prazo de 5 (cinco) dias contados da execução da liminar, a propriedade do bem fica consolidada em favor do credor fiduciário, devendo o devedor efetuar o pagamento da integralidade do débito remanescente a fim de obter a restituição do bem livre de ônus. Precedentes citados: AgRg no REsp 1.398.434/MG – Quarta Turma – *DJe* 11.02.2014; e AgRg no REsp 1.151.061-MS – Terceira Turma – *DJe* 12.04.2013" (STJ – REsp 1.418.593/ MS – Rel. Min. Luis Felipe Salomão – j. 14.05.2014).

Com o devido respeito, lamenta-se essa tomada de curso pelo Superior Tribunal de Justiça, que parece desconsiderar a correta efetivação dos direitos do devedor-fiduciante, na grande maioria das vezes enquadrado como consumidor. Em reforço, a impossibilidade de purgação da mora não está em sintonia com o princípio da conservação dos negócios jurídicos, segundo o qual a extinção dos pactos deve ser a última medida a ser tomada, mormente diante de sua inegável função social, preservando-se ao máximo a autonomia privada.

Como outro tema de relevo, a jurisprudência do Superior Tribunal de Justiça vinha aplicando a *teoria do adimplemento substancial* para afastar a busca e apreensão da coisa na alienação fiduciária em garantia de bens móveis. Reitere-se que pela *teoria do adimplemento substancial (substantial performance)*, nos casos em que o negócio tiver sido quase todo cumprido, não caberá a sua extinção, mas apenas outros efeitos jurídicos, caso da cobrança dos valores devidos ou do pleito de perdas e danos.

Conforme vimos no Capítulo 2 desta obra, a teoria é relacionada com os princípios sociais contratuais, conforme reconhece o Enunciado n. 361 do CJF/STJ, da *IV Jornada de Direito Civil*: "o adimplemento substancial decorre dos princípios gerais contratuais, de modo a fazer preponderar a função social do contrato e o princípio da boa-fé objetiva, balizando a aplicação do art. 475". Vale lembrar que o art. 475 do CC/2002 é o que disciplina a resolução contratual pelo inadimplemento culposo do devedor.

Apesar de não ser a alienação fiduciária em garantia um *contrato*, no sentido jurídico e categórico da expressão, pois se trata de um direito real, a teoria é perfeitamente aplicável ao instituto. Em reforço, pode ser citado o Enunciado n. 162 do CJF/STJ, pelo qual "a inutilidade da prestação que autoriza a recusa da prestação por parte do credor deverá ser aferida objetivamente, consoante o princípio da boa-fé e a manutenção do sinalagma, e não de acordo com o mero interesse subjetivo do credor".

Em outras palavras, preconiza o último enunciado doutrinário que a conversão da mora em inadimplemento absoluto, nos termos do art. 395 do CC/2002, não pode se dar por meros interesses egoísticos e mesquinhos do credor, mas de acordo com a boa-fé objetiva (a exigência de comportamento leal dos negociantes) e a conservação negocial.

Partindo-se para os casos concretos, na jurisprudência do Superior Tribunal de Justiça, a teoria em comento foi aplicada para afastar a concessão da liminar em ação de busca e apreensão, em caso em que o devedor fiduciante já tinha cumprido quase todo o negócio:

> "Alienação fiduciária. Busca e apreensão. Deferimento liminar. Adimplemento substancial. Não viola a lei a decisão que indefere o pedido liminar de busca e apreensão considerando o pequeno valor da dívida em relação ao valor do bem e o fato de que este é essencial à atividade da devedora. Recurso não conhecido" (STJ – REsp 469.577/SC – Quarta Turma – Rel. Min. Ruy Rosado de Aguiar – j. 25.03.2003 – *DJ* 05.05.2003, p. 310).

Além dessa ementa, outra aplicou o adimplemento substancial para afastar a busca e apreensão como um todo, pois o devedor somente devia a última prestação de toda a dívida:

"Alienação fiduciária. Busca e apreensão. Falta da última prestação. Adimplemento substancial. O cumprimento do contrato de financiamento, com a falta apenas da última prestação, não autoriza o credor a lançar mão da ação de busca e apreensão, em lugar da cobrança da parcela faltante. O adimplemento substancial do contrato pelo devedor não autoriza ao credor a propositura de ação para a extinção do contrato, salvo se demonstrada a perda do interesse na continuidade da execução, que não é o caso. Na espécie, ainda houve a consignação judicial do valor da última parcela. Não atende à exigência da boa-fé objetiva a atitude do credor que desconhece esses fatos e promove a busca e apreensão, com pedido liminar de reintegração de posse. Recurso não conhecido" (STJ – REsp 272.739/MG – Quarta Turma – Rel. Min. Ruy Rosado de Aguiar – j. 01.03.2001 – *DJ* 02.04.2001, p. 299).

Em data mais próxima, a tese foi aplicada mais uma vez pelo Superior Tribunal de Justiça ao negócio em questão:

"Processual civil. Recurso especial. Prequestionamento. Tema central. Consignação em pagamento. Depósito parcial. Procedência na mesma extensão. Alienação fiduciária. Busca e apreensão. Adimplemento substancial. Improcedência. Possibilidade. Desprovimento. (...). II. 'Esta Corte de Uniformização Infraconstitucional firmou entendimento no sentido de que o depósito efetuado a menor em ação de consignação em pagamento não acarreta a total improcedência do pedido, na medida em que a obrigação é parcialmente adimplida pelo montante consignado, acarretando a liberação parcial do devedor. O restante do débito, reconhecido pelo julgador, pode ser objeto de execução nos próprios autos da ação consignatória (cf. REsp nº 99.489/SC, Rel. Ministro Barros Monteiro, *DJ* de 28.10.2002; REsp nº 599.520/TO, Rel. Ministra Nancy Andrighi, *DJ* de 1.º.02.2005; REsp nº 448.602/SC, Rel. Ministro Ruy Rosado de Aguiar, *DJ* de 17.02.2003; AgRg no REsp nº 41.953/SP, Rel. Ministro Aldir Passarinho Júnior, *DJ* de 06.10.2003; REsp nº 126.326/RJ, Rel. Ministro Barros Monteiro, *DJ* de 22.09.2003)' (REsp 613552/RS, Rel. Min. Jorge Scartezzini, Quarta Turma, Unânime, *DJ* 14.11.2005, p. 329). III. Se as instâncias ordinárias reconhecem, após a apreciação de ações consignatória e de busca e apreensão, com fundamento na prova dos autos, que é extremamente diminuto o saldo remanescente em favor do credor de contrato de alienação fiduciária, não se justifica o prosseguimento da ação de busca e apreensão, sendo lícita a cobrança do pequeno valor ainda devido nos autos do processo. IV. Recurso especial a que se nega provimento" (STJ – REsp 912.697/RO – Quarta Turma – Rel. Min. Aldir Passarinho Junior – j. 07.10.2010 – *DJe* 25.10.2010).

De toda sorte, para o Superior Tribunal de Justiça, o adimplemento substancial não tem mais aplicação para a alienação fiduciária de bens móveis, conforme *decisum* proferido em julgamento da sua Segunda Seção e prolatado em março de 2017. A conclusão está baseada nas modificações feitas pela Lei 13.043/2014, pois, como visto, não cabe mais a purgação da mora para afastar a busca e apreensão da coisa e, como consequência, o adimplemento substancial não mais deve ser aplicado. Conforme consta da ementa do julgado, que tem forma vinculativa para outras decisões inferiores:

"Além de o Decreto-Lei n. 911/1969 não tecer qualquer restrição à utilização da ação de busca e apreensão em razão da extensão da mora ou da proporção do inadimplemento, é expresso em exigir a quitação integral do débito como condição imprescindível para que o bem alienado fiduciariamente seja remancipado. Em seus termos, para que o bem possa ser restituído ao devedor, livre de ônus, não basta que ele quite quase toda a dívida; é insuficiente que pague substancialmente o débito; é necessário, para esse efeito, que quite integralmente a dívida pendente. Afigura-se, pois, de todo incongruente inviabilizar a utilização da ação de busca e apreensão na hipótese em que o inadimplemento revela-se incontroverso – desimportando sua extensão, se de pouca monta ou se de expressão considerável –, quando a lei especial de regência expressamente condiciona a possibilidade de o bem ficar com o devedor fiduciário ao pagamento da integralidade da dívida pendente. Compreensão diversa desborda, a um só tempo, do diploma legal exclusivamente aplicável à questão em análise (Decreto-Lei n. 911/1969), e, por via transversa, da própria orientação firmada pela Segunda Seção, por ocasião do julgamento do citado REsp n. 1.418.593/MS, representativo da controvérsia, segundo a qual a restituição do bem ao devedor fiduciante é condicionada ao pagamento, no prazo de cinco dias contados da execução da liminar de busca e apreensão, da integralidade da dívida pendente, assim compreendida como as parcelas vencidas e não pagas, as parcelas vincendas e os encargos, segundo os valores apresentados pelo credor fiduciário na inicial. Impor-se ao credor a preterição da ação de busca e apreensão (prevista em lei, segundo a garantia fiduciária a ele conferida) por outra via judicial, evidentemente menos eficaz, denota absoluto descompasso com o sistema processual. Inadequado, pois, extinguir ou obstar a medida de busca e apreensão corretamente ajuizada, para que o credor, sem poder se valer de garantia fiduciária dada (a qual, diante do inadimplemento, conferia-lhe, na verdade, a condição de proprietário do bem), intente ação executiva ou de cobrança, para só então adentrar no patrimônio do devedor, por meio de constrição judicial que poderá, quem sabe (respeitada o ordem legal), recair sobre esse mesmo bem (naturalmente, se o devedor, até lá, não tiver dele se desfeito)" (STJ – REsp 1.622.555/MG – Segunda Seção – Rel. Min. Marco Buzzi – Rel. p/ Acórdão Ministro Marco Aurélio Bellizze – j. 22.02.2017 – DJe 16.03.2017).

O Ministro Relator também apontou, o que acabou por prevalecer, que a teoria do adimplemento substancial objetiva impedir que o credor resolva a relação contratual em razão de inadimplemento de ínfima parcela da obrigação. Vejamos:

"A via judicial para esse fim é a ação de resolução contratual. Diversamente, o credor fiduciário, quando promove ação de busca e apreensão, de modo algum pretende extinguir a relação contratual. Vale-se da ação de busca e apreensão com o propósito imediato de dar cumprimento aos termos do contrato, na medida em que se utiliza da garantia fiduciária ajustada para compelir o devedor fiduciante a dar cumprimento às obrigações faltantes, assumidas contratualmente (e agora, por ele, reputadas ínfimas). A consolidação da propriedade fiduciária nas mãos do credor apresenta-se como consequência da renitência do devedor fiduciante de honrar seu dever contratual, e não como objetivo imediato da ação. E, note-se que, mesmo nesse caso, a extinção do contrato dá-se pelo cumprimento da obrigação, ainda que de modo compulsório, por meio da garantia fiduciária ajustada. É questionável, se não inadequado, supor que a boa-fé contratual estaria ao lado de devedor fiduciante que deixa de pagar uma ou até algumas parcelas por ele reputadas ínfimas – mas certamente de expressão considerável, na ótica do credor, que já cumpriu integralmente a sua obrigação – e, instado extra e judicialmente para honrar o seu dever contratual, deixa de fazê-lo, a despeito de ter a mais absoluta ciência dos gravosos consectários legais advindos da propriedade fiduciária. A aplicação da teoria do adimplemento substancial, para obstar a utilização da ação de busca e apreensão, nesse contexto, é um incentivo ao inadimplemento das últimas parcelas contratuais, com o nítido propósito de desestimular o credor – numa avaliação de custo-benefício – de satisfazer seu crédito por outras vias judiciais, menos eficazes, o que, a toda evidência, aparta-se da boa-fé contratual propugnada" (STJ – REsp 1.622.555/MG – Segunda Seção – Rel. Min. Marco Buzzi – j. 22.02.2017 – *DJe* 16.03.2017).

Com o devido respeito, não estou filiado a tais conclusões e penso ser o *decisum* um grande retrocesso na tutela dos consumidores. Primeiro, porque a boa-fé objetiva tem aplicação para todos os negócios jurídicos, inclusive para os negócios reais, não se sustentando o argumento de que os princípios do Código Civil não incidem para a alienação fiduciária. Segundo, porque a teoria do adimplemento substancial tem relação com a conservação do negócio jurídico e com a função social da obrigação. Terceiro, porque não me parece que o adimplemento substancial incentiva o inadimplemento, até porque, no sistema atual, a boa-fé se presume enquanto a má-fé se prova. Quarto, resta duvidosa a utilidade da medida de busca e apreensão, pois os credores ficarão com uma grande quantidade de bens, sobretudo automóveis, estocados, o que acabará por gerar grandes custos.

Valem também os argumentos desenvolvidos por José Fernando Simão em crítico artigo sobre o citado julgamento. Segue o que escreveu o jurista:

"'O ministro Marco Aurélio Bellizze abriu a divergência no julgamento ao acolher a tese recursal do banco Volkswagen, de que a teoria do adimplemento substancial não é prevista expressamente em lei e decorre de interpretação extensiva de dispositivos do Código Civil. Por isso, a tese não pode se sobrepor à lei especial que rege a alienação fiduciária, por violação à regra de que lei especial prevalece sobre lei geral'. O argumento é pueril e não é técnico. A construção do princípio da boa-fé pela doutrina alemã (desde Larenz), passando em Portugal pela obra de Menezes Cordeiro e no Brasil por Judith Martins-Costa aponta em sentido oposto. O princípio permite nova leitura do texto de lei de maneira a promover sua adequação. Afirmar que a Lei Especial, por ser especial, não sofre os efeitos do princípio da boa-fé, é tese sem fundamento técnico. Lei geral e lei especial se submetem aos princípios dos contratos, ainda que estes não estivessem presentes no texto da lei geral. O princípio é a base do ordenamento e não se submete ao critério da especialidade. Se o argumento for expandido, a boa-fé não se aplica à Lei de Locação que é especial? A boa-fé não se aplica ao Estatuto da Terra que é lei especial? A alienação fiduciária não é menos contrato, nem mais. A decisão é tecnicamente constrangedora. Simples assim".[105]

Forçoso acrescentar que a tendência é que tal forma de julgar, mais uma vez infelizmente, seja aplicada também ao contrato de *leasing* ou arrendamento mercantil. Por força da Lei 13.043/2014, todas as regras previstas no art. 3.º do Decreto-lei 911/1969 passam a ser aplicadas a esse contrato, diante do novo § 15, inserido no último diploma.

---

[105] SIMÃO, José Fernando. *Adimplemento substancial e a nova orientação do STJ – E o poder dos Bancos prevaleceu*. Disponível em www.cartaforense.com.br. Acesso em: 18 set. 2017.

A propósito, já fazendo incidir a nova lei, concluiu o Superior Tribunal de Justiça, no ano de 2015, da seguinte forma:

> "Aplica-se aos contratos de arrendamento mercantil de bem móvel o entendimento firmado pela Segunda Seção desta Corte Superior, segundo o qual, 'nos contratos firmados na vigência da Lei n. 10.931/2004, compete ao devedor, no prazo de 5 (cinco) dias após a execução da liminar na ação de busca e apreensão [no caso concreto, de reintegração de posse do bem arrendado], pagar a integralidade da dívida – entendida esta como os valores apresentados e comprovados pelo credor na inicial –, sob pena de consolidação da propriedade do bem móvel objeto de alienação fiduciária' (REsp 1.418.593/MS, Relator o Ministro Luis Felipe Salomão, DJe de 27.05.2014, julgado sob o rito dos recursos repetitivos). Entendimento jurisprudencial que já vinha sendo acolhido por Ministros integrantes da Segunda Seção desta Corte Superior e que culminou com a edição da Lei 13.043/2014, a qual fez incluir o § 15 do art. 3.º do Decreto-lei 911/1969, autorizando expressamente a extensão das normas procedimentais previstas para a alienação fiduciária em garantia aos casos de reintegração de posse de veículos objetos de contrato de arrendamento mercantil (Lei 6.099/1974)" (STJ – REsp 1.507.239/SP – Terceira Turma – Rel. Min. Marco Aurélio Bellizze – j. 05.03.2015 – DJe 11.03.2015).

Em suma, nota-se que, diante da citada equiparação, a purgação da mora não é mais cabível em caso de ação de busca e apreensão fundada em contrato de arrendamento mercantil ou *leasing*.

Assim, diante dessa equiparação feita pela Lei 13.043/2014, o STJ deve concluir em breve pela não incidência da teoria do adimplemento substancial também para o *leasing*, alterando a sua posição anterior. Não se deve repetir, assim, o que foi concluído no excelente julgado a seguir transcrito:

> "Ação de reintegração de posse de 135 carretas, objeto de contrato de *leasing*, após o pagamento de 30 das 36 parcelas ajustadas. Processo extinto pelo juízo de primeiro grau, sendo provida a apelação pelo Tribunal de Justiça, julgando procedente a demanda. (...). Correta a decisão do tribunal de origem, com aplicação da teoria do adimplemento substancial. Doutrina e jurisprudência acerca do tema" (STJ – REsp 1.200.105/AM – Terceira Turma – Rel. Ministro Paulo de Tarso Sanseverino – j. 19.06.2012 – DJe 27.06.2012).

Lamenta-se, mais uma vez, essa mudança de posição na Corte, o que representa um grave retrocesso, na minha opinião doutrinária.

Feitas essas notas de crítica e seguindo na abordagem dos contratos de adesão, o § 3º do art. 54 do CDC determina que os instrumentos respectivos serão redigidos em termos claros e com caracteres ostensivos e legíveis, cujo tamanho da fonte não será inferior ao corpo doze, de modo a facilitar sua compreensão pelo consumidor. A menção ao tamanho da letra foi introduzida pela Lei 11.785/2008, diante de alguns abusos cometidos na prática. Todavia, contata-se que, se a *boa educação contratual* existisse no Brasil, a norma seria até desnecessária.

De todo modo, em polêmica recente, concluiu o Superior Tribunal de Justiça que a previsão a respeito do tamanho mínimo da fonte não se aplica a publicidades ou outros meios de oferta, mas apenas a minutas contratuais. O fundamento principal foi a inaplicabilidade da analogia em casos tais. Nos termos da ementa do aresto, "existência de elementos de distinção entre o instrumento escrito dos contratos de adesão e o contexto dos anúncios publicitários, que impedem a aplicação da analogia. Doutrina sobre o tema. Inaplicabilidade da norma do art. 54, § 3º, do CDC ao contexto dos anúncios, sem prejuízo do controle da prática enganosa com base em outro fundamento. Prejudicialidade do pedido de dano moral coletivo, porque deduzido com base na alegação de descumprimento ao art. 54, § 3º, do CDC" (STJ – REsp 1.602,678/RJ – Terceira Turma – Rel. Min. Paulo de Tarso Sanseverino – j. 23.05.2017 – *DJe* 31.05.2017). Como se pode perceber, o julgado afastou o pedido de indenização por danos morais coletivos diante da não incidência da regra. Penso que nos casos de meios de oferta prevalece o teor do art. 31 do CDC, que pode perfeitamente englobar a previsão da fonte mínima, com o fito de atender ao dever anexo de informação.

O preceito em estudo está sincronizado com o outrora estudado art. 46 da Lei Consumerista, que enuncia a nulidade de cláusulas ininteligíveis ou incompreensíveis. Ilustrando, o Superior Tribunal de Justiça entendeu que o contrato de seguro médico-hospitalar que assume a forma de adesão deve vir redigido de forma clara, a possibilitar o seu entendimento pelo aderente leigo. Eventualmente, em caso de dúvidas, a interpretação do contrato deve ser feita da maneira mais propícia ao consumidor (STJ – REsp 311509/SP – Quarta Turma – Rel. Min. Sálvio de Figueiredo Teixeira – j. 03.05.2001 – *DJ* 25.06.2001, p. 196).

Em julgado mais recente, entendeu a mesma Corte Superior que viola o conteúdo do art. 46 do CDC a instituição financeira que não propicia o método *Braille*, para a leitura das suas minutas negociais por pessoas com deficiência visual. Conforme consta do *decisum*, o citado método:

"É oficial e obrigatório no território nacional para uso na escrita e leitura dos deficientes visuais e a sua não utilização, durante todo o ajuste bancário, impede o referido consumidor hipervulnerável de exercer, em igualdade de condições, os direitos básicos, consubstanciando, além de intolerável discriminação e evidente violação aos deveres de informação adequada, vulneração à dignidade humana da pessoa deficiente". Sendo assim, "é cabível, em tese, por violação a direitos transindividuais, a condenação por dano moral coletivo, como categoria autônoma de dano, a qual não se relaciona necessariamente com aqueles tradicionais atributos da pessoa humana (dor, sofrimento ou abalo psíquico). Na hipótese, apesar de a forma de linguagem, por meio da leitura do contrato, não ser apta a exaurir a informação clara e adequada, não decorreram outras consequências lesivas além daquelas experimentadas por quem, concretamente, teve o tratamento embaraçado ou por aquele que se sentiu pessoalmente constrangido ou discriminado, haja vista que a instituição financeira seguiu as diretrizes emanadas pelo próprio Estado, conforme Resolução n. 2.878/2001 do Bacen" (STJ – REsp 1.349.188/RJ – Rel. Ministro Luis Felipe Salomão – Quarta Turma – j. 10.05.2016 – *DJe* 22.06.2016).

Sem prejuízo desse preceito e dos exemplos apresentados, preconiza o § 4º do art. 54 do CDC que as cláusulas que implicarem limitação de direito do consumidor inseridas em contratos de adesão deverão ser redigidas com destaque, permitindo sua imediata e fácil compreensão. Deve ficar claro que o preceito não afasta a possibilidade de se reconhecer que a cláusula é nula por abusividade, nos termos do art. 51 da mesma norma. Fazendo incidir a primeira regra, sem prejuízo de outras decisões, vejamos julgado publicado no *Informativo* n. 463 do STJ:

"Cláusula limitativa. Cobertura. Seguro. Validade. Foi celebrado contrato de seguro de vida e, apenas quando da entrega do manual, enviado após a assinatura da proposta, é que foi informada ao segurado a cláusula restritiva de direito. Assim, a Turma deu provimento ao recurso por entender afrontado o art. 54, § 4º, do CDC, uma vez que a cláusula restritiva de direitos deveria ter sido informada de forma clara e precisa, no momento da contratação. É inegável que a conduta da recorrida malferiu o princípio da boa-fé contratual consignado não apenas no CDC, mas também no CC/2002. Precedente citado: REsp 485.760-RJ, *DJ* 1º.03.2004" (STJ – REsp 1.219.406-MG – Rel. Min. Luis Felipe Salomão – j. 15.02.2011).

A findar este capítulo, cumpre refazer um esclarecimento categórico importante. Infelizmente, como outrora exposto, há certa confusão na doutrina e jurisprudência entre os conceitos de contrato de consumo e contrato de adesão.

De fato, tais categorias muitas vezes não se identificam e não devem ser confundidas. Isso porque o conceito de contrato de consumo é retirado da análise dos arts. 2º e 3º da Lei 8.078/1990, que apontam os elementos da relação jurídica de consumo (Capítulo 3 desta obra). Por outra via, o contrato de adesão é aquele em que as cláusulas contratuais são predispostas por uma das partes, de forma plena ou restrita, restando à outra a opção de aceitá-las ou não.

Vale lembrar: nem todo contrato de consumo é de adesão e nem todo contrato de adesão é de consumo. Nesse sentido, foi aprovada a nossa proposta de enunciado na *III Jornada de Direito Civil*, promovida pelo Conselho da Justiça Federal em dezembro de 2004, segundo a qual "o contrato de adesão, mencionado nos arts. 423 e 424 do novo Código Civil, não se confunde com o contrato de consumo" (Enunciado n. 171).

Visualizando em termos práticos, exemplifica-se com uma situação em que uma pessoa adquire um tapete. Ela vai até uma loja especializada e discute todos os termos do contrato, barganhando o preço e impondo até mesmo a data de entrega, celebrando para tanto um instrumento sob forma escrita. Essa pessoa é consumidora, pois é destinatária fática e econômica do tapete, mas o contrato assumiu a forma paritária. Aplica-se todo o Código Consumerista, com exceção do que consta do seu art. 54.

Repisando outro exemplo, em situação oposta, vejamos o caso de um contrato de *franchising*, ou franquia. O franqueado recebe toda a estrutura do franqueador, que cede inclusive o direito de utilização da marca. Nesse contrato, observa-se que o franqueado recebe todo o conteúdo da avença não como destinatário final – seja fático ou econômico –, mas como intermediário, para repassar aos consumidores finais, que irão adquirir seus produtos ou serviços. Esse contrato, obviamente, não assume a forma de contrato de consumo, mas, na prática, é contrato de adesão, eis que o franqueador impõe todo o conteúdo do pacto. O franqueado, assim, não terá a seu favor a proteção do CDC, mas apenas a proteção prevista do CC/2002 em prol do aderente (arts. 423 e 424). Reitere-se, a propósito, que Nova Lei da Franquia prevê expressamente, no seu art. 1º, que não se trata de um contrato de consumo (Lei 13.966/2019).

Aplicando essa diferenciação categórica, da jurisprudência superior, recente aresto do Superior Tribunal de Justiça debateu a validade de cláusula compromissória de arbitragem inserida em contrato de franquia. Nos termos do aresto, a nulidade não se daria pela incidência do CDC, mas por interpretação do conteúdo do art. 4º da Lei de Arbitragem.

Conforme o *decisum*, "o contrato de franquia, por sua natureza, não está sujeito às regras protetivas previstas no CDC, pois não há relação de consumo, mas de fomento econômico. Todos os contratos de adesão, mesmo aqueles que não consubstanciam relações de consumo, como os contratos de franquia, devem observar o disposto no art. 4º, § 2º, da Lei 9.307/96. O Poder Judiciário pode, nos casos em que *prima facie* é identificado um compromisso arbitral 'patológico', *i.e.*, claramente ilegal, declarar a nulidade dessa cláusula, independentemente do estado em que se encontre o procedimento arbitral" (STJ – REsp 1.602.076/SP – Terceira Turma – Rel. Min. Nancy Andrighi – j. 15.09.2016 – *DJe* 30.09.2016).

Como se nota, o conteúdo do acórdão é preciso e correto, exatamente da linha do que foi ora defendido neste livro e conforme a melhor técnica sobre a temática.

6

A PROTEÇÃO QUANTO À OFERTA E À PUBLICIDADE NO CÓDIGO DE DEFESA DO CONSUMIDOR

Sumário: 6.1. Panorama geral sobre a tutela da informação e o Código de Defesa do Consumidor – 6.2. A força vinculativa da oferta no art. 30 da Lei 8.078/1990 – 6.3. O conteúdo da oferta e a manutenção de sua integralidade – 6.4. A responsabilidade civil objetiva e solidária decorrente da oferta – 6.5. A publicidade no Código de Defesa do Consumidor. Princípios informadores. Publicidades vedadas ou ilícitas: 6.5.1. A vedação da publicidade mascarada, clandestina, simulada ou dissimulada (art. 36 do CDC); 6.5.2. A vedação da publicidade enganosa (art. 37, § 1º, do CDC); 6.5.3. A vedação da publicidade abusiva (art. 37, § 2º, do CDC). A publicidade comparativa – 6.6. O ônus da prova da veracidade da informação publicitária.

6.1. PANORAMA GERAL SOBRE A TUTELA DA INFORMAÇÃO E O CÓDIGO DE DEFESA DO CONSUMIDOR

Como restou claro pela leitura de todos os capítulos deste livro até o momento, o Código Brasileiro de Defesa do Consumidor tem um cuidado especial em relação à valorização da boa-fé objetiva e da aparência, trazendo um Direito Privado mais concreto e efetivo, e menos formalizado. Tal caminho de escolha fica evidenciado, do mesmo modo, pelo presente capítulo, pelo estudo da proteção relativa à oferta e à publicidade.

Além da relação com o princípio da boa-fé objetiva, repise-se que o amplo amparo relativo à oferta interage com o princípio da transparência ou da confiança. Como consta do Capítulo 2 desta obra, o mundo contemporâneo é caracterizado pela enorme velocidade e volume crescente de informações, *armas de sedução* utilizadas pelos fornecedores e prestadores para atraírem os consumidores à aquisição de produtos e serviços. O tópico sobre o tema no CDC (arts. 30 a 38) serve para proteger o vulnerável negocial, exposto a tais artifícios de atração. Lembre-se, igualmente, que, com o passar dos tempos, novas informações surgiram, o que não significa que houve a distribuição igualitária de dados entre as pessoas, eis que tais informações ficam inicialmente em poder de uma parcela de indivíduos, os *hipersuficientes da relação jurídica*.

Deve ser esclarecido que o termo *oferta* é genérico, devendo ser visto em sentido amplo (*lato sensu*), a englobar qualquer forma de comunicação ou transmissão da vontade que visa seduzir ou a atrair o consumidor para a aquisição de bens. A construção, portanto, inclui a publicidade, principal artifício utilizado para fins de prestação de serviços ou fornecimento de produtos. Nesse contexto de definição, vejamos as palavras ilustrativas de Nelson Nery Jr. e Rosa Maria de Andrade Nery:

> "Conceito de oferta. Denomina-se oferta qualquer informação ou publicidade sobre preços e condições de produtos ou serviços, suficientemente precisa, veiculada por qualquer forma. Pode haver oferta por anúncio ou informação em vitrine, gôndola de supermercados, jornais, revistas, rádio, televisão, cinema, Internet, videotexto, fax, telex, catálogo, mala-direta, *telemarketing, outdoors*, cardápios de restaurantes, lista de preços, guias de compras, prospectos, folhetos, panfletos etc.".[1]

Do ponto de vista técnico-terminológico, não se pode confundir a *publicidade*, que tem fins de consumo e de circulação de riquezas, com a *propaganda,* que tem finalidades políticas, ideológicas ou sociais. Isso, apesar da existência de alguns doutrinadores que entendem que as expressões são sinônimas do ponto de vista jurídico, caso de Rizzatto Nunes.[2] Anote-se que também no Superior Tribunal de Justiça podem ser encontradas decisões entendendo pela sinonímia entre os termos (veja-se, sem prejuízo de outros acórdãos que ainda serão transcritos: REsp 1.151.688/RJ – Quarta Turma – Rel. Min. Luis Felipe Salomão – j. 17.02.2011 – *DJe* 22.02.2011; e STJ – REsp 1057828/SP – Segunda Turma – Rel. Min. Eliana Calmon – j. 02.09.2010 – *DJe* 27.09.2010).

Para os corretos fins de distinção, como bem esclarece Antonio Herman Benjamin, "os termos publicidade e propaganda são utilizados indistintamente no Brasil. Não foi esse, contudo, o caminho adotado pelo Código de Defesa do Consumidor. Não se confundem publicidade e propaganda, embora, no dia a dia do mercado, os dois termos sejam utilizados um pelo outro. A publicidade tem um objetivo comercial, enquanto a propaganda visa a um fim ideológico, religioso, filosófico, político, econômico ou social. Fora isso, a publicidade, além de paga, identifica seu patrocinador, o que nem sempre ocorre com a propaganda".[3] As diferenças apontadas constam do quadro a seguir:

Publicidade	Propaganda
Tem fins comerciais, de consumo e circulação de riquezas.	Tem fins políticos, sociais, culturais e ideológicos.
Envolve uma remuneração direta, diante de seu intuito de lucro.	Não tem intuito de lucro.
Tem sempre um patrocinador.	Nem sempre tem um patrocinador.
Exemplo: anúncio publicitário de uma loja de eletrodomésticos ou de uma montadora de veículos.	Exemplo: propaganda do governo para uso de preservativo no carnaval.

---

[1] NERY JR., Nelson; NERY, Rosa Maria de Andrade. *Código Civil Anotado.* 2. ed. São Paulo: RT, 2003. p. 932.
[2] RIZZATTO NUNES, Luiz Antonio. *Comentários ao Código de Defesa do Consumidor.* 3. ed. São Paulo: Saraiva, 2007. p. 418-419.
[3] BENJAMIN, Antonio Herman. V.; MARQUES, Claudia Lima; BESSA, Leonardo Roscoe. *Manual de Direito do Consumidor.* 3. ed. São Paulo: RT, 2010. p. 229.

A partir do quadro exposto, constata-se, como outro exemplo prático, que, como não há propaganda para os fins de venda de produtos ou serviços, não existe a figura do *"garoto propaganda"*, sendo o termo correto *"garoto publicidade".*

Feitos tais esclarecimentos, cumpre destacar que a oferta e a publicidade envolvem a formação do contrato de consumo, notadamente a sua fase pré-contratual. Nesse contexto, o Código de Defesa do Consumidor, ao contrário do Código Civil de 2002 (arts. 427 a 435 e 462 a 466), não especifica, com riqueza de detalhes, regras quanto à formação do contrato de consumo. Isso faz com que seja possível, eventualmente, buscar socorro nas regras comuns de Direito Privado quando houver dúvida quanto à constituição da obrigação de natureza consumerista, particularmente tendo em vista a festejada teoria do *diálogo das fontes*, normalmente invocada (*diálogo de complementaridade*). Essa interação entre as leis serve também para resolver atualmente os problemas relativos à formação dos contratos digitais ou eletrônicos, celebrados pela internet, até que a legislação seja alterada, o que é urgente.

Vejamos as regras relativas ao tema no Código Consumerista, entre os arts. 30 a 38 da Lei 8.078/1990, sem prejuízo de outros regramentos igualmente aplicáveis à fase pré-negocial, ou seja, às tratativas iniciais para a formação do pacto de consumo.

6.2. A FORÇA VINCULATIVA DA OFERTA NO ART. 30 DA LEI 8.078/1990

O art. 30 da Lei Consumerista traz em seu conteúdo os princípios da boa-fé objetiva e da transparência, ao vincular o produto, o serviço e o contrato ao meio de proposta e à publicidade, demonstrando que a conduta proba deve estar presente na fase pré-contratual do negócio de consumo. Enuncia o *caput* do comando que "toda informação ou publicidade, suficientemente precisa, veiculada por qualquer forma ou meio de comunicação com relação a produtos e serviços oferecidos ou apresentados, obriga o fornecedor que a fizer veicular ou dela se utilizar e integra o contrato que vier a ser celebrado".

Nas palavras do Ministro Herman Benjamin, o dispositivo traz um novo princípio, qual seja o *princípio da vinculação*, uma vez que o art. 30 do CDC dá caráter vinculante à informação e à publicidade, atuando de duas maneiras: "primeiro, obrigando o fornecedor, mesmo que se negue a contratar; segundo, introduzindo-se (e prevalecendo) em contrato eventualmente celebrado, inclusive quando seu texto o diga de modo diverso, pretendendo afastar o caráter vinculativo".[4] Dessa forma, para se efetivar a vinculação, cabem as medidas de tutela específica previstas para as obrigações de fazer e não fazer, caso da busca e apreensão e da fixação de multa ou *astreintes* (art. 84 do CDC e CPC).

Preceitua o importante art. 35 do Código Consumerista que, se o fornecedor de produtos ou serviços recusar o cumprimento à oferta, apresentação ou publicidade, o consumidor poderá, alternativamente e à sua livre escolha: *a)* exigir o cumprimento forçado da obrigação, nos termos da oferta, apresentação ou publicidade; *b)* aceitar outro produto ou prestação de serviço equivalente; *c)* rescindir o contrato, com direito à restituição de quantia eventualmente antecipada, monetariamente atualizada, e a perdas e danos (resolução do negócio com a consequente responsabilização civil). Em suma, efetiva-se sobremaneira

---

[4] BENJAMIN, Antonio Herman. V.; MARQUES, Claudia Lima; BESSA, Leonardo Roscoe. *Manual de Direito do Consumidor*. 3. ed. São Paulo: RT, 2010. p. 215.

a possibilidade de o consumidor fazer respeitar *a palavra dada* pelo fornecedor ou prestador quando de sua oferta prévia.

Deve ficar claro que, por uma questão de *escolha principiológica*, prefiro associar o art. 30 do CDC aos princípios da boa-fé e da função social do contrato em sua eficácia interna, sendo certo que a norma em comento representa uma das mais fortes mitigações da força obrigatória da convenção (*pacta sunt servanda*) em todo o sistema jurídico nacional. Nesse contexto, não há a necessidade de criação de mais um princípio jurídico para justificar a norma, como preferem alguns juristas de escol.

Constata-se que o art. 30 do CDC tem o condão de fazer prevalecer a oferta em relação às cláusulas contratuais. Então, simbolicamente, é como se o conteúdo do contrato fosse *rasgado* ou inutilizado e depois substituído pelo teor da informação prestada quando do início da contratação. Em outras palavras, todos os elementos que compõem a oferta passam a integrar automaticamente o conteúdo do negócio celebrado.

Fazendo-se o devido *diálogo* com o CC/2002, a força vinculativa da proposta consta do seu art. 427, sendo pertinente lembrar que são suas partes integrantes o proponente ou policitante – aquele que faz a proposta –, e o oblato ou policitado – aquele que recebe a proposta. Porém, ressalte-se que o texto privado não tem expressamente toda a força vinculante do texto consumerista.

Além disso, insta verificar que o Código Civil também trata da oferta ao público, no seu art. 429, dispondo o seu *caput* que "a oferta ao público equivale a proposta quando encerra os requisitos essenciais ao contrato, salvo se o contrário resultar das circunstâncias ou dos usos". Não restam dúvidas de que o último comando foi fortemente influenciado pelo CDC, sendo possível aplicar as duas leis em muitas situações, como naquelas envolvendo os contratos eletrônicos, em que há oferta geral de produtos ou serviços na *web*.

De toda sorte, ressalve-se que o Código Civil de 2002 estabelece em seu art. 428 algumas hipóteses em que a proposta não é obrigatória, não tendo força vinculativa. Como primeira exceção, deixa de ser obrigatória a proposta se, feita sem prazo a pessoa presente, não foi imediatamente aceita, o que é denominado *contrato com declaração consecutiva* (art. 428, inc. I, do CC).[5] Igualmente, deixa de ser obrigatória a proposta originária se, feita sem prazo a pessoa ausente, tiver decorrido tempo suficiente para chegar a resposta ao conhecimento do proponente, chamado *contrato com declarações intervaladas* (art. 428, inc. II, do CC).[6] Ato contínuo, a proposta não será obrigatória se, feita a pessoa ausente, não tiver sido expedida a resposta dentro do prazo dado (art. 428, inc. III, do CC). Por fim, a obrigatoriedade da proposta é afastada se, antes dela, ou simultaneamente a ela, chegar ao conhecimento do oblato a retratação feita do proponente (art. 428, inc. IV, do CC).

Entendo que tais previsões não se coadunam com o profundo sistema de proteção do CDC, não se aplicando aos contratos de consumo. Ademais, os preceitos expostos têm remota origem, estando superados, pois criados para uma outra realidade de comunicação. Na verdade, a diferenciação entre contratos entre presentes e entre ausentes que consta do Código Civil de 2002 ainda leva em conta o modelo de contrato epistolar (por cartas), no

---

[5] Cf. DINIZ, Maria Helena. *Curso de Direito Civil Brasileiro*. 25. ed. São Paulo: Saraiva, 2009. v. 3: Teoria geral das obrigações contratuais e extracontratuais. p. 54.

[6] Cf. DINIZ, Maria Helena. *Curso de Direito Civil Brasileiro*. Teoria geral das obrigações contratuais e extracontratuais. 25. ed. São Paulo: Saraiva, 2009. v. 3, p. 54-55.

que concerne à comunicação a distância, sendo necessário atualizar a Lei Geral Privada, o que está sendo proposto pelo Projeto de Reforma do Código Civil, elaborado pela Comissão de Juristas nomeada no âmbito do Senado Federal. Por fim, ficam as palavras de Bruno Miragem, com base em Claudia Lima Marques, no sentido de ter a oferta tratada pelo Código Civil adotado a teoria da vontade, enquanto *a oferta do CDC adotou a teoria da declaração*, o que justifica as diferenças de tratamento.[7]

Superados tais *diálogos*, como não poderia ser diferente, várias são as decorrências práticas do art. 30 da Lei 8.078/1990 na jurisprudência nacional, inclusive com a adoção de medidas para fazer cumprir os exatos termos da oferta preliminar. Um dos principais exemplos envolve a hipótese em que as empresas de plano de saúde são obrigadas a cumprir o informado pela mídia ou por instrumentos publicitários quanto à ausência de prazo de carência para a prestação serviços (plano *carência zero*). Vejamos duas das ementas que concluem desse modo:

> "Responsabilidade civil. Plano de saúde. Injusta recusa do fornecedor de serviços de permitir a internação de emergência do consumidor, sob a alegação de que não havia sido ainda cumprido o prazo de carência. Ainda que esteja registrado no contrato de adesão a previsão de prazo de carência, a oferta veiculada ao consumidor prevalece sobre as limitações previstas no contrato de adesão. Incidência do disposto no art. 30 do CDC. Além disso, não merece prosperar o argumento do recorrente no sentido de que o consumidor teria agido de má-fé ao omitir o fato de ser portador de doença preexistente. Aplicação da teoria do risco do empreendimento, segundo o qual aquele que aufere os bônus tem que suportar os ônus. Se não teve o apelante o cuidado de saber com quem estava a contratar, ainda mais se for considerado o fato de ser o segurado tetraplégico e portador de deficiência mental, não tendo o mesmo, por óbvio, condições de ocultar seu peculiar e frágil estado de saúde, há de ser rechaçada a alegação de ter o mesmo agido de má-fé no momento da contratação. À míngua de recurso por parte do consumidor, deve restar mantida na íntegra a sentença atacada. Recurso conhecido e desprovido" (TJRJ – Apelação 2009.001.19028, São Gonçalo – Décima Sétima Câmara Cível – Rel. Des. Maria Ines da Penha Gaspar – j. 22.04.2009 – *DORJ* 14.05.2009, p. 179).

> "Ação de indenização. Contrato de seguro-saúde. Responsabilização por despesas de internação e tratamento. Ausência de exame pré-admissional para avaliação de doenças preexistentes. Carência 'zero' difundida através da mídia. Prestação de serviços subordinada ao Código de Defesa do Consumidor. Sistema privado de saúde, que complementa o público e assume os riscos sociais de seu mister. Direito absoluto à vida e à saúde que se sobrepõe ao direito obrigacional. Recurso não provido" (TJSP – Apelação Cível 104.633-4/SP – Terceira Câmara de Direito Privado de Julho/2000 – Rel. Juiz Carlos Stroppa – j. 01.08.2000, v.u.).

Do mesmo modo, se uma instituição de ensino vincula previamente a possibilidade de descontos em caso de matrículas em determinado período, tal declaração passa a compor o contrato, cabendo medidas concretas para a efetivação da publicidade (TJDF – Recurso 2009.04.1.002085-9 – Acórdão 497.239 – Quinta Turma Cível – Rel. Des. Angelo Passareli –

---

[7] MIRAGEM, Bruno. *Curso de Direito do Consumidor*. 2. ed. São Paulo: RT, 2010. p. 164.

DJDFTE 20.04.2011, p. 108; TJDF – Recurso 2009.04.1.002471-6 – Acórdão 497.367 – Quinta Turma Cível – Rel. Des. Angelo Passareli – *DJDFTE* 20.04.2011, p. 108; e TJDF – Recurso 2005.01.1.101420-8 – Acórdão 452.239 – Primeira Turma Cível – Rel. Des. Lécio Resende – *DJDFTE* 08.10.2010, p. 83).

Do Superior Tribunal de Justiça, merece destaque o acórdão que concluiu pela responsabilidade solidária, por vício de qualidade do automóvel adquirido, do fabricante de veículos automotores que participa de publicidade, garantindo com a sua marca a excelência dos produtos ofertados por revendedor de veículos usados. Conforme consta do aresto, publicado no *Informativo* n. 562 do Tribunal da Cidadania:

> "O princípio da vinculação da oferta reflete a imposição da transparência e da boa-fé nos métodos comerciais, na publicidade e nos contratos, de forma que esta exsurge como princípio máximo orientador, nos termos do art. 30 do CDC. Realmente, é inequívoco o caráter vinculativo da oferta, integrando o contrato, de modo que o fornecedor de produtos ou serviços se responsabiliza também pelas expectativas que a publicidade venha a despertar no consumidor, mormente quando veicula informação de produto ou serviço com a chancela de determinada marca. Trata-se de materialização do princípio da boa-fé objetiva, exigindo do anunciante os deveres anexos de lealdade, confiança, cooperação, proteção e informação, sob pena de responsabilidade" (STJ – REsp 1.365.609/SP – Rel. Min. Luis Felipe Salomão – j. 28.04.2015 – *DJe* 25.05.2015).

A questão relativa à responsabilidade solidária que surge da vinculação da oferta ainda será aprofundada no presente capítulo.

A obrigatoriedade de respeito à oferta de desconto igualmente é aplicada contra empresas de telefonia, cabendo as medidas descritas no art. 35 do CDC, na linha de numerosos julgados que podem ser encontrados. Por todos:

> "Prestação de serviços. Ação de obrigação de fazer cumulada com indenizatória. Telefonia móvel. Plano pré-pago. Recarga de celular com proposta promocional à consumidora. Descumprimento da oferta pela fornecedora. Impossibilidade. Propaganda anunciada que vincula o contrato. Inteligência dos arts. 30 e 35 da Lei 8.078/1990. Danos morais. Inocorrência. Aborrecimento corriqueiro que não gerou prejuízo ou constrangimento passíveis de reparação. Sentença mantida. Recursos improvidos" (TJSP – Apelação Cível 990.09.254046-7 – Acórdão 4204199, Franca – Vigésima Sexta Câmara de Direito Privado – Rel. Des. Andreatta Rizzo – j. 18.11.2009 – *DJESP* 08.01.2010).

> "Consumidor. Telefonia móvel. Ação cominatória cumulada com reparação de danos. Promoções *pula-pula* e *amigos toda hora* da Brasil Telecom. Fornecedora dos serviços que, unilateralmente, altera os termos iniciais das promoções, em desfavor ao consumidor. Adendo ao regulamento ditando a não cumulação das vantagens, antes cumuláveis. Em se tratando de relação de consumo, a oferta é vinculativa. Art. 30 do CDC. Necessidade de assegurar ao cliente a continuidade da promoção original. Danos morais configurados, decorrentes da desconsideração com a pessoa do consumidor. *Astreintes*. Cabimento. Limitação do valor, atendendo a critérios de razoabilidade" (TJRS – Recurso 71000931048 – Segunda Turma Recursal Cível – Juiz Relator Eduardo Kraemer – Comarca de Porto Alegre – j. 17.05.2006).

Outra interessante ilustração, de acórdão do Tribunal Paulista, é relativa à publicidade veiculada pelos órgãos de imprensa, envolvendo um famoso cantor sertanejo, segundo a qual haveria o sorteio de dois carros. Como houve apenas o sorteio de um automóvel, a empresa veiculadora foi obrigada a realizar o do outro, conforme a promessa anterior. Vejamos a curiosa ementa do julgado:

"Ação de obrigação de fazer. Divulgação enganosa de promoções. Em uma, 'Desculpe mas eu vou chorar', seriam sorteados 700 ingressos do show de Leonardo e entre os ganhadores um carro; na outra, 'Promoção do Dia das Mães e do Dia dos Namorados', seriam sorteados 1.100 ingressos para assistir ao show de Leonardo e um carro. Sorteio de apenas um veículo, e não de dois carros como se extrai da divulgação das promoções. Propaganda que não atende os requisitos dos arts. 30 e 31 do CDC, motivo pelo qual o fornecedor deve ser compelido a cumprir a oferta. Recurso desprovido" (TJSP – Apelação 9130212-54.2003.8.26.0000 – Acórdão 5019797, São Paulo – Sétima Câmara de Direito Privado – Rel. Des. Pedro Baccarat – j. 23.03.2011 – *DJESP* 13.04.2011).

Da mesma Corte Estadual, seguindo nos exemplos, colaciona-se intrigante julgado que fez a oferta prevalecer nos moldes da simbologia antes exposta, mitigando fortemente a força obrigatória de uma convenção para a aquisição de um imóvel:

"Compromisso de compra e venda. Ação de cobrança julgada improcedente, dando-se por procedente a reconvenção. Material publicitário que ofertava o imóvel pelo preço de R$ 36.500,00, a ser financiado com instituição financeira. Contratado o financiamento com o ente financeiro, a construtora outorgou ao adquirente a escritura do imóvel, mas passou a exigir fosse firmada segunda promessa de venda e compra, prevendo financiamento suplementar, no valor de R$ 10.000,00. Impressos de publicidade que integram o contrato, gerando uma fonte de obrigação para o fornecedor (art. 30 do CDC). Abusividade manifesta da exigência de financiamento suplementar, que não prevalece (art. 51, IV, do CDC). Ademais, uma vez transferida a propriedade do imóvel aos compradores, esvaziou-se de objeto o segundo compromisso. Ação improcedente, procedente a reconvenção. Recurso improvido" (TJSP – Apelação 9094745-43.2005.8.26.0000 – Acórdão 4884384, São Paulo – Primeira Câmara de Direito Privado – Rel. Des. Paulo Eduardo Razuk – j. 30.11.2010 – *DJESP* 14.03.2011).

Com precisão teórica, Herman Benjamin demonstra que o art. 30 do CDC não merece incidência nas situações de *simples exagero* ou *puffing*, que não obriga o fornecedor. Cita o jurista expressões exageradas permitidas, como "o melhor sabor", "o mais bonito", "o maravilhoso".[8] Obviamente, tais exageros são utilizados em um sentido genérico para atrair o consumidor, que não pode exigir que o produto seja o melhor de todos do mundo, segundo o seu gosto pessoal. Para ilustrar, tratando de hipótese fática em que se reconheceu o *puffing*, do Tribunal Paulista:

"Apelante Heinz que se limitou a utilizar o recurso denominado puffing, exagero publicitário aceito no ordenamento jurídico atual. Frases como 'melhor em tudo o

---

[8] BENJAMIN, Antonio Herman. V; MARQUES, Claudia Lima; BESSA, Leonardo Roscoe. *Manual de Direito do Consumidor*. 3. ed. São Paulo: RT, 2010. p. 215.

que faz' e 'o ketchup mais consumido no mundo', que não acarretam demérito das marcas concorrentes. Impossibilidade de que estes *claims*, por outro lado, venham a influenciar no senso crítico dos consumidores, razão pela qual não há que se falar em captação indevida de clientela. Apelada Unilever que, titular da marca Hellmann's, igualmente se utiliza do recurso questionado nos autos, na promoção dos seus produtos. Ato ilícito imputado à Heinz, portanto, que não se constata, o que torna desnecessário, por questão de coerência, inserir fonte de pesquisa atestando possuir ela o ketchup mais vendido do mundo" (TJSP – Apelação 1004301-65.2013.8.26.0309 – Acórdão 9163574 – Jundiaí – Primeira Câmara Reservada de Direito Empresarial – Rel. Des. Teixeira Leite – j. 03.02.2016 – DJESP 18.02.2016).

Como última ilustração a respeito da extensão concreta do art. 35 do CDC, concluiu o Superior Tribunal de Justiça em 2021 que o simples fato de o fornecedor não possuir o produto em estoque no momento da contratação não afasta o cumprimento forçado da obrigação, previsto nessa norma. Conforme trecho da ementa, que trata de venda pela internet e que cita esta obra:

"O CDC consagrou expressamente, em seus arts. 48 e 84, o princípio da preservação dos negócios jurídicos, segundo o qual se pode determinar qualquer providência a fim de que seja assegurado o resultado prático equivalente ao adimplemento da obrigação de fazer, razão pela qual a solução de extinção. do contrato e sua conversão em perdas e danos é a *ultima ratio*, o último caminho a ser percorrido. As opções do art. 35 do CDC são intercambiáveis e produzem, para o consumidor, efeitos práticos equivalentes ao adimplemento, pois guardam relação com a satisfação da intenção validamente manifestada ao aderir à oferta do fornecedor, por meio da previsão de resultados práticos equivalentes ao adimplemento da obrigação de fazer ofertada ao público. A impossibilidade do cumprimento da obrigação de entregar coisa, no contrato de compra e venda, que é consensual, deve ser restringida exclusivamente à inexistência absoluta do produto, na hipótese em que não há estoque e não haverá mais, pois aquela espécie, marca e modelo não é mais fabricada. Na hipótese dos autos, o acórdão recorrido impôs à recorrente a adequação de seu pedido às hipóteses dos incisos II e III do art. 35 do CDC, por considerar que a falta do produto no estoque do fornecedor impediria o cumprimento específico da obrigação" (STJ – REsp 1.872.048/RS – Rel. Ministra Nancy Andrighi – Terceira Turma – j. 23.02.2021 – *DJe* 01.03.2021).

Seguindo nos estudos da temática, algumas palavras devem ser ditas a respeito do *erro crasso*, *grosseiro* ou *patente* na vinculação da notícia, como nas hipóteses em que um determinado modelo de veículo é anunciado em jornais por preço muito menor, correspondente a 10% do seu valor de mercado. O tema é bem enfrentado por Rizzatto Nunes, para quem, em regra, não pode a empresa veiculadora da informação alegar o engano, a não ser "se a mensagem, ela própria, deixar patente o erro, pois caso contrário o fornecedor sempre poderia alegar que agiu em erro para negar-se a cumprir a oferta".[9]

Como tem se entendido no plano jurisprudencial, o anúncio, para não vincular o declarante, deve trazer uma patente onerosidade excessiva, uma declaração de valor irrisório em

---

[9] RIZZATTO NUNES, Luiz Antonio. *Comentários ao Código de Defesa do Consumidor*. 3. ed. São Paulo: Saraiva, 2007. p. 389-390.

relação ao valor real de mercado, perceptível de plano. Deduz-se, corretamente, que a boa-fé objetiva exigida do fornecedor ou prestador também vale para o consumidor. Nessa linha:

"Apelação cível. Direito do consumidor. Ação de obrigação de fazer. Oferta veiculada em jornal. Pretendida aquisição de automóvel pelo preço anunciado. R$ 1.500,00 (mil e quinhentos reais). Erro de digitação do periódico anunciante. Errata publicada prontamente. Valor anunciado extremamente abaixo do preço de mercado. R$ 13.500,00 (treze mil e quinhentos reais). Improcedência em primeiro grau. Inconformismo. Publicidade enganosa. Inocorrência. Enriquecimento ilícito flagrante. Pretensão contrária à boa-fé objetiva. Sentença mantida. Recurso conhecido e desprovido. O Código do Consumidor contém regras que devem ser aplicadas com proporção e razoabilidade. A literalidade do disposto nos arts. 30 e 35, I, da Lei 8.078/1990 não se presta ao locupletamento ilícito e esperteza do consumidor, em ofensa a todo e qualquer referencial de boa-fé. 'A boa-fé objetiva é elemento negocial que se exige do consumidor tanto quanto do fornecedor. Recurso provido, para julgar improcedente a ação' (TJRS – Rel. Mylene Maria Michel, *in* Recurso Cível n. 71000727123, j. 24.08.2005)" (TJSC – Apelação Cível 2005.024478-6, Criciúma – Primeira Câmara de Direito Civil – Rel. Des. Carlos Adilson Silva – *DJSC* 24.09.2009, p. 61).

"Entrega de coisa certa. Direito do consumidor. Mercadoria com valor anunciado de forma errada. Fato que evidencia erro e não dolo do comerciante. Desproporção entre o preço real e o anunciado. Enriquecimento ilícito. Não cabimento. O art. 30, do CDC, consagra o princípio da boa-fé, que deve vigorar nas relações de consumo desde a fase pré-contratual, obrigando o fornecedor a cumprir o prometido em sua propaganda. No entanto, não se pode obrigar o fornecedor a vender mercadoria pelo preço anunciado, se não se vislumbra a existência de dolo, mas sim de evidente erro na informação, denunciado pela grande desproporção entre o preço real do equipamento e o anunciado. A boa-fé, que a Lei exige do fornecedor, também é exigida do consumidor. 'Assim, na hipótese de equívoco flagrante e disparatado presente em informação ou publicidade, não se pode consentir na vinculação obrigacional do fornecedor almejada por consumidor animado pelo propósito do enriquecimento ilícito' (OLIVEIRA, James Eduardo. *Código de Defesa do Consumidor Anotado e Comentado*, Ed. Atlas, p. 201)" (TJMG – Apelação Cível 1.0701.05.133023-4/001, Uberaba – Décima Quarta Câmara Cível – Rel. Des. Elias Camilo – j. 27.06.2007 – *DJMG* 23.07.2007).

No âmbito do Superior Tribunal de Justiça, em 2020, firmou-se a tese segundo a qual "o erro sistêmico grosseiro no carregamento de preços e a rápida comunicação ao consumidor podem afastar a falha na prestação do serviço e o princípio da vinculação da oferta". No caso julgado, os consumidores fizeram a reserva de bilhetes aéreos para a Holanda, a preço muito abaixo do praticado por outras empresas aéreas, não tendo ocorrido a emissão dos bilhetes eletrônicos que pudessem formalizar a compra. Também não houve os débitos nos respectivos cartões de crédito dos compradores. Nesse contexto fático, concluiu-se, de forma correta no meu entender, o seguinte:

"Diante da particularidade dos fatos, em que se constatou inegável erro sistêmico grosseiro no carregamento de preços, não há como se admitir que houve falha na prestação de serviços por parte das fornecedoras, sendo inviável a condenação das recorridas à obrigação de fazer pleiteada na inicial, relativa à emissão de passagens aéreas em nome dos recorrentes nos mesmos termos e valores previamente disponibilizados". E mais, "o real escopo da legislação consumerista que, reitera-se, não tem sua razão de ser na proteção ilimitada do consumidor – ainda que reconheça a sua vulnerabilidade –, mas sim na promoção da harmonia e equilíbrio das relações de consumo" (STJ – REsp 1.794.991/SE – Terceira Turma – Rel. Min. Nancy Andrighi – j. 05.05.2020 – *DJe* 11.05.2020).

Deve ficar claro que o Direito Civil tem superado a discussão a respeito da *escusabilidade* ou não do erro, ou seja, se o engano deve ser justificável ou não. Procura-se, assim, resolver os casos concretos a partir do princípio da boa-fé, um dos baluartes do sistema privado nacional. Nessa linha de raciocínio, na *I Jornada de Direito Civil*, aprovou-se o Enunciado n. 12 do Conselho da Justiça Federal e Superior Tribunal de Justiça, *in verbis*: "na sistemática do art. 138 do Código Civil, é irrelevante ser ou não escusável o erro, porque o dispositivo adota o princípio da confiança".

Como palavras finais deste tópico, penso que se o erro crasso constante da oferta trouxer justas expectativas ao consumidor, pelo fato de que o preço ali fixado não está muito distante das *regras de tráfego*, do que é habitual não só nas vendas do anunciante, mas também de seus concorrentes, restará mantida a força vinculativa da oferta. A afirmação vale mesmo se o valor estiver abaixo de 10% do *preço cheio* do bem que está sendo anunciado.

6.3. O CONTEÚDO DA OFERTA E A MANUTENÇÃO DE SUA INTEGRALIDADE

A complementar o sentido do seu dispositivo antecedente, o art. 31 da Lei 8.078/1990 estabelece que a oferta e a apresentação de produtos ou serviços devem assegurar informações corretas, claras, precisas, ostensivas e em língua portuguesa sobre suas características, qualidades, quantidade, composição, preço, garantia, prazos de validade e origem, entre outros dados, bem como sobre os riscos que apresentam à saúde e segurança dos consumidores.

Como feliz proposta de inovação, frise-se que o PLS 281/2012, originário do Senado Federal, pretende incluir menção aos riscos ao meio ambiente, em sadio *diálogo* com o art. 225 da CF/1988 e a legislação ambiental. Em complemento, o art. 31 do CDC ganharia mais um parágrafo, a preceituar que as informações sobre qualidades ambientais dos produtos ou serviços devem atender aos seguintes princípios: *a)* veracidade, uma vez que as informações ambientais devem ser verdadeiras e sempre passíveis de verificação e comprovação; *b)* exatidão, pois as informações ambientais devem ser exatas e precisas, não cabendo informações genéricas e vagas; *c)* pertinência, eis que as informações ambientais devem ter relação com os processos de produção e comercialização dos produtos e serviços anunciado; e *d)* relevância, porque o benefício ambiental salientado deverá ser significativo em termos do impacto do produto ou serviço sobre o meio ambiente, em todo o seu ciclo de vida, ou seja, na sua produção, uso e descarte.

Sem prejuízo dessa projeção, na atual realidade legislativa, o quadro a seguir facilita a visualização da norma, sendo certo que os *substantivos* constituem os dados mínimos relativos aos produtos e serviços, enquanto os *adjetivos*, as qualificações exigidas pela lei em relação à oferta:

Substantivos – dados mínimos dos produtos e serviços	Adjetivos – qualificações relativas a esses dados
Informações sobre suas características, qualidades, quantidade, composição, preço, garantia, prazos de validade e origem, entre outros.	Devem ser corretas, claras, precisas, ostensivas e em língua portuguesa, tudo visando à facilitação da compreensão pelos consumidores.

Em suma, o conteúdo relativo à oferta deve ser completo, de modo que o consumidor seja devidamente informado a respeito daquilo que está sendo adquirido. Em todas as situações, deve-se levar em conta um nível de informações compatíveis com o *brasileiro médio*, ou seja, deve-se facilitar ao máximo a compreensão do conteúdo. Tal dever de informar mantém interação indeclinável em relação à boa-fé objetiva e a transparência exigidas na fase pré-negocial.[10]

Como todo o sistema consumerista, os elementos constantes na tabela são meramente exemplificativos (*numerus apertus*) e não exaustivos (*numerus clausus*), pois o que é valorizado é o conhecimento do objeto da oferta pelo consumidor. Tanto isso é verdade que o art. 33 do CDC, em um sentido suplementar, determina que, em caso de oferta ou de venda por telefone ou reembolso postal, deve constar o nome do fabricante e endereço na embalagem, publicidade e em todos os impressos utilizados na transação comercial. Como não poderia ser diferente, a última norma tem incidência para a contratação eletrônica celebrada pela internet na sociedade da informação. Espera-se, contudo, a alteração da legislação, para que o mundo digital seja regulado, o que é necessário, e até urgente.

Consigne-se que foi acrescido um parágrafo único no último preceito, pela Lei 11.800/2008, enunciando expressamente que é proibida a publicidade de bens e serviços por telefone, quando a chamada for onerosa ao consumidor que a origina. A última norma visou a afastar a atuação desenfreada das empresas de *telemarketing*, que muitas vezes atuam em abuso de direito, com os fins de benefícios diretos ou indiretos.

Ainda no que concerne ao tema, deve ser mencionado o teor da Lei 10.962/2004, que dispõe sobre a oferta e as maneiras de afixação de preços de produtos e serviços para o consumidor. Conforme o seu art. 2º, são admitidas as seguintes formas de afixação de preços em vendas a varejo para o consumidor: *a*) no comércio em geral, por meio de etiquetas ou similares afixados diretamente nos bens expostos à venda, e em vitrines, mediante divulgação do preço à vista em caracteres legíveis; *b*) em autosserviços, supermercados, hipermercados, mercearias ou estabelecimentos comerciais onde o consumidor tenha acesso direto ao produto, sem intervenção do comerciante, mediante a impressão ou afixação do preço do produto na embalagem, ou a afixação de código referencial, ou ainda, com a afixação de código de barras; e *c*) no comércio eletrônico, mediante divulgação ostensiva do preço à vista, junto à imagem do produto ou descrição do serviço, em caracteres facilmente legíveis com tamanho de fonte não inferior a doze (incluída a última previsão pela Lei 13.543/2017). Em complemento, prevê a mesma norma que, nos casos de utilização de código referencial ou de barras, o comerciante deverá apresentar, de modo claro e legível, com os itens expostos, informação relativa ao preço à vista do produto, suas características e código.

---

[10] Conforme reconhece o próprio *autor* da norma: BENJAMIN, Antonio Herman. V.; MARQUES, Claudia Lima; BESSA, Leonardo Roscoe. *Manual de Direito do Consumidor*. 3. ed. São Paulo: RT, 2010. p. 221.

Pontue-se que houve a inclusão de um art. 2º-A nesse diploma, por força da Lei 13.175/2015, prescrevendo que na venda a varejo de produtos fracionados em pequenas quantidades, o comerciante deverá informar, na etiqueta contendo o preço ou junto aos itens expostos, além do preço do produto à vista, o preço correspondente a uma das seguintes unidades fundamentais de medida: capacidade, massa, volume, comprimento ou área, de acordo com a forma habitual de comercialização de cada tipo de produto. Ademais, o mesmo comando enuncia que essas regras não se aplicam à comercialização de medicamentos.

O desrespeito a tal dever de informar, previsto em todos esses dispositivos, gera amplas consequências em relação ao fornecedor ou prestador, como a responsabilização civil e a imposição de sanções administrativas, tratadas a partir do art. 55 da Lei 8.078/1990. A título ilustrativo, analisando a estrutura e a função do art. 31 do CDC, o Superior Tribunal de Justiça, em acórdãos recentes, concluiu que as contas telefônicas que não trazem detalhadamente a quantidade de pulsos utilizados violam o dever de informação, sujeitando-se as empresas correspondentes às penalidades previstas em lei. Houve divergência apenas quanto à extensão temporal de tal exigência, conforme se depreende de uma das ementas, a seguir transcrita:

"Administrativo. Consumidor. Telefonia fixa. Pulsos. Detalhamento. Ressalva do relator. 1. A Primeira Seção do Superior Tribunal de Justiça, ao apreciar demanda sob o rito dos recursos repetitivos (art. 543-C do CPC), decidiu que: *a)* a discriminação de todas as ligações locais, dentro ou fora da franquia, passou a ser exigido a partir de 1º de agosto de 2007; e *b)* o fornecimento da fatura detalhada é ônus da concessionária. 2. Ressalva do ponto de vista do Relator sobre o tema, no sentido de que, mesmo antes da edição do Decreto 4.733/2003 e da Resolução ANATEL 432/2006, a falta, na conta telefônica, das referidas exigências macula a prestação do serviço com o vício de qualidade por inadequação, conforme os arts. 6º, III, 20, 22 e 31 do CDC. 3. Agravos Regimentais não providos" (STJ – AgRg-AgRg-Ag 1.337.817/PR – Segunda Turma – Rel. Min. Herman Benjamin – j. 15.03.2011 – *DJe* 25.04.2011).

O conteúdo do art. 31, do mesmo modo, foi analisado por aquela Corte Superior no julgamento envolvendo a necessidade de informações nos alimentos relativas ao glúten, de mesma relatoria. A ementa de conclusão, com diversas menções ao dispositivo, é longa, deduzindo pela necessidade da prestação da informação, merecendo transcrição o seu trecho inicial e principal:

"Direito do consumidor. Administrativo. Normas de proteção e defesa do consumidor. Ordem pública e interesse social. Princípio da vulnerabilidade do consumidor. Princípio da transparência. Princípio da boa-fé objetiva. Princípio da confiança. Obrigação de segurança. Direito à informação. Dever positivo do fornecedor de informar, adequada e claramente, sobre riscos de produtos e serviços. Distinção entre informação-conteúdo e informação-advertência. Rotulagem. Proteção de consumidores hipervulneráveis. Campo de aplicação da Lei do Glúten (Lei 8.543/1992, ab-rogada pela Lei 10.674/2003) e eventual antinomia com o art. 31 do Código de Defesa do Consumidor. Mandado de segurança preventivo. Justo receio da impetrante de ofensa à sua livre-iniciativa e à comercialização de seus produtos. Sanções administrativas por deixar de advertir sobre os riscos do glúten aos doentes celíacos. Inexistência de direito líquido e certo. Denegação da segurança. (...)" (STJ – REsp 586.316/MG – Segunda Turma – Rel. Min. Herman Benjamin – j. 17.04.2007 – *DJe* 19.03.2009).

Do corpo do julgado extrai-se excelente doutrina a respeito das informações prestadas, nos seguintes termos:

"A informação deve ser correta (= verdadeira), clara (= de fácil entendimento), precisa (= não prolixa ou escassa), ostensiva (= de fácil constatação ou percepção) e, por óbvio, em língua portuguesa. 11. A obrigação de informação é desdobrada pelo art. 31 do CDC, em quatro categorias principais, imbricadas entre si: a) informação-conteúdo (= características intrínsecas do produto e serviço), b) informação-utilização (= como se usa o produto ou serviço), c) informação-preço (= custo, formas e condições de pagamento), e d) informação-advertência (= riscos do produto ou serviço). 12. A obrigação de informação exige comportamento positivo, pois o CDC rejeita tanto a regra do *caveat emptor* como a subinformação, o que transmuda o silêncio total ou parcial do fornecedor em patologia repreensível, relevante apenas em desfavor do profissional, inclusive como oferta e publicidade enganosa por omissão. (...) O CDC estatui uma obrigação geral de informação (= comum, ordinária ou primária), enquanto outras Leis, específicas para certos setores (como a Lei 10.674/2003), dispõem sobre obrigação especial de informação (= secundária, derivada ou tópica). Esta, por ter um caráter mínimo, não isenta os profissionais de cumprirem aquela. (...). 17. No campo da saúde e da segurança do consumidor (e com maior razão quanto a alimentos e medicamentos), em que as normas de proteção devem ser interpretadas com maior rigor, por conta dos bens jurídicos em questão, seria um despropósito falar em dever de informar baseado no *homo medius* ou na generalidade dos consumidores, o que levaria a informação a não atingir quem mais dela precisa, pois os que padecem de enfermidades ou de necessidades especiais são frequentemente a minoria no amplo universo dos consumidores" (STJ – REsp 586.316/MG – Segunda Turma – Rel. Min. Herman Benjamin – j. 17.04.2007 – DJe 19.03.2009).

Acrescente-se que surgiu divergência posterior a respeito do tema, pois julgado da Terceira Turma da mesma Corte, do final de 2016, concluiu que "a expressão 'contém glúten' ou 'não contém glúten' constitui uma clara advertência aos consumidores, sendo uma proteção suficientemente adequada àqueles que são adversamente afetados pela mencionada substância. É desnecessária a inserção de informações adicionais nos rótulos e embalagens" (STJ – REsp 1.515.895/MS – Terceira Turma – Rel. Min. Nancy Andrighi – j. 06.12.2016 – DJe 14.12.2016). Como se percebe, a divergência existia sobre as citadas *informações adicionais*.

Em 2017, a Corte Especial do Tribunal da Cidadania pacificou a questão, seguindo a orientação anterior da Segunda Turma, com total razão. Nos termos da ementa desse correto acórdão, "o art. 1º da Lei 10.674/2003 (Lei do Glúten) estabelece que os alimentos industrializados devem trazer em seu rótulo e bula, conforme o caso, a informação 'não contém glúten' ou 'contém glúten', isso é, apenas a informação-conteúdo. Entretanto, a superveniência da Lei 10.674/2003 não esvazia o comando do art. 31, *caput*, do CDC (Lei 8.078/1990), que determina que o fornecedor de produtos ou serviços deve informar 'sobre os riscos que apresentam à saúde e segurança dos consumidores', ou seja, a informação-advertência. Para que a informação seja correta, clara e precisa, torna-se necessária a integração entre a Lei do Glúten (lei especial) e o CDC (lei geral), pois, no fornecimento de alimentos e medicamentos, ainda mais a consumidores hipervulneráveis, não se pode contentar com o *standard* mínimo, e sim com o *standard* mais completo possível. O fornecedor de alimentos deve complementar a informação-conteúdo 'contém glúten' com a informação-advertência de que o glúten é prejudicial à saúde dos consumidores com doença celíaca" (STJ – EREsp 1.515.895/MS –

Corte Especial – Rel. Min. Humberto Martins – j. 20.09.2017 – *DJe* 27.09.2017). Como não poderia ser diferente, estou filiado ao último entendimento, na linha do sadio *diálogo entre as fontes*, efetivando-se corretamente o dever de informação que decorre da boa-fé objetiva.

Ainda para concretizar o comando consumerista em estudo (art. 31 do CDC), do Superior Tribunal de Justiça cabe também colacionar julgado publicado no seu *Informativo* n. 468, que responsabilizou entidade bancária pelo desrespeito às informações previamente mal prestadas. Vejamos o teor da publicação:

"Responsabilidade. Redirecionamento. Aplicações financeiras. O recorrente fez aplicações em fundo gerido pela instituição financeira recorrida, do qual era correntista. Sucede que ela redirecionou suas aplicações para outro banco alheio à relação contratual que, após, sofreu intervenção do Bacen, o que ocasionou a indisponibilidade dos valores aplicados. Diante disso, o recorrente pretende a responsabilização da recorrida pelos danos materiais causados ao fundamento de violação do art. 31 do CDC. Mesmo ao se considerar que os fundos de investimentos comportam contratos de risco, aleatórios e, geralmente, dependentes do acaso, é certo que o investidor (consumidor) que se utiliza dos préstimos de fornecedor de serviços bancários está albergado pelas normas do CDC, além do princípio da boa-fé e seus deveres anexos, o que impõe ao banco a exigência de fornecer informações adequadas, suficientes e específicas a respeito do serviço prestado ao investidor. Assim, na hipótese, o redirecionamento das aplicações do recorrente configura operação realizada pela recorrida fora de seu compromisso contratual e legal, o que, sem dúvida, extrapola a *alea* inerente a esse contrato. Dessarte, não há que se comparar a hipótese aos casos referentes ao risco da desvalorização do real diante do dólar americano (em que há precedente da Terceira Turma pela não responsabilização do banco) ou mesmo aos de ações que perdem abruptamente seu valor na bolsa de valores, pois está presente na espécie o elemento volitivo (a escolha da própria recorrida), com o qual o conceito de risco que poderia desonerar a instituição bancária de sua responsabilidade, por revestir-se de incerteza, é incompatível. Assim, ausente a *alea*, a mera presunção de conhecimento ou a anuência quanto aos riscos não são fundamentos a desonerar a recorrida de ressarcir ao recorrente os valores aplicados, pois aquela não se desincumbiu de comprovar que o recorrente lhe concedera expressa autorização, devendo, assim, arcar com a má escolha operada supostamente em nome do cliente. Esse entendimento foi acolhido pela maioria dos componentes da Turma no prosseguimento do julgamento. Precedentes citados: REsp 1.003.893-RJ, *DJe* 08.09.2010, e REsp 747.149-RJ, *DJ* 05.12.2005" (STJ – REsp 1.131.073-MG – Rel. Min. Nancy Andrighi – j. 05.04.2011).

Como outra importante ilustração, o Tribunal de São Paulo entendeu pelo desrespeito ao art. 31 do CDC pelo fato de o hipermercado ter colocado pescado à venda em momento próximo ao prazo de vencimento, sem que isso tivesse sido ostensivamente informado aos consumidores. No caso em apreço, ficaram evidenciados os danos ao consumidor, a justificar até a reparação imaterial:

"Apelação. Ação de indenização por danos morais. Alimento deteriorado. Compra de pescado exposto em bancada de gelo. Prazo de validade de um dia. Letra minúscula. Informação insuficiente. Falta de informação de que o alimento não poderia ser congelado. Art. 31 do CDC. Dever de informação não observado pelo hipermercado fornecedor. Risco à saúde do consumidor. Configuração. Dano moral. Tipificação. Conduta inadequada ou insuficiente do fornecedor pondo em risco a saúde do consumidor, atributo da personalidade. Reparabilidade do dano moral. Sentença.

Improcedência. Reforma parcial. Indenização fixada em R$ 10.000,00 (dez mil reais) para cada demandante. Apelação provida parcialmente" (TJSP – Apelação 9157713-41.2007.8.26.0000 – Acórdão 4798366, Santo André – Vigésima Quinta Câmara de Direito Privado – Rel. Des. Amorim Cantuária – j. 09.11.2010 – *DJESP* 11.01.2011).

Prosseguindo no estudo da norma, o parágrafo único do art. 31 do CDC, incluído pela Lei 11.989/2009, prescreve que "as informações de que trata este artigo, nos produtos refrigerados oferecidos ao consumidor, serão gravadas de forma indelével". O dispositivo tem incidência, por exemplo, para carnes, massas e derivados do leite. A expressão *indelével* quer dizer "indestrutível, inapagável, justamente para evitar o desaparecimento de dados essenciais sem os quais o consumidor pode estar sujeito a um consumo que o exponha a intoxicação".[11]

Em complemento ao preceito geral a respeito do conteúdo das informações previamente prestadas, o art. 32 da Lei 8.078/1990 preceitua que os fabricantes e importadores deverão assegurar a oferta de componentes e peças de reposição enquanto não cessar a fabricação ou importação do produto. Se cessadas a produção ou importação, a oferta deverá ser mantida por período razoável de tempo, na forma da lei. Esse tempo razoável, por óbvio, deve levar em conta a *vida útil média* do produto, bem como a sua difusão no mercado de consumo. A norma visa justamente a fazer cumprir a oferta anterior, quando da aquisição originária do produto, mantendo a sua integralidade. O desrespeito ao preceito faz com que esteja caracterizado o vício de qualidade no produto, cabendo as opções previstas no art. 18 da Lei 8.078/1990.

Como exemplo concreto de desrespeito ao preceito, pode ser citado o caso da montadora de veículos russa Lada. Os veículos começaram a ser importados e vendidos no Brasil no ano de 1991 e, sete anos depois, diante da diminuição das vendas, a montadora parou de atuar no País. Como consequência, milhares de consumidores ficaram sem as peças de reposição dos veículos, o que gerou enormes prejuízos. A grande maioria dos veículos está em ferros velhos ou parados em casas e oficinas. Alguns ainda rodam, principalmente entre os *jipeiros* que conseguiram substituir as peças por outras de montadoras diversas, fazendo adaptações no veículo.

Em casos mais recentes, a jurisprudência tem entendido pela possibilidade de rescisão do contrato de aquisição do bem por desrespeito ao preceito do art. 32 do CDC. Como primeiro exemplo, vejamos decisão do Tribunal Gaúcho nesse sentido, relativa a problema em *home theater*:

"Reparação de danos. Defeito no produto. *Deceiver* para *home theater*. Ausência de peça no mercado para efetuar o conserto do bem. Carência do componente menos de quatro anos após a aquisição. Período que não pode ser considerado razoável diante da vida útil prevista para o *deceiver*. Hipótese em que o produto adquirido não satisfez a legítima expectativa do consumidor. Desatendimento do art. 32 do Código de Defesa do Consumidor. Restituição do valor pago pelo produto. Sentença mantida. Recurso desprovido. Unânime" (TJRS – Recurso 9525-30.2011.8.21.9000, Teutônia – Terceira Turma Recursal Cível – Rel. Des. Elaine Maria Canto da Fonseca – j. 14.04.2011 – *DJERS* 26.04.2011).

---

[11] MORAIS, Ezequiel. *Código de Defesa do Consumidor Comentado*. São Paulo: RT, 2010. p. 182.

Com conclusão muito próxima, vejamos outra decisão do mesmo Tribunal, referente a problema em peça de televisor, em que se fez uma correta interpretação do prazo razoável previsto no parágrafo único do art. 32, levando-se em conta o tempo médio de uso do eletrodoméstico:

"Consumidor. Aparelho televisor. Defeito. Ausência de peça de reposição para o conserto. Desatendimento do art. 32 do Código de Defesa do Consumidor. Inocorrência de dano moral. 1. Sendo a vida útil de um aparelho televisor entre 10 e 20 anos e tendo o mesmo apresentado defeito com menos de três anos de uso, não tendo sido consertado em virtude da inexistência de peça no mercado, faz jus o autor à restituição do valor pago, pois presente a responsabilidade da demandada, nos termos do art. 32 do Código de Defesa do Consumidor. 2. No caso, o período razoável de oferta de componentes e peças de reposição mencionado no parágrafo único do art. 32 do Código de Defesa do Consumidor não se exauriu. Hipótese em que o produto adquirido não satisfez a legítima expectativa do consumidor. 3. Dano moral não configurado pelo simples descumprimento contratual, sem estar agregada qualquer lesão a atributo de personalidade do consumidor. Recurso parcialmente provido" (TJRS – Recurso Cível 71002661379, Caxias do Sul – Terceira Turma Recursal Cível – Rel. Des. Ricardo Torres Hermann – j. 09.11.2010 – DJERS 19.11.2010).

Na mesma linha, em decisão da mesma pioneira Corte Estadual, deduziu-se, a título ilustrativo, que o prazo de cinco anos é razoável para que o fabricante assegure a reposição de peças de um televisor de cinquenta e cinco polegadas e valor considerável (TJRS – Recurso Cível 71001812007, Lajeado – Terceira Turma Recursal Cível – Rel. Des. João Pedro Cavalli Júnior – j. 28.05.2009 – DOERS 05.06.2009, p. 150).

A encerrar o presente tópico, como exposto a respeito do *caso Lada*, é comum que o problema de reposição esteja relacionado a peças de automóveis, sendo necessária a sua importação. Em casos tais, além da possibilidade de resolução do negócio, é viável que o consumidor permaneça com o veículo, sendo indenizado por outros prejuízos, como os danos emergentes da necessidade de locar um outro automóvel para uso próprio (TJRJ – Apelação Cível 8656/1997, Rio de Janeiro – Quarta Câmara Cível – Rel. Des. Semy Glanz – j. 17.03.1998).

6.4. A RESPONSABILIDADE CIVIL OBJETIVA E SOLIDÁRIA DECORRENTE DA OFERTA

Como não poderia ser diferente, em sintonia com o sistema adotado pelo CDC, a responsabilidade civil que decorre da vinculação da oferta e da publicidade é de natureza objetiva, em regra. Como ensina o Ministro Herman Benjamin, "sem dúvida alguma, a responsabilidade dos arts. 30 e 35 é objetiva, pois seu texto em nada alude à culpa do anunciante, razão pela qual não pode o intérprete agregá-la, muito menos num contexto em que, seja pela vulnerabilidade da parte protegida (o consumidor), seja pelas características do fenômeno regrado (a publicidade), o direito, antes mesmo da interferência do legislador, já se encaminhava na direção da objetivação da responsabilidade civil".[12]

---

[12] BENJAMIN, Antonio Herman V.; MARQUES, Claudia Lima; BESSA, Leonardo Roscoe. *Manual de Direito do Consumidor*. 3. ed. São Paulo: RT, 2010. p. 219.

Para o entendimento da responsabilidade objetiva como regra, contribui sobremaneira a parte final do art. 14 do CDC, que estabelece a responsabilidade independentemente de culpa nos casos de informações insuficientes ou inadequadas sobre a fruição e riscos do serviço. Além disso, não se pode esquecer que a quebra da confiança e da boa-fé objetiva gera uma responsabilidade sem culpa (Enunciado n. 363 do CJF/STJ), o que, via de regra, está presente em relação à oferta ou publicidade. No plano jurisprudencial, várias são as ementas de julgados que trazem tais conclusões de afastamento do modelo culposo ou subjetivo na oferta (TJBA – Recurso 0155094-84.2004.805.0001-1 – Quarta Turma Recursal – Rel. Juíza Eloisa Matta da Silveira Lopes – *DJBA* 24.11.2010; TJCE – Recurso Cível 2004.0004.3352-0/1 – Sexta Turma Recursal dos Juizados Especiais – Rel. Des. Heraclito Vieira de Sousa Neto – *DJCE* 19.02.2009, p. 184; TJDF – Recurso 2007.11.1.002268-6 – Acórdão 324.616 – Segunda Turma Recursal dos Juizados Especiais Cíveis e Criminais – Rel. Juiz Alfeu Machado – *DJDFTE* 20.10.2008, p. 147; TJMG – Apelação Cível 1.0024.05.786808-5/0031, Belo Horizonte – Décima Sexta Câmara Cível – Rel. Des. Batista de Abreu – j. 26.03.2008 – *DJEMG* 26.04.2008; TJRJ – Apelação Cível 9348/2003, Rio de Janeiro – Nona Câmara Cível – Rel. Des. Laerson Mauro – j. 17.06.2003; e 1º TAC-SP – Recurso 952708-2 – Quarta Câmara – Rel. Juiz Luiz Antonio Rizzatto Nunes – j. 29.11.2000).

Imperioso verificar a natureza da responsabilidade civil do profissional liberal em relação à oferta e à publicidade, se objetiva ou subjetiva. Por incidência do § 4º do art. 14 do CDC – que, como visto, serve para completar o sentido da responsabilidade pela oferta –, a responsabilidade é subjetiva, devendo ser provada a sua culpa. A título de exemplo, cite-se a hipótese envolvendo o dever de reparar pessoal do publicitário responsável pelo conteúdo das informações ou da celebridade que relaciona o seu nome ao produto, como se verá.

Além da responsabilidade objetiva como regra, a Lei 8.078/1990 estabelece a solidariedade entre todos os envolvidos na veiculação da oferta. Preconiza o *caput* do seu art. 34 que "o fornecedor do produto ou serviço é solidariamente responsável pelos atos de seus prepostos ou representantes autônomos". Trata-se de uma decorrência normal do regime de solidariedade retirado do art. 7º, parágrafo único, do CDC. Ademais, como bem expõe a doutrina consumerista, adotou-se um modelo de *responsabilidade solidária por relação de pressuposição*, nos moldes do que consta dos arts. 932, inc. III, e 942, parágrafo único, do Código Civil de 2002.[13]

Reconhecendo a citada solidariedade quanto à publicidade enganosa, merece destaque a premissa n. 18, constante da Edição n. 74 da ferramenta *Jurisprudência em Teses*, do STJ (Consumidor III, de 2017): "é solidária a responsabilidade entre aqueles que veiculam publicidade enganosa e os que dela se aproveitam na comercialização de seu produto ou serviço". São citados como principais acórdãos-paradigmas para a tese, sem prejuízo de outros: REsp 1.365.609/SP – Quarta Turma – Rel. Min. Luis Felipe Salomão – j. 28.04.2015, *DJe* 25.05.2015; REsp 1.391.084/RJ – Terceira Turma – Rel. Min. Paulo de Tarso Sanseverino – j. 26.11.2013 – *DJe* 25.02.2014 e REsp 1.3649.15/MG – Segunda Turma – Rel. Min. Humberto Martins – j. 14.05.2013 – *DJe* 24.05.2013.

---

[13] MARQUES, Claudia Lima; BENJAMIN, Antonio Herman; MIRAGEM, Bruno. *Comentários ao Código de Defesa do Consumidor*. 3. ed. São Paulo: RT, 2010. p. 708; MORAIS, Ezequiel; CARAZAI, Marcos Marins; PODESTÁ, Fábio Henrique. *Código de Defesa do Consumidor Comentado*. São Paulo: RT, 2010. p. 185.

Compare-se que a responsabilidade pelo ato do preposto é objetiva, com a diferença substancial de que, no sistema consumerista, não há necessidade de se provar a culpa do último, do preposto. Tal confrontação é importante, pois, no sistema civil, a doutrina majoritária entende pela responsabilidade objetiva do empregador ou comitente, desde que provada a culpa do empregado ou preposto, o que é interpretação do art. 933 da codificação privada.[14]

Trata-se daquilo que Álvaro Villaça Azevedo denomina uma *responsabilidade objetiva impura*, pela presença de culpa da outra parte.[15] De toda sorte, como bem expõe Bruno Miragem, no sistema consumerista é possível que a empresa também responda por culpa de seu preposto, assegurado o direito de regresso em face do culpado, nos termos do art. 934 do CC/2002, após ter sido satisfeito o consumidor nos seus direitos.[16]

De toda sorte, o teor de extensão do art. 34 do CDC é visto com reservas pela doutrina e pela jurisprudência. Como esclarece Herman Benjamin, pelo teor do dispositivo, o consumidor somente pode demandar o anunciante da oferta, em regra. Sendo assim, "tal limitação passiva do princípio traz, como consequência, a impossibilidade de o consumidor acionar, exceto em circunstâncias especiais, a agência e o veículo. Vale dizer, caso ao fornecedor fosse dado o direito de exigir sua responsabilidade a pretexto de que o equívoco no anúncio foi causado pela agência ou pelo veículo, o consumidor, não podendo acionar nenhum dos sujeitos envolvidos com o fenômeno publicitário, ficaria sem recurso jurídico disponível, ou seja, haveria de arcar sozinho com o seu prejuízo. Se a desconformidade no anúncio decorrer de falha da agência ou do veículo, só o anunciante, e não o consumidor, dispõe dos recursos – inclusive contratuais –, para evitá-los, controlá-los e cobrá-los. A escolha e contratação da agência e do veículo são efetuados pelo próprio anunciante e só por ele. É ele quem os paga, os repreende e, eventualmente, por rompimento contratual, os aciona".[17] Essa impossibilidade de o consumidor demandar a agência e o veículo de comunicação, como regra, tem sido a conclusão do STJ, conforme ementas a seguir:

> "Civil e processual. Ação de cobrança, cumulada com indenização por danos morais. Contratação de empréstimo junto a instituição financeira. Depósito de importância a título de primeira prestação. Crédito mutuado não concedido. Atribuição de responsabilidade civil ao prestador do serviço e à rede de televisão que, em programa seu, apresentara propaganda do produto e serviço. 'Publicidade de palco'. Características. Finalidade. Ausência de garantia, pela emissora, da qualidade do bem ou serviço anunciado. Mera veiculação publicitária. Exclusão da lide. Multa procrastinatória aplicada pela instância ordinária. Propósito de prequestionamento. Exclusão. Súmula

---

[14] A título de exemplo, assim se posicionam: DINIZ, Maria Helena. *Curso de direito civil brasileiro*. 21. ed. São Paulo: Saraiva, 2007. v. 7: Responsabilidade Civil, p. 519; TEPEDINO, Gustavo; BARBOZA, Heloísa Helena; MORAES, Maria Celina Bodin de. *Código Civil interpretado conforme a Constituição da República*, v. II. Renovar, 2006, p. 832; CAVALIERI FILHO, Sérgio. *Programa de responsabilidade civil*. 7. ed. São Paulo: Atlas, 2007. p. 175; TAVARES DA SILVA, Regina Beatriz (Coord.). *Código Civil comentado*. 6. ed. São Paulo: Saraiva, 2008. p. 897; GONÇALVES, Carlos Roberto. *Responsabilidade civil*. 9. ed. São Paulo: Saraiva, 2005. p. 131.
[15] AZEVEDO, Álvaro Villaça. *Teoria geral das obrigações*. Responsabilidade civil. São Paulo: Atlas, 2004. p. 284.
[16] MIRAGEM, Bruno. *Curso de Direito do Consumidor*. 2. ed. São Paulo: RT, 2010. p. 167.
[17] BENJAMIN, Antonio Herman V.; MARQUES, Claudia Lima; BESSA, Leonardo Roscoe. *Manual de Direito do Consumidor*. 3. ed. São Paulo: RT, 2010. p. 220.

98-STJ. CDC, arts. 3º, 12, 14, 18, 20, 36, parágrafo único, e 38; CPC, art. 267, VI. I. A responsabilidade pela qualidade do produto ou serviço anunciado ao consumidor é do fornecedor respectivo, assim conceituado nos termos do art. 3º da Lei 8.078/1990, não se estendendo à empresa de comunicação que veicula a propaganda por meio de apresentador durante programa de televisão, denominada 'publicidade de palco'. II. Destarte, é de se excluir da lide, por ilegitimidade passiva *ad causam*, a emissora de televisão, por não se lhe poder atribuir corresponsabilidade por apresentar publicidade de empresa financeira, também ré na ação, que teria deixado de fornecer o empréstimo ao telespectador nas condições prometidas no anúncio. III. 'Embargos de declaração manifestados com notório propósito de prequestionamento não têm caráter protelatório' (Súmula n. 98/STJ). IV. Recurso especial conhecido e provido" (STJ – REsp 1157228/RS – Quarta Turma – Rel. Min. Aldir Passarinho Junior – j. 03.02.2011 – *DJe* 27.04.2011).

"Recurso especial. Prequestionamento. Inocorrência. Súmula 282/STF. Falta de combate aos fundamentos do acórdão. Aplicação analógica da Súmula 182. Princípio da dialeticidade recursal. Ação civil pública. Consumidor. Veículos de comunicação. Eventual propaganda ou anúncio enganoso ou abusivo. Ausência de responsabilidade. CDC, art. 38. Fundamentos constitucionais. I. Falta prequestionamento quando o dispositivo legal supostamente violado não foi discutido na formação do acórdão recorrido. II. É inviável o recurso especial que não ataca os fundamentos do acórdão recorrido. Inteligência da Súmula 182. III. As empresas de comunicação não respondem por publicidade de propostas abusivas ou enganosas. Tal responsabilidade toca aos fornecedores-anunciantes, que a patrocinaram (CDC, arts. 3º e 38). IV. O CDC, quando trata de publicidade, impõe deveres ao anunciante – não às empresas de comunicação (art. 3º, CDC). V. Fundamentação apoiada em dispositivo ou princípio constitucional é imune a recurso especial" (STJ – REsp 604.172/SP – Terceira Turma – Rel. Min. Humberto Gomes de Barros – j. 27.03.2007 – *DJ* 21.05.2007, p. 568).

Nos Tribunais Estaduais podem ser encontradas várias decisões na mesma linha, colacionando-se, por todas, a seguinte ementa, do Tribunal de Minas Gerais, excluindo a responsabilidade do veículo de comunicação:

"Ação de indenização. Danos materiais e morais. Publicidade enganosa. Empresa de radiodifusão. Mera veiculadora. Ausência de responsabilidade. A empresa de radiodifusão que veicula publicidade ou propaganda posteriormente verificada como enganosa ou abusiva não possui responsabilidade pelo seu conteúdo. Cabe ao autor demonstrar que a empresa de comunicação extrapolou a sua função de veicular o conteúdo apresentado pelo fornecedor-anunciante, induzindo os consumidores a erro, bem como o nexo causal com os danos sofridos, sob pena de indeferimento dos pedidos de indenização" (TJMG – Apelação Cível 1335800-81.2006.8.13.0056, Barbacena – Décima Segunda Câmara Cível – Rel. Des. Alvimar de Ávila – j. 30.03.2011 – *DJEMG* 02.05.2011).

Com o devido respeito ao próprio *autor* do dispositivo legal e à jurisprudência, essa não parece ser a melhor conclusão, por contrariar todo o sistema de proteção e de responsabilização objetiva do CDC. A atribuição de responsabilidade a apenas uma das pessoas da cadeia publicitária afasta-se da presunção de solidariedade adotada pela Lei Consumerista, representando uma volta ao sistema subjetivo de investigação de culpa. Além disso, há uma total declinação da boa-fé objetiva e da teoria da aparência que também compõem a Lei

8.078/1990. Em reforço, para a responsabilização de todos os envolvidos, serve como luva o conceito de *fornecedor equiparado*, de Leonardo Bessa, exposto no Capítulo 3 da presente obra.

Ademais, a publicidade parece entrar no *risco-proveito* ou no *risco do empreendimento* da agência e do veículo, que devem responder solidariamente pela comunicação. Por fim, deveria ser aplicado, por analogia, o entendimento constante da Súmula 221 do STJ, que trata da responsabilidade civil dos órgãos de imprensa, *in verbis*: "são civilmente responsáveis pelo ressarcimento de dano, decorrente de publicação pela imprensa, tanto o autor do escrito quanto o proprietário do veículo de divulgação".

Por tais argumentos, entendo que, havendo uma publicidade ou oferta que causou danos aos consumidores, em regra e sem qualquer distinção, respondem solidariamente o veículo de comunicação, a empresa que a patrocinou e todos os responsáveis pelo seu conteúdo (agência de publicidade e seus profissionais). Destaque-se que essa também e a posição de Luiz Antonio Rizzatto Nunes, citando o art. 45 do Código Brasileiro de Autorregulamentação Publicitária.[18] Transcreve-se o último dispositivo para as devidas reflexões:

"A responsabilidade pela observância das normas de conduta estabelecidas neste Código cabe ao anunciante e à sua agência, bem como ao veículo, ressalvadas no caso deste último as circunstâncias específicas que serão abordadas mais adiante, neste artigo:

a. o anunciante assumirá responsabilidade total por sua publicidade;

b. a agência deve ter o máximo cuidado na elaboração do anúncio, de modo a habilitar o cliente anunciante a cumprir sua responsabilidade, com ele respondendo solidariamente pela obediência aos preceitos deste Código;

c. este Código recomenda aos veículos que, como medida preventiva, estabeleçam um sistema de controle na recepção de anúncios.

Poderá o veículo:

c.1) recusar o anúncio, independentemente de decisão do Conselho Nacional de Autorregulamentação Publicitária – CONAR, quando entender que o seu conteúdo fere, flagrantemente, princípios deste Código, devendo, nesta hipótese, comunicar sua decisão ao Conselho Superior do CONAR que, se for o caso, determinará a instauração de processo ético;

c.2) recusar anúncio que fira a sua linha editorial, jornalística ou de programação;

c.3) recusar anúncio sem identificação do patrocinador, salvo o caso de campanha que se enquadre no parágrafo único do art. 9º (*teaser*);

c.4) recusar anúncio de polêmica ou denúncia sem expressa autorização de fonte conhecida que responda pela autoria da peça;

d. o controle na recepção de anúncios, preconizado na letra c deste artigo, deverá adotar maiores precauções em relação à peça apresentada sem a intermediação de agência, que, por ignorância ou má-fé do anunciante, poderá transgredir princípios deste Código; e. a responsabilidade do veículo será equiparada à do anunciante sempre que a veiculação do anúncio contrariar os termos de recomendação que lhe tenha sido comunicada oficialmente pelo Conselho Nacional de Autorregulamentação Publicitária – CONAR".

---

[18] RIZZATTO NUNES, Luiz Antonio. *Comentários ao Código de Defesa do Consumidor*. 3. ed. São Paulo: Saraiva, 2007. p. 436-437.

Apesar de a norma ter um caráter administrativo, não me parece que haja qualquer problema em se adotar as mesmas premissas para a responsabilidade civil da agência de publicidade e do veículo de comunicação ante os consumidores, o que é dedução direta da aplicação da teoria do *diálogo das fontes*, em benefício do vulnerável negocial.

O debate exposto também serve para os *sites* ou provedores de buscas de produtos à venda *on-line*, que supostamente não realizam a intermediação direta entre o consumidor e o vendedor. A conclusão do Superior Tribunal de Justiça é pela ausência de sua responsabilidade quanto ao vício da mercadoria, havendo uma desvinculação quanto à oferta (REsp 1.444.008/RS – Terceira Turma – Rel. Min. Nancy Andrighi – j. 25.10.2016 – DJe 09.11.2016). Pelos argumentos antes expostos, sobretudo pelo *risco-proveito* ou *risco do empreendimento*, penso de forma diferente, ou seja, que os citados sítios eletrônicos deveriam responder. Porém, a posição majoritária para os devidos fins práticos é a adotada pelo STJ.

Feitas tais ressalvas teóricas e práticas, partindo-se para a exposição de julgados sobre a amplitude do art. 34 do CDC, os Tribunais Estaduais têm responsabilizado empresas de capitalização por informações errôneas prestadas por seus propostos, que induzem os consumidores a pensar que estão adquirindo veículos ou a casa própria. Por todos, do Tribunal Paulista:

"Responsabilidade civil. Danos morais e materiais. Título de capitalização. Publicidade enganosa que fez o consumidor acreditar que se tratava de contrato para aquisição de veículo. art. 37, § 1º, do CDC. Direito do consumidor à informação clara e precisa violado. Art. 6º, III e IV e 46 do CDC. Ré que responde por atos dos corretores que oferecem seus produtos aos consumidores. Devolução dos valores pagos devida. Art. 34 do CDC. Ré que, ainda, não propiciou o pagamento das parcelas, frustrando as expectativas do autor. Danos morais caracterizados que devem ser reparados. Fixação em R$ 5.000,00 que atende aos objetivos da reparação civil de danos. Pretensão do autor-apelante de indenização em perdas e danos e aplicação de sanção contratual suplementar. Inadmissibilidade. Recurso do autor parcialmente provido e da ré improvido" (TJSP – Apelação 0061580-22.2009.8.26.0000 – Acórdão 4914902, Campinas – Vigésima Terceira Câmara de Direito Privado – Rel. Des. J. B. Franco de Godoi – j. 15.12.2010 – DJESP 10.02.2011).

"Apelação. Título de capitalização. Ausência de informações suficientes que possibilitassem o conhecimento prévio de todo o conteúdo do contrato. Ofensa ao princípio da transparência (art. 46 do CDC). Publicidade enganosa vinculava a contratação dos títulos a aquisição de imóvel, gerando expectativas que não correspondem à realidade (art. 37, § 1º, do CDC). Dano moral configurado diante do constrangimento e vergonha experimentados pelo apelante, que teve frustrada sua expectativa de aquisição de casa própria. Responsabilidade solidária configurada (art. 34 do CDC). Sucumbência. Ônus deverá ser suportado pelas apeladas diante do acolhimento do pleito recursal. Recurso provido" (TJSP – Apelação 991.09.004905-6 – Acórdão 4484395, Paraguaçu Paulista – Trigésima Sétima Câmara de Direito Privado – Rel. Des. Tasso Duarte de Melo – j. 02.09.2009 – DJESP 18.06.2010).

Do Superior Tribunal de Justiça colaciona-se importante decisão que responsabilizou empresa nacional pelos vícios do produto da empresa multinacional, adquirido no exterior. Em vez do caminho da responsabilização solidária do art. 18 do CDC, percorreu-se a dedução pela teoria da aparência e pela responsabilidade decorrente da publicidade (no julgado, tratada como sinônimo de propaganda):

"Direito do consumidor. Filmadora adquirida no exterior. Defeito da mercadoria. Responsabilidade da empresa nacional da mesma marca ('Panasonic'). Economia globalizada. Propaganda. Proteção ao consumidor. Peculiaridades da espécie. Situações a ponderar nos casos concretos. Nulidade do acórdão estadual rejeitada, porque suficientemente fundamentado. Recurso conhecido e provido no mérito, por maioria. I. Se a economia globalizada não mais tem fronteiras rígidas e estimula e favorece a livre concorrência, imprescindível que as leis de proteção ao consumidor ganhem maior expressão em sua exegese, na busca do equilíbrio que deve reger as relações jurídicas, dimensionando-se, inclusive, o fator risco, inerente à competitividade do comércio e dos negócios mercantis, sobretudo quando em escala internacional, em que presentes empresas poderosas, multinacionais, com filiais em vários países, sem falar nas vendas hoje efetuadas pelo processo tecnológico da informática e no forte mercado consumidor que representa o nosso País. II. O mercado consumidor, não há como negar, vê-se hoje 'bombardeado' diuturnamente por intensa e hábil propaganda, a induzir a aquisição de produtos, notadamente os sofisticados de procedência estrangeira, levando em linha de conta diversos fatores, dentre os quais, e com relevo, a respeitabilidade da marca. III. Se empresas nacionais se beneficiam de marcas mundialmente conhecidas, incumbe-lhes responder também pelas deficiências dos produtos que anunciam e comercializam, não sendo razoável destinar-se ao consumidor as consequências negativas dos negócios envolvendo objetos defeituosos. IV. Impõe-se, no entanto, nos casos concretos, ponderar as situações existentes. V. Rejeita-se a nulidade arguida quando sem lastro na lei ou nos autos" (STJ – REsp 63.981/SP – Quarta Turma – Rel. Min. Aldir Passarinho Junior – Rel. p/ Acórdão Min. Sálvio de Figueiredo Teixeira – j. 11.04.2000 – *DJ* 20.11.2000, p. 296).

Ainda para exemplificar, confirmando julgado aqui antes transcrito, tem-se responsabilizado solidariamente a montadora de automóveis e a concessionária correspondente pelas informações mal prestadas quando da veiculação das informações em veículo de comunicação. Assim deduzindo:

"Processo civil. Propaganda enganosa. Concessionária (revenda). Montadora (fabricante). Responsabilidade solidária. Reconhecimento da legitimidade passiva. Direito do consumidor. Descumprimento da oferta veiculada em revista de âmbito nacional. Consequências estabelecidas no Código de Defesa do Consumidor. Dano moral não configurado. Nos termos do art. 30, do Código de Defesa do Consumidor, a concessionária de veículos é responsável solidária pela publicidade veiculada pela respectiva montadora em revista com circulação nacional, daí porque rejeita-se a alegação de ilegitimidade passiva. Tendo em vista que as partes debateram sobre a questão de mérito e a prova resume-se a análise dos documentos juntados pelas partes e sua subsunção às normas legais, rejeitada a alegação de ilegitimidade passiva, é possível avançar e decidir o próprio mérito da demanda nos termos do § 3º, do art. 515, do Código de Processo Civil. A publicidade enganosa, consistente em eventual discrepância entre as características do veículo anunciado e aquele que foi adquirido, não enseja a compensação por dano moral, a menos que se comprove a exposição a alguma situação capaz de atingir a integridade física e psíquica do consumidor, haja vista que o Código de Defesa do Consumidor, em seu art. 35, estabelece as consequências próprias desse inadimplemento, quais sejam o cumprimento forçado da oferta, a entrega de outro produto equivalente, ou rescisão do contrato, com as consequências financeiras daí advindas, a critério do consumidor. Recurso conhecido e provido para reconhecer a legitimidade passiva da ré, mas, no mérito, julgar improcedente o pedido contido na inicial" (TJDF – Recurso 2007.01.1.123989-4 – Acórdão 353.651 – Segunda Turma Recursal dos Juizados Especiais Cíveis e Criminais – Rel. Juiz César Loyola – *DJDFTE* 05.05.2009).

Ampliando sobremaneira o sentido do art. 34 do CDC, como deve ser, e fazendo incidir a *teoria da aparência*, o Tribunal de Justiça do Rio Grande do Sul responsabilizou solidariamente o Poder Público Municipal diante da frustração de curso de informática, em hipótese de participação da administração na veiculação das notícias:

"Administrativo. Ação coletiva. Frustração de curso de informática. Candidatos inscritos prejudicados. Participação do Poder Público Municipal e sua responsabilidade. Constatando-se da prova dos autos que sem a participação do Município, inclusive com a utilização do nome da Secretaria de Educação, na propaganda veiculada, não teria ocorrido a confiança daqueles que se inscreveram em frustrado curso de informática, não há como afastar a responsabilidade solidária do ente público com os demais agentes da malsinada arregimentação de candidatos que se viram financeiramente prejudicados. Obrigação de fazer. Publicação do dispositivo sentencial. Razoabilidade. Multa e Poder Público. A publicação do dispositivo sentencial, em duas edições semanais dos dois jornais locais, considerando a necessidade de dar ciência aos interessados, afigura-se inteiramente razoável, assumindo seus custos os obrigados solidários. A multa, como efetiva coerção patrimonial, apresenta-se como mecanismo inteiramente cabível à espécie, inclusive em face do Poder Público, não se apresentando o valor definido em sentença – R$ 1.000,00 por dia de atraso – como desproporcional, ante a facilidade de atendimento da obrigação de fazer, representando seu descumprimento manifesta desconsideração com o interesse público" (TJRS – Apelação 70037103249, Jaguarão – Vigésima Primeira Câmara Cível – Rel. Des. Arminio José Abreu Lima da Rosa – j. 15.09.2010 – *DJERS* 01.10.2010).

Igualmente para elucidar o campo da norma, vejamos curiosa decisão do Tribunal do Rio de Janeiro, que responsabilizou solidariamente empresa de aluguel de roupas e um motel pela publicidade enganosa veiculada, a gerar danos morais a um casal de noivos:

"Direito civil. Responsabilidade civil. Descumprimento de cortesia oferecida por empresa de aluguel de roupas consistente em diária para os nubentes em suíte presidencial de motel. Responsabilidade solidária do motel e da loja de roupas. Comprovadas a propaganda enganosa e a situação vexatória a que foi submetido o casal (arts. 14 e 37 do CDC). Recursos. Primeira apelação. Pedido de reforma total da sentença. Descabimento. Provada nos autos a responsabilidade civil do hotel. Segunda apelação. Preliminar de ilegitimidade. Pedido de reforma da sentença. Descabimento. Demonstrada a cortesia oferecida pela loja, inclusive com fotos de *outdoors* mostrando a propaganda referente ao motel, juntadas aos autos pela própria empresa de aluguel de roupas. Recurso adesivo. Pedido de majoração da verba reparatória. Cabimento. Aplicação dos princípios da proporcionalidade e razoabilidade. Não resta dúvida de que os noivos passaram por situações constrangedoras e degradantes, somando-se ao fato de que tudo se sucedeu num momento especial de suas vidas, e a noite que era para ser de intensa felicidade e amor tornou-se uma estressante aventura dantesca, entremeada de decepções e aborrecimentos. Desprovimento do primeiro e do segundo apelo, e provimento do recurso adesivo" (TJRJ – Apelação Cível 2005.001.41779 – Sexta Câmara Cível – Rel. Des. Nagib Slaibi – j. 07.02.2006).

Ato contínuo de estudo, deve-se concluir – em relação ao prazo prescricional para se pleitear os danos em decorrência da oferta – pela incidência do art. 27 do CDC, diante de uma equiparação ao vício do serviço. Desse modo, o prazo para a reparação de danos pelo consumidor é de cinco anos, a contar da ocorrência do dano ou de sua autoria (*actio nata*, em sua faceta subjetiva).

Encerrando o presente item, cumpre trazer a lume questão de debate relativa à responsabilidade civil das celebridades, artistas, atletas e outras pessoas com notoriedade que atrelam o seu nome a de produtos e serviços no meio de oferta ou publicidade, os chamados *garotos propaganda*, ou melhor, *garotos publicidade*.

A tese de responsabilização de tais pessoas é defendida pelo magistrado e saudoso professor Paulo Jorge Scartezzini Guimarães, contando com o apoio de outros doutrinadores, caso de Herman Benjamin e Fábio Henrique Podestá, especialmente quando tais celebridades recebem porcentagem pelas vendas realizadas.[19] A premissa teórica igualmente conta com o meu apoio doutrinário, pois a tese representa outra importante aplicação da teoria da aparência, valorizando-se mais uma vez a boa-fé objetiva nas relações de consumo, em prol dos consumidores. Não se olvide que, muitas vezes, os vulneráveis adquirem produtos e serviços diante da confiança depositada em tais artistas ou celebridades.

6.5. A PUBLICIDADE NO CÓDIGO DE DEFESA DO CONSUMIDOR. PRINCÍPIOS INFORMADORES. PUBLICIDADES VEDADAS OU ILÍCITAS

A publicidade pode ser conceituada como sendo qualquer forma de transmissão difusa de dados e informações com o intuito de motivar a aquisição de produtos ou serviços no mercado de consumo. Como bem expõe Guido Alpa, nos últimos anos, a publicidade teve o seu papel alterado, de *mecanismo de informação* para *mecanismo de persuasão dos consumidores*.[20]

Em termos gerais, a tutela da informação pode ser retirada do art. 6º, inc. III, da Lei 8.078/1990, que reconhece como direito básico do consumidor "a informação adequada e clara sobre os diferentes produtos e serviços, com especificação correta de quantidade, características, composição, qualidade, tributos incidentes e preço, bem como sobre os

---

[19] GUIMARÃES, Paulo Jorge Scartezzini. *A publicidade ilícita e a responsabilidade civil das celebridades que dela participam*. São Paulo: RT, 2003; BENJAMIN, Antonio Herman V.; MARQUES, Claudia Lima; BESSA, Leonardo Roscoe. *Manual de Direito do Consumidor*. 3. ed. São Paulo: RT, 2010. p. 217; MORAIS, Ezequiel; PODESTÁ, Fábio Henrique; e CARAZAI, Marcos Marins. *Código de Defesa do Consumidor Comentado*. São Paulo: RT, 2010. p. 187.

[20] ALPA, Guido. *Il diritto dei consumatori*. 2. ed. Roma: Laterza, 2002. p. 114.

riscos que apresentem". Ato contínuo, o inciso seguinte estabelece também como direito fundamental dos vulneráveis negociais "a proteção contra a publicidade enganosa e abusiva, métodos comerciais coercitivos ou desleais, bem como contra práticas e cláusulas abusivas ou impostas no fornecimento de produtos e serviços" (art. 6º, inc. IV, do CDC).

Os dispositivos consumeristas complementam o teor do art. 220 da Constituição Federal de 1988, segundo o qual a manifestação do pensamento, a criação, a expressão e a informação, sob qualquer forma, processo ou veículo não sofrerão qualquer restrição, observado o disposto no próprio Texto Maior. Em reforço, estabelece o § 4º que a propaganda comercial – leia-se corretamente publicidade – de tabaco, bebidas alcoólicas, agrotóxicos, medicamentos e terapias estará sujeita a restrições legais, e conterá, sempre que necessário, advertência sobre os malefícios decorrentes de seu uso. Como bem expõe Adolfo Mamoru Nishiyama, "a Constituição Federal traça controle da publicidade no Brasil e o mesmo ocorre com o CDC. Mas esses controles, constitucional e legal, não visam eliminar a publicidade, pelo contrário, a finalidade é evitar abusos. O sistema de controle da publicidade adotado no Brasil é misto, conjugando a autorregulamentação e a participação da administração e do Poder Judiciário (art. 5º, XXXV)".[21]

A respeito dos princípios informadores da atuação publicitária, Antonio Herman V. Benjamin, *autor* do anteprojeto que gerou o CDC, enumera os seguintes:[22]

> a) Princípio da identificação da publicidade – pois não se admite a publicidade clandestina ou subliminar.
> b) Princípio da vinculação contratual da publicidade – diante da regra estampada no art. 30 do CDC, já estudada.
> c) Princípio da veracidade da publicidade – pela vedação da publicidade enganosa.
> d) Princípio da não abusividade da publicidade – pela proibição da publicidade abusiva, tida também como ilícita.
> e) Princípio da inversão do ônus da prova – diante da regra do art. 38 do CDC, segundo a qual o conteúdo da publicidade deve ser provado por quem a patrocina.
> f) Princípio da transparência da fundamentação da publicidade – a publicidade deve estar sintonizada com a boa-fé objetiva e a lealdade negocial.
> g) Princípio da correção do desvio publicitário – além da reparação civil, presente o desvio, cabem medida administrativas e penais, bem como a necessidade de veiculação de uma contrapropaganda (art. 56, inc. XII, do CDC).
> h) Princípio da lealdade publicitária – retirada do art. 4º, inc. VI, do CDC que dispõe como fundamento da Política Nacional das Relações de Consumo a "coibição e repressão eficientes de todos os abusos praticados no mercado de consumo, inclusive a concorrência desleal e utilização indevida de inventos e

---

[21] NISHIYAMA, Adolfo Mamoru. *A proteção constitucional do consumidor*. 2. ed. São Paulo: Atlas, 2010. p. 214-215.
[22] BENJAMIN, Antonio Herman V.; MARQUES, Claudia Lima; BESSA, Leonardo Roscoe. *Manual de Direito do Consumidor*. 3. ed. São Paulo: RT, 2010. p. 234-236.

> criações industriais das marcas e nomes comerciais e signos distintivos, que possam causar prejuízos aos consumidores".
>
> i) Princípio da identificação publicitária – pela vedação da publicidade mascarada ou simulada/dissimulada.

Anote-se que, em sentido próximo, e com maior simplicidade, Bruno Miragem apresenta três princípios fundamentais para a publicidade, a saber: *a)* princípio da identificação; *b)* princípio da veracidade e; *c)* princípio da vinculação.[23] Fixadas tais premissas básicas, vejamos os tipos de publicidades que são vedadas pelo Código do Consumidor, tidas como ilícitas, pontualmente.

6.5.1. A vedação da publicidade mascarada, clandestina, simulada ou dissimulada (art. 36 do CDC)

Determina o *caput* do art. 36 da Lei 8.078/1990 que "a publicidade deve ser veiculada de tal forma que o consumidor, fácil e imediatamente, a identifique como tal". Trata-se da vedação, por ilicitude, da *publicidade mascarada*, tida também com *publicidade simulada ou dissimulada*. É aquela transmissão de informações que parece que não é publicidade, mas é publicidade. Pode ser feito um paralelo com a simulação, vício social típico do Direito Civil (art. 167 do CC/2002), pois, nos dois casos, há uma discrepância entre a vontade interna e a vontade manifestada, isto é, entre aparência e essência.

Em tom didático, leciona Fábio Ulhoa Coelho que "publicidade simulada é a que procura ocultar o seu caráter de propaganda". E ilustra: "são exemplos de publicidade simulada a inserção, em jornais e periódicos, de propaganda com aparência externa de reportagem, ou a subliminar, captável pelo inconsciente, mas imperceptível ao consciente".[24] Como se nota, o jurista segue a linha de sinonímia entre publicidade e propaganda.

Consigne-se que Rizzatto Nunes prefere utilizar o termo *publicidade clandestina*, o que está em sintonia com o art. 9º do Código Brasileiro de Autorregulamentação Publicitária, o qual preceitua que toda publicidade deve ser ostensiva: "aqui no *caput* do art. 36 a lei determina que além de ostensivo o anúncio publicitário deve ser claro e passível de identificação imediata pelo consumidor. É a proibição da chamada publicidade clandestina. A conhecida técnica de *merchandising* – que é especialmente praticada em programas e filmes transmitidos pela televisão ou projetados em filmes no cinema – afronta diretamente essa norma. O *merchandising* é a técnica utilizada para veicular produtos e serviços de forma indireta por meio de inserções em produtos e filmes".[25]

Deve ficar claro que esse tipo de publicidade ilícita não interessa tanto à responsabilidade civil consumerista, mas sim à imposição de multas administrativas pelos órgãos competentes. Em outras palavras, a categoria está mais próxima da tutela administrativa do que da tutela material do consumidor.

---

[23] MIRAGEM, Bruno. *Curso de Direito do Consumidor*. 2. ed. São Paulo: RT, 2010. p. 172-176.
[24] COELHO, Fábio Ulhoa. *Manual de Direito Comercial*. Direito de Empresa. 18. ed. São Paulo: Saraiva, 2007. p. 103.
[25] RIZZATTO NUNES, Luiz Antonio. *Comentários ao Código de Defesa do Consumidor*. 3. ed. São Paulo: Saraiva, 2007. p. 453.

Por fim, o parágrafo único do art. 36 estabelece que o fornecedor, na publicidade de seus produtos ou serviços, manterá, em seu poder, para informação dos legítimos interessados, os dados fáticos, técnicos e científicos que dão sustentação à mensagem. Na verdade, o dispositivo deveria completar não o art. 36, mas o art. 38 da Lei Consumerista, pois o seu teor tem mais relação com a prova da veracidade das informações publicitárias veiculadas que, de forma automática, cabe à empresa que as patrocina. O tema ainda será abordado, fechando o presente capítulo.

6.5.2. A vedação da publicidade enganosa (art. 37, § 1º, do CDC)

O *caput* do art. 37 da Lei 8.078/1990 proíbe expressamente a publicidade enganosa, aquela que induz o consumidor ao engano. Em tom de conceituação, define o § 1º da norma que "é enganosa qualquer modalidade de informação ou comunicação de caráter publicitário, inteira ou parcialmente falsa, ou, por qualquer outro modo, mesmo por omissão, capaz de induzir em erro o consumidor a respeito da natureza, características, qualidade, quantidade, propriedades, origem, preço e quaisquer outros dados sobre produtos e serviços".

Apesar da menção ao engano, ao erro, não se pode esquecer que o ato de indução representa dolo, ou seja, uma atuação maliciosa praticada com intuito de enganar outrem e ter benefício próprio. Então, o paralelo deve ser feito, em *diálogo das fontes*, em relação ao tratamento desse vício do consentimento, tratado entre os arts. 145 a 150 do CC/2002. Como se extrai do próprio comando transcrito, a publicidade enganosa pode ser por *ação* ou *por omissão*.

Na *publicidade enganosa por ação*, há um dolo positivo, uma atuação comissiva do agente. Cite-se como exemplo a campanha publicitária que afirma que determinado veículo tem um acessório, o que não é verdade. O mesmo pode ocorrer em relação a um eletrodoméstico, como no seguinte caso: "Tendo em vista que o consumidor foi induzido em erro ao pensar que estava adquirindo uma câmera capaz de gravar vídeos com áudio, quando, em realidade, o produto não possuía tal função, ficou comprovada a publicidade enganosa autorizadora de rescisão contratual, com devolução do valor pago pelo bem" (TJRS – Recurso 38878-52.2010.8.21.9000, Campo Bom – Primeira Turma Recursal Cível – Rel. Des. Ricardo Torres Hermann – j. 14.04.2011 – *DJERS* 25.04.2011).

Na *publicidade enganosa por omissão* há um dolo negativo, com atuação omissiva. Conforme o § 3º do art. 37 do CDC, a publicidade é enganosa por omissão quando deixar de informar sobre dado essencial do produto ou serviço. Pode ser traçado um paralelo em relação ao art. 147 do CC, que trata do silêncio intencional como dolo negativo: "nos negócios jurídicos bilaterais, o silêncio intencional de uma das partes a respeito de fato ou qualidade que a outra parte haja ignorado, constitui omissão dolosa, provando-se que sem ela o negócio não se teria celebrado". A título de exemplo, cite-se a hipótese em que uma empresa de refrigerantes lança uma campanha publicitária, mas deixa de informar aos consumidores que os prêmios constam das suas tampinhas (STJ – REsp 327.257/SP – Terceira Turma – Rel. Min. Nancy Andrighi – j. 22.06.2004 – *DJ* 16.11.2004, p. 272).

Mais recentemente, sobre o § 3º do art. 37 do CDC, a mesma Corte Superior firmou a tese segundo a qual "esclarecimentos posteriores ou complementares desconectados do conteúdo principal da oferta (informação disjuntiva, material ou temporalmente) não servem para exonerar ou mitigar a enganosidade ou abusividade". Na hipótese fática julgada, a empresa fornecedora foi autuada por ter iniciado "campanha publicitária divulgando promoção na qual reduzia o valor de um de seus principais produtos, a coxinha Habib's, para o valor de R$ 0,49 a unidade, caso fosse adquirida uma quantidade mínima de 30 (trinta) unidades. Entretanto, no caso concreto, desponta estreme de dúvida que o principal atrativo da publicidade – preço da coxinha – não foi acompanhado por um aviso objetivo, claro e induvidoso das unidades participantes, ensejando que o consumidor considerasse, em princípio, todas as unidades como participantes, levando-o a flagrante equívoco" (STJ – REsp 1.802.787/SP – Segunda Turma – Rel. Min. Herman Benjamin – j. 08.10.2019 – DJe 11.09.2020).

De forma correta, no meu entender, julgou-se, ainda, da seguinte maneira: "consoante o art. 31, *caput*, do CDC, a obrigação de informação, com maior razão a que possa atingir pessoas de baixa renda, exige, do fornecedor, comportamento eficaz, proativo e leal. O Código rejeita tanto a regra *caveat emptor* como a subinformação, as patologias do silêncio total e parcial. No exame da enganosidade de oferta, publicitária ou não, o que vale – inclusive para fins de exercício do poder de polícia de consumo – é a capacidade de indução do consumidor em erro acerca de quaisquer 'dados sobre produtos e serviços', dados esses que, na hipótese de omissão (mas não na de oferta enganosa comissiva) reclamam a qualidade da essencialidade (CDC, art. 37, §§ 1º e 3º)". E mais, conforme o acórdão:

> "Esclarecimentos posteriores ou complementares desconectados do conteúdo principal da oferta [...] não servem para exonerar ou mitigar a enganosidade ou abusividade. Viola os princípios da vulnerabilidade, da boa-fé objetiva, da transparência e da confiança prestar informação por etapas e, assim, compelir o consumidor à tarefa impossível de juntar pedaços informativos esparramados em mídias, documentos e momentos diferentes. Em rigor, cada ato de informação é analisado e julgado em relação a si mesmo, pois absurdo esperar que, para cada produto ou serviço oferecido, o consumidor se comporte como Sherlock Holmes improvisado e despreparado à busca daquilo que, por dever *ope legis* inafastável, incumbe somente ao fornecedor. Seria transformar o destinatário protegido, à sua revelia, em protagonista do discurso mercadológico do fornecedor, atribuindo e transferindo ao consumidor missão inexequível de vascular o universo inescrutável dos meios de comunicação, invertendo tanto o ônus do dever legal como a *ratio* e o âmago do próprio microssistema consumerista" (STJ – REsp 1.802.787/SP – Segunda Turma – Rel. Min. Herman Benjamin – j. 08.10.2019 – DJe 11.09.2020 – publicado no *Informativo* n. 479 da Corte).

Além dessas concretizações, vejamos como as Cortes Julgadoras têm apreciado o problema da publicidade enganosa (tratada, muitas vezes, como sinônimo de propaganda enganosa), para os devidos fins de ilustração. De início, colaciona-se ementa do próprio STJ, que consagrou a responsabilidade objetiva diante da veiculação de publicidade enganosa relativa a celular:

> "Civil e processual. Agravo regimental. Responsabilidade. Relação de consumo. Propaganda enganosa. Consumidora atraída. Celular. Modificação contratual. Dano moral. Comprovado. Valor indenizatório. Redução. Patamar razoável. Intervenção do STJ. Necessidade. Agravo regimental improvido" (STJ – AgRg no Ag 1045667/RJ – Quarta Turma – Rel. Min. Aldir Passarinho Junior – j. 17.03.2009 – DJe 06.04.2009).

Igualmente do Tribunal da Cidadania, aresto do ano de 2015, publicado no seu *Informativo* n. 573, considerou que é "enganosa a publicidade televisiva que omite o preço e a forma de pagamento do produto, condicionando a obtenção dessas informações à realização de ligação telefônica tarifada". Após citar toda a legislação consumerista, conclui o Ministro Relator:

> "A hipótese em análise é exemplo de publicidade enganosa por omissão, pois suprime algumas informações essenciais sobre o produto (preço e forma de pagamento), as quais somente podem ser conhecidas pelo consumidor mediante o ônus de uma ligação tarifada, mesmo que a compra não venha a ser concretizada. Além do mais, a liberdade de escolha do consumidor, direito básico previsto no inciso II do artigo 6º do CDC, está vinculada à correta, fidedigna e satisfatória informação sobre os produtos e os serviços postos no mercado de consumo. De fato, a autodeterminação do consumidor depende essencialmente da informação que lhe é transmitida, pois esta é um dos meios de formar a opinião e produzir a tomada de decisão daquele que consome. Logo, se a informação é adequada, o consumidor age com mais consciência; se a informação é falsa, inexistente ou omissa, retira-se-lhe a liberdade de escolha consciente. De mais a mais, o dever de informação do fornecedor tem importância direta no surgimento e na manutenção da confiança por parte do consumidor. Isso porque a informação deficiente frustra as legítimas expectativas do consumidor, maculando sua confiança. Na hipótese aqui analisada, a falta de informação suprime a liberdade do consumidor de, previamente, recusar o produto e escolher outro, levando-o, ainda que não venha a comprar, a fazer uma ligação tarifada para, só então, obter informações essenciais atinentes ao preço e à forma do pagamento, burlando-lhe a confiança e onerando-o" (STJ – REsp 1.428.801/RJ – Rel. Min. Humberto Martins – j. 27.10.2015 – *DJe* 13.11.2015).

Retomando o problema relativo ao serviço de celular, vejamos decisão do Tribunal Gaúcho, com conteúdo atual e interessante:

> "Consumidor. Serviço de internet 3G. Falha na prestação do serviço. Publicidade enganosa. Cancelamento do contrato sem a incidência de multa. 1. Não tendo a ré comprovado efetivamente a utilização do serviço, bem como a disponibilidade do sinal na região onde reside o autor, tem-se que houve falha na prestação do serviço em questão. Salienta-se, ainda, que, apesar de ser a mobilidade a principal característica do serviço de internet 3G, é obrigação da ré disponibilizar o produto na região onde é residente o consumidor, o que, no presente caso, não ocorreu. 2. Assim, havendo falha na prestação do serviço contratado, impõe-se o cancelamento do contrato sem qualquer ônus ao consumidor. Sentença confirmada por seus próprios fundamentos. Recurso improvido" (TJRS – Recurso 47266-41.2010.8.21.9000, Canela – Primeira Turma Recursal Cível – Rel. Des. Ricardo Torres Hermann – j. 28.04.2011 – *DJERS* 04.05.2011).

Seguindo nos exemplos, no âmbito do STJ entendeu-se flagrante a publicidade enganosa em caso envolvendo o oferecimento de produto milagroso, que traria a cura do câncer, o cogumelo do sol. A presença de uma oferta ilícita foi dimensionada como ato grave pelo fato de o produto ser oferecido a consumidores idosos, tidos como *hipervulneráveis*, gerando a correspondente responsabilização civil por danos morais do fornecedor. Nos termos da ementa:

> "Cuida-se de ação por danos morais proposta por consumidor ludibriado por propaganda enganosa, em ofensa a direito subjetivo do consumidor de obter informações

claras e precisas acerca de produto medicinal vendido pela recorrida e destinado à cura de doenças malignas, dentre outras funções. O Código de Defesa do Consumidor assegura que a oferta e apresentação de produtos ou serviços propiciem informações corretas, claras, precisas e ostensivas a respeito de características, qualidades, garantia, composição, preço, garantia, prazos de validade e origem, além de vedar a publicidade enganosa e abusiva, que dispensa a demonstração do elemento subjetivo (dolo ou culpa) para sua configuração. A propaganda enganosa, como atestado pelas instâncias ordinárias, tinha aptidão a induzir em erro o consumidor fragilizado, cuja conduta subsume-se à hipótese de estado de perigo (art. 156 do Código Civil). A vulnerabilidade informacional agravada ou potencializada, denominada hipervulnerabilidade do consumidor, prevista no art. 39, IV, do CDC, deriva do manifesto desequilíbrio entre as partes. O dano moral prescinde de prova e a responsabilidade de seu causador opera-se *in re ipsa* em virtude do desconforto, da aflição e dos transtornos suportados pelo consumidor. Em virtude das especificidades fáticas da demanda, afigura-se razoável a fixação da verba indenizatória por danos morais no valor de R$ 30.000,00 (trinta mil reais)" (STJ – REsp 1.329.556/SP – Rel. Ministro Ricardo Villas Bôas Cueva – Terceira Turma – j. 25.11.2014 – DJe 09.12.2014).

Do Tribunal do Distrito Federal destaque-se brilhante acórdão que, em *diálogo das fontes*, aplica os conceitos da função social do contrato, da boa-fé objetiva e da dignidade humana, para concluir pela presença de publicidade enganosa na venda de produto para emagrecer pela internet:

"Civil. CDC. Publicidade enganosa. Danos morais e materiais suportados. Produto ofertado como remédio para emagrecimento. Compra do produto. Ineficácia. Indução do consumidor a erro. Enganosidade. Quebra da boa-fé contratual. art. 422, do Código Civil Brasileiro de 2002. Abuso de direito. Caráter vinculativo da proposta. Arts. 30 e 37, do Código de Defesa do Consumidor. Lei 8.078/1990. Proteção do consumidor. Responsabilidade civil objetiva. Produto considerado como alimento com publicidade suspensa pela ANVISA. Publicidade via internet. Nexo causal e dano configurados. Oferta. Publicidade. Promessa de efeitos não evidenciados. Violação do art. 5º, incs. V e X, da CF/1988 c/c art. 12 c/c arts. 30, 35, III, 37 e 39, IV, 47, do CDC, Lei 8.078/1990. Inversão do ônus da prova. Art. 38 da Lei 8.078/1990, além de considerar *in casu* a hipossuficiência técnica evidente. Vulnerabilidade do consumidor à luz do art. 6º, VIII, do CDC. Devolução do produto. Restituição do valor pago que se impõe. Dano moral caracterizado. Constrangimento, abalo moral, frustração, angústia e indução a erro aproveitando-se da fragilidade e da boa-fé de consumidora hipossuficiente. Princípio da dignidade da pessoa humana. Fixação do *quantum* em atenção aos critérios reguladores da matéria, sob o balizamento dos princípios da razoabilidade e proporcionabilidade. Precedentes das Turmas Recursais. Recurso conhecido e provido. Sentença reformada. Unânime. [...]. Função social do contrato e interpretação do contrato de maneira mais favorável ao consumidor (art. 47, do CDC – Lei 8.078/1990). 5. Constitui publicidade enganosa (art. 37, § 1º, do CDC) o anúncio de empresa que oferta produto para emagrecer na internet, desconsiderando proibição da Agência Nacional de Vigilância Sanitária (suspensão determinada), fazendo promessas de perda de dois quilos por semana. Resultado proclamado não obtido após cumprimento das orientações previstas. Angústia, constrangimento, frustração e indignação anormais, que excedem o que se entende como naturais, regulares por força da vida em coletividade. Quebra da boa-fé. O art. 30, do CDC, consagra o princípio da boa-fé que deve vigorar nas relações de consumo desde a fase pré-contratual, visando tal norma coibir os abusos praticados por intermédio do chamado *marketing*, obrigando o fornecedor a cumprir o prometido em sua propaganda. [...] Sentença reformada. Unânime" (TJDF – Acórdão 2007.07.1.003002-4 – Segunda Turma Recursal – Rel. Juiz Alfeu Machado – *DJU* 24.09.2007, p. 113).

Retornando novamente à jurisprudência do Superior Tribunal de Justiça, merece ser citado aresto que diz respeito à venda de um empreendimento divulgado e comercializado como um hotel, mas que, na verdade, era um residencial com serviços e que veio a ser interditado pela municipalidade. De acordo com o julgamento, que também merece transcrição destacada:

"O princípio da vinculação da publicidade reflete a imposição da transparência e da boa-fé nos métodos comerciais, na publicidade e nos contratos, de modo que o fornecedor de produtos ou serviços obriga-se nos exatos termos da publicidade veiculada, sendo certo que essa vinculação estende-se também às informações prestadas por funcionários ou representantes do fornecedor. Se a informação se refere a dado essencial capaz de onerar o consumidor ou restringir seus direitos, deve integrar o próprio anúncio, de forma precisa, clara e ostensiva, nos termos do art. 31 do CDC, sob pena de configurar publicidade enganosa por omissão. No caso concreto, desponta estreme de dúvida que o principal atrativo do projeto foi a sua divulgação como um empreendimento hoteleiro – o que se dessume à toda vista da proeminente reputação que a Rede Meliá ostenta nesse ramo –, bem como foi omitida a falta de autorização do Município para que funcionasse empresa dessa envergadura na área, o que, a toda evidência, constitui publicidade enganosa, nos termos do art. 37, *caput* e § 3º, do CDC, rendendo ensejo ao desfazimento do negócio jurídico, à restituição dos valores pagos, bem como à percepção de indenização por lucros cessantes e por dano moral" (STJ – REsp 1.188.442/RJ – Rel. Min. Luis Felipe Salomão – Quarta Turma – j. 06.11.2012 – *DJe* 05.02.2013).

Do mesmo Tribunal da Cidadania, em 2014, entendeu-se pela presença de publicidade enganosa na veiculação da "Tele Sena Dia das Mães". A autora da demanda alegou que seria impossível matematicamente atingir os pontos necessários para o ganho do título de capitalização que havia adquirido. Consta da ementa que "enganosa é a mensagem falsa ou que tenha aptidão a induzir a erro o consumidor, que não conseguiria distinguir natureza, características, quantidade, qualidade, preço, origem e dados do produto ou serviço contratado. No caso concreto, extrai-se dos autos que dados essenciais do produto ou serviço adquirido foram omitidos, gerando confusão para qualquer consumidor médio, facilmente induzido a erro" (STJ – REsp 1.344.967/SP – Terceira Turma – Rel. Min. Ricardo Villas Bôas Cueva – j. 26.08.2014 – *DJe* 15.09.2014).

Seguindo nas elucidações práticas, em muitas situações a jurisprudência confirma que o simples fato do engano pela publicidade, por si só, não gera dano moral, que deve decorrer das circunstâncias fáticas e das máximas de experiência. Por todos:

"Processual civil. Embargos de declaração recebidos como agravo regimental. Propaganda promocional. Adesão dos consumidores. Serviço não prestado. Frustração. Dano moral caracterizado. Reexame do conjunto fático-probatório. Súmula 7 do STJ. Violação aos arts. 458 e 535 do CPC. Inexistência. *Quantum* indenizatório. Razoável. Agravo improvido. I. Não procede a alegação de ausência de fundamentação no acórdão recorrido, quando está o mesmo completo, motivado e com os requisitos necessários à formação de uma sentença. II. O STJ recebe o quadro probatório tal como delineado pelo Tribunal estadual e o reexame de provas encontra o óbice da Súmula 7 desta Corte. III. Agravo regimental improvido" (STJ – AgRg no Ag 796.675/RS – Quarta Turma – Rel. Min. Aldir Passarinho Junior – j. 13.11.2007 – *DJ* 17.12.2007, p. 185).

Do Tribunal Paulista, é interessante o acórdão que aplicou o conceito de publicidade enganosa em face de instituição de ensino superior, diante do engano causado pelo não reconhecimento do curso, o que fez gerar danos morais pela frustração causada nos alunos:

"Responsabilidade civil. Conduta imprópria de entidade de ensino. Cooptação de alunos, expondo-lhes à formatura, sem a necessária regularização do curso. Publicidade enganosa, capaz de induzir em erro o consumidor. Dano moral. Dever reparatório. Inteligência do art. 5º, V e X, da Constituição Federal; art. 186, do Código Civil; arts. 6º, III e IV, 14, *caput* e § 1º, 31 e 37, § 1º, da Lei 8.078/1990. Apelo da autora. Provimento. Recurso da ré, a que se nega provimento" (TJSP – Apelação 9081234-70.2008.8.26.0000 – Acórdão 5069055, Votuporanga – Trigésima Câmara de Direito Privado – Rel. Des. Carlos Russo – j. 13.04.2011 – *DJESP* 28.04.2011).

Do mesmo modo, entende-se que há publicidade enganosa no caso de oferta de condições bem vantajosas para a compra de veículo que entra em conflito com o teor do contrato, aplicando-se, em casos tais, os já estudados arts. 30 e 35 do CDC. Nesse contexto de dedução, "a publicidade exerce hodiernamente papel fundamental nas relações de consumo, influenciando sobremaneira o comportamento do consumidor, quando não o determinando, de maneira que sua disciplina deve ter equivalência contratual, com direcionamento pautado na ética, boa-fé e dirigismo contratuais. Nesse contexto é que o legislador estatuiu como direito básico do consumidor a proteção contra a publicidade enganosa e abusiva, métodos comerciais coercitivos ou desleais, bem como contra práticas e cláusulas abusivas ou impostas no fornecimento de produtos e serviços (art. 6º, IV, CDC). É enganosa a publicidade se as condições de financiamento de veículo ofertadas em campanha publicitária feita através de impressos/encartes não são mantidas por ocasião do fechamento do negócio" (TJMG – Apelação Cível 0437539-56.2009.8.13.0106, Cambuí – Décima Sexta Câmara Cível – Rel. Des. Sebastião Pereira de Souza – j. 06.10.2010 – *DJEMG* 29.11.2010).

Seguindo o mesmo caminho, deduziu o Tribunal Fluminense que as declarações constantes em folhetos publicitários, não cumpridas, podem fazer caracterizar a publicidade como enganosa, notadamente se gerar no consumidor justas expectativas que são frustradas posteriormente. Vejamos:

"Na presente hipótese, a autora reclama de publicidade enganosa, na medida em que recebeu folheto de propaganda, prometendo que, no dia do aniversário da autora, sua despesa não seria cobrada, desde que levasse um acompanhante pagante. Todavia, no referido dia, o estabelecimento réu ignorou o panfleto promocional, cobrando também a despesa da autora. A sentença rechaçou a pretensão autoral ao argumento de que, por se tratar de uma Feira, já havia uma promoção que vigorava para todos, de 50% do valor do rodízio de carnes, e assim, não poderia haver cumulação de promoções, o que teria sido veiculado em anúncios de jornal. Ocorre que, a meu ver, não era a autora obrigada a saber da existência de tal anúncio promocional para todos. No panfleto dirigido exclusivamente a ela, autora, nenhuma ressalva havia. A seu turno, a ré não pode escudar-se em uma isenção promocional parcial dirigida a todos os clientes, para negar uma isenção total de despesa, prometida especificamente a ela, autora. O ato ilícito da ré, consubstanciado na publicidade enganosa, parece-me evidente, a merecer condenação pelo Judiciário. O transtorno daí decorrente é relevante, desborda do comum do cotidiano, e o constrangimento deveras ocorreu, e em público, para quem pretendia usufruir do benefício, e não conseguiu. Assim, enxergo dano moral indenizável, que deve ser compensado também no seu viés punitivo e pedagógico. Razoável, na espécie, a fixação da reparação civil no patamar de R$ 1.000,00 (um mil reais). Por sua vez, a dobra na devolução do indevidamente cobrado se impõe, na forma do art. 42, parágrafo único, do CDC, o que importa na condenação em R$ 105,40. Diante desse quadro, sou pelo provimento do recurso para reformar a sentença e julgar parcialmente procedente o pedido inicial, impondo à empresa ré indenização por danos materiais no valor de R$ 105,40, e ainda, de indenização por danos morais em favor da autora no valor de R$ 1.000,00. Sem honorários" (TJRJ – Recurso 2007.700.0137943, Capital – Rel. Juiz Renato Lima Charnaux Sertã – j. 17.04.2007 – DORJ 28.11.2007, p. 344).

Na prática, a publicidade não pode fazer promessas concretas *mirabolantes*, sob pena de caracterização do dolo publicitário enganoso. Nessa linha, vejamos interessante decisão do Tribunal Gaúcho, em situação que não pode ser tida como um exagero tolerável (*puffing*):

"Consumidor. Publicidade enganosa. Anúncio de curso de 'leitura dinâmica' garantindo resultados inatingíveis. Direito à restituição dos valores pagos pelo curso. Dano moral caracterizado. Sendo legítima a expectativa do autor de que obtivesse, através de programa integral de leitura oferecido pelo réu, condições de ler 2.000 palavras por minuto, com 100% de retenção, e vendo frustrada tal expectativa pela inatingibilidade da meta prometida, responde o réu pelos prejuízos causados. Publicidade enganosa, prometendo a leitura de '200 páginas em 20 minutos com 100% de compreensão e retenção'. Indenização dos danos materiais equivalentes aos valores despendidos com o curso e fixação da indenização dos danos morais em quantia módica (ementa extraída do Recurso Inominado n. 71002666576, de relatoria do eminente Dr. Ricardo Torres Hermann). Recurso desprovido" (TJRS – Recurso 32258-24.2010.8.21.9000, Porto Alegre – Terceira Turma Recursal Cível – Rel. Des. Leandro Raul Klippel – j. 27.01.2011 – DJERS 08.02.2011).

Consoante bem esclarece Rizzatto Nunes, "se o *puffing* puder ser medido objetivamente, e, de fato, não corresponder à verdade, será, então, enganoso. Assim, por exemplo, se o anúncio diz que aquela pilha é 'a pilha que mais dura', tem de poder provar. Se é o 'isqueiro' que acende mais vezes, também. Se é o 'carro mais econômico da categoria', da mesma forma etc.".[26] Todavia, vale a ressalva de Fábio Ulhoa Coelho, no sentido de que "o fantasioso (necessariamente falso) nem sempre induz ou é capaz de induzir o consumidor em erro. A promoção, por exemplo, de *drops*, através da apresentação de filme com pes-

---

[26] RIZZATTO NUNES, Luiz Antonio. *Comentários ao Código de Defesa do Consumidor*. 3. ed. São Paulo: Saraiva, 2007. p. 464.

soas levitando ao consumi-lo, implica veiculação de informações falsas (a guloseima não tem o efeito apresentado), mas evidentemente insuscetível de enganar o consumidor".[27]

Como outra ilustração interessante, a propósito dessas afirmações doutrinárias, em julgado de 2023, concluiu a Quarta Turma do Superior Tribunal de Justiça que "a publicidade do tipo *puffing*, cuja mensagem enaltece o fato de um aparelho de ar-condicionado ser 'silencioso', não tem aptidão para ser fonte de dano difuso, pois não ostenta qualquer gravidade intolerável em prejuízo dos consumidores em geral" (STJ – REsp 1.370.677/SP – Quarta Turma – Rel. Min. Raul Araújo – por unanimidade – j. 17.10.2023).

Sem prejuízo do *puffing*, cumpre tecer algumas palavras a respeito da prática do *teaser*, que vem a ser a utilização de artifícios de atração, para que o consumidor tenha um primeiro contato com um produto ou serviço a ser adquirido. Cite-se, a título de exemplo, campanha publicitária do *Limão*, que foi utilizada para atrair mais leitores para o jornal *O Estado de S. Paulo* (www.limao.com.br). Ou, ainda, publicidade de veículo que utiliza a expressão "ele está chegando", sem apontar qual o modelo. Assim, como ocorre com os exageros publicitários, tais artifícios, em regra, são permitidos, desde que não configure publicidade enganosa ou abusiva, servindo o Código Consumerista como mecanismo de controle.

Por fim, na ótica do CDC, deve ser visto com ressalvas o conceito de *dolus bonus* ou dolo bom, aquele que não prejudica a parte, ou até a beneficia. Como bem esclarece Carlos Ferreira de Almeida, jurista português, a construção do *dolus bonus* foi colocada em xeque no sistema lusitano, por contrariar o preceito máximo de lealdade na contratação e o direito à informação consagrados pela norma consumerista.[28] A conclusão deve ser a mesma no sistema brasileiro. Dessa forma, se a conduta publicitária for capaz de causar qualquer tipo de engano, mesmo que indireto, a gerar prejuízos mediatos ao consumidor, ficará configurada a publicidade ilícita. Caso não haja prejuízo, não se pode falar em publicidade enganosa. Concluindo da última forma, do Tribunal do Rio Grande do Sul:

> "Apelação cível. Responsabilidade civil. Propaganda enganosa. Danos morais. Não verificação. Improcedência do pedido. Manutenção. Não configura propaganda enganosa a divulgação, por parte da financeira, de que opera com as melhores taxas do mercado. Tal mensagem publicitária, para qualquer cidadão com o mínimo de discernimento, apenas exerce a força atrativa a que se propõe toda propaganda, jamais tendo o condão de ludibriar o consumidor ou gerar vício no consentimento. Outrossim, o *dolus bonus*, evidentemente presente na hipótese, não vicia o negócio, sendo aceito socialmente. Trata-se de mecanismo muito utilizado como técnica de publicidade, inexistindo qualquer ilicitude no realce do produto, com finalidade de atrair os clientes. Improcedência do pedido mantida. Apelo desprovido" (TJRS – Apelação Cível 500846-04.2010.8.21.7000, Igrejinha – Nona Câmara Cível – Rel. Des. Marilene Bonzanini Bernardi – j. 13.04.2011 – *DJERS* 20.04.2011).

Mais uma vez, verifica-se uma interessante interação entre as normas do Código de Defesa do Consumidor e os conceitos clássicos do Direito Civil, na linha filosófica *dialogal* seguida pela presente obra.

---

[27] COELHO, Fábio Ulhoa. *Manual de Direito Comercial*. Direito de Empresa. 18. ed. São Paulo: Saraiva, 2007. p. 104.

[28] ALMEIDA, Carlos Ferreira de. *Direito do Consumo*. Coimbra: Almedina, 2005. p. 102.

6.5.3. A vedação da publicidade abusiva (art. 37, § 2º, do CDC). A publicidade comparativa

Diferentemente da publicidade enganosa, que induz o consumidor a erro, a publicidade abusiva é aquela ilícita por trazer como conteúdo o abuso de direito, tema que será aprofundado no próximo capítulo. Dispõe o art. 37, § 2º, da Lei 8.078/1990, em tom mais uma vez exemplificativo, que são abusivas, dentre outras, as seguintes práticas:

> a) A publicidade discriminatória de qualquer natureza.
> b) A publicidade que incita à violência.
> c) A publicidade que explora o medo ou a superstição.
> d) A publicidade que se aproveita da deficiência de julgamento e experiência da criança.
> e) A publicidade que desrespeita valores ambientais.
> f) A publicidade que seja capaz de induzir o consumidor a se comportar de forma prejudicial ou perigosa à sua saúde ou segurança.

Como explica Fábio Ulhoa Coelho, a publicidade abusiva é aquela que *agride os valores sociais*, presente uma conduta socialmente reprovável de abuso. E ilustra: "o fabricante de armas não pode promover o seu produto reforçando a ideologia da violência como meio de solução dos conflitos, ainda que esta solução resultasse suficiente, em termos mercadológicos, junto a determinados segmentos da sociedade, inclusive os consumidores de armamentos. Também é abusiva a publicidade racista, sexista, discriminatória e lesiva ao meio ambiente".[29] Deve ficar claro que, para a caracterização da publicidade abusiva, levam-se em conta os valores da comunidade e o senso geral comum.

Diante do seu conteúdo, muitas vezes agressivo, a publicidade abusiva pode gerar a responsabilidade civil das pessoas envolvidas, nos moldes das premissas já expostas. Isso sem falar das penalidades administrativas, como a imposição de pesadas multas pelos órgãos legitimados ou a necessidade de a empresa fazer a *contrapublicidade*, tratada pela lei como *contrapropaganda*. Estipula o *caput* do art. 60 do CDC que a imposição de contrapropaganda será cominada quando o fornecedor incorrer na prática de publicidade enganosa ou abusiva, sempre às expensas do infrator. Em complemento, prevê a mesma norma que a contrapropaganda será divulgada pelo responsável da mesma forma, frequência e dimensão e, preferencialmente no mesmo veículo, local, espaço e horário, de forma capaz de desfazer o malefício da publicidade enganosa ou abusiva (art. 60, § 1º).

A título de ilustração, cite-se julgado notório do Egrégio Tribunal de Justiça do Estado de São Paulo, o qual considerou ser abusiva uma publicidade que incitava as crianças à destruição de tênis velhos, os quais deveriam ser substituídos por outros novos, situação tida como incentivadora da violência, abusando da inocência das crianças:

---

[29] COELHO, Fábio Ulhoa. *Manual de Direito Comercial*. Direito de Empresa. 18. ed. São Paulo: Saraiva, 2007. p. 104.

"Ação civil pública. Publicidade abusiva. Propaganda de tênis veiculada pela TV. Utilização da empatia da apresentadora. Induzimento das crianças a adotarem o comportamento da apresentadora destruindo tênis usados para que seus pais comprassem novos, da marca sugerida. Ofensa ao art. 37, § 2º, do CDC. Sentença condenatória proibindo a veiculação e impondo encargo de contrapropaganda e multa pelo descumprimento da condenação. Contrapropaganda que se tornou inócua ante o tempo já decorrido desde a suspensão da mensagem. Recurso provido parcialmente" (TJSP – Apelação Cível 241.337-1, São Paulo – Terceira Câmara de Direito Público – Rel. Ribeiro Machado – j. 30.04.1996, v.u.).

Pela ementa transcrita, nota-se que houve um enquadramento da prática como sendo um *mau costume*, conceito que mantém relação íntima com o texto encontrado no art. 187 do CC/2002, que traz os elementos configuradores o abuso de direito. Como se percebe, como a publicidade envolve valores coletivos em sentido amplo, cabe o manejo das medidas de tutela pela ação civil pública, inclusive com a atribuição de indenização por danos morais coletivos ou difusos, categorias já abordadas nesta obra.

A propósito, em 2016, surgiu precedente importante sobre a publicidade infantil no Superior Tribunal de Justiça. A Corte entendeu pela sua proibição, pelo fato de vincular a aquisição de brindes ao consumo exagerado do produto. Nos termos do aresto, "a hipótese dos autos caracteriza publicidade duplamente abusiva. Primeiro, por se tratar de anúncio ou promoção de venda de alimentos direcionada, direta ou indiretamente, às crianças. Segundo, pela evidente 'venda casada', ilícita em negócio jurídico entre adultos e, com maior razão, em contexto de *marketing* que utiliza ou manipula o universo lúdico infantil (art. 39, I, do CDC). *In casu*, está configurada a venda casada, uma vez que, para adquirir/comprar o relógio, seria necessário que o consumidor comprasse também 5 (cinco) produtos da linha 'Gulosos'" (STJ – REsp 1.558.086/SP – Segunda Turma – Rel. Min. Humberto Martins – j. 10.03.2016 – DJe 15.04.2016).

Penso que tal posição deve se repetir naquela Corte Superior, o que trará um novo tratamento para a publicidade e para a oferta dirigidas ao público infantil. Aplicada a mesma premissa, não serão mais possíveis os meios de oferta que atraem as crianças por meio de brindes ou brinquedos, comuns em grandes redes de lanchonetes e de restaurantes. Como reconhece o Enunciado n. 4 do Instituto Brasileiro de Política e Direito do Consumidor (BRASILCON), para os efeitos do CDC, a criança é considerada *hipervulnerável* perante a publicidade e a comunicação mercadológica a ela dirigidas, devendo ser protegida de forma especial.

Com outro exemplo atual a respeito da categoria, o Superior Tribunal de Justiça considerou que produção de material correspondente a cupons do tipo *insert* e *onsert*, colocados dentro dos maços de cigarros, destinados a propagar informação institucional da empresa e encobrir a imagem de veiculação obrigatória que difunde mensagem de saúde pública pelo usuário não constitui publicidade abusiva. Na verdade, entendeu-se que tal inserção sequer constitui uma publicidade, na linha do voto do Ministro Moura Ribeiro, que cita a minha conceituação, constante desta obra. Foi vencida a Ministra Nancy Andrighi, que entendia o contrário e imputava indenização por danos coletivos diante da publicidade abusiva realizada pela empresa. Vejamos a ementa do acórdão:

"Consumidor. Recurso especial. Ação civil pública. Danos morais difusos. Cartões *inserts* ou *onserts* colocados no interior das embalagens de cigarros. Publicidade não caracterizada. Informações que não incentivam ao fumo. Responsabilidade por fato de terceiro. Impossibilidade, *in casu*. Multa administrativa anulada pelo Poder Judiciário. Coisa julgada. Recurso especial da Souza Cruz provido. Ação civil pública improcedente. Honorários sucumbenciais prejudicados. 1. A natureza da publicidade implica anúncios ativos, para que entusiasmem os destinatários a adquirir o produto ou serviço, muitas vezes utilizando-se de métodos da psicologia da persuasão, além de elementos sensoriais que aguçem a visão, olfato, paladar e audição, tais como cores, cheiros, gostos e forma de expressão de palavras e frases. 1.1. Os cartões *inserts* ou *onserts* não caracterizam publicidade, uma vez que se encontram no interior das embalagens de cigarro, ou seja, não têm o condão de transmitir nenhum elemento de persuasão ao consumidor, por impossibilidade física do objeto. 2. A mensagem contida nos cartões *inserts* ou *onserts* não proporcionam nenhum incentivo ao fumo, mas apenas informam o novo *layout* das embalagens, circunstância não violadora das restrições a propaganda de cigarros ou assemelhados, o que afasta o dano moral coletivo. 3. Exceto nos casos expressamente declinados na legislação, somente aquele que causa o dano é responsabilizado pela sua reparação (art. 927 do CC/02). 3.1. O suposto dano moral coletivo está alicerçado na possibilidade do consumidor utilizar os *inserts* ou *onserts* para obstruir a advertência sobre os malefícios do cigarro. Assim, a responsabilidade civil estaria sendo imputada a alguém que não praticou o ato, além do dano ser presumido, uma vez que não se tem notícia que algum consumidor os teria utilizado para encobrir as advertências. 3.2. O fumante que se utiliza dos cartões *inserts* ou *onserts* quer tampar a visão do aviso dos malefícios que ele sabe que o cigarro causa à saúde. 4. As penalidades administrativas lavradas pela ANVISA foram anuladas por decisões judiciais transitadas em julgado, sob o fundamento de que os cartões *inserts* ou *onserts* não desrespeitavam a legislação que regulamenta a propaganda de cigarros e seus assemelhados. 4.1. O reconhecimento da publicidade abusiva nestes autos, geradora do dano moral coletivo, implicará violação da coisa julgada. 5. Recurso especial da Souza Cruz provido para afastar a ocorrência do imputado dano moral. Prejudicado o apelo nobre do Instituto, quanto aos honorários sucumbenciais" (STJ – REsp 1.703.077/SP – Terceira Turma – Rel. Min. Nancy Andrighi – Rel. p/ Acórdão Min. Moura Ribeiro – j. 11.12.2018 – *DJe* 15.02.2019).

Com o devido respeito, não me filio à conclusão final do acórdão. Primeiro, porque, se tais cartões podem não incentivar o início do fumo, pelo menos visam à manutenção do seu uso. Segundo, pois a colocação desses cartões nos maços fará com que terceiros não vejam as mensagens de propaganda que visam demonstrar os males do cigarro, trazendo sim danos à coletividade. Terceiro, pelo fato de que tais cartões geram sim claras vantagens econômicas para as empresas de cigarro.

Deve ficar claro que, segundo o entendimento majoritário antes transcrito, ao qual não me filio, entende-se que o veículo de comunicação não responde igualmente pela publicidade abusiva, como ocorre com a modalidade enganosa. Nesse sentido, vejamos recente decisão do STJ, a respeito de *publicidade estelionatária*:

"Civil. Recurso especial. Ação de reparação por danos materiais. Publicação de anúncio em classificados de jornal. Ocorrência de crime de estelionato pelo anunciante. Incidência do CDC. Responsabilidade do jornal. 1. O recorrido ajuizou ação de reparação por danos materiais, em face da recorrente (empresa jornalística), pois foi vítima de crime de estelionato praticado por meio de anúncio em classificados de jornal. 2. Nos contratos de compra e venda firmados entre consumidores e anunciantes em jornal, as empresas jornalísticas não se enquadram no conceito de fornecedor, nos termos do art. 3º do CDC. 3. A responsabilidade pelo dano decorrente do crime de estelionato não pode ser imputada à empresa jornalística, visto que essa não participou da elaboração do anúncio, tampouco do contrato de compra e venda do veículo. 4. O dano sofrido pelo consumidor deu-se em razão do pagamento por um veículo que não foi entregue pelo anunciante, e não pela compra de um exemplar do jornal. Ou seja: o produto oferecido no anúncio (veículo) não tem relação com o produto oferecido pela recorrente (publicação de anúncios). 5. Assim, a empresa jornalística não pode ser responsabilizada pelos produtos ou serviços oferecidos pelos seus anunciantes, sobretudo quando dos anúncios publicados não se infere qualquer ilicitude. 6. Destarte, inexiste nexo causal entre a conduta da empresa e o dano sofrido pela vítima do estelionato. 7. Recurso especial conhecido e provido" (STJ – REsp 1046241/SC – Terceira Turma – Rel. Min. Nancy Andrighi – j. 12.08.2010 – *DJe* 19.08.2010).

Outro exemplo de abusividade envolve a publicidade discriminatória, prevista expressamente no texto consumerista, o que gera muitas vezes discussões administrativas. Entre as decisões do Conselho Nacional de Regulamentação Publicitária (CONAR), pode ser extraída ementa do ano de 2009, que tratou de preconceito contra os portugueses. Transcreve-se a decisão para as devidas reflexões:

"'Arno Laveo'. Representação n. 441/08. Autor: CONAR, a partir de queixa do consumidor. Anunciante: Arno. Relatora: Conselheira Cristina de Bonis. Segunda Câmara. Decisão: Arquivamento. Fundamento: art. 27, n. 1, letra *a* do Rice. Consumidora de Santo André, no ABC paulista, reclamou ao CONAR do comercial de TV veiculado pela Arno. De acordo com a queixa, no referido anúncio há menção desmerecedora e até mesmo discriminatória com relação a determinada etnia, pelo uso de música típica portuguesa associada à conduta pouco inteligente. Além disso, a publicidade, segundo a denúncia, apresenta falta de cuidado dos protagonistas, que acabam provocando a queda de objeto do alto do prédio. Para a consumidora, embora a situação tenha sido utilizada como recurso humorístico, pode constituir-se exemplo inadequado de comportamento perigoso. A defesa alega que o comercial, entendido em seu verdadeiro sentido, nada tem que possa ser considerado um desrespeito aos portugueses, até porque não existe nenhuma menção à origem dos personagens. Segundo o anunciante, trata-se de uma mensagem lúdica e bem-humorada, na qual aparece uma cena caricata, fantasiosa, de um casal que tenta lavar um ventilador com uma mangueira. O apelo, como argumenta a defesa, apenas ajuda a demonstrar os benefícios do produto, o ventilador Laveo, fácil de desmontar e lavar. O relator concordou com esta linha de argumentação, considerando, em seu parecer, que o comercial revela uma situação absurda e que não há como afirmar que se trata de uma melodia portuguesa, o que descaracteriza a tese da discriminação. Os membros do Conselho de Ética acolheram por unanimidade o voto pelo arquivamento da representação."

A decisão administrativa parte da premissa de que a mera intenção de brincar (*animus jocandi*), sem maiores consequências de lesão a valores coletivos, não configura a publicidade abusiva. Nessa mesma linha decidiu o Tribunal de Justiça de São Paulo, em acórdão resumido na seguinte ementa:

"Código de Defesa do Consumidor. Propaganda abusiva. Multa. Proporcionalidade. Autuação e imposição de multa em razão de propaganda considerada abusiva, que, nos termos do art. 37, § 2º do Código de Defesa do Consumidor, é 'a que incite à violência, explore o medo ou a superstição, se aproveite da deficiência de julgamento e experiência da criança, desrespeita valores ambientais, ou que seja capaz de induzir o consumidor a se comportar de forma prejudicial ou perigosa à sua saúde ou segurança'. Descaracterização. Peça publicitária que procurou explorar de forma jocosa determinada situação, não cabendo subsunção ao citado disposto legal. Recurso provido" (TJSP – Apelação com Revisão 558.085.5/0 – Acórdão 2518907, São Paulo – Sétima Câmara de Direito Público – Rel. Des. Nogueira Diefenthaler – j. 10.03.2008, *DJESP* 19.06.2008).

Igualmente, na linha de afastamento da publicidade abusiva, não há discriminação no caso de uma publicidade que limita a aquisição de um bem de consumo a um determinado número de exemplares compatível ao uso familiar. Concluindo desse modo, do Tribunal do Rio de Janeiro:

"Compra e venda de mercadoria. Propaganda comercial. Restrição ao direito. Direito do consumidor. Inocorrência. Apelação cível. Consumidor. Publicidade que veicula vantagens na aquisição de produto a determinados setores do comércio, reservando-os em estoque e limitando a compra a um aparelho por cliente. Alegação de infringência a direito do consumidor, por propaganda abusiva e discriminatória. Inocorrência. Critério de discrímen razoável e proporcional, considerando-se o ramo de atividade comercial escolhido. Publicidade lícita e regular nos moldes do CDC. Manutenção da sentença. Improvimento do recurso" (TJRJ – Apelação Cível 16259/2004, Rio de Janeiro – Décima Sexta Câmara Cível – Rel. Des. Gerson Arraes – j. 13.07.2004).

Conforme se pode notar pelas últimas decisões transcritas, a verdade é que a configuração da publicidade abusiva dificilmente ocorre na prática, pois houve um aumento de conscientização das empresas patrocinadoras, nos últimos tempos, em relação à sua vedação. De toda sorte, se presente o abuso de direito, devem ser impostas as amplas sanções estabelecidas pelo Código Brasileiro de Defesa do Consumidor.

Como palavras finais para o tópico, destaque-se que o Superior Tribunal de Justiça entende não ser abusiva, pelo menos em regra, a chamada *publicidade comparativa*, aquela que procura analisar, de forma confrontada, as características e qualidades de produtos ou serviços diferentes. A campanha analisada dizia respeito à comparação de duas pilhas, a *DURACELL* e a *RAYOVAC*, tendo a segunda mencionado a primeira em suas embalagens e em publicidades veiculadas por meios de comunicação.

No entendimento dos julgadores, a publicidade comparativa constitui o "método ou técnica de confronto empregado para enaltecer as qualidades ou o preço de produtos ou serviços anunciados em relação a produtos ou serviços de um ou mais concorrentes, explícita ou implicitamente, com o objetivo de diminuir o poder de atração da concorrência frente ao público consumidor". E mais, "a despeito da ausência de abordagem legal específica acerca da matéria, a publicidade comparativa é aceita pelo ordenamento jurídico pátrio, desde que observadas determinadas regras e princípios concernentes ao direito do consumidor, ao direito marcário e ao direito concorrencial, sendo vedada a veiculação de propaganda comercial enganosa ou abusiva, que denigra a imagem da marca comparada, que configure concorrência desleal ou que cause confusão no consumidor" (STJ – REsp 1.668.550/RJ – Terceira Turma – Rel. Min. Nancy Andrighi – j. 23.05.2017 – DJe 26.05.2017).

A conclusão final do julgamento foi no sentido de que a *publicidade comparativa* presente no caso concreto não violou a boa-fé, tendo sido realizada com mero propósito de informação e trazendo benefícios ao consumidor. Entendeu-se, ainda, que não ficou constatada a presença de ilicitude, tampouco de condutas que tenham rebaixado socialmente a imagem dos produtos da empresa concorrente (REsp 1.668.550/RJ). Assim também entendo a respeito do tema, sendo vedada a *publicidade comparativa* apenas nos casos de engano dos consumidores ou se for ela abusiva, conforme os parâmetros ora estudados.

Como último julgado a ser citado, em 2023, o mesmo Tribunal Superior concluiu que a publicidade comparativa somente gera o dever de indenizar se estiverem presentes danos aos consumidores: "no contexto de propaganda comparativa ofensiva, não é viável impor a obrigação de indenização por danos materiais sem a devida demonstração de prejuízo" (STJ – Ag. Int. nos EDcl. no REsp 1.770.411/RJ – Quarta Turma – Rel. Min. João Otávio de Noronha – Rel. p/ acórdão Min. Raul Araújo – por maioria – j. 14.02.2023 – DJe 05.07.2023). Afastou-se a presença, por si só, do dano *in re ipsa* ou presumido, em virtude da citada publicidade, o que me parece correto.

6.6. O ÔNUS DA PROVA DA VERACIDADE DA INFORMAÇÃO PUBLICITÁRIA

A encerrar o presente capítulo, cabe tecer algumas palavras sobre a inversão do ônus da prova em relação à veracidade da informação publicitária, o que constitui um dos princípios fundamentais da regulamentação publicitária, como antes exposto.

Nos termos do art. 38 da Lei 8.078/1990, o ônus da prova da veracidade e correção da informação ou comunicação publicitária cabe a quem as patrocina. Elucide-se que essa inversão do ônus da prova é automática, não dependendo de qualquer pedido do consumidor (inversão *ex lege* ou *ope legis*).[30] Tal entendimento é seguido pela melhor jurisprudência (ver: TJRS – Apelação Cível 70027908441, Bagé – Décima Sétima Câmara Cível – Rel. Des. Elaine Harzheim Macedo – j. 29.01.2009 – DOERS 05.02.2009, p. 85; e TJSP – Apelação com Revisão 328.507.4/0 – Acórdão 4129796, Taubaté – Oitava Câmara de Direito Privado – Rel. Des. Salles Rossi – j. 14.10.2009 – DJESP 28.10.2009).

Dessa forma, a categoria não se confunde com a inversão do ônus da prova tratada pelo art. 6º, inc. VIII, do CDC, que traz requisitos bem definidos para a sua concessão, quais sejam a verossimilhança das alegações ou a hipossuficiência do consumidor no caso concreto. O tema é tratado no Capítulo 10 da presente obra.

Na linha do que foi exaustivamente exposto, tem-se entendido, de forma majoritária, que tal ônus não cabe ao veículo de comunicação ou à agência, mas apenas à empresa

---

[30] Nesse sentido, por todos: NERY JR., Nelson; NERY, Rosa Maria de Andrade. *Código Civil Anotado*. 2. ed. São Paulo: RT, 2003. p. 934; MARQUES, Claudia Lima; BENJAMIN, Antonio Herman; MIRAGEM, Bruno. *Comentários ao Código de Defesa do Consumidor*. 3. ed. São Paulo: RT, 2010. p. 754.

patrocinante da oferta. A confirmar a tese, a qual, repise-se, não se filia, do Tribunal do Rio de Janeiro:

"Veiculação de propaganda enganosa pelo primeiro apelado. Responsabilidade do fornecedor anunciante pelos danos causados e não da empresa de comunicação. Inteligência do disposto nos arts. 3º e 38 do CDC. Instituição financeira que também não pode ser responsabilizada na hipótese vertente, por ser mera depositária da verba mantida na conta corrente de titularidade do primeiro réu. Desprovimento do recurso" (TJRJ – Apelação 2009.001.10250 – Décima Câmara Cível – Rel. Des. Celso Peres – *DORJ* 15.06.2009, p. 167).

Ou ainda: "Hipótese em que não cabe à emissora de televisão realizar encargo do Poder Público para verificação acerca de determinado remédio ter comprovação científica referente a efeitos terapêuticos. Aplicação do art. 38 da Lei 8.078/1990" (TJSP – Apelação com Revisão 532.933.4/7 – Acórdão 3634068, São Paulo – Sexta Câmara de Direito Privado – Rel. Des. Encinas Manfré – j. 23.04.2009 – *DJESP* 01.07.2009).

Feitas tais elucidações, para ilustrar a aplicação concreta do art. 38 do CDC, o Superior Tribunal de Justiça entendeu que a veracidade da publicidade constante de tampinhas dos vasilhames do refrigerante cabe à empresa correspondente, sob as penas da lei (STJ – REsp 302.174/RJ – Terceira Turma – Rel. Min. Antônio de Pádua Ribeiro – j. 20.09.2001 – *DJU* 15.10.2001, p. 262).

Porém, em data mais recente, em julgado polêmico, do ano de 2023, julgou a Corte Superior que a disposição do CDC sobre o ônus probatório da veracidade e correção da informação ou comunicação publicitária, a princípio, não se aplica em demandas envolvendo concorrência desleal. O caso dizia respeito a uma rede de lanchonetes que buscava fazer cessar suposta publicidade enganosa da concorrente, que afirmava vender o "melhor hambúrguer do mundo", em todo seu material publicitário e nas fachadas dos restaurantes. O aresto cita a *teoria do diálogo das fontes*, mas concluiu da seguinte forma:

"Considerando especificamente a relação existente entre o Direito da Concorrência e o Direito do Consumidor, o diálogo se dá, nesse caso específico, sob a forma de coordenação e de adaptação sistemática. No entanto, esse diálogo de coordenação e de adaptação sistemática entre Direito da Concorrência e Direito do Consumidor apenas ocorre quando, de um lado, as normas consumeristas reforçam a proteção ao mercado concorrencial, ou quando, de outro lado, as normas concorrenciais somam esforços na proteção do consumidor. Isso, porém, não é o que se verifica no que diz respeito especificamente à norma prevista no art. 38 do CDC. A inversão automática do ônus da prova está fundada no pressuposto de vulnerabilidade do consumidor, especialmente no que diz respeito à publicidade, com o objetivo de garantir a igualdade material e de reforçar a sua proteção, inclusive no acesso à Justiça. Com efeito, em demanda envolvendo Direito da Concorrência, não se mostra correta a presunção de vulnerabilidade da parte autora, não se justificando a inversão direta e automática determinada pelo art. 38 do CDC" (STJ – REsp 1.866.232/SP – Terceira Turma – Rel. Min. Paulo de Tarso Sanseverino – por unanimidade – j. 21.03.2023 – *DJe* 23.03.2023).

O acórdão é considerado polêmico, e pode ser até criticado, pois os consumidores também são prejudicados pela concorrência desleal e por eventual publicidade enganosa.

De todo modo, entenderam os julgadores que "a inversão automática do ônus da prova prevista pelo art. 38 do CDC poderia facilitar o abuso do direito de ação, incentivando esse tipo de estratégia anticoncorrencial, uma vez que, a partir do ajuizamento de demanda frívola, o ônus da prova estaria direta e automaticamente imposto ao concorrente com menor porte econômico" (REsp 1.866.232/SP). Aguardemos eventuais novos julgamentos do Tribunal da Cidadania a respeito da temática.

7

O ABUSO DE DIREITO CONSUMERISTA. AS PRÁTICAS ABUSIVAS VEDADAS PELA LEI 8.078/1990 E SUAS CONSEQUÊNCIAS PRÁTICAS

Sumário: 7.1. Algumas palavras sobre o abuso de direito – 7.2. Estudo das práticas abusivas enumeradas pelo art. 39 do CDC: 7.2.1. Condicionar o fornecimento de produto ou de serviço ao fornecimento de outro produto ou serviço, bem como, sem justa causa, a limites quantitativos (art. 39, inc. I, do CDC); 7.2.2. Recusar atendimento às demandas dos consumidores, na exata medida de suas disponibilidades de estoque, e, ainda, de conformidade com os usos e costumes (art. 39, inc. II, do CDC); 7.2.3. Enviar ou entregar ao consumidor, sem solicitação prévia, qualquer produto, ou fornecer qualquer serviço (art. 39, inc. III, do CDC); 7.2.4. Prevalecer-se da fraqueza ou ignorância do consumidor, tendo em vista a sua idade, saúde e condição social, para vender-lhe produto ou serviço (art. 39, inc. IV, do CDC); 7.2.5. Exigir do consumidor vantagem manifestamente excessiva (art. 39, inc. V, do CDC); 7.2.6. Executar serviços sem a prévia elaboração de orçamento e autorização expressa do consumidor, ressalvadas as decorrentes de práticas anteriores entre as partes (art. 39, inc. VI, do CDC); 7.2.7. Repassar informação depreciativa referente a ato praticado pelo consumidor no exercício de seus direitos (art. 39, inc. VII, do CDC); 7.2.8. Colocar, no mercado de consumo, qualquer produto ou serviço em desacordo com as normas expedidas pelos órgãos oficiais competentes ou, se normas específicas não existirem, pela Associação Brasileira de Normas Técnicas (ABNT) ou outra entidade credenciada pelo Conselho Nacional de Metrologia, Normalização e Qualidade Industrial – CONMETRO (art. 39, inc. VIII, do CDC); 7.2.9. Recusar a venda de bens ou a prestação de serviços, diretamente a quem se disponha a adquiri-los mediante pronto pagamento, ressalvados os casos de intermediação regulados em leis especiais (art. 39, inc. IX, do CDC); 7.2.10. Elevar sem justa causa o preço de produtos ou serviços (art. 39, inc. X, do CDC); 7.2.11. Aplicar fórmula ou índice de reajuste diverso do legal ou contratualmente estabelecido (art. 39, inc. XIII, do CDC); 7.2.12. Deixar de estipular prazo para o cumprimento de sua obrigação ou deixar a fixação de seu termo inicial a seu exclusivo critério (art. 39, inc. XII, do CDC); 7.2.13. Permitir o ingresso em estabelecimentos comerciais ou de serviços de um número maior de consumidores que o fixado pela autoridade administrativa como máximo (art. 39, inc. XIII, do CDC) – 7.3. A necessidade de respeito ao tabelamento oficial, sob pena de caracterização do abuso de direito (art. 41 do CDC) – 7.4. O abuso de direito na cobrança de dívidas (art. 42, *caput*, do CDC). O problema do corte de serviço essencial. A necessidade de prestação de informações na cobrança (art. 42-A do CDC) – 7.5. A repetição de indébito no caso de cobrança abusiva (art. 42, parágrafo único, do CDC).

7.1. ALGUMAS PALAVRAS SOBRE O ABUSO DE DIREITO

Uma das categorias mais importantes para o Direito Privado Contemporâneo é o abuso de direito, conceito que consta tanto do Código Civil de 2002 quanto do Código de Defesa do Consumidor, o que possibilita, mais uma vez, uma interessante interação entre as normas, em *diálogo das fontes*. Como lei central do Direito Privado, o CC/2002 traz no seu art. 187 o conceito de abuso de direito, que serve perfeitamente para o Direito do Consumidor, *in verbis* e com destaque:

> "Art. 187. Também comete ato ilícito o titular de um direito que, ao exercê-lo, excede manifestamente os limites impostos pelo seu fim econômico e social, pela boa-fé ou pelos bons costumes".

Tal dispositivo já revolucionou a visualização da responsabilidade civil, trazendo nova modalidade de ilícito, também precursora do dever de indenizar. O abuso de direito é tratado pelo Código Civil de 2002 como um *ilícito equiparado*, pelo que consta do art. 927, *caput*, da mesma codificação. De acordo com o último comando, "aquele que, por ato ilícito (arts. 186 e 187), causar dano a outrem, fica obrigado a repará-lo". Como se percebe, a norma compara o abuso de direito ao ilícito puro, ao colocar o art. 187 ao lado do art. 186, dando tratamento equivalente a ambos para os fins de gerar o dever de reparar. Trata-se do *ilícito indenizante*, na classificação atribuída a Pontes de Miranda.

Além da consequente imputação civil para a reparação dos prejuízos suportados, o abuso de direito tem o condão de acarretar a nulidade dos atos e negócios correspondentes. Esse, aliás, é o *espírito* do art. 51 do CDC, ao consagrar o rol de cláusulas nulas por abusividade. A propósito, lembre-se de que, nos termos do art. 166, inc. II, do Código Civil, é nulo o negócio jurídico quando houver ilicitude do seu objeto, presente o *ilícito nulificante*, novamente na definição de Pontes de Miranda.

A respeito das raízes históricas do conceito, sinaliza Renan Lotufo que o abuso de direito decorre da *aemulatio* do Direito Romano, ou seja, do "exercício de um direito, sem utilidade própria, com a intenção de prejudicar outrem", cuja aplicação ampliada atingiu as relações de vizinhança.[1] Na mesma linha, San Tiago Dantas demonstra que o abuso de direito encontra origens no Direito Romano, principalmente nos conceitos de *aequitas* e no *ius honorarium*.

Porém, para o último jurista, é no Direito Medieval que o instituto encontra sua principal raiz, com o surgimento do problema do ato emulativo, decorrente dos inúmeros conflitos que marcaram aquele período da história. Suas palavras, utilizadas em outras de nossas obras, mais uma vez merecem destaque:

> "Já se sabe o que foi a vida medieval, o ambiente de emulação por excelência. A rixa, a briga, a altercação, é a substância da vida medieval. Brigas de vizinhos, brigas de barões, brigas de corporações, no seio das sociedades; brigas entre o poder temporal e o poder espiritual. Todas as formas de alterações a sociedade medieval conheceu, como não podia deixar de acontecer numa época de considerável atrofia do Estado. É aí que, pela primeira vez, os juristas têm conhecimento deste problema: o exercício de um direito com o fim de prejudicar a outrem. O direito como

---

[1] LOTUFO, Renan. *Código Civil Comentado*. São Paulo: Saraiva, 2003. p. 499.

elemento de emulação. Entende-se, por emulação, o exercício de um direito com o fim de prejudicar outrem. Quer dizer que, em vez de ter o fim de tirar para si um benefício, o autor do ato tem em vista causar prejuízo a outrem".[2]

Sílvio Rodrigues também demonstra a origem romana do abuso de direito. Entretanto, denota que "a teoria do abuso de direito, na sua forma atual, é, como diz Josserand, de tessitura jurisprudencial e surgiu na França na segunda metade do Século XIX".[3] Do mesmo modo, investigando tal período, Caio Mário da Silva Pereira expõe que "os modernos, encontrando várias hipóteses em que se configura o desvirtuamento do conceito de justo, na atitude do indivíduo que leva a fruição do seu direito a um grã de causar malefício a outro indivíduo, criam a figura teórica do *abuso de direito*, que ora encontra fundamento na regra da *relatividade dos direitos*; ora assenta na dosagem do conteúdo do exercício, admitindo que se o titular exceda o limite do exercício regular de seu direito, age sem direito; ora baseia-se na configuração do *animus nocendi*, e estabelece que é de se reprimir o exercício do direito, quando se inspira na intenção de causar mal a outrem".[4]

O abuso de direito do Código Civil de 2002 segue um modelo aberto, pois relacionado a três conceitos legais indeterminados, três cláusulas gerais que devem ser preenchidas pelo aplicador do direito caso a caso. Tais conceitos são a função social e econômica do instituto correspectivo, a boa-fé objetiva e os bons costumes. No tocante aos bons costumes, é interessante o teor do Enunciado n. 413, da V *Jornada de Direito Civil* do CJF, que propõe a sua análise de acordo com a realidade social, como não poderia ser diferente: "os bons costumes previstos no art. 187 do CC possuem natureza subjetiva, destinada ao controle da moralidade social de determinada época, e objetiva, para permitir a sindicância da violação dos negócios jurídicos em questões não abrangidas pela função social e pela boa-fé objetiva". No mesmo evento, aprovou-se o Enunciado n. 414, que procura dar um fundamento constitucional ao abuso de direito, prescrevendo que "a cláusula geral do art. 187 do Código Civil tem fundamento constitucional nos princípios da solidariedade, devido processo legal e proteção da confiança e aplica-se a todos os ramos do direito".

Em havendo um exercício irregular do direito em desrespeito a tais parâmetros, configura-se o abuso de direito ou *ato emulativo civil*. Nesse contexto, diante da existência de construções dinâmicas e valorativas, há uma relação direta entre o abuso de direito e o *princípio da socialidade*, adotado pela nova codificação.

A responsabilidade civil sofre clara influência social, de acordo com o que está exposto no art. 5º da Lei de Introdução, segundo o qual, na aplicação da norma, deve o aplicador buscar os seus fins sociais e o bem comum. Existe também uma interação com o *princípio da eticidade*, uma vez que o Código Civil de 2002 estabelece o ilícito contra a pessoa que age em desrespeito à boa-fé objetiva, relacionada com a conduta leal e proba que se espera de todos os que vivem perante a coletividade, integradora, sobretudo, das relações negociais.

---

[2] DANTAS, San Tiago. *Programa de Direito Civil*. Rio de Janeiro: Editora Rio, aulas proferidas na Faculdade Nacional de Direito [1942-1945], 1979. v. 1, p. 368-369.
[3] RODRIGUES, Sílvio. *Direito Civil*. Parte Geral. 33. ed. São Paulo: Saraiva, 2003. p. 318.
[4] PEREIRA, Caio Mário da Silva. *Instituições de Direito Civil*. Introdução ao Direito Civil. Teoria Geral do Direito Civil. Atual. Maria Celina Bodin de Moraes. 21. ed. Rio de Janeiro: Forense, 2006. v. 1 p. 672.

Relativamente ao conceito de abuso de direito, é precisa a definição de Rubens Limongi França, no sentido de que o abuso de direito constitui uma categoria de conteúdo próprio, entre o ato lícito e o ilícito, ou seja, *o abuso de direito é lícito pelo conteúdo e ilícito pelas consequências*. Vejamos as palavras do *clássico* jurista:

"O ato ilícito (*Manual*, v. 1º, p. 211) é toda manifestação da vontade que tenha por fim criar, modificar ou extinguir uma relação de direito. O ato ilícito é uma ação ou omissão voluntária, ou que implique negligência ou imprudência, cujo resultado acarrete violação de direito ou que ocasione prejuízo a outrem. Finalmente, o abuso de direito consiste em um ato jurídico de objeto lícito, mas cujo exercício, levado a efeito sem a devida regularidade, acarreta um resultado que se considera ilícito".[5]

Em suma, a ilicitude do ato, no abuso de direito, está na forma de sua execução, ou seja, na sua prática. Como consequência imediata, o abuso de direito gera a responsabilidade civil objetiva do abusador independente do elemento culpa. Nesse sentido, o Enunciado n. 37, aprovado na I *Jornada de Direito Civil* do Conselho da Justiça Federal: "Art. 187: a responsabilidade civil decorrente do abuso do direito independe de culpa, e fundamenta-se somente no critério objetivo-finalístico".

Consigne-se, a título de ilustração, que, pelo modelo objetivo do mesmo, se posicionam Fernando Noronha, Maria Helena Diniz, Nestor Duarte, Pablo Stolze Gagliano, Rodolfo Pamplona Filho, Silvio de Salvo Venosa, Cristiano Chaves de Farias, Nelson Rosenvald, Sérgio Cavalieri Filho, Daniel Boulos, Eduardo Jordão, Gustavo Tepedino, Maria Celina Bodin de Moraes, Heloísa Helena Barboza, Jones Figueirêdo Alves, Mário Luiz Delgado, Nelson Nery Jr. e Rosa Maria de Andrade Nery.[6]

Tal conclusão não é diferente no âmbito consumerista, eis que o CDC adota um modelo aberto e objetivado. Como exemplo típico de *abuso de direito consumerista*, cite-se o tema da publicidade abusiva, consagrado pelo art. 37, § 2º, da Lei 8.078/1990 e estudada no Capítulo 6 deste livro. Além dessa hipótese, o art. 39 do Código do Consumidor elenca situações típicas de abuso de direito, tratadas como práticas abusivas. Vejamos o estudo do último comando legal a partir do presente momento.

7.2. ESTUDO DAS PRÁTICAS ABUSIVAS ENUMERADAS PELO ART. 39 DO CDC

O art. 39 da Lei 8.078/1990 tipifica, mais uma vez em rol exemplificativo ou *numerus apertus*, uma série de situações tidas como ensejadoras do *abuso de direito consumerista*.

---

[5] LIMONGI FRANÇA, Rubens. *Enciclopédia Saraiva de Direito*. São Paulo: Saraiva, 1977. v. 2, p. 45.
[6] Vejamos as fontes: NORONHA, Fernando. *Direito das obrigações*. São Paulo: Saraiva, 2003. v. 1, p. 371-372; DINIZ, Maria Helena. *Código Civil anotado*. 15. ed. São Paulo: Saraiva, 2010. p. 209; DUARTE, Nestor. *Código Civil comentado*. In: PELUSO, Cezar (Coord.). São Paulo: Manole, 2007. p. 124; GAGLIANO, Pablo Stolze; PAMPLONA FILHO, Rodolfo Pamplona. *Novo curso de direito civil*. 9. ed. São Paulo: Saraiva, 2007. v. 1, p. 448; VENOSA, Sílvio de Salvo. *Código Civil Interpretado*. 2. ed. São Paulo: Atlas, 2011. p. 208-209; FARIAS, Cristiano Chaves de; ROSENVALD, Nelson. *Direito civil*. Teoria geral. 4. ed. Rio de Janeiro: Lumen Juris, 2006. p. 479; CAVALIERI FILHO, Sérgio. *Programa de responsabilidade civil*. 7. ed. São Paulo: Atlas, 2007. p. 143; BOULOS, Daniel M. *Abuso do direito no novo Código Civil*. São Paulo: Método, 2006. p. 135-143; JORDÃO, Eduardo. *Abuso de direito*. Salvador: Juspodivm, 2006. p. 125; TEPEDINO, Gustavo; BODIN DE MORAES, Maria Celina; BARBOZA, Heloísa Helena. *Código Civil Interpretado segundo a Constituição da República*. Rio de Janeiro: Renovar, 2006. v. II, p. 342; ALVES, Jones Figueirêdo; DELGADO, Mário Luiz. *Código Civil Anotado*. São Paulo: Método, 2005. p. 118-119; NERY JR., Nelson; NERY, Rosa Maria de Andrade. *Código Civil Anotado*. 2. ed. São Paulo: RT, 2003. p. 255.

Muitas das hipóteses ali descritas são bem comuns na contemporaneidade, sem excluir outras que surgirem pela evolução das relações negociais. Deve-se entender que constitui prática abusiva qualquer conduta ou ato em contradição com o próprio *espírito* da lei consumerista. Como bem leciona Ezequiel Morais, "prática abusiva, em termos gerais, é aquela que destoa dos padrões mercadológicos, dos usos e costumes (incs. II e IV, segunda parte, do art. 39 e art. 113 do CC/2002) e da razoável e boa conduta perante o consumidor".[7]

Lembre-se de que, para a esfera consumerista, servem como parâmetros os conceitos que constam do art. 187 do CC/2002: o fim social e econômico, a boa-fé objetiva e os bons costumes, em *diálogo das fontes*. Há claro intuito de proibição, pelo que enuncia o *caput* do preceito do CDC, a saber: "é vedado ao fornecedor de produtos ou serviços, dentre outras práticas abusivas". Na esteira do tópico anterior, a primeira consequência a ser retirada da vedação é a responsabilidade objetiva do fornecedor de produtos ou prestador de serviços.

Além disso, deve-se compreender o art. 39 do CDC como em um *diálogo de complementaridade* em relação ao art. 51 da mesma norma. Deve haver, assim, um *diálogo das fontes* entre as normas da própria Lei Consumerista. Nesse contexto de conclusão, se uma das situações descritas pelo art. 51 como cláusulas abusivas ocorrer fora do âmbito contratual, presente estará uma prática abusiva. Por outra via, se uma das hipóteses descritas pelo art. 39 do CDC constituir o conteúdo de um contrato, presente uma cláusula abusiva. Em suma, as práticas abusivas também podem gerar a nulidade absoluta do ato correspondente.[8]

Parte-se para a abordagem do comando, inciso por inciso, com as cabíveis ilustrações práticas.

7.2.1. Condicionar o fornecimento de produto ou de serviço ao fornecimento de outro produto ou serviço, bem como, sem justa causa, a limites quantitativos (art. 39, inc. I, do CDC)

Esse primeiro inciso do art. 39 proíbe a *venda casada*, descrita e especificada pela norma. De início, veda-se que o fornecedor ou prestador submeta um produto ou serviço a outro produto ou serviço, visando um *efeito caroneiro ou oportunista* para venda de novos bens. Ato contínuo, afasta-se a limitação de fornecimento sem que haja *justa causa* para tanto, o que deve ser preenchido caso a caso. Ampliando-se o sentido da vedação, conclui-se que é venda casada a hipótese em que o fornecedor somente resolve um problema quanto a um produto ou serviço se um outro produto ou serviço for adquirido.

Também com sentido elucidativo, a afirmação n. 9 constante da Edição n. 74 da ferramenta *Jurisprudência em Teses* do STJ, segundo a qual "considera-se abusiva a prática de limitar a liberdade de escolha do consumidor vinculando a compra de produto ou serviço à aquisição concomitante de outro produto ou serviço de natureza distinta e comercializado em separado, hipótese em que se configura a venda casada" (Consumidor III, de 2017). Um dos precedentes que gerou a tese diz respeito ao fato de não poderem

---

[7] MORAIS, Ezequiel; PODESTÁ, Fábio Henrique; e CARAZAI, Marcos Marins. *Código de Defesa do Consumidor Comentado*. São Paulo: RT, 2010. p. 203.

[8] Tal e qual é a conclusão de Claudia Lima Marques, Herman Benjamin e Bruno Miragem (*Comentários ao Código de Defesa do Consumidor*. 3. ed. São Paulo: RT, 2010. p. 787).

os cinemas obrigar os consumidores a adquirir as suas pipocas e refrigerantes, impedindo a entrada de telespectadores que compraram produtos de outros fornecedores (STJ – REsp 1.331.948/SP – Terceira Turma – Rel. Min. Ricardo Villas Bôas Cueva – j. 14.06.2016 – DJe 05.09.2016). O exemplo será retomado mais à frente, com outro aresto, com mesma conclusão.

A respeito da *limitação mínima de produtos*, tema que tem relação com a venda casada, leciona Luiz Antonio Rizzatto Nunes que "há que se considerar os produtos industrializados que acompanham o padrão tradicional do mercado e que são aceitos como válidos. Por exemplo, o sal vendido em pacotes de 500g, e da mesma forma a farinha, os cereais etc. (a venda a granel é cada vez mais exceção). Mas na quantidade haverá situações mais delicadas, que exigem atenta e acurada interpretação do sentido de justa causa. Por exemplo: o lojista faz promoções do tipo 'compre 3, pague 2'. São válidas desde que o consumidor possa também adquirir uma peça apenas, mesmo que tenha que pagar mais caro pelo produto único no cálculo da oferta composta (o que é natural, já que a promoção barateia o preço individual)".[9]

Partindo-se para o estudo de outros casos concretos, a jurisprudência superior conclui ser venda casada a imposição de seguro habitacional pelo agente financeiro na aquisição da casa própria pelo Sistema Financeiro da Habitação. Vejamos uma dessas ementas:

"Recurso especial repetitivo. Sistema Financeiro da Habitação. Taxa referencial (TR). Legalidade. Seguro habitacional. Contratação obrigatória com o agente financeiro ou por seguradora por ele indicada. Venda casada configurada. 1. Para os efeitos do art. 543-C do CPC: 1.1. No âmbito do Sistema Financeiro da Habitação, a partir da Lei 8.177/1991, é permitida a utilização da Taxa Referencial (TR) como índice de correção monetária do saldo devedor. Ainda que o contrato tenha sido firmado antes da Lei 8.177/1991, também é cabível a aplicação da TR, desde que haja previsão contratual de correção monetária pela taxa básica de remuneração dos depósitos em poupança, sem nenhum outro índice específico. 1.2. É necessária a contratação do seguro habitacional, no âmbito do SFH. Contudo, não há obrigatoriedade de que o mutuário contrate o referido seguro diretamente com o agente financeiro, ou por seguradora indicada por este, exigência esta que configura 'venda casada', vedada pelo art. 39, inciso I, do CDC. 2. Recurso especial parcialmente conhecido e, na extensão, provido" (STJ – REsp 969129/MG – Segunda Seção – Rel. Min. Luis Felipe Salomão – j. 09.12.2009 – DJe 15.12.2009).

A questão concretizou-se de tal forma que no ano de 2012 foi editada a Súmula 473 do STJ, com o seguinte teor: "o mutuário do SFH não pode ser compelido a contratar o seguro habitacional obrigatório com a instituição financeira mutuante ou com a seguradora por ela indicada".

Em sentido próximo, a jurisprudência entende haver venda casada no caso de cobrança de seguro automático e compulsório em contrato de cartão de crédito (STJ – REsp 1.554.153/RS – Terceira Turma – Rel. Min. Paulo de Tarso Sanseverino – j. 20.06.2017 – DJe 01.08.2017; TJRS – Recurso 42750-75.2010.8.21.9000, Porto Alegre – Terceira Turma

---

[9] RIZZATTO NUNES, Luiz Antonio. *Comentários ao Código de Defesa do Consumidor*. 3. ed. São Paulo: Saraiva, 2010. p. 497.

Recursal Cível – Rel. Des. Eugênio Facchini Neto – j. 14.04.2011 – *DJERS* 25.04.2011; TJSP – Apelação 0005144-26.2009.8.26.0038 – Acórdão 4998802, Araras – Trigésima Terceira Câmara de Direito Privado – Rel. Des. Eros Piceli – j. 14.03.2011 – *DJESP* 24.03.2011; e TJMG – Apelação 4279362-51.2004.8.13.0024, Belo Horizonte – Décima Câmara Cível – Rel. Des. Pereira da Silva – j. 13.07.2010 – *DJEMG* 23.07.2010).

Ainda a título de ilustração, o Superior Tribunal de Justiça concluiu que constitui venda casada o fato de um comerciante condicionar a concessão de um benefício para a aquisição de combustível à aquisição de um refrigerante no posto revendedor, localizado no mesmo ambiente:

"Consumidor. Pagamento a prazo vinculado à aquisição de outro produto. 'Venda casada'. Prática abusiva configurada. 1. O Tribunal *a quo* manteve a concessão de segurança para anular auto de infração consubstanciado no art. 39, I, do CDC, ao fundamento de que a impetrante apenas vinculou o pagamento a prazo da gasolina por ela comercializada à aquisição de refrigerantes, o que não ocorreria se tivesse sido paga à vista. 2. O art. 39, I, do CDC, inclui no rol das práticas abusivas a popularmente denominada 'venda casada', ao estabelecer que é vedado ao fornecedor 'condicionar o fornecimento de produto ou de serviço ao fornecimento de outro produto ou serviço, bem como, sem justa causa, a limites quantitativos'. 3. Na primeira situação descrita nesse dispositivo, a ilegalidade se configura pela vinculação de produtos e serviços de natureza distinta e usualmente comercializados em separado, tal como ocorrido na hipótese dos autos. 4. A dilação de prazo para pagamento, embora seja uma liberalidade do fornecedor – assim como o é a própria colocação no comércio de determinado produto ou serviço –, não o exime de observar normas legais que visam a coibir abusos que vieram a reboque da massificação dos contratos na sociedade de consumo e da vulnerabilidade do consumidor. 5. Tais normas de controle e saneamento do mercado, ao contrário de restringirem o princípio da liberdade contratual, o aperfeiçoam, tendo em vista que buscam assegurar a vontade real daquele que é estimulado a contratar. 6. Apenas na segunda hipótese do art. 39, I, do CDC, referente aos limites quantitativos, está ressalvada a possibilidade de exclusão da prática abusiva por justa causa, não se admitindo justificativa, portanto, para a imposição de produtos ou serviços que não os precisamente almejados pelo consumidor. 7. Recurso especial provido" (STJ – REsp 384284/RS – Segunda Turma – Rel. Min. Herman Benjamin – j. 20.08.2009 – *DJe* 15.12.2009).

Na mesma linha, como visto, deduz a Corte Superior que os cinemas não podem impedir a entrada de clientes em suas dependências portando alimentos e bebidas de outros fornecedores, obrigando os consumidores a adquirirem suas pipocas e refrigerantes. Conforme consta da ementa de outro acórdão, mais remoto, "ao fornecedor de produtos ou serviços, consectariamente, não é lícito, dentre outras práticas abusivas, condicionar o fornecimento de produto ou de serviço ao fornecimento de outro produto ou serviço (art. 39, I, do CDC). A prática abusiva revela-se patente se a empresa cinematográfica permite a entrada de produtos adquiridos nas suas dependências e interdita o adquirido alhures, engendrando por via oblíqua a cognominada 'venda casada', interdição inextensível ao estabelecimento cuja venda de produtos alimentícios constituiu a essência da sua atividade comercial como, *verbi gratia*, os bares e restaurantes. O juiz, na aplicação da lei, deve aferir as finalidades da norma, por isso que, *in casu*, revela-se manifesta a prática abusiva" (STJ – REsp 744.602/RJ – Rel. Min. Luiz Fux – Primeira Turma – j. 01.03.2007 – *DJ* 15.03.2007, p. 264 – *REPDJ* 22.03.2007, p. 286).

Como outra concreção importante da jurisprudência superior, no final do ano de 2020, julgou-se na Terceira Turma do STJ que não é abusiva a cobrança de uma tarifa mínima para a utilização do estacionamento de "*shopping center*", ainda que o consumidor não venha a usar a totalidade do tempo abrangido por esse preço. Entendeu-se, por maioria, não haver venda casada, não se podendo falar, ainda, em onerosidade excessiva ou desequilíbrio nessa exigência. Nos termos de trecho da sua longa ementa:

> "A pretendida intervenção estatal no controle de preço praticado pelo empresário, absolutamente excepcional, haveria de evidenciar, necessariamente, a ocorrência de abuso do poder econômico que vise 'à dominação dos mercados, à eliminação da concorrência e ao aumento arbitrário dos lucros', ou a inobservância de específica regulação setorial destinada ao funcionamento da ordem econômica, a derruir a própria estrutura do segmento econômico em análise, do que, na hipótese dos autos, em momento algum se cogitou, a partir da causa de pedir delineada pela parte então demandante. A partir dos fundamentos vertidos na inicial, verifica-se, ainda, um claro desvirtuamento do papel da iniciativa privada na ordem econômica, centrada na alegação de que os consumidores que desejassem frequentar os *shopping centers* demandados, diante da falta de vagas nas vias públicas e da precariedade do serviço de transporte público, estariam obrigados a utilizar o serviço de estacionamento. Além de não haver nenhuma obrigatoriedade na utilização do serviço de estacionamento ofertado pelo *shopping* aos seus consumidores, o que, por si, já tem o condão de afastar a propalada venda casada prevista no art. 39, I, do Código de Defesa do Consumidor, atribui à iniciativa privada função que, a toda evidência, não lhe incumbe" (STJ – REsp 1.855.136/SE – Rel. Min. Marco Aurélio Bellizze – Terceira Turma – j. em 15.12.2020 – DJe 18.12.2020).

De fato, a prática, por si só, não constitui venda casada. Porém, entendo que se houver excesso na cobrança dessa tarifa mínima ou se o prazo de tolerância fixado for muito pequeno, a impossibilitar o exercício de uma desistência imediata por parte do consumidor, há que se falar em abusividade, por força do art. 39, inc. V, que veda a exigência de vantagem manifestamente excessiva em relação ao consumidor.

Da jurisprudência do Tribunal Gaúcho, com grande aplicação prática, existe julgado que conclui pela existência de venda casada no caso da empresa que presta serviços de *TV por assinatura* e exige a utilização de tecnologia somente por ela oferecida, sem qualquer outra possibilidade:

> "Reparação de danos. NET. Serviço de telefone e televisão por assinatura. Defeito na prestação de serviço. Troca de roteador. Falta de adequada informação sobre o aparelho a ser usado pela consumidora. Indução em erro. Ressarcimento pela despesa na aquisição de aparelho exigido pela ré, sob pena de caracterizar venda casada. Desnecessidade de manter a tecnologia não homologada pela empresa. Solução de equidade. Indenização pelo tempo em que o sinal denotava má qualidade. Arbitramento. *Quantum* mantido, por falta de recurso da postulante. Cancelamento de serviço adicional (assistência de rede), como de entrega de revista, com restituição de valores, observado o art. 290 do CPC. Efetividade da decisão. Transtorno vivido pela autora. Dissabor que poderia ter sido evitado pela ré, se tratasse o caso com a devida atenção. Contribuição da autora, que poderia ter buscado, antes, a proteção judicial. Dano moral mitigado. Valor reduzido. Recurso parcialmente provido" (TJRS – Recurso 46934-74.2010.8.21.9000, Porto Alegre – Terceira Turma Recursal Cível – Rel. Des. Jerson Moacir Gubert – j. 27.01.2011 – *DJERS* 08.02.2011).

Do Tribunal de São Paulo, são pertinentes as ementas que concluem pela presença de venda casada quando um curso condiciona a prestação de serviços à aquisição de apostilas com valores superfaturados, presente ainda a lesão objetiva em casos tais:

"Prestação de serviços educacionais. Curso de informática. Ação de rescisão de contrato cumulada com anulação de débito e indenização. Reconvenção com pleito de recebimento de multa contratual. Parcial procedência da ação e improcedência da reconvenção na origem. Apelação da ré reconvinte e recurso adesivo da autora. Caracterização de venda casada do curso com livros superfaturados. Prática abusiva. Inteligência do art. 39, I, do CDC. Multa contratual afastada. Reconvenção improcedente. Dano moral não caracterizado. Apelo da ré improvido. Recurso adesivo da autora parcialmente provido" (TJSP – Apelação 990.10.498356-8 – Acórdão 4847703, Araraquara – Trigésima Sexta Câmara de Direito Privado – Rel. Des. Dyrceu Cintra – j. 02.12.2010 – *DJESP* 17.12.2010).

"Em face da prática abusiva, a venda casada de livros a custo despropositado e curso de inglês, que engana o consumidor, enganado antes na promessa de desconto que não houve, decreta-se a rescisão do contrato, sem se cogitar de multa. A ação fica julgada procedente e a reconvenção, improcedente" (TJSP – Apelação Cível 990.10.035677-1 – Acórdão 4613637, Araraquara – Vigésima Oitava Câmara de Direito Privado – Rel. Des. Celso Pimentel – j. 27.07.2010 – *DJESP* 20.08.2010).

Seguindo-se nas ilustrações, insta trazer a conclusão do Superior Tribunal de Justiça a respeito da cobrança de assinatura mínima nos serviços de telefonia, tema que gerou uma quantidade enorme de demandas judiciais, que alegavam a caracterização da venda casada. Em 2008, foi editada a Súmula 356 por aquele Tribunal, preconizando que "é legítima a cobrança da tarifa básica pelo uso dos serviços de telefonia fixa". Cabe transcrever um dos precedentes que gerou a ementa, para os devidos esclarecimentos a respeito do seu conteúdo:

"Repetição de indébito. Assinatura básica de telefonia fixa. Lei 9.472/1997. Resolução 85/1998 da ANATEL. Contrato de concessão. Previsão. Violação ao CDC. Inexistência. Legalidade da tarifa. Devolução em dobro do *quantum*. Prejudicialidade do recurso da consumidora. I. A cobrança da tarifa básica de assinatura mensal, constante de contrato de concessão pública, constitui-se em contraprestação pela disponibilização do serviço de forma contínua e ininterrupta ao usuário, sendo amparada pela Lei 9.472, de 16.07.1997, bem como por Resolução da ANATEL, entidade responsável pela regulação, inspeção e fiscalização do setor de telecomunicações no País. II. Em recente pronunciamento, a Colenda Primeira Seção, ao julgar o REsp 911.802/RS, Rel. Min. José Delgado, em 24.10.2007, entendeu que a referida cobrança não vulnera o Código de Defesa do Consumidor, tendo em vista a existência de previsão legal, além do que, por se tratar de serviço que é disponibilizado de modo contínuo e ininterrupto, acarretando dispêndios financeiros para a concessionária, deve ser afastada qualquer alegação de abusividade ou vantagem desproporcional. III. Prejudicado o recurso da consumidora, eis que, ao se entender pela legalidade da cobrança da assinatura básica de telefonia, não há de se falar em discussão acerca do direito à devolução do valor pago indevidamente. IV. Recurso especial da concessionária provido e apelo nobre da consumidora prejudicado" (STJ – REsp 870.600/PB – Primeira Turma – Rel. Min. Francisco Falcão – j. 04.12.2007 – *DJe* 27.03.2008).

Deve ficar claro que não concordo com tal entendimento, por pensar que existe, sim, venda casada, no caso da cobrança de assinatura básica, uma vez que o serviço de telefonia somente é prestado mediante o pagamento de tal valor. A realidade da telefonia celular pré-paga demonstra que é perfeitamente possível fazer o mesmo com a telefonia fixa, sem que isso torne o serviço inviável para as operadoras.

Como última ilustração, em 2019 debateu-se intensamente a ideia de venda casada na hipótese fática relativa à taxa de conveniência cobrada na aquisição de ingressos para espetáculos culturais comprados pela *internet*, concluindo a Terceira Turma do STJ pela sua presença, em um primeiro julgamento. A longa ementa foi assim publicada, merecendo ser lida, para as devidas reflexões:

"Recurso especial. Ação coletiva de consumo. Direito do consumidor. Espetáculos culturais. Disponibilização de ingressos na internet. Cobrança de 'taxa de conveniência'. Embargos de declaração. Omissão, contradição ou obscuridade. Não indicação. Súmula 284/STF. Proteção do consumidor. Cláusulas abertas e princípios. Boa-fé objetiva. Lesão enorme. Abusividade das cláusulas. Venda casada ('tying arrangement'). Ofensa à liberdade de contratar. Transferência de riscos do empreendimento. Desproporcionalidade das vantagens. Dano moral coletivo. Lesão ao patrimônio imaterial da coletividade. Gravidade e intolerância. Inocorrência. Sentença. Efeitos. Validade. Todo o território nacional. 1. Cuida-se de ação coletiva de consumo na qual se pleiteia, essencialmente: a) o reconhecimento da ilegalidade da cobrança de 'taxa de conveniência' pelo simples fato de a recorrida oferecer a venda de ingressos na internet; b) a condenação da recorrida em danos morais coletivos; e c) a condenação em danos materiais, correspondentes ao ressarcimento aos consumidores dos valores cobrados a título de taxa de conveniência nos últimos 5 (cinco) anos. 2. Recurso especial interposto em: 11.04.2016; conclusão ao Gabinete em: 03.08.2017; aplicação do CPC/15. 3. O propósito recursal é determinar se: a) ocorreu negativa de prestação jurisdicional; b) a disponibilização da venda de ingressos de espetáculos culturais na internet é facilidade que efetivamente beneficia os consumidores; c) existe abusividade na cobrança de 'taxa de conveniência' aos consumidores; d) ocorre venda casada pela disponibilização desse serviço associado à aquisição do ingresso; e e) ocorreram danos morais de natureza coletiva. 4. A ausência de expressa indicação de obscuridade, omissão ou contradição nas razões recursais enseja o não conhecimento do recurso especial. 5. A essência do microssistema de defesa do consumidor se encontra no reconhecimento de sua vulnerabilidade em relação aos fornecedores de produtos e serviços, que detêm todo o controle do mercado, ou seja, sobre o que produzir, como produzir e para quem produzir, sem falar-se na fixação de suas margens de lucro. 6. O CDC adotou formas abertas e conceitos indeterminados para definir as práticas e cláusulas abusivas, encarregando o magistrado da tarefa de examinar, em cada hipótese concreta, a efetiva ocorrência de referidas práticas ilegais. 7. A boa-fé objetiva é uma norma de conduta que impõe a cooperação entre os contratantes em vista da plena satisfação das pretensões que servem de ensejo ao acordo de vontades que dá origem à avença, sendo tratada, de forma expressa, no CDC, no reconhecimento do direito dos consumidores de proteção contra métodos comerciais coercitivos ou desleais, bem como práticas e cláusulas abusivas ou impostas no fornecimento de produtos ou serviços (art. 6º, IV, do CDC). 8. Segundo a lesão enorme, são abusivas as cláusulas contratuais que configurem lesão pura, decorrentes da simples quebra da equivalência entre as prestações, verificada, de forma objetiva, mesmo que não exista vício na formação do acordo de vontades (arts. 39, V, 51, IV,

§ 1º, III, do CDC). 9. Uma das formas de violação da boa-fé objetiva é a venda casada (*tying arrangement*), que consiste no prejuízo à liberdade de escolha do consumidor decorrente do condicionamento, subordinação e vinculação da aquisição de um produto ou serviço (principal – 'tying') à concomitante aquisição de outro (secundário – 'tied'), quando o propósito do consumidor é, unicamente, o de obter o produto ou serviço principal. 10. A venda casada 'às avessas', indireta ou dissimulada consiste em se admitir uma conduta de consumo intimamente relacionada a um produto ou serviço, mas cujo exercício é restringido à única opção oferecida pelo próprio fornecedor, limitando, assim, a liberdade de escolha do consumidor. Precedentes. 11. O CDC prevê expressamente uma modalidade de venda casada, no art. 39, IX, que se configura em razão da imposição, pelo fornecedor ao consumidor, da contratação indesejada de um intermediário escolhido pelo fornecedor, cuja participação na relação negocial não é obrigatória segundo as leis especiais regentes da matéria. 12. A venda do ingresso para um determinado espetáculo cultural é parte típica e essencial do negócio, risco da própria atividade empresarial que visa o lucro e integrante do investimento do fornecedor, compondo, portanto, o custo básico embutido no preço. 13. Na intermediação por meio da corretagem, como não há relação contratual direta entre o corretor e o terceiro (consumidor), quem deve arcar, em regra, com a remuneração do corretor é a pessoa com quem ele se vinculou, ou seja, o incumbente. Precedente. 14. A assunção da dívida do fornecedor junto ao intermediário exige clareza e transparência na previsão contratual acerca da transferência para o comprador (consumidor) do dever de pagar a comissão de corretagem. Tese repetitiva. 15. Na hipótese concreta, a remuneração da recorrida é integralmente garantida por meio da 'taxa de conveniência', cobrada nos moldes do art. 725 do CC/02, devida pelos consumidores que comprarem ingressos em seu meio virtual, independentemente do direito de arrependimento (art. 49 do CDC). 16. A venda pela internet, que alcança interessados em número infinitamente superior do que a venda por meio presencial, privilegia os interesses dos produtores e promotores do espetáculo cultural de terem, no menor prazo possível, vendidos os espaços destinados ao público e realizado o retorno dos investimentos até então empregados e transfere aos consumidores parcela considerável do risco do empreendimento, pois os serviços a ela relacionados, remunerados pela 'taxa de conveniência', deixam de ser arcados pelos próprios fornecedores. 17. Se os incumbentes optam por submeter os ingressos à venda terceirizada em meio virtual (da internet), devem oferecer ao consumidor diversas opções de compra em diversos sítios eletrônicos, caso contrário, a liberdade dos consumidores de escolha da intermediadora da compra é cerceada, limitada unicamente aos serviços oferecidos pela recorrida, de modo a ficar configurada a venda casada, nos termos do art. 39, I e IX, do CDC. 18. A potencial vantagem do consumidor em adquirir ingressos sem se deslocar de sua residência fica totalmente aplacada pelo fato de ser obrigado a se submeter, sem liberdade, às condições impostas pela recorrida e pelos incumbentes no momento da contratação, o que evidencia que a principal vantagem desse modelo de negócio – disponibilização de ingressos na internet – foi instituída em seu favor dos incumbentes e da recorrida. 19. *In casu*, não há declaração clara e destacada de que o consumidor está assumindo um débito que é de responsabilidade do incumbente – produtor ou promotor do espetáculo cultural – não se podendo, nesses termos, reconhecer a validade da transferência do encargo (assunção de dívida pelo consumidor). 20. Se, por um lado, o dano moral coletivo não está relacionado a atributos da pessoa humana (dor, sofrimento ou abalo psíquico) e se configura independentemente da demonstração de prejuízos concretos ou de efetivo abalo moral, de outro, somente ficará caracterizado se ocorrer uma lesão a valores fundamentais da sociedade e se essa vulneração ocorrer de forma injusta e intolerável. 21. Na espécie, a ilegalidade verificada não atinge valores essenciais da sociedade, tampouco possui o atributo da intolerabilidade, configurando a mera infringência à lei ou ao contrato em razão da transferência indevida de um encargo do fornecedor ao consumidor, o que é insuficiente para sua caracterização. 22. Os efeitos e a eficácia da sentença coletiva não estão circunscritos a lindes geográficos, mas aos limites objetivos e subjetivos do que foi decidido, levando-se em conta, para tanto, sempre a extensão do dano e a qualidade dos interesses metaindividuais postos em juízo, razão pela qual a presente sentença tem validade em todo o território nacional. Tese repetitiva. 23. Recurso especial parcialmente conhecido e, no ponto, parcialmente provido" (STJ – REsp 1.737.428/RS – Terceira Turma – Rel. Min. Nancy Andrighi – j. 12.03.2019 – *DJe* 15.03.2019).

Como se pode notar, esse julgado anterior citava outros incisos do art. 39 do CDC e também outras previsões da Lei Consumerista. Muitas foram as reações negativas à decisão, argumentando-se que ela estaria retirando uma comodidade dos consumidores, que seria a possibilidade de não ter que se deslocar até o local de venda dos ingressos, evitando longas filhas.

A propósito, quando da conversão da Medida Provisória 881 *na Lei da Liberdade Econômica* (Lei 13.874/2019), cogitou-se inserir uma exceção à venda casada no art. 39 do CDC, em relação a *práticas mundialmente reconhecidas*, o que supostamente abrangeria a hipótese. Todavia, houve uma dura reação dos movimentos de proteção dos consumidores, que atuaram ativamente no Congresso Nacional e a previsão, muito genérica e duvidosa, acabou não sendo incluída na lei, felizmente.

Em 2020, entretanto, a Terceira Turma do Superior Tribunal de Justiça acabou por rever em parte esse mesmo entendimento anterior, em sede de embargos de declaração com caráter infringente, o que é uma grande *raridade processual* na Corte. Conforme a nova tese fixada, é possível a cobrança da taxa de conveniência, desde que o consumidor seja previamente comunicado, de forma clara e ostensiva. Aplicou-se, assim, o mesmo raciocínio para a cobrança das taxas de corretagem na compra de imóveis na planta. Nos termos da ementa, "validade da intermediação, pela internet, da venda de ingressos para eventos culturais e de entretenimento mediante cobrança de 'taxa de conveniência', desde que o consumidor seja previamente informado o preço total da aquisição do ingresso, com o destaque do valor da 'taxa de conveniência'. Analogia com a tese firmada no julgamento do Tema 938/STJ (corretagem imobiliária)".

No caso concreto, todavia, julgou-se pelo "descumprimento do dever de informação pela empresa demandada, na medida que a referida taxa de conveniência vem sendo escamoteada na fase pré-contratual, como se estivesse embutida no preço, para depois ser cobrada como um valor adicional, gerando aumento indevido do preço total. Prática abusiva e prejudicial à livre concorrência". Ao final, houve a "condenação da empresa demandada a informar em suas plataformas de venda, desde a fase pré-contratual, o preço total da aquisição do ingresso, com destaque do valor da taxa de conveniência, sob pena de cominação de astreintes, além da obrigação de restituir o valor da 'taxa de conveniência' em cada caso concreto" (STJ – EDcl no REsp 1.7374,28/RS – Terceira Turma – Rel. Min. Nancy Andrighi – Rel. p/ Acórdão Min. Paulo de Tarso Sanseverino – j. 06.10.2020 – *DJe* 19.11.2020).

Sucessivamente, em 2024, surgiu outro acórdão confirmando esse último entendimento, da sua Quarta Turma. Consoante os trechos principais da sua ementa, "nada impede a cobrança de taxa de conveniência dos consumidores, quando da aquisição de ingressos pela internet, uma vez que a jurisprudência desta Corte é no sentido de que não há óbice a que os custos da intermediação de venda de ingressos sejam a eles transferidos, desde que haja informação prévia acerca do preço total da aquisição, com destaque do respectivo valor. Precedente". E mais:

> "No tocante às taxas de entrega e de retirada, ao contrário da taxa de conveniência, não configuram simples custo de intermediação de venda, estando vinculadas a serviços independentes. Assim como a entrega em domicílio gera custo para a empresa responsável pela venda dos bilhetes, pois implica a postagem pelos Correios ou a contratação de serviço de *courier* (taxa de entrega), o serviço de retirada de bilhetes em posto físico (taxa de retirada ou *will call*) também acarreta custo para a empresa, porque, para colocá-lo à disposição do consumidor, ela tem que contratar uma pessoa para atendê-lo, além de alugar ou comprar espaço físico e as impressoras para tanto necessárias. Se há serviço disponibilizado ao consumidor, que pode optar, a seu critério, se vai imprimir seu ingresso em casa, se vai solicitar que ele seja entregue pelos Correios, ou se vai preferir retirá-lo em bilheteria, e se o valor cobrado pelo serviço é acessível e claro, não há que se falar em abusividade" (STJ – REsp 1.632.928/RJ – Quarta Turma – Rel. Min. Marco Buzzi – Rel. p/ acórdão Min. Maria Isabel Gallotti – j. 09.04.2024, *DJe* 25.04.2024).

De fato, parece-me que a conclusão do julgado anterior, de 2019, era passível de certa crítica, em parte pelas razões apontadas, sendo possível encontrar certo equilíbrio, como a solução de se disponibilizar alguns poucos ingressos para compra pela *internet*, pagando-se a referida taxa de conveniência apenas como exceção, e não como regra. Em complemento, para afastar a abusividade citada no acórdão, é preciso que não haja exclusividade na venda dos ingressos pela grande rede. Como consta do voto anterior da Ministra Relatora, os responsáveis pelos espetáculos devem oferecer aos consumidores, ainda, diversas opções de compra em diferentes sítios eletrônicos, com o fim de não afrontar ou cercear a sua liberdade de escolha da intermediadora da compra dos ingressos.

Com essas mudanças, penso que desaparecem os argumentos de venda casada e de que a cobrança da taxa de conveniência não traz qualquer vantagem aos adquirentes dos ingressos, posição que hoje prevalece na jurisprudência do Superior Tribunal de Justiça.

7.2.2. Recusar atendimento às demandas dos consumidores, na exata medida de suas disponibilidades de estoque, e, ainda, de conformidade com os usos e costumes (art. 39, inc. II, do CDC)

A previsão engloba a negação de venda por parte dos fornecedores ou prestadores, levando-se em conta as suas disponibilidades e os costumes gerais. A menção aos *costumes* está de acordo com o atual sistema geral civil, demonstrando a notória aproximação entre os diplomas, pois, entre outros, há menção a eles no art. 113, *caput*, do CC/2002.[10]

---

[10] MARQUES, Claudia Lima; BENJAMIN, Antonio Herman; MIRAGEM, Bruno. *Comentários ao Código de Defesa do Consumidor*. 3. ed. São Paulo: RT, 2010. p. 764.

Os parâmetros descritos na norma são levados em conta no problema relativo à limitação para aquisição de produtos, especialmente em supermercados em dias de promoção. Opino que a restrição para a aquisição é possível desde que haja comunicação prévia dos estoques, dentro de um limite razoável, o que atende ao dever de informar decorrente da boa-fé objetiva. Porém, mesmo não havendo tal comunicação, a jurisprudência superior posiciona-se no sentido de que o consumidor não tem o direito de exigir o produto que está em promoção em quantidade incompatível com o consumo pessoal ou familiar. Nesse sentido, colaciona-se notória ementa do Superior Tribunal de Justiça:

> "Recurso especial. Código de Defesa do Consumidor. Dano moral. Venda de produto a varejo. Restrição quantitativa. Falta de indicação na oferta. Dano moral. Inocorrência. Quantidade exigida incompatível com o consumo pessoal e familiar. Aborrecimentos que não configuram ofensa à dignidade ou ao foro íntimo do consumidor. 1. A falta de indicação de restrição quantitativa relativa à oferta de determinado produto, pelo fornecedor, não autoriza o consumidor a exigir quantidade incompatível com o consumo individual ou familiar, nem, tampouco, configura dano ao seu patrimônio extramaterial. 2. Os aborrecimentos vivenciados pelo consumidor, na hipótese, devem ser interpretados como 'fatos do cotidiano', que não extrapolam as raias das relações comerciais, e, portanto, não podem ser entendidos como ofensivos ao foro íntimo ou à dignidade do cidadão. Recurso especial, ressalvada a terminologia, não conhecido" (STJ – REsp 595.734/ RS – Terceira Turma – Rel. Min. Nancy Andrighi – Rel. p/ Acórdão Min. Castro Filho – j. 02.08.2005 – DJ 28.11.2005, p. 275).

Outra questão de debate refere-se à viabilidade jurídica de os fornecedores e prestadores deixarem de atender às demandas dos consumidores, por não aceitarem determinada forma de pagamento, caso do cheque. Em uma grande rede de lanchonetes *fast food* é bem conhecida a placa com os dizeres: "não aceitamos cheques. Art. 5º, inc. II, da CF/1988".

Como se nota, a informação menciona o *princípio constitucional da legalidade*, segundo o qual ninguém será obrigado a fazer ou deixar de fazer alguma coisa senão em virtude de lei. A respeito da questão, o PROCONSP tem orientação no sentido de que a aceitação de cheque é opcional por parte do estabelecimento, conforme se observa da seguinte resposta, retirada do *site* da instituição:

> "O fornecedor é obrigado a aceitar cheque como forma de pagamento? Não. A aceitação de cheque é opcional. O meio de pagamento obrigatório é a moeda corrente nacional (art. 315 do Código Civil). Se o fornecedor não quiser aceitar cheque como forma de pagamento deverá informar de maneira clara, precisa e principalmente ostensiva, com cartazes em local de fácil visualização, sobre a restrição (art. 6º, inc. III, e art. 31, ambos do Código de Defesa do Consumidor)".[11]

A orientação parece correta, estando dentro do bom senso e de acordo com a principiologia do Código de Defesa do Consumidor. O que parece estar equivocado é a citação constante daquela famosa placa que, em vez de mencionar a *legalidade pura*, poderia fazer uso de dispositivos do Código de Defesa do Consumidor.

---

[11] Disponível em: <http://www.procon.sp.gov.br/dpe_respostas.asp?id=16&resposta=6>. Acesso em: 19 maio 2011.

Como último exemplo a respeito da negação de venda, aresto do Superior Tribunal de Justiça do final de 2018 deduziu que a seguradora não pode negar a contratação de segurado que tenha restrição de crédito, especialmente se ele propõe o pagamento à vista. Nos termos do aresto, em sede de ação coletiva, "no que tange especificamente à recusa de venda de seguro (contratação ou renovação) a quem tenha restrição financeira junto a órgãos de proteção ao crédito, tal justificativa é válida se o pagamento do prêmio for parcelado, a representar uma venda a crédito, a evitar os adquirentes de má-fé, incluídos os insolventes ou maus pagadores, mas essa motivação é superada se o consumidor se dispuser a pagar prontamente o prêmio. De qualquer maneira, há alternativas para o ente segurador, como a elevação do valor do prêmio, diante do aumento do risco, visto que a pessoa com restrição de crédito é mais propensa a sinistros ou, ainda, a exclusão de algumas garantias (cobertura parcial)" (STJ – REsp 1.594.024/SP – Terceira Turma – Rel. Min. Ricardo Villas Bôas Cueva – j. 27.11.2018 – *DJe* 05.12.2018).

Como não poderia ser diferente, a conclusão do acórdão tem o meu total apoio doutrinário.

7.2.3. Enviar ou entregar ao consumidor, sem solicitação prévia, qualquer produto, ou fornecer qualquer serviço (art. 39, inc. III, do CDC)

O envio de produto sem solicitação é prática abusiva bem comum no mercado de consumo. Em complemento à proibição, estabelece o parágrafo único do art. 39 do CDC que os serviços prestados e os produtos remetidos ou entregues ao consumidor sem a devida solicitação equiparam-se às amostras grátis, inexistindo obrigação de pagamento.

A hipótese legal aqui abordada se faz presente em especial no envio de cartão de crédito sem que haja qualquer pedido por parte do consumidor. Presentes danos advindos dessa conduta ilícita, surge o dever de reparar por parte da empresa emitente. Nessa linha de conclusão, por todos:

"Recurso especial. Consumidor. Ação civil pública. Envio de cartão de crédito não solicitado. Prática comercial abusiva. Abuso de direito configurado. 1. O envio do cartão de crédito, ainda que bloqueado, sem pedido pretérito e expresso do consumidor, caracteriza prática comercial abusiva, violando frontalmente o disposto no artigo 39, III, do Código de Defesa do Consumidor. 2. Doutrina e jurisprudência acerca do tema. 3. Recurso especial provido" (STJ – REsp 1.199.117/SP – Rel. Min. Paulo de Tarso Sanseverino – Terceira Turma – j. 18.12.2012 – *DJe* 04.03.2013).

"Recurso especial. Responsabilidade civil. Ação de indenização por danos morais. Envio de cartão de crédito não solicitado e de faturas cobrando anuidade. Dano moral configurado. I. Para se presumir o dano moral pela simples comprovação do ato ilícito, esse ato deve ser objetivamente capaz de acarretar a dor, o sofrimento, a lesão aos sentimentos íntimos juridicamente protegidos. II. O envio de cartão de crédito não solicitado, conduta considerada pelo Código de Defesa do Consumidor como prática abusiva (art. 39, III), adicionado aos incômodos decorrentes das providências notoriamente dificultosas para o cancelamento do cartão, causam dano moral ao consumidor, mormente em se tratando de pessoa de idade avançada, próxima dos cem anos de idade à época dos fatos, circunstância que agrava o sofrimento moral. Recurso especial não conhecido" (STJ – REsp 1061500/RS – Terceira Turma – Rel. Min. Sidnei Beneti – j. 04.11.2008 – *DJe* 20.11.2008).

"Indenização. Danos morais. Cartão de crédito emitido sem solicitação do cliente. Inscrição na SERASA. *Quantum* indenizatório reputado excessivo. 'O valor da indenização por dano moral sujeita-se ao controle do Superior Tribunal de Justiça, quando a quantia arbitrada se mostra ínfima, de um lado, ou visivelmente exagerada, de outro. Hipótese de fixação excessiva, a gerar enriquecimento indevido do ofendido' (REsp 439.956-TO, por mim relatado). Recurso especial parcialmente conhecido, e, nessa parte, provido" (STJ – REsp 596.438/AM – Quarta Turma – Rel. Min. Barros Monteiro – j. 04.05.2004 – *DJ* 24.05.2004, p. 283).

A questão se consolidou de tal forma naquela Corte que foi editada a sua Súmula n. 532, do ano de 2015, segundo a qual "constitui prática comercial abusiva o envio de cartão de crédito sem prévia e expressa solicitação do consumidor, configurando-se ato ilícito indenizável e sujeito à aplicação de multa administrativa". Aliás, em complemento, deve-se entender que, no caso de envio de cartão de crédito sem solicitação, caso o consumidor queira com ele permanecer, não se pode cobrar pela anuidade, pela presença da citada amostra grátis (art. 39, parágrafo único).

Seguindo na análise de concretizações da norma, o Superior Tribunal de Justiça deduziu que a assinatura de revistas efetuada automaticamente pela empresa editorial representa afronta ao dispositivo ora estudado, ensejando a consequente responsabilização civil do fornecedor em caso relativo a idoso, tido como consumidor hipervulnerável. Vejamos:

"Recurso especial. Responsabilidade civil. Ação de indenização por danos materiais e morais. Assinaturas de revistas não solicitadas. Reiteração. Débito lançado indevidamente no cartão de crédito. Dano moral configurado. Arts. 3º e 267, VI, do CPC. Ausência de prequestionamento. Súmulas STF/282 e 356. *Quantum* indenizatório – Revisão obstada em face da proporcionalidade e razoabilidade. I. Para se presumir o dano moral pela simples comprovação do ato ilícito, esse ato deve ser objetivamente capaz de acarretar a dor, o sofrimento, a lesão aos sentimentos íntimos juridicamente protegidos. II. A reiteração de assinaturas de revistas não solicitadas é conduta considerada pelo Código de Defesa do Consumidor como prática abusiva (art. 39, III). Esse fato e os incômodos decorrentes das providências notoriamente dificultosas para o cancelamento significam sofrimento moral de monta, mormente em se tratando de pessoa de idade avançada, próxima dos 85 anos de idade à época dos fatos, circunstância que agrava o sofrimento moral. III. O conteúdo normativo dos arts. 3º e 267, VI, do CPC, não foi objeto de debate no v. Acórdão recorrido, carecendo, portanto, do necessário prequestionamento viabilizador do recurso especial. Incidem, na espécie, as Súmulas 282 e 356 do Supremo Tribunal Federal. IV. Só é possível a intervenção desta Corte para reduzir ou aumentar o valor indenizatório por dano moral nos casos em que o *quantum* arbitrado pelo Acórdão recorrido se mostrar irrisório ou exorbitante, situação que não se faz presente no caso em tela. Recurso especial improvido" (STJ – REsp 1102787/PR – Terceira Turma – Rel. Min. Sidnei Beneti – j. 16.03.2010 – *DJe* 29.03.2010).

Outro exemplo envolvendo o art. 39, inc. III, do CDC é relativo a serviços de telefonia oferecidos sem solicitação. Entre tantos julgados, cite-se o conhecido caso do *telessexo*, julgado pelo Superior Tribunal de Justiça na década passada. Concluiu-se, com precisão, que tal serviço somente poderia ser fornecido mediante prévia solicitação, não sendo o caso de cobrança se enviado diretamente ao consumidor. Como se nota da primeira ementa transcrita, cabe reparação de danos se prejuízos estiverem presentes ao consumidor:

"Civil e processual. Cobrança de ligações para 'telessexo'. Oferecimento de serviço ou produto estranho ao contrato de telefonia sem anuência do usuário. Invalidade. Ônus da prova positiva do fato atribuível à empresa concessionária. Inscrição da titular da linha telefônica no CADIN. Danos morais. Código de Defesa do Consumidor, arts. 6º, VII, e 31, III. I. O 'produto' ou 'serviço' não inerente ao contrato de prestação de telefonia ou que não seja de utilidade pública, quando posto à disposição do usuário pela concessionária – caso do 'telessexo' – carece de prévia autorização, inscrição ou credenciamento do titular da linha, em respeito à restrição prevista no art. 39, III, do CDC. II. Sustentado pela autora não ter dado a aludida anuência, cabe à companhia telefônica o ônus de provar o fato positivo em contrário, nos termos do art. 6º, VIII, da mesma Lei 8.078/1990, o que inocorreu. III. Destarte, se afigura indevida a cobrança de ligações nacionais ou internacionais a tal título, e, de igual modo, ilícita a inscrição da titular da linha como devedora em cadastro negativo de crédito, gerando, em contrapartida, o dever de indenizá-la pelos danos morais causados, que hão de ser fixados com moderação, sob pena de causar enriquecimento sem causa. IV. Recurso especial conhecido e provido em parte" (STJ – REsp 265.121/RJ – Quarta Turma – Rel. Min. Aldir Passarinho Junior – j. 04.04.2002 – *DJ* 17.06.2002, p. 267).

"Telefone. Serviço '900'. 'Disque prazer'. Código de Defesa do Consumidor. O serviço '900' é oneroso e somente pode ser fornecido mediante prévia solicitação do titular da linha telefônica. Recurso conhecido e provido" (STJ – REsp 258156/SP – Quarta Turma – Rel. Min. Ruy Rosado de Aguiar – j. 21.09.2000 – *DJ* 11.12.2000, p. 210).

Pode-se traçar um paralelo entre a última hipótese e o SPAM, que constitui o envio de *e-mail* sem solicitação pelo usuário da internet. O termo SPAM tem origem no famoso enlatado de presunto comercializado nos Estados Unidos, causador de notória indigestão. O envio de SPAM representa clara quebra de boa-fé, exemplo típico de abuso de direito a enquadrar-se perfeitamente no art. 187 do CC/2002. Presentes os danos decorrentes do envio do *e-mail*, caberá a correspondente ação de responsabilidade civil. Cite-se a hipótese em que um consumidor recebe um SPAM de uma conhecida rede de lojas que trava o seu computador, fazendo com que perca um trabalho intelectual. Ou, ainda, a situação em que o envio do SPAM causa danos materiais a uma pessoa jurídica (TJRO – Apelação Cível 100.007.2001.004353-1 – Segunda Câmara Cível – Rel. Des. Marcos Alaor Diniz Grangeia – j. 29.03.2006). Ora, não há dúvidas de que, em casos tais, haverá dever de indenizar os prejuízos materiais e morais sofridos.

De toda sorte, esclareça-se que o mero envio do SPAM, por si só, não gera dano moral, conforme reconheceu o Superior Tribunal de Justiça:

"Internet. Envio de mensagens eletrônicas. SPAM. Possibilidade de recusa por simples deletação. Dano moral não configurado. Recurso especial não conhecido. 1. Segundo a doutrina pátria, 'só deve ser reputado como dano moral a dor, vexame, sofrimento ou humilhação que, fugindo à normalidade, interfira intensamente no comportamento psicológico do indivíduo, causando-lhe aflições, angústia e desequilíbrio em seu bem-estar. Mero dissabor, aborrecimento, mágoa, irritação ou sensibilidade exacerbada estão fora da órbita do dano moral, porquanto tais situações não são intensas e duradouras, a ponto de romper o equilíbrio psicológico do indivíduo'. 2. Não obstante o inegável incômodo, o envio de mensagens eletrônicas em massa – SPAM – por si só não consubstancia fundamento para justificar a ação de dano moral, notadamente em face da evolução tecnológica que permite o bloqueio, a deletação ou simplesmente a recusa de tais mensagens. 3. Inexistindo ataques à honra ou à dignidade de quem recebe as mensagens eletrônicas, não há que se falar em nexo de causalidade a justificar uma condenação por danos morais. 4. Recurso especial não conhecido" (STJ – REsp 844.736/DF – Quarta Turma – Rel. Min. Luis Felipe Salomão – Rel. p/ Acórdão Min. Honildo Amaral de Mello Castro (Desembargador Convocado do TJAP) – j. 27.10.2009 – DJe 02.09.2010).

De fato, constata-se que também no abuso de direito o dano deve estar presente, para que surja o dever de indenizar do abusador, nos termos do que consta expressamente do art. 927, *caput*, do CC/2002. Cabe ressaltar que o Projeto de Lei originário do Senado Federal 281/2012 – uma das projeções que visa à Reforma do CDC – pretende incluir vedação expressa ao SPAM, no sentido de que "é vedado ao fornecedor de produto ou serviço enviar mensagem eletrônica não solicitada a destinatário que: I – não possua relação de consumo anterior com o fornecedor e não tenha manifestado consentimento prévio e expresso em recebê-la; II – esteja inscrito em cadastro de bloqueio de oferta; ou III – tenha manifestado diretamente ao fornecedor a opção de não recebê-la" (atual art. 44-E da proposta). O tema também está sendo tratado por ocasião da Reforma do Código Civil. Espera-se a aprovação de um dos citados projetos legislativos, para que não pairem mais dúvidas a respeito da presença desse abuso de direito.

Como último exemplo concreto, a vedação constante deste inc. III do art. 39 do CDC foi aplicada para hipótese fática em que foram realizados investimentos de risco por banco sem a autorização expressa do correntista. Nos termos da sua ementa:

"A aparente resignação do correntista com o investimento financeiro realizado a sua revelia não pode, assim, ser interpretada como ciência em relação aos riscos da operação. Tal informação ostenta relevância fundamental, cuja incumbência cabia ao banco, que, no caso concreto, não demonstrou ter agido com a devida diligência. Consequentemente, sobressai a ilicitude da conduta da casa bancária, que, aproveitando-se de sua posição fática privilegiada, transferiu, sem autorização expressa, recursos do correntista para modalidade de investimento incompatível com o perfil do investidor, motivo pelo qual deve ser condenada a indenizar os danos materiais e morais porventura causados com a operação" (STJ – REsp 1.326.592/GO – Quarta Turma – Rel. Min. Luis Felipe Salomão – j. 07.05.2019 – DJe 06.08.2019).

A conclusão do aresto é precisa, especialmente quanto ao reconhecimento do dever de indenizar do banco.

7.2.4. Prevalecer-se da fraqueza ou ignorância do consumidor, tendo em vista a sua idade, saúde e condição social, para vender-lhe produto ou serviço (art. 39, inc. IV, do CDC)

O comando visa a afastar o aproveitamento da condição de *hipervulneráveis* de determinados consumidores, caso dos idosos (maiores de sessenta anos) e de pessoas com deficiências intelectuais ou culturais. Mesmo com as mudanças engendradas no sistema jurídico pelo Estatuto da Pessoa com Deficiência, que procurou tratar as pessoas com deficiência como iguais, a proteção de tais pessoas como vulneráveis deve ser mantida nas relações de consumo.

Como expõe a melhor doutrina, a norma coíbe a chamada *venda por impulso* ou *venda automática*, em relação a pessoas que podem não ter total discernimento para compreensão do teor das informações que lhe são prestadas.[12] Nesse contexto, "efetivamente, e por diversas razões, há que se aceitar que o grupo dos idosos possui uma vulnerabilidade especial, seja pela sua vulnerabilidade técnica exagerada em relação a novas tecnologias (*home-banking*, relações com máquina, uso necessário da internet etc.); sua vulnerabilidade fática quanto à rapidez das contratações; sua saúde debilitada; a solidão do seu dia a dia, que transforma um vendedor de porta em porta, um operador de *telemarketing*, talvez na única pessoa com a qual tenham contato e empatia naquele dia; sem falar em sua vulnerabilidade econômica e jurídica, hoje, quando se pensa em um teto de aposentadoria único no Brasil de míseros 400 dólares para o resto da vida".[13] A título de exemplo dessas dificuldades, é comum a venda para idosos de planos de previdência privada que nunca poderão ser usufruídos, por razões óbvias. Muitos dos idosos que celebram contratos como esses mal sabem o teor dos instrumentos que estão assinando.

Partindo para a análise de julgados, recente decisão do Tribunal Catarinense concluiu que "faz *jus* à indenização por danos materiais e morais consumidor idoso com 81 anos que, sob promessa de dispensa de medicamentos, ludibriado, adquire almofada térmica vibratória. Em que pese a relatividade do efeito da revelia, tal só pode ser ilidido por fortes elementos de convicção em sentido contrário do constante dos autos" (TJSC – Apelação Cível 2010.041310-5, São Miguel do Oeste – Rel. Des. Gilberto Gomes de Oliveira – j. 25.11.2010 – *DJSC* 09.03.2011, p. 287). No mesmo sentido, vejamos decisão do Tribunal Gaúcho em caso similar envolvendo pessoa de idade avançada:

> "Anulação de contrato, por erro essencial. Aquisição de produto fisioterápico. Colchão magnetizado. Venda efetivada fora do estabelecimento – a domicílio. Preço incompatível com um produto similar comum. Valor das prestações descontado diretamente do benefício previdenciário do contratante. Prática comercial abusiva. Indução do consumidor em erro. Direito ao desfazimento do contrato. Danos morais aplicados com caráter dissuasório. Verossimilhança da alegação de promessa de substanciais vantagens para a saúde dos adquirentes. Vantagens inocorrentes. Prática comercial abusiva. Fornecedora que se prevalece da fraqueza do consumidor, em virtude de sua idade e condição social, para impingir-lhe produto. Art. 39, IV, do CDC. Direito ao desfazimento do contrato. Danos morais aplicados com função punitiva. Para casos como o presente, a responsabilidade civil pode assumir um caráter dissuasório. Recurso da ré desprovido. Recurso do autor a que se dá provimento" (TJRS – Recurso 43963-19.2010.8.21.9000, Igrejinha – Terceira Turma Recursal Cível – Rel. Des. Eugênio Facchini Neto – j. 14.04.2011 – *DJERS* 25.04.2011).

---

[12] MARQUES, Claudia Lima; BENJAMIN, Antonio Herman; MIRAGEM, Bruno. *Comentários ao Código de Defesa do Consumidor*. 3. ed. São Paulo: RT, 2010. p. 765.

[13] MARQUES, Claudia; BENJAMIN, Antonio Herman; MIRAGEM, Bruno. *Comentários ao Código de Defesa do Consumidor*. 3. ed. São Paulo: RT, 2010. p. 765.

Seguindo nos estudos, várias ementas julgam consistir prática comercial desleal e abusiva a imposição de condições de renovação contratual que oneram excessivamente o consumidor idoso, geralmente pela adoção de critérios por faixa etária (a ilustrar: TJMG – Apelação Cível 4644882-65.2008.8.13.0145, Juiz de Fora – Décima Câmara Cível – Rel. Des. Alberto Aluízio Pacheco de Andrade – j. 25.05.2010 – *DJEMG* 15.06.2010; TJRS – Apelação Cível 70031897762, Tapejara – Quinta Câmara Cível – Rel. Des. Romeu Marques Ribeiro Filho – j. 18.08.2010 – *DJERS* 26.08.2010; TJPR – Apelação Cível 0594106-0, Londrina – Nona Câmara Cível – Rel. Des. Rosana Amara Girardi Fachin – *DJPR* 04.12.2009, p. 369; TJRS – Apelação Cível 70025160672, Porto Alegre – Quinta Câmara Cível – Rel. Des. Romeu Marques Ribeiro Filho – j. 06.08.2008 – *DOERS* 13.08.2008, p. 30; e TJRJ – Apelação Cível 2005.001.32472 – Nona Câmara Cível – Rel. Des. Roberto de Abreu e Silva – j. 14.02.2006).

Do Tribunal Paulista, vejamos a hipótese fática referente a um serviço de conserto de caminhão que foi prestado desnecessariamente, com claro intuito de prejudicar consumidor, que não tinha conhecimento a respeito de sua extensão:

"Indenização. Danos materiais. Restituição da quantia paga por um serviço inadequado. Caminhão expelindo excesso de 'fumaça preta', motivando o autor a procurar os serviços mecânicos da ré para o conserto do defeito. Reparo efetuado pela ré, que não alcançou o objetivo esperado. Ausência de comprovação da necessidade do serviço prestado pela ré, que deve ser reputado desnecessário. Cabimento da restituição da quantia paga pela prestação de um serviço inútil. Se a ré reconhece que o serviço por ela prestado não solucionou o defeito no caminhão do autor, e nem comprovou que os reparos efetuados eram realmente necessários, impõe-se a devolução do que este pagou àquela por um serviço inútil, uma vez que é vedado ao fornecedor de serviços impingir serviços ao consumidor, prevalecendo da ignorância deste, nos termos do art. 39, IV, do Código de Defesa do Consumidor. Recurso provido, nessa parte. (...)" (TJSP – Apelação 0020763-87.2008.8.26.0019 – Acórdão 5041276, Americana – Décima Sétima Câmara de Direito Privado – Rel. Des. Luiz Sabbatto – j. 02.03.2011 – *DJESP* 03.05.2011).

Por fim, a respeito da incidência do art. 39, inc. IV, do CDC, o Superior Tribunal de Justiça já julgou que "o repasse indevido do PIS e da COFINS na fatura telefônica configura 'prática abusiva' das concessionárias, nos termos do Código de Defesa do Consumidor, pois viola os princípios da boa-fé objetiva e da transparência, valendo-se da 'fraqueza ou ignorância do consumidor' (art. 39, IV, do CDC)" (STJ – REsp 1.053.778/RS – Segunda Turma – Rel. Min. Herman Benjamin – j. 09.09.2008 – *DJe* 30.09.2008). A conclusão do acórdão é perfeita, tendo o meu total apoio doutrinário.

7.2.5. Exigir do consumidor vantagem manifestamente excessiva (art. 39, inc. V, do CDC)

A exemplo da previsão do art. 51, inc. IV, do CDC, o presente dispositivo veda a *lesão objetiva* e a onerosidade excessiva, tidas como geradoras de práticas comerciais abusivas. Como razão importante do preceito, cite-se a clássica vedação do enriquecimento sem causa, constante dos arts. 884 a 886 do CC/2002. Dessa forma, todos os exemplos expostos no Capítulo 5 desta obra envolvendo aquela norma servem para a configuração da prática abusiva fora do plano do contratual.

Interessante trazer à tona a comum prática do cheque-caução, exigido muitas vezes quando da internação de consumidores em hospitais. Há quem entenda cuidar-se de hipótese típica de estado de perigo, tratada pelo art. 156 do Código Civil, mormente quando o paciente médico já tem plano de saúde. Enuncia tal comando civil que "configura-se o estado de perigo quando alguém, premido da necessidade de salvar-se, ou a pessoa de sua família, de grave dano conhecido pela outra parte, assume obrigação excessivamente onerosa. Parágrafo único. Tratando-se de pessoa não pertencente à família do declarante, o juiz decidirá segundo as circunstâncias".

Nesse sentido, leciona Carlos Roberto Gonçalves que "merece ser também citado o exemplo de inegável atualidade e característico de estado de perigo, que é o da pessoa que se vê compelida a efetuar depósito ou a prestar garantia sob a forma de emissão de cambial ou de prestação de fiança, exigidos por hospital para conseguir a internação ou atendimento de urgência de cônjuge ou de parente em perigo de vida".[14] Não tem sido diferente a conclusão de parte da jurisprudência, também nessa linha, pelo reconhecimento do estado de perigo em casos tais (por todos: TJSP – Apelação 0109749-68.2008.8.26.0002 – Acórdão 4885202, São Paulo – Décima Oitava Câmara de Direito Privado – Rel. Des. Rubens Cury – j. 07.12.2010 – *DJESP* 24.01.2011; TJSC – Apelação Cível 2009.043712-5, Brusque – Rel. Des. Luiz Carlos Freyesleben – j. 29.06.2010 – *DJSC* 08.07.2010, p. 181; TJPR – Apelação Cível 0485768-9, Curitiba – Sexta Câmara Cível – Rel. Des. Prestes Mattar – *DJPR* 17.10.2008, p. 59; e TJRJ – Apelação Cível 2006.001.49905 – Décima Sétima Câmara Cível – Rel. Des. Edson Aguiar de Vasconcelos – j. 10.01.2007).

Com o devido respeito, esse não parece ser o melhor enquadramento, uma vez que o estado de perigo gera a anulação do ato correspondente, sujeita a prazo decadencial (arts. 171 e 178 do CC/2002). Desse modo, o ato pode ser convalidado pela *cura pelo tempo* ou convalescimento temporal. Na verdade, é melhor concluir que a exigência de cheque-caução, mormente quando o consumidor já tem plano de saúde, nos casos de emergência médica ou quando ausente justo motivo para a negativa de cobertura, configura uma prática ou cláusula abusiva que, por envolver matéria de ordem pública, ocasiona a nulidade do ato correspondente, sem prejuízo de outras sanções caso da imputação civil dos danos suportados. Utiliza-se a teoria do *diálogo das fontes*, com solução mais satisfatória aos consumidores. Julgando corretamente dessa maneira, colaciona-se, a título de exemplo:

> "Plano de saúde corréu que se recusou a cobrir as despesas de internação do autor, sob o fundamento de descredenciamento do plano. Falta de comunicação do associado quanto ao descredenciamento. Recusa que causou danos morais ao autor, que era idoso e estava com a saúde debilitada. Fixação em R$ 9.000,00. Razoabilidade. Exigência de cheque-caução pela corré para prestar atendimento médico. Danos morais. Ocorrência. Fixação em R$ 2.000,00. Recurso do autor provido em parte, improvido o do réu. O corréu Centro Transmontano causou dano moral ao autor, pessoa de idade e que sofria de sérios problemas de saúde, ao negar-se a cobrir as despesas de internação, pois não o informara do descredenciamento do hospital. Ao que tudo indica, o hospital condicionou a prestação de serviço médico à emissão de cheque caução, o que configura prática abusiva e, em face das circunstâncias, notadamente o fato de que paciente era idoso e sua internação era emergencial,

---

[14] GONÇALVES, Carlos Roberto. *Direito Civil*. 8. ed. São Paulo: Saraiva, 2010. v. 1: Parte Geral. p. 431.

acarretou danos morais" (TJSP - Apelação 0131319-87.2006.8.26.0000 - Acórdão 4931640, São Paulo - Terceira Câmara de Direito Privado - Rel. Des. Jesus Lofrano - j. 08.02.2011 - *DJESP* 02.03.2011).

"Responsabilidade civil. Relação de consumo. Hospital. Situação de emergência. Cheque caução. Exigência para fins de internação. Prática abusiva. Aflição e angústia impostas ao consumidor. Dano moral configurado. Violação do Código de Defesa do Consumidor e de lei estadual. Agravo retido. Cerceamento de defesa. Inocorrência. O juiz é o destinatário da prova e está autorizado a dispensar as desnecessárias ao deslinde da causa (CPC, art. 130). Não se configura cerceamento de defesa o julgamento antecipado da lide, presentes as condições previstas no art. 330, inc. I, do CPC. A exigência de cheque-caução para que ocorra a internação hospitalar de paciente em estado grave emergencial, configura prática abusiva, ferindo as disposições do CDC. Configura ainda afronta à Lei Estadual 3.426/2000, que proíbe a exigência de depósito prévio de qualquer natureza, para possibilitar internação de doente em situação de urgência e emergência. Dano moral configurado. Valor que atende aos princípios reitores do instituto. Verba honorária bem fixada. Impossibilidade de se aplicar a multa legal por ausência de pedido inicial, não podendo inovar em sede de recurso. Manutenção da sentença. Conhecimento e desprovimento de ambos os recursos" (TJRJ - Apelação 2008.001.57406 - Décima Oitava Câmara Cível - Rel. Des. Rogério de Oliveira Souza - j. 07.04.2009 - *DORJ* 13.04.2009, p. 167).

Em suma, não se pode mais insistir na premissa de que o Código Civil é a via de solução para todos os problemas práticos, para a *cura de todos os males,* como pensavam os antigos civilistas. Em muitos casos, a correta solução de enquadramento está no Código de Defesa do Consumidor.

Como outro exemplo de situação de lesão objetiva ao consumidor, cite-se a comum cobrança, nos contratos de aquisição de imóveis a prazo, de *juros no pé,* ou seja, antes da entrega da obra. De qualquer maneira, infelizmente, o Superior Tribunal de Justiça passou a entender, no ano de 2012, que a sua cobrança é legítima. Vejamos a publicação de acórdão constante do *Informativo* n. 499 da Corte:

"Juros compensatórios ('juros no pé'). Incidência anterior à entrega das chaves. Compromisso de compra e venda. A Seção, por maioria, decidiu que não é abusiva a cláusula de cobrança de juros compensatórios incidentes em período anterior à entrega das chaves nos contratos de compromisso de compra e venda de imóveis em construção sob o regime de incorporação imobiliária. Observou o Min. Antonio Carlos Ferreira que, a rigor, o pagamento pela compra de um imóvel em fase de produção deveria ser feito à vista. Não obstante, em favorecimento financeiro ao comprador, o incorporador pode estipular o adimplemento da obrigação mediante o parcelamento do preço, inclusive, em regra, a prazos que vão além do tempo previsto para o término da obra. Em tal hipótese, afigura-se legítima a cobrança dos juros compensatórios, pois o incorporador, além de assumir os riscos do empreendimento, antecipa os recursos para o seu regular andamento. Destacou-se que seria injusto pagar na compra parcelada o mesmo valor correspondente da compra à vista. Acrescentou-se, ainda, que, sendo esses juros compensatórios um dos custos financeiros da incorporação imobiliária suportados pelo adquirente, deve ser convencionado expressamente no contrato ou incluído no preço final da obra. Concluiu-se que, para a segurança do consumidor, em observância ao direito de informação insculpido no art. 6º, II, do

CDC, é conveniente a previsão expressa dos juros compensatórios sobre todo o valor parcelado na aquisição do bem, permitindo, dessa forma, o controle pelo Judiciário. Além disso, afirmou o Min. Antonio Carlos Ferreira que se esses juros não puderem ser convencionados no contrato, serão incluídos no preço final da obra e suportados pelo adquirente, sendo dosados, porém, de acordo com a boa ou má intenção do incorporador. Com base nesse entendimento, deu-se provimento aos embargos de divergência para reconhecer a legalidade da cláusula contratual que previu a cobrança dos juros compensatórios de 1% a partir da assinatura do contrato" (STJ – EREsp 670.117-PB – Rel. originário Min. Sidnei Beneti – Rel. para acórdão Min. Antonio Carlos Ferreira – j. 13.06.2012).

Trata-se de mais uma decisão da Corte Superior à qual não se filia, por representar clara afronta ao dispositivo do Código de Defesa do Consumidor em análise. A onerosidade excessiva da previsão contratual acima mencionada é clara e cristalina. Infelizmente, a questão se consolidou de tal forma naquele Tribunal que, em 2015, publicou-se ementa por meio da ferramenta *Jurisprudência em Teses* (Edição n. 39) prevendo que "não é abusiva a cláusula de cobrança de juros compensatórios incidentes em período anterior à entrega das chaves nos contratos de compromisso de compra e venda de imóveis em construção sob o regime de incorporação imobiliária".

Por outra via e como outro exemplo, acertadamente, a Segunda Turma do STJ concluiu, em setembro de 2015, que é prática abusiva dar desconto para pagamento em dinheiro ou cheque e cobrar preço diferenciado para pagamento com cartão de crédito, pelo mesmo produto ou serviço. De acordo com o relator da decisão, Ministro Humberto Martins, o estabelecimento empresarial tem a garantia do pagamento efetuado pelo consumidor com o cartão de crédito, pois a administradora assume inteiramente a responsabilidade pelos riscos da venda. Uma vez autorizada a transação, o consumidor recebe quitação do fornecedor e deixa de ter qualquer obrigação perante ele. Por tal razão, a compra com cartão é considerada modalidade de pagamento à vista, constituindo prática abusiva a cobrança de preço diferenciado (STJ – REsp 1.479.039/MG – Segunda Turma – Rel. Min. Humberto Martins – j. 06.10.2015 – DJe 16.10.2015).

Essa posição foi reafirmada pelo Tribunal da Cidadania em outro aresto, do ano de 2016, segundo o qual "a diferenciação de preço na mercadoria ou serviço para diferentes formas de pagamento à vista: dinheiro, cheque ou cartão de crédito caracteriza prática abusiva no mercado de consumo, nociva ao equilíbrio contratual e ofende o art. 39, V e X, da Lei 8.078/90. Manutenção das autuações administrativas realizadas pelo PROCON Municipal de Vitória/ES em face da referida prática abusiva do comerciante Recorrente em seu estabelecimento. 3. Precedentes de outras Turmas deste Tribunal Superior (REsp 1.479.039/MG, Rel. Min. Humberto Martins, DJe 16.10.2015 e REsp 1.133.410/RS, Rel. Min. Massami Uyeda, DJe 7.4.2010)" (STJ – REsp 1.610.813/ES – Primeira Turma – Rel. Min. Napoleão Nunes Maia Filho – j. 18.08.2016 – DJe 26.08.2016).

Entretanto, no final do ano de 2016, o Governo Federal editou a Medida Provisória n. 764, de 26 de dezembro, que autorizava a cobrança de preços diferenciados, a depender da forma de pagamento (dinheiro, cheque ou cartão). Conforme o seu art. 1º, "fica autorizada a diferenciação de preços de bens e serviços oferecidos ao público, em função do prazo ou do instrumento de pagamento utilizado. Parágrafo único. É nula a cláusula contratual, estabelecida no âmbito de arranjos de pagamento ou de outros acordos para prestação de serviço de pagamento, que proíba ou restrinja a diferenciação de preços facultada no *caput*".

A MP foi convertida em norma jurídica em maio de 2017, com a emergência da Lei 13.455. Além da regra acima transcrita, o diploma traz um art. 2º, que acrescenta o art. 5º-A à Lei 10.962/2004, enunciando que o fornecedor deve informar, em local e formato visíveis ao consumidor, eventuais descontos oferecidos em função do prazo ou do instrumento de pagamento utilizado. Conforme o seu parágrafo único, aplicam-se às infrações a este artigo as sanções previstas no Código de Defesa do Consumidor.

Entendo que as normas citadas violam o disposto no art. 39, inc. V, do CDC, ora comentado, representando um grande retrocesso a respeito do tema. Na verdade, continuo totalmente alinhado aos argumentos constantes dos julgados antes mencionados, sendo a cobrança de preços diferenciados um dos exemplos de hipótese fática que coloca o consumidor em clara desvantagem. Poderiam os comerciantes transferir os valores relativos às taxas de administração do cartão de crédito para os consumidores? Penso que não, estando aqui a vantagem manifestamente excessiva, a configurar a contrariedade ao CDC no conteúdo da nova norma, o que já ocorria com a sua MP embrionária.

Essa ilegalidade, em clara lesão aos direitos do consumidor, torna também sem sentido jurídico o conteúdo do parágrafo único do art. 1º da Lei 13.455/2017, já previsto na MP, que estabelece a nulidade absoluta da cláusula contratual que proíba ou restrinja a citada diferenciação de preços. Ora, cláusula abusiva haverá se existir previsão contratual dessa diferenciação, o que tem enquadramento no art. 51 do CDC, na linha do que reconhece o primeiro aresto apontado. Vejamos o que destacou o Ministro Humberto Martins em seu voto:

> "O art. 51 do Código de Defesa do Consumidor traz rol meramente exemplificativo de cláusulas abusivas, num conceito aberto que permite o enquadramento de outras abusividades que atentem contra o equilíbrio entre as partes no contrato de consumo, de modo a preservar a boa-fé e a proteção do consumidor. Como bem reconheceu o Tribunal de origem, o lojista que, para mesmo produto ou serviço, oferece desconto ao consumidor que paga em dinheiro ou cheque em detrimento daquele que paga em cartão de crédito estabelece cláusula abusiva apta a transferir os riscos da atividade ao adquirente, lembrando-se que tal abusividade independe da má-fé do fornecedor" (STJ – REsp 1479039/MG – Segunda Turma – Rel. Min. Humberto Martins – j. 06.10.2015 – DJe 16.10.2015).

Também é forte o argumento jurídico da existência de discriminação dos adquirentes, o que é vedado expressamente pela própria Lei 12.529/2011. O seu art. 36 elenca atos que constituem infração da ordem econômica, gerando responsabilização independentemente de culpa. Entre essas condutas, está previsto no § 3º, letra *d*, inciso X, do comando: "discriminar adquirentes ou fornecedores de bens ou serviços por meio da fixação diferenciada de preços, ou de condições operacionais de venda ou prestação de serviços". Ora, para que o teor da nova norma tivesse efetiva aplicação técnica seria necessário revogar este último diploma, o que não ocorreu. E não se olvide, em complemento, de que a igualdade entre os consumidores é um dos seus direitos básicos, expresso no inciso II do art. 6º do CDC, também atingido pela malfadada Lei 13.455/2017.

Ademais, será que, com a norma, os preços com pagamento em dinheiro vão diminuir ou os preços com pagamento via cartão de crédito vão aumentar? Continuo a acreditar mais no segundo caminho, infelizmente, pela nossa realidade de mercado.

Como outro exemplo do art. 39, inc. V, do CDC, julgado do Superior Tribunal de Justiça analisou a questão relativa à exigência de indicação da CID (Classificação Internacional de Doenças) como condição para realização de exames e pagamento de honorários médicos por parte das operadoras de planos de saúde. Entendeu-se que a prática não é abusiva, por não colocar o consumidor em desvantagem e não violar a boa-fé ou a equidade (STJ – REsp 1.509.055/RJ – Terceira Turma – Rel. Min. Paulo de Tarso Sanseverino – j. 22.08.2017 – *DJe* 25.08.2017). Estou filiado ao *decisum*, diante da dupla transparência que deve guiar as relações contratuais, inclusive as de consumo.

Para encerrar a análise da previsão, entendeu o Superior Tribunal de Justiça, em 2019, que "a prática comercial do horário de *check-in* não constitui propriamente um termo inicial do contrato de hospedagem, mas uma prévia advertência de que o quarto poderá não estar disponível ao hóspede antes de determinado horário. A fixação de horários diversos de *check-in* (15:00hs) e *check-out* (12:00hs) atende a interesses legítimos do consumidor e do prestador dos serviços de hospedagem, espelhando antiga prática amplamente aceita dentro e fora do Brasil" (STJ – REsp 1.717.111/SP – Terceira Turma – Rel. Min. Paulo de Tarso Sanseverino – j. 12.03.2019 – *DJe* 15.03.2019).

Com o devido respeito, entendo que essa prática é sim abusiva, representando onerosidade excessiva esses parâmetros que foram fixados. Isso porque a diária tem o preço fixado com base em 24 horas de serviços. Seria tolerável, pela própria organização do hotel, uma hora a mais para a limpeza do quarto, iniciando-se o *check in* às 13 horas. Porém, esse início às 15 horas parece-me algo desproporcional, com o devido respeito aos julgadores.

7.2.6. Executar serviços sem a prévia elaboração de orçamento e autorização expressa do consumidor, ressalvadas as decorrentes de práticas anteriores entre as partes (art. 39, inc. VI, do CDC)

A exigência de orçamento prévio para a prestação de um serviço é outro exemplo típico de aplicação da boa-fé objetiva à fase pré-contratual do negócio de consumo, por representar incidência do dever anexo de informação. A não ser nas hipóteses em que as partes já negociaram previamente sem a sua elaboração, o orçamento é obrigatório. No que tange a tal obrigatoriedade, vejamos o teor de decisão do Tribunal Paulista em sede de ação civil pública:

"Ação civil pública. Prestação de serviços. Pedido cominatório para compelir hospital a incluir cláusula contratual estipulando a obrigação de apresentar orçamento prévio sobre os serviços contratados, bem como serviços prestados apenas em momento superveniente. Inserção de outra cláusula contratual para que, nos casos de urgência e indefinição do tratamento, seja apresentada tabela dos preços dos serviços disponíveis no nosocômio. Direito básico do consumidor à informação clara e adequada sobre os serviços que lhe são prestados, inclusive no que diz respeito ao preço. Art. 6º, III, do CDC. Dever de informação decorrente do princípio da boa-fé objetiva. Arts. 40, e 39, VI, do CDC. Dever dos fornecedores em geral de entrega de orçamento prévio dos serviços contratados. Recusa do hospital que configura prática abusiva. Precedentes jurisprudenciais que corroboram a sujeição dos hospitais ao dever legal de apresentação de orçamento prévio. Confirmação da sentença de procedência da ação. Recurso desprovido" (TJSP – Apelação 992.07.021649-4 – Acórdão 4768082, São Paulo – Trigésima Câmara de Direito Privado – Rel. Des. Edgard Rosa – j. 20.10.2010 – *DJESP* 06.12.2010).

De acordo com o art. 40 da Lei 8.078/1990, o fornecedor de serviço será obrigado a entregar ao consumidor orçamento prévio discriminando o valor da mão de obra, dos materiais e equipamentos a serem empregados, as condições de pagamento, bem como as datas de início e término dos serviços. Tal exigência ocorre mesmo em relação a concessionária que efetua reparos no veículo, "ainda que dentro de período de garantia do bem e de forma graciosa, devendo fornecer ao consumidor, por escrito, orçamento e discriminação dos serviços" (TJSP – Apelação 992.05.102686-3 – Acórdão 4379504, Sorocaba – Vigésima Sexta Câmara de Direito Privado – Rel. Des. Norival Oliva – j. 16.03.2010 – *DJESP* 13.04.2010). Além disso, a assinatura de "pré-ordem de serviço" não autoriza o fornecedor a realizar os serviços sem a apresentação do orçamento e expressa autorização do consumidor (TJMG – Apelação Cível 1.0027.06.100307-8/0011, Betim – Décima Câmara Cível – Rel. Des. Cabral da Silva – j. 19.02.2008 – *DJEMG* 15.03.2008).

Como se observa, as informações constantes do orçamento devem ser completas, vinculando a parte declarante, nos termos dos já analisados arts. 30, 31 e 48 do CDC. Ato contínuo, como preceitua o § 2º do art. 40 da Lei Consumerista, uma vez aprovado pelo consumidor, o orçamento obriga os contratantes e somente pode ser alterado mediante livre negociação das partes. Caso a parte se negue a cumprir o que foi orçado, cabem as medidas de tutela específica, caso da fixação de multa ou *astreintes* (art. 84 do CDC).

Eventualmente, como bem conclui a jurisprudência, se os serviços forem prestados sem o orçamento prévio, reputa-se que não possam ser cobrados, sendo tratados como amostras grátis. Aplica-se, por analogia, a regra do art. 39, parágrafo único, do CDC, inicialmente prevista para o inciso III do preceito. Nessa linha, vejamos dois acórdãos:

"Serviços de mecânica. Código de Defesa do Consumidor. Arts. 6º, VI, e 39, VI. Precedentes. 1. A inversão do ônus da prova, como já decidiu a Terceira Turma, está no contexto da facilitação da defesa dos direitos do consumidor, ficando subordinada ao 'critério do juiz, quando for verossímil a alegação ou quando for ele hipossuficiente, segundo as regras ordinárias de experiências' (art. 6º, VIII). Isso quer dizer que não é automática a inversão do ônus da prova. Ela depende de circunstâncias concretas que serão apuradas pelo juiz no contexto da 'facilitação da defesa' dos direitos do consumidor" (REsp 122.505-SP, da minha relatoria, *DJ* 24.08.1998). 2. O art. 39, VI, do Código de Defesa do Consumidor determina que o serviço somente pode ser realizado com a expressa autorização do consumidor. Em consequência, não demonstrada a existência de tal autorização, é imprestável a cobrança, devido, apenas, o valor autorizado expressamente pelo consumidor. 3. Recurso especial conhecido e provido, em parte" (STJ – REsp 332869/RJ – Terceira Turma – Rel. Min. Carlos Alberto Menezes Direito – j. 24.06.2002 – *DJ* 02.09.2002, p. 184).

"Embargos à execução. Nota promissória. Prestação de serviços. Ausência de orçamento prévio e de autorização expressa dos reparos pelo consumidor. Ofensa aos arts. 39, VI, e 40 da Lei 8.078/1990. Inexigibilidade do título. A Lei 8.078/1990 estabelece que é vedado ao fornecedor executar serviços sem a prévia elaboração de orçamento e autorização expressa do consumidor, devendo ser discriminado o valor da mão de obra, dos materiais e equipamentos a serem empregados, as condições de pagamento, bem como as datas de início e término dos serviços. É inexigível o valor dos reparos efetuados sem a observância do disposto nos arts. 39, VI, e 40, ambos do Código de Defesa do Consumidor" (TJMG – Apelação Cível 2000945-20.2009.8.13.0027, Beti – Décima Segunda Câmara Cível – Rel. Des. Alvimar de Ávila – j. 23.02.2011 – *DJEMG* 21.03.2011).

Em regra, salvo estipulação em contrário, o valor orçado tem validade pelo prazo decadencial de dez dias, contado de seu recebimento pelo consumidor (art. 40, § 1º, do

CDC). Como a norma é de ordem pública (art. 1º do CDC), compreende-se que tal prazo somente pode ser aumentado e nunca diminuído. Não se pode esquecer que o prazo decadencial pode ser aumentado, diante da possibilidade de sua origem convencional.

Por fim, estabelece a Lei 8.078/1990 o que consumidor não responde por quaisquer ônus ou acréscimos decorrentes da contratação de serviços de terceiros não previstos no orçamento prévio, o que cabe ao prestador de serviços (art. 40, § 3º, do CDC). Desse modo, cabe a prestação de serviços por terceiros à custa do devedor originário que se comprometeu. Para as devidas medidas judiciais, têm incidência os arts. 816 e 817 do CPC/2015 (equivalentes aos arts. 633 e 634 do CPC/1973). Pela via extrajudicial, pode ser o caso de subsunção do art. 249, parágrafo único, do CC/2002, *in verbis*: "em caso de urgência, pode o credor, independentemente de autorização judicial, executar ou mandar executar o fato, sendo depois ressarcido". Como se sabe, o último comando trata da *autotutela civil* para cumprimento das obrigações de fazer.

7.2.7. Repassar informação depreciativa referente a ato praticado pelo consumidor no exercício de seus direitos (art. 39, inc. VII, do CDC)

O comando veda as chamadas *listas internas de maus consumidores* ou *listas negras*, em relação a consumidores que buscam exercer os direitos que a lei lhes faculta. O dispositivo não se confunde com o art. 43 do CDC, que trata de bancos de dados e cadastros de consumidores, categorias que ainda serão vistas no próximo capítulo deste livro.[15] A respeito dessa diferenciação, aliás, entendeu o Tribunal de Justiça de São Paulo:

"Ação civil pública. Supressão do cadastro de passagens da Associação Comercial de São Paulo. Banco de dados em que são registrados negócios realizados pelos consumidores, sem comunicação da inclusão dos nomes dos consumidores. Manutenção do cadastro é útil à sociedade. Informações trazem mais segurança nas operações de crédito, com a diminuição da inadimplência e a redução da taxa de juros, o que beneficia os consumidores em geral. Não se vislumbra ilicitude, nem prática abusiva, por não haver repasse de informações depreciativas em relação ao consumidor. Sentença mantida. Recurso improvido" (TJSP – Apelação com Revisão 384.649.4/8 – Acórdão 4020149, São Paulo – Primeira Câmara de Direito Privado – Rel. Des. Paulo Razuk – j. 11.08.2009 – *DJESP* 07.10.2009).

O que se veda, a título de ilustração, é que empresas que exploram determinados setores troquem nomes de consumidores que ingressam em juízo para tutela de seus direitos, com o fim de dificultar novas aquisições de bens de consumo (*consumidores indesejáveis*). Não se admite, por razões óbvias, a mesma conduta de informação negativa em relação aos advogados desses consumidores, que agem em exercício regular das próprias funções. Deve ficar claro que tal prática existe entre grandes empresas, conforme tem revelado a imprensa nacional televisiva.

Eventualmente, os consumidores e procuradores prejudicados poderão fazer uso da responsabilidade objetiva do Código de Defesa do Consumidor para responsabilizar os fornecedores e prestadores pela prática abusiva. E isso sem prejuízo de outras sanções a que possam estar sujeitos os agentes que atuam em abuso de direito, caso das penalidades administrativas.

---

[15] MARQUES, Claudia; BENJAMIN, Antonio Herman; MIRAGEM, Bruno. *Comentários ao Código de Defesa do Consumidor*. 3. ed. São Paulo: RT, 2010. p. 765.

7.2.8. Colocar, no mercado de consumo, qualquer produto ou serviço em desacordo com as normas expedidas pelos órgãos oficiais competentes ou, se normas específicas não existirem, pela Associação Brasileira de Normas Técnicas (ABNT) ou outra entidade credenciada pelo Conselho Nacional de Metrologia, Normalização e Qualidade Industrial – CONMETRO (art. 39, inc. VIII, do CDC)

Como se retira da obra de Rizzatto Nunes, quatro são os tipos de normas técnicas existentes no Brasil:

- NBR 1: normas compulsórias aprovadas pelo CONMETRO, com uso obrigatório em todo o País.
- NBR 2: normas de referência aprovadas pelo CONMETRO, de uso obrigatório pelo Poder Público.
- NBR 3: normas registradas com caráter voluntário, com registro pelo INMETRO (Instituto Nacional de Metrologia, Normatização e Qualidade Industrial).
- NBR 4: normas probatórias, registrados no INMETRO, ainda em fase de experimentos, com vigência limitada.[16]

Na verdade, o dispositivo do CDC visa a uma padronização de condutas, para que os consumidores não sejam expostos a situações de risco ou perigo pelos produtos postos em circulação no mercado de consumo. Presente a prática abusiva, caberão as sanções administrativas do art. 56 da Lei 8.078/1990, com a possibilidade de apreensão de produtos, sem prejuízo da responsabilização civil correspondente.

7.2.9. Recusar a venda de bens ou a prestação de serviços, diretamente a quem se disponha a adquiri-los mediante pronto pagamento, ressalvados os casos de intermediação regulados em leis especiais (art. 39, inc. IX, do CDC)

O preceito foi introduzido pela Lei 8.884/1994, tendo um sentido mais amplo do que o inc. II, pois dirigida a qualquer situação de alienação de bens, sendo proibida a negação de venda a quem de imediato se apresenta à celebração do negócio.[17] A título de exemplo de subsunção do preceito, julgado publicado no *Informativo* n. 507 do STJ concluiu da seguinte forma:

"A negativa pura e simples de contratar seguro de vida é ilícita, violando a regra do art. 39, IX, do CDC. Diversas opções poderiam substituir a simples negativa de contratar, como a formulação de prêmio mais alto ou, ainda, a redução de cobertura securitária, excluindo-se os sinistros relacionados à doença preexistente, mas não poderia negar ao consumidor a prestação de serviços. As normas expedidas pela Susep para regulação de seguros devem ser interpretadas em consonância com o

---

[16] RIZZATTO NUNES, Luiz Antonio. *Comentários ao Código de Defesa do Consumidor*. 3. ed. São Paulo: Saraiva, 2007. p. 504-505.

[17] RIZZATTO NUNES, Luiz Antonio. *Comentários ao Código de Defesa do Consumidor*. 3. ed. São Paulo: Saraiva, 2007. p. 506.

mencionado dispositivo. Ainda que o ramo securitário consubstancie atividade de alta complexidade técnica, regulada por órgão específico, a contratação de seguros está inserida no âmbito das relações de consumo, portanto tem necessariamente de respeitar as disposições do CDC. A recusa da contratação é possível, como previsto na Circular Susep n. 251/2004, mas apenas em hipóteses realmente excepcionais" (STJ – REsp 1.300.116/SP – Rel. Min. Nancy Andrighi – j. 23.10.2012).

Em 2018, surgiu outro debate interessante no âmbito da Corte Superior a respeito de empresa de intermediação de compra e venda de moeda virtual (*bitcoin*), que pretendia obrigar instituição financeira a manter contrato de conta-corrente, que acabou sendo encerrado pela última após prévia notificação. A medida foi tratada como lícita pelo Tribunal, que afastou a aplicação do CDC e do comando em estudo. Nos seus termos, inicialmente, "tem-se, a toda evidência, que a utilização de serviços bancários, especificamente o de abertura de conta-corrente, pela insurgente, dá-se com o claro propósito de incrementar sua atividade produtiva de intermediação, não se caracterizando, pois, como relação jurídica de consumo – mas sim de insumo –, a obstar a aplicação, na hipótese, das normas protetivas do Código de Defesa do Consumidor". E, mais especificamente sobre a norma ora comentada, do mesmo Tribunal Superior:

> "Atendo-se à natureza do contrato bancário, notadamente o de conta-corrente, o qual se afigura *intuitu personae*, bilateral, oneroso, de execução continuada, prorrogando--se no tempo por prazo indeterminado, não se impõe às instituições financeiras a obrigação de contratar ou de manter em vigor específica contratação, a elas não se aplicando o art. 39, II e IX, do Código de Defesa do Consumidor. Revela-se, pois, de todo incompatível com a natureza do serviço bancário fornecido, que conta com regulamentação específica, impor-se às instituições financeiras o dever legal de contratar, quando delas se exige, para atuação em determinado seguimento do mercado financeiro, profunda análise de aspectos mercadológico e institucional, além da adoção de inúmeras medidas de segurança que lhes demandam o conhecimento do cliente bancário e de reiterada atualização do seu cadastro de clientes, a fim de minorar os riscos próprios da atividade bancária" (STJ – REsp 1.696.214/SP – Terceira Turma – Rel. Min. Marco Aurélio Bellizze – j. 09.10.2018 – *DJe* 16.10.2018).

Como palavras finais sobre essa prática abusiva, apesar da literalidade do comando, deve-se excetuar as hipóteses em que o bom senso não recomenda a venda do bem de consumo. A título de exemplo, cite-se o caso do frequentador de um bar que tem o costume de exagerar na bebida e depois causar danos no estabelecimento. Em outras palavras, a razoabilidade deve guiar o intérprete da norma.

7.2.10. Elevar sem justa causa o preço de produtos ou serviços (art. 39, inc. X, do CDC)

Trata-se de mais um dispositivo incluído pela Lei 8.884/1994, mantendo relação direta com o art. 51, inc. X, do próprio Código Consumerista, que considera abusiva a cláusula de variação unilateral de preço. A expressão *justa causa* deve ser interpretada de acordo com a realidade social de ampla tutela dos consumidores e, em casos de dúvidas, deve prevalecer a sua proteção.

A prática de alteração do preço sem motivo representa afronta à boa-fé objetiva e às justas expectativas depositadas no negócio de consumo. Como é notório, não se pode aceitar atos praticados pelos fornecedores e prestadores com o intuito de surpreender os consumidores em relação ao originalmente contratado, situação típica do abuso de direito não tolerado pelo sistema consumerista.

Com interessante interpretação do preceito, o Tribunal de Justiça do Rio de Janeiro julgou que "não pode a CEDAE multiplicar o consumo mínimo pela quantidade de unidades imobiliárias existentes no prédio. Esse mínimo do consumo deve ser considerado em relação a cada hidrômetro. Interpretar a norma de outra forma equivale a transformar o consumo medido em consumo estimado, lesando os direitos do consumidor. 3. Tarifa progressiva. Ilegalidade. Sem justa causa, não se permite ao fornecedor aumentar o preço (art. 39, inc. X, CDC)" (TJRJ – Apelação Cível 24349/2001, Rio de Janeiro – Décima Oitava Câmara Cível – Rel. Des. Nascimento Povoas Vaz – j. 25.04.2002).

7.2.11. Aplicar fórmula ou índice de reajuste diverso do legal ou contratualmente estabelecido (art. 39, inc. XIII, do CDC)

Como bem leciona Herman Benjamin, "é comum no mercado a modificação unilateral dos índices ou fórmulas de reajuste nos negócios entre consumidores e fornecedores (contratos imobiliários, de educação, de planos de saúde, por exemplo). O dispositivo veda tal comportamento, criando um ilícito de consumo, que pode ser atacado civil ou administrativamente".[18] Mais uma vez, não se admite a mudança das *regras do jogo* por parte dos fornecedores e prestadores.

Em outras palavras, a prática abusiva existe, pois não se pode admitir contrariedade ao que foi firmado com os consumidores ou à matéria regulada por norma de ordem pública. Desse modo, a lei está amparada na máxima que veda o comportamento contraditório, relativa à boa-fé objetiva, abordada no Capítulo 5 deste estudo (*venire contra factum proprium non potest*). Apesar da possibilidade de se argumentar pela força obrigatória da convenção (*pacta sunt servanda*), o fundamento de desrespeito ao primado relativo à boa-fé objetiva parece mais condizente com o sistema adotado pela Lei 8.078/1990 e com os tempos contemporâneos.

7.2.12. Deixar de estipular prazo para o cumprimento de sua obrigação ou deixar a fixação de seu termo inicial a seu exclusivo critério (art. 39, inc. XII, do CDC)

A inclusão da previsão se deu pela Lei 9.008/1995, pois o dispositivo havia sido revogado pela Lei 8.884/1994. Veda-se a prática *puramente potestativa*, dependente apenas do bel-prazer do fornecedor ou prestador. Diante da lealdade que se espera das relações negociais, os fornecedores e prestadores devem fixar prazo e termo para o adimplemento do afirmado, sob pena de total instabilidade das relações de consumo e descrédito de todo o sistema consumerista.

A título de exemplo, o prestador deve fixar um prazo razoável para que o serviço seja prestado ao consumidor, em vista de atender aos seus anseios no caso concreto. Em outras palavras, a não fixação de prazo afasta-se da tutela da confiança preconizada pela Lei Consumerista.

---

[18] BENJAMIN, Antonio Herman de Vasconcelos. *Código Brasileiro de Direito do Consumidor*. Comentado pelos autores do anteprojeto. 8. ed. Rio de Janeiro: Forense Universitária, 2004. p. 381.

7.2.13. Permitir o ingresso em estabelecimentos comerciais ou de serviços de um número maior de consumidores que o fixado pela autoridade administrativa como máximo (art. 39, inc. XIII, do CDC)

A norma foi incluída no Código de Defesa do Consumidor por força da Lei 13.425/2017, conhecida como *Lei Boite Kiss*, tendo sido elaborado por conta do incêndio que vitimou 242 pessoas na cidade de Santa Maria, Estado do Rio Grande do Sul, no início de 2013. A lei tem por objetivo estabelecer diretrizes gerais sobre medidas de prevenção e combate a incêndio e a desastres em estabelecimentos, edificações e áreas de reunião de público. Traz ela em seu conteúdo padrões de conduta que devem ser observados e sanções aos responsáveis pelo desrespeito ao seu teor.

A configuração da prática abusiva passa a representar crime contra as relações de consumo, assim como ocorre com outros incisos previstos no mesmo art. 39 do CDC. Assim, foi incluído um parágrafo no art. 65 da própria Lei 8.078/1990, prevendo que a conduta enquadra-se no tipo de execução de serviço de alto grau de periculosidade. A pena é de detenção de seis meses a dois anos, e multa. Apesar de ser louvável a inserção da conduta como prática abusiva, parece-me que a pena estabelecida é muito tímida, não tendo o condão social de evitar que as reprováveis condutas se repitam no futuro.

7.3. A NECESSIDADE DE RESPEITO AO TABELAMENTO OFICIAL, SOB PENA DE CARACTERIZAÇÃO DO ABUSO DE DIREITO (ART. 41 DO CDC)

O art. 41 da Lei 8.078/1990 regula o *tabelamento oficial*, prática utilizada pelo Estado no Brasil nos anos próximos à entrada em vigor da Lei Consumerista, diante das altas taxas de inflação existentes no País. Deve ficar claro que tal prática não é a regra no momento, pois vige a fixação de preços pela prática mercadológica. O tabelamento representa hipótese de *dirigismo contratual*, de clara intervenção estatal nas relações negociais privadas. Consigne-se, na esteira da melhor jurisprudência, que o tabelamento oficial não fere o direito à livre-iniciativa, consagrado pelo art. 170 do Texto Maior:

> "Ação anulatória. Estabelecimento autuado por infração aos arts. 31 e 41 do CDC. Pretensão de anulação do auto de infração e da multa dele decorrente. Existência de regime de controle ou de tabelamento de preços, que não fere o princípio da livre-iniciativa previsto no art. 170 da CF. Princípio constitucional que não pode afastar regras de regulamentação do mercado e de defesa do consumidor. Não essencialidade do produto que não afasta a intervenção estatal. Recurso provido" (TJSP – Apelação Cível 527.256.5/9 – Acórdão 3942962, São Paulo – Décima Primeira Câmara de Direito Público – Rel. Des. Oscild de Lima Júnior – j. 22.06.2009 – *DJESP* 07.08.2009).

De acordo com a norma em estudo, no caso de fornecimento de produtos ou de serviços sujeitos ao regime de controle ou de tabelamento de preços, os fornecedores deverão respeitar os limites oficiais. Isso, sob pena de responderem pela restituição da quantia recebida em excesso, monetariamente atualizada, podendo o consumidor exigir, à sua escolha, o desfazimento do negócio, sem prejuízo de outras sanções cabíveis. Além disso, cabe o cumprimento forçado do tabelamento oficial, por meio da tutela específica das obrigações de fazer e não fazer (art. 84 do CDC). Como se nota, o desrespeito ao tabelamento é tratado como hipótese de abuso de direito, ou seja, de ilícito consumerista pelo exercício irregular de um direito.

Por derradeiro, mais uma vez buscando um *diálogo* com o Código Civil, consigne-se que a fixação do preço tabelado na compra e venda consta do art. 488 da codificação privada, *in verbis*: "convencionada a venda sem fixação de preço ou de critérios para a sua determinação, se não houver tabelamento oficial, entende-se que as partes se sujeitaram ao preço corrente nas vendas habituais do vendedor. Parágrafo único. Na falta de acordo, por ter havido diversidade de preço, prevalecerá o termo médio".

Interpretando corretamente a norma geral civil, leciona Paulo Luiz Netto Lôbo que "não há compra e venda sem preço, pois o comando legal em questão menciona que, se não houver preço inicialmente fixado, deverá ser aplicado o preço previsto em tabelamento oficial; ou, ausente este, o preço de costume adotado pelo vendedor. Ademais, na falta de acordo, deverá ser adotado o *termo médio*, a ser fixado pelo juiz".[19]

Em complemento, na linha do doutrinador citado, o preço de tabelamento envolve matéria de ordem pública, não podendo ser sobreposto por outro preço fixado pela autonomia privada, por aplicação do princípio da função social dos contratos (art. 421 do CC/2002), que, na sua eficácia interna, limita a liberdade das partes.[20]

7.4. O ABUSO DE DIREITO NA COBRANÇA DE DÍVIDAS (ART. 42, *CAPUT*, DO CDC). O PROBLEMA DO CORTE DE SERVIÇO ESSENCIAL. A NECESSIDADE DE PRESTAÇÃO DE INFORMAÇÕES NA COBRANÇA (ART. 42-A DO CDC)

O art. 42, *caput*, da Lei 8.078/1990, que trata do *abuso de direito na cobrança de dívidas*, tem grande aplicação na prática consumerista. É a sua redação: "Na cobrança de débitos, o consumidor inadimplente não será exposto a ridículo, nem será submetido a qualquer tipo de constrangimento ou ameaça". Fica clara a opção pela configuração do abuso de direito, *ilícito equiparado,* uma vez que a cobrança de dívidas, em regra, constitui um exercício regular de direito que afasta o ilícito civil (art. 188, inc. II, do CC/2002).

No âmbito penal, todavia, a solução é pela caracterização do ilícito puro, pelo que consta do art. 71 do próprio CDC ("Utilizar, na cobrança de dívidas, de ameaça, coação, constrangimento físico ou moral, afirmações falsas incorretas ou enganosas ou de qualquer outro procedimento que exponha o consumidor, injustificadamente, a ridículo ou interfira com seu trabalho, descanso ou lazer: Pena – Detenção de três meses a um ano e multa").

Pelo texto, veda-se, de início, a exposição do consumidor ao ridículo na cobrança de dívidas, o que deve ser analisado caso a caso, tendo como parâmetro as máximas de experiências e os padrões de conduta perante a sociedade. Da jurisprudência superior, vejamos

---

[19] LÔBO, Paulo Luiz Netto. *Código Civil anotado*. In: PEREIRA, Rodrigo da Cunha. Porto Alegre: Síntese, 2004. p. 265.
[20] LÔBO, Paulo Luiz Netto. *Código Civil anotado*. In: PEREIRA, Rodrigo da Cunha. Porto Alegre: Síntese, 2004. p. 265.

ementa do Superior Tribunal de Justiça, que deduziu pela cobrança vexatória em caso de cárcere privado em loja, por suposto furto de mercadoria, o que gerou o dever de reparar:

> "Civil e processual civil. Dano moral. Lojas de departamentos. Constrangimento ilegal e cárcere privado. Indenização. *Quantum*. Razoabilidade. Negativa de prestação jurisdicional. Ausência. Interesse recursal. Alteração do pedido. Inocorrência. Recurso desacolhido. I. Inconcebível que empresas comerciais, na proteção aos seus interesses comerciais, violentem a ordem jurídica, inclusive encarcerando pessoas em suas dependências sob a suspeita de furto de suas mercadorias. II. Diante dos fatos assentados pelas instâncias ordinárias, razoável a indenização arbitrada pelo Tribunal de origem, levando-se em consideração não só a desproporcionalidade das agressões pelos seguranças como também a circunstância relevante de que as lojas de departamentos são locais frequentados diariamente por milhares de pessoas e famílias. III. A indenização por danos morais deve ser fixada em termos razoáveis, não se justificando que a reparação venha a constituir-se em enriquecimento sem causa, com manifestos abusos e exageros, devendo o arbitramento operar-se com moderação, proporcionalmente ao grau de culpa e ao porte econômico das partes, orientando-se o juiz pelos critérios sugeridos pela doutrina e pela jurisprudência, com razoabilidade, valendo-se de sua experiência e do bom senso, atento à realidade da vida e às peculiaridades de cada caso. Ademais, deve ela contribuir para desestimular o ofensor a repetir o ato, inibindo sua conduta antijurídica. IV. Em face dos manifestos e frequentes abusos na fixação do *quantum* indenizatório, no campo da responsabilidade civil, com maior ênfase em se tratando de danos morais, lícito é ao Superior Tribunal de Justiça exercer o respectivo controle. V. Não carece de interesse recursal a parte que, em ação de indenização por danos morais, deixa a fixação do *quantum* ao prudente arbítrio do juiz, e posteriormente apresenta apelação discordando do valor arbitrado. Nem há alteração do pedido quando a parte, apenas em sede de apelação, apresenta valor que, a seu ver, se mostra mais justo. VI. Inocorre negativa de prestação jurisdicional quando os temas colocados pela parte são suficientemente analisados pela instância de origem" (STJ – REsp 265133/RJ – Quarta Turma – Rel. Min. Sálvio de Figueiredo Teixeira – j. 19.09.2000 – *DJ* 23.10.2000, p. 145).

Em situação próxima, constitui cobrança vexatória a prática de casas noturnas de impedir a saída do consumidor enquanto não for paga a dívida de consumação. Como bem ilustrado por João Paulo Rodrigues de Castro, "muitas boates utilizam artifícios criminosos para cobrar os clientes de seus estabelecimentos. O mais comum é simplesmente impedirem a saída do devedor. Mas há atitudes mais drásticas. Muitas boates, quando informadas da impossibilidade de pagamento, levam os inadimplentes para um cômodo reservado no próprio local. Lá dão coronhadas e choques elétricos para forçar o cumprimento da obrigação. Caso não consigam receber o dinheiro desse modo, pegam documentos ou até mesmo bem em garantia da dívida. Em Belo Horizonte, um cliente foi obrigado a empenhar as próprias roupas, deixando o estabelecimento apenas de cueca".[21] Obviamente, tais práticas abusivas ensejam a possibilidade de reparação imaterial a favor do consumidor, devendo a indenização ser fixada em parâmetros pedagógicos, para que as condutas antissociais não se repitam.

---

[21] CASTRO, João Paulo Rodrigues de. Cobrança coativa em casas noturnas: exercício arbitrário das próprias razões. Como sair da boate sem pagar e sem apanhar? *Jus Navigandi*, Teresina, ano 17, n. 3188, 24 mar. 2012. Disponível em: <http://jus.com.br/revista/texto/21352>. Acesso em: 25 mar. 2012.

Partindo-se para outros casos concretos, já se entendeu que a entrega de correspondência de cobrança aberta em portaria de prédio constitui cobrança vexatória, a justificar indenização por danos morais (TJSP – Apelação 1122435-0 – Acórdão 4136016, Bauru – Décima Quinta Câmara de Direito Privado – Rel. Des. Milton Paulo de Carvalho Filho – j. 20.10.2009 – *DJESP* 03.11.2009). Com conteúdo interessante, concluiu o Tribunal Gaúcho: "Não funcionamento do sistema de cartão de débito. Negativa, por parte do estabelecimento, de deixar o consumidor sair, acionando a brigada militar. Ofensa ao art. 42 do CDC, que veda a exposição ao ridículo e o constrangimento ou ameaça. Dano moral caracterizado" (TJRS – Recurso Cível 71001634062, Viamão – Segunda Turma Recursal Cível – Rel. Des. Vivian Cristina Angonese Spengler – j. 24.09.2008 – *DOERS* 30.09.2008, p. 64).

Por outra via, em algumas situações afasta-se o abuso na cobrança, entendendo-se pela presença de exercício regular de direitos por parte do credor. De início, vejamos decisão a respeito de cobrança de dívida realizada no ambiente de trabalho do consumidor:

"Responsabilidade civil. Cobrança de dívida no local de trabalho do devedor. Ausência de abusividade na conduta do credor. Danos morais não caracterizados. A simples presença de um representante da empresa credora no local de trabalho do devedor não caracteriza exposição ao ridículo, constrangimento ou ameaça, nos termos do art. 42 do CDC. Apelo improvido" (TJRS – Apelação Cível 70022807408, Pelotas – Décima Câmara Cível – Rel. Des. Paulo Antônio Kretzmann – j. 24.07.2008 – *DOERS* 18.08.2008, p. 42).

Como se pode notar, há certa divergência entre o primeiro julgado citado, do Tribunal de São Paulo, e o último. Seguindo a linha da ausência de cobrança vexatória, no que concerne a ligações telefônicas e envio de cartas de cobrança sigilosas, do mesmo Tribunal Gaúcho:

"Consumidor. Alegado abuso no exercício do direito de cobrança. Ligações telefônicas. Carta de cobrança. Débito supostamente pago. Procedimento de cobrança que não expõe ao ridículo, ou constrange, ou ameaça o devedor. Art. 42 do CDC. Ilícito não reconhecido. Para se colorir a figura do constrangimento, exposição ao ridículo, ou mesmo da ameaça ao consumidor, a que alude o art. 42 do CDC, não basta a cobrança insistente do débito ou o aviso de que serão tomadas providências legais – ajuizamento de ação, protesto de título, cadastramento negativo –, já que são medidas que denotam o exercício dos direitos previstos no ordenamento jurídico. O ilícito só se colore se há ameaça da prática de ato em desconformidade com o direito. Ainda que diversas tenham sido as ligações efetuadas ao apelante, a fim de realizar a cobrança de débitos, tais ligações foram efetuadas porque, de fato, devedor era. Até aí, tratando-se de débitos em atraso, age o réu no exercício regular de seu direito de cobrança. Envio de carta sigilosa de cobrança à residência do devedor. Ausência de exposição ao ridículo, ou interferência no trabalho ou no lazer do consumidor. Resta patente a ausência de qualquer abuso, pelo réu, no exercício de seu direito de cobrança. Dano moral não configurado. Apelo desprovido" (TJRS – Apelação Cível 70021918388, Porto Alegre – Décima Câmara Cível – Rel. Des. Paulo Antônio Kretzmann – j. 28.02.2008 – *DOERS* 10.04.2008, p. 31).

De fato, o uso de ligações telefônicas e o envio de cartas de cobrança, por si sós e dentro da razoabilidade que se espera, não parecem configurar o abuso de direito na cobrança, mas um exercício regular do direito por parte do credor. Todavia, em havendo exageros sociais, com quebra da ética particular, presente estará o abuso de direito, com a consequente responsabilização civil do abusador.

No presente contexto, surge o tema relativo à cobrança de dívidas em sede de condomínio edilício. Como exposto no Capítulo 3 desta obra, não há relação de consumo entre o condômino e o condomínio, pela falta de alteridade. Sendo assim, o art. 42 do CDC não se aplica às relações condominiais. O controle das condutas está sujeito ao transcrito art. 187 do CC/2002, tendo como parâmetro a função social, a boa-fé objetiva ou os bons costumes.

Com o devido respeito ao posicionamento em contrário, entende-se que a mera exposição, na prestação de contas mensais do condomínio, da relação das unidades inadimplentes não constitui cobrança vexatória, mas sim um exercício regular de um direito. Na verdade, pode-se falar até em dever de informação por parte do síndico, de acordo com as suas atribuições como administrador-geral. Por esse caminho, colaciona-se:

"Exercício regular do direito que não expôs o inadimplente a constrangimento. Cumprimento do dever de prestar contas perante todos os condôminos e justificar o aumento da quota condominial mensal inclusive em razão dos débitos daquela unidade. Recurso da autora improvido" (TJSP – Apelação 992.05.070861-8 – Acórdão 4635729, Ribeirão Preto – Vigésima Sétima Câmara de Direito Privado – Rel. Des. Campos Petroni – j. 10.08.2010 – *DJESP* 27.08.2010).

"Indenização por danos morais. Simples relação funcional de devedor do condomínio em forma contábil não justifica pedido de indenização por dano moral. Recurso não provido" (TJSP – Apelação 994.06.026808-0 – Acórdão 4587091, São Paulo – Sétima Câmara de Direito Privado – Rel. Des. Gilberto de Souza Moreira – j. 30.06.2010 – *DJESP* 19.07.2010).

O que não se pode admitir é que o condomínio afixe em local visível o nome daqueles que são inadimplentes, o que, sem dúvidas, configura o abuso de direito civil, nos termos da lei geral privada. Nessa linha, vejamos dois julgados:

"Apelação cível. Danos morais. Condomínio. Apresentação e afixação de lista com nome dos inadimplentes em quadro de avisos do edifício. Abuso de direito. Exposição desnecessária. No exercício do direito de exigir o pagamento, cabe ao credor escolher as vias adequadas, tendo a cautela de não expor o devedor ao ridículo ou a situações vexatórias, sendo que os meios utilizados devem ser razoáveis, cumprindo-se evitar providências que excedam o necessário para a satisfação do crédito. A afixação na entrada de prédio em condomínio de lista contendo o nome de condôminos inadimplentes, sem qualquer intuito de prestar contas ou de cientificar os devedores, caracteriza ato ilícito em razão do abuso do direito de cobrança. Os danos experimentados pelos apelantes, consistente em saber que tiveram seus nomes expostos, são passíveis de ser indenizados por configurar ofensa à esfera íntima e à honra da pessoa" (TJMG – Apelação Cível 1.0720.02.006672-9/001, Visconde do Rio Branco – Décima Quarta Câmara Cível – Rel. Des. Elias Camilo – j. 08.03.2007 – *DJMG* 30.03.2007).

"Indenização por danos morais. Cobrança vexatória em condomínio. Colocação de lista de inadimplentes em edital entre os elevadores sociais. Exposição de situação particular a pessoas alheias a sociedade condominial. Caracterização do dano moral. Sentença reformada. Recurso conhecido e provido" (TJPR – Recurso 230968-0 – Acórdão 1767, Curitiba – Décima Oitava Câmara Cível – Rel. Des. Sérgio Roberto N. Rolanski – j. 17.08.2005).

De toda sorte, deve ficar claro que o debate relativo ao condomínio edilício não envolve o art. 42 do CDC, pois não se situa a relação entre esse e os seus componentes na órbita da relação jurídica de consumo.

Seguindo no estudo do último comando consumerista, não pode o vulnerável negocial ser submetido a qualquer tipo de coação, pressão física que vicia a sua vontade. Em *diálogo das fontes*, servem como parâmetros os dispositivos da lei geral privada que tratam desse defeito do negócio jurídico. Para começar, o conceito de coação pode ser retirado do art. 151 do CC/2002, a saber:

> "Art. 151. A coação, para viciar a declaração da vontade, há de ser tal que incuta ao paciente fundado temor de dano iminente e considerável à sua pessoa, à sua família, ou aos seus bens.
>
> Parágrafo único. Se disser respeito a pessoa não pertencente à família do paciente, o juiz, com base nas circunstâncias, decidirá se houve coação".

No plano consumerista, em vez da anulabilidade do ato correspondente, deve-se reconhecer o dever de reparar pela prática abusiva. Eventualmente, se a permissão da coação constar em um contrato, a cláusula correspondente deve ser reconhecida como nula, por abusividade, por força do art. 51 da Lei 8.078/1990.

Cabe a análise *in concreto* da coação na cobrança de dívidas, levando-se em conta as características gerais do coagido. Em outras palavras, nos termos do art. 152 do CC/2002, ao apreciar a coação, ter-se-ão em conta o sexo, a idade, a condição, a saúde, o temperamento do paciente (o consumidor), e todas as demais circunstâncias que possam influir na gravidade dela. Por razões óbvias, em havendo um *consumidor hipervulnerável* (*v.g.*, idoso) análise da coação deve ser mais contundente.

Ato contínuo de *diálogo*, também na ótica consumerista não se consideram coação o mero temor reverencial (receio de desapontar uma pessoa querida ou próxima) e o exercício normal de um direito (art. 153 do CC/2002). Como exercício regular de direito, mencione-se a possibilidade de inscrição em cadastro de inadimplentes ou de protesto de dívida quando a dívida realmente existe. Em casos tais, a comunicação prévia não constitui um abuso de direito, mas um verdadeiro dever do credor. A temática será abordada no próximo capítulo deste livro.

Nos mesmos termos do que consta dos arts. 154 e 155 do CC/2002, admite-se a coação por terceiro na ótica da cobrança de dívidas consumeristas. A título de exemplo, a cobrança com abuso pode ser exercida por uma empresa especializada em cobranças, respondendo solidariamente o fornecedor ou prestador que a contrata. A responsabilidade objetiva e solidária pode ainda ser retirada dos arts. 14 e 20 da Lei 8.078/1990, conforme reconhece a jurisprudência (TJRS – Apelação Cível 70005417647, Porto Alegre – Nona Câmara Cível – Rel. Des. Adão Sergio do Nascimento Cassiano – j. 29.09.2004).

Superada tal *visão dialogal*, parte-se à abordagem de um assunto delicado, qual seja o corte de serviço essencial por parte dos credores em relação a devedores inadimplentes. A problemática envolve tanto a coação quanto a cobrança vexatória, que expõe o vulnerável ao ridículo. Vislumbram-se os casos de corte de serviços de água, luz e gás por parte das empresas concessionárias que prestam o serviço. Existem duas correntes bem definidas a respeito da questão.

De início, o primeiro entendimento prega a impossibilidade de interrupção do *serviço público essencial* em qualquer hipótese, categoria na qual se situam os serviços de água e luz. Tal corrente sustenta-se na subsunção do art. 22 da Lei 8.078/1990, segundo o qual:

"Art. 22. Os órgãos públicos, por si ou suas empresas, concessionárias, permissionárias ou sob qualquer outra forma de empreendimento, são obrigados a fornecer serviços adequados, eficientes, seguros e, quanto aos essenciais, contínuos.

Parágrafo único. Nos casos de descumprimento, total ou parcial, das obrigações referidas neste artigo, serão as pessoas jurídicas compelidas a cumpri-las e a reparar os danos causados, na forma prevista neste Código".

Em complemento, o corte de serviço essencial constituiria uma prática abusiva na cobrança da dívida, nos termos do ora abordado art. 42, *caput*, do CDC. Esse é o entendimento doutrinário de Luiz Antonio Rizzatto Nunes, para quem "um bem maior como a vida, a saúde e a dignidade não pode ser sacrificado em função do direito de crédito (um bem menor)".[22] Da mesma maneira posicionam-se Claudia Lima Marques, Herman Benjamin e Bruno Miragem quanto às pessoas naturais, citando a proteção da dignidade humana.[23]

De fato, essa primeira corrente consubstancia o que se espera da *justiça consumerista*. Não se pode esquecer que o Código de Defesa do Consumidor é *norma principiológica*, de ordem pública e interesse social, havendo menção expressa no próprio Texto Maior quanto à proteção dos interesses dos consumidores (art. 5º, inc. XXXII, e art. 170, inc. V). Repise-se que isso coloca a Lei 8.078/1990 em posição hierarquicamente superior à regulamentação das concessões públicas, conforme as normas que serão a seguir transcritas (*posição supralegal*).

Ademais, a dignidade humana entra em cena para afastar o corte em casos de inadimplemento por parte de pessoas naturais. Anote-se que esse era o entendimento consolidado anterior do Superior Tribunal de Justiça, podendo ser transcrito, por todos, o seguinte acórdão:

"Administrativo. Corte no fornecimento de energia elétrica. Impossibilidade. Precedentes jurisprudenciais. Agravo regimental. Ausência de fundamentos para infirmar a decisão agravada. Desprovimento. 1. O corte no fornecimento de energia elétrica, como forma de compelir o usuário ao pagamento de tarifa ou multa, extrapola os limites da legalidade e malfere a cláusula pétrea que tutela a dignidade humana. Precedentes do STJ. 2. Ausência de motivos suficientes para a modificação do julgado. Manutenção da decisão agravada. 3. Agravo regimental desprovido" (STJ – AgRg no Ag 478911/RJ – Primeira Turma – Rel. Min. Luiz Fux – j. 06.05.2003 – *DJ* 19.05.2003, p. 144).

Os fundamentos da decisão são muito fortes. Como é notório, o art. 1º, inc. III, da Constituição Federal reconhece a dignidade da pessoa humana como um *princípio estruturante*, aplicável a qualquer tipo de relação jurídica, um dos fundamentos da República Brasileira. Apesar da falta de menção no julgado, entendo que outro princípio constitucional poderia

---

[22] RIZZATTO NUNES. Luiz Antonio. *Comentários ao Código de Defesa do Consumidor*. 3. ed. São Paulo: Saraiva, 2007. p. 332-333.
[23] MARQUES, Claudia Lima; BENJAMIN, Antonio Herman; MIRAGEM, Bruno. *Comentários ao Código de Defesa do Consumidor*. 3. ed. São Paulo: RT, 2010. p. 544-546.

ser citado, o da *solidariedade social*, pela busca de uma sociedade mais justa e solidária, pela ampliação das responsabilidades nas relações negociais (art. 3º, inc. I, da CF/1988).

Em suma, filia-se a esse entendimento anterior do Superior Tribunal de Justiça, ou seja, conclui-se que a empresa concessionária não pode interromper o serviço essencial mesmo nos casos de inadimplemento. Cabe apenas à prestadora do serviço procurar outros meios judiciais para cobrar o valor devido, inclusive com a penhora de bens do consumidor que não honra com as suas obrigações.

Não me convencem os argumentos estribados na *teoria dos jogos*, na análise econômica do Direito e na *Law and Economics*, segundo os quais os consumidores adimplentes acabam por pagar a parte dos inadimplentes. Primeiro, porque não há prova contundente de que tais cálculos existem efetivamente no Brasil. Segundo, pois a inadimplência entra no *risco do empreendimento* das empresas, que cobram altas tarifas pelo serviço público. Terceiro, porque tais serviços deveriam até ser subsidiados no País, diante da realidade dos altos impostos que são pagos pelos cidadãos.

No que concerne às pessoas jurídicas, notadamente empresas, não penso de forma diferente, pelo argumento de prevalência da Norma Consumerista. Em reforço, não se pode perder de vista a função social que a empresa desempenha perante a sociedade, podendo o corte de serviço essencial trazer lesão a tal finalidade. A propósito desse princípio, na *I Jornada de Direito Civil* aprovou-se o Enunciado n. 53 do CJF/STJ, prevendo que "deve-se levar em consideração o princípio da função social na interpretação das normas relativas à empresa, a despeito da falta de referência expressa".

O segundo posicionamento a respeito do corte de serviço essencial, aquele que prevalece na jurisprudência do Superior Tribunal de Justiça, possibilita a interrupção do serviço nas hipóteses de inadimplemento do usuário-consumidor, desde que haja prévia comunicação por parte do prestador de serviços. Conforme pontuam Theotonio Negrão, José Roberto F. Gouvêa e Luiz Guilherme Bondioli, "a 1ª Seção do STJ pacificou entendimento no sentido da possibilidade de interrupção do fornecimento do serviço público essencial, ante o inadimplemento do consumidor".[24] Para tanto, argumenta-se com base na legislação que trata das concessões dos serviços públicos no Brasil.

De início, a Lei das Concessões Públicas (Lei 8.987/1995) estabelece em seu art. 6º que toda concessão ou permissão pressupõe a prestação de serviço adequado ao pleno atendimento dos usuários. É considerado como serviço adequado o que satisfaz as condições de regularidade, continuidade, eficiência, segurança, atualidade, generalidade, cortesia na sua prestação e modicidade das tarifas (§ 1º). Como ressalva, não se caracteriza como descontinuidade do serviço a sua interrupção em situação de emergência ou após prévio aviso, quando: *a)* motivada por razões de ordem técnica ou de segurança das instalações; e *b)* por inadimplemento do usuário, considerado o interesse da coletividade (§ 3º). Destaque-se que foi incluído um § 4º na norma pela Lei 14.015/2020, prevendo que "a interrupção do serviço na hipótese prevista no inciso II do § 3º deste artigo não poderá iniciar-se na sexta-feira, no sábado ou no domingo, nem em feriado ou no dia anterior a feriado".

Ato contínuo de estudo, em relação ao serviço de energia elétrica, o corte pelo inadimplemento tem fundamento no art. 17 da Lei 9.427/1996, que disciplina a sua concessão, *in verbis*: "A suspensão, por falta de pagamento, do fornecimento de energia elétrica a consumidor que presta serviço público ou essencial à população e cuja atividade

---

[24] NEGRÃO, Theotonio; GOUVÊA, José Roberto F.; BONDIOLI, Luis Guilherme F. *Código Civil e legislação civil em vigor*. 30. ed. São Paulo: Saraiva, 2011. p. 835.

sofra prejuízo será comunicada com antecedência de quinze dias ao Poder Público local ou ao Poder Público Estadual. § 1º O Poder Público que receber a comunicação adotará as providências administrativas para preservar a população dos efeitos da suspensão do fornecimento de energia elétrica, inclusive dando publicidade à contingência, sem prejuízo das ações de responsabilização pela falta de pagamento que motivou a medida".

Além desses preceitos, o art. 40 da Lei 11.445/2007 – modificado pelo Lei 14.015/2020, no seu inciso V – trata do corte no serviço de água e esgoto (saneamento básico), a saber:

"Art. 40. Os serviços poderão ser interrompidos pelo prestador nas seguintes hipóteses: (...)

V – inadimplemento, pelo usuário do serviço de abastecimento de água ou de esgotamento sanitário, do pagamento das tarifas, após ter sido formalmente notificado, de forma que, em caso de coleta, afastamento e tratamento de esgoto, a interrupção dos serviços deverá preservar as condições mínimas de manutenção da saúde dos usuários, de acordo com norma de regulação ou norma do órgão de política ambiental.

§ 1º As interrupções programadas serão previamente comunicadas ao regulador e aos usuários.

§ 2º A suspensão dos serviços prevista nos incisos III e V do *caput* deste artigo será precedida de prévio aviso ao usuário, não inferior a 30 (trinta) dias da data prevista para a suspensão.

§ 3º A interrupção ou a restrição do fornecimento de água por inadimplência a estabelecimentos de saúde, a instituições educacionais e de internação coletiva de pessoas e a usuário residencial de baixa renda beneficiário de tarifa social deverá obedecer a prazos e critérios que preservem condições mínimas de manutenção da saúde das pessoas atingidas".

Sustenta-se a prevalência das normas transcritas por serem mais especiais e posteriores ao Código de Defesa do Consumidor (*critério da especialidade + critério cronológico*). Para balizar essa segunda corrente, em reforço, tem-se utilizado o fundamento constitucional de proteção da propriedade e da sua função social (art. 5º, incs. XXII e XXIII), bem como a manutenção da ordem econômica (art. 170 da CF/1988). A propósito de tal conclusão, vejamos duas das numerosas ementas, apenas para ilustrar:

"Embargos de divergência. Administrativo. Fornecimento de energia elétrica. Constatada inadimplência do consumidor. Suspensão do fornecimento. Possibilidade. Embargos conhecidos, mas improvidos. A suposta necessidade da continuidade do serviço público, de acordo com o Código de Defesa do Consumidor, não se traduz em uma regra de conteúdo absoluto, em vista das limitações previstas na Lei 8.987/1997. Aliás, nessa linha de entender, a colenda Primeira Turma, por meio de voto condutor da lavra do ilustre Ministro Teori Albino Zavascki, assentou que 'tem-se, assim, que a continuidade do serviço público assegurada pelo art. 22 do CDC não constitui princípio absoluto, mas garantia limitada pelas disposições da Lei 8.987/1995, que, em nome justamente da preservação da continuidade e da qualidade da prestação dos serviços ao conjunto dos usuários, permite, em hipóteses entre as quais o inadimplemento, a suspensão no seu fornecimento' (REsp 591.692-RJ, DJ 14.03.2005). Há expressa previsão normativa da possibilidade de suspensão do fornecimento de energia elétrica ao usuário que deixa de efetuar a contraprestação ajustada (art. 6º, § 3º, inc. II da Lei 8.987/1995; art. 17 da Lei 9.427/1996; e art. 91, incs. I e II, da Resolução 456/2000 da ANEEL). Recebe o usuário, se admitida a impossibilidade de suspensão do serviço, reprovável estímulo à inadimplência.

Não será o Judiciário, entretanto, insensível relativamente às situações peculiares em que o usuário deixar de honrar seus compromissos financeiros em razão de sua hipossuficiência, circunstância que não se amolda ao caso em exame. Embargos de divergência conhecidos e improvidos" (STJ – EREsp 302.620/SP – Primeira Seção – Rel. Min. José Delgado – Rel. p/ Acórdão Min. Franciulli Netto – j. 25.08.2004 – *DJ* 03.04.2006, p. 207 – *REPDJ* 09.10.2006, p. 251).

"Administrativo. Suspensão do fornecimento de energia elétrica. Inadimplemento. Possibilidade. 1. A Lei 8.987/1995, que dispõe sobre o regime de concessão e permissão da prestação de serviços públicos previsto no art. 175 da Constituição Federal, prevê, nos incisos I e II do § 3º do art. 6º, duas hipóteses em que é legítima sua interrupção, em situação de emergência ou após prévio aviso: (a) por razões de ordem técnica ou de segurança das instalações; (b) por inadimplemento do usuário, considerado o interesse da coletividade. 2. Tem-se, assim, que a continuidade do serviço público, assegurada pelo art. 22 do CDC, não constitui princípio absoluto, mas garantia limitada pelas disposições da Lei 8.987/1995, que, em nome justamente da preservação da continuidade e da qualidade da prestação dos serviços ao conjunto dos usuários, permite, em hipóteses entre as quais a de inadimplemento do usuário. Precedentes: REsp 363.943/MG, Primeira Seção, Min. Humberto Gomes de Barros, *DJ* 01.03.2004; e REsp 302.620/SP, Segunda Turma, Rel. p/ o acórdão Min. João Otávio de Noronha, *DJ* 16.02.2004. 3. Embargos de divergência a que se nega provimento" (STJ – EREsp 576242/MG – Primeira Seção – Rel. Min. Teori Albino Zavascki – j. 26.04.2006 – *DJ* 15.05.2006, p. 152).

Apesar de esse entendimento ser o majoritário, algumas ressalvas são feitas pelo próprio Superior Tribunal de Justiça, o que deve ser abordado pontualmente. Tais ressalvas estão publicadas na sua ferramenta *Jurisprudência em Teses*, Edição n. 13, dedicada ao tema do corte no fornecimento dos serviços públicos.

Como *primeira exceção* à regra do corte, a jurisprudência entende que aquele somente é possível em relação a débitos atuais, do próprio mês de consumo, e não quanto a dívidas antigas ou anteriores (entre os mais recentes: STJ – AgRg no Ag 1359604/RJ – Segunda Turma – Rel. Min. Mauro Campbell Marques – j. 03.05.2011 – *DJe* 09.05.2011; STJ – AgRg no Ag 1.132.844/RS – Segunda Turma – Rel. Min. Mauro Campbell Marques – j. 26.04.2011 – *DJe* 05.05.2011; STJ – AgRg no REsp 1.032.256/SP – Terceira Turma – Rel. Min. Sidnei Beneti – j. 08.02.2011 – *DJe* 21.02.2011; STJ – AgRg no AgRg no REsp 1.181.671/RS – Primeira Turma – Rel. Min. Hamilton Carvalhido – j. 21.10.2010 – *DJe* 10.12.2010; e STJ – AgRg no Ag 1.200.406/RS – Segunda Turma – Rel. Min. Eliana Calmon – j. 24.11.2009 – *DJe* 07.12.2009).

Como *segunda ressalva*, não cabe o corte do serviço essencial pelo inadimplemento nos casos de compensação de valores pagos a mais pelo usuário-consumidor. Nesse ínterim, decisão publicada no *Informativo* n. 239 daquela Corte Superior:

"Energia elétrica. Corte. Fornecimento. É possível o corte no fornecimento de energia por inadimplência, como forma apta a impedir o enriquecimento ilícito de uma das partes, a comprometer o equilíbrio financeiro dos contratos e, talvez até, a própria coletividade. Entretanto o Tribunal *a quo* obstou o corte de energia elétrica da agravada. Outrossim, a concessionária agravante não demonstrou, efetivamente, de que forma o suposto comprometimento de 10% de seu faturamento trimestral (que é o valor da dívida) implicaria eventual comprometimento do próprio serviço prestado, a ameaçar a economia, a segurança e a saúde públicas. Por outro lado, há notícia de que a hipótese seria não de inadimplência, mas de compensação de valores pagos a mais pela empresa, consoante decisão judicial juntada pela parte contrária. Se legal ou não a compensação feita, em tese, pela empresa, à Corte não cabe dizer em suspensão de liminar e de sentença, restrita ao exame dos requisitos previstos na Lei 8.437/1992. Não se admite, também, o uso da drástica medida como se recurso fosse, a impugnar decisão judicial contra a qual existente recurso próprio. A controvérsia, em verdade, permanece restrita ao âmbito do litígio entre as partes, não se reconhecendo afetado, portanto, qualquer dos interesses envolvidos no juízo excepcional da suspensão. A Corte Especial negou provimento ao agravo regimental" (STJ – AgRg na SL e de Sentença 73/MG – Rel. Min. Edson Vidigal – j. 16.03.2005).

Ato contínuo, como *terceira exceção que antes era considerada,* não seria possível o corte do serviço essencial nos casos de fraude no medidor, cabendo a investigação da fraude à empresa concessionária e não se podendo entender unilateralmente que essa foi efetivada pelo consumidor, diante da presunção de sua boa-fé. Em complemento, entendia-se que o medidor do uso de água ou de energia era de responsabilidade integral da empresa e não do consumidor. A ilustrar, colaciona-se, entre as ementas anteriores que assim julgavam:

"Processual civil e administrativo. Fornecimento de água. Inviabilidade de suspensão do abastecimento na hipótese de débito pretérito. Irregularidade no hidrômetro. Ausência de comprovação. Súmula 7/STJ. 1. A jurisprudência do Superior Tribunal de Justiça é no sentido da impossibilidade de suspensão de serviços essenciais, tais como o fornecimento de energia elétrica e água, em função da cobrança de débitos pretéritos. 2. É ilegítima a interrupção do serviço se o débito decorrer de irregularidade no hidrômetro ou no medidor de energia elétrica, apurada unilateralmente pela concessionária. 3. Desconstituir a premissa fática alicerçada pelo Tribunal de origem, de não ter havido comprovação suficiente de anomalia no medidor que caracterize real consumo de água da unidade pertencente à recorrida, demanda revolvimento do conjunto fático-probatório dos autos (Súmula 7/STJ). 4. Agravo regimental não provido" (STJ – AgRg no Ag 1381452/SP – Segunda Turma – Rel. Min. Herman Benjamin – j. 26.04.2011 – *DJe* 04.05.2011).

"Agravo regimental no agravo de instrumento. Ausência de prequestionamento. Suposta fraude no medidor de energia elétrica. Apuração unilateral da concessionária. Corte no fornecimento. Impossibilidade. Tema não prequestionado não autoriza a admissibilidade do recurso especial. A jurisprudência desta Corte pacificou o entendimento de que é ilegítimo o corte no fornecimento de energia elétrica se o débito decorrer de suposta fraude no medidor de consumo de energia elétrica, apurada unilateralmente pela concessionária de serviço público. Agravo regimental improvido" (STJ – AgRg no Ag 1336503/RO – Rel. Min. Cesar Asfor Rocha – Segunda Turma – j. 08.02.2011 – *DJe* 24.02.2011).

Todavia, no ano de 2018 surgiu acórdão em sentido contrário a essa exceção, julgado em sede de recursos repetitivos pelo STJ, e com efeitos vinculativos para as instâncias inferiores. Conforme a nova tese firmada, para fins de repercussão geral:

"Na hipótese de débito estrito de recuperação de consumo efetivo por fraude no aparelho medidor atribuída ao consumidor, desde que apurado em observância aos princípios do contraditório e da ampla defesa, é possível o corte administrativo do fornecimento do serviço de energia elétrica, mediante prévio aviso ao consumidor, pelo inadimplemento do consumo recuperado correspondente ao período de 90 (noventa) dias anterior à constatação da fraude, contanto que executado o corte em até 90 (noventa) dias após o vencimento do débito, sem prejuízo do direito de a concessionária utilizar os meios judiciais ordinários de cobrança da dívida, inclusive antecedente aos mencionados 90 (noventa) dias de retroação" (STJ – REsp 1.412.433/RS – Primeira Seção – Rel. Min. Herman Benjamin – j. 25.04.2018 – DJe 28.09.2018).

Esse se tornou o entendimento a ser adotado, para os devidos fins práticos, afastando-se a antiga ressalva.

Como *quarta declinação ainda admitida*, não se defere o corte quando consumidor está em situação excepcional de enfermidade, existindo, por exemplo, um tratamento médico domiciliar. Nesse contexto, "a interrupção do fornecimento de energia elétrica por inadimplemento não configura descontinuidade da prestação do serviço público (Corte Especial, AgRg na SLS 216/RN, *DJU* 10.04.2006). Ressalvam-se apenas situações em que o corte de energia elétrica possa acarretar lesão irreversível à integridade física do usuário" (STJ – REsp 864.715/RS – Segunda Turma – Rel. Min. Castro Meira – j. 03.10.2006 – *DJ* 11.10.2006, p. 228).

Como *quinta ressalva*, também ainda a ser considerada, concluiu-se que o corte do serviço somente pode atingir o imóvel que gerou o débito e não outros de propriedade do consumidor inadimplente. Assim julgando:

> "Administrativo. Suspensão do fornecimento de energia elétrica. Quitação do débito em relação ao imóvel objeto do corte. Inadimplência em relação a outro imóvel de propriedade do recorrido. 1. A Lei 8.987/1995, que dispõe sobre o regime de concessão e permissão da prestação de serviços públicos previsto no art. 175 da Constituição Federal, prevê, nos incisos I e II do § 3º do art. 6º, duas hipóteses em que é legítima sua interrupção, em situação de emergência ou após prévio aviso: (a) por razões de ordem técnica ou de segurança das instalações; (b) por inadimplemento do usuário, considerado o interesse da coletividade. 2. Por ser a interrupção no fornecimento de energia elétrica medida excepcional, o art. 6º, § 3º, II, da Lei 8.987/1995 deve ser interpretado restritivamente, de forma a permitir que o corte recaia apenas sobre o imóvel que originou o débito, e não sobre outros imóveis de propriedade do inadimplente. 3. Recurso especial a que se nega provimento" (STJ – REsp 662.214/RS – Primeira Turma – Rel. Min. Teori Albino Zavascki – j. 06.02.2007 – *DJ* 22.02.2007, p. 165).

Ato contínuo, a *sexta ressalva* se refere ao débito de consumo realizado por proprietário anterior, não se admitindo o corte do serviço essencial no tocante ao novo proprietário do imóvel. Assim, "no caso, independentemente da natureza da obrigação (se pessoal ou *propter rem*), não cabe a suspensão do fornecimento de água por se tratar de débito consolidado. Ou seja, o novo proprietário do imóvel está sendo privado do fornecimento em razão de dívida pretérita do antigo morador, hipótese que não encontra albergue na jurisprudência do STJ. Ambas as turmas da Primeira Seção concluíram que o art. 6º, § 3º, II, da Lei 8.987/1995 refere-se ao inadimplemento do usuário, ou seja, do efetivo consumidor do serviço. Inviável, portanto, responsabilizar o atual usuário por débito pretérito relativo ao consumo de água do anterior" (STJ - AgRg no Ag 1.107.257/RJ - Segunda Turma - Rel. Min. Mauro Campbell Marques - j. 16.06.2009 - *DJe* 01.07.2009).

Como *sétima exceção*, o Superior Tribunal de Justiça tem aplicado a ponderação de valores e de princípios constitucionais nas hipóteses envolvendo o corte de serviço essencial em relação à pessoa jurídica consumidora, havendo situações especiais. Assim são os casos relativos às pessoas jurídicas de Direito Público (*v. g.*, municípios) e pessoas jurídicas de Direito Privado que prestam serviços essenciais à coletividade (hospitais, creches, escolas, centros de saúde, prontos-socorros etc.). A tendência é de se afastar o corte em hipóteses tais, em prol da solidariedade social (art. 3º, inc. I, da CF/1988), conforme se depreende do seguinte julgado, publicado no *Informativo* n. *297* daquele Tribunal Superior:

"Corte. Energia elétrica. Inadimplente. A Turma, ao prosseguir o julgamento, reafirmou que, diante do interesse da coletividade, o princípio da continuidade do serviço público (art. 22 do CDC) deve ser ponderado frente à possibilidade de interrupção do serviço quando, após aviso, haja a perpetuação da inadimplência do usuário. Asseverou que a jurisprudência deste Superior Tribunal proclama que, se diante da inadimplência de pessoa jurídica de direito público, deve-se preservar o fornecimento de eletricidade às unidades públicas provedoras de necessidades inadiáveis da comunidade (hospitais, prontos-socorros, centros de saúde, escolas e creches). Aduziu, também, em homenagem às ponderações feitas pelo Min. Herman Benjamin no seu voto-vista, que o entendimento, em excepcionais casos, deve ser abrandado se o corte puder causar lesões irreversíveis à integridade física do usuário, isso em razão da supremacia da cláusula de solidariedade prevista no art. 3º, I, da CF/1988. Precedentes citados: REsp 460.271-SP, *DJ* 21.02.2005; REsp 591.692-RJ, *DJ* 14.03.2005; REsp 615.705-PR, *DJ* 13.12.2004; e AgRg na SLS 216-RN, *DJ* 10.04.2006" (REsp 853.392/RS - Rel. Min. Castro Meira - j. 21.09.2006).

Consigne-se que a mesma premissa tem sido aplicada em julgados mais recentes da Corte (ver: STJ - AgRg nos EREsp 1.003.667/RS - Primeira Seção - Rel. Min. Luiz Fux - j. 23.06.2010 - *DJe* 25.08.2010; STJ - AgRg no REsp 1.046.236/PA - Primeira Turma - Rel. Min. Luiz Fux - j. 05.02.2009 - *DJe* 19.02.2009; STJ - AgRg na SS 1.764/PB - Corte Especial - Rel. Min. Barros Monteiro - Rel. p/ Acórdão Min. Ari Pargendler - j. 27.11.2008 - *DJe* 16.03.2009).

Na mesma esteira, do ano de 2014, colaciona-se, resumindo a questão: "nos termos da jurisprudência do STJ, nos casos de inadimplência de pessoa jurídica de direito público é inviável a interrupção indiscriminada do fornecimento de energia elétrica. Precedente: AgRg nos EREsp 1003667/RS, Rel. Ministro Luiz Fux, Primeira Seção, julgado em 23/06/2010, DJe 25/08/2010. O art. 6º, § 3º, inciso II, da Lei n. 8.987/95 estabelece que é possível interromper o fornecimento de serviços públicos essenciais desde que considerado o interesse da coletividade. A suspensão do fornecimento de energia elétrica em escolas públicas contraria o interesse da coletividade" (AgRg no REsp 1.430.018/CE - Segunda Turma - Rel. Min. Humberto Martins - j. 18.03.2014 - *DJe* 24.03.2014).

A *oitava exceção* está relacionada aos casos em que o valor devido é irrisório. Conforme a jurisprudência superior, além de ser inadmissível o corte do serviço público essencial, diante da configuração do abuso de direito por ofensa aos princípios da proporcionalidade e da razoabilidade, cabe indenização ao consumidor pelos danos morais sofridos. Conforme um dos precedentes sobre a temática, "a recorrente, ao suspender o fornecimento de energia elétrica em razão de um débito de R$ 0,85, não agiu no exercício regular de direito, e sim com flagrante abuso de direito" (STJ – REsp 811.690/RR – Rel. Min. Denise Arruda – Primeira Turma – j. 18.05.2006 – *DJ* 19.06.2006 – p. 123).

Além dessas ressalvas aplicadas pela jurisprudência superior, a pandemia de Covid-19 fez emergir, nos momentos mais complicados da crise em 2020, leis estaduais e outras normas vedando o corte do serviço essencial por determinados períodos em relação aos consumidores inadimplentes, o que tem o meu total apoio. No âmbito do Supremo Tribunal Federal, debate-se a constitucionalidade dessas regras, podendo ser citada a ADI 6406 MC/PR, que tem como relator o Min. Marco Aurélio. Aguardemos o deslinde dessas ações.

Na jurisprudência estadual e distrital, chancelando a impossibilidade de se realizar o corte, somente para ilustrar, vejamos três acórdãos:

"Ação de obrigação de fazer. CAESB. Suspensão do serviço de fornecimento de água. Resolução Adasa nº 14/2011. Pandemia. Covid-19. Restabelecimento do serviço. Necessidade. Cobrança de parcelas do acordo. Faturas regulares. Impossibilidade. I. De acordo com a Resolução nº 14/2011 da ADASA, somente é permitida a suspensão quando se tratar de fatura regular, vencida há mais de 60 dias e menos de 120 dias. Não pode ocorrer o corte no fornecimento de serviço essencial em relação à fatura vencida há mais de 120 dias, pois nesse caso a credora deve se utilizar dos meios ordinários de cobrança. II. Restabelecido o serviço de fornecimento de água em razão da excepcionalidade do momento e da gravidade da pandemia Covid-19, é inadmissível a suspensão do fornecimento de água ou energia por débitos antigos, em ofensa ao regramento aplicável. III. Deu-se parcial provimento ao recurso" (TJDF – Apelação Cível 07010.73-87.2020.8.07.0003 – Acórdão 129.9708 – Sexta Turma Cível – Rel. Des. José Divino – j. 04.11.2020 – *DJe* 26.11.2020).

"Agravo de instrumento. Decisão de 1º grau que indefere pedido de concessão de tutela provisória de urgência para que a ré restabeleça o fornecimento do serviço de energia elétrica na residência da agravante. Presença dos requisitos legais do art. 300 CPC/15. Cobrança de débitos referente a TOI lavrado em ocasião que a agravante não residia no imóvel. Serviço essencial sem o qual o cidadão não sobrevive com dignidade atingindo a falta de energia a vida pessoal e familiar do mesmo. Agravante portadora de doença que impede a locomoção que agrava a situação de ficar sem fornecimento de energia elétrica sobretudo em razão do isolamento social decorrente da pandemia mundial pelo coronavírus. Precedentes jurisprudenciais. Impossibilidade de corte com fundamento em débitos pretéritos questionados em Juízo na forma da consagrada e antiga jurisprudência do STJ. Suspensão de serviço essencial de forma coativa que viola a regra do art. 42 CDC. Jurisprudência do TJRJ. Incidência da Súmula nº 194TJRJ. Provimento do recurso" (TJRJ – Agravo de Instrumento 0027260-52.2020.8.19.0000 – Rio de Janeiro – Quinta Câmara Cível – Rel. Des. Cristina Tereza Gaulia – *DORJ* 16.07.2020, p. 220).

"Agravo de instrumento. Antecipação de tutela. Suspensão da possibilidade de corte do fornecimento de energia elétrica. A tutela deferida pelo r. juízo *a quo* tem por escopo tão somente a abstenção do corte de fornecimento de energia elétrica, em decorrência de fato imprevisível ocorrido não só nacionalmente, mas também internacional, qual seja, Pandemia COVID-19, situação essa que fez grande parte dos comerciantes e prestadores de serviços não essenciais, ficassem sem exercer suas atividades empresárias de forma regular, por conta do isolamento e distanciamento social. Tendo em vista que se trata de interrupção de serviço essencial e, sendo certo que a impossibilidade de corte do fornecimento de energia elétrica não prejudicará o direito da agravante, na medida em que poderá prosseguir exigindo o crédito que alega possuir, o qual poderá ser mais facilmente coberto se a agravante se mantiver operante, de rigor a manutenção da r. Decisão agravada, que apenas obstou a suspensão do serviço. Recurso improvido" (TJSP – Agravo de Instrumento 2206818-52.2020.8.26.0000 – Acórdão 14130659 – Itupeva – Trigésima Câmara de Direito Privado – Rel. Des. Maria Lúcia Pizzotti – j. em 09.11.2020 – *DJESP* 24.11.2020, p. 1.800).

Sucessivamente, no ano de 2021 surgiram debates no âmbito do Superior Tribunal de Justiça a respeito da competência para apreciar ações coletivas a respeito do corte de serviços essenciais em meio à pandemia. A ilustrar, colaciono um dessas ementas, sendo certo que as demais têm conteúdo muito próximo:

"Administrativo e processual civil. Conflito de competência. Ações civis públicas nas quais se postula determinação de não haver corte do serviço por inadimplência durante a pandemia da covid-19. Decisões contraditórias proferidas por juízos vinculados a tribunais diversos (art. 105, I, 'd', da CF). Conhecimento. Circunstâncias que atraem a competência da Justiça Federal. Participação da Anatel (art. 109, I, da CF). Súmula 489/STJ. Histórico da demanda. 1. Na origem, foram ajuizadas sete Ações Civis Públicas, nas quais se postula provimento que proíba a suspensão de serviços de telecomunicações por inadimplência durante a crise instaurada pela pandemia da Covid-19. 2. No caso, na maior parte dos Juízos envolvidos deferiu-se liminar para proibir o corte no serviço. Em dois deles proferiu-se decisão em sentido contrário, em virtude da atribuição de efeito suspensivo pelo Tribunal de Justiça do Rio Grande do Sul a Agravo de Instrumento interposto pela Oi, e da suspensão, pelo Tribunal Regional Federal da 3ª Região, de liminar deferida em incidentes ajuizados pela Oi, Claro, Vivo e Anatel. CONHECIMENTO DO CONFLITO 3. Há Juízos vinculados a tribunais diversos que se reconheceram competentes (CF, art. 105, I, 'd') e decidiram, de maneira distinta, pleitos liminares nas referidas Ações Civis Públicas, o que torna o pleito admissível, pois em diversas oportunidades já decidiu o Superior Tribunal de Justiça que "fica plenamente configurado o conflito positivo de competência quando três juízos distintos deliberam sobre pretensão idêntica, gerando a prolação de medidas liminares colidentes.' (CC 122.922/AC, Min. Marco Buzzi, Segunda Seção, *DJe* de 6.12.2013). 4. Ademais, embora possam ser diferentes as providências que cada parte ré adotará em cada processo específico para cumprir o comando judicial (expedir atos normativos, no caso das Agências, ou abster-se de cobrar, no caso das concessionárias), o certo é que a causa de pedir e o pedido mediato em todas as demandas são praticamente iguais: superveniência da pandemia da COVID 19 e direito à manutenção de serviços considerados essenciais, ainda que diante da inadimplência do usuário. MÉRITO 5. A primeira Ação Civil Pública de que tratam os autos foi distribuída à 4ª Vara Mista de Bayeux/PB em 23.3.2020. Um dia depois, distribuíram-se outras duas Ações, uma à 5ª Vara Cível de Campina Grande/ PB e outra à 12ª Vara Federal de São Paulo/SP. 6. Entretanto, os mencionados dois Juízos estaduais profeririam decisões com abrangência local: o primeiro determinou às concessionárias que se abstivessem de suspender os serviços 'no âmbito do Município de Bayeux-PB' (fl. 437, e-STJ); e o segundo, após decisão do Tribunal de Justiça do Estado da Paraíba, no âmbito do respectivo

Estado (fls. 148-152, e-STJ). 7. Já a 12ª Vara Cível Federal de São Paulo/SP foi o órgão judiciário que recebeu a primeira ação de abrangência nacional, à luz do que dispõe o art. 93, II, do CDC, consoante o qual compete ao juízo da Capital dos Estados ou do Distrito Federal o conhecimento de ações coletivas atinentes a danos de âmbito nacional como o presente. Vale destacar que o referido juízo federal deferiu liminar posteriormente suspensa pela Presidência do Tribunal Regional Federal da 3ª Região na Suspensão de Liminar e de Sentença 5008253-66.2020.4.03.0000, em que se consignou: "Importante considerar, ainda, a manifestação realizada pela ANATEL nos autos originários, no sentido de estar presente o periculum in mora inverso, uma vez que o impacto econômico-financeiro da decisão é imensurável sem estudo aprofundado e com a participação dos agentes envolvidos no setor." (fl. 190, e-STJ). 8. Além disso, embora as demandas coletivas em trâmite na Justiça estadual tenham sido propostas contra pessoas jurídicas de Direito Privado, estas rés são concessionárias de serviços públicos regulados por normas federais, o que impõe no caso concreto – diante da magnitude do impacto que as pretensões formuladas têm na própria relação jurídica delas com a ANATEL – a participação da Agência Reguladora Federal no feito e, consequentemente, a competência da Justiça Federal (art. 109, I, da CF). 9. Essa circunstância se assemelha a situações particulares que levaram o Superior Tribunal de Justiça a declarar que, excepcionalmente, o Juízo Federal atrai demandas com partes exclusivamente privadas ou estaduais quando interesses da União estiverem ameaçados por decisões contraditórias. 10. Como se afirmou no CC 90.722/BA, relator Min. José Delgado, relator p/ Acórdão Min. Teori Zavascki, Primeira Seção, DJe de 12.8.2008, 'Decorre do princípio federativo que a União não está sujeita à jurisdição de um Estado-membro, podendo o inverso ocorrer, se for o caso.' Em sentido semelhante: CC 144.922/MG, Rel. Ministra Diva Malerbi (Desembargadora convocada), Primeira Seção, DJe de 9.8.2016. 11. Assim, porque recebeu demanda com abrangência nacional em primeiro lugar, e porque na referida ação há participação de ente federal (Anatel), razoável a conclusão pela competência do Juízo da 12ª Vara Federal de São Paulo para todas as ações coletivas relacionadas. 12. Importante pontuar que o pedido da ação coletiva em trâmite na Justiça Federal é bem mais amplo do que o das ações em curso na Justiça Estadual, seja por conta da abrangência nacional (art. 93, II, do CDC), seja em vista da pretensão de que a ANATEL, entre outras agências reguladoras (energia elétrica, água, gás etc.), expeça atos que disciplinem a impossibilidade de suspensão dos serviços (considerados essenciais) prestados pelas requeridas/suscitantes no período da pandemia. Apesar de formalmente distintas as partes materiais de todas as ações coletivas são idênticas – isto é, a coletividade dos consumidores dos serviços das concessionárias (os substituídos) –, razoável afirmar que há continência entre as ações coletivas propostas (art. 56 do CPC), o que atrai a competência da Justiça Federal nos termos da Súmula 489/STJ: 'Reconhecida a continência, devem ser reunidas na Justiça Federal as ações civis públicas propostas nesta e na Justiça estadual'. DELIMITAÇÃO DO CONTEÚDO DECISÓRIO 13. Não há como acolher o pedido de que a competência a ser declarada abranja todas as ações coletivas em curso ou que venham a ser ajuizadas e tenham objeto análogo ao das ações já listadas aqui (fls. 20-eSTJ). 14. O Superior Tribunal de Justiça tem dado conteúdo restritivo à decisão que declara competência. Nessa direção: 'A jurisprudência desta Corte Superior já assentou o entendimento de que a decisão que declara a competência no Conflito de Competência adstringe-se ao feito que lhe deu origem, não podendo ser estendida a outros feitos, ainda que se caracterize a analogia da situação fático-jurídica' (STJ, Rcl 5.422/RJ, Rel. Ministro Massami Uyeda, Segunda Seção, DJe 17.8.2011). No mesmo sentido: Rcl 2416/DF, Relator Ministro Herman Benjamin, Primeira Seção, DJ 22.9.2008. CONCLUSÃO 15. Conflito conhecido para, confirmando-se a liminar antes deferida, julgar parcialmente procedente o pedido nele formulado, a fim de declarar a competência do Juízo da 12ª Vara Federal de São Paulo para decidir os feitos listados na petição inicial" (STJ – CC 171.987/SP – Rel. Ministro Herman Benjamin – Primeira Seção – j. 26.05.2021, DJe 01.07.2021).

Feita essa importante nota de atualização a respeito dos momentos pandêmicos, reitero que o correto entendimento, na minha opinião, seria pela impossibilidade de corte em qualquer hipótese de inadimplemento, prevalecendo o teor do art. 22 do CDC, não havendo necessidade de se fazer as ressalvas apontadas, mesmo em virtude da pandemia.

Outro debate contemporâneo sobre o corte de serviço essencial diz respeito à possibilidade de as companhias áreas cancelarem sucessivamente os voos para determinada localidade, sem a devida motivação técnica. Importante julgado do Superior Tribunal de Justiça entendeu tratar-se de prática abusiva, por considerar o transporte aéreo um serviço público essencial, a gerar a subsunção do debatido art. 22 do Código do Consumidor. O *decisum* foi proferido em ação civil pública promovida pelo Ministério Público do Acre, constando da sua ementa que o transporte aéreo é, sem dúvidas, serviço essencial:

"Difícil imaginar, atualmente, serviço mais 'essencial' do que o transporte aéreo, sobretudo em regiões remotas do Brasil". Em continuidade, julgou-se que "a partir da interpretação do art. 39 do CDC, considera-se prática abusiva tanto o cancelamento de voos sem razões técnicas ou de segurança inequívocas como o descumprimento do dever de informar o consumidor, por escrito e justificadamente, quando tais cancelamentos vierem a ocorrer. A malha aérea concedida pela ANAC é oferta que vincula a concessionária a prestar o serviço nos termos dos arts. 30 e 31 do CDC. Independentemente da maior ou menor demanda, a oferta obriga o fornecedor a cumprir o que ofereceu, a agir com transparência e a informar adequadamente o consumidor. Descumprida a oferta, a concessionária viola os direitos não apenas dos consumidores concretamente lesados, mas de toda a coletividade a quem se ofertou o serviço, dando ensejo à reparação de danos materiais e morais (inclusive, coletivos)" (STJ – REsp 1.469.087/AC – Segunda Turma – Rel. Min. Humberto Martins – j. 18.08.2016 – DJe 17.11.2016).

A conclusão retirada do acórdão é perfeita, representando correta aplicação não só do art. 22 do CDC, mas também do seu art. 39.

A findar o presente tópico, não se olvide a introdução do art. 42-A do CDC pela Lei 12.039/2009. Enuncia o comando que em todos os documentos de cobrança de débitos apresentados ao consumidor deverão constar o nome, o endereço e o número de inscrição no Cadastro de Pessoas Físicas (CPF) ou no Cadastro Nacional de Pessoa Jurídica (CNPJ) do fornecedor do produto ou serviço correspondente.

O preceito surgiu para afastar a falta de comunicação precisa e completa nos documentos de cobrança de dívidas, confeccionados muitas vezes em desrespeito ao dever de informar relativo à boa-fé objetiva. O objetivo, sem dúvidas, foi de evitar a prática de mais abusos por parte dos fornecedores e prestadores, tão comuns em nosso País.

7.5. A REPETIÇÃO DE INDÉBITO NO CASO DE COBRANÇA ABUSIVA (ART. 42, PARÁGRAFO ÚNICO, DO CDC)

Para encerrar o presente capítulo, é preciso estudar a norma do art. 42, parágrafo único, da Lei 8.078/1990, outro dispositivo de grandes repercussões práticas na ótica consumerista e infelizmente não aplicado por grande parte dos julgados. Estatui o texto legal que "o consumidor cobrado em quantia indevida tem direito à repetição do indébito, por valor igual ao dobro do que pagou em excesso, acrescido de correção monetária e juros legais, salvo hipótese de engano justificável". Para que não paire qualquer dúvida sobre o tema, é preciso esclarecer o conteúdo do preceito e o seu real alcance.

A norma tem incidência nas hipóteses em que o consumidor é cobrado de indébito, havendo o pagamento da dívida indevida, a justificar a ação de repetição de indébito (*actio in rem verso*). Uma leitura apressada da norma pode trazer a conclusão de que a mera cobrança indevida é motivo para o pagamento em dobro do que está sendo cobrado. Todavia, como se nota, o dispositivo está tratando de *repetição*, o que, obviamente, exige o pagamento indevido. Como bem expõe Rizzatto Nunes, é necessário o preenchimento de dois requisitos para a subsunção da norma: "*a)* cobrança indevida; *b)* pagamento pelo consumidor do valor indevidamente cobrado".[25] Entende o jurista que tal cobrança pode ser judicial ou extrajudicial, corrente à qual não se filia, como se verá a seguir.[26]

A repetição em dobro representa uma punição contra o fornecedor ou prestador, independente da prova de prejuízo para a sua aplicação. Por essa sua natureza, a repetição em dobro não afasta o direito de o consumidor pleitear outros prejuízos do pagamento do indevido, caso de danos materiais e morais, premissa retirada do princípio da reparação integral dos danos (art. 6º, inc. VI, do CDC). Como se nota, a punição introduzida pelo CDC é maior do que a tratada pelo Código Civil, uma vez que a repetição da norma geral privada somente abrange o valor da dívida paga acrescida de correção monetária e juros legais (arts. 876 e 884 do CC/2002).

Atente-se que um dos principais exemplos de aplicação do art. 42, parágrafo único, da Lei 8.078/1990 envolve a cobrança e pagamento indevidos de tarifa de água e esgoto, quando o serviço não é efetivamente prestado. A ilustrar, "a jurisprudência do STJ é pacífica no sentido de que, inexistente rede de esgotamento sanitário, fica caracterizada a cobrança abusiva, sendo devida a repetição de indébito em dobro ao consumidor" (STJ – AgRg no REsp 1135528/RJ – Segunda Turma – Rel. Min. Humberto Martins – j. 02.09.2010 – DJe 22.09.2010). Na mesma linha, a afirmação n. 3 constante da Edição n. 74 da ferramenta *Jurisprudência em Teses*, do STJ (Consumidor IIII, de 2017): "é obrigatória a restituição em dobro da cobrança indevida de tarifa de água, esgoto, energia ou telefonia, salvo na hipótese de erro justificável (art. 42, parágrafo único, do CDC), que não decorra da existência de dolo, culpa ou má-fé".

A parte final do dispositivo consumerista em comento afasta o direito à repetição de indébito em dobro se houver *erro escusável*, ou seja, um erro justificável por parte do fornecedor ou prestador que faz a cobrança e recebe o pagamento. A expressão gera um grande debate jurisprudencial a respeito dos limites de incidência da norma.

---

[25] RIZZATTO NUNES, Luiz Antonio. *Comentários ao Código de Defesa do Consumidor*. 3. ed. São Paulo: Saraiva, 2007. p. 522.

[26] RIZZATTO NUNES, Luiz Antonio. *Comentários ao Código de Defesa do Consumidor*. 3. ed. São Paulo: Saraiva, 2007. p. 524.

A polêmica repercute na necessidade de prova ou não da má-fé ou da culpa por parte do credor que faz a cobrança. Segundo o entendimento anterior majoritário do Superior Tribunal de Justiça, tal elemento seria necessário, conforme se extrai de três ementas a seguir transcritas, somente a título de ilustração e sem prejuízo de muitas outras:

"Reclamação. Divergência entre acórdão de turma recursal estadual e a jurisprudência do STJ. Resolução STJ 12/2009. Consumidor. Devolução em dobro do indébito. Necessidade de demonstração da má-fé do credor. 1. A Corte Especial, apreciando questão de ordem levantada na Rcl 3752/GO, em atenção ao decidido nos EDcl no RE 571.572/BA (relatora a Min. Ellen Gracie), entendeu pela possibilidade de se ajuizar reclamação perante esta Corte com a finalidade de adequar as decisões proferidas pelas Turmas Recursais dos Juizados Especiais estaduais à súmula ou jurisprudência dominante do STJ, de modo a evitar a manutenção de decisões conflitantes a respeito da interpretação da legislação infraconstitucional no âmbito do Judiciário. 2. A egrégia Segunda Seção desta Corte tem entendimento consolidado no sentido de que a repetição em dobro do indébito, prevista no art. 42, parágrafo único, do Código de Defesa do Consumidor, não prescinde da demonstração da má-fé do credor. 3. Reclamação procedente" (STJ – Rcl 4.892/PR – Segunda Seção – Rel. Min. Raul Araújo – j. 27.04.2011 – DJe 11.05.2011).

"Consumidor. Repetição de indébito. Art. 42, parágrafo único, do CDC. Engano justificável. Não configuração. Devolução em dobro. Impossibilidade. 1. O STJ firmou a orientação de que tanto a má-fé como a culpa (imprudência, negligência e imperícia) dão ensejo à punição do fornecedor do produto na restituição em dobro. 2. O Tribunal de origem afastou a repetição em dobro dos valores cobrados indevidamente a título de tarifa de água e esgoto, por considerar que não se caracterizou má-fé ou culpa na conduta da concessionária. 3. Ademais, o Tribunal *a quo* consigna expressamente que não é o caso, porém, de devolução em dobro, porquanto justificável o engano da ré, principalmente diante da interpretação divergente da matéria. 4. Agravo regimental não provido" (STJ – AgRg no REsp 1201367/PR – Segunda Turma – Rel. Min. Herman Benjamin – j. 15.03.2011 – DJe 25.04.2011).

"Agravo regimental. Repetição em dobro. Má-fé. Configuração. A devolução do indébito se faz em dobro, quando provada a má-fé de quem recebeu" (STJ – AgRg no REsp 734.111/PR – Terceira Turma – Rel. Min. Humberto Gomes de Barros – j. 03.12.2007 – DJ 14.12.2007, p. 398).

Com o devido respeito, nunca me filiei ao entendimento transcrito nos acórdãos anteriores do Superior Tribunal de Justiça. Sempre entendi que a exigência de prova de má-fé ou culpa do credor representa a incidência de um modelo subjetivo de responsabilidade, totalmente distante do modelo objetivo adotado do CDC, que dispensa o elemento culposo. Do mesmo modo, criticando esse entendimento jurisprudencial, leciona Claudia Lima Marques que "no sistema do CDC todo engano na cobrança de consumo é, em princípio injustificável, mesmo o baseado em cláusulas abusivas inseridas no contrato de adesão, *ex vi* o disposto no parágrafo único do CDC. Cabe ao fornecedor prova que seu engano na cobrança, no caso concreto, foi justificado".[27]

---

[27] MARQUES, Claudia Lima; BENJAMIN, Antonio Herman V; MIRAGEM, Bruno. *Comentários ao Código de Defesa do Consumidor*. 3. ed. São Paulo: RT, 2010. p. 805.

Insta relembrar que, mesmo para as relações civis puras, a exigência de que o erro seja justificável ou escusável está fora de ordem da contemporaneidade. A propósito dessa forma de pensar, repise-se que, na *I Jornada de Direito Civil*, aprovou-se o Enunciado n. 12 do CJF, prescrevendo que, "na sistemática do art. 138, é irrelevante ser ou não escusável o erro, porque o dispositivo adota o princípio da confiança". Lembre-se de que o art. 138 do CC/2002 trata do erro como vício do negócio jurídico, estabelecendo que "são anuláveis os negócios jurídicos, quando as declarações de vontade emanarem de erro substancial que poderia ser percebido por pessoa de diligência normal, em face das circunstâncias do negócio". Ora, se a norma protege aquele que está em diligência normal, muito mais deve proteger aquele que não esteja. Também para a proteção dos despreparados e enganados é que existe o princípio da boa-fé objetiva.

Cumpre destacar que existiam decisões do próprio Superior Tribunal de Justiça que dispensavam a prova da má-fé para a aplicação do art. 42, parágrafo único, do CDC; julgados que estão mais bem adaptados à principiologia consumerista:

"Administrativo. Ação de repetição de indébito. Fornecimento de esgoto. Cobrança indevida. Incidência do art. 42, parágrafo único, do CDC. Devolução em dobro. Precedentes. 1. A cobrança indevida do serviço público de esgoto enseja a repetição de indébito em dobro ao consumidor, independentemente da existência, ou não, da má-fé do prestador do serviço. Incidência do art. 42, parágrafo único, do Código de Defesa do Consumidor. 2. Precedentes: AgRg no REsp 1.119.647/RJ – Segunda Turma – Rel. Min. Herman Benjamin – j. 23.02.2010 – DJe 04.03.2010; AgRg no REsp 1135528/RJ – Segunda Turma – Rel. Min. Humberto Martins – j. 02.09.2010 – DJe 22.09.2010; AgRg no REsp 927.279/RJ – Primeira Turma – Rel. Min. Teori Albino Zavascki – j. 05.08.2010 – DJe 17.08.2010; RCDESP no Ag 1.208.099/RJ – Primeira Turma – Rel. Min. Luiz Fux – j. 14.09.2010 – DJe 30.09.2010. Agravo regimental improvido" (STJ – AgRg no REsp 1.212.378/SP – Segunda Turma – Rel. Min. Humberto Martins – j. 08.02.2011 – DJe 18.02.2011).

Em outubro de 2020, a questão foi enfim pacificada no âmbito da sua Corte Especial, no julgamento do EAREsp 676.608/RS, tido como acórdão paradigma. Seguiu-se a segunda vertente, de dispensa de prova da má-fé para a repetição de indébito, exatamente como nesta obra se defendia, citada no *decisum*. As teses fixadas foram as seguintes, tratando de outros temas correlatos, especialmente da prescrição:

"1. A restituição em dobro do indébito (parágrafo único do artigo 42 do CDC) independe da natureza do elemento volitivo do fornecedor que cobrou valor indevido, revelando-se cabível quando a cobrança indevida consubstanciar conduta contrária à boa-fé objetiva. 2. A repetição de indébito por cobrança indevida de valores referentes a serviços não contratados promovida por empresa de telefonia deve seguir a norma geral do lapso prescricional (10 anos, artigo 205 do Código Civil) a exemplo do que decidido e sumulado (Súmula 412/STJ) no que diz respeito ao lapso prescricional para repetição de medida de tarifas de água e esgoto. 3. Modular os efeitos da presente decisão para que o entendimento aqui fixado seja aplicado aos indébitos não decorrentes da prestação de serviço público a partir da publicação do acórdão" (STJ – EAREsp 676.608/RS – Corte Especial – Rel. Min. Og Fernandes – j. 21.10.2020, DJe 30.03.2021.).

Acrescento que, em 2024, surgiu outro acórdão da mesma Corte Superior, a respeito da modulação dos efeitos do *decisum* anterior, concluindo que "a regra geral é a devolução, na forma dobrada, dos valores debitados. No caso em análise, contudo, há um detalhe, em especial, que o exime da aplicação do entendimento prevalecente no STJ, qual seja, o fato de o referido precedente ter modulado os efeitos da aplicação de sua tese, ficando estabelecido que, não obstante a regra geral, o entendimento fixado se aplica aos indébitos de natureza contratual não pública cobrados após a data da publicação do acórdão em 30.03.2021" (STJ – EAREsp 1.501.756/SC – Corte Especial – Rel. Min. Herman Benjamin – j. 21.02.2024 – v.u.).

Assim, nota-se que a temática encontrou uma sadia e necessária estabilização, na linha de uma correta interpretação do conteúdo da Lei 8.078/1990, seguindo as lições desenvolvidas nesta obra.

Seguindo-se no estudo do tema, anote-se que a jurisprudência superior dispensa a prova do erro nos contratos de abertura do crédito. Dispõe a Súmula 322 do STJ que "para a repetição de indébito, nos contratos de abertura de crédito em conta-corrente, não se exige a prova do erro". Como se extrai de um dos precedentes que gerou a ementa sumulada, "a jurisprudência da Corte admite a repetição do indébito, independente da prova do erro, sob pena de enriquecimento indevido" (STJ – REsp 821357/RS – Terceira Turma – Rel. Min. Carlos Alberto Menezes Direito – j. 23.08.2007 – *DJ* 01.02.2008, p. 478). Dessa forma, nos contratos bancários regidos pelo CDC, afasta-se a ressalva da parte final do art. 42, parágrafo único.

Todo esse debate a respeito da repetição em dobro nas relações de consumo também atinge valores que são cobrados indevidamente nos contratos de aquisição financiada de imóveis. Nesse contexto, podem ser citadas a taxa de serviço de assessoria técnico-jurídica (SATI) e a taxa de corretagem, com a aquisição de imóvel direto no *stand* de vendas, sem a intermediação ou atuação por corretor. Sempre entendi que a flagrante abusividade nessas situações conduziria à má-fé da vendedora do imóvel, fazendo com que fosse cabível a citada devolução em dobro, incidindo plenamente a regra do parágrafo único do art. 42 do CDC.

Demonstrando toda a polêmica a respeito do assunto, vejamos aresto anterior do Tribunal de Justiça de São Paulo, que concluiu pela impossibilidade da devolução em dobro dos referidos valores, pela ausência da prova de má-fé:

"Verbas de assessoria imobiliária. Devolução dos valores. Possibilidade, segundo o Enunciado nº 38.3 desta Câmara, exibindo as vendedoras legitimidade para a restituição: 'O adquirente que se dirige ao *stand* de vendas para a aquisição do imóvel não responde pelo pagamento das verbas de assessoria imobiliária (corretagem e taxa SATI). É da responsabilidade da vendedora o custeio das referidas verbas, exibindo legitimidade para eventual pedido de restituição'. Devolução em dobro, entretanto, afastada. Má-fé não demonstrada. Incidência do enunciado pela Súmula nº 159 do STF. 5. Despesas de condomínio e taxas de IPTU exigidas antes da entrega das chaves. Impossibilidade, segundo o Superior Tribunal de Justiça: 'Para efeitos do art. 543-C do CPC, firmam-se as seguintes teses: A) O que define a responsabilidade pelo pagamento das obrigações condominiais não é o registro do compromisso de compra e venda, mas a relação jurídica material com o imóvel, representada pela imissão na posse pelo promissário comprador e pela ciência inequívoca do condomínio acerca da transação'. Devolução em dobro dos valores, entretanto, afastada. Ausência de má-fé na realização da cobrança. 6. Indenização por danos materiais. Arbitramento de lucros cessantes. Admissibilidade, segundo o entendimento do STJ também adotado pela Câmara (Enunciado nº 38.5). Necessidade, entretanto, de arbitramento da verba no equivalente ao aluguel do imóvel a contar da data de constituição das vendedoras em mora até a efetiva entrega das chaves. Apuração do valor devido em liquidação de sentença. 7. Indenização por danos morais. Acolhimento do pleito indenizatório. Frustração relacionada à aquisição do imóvel que importou em lesão extrapatrimonial" (TJSP – Apelação Cível 0006490-36.2013.8.26.0114 – Acórdão 8762314, Campinas – Terceira Câmara de Direito Privado – Rel. Des. Donegá Morandini – j. 31.08.2015 – *DJESP* 04.09.2015).

Porém, em sentido contrário, com conclusões que contavam com o meu pleno apoio doutrinário, presumindo a má-fé em casos tais:

"Compra e venda condicionada ao pagamento de despesas de assessoria técnico-imobiliária e assessoria jurídica (SATI) à empresa alheia ao negócio. Inexistência de prova de que os serviços foram efetivamente prestados. Obrigação que deve ser suportada pela empresa responsável pelo empreendimento imobiliário. Devolução do valor pago a título de taxa SATI que deve ser feito em dobro, ante a má-fé verificada na cobrança de encargo não previsto no contrato de venda e compra e realizada como condição para conclusão do negócio no momento da contratação, sem que fossem prestados os serviços de corretagem e assessoria. Recurso provido em parte" (TJSP – Apelação 0025598-97.2010.8.26.0068 – Acórdão 8202361, Barueri – Sétima Câmara de Direito Privado – Rel. Des. Miguel Brandi – j. 12.02.2015 – *DJESP* 19.03.2015).

Em 2016, a Segunda Seção do Superior Tribunal de Justiça analisou a questão em sede de julgamento de incidente de recursos repetitivos, pacificando a matéria. Acabou por concluir que a taxa SATI é sim abusiva, cabendo sua devolução simples. Quanto à taxa de corretagem, entendeu a Corte Superior que não haveria abusividade na sua cobrança, diante do esclarecimento prévio feito ao consumidor do seu pagamento, em consonância com o princípio da boa-fé objetiva. Vejamos as três ementas que firmaram as teses:

"Recurso especial repetitivo. Direito civil e do consumidor. Processual civil. Incorporação imobiliária. Venda de unidades autônomas em estande de vendas. Corretagem. Cláusula de transferência da obrigação ao consumidor. Alegação de abusividade. Teoria da asserção. Legitimidade passiva da incorporadora. Validade da cláusula. Serviço de assessoria técnico-imobiliária (SATI). Cobrança. Descabimento. Abusividade. 1. Tese para os fins do art. 1.040 do CPC/2015: 1.1. Legitimidade passiva *ad causam* da incorporadora, na condição de promitente-vendedora, para responder pela restituição ao consumidor dos valores pagos a título de comissão de corretagem e de taxa de assessoria técnico-imobiliária, nas demandas em que se alega prática abusiva na transferência desses encargos ao consumidor. 2. Caso concreto: 2.1. Aplicação da tese ao caso concreto, rejeitando-se a preliminar de ilegitimidade. 2.2. 'Validade da cláusula contratual que transfere ao promitente-comprador a obrigação de pagar a comissão de corretagem nos contratos de promessa de compra e venda de unidade autônoma em regime de incorporação imobiliária, desde que previamente informado o preço total da aquisição da unidade autônoma, com o destaque do valor da comissão de corretagem' (tese firmada no julgamento do REsp 1.599.511/SP). 2.3. 'Abusividade da cobrança pelo promitente--vendedor do serviço de assessoria técnico-imobiliária (SATI), ou atividade congênere, vinculado à celebração de promessa de compra e venda de imóvel' (tese firmada no julgamento do REsp 1.599.511/SP). 2.4. Improcedência do pedido de restituição da comissão de corretagem e procedência do pedido de restituição da SATI. 3. Recurso especial provido, em parte" (STJ – REsp 1.551.951/SP – Segunda Seção – Rel. Min. Paulo de Tarso Sanseverino – j. 24.08.2016, DJe 06.09.2016).

"Recurso especial repetitivo. Direito civil e do consumidor. Incorporação imobiliária. Venda de unidades autônomas em estande de vendas. Corretagem. Serviço de assessoria técnico-imobiliária (SATI). Cláusula de transferência da obrigação ao consumidor. Prescrição trienal da pretensão. Enriquecimento sem causa. 1. Tese para os fins do art. 1.040 do CPC/2015: 1.1. Incidência da prescrição trienal sobre a pretensão de restituição dos valores pagos a título de comissão de corretagem ou de serviço de assistência técnico-imobiliária (SATI), ou atividade congênere (art. 206, § 3º, IV, CC). 1.2. Aplicação do precedente da Segunda Seção no julgamento do Recurso Especial n. 1.360.969/RS, concluído na sessão de 10/08/2016, versando acerca de situação análoga. 2. Caso concreto: 2.1. Reconhecimento do implemento da prescrição trienal, tendo sido a demanda proposta mais de três anos depois da celebração do contrato. 2.2. Prejudicadas as demais alegações constantes do recurso especial. 3. Recurso especial provido" (STJ – REsp 1.551.956/SP – Segunda Seção – Rel. Min. Paulo de Tarso Sanseverino – j. 24.08.2016 – DJe 06.09.2016).

"Recurso especial repetitivo. Direito civil e do consumidor. Incorporação imobiliária. Venda de unidades autônomas em estande de vendas. Corretagem. Cláusula de transferência da obrigação ao consumidor. Validade. Preço total. Dever de informação. Serviço de assessoria técnico-imobiliária (SATI). Abusividade da cobrança. I – Tese para os fins do art. 1.040 do CPC/2015: 1.1. Validade da cláusula contratual que transfere ao promitente-comprador a obrigação de pagar a comissão de corretagem nos contratos de promessa de compra e venda de unidade autônoma em regime de incorporação imobiliária, desde que previamente informado o preço total da aquisição da unidade autônoma, com o destaque do valor da comissão de corretagem. 1.2. Abusividade da cobrança pelo promitente--vendedor do serviço de assessoria técnico-imobiliária (SATI), ou atividade congênere, vinculado à celebração de promessa de compra e venda de imóvel. II – Caso concreto: 2.1. Improcedência do pedido de restituição da comissão de corretagem, tendo em vista a validade da cláusula prevista no contrato acerca da transferência desse encargo ao consumidor. Aplicação da tese 1.1. 2.2. Abusividade da cobrança por serviço de assessoria imobiliária, mantendo-se a procedência do pedido de restituição. Aplicação da tese 1.2. III – Recurso especial parcialmente provido" (STJ – REsp 1.599.511/SP – Segunda Seção – Rel. Min. Paulo de Tarso Sanseverino – j. 24.08.2016 – DJe 06.09.2016).

Como se pode perceber, a Corte Superior aplicou, ainda, o prazo prescricional de três anos para a repetição de indébito da taxa SATI, por subsunção do art. 206, § 3º, inc. IV, do Código Civil, que trata da ação relativa ao enriquecimento sem causa. Não se aplicou, portanto, o prazo geral de dez anos, do art. 205 do Código Civil, que tem sido a linha dos acórdãos mais recentes do STJ, como antes se demonstrou, como na hipótese de julgamento de pacificação a respeito da interpretação do art. 42 do CDC.

Lamento profundamente as decisões a respeito da corretagem, pois entendo que ambas as taxas são claramente abusivas, conduzindo ao enriquecimento sem causa das construtoras e dos corretores. Essa afirmação é mantida, mesmo tendo a Lei 13.786/2018, conhecida como "Lei dos Distratos", reconhecido o direito de as construtoras e incorporadoras cobrarem integralmente as taxas de corretagem (novos arts. 35-A, inc. III, e 67-A, inc. I, da Lei 4.591/1964 e novos arts. 26-A, inc. II, e 32-A, inc. V, da Lei 6.766/1979).

Além disso, a repetição de indébito deveria ser em dobro, para os dois valores, aplicando-se o art. 42, parágrafo único, do CDC. Por fim, o prazo a ser aplicado seria o de dez anos, previsto no art. 205 do Código Civil, por ser mais favorável ao consumidor, em consonância com a *teoria do diálogo das fontes*. O tema está aprofundado a seguir, com a demonstração da posição do STJ em casos similares.

Pontue-se que, em 2018, o Superior Tribunal de Justiça ampliou o pensamento a respeito da possibilidade de cobrança da taxa de corretagem dos adquirentes nos contratos imobiliários vinculados ao programa social Minha Casa, Minha Vida, regido pela Lei 11.977/2009. Nos termos do aresto, "ressalvada a denominada Faixa 1, em que não há intermediação imobiliária, é válida a cláusula contratual que transfere ao promitente--comprador a obrigação de pagar a comissão de corretagem nos contratos de promessa de compra e venda do Programa Minha Casa, Minha Vida, desde que previamente informado o preço total da aquisição da unidade autônoma, com o destaque do valor da comissão de corretagem. Solução do caso concreto: Considerando que as partes convencionaram que o valor correspondente à comissão de corretagem seria pago diretamente pelo proponente ao corretor, impõe-se julgar improcedente o pedido de repetição dos valores pagos a esse título" (STJ – REsp 1601149/RS – Segunda Seção – Rel. Min. Paulo de Tarso Sanseverino – Rel. p/ Acórdão Min. Ricardo Villas Bôas Cueva – j. 13.06.2018 – *DJe* 15.08.2018).

Em verdade, penso que esses julgamentos já estão trazendo um infeliz impacto social, uma vez que muitas pessoas não estão mais procurando os negócios de financiamento da casa própria, informadas por situações anteriores, de pagamento de montantes extorsivos e abusivos.

Feitas tais considerações, no que concerne ao prazo para a ação de repetição de indébito consumerista, a demonstrar o equívoco desta última posição superior, houve debate anterior na jurisprudência superior. Discutiu-se entre o prazo de prescrição de cinco anos (art. 27 do CDC) e o prazo geral de prescrição do Código Civil. O Superior Tribunal de Justiça acabou por concluir pela aplicação do último, por ser mais favorável ao consumidor vulnerável, editando a Súmula 412, *in verbis*: "a ação de repetição de indébito de tarifas de água e esgoto sujeita-se ao prazo prescricional estabelecido no Código Civil".

A ementa representa clara aplicação da *teoria do diálogo das fontes*, pela escolha da norma mais favorável aos consumidores, mesmo estando ela fora do CDC, no caso, no Código Civil. Assim, merece o meu total apoio doutrinário.

Acrescente-se que, mais recentemente, a Corte Especial do Tribunal acabou por concluir que esse mesmo prazo geral de dez anos tem incidência para a ação de repetição de indébito por cobrança indevida de valores referentes a serviços não contratados de telefonia fixa (STJ – EAREsp 738.991/RS – Corte Especial – Rel. Min. Og Fernandes – j. 20.02.2019 – *DJe* 11.06.2019). E, em 2022, a Quarta Turma do mesmo Tribunal da Cidadania firmou a tese segundo a qual "a pretensão de repetição de indébito por cobrança indevida de valores referentes a serviços de TV por assinatura não previstos no contrato sujeita-se à norma geral do lapso prescricional de dez anos" (STJ – REsp 1.951.988/RS – Quarta Turma – Rel. Min. Antonio Carlos Ferreira – j. 10.05.2022, *DJe* 16.05.2022 – v.u.).

Cabe ressaltar que um dos projetos de atualização do CDC visava a justamente essa regulamentação (PLS 3.515/2015), introduzindo o art. 27-A na Lei Consumerista, estabelecendo que, quando não houvesse tratamento específico a respeito de lapso temporal, dever-se-ia aplicar o prazo de dez anos. Porém, infelizmente, a citada proposição foi retirada no seu trâmite legislativo inicial, cabendo à doutrina e à jurisprudência apontar quais os casos de aplicação do prazo geral de dez anos estabelecido no Código Civil de 2002, em *diálogo das fontes*.

Em matéria de direito intertemporal, para os fatos ocorridos na vigência do Código Civil de 1916 aplica-se o prazo geral de vinte anos para as ações pessoais (art. 177 do CC/1916). Para os eventos ocorridos na vigência do Código Civil de 2002 – após 11 de janeiro de 2003 –, subsume-se o prazo de dez anos (art. 205 do CC/2002). Trazendo tal esclarecimento, entre os julgados mais recentes:

> "Processual civil. Agravo regimental no agravo de instrumento. Repetição de valores. Serviços de fornecimento de água e esgoto. Ausência de rede para o despejo. Ilicitude da tarifa cobrada. Restituição em dobro. Cabimento. Art. 42, parágrafo único, do CDC. Precedentes. Aplicação do prazo prescricional previsto no art. 205 do Código Civil. Precedentes. 1. A Primeira Seção, no julgamento do REsp 1.113.403/RJ, da relatoria do Min. Teori Albino Zavascki, *DJe* 15.09.2009, submetido ao regime dos recursos repetitivos do art. 543-C do CPC e da Resolução STJ 8/2008, firmou entendimento de que a ação de repetição de indébito de tarifas de água e esgoto se sujeita ao prazo prescricional estabelecido no Código Civil, podendo ser vintenário, na forma estabelecida no art. 177 do Código Civil de 1916, ou decenal, de acordo com o previsto no art. 205 do Código Civil de 2002. 2. O Superior Tribunal de Justiça possui firme jurisprudência no sentido de não configurar erro justificável a cobrança de tarifa de água e esgoto por serviço que não foi prestado pela concessionária de serviço público, razão pela qual os valores indevidamente cobrados do usuário devem ser restituídos em dobro, conforme determina o art. 42, parágrafo único, do Código de Defesa do Consumidor. Precedentes: AgRg no REsp 1.119.647/RJ – Segunda Turma – Rel. Min. Herman Benjamin – *DJe* 04.03.2010; AgRg no REsp 1117014/SP – Segunda Turma – Rel. Min. Humberto Martins – *DJe* 19.02.2010; REsp 821.634/RJ – Primeira Turma – Rel. Min. Teori Albino Zavascki – *DJe* 23.04.2008; REsp 817.733/RJ – Rel. Min. Castro Meira – *DJ* 25.05.2007. 3. Agravo regimental não provido" (STJ – AgRg no Ag 1303241/RJ – Primeira Turma – Rel. Min. Benedito Gonçalves – j. 17.03.2011 – *DJe* 22.03.2011).

Por derradeiro, como último tema do capítulo, é preciso confrontar o art. 42, parágrafo único, do CDC, com o disposto nos arts. 939, 940 e 941 do Código Civil de 2002, na linha *dialogal* e interdisciplinar que inspira esta obra, envolvendo as duas leis básicas para o Direito Privado Brasileiro.

Enuncia o art. 939 do CC/2002 que "o credor que demandar o devedor antes de vencida a dívida, fora dos casos em que a lei o permita, ficará obrigado a esperar o tempo que faltava para o vencimento, a descontar os juros correspondentes, embora estipulados, e a pagar as custas em dobro". Pelo art. 940 do CC/2002, "aquele que demandar por dívida já paga, no todo ou em parte, sem ressalvar as quantias recebidas ou pedir mais do que for devido, ficará obrigado a pagar ao devedor, no primeiro caso, o dobro do que houver cobrado e, no segundo, o equivalente do que dele exigir, salvo se houver prescrição".

Como se percebe, o primeiro dispositivo transcrito trata de caso em que o credor se precipita por uma ação judicial, respondendo perante o devedor pelas custas do processo em dobro. No segundo caso, condena-se o credor por cobrar judicialmente dívida já paga. Pela leitura dos comandos, constata-se que eles tratam de situações diferentes, em que há ação judicial proposta pelo credor. Como se viu, o art. 42, parágrafo único, do CDC consagra hipótese em que há apenas a cobrança e pagamento de indébito, não se exigindo a presença de uma demanda judicial, como faz a codificação civil nos dispositivos estudados. A propósito dessa diferenciação entre o sistema civil e o consumerista, julgou recentemente o Superior Tribunal de Justiça:

"Os artigos 940 do Código Civil e 42, parágrafo único, do Código de Defesa do Consumidor possuem pressupostos de aplicação diferentes e incidem em hipóteses distintas. A aplicação da pena prevista no parágrafo único do art. 42 do CDC apenas é possível diante da presença de engano justificável do credor em proceder com a cobrança, da cobrança extrajudicial de dívida de consumo e de pagamento de quantia indevida pelo consumidor. O artigo 940 do CC somente pode ser aplicado quando a cobrança se dá por meio judicial e fica comprovada a má-fé do demandante, independentemente de prova do prejuízo. No caso, embora não estejam preenchidos os requisitos para a aplicação do art. 42, parágrafo único, do CDC, visto que a cobrança não ensejou novo pagamento da dívida, todos os pressupostos para a aplicação do art. 940 do CC estão presentes. Mesmo diante de uma relação de consumo, se inexistentes os pressupostos de aplicação do art. 42, parágrafo único, do CDC, deve ser aplicado o sistema geral do Código Civil, no que couber. O art. 940 do CC é norma complementar ao art. 42, parágrafo único, do CDC e, no caso, sua aplicação está alinhada ao cumprimento do mandamento constitucional de proteção do consumidor" (STJ – 1.645.589/MS – Terceira Turma – Rel. Min. Ricardo Villas Bôas Cueva – j. 04.02.2020 – *DJe* 06.02.2020).

Em complemento, preconiza o art. 941 do CC/2002 que "as penas previstas nos arts. 939 e 940 não se aplicarão quando o autor desistir da ação antes de contestada a lide, *salvo ao réu o direito de haver indenização por algum prejuízo que prove ter sofrido*". Trata-se de uma *última chance* dada ao credor, a fim de evitar a sua responsabilidade. A parte final do comando, ora destacada, não constava do art. 1.532 do CC/1916, seu correspondente. Esse destaque é fundamental diante de uma controvérsia doutrinária e jurisprudencial importante que existe no sistema privado, com relação direta ao que aqui foi exposto. A respeito do art. 941 do CC/2002, são pertinentes os esclarecimentos de Jones Figueirêdo Alves e Mário Luiz Delgado, que participaram da assessoria do Deputado Fiuza na elaboração final do vigente Código Civil:

"O acréscimo da cláusula final, ao que parece, espanca a controvérsia anteriormente existente no que tange à necessidade de se provar o dolo ou a má-fé do autor da ação e ainda o prejuízo sofrido pelo réu, para que sejam aplicadas as penas dos arts. 939 e 940, conforme vinha se firmando a jurisprudência dominante. Esses dispositivos, na verdade, apenas prefixam o valor da indenização decorrente da prática de um ato ilícito, consistente na cobrança indevida de dívida que ainda não se venceu ou que já foi paga. Essa responsabilidade do autor da ação é subjetiva, fundada na culpa em sentido amplo, que tanto engloba o dolo, como a culpa em sentido estrito. Assim, para a aplicação pura e simples dos arts. 939 e 940, não há necessidade de se provar o dolo do autor da ação, nem muito menos o prejuízo do réu, evidente e manifesto nesses casos, até mesmo sob o aspecto moral, sendo suficiente a prova da culpa estrita (negligência, imprudência ou imperícia). Entretanto, para cumulação dessas sanções com a indenização ampla, por perdas e danos, é imprescindível a comprovação do prejuízo efetivamente sofrido".[28]

A minha posição doutrinária sobre o comando é que com a propositura da demanda, nos termos do art. 940 do CC, presume-se a conduta maliciosa do agente. Mas, por uma questão lógica, a responsabilidade do credor não deve ser tida como a subjetiva, mas objetiva quando a ação é proposta (Enunciado n. 37 do CJF/STJ). Desse modo, parece estar superada a Súmula 159 do STF, pela qual: "a cobrança excessiva, mas de boa-fé, não dá lugar às sanções do art. 1.531 do Código Civil" (art. 940 do CC/2002). Consigne-se que a ementa é do remoto ano de 1963.

Três argumentos guiam tal conclusão, superando o modelo subjetivo adotado pela antiga jurisprudência superior. *Primeiro,* porque o credor assume um risco quando promove a demanda. *Segundo,* porque é flagrante o seu abuso de direito, nos termos do art. 187 do CC/2002, pois promove lide temerária, violando a boa-fé objetiva. Consigne-se que a doutrina contemporânea mais atenta tem feito essa relação.[29] *Terceiro,* pois pode estar configurada a relação de consumo nesses casos, o que também faz gerar a responsabilidade sem culpa, conforme entende a jurisprudência, pelo *diálogo das fontes:*

> "Apelação. Indenização. Cobrança indevida. Repetição de indébito. Aplicabilidade do CDC em detrimento do art. 940, do Código Civil. Perfeito enquadramento das partes no conceito de consumidora e fornecedora. Concessionária de Serviço Público presta serviço tarifado e de utilização facultativa, constituindo relação do consumo, consoante precedentes do STJ. Responsabilidade objetiva pela prestação de serviço defeituoso e abuso do direito de cobrança. Repetição de indébito plausível, nos termos do art. 42, parágrafo único do CDC. Sentença mantida integralmente. Recurso improvido" (TJSP – Apelação 7288401-4 – Acórdão 3400644, São Paulo – Trigésima Sétima Câmara de Direito Privado – Rel. Des. Eduardo Almeida Prado Rocha de Siqueira – j. 26.11.2008 – *DJESP* 09.01.2009).

Na verdade, o meu entendimento é que os arts. 939 e 940 do CC/2002 têm incidência para as relações de consumo quando o consumidor é demandado judicialmente sem justo motivo. Assim, conclui-se que o art. 42, parágrafo único, do CDC trata apenas da cobrança extrajudicial e posterior pagamento do indébito. A diferença é que a responsabilidade do demandante deve ser tida como objetiva, como, aliás, o deve ser pelo CC/2002.

Busca-se, assim, mais uma complementaridade entre os dois preceitos legislativos. Desse modo, os arts. 939 e 940 do CC/2002 incidem nas relações de consumo, porém gerando a responsabilidade objetiva do abusador. Como exposto exaustivamente nesta obra, o CDC adota um modelo objetivo de responsabilização, independentemente de culpa, em especial quando a boa-fé objetiva é quebrada.

---

[28] ALVES, Jones Figueirêdo; DELGADO, Mário Luiz. *Código Civil Anotado.* São Paulo: Método, 2005. p. 407.

[29] GODOY, Cláudio Luiz Bueno. *Código Civil comentado.* Coord. Ministro Cezar Peluso. São Paulo: Manole, 2007. p. 783-785.

8

BANCO DE DADOS E CADASTRO DE CONSUMIDORES

Sumário: 8.1. A natureza jurídica dos bancos de dados e cadastros e sua importante aplicabilidade social. Diferenças entre as categorias – 8.2. O conteúdo dos arts. 43 e 44 do Código de Defesa do Consumidor e seus efeitos. A interpretação jurisprudencial: 8.2.1. A inscrição ou registro do nome dos consumidores; 8.2.2. A retificação ou correção dos dados; 8.2.3. O cancelamento da inscrição; 8.2.4. A reparação dos danos nos casos de inscrição indevida do nome do devedor. Crítica à Súmula 385 do STJ. Prazo para se pleitear a reparação; 8.2.5. O cadastro de fornecedores e prestadores e o alcance do art. 44 da Lei 8.078/1990 – 8.3. O cadastro positivo. Breve análise da Lei 12.414, de 9 de junho de 2011, e da Lei Complementar 166, de 8 de abril de 2019.

8.1. A NATUREZA JURÍDICA DOS BANCOS DE DADOS E CADASTROS E SUA IMPORTANTE APLICABILIDADE SOCIAL. DIFERENÇAS ENTRE AS CATEGORIAS

Os bancos de dados e cadastros de consumidores assumem atualmente no Brasil um papel social e jurídico indiscutível, sendo institutos de grande aplicabilidade no contexto nacional. Como é notório, o *brasileiro médio* deixou de ser um poupador e passou a ser alguém dependente de crédito no mercado, algo como um *homo creditus*.[1] Essa tendência desenfreada é um dos fatores a gerar o *superendividamento*, outrora apontado na presente obra. Na esteira da doutrina, utiliza-se o termo *arquivos de consumo* em sentido amplo ou como gênero, do qual são espécies os *bancos de dados e cadastros de consumidores*.[2]

Além das previsões constantes dos arts. 43 e 44 da Lei 8.078/1990, os cadastros e bancos de dados ganharam incidência em outros campos, como é o caso do Direito de Família, surgindo julgados anteriores admitindo a inscrição do nome do devedor de alimentos nos

---

[1] Sobre a busca da percepção do *brasileiro médio*, ver: ALMEIDA, Alberto. *A cabeça do brasileiro*. Rio de Janeiro: Record, 2007.
[2] GARCIA, Leonardo Medeiros. *Direito do Consumidor*. 3. ed. Niterói: Impetus, 2007. p. 155.

cadastros negativos (ver: TJSP – Agravo 990.10.152783-9/50000 – Acórdão 4653433, São Paulo – Terceira Câmara de Direito Privado – Rel. Des. Adilson de Andrade – j. 17.08.2010 – *DJESP* 09.09.2010; e TJSP – Agravo 990.10.088682-7/50000 – Acórdão 4525237, São Paulo – Terceira Câmara de Direito Privado – Rel. Des. Egidio Giacóia – j. 25.05.2010 – *DJESP* 12.07.2010).

Em 2016, tal possibilidade passou a constar da Edição n. 59 da ferramenta *Jurisprudência em Teses*, do STJ, que trata do Cadastro de Inadimplentes. Conforme a premissa 2 ali publicada, "é possível que o magistrado, no âmbito da execução de alimentos, adote as medidas executivas do protesto e da inscrição do nome do devedor nos cadastros de restrição ao crédito, caso se revelem eficazes para o pagamento da dívida". Como precedentes, são citados os seguintes acórdãos: REsp 1.469.102/SP – Terceira Turma – Rel. Min. Ricardo Villas Bôas Cueva – j. 08.03.2016 – *DJe* 15.03.2016; e REsp 1.533.206/MG – Quarta Turma – Rel. Min. Luis Felipe Salomão – j. 17.11.2015 – *DJe* 01.02.2016).

Como bem aponta o Desembargador do Tribunal Paulista Caetano Lagrasta Neto, um dos precursores da tese, "a insatisfação do credor, em geral filhos menores, ante a utilização de expedientes processuais colocados à disposição do devedor, com prejuízo aos princípios da rapidez e economia processuais, impedem o regular acesso a uma ordem jurídica justa, ante a reiteração dos recursos, ao demonstrar a inviabilidade da ameaça à prisão (art. 733 do CPC) e forrar-se o devedor ao pagamento durante anos, com prejuízo à subsistência da família. Ao cabo, enfatiza-se a necessidade de cadastrar e dificultar movimentação do devedor de alimentos, equiparando-o a qualquer devedor da esfera cível".[3] Para ele, o fundamento constitucional de tal possibilidade está no art. 6º da Constituição Federal, que faz menção ao direito social e fundamental aos alimentos, por força da Emenda Constitucional 64. O magistrado idealizou projeto de lei sobre a possibilidade de inscrição, em conjunto com Silvânio Covas, superintendente jurídico do SERASA. A proposição foi apresentada por meio do Projeto de Lei 405/2008, que acabou por ser arquivado.

O Código de Processo Civil de 2015 passou a admitir expressamente o protesto judicial da dívida de alimentos, o que acarretará, como consequência, a inscrição do devedor em cadastros negativos de créditos. Trata-se da primeira medida a ser tomada contra o devedor, antes de se decretar a sua prisão civil. Nos termos do art. 528 do CPC/2015, no cumprimento de sentença que condene ao pagamento de prestação alimentícia ou de decisão interlocutória que fixe alimentos, o juiz, a requerimento do exequente, mandará intimar o executado pessoalmente para, em três dias, pagar o débito, provar que o fez ou justificar a impossibilidade de efetuá-lo. Em complemento, estabelece o seu § 1º que caso o executado, nesse prazo de três dias, não efetue o pagamento, não prove que o efetuou ou não apresente justificativa da impossibilidade de efetuá-lo, o juiz mandará protestar o pronunciamento judicial. Pontue-se que as decisões do STJ por último colacionadas foram prolatadas sob a égide dessa nova legislação instrumental.

Os bancos de dados e cadastros dos consumidores lidam com um dos mais importantes direitos da personalidade, qual seja o *nome*, sinal que representa a pessoa perante o meio social. Na perspectiva de ampla proteção, o art. 16 do CC/2002 enuncia que toda pessoa tem direito ao nome, nele compreendidos o prenome e o sobrenome. Ato contí-

---

[3] LAGRASTA NETO, Caetano. Inserção do nome do devedor de alimentos nos órgãos de proteção ao crédito. In: LAGRASTA NETO, Caetano; TARTUCE, Flávio; SIMÃO, José Fernando. *Direito de Família*. Novas tendências e julgamentos emblemáticos. São Paulo: Atlas, 2011. p. 311.

nuo, determina a lei civil que o nome da pessoa não pode ser empregado por outrem em publicações ou representações que a exponham ao desprezo público, ainda quando não haja intenção difamatória (art. 17 do CC/2002).

Em casos de desrespeito a tal preceito, cabem os mecanismos tratados pelo art. 12, *caput*, da norma geral civil, incidindo os princípios da *prevenção* e da *reparação integral de danos*. Conforme a norma, "pode-se exigir que cesse a ameaça, ou a lesão, a direito da personalidade, e reclamar perdas e danos, sem prejuízo de outras sanções previstas em lei".

Para a *prevenção*, cabem as medidas de tutela específica consagradas pelo Estatuto Processual, e pelo próprio CDC (art. 84) caso da fixação da multa ou *astreintes*. Sobre a possibilidade de fixação de *astreintes* em casos tais, cite-se a premissa 10, publicada na Edição n. 59 da ferramenta *Jurisprudência em Teses*, do STJ, que trata justamente dos cadastros de inadimplentes. De acordo com o seu teor, "é cabível a aplicação de multa diária como meio coercitivo para o cumprimento de decisão judicial que determina a exclusão ou impede a inscrição do nome do devedor em cadastro de restrição de crédito". A fixação dessa multa independe da prova de culpa ou de dano, nos termos do que está previsto no art. 497, parágrafo único, do CPC/2015.

Para a ampla reparação, possível a ação de indenização por todos os danos materiais e imateriais sofridos pelo consumidor, o que inclui até os danos coletivos, de determinados grupos de consumidores. O caminho, pela Lei Consumerista, é exatamente o mesmo, pela incidência dos seus arts. 84 – para a prevenção – e 6º, inc. VI – para a reparação integral.

Na perspectiva civil-constitucional, não se olvide a proteção constitucional da imagem, que tem relação direta com o amparo do nome, diante da construção jurídica da *imagem-atributo*. Como bem aponta Maria Helena Diniz, essa "é o conjunto de caracteres ou qualidades cultivadas pela pessoa reconhecidos socialmente (CF/88, art. 5º, V), como a habilidade, competência, lealdade, pontualidade etc. Abrange o direito: à própria imagem, ao uso ou à difusão da imagem; à imagem das coisas próprias e à imagem em coisas, palavras ou escritos em publicações; de obter imagem ou de consentir em sua captação por qualquer meio tecnológico".[4]

Além do comando citado pela doutrinadora, a proteção do nome do indivíduo esteia-se no preceito do art. 5º, inc. X, do Texto Maior, segundo o qual são invioláveis a intimidade, a vida privada, a honra e a imagem das pessoas, assegurado o direito à indenização pelo dano material ou moral decorrente de sua violação. Por fim, não se pode esquecer da *cláusula geral da tutela da pessoa humana*, retirada do art. 1º, inc. III, da Constituição da República. Nos termos do Enunciado n. 274 do CJF/STJ, aprovado na *IV Jornada de Direito Civil*, os direitos da personalidade, tratados de maneira não exaustiva pelo Código Civil, são expressões dessa ampla cláusula geral.

Por outra via de conflito, deve ficar claro que a divulgação das informações à coletividade, do mesmo modo, está amparada em preceitos constitucionais, notadamente no direito à informação e à liberdade (art. 5º, incs. IV, IX e XIV). Diante dessa realidade, muitos dos problemas relativos à divulgação de dados dos consumidores devem ser resolvidos sob a perspectiva da ponderação de direitos, valores e princípios, tema muito bem desenvolvido por Robert Alexy.[5] Oportuno reprisar que a técnica da ponderação foi ado-

---

[4] DINIZ, Maria Helena. *Código Civil Anotado*. 15. ed. São Paulo: Saraiva, 2010. p. 67.
[5] ALEXY, Robert. *Teoria dos direitos fundamentais*. Trad. Virgílio Afonso da Silva. São Paulo: Malheiros, 2008.

tada expressamente pelo art. 489, § 2º, do CPC/2015, segundo o qual "no caso de colisão entre normas, o juiz deve justificar o objeto e os critérios gerais da ponderação efetuada, enunciando as razões que autorizam a interferência na norma afastada e as premissas fáticas que fundamentam a conclusão".

No que concerne à natureza jurídica dos cadastros e bancos de dados, é claro o art. 43, § 4º, da Norma Protetiva no sentido de que são considerados entidades de caráter público. Como se extrai da obra conjunta de Claudia Lima Marques, Herman Benjamin e Bruno Miragem, apesar dessa natureza pública, podem os cadastros em sentido amplo ser mantidos por entidades públicas (BACEN/CADIN) ou privadas (SPC), chamadas de *arquivistas*.[6] Além de toda a exposição acima demonstrada, amparada na proteção da pessoa humana e das informações, a natureza pública está justificada pelo *princípio do protecionismo*, retirado do art. 1º da Lei 8.078/1990.

Em reforço, como observa Renato Afonso Gonçalves, em sua dissertação de mestrado defendida na PUCSP, "o 'caráter público' constitucional, cujo sentido acompanhou o CDC (§ 4º, art. 43), advém da gênese dos órgãos que manipulam as informações, de sua própria essência. Ora, a garantia constitucional do *habeas data*, como veremos em capítulo próprio, em perfeita consonância com o art. 1º, II e III, e art. 5º, X, da Constituição Federal, tem o condão de salvaguardar para o cidadão suas informações pessoais, ou melhor, as informações relativas à sua pessoa (impetrante). Como as demais garantias constitucionais, visa proteger o cidadão contra o Estado atuando na esfera das liberdades públicas".[7]

A enfatizar o interesse coletivo de tais cadastros, a Lei 13.146/2015, que instituiu o Estatuto da Pessoa com Deficiência, incluiu um § 6º no art. 43 do CDC, enunciando que "todas as informações de que trata o *caput* deste artigo devem ser disponibilizadas em formatos acessíveis, inclusive para a pessoa com deficiência, mediante solicitação do consumidor". O objetivo é a inclusão de consumidores com deficiência, tidos tradicionalmente como *hipervulneráveis*, e que merecem uma especial e qualificada proteção do Estado.

Em complemento, conforme se retira de recente aresto do Superior Tribunal de Justiça, julgado por sua Segunda Seção em incidente de recursos repetitivos, tais cadastros gozam de presunção de veracidade, especialmente quando reproduzem o que é informado pelos Cartórios de Protestos. Conforme se retira de publicação constante do *Informativo* n. *554* do Tribunal da Cidadania:

> "Diante da presunção legal de veracidade e publicidade inerente aos registros de cartório de protesto, a reprodução objetiva, fiel, atualizada e clara desses dados na base de órgão de proteção ao crédito – ainda que sem a ciência do consumidor – não tem o condão de ensejar obrigação de reparação de danos. Nos termos da CF, o direito de acesso à informação encontra-se consagrado no art. 5º, XXXIII, que preceitua que todos têm direito a receber dos órgãos públicos informações de seu interesse particular, ou de interesse coletivo ou geral, que serão prestadas no prazo da lei, sob pena de responsabilidade, ressalvadas aquelas cujo sigilo seja imprescindível à segurança da sociedade e do Estado. Além disso, o art. 37, *caput*, da CF estabelece ser a publicidade princípio que

---

[6] MARQUES, Claudia Lima; BENJAMIN, Antonio Herman V.; MIRAGEM, Bruno. *Comentários ao Código de Defesa do Consumidor*. 3. ed. São Paulo: RT, 2010. p. 831-832.

[7] GONÇALVES, Renato Afonso. *Bancos de dados nas relações de consumo*. São Paulo: Max Limonad, 2002. p. 49-50.

informa a administração pública, e o cartório de protesto exerce serviço público. Nesse passo, observa-se que o art. 43, § 4º, do CDC disciplina as atividades dos cadastros de inadimplentes, estabelecendo que os bancos de dados e cadastros relativos a consumidores, os serviços de proteção ao crédito e congêneres são considerados entidades de caráter público. Nessa linha de intelecção, consagrando o princípio da publicidade imanente, o art. 1º, c/c art. 5º, III, ambos da Lei 8.935/1994 (Lei dos Cartórios), estabelecem que os serviços de protesto são destinados a assegurar a publicidade, autenticidade e eficácia dos atos jurídicos. Ademais, por um lado, a teor do art. 1º, *caput*, da Lei 9.492/1997 (Lei do Protesto) e das demais disposições legais, o protesto é o ato formal e solene pelo qual se prova a inadimplência e o descumprimento de obrigação (ou a recusa do aceite) originada em títulos e outros documentos de dívida. Por outro lado, o art. 2º do mesmo diploma esclarece que os serviços concernentes ao protesto são garantidores da autenticidade, publicidade, segurança e eficácia dos atos jurídicos. Com efeito, o registro do protesto de título de crédito ou outro documento de dívida é de domínio público, gerando presunção de veracidade do ato jurídico, dado que deriva do poder certificante que é conferido ao oficial registrador e ao tabelião. A par disso, registre-se que não constitui ato ilícito o praticado no exercício regular de um direito reconhecido, nos termos do art. 188, I, do CC. Dessa forma, como os órgãos de sistema de proteção ao crédito exercem atividade lícita e relevante ao divulgar informação que goza de fé pública e domínio público, não há falar em dever de reparar danos, tampouco em obrigatoriedade de prévia notificação ao consumidor (art. 43, § 2º, do CDC), sob pena de violação ao princípio da publicidade e mitigação da eficácia do art. 1º da Lei 8.935/1994, que estabelece que os cartórios extrajudiciais se destinam a conferir publicidade aos atos jurídicos praticados por seus serviços" (STJ – REsp 1.444.469/DF – Rel. Min. Luis Felipe Salomão – Segunda Seção – j. 12.11.2014 – DJe 16.12.2014).

Mais recentemente, em 2016, essa presunção de veracidade foi igualmente reconhecida por afirmação constante da Edição 59 da ferramenta *Jurisprudência em Teses*, do Tribunal da Cidadania. Conforme a tese 11, "diante da presunção legal de veracidade e publicidade inerente aos registros do cartório de distribuição judicial e cartório de protesto, a reprodução objetiva, fiel, atualizada e clara desses dados na base de órgão de proteção ao crédito – ainda que sem a ciência do consumidor –, não tem o condão de ensejar obrigação de reparação de danos".

Feitos tais esclarecimentos, é preciso traçar as diferenças existentes entre as construções jurídicas dos *bancos de dados* e *cadastros de consumidores*. Da tese de doutoramento de Antônio Carlos Efing, também defendida na PUCSP, podem ser retirados sete critérios de distinção, expostos no *quadro-resumo* a seguir:[8]

I)	Diferenciação quanto à forma de coleta dos dados armazenados:
a)	Banco de dados – têm caráter aleatório, sendo o seu objetivo propiciar a máxima quantidade de coletas de dados. Não há um interesse particularizado.
b)	Cadastro de consumidores – o consumidor tem necessariamente uma relação jurídica estabelecida com o arquivista (*especificidade subjetiva*). Assim sendo, não há um caráter aleatório na coleta das informações, mas sim um interesse particularizado.

---

[8] EFING, Antônio Carlos. *Bancos de dados e cadastro de consumidores*. São Paulo: RT, 2002. p. 30-36.

II) Diferenciação quanto à organização dos dados armazenados:
a) Bancos de dados – as informações têm uma *organização mediata*, pois visam a uma utilização futura, ainda não concretizada.
b) Cadastro de consumidores – as informações têm uma *organização imediata*, qual seja a relação jurídica estabelecida entre o arquivista dos dados e o consumidor.

III) Diferenciação quanto à continuidade da coletiva e da divulgação:
a) Bancos de dados – como são aleatórios, há a necessidade de sua conservação permanente, no máximo de tempo possível.
b) Cadastro de consumidores – como não há interesse por parte do fornecedor em manter o cadastro do consumidor que com ele não tem relação jurídica, o cadastro tende a não ser contínuo.

IV) Diferenciação quanto à existência de requerimento do cadastramento:
a) Banco de dados – não há consentimento do consumidor, que, muitas vezes, sequer tem conhecimento do registro.
b) Cadastro de consumidores – há consentimento por parte dos consumidores e, algumas situações, presente está o seu requerimento de abertura dos dados ao arquivista.

V) Diferenciação quanto à extensão dos dados postos à disposição:
a) Banco de dados – como há o objetivo de transmissão de informações a terceiros, é proibido o juízo de valor em relação ao consumidor. Existem apenas dados objetivos e não valorativos.
b) Cadastro de consumidores – é possível a presença de juízo de valor sobre o consumidor, com informações internas para orientação exclusivamente dos negócios jurídicos do arquivista.

VI) Diferenciação quanto à função das informações obtidas:
a) Banco de dados – não apresentam a finalidade de utilização subsidiária. As informações constituem o conteúdo fundamental da existência do banco de dados.
b) Cadastro de consumidores – os dados são utilizados com a finalidade de controle interno sobre as possibilidades de realização de negócios jurídicos por parte do fornecedor-arquivista (utilização subsidiária).

VII) Diferenciação quanto ao alcance da divulgação das informações:
a) Banco de dados – a divulgação é externa e continuada a terceiros, sendo essa a sua principal finalidade social.
b) Cadastro de consumidores – a divulgação é apenas interna, no interesse subjetivo do fornecedor-arquivista.

A partir das *sete diferenciações* apontadas, é possível exemplificar, no plano concreto, quais são as situações envolvendo as duas categorias. De início, há bancos de dados nos *cadastros negativos* do SERASA – empresa privada originalmente ligada aos bancos – e do SPC – serviço de proteção ao crédito de associações de comerciantes. Tais cadastros são os que têm a maior efetividade prática no Brasil, na linha do exposto no início deste capítulo, almejando a prestação de informações à coletividade, ao mercado de consumo.

Cite-se, ainda e conforme reconhecido em 2019 pelo Superior Tribunal de Justiça, ser lícita a manutenção do banco de dados conhecido como "cadastro de passagem" ou "cadastro de consultas anteriores", desde que subordinado às exigências previstas no art.

43 do CDC, que será aqui estudado. Como consta do aresto, que explica o funcionamento desses cadastros:

"O 'cadastro de passagem' ou 'cadastro de consultas anteriores' é um banco de dados de consumo no qual os comerciantes registram consultas feitas a respeito do histórico de crédito de consumidores que com eles tenham realizado tratativas ou solicitado informações gerais sobre condições de financiamento ou crediário. A despeito de ser lícita a manutenção do cadastro de passagem, que é banco de dados de natureza neutra, ela está subordinada, como ocorre com todo e qualquer banco de dados ou cadastro de consumo, às exigências previstas no art. 43 do CDC. A disponibilização das informações constantes de tal banco de dados – que ali foram inseridas sem prévia solicitação das pessoas a elas relacionadas – só é permitida, a teor do que expressamente dispõe o § 2º do art. 43 do CDC, após ser comunicado por escrito o consumidor de sua respectiva inclusão cadastral" (STJ – REsp 1.726.270/BA – Terceira Turma – Rel. Min. Nancy Andrighi – Rel. p/ Acórdão Min. Ricardo Villas Bôas Cueva – j. 27.11.2018 – DJe 07.02.2019).

Acrescente-se que, no ano de 2014 e com grande divergência, o Superior Tribunal de Justiça concluiu que o Sistema de Informações do Banco Central – SISBACEN tem essa mesma natureza, de *bancos de dados com intuito negativo ou restritivo* (REsp 1.365.284/SC – Quarta Turma – julgado em setembro de 2014). Conforme o voto prevalecente, do Ministro Luis Felipe Salomão, "com a massificação do mercado, surgiu a necessidade de uma maior organização de suas práticas, emergindo daí os bancos de dados de proteção ao crédito. (...) O BACEN mantém bancos de dados com informações positivas e negativas, o que o caracteriza como um 'sistema múltiplo', sendo que em seu viés negativo atua de forma similar a qualquer órgão restritivo. (...) Apesar da natureza de cadastro público, é legítimo arquivo de consumo para concessão de crédito". Em 2016, tal afirmação também passou a compor a Edição n. 59 da ferramenta *Jurisprudência em Teses*, da Corte, a saber: "o Sistema de Informações de Crédito do Banco Central – Sisbacen possui natureza semelhante aos cadastros de inadimplentes, tendo suas informações potencialidade de restringir a concessão de crédito ao consumidor" (tese 16).

Por outro lado, presentes estão os cadastros de consumidores na coleta de dados particularizados no interesse de fornecedores ou prestadores, como nos programas internos de pontuação das empresas em geral. Repise-se que tais cadastros não visam a negativação do nome do consumidor com o fim de informação ao público, mas apenas o incremento das atividades e negócios das empresas.

Feitos tais esclarecimentos iniciais, fundamentais para a compreensão da matéria, vejamos as consequências do conteúdo dos arts. 43 e 44 da Lei 8.078/1990.

8.2. O CONTEÚDO DOS ARTS. 43 E 44 DO CÓDIGO DE DEFESA DO CONSUMIDOR E SEUS EFEITOS. A INTERPRETAÇÃO JURISPRUDENCIAL

Do art. 43 da Lei 8.078/1990 podem ser extraídas três situações concretas relativas aos dados dos consumidores: *a)* a inscrição ou registro; *b)* a retificação ou correção das informações; *c)* o cancelamento da inscrição. Em todas as hipóteses citadas, diante dos princípios da transparência e da confiança, o consumidor terá acesso às informações existentes em cadastros, fichas, registros e dados pessoais e de consumo arquivados sobre ele, bem como sobre as suas respectivas fontes (art. 43, *caput*). Ademais, os cadastros e dados de consumidores devem ser objetivos, claros, verdadeiros e em linguagem de fácil compreensão (art. 43, § 1º). Vejamos, pontualmente, as interpretações relativas às três situações descritas, notadamente a que vem sendo dada pela jurisprudência do Superior Tribunal de Justiça, acompanhada das devidas críticas.

8.2.1. A inscrição ou registro do nome dos consumidores

Enuncia o § 2º do art. 43 do CDC que a abertura de cadastro, ficha, registro e dados pessoais e de consumo deverá ser comunicada por escrito ao consumidor, quando não solicitada por ele. A par desse comando, no que interessa aos *cadastros negativos*, Rizzatto Nunes demonstra os requisitos para a negativação do nome do consumidor, a saber: *a)* existência da dívida; *b)* vencimento da dívida; *c)* a dívida há de ser liquida (certa quanto à existência, determinada quanto ao valor); *d)* não pode haver oposição por parte do consumidor em relação à dívida.[9] Apesar da exposição do último elemento, como se verá, a jurisprudência superior tem entendido que a simples oposição pelo consumidor não é motivo para a não inscrição.

A respeito da comunicação da inscrição, o Superior Tribunal de Justiça aprovou a Súmula 359, *in verbis*: "cabe ao órgão que mantém o cadastro de proteção ao crédito a notificação do devedor antes de proceder à inscrição". A ementa representa correta aplicação dos preceitos consumeristas, em prol da boa-fé objetiva. Como se extrai de um dos precedentes que gerou a súmula, "A comunicação sobre a inscrição nos registros de proteção ao crédito é obrigação do órgão responsável pela manutenção do cadastro, e não do credor" (STJ – AgRg no REsp 617801/RS – Terceira Turma – Rel. Min. Humberto Gomes de Barros – j. 09.05.2006 – DJ 29.05.2006, p. 231). Em outro precedente, constata-se que a falta dessa comunicação pode gerar o direito do consumidor à indenização pelos danos morais sofridos (STJ – REsp 442.483/RS – Quarta Turma – Rel. Min. Barros Monteiro – j. 05.09.2002 – DJ 12.05.2003, p. 306).

Apesar da interessante amplitude da ementa, perfeita do ponto de vista teórico e prático, outra súmula do STJ, mais recente, diminuiu o seu alcance, merecendo uma crítica contundente e cortante. Dispõe a Súmula 404 do Superior Tribunal de Justiça que é dispensável o Aviso de Recebimento (A.R.) na carta de comunicação ao consumidor sobre a negativação. Desse modo, basta ao órgão que mantém o cadastro comprovar que enviou a comunicação por carta ao endereço do devedor fornecido, não havendo necessidade de ser evidenciado que o último foi efetivamente comunicado. Nesse sentido, vejamos duas decisões que geraram a citada súmula:

> "Processual civil. Agravo regimental no agravo de instrumento. Reexame de prova. Súmula 7/STJ. Notificação. Comprovação. Art. 43, § 2º, CDC. 1. Aplica-se a Súmula 7 do STJ na hipótese em que a tese versada no recurso especial reclama a análise dos elementos probatórios produzidos ao longo da demanda. 2. A responsabilidade pela comunicação ao devedor de que trata o art. 43, § 2º, do CDC, objetivando a inscrição no cadastro de inadimplentes, se consuma com a notificação enviada via postal. 3. Não há exigência legal de que a comunicação de que trata o art. 43, § 2º, do CDC deva ser feita com aviso de recebimento. 4. Agravo regimental desprovi-

---

[9] RIZZATTO NUNES, Luiz Antonio. *Comentários ao Código de Defesa do Consumidor*. 3. ed. São Paulo: Saraiva, 2007. p. 527.

do" (STJ – AgRg no Ag 1.036.919/RJ – Quarta Turma – Rel. Min. João Otávio de Noronha – j. 07.10.2008 – *DJe* 03.11.2008).

"Inscrição. Cadastro de proteção ao crédito. Notificação. Endereço. 1. O órgão de proteção ao crédito tem o dever de notificar previamente o devedor a respeito da inscrição promovida pelo credor (art. 43, § 2º, CDC). 2. A notificação deve ser enviada ao endereço fornecido pelo credor. 3. Não comete ato ilícito o órgão de proteção ao crédito que envia a notificação ao devedor no endereço fornecido pelo credor" (STJ – REsp 893.069/RS – Terceira Turma – Rel. Min. Humberto Gomes de Barros – j. 23.10.2007 – *DJ* 31.10.2007, p. 331).

Com o devido respeito, trata-se de um verdadeiro atentado ao conceito de boa-fé objetiva, a tirar parte da eficácia da Súmula 359 do próprio Tribunal da Cidadania. Por óbvio, diante de um sistema de inversão do ônus da prova, existente a favor do consumidor, no Código de Defesa do Consumidor, deveria o órgão que mantém o cadastro provar que houve a cientificação concreta do consumidor, o que não é acompanhado pela lamentável Súmula 404, que deveria ser cancelada. A boa-fé objetiva deve ser tida como concreta e efetiva e não baseada em mera ficção ou suposição, como era no passado, o que demonstra que um marco evolutivo do Direito Privado não foi acompanhado pela Súmula 404 do STJ.

A propósito dessa crítica, trazendo ressalva ao teor da sumular, no final de 2016 o próprio Tribunal da Cidadania concluiu que pode gerar responsabilidade civil a atuação do órgão mantenedor de cadastro negativo que, a despeito da prévia comunicação do consumidor solicitando que futuras notificações fossem remetidas ao endereço por ele indicado, envia a notificação de inscrição para endereço diverso. O acórdão deduz que o órgão que mantém o cadastro negativo não está obrigado, em regra, a investigar a veracidade das informações prestadas pelo credor. Porém, conclui pela inaplicabilidade do conteúdo da súmula ao caso concreto, "em face de prévia comunicação enviada pelo consumidor ao órgão mantenedor do cadastro para que futuras notificações fossem remetidas a endereço por ele indicado ante a existência de fraudes praticadas com seu nome". Reconheceu, por fim, o nexo causal entre os danos sofridos pelo consumidor e o defeito do serviço prestado pelo mantenedor do cadastro, a ensejar a reparação civil (STJ – REsp 1.620.394/SP – Terceira Turma – Rel. Min. Paulo de Tarso Sanseverino – j. 15.12.2016 – *DJe* 06.02.2017). A conclusão é perfeita, diante da necessária valorização do dever de informação, retirado do princípio da boa-fé objetiva.

Outra importante questão decidida pela Corte, em 2023, diz respeito à insuficiência do envio de SMS ou outras mensagens eletrônicas, para suprir a comunicação do consumidor em seu endereço. Consoante a tese firmada, que tem o meu total apoio, "a notificação do consumidor acerca da inscrição de seu nome em cadastro restritivo de crédito exige o prévio envio de correspondência ao seu endereço, sendo vedada a notificação exclusiva por meio de e-mail ou mensagem de texto de celular (SMS)" (STJ – REsp 2.056.285/RS – Terceira Turma – Rel. Min. Nancy Andrighi – por unanimidade – j. 25.04.2023 – *DJe* 27.04.2023).

De todo, gerando divergência na Corte, em 2024, a sua Quarta Turma concluiu, em sentido diverso, pelo menos parcialmente, afirmando ser "válida a comunicação remetida por *e-mail* para fins de notificação do consumidor acerca da inscrição de seu nome em cadastro de inadimplentes, desde que comprovado o envio e entrega da comunicação ao servidor de destino" (STJ – REsp 2.063.145/RS – Quarta Turma – Rel. Ministra Maria Isabel Gallotti, j. 14.03.2024 – m.v.). Destaco que a Ministra Relatora cita o entendimento anterior em sentido contrário e, com base na constante *inclusão digital* dos brasileiros, pondera que "frente a essa nova realidade estatisticamente comprovada, a inadmissão da utilização de comunicações pela modalidade digital/eletrônica é, senão um retrocesso, ao menos um eventual obstáculo às relações jurídicas consumeristas atuais, as quais, muitas vezes, se dão pelo meio exclusivamente eletrônico para a compra e contratação de mercadorias e serviços".

Também do mesmo ano, cabe destacar o seguinte aresto, da mesma composição da Corte: "é válida a comunicação escrita, conforme prevê o art. 43, § 2º, do CDC, enviada por carta ou e-mail, para fins de notificação do consumidor acerca da inscrição de seu nome em cadastro de inadimplentes, desde que os dados do consumidor sejam fornecidos pelo credor ao órgão mantenedor do cadastro de inadimplentes" (STJ – REsp 2.158.450/RS – Quarta Turma – Rel. Ministro João Otávio de Noronha – j. 10.12.2024, m.v.).

Assim, há a necessidade de uma pacificação no âmbito da Segunda Seção do STJ, e nos termos do art. 926 do CPC/2015, para que a jurisprudência seja estável, íntegra e coerente. Da minha parte, tenho sérias dúvidas se essa inclusão digital está mesmo consolidada na realidade de um País continental, com enormes discrepâncias socioeconômicas.

Em continuidade de estudo, consigne-se que o Tribunal da Cidadania editou, em 2016, a Súmula 572, segundo a qual o Banco do Brasil, na condição de gestor do Cadastro de Emitentes de Cheques sem Fundos, não tem a responsabilidade de notificar previamente o devedor acerca da sua inscrição no aludido cadastro. Pela mesma sumular, o Banco também não tem também legitimidade passiva para as ações de reparação de danos fundadas na ausência de prévia comunicação. Isso porque o citado dever e a consequente responsabilidade civil recaem sobre o órgão que mantém o cadastro, na linha da exposta Súmula 359, da mesma Corte Superior.

Como palavras finais e em complemento à sumula, a mesma Corte entende de forma consolidada que a legitimidade passiva para responder pela falta de comunicação da inscrição é sempre do órgão que mantém o cadastro. Nesse sentido, a afirmação 5, constante da Edição n. 59 da sua ferramenta *Jurisprudência em Teses, in verbis*: "os órgãos mantenedores de cadastros possuem legitimidade passiva para as ações que buscam a reparação dos danos morais e materiais decorrentes da inscrição, sem prévia notificação, do nome de devedor em seus cadastros restritivos, inclusive quando os dados utilizados para a negativação são oriundos do CCF do Banco Central ou de outros cadastros mantidos por entidades diversas". Como precedentes da tese, são citados os seguintes arestos: AgRg no REsp 1.526.114/SP – Terceira Turma – Rel. Min. Moura Ribeiro, j. 18.08.2015 – *DJe* 28.08.2015; AgRg no REsp 1.367.998/RS – Quarta Turma – Rel. Min. Raul Araújo – j. 05.06.2014 – *DJe* 27.06.2014; AgRg no AREsp 502.716/RS – Quarta Turma – Rel. Min. Maria Isabel Gallotti – j. 05.06.2014 – *DJe* 18.06.2014; EDcl no AREsp 379.471/CE – Quarta Turma – Rel. Min. Luis Felipe Salomão – j. 19.09.2013 – *DJe* 24.09.2013; AgRg no REsp 628.205/RS – Terceira Turma – Rel. Min. Ricardo Villas Bôas Cueva – j. 04.10.2012 – *DJe* 09.10.2012; e AgRg no REsp 1.133.717/RS – Terceira Turma – Rel. Min. Sidnei Beneti – j. 28.09.2010 – *DJe* 21.10.2010).

8.2.2. A retificação ou correção dos dados

No que concerne à retificação ou reparo, estatui o § 3º do art. 43 que o consumidor, sempre que encontrar inexatidão nos seus dados e cadastros, poderá exigir sua imediata correção. Em casos tais, deve o arquivista, no prazo de cinco dias úteis, comunicar a alteração aos eventuais destinatários das informações incorretas, caso dos credores da dívida nas hipóteses de negativação. O prazo é exíguo para evitar maiores danos aos direitos da personalidade do consumidor.

Em acórdão de 2012, o Superior Tribunal de Justiça concluiu que esse prazo de cinco dias úteis deve ser aplicado para o dever do credor de retirar o nome do devedor de cadastro negativo. O prazo é contado da quitação, representando aplicação do princípio da boa-fé objetiva na fase pós-contratual. Vejamos a publicação desse importante julgado no *Informativo* n. 501 da Corte Superior:

"Cadastro de inadimplentes. Baixa da inscrição. Responsabilidade. Prazo. O credor é responsável pelo pedido de baixa da inscrição do devedor em cadastro de inadimplentes no prazo de cinco dias úteis, contados da efetiva quitação do débito, sob pena de incorrer em negligência e consequente responsabilização por danos morais. Isso porque o credor tem o dever de manter os cadastros dos serviços de proteção ao crédito atualizados. Quanto ao prazo, a Min. Relatora definiu-o pela aplicação analógica do art. 43, § 3º, do CDC, segundo o qual o consumidor, sempre que encontrar inexatidão nos seus dados e cadastros, poderá exigir sua imediata correção, devendo o arquivista, no prazo de cinco dias úteis, comunicar a alteração aos eventuais destinatários das informações incorretas. O termo inicial para a contagem do prazo para baixa no registro deverá ser do efetivo pagamento da dívida. Assim, as quitações realizadas mediante cheque, boleto bancário, transferência interbancária, ou outro meio sujeito a confirmação, dependerão do efetivo ingresso do numerário na esfera de disponibilidade do credor. A Min. Relatora ressalvou a possibilidade de estipulação de outro prazo entre as partes, desde que não seja abusivo, especialmente por tratar-se de contratos de adesão. Precedentes citados: REsp 255.269-PR, *DJ* 16.04.2001; REsp 437.234-PB, *DJ* 29.09.2003; AgRg no Ag 1.094.459-SP, *DJe* 1º.06.2009, e AgRg no REsp 957.880-SP, *DJe* 14.03.2012" (STJ – REsp 1.149.998/ES – Rel. Min. Nancy Andrighi – j. 07.08.2012).

Essa forma de pensar foi confirmada em 2014, em julgamento de incidente de recursos repetitivos pela Segunda Seção da mesma Corte Superior. Conforme publicação no *Informativo* n. 548 do STJ:

"Ciente das regras previstas no CDC, mesmo havendo regular inscrição do nome do devedor em cadastro de órgão de proteção ao crédito, após o integral pagamento da dívida, incumbe ao credor requerer a exclusão do registro desabonador, no prazo de cinco dias úteis, a contar do primeiro dia útil subsequente à completa disponibilização do numerário necessário à quitação do débito vencido. A jurisprudência consolidada do STJ perfilha o entendimento de que, quando se trata de inscrição em bancos de dados restritivos de crédito (Serasa, SPC, entre outros), tem-se entendido ser do credor, e não do devedor, o ônus da baixa da indicação do nome do consumidor, em virtude do que dispõe o art. 43, § 3º, combinado com o art. 73, ambos do CDC. No caso, o consumidor pode 'exigir' a 'imediata correção' de informações inexatas – não cabendo a ele, portanto, proceder a tal correção (art. 43, § 3º) –, constituindo crime 'deixar de corrigir imediatamente informação sobre consumidor constante de cadastro, banco de dados, fichas ou registros que sabe ou deveria saber ser inexata' (art. 73). Quanto ao prazo, como não existe regramento legal específico e como os prazos abrangendo situações específicas não estão devidamente amadurecidos na jurisprudência do STJ, faz-se necessário o estabelecimento de um norte objetivo, o qual se extrai do art. 43, § 3º, do CDC, segundo o qual o 'consumidor, sempre que encontrar inexatidão nos seus dados e cadastros, poderá exigir sua imediata correção, devendo o arquivista, no prazo de cinco dias úteis, comunicar a alteração aos eventuais destinatários das informações incorretas'. Ora, para os órgãos de sistema de proteção ao crédito, que exercem a atividade de arquivamento de dados profissionalmente, o CDC considera razoável o prazo de cinco dias úteis para, após a investigação dos fatos referentes à impugnação apresentada pelo consumidor, comunicar a retificação a terceiros que deles recebeu informações incorretas. Assim, evidentemente, esse mesmo prazo também será considerado razoável para que seja requerida a exclusão do nome do outrora inadimplente do cadastro desabonador por aquele que promove, em exercício regular de direito, a verídica inclusão de dado de devedor em cadastro de órgão de proteção ao crédito" (REsp 1.424.792/BA – Rel. Min. Luis Felipe Salomão – j. 10.09.2014).

Em outubro de 2015, essa maneira de julgar consolidou-se de tal forma que se transformou na Súmula n. 548 do Superior Tribunal de Justiça, segundo a qual "incumbe ao credor a exclusão do registro da dívida em nome do devedor no cadastro de inadimplentes no prazo de cinco dias úteis, a partir do integral e efetivo pagamento do débito".

Cabe aqui trazer algumas palavras a respeito da retirada do nome do devedor de cadastro de inadimplentes em casos de ação proposta pelo consumidor-devedor, para revisão ou discussão da dívida. Na linha das palavras de Rizzatto Nunes, antes transcritas, a jurisprudência superior entendia que a mera contestação do consumidor-devedor, por meio da propositura de demanda, já era motivo para a medida de retificação temporária. Por todas as ementas anteriores, veja-se:

"Processo civil. Recurso especial. Agravo regimental. Contrato bancário. Retirada do nome do devedor dos cadastros de restrição ao crédito. Obrigação de fazer. Descumprimento. Cominação de multa. Possibilidade. Valor da multa. Matéria fática. Súmula 7/STJ. Desprovimento. 1. A jurisprudência do STJ entende que a fixação de multa para o caso de descumprimento de decisão judicial, expressa no dever da instituição financeira de proceder à retirada do nome do devedor de cadastros de proteção ao crédito, encontra previsão no art. 461, §§ 3º e 4º, do CPC, haja vista a decisão se fundar em uma obrigação de fazer. Precedentes. 2. A discussão sobre o valor da multa implica reexame de matéria fático-probatória, hipótese que atrai a aplicação da Súmula 7/STJ. Precedentes. 3. Agravo regimental desprovido" (STJ – AgRg no REsp 681.080/RS – Quarta Turma – Rel. Min. Jorge Scartezzini – j. 05.10.2006 – DJ 20.11.2006, p. 314).

Entretanto, houve uma lamentável reviravolta na jurisprudência superior. Em notório julgamento de incidente de recursos repetitivos, relativo à revisão de contratos bancários, consolidou-se o entendimento no STJ no sentido de que, para a retirada do nome do devedor do cadastro, é necessário o depósito da parte incontroversa da obrigação, ou prestação de caução. Além disso, o devedor necessita comprovar a verossimilhança de suas alegações com base na jurisprudência superior, a fim de obter a decisão temporária de retirada do cadastro, por meio de tutela antecipada, ou liminar em cautelar. Transcreve-se a longa ementa na íntegra, para as devidas reflexões:

"Direito processual civil e bancário. Recurso especial. Ação revisional de cláusulas de contrato bancário. Incidente de processo repetitivo. Juros remuneratórios. Configuração da mora. Juros moratórios. Inscrição/manutenção em cadastro de inadimplentes. Disposições de ofício. Delimitação do julgamento. Constatada a multiplicidade de recursos com fundamento em idêntica questão de direito, foi instaurado o incidente de processo repetitivo referente aos contratos bancários subordinados ao Código de Defesa do Consumidor, nos termos da ADI 2.591-1. Exceto: cédulas de crédito rural, industrial, bancária e comercial; contratos celebrados por cooperativas de crédito; contratos regidos pelo Sistema Financeiro de Habitação, bem como os de crédito consignado. Para os efeitos do § 7º do art. 543-C do CPC, a questão de direito idêntica, além de estar selecionada na decisão que instaurou o incidente de processo repetitivo, deve ter sido expressamente debatida no acórdão recorrido e nas razões do recurso especial, preenchendo todos os requisitos de admissibilidade. Neste julgamento, os requisitos específicos do incidente foram verificados quanto às seguintes questões: i) juros remuneratórios; ii) configuração da mora; iii) juros moratórios; iv) inscrição/manutenção em cadastro de inadimplentes; e v) disposições de ofício. Preliminar: O Parecer do MPF opinou pela suspensão do recurso até o julgamento definitivo da ADI 2.316/DF. Preliminar rejeitada ante a presunção de constitucionalidade do art. 5º da MP 1.963-17/00, reeditada sob o nº 2.170-36/01. I. Julgamento das questões idênticas que caracterizam a multiplicidade. Orientação 1: Juros remuneratórios. a) As instituições financeiras não se sujeitam à limitação dos juros remuneratórios estipulada na Lei de Usura (Decreto 22.626/1933), Súmula 596/STF; b) A estipulação de juros remuneratórios superiores a 12% ao ano, por si só, não indica abusividade; c) São inaplicáveis aos juros remuneratórios dos contratos de mútuo bancário as disposições do art. 591 c/c o art. 406 do CC/2002; d) É admitida a revisão das taxas de juros remuneratórios em situações excepcionais, desde que caracterizada a relação de consumo e que a abusividade (capaz de colocar o consumidor em desvantagem exagerada – art. 51, § 1º, do CDC) fique cabalmente demonstrada, ante as peculiaridades do julgamento em concreto. Orientação 2: Configuração da mora. a) O reconhecimento da abusividade nos encargos exigidos no período da normalidade contratual (juros remuneratórios e capitalização) descaracteriza a mora; b) Não descaracteriza a mora o ajuizamento isolado de ação revisional, nem mesmo quando o reconhecimento de abusividade incidir sobre os encargos inerentes ao período de inadimplência contratual. Orientação 3: Juros moratórios. Nos contratos bancários, não regidos por legislação específica, os juros moratórios poderão ser convencionados até o limite de 1% ao mês. Orientação 4: Inscrição/manutenção em cadastro de inadimplentes. a) A abstenção da inscrição/manutenção em cadastro de inadimplentes, requerida em antecipação de tutela e/ou medida cautelar, somente será deferida se, cumulativamente: i) a ação for fundada em questionamento integral ou parcial do débito; ii) houver demonstração de que a cobrança indevida se funda na aparência do bom direito e em jurisprudência consolidada do STF ou STJ; iii) houver depósito da parcela incontroversa ou for prestada a caução fixada conforme o prudente arbítrio do juiz; b) A inscrição/manutenção do nome do devedor em cadastro de inadimplentes decidida na sentença ou no acórdão observará o que for decidido no mérito do processo. Caracterizada a mora, correta a inscrição/manutenção. Orientação 5: Disposições de ofício. É vedado aos juízes de primeiro e segundo graus de jurisdição julgar, com fundamento no art. 51 do CDC, sem pedido expresso, a abusividade de cláusulas nos contratos bancários. Vencidos quanto a esta matéria a Min. Relatora e o Min. Luis Felipe Salomão. II. Julgamento do recurso representativo (REsp 1.061.530/RS). A menção a artigo de lei, sem a demonstração das razões de inconformidade, impõe o não conhecimento do recurso especial, em razão da sua deficiente fundamentação. Incidência da Súmula 284/STF. O recurso especial não constitui via adequada para o exame de temas constitucionais, sob pena de usurpação da competência do STF. Devem ser decotadas as disposições de ofício realizadas pelo acórdão recorrido. Os juros remuneratórios contratados encontram-se no limite que esta Corte tem considerado razoável e, sob a ótica do Direito do Consumidor, não merecem ser revistos, porquanto não demonstrada a onerosidade excessiva na hipótese. Verificada a cobrança de encargo abusivo no período da normalidade contratual, resta descaracterizada a mora do devedor. Afastada a mora: i) é ilegal o envio de dados do consumidor para quaisquer cadastros de inadimplência; ii) deve o consumidor permanecer na posse do bem alienado fiduciariamente; e iii) não se admite o protesto do título representativo da dívida. Não há qualquer vedação legal à efetivação de depósitos parciais, segundo o que a parte entende devido. Não se conhece do recurso quanto à comissão de permanência, pois deficiente o fundamento no tocante à alínea "a" do permissivo constitucional e também pelo fato de o dissídio jurisprudencial não ter sido comprovado, mediante a realização do cotejo entre os julgados tidos como divergentes. Vencidos quanto ao conhecimento do recurso a Min. Relatora e o Min. Carlos Fernando Mathias. Recurso especial parcialmente conhecido e, nesta parte, provido, para declarar a legalidade da cobrança dos juros remuneratórios, como pactuados, e ainda decotar do julgamento as disposições de ofício. Ônus sucumbenciais redistribuídos" (STJ – REsp 1061530/RS – Segunda Seção – Rel. Min. Nancy Andrighi – j. 22.10.2008 – DJe 10.03.2009).

Cumpre destacar que, do julgamento, surgiram quatro súmulas do STJ a respeito da matéria: "a estipulação de juros remuneratórios superiores a 12% ao ano, por si só, não indica abusividade" (Súmula 382); "nos contratos bancários, é vedado ao julgador conhecer, de ofício, da abusividade das cláusulas" (Súmula 381); "a simples propositura da ação de revisão de contrato não inibe a caracterização da mora do autor" (Súmula 380); "nos contratos bancários não regidos por legislação específica, os juros moratórios poderão ser convencionados até o limite de 1% ao mês" (Súmula 379).

Em complemento, nota-se que as exigências expostas passaram a compor a ferramenta *Jurisprudência em Teses*, do STJ, que em sua Edição n. 59 trata do Cadastro de Inadimplentes, como já exposto (publicada em 2016). Conforme a sua premissa 12, "a abstenção da inscrição/manutenção em cadastro de inadimplentes, requerida em antecipação de tutela e/ou medida cautelar, somente será deferida se, cumulativamente: a) a ação for fundada em questionamento integral ou parcial do débito; b) houver demonstração de que a cobrança indevida se funda na aparência do bom direito e em jurisprudência consolidada do STF ou STJ; c) houver depósito da parcela incontroversa ou for prestada a caução fixada conforme o prudente arbítrio do juiz".

Sem prejuízo de outras críticas aqui antes demonstradas, as ementas transcritas representam um excesso de proteção das entidades bancárias em detrimento dos consumidores, demonstrando um retrocesso do Tribunal Superior a respeito desses temas correlatos.

Relativamente à retirada do nome do devedor do cadastro, o retrocesso, do mesmo modo, é flagrante. Pela leitura do resumo do julgamento, constata-se que a jurisprudência exige uma soma de elementos que, por muitas vezes, é inalcançável (ação judicial de questionamento do débito + demonstração de que a cobrança indevida se funda na aparência do bom direito e em jurisprudência consolidada do STF ou STJ + depósito da parcela incontroversa ou prestação de caução pelo juiz).

No que tange ao depósito da parte incontroversa, a questão passou a ser tratada pelo Código de Processo Civil de 1973, tendo sido inserido o art. 285-B no Estatuto Processual anterior, pela Lei 12.810/2013. De acordo com o dispositivo, nos litígios que tivessem por objeto obrigações decorrentes de empréstimo, financiamento ou arrendamento mercantil, o autor deveria discriminar na petição inicial, dentre as obrigações contratuais, aquelas que pretendesse controverter, quantificando o valor incontroverso. Ademais, o valor incontroverso deveria continuar sendo pago no tempo e modo contratados.

O CPC/2015 repetiu a regra e até a ampliou, impondo expressamente a pena de inépcia da petição inicial, no caso de seu desrespeito. Conforme o seu art. 330, § 2º, "nas ações que tenham por objeto a revisão de obrigação decorrente de empréstimo, de financiamento ou de alienação de bens, o autor terá de, sob pena de inépcia, discriminar na petição inicial, dentre as obrigações contratuais, aquelas que pretende controverter, além de quantificar o valor incontroverso do débito". O § 3º do comando complementa esse tratamento, na linha do anterior, prescrevendo que o valor incontroverso deverá continuar a ser pago no tempo e modo contratados. A ilustrar a exigência de tais requisitos para a retirada do nome do devedor em cadastros negativos, o STJ deduziu:

"É lícita a inscrição dos nomes de consumidores em cadastros de proteção ao crédito por conta da existência de débitos discutidos judicialmente em processos de busca e apreensão, cobrança ordinária, concordata, despejo por falta de pagamento, embargos, execução fiscal, falência ou execução comum na hipótese em que os dados referentes às disputas judiciais sejam públicos e, além disso, tenham sido repassados pelos próprios cartórios de distribuição de processos judiciais às entidades detentoras dos cadastros por meio de convênios firmados com o Poder Judiciário de cada estado da Federação, sem qualquer intervenção dos credores litigantes ou de qualquer fonte privada. Os dados referentes a processos judiciais que não corram em segredo de justiça são informações públicas nos termos dos art. 5º, XXXIII e LX, da CF, visto que publicadas na imprensa oficial, portanto de acesso a qualquer interessado, mediante pedido de certidão, conforme autoriza o parágrafo único do art. 155 do CPC. Sendo, portanto, dados públicos, as entidades detentoras de cadastros de proteção ao crédito não podem ser impedidas de fornecê-los aos seus associados, sob pena de grave afronta ao Estado Democrático de Direito, que prima, como regra, pela publicidade dos atos processuais. Deve-se destacar, nesse contexto, que o princípio da publicidade processual existe para permitir a todos o acesso aos atos do processo, exatamente como meio de dar transparência à atividade jurisdicional. Além disso, o fato de as entidades detentoras dos cadastros fornecerem aos seus associados informações processuais representa medida menos burocrática e mais econômica tanto para os associados, que não precisarão se dirigir, a cada novo negócio jurídico, ao distribuidor forense para pedir uma certidão em nome daquele com quem se negociará, quanto para o próprio Poder Judiciário, que emitirá um número menor de certidões de distribuição, o que implicará menor sobrecarga aos funcionários responsáveis pela tarefa. O STJ, ademais, tem o entendimento pacificado de que a simples discussão judicial da dívida não é suficiente para obstaculizar ou remover a negativação de devedor em banco de dados. Por fim, ressalve-se que, em se tratando de inscrição decorrente de dados públicos, como os de cartórios de protesto de títulos ou de distribuição de processos judiciais, sequer se exige a prévia comunicação do consumidor. Consequentemente, a ausência de precedente comunicação nesses casos não enseja dano moral. Precedente citado: REsp 866.198/SP, Terceira Turma, DJe 5/2/2007" (STJ – REsp 1.148.179/MG – Rel. Min. Nancy Andrighi – j. 26.02.2013).

Em suma, entendo que a soma de tais requisitos afasta-se da ampla tutela esperada em benefício do consumidor, tornando praticamente impossível a revisão de negócios abusivos e a retirada do nome do devedor do cadastro negativo em muitos casos concretos.

8.2.3. O cancelamento da inscrição

Quanto ao cancelamento da inscrição no banco de dados ou cadastro, o § 1º do art. 43 do CDC determina em sua parte final que não podem os cadastros conter informações negativas referentes a período superior a cinco anos. Em outras palavras, após cinco anos da inscrição ocorrerá a sua caducidade, sendo o referido prazo de natureza decadencial do direito potestativo de inscrição. Em complemento ao dispositivo legal, o teor da Súmula 323 do Superior Tribunal de Justiça, de 2009, a saber: "a inscrição do nome do devedor pode ser mantida nos serviços de proteção ao crédito até o prazo máximo de cinco anos, independentemente da prescrição da execução".

A menção à prescrição ao final da ementa sumular representa incidência do § 5º do art. 43, segundo o qual, consumada a prescrição relativa à cobrança de débitos do consumidor, não serão fornecidas, pelos respectivos sistemas de proteção ao crédito, quaisquer informações que possam impedir ou dificultar novo acesso ao crédito junto aos fornecedores.

Desse modo, havendo prescrição do débito correspondente, o nome do devedor deve ser retirado imediatamente do cadastro, sob as penas da lei. Se o prazo prescricional do débito for maior do que os cinco anos, mesmo assim deve ocorrer o cancelamento, pelo respeito ao *teto temporal quinquenal* estabelecido na norma consumerista em prol dos vulneráveis negociais.

Em complemento, conforme reconhece a jurisprudência superior nos precedentes que geraram a última súmula, "o prazo prescricional referido no art. 43, § 5º, do CDC, é o da ação de cobrança, não o da ação executiva" (STJ – REsp 676.678/RS – Quarta Turma – Rel. Min. Jorge Scartezzini – j. 18.11.2004 – *DJ* 06.12.2004, p. 338; STJ – REsp 631.451/RS – Terceira Turma – Rel. Min. Carlos Alberto Menezes Direito – j. 26.08.2004 – *DJ* 16.11.2004, p. 278). A fim de esclarecer, a título ilustrativo, o prazo prescricional para a execução de um cheque é de seis meses após a sua apresentação (art. 59 da Lei do Cheque, Lei 7.357/1985). Todavia, mesmo sendo um título de crédito abstrato, o cheque pode estar estribado em um instrumento público ou particular de confissão de dívida que encerra uma obrigação líquida, sujeito a um prazo prescricional de cobrança de cinco anos, que vale para fins de interpretação do comando consumerista (art. 206, § 5º, inc. I, do CC/2002).

Esclareça-se, para os devidos fins, que o prazo prescricional de três anos, previsto na codificação privada para a cobrança de valores constantes em títulos de crédito, somente tem incidência para os títulos atípicos, aqueles sem tratamento legal específico (arts. 206, § 3º, inc. VIII, e 903 do CC/2002). De toda sorte, há julgados que aplicam o último prazo, por ser mais favorável ao consumidor:

> "Sistema de proteção ao crédito. Inscrição em cadastro de inadimplentes. Cancelamento. Prazo. Exclusão do registro após cinco anos, já em fase recursal o processo. O prazo para cancelamento de registro em cadastro de inadimplentes é de três anos a contar da inscrição, quando a obrigação esteja representada por título cambial (CDC, art. 43, §§ 1º e 5º), prazo mais favorável que se presume em proveito do consumidor na ausência de prova em contrário (CDC, art. 6º, inc. VIII).

Inteligência da Súmula 13 do TJRS. Cheques. Prazo da ação executiva. Fluídos mais de seis meses previstos legalmente, viável a ação que visa cancelamento do registro. Não há falar-se em falta de interesse de recorrer se, após a sentença de improcedência, o autor recorre e, entrementes, há o cancelamento administrativo do registro, pelo decurso do prazo de cinco anos. Hipótese em que não se altera o interesse de agir, reconhecendo-se o direito buscado na inicial. Imposição à recorrida dos ônus da sucumbência. Apelação provida" (TJRS – Apelação Cível 70008066425, Porto Alegre – Décima Nona Câmara Cível – Rel. Des. Jorge Adelar Finatto – j. 18.05.2004).

Outra questão de relevo diz respeito ao início dessa contagem dos cinco anos. De início, vejamos aresto publicado no *Informativo* n. 588 do Tribunal da Cidadania, em 2016:

"O termo inicial do prazo de permanência de registro de nome de consumidor em cadastro de proteção ao crédito (art. 43, § 1º, do CDC) inicia-se no dia subsequente ao vencimento da obrigação não paga, independentemente da data da inscrição no cadastro. Quanto ao início da contagem do prazo de 5 anos a que se refere o § 1º do art. 43 do CDC, vale ressaltar que – não obstante mencionada, em alguns julgados do STJ, a indicação de que esse prazo passaria a contar da 'data da inclusão' do nome do devedor (conforme constou, por exemplo, da decisão monocrática proferida no REsp 656.110-RS, *DJ* 19/8/2004) ou 'após o quinto ano do registro' (expressão que aparece no REsp 472.203-RS, Segunda Seção, *DJ* 23/6/2004) – o termo inicial do prazo previsto no § 1º do art. 43 nunca foi o cerne da discussão desses precedentes, merecendo, portanto, melhor reflexão. É verdade que não constou do § 1º do art. 43 do CDC regra expressa sobre o início da fluência do prazo relativo ao 'período superior a cinco anos'. Entretanto, mesmo em uma exegese puramente literal da norma, é possível inferir que o legislador quis se referir, ao utilizar a expressão 'informações negativas referentes a período superior a cinco anos', a 'informações relacionadas, relativas, referentes a fatos pertencentes a período superior a cinco anos', conforme ressalta entendimento doutrinário. E, sendo assim, em linha doutrinária, conclui-se que 'o termo inicial de contagem do prazo deve ser o da data do ato ou fato que está em registro e não a data do registro, eis que, se assim fosse, aí sim a lei estaria autorizando que as anotações fossem perpétuas', pois 'bastaria que elas passassem de um banco de dados para outro ou para um banco de dados novo'" (REsp 1.316.117/SC).

Tal interpretação, segundo o Relator do voto vencedor, também decorre do fato de ser o CDC norma de ordem pública que orienta uma interpretação mais favorável ao consumidor (STJ – REsp 1.316.117/SC – Rel. Min. João Otávio de Noronha, Rel. para acórdão Min. Paulo de Tarso Sanseverino – j. 26.04.2016, *DJe* 19.08.2016).

Acrescente-se que, em 2018, essa premissa foi confirmada por outro acórdão do Tribunal, que cita esta obra e segundo o qual "a jurisprudência do STJ concilia e harmoniza os prazos do § 1º com o do § 5º do art. 43 do CDC, para estabelecer que a manutenção da inscrição negativa nos cadastros de proteção ao crédito respeita a exigibilidade do débito inadimplido, tendo, para tanto, um limite máximo de cinco anos que pode ser, todavia, restringido, se for menor o prazo prescricional para a cobrança do crédito. Em razão do respeito à exigibilidade do crédito e ao princípio da veracidade da informação, o termo inicial do limite temporal de cinco anos em que a dívida pode ser inscrita no banco de dados de inadimplência é contado do primeiro dia seguinte à data de vencimento da dívida" (STJ – REsp 1.630.889/DF – Terceira Turma – Rel. Min. Nancy Andrighi – j. 11.09.2018 – *DJe* 21.09.2018).

Pontue-se que outra tese importante foi firmada no último acórdão, qual seja a de que as entidades mantenedoras de cadastros de proteção ao crédito não devem incluir em sua base de dados informações coletadas dos cartórios de protestos sem a informação do prazo de vencimento da dívida, sendo responsáveis pelo controle de ambos os limites temporais estabelecidos no art. 43 do CDC. Aqui acertou totalmente o Tribunal Superior, merecendo o julgamento das maiorias das decisões o meu total apoio.

Essa posição tem se repetido na Corte desde então, merecendo destaque, de 2024 e da sua Quarta Turma, o seguinte trecho de ementa: "não há obrigação legal de a administradora do cadastro de inadimplentes inserir no seu banco de dados todas as informações constantes na certidão de protesto do título, tendo em vista a publicidade desses dados ser de competência privativa do Tabelião de Protesto de Títulos (Lei 9.492/1997, arts. 2º, 3º e 27). A inscrição e manutenção do nome do devedor em cadastros de inadimplentes está adstrita ao prazo de cinco anos, contados do primeiro dia seguinte à data de vencimento da dívida. A data de vencimento da dívida é informação relevante, devendo, portanto, constar no banco de dados do cadastro de inadimplentes, sobretudo para possibilitar o controle do limite temporal estabelecido no art. 43, § 1º, da Lei 8.078/1990" (STJ – REsp 2.095.414/SP – Quarta Turma – Rel. Min. Antonio Carlos Ferreira – j. 11.06.2024 – *DJe* 18.06.2024).

Deve ficar claro que, se o nome do devedor for mantido inscrito no cadastro após os prazos analisados, configurado está o ilícito consumerista, a gerar a responsabilização civil do órgão mantenedor por todos os prejuízos suportados pelo consumidor, sejam eles materiais ou morais (manutenção indevida). A responsabilidade, como não poderia ser diferente, é objetiva ou independentemente de culpa, o que está em sintonia com o sistema adotado pela Lei 8.078/1990 (como exemplos: TRF da 5ª Região – Apelação Cível 400813 – Processo 2003.82.00.009398-0, Paraíba – Primeira Turma – Rel. Des. Fed. Rogério Fialho Moreira – *DJETRF5* 18.05.2010; TJDF – Recurso 2010.09.1.011785-7 – Acórdão 458.307 – Primeira Turma Recursal dos Juizados Especiais Cíveis e Criminais – Rel. Juíza Sandra Reves Vasques Tonussi – *DJDFTE* 03.11.2010, p. 208).

Encerrando o estudo da matéria do cancelamento dos registros, repise-se que, no caso de pagamento da dívida ou acordo entre as partes, cabe ao credor tomar as medidas para a retirada do nome do devedor de cadastro de inadimplentes, sob pena de sua responsabilização civil. A hipótese representa clara aplicação da boa-fé objetiva na fase pós-contratual, presente a violação positiva da obrigação, por quebra do dever anexo de colaboração, caso o credor não tome as medidas cabíveis (responsabilidade *post pactum finitum*).[10] Nesse contexto, da jurisprudência superior: "constitui obrigação do credor providenciar, junto ao órgão cadastral de dados, a baixa do nome do devedor após a quitação da dívida que motivou a inscrição, sob pena de, assim não procedendo em tempo razoável, responder pelo ato moralmente lesivo, indenizando o prejudicado pelos danos morais causados" (STJ – REsp 870.582/SP – Quarta Turma – Rel. Min. Aldir Passarinho Junior – j. 23.10.2007 – *DJ* 10.12.2007, p. 380).

---

[10] Sobre o tema, por todos: DONNINI, Rogério Ferraz. *Responsabilidade civil pós-contratual*. 3. ed. São Paulo: Saraiva, 2011.

Na mesma linha, o Enunciado n. 26 dos Juizados Especiais Cíveis do Estado de São Paulo, que assim dispõe: "o cancelamento de inscrição em órgãos restritivos de crédito após o pagamento deve ser procedido pelo responsável pela inscrição, em prazo razoável, não superior a dez dias, sob pena de importar em indenização por dano moral". Como visto anteriormente, o STJ entende que esse prazo é de cinco dias úteis, o que deve ser considerado para os devidos fins práticos (REsp 1.149.998/ES e Súmula n. 548 da Corte).

Analisado o tema do cancelamento do registro, é preciso trazer à tona outras questões relativas à indenização pela inscrição indevida do nome do devedor nos cadastros negativos.

8.2.4. A reparação dos danos nos casos de inscrição indevida do nome do devedor. Crítica à Súmula 385 do STJ. Prazo para se pleitear a reparação

Como ficou claro, matéria de grande relevância prática é a relativa à inscrição indevida do nome do devedor nos cadastros negativos. Apesar de sua notória caracterização como ilícito puro, entendo que o melhor enquadramento da hipótese é como abuso de direito, por quebra da boa-fé objetiva e da função social. Serve *como luva*, portanto, o art. 187 do CC/2002, em *diálogo das fontes* ("Também comete ato ilícito o titular de um direito que, ao exercê-lo, excede manifestamente os limites impostos pelo seu fim econômico ou social, pela boa-fé ou pelos bons costumes").

Como outrora exposto nesta obra, a inscrição do nome do devedor por parte do credor, quando a dívida efetivamente existe, constitui exercício regular de direito, a afastar o ilícito civil (art. 188, inc. II, do CC/2002). Daí decorre a correta dedução de que, se a dívida inexiste e a inscrição é feita, presente está o *exercício irregular do direito de crédito*. Consigne-se que várias decisões jurisprudenciais aplicam corretamente o conceito de abuso de direito em casos tais (ver: TJMG – Apelação Cível 0189607-96.2009.8.13.0028, Andrelândia – Décima Oitava Câmara Cível – Rel. Desig. Des. Arnaldo Maciel – j. 23.11.2010 – *DJEMG* 13.12.2010; TJRS – Apelação Cível 70035809540, Porto Alegre – Décima Sexta Câmara Cível – Rel. Des. Paulo Sergio Scarparo – j. 24.06.2010 – *DJERS* 01.07.2010; TJBA – Recurso 59714-7/2002-1 – Segunda Turma Recursal – Rel. Juíza Sandra Inês Moraes Rusciolelli Azevedo – *DJBA* 09.10.2009; TJRJ – Apelação 2009.001.15841 – Décima Sétima Câmara Cível – Rel. Des. Raul Celso Lins e Silva – *DORJ* 29.04.2009, p. 204; TJDF – Apelação Cível 2007.06.1.002814-8 – Acórdão 281232 – Segunda Turma Recursal dos Juizados Especiais – Rel. Juiz Alfeu Machado – *DJU* 18.09.2007, p. 150).

A configuração da hipótese como abuso de direito serve para reforçar a responsabilidade objetiva ou sem culpa no caso de inscrição indevida, além da incidência de vários preceitos do CDC. A propósito da natureza dessa responsabilização, na *VI Jornada de Direito Civil* (2013), aprovou-se o Enunciado n. 553 do CJF/STJ, *in verbis*: "nas ações de responsabilidade civil por cadastramento indevido nos registros de devedores inadimplentes realizados por instituições financeiras, a responsabilidade civil é objetiva".

Feita tal pontuação, na esteira dos acórdãos antes citados, vale dizer que a *inscrição indevida* não está caracterizada somente nas hipóteses em que a dívida inexiste ou é inválida, mas também quando não há a comunicação prévia por parte do órgão que mantém o cadastro, em desrespeito à citada Súmula 359 do STJ. Há que se falar igualmente em *manutenção indevida* do nome em cadastro, quando a dívida é paga ou quando expirado o prazo máximo de conservação do nome por cinco anos, conforme antes estudado. Em resumo, pode-se dizer que a inscrição indevida está presente sempre que não houver um justo motivo ou fundamento como alicerce da atuação.

Em todos os casos, como os cadastros de consumidores lidam como o nome, direito da personalidade com proteção fundamental, é correto entender que os danos imateriais presentes são presumidos ou *in re ipsa*. A presunção é relativa, cabendo prova em contrário, por parte do fornecedor ou prestador (inversão do ônus da prova automática). Em relação aos danos materiais sofridos, devem eles ser provados, nos termos do art. 402 do CC/2002, salvo os casos em que há pedido de inversão do ônus da prova por parte do consumidor, nos termos do art. 6º, inc. VIII, do CDC.

No que concerne à presença de danos morais presumidos no caso de inscrição indevida, podem ser encontrados vários julgados do Superior Tribunal de Justiça, inclusive recentes, que fazem incidir a presunção tanto a pessoas físicas quanto jurídicas. Por todos, a fim de ilustrar:

"Agravo regimental no agravo de instrumento. Fundamentos insuficientes para reformar a decisão agravada. Danos morais. Inscrição indevida em cadastros restritivos de crédito. Caracterização *in re ipsa* dos danos. Valor irrisório. Majoração. Possibilidade. 1. A agravante não trouxe argumentos novos capazes de infirmar os fundamentos que alicerçaram a decisão agravada, razão que enseja a negativa de provimento ao agravo regimental. 2. Consoante entendimento consolidado desta Corte Superior, nos casos de inscrição indevida em cadastros de inadimplentes, os danos caracterizam-se *in re ipsa*, isto é, são presumidos, prescindem de prova (Precedente: REsp 1059663/MS – Rel. Min. Nancy Andrighi – DJe 17.12.2008). 3. Na via especial, somente se admite a revisão do valor fixado pelas instâncias de ampla cognição, a título de indenização por danos morais, quando estes se revelem nitidamente ínfimos ou exacerbados, extrapolando, assim, os limites da razoabilidade. Na hipótese dos autos, o valor de R$ 1.000,00 (um mil reais), fixado pelo Tribunal de origem, apresenta-se nitidamente irrisório, justificando a excepcional intervenção desta Corte Superior. *Quantum* majorado para R$ 7.500,00 (sete mil e quinhentos reais), montante que se mostra mais adequado para confortar moralmente a ofendida e desestimular a empresa ofensora de práticas desta natureza. 4. Agravo regimental a que se nega provimento" (STJ – AgRg no Ag 1.152.175/RJ – Terceira Turma – Rel. Des. Conv. Vasco Della Giustina – j. 03.05.2011 – DJe 11.05.2011).

"Agravo regimental no agravo de instrumento. Responsabilidade civil. Inscrição indevida em órgãos de proteção ao crédito. Dívida oriunda de lançamento de encargos em conta corrente inativa. Dano moral. Valor da condenação. 1. Inviável rever a conclusão a que chegou o Tribunal *a quo*, a respeito da existência de dano moral indenizável, em face do óbice da Súmula 7/STJ. 2. É consolidado nesta Corte Superior de Justiça o entendimento de que a inscrição ou a manutenção indevida em cadastro de inadimplentes gera, por si só, o dever de indenizar e constitui dano moral *in re ipsa*, ou seja, dano vinculado à própria existência do fato ilícito, cujos resultados são presumidos. 3. A quantia fixada não se revela excessiva, considerando-se os parâmetros adotados por este Tribunal Superior em casos de indenização decorrente de inscrição indevida em órgãos de proteção ao crédito. Precedentes. 4. Agravo regimental a que se nega provimento" (STJ – AgRg no Ag 1.379.761/SP – Quarta Turma – Rel. Min. Luis Felipe Salomão – j. 26.04.2011 – DJe 02.05.2011).

"Responsabilidade civil. Inclusão indevida do nome da cliente nos órgãos de proteção ao crédito. Dano moral presumido. Valor da reparação. Critérios para fixação. Controle pelo STJ. Possibilidade. Redução do *quantum*. I. O dano moral decorrente da inscrição indevida em cadastro de inadimplentes é considerado *in re ipsa*, isto é, não se faz necessária a prova do prejuízo, que é presumido e decorre do próprio fato. (...). III. Inexistindo critérios determinados e fixos para a quantificação do dano moral, recomendável que o arbitramento seja feito com moderação, atendendo às peculiaridades do caso concreto, o que, na espécie, não ocorreu, distanciando-se o *quantum* arbitrado da razoabilidade. Recurso especial provido" (STJ – REsp 1.105.974/BA – Terceira Turma – Rel. Min. Sidnei Beneti – j. 23.04.2009 – DJe 13.05.2009).

A questão se consolidou de tal forma que passou a compor a ferramenta *Jurisprudência em Teses*, do Tribunal da Cidadania. Conforme a premissa 1, publicada na sua Edição n. 59, que trata do *Cadastro de Inadimplentes*, "a inscrição indevida em cadastro de inadimplentes configura dano moral *in re ipsa*". Porém, de acordo com a tese 19, publicada no mesmo canal e com importante ressalva, não existindo a anotação irregular nos órgãos de proteção ao crédito, a mera cobrança indevida de serviços ao consumidor não gera danos morais presumidos ou *in re ipsa*. No mesmo sentido, a tese n. 7, constante da Edição n. 84 da mesma ferramenta, do ano de 2017 (Consumidor III).

Em complemento, em 2019, a Terceira Turma da Corte Superior passou a entender que configura dano moral *in re ipsa* a ausência de comunicação sobre a disponibilização ou comercialização de informações pessoais em bancos de dados do consumidor. Nos termos do acórdão, em seu trecho principal:

"A inobservância dos deveres associados ao tratamento (que inclui a coleta, o armazenamento e a transferência a terceiros) dos dados do consumidor – dentre os quais se inclui o dever de informar – faz nascer para este a pretensão de indenização pelos danos causados e a de fazer cessar, imediatamente, a ofensa aos direitos da personalidade. Em se tratando de compartilhamento das informações do consumidor pelos bancos de dados, prática essa autorizada pela Lei 12.414/2011 em seus arts. 4º, III, e 9º, deve ser observado o disposto no art. 5º, V, da Lei 12.414/2011, o qual prevê o direito do cadastrado ser informado previamente sobre a identidade do gestor e sobre o armazenamento e o objetivo do tratamento dos dados pessoais O fato, por si só, de se tratarem de dados usualmente fornecidos pelos próprios consumidores quando da realização de qualquer compra no comércio, não afasta a responsabilidade do gestor do banco de dados, na medida em que, quando o consumidor o faz não está, implícita e automaticamente, autorizando o comerciante a divulgá-los no mercado; está apenas cumprindo as condições necessárias à concretização do respectivo negócio jurídico entabulado apenas entre as duas partes, confiando ao fornecedor a proteção de suas informações pessoais. Do mesmo modo, o fato de alguém publicar em rede social uma informação de caráter pessoal não implica o consentimento, aos usuários que acessam o conteúdo, de utilização de seus dados para qualquer outra finalidade, ainda mais com fins lucrativos" (STJ – REsp 1.758.799/MG – Rel. Min. Nancy Andrighi – Terceira Turma – j. 12.11.2019 – DJe 19.11.2019).

Sobre a Lei 12.424/2011, que trata do chamado cadastro positivo, será ela devidamente analisada no presente capítulo, com as suas recentes modificações.

Pelo sistema de presunção existente, sempre causou grande estranheza a Súmula 385 daquela Corte Superior, segundo a qual "da anotação irregular em cadastro de proteção ao crédito, não cabe indenização por dano moral, quando preexistente legítima inscrição, ressalvado o direito ao cancelamento". A súmula está estabelecendo que, se a pessoa, física ou jurídica, já tiver uma inscrição anterior, de valor devido, não caberá indenização imaterial pela inscrição indevida, o que representa uma volta ao sistema de investigação da presença do dano imaterial.

Como bem aponta Claudia Lima Marques, que mais uma vez critica com razão entendimento sumulado do STJ, "a Súmula 385 acabou por criar excludente para o fornecedor que efetivamente erra e ainda uma escusa de antemão de todos os erros dos fornecedores e da abertura de cadastros irregulares (que ficam sem qualquer punição), caso o consumidor tenha um – e somente um – problema anterior, em que se considerou 'legítima' a inscrição 'preexistente'".[11] Em complemento às suas palavras, imagina-se pela súmula que a pessoa que já teve o nome inscrito nunca mais terá direito à indenização, pois, como devedor que foi, perdeu a sua personalidade moral.

A lamentável Súmula 385 do STJ acaba, assim, por incentivar a prática do abuso de direito pelos fornecedores, prestadores e órgãos que mantêm os bancos de dados. Em reforço, como pontua Ezequiel Morais, "a Súmula 385 torna lícito um ato ilícito apenas porque já preexistia outro registro negativo do nome do consumidor – e sem levar em consideração que o registro negativo preexistente pode ser irregular, indevido!".[12]

Nota-se que não há qualquer ressalva na ementa sumular, que tem grau altamente generalizante, o que pode trazer graves danos aos consumidores, como vem ocorrendo no campo prático. Imagine-se, por exemplo, que um consumidor devia um valor *legítimo*, ocorrendo a inscrição do seu nome no cadastro negativo. Cinco anos após a inscrição, o seu nome não é retirado do banco de dados (*manutenção indevida*), ocorrendo inscrições ilegítimas posteriores. Pelo teor da súmula, não caberá a indenização moral, pois a inscrição anterior foi legítima. O que não foi legítima foi a não retirada do nome do devedor do cadastro.

Como outro exemplo, o consumidor teve uma inscrição legítima, de valor que realmente devia. Porém, um banco, que com o vulnerável não teve qualquer relação jurídica, realiza centenas ou milhares de inscrições ilegítimas. Pela Súmula 385 do STJ, mais uma vez, não haverá direito a qualquer reparação por parte do consumidor, o que representa um absurdo que deve ser revisto.

Sem falar, em continuidade, que a Súmula 385 entra em conflito com a Súmula 370 do mesmo STJ, segundo a qual cabe indenização por dano moral no caso de depósito antecipado de cheque pré ou pós-datado. Imagine-se que o consumidor já teve o nome inscrito por uma dívida regular, surgindo uma inscrição posterior indevida em decorrência do citado depósito antecipado. Pela Súmula 385, não caberá a indenização moral; pela Súmula 370, a resposta é positiva, em contrariedade à ementa anterior.

Em suma, por todas essas razões, pelo *bem* do Direito do Consumidor nacional, esperava-se que mais esse entendimento sumulado fosse cancelado ou revisto pelo Tribunal Superior responsável pelo julgamento das demandas consumeristas em última instância no Brasil.

Reafirme-se que, com a emergência do CPC/2015, esta modificação torna-se ainda mais imperiosa, diante da necessidade de os juízes de primeira e segunda instância seguirem as

---

[11] MARQUES, Claudia Lima; BENJAMIN, Antonio Herman; MIRAGEM, Bruno. *Comentários ao Código de Defesa do Consumidor*. 3. ed. São Paulo: RT, 2010. p. 833.

[12] MORAIS, Ezequiel; PODESTÁ, Fábio Henrique; e CARAZAI, Marcos Marins. *Código de Defesa do Consumidor Comentado*. São Paulo: RT, 2011. p. 223.

súmulas do Superior Tribunal de Justiça, o que é retirado de vários de seus dispositivos, sobretudo do art. 489, § 1º, inciso VI ("Não se considera fundamentada qualquer decisão judicial, seja ela interlocutória, sentença ou acórdão, que: (...) deixar de seguir enunciado de súmula, jurisprudência ou precedente invocado pela parte, sem demonstrar a existência de distinção no caso em julgamento ou a superação do entendimento").

Em 2016, a Segunda Seção do Tribunal da Cidadania rediscutiu o teor da sumular, por iniciativa do Ministro Paulo de Tarso Sanseverino. Porém, lamentavelmente, não só confirmou o seu teor, como também ampliou a sua aplicação aos credores, sendo certo que os seus precedentes somente diziam respeito aos órgãos mantenedores de cadastros. Nos termos da publicação constante do *Informativo* n. 583 do STJ:

"A inscrição indevida comandada pelo credor em cadastro de proteção ao crédito, quando preexistente legítima inscrição, não enseja indenização por dano moral, ressalvado o direito ao cancelamento. A Súmula n. 385 do STJ prevê que 'Da anotação irregular em cadastro de proteção ao crédito, não cabe indenização por dano moral, quando preexistente legítima inscrição, ressalvado o direito ao cancelamento'. O fundamento dos precedentes da referida súmula – 'quem já é registrado como mau pagador não pode se sentir moralmente ofendido por mais uma inscrição do nome como inadimplente em cadastros de proteção ao crédito' (REsp 1.002.985/RS, Segunda Seção, *DJe* 27/8/2008) –, embora extraídos de ações voltadas contra cadastros restritivos, aplica-se também às ações dirigidas contra supostos credores que efetivaram inscrições irregulares. Ressalte-se, todavia, que isso não quer dizer que o credor não possa responder por algum outro tipo de excesso. A anotação irregular, já havendo outras inscrições legítimas contemporâneas, não enseja, por si só, dano moral. Mas o dano moral pode ter por causa de pedir outras atitudes do suposto credor, independentemente da coexistência de anotações regulares, como a insistência em uma cobrança eventualmente vexatória e indevida, ou o desleixo de cancelar, assim que ciente do erro, a anotação indevida. Portanto, na linha do entendimento consagrado na Súmula n. 385, o mero equívoco em uma das diversas inscrições não gera dano moral indenizável, mas apenas o dever de suprimir a inscrição indevida" (STJ – REsp 1.386.424/MG – Segunda Seção – Rel. Min. Paulo de Tarso Sanseverino – Rel. para acórdão Min. Maria Isabel Gallotti – j. 27.04.2016 – *DJe* 16.05.2016).

Em suma, a ementa de resumo, além de ser confirmada, recebeu uma interpretação ampliativa, devendo assim ser considerada para os devidos fins práticos, infelizmente.

De todo modo, no ano de 2020, importante julgado superior trouxe uma mitigação do teor da ementa, concluindo que "até o reconhecimento judicial definitivo acerca da inexigibilidade do débito, deve ser presumida como legítima a anotação realizada pelo credor junto aos cadastros restritivos, e essa presunção, via de regra, não é ilidida pela simples juntada de extratos comprovando o ajuizamento de ações com a finalidade de contestar as demais anotações. Admite-se a flexibilização da orientação contida na Súmula 385/STJ para reconhecer o dano moral decorrente da inscrição indevida do nome do consumidor em cadastro restritivo, ainda que não tenha havido o trânsito em julgado das outras demandas em que se apontava a irregularidade das anotações preexistentes, desde que haja nos autos elementos aptos a demonstrar a verossimilhança das alegações. Hipótese em que apenas um dos processos relativos às anotações preexistentes encontra-se pendente de solução definitiva, mas com sentença de parcial procedência para reconhecer a irregularidade do registro, tendo sido declarada a inexistência dos demais débitos mencionados nestes autos, por meio de decisão judicial transitada em julgado. Compensação do dano moral arbitrada em R$ 5.000,00 (cinco mil reais)" (STJ – REsp 1.704.002/SP – Terceira Turma – Rel. Min. Nancy Andrighi – j. 11.02.2020 – DJe 13.02.2020).

Como sou um dos críticos da sumular, concordo totalmente com essa sua flexibilização, que aliás passou a compor a Edição n. 160 da ferramenta *Jurisprudência em Teses*, da Corte, publicada em 2020 (Consumidor IV). Nos termos da sua assertiva n. 4, "é possível a flexibilização da orientação contida na Súmula n. 385/STJ, para reconhecer dano moral decorrente de inscrição indevida do nome do consumidor em cadastro restritivo de crédito, quando existentes nos autos elementos aptos a demonstrar a ilegitimidade da preexistente anotação".

A encerrar o presente tópico, é interessante verificar qual o prazo que tem o consumidor para pleitear a reparação de danos pela inscrição indevida em cadastro negativo. *Prima facie*, poder-se-ia pensar na aplicação do prazo prescricional de cinco anos do art. 27 do CDC, caracterizando-se, em casos tais, um fato do serviço. Muitos arestos julgam desse modo (por todos: TJRS – Apelação Cível 555907-44.2010.8.21.7000 – Canoas – Vigésima Terceira Câmara Cível – Rel. Des. Niwton Carpes da Silva – j. 11.09.2012 – *DJERS* 24.09.2012; TJPE – Processo 0020495-37.2011.8.17.0000 – Quinta Câmara Cível – Rel. Des. Itabira de Brito Filho – j. 30.11.2011 – *DJEPE* 07.12.2011, p. 962; TJSP – Apelação 0148630-14.2008.8.26.0100 – Acórdão 4853747 – São Paulo – Vigésima Câmara de Direito Privado – Rel. Des. Rebello Pinheiro – j. 22.11.2010 – *DJESP* 13.01.2011; TJMG – Apelação Cível 0510996-23.2009.8.13.0074 – Bom Despacho – Décima Sexta Câmara Cível – Rel. Desig. Des. José Marcos Vieira – j. 20.10.2010 – *DJEMG* 03.12.2010).

Não obstante tal visão, o Superior Tribunal de Justiça concluiu anteriormente pela aplicação do prazo geral de prescrição de dez anos do Código Civil para a hipótese de inscrição indevida, subsumindo o art. 205 da codificação privada:

"Direito civil e do consumidor. Recurso especial. Relação entre banco e cliente. Consumo. Celebração de contrato de empréstimo extinguindo o débito anterior. Dívida devidamente quitada pelo consumidor. Inscrição posterior no SPC, dando conta do débito que fora extinto por novação. Responsabilidade civil contratual. Inaplicabilidade do prazo prescricional previsto no artigo 206, § 3º, V, do Código Civil. 1. O defeito do serviço que resultou na negativação indevida do nome do cliente da instituição bancária não se confunde com o fato do serviço, que pressupõe um risco à segurança do consumidor, e cujo prazo prescricional é definido no art. 27 do CDC. 2. É correto o entendimento de que o termo inicial do prazo prescricional para a propositura de ação indenizatória é a data em que o consumidor toma ciência do registro desabonador, pois, pelo princípio da 'actio nata', o direito de pleitear a indenização surge quando constatada a lesão e suas consequências. 3. A violação dos deveres anexos, também intitulados instrumentais, laterais, ou acessórios do contrato – tais como a cláusula geral de boa-fé objetiva, dever geral de lealdade e confiança recíproca entre as partes –, implica responsabilidade civil contratual, como leciona a abalizada doutrina com respaldo em numerosos precedentes desta Corte, reconhecendo que, no caso, a negativação caracteriza ilícito contratual. 4. O caso não se amolda a nenhum dos prazos específicos do Código Civil, incidindo o prazo prescricional de dez anos previsto no artigo 205, do mencionado Diploma. 5. Recurso especial não provido" (STJ – REsp 1.276.311/RS – Rel. Min. Luis Felipe Salomão – Quarta Turma – j. 20.09.2011 – DJe 17.10.2011).

Como se pode perceber, o aresto considera a inscrição indevida como defeito do serviço e violação dos deveres anexos relativos à boa-fé objetiva, que não se enquadrariam no tipo descrito pelo art. 27 do Código Consumerista. Ademais, considerou como termo inicial do prazo a data da ciência da informação desabonadora, o que é correta aplicação da teoria da *actio nata*, em sua faceta subjetiva.

A busca de um prazo maior, previsto no Código Civil, para demanda proposta pelo consumidor, constitui exemplo típico de incidência do *diálogo das fontes*, inicialmente pela ausência de regulamentação no CDC. Ademais, segue-se a clara tendência de se tutelar o vulnerável negocial, dando-lhe um prazo mais favorável.

Porém, em anos mais recentes o Superior Tribunal de Justiça mudou sua posição anterior, passando a entender pela aplicação do prazo de reparação civil de três anos, previsto no art. 206, § 3º, inc. V, do Código Civil. Nos termos da premissa 18 publicada na Edição n. 59 da ferramenta *Jurisprudência em Teses* da Corte, "a ação de indenização por danos morais decorrente da inscrição indevida em cadastro de inadimplentes não se sujeita ao prazo quinquenal do art. 27 do CDC, mas ao prazo de 3 (três) anos previsto no art. 206, § 3º, V, do CC/2002". São citados como precedentes da tese os seguintes acórdãos: AgRg no REsp 1.365.844/RS – Terceira Turma – Rel. Min. Marco Aurélio Bellizze – j. 03.12.2015 – *DJe* 14.12.2015; AgRg no REsp 1.303.012/RS – Quarta Turma – Rel. Min. Raul Araújo – j. 24.06.2014 – *DJe* 01.08.2014; e AgRg no AREsp 127.346/RS – Quarta Turma – Rel. Min. Maria Isabel Gallotti – j. 06.05.2014 – *DJe* 16.05.2014). Em 2017, a afirmação foi republicada na Edição n. 74 da mesma ferramenta (Consumidor III, tese n. 8). Com o devido respeito, trata-se de mais um retrocesso percebido no Tribunal da Cidadania sobre o tema, até porque o próprio STJ acabou por consolidar o entendimento pelo prazo de dez anos para os casos de responsabilidade civil contratual (EREsp 1.281.594/SP – Corte Especial – Rel. Min. Benedito Gonçalves – Rel. p/ Acórdão Min. Felix Fischer – j. 15.05.2019 – *DJe* 23.05.2019).

Louva-se, todavia, a manutenção da afirmação de que o prazo deve ser contado da ciência da inscrição indevida, como consta da tese número 17, publicada na mesma ferramenta da Corte. Conforme o seu teor, que adota a teoria da *actio nata* em viés subjetivo, "a data em que o consumidor tem ciência do registro indevido de seu nome nos cadastros de inadimplentes é o termo inicial da prescrição para o ajuizamento da demanda indenizatória" (Edição n. 59, que trata do Cadastro de Inadimplentes, de 2016).

8.2.5. O cadastro de fornecedores e prestadores e o alcance do art. 44 da Lei 8.078/1990

Além dos cadastros e bancos de dados dos consumidores, o Código de Defesa do Consumidor trata também dos cadastros de fornecedores de produtos e prestadores de serviços. Como explica Rizzatto Nunes, trata-se do *troco* da lei aos serviços de proteção ao crédito. Em outras palavras, há uma *revanche* em benefício dos consumidores pela existência dos cadastros negativos.[13]

---

[13] RIZZATTO NUNES, Luiz Antonio. *Comentários ao Código de Defesa do Consumidor*. 3. ed. São Paulo: Saraiva, 2007. p. 538.

Nos termos do art. 44, *caput*, da Lei 8.078/1990, "os órgãos públicos de defesa do consumidor manterão cadastros atualizados de reclamações fundamentadas contra fornecedores de produtos e serviços, devendo divulgá-los pública e anualmente. A divulgação indicará se a reclamação foi atendida ou não pelo fornecedor". Como exemplos mais notórios, podem ser citados os cadastros mantidos pelos PROCONs estaduais, instituições que visam a tutelar os interesses dos consumidores, no contexto da Política Nacional das Relações de Consumo (art. 5º da Lei 8.078/1990).

A ampla tutela da informação dos consumidores é confirmada pelo § 1º do art. 44, segundo o qual é facultado o acesso às informações constantes dos cadastros para orientação e consulta por qualquer interessado.

Por fim, consagra o art. 44, § 2º, do CDC a subsunção, aos cadastros de fornecedores e prestadores, das mesmas regras previstas nos arts. 43 e 22, parágrafo único, do próprio CDC. Dessa forma, cabe a retificação dos dados constantes das referidas listas, conforme reconhece a jurisprudência, para que não sofra a pessoa jurídica correspondentes danos morais, nos termos da Súmula 227 do STJ. A exemplificar, colaciona-se:

"Apelação cível e recurso adesivo. Ação ordinária. Pretensão da autora de alterar os registros constantes do cadastro de reclamações fundamentadas do PROCON referente aos anos de 2001 e 2002, mantida nos termos do art. 44, do CDC. Sentença de parcial procedência na origem, para determinar a retificação dos registros quanto ao ano de 2001. Recurso de apelação da ré, pugnando pela improcedência da ação. Inadmissibilidade. Acordo entre o consumidor e a empresa reclamada entabulado após o encerramento do processo administrativo que torna inadmissível a manutenção do cadastro como 'reclamação não atendida'. Inteligência do art. 44, do CDC c.c. art. 84, da Lei Estadual 10.177/1998. Dever de atualização do cadastro, de modo a espelhar a realidade fática. Recurso adesivo da empresa autora, pugnando a procedência integral da ação. Administrador que, por prestar serviços, encontra-se sujeito às regras atinentes a relação de consumo. Prova do deslinde da reclamação referente à inscrição do ano de 2002 que não restou evidenciada nos autos. Sentença mantida. Recursos não providos" (TJSP – Apelação 9123842-20.2007.8.26.0000 – Acórdão 5128720, São Paulo – Quarta Câmara de Direito Público – Rel. Des. Rui Stoco – j. 09.05.2011 – *DJESP* 31.05.2011).

Além disso, tais cadastros têm natureza de serviço público, devendo as informações prestadas ser completas, precisas, eficientes e contínuas, diante de seu caráter fundamental.

8.3. O CADASTRO POSITIVO. ANÁLISE DA LEI 12.414, DE 9 DE JUNHO DE 2011, E DA LEI COMPLEMENTAR 166, DE 8 DE ABRIL DE 2019

Para encerrar este capítulo, cumpre trazer algumas anotações a respeito do chamado *cadastro positivo de consumidores*, criado pela Lei 12.414/2011, originário da Medida Provisória 783, de 30 de dezembro de 2010, que "disciplina a formação e consulta a bancos de dados com informações de adimplemento, de pessoas naturais ou de pessoas jurídicas, para formação de histórico de crédito". Essa norma recebeu alterações pela Lei Complementar 166, de 8 de abril de 2019, que também será aqui brevemente estudada.

Interessante pontuar que o art. 43 do CDC não faz referência expressa ao *cadastro negativo*, que deveria ter sido criado apenas após o *cadastro positivo*. Ao revés dos consumidores, a norma sempre foi interpretada em desfavor dos seus interesses, como é comum no Brasil. Consigne-se que o cadastro positivo tem a grande vantagem de facilitar o crédito a favor do consumidor, podendo trazer a desejada redução posterior dos juros em nosso País. Pelo menos é que se espera, como decorrência natural de sua efetivação, ainda mais tendo em vista as recentes alterações legislativas.

Cumpre destacar que a citada Medida Provisória surgiu a partir de um veto do então Presidente ao Projeto de Lei do Senado 263/2004, conforme a mensagem a seguir:

"Senhor Presidente do Senado Federal, Comunico a Vossa Excelência que, nos termos do § 1º do art. 66 da Constituição, decidi vetar integralmente, por contrariedade ao interesse público, o Projeto de Lei 263, de 2004 (nº 405/2007 na Câmara dos Deputados), que 'Acrescenta § 6º ao art. 43 da Lei 8.078, de 11 de setembro de 1990 (Código de Defesa do Consumidor), para dispor sobre a formação de cadastro positivo nos sistemas de proteção ao crédito'. Ouvido, o Ministério da Justiça manifestou-se pelo veto ao projeto de lei, conforme a seguinte razão:

'O texto que trata de formação de cadastro positivo, tal como apresentado, pode redundar em prejuízos aos cidadãos, posto que traz conceitos que não parecem suficientemente claros, o que é indispensável à proteção e defesa do consumidor, ao incremento da oferta de crédito, à promoção de relações de consumo cada vez mais equilibradas e à proteção da intimidade e da privacidade das pessoas'".

Utilizou-se, portanto, o argumento de proteção dos interesses dos consumidores, pois a referida proposição não era clara quanto às definições das categorias básicas relacionadas ao novo instituto. A MP trouxe tentativas de suprimento dessas deficiências, conforme consta do art. 2º da Lei 12.414/2011, com as seguintes conceituações para os fins de criação do cadastro positivo, algumas delas alteradas pela Lei Complementar 166/2019:

a) Banco de dados: conjunto de dados relativo a pessoa natural ou jurídica armazenados com a finalidade de subsidiar a concessão de crédito, a realização de venda a prazo ou de outras transações comerciais e empresariais que impliquem risco financeiro.

b) Gestor: pessoa jurídica que atenda aos requisitos mínimos de funcionamento previstos na lei do cadastro positivo e em regulamentação complementar, responsável pela administração de banco de dados, bem como pela coleta, pelo armazenamento, pela análise e pelo acesso de terceiros aos dados armazenado. O requisito de atendimento da lei foi incluído pela Lei Complementar 166/2019.

c) Cadastrado: pessoa natural ou jurídica, cujas informações tenham sido incluídas no banco de dados. Foi retirada, pela lei complementar, a necessidade de autorização da própria pessoa para a inclusão de seus dados, sendo essa uma das principais alterações promovidas pela Lei Complementar 166/2019.

d) Fonte: pessoa natural ou jurídica que conceda crédito, administre operações de autofinanciamento ou realize venda a prazo ou outras transações comerciais e empresariais que lhe impliquem risco financeiro, inclusive as instituições autorizadas a funcionar pelo Banco Central do Brasil e os prestadores de serviços continuados de água, esgoto, eletricidade, gás, telecomunicações e assemelhado.

A nova norma incluiu a administração das operações de autofinanciamento e as instituições constantes da parte final do texto, que não constavam anteriormente.

e) Consulente: pessoa natural ou jurídica que acesse informações em bancos de dados para fins de concessão de crédito ou realização de venda a prazo ou outras transações comerciais e empresariais que lhe impliquem risco financeiro.

f) Anotação: ação ou efeito de anotar, assinalar, averbar, incluir, inscrever ou registrar informação relativa ao histórico de crédito em banco de dados.

g) Histórico de crédito: conjunto de dados financeiros e de pagamentos relativos às operações de crédito e obrigações de pagamento adimplidas ou em andamento por pessoa natural ou jurídica.

Seguindo nos estudos, o art. 1º da Lei 12.414/2011 estabelece que o seu regulamento não prejudica o tratamento constante do Código de Defesa do Consumidor como realmente deve ser, uma vez que a Lei 8.078/1990 é uma *norma principiológica*, com posição supralegal no ordenamento jurídico nacional. No mesmo sentido, expressa o art. 17 da norma que, nas situações em que o cadastrado for consumidor, o que é regra, aplicam-se as sanções e penas previstas pelo Código de Defesa do Consumidor, sejam elas civis, penais ou administrativas.

A premissa fundamental anterior do cadastro positivo é que ele seria composto por informações prestadas pelos próprios consumidores que tenham interesse na concessão de crédito. O cadastro era, assim, *plenamente facultativo* e *não obrigatório*, pois pessoas que têm o costume de adquirir bens de consumo à vista, sem concessão de crédito, não necessitam do citado cadastro. Isso era retirado da redação anterior do art. 4º, *caput*, da Lei 12.414/2011, segundo o qual "a abertura de cadastro requer autorização prévia do potencial cadastrado mediante consentimento informado por meio de assinatura em instrumento específico ou em cláusula apartada".

Todavia, esse panorama foi substancialmente alterado pela Lei Complementar 166/2019, pois não há mais a necessidade de o consumidor autorizar expressamente a utilização de seus dados pessoais. A alteração legislativa se deu pelo fato de o cadastro positivo não ter encontrado a esperada efetividade prática, especialmente para a redução de juros e de outros encargos na concessão de créditos. Porém, não se pode negar as críticas de utilização indevida e sem autorização de dados que constituem direitos da personalidade do seu titular, o que deve gerar problemas jurídicos e o aumento de demandas judiciais nos próximos anos. Nos termos do novo art. 4º, *caput*, da norma, o gestor está autorizado, nas condições estabelecidas na lei a: *a)* abrir cadastro em banco de dados com informações de adimplemento de pessoas naturais e jurídicas; *b)* fazer anotações nesse cadastro positivo; *c)* compartilhar as informações cadastrais e de adimplemento armazenadas com outros bancos de dados; e *d)* disponibilizar a consulentes a nota ou pontuação de crédito elaborada com base nas informações de adimplemento armazenadas e o histórico de crédito, mediante prévia autorização específica do cadastrado.

Essa comunicação ao cadastrado deve: I – ocorrer em até trinta dias após a abertura do cadastro no banco de dados, sem custo para o cadastrado; II – ser realizada pelo gestor, diretamente ou por intermédio de fontes; e III – informar de maneira clara e objetiva os canais disponíveis para o cancelamento do cadastro no banco de dados (novo art. 4º, § 4º, da Lei 12.414/2011).

Entretanto, fica dispensada essa comunicação caso o cadastrado já tenha cadastro aberto em outro banco de dados (§ 5º). Para o envio dessa comunicação devem ser utilizados os dados pessoais do consumidor, como endereço residencial, comercial, eletrônico, fornecidos pelo cadastrado à fonte (§ 6º). As informações do cadastrado somente poderão ser disponibilizadas a consulentes sessenta dias após a abertura do cadastro (§ 7º). Por fim, o preceito passou a prever que é obrigação do gestor do cadastro e dos dados manter procedimentos adequados para comprovar a autenticidade e a validade da autorização do seu conteúdo (§ 8º do novo art. 4º da Lei 12.414/2011, modificado pela Lei Complementar 166/2019).

No que concerne à formação desse histórico, a nova norma estabelece que, para a formação do banco de dados, somente serão armazenadas informações objetivas, claras, verdadeiras e de fácil compreensão, que sejam necessárias para avaliar a situação econômica do cadastrado (art. 3º, § 1º). Como se observa, o comando está harmonizado com o art. 43 do CDC, na menção à realidade concreta dos dados. Em complemento, a nova norma traz os requisitos das referidas informações, nos termos descritos no § 2º do art. 3º do preceito:

– Informações objetivas: aquelas descritivas dos fatos e que não envolvam juízo de valor.
– Informações claras: aquelas que possibilitem o imediato entendimento do cadastrado independentemente de remissão a anexos, fórmulas, siglas, símbolos, termos técnicos ou nomenclatura específica.
– Informações verdadeiras: aquelas exatas, completas e sujeitas à comprovação.
– Informações de fácil compreensão: aquelas em sentido comum que assegurem ao cadastrado o pleno conhecimento do conteúdo, do sentido e do alcance dos dados sobre ele anotados.

A respeito desse art. 3º da Lei 12.414/2011, não houve qualquer alteração pela Lei Complementar 166/2019. Nesse ponto, o texto da norma sempre foi considerado bem completo e didático, servindo até para preencher construções relativas à tutela da informação que estão no CDC, em mais um sadio *diálogo das fontes*. Por razões óbvias, são proibidas as anotações negativas, eis que o cadastro é *positivo*, relativo a um histórico de adimplemento do consumidor. Isso fica claro pela leitura do art. 7º da Lei 12.414/2011, segundo o qual as informações disponibilizadas nos bancos de dados somente poderão ser utilizadas para a realização de análise de risco de crédito do cadastrado, ou para subsidiar a concessão de crédito e a realização de venda a prazo ou outras transações comerciais e empresariais que impliquem risco financeiro ao consulente.

De todo modo, foi incluído um art. 7º-A pela Lei Complementar 166, tratando da composição da pontuação positiva do consumidor e trazendo a proteção de dados e informações sensíveis da pessoa. Conforme o seu conteúdo, nos elementos e critérios considerados para composição da nota ou pontuação de crédito de pessoa cadastrada em banco de dados de que trata esta Lei, não podem ser utilizadas informações: *a)* que não estiverem vinculadas à análise de risco de crédito e aquelas relacionadas à origem social e étnica, à saúde, à informação genética, ao sexo e às convicções políticas, religiosas e filosóficas; *b)* de pessoas que não tenham com o cadastrado relação de parentesco de primeiro grau ou de dependência econômica; e *c)* relacionadas ao exercício regular de direito pelo cadastrado. Também está previsto, nos termos do seu § 1º, que o gestor de banco de dados deve disponibilizar em seu sítio eletrônico, de forma clara, acessível e de fácil compreensão, a sua política de coleta e utilização de dados pessoais para fins de elaboração de análise de risco de crédito. Ademais, a transparência da política de coleta e utilização deve ser objeto de verificação, na forma de regulamentação a ser expedida pelo Poder Executivo (§ 2º do art. 7º-A da Lei 12.414/2011, incluído pela Lei Complementar 166/2011).

Partindo para um exemplo concreto anterior desse cadastro positivo, o Superior Tribunal de Justiça julgou, em 2014, a questão relativa ao *credit scoring*, sistema de pontuação de crédito em benefício do consumidor. Nos termos de publicação constante do seu *Informativo* n. *551*:

> "No que diz respeito ao sistema *credit scoring*, definiu-se que: *a)* é um método desenvolvido para avaliação do risco de concessão de crédito, a partir de modelos estatísticos, considerando diversas variáveis, com atribuição de uma pontuação ao consumidor avaliado (nota do risco de crédito); *b)* essa prática comercial é lícita, estando autorizada pelo art. 5º, IV, e pelo art. 7º, I, da Lei 12.414/2011 (Lei do Cadastro Positivo); *c)* na avaliação do risco de crédito, devem ser respeitados os limites estabelecidos pelo sistema de proteção do consumidor no sentido da tutela da privacidade e da máxima transparência nas relações negociais, conforme previsão do CDC e da Lei 12.414/2011; *d)* apesar de desnecessário o consentimento do consumidor consultado, devem ser a ele fornecidos esclarecimentos, caso solicitados, acerca das fontes dos dados considerados (histórico de crédito), bem como as informações pessoais valoradas; *e)* o desrespeito aos limites legais na utilização do sistema *credit scoring*, configurando abuso no exercício desse direito (art. 187 do CC), pode ensejar a responsabilidade objetiva e solidária do fornecedor do serviço, do responsável pelo banco de dados, da fonte e do consulente (art. 16 da Lei 12.414/2011) pela ocorrência de danos morais nas hipóteses de utilização de informações excessivas ou sensíveis (art. 3º, § 3º, I e II, da Lei 12.414/2011), bem como nos casos de comprovada recusa indevida de crédito pelo uso de dados incorretos ou desatualizados" (STJ – REsp 1.419.697/RS – Rel. Min. Paulo de Tarso Sanseverino – j. 12.11.2014 – Tema n. 710).

Ainda sobre o tema, consigne-se que a conclusão constante do julgado transformou-se em sumular em outubro de 2015. Desse modo, nos termos da Súmula n. 550 do Tribunal da Cidadania, "a utilização de escore de crédito, método estatístico de avaliação de risco que não constitui banco de dados, dispensa o consentimento do consumidor, que terá o direito de solicitar esclarecimentos sobre as informações pessoais valorada e as fontes dos dados considerados no respectivo cálculo".

A confirmar que esse entendimento tem sido aplicado reiteradamente pela Corte, cabe destacar, da sua Quarta Turma, o seguinte trecho de aresto: "na avaliação do risco de crédito, devem ser respeitados os limites estabelecidos pelo sistema de proteção do consumidor no sentido da tutela da privacidade e da máxima transparência nas relações negociais, conforme previsão do CDC e da Lei 12.414/2011. Apesar de desnecessário o consentimento do consumidor consultado, devem ser a ele fornecidos esclarecimentos, caso solicitados, acerca das fontes dos dados considerados (histórico de crédito), bem como as informações pessoais valoradas" (STJ – Ag. Int. no REsp 2.122.804/SP – Quarta Turma – Rel. Min. Raul Araújo – j. 12.08.2024 – *DJe* 16.08.2024).

Exposta tal importante ilustração, de acordo com o que consta do art. 3º, § 3º, da norma sobre o cadastro positivo, também sem modificações, são proibidas anotações de:

I) Informações excessivas, assim consideradas aquelas desproporcionais ou que não estiverem vinculadas à análise de risco de crédito ao consumidor.

II) Informações sensíveis, aquelas pertinentes à origem social e étnica, à saúde, à informação genética, à orientação sexual e às convicções políticas, religiosas, filosóficas e pessoais ou quaisquer outras que possam afetar os direitos de personalidade dos cadastrados.

O tratamento relativo às *informações sensíveis* é elogiável, também constante do novo art. 7º-A da Lei 12.414/2011, visando à tutela dos direitos da personalidade do consumidor, um dos pontos cruciais e de crítica relativos ao cadastro positivo, que não pode representar uma afronta à intimidade e à tutela da privacidade, protegidas pelo art. 5º, inc. X, da CF/1988 e pelo art. 21 do CC/2002. Nessa linha de proteção, o Enunciado n. 404, da *V Jornada de Direito Civil* do Conselho da Justiça Federal e Superior Tribunal de Justiça (2011): "a tutela da privacidade da pessoa humana compreende os controles espacial, contextual e temporal dos próprios dados, sendo necessário seu expresso consentimento para tratamento de informações que versem especialmente o estado de saúde, a condição sexual, a origem racial ou étnica, as convicções religiosas, filosóficas e políticas".

Cumpre destacar que alguns juristas já viam no cadastro positivo uma possibilidade de atentado à proteção de individualidades. Argumentava Leonardo Bessa, já no sistema anterior, que "o aumento de número de informações pessoais pode representar ofensa à dignidade da pessoa humana, aos direitos da personalidade (privacidade e honra). Atualmente, a maior preocupação em torno do tema diz respeito justamente à existência de limites ao tratamento (coleta, armazenamento e difusão) de informações pessoais, considerando a grande facilidade que a evolução informática permite nesta área".[14] Na mesma linha, opinava Fernando Gaburri que "esse tipo de anotação devassa a intimidade do consumidor, e ofende seus direitos de personalidade. Se mal utilizado, o cadastro positivo poderá servir de importante ferramenta aos departamentos de *telemarketing*, que diariamente atormentam e abusam da paciência do consumidor".[15] Anote-se que ambos os juristas teciam seus comentários em relação à Medida Provisória originária que gerou a lei em comento e a preocupação deve ser redobrada diante das mudanças efetivadas pela Lei Complementar 166/2019, especialmente tendo em vista o cadastro automático.

O meu entendimento sempre foi no sentido de que, em regra, o cadastro positivo não representaria a citada afronta, até porque a sua abertura do cadastro dependeria de um ato de vontade do consumidor. Ingressava-se na parte disponível dos direitos

---

[14] BESSA, Leonardo Roscoe. Cadastro positivo. Disponível em: <http://www.brasilcon.org.br/web/destaque/destaquever.asp?id=137>. Acesso em: 3 jun. 2011.

[15] GABURRI, Fernando. Cadastro positivo de consumidores: uma história para contar. Disponível em: <http://professorflaviotartuce.blogspot.com/2011/01/texto-de-fernando-gaburri-sobre-o.html>. Acesso em: 3 jun. 2011.

da personalidade, para os devidos fins patrimoniais. Nessa linha, lembro o teor do Enunciado n. 4 do CJF/STJ, aprovado na *I Jornada de Direito Civil*, segundo o qual "o exercício dos direitos da personalidade pode sofrer limitação voluntária, desde que não seja permanente nem geral".

Porém, com a Lei Complementar 166, esse panorama mudou, diante da formação automática do cadastro. Assim, continua forte a afirmação no sentido de que não se pode admitir abusos praticados por fornecedores e prestadores na utilização do banco de dados, sob pena de caracterização do abuso de direito, nos termos do outrora estudado art. 39 da Lei 8.078/1990. Veja-se, ainda, o controle exercido pelo art. 15 da Lei 12.414/2011, sem modificações recentes, segundo o qual as informações sobre o cadastrado, constantes dos bancos de dados, somente poderão ser acessadas por consulentes que com ele mantiverem relação comercial ou creditícia.

O compartilhamento das informações do cadastrado também não exige a sua especial concordância tendo sido modificado, nesse sentido, o art. 9º da Lei 12.414/2011. Pelo novo texto, o compartilhamento de informações de adimplemento entre gestores é permitido na forma do art. 4º da norma. O gestor que receber informação por meio de compartilhamento equipara-se ao gestor que anotou originariamente a informação, inclusive quanto à responsabilidade por eventuais prejuízos a que der causa e ao dever de receber e processar impugnações ou cancelamentos e realizar retificações (art. 9º, § 1º). O gestor originário é responsável por manter atualizadas as informações cadastrais nos demais bancos de dados com os quais compartilhou informações, sem nenhum ônus para o cadastrado (§ 2º). Foi revogado o § 3º do comando, que previa que o cancelamento do cadastro pelo gestor originário implicaria o cancelamento do cadastro em todos os bancos de dados que compartilharam informações, que ficariam obrigados a proceder, individualmente, ao respectivo cancelamento. Porém, manteve-se, em boa hora, o § 4º do preceito, estabelecendo que o gestor deverá assegurar, sob pena de ampla responsabilização, a identificação da pessoa que promover qualquer inscrição ou atualização de dados relacionados com o cadastrado, registrando a data desta ocorrência, bem como a identificação exata da fonte, do nome do agente que a efetuou e do equipamento ou terminal a partir do qual foi processada tal ocorrência.

Como o cadastro positivo está sujeito ao regime do CDC, repise-se que responsabilização civil nela tratada tem natureza objetiva e solidária, pelo que se retira do art. 14 da Lei 8.078/1990. Sem prejuízo de todos esses preceitos, é proibido ao gestor exigir exclusividade das fontes de informações, uma vez que a premissa fundamental do cadastro positivo é o compartilhamento das informações, em um regime de colaboração contínua (art. 10 da Lei 12.414/2011, sem alterações).

O art. 5º do preceito preconiza quais são os direitos do cadastrado, também com alterações pela Lei Complementar 166/2019), a saber:

a) Obter o cancelamento ou a abertura do cadastro quando solicitado. Trata-se do reconhecimento de um direito potestativo em benefício do consumidor que se sentir prejudicado pelo cadastro positivo. Como há plena liberdade na abertura, essa também deve existir no cancelamento dos dados. A menção expressa à abertura foi feita pela recente legislação.

b) Acessar gratuitamente, independentemente de justificativa, as informações sobre ele existentes no banco de dados, inclusive seu histórico e sua nota ou pontuação de crédito, cabendo ao gestor manter sistemas seguros, por telefone ou por meio eletrônico, de consulta às informações pelo cadastrado. Foi incluída pela Lei Complementar a dispensa da justificativa, bem como as menções à nota e à pontuação.

c) Solicitar impugnação de qualquer informação sobre ele erroneamente anotada em banco de dados e ter, em até dez dias, sua correção ou cancelamento e comunicação aos bancos de dados com os quais aquele compartilhou a informação. Como se nota, o comando segue o espírito do art. 43 do CDC, sendo certo que a nova lei aumentou o prazo de sete para dez dias.

d) Conhecer os principais elementos e critérios considerados para a análise de risco de negociação futura, resguardado o segredo empresarial. Aqui não houve qualquer modificação pela norma emergente.

e) Ser informado previamente sobre a identidade do gestor e sobre o armazenamento e o objetivo do tratamento dos dados pessoais. Não há mais menção aos destinatários dos dados em caso de compartilhamento, o que visa a proteger os gestores. Constata-se que, aqui, há menção à comunicação prévia para o armazenamento das informações, o que entra em conflito com o preceito do art. 4º, § 1º, da própria norma. Diante da boa-fé objetiva que inspira o sistema de consumo nacional (art. 4º, inc. III, do CDC), a regra da informação prévia deve prevalecer.

f) Solicitar a revisão de decisão realizada exclusivamente por meios automatizados, sem qualquer alteração recente. Em suma, é possível pedir a revisão de *atos robóticos* ou automáticos.

g) Ter os seus dados pessoais utilizados somente de acordo com a finalidade para a qual eles foram coletados, o que, mais uma vez, visa a proteger a vida privada. Também aqui não houve qualquer modificação pela citada Lei Complementar 166/2019.

Por outro lado, o art. 8º da Lei 12.414/2011 expõe quais são os deveres das fontes diante dos cadastrados, tendo sofrido alterações consideráveis pela Lei Complementar, a saber:

a) O inciso I previa o dever de manter os registros adequados para demonstrar que a pessoa natural ou jurídica autorizou o envio e a anotação de informações em bancos de dados. Essa norma foi revogada, uma vez que a autorização prévia não é mais requisito obrigatório da formação do cadastro negativo.

b) O inciso II consagrava o dever de comunicar os gestores de bancos de dados acerca de eventual exclusão ou revogação de autorização do cadastrado, outro preceito que igualmente foi revogado.

c) Verificar e confirmar, ou corrigir, em prazo não superior a dois dias úteis, informação impugnada, sempre que solicitado por gestor de banco de dados ou diretamente pelo cadastrado. Aqui não houve qualquer modificação.

d) Atualizar e corrigir informações enviadas aos gestores de bancos de dados, em prazo não superior a dez dias, sendo o prazo anterior de sete dias, que novamente foi aumentado.

e) Manter os registros adequados para verificar informações enviadas aos gestores de bancos de dados. A Lei Complementar 166/2019 não alterou este dever.

f) Fornecer informações sobre o cadastrado, em bases não discriminatórias, a todos os gestores de bancos de dados que as solicitarem, no mesmo formato e contendo as mesmas informações fornecidas a outros bancos de dados. Esta norma também não foi modificada.

Por fim, a respeito desse dispositivo, é vedado às fontes estabelecer políticas ou realizar operações que impeçam, limitem ou dificultem a transmissão a banco de dados de informações de cadastrado, não havendo mais menção à necessária autorização prévia para a utilização dos dados (art. 8º, parágrafo único, da Lei 12.414/2011, na redação dada pela Lei Complementar 166/2019).

O art. 6º da norma em estudo enumera as informações que devem ser prestadas pelos gestores de bancos de dados ao cadastrado quando houver solicitação do último. Essas informações são todas aquelas relativas ao cadastrado, bem como a indicação das fontes correspondentes e de todos os consulentes posteriores. Veda-se aos bancos de dados estabelecerem políticas ou realizar operações que impeçam, limitem ou dificultem o acesso do cadastrado às informações sobre ele registradas o que tende à proteção de direitos da personalidade, mais uma vez (art. 6º, § 1º). O prazo para atendimento da solicitação de tais informações é de dez dias, o que novamente foi aumentado pela Lei Complementar 166, uma vez que o prazo anterior era de sete dias (art. 6º, § 2º).

Possibilitava-se aos prestadores de serviços continuados de água, esgoto, eletricidade, gás e telecomunicações – desde que autorizados pelo cadastrado – o fornecimento aos bancos de informações sobre o cumprimento das obrigações financeiras do cadastrado (art. 11, *caput*). Diante de numerosos abusos cometidos no mercado de consumo, vedava-se a anotação de informação sobre serviço de telefonia móvel na modalidade pós-paga (art. 11, parágrafo único, da Lei 12.4141/2011). Todavia, esses dois comandos foram revogados pela Lei Complementar 166, sendo necessário estar atento, a partir de agora, para eventuais abusos cometidos no uso dessas informações.

Tal autorização existe do mesmo modo em relação às instituições bancárias e financeiras (art. 12). O sentido do último comando foi ampliado pela tão citada Lei Complementar, passando a preceituar que "as instituições autorizadas a funcionar pelo Banco Central do Brasil fornecerão as informações relativas a suas operações de crédito, de arrendamento mercantil e de autofinanciamento realizadas por meio de grupos de consórcio e a outras operações com características de concessão de crédito somente aos gestores registrados no Banco Central do Brasil". Foram incluídos parágrafos no comando, detalhando a prestação de informações pelos bancos.

Em relação ao prazo máximo para a manutenção das informações positivas, o art. 14 da Lei 12.414/2011 estabelece que ele é de quinze anos, o que não foi modificado pela Lei Complementar 166/2019. O dispositivo sempre foi criticado, pois deveria estar harmonizado com o prazo de cinco anos previsto pelo art. 43 do CDC, como bem observava Leonardo Roscoe Bessa:

"A definição de limites temporais diferenciados para informações positivas e negativas irá gerar, no mínimo, perplexidade. Afinal, o que fazer se, em meio ao registro de informações positivas, o consumidor deixou de pagar algumas prestações antigas (vencidas há sete anos, por exemplo)? É possível manter o registro desse inadimplemento (informação negativa)? Como fica o limite temporal de cinco anos do CDC (art. 43, § 1º) para informações negativas? O ideal seria que fosse estabelecido um limite temporal único para registro tanto de informações positivas como negativas, pois, invariavelmente, em meio a anotações de histórico de crédito (informação positiva), poderá haver situações de atrasos ou até mesmo não pagamento de algumas parcelas (informações negativas). Se esses atrasos ou parcelas não pagas superarem o prazo de cinco anos, não poderá haver o respectivo registro, mas a ausência de informação de pagamento dessas parcelas irá sugerir a existência de informação negativa".[16]

Some-se às palavras do jurista a constatação de que o prazo máximo previsto no sistema civil é de dez anos, para a prescrição geral (art. 205 do CC/2002). Nota-se, assim, um exagero temporal, pois em tempos pós-modernos a tendência é de redução dos prazos, pela possibilidade de rápida tomada de decisões. Diante de seu caráter superior, continuo a acreditar na prevalência dos cinco anos consagrados pelo art. 43 da Lei 8.078/1990. A Lei Complementar 166/2019 perdeu a oportunidade de resolver esse problema.

Como última regra a ser comentada neste breve estudo, a Lei 12.414/2011 consagra a responsabilidade objetiva e solidária do banco de dados, da fonte e do consulente, pelos danos materiais e morais que causarem ao cadastrado, nos termos do que consta do Código de Defesa do Consumidor (art. 16). Em harmonia com o sistema do CDC, de fato, não poderia ser de outro modo, tendo a Lei Complementar inserido menção expressa à Lei 8.078/1990. Se a norma trouxesse a responsabilidade mediante culpa ou subjetiva, esta não poderia prevalecer, pois estaria em conflito com o *espírito consumerista de objetivação das responsabilidades*.

---

[16] BESSA, Leonardo Roscoe. Cadastro positivo. Disponível em: <http://www.brasilcon.org.br/web/destaque/destaquever.asp?id=137>. Acesso em: 3 jun. 2011.

9

A DESCONSIDERAÇÃO DA PERSONALIDADE JURÍDICA NO CÓDIGO DE DEFESA DO CONSUMIDOR (ART. 28 DA LEI 8.078/1990). ASPECTOS MATERIAIS

Diante de sua concepção como *realidade técnica e orgânica,* a pessoa jurídica é capaz de direitos e deveres na ordem civil, independentemente dos membros que a compõem, com os quais não tem vínculo. Tal *realidade* já poderia ser retirada do art. 45 do Código Civil de 2002, ao dispor que começa a existência legal das pessoas jurídicas de Direito Privado com a inscrição do ato constitutivo no respectivo registro.

Fala-se em autonomia da pessoa jurídica quanto aos seus membros, o que constava expressamente no art. 20 do Código Civil de 1916, dispositivo que não foi reproduzido originalmente pela atual codificação material, sem que isso trouxesse qualquer conclusão diferente. De toda sorte, a *Lei da Liberdade Econômica* (Lei 13.874/2019) introduziu na codificação de 2002 o novo art. 49-A, preceituando que "a pessoa jurídica não se confunde com os seus sócios, associados, instituidores ou administradores". A nova previsão nada muda no sistema jurídico nacional, não trazendo qualquer novidade no seu conteúdo.

Como decorrência lógica desse enquadramento, em regra, os componentes da pessoa jurídica somente responderão por débitos dentro dos limites do capital social, ficando a salvo o patrimônio individual dependendo do tipo societário adotado (responsabilidade *in vires*).

A regra é de que a responsabilidade dos sócios em relação às dívidas sociais seja sempre subsidiária, ou seja, primeiro exaure-se o patrimônio da pessoa jurídica, para depois, e desde que o tipo societário adotado permita, os bens particulares dos sócios ou componentes da pessoa jurídica sejam executados.

Devido a essa possibilidade de exclusão da responsabilidade dos sócios ou administradores, a pessoa jurídica, por vezes, desviou-se de seus princípios e fins, cometendo fraudes e lesando sociedade ou terceiros, provocando reações na doutrina e na jurisprudência.

Visando a coibir tais abusos, surgiu no Direito Comparado a figura da *teoria da desconsideração da personalidade jurídica*, *teoria do levantamento do véu* ou *teoria da penetração* (*disregard of the legal entity*). Com isso, alcançam-se pessoas e bens que se escondem dentro de uma pessoa jurídica para fins ilícitos ou abuso, além dos limites do capital social (responsabilidade *ultra vires*). Fábio Ulhoa Coelho demonstra as origens da teoria:

> "A teoria é uma elaboração doutrinária recente. Pode-se considerar Rolf Serick o seu principal sistematizador, na tese de doutorado defendida perante a Universidade de Tübigen, em 1953. É certo que, antes dele, alguns autores já haviam dedicado ao tema, como por exemplo, Maurice Wormser, nos anos 1910 e 1920. Mas não se encontra claramente nos estudos precursores a motivação central de Serick de buscar definir, em especial a partir da jurisprudência norte-americana, os critérios gerais que autorizam o afastamento da autonomia das pessoas jurídicas (1950)".[1]

Como se extrai de obra do jurista, são apontados alguns julgamentos históricos como precursores da tese: caso *Salomon vs. Salomon & Co.*, julgado na Inglaterra em 1897, e caso *State vs. Standard Oil Co.*, julgado pela Corte Suprema do Estado de Ohio, Estados Unidos, em 1892.[2] A verdade é que a partir das teses e dos julgamentos, as premissas de penetração na pessoa jurídica passaram a influenciar a elaboração de normas jurídicas visando a sua regulamentação. Trata-se de mais uma festejada incidência da teoria da aparência e da vedação do abuso de direito, agora em sede do Direito de Empresa, ramo do Direito Privado.

O instituto em análise permite ao juiz não mais considerar os efeitos da personificação da sociedade para atingir e vincular responsabilidades dos sócios e administradores, com intuito de impedir a consumação de fraudes e abusos por eles cometidos, desde que causem prejuízos e danos a terceiros, principalmente a credores da empresa. Dessa forma, os bens particulares dos sócios podem responder pelos danos causados a terceiros. Em suma, o *escudo*, no caso da pessoa jurídica, é retirado para atingir quem está atrás dele, o sócio ou administrador. Bens da empresa também poderão responder por dívidas dos sócios, por meio do que se denomina *desconsideração inversa* ou *invertida*, mais à frente estudada.

Como é cediço, o atual Código Civil Brasileiro acolheu expressamente a desconsideração. Prescreve o seu art. 50, alterado pela Lei 13.874/2019, a *Lei da Liberdade Econômica*, que inseriu previsão final no *caput* e os novos parágrafos:

> "Art. 50. Em caso de abuso da personalidade jurídica, caracterizado pelo desvio de finalidade ou pela confusão patrimonial, pode o juiz, a requerimento da parte, ou do Ministério Público quando lhe couber intervir no processo, desconsiderá-la para que os efeitos de certas e determinadas relações de obrigações sejam estendidos aos bens particulares de administradores ou de sócios da pessoa jurídica beneficiados direta ou indiretamente pelo abuso.
>
> § 1º Para os fins do disposto neste artigo, desvio de finalidade é a utilização da pessoa jurídica com o propósito de lesar credores e para a prática de atos ilícitos de qualquer natureza.

---

[1] COELHO, Fábio Ulhoa. *Curso de Direito Comercial*. 11. ed. São Paulo: Saraiva, 2008. v. 2, p. 37.
[2] COELHO, Fábio Ulhoa. *Curso de Direito Comercial*. 11. ed. São Paulo: Saraiva, 2008. v. 2, p. 41.

§ 2º Entende-se por confusão patrimonial a ausência de separação de fato entre os patrimônios, caracterizada por:

I – cumprimento repetitivo pela sociedade de obrigações do sócio ou do administrador ou vice-versa;

II – transferência de ativos ou de passivos sem efetivas contraprestações, exceto os de valor proporcionalmente insignificante; e

III – outros atos de descumprimento da autonomia patrimonial.

§ 3º O disposto no *caput* e nos §§ 1º e 2º deste artigo também se aplica à extensão das obrigações de sócios ou de administradores à pessoa jurídica.

§ 4º A mera existência de grupo econômico sem a presença dos requisitos de que trata o *caput* deste artigo não autoriza a desconsideração da personalidade da pessoa jurídica.

§ 5º Não constitui desvio de finalidade a mera expansão ou a alteração da finalidade original da atividade econômica específica da pessoa jurídica".

Como a desconsideração da personalidade jurídica foi adotada pelo legislador da então nova codificação privada, não é recomendável mais utilizar a expressão *teoria*, que constitui trabalho doutrinário, amparado pela jurisprudência. Tal constatação também é retirada da leitura do Código de Defesa do Consumidor.

O art. 28, *caput*, da Lei 8.078/1990, enuncia que "o Juiz poderá desconsiderar a personalidade jurídica da sociedade quando, em detrimento do consumidor, houver abuso de direito, excesso de poder, infração da lei, fato ou ato ilícito ou violação dos estatutos ou contrato social. A desconsideração também será efetivada quando houver falência, estado de insolvência, encerramento ou inatividade da pessoa jurídica provocados por má administração"; (...) § 5º: "Também poderá ser desconsiderada a pessoa jurídica sempre que sua personalidade for, de alguma forma, obstáculo ao ressarcimento de prejuízos causados aos consumidores". Importante destacar que a *Lei da Liberdade Econômica* (Lei 13.874/2019) não trouxe qualquer alteração desse comando, apesar de tentativas de se *engessar* a desconsideração prevista no CDC quando da conversão da sua originária Medida Provisória 881 em norma jurídica.

Faz o mesmo o art. 4º da Lei de Crimes Ambientais (Lei 9.605/1998), ao prever que "poderá ser desconsiderada a pessoa jurídica sempre que sua personalidade for obstáculo ao ressarcimento de prejuízos causados à qualidade do meio ambiente". De qualquer forma, no tocante às duas normas, há uma diferença de tratamento, conforme será demonstrado a seguir.

Tanto em relação à adoção da *teoria*, quanto à manutenção das leis especiais anteriores, expressa o Enunciado n. 51 do CJF/STJ, da I Jornada de Direito Civil, que "a teoria da desconsideração da personalidade jurídica – *disregard doctrine* – fica positivada no novo Código Civil, mantidos os parâmetros existentes nos microssistemas legais e na construção jurídica sobre o tema". Eis o argumento pelo qual não se pode mais utilizar a expressão *teoria*, uma vez que a desconsideração foi abraçada pela codificação privada.

Aprofundando o tema, a melhor doutrina aponta a existência de duas grandes teorias fundamentais acerca da desconsideração da personalidade jurídica:[3]

---

[3] Por todos, ver: COELHO, Fábio Ulhoa. *Curso de Direito Comercial*. 11. ed. São Paulo: Saraiva, 2008. v. 2, p. 36-47.

> a) *Teoria maior ou subjetiva* – a desconsideração, para ser deferida, exige a presença de dois requisitos: o abuso da personalidade jurídica + o prejuízo ao credor. Essa teoria foi adotada pelo art. 50 do CC/2002, sendo certo que a *Lei da Liberdade Econômica* passou a trazer critérios objetivos para a configuração do primeiro elemento, caracterizado pelo desvio de finalidade ou pela confusão patrimonial. Assim, o desvio de finalidade passou a ser considerado como a utilização da pessoa jurídica com o propósito de lesar credores e para a prática de atos ilícitos de qualquer natureza, sejam dolosos, culposos ou em abuso de direito. Por sua vez, em rol meramente ilustrativo ou *numerus apertus*, a lei prevê atualmente que se entende por confusão patrimonial a ausência de separação de fato entre os patrimônios, caracterizada por: *a)* cumprimento repetitivo pela sociedade de obrigações do sócio ou do administrador ou vice-versa; *b)* transferência de ativos ou de passivos sem efetivas contraprestações, exceto os de valor proporcionalmente insignificante; e *c)* outros atos de descumprimento da autonomia patrimonial. Em boa hora, o novo *caput* do art. 50 do CC/2002 prescreve que a desconsideração somente pode atingir o sócio ou administrador que agiu com o abuso da personalidade jurídica, o que já estava previsto no Enunciado 7, da *I Jornada de Direito Civil*.
>
> b) *Teoria menor ou objetiva* – a desconsideração da personalidade jurídica exige um único elemento, qual seja o prejuízo ao credor. Essa teoria foi adotada pela Lei 9.605/1998, para os danos ambientais, e supostamente pelo art. 28 do Código de Defesa do Consumidor, não sendo atingida pelas alterações da *Lei da Liberdade Econômica* acima pontuadas.

Relativamente ao Código de Defesa do Consumidor, diz-se *supostamente* pela redação do § 5º do seu art. 28, bastando o mero prejuízo ao consumidor, para que a desconsideração seja deferida, segundo a doutrina especializada.[4] Esse entendimento é adotado pela jurisprudência amplamente majoritária, conforme se depreende de notória e explicativa ementa do Superior Tribunal de Justiça em precedente bem conhecido sobre o tema:

"Responsabilidade civil e Direito do consumidor. Recurso especial. *Shopping Center* de Osasco-SP. Explosão. Consumidores. Danos materiais e morais. Ministério Público. Legitimidade ativa. Pessoa jurídica. Desconsideração. Teoria maior e teoria menor. Limite de responsabilização dos sócios. Código de Defesa do Consumidor. Requisitos. Obstáculo ao ressarcimento de prejuízos causados aos consumidores. Art. 28, § 5º – Considerada a proteção do consumidor um dos pilares da ordem econômica, e incumbindo ao Ministério Público a defesa da ordem jurídica, do regime democrático e dos interesses sociais e individuais indisponíveis, possui o Órgão Ministerial legitimidade para atuar em defesa de interesses individuais homogêneos de consumidores, decorrentes de origem comum. A teoria maior da desconsideração, regra geral no sistema jurídico brasileiro, não pode ser aplicada com a mera demonstração de estar a pessoa jurídica insolvente para o cumprimento de suas obrigações. Exige-se, aqui, para além da prova de insolvência, ou a demonstração de desvio de finalidade (teoria subjetiva da desconsideração), ou a demonstração de confusão patrimonial (teoria objetiva da desconsideração). A teoria menor da des-

---

[4] GARCIA, Leonardo de Medeiros. *Direito do consumidor*. 3. ed. Niterói: Impetus, 2007. p. 114; PODESTÁ, Fábio Henrique. *Código de Defesa do Consumidor comentado*. São Paulo: RT, 2010. p. 177.

consideração, acolhida em nosso ordenamento jurídico excepcionalmente no Direito do Consumidor e no Direito Ambiental, incide com a mera prova de insolvência da pessoa jurídica para o pagamento de suas obrigações, independentemente da existência de desvio de finalidade ou de confusão patrimonial. – Para a teoria menor, o risco empresarial normal às atividades econômicas não pode ser suportado pelo terceiro que contratou com a pessoa jurídica, mas pelos sócios e/ou administradores desta, ainda que estes demonstrem conduta administrativa proba, isto é, mesmo que não exista qualquer prova capaz de identificar conduta culposa ou dolosa por parte dos sócios e/ou administradores da pessoa jurídica. – A aplicação da teoria menor da desconsideração às relações de consumo está calcada na exegese autônoma do § 5º do art. 28 do CDC, porquanto a incidência desse dispositivo não se subordina à demonstração dos requisitos previstos no *caput* do artigo indicado, mas apenas à prova de causar, a mera existência da pessoa jurídica, obstáculo ao ressarcimento de prejuízos causados aos consumidores. Recursos especiais não conhecidos" (STJ, REsp 279.273/SP – Rel. Ministro Ari Pargendler – Rel. p/ Acórdão Ministra Nancy Andrighi – Terceira Turma – j. 04.12.2003 – *DJ* 29.03.2004, p. 230).

Todavia, no que tange ao Direito do Consumidor, como é notório, o art. 28, § 1º, do CDC foi vetado, quando na verdade o veto deveria ter atingido o § 5º. O dispositivo vetado teria a seguinte redação: "a pedido da parte interessada, o juiz determinará que a efetivação da responsabilidade da pessoa jurídica recaia sobre o acionista controlador, o sócio majoritário, os sócios-gerentes, os administradores societários e, no caso de grupo societário, as sociedades que a integram" (art. 28, § 1º). As razões do veto, que não têm qualquer relação com a norma: "o *caput* do art. 28 já contém todos os elementos necessários à aplicação da desconsideração da personalidade jurídica, que constitui, conforme doutrina amplamente dominante no direito pátrio e alienígena, técnica excepcional de repressão a práticas abusivas".

Assim, fica em dúvida a verdadeira adoção dessa teoria, apesar da previsão legal. Nesse sentido, comentando o erro no veto, anota Gustavo Rene Nicolau que "com este equívoco manteve-se em vigor o terrível § 5º. Entendo que não se pode considerar eficaz o referido parágrafo, prestigiando um engano em detrimento de toda uma construção doutrinária absolutamente solidificada e que visa – em última análise – proteger a coletividade".[5] O que é importante dizer é que, apesar dos protestos do jovem civilista, e de outros doutrinadores, o art. 28, § 5º, do CDC, vem sendo aplicado amplamente pela jurisprudência como precursor da *teoria menor ou objetiva*.

Em suma, constata-se que a divisão entre a teoria maior e a menor consolidou-se na civilística nacional. Isso, mesmo com críticas formuladas pelo próprio Fábio Ulhoa Coelho, um dos seus principais precursores. Conforme se retira de obra mais recente do jurista, "em 1999, quando era significativa a quantidade de decisões judiciais desvirtuando a teoria da desconsideração, cheguei a chamar sua aplicação incorreta de 'teoria menor', reservando à correta a expressão 'teoria maior'. Mas a evolução do tema na jurisprudência brasileira não permite mais falar-se em duas teorias distintas, razão pela qual esses conceitos de 'maior' e 'menor' mostram-se, agora, felizmente, ultrapassados".[6] Com o devido

---

[5] NICOLAU, Gustavo René. Desconsideração da personalidade jurídica. In: CANEZIN, Claudete Carvalho. *Arte jurídica*. Curitiba: Juruá, 2006. v. III, p. 236.

[6] COELHO, Fábio Ulhoa. *Curso de Direito Comercial*. 15 ed. São Paulo: Saraiva, 2011. v. 2, p. 66-67.

respeito, acredito que a aclamada divisão deve ser mantida na teoria e prática do Direito Privado, especialmente pelo seu claro intuito didático e metodológico. Em suplemento, a aplicação da teoria menor é mais eficiente para a defesa dos interesses dos consumidores, vulneráveis da relação jurídica.

Em interessante debate sobre os limites de incidência da teoria menor, a Terceira Turma do Superior Tribunal de Justiça julgou, por maioria, que não é possível responsabilizar, mesmo que pelo CDC, componente de cooperativa que não tenha praticado o ato abusivo. Conforme os termos literais do *decisum*:

> "Para fins de aplicação da Teoria Menor da desconsideração da personalidade jurídica (art. 28, § 5º, do CDC), basta que o consumidor demonstre o estado de insolvência do fornecedor ou o fato de a personalidade jurídica representar um obstáculo ao ressarcimento dos prejuízos causados. A despeito de não se exigir prova de abuso ou fraude para fins de aplicação da Teoria Menor da desconsideração da personalidade jurídica, tampouco de confusão patrimonial, o § 5º do art. 28 do CDC não dá margem para admitir a responsabilização pessoal de quem jamais atuou como gestor da empresa. A desconsideração da personalidade jurídica de uma sociedade cooperativa, ainda que com fundamento no art. 28, § 5º, do CDC (Teoria Menor), não pode atingir o patrimônio pessoal de membros do Conselho Fiscal sem que haja a mínima presença de indícios de que estes contribuíram, ao menos culposamente, e com desvio de função, para a prática de atos de administração" (STJ – REsp 1.766.093/SP – Rel. Min. Nancy Andrighi – Rel. p/ Acórdão Ministro Ricardo Villas Bôas Cueva – Terceira Turma – j. 12.11.2019 – *DJe* 28.11.2019).

Como se pode notar, o aresto exigiu a presença do elemento culposo para a incidência da desconsideração prevista no CDC, o que acaba se distanciando do sistema de responsabilização objetiva consagrado pela própria Lei Protetiva. Sendo assim, não me filio à maioria dos julgadores, mas sim à posição da Ministra Nancy Andrighi, que restou vencida nesse julgamento.

Em 2022, surgiu outro acórdão, que também afastou a desconsideração da personalidade jurídica quanto a administradores não sócios da empresa, pela falta de comprovação de ato abusivo desse administrador e pelo fato de não integrar os quadros da empresa. Vejamos trecho da ementa do acórdão, que cita a diferenciação entre as teorias e outros precedentes:

> "O parágrafo 5º do artigo 28 do Código de Defesa do Consumidor, lastreado na teoria menor, é autônomo em relação ao *caput* e incide em hipóteses mais amplas/flexíveis, isto é, sem a necessidade de observância aos requisitos como abuso da personalidade jurídica, prática de ato ilícito ou infração à lei ou estatuto social; aplica-se, portanto, em casos de mero inadimplemento em que se observe, por exemplo, a ausência de bens de titularidade da pessoa jurídica, hábeis a saldar o débito. Com efeito, dada especificidade do parágrafo em questão, e as consequências decorrentes de sua aplicação - extensão da responsabilidade obrigacional -, afigura-se inviável a adoção de um interpretação extensiva, com a atribuição da abrangência apenas prevista no artigo 50 do Código Civil, mormente no que concerne à responsabilização de administrador não sócio. (...). Na hipótese, a partir da leitura da decisão proferida pelo magistrado singular e do acórdão recorrido, observa-se que a desconsideração da personalidade jurídica operou-se com base exclusivamente

no artigo 28, parágrafo 5º, do Código de Defesa do Consumidor (teoria menor), ante a ausência de bens penhoráveis de titularidade da executada, não tendo sido indicada, tampouco demonstrada, pelos requerentes, a prática de qualquer abuso, excesso ou infração ao estatuto social e/ou à lei" (STJ – REsp 1.860.333/DF – Quarta Turma – Rel. Min. Marco Buzzi – j. 11.10.2022 – DJe 27.10.2022).

Cite-se, ainda, aresto de 2023, segundo o qual, "a despeito de não se exigir prova de abuso ou fraude para aplicação da Teoria Menor da desconsideração da personalidade jurídica, não é possível a responsabilização pessoal de sócio que não desempenhe atos de gestão, ressalvada a prova de que contribuiu, ao menos culposamente, para a prática de atos de administração" (STJ – REsp 1.900.843/DF – Terceira Turma – Rel. Min. Paulo de Tarso Sanseverino (*in memorian*) – Rel. p/ acórdão Min. Ricardo Villas Bôas Cueva – por maioria – j. 23.05.2023 – DJe 30.05.2023). Mais uma vez, o elemento culposo é analisado indevidamente, no meu entender, estando mais próximo da teoria maior, adotada pelo Código Civil.

Feitas essas ressalvas jurisprudenciais, e seguindo nos estudos sobre o tema, deve ficar claro que a desconsideração da personalidade jurídica não significa a sua extinção, mas apenas uma ampliação das responsabilidades, quebrando-se com a sua autonomia. Ademais, a medida é tida como excepcional, dependendo de autorização judicial. Em suma, não se pode confundir a desconsideração com a despersonificação da pessoa jurídica.

No primeiro instituto, apenas desconsidera-se a regra pela qual a pessoa jurídica tem existência distinta de seus membros. Na despersonificação, a pessoa jurídica é dissolvida ou extinta. Destaque-se que a despersonificação da pessoa jurídica está tratada, em termos gerais, pelo art. 51 do Código Civil, *in verbis*: "Nos casos de dissolução da pessoa jurídica ou cassada a autorização para seu funcionamento, ela subsistirá para os fins de liquidação, até que esta se conclua. § 1º Far-se-á, no registro onde a pessoa jurídica estiver inscrita, a averbação de sua dissolução. § 2º As disposições para a liquidação das sociedades aplicam-se, no que couber, às demais pessoas jurídicas de direito privado. § 3º Encerrada a liquidação, promover-se-á o cancelamento da inscrição da pessoa jurídica".

Repisando, é possível, no caso de confusão patrimonial, responsabilizar a empresa por dívidas dos sócios (*desconsideração inversa* ou *invertida*). O exemplo típico é a situação em que o sócio, tendo conhecimento de divórcio, compra bens com capital próprio em nome da empresa (confusão patrimonial). Pela desconsideração, tais bens poderão ser alcançados pela ação de divórcio, fazendo com que o instituto seja aplicado no Direito de Família. Sobre o tema, mencione-se o trabalho de Rolf Madaleno, que trata da teoria da *disregard no Direito de Família*.

Citando farta jurisprudência do TJRS, o doutrinador utiliza um exemplo muito próximo do que aqui foi apontado: "quando o marido transfere para sua empresa o rol mais significativo dos bens matrimoniais, sentença final de cunho declaratório haverá de desconsiderar este negócio específico, flagrada a fraude ou o abuso, havendo, em consequência, como matrimoniais esses bens, para ordenar sua partilha no ventre da separação judicial, na fase destinada a sua divisão, já considerados comuns e comunicáveis".[7]

Admitindo essa possibilidade, na *IV Jornada de Direito Civil* foi aprovado o Enunciado n. 283 do CJF/STJ, prevendo que "é cabível a desconsideração da personalidade jurídica

---

[7] MADALENO, Rolf. *Direito de família*. Aspectos polêmicos. 2. ed. Porto Alegre: Livraria do Advogado, 1999. p. 31.

denominada 'inversa' para alcançar bens de sócio que se valeu da pessoa jurídica para ocultar ou desviar bens pessoais, com prejuízo a terceiros". Da jurisprudência, pode ser encontrado julgado publicado no *Informativo* n. 444 do STJ, aplicando a categoria (STJ – REsp 948.117/MS – Rel. Min. Nancy Andrighi – j. 22.06.2010).

A *desconsideração inversa*, do mesmo modo, é possível em demanda envolvendo uma relação de consumo. Imagine-se o caso de um fornecedor ou prestador que tem vários débitos em relação a consumidores e que, para fraudá-los, passa a transmitir os seus bens para o seu nome próprio. Entendendo desse modo, e fazendo menção ao art. 28 do CDC, do Tribunal de São Paulo:

> "Bem móvel. Ação de obrigação de fazer C.C. Pedido de indenização. Pedido de aplicação da desconsideração inversa da pessoa jurídica. Bloqueio 'on-line'. Presentes os pressupostos legais (art. 28 do CDC e art. 50 do CC de 2002). Agravo improvido. Presentes os elementos de convicção dos pressupostos do art. 28 do Código de Defesa do Consumidor e do art. 50 do Código Civil de 2002, é aplicável a despersonalização da pessoa jurídica inversa para alcançar os bens sociais ou particulares dos administradores ou sócios que a integram" (TJSP – Agravo de instrumento n. 990.10.074924-2 – Acórdão n. 4630.973/SP – Vigésima Sexta Câmara de Direito Privado – Rel. Des. Norival Oliva – j. 10.08.2010 – *DJESP* 23.08.2010).

Ainda sobre a *desconsideração inversa* ou *invertida*, cabe pontuar que ela foi adotada expressamente pelo Código de Processo Civil de 2015, estando positivada no seu art. 133, § 2º. Fez o mesmo a Lei da Liberdade Econômica (Lei 13.874/2019), ao incluir o novo § 3º no art. 50 do CC/2002, enunciando que "o disposto no *caput* e nos §§ 1º e 2º deste artigo também se aplica à extensão das obrigações de sócios ou de administradores à pessoa jurídica". O tema será desenvolvido no capítulo 12 desta obra, que procura analisar as questões processuais do Código de Processo Civil de 2015, estando a cargo do coautor Daniel Amorim Assumpção Neves.

De toda sorte, do ano de 2017, cabe trazer à ilustração interessante julgado que aplicou o citado incidente para a desconsideração inversa, envolvendo cobrança de honorários advocatícios em face de ex-jogador de futebol. Como consta da ementa do aresto:

> "A personalidade jurídica e a separação patrimonial dela decorrente são véus que devem proteger o patrimônio dos sócios ou da sociedade, reciprocamente, na justa medida da finalidade para a qual a sociedade se propõe a existir. Com a desconsideração inversa da personalidade jurídica, busca-se impedir a prática de transferência de bens pelo sócio para a pessoa jurídica sobre a qual detém controle, afastando-se momentaneamente o manto fictício que separa o sócio da sociedade para buscar o patrimônio que, embora conste no nome da sociedade, na realidade, pertence ao sócio fraudador. No atual CPC, o exame do juiz a respeito da presença dos pressupostos que autorizariam a medida de desconsideração, demonstrados no requerimento inicial, permite a instauração de incidente e a suspensão do processo em que formulado, devendo a decisão de desconsideração ser precedida do efetivo contraditório. Na hipótese em exame, a recorrente conseguiu demonstrar indícios de que o recorrido seria sócio e de que teria transferido seu patrimônio para a sociedade de modo a ocultar seus bens do alcance de seus credores, o que possibilita o recebimento do incidente de desconsideração inversa da personalidade jurídica, que, pelo princípio do *tempus regit actum*, deve seguir o rito estabelecido

no CPC/15" (STJ – REsp 1647362/SP – Terceira Turma – Rel. Min. Nancy Andrighi – j. 03.08.2017 – DJe 10.08.2017).

Em todos os casos, seja a desconsideração regular ou inversa, dispõe o Enunciado n. 281 do CJF/STJ, aprovado na *IV Jornada de Direito Civil*, que a sua aplicação prescinde da demonstração de insolvência da pessoa jurídica. Em tom prático, não há necessidade de provar que a empresa está falida para que a desconsideração seja deferida.

Por outra via, o Enunciado n. 282 do CJF/STJ aduz que o encerramento irregular das atividades da pessoa jurídica, por si só, não basta para caracterizar abuso de personalidade jurídica. Imagine-se a hipótese em que a pessoa jurídica fechou o estabelecimento empresarial e não pagou credores, inclusive consumidores.

Mesmo com a incidência da teoria maior, não há como concordar com essa conclusão doutrinária, pois o encerramento irregular é exemplo típico de abuso da personalidade jurídica, particularmente de desvio de finalidade da empresa, conforme balizado entendimento jurisprudencial, apesar da matéria não ser pacífica (nesse sentido, ver: TJSP, Agravo de instrumento 990.09.250776-1, Acórdão 4301323, São Paulo, Vigésima Nona Câmara de Direito Privado, Rel. Des. Oscar Feltrin, j. 03.02.2010, *DJESP* 25.02.2010; TJMG, Agravo interno 1.0024.06.986632-5/0011, Belo Horizonte, Décima Primeira Câmara Cível, Rel. Des. Marcos Lincoln, j. 27.01.2010, *DJEMG* 22.02.2010; TJPR, Agravo de instrumento 0572154-2, Guarapuava, Terceira Câmara Cível, Rel. Des. Paulo Habith, *DJPR* 17.12.2009, p. 32; TJRS, Agravo de instrumento 70030801385, Lajeado, Décima Nona Câmara Cível, Rel. Des. Guinther Spode, j. 24.11.2009, *DJERS* 01.12.2009, p. 75; TJDF, Recurso 2009.00.2.005888-6, Acórdão 361.803, Sexta Turma Cível; Rel. Des. Jair Soares, *DJDFTE* 18.06.2009, p. 87).

Em complemento, para confirmar a possibilidade da desconsideração em casos tais, notadamente em demandas envolvendo consumidores, anote-se que, no âmbito da execução fiscal, o Superior Tribunal de Justiça entende que se presume dissolvida irregularmente a empresa que deixar de funcionar no seu domicílio fiscal, sem comunicação aos órgãos competentes, legitimando o redirecionamento da execução fiscal para o sócio-gerente (Súmula 435).

Como se nota, o teor da súmula está na contramão do entendimento que consta do criticado Enunciado n. 282 do CJF/STJ. Também na contramão desse enunciado doutrinário, do mesmo STJ, cabe colacionar trechos de acórdãos: "do encerramento irregular da empresa presume-se o abuso da personalidade jurídica, seja pelo desvio de finalidade, seja pela confusão patrimonial, apto a embasar o deferimento da desconsideração da personalidade jurídica da empresa, para se buscar o patrimônio individual de seu sócio" (REsp 1.259.066/SP – Rel. Min. Nancy Andrighi – *DJe* 28.06.2012); "reconhecendo o acórdão recorrido que a ex-sócia, ora recorrente, praticou atos que culminaram no encerramento irregular da empresa, com desvio de finalidade e no esvaziamento patrimonial, a revisão deste entendimento demandaria o reexame do contexto fático-probatório dos autos, o que é vedado em sede de recurso especial ante o óbice da Súmula 7/STJ" (STJ – REsp 1.312.591/RS – Rel. Min. Luis Felipe Salomão – Quarta Turma – j. 11.06.2013 – *DJe* 01.07.2013).

Todavia, o tema nunca foi pacífico no Tribunal da Cidadania. A par dessa realidade, em dezembro de 2014, a Segunda Seção do Superior Tribunal de Justiça acabou por analisar a matéria em sede de incidente de recursos repetitivos, concluindo, na mesma linha do enunciado doutrinário comentado, que o mero encerramento irregular das atividades da empresa não tem o condão de, por si só, gerar a incidência da desconsideração, especialmente aquela tratada pelo Código Civil. De toda sorte, essa conclusão não se aplica à teoria menor adotada pelo Código de Defesa do Consumidor. Conforme a relatoria da Ministra Maria Isabel Gallotti:

"A criação teórica da pessoa jurídica foi avanço que permitiu o desenvolvimento da atividade econômica, ensejando a limitação dos riscos do empreendedor ao patrimônio destacado para tal fim. Abusos no uso da personalidade jurídica justificaram, em lenta evolução jurisprudencial, posteriormente incorporada ao direito positivo brasileiro, a tipificação de hipóteses em que se autoriza o levantamento do véu da personalidade jurídica para atingir o patrimônio de sócios que dela dolosamente se prevaleceram para lesar credores. Tratando-se de regra de exceção, de restrição a princípio da autonomia patrimonial da pessoa jurídica, interpretação que melhor se coaduna com o art. 50 do Código Civil é a que rege sua aplicação a casos extremos, em que a pessoa jurídica tenha sido mero instrumento para fins fraudulentos por aqueles que a idealizaram, valendo-se dela para encobrir os ilícitos que propugnam seus sócios ou administradores. Entendimento diverso conduziria, no limite, em termos práticos, ao fim da autonomia patrimonial da pessoa jurídica, ou seja, regresso histórico incompatível com a segurança jurídica e com o vigor da atividade econômica. Com esses fundamentos, não estando consignado no acórdão estadual que a dissolução da sociedade tinha por fim fraudar credores ou ludibriar terceiros, não se configurando, portanto, desvio da finalidade social ou confusão patrimonial entre sociedade, sócios ou administradores, acolho os embargos de divergência para que prevaleça tese adotada pelo acórdão paradigma e, por conseguinte, restabelecer o acórdão especialmente recorrido" (STJ – EREsp 1.306.553/SC – Segunda Seção – Rel. Min. Maria Isabel Gallotti – j. 10.12.2014 – DJe 12.12.2014).

Em suma, passou-se a entender, naquela Corte e de forma consolidada, que a desconsideração da personalidade jurídica, pela teoria maior e no caso de encerramento irregular das atividades da pessoa jurídica, exige dolo ou culpa do sócio ou administrador. Essa posição, com o devido respeito, mesmo nos casos de aplicação da teoria maior, não conta com a minha concordância, pois sou filiado à incidência do art. 187 do Código Civil em casos tais, e da correspondente responsabilidade objetiva que decorre deste dispositivo.

Anote-se que a Medida Provisória 881/2019 pretendia inserir o dolo para a configuração do desvio de finalidade na desconsideração da personalidade jurídica tratada pelo Código Civil, em qualquer uma das suas hipóteses fáticas. Porém, na sua conversão em norma jurídica, a *Lei da Liberdade Econômica* (Lei 13.874/2019) acabou por não trazer esse requisito no antes transcrito *caput* do art. 50 do CC/2002, o que veio em boa hora, pois tal requisito traria requisito até intransponível para a incidência do instituto nas relações civis.

Também da *IV Jornada de Direito Civil*, preconiza o Enunciado n. 284 do CJF/STJ que "as pessoas jurídicas de direito privado sem fins lucrativos ou de fins não econômicos estão abrangidas no conceito de abuso da personalidade jurídica". Ao contrário do anterior, esse enunciado está de acordo com o entendimento jurisprudencial que, por exemplo, admite a desconsideração da personalidade jurídica em face de uma associação (nesse sentido, ver: TJSP, Agravo de instrumento 573.072.4/7, Acórdão 3123059, São Vicente, Oitava Câmara de Direito Privado, Rel. Des. Caetano Lagrasta, j. 07.08.2008, *DJESP* 22.08.2008; TJPR, Agravo de instrumento 0285267-3, Acórdão 238202, Curitiba, Desembargadora Anny Mary

Kuss, 15ª Câmara Cível, j. 19.04.2005, publicado em 06.05.2005). Tal entendimento deve ser aplicado em benefício dos consumidores.

Ainda naquele evento, foi aprovado o Enunciado n. 285 do CJF/STJ, estabelecendo que a desconsideração da personalidade jurídica pode ser invocada pela pessoa jurídica em seu favor. Como não poderia ser diferente, pode uma empresa consumidora fazer uso do instituto contra uma empresa devedora. Pelo mesmo enunciado doutrinário, pode a própria pessoa jurídica pleitear a sua desconsideração.

Na esteira da última conclusão, e como consequência natural dessa ementa doutrinária, acórdão do Superior Tribunal de Justiça deduziu que "a pessoa jurídica tem legitimidade para impugnar decisão interlocutória que desconsidera sua personalidade para alcançar o patrimônio de seus sócios ou administradores, desde que o faça com o intuito de defender a sua regular administração e autonomia – isto é, a proteção da sua personalidade –, sem se imiscuir indevidamente na esfera de direitos dos sócios ou administradores incluídos no polo passivo por força da desconsideração. (...). Por isso, inclusive, segundo o Enunciado n. 285 da *IV Jornada de Direito Civil*, 'a teoria da desconsideração, prevista no art. 50 do Código Civil, pode ser invocada pela pessoa jurídica em seu favor'. Nesse compasso, tanto o interesse na desconsideração ou na manutenção do véu protetor, podem partir da própria pessoa jurídica, desde que, à luz dos requisitos autorizadores da medida excepcional, esta seja capaz de demonstrar a pertinência de seu intuito, o qual deve sempre estar relacionado à afirmação de sua autonomia, vale dizer, à proteção de sua personalidade" (STJ – REsp 1.421.464/SP – Rel. Min. Nancy Andrighi – j. 24.04.2014, publicado no seu *Informativo* n. 544).

Seguindo no estudo da categoria da desconsideração consumerista, o § 2º, do art. 28, do CDC, enuncia que as sociedades integrantes dos mesmos grupos societários e as sociedades controladas, são subsidiariamente responsáveis para os fins de incidência do Código de Defesa do Consumidor.

As sociedades coligadas, ademais, só responderão por culpa, tendo uma responsabilidade subjetiva (art. 28, § 4º, do CDC). Como bem esclarece Zelmo Denari, apesar de os comandos estarem inseridos no artigo referente à desconsideração, têm eles incidência para qualquer situação de responsabilidade civil encampada pelo Código do Consumidor, inclusive para os fins de temática do presente tópico.[8]

Para esclarecer em relação às sociedades coligadas, o seu conceito consta do art. 1.097 do CC/2002: "consideram-se coligadas as sociedades que, em suas relações de capital, são controladas, filiadas, ou de simples participação, na forma dos artigos seguintes". É considerada *controlada: a)* a sociedade de cujo capital outra sociedade possua a maioria dos votos nas deliberações dos quotistas ou da assembleia geral e o poder de eleger a maioria dos administradores; *b)* a sociedade cujo controle, referido no inciso antecedente, esteja em poder de outra, mediante ações ou quotas possuídas por sociedades ou sociedades por esta já controladas (art. 1.098 do CC). Além disso, diz-se coligada ou filiada a sociedade de cujo capital outra sociedade participa com dez por cento ou mais do capital da outra, sem controlá-la (art. 1.099 do CC). Por fim, é de simples participação a sociedade de cujo capital outra sociedade possua menos de dez por cento do capital com direito de voto (art. 1.100 do CC).

---

[8] DENARI, Zelmo. *Código de Defesa do Consumidor comentado pelos autores do anteprojeto*. 8. ed. Rio de Janeiro: Forense Universitária, 2004. p. 238.

Em relação às sociedades consorciadas, "são solidariamente responsáveis pelas obrigações decorrentes deste código" (art. 28, § 3º, do CDC). Mais uma vez, nota-se que a regra não serve apenas para os fins de desconsideração, mas para todas as decorrências de responsabilização civil, na linha da solidariedade pregada pelo art. 7º, parágrafo único, do CDC.

As sociedades consorciadas, nos termos do art. 278, *caput*, da Lei das Sociedades Anônimas (Lei 6.404/1976), são aquelas que se constituem para executar determinado empreendimento, caso de uma complexa obra pública. Conforme o § 1º do último preceito, "o consórcio não tem personalidade jurídica e as consorciadas somente se obrigam nas condições previstas no respectivo contrato, respondendo cada uma por suas obrigações, sem presunção de solidariedade". Como bem esclarece Zelmo Denari, "o § 3º do art. 28 derrogou expressamente essa disposição da lei comercial, criando, nas relações de consumo, um vínculo de solidariedade entre as empresas consorciadas, em benefício do consumidor".[9] Exatamente no mesmo sentido, julgado do STJ, do ano de 2018, conclui da seguinte forma:

"Como regra geral, as sociedades consorciadas apenas se obrigam nas condições previstas no respectivo contrato, respondendo cada uma por suas obrigações, sem presunção de solidariedade, de acordo com o disposto no art. 278, § 1º, da Lei das Sociedades Anônimas (Lei 6.404/76). Essa regra, no entanto, não é absoluta, havendo no ordenamento jurídico diversas normas que preveem a solidariedade entre as sociedades consorciadas, notadamente quando está em jogo interesse que prepondera sobre a autonomia patrimonial das integrantes do consórcio. Na hipótese de responsabilidade derivada de relação de consumo, afasta-se a regra geral da ausência de solidariedade entre as consorciadas por força da disposição expressa contida no art. 28, § 3º, do CDC. Essa exceção em matéria consumerista justifica-se pela necessidade de se atribuir máxima proteção ao consumidor, mediante o alargamento da base patrimonial hábil a suportar a indenização. Não obstante, é certo que, por se tratar de exceção à regra geral, a previsão de solidariedade contida no art. 28, § 3º, do CDC deve ser interpretada restritivamente, de maneira a abarcar apenas as obrigações resultantes do objeto do consórcio, e não quaisquer obrigações assumidas pelas consorciadas em suas atividades empresariais. Ademais, a exceção em comento não alcança o próprio consórcio, que apenas responderá solidariamente com suas integrantes se houver previsão contratual nesse sentido" (STJ – REsp 1.635.637/RJ – Terceira Turma – Rel. Min. Nancy Andrighi – j. 18.09.2018 – DJe 21.09.2018).

Para encerrar o estudo do tema, cabe trazer a debate a possibilidade de desconsideração da personalidade jurídica de ofício pelo juiz.

Estabelece o art. 133, *caput*, do Código de Processo Civil de 2015 que o incidente de desconsideração da personalidade jurídica será instaurado a pedido da parte ou do Ministério Público, quando lhe couber intervir no processo. Assim, pela literalidade da norma, ficaria afastada a possibilidade de conhecimento de ofício, pelo juiz, da desconsideração da personalidade jurídica.

---

[9] DENARI, Zelmo. *Código de Defesa do Consumidor comentado pelos autores do anteprojeto*. 8. ed. Rio de Janeiro: Forense Universitária, 2004. p. 238.

Apesar dessa previsão, entendo que, em alguns casos, envolvendo a ordem pública, a desconsideração da personalidade jurídica *ex officio* é possível. Citem-se justamente as hipóteses envolvendo a tutela dos consumidores, eis que, nos termos do art. 1º da Lei 8.078/1990, o Código de Defesa do Consumidor é norma de ordem pública e interesse social, envolvendo direitos fundamentais protegidos pelo art. 5º da Constituição Federal de 1988. A esse propósito, por todos os doutrinadores consumeristas, como pondera Claudia Lima Marques, "no Brasil, pois, a proteção do consumidor é um valor constitucionalmente fundamental (*Wertsystem*) e é um direito subjetivo fundamental (art. 5º, XXXII), guiando – e impondo – a aplicação *ex officio* da norma protetiva dos consumidores, a qual realize o direito humano (efeito útil e *pro homine* do *status* constitucional); esteja esta norma no CDC ou em fonte outra (art. 7º do CDC)".[10]

De todo modo, pelo que consta do art. 10 do mesmo CPC/2015, antes desse conhecimento de ofício, deve o juiz ouvir as partes envolvidas, o que representa aplicação do princípio da boa-fé objetiva processual. Nos termos da norma, que veda as chamadas *decisões-surpresas*, "o juiz não pode decidir, em grau algum de jurisdição, com base em fundamento a respeito do qual não se tenha dado às partes oportunidade de se manifestar, ainda que se trate de matéria sobre a qual deva decidir de ofício".

Existem arestos estaduais que adotam tal ideia, caso do Tribunal de Justiça do Distrito Federal. A título de exemplo de vários outros que assim concluem, com mesma relatoria e no âmbito do Juizado Especial Cível:

"Agravo de instrumento. Juizados especiais cíveis. Direito do consumidor. Desconsideração da personalidade jurídica. Incidência da teoria menor, que possibilita a decretação, de ofício, apenas em razão da insolvência. Artigo 28, § 5º, do CDC. Agravo conhecido e provido. 1. Trata-se de relação de consumo, visto que o agravante é o consumidor, e o recorrido fornecedor de serviços, conforme previsto nos artigos 2º e 3º da Lei nº 8.078, de 11 de setembro de 1990, Código de Defesa do Consumidor. 2. Tratando-se de vínculo proveniente de relação de consumo aplica-se a teoria menor da desconsideração da personalidade (§ 5º do art. 28 do CDC), para qual é suficiente a prova de insolvência da pessoa jurídica, sem necessidade da demonstração do desvio de finalidade ou da confusão patrimonial. 3. Verificada a índole consumerista da relação e o esgotamento, sem sucesso, das diligências cabíveis e razoáveis à busca de bens suficientes para satisfação do crédito do consumidor, é cabível a desconsideração da personalidade jurídica do agravado. 4. Agravo de instrumento conhecido e provido. 5. Sem custas e sem honorários, ante a ausência de recorrente vencido" (TJDF – Processo n. 0700.64.9.252017-8079000 – Acórdão n. 104.6000 – Segunda Turma Recursal dos Juizados Especiais Cíveis e Criminais – Rel. Juiz Arnaldo Corrêa Silva – j. 13.09.2017 – DJDFTE 20.09.2017).

Como palavras finais deste capítulo, tenho ciência de que a conclusão pela desconsideração de ofício é controversa, repelida por muitos processualistas, inclusive pelo coautor desta obra, Professor Daniel Amorim Assumpção Neves. Todavia, reitere-se o fundamento da existência de norma de ordem pública e interesse social para que a tese tenha forte amparo.

---

[10] MARQUES, Claudia Lima. *Comentários ao Código de Defesa do Consumidor*. 3. ed. São Paulo: RT, 2010. p. 70.

2.ª PARTE
Direito Processual
Daniel Amorim Assumpção Neves

2.ª PARTE

10

TUTELA INDIVIDUAL DO CONSUMIDOR EM JUÍZO

Sumário: 10.1. Introdução – 10.2. Meios de solução dos conflitos: 10.2.1. Introdução; 10.2.2. Jurisdição; 10.2.3. Equivalentes jurisdicionais – 10.3. Tutela específica das obrigações de fazer e não fazer: 10.3.1. Introdução; 10.3.2. Tutela jurisdicional; 10.3.3. Procedimento previsto pelo art. 84 do CDC – 10.4. Competência: 10.4.1. Introdução; 10.4.2. Competência da Justiça; 10.4.3. Competência territorial; 10.4.4. Competência do juízo – 10.5. Intervenções de terceiros: 10.5.1. Introdução; 10.5.2. Denunciação da lide; 10.5.3. Chamamento ao processo – 10.6. Litisconsórcio alternativo e o Código de Defesa do Consumidor – 10.7. Inversão do ônus da prova: 10.7.1. Ônus da prova; 10.7.2. Regras de distribuição do ônus da prova; 10.7.3. Inversão do ônus da prova; 10.7.4. Momento de inversão do ônus da prova; 10.7.5. Inversão do ônus da prova e do adiantamento de custas processuais.

10.1. INTRODUÇÃO

Conforme ficou claro na parte da presente obra que cuida dos aspectos materiais do direito do consumidor, existe uma nítida disparidade de condições entre ele e o fornecedor, sendo todo o arcabouço legislativo material criado para equilibrar a relação entre eles. As normas são protetivas porque, invariavelmente, consideram a situação de desvantagem do consumidor, não sendo o diploma legal chamado "Código de Defesa do Consumidor" sem razão.

No plano do direito processual, era natural que se desse o mesmo fenômeno, com a criação de normas procedimentais protetivas ao consumidor, até porque, conforme ensina a melhor doutrina a respeito do tema, "sem essas garantias processuais, os direitos materiais tornam-se normas programáticas sem maior contato com a realidade e o cotidiano dos cidadãos. Não basta, portanto, garantir a defesa do consumidor no plano material; é preciso garanti-la também no plano processual"[1].

O tratamento diferenciado destinado no plano do direito material ao consumidor é ainda mais justificável no plano do direito processual em razão da tradicional diferença entre as espécies de litigantes formadas por consumidores e fornecedores. Enquanto os primeiros

---

[1] CAVALIERI FILHO, Sergio. *Programa de direito do consumidor*. 2. ed. São Paulo: Atlas, 2010. n. 173, p. 315.

são chamados de litigantes eventuais, porque não participam de processos judiciais com frequência[2], os segundos são chamados de litigantes habituais (ou contumazes), porque são frequentes clientes do Poder Judiciário, invariavelmente no polo passivo das demandas.

Conforme dados de pesquisa divulgada pelo Conselho Nacional de Justiça (CNJ) no mês de março do ano de 2011, a respeito dos maiores litigantes no Poder Judiciário brasileiro, se nota com clareza a presença de fornecedores como litigantes habituais. Dos dez maiores litigantes da lista, cinco são instituições financeiras e um é empresa de telefonia. Os bancos respondem por 38% das ações judiciais em trâmite e as empresas de telefonia por 6%, dando uma exata dimensão da quantidade de ações consumeristas e da presença constante desses fornecedores em tais demandas. Essa realidade certamente não se alterou substancialmente nos dias atuais.

A existência de um litigante habitual contra um litigante eventual já causa um desequilíbrio entre as partes, considerando-se que, no primeiro caso, existe uma organização montada para atuação nos litígios judiciais, além de serem acostumados aos seus meandros e à frequente demora para a concessão de uma tutela jurisdicional definitiva. O consumidor, pouco afeito ao mundo judicial, é invariavelmente alguém que não está acostumado com o processo, e tampouco tem uma organização fixa para enfrentar as complexidades, demora e custos advindos da batalha judicial.

Some-se a isso a frequente disparidade econômica entre ambos, característica que permite ao fornecedor suportar o exorbitante tempo que uma ação judicial pode tomar e os custos gerados por ela de forma muito mais confortável que o consumidor. Preparado, acostumado e com folga patrimonial para aguentar o processo, o fornecedor, como litigante contumaz, ou habitual, sempre estará em posição de vantagem sobre o consumidor.

A regra de que a lei deve tratar todos de forma igual (art. 5.º, *caput* e inciso I, da CF) aplica-se também ao processo, devendo tanto a legislação como o juiz, no caso concreto, garantir às partes uma "paridade de armas" (art. 7.º do CPC), como forma de manter equilibrada a disputa judicial entre elas. A isonomia no tratamento processual das partes é forma, inclusive, de o juiz demonstrar a sua imparcialidade, porque demonstra que não há favorecimento de qualquer uma delas.

O princípio da isonomia, entretanto, não pode se esgotar num aspecto formal, pelo qual basta tratar todos igualmente que estará garantida a igualdade das partes, porque essa forma de ver o fenômeno está fundada na incorreta premissa de que todos sejam iguais. É natural que, havendo uma igualdade entre as partes, o tratamento também deva ser igual, mas a isonomia entre sujeitos desiguais só pode ser atingida por meio de um tratamento também desigual, na medida dessa desigualdade. O objetivo primordial na isonomia é permitir que concretamente as partes atuem no processo, dentro do limite do possível, no mesmo patamar. Por isso, alguns sujeitos, seja pela sua qualidade, seja pela natureza do direito que discutem em juízo, têm algumas prerrogativas que diferenciam seu tratamento processual dos demais sujeitos, como forma de equilibrar a disputa processual.

No caso do consumidor em juízo, a efetivação do princípio da isonomia real depende de um tratamento diferenciado, com proteções maiores dispensadas a ele, de forma que tenha condições equânimes de enfrentar o fornecedor. Nada mais do que tratar os desiguais desigualmente, na medida de suas desigualdades.

---

[2] TJMG – APCV 5434155-52.2009.8.13.0024 – Belo Horizonte – Décima Câmara Cível – Rel. Des. Cabral da Silva – j. 18.01.2011 – *DJEMG* 04.02.2011.

A defesa individual do consumidor em juízo não mereceu do legislador o mesmo cuidado que este despendeu para a defesa coletiva. Ainda que existam dispositivos comuns a essas duas formas de defesa, é inegável que a maior parte das normas processuais consumeristas diz respeito exclusivamente à tutela coletiva do consumidor. Tamanha a relevância do Código de Defesa do Consumidor para a tutela coletiva que o diploma legal faz parte do núcleo duro do microssistema coletivo, sendo, inclusive, aplicável a direitos coletivos *lato sensu* de outras naturezas que não a consumerista[3].

De qualquer forma, a menor preocupação do legislador quanto à tutela jurisdicional individual do consumidor já é o suficiente para o apontamento de alguns dispositivos do Código de Defesa do Consumidor que criam algumas prerrogativas processuais, sempre com o objetivo de facilitar o exercício de sua ampla defesa no caso concreto. Não há, entretanto, uma ação específica e exclusiva à disposição do consumidor, como também não está previsto na Lei 8.078/1990 um procedimento especialmente criado para a sua tutela individual. O que se tem são algumas regras legais que tratam de forma diferenciada o consumidor em sua atuação processual.

A opção do legislador por previsões esparsas, sem a criação de uma estrutura procedimental para a tutela individual do consumidor, fica clara na redação do art. 83 do CDC, que garante, para a defesa do direito do consumidor – individual e coletiva –, a utilização de todas as ações capazes de propiciar a adequada e efetiva tutela dos interesses consagrados no referido diploma. Ou seja, o consumidor pode se valer de todas as ações, procedimentos e espécies de tutela jurisdicional presentes no sistema processual, não existindo especificamente na Lei 8.078/1990 qualquer criação nesse sentido.

Por outro lado, reconhecendo-se a criação de um microssistema pelo Código de Defesa do Consumidor, e não havendo a criação de ações ou procedimentos específicos para a tutela individual do consumidor, é natural a constante aplicação das regras procedimentais constantes do Código de Processo Civil. O próprio art. 90 da Lei 8.078/1990 prevê essa aplicação naquilo que não contrariar as regras estabelecidas pelo Código de Processo Civil.

Como são poucas as regras procedimentais previstas na Lei 8.078/1990 que regulamentam a atividade processual do consumidor individual em juízo, será natural uma frequente e constante utilização das normas consagradas no Código de Processo Civil, não sendo interessante nesta obra tratar de temas que não são de aplicação exclusiva à defesa individual dos direitos do consumidor em juízo. Dessa forma, o presente capítulo tem como pretensão abordar os aspectos diferenciais constantes na Lei 8.078/1990.

10.2. MEIOS DE SOLUÇÃO DOS CONFLITOS

10.2.1. Introdução

O sistema jurídico brasileiro disponibiliza às partes variadas formas de solução dos conflitos, sendo possível elencar a jurisdição, a autotutela, a autocomposição, a mediação e a arbitragem. A pretensão, no presente capítulo, é analisar como essas diferentes formas de solução de conflitos aplicam-se ao direito do consumidor.

---

[3] STJ – REsp 1.101.057/MT – 3.ª Turma – Rel. Min. Nancy Andrighi – j. 07.04.2011 – *Informativo* 468.

10.2.2. Jurisdição

A jurisdição pode ser entendida como a atuação estatal visando à aplicação do direito objetivo ao caso concreto, resolvendo-se com definitividade uma situação de crise jurídica e gerando com tal solução a pacificação social. Note-se que neste conceito não consta o tradicional entendimento de que a jurisdição se presta a resolver um conflito de interesses entre as partes, substituindo suas vontades pela vontade da lei. Primeiro, porque nem sempre haverá conflito de interesses a ser resolvido, e segundo, porque nem sempre a atividade jurisdicional substituirá a vontade das partes, conforme será devidamente analisado em momento oportuno.

Há doutrina que prefere analisar a jurisdição sob três aspectos distintos: poder, função e atividade[4]. O poder jurisdicional é o que permite o exercício da função jurisdicional, que se materializa no caso concreto por meio da atividade jurisdicional. Essa intersecção é natural e explicável por tratar-se de um mesmo fenômeno processual, mas, ainda assim, é interessante a análise conforme o sugerido, porque com isso tem-se uma apuração terminológica sempre bem-vinda. É importante não confundir as expressões "poder jurisdicional", "função jurisdicional" e "atividade jurisdicional".

Entendida como poder, a jurisdição representa o poder estatal de interferir na esfera jurídica dos jurisdicionados, aplicando o direito objetivo ao caso concreto e resolvendo a crise jurídica que os envolve. Há tempos se compreende que o poder jurisdicional não se limita a dizer o direito (*juris-dicção*), mas também de impor o direito (*juris-satisfação*). Realmente, de nada adiantaria a jurisdição dizer o direito, mas não reunir condições para fazer valer esse direito concretamente. Note-se que a jurisdição como poder é algo que depende essencialmente de um Estado organizado e forte o suficiente para interferir concretamente na esfera jurídica de seus cidadãos.

Tradicionalmente, a jurisdição (*juris-dicção*) era entendida como a atuação da vontade concreta do direito objetivo (Chiovenda), sendo que a doutrina se dividia entre aqueles que entendiam que essa atuação derivava de a sentença fazer concreta a norma geral (Carnelutti) ou criar uma norma individual com base na regra geral (Kelsen). Contemporaneamente, notou-se que tais formas de enxergar a jurisdição estavam fundadas em um positivismo acrítico e no princípio da supremacia da lei, o que não mais atendia às exigências de justiça do mundo atual. Dessa forma, autorizada doutrina passa a afirmar que a jurisdição deveria se ocupar da criação, no caso concreto, da norma jurídica, resultado da aplicação da norma legal à luz dos direitos fundamentais e dos princípios constitucionais de justiça. Reconhece ainda essa nova visão da jurisdição que não adianta somente a edição da norma jurídica (*juris-dicção*), sendo necessário tutelar concretamente o direito material, o que se fará pela execução (*juris-satisfação*)[5].

Como função, a jurisdição é o encargo atribuído pela Constituição Federal, em regra, ao Poder Judiciário – função típica –, e, excepcionalmente, a outros Poderes – função atípica –, de exercer concretamente o poder jurisdicional. A função jurisdicional não é privativa do Poder Judiciário, como se constata nos processos de *impeachment* do Presi-

---

[4] CINTRA, Antonio Carlos de Araújo; GRINOVER, Ada Pellegrini; DINAMARCO, Cândido Rangel. *Teoria geral do processo*. 24. ed. São Paulo: Malheiros, 2008.

[5] Na doutrina nacional, confira-se a exposição do tema de forma consideravelmente aprofundada em MARINONI, Luiz Guilherme. *Teoria geral do processo*. São Paulo: RT, 2006. p. 21-139.

dente da República realizados pelo Poder Legislativo (arts. 49, IX, e 52, I, da CF), ou nas sindicâncias e processos administrativos conduzidos pelo Poder Executivo (art. 41, § 1.º, II, da CF), ainda que nesses casos não haja definitividade. Também o Poder Judiciário não se limita ao exercício da função jurisdicional, exercendo de forma atípica – e bem por isso excepcional – função administrativa (p. ex., organização de concursos públicos) e legislativa (p. ex., elaboração de Regimentos Internos de tribunais)[6].

Como atividade, a jurisdição é o complexo de atos praticados pelo agente estatal investido de jurisdição no processo. A função jurisdicional se concretiza por meio do processo, forma que a lei criou para que tal exercício se fizesse possível. Na condução do processo, o Estado, ser inanimado que é, investe determinados sujeitos do poder jurisdicional para que possa, por meio da prática de atos processuais, exercer concretamente tal poder. Esses sujeitos são os juízes de direito, que, por representarem o Estado no processo, são chamados de "Estado-juiz".

Como se verifica em praticamente todas as espécies de conflitos de interesses, aqueles que envolvem o consumidor e o fornecedor são em sua maioria resolvidos por meio da jurisdição. A cultura do processo (litigiosidade) existente entre os operadores do Direito, bem como na população em geral, leva à maioria das crises jurídicas consumeristas ao Poder Judiciário, na busca de uma solução impositiva do juiz que resolva o conflito de interesses. O aspecto positivo para o consumidor é que em sua tutela serão cabíveis quaisquer espécies de ação judicial, nos termos do art. 83 do CDC, bem como cabe ao juiz a facilitação da defesa dos interesses do consumidor em juízo, nos termos do art. 6.º, VIII, do mesmo diploma legal.

10.2.3. Equivalentes jurisdicionais

O Estado não tem, por meio da jurisdição, o monopólio da solução dos conflitos, sendo admitidas pelo Direito outras maneiras pelas quais as partes possam buscar uma solução do conflito em que estão envolvidas. São chamadas de equivalentes jurisdicionais ou de formas alternativas de solução dos conflitos. Há três espécies reconhecidas por nosso direito: autotutela, autocomposição, mediação e arbitragem.

A valorização das formas alternativas de solução dos conflitos já é demonstrada no art. 3.º do CPC. Nos termos do § 2.º, o Estado promoverá, sempre que possível, a solução consensual dos conflitos, enquanto o § 3.º prevê que a conciliação, a mediação e outros métodos de solução consensual de conflitos deverão ser estimulados por juízes, advogados, defensores públicos e membros do Ministério Público, inclusive no curso do processo judicial.

O Código de Processo Civil de 2015, entretanto, não trouxe apenas disposições principiológicas no que se refere às formas consensuais de solução de conflitos. Há uma seção inteira de um capítulo destinada a regulamentar a atividade dos conciliadores e dos mediadores judiciais (arts. 165-175), inclusive fazendo expressamente a distinção entre conciliação (melhor teria sido usar autocomposição) e mediação.

Ainda que por razões óbvias tal capítulo se limite a regulamentar a mediação ou conciliação quando já instaurado o processo, quando o ideal seria que elas justamente evitassem sua existência, o diploma processual é inovador e sai da abstração do "conciliar

---

[6] BUENO, Cassio Scarpinella. *Curso sistematizado de direito processual civil*. São Paulo: Saraiva, 2007. v. 1, p. 241-243.

é legal" para a criação de uma estrutura e de um procedimento que realmente possam incrementar a conciliação e a mediação como forma de solução do conflito e, por consequência, a extinção do processo por sentença homologatória da autocomposição.

Entendo extremamente positiva a iniciativa do legislador, até porque, se há essas formas consensuais de solução dos conflitos, é melhor que exista uma estrutura organizada e um procedimento definido e inteligente para viabilizar sua realização da forma mais ampla possível.

Registro, entretanto, que não vejo a priorização da mediação e, em especial, da conciliação como a panaceia a todos os problemas no campo dos conflitos de interesses. Admito a relevância indiscutível dessas formas de solução de conflitos em determinadas espécies de crises jurídicas, em especial no direito de família e de vizinhança. Admitido também que a pacificação social (solução da lide sociológica) pode ser mais facilmente obtida por uma solução do conflito derivada da vontade das partes do que pela imposição de uma decisão judicial (ou arbitral). Admitido até que, quanto mais conflitos forem resolvidos fora da jurisdição, menos processos haverá, e, por consequência, o Poder Judiciário poderá funcionar de maneira mais célere e adequada às aspirações do acesso à ordem jurídica justa.

O que me causa extremo desconforto é notar que a valorização da conciliação (a mediação é ainda embrionária entre nós) leva-nos a ver com naturalidade o famoso ditado de que vale mais um acordo ruim do que um processo bom. Ao se concretizar tal estado de coisas, estaremos definitivamente renunciando ao respeito do direito material e decretando a falência do Poder Judiciário.

Por outro lado, em especial em determinadas áreas do direito material, como o direito consumerista, a distância econômica entre o litigante contumaz (fornecedor) e o litigante eventual (consumidor) gera transações – ou conciliações a depender do sentido emprestado ao termo – absolutamente injustas e que passam longe da tão propalada pacificação social. Se parece interessante por variadas razões para o fornecedor, para o consumidor a transação é muitas vezes um ato de necessidade, e não de vontade, de forma que esperar que ele fique satisfeito pela solução do conflito é de uma ingenuidade e, pior, de uma ausência de análise empírica preocupantes.

E há mais, porque, a se consolidar a política da conciliação em substituição à jurisdição, o desrespeito às normas de direito material poderá se mostrar vantajoso economicamente para sujeitos que têm dinheiro e estrutura para aguentar as agruras do processo e sabem que do outro lado haverá alguém lesado que aceitará um acordo, ainda que desvantajoso, somente para se livrar dos tormentos de variadas naturezas que o processo atualmente gera. O desrespeito ao direito material passará a ser o resultado de um cálculo de risco--benefício realizado pelos detentores do poder econômico, em desprestígio evidente do Estado Democrático do Direito.

10.2.3.1. *Autotutela*

É a forma mais antiga de solução dos conflitos, constituindo-se fundamentalmente pelo sacrifício integral do interesse de uma das partes envolvidas no conflito em razão do exercício da força pela parte vencedora. Por "força" deve-se entender qualquer poder que a parte vencedora tenha condições de exercer sobre a parte derrotada, resultando na imposição de sua vontade. O fundamento dessa força não se limita ao aspecto físico, podendo-se verificar nos aspectos afetivo, econômico, religioso etc.

É evidente que uma solução de conflitos resultante do exercício da força não é a forma que se procura prestigiar num Estado democrático de direito. Aliás, pelo contrário, a autotutela lembra as sociedades mais rudimentares, nas quais a força era sempre determinante para a solução dos conflitos, pouco importando de quem era o direito objetivo no caso concreto. Como, então, a autotutela continua a desempenhar papel de equivalente jurisdicional ainda nos tempos atuais?

Primeiro, é preciso observar que a autotutela é consideravelmente excepcional, sendo raras as previsões legais que a admitem. Como exemplos, é possível lembrar a legítima defesa (art. 188, I, do CC); apreensão do bem com penhor legal (art. 1.467, I, do CC); desforço imediato no esbulho (art. 1.210, § 1.º, do CC). A justificativa é de que o Estado não é onipresente, sendo impossível estar em todo lugar e a todo momento para solucionar violações ou ameaças ao direito objetivo, de forma que em algumas situações excepcionais é mais interessante ao sistema jurídico, diante da ausência do Estado, a solução pelo exercício da força de um dos envolvidos no conflito.

Segundo, e mais importante, a autotutela é a única forma de solução alternativa de conflitos que pode ser amplamente revista pelo Poder Judiciário, de modo que o derrotado sempre poderá judicialmente reverter eventuais prejuízos advindos da solução do conflito pelo exercício da força de seu adversário. Trata-se, portanto, de uma forma imediata de solução de conflitos, mas que não recebe os atributos da definitividade, sempre podendo ser revista jurisdicionalmente.

De qualquer forma, tem rara aplicação no campo consumerista, podendo ser lembrada como exemplo o direito do hoteleiro em manter a bagagem do cliente que não quita sua conta no momento de sair do hotel. A raridade de sua existência no sistema de solução de conflitos é uma boa notícia para o consumidor, porque, sendo uma forma de solução baseada na força de uma das partes, é presumível que o fornecedor seja sempre o vencedor da disputa, dada a reconhecida hipossuficiência do consumidor nesta relação jurídica.

Registro que, recentemente, um segmento relevante e muito qualificado da doutrina vem defendendo a existência de uma autotutela moderna e absolutamente aceitável, representada pelos *smart contracts*, de notável incidência na área consumerista. Imagine-se o contrato que você tem com o Uber, que desconta de seu cartão de crédito um valor pelo cancelamento de uma corrida que você tinha originariamente concordado em fazer e posteriormente se arrependeu. Tudo feito eletronicamente, unilateralmente pelo credor. De uma forma bem simplificada, sem qualquer participação jurisdicional. A Uber entendeu que existiu o crédito, "invadiu" a sua conta-corrente e de lá tirou o dinheiro para satisfazer o direito que entendeu existir.

Sinceramente sempre tive dificuldade de entender tal ocorrência como uma autotutela. Especialmente porque tudo decorre de um acordo contratual celebrado pelas partes facilitado pela tecnologia. Os traços essenciais da autotutela não me parecem presentes, porque as premissas para que o crédito seja reconhecido como devido e o dinheiro seja crédito no cartão de crédito do cliente da plataforma decorrem de previsões contratuais livremente convencionadas pelas partes. Essa convencionalidade na origem de tudo me parece muito distante do que se tem na autotutela. Nesse sentido, comungo da opinião da doutrina de que o perigo aqui é termos que reconhecer diferentes espécies de autotutela para cada hipótese, o que, naturalmente, não faz sentido[7]. Prefiro não ver aí uma autotutela.

Seja como for, trata-se de uma nova realidade contratual que deve ser devidamente analisada com vista à tutela do consumidor, sempre com os olhos voltados àquilo que parcela da doutrina vê como uma espécie de autotutela contratualizada.

10.2.3.2. Autocomposição

A autocomposição é uma interessante e cada vez mais popular forma de solução dos conflitos sem a interferência da jurisdição, estando fundada no sacrifício integral ou parcial do interesse das partes envolvidas no conflito, mediante a vontade unilateral ou bilateral de tais sujeitos. O que determina a solução do conflito não é o exercício da força, como ocorre na autotutela, mas a vontade das partes, o que é muito mais condizente com o Estado democrático de direito em que vivemos. Inclusive, é considerada atualmente um excelente meio de pacificação social, porque inexiste no caso concreto uma decisão impositiva, como ocorre na jurisdição, valorizando-se a autonomia da vontade das partes na solução dos conflitos.

A autocomposição é um gênero, do qual são espécies a transação – a mais comum –, a submissão e a renúncia. Na transação, há um sacrifício recíproco de interesses, sendo que cada parte abdica parcialmente de sua pretensão para que se atinja a solução do conflito. Trata-se do exercício de vontade bilateral das partes, visto que, quando um não quer, dois não fazem a transação. Na renúncia e na submissão, o exercício de vontade é unilateral, podendo até mesmo ser consideradas soluções altruístas do conflito, levando em conta que a solução decorre de ato da parte que abre mão do exercício de um direito que teoricamente seria legítimo. Na renúncia, o titular do pretenso direito simplesmente abdica de tal direito, fazendo-o desaparecer juntamente com o conflito gerado por sua ofensa, enquanto na submissão o sujeito se submete à pretensão contrária, ainda que fosse legítima sua resistência.

Cumpre observar que, embora sejam espécies de autocomposição, e por tal razão formas de equivalentes jurisdicionais, a transação, a renúncia e a submissão podem ocorrer também durante um processo judicial, sendo que a submissão, nesse caso, é chamada de reconhecimento jurídico do pedido, enquanto a transação e a renúncia mantêm a mesma nomenclatura. Verificando-se durante um processo judicial, o juiz homologará por sentença de mérito a autocomposição (art. 487, III do CPC), com formação de coisa julgada material. Nesse caso, é importante perceber que a solução do conflito deu-se por autocomposição, derivada da manifestação da vontade das partes, e não da aplicação do direito objetivo ao caso concreto (ou ainda da criação da norma jurídica), ainda que a participação homologatória do juiz tenha produzido uma decisão apta a gerar a coisa julgada material. Dessa forma, tem-se certa hibridez: substancialmente, o conflito foi resolvido por autocomposição, mas formalmente, em razão da sentença judicial homologatória, há o exercício de jurisdição.

Pela negociação, as partes chegam a uma transação sem a intervenção de um terceiro, enquanto na conciliação há a presença de um terceiro (conciliador) que funcionará como

---

[7] TALAMINI, Eduardo; CARDOSO, André Guskow. *Smart contracts*, "autotutela" e tutela jurisdicional. *Revista do Ministério Público do Estado do Rio de Janeiro*, n. 89, jul./set. 2023, 5.1. e 5.2, p. 67-72.

intermediário entre as partes. O conciliador não tem o poder de decidir o conflito, mas pode desarmar os espíritos e levar as partes a exercer suas vontades no caso concreto para resolver o conflito de interesse.

A solução pela autocomposição, em especial a transação, pode não trazer a tão almejada pacificação social, propagandeada aos quatro cantos como efeito natural da transação (também chamada rotineiramente de conciliação). As ostensivas campanhas capitaneadas pelo Conselho Nacional de Justiça (CNJ), como o prêmio "Conciliar é Legal", devem ser analisadas com cuidado no campo consumerista.

A pacificação social tem como objetivo precípuo a solução da chamada "lide sociológica"[8]. De nada adianta resolver o conflito no aspecto jurídico se, no aspecto fático, persiste a insatisfação das partes, o que naturalmente contribui para a manutenção do estado beligerante entre elas. A solução jurídica da demanda deve necessariamente gerar a pacificação no plano fático, em que os efeitos da jurisdição são suportados pelos jurisdicionados. Daí a visão de que a transação é uma excelente forma de resolver a "lide sociológica", porque o conflito se resolve sem a necessidade de decisão impositiva de um terceiro[9]. No direito consumerista, entretanto, alguns fatores devem ser levados em consideração.

É certo que, em toda transação, as partes envolvidas no conflito devem sacrificar alguma parcela de seu interesse inicial, sem o que não se chega a qualquer solução consensual baseada em sucumbências recíprocas. O problema, em meu entender, é a enorme disparidade existente na maioria das vezes entre fornecedor e consumidor, o que leva a distorções na transação e, por consequência, apesar de resolver o conflito jurídico, fica longe da pacificação social.

Deve-se considerar que o fornecedor não só tem o poder econômico em seu favor, como, sendo um litigante contumaz, pode aguentar a absurda demora de um processo judicial. O consumidor, por sua vez, é um litigante eventual, não estando acostumado com as incertezas e demoras do processo. Além disso, invariavelmente, não tem condição econômica para suportar anos e anos à espera do reconhecimento e satisfação de seu direito em juízo. Não se discute que o aspecto econômico e a demora no processo são integrantes de qualquer transação, entre quaisquer sujeitos, em qualquer lugar do mundo. Sujeitos em posição econômica assemelhada e que saibam que a solução judicial será fornecida em pouco tempo têm menor disposição para transacionar, mas ainda assim podem preferir a transação. No Brasil, entretanto, as diferenças econômicas entre fornecedores e consumidores é tão significativa e o processo demora tanto para chegar a um desfecho que, muitas vezes, o consumidor é impelido a fazer uma transação que não lhe agrada completamente, firme no princípio de que "é melhor um acordo ruim do que um processo bom".

Quero deixar claro que não sou contra a transação como forma de solução de conflitos nas relações consumeristas, mas que não me deixo levar pela onda de entusiasmo desenfreado pelas alegadas qualidades dessa forma de resolução. Certamente, é uma visão romântica, até mesmo ingênua, mas prefiro entender que, se o processo funcionasse de maneira mais adequada, e os consumidores não se encontrassem em situação de dificuldade

---

[8] MARINONI, Luiz Guilherme. *Novas linhas do processo civil*. 4. ed. São Paulo: Malheiros, 2000. p. 189-190.
[9] DINAMARCO, Cândido Rangel. *Instituições de direito processual civil*. São Paulo: Malheiros, 2001. v. 1, p. 128.

financeira – quando não de penúria –, as transações poderiam ser mais justas, obtendo-se dessa maneira a tão desejada pacificação social.

Não existe qualquer vedação à solução do conflito consumerista por meio da autocomposição, que, em regra, se dá por meio de transação. Ainda que se reconheça a natureza de ordem pública e interesse social das normas previstas pelo Código de Defesa do Consumidor, nos termos do art. 1.º da Lei 8.078/1990, não parece haver resistência doutrinária séria a respeito da disponibilidade do direito do consumidor individualmente considerado. Dessa forma, qualquer solução de conflito que dependa da vontade do consumidor é legítima.

10.2.3.3. Mediação

A mediação é forma alternativa de solução de conflitos fundada no exercício da vontade das partes, o que é o suficiente para ser considerada espécie de forma consensual do conflito, mas não deve ser confundida com a autocomposição. Há ao menos três razões que indicam aconselhável distinguir essas duas espécies de solução consensual dos conflitos.

Como primeira e principal diferença, tem-se a inexistência de sacrifício total ou parcial dos interesses das partes envolvidas na crise jurídica. É nesse sentido a previsão de solução com "benefícios mútuos" presente no § 3.º do art. 165 do CPC. Para que seja possível uma solução consensual sem sacrifício de interesses, diferente do que ocorre na conciliação, a mediação não é centrada no conflito em si, mas sim em suas causas.

A mera perspectiva de uma solução de conflitos sem qualquer decisão impositiva e que preserve plenamente o interesse de ambas as partes envolvidas no conflito torna a mediação ainda mais interessante que a autocomposição em termos de geração de pacificação social.

Por outro lado, diferente do conciliador, o mediador não propõe soluções do conflito às partes, mas as conduz a descobrirem as suas causas, de forma a possibilitar sua remoção e assim chegar à solução do conflito. Portanto, as partes envolvidas chegam por si sós à solução consensual, tendo o mediador apenas a tarefa de induzi-las a tal ponto de chegada[10]. O sentimento de capacidade que certamente será sentido pelas partes também é aspecto que torna a mediação uma forma alternativa de solução de conflitos bastante atraente.

A última diferença entre a mediação e a conciliação (autocomposição) está consagrada nos §§ 2.º e 3.º do art. 165 do CPC e versa sobre as espécies de litígios mais adequadas para a atuação do conciliador e do mediador.

O conciliador deve atuar preferencialmente nos casos em que não tiver havido vínculo anterior entre as partes. Significa dizer que a conciliação é mais adequada para conflitos de interesses que não envolvam relação continuada entre as partes envolvidas, que passaram a manter um vínculo justamente em razão da lide instaurada, como ocorre numa colisão de veículos. Ou ainda para aquelas partes que têm um vínculo anterior pontual, tendo a lide surgido justamente desse vínculo, como ocorre em um contrato celebrado para a compra de um produto ou para a prestação de um serviço.

---

[10] NEVES, Daniel Amorim Assumpção. *Ações probatórias autônomas*. São Paulo: Saraiva, 2008. p. 426.

Já o mediador deve atuar preferencialmente nos casos em que tiver havido vínculo anterior entre as partes. São casos em que as partes já mantinham alguma espécie de vínculo continuado antes do surgimento da lide, o que caracteriza uma relação continuada e não apenas instantânea entre elas, como ocorre no direito de família, de vizinhança e societário.

Embora seja possível a solução de conflito consumerista pela autocomposição e pela mediação, a forma preferível, ainda que nem sempre possível, é a mediação, porque nesse caso será possível a solução do conflito sem o sacrifício do interesse do consumidor, o que, por si só, gera uma maior probabilidade de resolver a chamada "lide sociológica".

10.2.3.4. Conciliação e mediação no CPC/2015

10.2.3.4.1. Introdução

O Código de Processo Civil dedica uma Seção inteira às formas consensuais de solução de conflitos, sob o título "Dos Conciliadores e Mediadores Judiciais". Ainda que nos parágrafos do art. 165 do CPC haja a distinção entre a conciliação e a mediação, o diploma processual trata de ambas, ao menos em termos estruturais e procedimentais, da mesma forma, com previsões legais aplicáveis a ambas.

10.2.3.4.2. Centros Judiciários de solução consensual de conflitos

Segundo o art. 165, *caput*, do CPC, deverão os tribunais criar centros judiciários de solução consensual de conflitos, que ficarão responsáveis pela realização de sessões e audiências de conciliação e mediação, bem como pelo desenvolvimento de programas destinados a auxiliar, orientar e estimular a autocomposição.

A iniciativa é interessante por duas razões.

Sob a perspectiva microscópica, retira do juiz da causa a tarefa de tentar junto às partes a conciliação e a mediação, ainda que residualmente possa continuar a exercer tal atividade na constância do processo, caso seja frustrada a tentativa realizada no início do procedimento pelo centro judiciário de solução consensual de conflitos. Vejo como medida positiva porque o juiz nem sempre é a pessoa mais indicada para exercer tal atividade, primeiro porque pode não ter a técnica necessária, e segundo, porque pode ser acusado de prejulgamento na hipótese de uma participação mais ativa na tentativa de obter a conciliação ou a mediação. Ao criar um órgão que não pode prejulgar porque não tem competência para julgar e formado por pessoas devidamente capacitadas, tais problemas são superados.

Sob a perspectiva macroscópica, a novidade é interessante porque, além da atuação pontual nos processos, o centro judiciário de solução consensual de conflitos ficará responsável pelo desenvolvimento, publicação e adoção de políticas voltadas à conciliação e à mediação, em atividade essencial para a mudança da mentalidade litigiosa das partes e de seus patronos.

Os centros previstos pelo dispositivo ora comentado serão vinculados a tribunais de segundo grau na Justiça Estadual e Federal, cabendo a eles a definição de sua composição e organização, nos termos do § 1.º do art. 165 do CPC. Para evitar que as regionalidades tornem tais centros excessivamente heterogêneos, o mesmo dispositivo condiciona a atuação dos tribunais locais às normas do Conselho Nacional de Justiça, que deve regulamentar as diretrizes fundamentais de composição e organização, deixando alguma margem para os tribunais locais atenderem às especialidades regionais. Já há, inclusive, normas nesse sentido na Resolução 125/2010 do CNJ, que dispõe sobre a Política Judiciária Nacional de tratamento adequado dos conflitos de interesses no âmbito do Poder Judiciário.

Cabe o registro do Decreto 8.573/2015, que criou o sistema alternativo de solução de conflitos de consumo, conhecido como plataforma Consumidor.gov.br, de natureza gratuita e alcance nacional, na forma de sítio na internet, com a finalidade de estimular a autocomposição entre consumidores e fornecedores para a solução de demandas de consumo. Cabe também o registro do Decreto 10.197/2020, que estabeleceu como plataforma oficial da administração pública federal direta, autárquica e fundacional para a autocomposição nas controvérsias em relações de consumo.

10.2.3.4.3. Local físico da conciliação e mediação

Com a criação dos centros judiciários de solução consensual de conflitos, o ideal é que exista espaço físico exclusivo para o desempenho das atividades dos conciliadores e mediadores, o que certamente otimizará a realização do trabalho. Além disso, ao não serem as sessões realizadas na sede do juízo, diminui-se o aspecto de litigiosidade e formalidade associado ao Poder Judiciário, o que poderá psicologicamente desarmar as partes e facilitar a solução consensual.

Acredito que a curto ou médio prazo essa possa a vir a ser a realidade nas comarcas e seções judiciárias que são sede do Tribunal, e até mesmo em foros mais movimentados que não sejam sede do Tribunal. Contudo, acreditar que essa será a realidade, e aí mesmo em longo prazo, para todas as comarcas, seções e subseções judiciárias do Brasil é irrazoável e discrepante de nossa realidade. Se, muitas vezes, até mesmo a sede do juízo é de uma precariedade indesejável, custa crer que sejam criados espaços físicos com o propósito exclusivo de abrigar os centros judiciários de solução consensual de conflitos.

Nesse sentido, deveria ser interpretada a regra consagrada no projeto de lei aprovado na Câmara, ao prever que, excepcionalmente, as audiências ou sessões de conciliação e mediação poderiam realizar-se nos próprios juízos; exceção, inclusive, já consagrada no art. 8.º, § 1.º, da Resolução 125/2010 do CNJ. A interpretação, entretanto, não era a única possível e não excluía a possibilidade de que, mesmo existindo no foro um local específico para a atuação dos centros ora analisados, a sessão ocorresse na sede do juízo sempre que tal local se mostrasse o mais adequado para a realização do ato.

Seja qual for a razão, mesmo realizando-se na sede do juízo, a sessão ou audiência de conciliação ou mediação seria conduzida pelos conciliadores e mediadores, com o que se manteria o afastamento do juiz dessa atividade, pelo menos no momento inicial do procedimento. Segundo o art. 8.º, § 1.º, da Resolução 125/2010 do CNJ, nesse caso caberá a supervisão dos trabalhos dos mediadores e conciliadores ao Juiz Coordenador do Centro Judiciário de Solução de Conflitos e Cidadania.

Influenciado por notas técnicas da AGU e da AJUFE, o Senado assim fundamentou a exclusão da regra do texto final do atual CPC na Emenda 2.3.2.64: "O § 2.º do art. 166 do SCD estabelece uma regra desnecessária e inserta na alçada administrativa do juízo de conveniência e oportunidade do próprio Poder Judiciário, ao fixar que, excepcionalmente, as audiências e as sessões de conciliação poderão realizar-se nos próprios juízos sob a condução de conciliadores e mediadores. Além disso, esse dispositivo termina por inutilizar o espaço dedicado à autocomposição, que são os centros judiciários, ao recomendarem indiretamente a usurpação do local de atuação típica do juiz, o juízo".

São insuficientes as razões apresentadas, e a supressão dessa regra no texto final do atual CPC aprovado pelo Senado tende a ser ineficaz diante do já previsto no art. 8.º, § 1.º, da Resolução 125/2010 do CNJ. Naturalmente, seria melhor ter essa regra consagrada em lei, e por isso criticável a postura do Senado a respeito do tema.

10.2.3.4.4. Conciliador e mediador

Apesar das diferenças em termos de atuação existentes e já devidamente analisadas entre o conciliador e o mediador, o Código de Processo Civil os equipara em outros aspectos.

Nos termos do § 1.º do art. 167 do CPC, é requisito mínimo para a capacitação dos mediadores e conciliadores a aprovação em curso a ser realizado por entidade credenciada, cujo parâmetro curricular será definido pelo Conselho Nacional de Justiça em conjunto com o Ministério da Justiça. Entendo que, mesmo havendo convênio formal do Poder Judiciário com entidades privadas, esse requisito deve ser mantido, de forma que mesmo aqueles que não estejam vinculados diretamente às câmaras de conciliação e mediação devam ter certificado do curso supracitado para poderem atuar nas mediações e conciliações judiciais.

Registre-se que o art. 11 da Lei 13.140/2015 cria um novo requisito, não previsto no Novo Código de Processo Civil: graduação há pelo menos dois anos em curso de ensino superior de instituição reconhecida pelo Ministério da Educação.

Não há necessidade de os conciliadores e mediadores serem advogados, o que deve ser saudado. As técnicas de conciliação e mediação não dependem de conhecimento jurídico, sendo imprescindível que, além de operadores do Direito, outros profissionais, em especial aqueles acostumados a lidar com pessoas e conflitos entre elas, possam atuar como mediadores e conciliadores.

Sendo advogado, estará impedido de exercer a advocacia nos juízos em que exerça suas funções. O impedimento poderá diminuir o interesse dos advogados naquelas comarcas menores, onde teriam que optar entre as atividades de advocacia ou de mediação e conciliação, sendo difícil crer que o advogado abriria mão da advocacia para se limitar à atividade de solução consensual de conflitos.

O disposto no art. 167, § 5.º, do CPC merece uma interpretação restritiva. Primeiro, não se pode confundir juízo (vara) com foro, de forma que a atuação do advogado-mediador/conciliador está liberada em varas não vinculadas à sua atividade de mediador/conciliador, ainda que do mesmo foro em que a exerça. Por outro lado, deve haver algum tipo de relacionamento entre o mediador/conciliador e o juiz da causa, porque, se as atividades de mediação e conciliação forem realizadas sem qualquer relação com o juiz da causa, não se justifica a causa de impedimento.

De qualquer forma, nesse caso, os profissionais de outras áreas serão imprescindíveis. E o art. 172 do CPC prevê que o conciliador e o mediador ficam impedidos, pelo prazo de um ano, contado do término da última audiência em que atuaram, de assessorar, representar ou patrocinar qualquer das partes, o que é importante para evitar o aliciamento de clientes.

Há entendimento no sentido de que tais impedimentos, já que previstos em lei, sejam estendidos à sociedade de advogados a que pertença o conciliador ou mediador, sob pena de se esvaziarem os objetivos pretendidos pelo legislador[11].

Também existe a possibilidade de o tribunal optar pela criação de quadro próprio de conciliadores e mediadores, a ser preenchido mediante concurso público de provas e títulos. Acredito que, nesse caso, a condição formal para a inscrição no concurso seja ser possuidor de certificado emitido por entidade responsável por ministrar o curso de capacitação.

Tratando-se de formas consensuais de solução de conflitos, é natural que a vontade das partes já seja prestigiada desde o momento da escolha do terceiro responsável pela intermediação entre elas. Feliz nesse sentido o art. 168 do CPC, ao indicar que cabe às partes escolher o conciliador ou o mediador, inclusive sujeitos não cadastrados junto ao tribunal ou câmara privada, não sendo necessária a qualificação formal exigida para os mediadores e conciliadores cadastrados no Tribunal[12]. Nesse tocante, deve ser registrado o previsto no art. 25 da Lei 13.140/2015, ao determinar que os mediadores não estão sujeitos à prévia aceitação das partes. Entendo que não haja aceitação prévia, o que não significa dizer que as partes estarão vinculadas a um conciliador ou mediador contra a sua vontade.

O disposto no art. 168, § 3.º, do CPC deve ser aplicado com ressalvas. Segundo o dispositivo legal, sempre que recomendável, haverá a designação de mais de um mediador ou conciliador. Essa pluralidade de intermediários deve ser reservada para situações excepcionais, nas quais realmente seja imprescindível a presença de diferentes sujeitos com formações distintas. Além do encarecimento gerado pela presença de mais de um mediador ou conciliador, essa multiplicidade pode tornar a mediação ou conciliação mais complexa do que seria necessário, demandando mais tempo para chegar a um resultado positivo.

10.2.3.4.5. Princípios das formas consensuais de solução dos conflitos

10.2.3.4.5.1. Introdução

Ainda que notoriamente sejam formas consensuais de solução de conflitos diferentes, a mediação e a conciliação são informadas pelos mesmos princípios, concentrados no art. 166 do CPC. O dispositivo é bastante próximo do art. 1.º do Anexo III da Resolução 125/2010 do CNJ, ainda que não traga entre os princípios o da competência, respeito à ordem pública e às leis vigentes, empoderamento e validação.

10.2.3.4.5.2. Independência

Os conciliadores e mediadores devem atuar de forma independente, sem sofrerem qualquer espécie de pressão interna ou externa. Nos termos do art. 1.º, V, do Anexo III

---

[11] Enunciado 60/ENFAM: "À sociedade de advogados a que pertença o conciliador ou mediador aplicam-se os impedimentos de que tratam os arts. 167, § 5.º, e 172 do CPC/2015".

[12] MAIA, Andrea; HILL, Flávia Pereira. Do cadastro e da remuneração dos mediadores. In: ALMEIDA, Diogo Assumpção Rezende de; PANTOJA, Fernanda Medina e PELEJO, Samantha (Coords.) *A mediação no Novo Código de Processo Civil*. Rio de Janeiro: Forense, 2015. p. 160. Contra: Enunciado 59 da ENFAM: "O conciliador ou mediador não cadastrado no tribunal, escolhido na forma do § 1.º do art. 168 do CPC/2015, deverá preencher o requisito de capacitação mínima previsto no § 1.º do art. 167".

da Resolução 125/2010 do CNJ, a independência também permite ao conciliador e ao mediador deixar de redigir solução ilegal ou inexequível, em nítida prevalência da ordem jurídica e da eficácia da solução do conflito em detrimento da vontade das partes. Trata-se do princípio do respeito à ordem pública e às leis vigentes, constante expressamente da norma administrativa, mas não presente no art. 166, *caput*, do CPC.

10.2.3.4.5.3. Imparcialidade

O mediador deve ser imparcial, ou seja, não pode, com sua atuação, deliberadamente pender para uma das partes e, com isso, induzir a parte contrária a uma solução que não atenda às finalidades do conflito. Também o conciliador deve ser imparcial porque, quando apresenta propostas de solução dos conflitos, deve ter como propósito a forma mais adequada à solução do conflito, e não a vantagem indevida de uma parte sobre a outra.

Ao tratar do tema da imparcialidade na conciliação e mediação, o inciso IV do art. 1.º do Anexo III da Resolução 125/2010 do CNJ prevê o dever de agirem com ausência de favoritismo, preferência ou preconceito, assegurando que valores e conceitos pessoais não interfiram no resultado do trabalho, compreendendo a realidade dos envolvidos no conflito e jamais aceitando qualquer espécie de favor ou presente.

Segundo o art. 5.º, *caput*, da Lei 13.140/2015, aplicam-se ao mediador as mesmas hipóteses legais de impedimento e suspeição do juiz, o mesmo se podendo dizer do conciliador Nos termos do art. 5.º, parágrafo único, da Lei 13.140/2015, a pessoa designada para atuar como mediadora tem o dever de revelar às partes, antes da aceitação da função, qualquer fato ou circunstância que possa suscitar dúvida justificada em relação à sua imparcialidade para mediar o conflito, oportunidade em que poderá ser recusado por qualquer delas.

O § 3.º do art. 166 do CPC consagra a importante distinção entre inércia e imparcialidade ao apontar que o emprego de técnicas negociais com o objetivo de proporcionar ambiente favorável à autocomposição não ofende o dever de imparcialidade do conciliador e do mediador. Significa que cabe ao terceiro imparcial atuar de forma intensa e presente, valendo-se de todas as técnicas para as quais deve estar capacitado, sem que se possa falar em perda da imparcialidade em sua atuação.

10.2.3.4.5.4. Normalização do conflito

Curiosamente, o princípio da normalização do conflito foi suprimido pelo Senado do texto final do art. 166, *caput*, do CPC. Mais uma opção incompreensível de corte ao texto aprovado pela Câmara, mas nesse caso ineficaz, já que os princípios que norteiam a conciliação e a mediação não dependem da vontade do legislador.

A normalização do conflito juridicamente decorre de sua solução, mas sociologicamente o conflito só será "normalizado" se as partes ficarem concretamente satisfeitas com a solução consensual do conflito a que chegaram. O apaziguamento dos ânimos normaliza o conflito no plano fático, resolvendo a chamada lide sociológica. Já demonstrei minha preocupação com a falsa impressão de que o simples fato de a solução resultar da vontade das partes é garantia de pacificação social, quando a situação entre as partes praticamente impõe a vontade de uma sobre a outra, em especial quando uma delas apresenta hipossuficiência técnica e/ou econômica.

Apesar de não estarem expressamente previstos como princípios no *caput* do art. 166 do CPC, entendo que os princípios do empoderamento e da validação podem ser considerados como inseridos no princípio da normalização do conflito. Nos termos dos incisos VII e VIII do art. 1.º do Anexo III da Resolução 125/2010 do CNJ, os conciliadores e mediadores têm o dever de estimular os interessados a aprenderem a melhor resolver seus conflitos futuros em função da experiência de justiça vivenciada na autocomposição (empoderamento) e o dever de estimular os interessados a se perceberem reciprocamente como seres humanos merecedores de atenção e respeito (validação).

10.2.3.4.5.5. Autonomia da vontade

Não há como falar em solução consensual do conflito sem autonomia de vontade das partes. Se houve um consenso entre elas, ele só pode ter decorrido de um acordo de vontade. E a vontade não pode ser viciada sob pena de tornar a solução do conflito nula.

A autonomia da vontade não se limita ao conteúdo da solução consensual do conflito, valendo também para o procedimento da conciliação e mediação, sendo justamente nesse sentido o § 4.º do art. 166 do CPC. Esse poder das partes também é chamado de princípio da liberdade ou da autodeterminação, abrangendo a forma e o conteúdo da solução consensual.

10.2.3.4.5.6. Confidencialidade

O princípio da confidencialidade se justifica como forma de otimizar a participação das partes e, com isso, aumentarem-se as chances de obtenção da solução consensual. Muitas vezes, durante a conciliação ou mediação, as partes ficam inibidas em fornecer dados ou informações que possam posteriormente lhes prejudicar em uma eventual decisão impositiva do conflito ou, ainda sobre questões de sua vida íntima[13]. Retraídas em suas manifestações e desconfiadas de que aquilo que falarem poderá ser usado contra elas, preferem atuar de forma tímida, em prejuízo da solução consensual.

Nos termos do § 1.º do art. 166 do CPC, a confidencialidade estende-se a todas as informações produzidas no curso do procedimento, cujo teor não poderá ser utilizado para fim diverso daquele previsto por expressa deliberação das partes. O dispositivo consagra a confidencialidade plena, atinente a tudo o que ocorreu e foi dito na sessão ou audiência de conciliação e mediação. As partes podem deliberar, entretanto, que o teor da audiência ou sessão seja utilizado para quaisquer fins, em prestígio ao princípio da autonomia da vontade.

Em regra, portanto, o conciliador e o mediador, assim como os membros de suas equipes, não poderão divulgar ou depor acerca de fatos ou elementos oriundos da conciliação ou da mediação, o que cria uma singular hipótese de impedimento para funcionar como testemunha no processo em que foi frustrada a conciliação ou mediação ou mesmo em outros que envolvam os fatos tratados na tentativa frustrada de solução consensual do conflito.

---

[13] NETTO, Fernando Gama de Miranda; SOARES, Irineu Carvalho de Oliveira. Princípios procedimentais da mediação no Novo Código de Processo Civil. In: ALMEIDA, Diogo Assumpção Rezende de; PANTOJA, Fernanda Medina e PELEJO, Samantha (Coords.) *A mediação no Novo Código de Processo Civil*. Rio de Janeiro: Forense, 2015. p. 112.

Além de deliberação expressa das partes nesse sentido, a confidencialidade também deve ser excepcionada, nos termos art. 1.º, I, Anexo III da Resolução 125/2010 do CNJ, na hipótese de violação à ordem pública ou às leis vigentes.

A confidencialidade e suas exceções são reguladas pela Seção IV (arts. 30 e 31) da Lei 13.140/2015.

10.2.3.4.5.7. Oralidade

Ao consagrar como princípio da conciliação e da mediação a oralidade, o art. 166, *caput*, do CPC permite a conclusão de que as tratativas entre as partes e o terceiro imparcial serão orais, de forma que o essencial do conversado entre as partes e o conciliador ou mediador não conste do termo de audiência ou da sessão realizada. Nada impede que o conciliador e, em especial, o mediador, se valham, durante a sessão ou audiência de escritos resumidos, das posições adotadas pelas partes e dos avanços obtidos na negociação, mas estes servirão apenas durante as tratativas, devendo ser descartados após a conciliação e a mediação.

A oralidade tem três objetivos: conferir celeridade ao procedimento, prestigiar a informalidade dos atos e promover a confidencialidade, já que restará escrito o mínimo possível[14].

Naturalmente, a oralidade se limita às tratativas e conversas prévias envolvendo as partes e o terceiro imparcial, porque a solução em si do conflito deve ser sempre reduzida a termo, sendo indispensável a forma documental escrita da solução consensual do conflito. Registre-se corrente doutrinária que defende a dispensa de tal acordo escrito na mediação porque sua necessidade poderia restaurar a desconfiança entre as partes e prejudicar sua relação futura[15]. Acredito que a dispensa do ato escrito se justifica e pode ocorrer na mediação extrajudicial, mas, já havendo processo em trâmite, será preciso algum termo que demonstre terem as partes chegado ao acordo para que o juiz possa extinguir o processo por sentença homologatória da autocomposição. O espírito de não restaurar desconfianças entre as partes pode levar a um simples termo de acordo, sem precisar as obrigações das partes, mas nesse caso a sentença homologatória será inexequível diante do inadimplemento em razão da incerteza da obrigação.

10.2.3.4.5.8. Informalidade

A informalidade incentiva o relaxamento e este leva a uma descontração e tranquilidade natural das partes. Todos aqueles rituais processuais assustam as partes e geram natural apreensão, sendo nítida a tensão dos não habituados a entrar numa sala de audiência na presença de um juiz. Se ele estiver de toga, então, tudo piora sensivelmente. Esse efeito pode ser confirmado com a experiência dos Juizados Especiais, nos quais a informalidade é um dos traços mais elogiados pelos jurisdicionados.

---

[14] NETTO, Fernando Gama de Miranda; SOARES, Irineu Carvalho de Oliveira. Princípios procedimentais da mediação no Novo Código de Processo Civil. In: ALMEIDA, Diogo Assumpção Rezende de; PANTOJA, Fernanda Medina e PELEJO, Samantha (Coords.) *A mediação no Novo Código de Processo Civil*. Rio de Janeiro: Forense, 2015. p. 113.

[15] TARTUCE, Fernanda. *Mediação nos conflitos civis*. São Paulo: Método, 2009. p. 216.

Sendo o objetivo da conciliação ou mediação uma solução que depende da vontade das partes, nada mais natural que elas se sintam, tanto quanto possível, mais relaxadas e tranquilas, sentimentos que colaboram no desarmamento dos espíritos e, por consequência, otimizam as chances de uma solução consensual do conflito.

Por outro lado, diante das variedades de situações em que são colocados os conciliadores e mediadores a cada sessão ou audiência, a necessidade de uma flexibilização procedimental é a única maneira de otimizar os resultados dessas formas de solução de conflitos[16]. Um procedimento rígido engessaria o conciliador e o mediador, prejudicando sensivelmente sua atuação e, com isso, diminuindo as chances de sucesso. Mesmo no processo, com a adoção da tutela diferenciada, reconhece-se que o juiz deve adequar o procedimento às exigências do caso concreto para efetivamente tutelar o direito material. Na conciliação ou mediação, com maior razão – a decisão é consensual – os conciliadores e mediadores devem adaptar o procedimento às exigências do caso concreto.

10.2.3.4.5.9 Decisão informada

Segundo o art. 1.º, II, do Anexo III da Resolução 125/2010 do CNJ, o princípio da decisão informada cria o dever ao conciliador e ao mediador de manter o jurisdicionado plenamente informado quanto aos seus direitos e ao contexto fático no qual está inserido. Ainda que as formas consensuais independam do direito material real ou imaginado de cada parte envolvida, devem elas ter a exata dimensão a respeito dos aspectos fáticos e jurídicos do conflito em que estão envolvidas. Esse dever do conciliador e mediador não se confunde com sua parcialidade, porque, ao prestar tais esclarecimentos fáticos e jurídicos às partes, deve atuar com isenção e sem favorecimentos ou preconceitos.

A adoção desse princípio no art. 166, *caput*, do CPC, entretanto, sugere uma intrigante questão. Não há exigência de que o conciliador e o mediador tenham formação jurídica, de forma que profissionais de qualquer área poderão se capacitar para o exercício da função. E essa capacitação, naturalmente, não envolve conhecimentos jurídicos amplos, mas apenas aqueles associados à sua atividade, além das técnicas necessárias para se chegar à solução consensual dos conflitos. Como exatamente exigir dessas pessoas, sem qualificação jurídica, que mantenham o jurisdicionado plenamente informado quanto aos seus direitos?

Consagrado também no art. 1.º, II, do Anexo III da Resolução 125/2010 do CNJ, o princípio da decisão informada não passava por tal problema, já que o art. 7.º da referida resolução apontava apenas magistrados da ativa ou aposentados e servidores do Poder Judiciário como aptos a compor os Núcleos Permanentes de Métodos Consensuais de Solução de Conflitos.

10.2.3.4.5.10. Isonomia entre as partes

Nos termos do art. 2.º, II, da Lei 13.140/2015, a isonomia entre as partes é um dos princípios da mediação. Independentemente da compreensão de que espécie de isonomia trata o texto legal, o certo é que tal princípio é exclusivo da mediação, não se devendo, portanto, aplicá-lo à conciliação.

---

[16] TARTUCE, Fernanda. *Mediação nos conflitos civis*. São Paulo: Método, 2009. p. 196-197.

Caso se entenda que a isonomia exigida pelo art. 2.º, II, da Lei 13.140/2015 é a material, a mediação ficará restrita àquelas hipóteses em que não exista qualquer espécie de hipossuficiência ou vulnerabilidade de uma das partes. Não parece, entretanto, ser a solução mais consentânea com a amplitude pretendida para a mediação dentro das formas de solução dos conflitos.

A outra forma de interpretar a isonomia exigida pelo dispositivo legal ora analisado é a procedimental, ou seja, as partes, mesmo que não tenham a isonomia material, no procedimento de mediação devem ser tratadas igualmente, tendo as mesmas oportunidades de manifestação e com participação equânime durante o procedimento. Parece ser esse o melhor entendimento[17].

10.2.3.4.5.11. Busca do consenso

Ainda que a mediação não tenha como objetivo único a obtenção de sua solução consensual do conflito, é inegável que chegar a tal resultado tem extrema relevância no plano das soluções consensuais dos conflitos. Não à toa o art. 2.º, VI, da Lei 13.140/2015 prevê a busca do consenso como um dos princípios da mediação.

O mediador, portanto, deve buscar de forma cooperativa com as partes a solução consensual do conflito. Como informa a melhor doutrina, deve adotar técnicas de negociação para que o consenso seja atingido, como o modelo criado pela Escola de Harvard, orientado por quatro diretrizes básicas: (a) separar as pessoas dos problemas; (b) focar em interesses e não em posições; (c) inventar opção de ganhos mútuos; (d) insistir em critérios objetivos para ponderação das opções criadas[18].

10.2.3.4.6. Cadastros

Os habilitados a realizar a mediação e conciliação constarão de dois diferentes cadastros: um nacional e outro regional a cargo dos tribunais de justiça e dos tribunais regionais federais. Ainda que não haja expressa previsão nesse sentido, tudo leva a crer que o cadastro nacional ficará a cargo do Conselho Nacional de Justiça.

Uma vez realizado o registro dos conciliadores e mediadores, o tribunal remeterá ao diretor do foro da comarca, seção ou subseção judiciária onde ele atuará os dados necessários para que seu nome passe a constar da respectiva lista, para efeito de distribuição alternada e aleatória, observado o princípio da igualdade dentro da mesma área de atuação profissional.

Essa exigência de distribuição aleatória e alternada de trabalho entre os mediadores e conciliadores prestigia a imparcialidade, evitando-se, dessa forma, a escolha do mediador e conciliador com objetivos escusos. Havendo acordo das partes a respeito do responsável pela mediação ou conciliação, ainda que recaindo sobre alguém não cadastrado, a vontade das partes deve se sobrepor à regra legal ora analisada, nos termos do § 1.º do art. 168 do CPC.

Além de prever os habilitados para o exercício da mediação e da conciliação, os cadastros conterão outras importantes informações. Nos termos do § 3.º do art. 167 do CPC, do credenciamento das câmaras e do cadastro de conciliadores e mediadores

---

[17] TARTUCE, Fernanda. *Mediação nos conflitos civis*. São Paulo: Método, 2009. n. 5.4.7, p. 212.
[18] TARTUCE, Fernanda. *Mediação nos conflitos civis*. São Paulo: Método, 2009. n. 5.4.3, p. 206.

constarão todos os dados relevantes para a sua atuação, tais como o número de causas de que participou, o sucesso ou insucesso da atividade, a matéria sobre a qual versou a controvérsia, bem como outros dados que o tribunal julgar relevantes.

Nos termos do § 4.º do art. 167 do CPC, todos os dados referentes à participação dos mediadores e conciliadores, sua taxa de sucesso, as matérias objeto da tentativa de autocomposição e outras que o tribunal entender relevantes serão tornados públicos, ao menos uma vez por ano. A compilação desses dados e sua divulgação têm dois propósitos: dar conhecimento do andamento dos trabalhos à população em geral e permitir uma análise estatística do trabalho individual e coletivamente conduzido. Tal forma de controle tem como mérito a avaliação das formas alternativas de solução consensual de conflitos, dos mediadores e conciliadores e das câmaras que prestarão tal serviço.

10.2.3.4.7. Remuneração do conciliador e do mediador

A atividade de conciliação e mediação será em regra remunerada, com pagamento de valores previstos em tabela fixada pelo tribunal, conforme parâmetros estabelecidos pelo Conselho Nacional de Justiça. Tal remuneração não será devida se os tribunais criarem quadros próprios mediante concurso público, e também não será devida se o mediador ou conciliador aceitar realizar o trabalho de forma voluntária, observadas a legislação pertinente e a regulamentação do tribunal.

Nos termos do art. 13 da Lei 13.140/2015, os mediadores judiciais serão remunerados pelas partes em valores fixados pelos tribunais, sendo garantido aos necessitados a gratuidade (art. 4.º, § 2.º).

Como o pagamento será realizado pelas partes, surge interessante questão a respeito deste quando a parte for beneficiária da assistência judiciária. Tratando-se de serviço prestado pelo Poder Judiciário, o próprio Estado deverá arcar com o pagamento, mas tal solução não pode ser aplicada na hipótese de o serviço ser prestado por câmara privada de conciliação e mediação. Nesse caso, como forma de contrapartida a seu credenciamento, os tribunais determinarão o percentual de audiências não remuneradas que deverão ser suportadas por tais entidades privadas. Na hipótese de serem necessárias mais audiências do que aquelas previstas originariamente, entendo que o Estado deve pagar às entidades privadas pela realização da atividade.

10.2.3.4.8. Impedimento do conciliador e do mediador

Não há previsão expressa a respeito das causas que levam ao impedimento e à suspeição do conciliador e mediador, devendo, nesse caso, ser aplicadas por analogia as causas de parcialidade previstas para o juiz. Apesar de o art. 170 do CPC mencionar apenas o impedimento do mediador ou conciliador, entendo o dispositivo aplicável também para a hipótese de sua suspeição. Havendo causa de parcialidade por impedimento ou suspeição, o mediador ou conciliador comunicará imediatamente sua parcialidade, de preferência por meio eletrônico, e devolverá os autos ao juiz da causa ou coordenador do centro judiciário, quando caberá uma nova distribuição. O mesmo procedimento deve ser adotado quando a causa da parcialidade for apurada durante a conciliação e mediação, sendo que nesse caso será lavrada uma ata com relatório do ocorrido e solicitação para a nova distribuição.

O art. 172 do CPC consagra uma hipótese específica de impedimento do conciliador e mediador: contado do término da última audiência em que atuaram, ficam impedidos de assessorar, representar ou patrocinar qualquer das partes pelo prazo de um ano. Essa causa de impedimento é interessante porque impede que o conciliador ou o mediador se valha de seu posto para prospectar clientes e, com isso, ser levado a beneficiar uma das partes em detrimento da outra.

Há outra hipótese de impedimento, prevista pelo art. 7.º da Lei 13.140/2015, que veda a participação do mediador como árbitro em processo arbitral pertinente a conflito em que tenha atuado como mediador.

Havendo qualquer causa de impossibilidade temporária do exercício da função, cabe ao mediador ou conciliador informar tal situação ao centro, de preferência por meio eletrônico, solicitando a retirada de seu nome da distribuição enquanto perdurar a impossibilidade.

10.2.3.4.9. Causas de exclusão

A exclusão do cadastro de conciliadores e mediadores depende de processo administrativo, sendo duas as causas que a justificam: agir com dolo ou culpa na condução da conciliação ou da mediação sob sua responsabilidade, ou violar qualquer dos deveres decorrentes do art. 166, §§ 1.º e 2.º, do CPC, e atuar em procedimento de mediação ou conciliação apesar de impedido ou suspeito.

Apesar da necessidade de processo administrativo para a exclusão de mediador ou conciliador do cadastro, pelas condutas previstas nos dois incisos do art. 173 do CPC, é possível que o juiz da causa ou o juiz coordenador do centro de conciliação e mediação determine a suspensão temporária do conciliador ou mediador pelo prazo máximo de cento e oitenta dias caso verifique atuação inadequada do mediador ou conciliador. O afastamento temporário das atividades depende da prolação de decisão fundamentada, que será precedida de imediata comunicação ao tribunal para a instauração do processo administrativo.

10.2.3.4.10. Solução consensual no âmbito administrativo

O art. 174 do CPC prevê a criação pela União, Estados, Distrito Federal e Municípios de câmaras de mediação e conciliação voltadas à solução consensual de conflitos no ambiente administrativo. Tal câmara poderá, entre outras atividades compatíveis com a sua finalidade, dirimir conflitos envolvendo órgãos e entidades da administração pública, avaliar a admissibilidade dos pedidos de resolução de conflitos, por meio de conciliação, no âmbito da administração pública, e promover, quando couber, a celebração de termo de ajustamento de conduta.

A possibilidade de soluções consensuais para conflitos envolvendo órgãos e entidades da administração pública é irrefutável. E por duas razões: primeiro, porque nem todo direito defendido pela Administração Pública é indisponível, devendo-se diferenciar as relações jurídicas de direito material de natureza administrativa e de natureza civil das quais participa a Administração Pública. Segundo, porque mesmo no direito indisponível é possível a transação a respeito das formas e prazos de cumprimento da obrigação, exatamente como ocorre no processo coletivo. Há, inclusive, no inciso III do art. 174 do CPC a menção à possibilidade de promoção de termo de ajustamento de conduta pelas câmaras criadas para a solução de conflitos no ambiente administrativo, que necessariamente compreenderão conflitos coletivos envolvendo a Fazenda Pública.

10.2.3.4.11. Conciliação e mediação extrajudiciais

O art. 175 do CPC se preocupa em esclarecer que a seção do diploma processual destinada à conciliação e à mediação judiciais não exclui outras formas de conciliação e mediação extrajudiciais vinculadas a órgãos institucionais ou realizadas por intermédio de profissionais independentes. Essas formas extrajudiciais de solução dos conflitos são reguladas pela Lei 13.140/2015, sendo as regras consagradas no Novo Código de Processo Civil a respeito do tema aplicadas apenas no que couber às câmaras privadas de conciliação e mediação.

10.2.3.5. Arbitragem

10.2.3.5.1. Generalidades

A arbitragem é antiga forma de solução de conflitos fundada, no passado, na vontade das partes de submeterem a decisão a um determinado sujeito que, de algum modo, exercia forte influência sobre elas, sendo, por isso, extremamente valorizadas suas decisões. Assim, surge a arbitragem, figurando como árbitro o ancião ou o líder religioso da comunidade, que intervinha no conflito para resolvê-lo imperativamente.

Atualmente, a arbitragem mantém as principais características de seus primeiros tempos, sendo uma forma alternativa de solução de conflitos fundada basicamente em dois elementos: (i) as partes escolhem um terceiro de sua confiança que será responsável pela solução do conflito de interesses; e (ii) a decisão desse terceiro é impositiva, o que significa que resolve o conflito independentemente da vontade das partes.

A Lei de Arbitragem (Lei 9.307/1996) disciplina essa forma de solução de conflitos, privativa dos direitos disponíveis. Registre-se posicionamento do Superior Tribunal de Justiça que admite a arbitragem em contratos administrativos envolvendo o Estado, tomando-se por base a distinção entre direito público primário e secundário. Nesse entendimento, para a proteção do interesse público primário (bem da coletividade), o Estado pratica atos patrimoniais, pragmáticos, cuja disponibilidade em prol da coletividade admite a solução por arbitragem.[19]

Após alguma vacilação na doutrina e jurisprudência, venceu a tese mais correta de que a arbitragem não afronta o princípio da inafastabilidade da jurisdição, previsto no art. 5.º, XXXV, da CF/1988. O Supremo Tribunal Federal corretamente entendeu que a escolha entre a arbitragem e a jurisdição é absolutamente constitucional, afirmando que a aplicação da garantia constitucional da inafastabilidade é naturalmente condicionada à vontade das partes[20]. Se o próprio direito de ação é disponível, dependendo da vontade do interessado para se concretizar por meio da propositura da demanda judicial, também o será o exercício da jurisdição na solução do conflito de interesse.

Questão interessante a respeito da arbitragem diz respeito a sua genuína natureza de equivalente jurisdicional. Ainda que a doutrina majoritária defenda tal entendimento[21], é

---

[19] STJ – MS 11.308/DF – 1.ª Seção – Rel. Min. Luiz Fux – j. 09.04.2008 – DJe 19.05.2008.
[20] Houve declaração incidental do STF no julgamento da homologação de sentença estrangeira SE 5.206-7, em 12.12.2001.
[21] THEODORO JR., Humberto. Curso de direito processual civil. 47. ed. Rio de Janeiro: Forense, 2007. v. 1, p. 45; GRECO FILHO, Vicente. Direito processual civil brasileiro. 20. ed. São Paulo: Saraiva, 2007. v. 1, p.

preciso lembrar que importante parcela doutrinária defende a natureza jurisdicional da arbitragem, afirmando que, atualmente, a jurisdição se divide em jurisdição estatal, por meio da jurisdição, e jurisdição privada, por meio da arbitragem[22]. Para se ter uma ideia da confusão nesse tocante, registre-se julgado do Superior Tribunal de Justiça que trata a arbitragem ora como equivalente jurisdicional, ora como espécie de jurisdição privada[23], sem qualquer consequência prática significativa.

Ao menos em outras oportunidades, o tribunal deu consequência prática ao tema ao admitir um conflito de competência entre juízo estatal e câmara arbitral[24]. E, para isso, reconheceu a natureza de jurisdição privada da arbitragem[25]. Ainda no tocante ao tema da competência, o Superior Tribunal de Justiça entende que, em função do princípio do Kompetenz-Kompetenz, a decisão do árbitro sobre sua competência vincula o juízo estatal[26], o que se justifica pela natureza jurisdicional da arbitragem[27]. Para a corrente doutrinária que entende ser a arbitragem uma espécie de jurisdição privada, existem dois argumentos principais: (i) a decisão que resolve a arbitragem é atualmente uma sentença arbitral, não mais necessitando de homologação pelo juiz para ser um título executivo judicial (art. 515, VII, do CPC), o que significa a sua equiparação com a sentença judicial; (ii) a sentença arbitral torna-se imutável e indiscutível, fazendo coisa julgada material, considerando-se a impossibilidade de o Poder Judiciário reavaliar seu conteúdo, ficando tal revisão jurisdicional limitada a vícios formais da arbitragem e/ou da sentença arbitral, por meio da ação anulatória prevista pelos arts. 32 e 33 da Lei 9.307/1996.

Conforme já afirmado, o entendimento foi prestigiado em julgamento do Superior Tribunal de Justiça ao decidir pela possibilidade de existência de conflito de competência entre um órgão jurisdicional e uma câmara arbitral[28].

Não concordo com tal entendimento, a princípio porque nem toda imutabilidade da decisão deriva da coisa julgada material, bastando para confirmar a alegação a lembrança do art. 123 do CPC, que prevê a imutabilidade da justiça da decisão, ou seja, dos fundamentos da decisão, para o assistente que efetivamente atua no processo. Depois, porque não há como confundir o juiz e o árbitro. O primeiro, agente estatal, concursado, preocupado com os diversos escopos do processo, enquanto o segundo, particular contratado pelas partes, preocupado exclusivamente em resolver o conflito que lhe foi levado, por vezes até mesmo sem a necessidade de se ater à legalidade. Isso sem entrar na polêmica questão que envolve a possibilidade de o árbitro resolver conflito fundado em ilegalidade de ambas as partes envolvidas, o que, naturalmente, não seria feito pelo juiz de direito.

178; MARINONI, Luiz Guilherme. *Teoria geral do processo*. São Paulo: RT, 2006. p. 148-153; BUENO, Cassio Scarpinella. *Curso sistematizado de direito processual civil*. São Paulo: Saraiva, 2007. v. 1, p. 12-13.

[22] CARMONA, Carlos Alberto. *Arbitragem e processo*. 2. ed. São Paulo: Atlas, 2004. p. 69; FIGUEIRA JR., Joel Dias. *Arbitragem, jurisdição e execução*. 2. ed. São Paulo: RT, 1999. p. 151-158.

[23] STJ – MS 11.308/DF – 1.ª Seção – Rel. Min. Luiz Fux – j. 09.04.2008 – DJe 19.05.2008.

[24] STJ – CC 111.230/DF – 2.ª Seção, Rel. Min. Nancy Andrighi – j. 08.05.2013 – DJe 03.04.2014.

[25] STJ – CC 139.519/RJ – 1.ª Seção – Rel. p/ acordão Min. Regina Helena Costa – j. 11.10.2017 – DJe 10.11.2017.

[26] STJ – AgInt no AREsp 425.931/MG – 3.ª Turma – Rel. Min. Ricardo Villas Bôas Cueva – j. 15.10.2018 – DJe 17.10.2018; STJ – CC 157.099/RJ – 2.ª Seção – Rel. Min. Marco Buzzi – Rel. p/ acórdão Min. Nancy Andrighi – j. 10.10.2018 – DJe 30.10.2018.

[27] STJ – CC 150.830/PA – 2.ª Seção – Rel. Min. Marco Aurélio Bellizze – j. 10.10.2018 – DJe 16.10.2018.

[28] *Informativo* 522/STJ – CC 111.230-DF – 2.ª Seção – Rel. Min. Nancy Andrighi – j. 08.05.2013.

O já mencionado art. 3.º, § 1.º, do CPC parece ter consagrado o entendimento de que a arbitragem não é jurisdição, porque, ao prever a inafastabilidade da jurisdição, salvo a arbitragem, fica claro que essa forma de solução de conflitos não é jurisdicional. E no mesmo sentido vai o art. 42 do CPC ao prever que as causas cíveis serão processadas e decididas pelo juiz nos limites de sua competência, ressalvado às partes o direito de instituir juízo arbitral, na forma da lei.

Insisto, entretanto, que a discussão é substancialmente doutrinária, sem reflexos práticos de maior repercussão. Se houve época em que a arbitragem precisava ser considerada espécie de jurisdição para aumentar sua relevância entre as outras formas de solução dos conflitos, essa época ficou no passado. Hoje a arbitragem é uma realidade, muito bem-vinda, de forma de solução de conflito, não maculando em nada sua relevância e nem limitando seu alcance o fato de não ser considerada espécie de jurisdição. A verdade é que, jurisdição ou não, a arbitragem está consolidada.

10.2.3.5.2. Arbitragem na relação consumerista

O art. 51, VII, do CDC, prevê ser nula de pleno direito a cláusula contratual que determine a utilização compulsória de arbitragem. Por outro lado, o art. 4.º, § 2.º, da Lei 9.307/1996, que regula a arbitragem e é posterior ao Código de Defesa do Consumidor, prevê que, nos contratos de adesão, a cláusula compromissória só terá eficácia se o aderente tomar a iniciativa de instituir a arbitragem ou concordar, expressamente, com a sua instituição, desde que por escrito em documento anexo ou em negrito, com a assinatura ou visto especialmente para essa cláusula.

Aparentemente, os dois dispositivos, ainda que interpretados em sua literalidade, podem conviver, até porque nem todo contrato consumerista é de adesão e vice-versa. Assim, todo contrato consumerista, de adesão ou não, jamais poderia conter uma cláusula compromissória, enquanto os contratos de adesão não consumeristas só poderiam conter tal espécie de cláusula com os cuidados previstos no art. 4.º, § 2.º, da Lei 9.307/1996. A solução, entretanto, não é tão simples.

Antes de se passar propriamente à análise de como combinar da melhor forma possível os dois dispositivos legais, é importante lembrar, como faz a maioria da doutrina, que a exigência legal contida no art. 4.º, § 2.º, da Lei de Arbitragem é uma ilusão, porque, sendo o contrato de adesão, as cláusulas serão todas impostas ao aderente. Ainda que se destaque a cláusula, ou mesmo se estabeleça sua redação em separado, sendo o contrato de adesão, será difícil imaginar que a vontade do aderente foi determinante para sua formulação. Seriam, portanto, cuidados ineptos a tutelar efetivamente o aderente.

Nesse sentido as lições de Alexandre Freitas Câmara:

> "Vale lembrar, porém, que no contrato de adesão o aderente simplesmente se submete às cláusulas impostas pelo proponente, o que leva a crer que, em muitos casos, o contrato só será celebrado se o aderente assinar também o documento anexo que institui a cláusula compromissória (ou dê sua assinatura ou visto especialmente para a cláusula compromissória constante, em negrito, do instrumento de contrato)"[29].

---

[29] Cfr. CÂMARA, Alexandre Freitas. *Arbitragem*. 5. ed. Rio de Janeiro: Lumen Juris, 2009. p. 25.

Deve-se descartar inicialmente a regra de hermenêutica que determina a prevalência da norma mais nova sobre a mais antiga, até mesmo porque as normas do Código de Defesa do Consumidor têm natureza de ordem pública, nos termos do art. 1.º da Lei 8.078/1990. Ademais, conforme já exposto, não são normas que versam rigorosamente sobre o mesmo tema, havendo, quando muito, pontos de contato entre ambas.

Não é difícil imaginar a razão de ser da regra prevista no art. 51, VII, do CDC. Sendo o fornecedor aquele que tem mais força na relação contratual, é fácil presumir a imposição ao consumidor não só da cláusula compromissória, como também a escolha do árbitro e a forma de solução a ser dada ao conflito, que poderá até mesmo seguir a regra da equidade, nos termos dos arts. 2.º e 11, II, da Lei 9.307/1996. A respeito do tema, vale a transcrição das lições de Joel Dias Figueira Jr.:

> "Havemos ainda de assinalar que o problema objeto desta análise não reside propriamente no instituto jurídico da arbitragem, mas sim na sua inadequação, ou melhor, na pouca ou imperfeita compatibilidade para solucionar os conflitos de consumo, em face das regras e princípios orientadores dessas relações, notadamente o desequilíbrio que se constata em quase a totalidade dos contratos, em que o consumidor aparece como parte desproporcionalmente mais fraca em relação ao produtor ou fornecedor, por razões multifacetadas (...)"[30]

Ainda que se desvirtue parcialmente o contrato de adesão, há corrente doutrinária que entende ser compatível a aplicação do art. 4.º, § 2.º, da Lei de Arbitragem, ainda que excepcionalmente, a contratos de adesão consumeristas. A excepcional hipótese seria contemplada por se estabelecer uma arbitragem voluntária, o que seria suficiente para afastar a aplicação do art. 51, VII, do CDC, que prevê ser nula de pleno direito apenas a cláusula que estabelece compulsoriamente a arbitragem no contrato de adesão.

Para Luiz Antonio Rizzatto Nunes, quando o consumidor for pessoa jurídica de grande porte e negociar, por meio de seu corpo de advogados ou assessoria jurídica as condições da cláusula compromissória, não se poderia apontar qualquer nulidade na avença entre as partes. Para o jurista, "esse é o mínimo da equivalência necessária entre as partes para que se possa discutir de forma equilibrada e consciente as cláusulas contratuais relativas à arbitragem"[31].

Não vejo como discordar de tais lições, embora seja necessário se considerar que a situação descrita é de extrema raridade. O mais comum é o consumidor ser praticamente obrigado a assinar o contrato, sendo esse de adesão ou não. E nesses casos, que são os mais comuns, deve se considerar nula de pleno direito a cláusula compromissória?

O Superior Tribunal de Justiça vem entendendo que, sendo a cláusula imposta ao consumidor, o que ordinariamente se verifica nos contratos de adesão, aplica-se o art. 51, VII, do CDC, admitindo a nulidade de pleno direito da cláusula compromissória[32].

---

[30] Cfr. FIGUEIRA JR., Joel Dias. Acesso à jurisdição arbitral e os conflitos decorrentes das relações de consumo. *Revista de Direito do Consumidor*, n. 37, jan.-mar. 2001, p. 111.
[31] RIZZATTO NUNES, Luiz Antonio. *Comentários ao Código de Defesa do Consumidor*. São Paulo: Saraiva, 2000. p. 585.
[32] STJ – REsp 819.519/PE – 3.ª Turma – Rel. Min. Humberto Gomes de Barros – j. 09.10.2007 – DJ 05.11.2007, p. 264.

No mesmo sentido existem lições doutrinárias, sempre preocupadas com a imposição de vontade unilateral do fornecedor, a afastar a jurisdição como forma de solução dos conflitos consumeristas[33]. Mas já há decisão daquele tribunal que entende ser inviável apenas a celebração de cláusula compromissória, de forma que o compromisso arbitral pode ser livremente celebrado.[34]

Por outro lado, existe corrente doutrinária que defende a inaplicabilidade da regra prevista no art. 51, VII, do CDC, sempre que restar comprovado que a cláusula não foi imposta unilateralmente pelo fornecedor. Para Nelson Nery Jr., o art. 4.º, § 2.º, da Lei de Arbitragem "não é incompatível com o CDC, art. 51, VII, razão pela qual ambos os dispositivos legais permanecem vigorando plenamente. Com isso queremos dizer que é possível, nos contratos de consumo, a instituição de cláusula de arbitragem, desde que obedecida, efetivamente, a bilateralidade na contratação e a forma da manifestação da vontade, ou seja, de comum acordo (*gré à gré*)"[35].

Nesse sentido, interessante decisão do Superior Tribunal de Justiça:

"Direito processual civil e consumidor. Contrato de adesão. Convenção de arbitragem. Limites e exceções. Arbitragem em contratos de financiamento imobiliário. Cabimento. Limites.

1. Com a promulgação da Lei de Arbitragem, passaram a conviver, em harmonia, três regramentos de diferentes graus de especificidade: (i) a regra geral, que obriga a observância da arbitragem quando pactuada pelas partes, com derrogação da jurisdição estatal; (ii) a regra específica, contida no art. 4.º, § 2.º, da Lei 9.307/1996 e aplicável a contratos de adesão genéricos, que restringe a eficácia da cláusula compromissória; e (iii) a regra ainda mais específica, contida no art. 51, VII, do CDC, incidente sobre contratos derivados de relação de consumo, sejam eles de adesão ou não, impondo a nulidade de cláusula que determine a utilização compulsória da arbitragem, ainda que satisfeitos os requisitos do art. 4.º, § 2.º, da Lei 9.307/1996.

2. O art. 51, VII, do CDC se limita a vedar a adoção prévia e compulsória da arbitragem, no momento da celebração do contrato, mas não impede que, posteriormente, diante de eventual litígio, havendo consenso entre as partes (em especial a aquiescência do consumidor), seja instaurado o procedimento arbitral.

3. As regras dos arts. 51, VIII, do CDC e 34 da Lei 9.514/1997 não são incompatíveis. Primeiro porque o art. 34 não se refere exclusivamente a financiamentos imobiliários sujeitos ao CDC e segundo porque, havendo relação de consumo, o dispositivo legal não fixa o momento em que deverá ser definida a efetiva utilização da arbitragem.

4. Recurso especial a que se nega provimento"[36].

---

[33] MARQUES, Claudia Lima; BENJAMIN, Antonio Herman V.; MIRAGEM, Bruno. *Comentários ao Código de Defesa do Consumidor*. São Paulo: RT, 2004. p. 634-635; ROCHA, Sílvio Luis Ferreira da. A cláusula compromissória prevista na Lei 9.307, de 23.09.1996 e as relações de consumo. *Revista de Direito do Consumidor*, n. 21, jan.-mar 1997, p. 36-37; FILOMENO, José Geraldo Brito. Conflitos de consumo e juízo arbitral. *Revista de Direito do Consumidor*, n. 21, jan.-mar 1997, p. 47-49.

[34] REsp 1.169.841/RJ – Recurso Especial 2009/0239399-0 – Rel. Min. Nancy Andrighi (1118) – 3.ª Turma – j. 06.11.2012 – DJe 14.11.2012 – RDDP vol. 119, p. 171 – RIOBDCPC vol. 80, p. 154.

[35] NERY JR., Nelson. *Código Brasileiro de Defesa do Consumidor* – comentado pelos autores do anteprojeto. 10. ed. Rio de Janeiro: Forense, 2011. v. I, p. 591.

[36] STJ – 3.ª Turma – REsp 1.169.841/RJ – Rel. Min. Nancy Andrighi – j. 06.11.2012 – DJe 14.11.2012.

Acredito que as lições só têm aplicação prática nos contratos consumeristas que não sejam de adesão, nos quais excepcionalmente a vontade do consumidor na formulação das cláusulas é respeitada. Não vejo praticamente como crível um contrato de adesão em que o fornecedor tenha dado liberdade contratual ao consumidor-aderente tão somente no tocante à cláusula arbitral. Insisto que, na praxe forense, os contratos de adesão consumeristas não deixam qualquer brecha para criação por parte do consumidor, que ou assina o contrato como lhe é apresentado ou simplesmente deixa de assinar.

Por essa razão, prefiro a corrente doutrinária que defende a possibilidade de afastamento do art. 51, VII, do CDC, a depender do caso concreto. Ainda que o consumidor não tenha tido qualquer participação na formulação da cláusula arbitral, caso tenha consciência do que representa a solução pela via arbitral e, no momento de solução do conflito, não se oponha à solução por esse meio alternativo, não vejo por que considerar nula de pleno direito a cláusula contratual.

Nas felizes palavras de Joel Dias Figueira Jr., "em linha de princípio, a cláusula compromissória cheia ou vazia inserida em contrato de adesão ou padrão, com a observância dos parcos e insignificantes requisitos assinalados no § 2.º do art. 4.º da LA, é válida e eficaz entre as partes contratantes se e quando o consumidor concordar, em tempo oportuno, isto é, quando surgido o conflito entre as partes e o objeto for o inadimplemento do mesmo contrato, em instituir o juízo arbitral, mediante definição bilateral, voluntária e equitativa do termo de compromisso a ser firmado, conforme art. 10 da Lei 9.307/1996"[37].

Exatamente por essa razão, entendo não ser aplicável o art. 51, VII, do CDC ao compromisso arbitral, que, diferentemente da cláusula compromissória[38], depende da vontade de ambas as partes, depois de já instaurado o conflito entre elas. Nesse caso, mesmo derivando a crise jurídica de um contrato de adesão consumerista, o fornecedor não poderá impor ao consumidor a celebração do compromisso arbitral. Como o consumidor é capaz, ainda que hipossuficiente, podendo inclusive renunciar ao seu direito material, não vejo como impedir que opte livremente pela arbitragem na solução de seu conflito[39].

Porém, mesmo na cláusula compromissória, existe espaço para sua utilização no ambiente consumerista, como demonstra interessante precedente do Superior Tribunal de Justiça a respeito do tema:

"Direito processual civil e consumidor. Contrato de financiamento imobiliário. Contrato de adesão. Convenção de arbitragem. Possibilidade, respeitados determinadas exceções. 1. Um dos nortes a guiar a Política Nacional das Relações de Consumo é exatamente o incentivo à criação de mecanismos alternativos de solução de conflitos de consumo (CDC, art. 4.º, § 2.º), inserido no contexto de facilitação do acesso à Justiça, dando concretude às denominadas 'ondas renovatórias do direito' de Mauro Cappelletti. 2. Por outro lado, o art. 51 do CDC assevera serem nulas de pleno direito 'as cláusulas contratuais relativas ao fornecimento de produtos e serviços que: VII – determinem a utilização compulsória de arbitragem'. A *mens legis* é justamente proteger aquele

---

[37] Cfr. FIGUEIRA JR., Joel Dias. Acesso à jurisdição arbitral e os conflitos decorrentes das relações de consumo. *Revista de Direito do Consumidor*, n. 37, jan.-mar. 2001, p. 118.
[38] SCAVONE JUNIOR, Luiz Antonio. *Manual de arbitragem*. 3. ed. São Paulo: RT, 2010. p. 30-31.
[39] PAULA, Adriano Perácio de. Da arbitragem nas relações de consumo. *Revista do Direito do Consumidor*, n. 32, out.-dez 1999, p. 69.

consumidor, parte vulnerável da relação jurídica, a não se ver compelido a consentir com qualquer cláusula arbitral. 3. Portanto, ao que se percebe, em verdade, o CDC não se opõe à utilização da arbitragem na resolução de conflitos de consumo, ao revés, incentiva a criação de meios alternativos de solução dos litígios; ressalva, no entanto, apenas, a forma de imposição da cláusula compromissória, que não poderá ocorrer de forma impositiva. 4. Com a mesma *ratio*, a Lei n. 9.307/1996 estabeleceu, como regra geral, o respeito à convenção arbitral, tendo criado, no que toca ao contrato de adesão, mecanismos para proteger o aderente vulnerável, nos termos do art. 4.º, § 2.º, justamente porque nesses contratos prevalece a desigualdade entre as partes contratantes. 5. Não há incompatibilidade entre os arts. 51, VII, do CDC e 4.º, § 2.º, da Lei n. 9.307/96. Visando conciliar os normativos e garantir a maior proteção ao consumidor é que entende-se que a cláusula compromissória só virá a ter eficácia caso este aderente venha a tomar a iniciativa de instituir a arbitragem, ou concorde, expressamente, com a sua instituição, não havendo, por conseguinte, falar em compulsoriedade. Ademais, há situações em que, apesar de se tratar de consumidor, não há vulnerabilidade da parte a justificar sua proteção. 6. Dessarte, a instauração da arbitragem pelo consumidor vincula o fornecedor, mas a recíproca não se mostra verdadeira, haja vista que a propositura da arbitragem pelo policitante depende da ratificação expressa do oblato vulnerável, não sendo suficiente a aceitação da cláusula realizada no momento da assinatura do contrato de adesão. Com isso, evita-se qualquer forma de abuso, na medida em o consumidor detém, caso desejar, o poder de libertar-se da via arbitral para solucionar eventual lide com o prestador de serviços ou fornecedor. É que a recusa do consumidor não exige qualquer motivação. Propondo ele ação no Judiciário, haverá negativa (ou renúncia) tácita da cláusula compromissória. 7. Assim, é possível a cláusula arbitral em contrato de adesão de consumo quando não se verificar presente a sua imposição pelo fornecedor ou a vulnerabilidade do consumidor, bem como quando a iniciativa da instauração ocorrer pelo consumidor ou, no caso de iniciativa do fornecedor, venha a concordar ou ratificar expressamente com a instituição, afastada qualquer possibilidade de abuso. 8. Na hipótese, os autos revelam contrato de adesão de consumo em que fora estipulada cláusula compromissória. Apesar de sua manifestação inicial, a mera propositura da presente ação pelo consumidor é apta a demonstrar o seu desinteresse na adoção da arbitragem – não haveria a exigível ratificação posterior da cláusula –, sendo que o recorrido/fornecedor não aventou em sua defesa qualquer das exceções que afastariam a jurisdição estatal, isto é: que o recorrente/consumidor detinha, no momento da pactuação, condições de equilíbrio com o fornecedor – não haveria vulnerabilidade da parte a justificar sua proteção; ou ainda, que haveria iniciativa da instauração de arbitragem pelo consumidor ou, em sendo a iniciativa do fornecedor, que o consumidor teria concordado com ela. Portanto, é de se reconhecer a ineficácia da cláusula arbitral. 9. Recurso especial provido" (STJ – REsp 1.189.050/SP – 4.ª Turma – Rel. Min. Luis Felipe Salomão – j. 01.03.2016 – *DJe* 14.03.2016).

Em síntese conclusiva, entendo que a cláusula arbitral imposta pelo fornecedor no contrato de adesão não deve ser considerada nula de pleno direito, mesmo diante da previsão do art. 51, VII, do CDC. Melhor será permitir ao consumidor escolher entre seguir na arbitragem ou rumar para o processo jurisdicional, hipótese em que o juiz decidirá pela nulidade da cláusula arbitral e julgará normalmente a demanda judicial. Esse entendimento, inclusive, preserva o consumidor quando o fornecedor alegar a nulidade de pleno direito da cláusula para escapar da arbitragem, ainda que desejada pelo consumidor.

O entendimento atual do Superior Tribunal de Justiça pode ser sintetizado em recente julgado da 3.ª Turma:

> "Direito do consumidor. Recurso especial. Ação de revisão contratual cumulada com reparação de danos materiais e compensação de danos morais. Prequestionamento. Ausência. Súmula 282/STF. Convenção de arbitragem. Cláusula compromissória. Relação de consumo. Contrato de adesão.
>
> 1. Ação ajuizada em 05/03/2012. Recurso especial concluso ao gabinete em 26/09/2016. Julgamento: CPC/73.
>
> 2. O propósito recursal é definir se é válida cláusula compromissória arbitral inserida em contrato de adesão, notadamente quando há relação de consumo, qual seja, a compra e venda de imóvel residencial.
>
> 3. A ausência de decisão acerca dos argumentos invocados pela recorrente em suas razões recursais impede o conhecimento do recurso especial.
>
> 4. Com a promulgação da Lei de Arbitragem, passaram a conviver, em harmonia, três regramentos de diferentes graus de especificidade: (i) a regra geral, que obriga a observância da arbitragem quando pactuada pelas partes, com derrogação da jurisdição estatal; (ii) a regra específica, contida no art. 4.º, § 2.º, da Lei n.º 9.307/96 e aplicável a contratos de adesão genéricos, que restringe a eficácia da cláusula compromissória; e (iii) a regra ainda mais específica, contida no art. 51, VII, do CDC, incidente sobre contratos derivados de relação de consumo, sejam eles de adesão ou não, impondo a nulidade de cláusula que determine a utilização compulsória da arbitragem, ainda que satisfeitos os requisitos do art. 4.º, § 2.º, da Lei n.º 9.307/96.
>
> 5. O art. 51, VII, do CDC limita-se a vedar a adoção prévia e compulsória da arbitragem, no momento da celebração do contrato, mas não impede que, posteriormente, diante de eventual litígio, havendo consenso entre as partes (em especial a aquiescência do consumidor), seja instaurado o procedimento arbitral.
>
> 6. Na hipótese sob julgamento, a atitude da recorrente (consumidora) de promover o ajuizamento da ação principal perante o juízo estatal evidencia, ainda que de forma implícita, a sua discordância em submeter-se ao procedimento arbitral, não podendo, pois, nos termos do art. 51, VII, do CDC, prevalecer a cláusula que impõe a sua utilização, visto ter se dado de forma compulsória.
>
> 7. Recurso especial parcialmente conhecido e, nesta parte, provido".[40]

10.3. TUTELA ESPECÍFICA DAS OBRIGAÇÕES DE FAZER E NÃO FAZER

10.3.1. Introdução

O título III, do CDC, intitulado "Da defesa do consumidor em juízo", trata de temas referentes tanto à defesa individual como coletiva do consumidor, havendo dispositivos que são voltados exclusivamente à tutela coletiva, como é o caso dos arts. 81, parágrafo único,

---

[40] STJ – REsp 1.628.819/MG – 3.ª Turma – Rel. Min. Nancy Andrighi – j. 27.02.2018 – *DJe* 15.03.2018. No mesmo sentido: STJ – AgInt no AREsp 1.152.469/GO – 4.ª Turma – Rel. Min. Maria Isabel Gallotti – j. 08.05.2018 – *DJe* 18.05.2018.

82 e 87, e outros que podem ser aplicados tanto à tutela coletiva como à tutela individual, como é o caso do art. 81, *caput*, 83, 84, 88 e 90. No presente capítulo se desenvolverá a análise do art. 84 do CDC, que, no ano de 1990, foi considerado uma interessante inovação no tocante à tutela inibitória no âmbito do direito consumerista.

Ainda que exista norma específica a respeito do tema no Código de Defesa do Consumidor, também serão aplicadas à execução da obrigação de fazer e de não fazer as regras previstas no Novo Código de Processo Civil naquilo que a complementar.

10.3.2. Tutela jurisdicional

Por tutela jurisdicional entende-se a proteção prestada pelo Estado quando provocado por meio de um processo, gerado em razão da lesão ou ameaça de lesão a um direito material. Como se pode notar desse singelo conceito, a tutela jurisdicional é voltada para o direito material, daí ser correta a expressão "tutela jurisdicional de direitos materiais". Assim como a jurisdição, a tutela jurisdicional é una e indivisível, mas academicamente permite-se sua classificação em diversas espécies, bastando para tanto a adoção de diferentes critérios, interessando ao presente capítulo especificamente dois deles.

10.3.2.1. *Tutela jurisdicional específica*

Tomando-se por base o critério da coincidência de resultados gerados pela prestação da tutela jurisdicional com os resultados que seriam gerados pela satisfação voluntária da obrigação, a tutela jurisdicional pode ser classificada em *tutela específica* e *tutela pelo equivalente em dinheiro*. Na primeira, a satisfação gerada pela prestação jurisdicional é exatamente a mesma que seria gerada com o cumprimento voluntário da obrigação, enquanto na segunda a tutela jurisdicional prestada é diferente da natureza da obrigação e, por consequência, cria um resultado distinto daquele que seria criado com a sua satisfação voluntária.

A tutela específica é preferível à tutela pelo equivalente em dinheiro, porque essa espécie de tutela é a única que entrega ao vitorioso exatamente aquilo que ele obteria se não precisasse do processo, em razão do cumprimento voluntário da obrigação pelo devedor. É a consagração do antigo brocardo consagrado por Chiovenda, de que o processo será tanto melhor quanto mais aproximar seus resultados daqueles que seriam gerados pelo cumprimento voluntário da obrigação (princípio da maior coincidência possível). Ocorre, entretanto, que a preferência da tutela específica sobre a tutela pelo equivalente em dinheiro está condicionada à vontade do demandante, que poderá optar pela segunda espécie de tutela se assim desejar, bem como diante da impossibilidade material de obtenção da tutela específica[41]. Para parcela da doutrina, ainda que possível, a tutela específica pode ser excluída quando não for justificável ou racional em razão de sua excessiva onerosidade[42].

O art. 84, do CDC, tanto em seu *caput* como no § 1.º, demonstra de forma clara a opção do legislador pela tutela específica, reservando à tutela reparatória uma posição secundária no âmbito da satisfação judicial de obrigações. O § 1.º, em especial, prevê que

---

[41] NERY JR., Nelson; NERY, Rosa Maria de Andrade. *Código de Processo Civil comentado*. 10. ed. São Paulo: RT, 2008, notas 7, 9 e 10 do art. 461, p. 672.
[42] MARINONI, Luiz Guilherme. *Técnica processual e tutela dos direitos*. São Paulo: RT, 2004. p. 423.

a conversão em perdas e danos somente será admissível se por elas optar o autor ou se impossível a tutela específica ou a obtenção do resultado prático correspondente ao cumprimento voluntário da obrigação, sendo que o Superior Tribunal de Justiça também permite a conversão quando a obtenção da tutela específica for extremamente onerosa ao devedor.

Tratando-se de obrigação inadimplida de fazer e de não fazer, espécies de obrigações tuteladas pelo dispositivo legal comentado, é possível a tutela ser prestada tanto de forma específica como pelo equivalente em dinheiro, sendo essencial verificar a natureza do inadimplemento. Sendo o inadimplemento definitivo, o que significa dizer que não existe mais a possibilidade de cumprimento da obrigação, a única tutela jurisdicional possível será a tutela pelo equivalente em dinheiro. Caso ainda exista a possibilidade de cumprimento, quando haverá somente um retardamento no cumprimento da prestação, a tutela poderá ser prestada de forma específica, desde que esse ainda seja o interesse do credor.

Por fim, cabe um breve comentário a respeito do art. 497, *caput*, do CPC, que prevê nas obrigações de fazer e não fazer a possibilidade de o juiz conceder a tutela específica ou determinar providências que assegurem o resultado prático equivalente ao do adimplemento da obrigação. Como demonstra a melhor doutrina, o texto legal faz parecer que tutela específica e resultado equivalente são espécies diferentes de tutela jurisdicional, quando, na realidade, a liberdade concedida ao juiz para a obtenção do resultado prático equivalente é voltada justamente para a obtenção da tutela específica dos direitos materiais[43].

10.3.2.2. *Tutela inibitória*

Adotando-se o critério da natureza jurídica dos resultados jurídico-materiais, a tutela jurisdicional é dividida em duas espécies: tutela preventiva (tradicionalmente chamada de inibitória) e tutela reparatória (ressarcitória), sendo a primeira uma tutela jurisdicional voltada para o futuro, visando evitar a prática de ato ilícito, enquanto a segunda está voltada para o passado, visando o restabelecimento patrimonial do sujeito vitimado pela prática de um ato ilícito danoso.

A tutela preventiva é sempre voltada para o futuro, com o porvir, tendo como objetivo impedir a prática de um ato ilícito, o que pode ocorrer de três formas:

(a) evitar a prática originária do ato ilícito, ou seja, impedir em absoluto a ocorrência de tal ato, hipótese na qual a tutela reparatória será conhecida como *tutela inibitória pura*;

(b) impedir a continuação do ato ilícito, na hipótese de ato ilícito continuado;

(c) impedir a repetição de prática de ato ilícito.

Importante notar que, mesmo que exista ato ilícito já praticado, a tutela preventiva não é voltada para essa realidade, que já faz parte do passado e, portanto, será objeto da tutela reparatória. Sempre voltada para o futuro, a tutela preventiva não diz respeito e tampouco gera seus efeitos sobre aquilo que já ocorreu. A tutela preventiva, apesar de reconhecer o passado, é sempre voltada para o futuro, deixando o já ocorrido a cargo da

---

[43] MARINONI, Luiz Guilherme; MITIDIERO, Daniel Francisco. *Código de Processo Civil comentado*. São Paulo: RT, 2010. p. 427.

tutela reparatória. É interessante anotar, inclusive, que a tutela preventiva e a tutela reparatória podem ser objeto de pretensão de um mesmo demandante num mesmo processo. O Ministério Público pode pedir a condenação do réu a parar com a poluição e a reparar o meio ambiente já lesado pela prática do ato ilícito, enquanto uma empresa pode pedir a proibição de veiculação de propaganda ofensiva a seu nome, bem como a condenação pelos danos já suportados pela propaganda já veiculada.

A tese da tutela inibitória funda-se na exata definição de ato ilícito, cuja prática se pretende evitar. Durante muito tempo, condicionou-se a prestação de tutela jurisdicional à existência de um dano, o que até se justificava à época em que se imaginava ser a tutela reparatória a única existente. A dificuldade pode ser facilmente percebida pelo art. 186 do CC, que, ao conceituar o ato ilícito, indica a necessidade da presença de três elementos: contrariedade ao direito, culpa ou dolo e dano. A imprecisão do dispositivo é evidente, considerando-se que o ato ilícito é tão somente o ato contrário ao direito, sendo alheios ao seu conceito os elementos da culpa ou dolo e do dano. O art. 186 do CC não conceitua o ato ilícito, descreve os elementos necessários para a obtenção da tutela reparatória.

Dessa forma, a tutela reparatória, sempre voltada para o passado, buscando a reparação do prejudicado, demanda ao menos dois elementos: *ato contrário ao direito* e *dano*, considerando-se que mesmo na tutela reparatória a culpa ou o dolo podem ser dispensados na hipótese de responsabilidade objetiva. A tutela inibitória, sempre voltada para o futuro, buscando evitar a prática do ato ilícito, preocupa-se exclusivamente com o ato contrário ao direito, sendo-lhe irrelevante a culpa ou o dolo e o dano[44].

Nesse sentido, deve ser saudado o parágrafo único do art. 497 do CPC ao prever que para a concessão da tutela específica que serve para inibir a prática, reiteração ou a continuação de um ilícito, é irrelevante a demonstração da ocorrência de dano ou da existência de culpa ou dolo.

Cumpre lembrar a tese inteligentemente defendida por Marinoni, que diferencia a tutela inibitória da tutela de remoção do ilícito, reconhecendo que ambas são tutelas preventivas, voltadas para o futuro. Para o processualista paranaense, existe uma diferença entre efeitos continuados do ato ilícito e a prática continuada do ilícito. Na hipótese de o ato ser continuado, é possível imaginar uma tutela que impeça sua continuação, sendo o caso de tutela inibitória. Por outro lado, é possível que o ato ilícito faça parte do passado, não mais existindo, o que não se pode afirmar quanto aos seus efeitos, que continuam a ser gerados. Nessa hipótese, não se pode falar em evitar a continuação do ato, porque o ato ilícito já foi praticado na sua totalidade, por exemplo, no caso de uma propaganda enganosa que já foi realizada e continua a gerar seus efeitos. Será o caso de tutela de remoção do ilícito[45].

A exata determinação do que seja tutela inibitória é de extrema importância para o art. 84 do CDC, porque existe uma indissolúvel relação entre a tutela específica, consagrada no dispositivo consumerista ora comentado, e a tutela inibitória. Na realidade, a tutela inibitória é sempre tutela específica porque, ao evitar a prática do ato ilícito, mantém-se o *status quo*, conseguindo o demandante a criação de uma situação que será exatamente

---

[44] MARINONI, Luiz Guilherme. *Tutela inibitória:* individual e coletiva. 4. ed. São Paulo: RT, 2006. 3.2-3.4, p. 40-50.
[45] MARINONI, Luiz Guilherme. *Tutela inibitória:* individual e coletiva. 4. ed. São Paulo: RT, 2006. 3.21, p. 152-155.

a mesma que seria criada caso o demandado tivesse voluntariamente deixado de praticar o ato ilícito. O resultado da tutela inibitória sempre será idêntico àquele que seria criado com o voluntário cumprimento da obrigação[46].

10.3.3. Procedimento previsto pelo art. 84 do CDC

10.3.3.1. *Introdução*

O art. 84 do CDC não cria um novo procedimento no sistema processual, apenas prevê algumas técnicas procedimentais para a efetiva tutela do titular de direito que tenha como objeto obrigações de fazer e não fazer. São, entretanto, regras de extrema relevância que merecem análise mais aprofundada. Em termos procedimentais, a efetivação da tutela segue as regras consagradas no Novo Código de Processo Civil.

10.3.3.2. *Obtenção de tutela específica ou determinação de providências que assegurem o resultado prático equivalente ao do adimplemento*

O art. 84, *caput*, prevê nas obrigações de fazer e não fazer a possibilidade de o juiz conceder a tutela específica ou determinar providências que assegurem o resultado prático equivalente ao do adimplemento da obrigação. Como demonstra a melhor doutrina, o texto legal faz parecer que tutela específica e resultado equivalente são espécies diferentes de tutela jurisdicional, quando, na realidade, a liberdade concedida ao juiz para a obtenção do resultado prático equivalente é voltada justamente para a obtenção da tutela específica dos direitos materiais[47].

O dispositivo legal ora comentado, portanto, não prevê duas espécies de tutela jurisdicional, mas apenas duas maneiras de se atingir a desejada tutela específica da obrigação. Quando menciona a tutela específica, quer dizer o acolhimento do pedido do autor, exatamente como formulado na petição inicial, e quando menciona o resultado prático equivalente ao adimplemento, apenas permite ao juiz que conceda algo que não foi expressamente pedido pelo autor, mas que gerará no plano prático a mesma situação que seria gerada com o acolhimento do pedido.

Como ensina a melhor doutrina, o dispositivo não prevê duas diferentes espécies de tutela, apenas excepciona o princípio da correlação consagrado no art. 492 do CPC:

> "Outra importantíssima ressalva à limitação da tutela jurisdicional aos termos do pedido está no art. 461, *caput*, do Código de Processo Civil, que disciplina a tutela jurisdicional relativa às obrigações de fazer ou de não fazer (v. também art. 84, CDC). Esse é o significado do poder-dever, atribuído ao juiz, de determinar providências que assegurem o resultado prático equivalente ao do adimplemento"[48].

---

[46] MARINONI, Luiz Guilherme. *Técnica processual e tutela dos direitos*. São Paulo: RT, 2004. p. 153.
[47] MARINONI, Luiz Guilherme; MITIDIERO, Daniel Francisco. *Código de Processo Civil comentado*. São Paulo: RT, 2008. p. 427.
[48] DINAMARCO, Cândido Rangel. *Instituições de direito processual civil*. São Paulo: Malheiros, 2003. vol. 3, n. 945, p. 284. No mesmo sentido MARINONI, Luiz Guilherme; ARENHART, Sérgio Cruz. *Manual do processo de conhecimento*. São Paulo: RT, 2006. p. 413-414.

10.3.3.3. Conversão em perdas e danos

A conversão da obrigação em perdas e danos prevista no art. 84, § 1.º, CDC, nada mais é que a substituição da tutela específica pela tutela pelo equivalente em dinheiro. Segundo o dispositivo legal, existem duas causas dessa conversão: a vontade do credor e a impossibilidade material de satisfação da obrigação em sua forma específica.

Quando a causa de conversão da obrigação em perdas e danos for a vontade do credor, fica claro o princípio dispositivo que ainda é predominante no processo civil brasileiro, por mais poderes que venham sendo atribuídos aos juízes no exercício de sua função jurisdicional. Compreende-se que a melhor forma possível de tutela é a específica, mas essa circunstância não é o suficiente para impor ao titular do direito a obtenção dessa espécie de tutela, podendo, portanto, por qualquer razão, preferir receber o equivalente em dinheiro.

Como bem lembrado pela doutrina, referindo-se ao Código de Processo Civil de 1973, mas em lição ainda aplicável diante do novo diploma legal, "segundo o § 1.º do art. 461, o autor pode pleitear desde logo as perdas e danos. A hipótese salvaguarda a vontade do autor e indica que a obtenção da tutela específica ou do resultado prático equivalente (mesmo quando possível) nem sempre é impositiva para o Magistrado"[49].

Apesar de o art. 84, § 1.º, do CDC expressamente mencionar o autor como titular da vontade da conversão em perdas e danos, que só existirá quando já houver processo em trâmite, o Superior Tribunal de Justiça já teve oportunidade de admitir a conversão mesmo antes da propositura da ação:

"Processo civil. Dação de imóveis em pagamento de dívida contraída. Obrigação de fazer, e não de dar coisa certa. Conversão, por opção do autor, em perdas e danos. Possibilidade. Inteligência do arts. 880 e 881 do CC/1916, e 461, § 1.º, do CPC. A obrigação, assumida pela construtora de um empreendimento imobiliário, de remunerar a proprietária do terreno mediante a dação em pagamento de unidades ideais com área correspondente a 25% do total construído qualifica-se como obrigação de fazer, e não como obrigação de dar coisa certa. Como consequência, o inadimplemento dessa obrigação, representado pelo acréscimo de área ao imóvel sem o conhecimento da proprietária e, consequentemente, sem que lhe tenha sido feito o correspondente pagamento, dá lugar à incidência dos arts. 461, § 1.º, do CPC, e 880 e 881, do CC/1916, possibilitando a escolha, pelo credor, entre requerer o adimplemento específico da obrigação ou a respectiva conversão em perdas e danos. A quitação, dada pelo credor mediante escritura pública, da obrigação de dação em pagamento de 25% da área construída no imóvel, não pode abranger os acréscimos de áreas feitos posteriormente sem o conhecimento do credor. A interpretação da quitação, dada pelo Tribunal de origem, não pode ser revista nesta sede em função do que determina a Súmula 5/STJ. O pedido de 'declaração da reformulação do projeto inicial' de um edifício é declaração de fato, e não de relação jurídica, de forma que o seu não acolhimento encontra-se em consonância com a regra do art. 4.º do CPC. A formulação de pedido sucessivo deve ser levada em consideração no momento da fixação dos honorários advocatícios. Recurso especial da ré não conhecido, e recurso especial do autor provido para o fim de restabelecer a senten-

---

[49] BUENO, Cassio Scarpinella. *Código de Processo Civil anotado*. In: MARCATO, Antonio Carlos (Coord.). São Paulo: Atlas, 2006. p. 1.471.

ça no que diz respeito aos honorários advocatícios" (STJ – REsp 598.233/RS – 3.ª Turma – Rel. Min. Antônio de Pádua Ribeiro – Rel. para o acórdão Min. Nancy Andrighi – j. 02.08.2005 – *DJ* 29.08.2005, p. 332).

Já havendo processo em trâmite, a preferência do autor pela obtenção de tutela pelo equivalente em dinheiro pode se expressar tanto durante a fase de conhecimento como na fase/processo de execução. No primeiro caso, será admitida a eventual adaptação da causa de pedir, excepcionando-se até mesmo o rigor da regra prevista no art. 329 do CPC. No segundo caso, bastará a realização de uma liquidação incidental para a determinação do valor devido, seguindo-se a partir desse momento o procedimento da execução por quantia certa[50].

Como segunda causa para a conversão da obrigação em perdas e danos, o art. 84, § 1.º do CDC, prevê a impossibilidade de cumprimento da obrigação. Nas obrigações de fazer e de não fazer, o essencial é verificar a natureza do inadimplemento. Sendo o inadimplemento definitivo, o que significa dizer que não existe mais a possibilidade de cumprimento da obrigação, a única tutela jurisdicional possível será a tutela pelo equivalente em dinheiro. Caso ainda exista a possibilidade de cumprimento, quando haverá somente um retardamento no cumprimento da prestação, a tutela poderá ser prestada de forma específica, desde que esse ainda seja o interesse do credor.

Em caso de inviabilidade do cumprimento específico da obrigação, o Superior Tribunal de Justiça corretamente entende que restam prejudicadas as *astreintes* fixadas para pressionar psicologicamente a parte a cumprir a obrigação[51]. Afinal, se o cumprimento não é possível, a multa deixaria de ser cominatória e passaria a ser sancionatória, em modificação de natureza não albergada pelo sistema processual pátrio.

A impossibilidade pode surgir antes da propositura da ação, de forma que o credor já ingresse com processo que tenha como objeto uma obrigação de pagar quantia certa, inclusive execução com base em título executivo que tenha como objeto obrigação de fazer ou de não fazer[52]. A impossibilidade também poderá ser consequência de fato ou ato ocorrido durante o trâmite procedimental, tanto na fase de conhecimento como na de execução. A respeito do tema, as corretas lições de Cássio Scarpinella Bueno, que, apesar de terem como objeto o art. 461 do CPC/1973, em tema tratado no art. 497 do CPC/2015, são totalmente aplicáveis ao art. 84 do CDC:

> "É possível ao autor pedir as perdas e danos no lugar da tutela específica da obrigação de fazer ou não fazer ou cumular os pedidos nos moldes do art. 289 (cumulação eventual) no caso de, supervenientemente à propositura da ação, o específico comportamento já não ser mais passível de obtenção. Mesmo sem pedido na inicial, a condenação em perdas e danos não é *extra petita* se, durante a ação, tornar-se impossível a obrigação pleiteada. Prevalecem, para a hipótese, as regras dos arts. 633 e 643, parágrafo único, bem assim o art. 462"[53].

---

[50] STJ – REsp 885.988/ES – 4.ª Turma – Rel. Min. João Otávio de Noronha – j. 09.03.2010 – *DJe* 22.03.2010.
[51] STJ – 3.ª Turma – AgRg no REsp 1.351.033/RS – Rel. Min. Paulo de Tarso Sanseverino – j. 20.03.2014 – *DJe* 26.03.2014.
[52] STJ – REsp 992.028/RJ – 5.ª Turma – Rel. Min. Napoleão Maia Filho – j. 14.12.2010 – *DJe* 14.02.2011.
[53] MARCATO, Antonio Carlos (Coord.). *Código de Processo Civil interpretado*. 3. ed. São Paulo: Atlas, 2008. p. 1.471.

Registre-se, por fim, a existência de corrente doutrinária que aponta para uma terceira causa para a conversão em perdas e danos, além das duas consagradas no texto legal. Para essa parcela da doutrina, ainda que possível, a tutela específica pode ser excluída quando não for justificável ou racional em razão de sua excessiva onerosidade[54]. Nesse caso, ainda que a vontade do autor seja a obtenção da tutela específica, o juiz poderá converter a obrigação em perdas e danos. Há decisão do Superior Tribunal de Justiça nesse sentido:

> "Recurso especial. Contrato de fornecimento de revistas. Obrigação de fazer. Comprovação, pela editora-ré, da inviabilidade econômica do cumprimento da obrigação, em razão de onerosidade excessiva. Art. 333, inciso II, do Código de Processo Civil. Necessidade de incursão no conjunto fático-probatório. Impossibilidade, na presente via recursal. Óbice do Enunciado n. 7 da Súmula/STJ. Impossibilidade da concessão de tutela específica e da obtenção do resultado prático equivalente. Conversão da obrigação em perdas e danos. Possibilidade, inclusive de ofício. Aplicação do direito à espécie. Possibilidade, *in casu*. Recurso especial parcialmente provido. I – A alteração das conclusões do acórdão recorrido no sentido de que a Editora recorrida teria comprovado suficientemente nos autos a impossibilidade econômica de continuar a cumprir a obrigação de fazer, implicaria o reexame do conjunto fático-probatório (Súmula 7/STJ); II – Independentemente de a impossibilidade ser jurídica ou econômica, o cumprimento específico da obrigação pela recorrida, no caso concreto, demandaria uma onerosidade excessiva e desproporcional, razão pela qual não se pode impor o comportamento que exige o ressarcimento na forma específica quando o seu custo não justifica a opção por esta modalidade ressarcimento; III – É lícito ao julgador valer-se das disposições da segunda parte do § 1.º do art. 461 do Código de Processo Civil para determinar, inclusive de ofício, a conversão da obrigação de dar, fazer ou não fazer, em obrigação pecuniária (o que inclui o pagamento de indenização por perdas e danos) na parte em que aquela não possa ser executada; IV – Na espécie, a aplicação do direito à espécie por esta Corte Superior, nos termos do art. 257 do Regimento Interno do Superior Tribunal de Justiça, afigura-se possível, tendo em conta os princípios da celeridade processual e da efetividade da jurisdição; V – Recurso especial parcialmente provido (STJ – REsp 1.055.822/RJ – 3.ª Turma – Rel. Min. Massami Uyeda – j. 24.05.2011 – *DJe* 26.10.2010).

A Lei 14.833/2024, ao incluir um parágrafo único ao art. 499 do CPC, reforça a preferência da tutela específica à tutela pelo equivalente pelo dinheiro. Nesse sentido, prevê que, em determinadas circunstâncias, ao ser requerida a conversão da obrigação em perdas e danos, o juiz concederá, primeiramente, a faculdade para o cumprimento da tutela específica.

Naturalmente, a medida só faz sentido naquelas hipóteses nas quais a obtenção da tutela específica ainda é materialmente possível, porque, se assim não for, a oportunização ao devedor de cumpri-la, além de atentar contra a lógica, viola os princípios da economia processual e duração razoável do processo, sem nenhum benefício em contrapartida. Por outro lado, nem todas as hipóteses descritas no dispositivo legal contemplam relações jurídicas consumeristas.

---

[54] MARINONI, Luiz Guilherme. *Técnica processual e tutela dos direitos*. São Paulo: RT, 2004. p. 423.

10.3.3.4. Tutela de urgência

A doutrina majoritária divide a tutela de urgência em duas espécies: tutela cautelar e tutela antecipada, sendo também essa a opção do legislador. Na realidade, no âmbito da tutela de urgência, também é necessário destacar a importância da liminar, termo equivocado que pode ser utilizado como espécie de tutela de urgência satisfativa ou para designar o momento de concessão de uma espécie de tutela de urgência.

Valendo-se da origem no latim (*liminaris*, de *limen*), o termo "liminar" pode ser utilizado para designar algo que se faça inicialmente, logo no início. O termo liminar, nesse sentido, significa limiar, soleira, entrada, sendo aplicado a atos praticados *inaudita altera parte*, ou seja, antes da citação do demandado. Aplicado às espécies de tutelas de urgência, a liminar, nesse sentido, significa a concessão de uma tutela antecipada ou de uma tutela cautelar antes da citação do demandado. A liminar assumiria, portanto, uma característica meramente topológica, levando-se em conta somente o momento de prolação da tutela de urgência, e não o seu conteúdo, função ou natureza[55].

Por outro lado, é preciso reconhecer que, no momento anterior à adoção da tutela antecipada pelo nosso sistema processual, as liminares eram consideradas uma espécie de tutela de urgência, sendo a única forma prevista em lei para a obtenção de uma tutela de urgência satisfativa. Nesses termos, sempre que prevista expressamente em um determinado procedimento, o termo "liminar" assume a condição de espécie de tutela de urgência satisfativa específica[56]. Seriam, assim, três as espécies de tutela de urgência:

(a) tutela cautelar, genérica para assegurar a utilidade do resultado final;

(b) tutela antecipada, genérica para satisfazer faticamente o direito;

(c) tutela liminar, específica para satisfazer faticamente o direito.

Em feliz expressão doutrinária, a tutela antecipada é a generalização das liminares[57]. Pretendendo a parte obter uma tutela de urgência satisfativa e havendo uma expressa previsão de liminar no procedimento adotado, o correto é requerer a concessão dessa liminar, inclusive demonstrando os requisitos específicos para a sua concessão; não havendo tal previsão, a parte valer-se-á da tutela antecipada, que em razão de sua generalidade e amplitude não fica condicionada a determinados procedimentos. Em resumo: caberá tutela antecipada quando não houver previsão de liminar.

---

[55] FABRÍCIO, Adroaldo Furtado. *Ensaios de direito processual*. Rio de Janeiro: Forense, 2003. p. 195-196; CALMON DE PASSOS, José Joaquim. *Comentários ao Código de Processo Civil*. 8. ed. Rio de Janeiro: Forense, 2000. v. 3, n. 6.13, p. 73; THEODORO JR., Humberto. *Tutela jurisdicional de urgência*. Rio de Janeiro: América Jurídica, 2001. p. 5-6.

[56] DINAMARCO, Cândido Rangel. *Fundamentos do processo civil moderno*. 3. ed. São Paulo: Malheiros, 2000. p. 623; GUERRA, Marcelo Lima. *As liminares na reforma do CPC*. In: WAMBIER, Tereza Arruda Alvim (Coord.). *Liminares*. São Paulo: RT, 1995. p. 190; SILVA, Ovídio Baptista da. A "antecipação" da tutela na recente reforma processual. In: TEIXEIRA (org.). *Reforma do Código de Processo Civil*. São Paulo: Saraiva, 1996. p. 130.

[57] DINAMARCO, Cândido Rangel. *Fundamentos do processo civil moderno*. 3. ed. São Paulo: Malheiros, 2000. p. 623.

Como afirmado, sempre que exista a expressa previsão de liminar num determinado procedimento, estar-se-á diante de uma espécie de tutela de urgência satisfativa. Parece ser exatamente o que ocorre no art. 84, § 3.º, do CDC, que ao prever a possibilidade de concessão da tutela liminarmente ou após a realização de audiência de justificação prévia, dá a entender tratar-se de espécie de tutela de urgência específica das obrigações de fazer e não fazer no âmbito do direito consumerista.

A definição a respeito da natureza jurídica da liminar prevista no art. 84, § 3.º do CDC tinha grande relevância à luz do revogado Código de processo Civil, porque enquanto o dispositivo consumerista exigia a relevância do fundamento da demanda para a concessão da tutela de urgência satisfativa, o art. 273, *caput*, do CPC/1973 exigia a prova inequívoca da verossimilhança da alegação.

Significava dizer que, para a concessão de tutela antecipada no sistema processual anterior, além de a alegação parecer verdadeira, deveria existir uma prova forte suficiente para confirmar, ao menos na cognição sumária a ser realizada pelo juiz, que aquela alegação fática parecesse ser realmente verdadeira[58]. É evidente que aquilo que parece ser verdadeiro, mesmo que corroborado por uma prova, poderá se mostrar falso conforme a cognição do juiz se aprofundar no caso concreto. De qualquer forma, a existência de prova a corroborar a alegação de fato que por si só já parece ser verdadeira gera uma grande probabilidade de a alegação realmente ser verdadeira, o que já era suficiente para a concessão da tutela antecipada.

A relevância da fundamentação da demanda prevista no art. 84, § 3.º do CDC não decorre de nenhuma prova formalmente perfeita que corrobore a alegação do autor, bastando que suas alegações, ainda que desprovidas de provas, convençam o juiz da probabilidade de sua vitória judicial. Essa tendência parece ter inspirado o legislador no tocante aos requisitos para a concessão da tutela de urgência no Código de Processo Civil de 2015.

Segundo o art. 300, *caput*, do CPC, tanto para a tutela cautelar como para a tutela antecipada exige-se o convencimento do juiz da existência de elementos que evidenciem a probabilidade do direito. A norma encerra qualquer dúvida a respeito do tema, sendo a mesma probabilidade de o direito existir suficiente para a concessão de tutela cautelar e de tutela antecipada.

O legislador não especificou que elementos são esses capazes de convencer o juiz, ainda que mediante uma cognição sumária, a conceder a tutela de urgência pretendida. É natural que o convencimento do juiz para a concessão da tutela de urgência passa pela parte fática da demanda, já que o juiz só aplicará o direito ao caso concreto em favor da parte se estiver convencido, ainda que em um juízo de probabilidade, da veracidade das alegações de fato da parte. E nesse ponto questiona-se: esse convencimento sumário do juiz da parte fática da pretensão é derivado apenas de alegação verossímil da parte, ou cabe a ela a produção de alguma espécie de prova para corroborar sua alegação?

---

[58] BEDAQUE, José Roberto dos Santos. *Tutela cautelar e tutela antecipada*: tutelas de urgência (tentativa de sistematização). 2. ed. São Paulo: Malheiros, 2001. n. 20, p. 334; DINAMARCO, Cândido Rangel. *A reforma do Código de Processo Civil*. 4. ed. São Paulo: Malheiros, 1998. n. 106, p. 145; THEODORO JR., Humberto. *Curso de direito processual civil*. 47. ed. Rio de Janeiro: Forense, 2007. v. 1. p. 572-573; ZAVASCKI, Teori Albino. *Antecipação da tutela*. 4. ed. São Paulo: Saraiva, 2005. p. 77; CÂMARA, Alexandre Freitas. *Lições de direito processual civil*. 17. ed. Rio de Janeiro: Lumen Juris, 2008. v. 1, p. 441.

A redação do art. 300, *caput*, do CPC aparentemente dá grande poder ao juiz para decidir a respeito do convencimento ora analisado. Ao não exigir nada além de elementos que evidenciem a probabilidade de o direito existir, o legislador permite que o juiz decida, desde que o faça justificadamente, que se convenceu em razão de elementos meramente argumentativos da parte, sem a necessidade, portanto, de provas que corroborem tais alegações[59]. É natural que, nesse caso, as alegações de fato sejam verossímeis, ou seja, que sejam aparentemente verdadeiras em razão das máximas de experiência (o que costuma ocorrer em situações similares).

Quanto aos requisitos que na vigência do Código de Processo Civil de 1973 eram para a tutela antecipada o fundado receio de dano irreparável ou de difícil reparação e para a tutela cautelar o *periculum in mora*, sempre se entendeu que, apesar das diferenças nas nomenclaturas, *periculum in mora* e fundado receio de dano representavam exatamente o mesmo fenômeno: o tempo necessário para a concessão da tutela definitiva funcionando como inimigo da efetividade dessa tutela.

No art. 300, *caput*, do CPC é confirmado esse entendimento com a unificação do requisito como perigo de dano ou o risco ao resultado útil do processo.

Numa primeira leitura, pode-se concluir que o perigo de dano se mostraria mais adequado à tutela antecipada, enquanto o risco ao resultado útil do processo, à tutela cautelar. A distinção, entretanto, não deve ser prestigiada, porque nos dois casos o fundamento será o mesmo: a impossibilidade de espera da concessão da tutela definitiva sob pena de grave prejuízo ao direito a ser tutelado e de tornar-se o resultado final inútil em razão do tempo.

Nesse sentido, o Enunciado 143 do Fórum Permanente de Processualistas Civis (FPPC): "*A redação do art. 300, caput, superou a distinção entre os requisitos da concessão para a tutela cautelar e para a tutela satisfativa de urgência, erigindo a probabilidade e o perigo na demora a requisitos comuns para a prestação de ambas as tutelas de forma antecipada*".

Em outras palavras, tanto na tutela cautelar quanto na tutela antecipada de urgência, caberá à parte convencer o juiz de que, não sendo protegida imediatamente, de nada adiantará uma proteção futura, em razão do perecimento de seu direito[60].

10.3.3.5. Tutela da evidência

10.3.3.5.1. Introdução

A tutela da evidência, como espécie de tutela provisória diferente da tutela de urgência, recebeu um capítulo próprio no Código de Processo Civil de 2015, ainda que contendo apenas um artigo, diferente da realidade presente no CPC/1973, em que essa espécie de

---

[59] AMARAL, Guilherme Rizzo. *Comentários às alterações do Novo CPC*. São Paulo: RT, 2015. p. 400.
[60] DINAMARCO, Cândido Rangel. *A nova era do processo civil*. 2. ed. São Paulo: Malheiros, 2007. n. 29, p. 65; NERY JR., Nelson; NERY, Rosa Maria de Andrade. *Código Civil anotado*. 2. ed. São Paulo: RT, 2003. p. 529; CARNEIRO, Athos Gusmão. *Da antecipação de tutela*. 6. ed. Rio de Janeiro: Forense, 2006. n. 26, p. 32-33; ZAVASCKI, Teori Albino. *Antecipação da tutela*. 4. ed. São Paulo: Saraiva, 2005. p. 78; COSTA MACHADO, Antônio Cláudio da. *Tutela antecipada*. 3. ed. São Paulo: Juarez de Oliveira, 1999.n. 3.1.2, p. 446-449. Contra, com entendimento isolado: CALMON DE PASSOS, José Joaquim. *Comentários ao Código de Processo Civil*. 8. ed. Rio de Janeiro: Forense, 2000. n. 6.2, p. 43-44.

tutela estava espalhada pelo diploma legal. A iniciativa deve ser elogiada, principalmente por afastar expressamente a tutela da evidência da tutela de urgência, mas sua concretização deve ser, ainda que parcialmente, criticada.

O art. 311, *caput*, do CPC consagra expressamente o entendimento de que tutela de evidência independe da demonstração de perigo da demora da prestação da tutela jurisdicional, em diferenciação clara e indiscutível com a tutela de urgência.

Já que o legislador criou um artigo para prever as hipóteses de tutela da evidência, deveria ter tido o cuidado de fazer uma enumeração mais ampla, ainda que limitada a situações previstas no Código de Processo Civil. Afinal, a liminar da ação possessória, mantida no Código de Processo Civil de 2015, continua a ser espécie de tutela de evidência, bem como a concessão do mandado monitório e da liminar nos embargos de terceiro, e nenhuma delas está prevista no art. 311 do CPC. A única conclusão possível é que o rol de tal dispositivo legal é exemplificativo.

Apesar do eloquente silêncio do diploma consumerista a respeito da tutela da evidência, não resta qualquer dúvida de sua aplicação nos processos que tenham como objeto relação jurídica de consumo. Trata-se, inclusive, de importante mecanismo de tutela de urgência satisfativa à disposição do autor de tais demandas.

10.3.3.5.2. Hipóteses de cabimento

10.3.3.5.2.1. Abuso do direito de defesa ou manifesto propósito protelatório do réu

Aparentemente, o inciso I do art. 311, do CPC, apenas realocou uma hipótese de tutela da evidência que, no CPC/1973, estava prevista como tutela antecipada (de urgência, portanto). Contudo, não foi bem isso que ocorreu, ao menos não de forma expressa. A tutela prevista equivocadamente no art. 273, § 6.º, do CPC/1973 resultava da combinação dos requisitos previstos no *caput* e inciso II do dispositivo, de modo que não bastava que ficasse caracterizado o abuso do direito de defesa ou o manifesto propósito protelatório da parte, sendo também exigida a prova inequívoca da verossimilhança da alegação. Era, portanto, a probabilidade de o autor ter o direito alegado somada à resistência injustificada do réu que justificava a concessão dessa espécie de tutela provisória.

Da forma como ficou redigido o art. 311, I, do CPC, restou como requisito para a concessão da tutela da evidência somente o abuso do direito de defesa ou o manifesto propósito protelatório da parte, o que parece contrariar até mesmo o espírito dessa espécie de tutela. Difícil acreditar que o autor tenha direito a uma tutela, ainda que provisória, somente porque o réu se comporta indevidamente no processo, sem que o juiz tenha qualquer grau de convencimento da existência do direito do autor. Parece-me extremamente temerário, como simples forma de sanção processual, conceder a tutela da evidência sem que haja probabilidade de o autor ter o direito que alega.

Entendo que, nesse caso, a probabilidade de o direito existir é necessária[61], mas não está tipificada na lei, como ocorre com as outras três hipóteses de cabimento da tutela da

---

[61] Enunciado 47 da *I Jornada de Direito Processual Civil* do CJF: "A probabilidade do direito constitui requisito para concessão da tutela da evidência fundada em abuso do direito de defesa ou em manifesto propósito

evidência, previstas no art. 311 do CPC. Significa dizer que nessa hipótese de cabimento da tutela da evidência o juiz deve se valer, por analogia, do art. 300, *caput*, do CPC, concedendo tal espécie de tutela apenas se houver nos autos elementos que evidenciem a probabilidade do direito e serem preenchidos os requisitos previstos em lei.

Partindo-se do pressuposto de que a lei não contém palavras inúteis, é preciso distinguir as duas expressões contidas no art. 311, I, do CPC, que apesar de próximas designam fenômenos processuais distintos.

Para parcela doutrinária, o manifesto propósito protelatório é mais amplo que o abuso do direito de defesa[62], mas aparentemente não se trata propriamente de diferença resultante da extensão das condutas. A forma mais adequada de interpretar o dispositivo legal é considerar que o abuso de direito de defesa representa atos protelatórios praticados no processo, enquanto no manifesto propósito protelatório do réu há um determinado comportamento – atos ou omissões – fora do processo, com ele relacionados[63].

Há pelo menos duas interpretações possíveis ao termo "defesa" utilizado no art. 311, I, do CPC. Numa interpretação ampliativa, pode-se entender qualquer ato que busque a defesa dos interesses da parte; e, numa interpretação mais restritiva, o termo pode ser entendido exclusivamente como contestação[64].

Não parece legítimo o entendimento restritivo, evidenciando-se que o abuso do direito de defesa poderá se manifestar em outros atos processuais que não a contestação, o que inclusive poderá se notar em outras espécies de resposta do réu, como as exceções rituais, que, por gerarem a suspensão do procedimento principal, poderão ser utilizadas de forma abusiva. Mas nem só nesse momento inicial do processo será possível detectar o abuso do direito de defesa, até porque o direito de defesa não é algo que se exaure após a apresentação de resposta do réu. Como o direito de defesa existe durante todo o processo, é evidente que o abuso em seu exercício possa ocorrer durante todo o trâmite procedimental.

A maioria dos atos tipificados como de *litigância de má-fé* pelo art. 80 do CPC também poderão configurar o abuso do direito de defesa exigido pela tutela antecipada sancionatória. Nesses casos, inclusive, é ainda mais fácil a tipificação do ato praticado pela parte, considerando-se sua expressa previsão legal. Ocorre, entretanto, que seria empobrecer em demasia o alcance da norma legal a vinculação do instituto de forma absoluta aos atos de litigância de má-fé[65].

---

protelatório da parte contrária"; PINHO, Humberto Dalla Bernardina. *Direito Processual Civil Contemporâneo*, vol. 1, 6. ed. São Paulo: Saraiva, 2015, p. 529; BUENO, Cássio Scarpinella. *Manual de direito processual civil*. São Paulo: Saraiva, 2015, p. 238.

[62] SILVA, Ovídio Baptista da. A "antecipação" da tutela na recente reforma processual. In: TEIXEIRA (org.). *Reforma do Código de Processo Civil*. São Paulo: Saraiva, 1996. p. 139; ZAVASCKI, Teori Albino. *Antecipação da tutela*. 4. ed. São Paulo: Saraiva, 2005. p. 153; COSTA MACHADO, Antônio Cláudio da. *Tutela antecipada*. 3. ed. São Paulo: Juarez de Oliveira, 1999. p. 422.

[63] ZAVASCKI, Teori Albino. *Antecipação da tutela*. 4. ed. São Paulo: Saraiva, 2005. p. 153-154; Augusto de Assis, *A antecipação*, p. 176; Theodoro Jr., *Curso*, p. 572.

[64] Nesse sentido as lições de COSTA MACHADO, Antônio Cláudio da. *Tutela antecipada*. 3. ed. São Paulo: Juarez de Oliveira, 1999. p. 422-423.

[65] DINAMARCO, Cândido Rangel. *A reforma do Código de Processo Civil*. 4. ed. São Paulo: Malheiros, 1998. p. 148; BUENO, Cassio Scarpinella. *Tutela antecipada*. São Paulo: Saraiva, 2004. p. 40.

O que se pretende demonstrar é que existem atos que não são tipificados como de litigância de má-fé, mas ainda assim poderão se enquadrar no abuso do direito de defesa, como também o contrário será possível[66].

Costuma-se dizer que a mente criminosa ou de má-fé é muito criativa, de forma que seria impossível indicar todas as manobras realizáveis durante o procedimento em nítido abuso do direito de defesa da parte. Além de sempre existir uma manobra nova a se verificar no caso concreto, melhor nem descrever as já conhecidas para que algum patrono não se entusiasme com suas novas descobertas.

Seguindo a concepção adotada, com o objetivo de diferenciar o ato praticado em abuso do direito de defesa do ato praticado com manifesto propósito protelatório, é correto afirmar que, nessa segunda hipótese, os atos são praticados fora do processo, evidentemente gerando consequências processuais. A redação do dispositivo legal nesse tocante não foi feliz, porque o mero propósito não é suficiente para ensejar a antecipação de tutela, sendo necessário que o ato praticado efetivamente tenha protelado a entrega da prestação jurisdicional. Ainda que o objetivo do réu tenha sido tornar mais moroso o trâmite processual, se não conseguiu, no caso concreto, atingir efetivamente tal objetivo, não haverá nenhum prejuízo ao andamento do processo. Poderá até mesmo ser punido por ato de *litigância de má-fé* (art. 80 do CPC), *atentatório à dignidade da justiça* (arts. 77, IV e VI, e 774, ambos do CPC), mas não haverá razão para antecipar a tutela como forma de sancionar o réu[67].

Mais uma vez, é grande o número de atos praticados fora do processo que têm como objetivo atrasar o andamento procedimental, e, mais uma vez, deixa-se de indicar uma relação de tais atos por duas razões já expostas: ser sempre meramente exemplificativa qualquer relação que se imagine a respeito de tais atos e deixar de trazer ao conhecimento de patronos e partes menos preocupadas com a boa-fé e a lealdade processual práticas escusas até então desconhecidas.

Ainda que tenhamos opinião doutrinária no sentido de que esses atos protelatórios possam ocorrer até mesmo antes da propositura da ação[68], o parágrafo único do art. 311 do CPC é expresso ao excluir tal hipótese de tutela da evidência da concessão liminar, de forma a ser impossível sua concessão antes da citação do réu e, por consequência óbvia, é impossível a configuração dos requisitos legais antes do processo.

10.3.3.5.2.2. Fato provável e tese jurídica pacificada nos tribunais superiores

O inciso II do art. 311 do CPC, cria uma nova hipótese de tutela da evidência, inexistente no sistema do CPC/1973: "as alegações de fato puderem ser comprovadas apenas documentalmente e houver tese firmada em julgamento de casos repetitivos [sem

---

[66] Indicando essa diferença, MARINONI, Luiz Guilherme. *Antecipação de tutela*. 10. ed. São Paulo: RT, 2008. p. 332; ASSIS, Carlos Augusto de. *A antecipação da tutela*. São Paulo: Malheiros, 2001. p. 176.
[67] ZAVASCKI, Teori Albino. *Antecipação da tutela*. 4. ed. São Paulo: Saraiva, 2005. p. 154; BEDAQUE, José Roberto dos Santos. *Tutela cautelar e tutela antecipada:* tutelas de urgência (tentativa de sistematização). 2. ed. São Paulo: Malheiros, 2001. p. 330.
[68] THEODORO JR., Humberto. *Curso de direito processual civil*. 47. ed. Rio de Janeiro: Forense, 2007. p. 567. Contra: DIDIER JR., Fredie; BRAGA, Paula Sarno; OLIVEIRA, Rafael. *Curso de direito processual civil*. Salvador, Jus Podivm, 2007. p. 636.

a necessidade de trânsito em julgado[69]] ou em súmula vinculante". Fica nessa segunda hipótese evidenciada a necessidade de probabilidade de existência do direito do autor, elemento essencial da tutela de evidência. O legislador tomou o cuidado de exigir essa probabilidade tanto no aspecto fático como no jurídico, demandando prova documental para comprovar os fatos alegados e tese jurídica já firmada em julgamento de casos repetitivos ou em súmula vinculante.

A prova documental – ou documentada – exigida pelo dispositivo legal ora analisado deve ser idônea, ou seja, deve ser formalmente confiável e ter conteúdo que corrobore as alegações do autor, sendo apta, *prima facie*, a atestar a viabilidade da pretensão[70].

É verdade que o legislador poderia ter sido mais incisivo na abrangência do dispositivo, considerando também as súmulas persuasivas e a jurisprudência dominante, ainda que somente dos tribunais superiores, como ocorre no julgamento liminar de improcedência (art. 332, I, do CPC). Já há, inclusive, entendimento que amplia a aplicação do dispositivo para súmulas sem caráter vinculante[71]. Ou ainda se valendo da mesma técnica utilizada para prever outra hipótese de julgamento liminar de improcedência, com fundamento em súmula de tribunal de justiça sobre direito local (art. 332, IV, CPC). Afinal, se para conceder tutela definitiva liminarmente, basta súmula persuasiva de tribunal superior, é contraditório exigir para a concessão de tutela provisória uma tese consagrada em súmula vinculante.

Já se propõe uma interpretação extensiva do dispositivo legal para permitir a concessão de tutela da evidência sempre que a fundamentação jurídica do autor estiver fundada em precedente vinculante, ainda que não previsto expressamente no art. 311, II, do CPC[72]. Em especial o precedente vinculante firmado no julgamento de recurso, reexame necessário e processo de competência originária do tribunal após a admissão do incidente de assunção de competência[73], partindo-se da premissa de existir um microssistema de formação de precedentes vinculantes composto pelas regras do incidente de assunção de competência, do incidente de resolução de demandas repetitivas e dos recursos especial e extraordinário repetitivos.

Por outro lado, sendo os fatos alegados pelo autor provados documentalmente, salvo na hipótese de o réu alegar defesa de mérito indireta, com fato modificativo, extintivo ou impeditivo do direito do autor, que demande produção de prova oral ou pericial, essa

---

[69] Enunciado 31/ENFAM: "A concessão da tutela de evidência prevista no art. 311, II, do CPC/2015 independe do trânsito em julgado da decisão paradigma".
[70] THEODORO JR., Humberto. *Curso de direito processual civil*. 47. ed. Rio de Janeiro: Forense, 2007. v. 1. n. 500, p. 681.
[71] Enunciado 30/ENFAM: "É possível a concessão da tutela de evidência prevista no art. 311, II, do CPC/2015 quando a pretensão autoral estiver de acordo com orientação firmada pelo Supremo Tribunal Federal em sede de controle abstrato de constitucionalidade ou com tese prevista em súmula dos tribunais, independentemente de caráter vinculante"; Enunciado 48 da *I Jornada de Direito Processual Civil* do CJF: "É admissível a tutela provisória da evidência, prevista no art. 311, II, do CPC, também em casos de tese firmada em repercussão geral ou em súmulas dos tribunais superiores".
[72] DIDIER JR., Fredie; BRAGA, Paula Sarno; OLIVEIRA, Rafael. *Curso de direito processual civil*. Salvador, JusPodivm, 2007. v. 2, p. 625.
[73] Enunciado 135 da II Jornada de Direito Processual Civil do CJF: "É admissível a concessão de tutela da evidência fundada em tese firmada em incidente de assunção de competência"; Cunha-Didier Jr., *Comentários*, p. 1.369; MEDINA, José Miguel Garcia. *Novo Código de Processo Civil comentado*. São Paulo: RT, 2015. p. 529.

hipótese de tutela de evidência só terá sentido se for concedida liminarmente, porque após a citação e defesa do réu será caso de julgamento antecipado da lide.

A hipótese prevista no dispositivo legal ora comentado não é suficiente para a concessão de tutela definitiva, porque as alegações de fato podem se mostrar falsas no encerramento da instrução probatória e o réu poderá se defender juridicamente alegando a distinção do caso em análise da tese jurídica já firmada em julgamento de casos repetitivos ou em súmula vinculante (*distinguish*).

10.3.3.5.2.3. Prova documental em ação reipersecutória

A terceira hipótese de tutela da evidência vem prevista no inciso III do art. 311 do CPC: quando "se tratar de pedido reipersecutório fundado em prova documental adequada do contrato de depósito, caso em que será decretada a ordem de entrega do objeto custodiado, sob cominação de multa".

A probabilidade da existência do direito, mais uma vez, decorre de prova documental produzida pelo autor, nesse caso, de forma mais específica à espécie de pedido (reipersecutório) e ao tipo de documento (contrato de depósito). Entendo que essa prova documental exigida pelo art. 311, III, do CPC, não precisa ser necessariamente o contrato de depósito, bastando que seja uma prova escrita que demonstra a relação jurídica material de depósito[74].

A expressa previsão de multa para pressionar psicologicamente o réu a entregar o bem é desnecessária, porque em toda e qualquer obrigação de fazer, não fazer e entregar coisa é cabível a aplicação da multa cominatória (*astreintes*).

10.3.3.5.2.4. Prova documental sem prova do réu capaz de gerar dúvida razoável ao juiz

O inciso IV do art. 311 do CPC prevê a última hipótese de tutela da evidência. Se a petição inicial for instruída com prova documental suficiente dos fatos constitutivos do direito do autor, a que o réu não oponha prova capaz de gerar dúvida razoável, ao juiz caberá a concessão da tutela provisória da evidência. A prova pode ser documentada, ou seja, o autor pode se valer de prova emprestada oral ou pericial[75].

Essa hipótese de cabimento está condicionada à inexistência de cognição exauriente diante da situação descrita no dispositivo legal, porque, sendo possível ao juiz, nesse momento do procedimento, formar juízo de certeza, será caso de julgamento antecipado do mérito, ainda que parcial, a depender do caso concreto. Dessa forma, mesmo que o réu não consiga produzir prova documental capaz de gerar dúvida razoável, deve haver no caso concreto outros meios de prova a produzir (oral, pericial) a impedirem o referido julgamento antecipado[76].

---

[74] MARINONI, Luiz Guilherme; MITIDIERO, Daniel Francisco. *Código de Processo Civil comentado*. São Paulo: RT, 2010. p. 824; SANTOS, Ernane Fidélis dos. *Dos procedimentos especiais do Código de Processo Civil*. 3. ed. Rio de Janeiro: Forense, 1999. v. VI. n. 45, p. 47.

[75] WAMBIER, Teresa Arruda Alvim; CONCEIÇÃO, Maria Lúcia Lins; RIBEIRO, Leonardo Ferres da Silva; MELO, Rogério Licastro Torres de. *Primeiros comentários ao Novo Código de Processo Civil artigo por artigo*. São Paulo: RT, 2015, p. 525.

[76] DIDIER JR., Fredie; CUNHA, Leonardo José Carneiro da; BRAGA, Paula Sarno; OLIVEIRA, Rafael. *Curso de direito processual civil*. Salvador: JusPodivm, 2009. vol. 2, p. 629.

Embora o dispositivo legal aponte para a concessão de tutela da evidência após a contestação do réu, entendo que seu cabimento não se exaure a esse momento procedimental. Seguindo o processo e sendo produzida prova de outra natureza que não a documental, caso a parte adversa não consiga produzir prova que gere dúvida razoável, o juiz deverá conceder a tutela da evidência[77].

10.3.3.6. Atipicidade dos meios executivos

Segundo a melhor doutrina, tutela específica "*é aquela que confere ao autor o cumprimento da obrigação inadimplida, seja a obrigação de entregar coisa, pagar soma em dinheiro, fazer ou não fazer*"[78]. Já tive a oportunidade de afirmar que, "*se tomando por base o critério da coincidência de resultados gerados pela prestação da tutela jurisdicional com os resultados que seriam gerados pela satisfação voluntária da obrigação, a tutela jurisdicional pode ser classificada em tutela específica e tutela pelo equivalente em dinheiro. Na primeira, a satisfação gerada pela prestação jurisdicional é exatamente a mesma que seria gerada com o cumprimento voluntário da obrigação, enquanto na segunda, a tutela jurisdicional prestada é diferente da natureza da obrigação e, por consequência, cria um resultado distinto daquele que seria criado com a sua satisfação voluntária*"[79].

O princípio da atipicidade dos meios executivos permite que o juiz utilize meios executivos mesmo quando não exista expressa previsão legal a seu respeito. Nas palavras da doutrina, "*tal princípio é consagrado na regra legal de que o juiz poderá, em cada caso concreto, utilizar o meio executivo que lhe parecer mais adequado para dar, de forma justa e efetiva, a tutela jurisdicional executiva. Por isso, não estará adstrito ao juiz seguir o itinerário de meios executivos previstos pelo legislador, senão porque poderá lançar mão de medidas necessárias – e nada além disso – para realizar a norma concreta.*"[80]

O princípio da atipicidade dos meios executivos está consagrado no art. 84, § 5.º, do CDC. Como se pode constar da redação do dispositivo legal, o legislador, ao descrever medidas necessárias à obtenção da tutela específica, indica um rol meramente exemplificativo, o que é incontestável diante da expressão "tais como", utilizada antes da indicação da "multa por atraso, busca e apreensão, remoção de pessoas e coisas, desfazimento de obras e impedimento de atividade nociva".

No sentido de ser meramente exemplificativo o rol de meios executivos previstos em lei, o entendimento do Superior Tribunal de Justiça:

> "Processual civil. Administrativo. Recurso especial. Tratamento de saúde e fornecimento de medicamentos a necessitado. Obrigação de fazer. Fazenda Pública. Inadimplemento. Cominação de multa diária. *Astreintes*. Incidência do meio de coerção. Bloqueio de verbas públicas. Medida executiva. Possibilidade, *in casu*. Pequeno valor. Art. 461, § 5.º, do CPC. Rol exemplificativo de medidas. Proteção constitucional à saúde, à vida e à dignidade da pessoa humana. Primazia sobre princípios

---

[77] AMARAL, Guilherme Rizzo. *Comentários às alterações do Novo CPC*. São Paulo: RT, 2015, p. 419.
[78] MARINONI, Luiz Guilherme; ARENHART, Sérgio Cruz. *Manual do processo de conhecimento*. São Paulo: RT, 2006. p. 434.
[79] *Manual de direito processual civil*. São Paulo: Método, 2009. n. 1.8.3, p. 35.
[80] RODRIGUES, Marcelo Abelha. *Manual de execução civil*. Rio de Janeiro: Forense Universitária, 2006. p. 54.

de direito financeiro e administrativo. Novel entendimento da E. Primeira Turma. 1. Ação Ordinária c/c pedido de tutela antecipada ajuizada em face do Estado do Rio Grande Sul, objetivando o fornecimento de medicamento de uso contínuo e urgente a paciente sem condição de adquiri-lo. 2. A função das *astreintes* é vencer a obstinação do devedor ao cumprimento da obrigação e incide a partir da ciência do obrigado e da sua recalcitrância. 3. *In casu*, consoante se infere dos autos, trata-se obrigação de fazer, consubstanciada no fornecimento de medicamento a pessoa necessitada, cuja imposição das *astreintes* objetiva assegurar o cumprimento da decisão judicial e consequentemente resguardar o direito à saúde. 4. 'Consoante entendimento consolidado neste Tribunal, em se tratando de obrigação de fazer, é permitido ao juízo da execução, de ofício ou a requerimento da parte, a imposição de multa cominatória ao devedor, mesmo que seja contra a Fazenda Pública' (AgRgREsp 189.108/SP – Rel. Min. Gilson Dipp – *DJ* 02.04.2001). 5. Precedentes jurisprudenciais do STJ: REsp 490.228/RS – *DJ* 31.05.2004; AgRgREsp 440.686/RS – *DJ* 16.12.2002; AGREsp 554.776/SP – *DJ* 06.10.2003; AgRgREsp 189.108/SP – *DJ* 02.04.2001; e AgRgAg 334.301/SP – *DJ* 05.02.2001. 6. Depreende-se do art. 461, § 5.º, do CPC, que o legislador, ao possibilitar ao juiz, de ofício ou a requerimento, determinar as medidas assecuratórias como a 'imposição de multa por tempo de atraso, busca e apreensão, remoção de pessoas e coisas, desfazimento de obras e impedimento de atividade nociva, se necessário com requisição de força policial', não o fez de forma taxativa, mas sim exemplificativa, pelo que, *in casu*, o sequestro ou bloqueio da verba necessária à aquisição de medicamento objeto da tutela indeferida, providência excepcional adotada em face da urgência e imprescindibilidade da prestação dos mesmos, revela-se medida legítima, válida e razoável. 7. Deveras, é lícito ao julgador, à vista das circunstâncias do caso concreto, aferir o modo mais adequado para tornar efetiva a tutela, tendo em vista o fim da norma e a impossibilidade de previsão legal de todas as hipóteses fáticas. Máxime diante de situação fática, na qual a desídia do ente estatal, frente ao comando judicial emitido, pode resultar em grave lesão à saúde ou mesmo pôr em risco a vida do demandante. 8. Os direitos fundamentais à vida e à saúde são direitos subjetivos inalienáveis, constitucionalmente consagrados, cujo primado, em um Estado Democrático de Direito como o nosso, que reserva especial proteção à dignidade da pessoa humana, há de superar quaisquer espécies de restrições legais. Não obstante o fundamento constitucional, *in casu*, merece destaque a Lei Estadual 9.908/1993, do Estado do Rio Grande do Sul, que assim dispõe em seu art. 1.º: 'Art. 1.º O Estado deve fornecer, de forma gratuita, medicamentos excepcionais para pessoas que não puderem prover as despesas com os referidos medicamentos, sem privarem-se dos recursos indispensáveis ao próprio sustento e de sua família. Parágrafo único. Consideram-se medicamentos excepcionais aqueles que devem ser usados com frequência e de forma permanente, sendo indispensáveis à vida do paciente'. 9. A Constituição não é ornamental, não se resume a um museu de princípios, não é meramente um ideário; reclama efetividade real de suas normas. Destarte, na aplicação das normas constitucionais, a exegese deve partir dos princípios fundamentais, para os princípios setoriais. E, sob esse ângulo, merece destaque o princípio fundante da República que destina especial proteção à dignidade da pessoa humana. 10. Outrossim, a tutela jurisdicional para ser efetiva deve dar ao lesado resultado prático equivalente ao que obteria se a prestação fosse cumprida voluntariamente. O meio de coerção tem validade quando capaz de subjugar a recalcitrância do devedor. O Poder Judiciário não deve compactuar com o proceder do Estado, que, condenado pela urgência da situação a entregar medicamentos imprescindíveis à proteção da saúde e da vida de cidadão necessitado, revela-se indiferente à tutela judicial deferida e aos valores fundamentais por ele eclipsados. 11. *In casu*, a decisão ora hostilizada pelo recorrente importa na negativa de fixação das *astreintes* ou bloqueio de valor suficiente à aquisição dos medicamentos necessários à sobrevivência de pessoa carente, revela-se indispensável à proteção da saúde do autor da demanda que originou a presente controvérsia, mercê de consistir em medida de apoio da decisão judicial em caráter de sub-rogação. 12. Por fim, sob o ângulo analógico, as quantias de pequeno valor podem ser pagas independentemente de precatório e *a fortiori* serem, também, entregues, por ato de império do Poder Judiciário. 13. Recurso especial provido" (STJ – REsp 836.913/RS – 1.ª Turma – Rel. Min. Luiz Fux – j. 08.05.2007 – DJ 31.05.2007).

No Projeto de Lei do Novo Código de Processo Civil, aprovado pela Câmara, incluía-se de forma expressa entre os meios executivos a intervenção judicial em atividade empresarial para a obtenção da tutela específica, regra já existente para a hipótese de concorrência desleal. No texto final aprovado pelo Senado, entretanto, essa novidade foi suprimida. Trata-se, à evidência, de supressão inútil, porque pela aplicação do princípio da atipicidade dos meios executivos a medida é plenamente aplicável, ainda que não exista regra expressa que a consagre no novo diploma processual[81].

Há, entretanto, uma novidade significativa quanto ao princípio ora analisado no Novo Código de Processo Civil. Tanto o revogado art. 461, § 5.º do CPC/1973 como o art. 536, § 1.º, do CPC são dispositivos que tratam da execução da obrigação de fazer, não fazer e de entregar coisa. Essa previsão limitada a determinadas espécies de obrigação sempre foi utilizada pelos refratários a utilização em sua plenitude do princípio da atipicidade dos meios executivos à execução de pagar quantia certa.

O art. 139 do CPC trata dos poderes do juiz, prevendo em seu inciso IV ser um deles a determinação de todas as medidas indutivas, coercitivas, mandamentais ou sub-rogatórias necessárias para assegurar o cumprimento de ordem judicial, inclusive nas ações que tenham por objeto prestação pecuniária.

Entendo que esse dispositivo claramente permite a aplicação ampla e irrestrita do princípio ora analisado a qualquer espécie de execução, independentemente da natureza da obrigação. E também que supera o entendimento de que as *astreintes* não sejam cabíveis nas execuções de obrigação de pagar quantia certa[82].

Seriam, assim, admitidas medidas executivas que nunca foram aplicadas na vigência do CPC/1973 e que não estão previstas expressamente no novo diploma legal. Interessantes exemplos são dados pela melhor doutrina[83]: suspensão do direito do devedor de conduzir

---

[81] BUENO, Cassio Scarpinella. *Manual de direito processual civil*. São Paulo: Saraiva, 2015, p. 425.

[82] Enunciado 12 do Fórum Permanente de Processualistas Civis (FPPC) "A aplicação das medidas atípicas sub-rogatórias e coercitivas é cabível em qualquer obrigação no cumprimento de sentença ou execução de título executivo extrajudicial. Essas medidas, contudo, serão aplicadas de forma subsidiária às medidas tipificadas, com observação do contraditório, ainda que diferido, e por meio de decisão à luz do art. 489, § 1.º, I e II"; Enunciado 48/ENFAM: "O art. 139, IV, do CPC/2015 traduz um poder geral de efetivação, permitindo a aplicação de medidas atípicas para garantir o cumprimento de qualquer ordem judicial, inclusive no âmbito do cumprimento de sentença e no processo de execução baseado em títulos extrajudiciais".

[83] GAJARDONI, Fernando da Fonseca. *A revolução silenciosa da execução por quantia*. Disponível em: <http://jota.info/a-revolucao-silenciosa-da-execucao-por-quantia>. Acesso em: 4 out. 2015.

veículo automotor, inclusive com a apreensão física da CNH[84]; retenção do passaporte; proibição de utilização de cartão de crédito, entre outros.

Essa liberdade concedida ao juiz naturalmente aumenta sua responsabilidade, não sendo admissível que a utilize para contrariar a lei ou mesmo princípios do Direito. Não pode, por exemplo, determinar a prisão civil fora da hipótese de devedor inescusável de alimentos, nos termos do art. 5.º, LXVII, da CF. Tampouco poderá determinar que banda de música com camisetas com a foto do devedor o persiga cantarolando cantigas relacionando-o à obrigação inadimplida ou outras formas vexatórias de pressão psicológica.

Conforme corretamente apontado pelo Superior Tribunal de Justiça, "a adoção de medidas de incursão na esfera de direitos do executado, notadamente direitos fundamentais, carecerá de legitimidade e configurar-se-á coação reprovável, sempre que vazia de respaldo constitucional ou previsão legal e à medida em que não se justificar em defesa de outro direito fundamental"[85].

Por outro lado, não será cabível a adoção de tais medidas se elas não tiverem concreta capacidade de cumprir sua função, qual seja, a de pressionar psicologicamente o executado a cumprir sua obrigação. Conforme entendimento consolidado no Superior Tribunal de Justiça, não cabe aplicação de *astreintes* para forçar o executado a cumprir obrigação de impossível cumprimento, porque nesse caso estar-se-á diante de sanção, e não de medida executiva[86]. O mesmo raciocínio deve ser utilizado para a aplicação das medidas executivas atípicas, de forma a ter seu cabimento condicionado a possibilidade de a obrigação de pagar quantia ser cumprida. Em outras palavras, é medida para ser aplicada no devedor que não paga porque não quer e que por ter blindado seu patrimônio torna ineficaz a forma típica de execução (penhora-expropriação). Não é, portanto, medida a ser aplicável ao devedor que não paga porque não tem meios para tanto.

E mesmo nos exemplos dados de meios executivos atípicos em parágrafo anterior, deve o juiz atuar com imparcialidade e razoabilidade. Não pode, por exemplo, determinar a suspensão da habilitação de devedor que tem a condução de automóveis sua fonte de subsistência (taxista, motorista do UBER, motorista de ônibus)[87]. Tampouco parece correto proibir a contratação de novos funcionários de empresa que deve verbas salariais quando a contratação for indispensável ao próprio funcionamento da empresa. Será ônus do executado demonstrar no caso concreto essas particularidades para que a medida executiva não seja aplicada.

---

[84] Registre-se que, nesse caso, o entendimento pacificado do Superior Tribunal de Justiça é de que não existe com tal medida violação ao direito de ir e vir do devedor: *Informativo* 631/STJ – RHC 97.876/SP – 4.ª Turma – Rel. Min. Luis Felipe Salomão – j. 05.06.2018 – DJe 09.08.2018.

[85] *Informativo* 631/STJ – RHC 97.876/SP – 4.ª Turma – Rel. Min. Luis Felipe Salomão – j. 05.06.2018 – DJe 09.08.2018.

[86] STJ – 4.ª Turma – REsp 1.186.960/MG – Rel. Min. Luis Felipe Salomão – j. 15.03.2016 – DJe 05.04.2016; STJ – 3.ª Turma – AgRg no REsp 1.351.033/RS – Rel. Min. Paulo de Tarso Sanseverino – j. 20.03.2014 – DJe 26.03.2014; STJ – 3.ª Turma – REsp 1.230.174/PR – Rel. Min. Nancy Andrighi – j. 04.12.2012 – DJe 13.12.2012; STJ – 4.ª Turma – REsp 949.509/RS – Rel. Min. Luis Felipe Salomão – j. 08.05.2012 – DJe 16.04.2013.

[87] *Informativo* 631/STJ – RHC 97.876/SP – 4.ª Turma – Rel. Min. Luis Felipe Salomão – j. 05.06.2018 – DJe 09.08.2018.

Por outro lado, tais medidas atípicas devem ser aplicadas somente quando as medidas típicas tiverem se mostrado incapazes de satisfazer o direito do exequente[88]. Em importante precedente a respeito do tema, a 4.ª Turma do Superior Tribunal de Justiça adotou expressamente esse entendimento[89].

Diante dessa condição de admissão dos meios executivos atípicos, não parece acertada a conclusão da maioria da Primeira Turma do Superior Tribunal de Justiça no sentido de não serem cabíveis medidas aflitivas pessoais, tais como suspensão de passaporte e da licença para dirigir na execução fiscal por conta dos privilégios procedimentais da Fazenda Pública, sendo o crédito fiscal "altamente blindado dos riscos do inadimplemento por sua própria conformação jusprocedimental"[90]. Ora, se tais medidas são subsidiárias, significa que por mais "privilégios" que a Fazenda Pública tenha no procedimento da execução fiscal, eles não foram capazes de proporcionar a satisfação do direito exequendo. Nesse caso, não tem sentido lógico nem jurídico excluir-se *a priori* a adoção de tais medidas.

Há, também, precedente admitindo a retenção do passaporte do devedor de débito ambiental em razão de comportamento desleal e evasivo[91]. Não me parece que seja esse o caminho adequado, porque nesse caso fica irresistível a conclusão de que a medida executiva está sendo de alguma forma utilizada para sancionar o executado, quando sua função processual não é essa, e sim a de pressioná-lo psicologicamente a cumprir voluntariamente sua obrigação.

Entendo que em respeito ao princípio do contraditório o juiz deve intimar o executado antes de decidir o requerimento do exequente para a adoção das medidas executivas atípicas. Somente em situações excepcionais, de extrema urgência, será admissível a adoção do contraditório diferido, nos termos do art. 9.º, parágrafo único, I, do CPC. A decisão do juiz deve ser devidamente fundamentada, nos termos do art. 489, § 1.º, do CPC, sendo recorrível por agravo de instrumento (art. 1.015, parágrafo único, do CPC). Da mesma forma que cabe ao juízo fundamentar a decisão que determina a aplicação das medidas executivas atípicas, também deve ser fundamentada a decisão que as indefere, não sendo suficiente uma rejeição de forma genérica[92].

Registre-se, por fim, que na ação declaratória de inconstitucionalidade pendente de julgamento no Supremo Tribunal Federal que tem como objeto o art. 139, IV, do CPC (ADIN 5941), já há parecer ministerial nos autos no sentido de declaração do dispositivo conforme o texto constitucional para se limitar à natureza patrimonial as medidas executivas atípicas na execução da obrigação de pagar quantia. A adoção de tal entendimento significará pragmaticamente o esvaziamento completo do dispositivo legal. Oxalá não seja adota pelo Supremo Tribunal Federal.

---

[88] Enunciado 12 do FPPC: "A aplicação das medidas atípicas sub-rogatórias e coercitivas é cabível em qualquer obrigação no cumprimento de sentença ou execução de título executivo extrajudicial. Essas medidas, contudo, serão aplicadas de forma subsidiária às medidas tipificadas, com observação do contraditório, ainda que diferido, e por meio de decisão à luz do art. 489, § 1.º, I e II".

[89] *Informativo* 631/STJ – RHC 97.876/SP – 4.ª Turma – Rel. Min. Luis Felipe Salomão – j. 05.06.2018 – DJe 09.08.2018.

[90] Informativo 654/STJ – HC 453.870-PR – 1.ª Turma – Rel. Min. Napoleão Nunes Maia Filho – j. 25.06.2019 – DJe 15.08.2019.

[91] STJ – HC 478.963/RS – 2.ª Seção – Rel. Min. Francisco Falcão – j. 14.05.2019 – DJe 21.05.2019.

[92] STJ – 3ª Turma – REsp 1.804.024/MG – Rel. Min. Ricardo Villas Bôas Cueva – j. 17.08.2021 – DJe 20.08.2021.

10.3.3.7. Multa

10.3.3.7.1. Introdução

Apesar de não existir uma gradação entre as medidas executivas à disposição do juízo para efetivar a tutela das obrigações de fazer e não fazer, a multa como forma de pressionar o executado a cumprir sua obrigação parece ter merecido posição de destaque, sendo também medida de extrema frequência na praxe forense. A valorização da multa pode ser percebida pela expressa menção a ela feita pela lei nos §§ 4.º e 5.º do art. 84 do CDC.

Aduz o art. 84, § 4.º, do CDC que o juiz poderá, inclusive de ofício, impor multa diária ao réu, enquanto o art. 84, § 5.º, do CDC prevê a aplicação da multa por tempo de atraso, sem nenhuma indicação da periodicidade. O art. 537, § 1.º, do CPC menciona a possibilidade de alteração do valor e/ou da periodicidade. Apesar de ser a periodicidade diária a mais frequente na aplicação da multa coercitiva, o juiz poderá determinar outra periodicidade – minuto, hora, semana, quinzena, mês –, bem como determinar que a multa seja fixa, única forma logicamente aceitável dessa medida de execução indireta nas violações de natureza instantânea. Apesar da omissão no art. 84 do CDC a respeito desse parágrafo, é indubitável sua aplicação às ações consumeristas.

A multa coercitiva passou a ser conhecida pelos operadores de direito como *astreintes*, em razão de sua proximidade com instituto processual do direito francês de mesmo nome. Não cumpre, neste momento, fazer a análise comparativa entre a multa do direito brasileiro e as *astreintes* do direito francês, que resultaria na constatação de que, apesar de próximas, têm diferenças importantes. A constatação empírica é que a utilização do termo *astreintes* se presta a designar a multa, cujas características principais serão neste capítulo analisadas.

10.3.3.7.2. Valor da multa

Não existe nenhuma previsão legal referente ao valor da multa coercitiva, apenas mencionando o art. 84, § 4.º, do CDC a exigência de que seja suficiente ou compatível com a obrigação, e é melhor que assim seja. Tratando-se de medida de pressão psicológica, caberá ao juiz analisar as particularidades do caso concreto para determinar um valor que seja apto a efetivamente exercer tal influência no devedor, para que seja convencido de que a melhor alternativa é o cumprimento da obrigação.

A tarefa do juiz no caso concreto não é das mais fáceis. Se o valor não pode ser irrisório, porque, assim sendo, não haverá nenhuma pressão efetivamente gerada, também não pode ser exorbitante, considerando-se que um valor muito elevado também desestimula o cumprimento da obrigação. Valendo-se de uma expressão poética revolucionária, *tem-se que endurecer sem perder a ternura*.

Essa responsável liberdade concedida ao juiz na determinação do valor da multa faz com que não exista nenhuma vinculação entre o seu valor e o valor da obrigação descumprida[93]. Se tivesse natureza sancionatória ou compensatória, como ocorre com a cláusula penal, seria o valor limitado ao da obrigação principal, por expressa previsão do art. 412

---

[93] MARINONI, Luiz Guilherme. *Tutela inibitória:* individual e coletiva. 4. ed. São Paulo: RT, 2006. n. 3. 27.1.4, p. 216; CÂMARA, Alexandre Freitas. *Lições de direito processual civil.* 7. ed. Rio de Janeiro: Lumen Juris, 2003. v. 2, p. 239; Enunciado 96 da *I Jornada de Direito Processual Civil* do CJF: "Os critérios referidos no *caput* do art. 537 do CPC devem ser observados no momento da fixação da multa, que não está

do CC. Inclusive, nos Juizados Especiais Estaduais existe entendimento consolidado no sentido de que as *astreintes* não se limitam ao valor-teto de 40 salários mínimos, que se refere somente à pretensão principal do autor[94].

10.3.3.7.3. Beneficiado pela multa

Tendo natureza coercitiva, as *astreintes* sempre beneficiarão a parte que pretende o cumprimento da obrigação. É evidente que, na hipótese de a multa funcionar em sua tarefa de pressionar o obrigado, a parte contrária será beneficiada por sua aplicação, porque conseguirá a satisfação de seu direito em razão do convencimento gerado no devedor em razão da aplicação da multa. Ocorre, entretanto, que nem sempre a multa surte os efeitos pretendidos, e sempre que isso ocorre será criado um direito de crédito no valor da multa fixada. Nesse caso, não parece correto falar em quem será o beneficiado pela multa para aferir quem é o credor desse valor; melhor será falar em beneficiado pela frustração da multa e a consequente criação de um crédito.

Apesar da crítica de parcela da doutrina[95], o legislador nacional entende que o credor do valor gerado pela frustração da multa será a parte contrária, conforme expressa previsão do § 2.º do art. 537 do CPC. Esse também é o entendimento do Superior Tribunal de Justiça[96]. Costuma-se afirmar que o beneficiado, nesse caso, é o demandante, mas não se pode descartar a possibilidade de o demandado ser credor, o que ocorrerá sempre que o autor descumprir uma determinação para o cumprimento de uma obrigação de fazer ou não fazer com aplicação de multa[97]. De qualquer forma, a multa não é revertida para o Estado, mas para uma das partes, geralmente o demandante.

Realmente, a opção do legislador não deve ser elogiada, em especial quando considerada a previsão do art. 84, § 2.º, do CDC, que determina que a multa não impede a indenização por perdas e danos. Nota-se que, na ocorrência de um efetivo dano em razão do descumprimento da obrigação, caberá à parte pedir a devida indenização, tendo que provar a existência do dano. Tornando-se credor do valor da multa frustrada, a parte tem um ganho patrimonial em detrimento do patrimônio da parte contrária, sem nenhum respaldo jurídico para legitimar tal locupletamento.

10.3.3.7.4. Fazenda Pública em juízo

Há doutrina minoritária que defende a inaplicabilidade das *astreintes* perante a Fazenda Pública, com o argumento principal de que o agente público, não tendo interesse direto na demanda, e sabendo que uma eventual aplicação de multa não atingirá seu patrimônio,

---

limitada ao valor da obrigação principal e não pode ter sua exigibilidade postergada para depois do trânsito em julgado".

[94] Enunciado 25 do Fonaje: "A multa cominatória não fica limitada ao valor de 40 salários mínimos, embora razoavelmente fixada pelo juiz, obedecendo ao valor da obrigação principal, mais perdas e danos, atendidas as condições econômicas do devedor".

[95] MARINONI, Luiz Guilherme. *Tutela inibitória*: individual e coletiva. 4. ed. São Paulo: RT, 2006. n. 3.27.1.5, p. 218-221.

[96] *Informativo* 497/STJ – 4.ª Turma – REsp 949.509-RS – Rel. originário Min. Luis Felipe Salomão – Rel. para o acórdão Min. Marco Buzzi – j. 08.05.2012.

[97] DIDIER JR., Fredie; CUNHA, Leonardo José Carneiro da; BRAGA, Paula Sarno; OLIVEIRA, Rafael. *Curso de direito processual civil*. Salvador: JusPodivm, 2009. p. 446-447.

não sofre pressão psicológica alguma diante da aplicação de uma *astreinte*. Sendo a função da multa coagir o devedor a cumprir a obrigação, essa corrente doutrinária entende que a sua aplicação é injustificável diante da Fazenda Pública[98].

A sugerida inaplicabilidade encontra-se superada, sendo entendimento pacificado no Superior Tribunal de Justiça a aplicabilidade das *astreintes* quando o devedor da obrigação de fazer ou não fazer é a Fazenda Pública[99], mesmo posicionamento da doutrina amplamente majoritária[100]. Concordo com a maioria, mas não deixo de me preocupar com as consequências da aplicação das *astreintes* à Fazenda Pública, porque, uma vez cobrado o valor da multa frustrada, o único contribuinte feliz com tal situação será o credor desse valor. As dívidas da Fazenda Pública são todas quitadas pelos contribuintes, sendo extremamente injusto que todos nós paguemos pelo ato de descumprimento pelo agente público de decisão judicial[101]. É claro que, se nossos agentes públicos atuassem em conformidade com os princípios da *legalidade* e da *moralidade administrativa*, consagrados no art. 37, *caput*, da CF/1988, a discussão nem seria posta, mas, pela crise ética que passa não só o Poder Público, como também a sociedade em geral, é mera utopia acreditar na desnecessidade da aplicação da multa.

Essa preocupação que tenho, entretanto, não é suficiente para legitimar a aplicação das *astreintes* ao próprio agente público. Parcela da doutrina entende que, nesse caso, a pressão psicológica aumentaria significativamente, porque o agente público passaria a temer pela perda de seu patrimônio particular[102]. Não resta dúvida de que a pressão aumentaria, mas as *astreintes* só podem ser dirigidas ao obrigado, reconhecido como tal na decisão que se executa. O agente público não é parte no processo, e dirigir as *astreintes* a ele caracteriza afronta aos princípios da *ampla defesa* e do *contraditório*, o que o Superior Tribunal de Justiça não admite, podendo o agente público, entretanto, ser sancionado com a multa prevista no art. 77, § 2.º do CPC por ato atentatório à dignidade da jurisdição[103].

10.3.3.7.5. Alteração do valor e periodicidade da multa

O art. 537, § 1.º, do CPC menciona a possibilidade de alteração do valor e/ou da periodicidade das *astreintes* prevendo as causas que justifiquem tal alteração.

A causa prevista no inciso I do dispositivo legal não traz maiores complicações, sendo a hipótese clássica de alteração do valor da multa a percepção pelo juiz de que se tornou insuficiente ou excessiva. A fixação do valor adequado não é tarefa simples, devendo o juiz se afastar dos extremos, já que um valor ínfimo não permite que a multa cumpra sua função (de pressão psicológica do devedor) e um valor exorbitante desestimula o

---

[98] GRECO FILHO, Vicente. *Direito processual civil brasileiro*. 15. ed. São Paulo: Saraiva, 2000. n. 11.7, v. 2, p. 75.
[99] *Informativo* 606/STJ – REsp 1.474.665-RS – 1.ª Seção, por unanimidade – Rel. Min. Benedito Gonçalves – j. 26.04.2017 – *DJe* 22.06.2017 (Recurso especial repetitivo – Tema 98).
[100] DINAMARCO, Cândido Rangel. *Instituições de direito processual civil*. São Paulo: Malheiros, 2004. v. 4, n. 1.630, p. 468.
[101] Em sentido próximo: ASSIS, Araken de. *Manual dos recursos*. 2. ed. São Paulo: RT, 2008. n. 208, p. 564.
[102] DIDIER JR., Fredie; CUNHA, Leonardo José Carneiro da; BRAGA, Paula Sarno; OLIVEIRA, Rafael. *Curso de direito processual civil*. Salvador: JusPodivm, 2009. v. 5, p. 449.
[103] STJ – REsp 679.048/RJ – 1.ª Turma – Rel. Min. Luiz Fux – j. 03.11.2005 – *DJ* 28.11.2005, p. 204; REsp 666.008/RJ – 1.ª Turma – Rel. José Delgado – j. 17.02.2005 – *DJ* 28.03.2005; Araken de Assis, *Manual*, n. 208, p. 564.

devedor no cumprimento da obrigação. Dessa forma, caso o juiz note que o valor fixado originariamente se mostrou insuficiente para pressionar efetivamente o devedor a cumprir a obrigação, ou excessivo a ponto de não estimular o devedor a tal cumprimento, deve, inclusive de ofício, modificar o valor da multa.

O inciso II justifica a alteração ora analisada no cumprimento parcial superveniente da obrigação ou justa causa para o descumprimento. Acredito que na hipótese de cumprimento parcial superveniente a multa deva ser readequada em termos de valor, porque a inadimplência terá objetivamente diminuído. Já no caso de justa causa para o descumprimento, vejo com dificuldade diminuir o valor da multa, porque não sendo materialmente possível cumprir a obrigação, a multa simplesmente não pode ser aplicada.

Entendo que a previsão do dispositivo ora analisado seja dirigida ao próprio juiz que fixou originariamente o valor e a periodicidade da multa, com o que se afasta do caso concreto a preclusão judicial, indevidamente chamada de preclusão *pro iudicato*. Alguma segurança jurídica, entretanto, deve-se exigir, de forma que a modificação do valor e/ou da periodicidade deve ser justificada por circunstâncias supervenientes, sendo o reiterado descumprimento da obrigação robusto indicativo de que a multa não está cumprindo com a sua função[104]. Os incisos do art. 537, § 1.º do CPC são nesse sentido de que mudança sem circunstâncias supervenientes que a justifique não deve ser admitida.

Apesar de não haver preclusão nesse caso, a parte terá o direito de recorrer contra a decisão que fixa a multa, podendo a revisão do valor ser realizada pelo tribunal em grau recursal. Inclusive, o Superior Tribunal de Justiça, em sede de recurso especial, vem alterando o valor da multa quando o entende irrisório ou exorbitante[105].

Havendo valor da multa fixado no título executivo extrajudicial, o juiz só poderá diminuí-lo se tal valor se mostrar excessivo, nos termos do art. 814, parágrafo único, do CPC[106]. Dessa forma, mesmo que a multa não se mostre efetiva no caso concreto, não poderá o juiz aumentar seu valor. Realidade diferente se verifica com a multa fixada em sentença (título executivo judicial), mesmo que transitada em julgado, já que o Superior Tribunal de Justiça pacificou o entendimento de que as *astreintes* não produzem coisa julgada material por serem apenas meio de coerção indireta, de forma que podem ter seu valor modificado e até mesmo ser suprimidas no momento executivo[107].

Questão interessante diz respeito à modificação do valor e/ou periodicidade da multa fixada em sentença transitada em julgado. Uma falsa compreensão da natureza e da função das *astreintes* pode levar o intérprete a acreditar que nessa hipótese haverá uma vinculação do juiz que conduz o cumprimento de sentença ao estabelecido em sentença em virtude

---

[104] DINAMARCO, Cândido Rangel. *Instituições de direito processual civil*. São Paulo: Malheiros, 2004. v. 4. n. 1.636, p. 473; NERY JR., Nelson; NERY, Rosa Maria de Andrade. *Código Civil anotado*. 2. ed. São Paulo: RT, 2003. p. 672; CÂMARA, Alexandre Freitas. *Redução do valor da astreinte e efetividade do processo*. Direito civil e processo. Estudos em homenagem ao Professor Arruda Alvim. In: ASSIS, Araken de; ARRUDA ALVIM, Eduardo Pellegrini; NERY JR., Nelson; MAZZEI, Rodrigo Reis; WAMBIER, Teresa Arruda Alvim; ARRUDA ALVIM, Thereza Celina Diniz de (Coords.). São Paulo: RT, 2007, p. 1.564. Contra, pela mudança sem necessidade de um fato novo: BARBOSA MOREIRA, José Carlos. *O novo processo civil brasileiro*. 22. ed. Rio de Janeiro: Forense, 2004. p. 194.

[105] STJ – 3.ª Turma – AgRg no AG 836.875/RS – Rel. Min. Sidnei Beneti – j. 04.11.2008 – DJe 26.11.2008.

[106] *Informativo* 505/STJ – 3.ª Turma – REsp 1.198.880/MT – Rel. Min. Paulo de Tarso Sanseverino – j. 20.09.2012.

[107] *Informativo* 539/STJ – 2.ª Seção – REsp 1.333.988/SP – Rel. Min. Paulo de Tarso Sanseverino – j. 09.04.2014.

do fenômeno da coisa julgada material. O equívoco de tal percepção é manifesto, porque a multa é apenas uma forma executiva de cumprir a obrigação reconhecida em sentença, naturalmente não fazendo parte do objeto que se tornará imutável e indiscutível em razão da coisa julgada material[108].

Outro tema de extrema relevância diz respeito à possibilidade de mudança do valor final da multa, no momento em que a tutela específica ou a obtenção do resultado prático equivalente tornarem-se impossíveis ou a vontade do devedor for a conversão em perdas e danos. Pode o juiz reduzir o valor que será executado pela parte? Seria possível aplicar o art. 537, § 1.º, do CPC a essa situação, ou o dispositivo legal limita-se a tutelar as situações em que a multa ainda está sendo aplicada?

Há defensores da impossibilidade de o juiz diminuir o valor final gerado pela frustração da multa. Alguns doutrinadores simplesmente afirmam que não há base legal para o juiz retroativamente eximir parcial ou totalmente o devedor[109], enquanto outros defendem a impossibilidade de o juiz fazer tal revisão com fundamento no direito adquirido da parte beneficiada com o direito de crédito advindo da frustração da multa[110]. O entendimento é interessante, mas não deve ser admitido, ao menos não em sua integralidade.

Em meu entendimento, enquanto a multa mostrou concreta utilidade em pressionar o devedor, o valor obtido é realmente um direito adquirido da parte, não podendo o juiz reduzi-lo, ainda que instado a tanto pela parte contrária. Mas isso não significa que o valor calculado durante todo o tempo de vigência da multa seja efetivamente devido, porque a partir do momento em que a multa teve o seu objetivo frustrado, perdendo a sua função, a sua manutenção passaria a ter caráter puramente sancionatório, com nítido desvirtuamento de sua natureza. O mais adequado é o juiz determinar, com eficácia *ex tunc*, a partir de quando a multa já não tinha mais utilidade, revogando-a a partir desse momento e calculando o valor somente relativamente ao período de tempo em que a multa se mostrou útil. Reconheço que a determinação exata do momento a partir de quando a multa passou a ser inútil pode ser extremamente difícil, mas caberá ao juiz determiná-lo valendo-se do *princípio da razoabilidade*.

Fernanda ingressou com demanda judicial contra a corretora Esquilo da Fontana, determinando o juiz o cumprimento de uma obrigação de fazer com a imposição de multa diária de R$ 100,00. A obrigação é descumprida e Fernanda, depois de longo lapso temporal, informa o juízo que diante da recusa da corretora pretende converter em perdas e danos a obrigação. Ao calcular o valor da multa, chega ao valor de R$ 1.000.000,00. Caberá ao juiz notar que o exagero do valor final decorre do longo período de inatividade das partes, o que é o suficiente para entender que a partir de algum momento em passado distante a multa perdeu a sua função coercitiva, sendo mantida como mera sanção. A diminuição significativa do valor pretendido por Fernanda se impõe, sob pena de desvirtuamento da natureza das *astreintes*.

---

[108] STJ – 3.ª Turma – REsp 681.294/PR – Rel. Min. Carlos Alberto Menezes Direito – Rel. p/ acórdão Min. Nancy Andrighi – j. 18.12.2008 – DJe 18.02.2009; THEODORO JR., Humberto. *Processo de execução e cumprimento de sentença*. 25. ed. São Paulo: Leud, 2008. n. 472, p. 553; GRECO, Leonardo. *O processo de execução*. Rio de Janeiro: Renovar, 1999. n. 10.7, p. 504.

[109] TALAMINI, Eduardo. *Tutela relativa aos deveres de fazer e não fazer*. 2. ed. São Paulo: RT, 2003. n. 9.6.2, p. 249.

[110] CÂMARA, Alexandre Freitas. *Redução do valor da astreinte e efetividade do processo*. Direito civil e processo. Estudos em homenagem ao Professor Arruda Alvim. In: ASSIS, Araken de; ARRUDA ALVIM, Eduardo Pellegrini; NERY JR., Nelson; MAZZEI, Rodrigo Reis; WAMBIER, Teresa Arruda Alvim; ARRUDA ALVIM, Thereza Celina Diniz de (Coords.). São Paulo: RT, 2007. p. 1.565-1.566.

O Superior Tribunal de Justiça tem entendimento de que o valor final da multa frustrada pode ser reduzido pelo juiz para evitar o *enriquecimento sem causa da parte*[111], mas esse entendimento não é correto porque o enriquecimento sem causa não depende do valor da multa, verificando-se pela simples posição de credor da parte, como já afirmado. Há parcela doutrinária que entende que a diminuição de valor final exorbitante, decorrente do longo lapso temporal de vigência da multa, justifica-se no princípio da *boa-fé* e da *lealdade processual*, considerando haver abuso de direito na atitude do credor que deixa de requerer a conversão da obrigação de fazer e/ou não fazer em perdas e danos em tempo razoável, quando notar que a multa não está funcionando[112].

O tema, entretanto, passa longe de ser tranquilo, existindo tanto doutrina[113] quanto decisões do próprio Superior Tribunal de Justiça[114] entendendo que se o não cumprimento da decisão do juiz deu-se por resistência injustificada da parte, não há sentido em se minorar o valor final da multa. Nesse entendimento, se o valor é alto, isso decorre da postura de afronta ou desleixo adotada pela parte, e em razão disso diminuir o valor da multa é contrariar a própria natureza da multa cominatória.

E, ainda, uma terceira corrente jurisprudencial que, apesar de admitir a redução do valor da multa, entende que o valor total fixado a título de *astreintes* somente poderá ser objeto de redução se fixada a multa diária em valor desproporcional e não razoável à própria prestação que ela objetiva compelir o devedor a cumprir, nunca em razão do simples valor total da dívida, mera decorrência da demora e inércia do próprio devedor[115].

A modificação do valor consolidado da multa pode ser feita de ofício ou mediante pedido do executado. O mais comum é que tal alegação seja veiculada por meio da defesa típica do executado, ou seja, a impugnação, considerando que a execução da multa dar-se-á por meio de cumprimento de sentença. O Superior Tribunal de Justiça, entretanto, já teve oportunidade de admitir tal alegação em sede de exceção de pré-executividade, considerando tratar-se de matéria de ordem pública que dispensa a instrução probatória[116].

O Superior Tribunal de Justiça, durante a vigência do CPC/1973, consagrou o entendimento de que o valor final da multa frustrada podia ser reduzido pelo juiz para evitar

---

[111] STJ – 1.ª Turma – AgRg no AREsp 42.278/GO – Rel. Min. Arnaldo Esteves Lima – j. 28.05.2013 – *DJe* 04.06.2013; STJ – 2.ª Turma – AgRg no REsp 1.318.332/PB – Rel. Min. Herman Benjamin – j. 26.06.2012 – *DJe* 01.08.2012; STJ – 4.ª Turma – RCDESP no AREsp 94.599/DF – Rel. Min. Maria Isabel Gallotti – j. 27.11.2012 – *DJe* 11.12.2012.

[112] DIDIER JR., Fredie; CUNHA, Leonardo José Carneiro da; BRAGA, Paula Sarno; OLIVEIRA, Rafael. *Curso de direito processual civil*. Salvador: JusPodivm, 2009. p. 460.

[113] CÂMARA, Alexandre Freitas. *Redução do valor da astreinte e efetividade do processo*. Direito civil e processo. Estudos em homenagem ao Professor Arruda Alvim. In: ASSIS, Araken de; ARRUDA ALVIM, Eduardo Pellegrini; NERY JR., Nelson; MAZZEI, Rodrigo Reis; WAMBIER, Teresa Arruda Alvim; ARRUDA ALVIM, Thereza Celina Diniz de (Coords.). São Paulo: RT, 2007. p. 1.565-1.566.

[114] *Informativo* 495/STJ – 3.ª Turma – REsp 1.229.335-SP – Rel. Min. Nancy Andrighi – j. 17.04.2012; *Informativo* 490/STJ – 3.ª Turma – REsp 1.192.197-SC – Rel. originário Min. Massami Uyeda – Rel. para acórdão Min. Nancy Andrighi – j. 07.02.2012; *Informativo* 448/STJ – 3.ª Turma – REsp 1.135.824-MG – Rel. Min. Nancy Andrighi – j. 21.09.2010; *Informativo* 414/STJ – 3.ª Turma – AgRg no REsp 1.026.191-RS – Rel. Min. Nancy Andrighi – j. 03.11.2009; *Informativo* 408/STJ – 3.ª Turma – REsp 1.022.033-RJ – Rel. Min. Nancy Andrighi – j. 22.09.2009.

[115] STJ – 3.ª Turma – REsp 1.475.157/SC – Rel. Min. Marco Aurélio Bellizze – j. 18.09.2014 – *DJe* 06.10.2014.

[116] *Informativo* 485/STJ – 3.ª Turma – REsp 1.019.455/MT – Rel. Min. Massami Uyeda – j. 18.10.2011.

o *enriquecimento sem causa da parte*[117], mas esse entendimento não é correto porque o enriquecimento sem causa não depende do valor da multa, verificando-se pela simples posição de credor da parte, como já afirmado. Há parcela doutrinária que entende que a diminuição de valor final exorbitante, decorrente do longo lapso temporal de vigência da multa, justifica-se no princípio da *boa-fé* e da *lealdade processual*, considerando haver abuso de direito na atitude do credor que deixa de requerer a conversão da obrigação de fazer e/ou não fazer em perdas e danos em tempo razoável, quando notar que a multa não está funcionando[118]. Trata-se de aplicação do *tu quoque*.

A modificação do valor consolidado da multa vinha sendo feita de ofício ou mediante pedido do executado. O mais comum é que tal alegação seja veiculada por meio da defesa típica do executado, ou seja, a impugnação, considerando que a execução da multa dar-se-á por meio de cumprimento de sentença. O Superior Tribunal de Justiça, entretanto, já teve oportunidade de admitir tal alegação em sede de exceção de pré-executividade, considerando tratar-se de matéria de ordem pública que dispensa a instrução probatória[119].

Ainda que, conforme já pontuado, o entendimento do Superior Tribunal de Justiça seja no sentido de diminuição do valor consolidado da multa, a Corte Especial daquele tribunal entendeu que a redução só pode ocorrer uma vez, ou seja, se a parte, depois de beneficiada pela diminuição, continua a descumprir a obrigação, estará sujeita a pagar o valor que vier a atingir a multa, seja ele qual for. O julgado já é interessante pela sua parte dispositiva, porque representa uma mudança de entendimento do tribunal. Há, além disso, fundamento obiter dicta que não pode ser desprezado: o tribunal anuncia que também está disposto a fazer uma releitura do art. 537, § 1º, I, do CPC, agora o combinando com o inciso II, não mais admitindo a diminuição do valor consolidado da multa, salvo se configurada uma postura ativa do devedor, consubstanciada no cumprimento parcial da obrigação ou na demonstração de sua impossibilidade.[120]

10.3.3.7.6. Exigibilidade da multa

A multa coercitiva pode ser aplicada tanto para pressionar o devedor a cumprir uma decisão interlocutória que concede tutela de urgência quanto para cumprir uma sentença que julga procedente o pedido do autor. Questão que causa séria divergência na doutrina pátria refere-se ao momento a partir do qual a multa torna-se exigível. Em outras palavras, a partir de qual momento a parte beneficiada com o crédito gerado pela frustração da multa poderá executá-lo?

Para parcela da doutrina, a multa é exigível a partir do momento em que a decisão que a fixa torna-se eficaz, ou porque não foi recorrida ou porque foi impugnada por re-

---

[117] STJ – 1.ª Turma – AgRg no AREsp 42.278/GO – Rel. Min. Arnaldo Esteves Lima – j. 28.05.2013 – DJe 04.06.2013; STJ – 2.ª Turma – AgRg no REsp 1.318.332/PB – Rel. Min. Herman Benjamin – j. 26.06.2012 – DJe 01.08.2012; STJ – 4.ª Turma – RCDESP no AREsp 94.599/DF – Rel. Min. Maria Isabel Gallotti – j. 27.11.2012 – DJe 11.12.2012; Informativo 407/STJ – 4.ª Turma – REsp 947.466/PR – Rel.

[118] DIDIER JR., Fredie; CUNHA, Leonardo José Carneiro da; BRAGA, Paula Sarno; OLIVEIRA, Rafael. *Curso de direito processual civil*. Salvador: JusPodivm, 2009. v. 5. p. 460.

[119] STJ – 4.ª Turma – REsp 1.186.960/MG – Rel. Min. Luis Felipe Salomão – j. 15.03.2016 – DJe 05.04.2016; Informativo 485/STJ – 3.ª Turma – REsp 1.019.455/MT – Rel. Min. Massami Uyeda – j. 18.10.2011.

[120] Informativo 806/STJ – EAREsp 1.766.665-RS – Rel. Ministro Francisco Falcão – Rel. p/ acórdão Min. Ricardo Villas Bôas Cueva – Corte Especial – j. 03.04.2024 – m.v.

curso sem efeito suspensivo[121]. Essa exigibilidade permitiria a execução imediata de crédito decorrente da multa frustrada fixada em decisão ainda não definitiva, inclusive a decisão interlocutória que concede a tutela antecipada, o que só pode ser compreendido com a possibilidade de execução provisória do crédito[122].

Para essa corrente doutrinária, a necessidade de exigibilidade imediata resulta da própria função coercitiva da multa, porque a necessidade de aguardar a definitividade da decisão, que só ocorrerá com o advento da coisa julgada material, seria extremamente contrária à necessidade de pressionar efetivamente o devedor a cumprir a obrigação. Uma perspectiva de remota execução não seria suficiente para exercer a pressão psicológica esperada das *astreintes*[123].

Para outra corrente doutrinária, deve-se aguardar o trânsito em julgado para que se possa exigir o crédito gerado pela frustração da multa. Essa corrente doutrinária entende que a mera ameaça de aplicação da multa, independentemente do momento em que o crédito gerado por sua frustração passará a ser exigível, já é suficiente para configurar a pressão psicológica pretendida pelo legislador[124]. Por outro lado, como só deve pagar a multa a parte definitivamente derrotada na demanda judicial – o que só será conhecido com o trânsito em julgado –, cabe aguardar esse momento procedimental para admitir a execução da multa[125].

Numa tentativa de se alcançar um meio termo entre a executabilidade imediata, fundada na maior eficácia da multa, e a executabilidade condicionada ao trânsito em julgado, em prestígio à segurança jurídica, o Superior Tribunal de Justiça passou a entender que a multa fixada em sede de tutela antecipada só poderia ser executada após a confirmação da tutela antecipada em sentença, e desde que o recurso contra essa decisão não tivesse efeito suspensivo[126]. Registre-se que a ausência do efeito suspensivo não chegava a ser um problema, porque ele só poderia ser obtido excepcionalmente no caso concreto (efeito suspensivo *ope iudicis*). O equilíbrio buscado entre a eficácia da multa e a segurança jurídica foi alcançado de outra forma pelo art. 537, § 3.º, do CPC.

Inicialmente, a previsão do dispositivo legal deve ser saudada por duas razões. Primeiro, porque consagra expressamente a eficácia imediata da multa, em nítido prestígio da efetividade desse meio executivo[127]. Segundo, porque deixa claro que a execução definitiva dessa

---

[121] BUENO, Cassio Scarpinella. *Código de Processo Civil anotado*. In: MARCATO, Antonio Carlos (Coord.). São Paulo: Atlas, 2006. p. 1.413.

[122] THEODORO JR., Humberto. *Processo de execução e cumprimento de sentença*. 25. ed. São Paulo: Leud, 2008. n. 474, p. 558.

[123] TALAMINI, Eduardo. *Tutela relativa aos deveres de fazer e não fazer*. 2. ed. São Paulo: RT, 2003. n. 9.7, p. 254-255.

[124] MARINONI, Luiz Guilherme. *Tutela inibitória: individual e coletiva*. 4. ed. São Paulo: RT, 2006. n. 3.27.1.6, p. 222.

[125] DINAMARCO, Cândido Rangel. *Instituições de direito processual civil*. São Paulo: Malheiros, 2004. v. 4. n. 1.637, p. 474.

[126] *Informativo* 546/STJ – Corte Especial – REsp 1.200.856/RS – Rel. Min. Sidnei Beneti – j. 1.º.07.2014; Informativo 511/STJ – 4.ª Turma – REsp 1.347.726-RS – Rel. Min. Marco Buzzi – j. 27.11.2012.

[127] BUENO, Cassio Scarpinella. *Código de Processo Civil anotado*. In: MARCATO, Antonio Carlos (Coord.). São Paulo: Atlas, 2006. p. 1.413; THEODORO JR., Humberto. *Processo de execução e cumprimento de sentença*. 25. ed. São Paulo: Leud, 2008. n. 474, p. 558; TALAMINI, Eduardo. *Tutela relativa aos deveres de fazer e não fazer*. 2. ed. São Paulo: RT, 2003. n. 9.7, p. 254-255.

multa depende do trânsito em julgado da sentença, afastando indevida confusão entre executabilidade e provisoriedade sentida em algumas decisões do Superior Tribunal de Justiça.[128]

Apesar de consagrar a eficácia imediata da multa, o dispositivo legal ora analisado consagra um cumprimento de sentença incompleto, já que exige para o levantamento dos depósitos realizados em juízo o trânsito em julgado de sentença favorável à parte.

O legislador aparentemente encontrou uma solução que prestigia a efetividade e a segurança jurídica. A executabilidade imediata reforça o caráter de pressão psicológica da multa porque o devedor sabe que, descumprida a decisão em tempo breve, poderá sofrer desfalque patrimonial. Por outro lado, ao exigir para o levantamento de valores em favor do exequente o trânsito em julgado ou a pendência de recurso que dificilmente reverterá o resultado, o legislador prestigia a segurança jurídica.

Registre-se que o Superior Tribunal de Justiça, ainda que por maioria de votos, deu peculiar interpretação ao dispositivo legal para retirar a eficácia da multa aplicada em decisões concessivas de tutela provisória, afirmando serem elas recorríveis apenas se a tutela for confirmada em sentença e contra tal decisão não for interposto recurso com efeito suspensivo.[129]

Tenho sérias dúvidas a respeito da aplicabilidade da norma legal ora comentada no processo coletivo, considerando que o microssistema coletivo tem regra a respeito do tema em outro sentido, exigindo o trânsito em julgado para que a multa fixada durante o processo possa ser executada. Dessa forma, na ação civil pública (art. 12, § 2.º, da Lei 7.347/1985), nas demandas regidas pelo Estatuto da Criança e do Adolescente – ECA (art. 213, § 3.º, da Lei 8.069/1990) e nas demandas reguladas pelo Estatuto da Pessoa Idosa (art. 83, § 3.º, da Lei 10.741/2003), a multa só será exigível após o trânsito em julgado da decisão.

Não posso deixar de registrar minha profunda lamentação por tal solução, porque no processo coletivo, no qual se tutelam direitos indisponíveis e disponíveis com repercussão social, a eficácia da multa é ainda mais relevante. Condicionar sua executabilidade ao trânsito em julgado é, em grande medida, frustrar a expectativa de que a multa cumpra sua função de pressionar psicologicamente o devedor a cumprir a obrigação. As regras presentes no microssistema coletivo, entretanto, não deixam margem a outra interpretação.

Conforme consta do dispositivo ora analisado, é possível o levantamento do dinheiro antes do trânsito em julgado, bastando para isso estar pendente de julgamento o agravo contra recurso especial e recurso extraordinário. A permissão legal dá-se em razão das chances mínimas de sucesso de tal recurso, assumindo o legislador, nesse caso, o risco por um levantamento antes do trânsito em julgado.

Apesar de raro, é possível que tal recurso seja provido e tal situação deve ser considerada. Sendo por meio de decisão definitiva demonstrando não assistir razão à parte que teria sido beneficiada pela multa, na hipótese de a multa ainda não ter sido cobrada, esta perderá seu objeto. Já tendo sido executada, com a satisfação do credor, caberá a repetição de indébito.

---

[128] *Informativo* 422/STJ – 1.ª Turma – REsp 1.098.028/SP – Rel. Min. Luiz Fux – j. 09.02.2010; STJ – 3.ª Turma – AgRg no REsp 1.116.800/RS – Rel. Min. Massami Uyeda – j. 08.09.2009 – *DJe* 25.09.2009; Enunciado 96 da *I Jornada de Direito Processual Civil* do CJF: "Os critérios referidos no *caput* do art. 537 do CPC devem ser observados no momento da fixação da multa, que não está limitada ao valor da obrigação principal e não pode ter sua exigibilidade postergada para depois do trânsito em julgado".

[129] *Informativo* 827/STJ – EAREsp 1.883.876-RS – Rel. Min. Nancy Andrighi – Rel. p/ acórdão Min. Luis Felipe Salomão – Corte Especial – j. 23.11.2023 – *DJe* 07.08.2024 – m.v.

Ainda que existisse uma decisão do juiz à época da fixação da multa que deveria ter sido cumprida, se posteriormente essa decisão mostrou-se contrária ao direito, não há mais nenhuma justificativa para a manutenção das consequências do inadimplemento da obrigação[130].

10.3.3.7.7. Termo inicial da multa e intimação do devedor

Na vigência do CPC/1973, o Superior Tribunal de Justiça vinha tratando de modo diferente a forma de intimação no cumprimento de sentença a depender da espécie de obrigação exequenda. Sendo de pagar quantia certa, a intimação se dava, em regra, na pessoa do advogado, mas no caso de obrigação de fazer, não fazer e entregar coisa, a intimação deveria ser necessariamente pessoal[131].

Esse tratamento diferenciado parece não se sustentar mais diante do art. 513, § 2.º, do CPC, que ao prever as diferentes formas de intimação do devedor, não discrimina a espécie de obrigação exequenda, permitindo a conclusão de que em qualquer delas deve ser aplicado o dispositivo legal ora comentado[132].

É possível, contudo, que o entendimento seja modificado. A Corte Especial do Superior Tribunal de Justiça afetou três recursos especiais (2.096.505, 2.140.662 e 2.142.333), de relatoria da Ministra Nancy Andrighi, para julgamento sob o rito dos repetitivos. Trata-se do Tema 1.296, cujo objeto é: "Definir se a prévia intimação pessoal do devedor constitui condição necessária para a cobrança de multa pelo descumprimento de obrigação de fazer ou não fazer".

10.4. COMPETÊNCIA

10.4.1. Introdução

As únicas regras previstas na Lei 8.078/1990 a respeito da competência das ações judiciais que tenham como objeto a relação consumerista estão consagradas nos arts. 93 e 101, I do diploma legal. A primeira diz respeito às ações coletivas e a segunda, às ações individuais, mas ambas têm um ponto em comum: são regras de competência de foro, territoriais, portanto, ainda que a primeira seja de natureza absoluta e a segunda, de natureza relativa.

Significa dizer que não existe qualquer norma legal que preveja a competência de Justiça e tampouco de juízo, sendo por essa razão necessária a busca, em outros diplomas legais, de regras que sejam capazes de regular essas espécies de competência nas relações consumeristas. A competência de Justiça é prevista na Constituição Federal, enquanto a competência de juízo é determinada por leis de organização judiciária, em ambos os casos se tratando de competência absoluta pela matéria ou pela pessoa.

---

[130] MARINONI, Luiz Guilherme. *Tutela inibitória: individual e coletiva*. 4. ed. São Paulo: RT, 2006. n. 3.27.1.6, p. 222; RODRIGUES, Marcelo Abelha. *Manual de execução civil*. Rio de Janeiro: Forense Universitária, 2006. p. 230; TALAMINI, Eduardo. *Tutela relativa aos deveres de fazer e não fazer*. 2. ed. São Paulo: RT, 2003. n. 9.7.1, p. 255.
[131] Súmula 410/STJ.
[132] WAMBIER, Teresa Arruda Alvim; CONCEIÇÃO, Maria Lúcia Lins; RIBEIRO, Leonardo Ferres da Silva; MELO, Rogério Licastro Torres de. *Primeiros comentários ao Novo Código de Processo Civil artigo por artigo*. São Paulo: RT, 2015, p. 842; e MEDINA, José Miguel Garcia. *Novo Código de Processo Civil comentado*. São Paulo: RT, 2015, p. 797.

10.4.2. Competência da Justiça

A primeira tarefa a ser examinada no tocante à competência para as ações de natureza consumerista é fixar a competência da Justiça.

Em primeiro lugar, excluem-se as chamadas justiças especializadas, que têm sua competência sempre determinada pela matéria. A Justiça Trabalhista, com competência prevista no art. 114 da CF/1988, a Justiça Eleitoral, com competência prevista no art. 121 da CF/1988, e a Justiça Militar, com competência fixada no art. 125 da CF/1988, jamais serão competentes para causas que envolvem relação de consumo, justamente porque as matérias que determinam sua competência são de outra natureza.

Não sendo a causa de competência de alguma das justiças especializadas, a competência será da justiça comum, dividida em Justiça Federal e Justiça Estadual. Parece não haver maiores questionamentos sobre o fato de que o grande palco de atuação das causas consumeristas é a Justiça Estadual, na qual se concentra a maioria das demandas judiciais dessa natureza. A Justiça Federal, entretanto, não pode ser descartada como competente para o julgamento de ações envolvendo conflitos de interesses entre consumidores e fornecedores.

A competência da Justiça Federal de primeiro grau é prevista pelo art. 109 da CF/1988, sendo determinada tanto pela matéria (*ratione materiae*) como pela pessoa (*ratione personae*).

É natural que se imagine que, nas hipóteses de competência fixada pela matéria, não haja relação de consumo, até porque seriam outras as matérias que determinariam a competência da Justiça Federal. O pensamento é correto nas hipóteses previstas nos incisos V-A ("causas relativas a direitos humanos"), X ("execução da carta rogatória, após o *exequatur*, e da sentença estrangeira, após a homologação, as causas referentes à nacionalidade, inclusive a respectiva opção, e à naturalização") e XI ("a disputa sobre direitos indígenas").

Mas na hipótese prevista pelo inciso III do art. 109 da CF/1988 o tema não será resolvido de forma tão tranquila. Serão de competência da Justiça Federal as causas fundadas em tratado ou contrato da União com Estado estrangeiro ou organismo internacional, sendo possível, ainda que raro, que o contrato mencionado pelo dispositivo constitucional tenha natureza consumerista. Como bem lembra a doutrina, são variadas as espécies de contratos internacionais:

> "Os contratos internacionais, igualmente expressando convergência de vontades, podem tratar dos mais variados assuntos (sociais, econômicos, tecnológicos, entre outros), devendo sempre objetivar a concreção do interesse público, a efetivação dos princípios constitucionais e o cumprimento das avenças internacionais. Podem ser citados os contratos de transporte marítimo, de tarifas aplicáveis às operações entre países signatários de acordos a elas relativos, de importação e trânsito de mercadorias estrangeiras, de responsabilidade por danos ecológicos, entre outros"[133].

Seria mais fácil imaginar tal situação num contrato celebrado entre a União e uma empresa estrangeira, mas, como já restou decidido pelo Superior Tribunal de Justiça, não se pode confundir empresa estrangeira com organismo internacional[134]. De qualquer forma,

---
[133] Cfr. PERRINI, Raquel Fernandez. *Competências da Justiça Federal comum*. São Paulo: Saraiva, 2001. n. 5.7, p. 90.
[134] CC 1.616/MG – 2.ª Seção – Rel. Min. Eduardo Ribeiro – j. 24.04.1991 – *DJe* 20.05.1991, p. 6.504.

mesmo tratando-se de contrato firmado com organismo internacional, é possível, ainda que rara, a existência de relação de consumo, conforme exposto anteriormente.

Sendo a competência da Justiça Federal determinada pela pessoa, a matéria passa a ser irrelevante, sendo naturalmente possível que envolva matéria consumerista. Em especial na hipótese de competência prevista no art. 109, I, da CF/1988, que justifica a maior parte das ações em trâmite perante a Justiça Federal.

O dispositivo legal se refere à União, entidade autárquica e empresa pública federal. A jurisprudência, entretanto, se consolidou no sentido de também incluir as fundações federais como entes aptos a exigir a competência da Justiça Federal. As pessoas jurídicas de direito público da administração indireta mencionadas já seriam o suficiente para compreender a possibilidade de relações de consumo serem objeto de processos de competência da Justiça Federal. A pesquisa de 2011 realizada pelo CNJ a respeito dos 100 maiores litigantes da Justiça Brasileira aponta os bancos com 18% dos processos em trâmite perante a Justiça Federal, em sua absoluta maioria em decorrência da participação da Caixa Econômica Federal, que é o segundo maior litigante nacional, envolvida em 8,50% das ações em trâmite.

Por outro lado, apesar de não existir expressa previsão no art. 109, I, da CF/1988 a esse respeito, é tranquilo o entendimento do Superior Tribunal de Justiça pela inclusão em tal dispositivo legal dos conselhos de fiscalização profissional[135] e das agências reguladoras federais[136]. Nesses casos, entretanto, como bem demonstra a doutrina, é mais comum a existência de ações coletivas na defesa do consumidor:

> "De fato, hoje é possível colecionar diversas ações civis públicas promovidas pelos entes legitimados em face da Anatel, Aneel, ANP, ANS, e mesmo a Superintendência de Seguros Privados (Susep) e Banco Central do Brasil (Bacen), autarquias federais de outrora. O objeto litigioso do processo é, via de regra, a regulamentação fruto do poder regulatório que fere o Código de Defesa do Consumidor"[137].

O mesmo ocorre com a presença na demanda do Ministério Público Federal. Mantenho o entendimento de que a simples presença do Ministério Público Federal seja suficiente para determinar a competência da Justiça Federal, mas é preciso reconhecer o entendimento contrário consolidado no Superior Tribunal de Justiça, com fundamento na ausência de personalidade jurídica do Ministério Público. Afirma-se que o Ministério Público Federal é um órgão da União e, como tal, está incluído no termo "União" expressamente previsto pelo art. 109, I, da CF/1988. Dessa forma, ainda que se admita um litisconsórcio entre o Ministério Público Estadual e o Ministério Público Federal, a demanda deverá tramitar perante a Justiça Federal, por decorrência de interpretação extensiva do rol de

---

[135] STJ 66: "Compete à Justiça Federal processar e julgar execução fiscal promovida por Conselho de fiscalização profissional"; STJ – CC 40.275/BA – 1.ª Seção – Rel. Min. Castro Meira – *DJ* 15.03.2004, p. 145; CC 36.801/GO – 1.ª Seção – Rel. Min. Francisco Peçanha Martins – *DJ* 07.06.2004, p. 152; CC 25.355/MG – 2.ª Seção – Rel. Min. Carlos Alberto Menezes Direito – *DJ* 19.03.2001, p. 72.
[136] REsp 572.906/RS – 1.ª Turma – Rel. Min. Luiz Fux – j. 08.06.2004.
[137] Cf. Revendo a competência da Justiça Federal em matéria de relações de consumo. *Revista de direito do consumidor*, São Paulo, RT, n. 40, out.-dez. 2001, p. 53.

sujeitos previstos no art. 109, I, da CF[138]. De qualquer forma, a exemplo das demandas que envolvem as agências reguladoras, a presença do Ministério Público Federal interessa às ações coletivas consumeristas.

Não se tratando de competência da Justiça Federal, a competência da Justiça Estadual será residual. A competência da justiça comum é residual, determinado pelo que não for de competência das justiças especializadas. Na justiça comum, a competência da Justiça Estadual é residual, determinada pelo que não for de competência da Justiça Federal. Ainda que residual, a maior parte das demandas que têm como objeto uma relação consumerista são de competência da Justiça Estadual.

10.4.3. Competência territorial

A competência territorial é aquela que determina o foro competente, ou seja, a circunscrição territorial competente para o julgamento da demanda: na Justiça Estadual é a Comarca e na Justiça Federal a Seção Judiciária.

O foro comum previsto pelo ordenamento brasileiro, em tradição seguida universalmente,[139] é o do domicílio do réu. Segundo o art. 46, do CPC, essa regra somente se aplica aos processos fundados em direito pessoal e direito real sobre bens móveis, afastando a aplicação quando se tratar de imóveis, caso em que o foro competente é o da situação da coisa, conforme estabelece o art. 47 do CPC. Dessa forma, as demandas fundadas em direito pessoal sobre móvel, direito pessoal sobre imóvel e direito real sobre móvel têm como regra de foro comum o domicílio do réu.

Apesar de adotar como regra o foro do local do domicílio do réu, partindo da premissa de que, sendo esse sujeito "atacado" pelo autor, é preciso permitir que litigue no local presumidamente mais adequado ao exercício de sua defesa, o legislador cria uma série de foros especiais. Tais regras continuam a indicar a competência territorial, e por consequência são de natureza relativa, criando "foros especiais" tão somente por indicar um foro distinto daquele estabelecido pelo art. 46 do CPC.

Nas corretas lições de Cândido Rangel Dinamarco:

> "As normas que definem a competência dos foros especiais constituem *leges specialies* em relação à que institui o foro comum (CPC, art. 94), tendo aplicação a conhecida máxima de hermenêutica, segundo a qual a norma geral deixa de aplicar-se quando tem incidência uma especial e nos limites dessa incidência (*lex specialis derogat lege generale*). O foro comum só prevalece, portanto, nos casos em que não haja incidência de norma alguma ditando a competência de um foro especial".

Há regras de competência territorial determinadas pelo local da coisa, como ocorre no art. 58, II, da Lei 8.245/1991 (Lei de Locações); outras são determinadas pelo local do cumprimento da obrigação, como ocorre no art. 53, III, *d*, do CPC; outras são determinadas pelo local do ato ou fato, como ocorre no art. 53, IV, do CPC. Além desses critérios

---

[138] STJ – REsp 440.002/SE – 1.ª Turma – Rel. Teori Albino Zavascki – *DJ* 06.12.2004, p. 195; STJ – CC 39111/RJ – 1.ª Seção – Rel. Min. Luiz Fux – *DJ* 28.02.2005.

[139] Essa a previsão de foro territorial geral na Itália (art. 18, CPC); Espanha (art. 50.1, LEC); Portugal (art. 85 n. 1 e 86 n. 2); Alemanha (§§ 12.º e 13.º, ZPO).

determinantes da competência relativa, existem regras que preveem o foro do domicílio do autor como competente, invertendo a regra do art. 46 do CPC. Assim ocorre com o art. 53, II, do CPC e o art. 101, I, CDC.

O ponto comum que serve como justificativa para a inversão da regra consagrada no art. 46 do CPC (foro comum), em nítido benefício do autor, é sua hipossuficiência diante do réu. Assim, é competente o foro do domicílio ou residência do alimentando, para a ação em que se pedem os alimentos. Na hipótese do art. 101, I, do CDC, é a hipossuficiência do consumidor diante do fornecedor que justifica o tratamento diferenciado.

Segundo o Superior Tribunal de Justiça, a prerrogativa de propor a ação no foro do domicílio do consumidor é estendida ao chamado "consumidor por equiparação"[140], figura ainda não muito tratada pelo direito pátrio, e raramente presente em decisões judiciais. De acordo com a melhor doutrina, com a adequada interpretação do art. 29 do CDC, "uma nova série de hipóteses passará a se incluir no campo de aplicação das normas dos Capítulos V e VI do CDC, permitindo uma tutela protetiva daquele profissional, consumidor equiparado, justamente no âmbito contratual, de forma a reequilibrar a relação e reprimir o uso abusivo do poder econômico"[141].

É importante ressaltar que, mesmo sendo um foro especial que visa à proteção em abstrato do consumidor, essa regra de competência continua a ser de natureza relativa, sujeita, portanto, a todas as espécies de prorrogação em direito admitido. As normas que tratam da competência relativa são de natureza dispositiva, uma vez que, precipuamente, buscam proteger o interesse das partes, que poderão abrir mão de tal proteção legal no caso concreto. Além disso, por não terem natureza cogente, a própria lei pode entender interessante, em determinadas situações, afastar a sua aplicação. Percebe-se, portanto, a possibilidade de certa flexibilização de tais normas, o que poderá decorrer da vontade das partes ou da própria lei.

Nas corretas palavras de Kazuo Watanabe, "o foro do domicílio do autor é uma regra que beneficia o consumidor, dentro da orientação fixada no inc. VII do art. 6.º do Código, de facilitar o acesso aos órgãos judiciários. Cuida-se, porém, de opção dada ao consumidor, que dela poderá abrir mão para, em benefício do réu, eleger a regra geral, que é a do domicílio do demandado (art. 46 do CPC)"[142].

Dessa forma, é plenamente possível que o consumidor se veja obrigado a litigar fora de seu domicílio, inclusive contra sua vontade, na hipótese de reunião de processos conexos diante do juízo prevento, que não será necessariamente o juízo do foro de seu domicílio. Apesar de versar sobre a competência relativa, a conexão é considerada matéria de ordem pública, impondo-se à vontade das partes, inclusive do consumidor.

Por outro lado, a vontade livre e externada sem qualquer espécie de vício de consentimento pelo consumidor prevalece sobre a regra legal de competência, lembrando-se sempre que o consumidor é considerado apenas hipossuficiente, nunca um incapaz de tomar decisões que signifiquem a renúncia a proteções previstas em lei. Assim, o Superior

---

[140] *Informativo* 542/STJ: 2.ª Seção – CC 128.079/MT – Rel. Min. Raul Araújo – j. 12.03.2014.
[141] MARQUES, Claudia Lima. *Comentários ao Código de Defesa do Consumidor*. 4. ed. São Paulo: RT, 2013. p. 753-754.
[142] Cfr. WATANABE, Kazuo. *Código de Defesa do Consumidor comentado pelos autores do anteprojeto*. 10. ed. Rio de Janeiro: Forense, 2011. v. II, p. 169.

Tribunal de Justiça já decidiu corretamente que, sendo o consumidor capaz, é, *a priori*, válida cláusula de eleição de foro existente em contrato por ele firmado, ainda que de adesão, desde que não se demonstre sua abusividade no caso concreto:

"Recurso especial. Cláusula de eleição de foro, inserida em contrato de adesão, subjacente à relação de consumo. Competência absoluta do foro do domicílio do consumidor, na hipótese de abusividade da cláusula. Precedentes. Aferição, no caso concreto, que o foro eleito encerre especial dificuldade ao acesso ao Poder Judiciário pela parte hipossuficiente. Necessidade. Recurso especial parcialmente provido. I. O legislador pátrio conferiu ao magistrado o poder-dever de anular, de ofício, a cláusula contratual de eleição de foro, inserida em contrato de adesão, quando esta revelar-se abusiva, vale dizer, dificulte a parte aderente em empreender sua defesa em juízo, seja a relação jurídica subjacente de consumo, ou não; II. Levando-se em conta o caráter impositivo das leis de ordem pública, preponderante, inclusive, no âmbito das relações privadas, tem-se que, na hipótese de relação jurídica regida pela Lei consumerista, o magistrado, ao se deparar com a abusividade da cláusula contratual de eleição de foro, esta subentendida como aquela que efetivamente inviabilize ou dificulte a defesa judicial da parte hipossuficiente, deve necessariamente declará-la nula, por se tratar, nessa hipótese, de competência absoluta do Juízo em que reside o consumidor; III. *A contrario sensu*, não restando patente a abusividade da cláusula contratual que prevê o foro para as futuras e eventuais demandas entre as partes, é certo que a competência territorial (no caso, do foro do domicílio do consumidor) poderá, sim, ser derrogada pela vontade das partes, ainda que expressada em contrato de adesão (*ut* art. 114, do CPC). Hipótese em que a competência territorial assumirá, inequivocamente, a natureza relativa (regra, aliás, deste critério de competência); IV. Tem-se, assim, que os arts. 112, parágrafo único, e 114 do CPC, na verdade, encerram critério de competência de natureza híbrida (ora absoluta, quando detectada a abusividade da cláusula de eleição de foro, ora relativa, quando ausente a abusividade e, portanto, derrogável pela vontade das partes); V. O fato isoladamente considerado de que a relação entabulada entre as partes é de consumo não conduz à imediata conclusão de que a cláusula de eleição de foro inserida em contrato de adesão é abusiva, sendo necessário para tanto, nos termos propostos, perscrutar, no caso concreto, se o foro eleito pelas partes inviabiliza ou mesmo dificulta, de alguma forma, o acesso ao Poder Judiciário; VI. Recurso Especial parcialmente provido" (REsp 1.089.993/SP – Recurso Especial 2008/0197493-1 – Rel. Min. Massami Uyeda (1129) – 3.ª Turma – j. 18.02.2010 – *DJe* 08.03.2010).

O entendimento, entretanto, não é tranquilo nem mesmo no Superior Tribunal de Justiça, que por vezes faz crer que, somente por se tratar de contrato de adesão consumerista, a cláusula de eleição de foro é abusiva e deve ser considerada nula:

"Processual civil. Contrato de consórcio. Cláusula de eleição de foro. Nulidade. Domicílio do consumidor. Parte hipossuficiente da relação. Foro eleito. 1. A jurisprudência do STJ firmou-se, seguindo os ditames do Código de Defesa do Consumidor, no sentido de que a cláusula de eleição de foro estipulada em contrato de consórcio há que ser tida como nula, devendo ser eleito o foro do domicílio do consumidor a fim de facilitar a defesa da parte hipossuficiente da relação. 2. Agravo regimental desprovido" (STJ – AgRg no Ag 1070671/SC – 4.ª Turma – Rel. Min. João Otávio de Noronha – j. 27.04.2010 – *DJ* 10.05.2010).

Prefiro o entendimento exposto no primeiro julgamento, considerando sempre que, sem a efetiva abusividade da cláusula de eleição de foro, não há qualquer razão para entendê-la como nula. Insisto que a proteção concedida pelo art. 101, I, do CDC, não pode se sobrepor à vontade livremente manifestada pelo consumidor ao aderir ao contrato, se a indicação de foro diverso de seu domicílio não lhe traz qualquer sério empecilho ao exercício da ampla defesa de seu direito. Entender o contrário seria impedir a validade de qualquer cláusula de eleição de foro, circunstância típica da competência absoluta, estranha à espécie de competência ora analisada.

Uma hipótese em que fica clara a abusividade é a indicação de cláusula de eleição de foro estrangeiro quando o consumidor se hospeda em hotel no exterior. O Superior Tribunal de Justiça já decidiu acertadamente que nesse caso é ineficaz a cláusula inserida em contrato de adesão quando o consumidor for domiciliado no Brasil, podendo nesse caso aqui demandar o hotel:

"Recurso especial. Contrato de prestação de serviços hoteleiros. Pedido de rescisão. Negócio. Celebração no exterior. Pessoas físicas. Domicílio. Brasil. Relação de consumo. Autoridade judiciária brasileira. Competência. Art. 22, II, do CPC/2015. Cláusula de eleição de foro. Abusividade. Afastamento. Arts. 25, § 2.º, e 63, § 3.º, CPC/2015. Réu. Domicílio no Brasil. Grupo econômico. Teoria da aparência. Súmulas n.º 5 e 7/STJ. 1. A controvérsia resume-se a saber se a Justiça brasileira é competente para processar e julgar a ação de rescisão de contrato de negócio jurídico celebrado em território mexicano para ali produzir os seus efeitos, tendo como contratadas pessoas físicas domiciliadas no Brasil. 2. Compete à autoridade judiciária brasileira processar e julgar as ações decorrentes de relações de consumo, quando o consumidor tiver domicílio ou residência no Brasil. 3. Em contratos decorrentes de relação de consumo firmados fora do território nacional, a justiça brasileira pode declarar nulo o foro de eleição diante do prejuízo e da dificuldade de o consumidor acionar a autoridade judiciária estrangeira para fazer valer o seu direito. 4. A justiça brasileira é competente para apreciar demandas nas quais o réu, qualquer que seja a sua nacionalidade, estiver domiciliado no Brasil. 5. A revisão das matérias referentes à legitimidade da parte ré diante da existência de grupo econômico e à aplicação da teoria da aparência demandam a análise do conjunto fático-probatório e da interpretação de cláusulas contratuais, atraindo a incidência dos óbices das Súmulas n.ºs 5 e 7/STJ. 6. Na hipótese, os autores pactuaram contrato de prestação de serviços hoteleiros com sociedade empresária domiciliada em território estrangeiro, para utilização de Clube/Resort sediado em Cancun, no México. Houve a celebração de contrato de adesão, sendo os aderentes consumidores finais, com residência e domicílio no Brasil, permitindo à autoridade judiciária brasileira processar e julgar a ação de rescisão contratual. 7. Recurso especial provido" (Informativo 769/STJ – REsp 1.797.109/SP – 3.ª Turma – Rel. Min. Ricardo Villas Bôas Cueva – por unanimidade – j. 21.03.2023 – DJe 24.03.2023).

Outra forma de prorrogação de competência tradicional do sistema processual, decorrente da ausência de interposição de exceção de incompetência, também é plenamente aplicável ao consumidor, de forma que, sendo proposta a demanda em foro diverso daquele previsto pelo art. 101, I, do CDC, e não havendo o reconhecimento da incompetência relativa de ofício nos termos do art. 63, § 3.º, do CPC, ou a oposição de exceção de incompetência, se verificará a prorrogação, tornando-se concretamente competente o foro que era abstratamente incompetente.

Por fim, mas não menos interessante, há uma quarta forma de prorrogação de competência aplicável ao consumidor no tocante à não aplicação do art. 101, I, do CDC no caso concreto. Essa hipótese de prorrogação de competência não se encontra expressamente prevista em lei, mas resulta de uma análise sistemática das regras legais a respeito da matéria. Haverá tal espécie de prorrogação sempre que a demanda for proposta respeitando-se a regra de foro geral, que para o Código de Processo Civil é a do domicílio do réu. Sempre que existir uma regra especial de foro, a proteger o autor, em detrimento da regra geral, poderá essa parte optar por afastar a norma que teria sido feita em seu favor e litigar no domicílio do réu.

A justificativa para tal escolha do foro do domicílio do réu como competente – ainda que aplicável à espécie regra de foro especial – liga-se à inexistência de interesse jurídico do réu em excepcionar justamente o juízo do foro que lhe acarretará as maiores vantagens possíveis. Evidentemente, essas vantagens são presumidas, parecendo à parcela da doutrina que tal presunção é relativa, de modo a ser possível, no caso concreto, provar o réu algum prejuízo nesse desrespeito do autor à norma de foro especial. A prorrogação, portanto, ficaria condicionada à ausência de um efetivo prejuízo do réu no caso concreto, que deverá ser provado na exceção de incompetência.

Já havia se manifestado Antônio Carlos Marcato sobre o assunto (eleição de foro), mas em lição totalmente aplicável às outras hipóteses descritas:

> "Também suscita interessante questão pertinente ao ajuizamento da ação no foro do domicílio do réu, diverso do eleito. Nesse caso só terá sentido o acolhimento da exceção declinatória se e quando o excipiente demonstrar, de modo inequívoco, que o ajuizamento da ação em foro diverso do eleito acarretou-lhe ou poderá acarretar-lhe prejuízo. É que a regra do art. 94, instituindo o foro comum em benefício do réu, deverá prevalecer se o autor, ignorando a cláusula eletiva, optar por atendê-la; e isso decorre da singela circunstância de que, inexistindo prejuízo derivado dessa opção, não teria o réu, em tese, nem mesmo interesse processual em opor a exceção"[143].

Em especial na hipótese do consumidor, entretanto, não se deve acolher tal entendimento. Entendo que, optando o consumidor por propor a demanda judicial no foro do domicílio do fornecedor, não será cabível a exceção de incompetência, sendo a mera propositura da ação, nessas circunstâncias, suficiente para a prorrogação da competência. A inadmissibilidade de exceção de incompetência do fornecedor, nesse caso, se dá justamente para prestigiar a vontade do consumidor, porque, mesmo que ele prove que prefere litigar no foro previsto no art. 101, I, do CDC, se o consumidor entender mais adequado litigar no foro do domicílio do fornecedor, essa vontade deve prevalecer.

No correto entendimento de Leonardo Greco, a escolha do foro "fica a critério do autor. Se esse preferir o foro da sede do réu ou o foro de onde está localizada a sua agência, ele está abrindo mão do privilégio do foro, mas ele tem o direito de promover a ação no seu próprio domicílio, por força do citado art. 101"[144].

---

[143] MARCATO, Antônio Carlos. Prorrogação de competência, *Revista de Processo*, São Paulo, v. 17, n. 65, 1992, p. 12. Ainda DINAMARCO, Cândido Rangel. *Instituições de direito processual civil*. São Paulo: Malheiros, 2001. v. 1, p. 593 e PIZZOL, Patrícia Miranda. *A competência no processo civil*. São Paulo: RT, 2003. p. 325.

[144] Cf. GRECO, Leonardo. *Instituições de processo civil*. Rio de Janeiro: Forense, 2010. v. I, p. 161. No mesmo sentido, PIZZOL, Patricia Miranda. *A competência no processo civil*. São Paulo: RT, 2003.

10.4.3.1. Cláusula de eleição de foro

10.4.3.1.1. Introdução

A Lei 11.280/2006, ao somar ao art. 112, do CPC/1973, um parágrafo único, trouxe significativa novidade no trato judicial da incompetência relativa, permitindo ao juiz, na hipótese de haver, no caso concreto, uma nulidade em cláusula de eleição de foro em contrato de adesão, declarar de ofício tal nulidade, declinando de sua competência para o "juízo de domicílio do réu".

O dispositivo legal, apesar de levar uma novidade ao Código de Processo Civil revogado, simplesmente consagrava entendimento jurisprudencial pacífico em nossos Tribunais, sendo necessária uma breve análise dos precedentes que levaram o legislador à previsão a ser comentada.

No Código de Processo Civil de 2015, o legislador consagrou, no art. 63, § 3.º, uma exceção até mais ampla do que aquela consagrada constitucionalmente. Havendo cláusula de eleição de foro abusiva em qualquer contrato (não precisa mais de ser adesão como previsto no revogado art. 112, parágrafo único do CPC/1973), o juiz, antes da citação, declarará ineficaz a cláusula de eleição de foro, determinando a remessa do processo ao foro do domicílio do réu.

Percebe-se, pela literalidade da norma invocada, que o objetivo do legislador foi criar uma exceção à regra geral de que não cabe ao juiz reconhecer de ofício a sua própria incompetência, sendo essa missão exclusiva do réu e, em determinadas hipóteses, do assistente[145]. A regra, portanto, continua sendo que, não havendo ingresso de exceção de incompetência, prorroga-se a competência do juízo, ou seja, torna-se competente o juízo que originariamente não o era. O art. 63, §§ 3.º e 4.º, do CPC, cria, tão somente, uma exceção à regra geral.

10.4.3.1.2. Súmula 33 do STJ – vedação ao reconhecimento de ofício de incompetência relativa

O tema do reconhecimento de ofício da incompetência relativa encontrava-se pacificado com a Súmula 33 do STJ: "A incompetência relativa não pode ser declarada de ofício". O entendimento expresso na súmula se justificava pela própria natureza da norma, valorizadora do interesse das partes, que podem, no caso concreto, abrir mão da proteção legal, excluindo qualquer intervenção do juiz, como bem apontado por José Carlos Barbosa Moreira:

> "Em tais hipóteses, também por questão de coerência, cumpre que se assegure àquele cujo interesse se reputa preponderante a possibilidade efetiva de fazer valer sua preferência. Se é do réu que se cuida, como nos exemplos acima figurados, e o autor intentou a ação em foro diverso do apontado na lei, uma de duas: ou o réu, juiz de seu próprio interesse, entende que a opção o contraria, e em tal caso oferece a exceção, ou entende que ela não o contraria, e abstém-se de excepcionar, dando ensejo à prorrogação (Código de Processo Civil, art. 114). Conferir aqui ao órgão judicial a possibilidade de antepor-se ou sobrepor-se à manifestação (tácita que seja) do réu é introduzir nesse esquema lógico um fator de perturbação que nenhuma vantagem vem compensar"[146].

---

[145] NEVES, Daniel Amorim Assumpção. *Competência no processo civil*. São Paulo: Método, 2005. p. 24-26.
[146] BARBOSA MOREIRA, José Carlos. Pode o juiz declarar de ofício a incompetência relativa? *Temas de direito processual civil*. 5.ª Série. São Paulo: Saraiva, 1994. p. 68-69.

O reconhecimento de ofício da incompetência ficava restrito às hipóteses de incompetência absoluta, o que era justificado – como ainda é – pela natureza das normas que tratam dessa espécie de competência. Tratando-se de normas de competência que têm como fundamento razões de ordem pública, basicamente as de melhorar o serviço jurisdicional e proporcionar uma tutela jurisdicional de melhor qualidade, é natural que o juiz possa conhecê-las de ofício, declarando-se absolutamente incompetente mesmo sem a manifestação da parte interessada.

10.4.3.1.3. Flexibilização jurisprudencial à Súmula 33 do STJ

O entendimento proibitivo quanto ao reconhecimento de ofício da incompetência relativa do juízo, apesar de sumulado, passou a ser sistematicamente flexibilizado por nossos Tribunais, com amplo amparo doutrinário, na hipótese de o processo envolver relação de consumo em que houvesse cláusula abusiva de eleição de foro. Tornou-se frequente em contratos de consumo – em especial nos contratos de adesão – o fornecedor indicar o foro competente para julgar eventuais demandas geradas na interpretação ou cumprimento do negócio jurídico que traz dificuldades excessivas para o exercício do direito de defesa por parte do consumidor, com a nítida intenção de prejudicá-lo processualmente.

É óbvio que nem toda cláusula de eleição de foro envolvendo contrato de consumo é abusiva, devendo o juiz analisar a abusividade no caso concreto, até mesmo porque os contratos de adesão não são repelidos por nosso ordenamento jurídico; aliás, pelo contrário, são importantes mecanismos de regulação de relações jurídicas nos dias atuais[147]. O que evidenciará o vício no caso concreto é a determinação como foro competente de um local distante do domicílio do consumidor, sem qualquer justificativa séria para tal escolha, de forma a ocasionar um sério obstáculo ao exercício da ampla defesa. Nesses casos específicos, a aplicação da Súmula 33 do STJ vem sendo afastada, permitindo-se ao juiz conhecer sua incompetência relativa de ofício.

O raciocínio utilizado, mesmo antes da novidade legislativa, envolvia basicamente três artigos do Código de Defesa do Consumidor:

– art. 1.º: determina que todas as normas previstas pelo CDC são de ordem pública, parecendo incluir tanto as normas de direito material como as de direito processual;
– art. 51: indica os vícios que determinam a abusividade do contrato;
– art. 6.º, VIII: exige do juiz a facilitação do exercício do direito de defesa do direito do consumidor no processo.

---

[147] Conforme bem ponderado por THEODORO JR., Humberto. *O contrato e seus princípios*. 2. ed. Rio de Janeiro: Aide, 1999. p. 27, é correto afirmar "que o Direito moderno não repele o contrato de adesão. Ao contrário, convive amplamente com ele e reconhece-lhe a eficácia própria dos negócios bilaterais, visto que o contrato de adesão, por si só, não se reveste de ilicitude nem incorre em qualquer tipo de censura. O que se recrimina é o abuso cometido eventualmente dentro do contrato de adesão pela parte que dispõe da força de determinar o conteúdo de suas cláusulas. Se, porém, não se entrevê nenhum desvio ético na estipulação de tais condições, o contrato de adesão é tão jurídico e tão obrigatório para os contratantes como qualquer outro contrato."

Estando as normas consumeristas no âmbito das normas de ordem pública, o juiz não precisaria aguardar a manifestação da parte interessada, podendo declarar a nulidade da cláusula contratual de ofício (insista-se, desde que presente um dos vícios indicados pelo art. 51, CDC). A partir do momento em que anula de ofício a eleição de foro, nada haverá para justificar a escolha feita pelo autor-fornecedor, devendo o juiz remeter os autos para o foro do domicílio do réu-consumidor.

Registre-se que, no tocante ao tema, determinada corrente passou a entender que a regra de competência, tão somente por se tratar de relação de consumo, se tornaria absoluta, o que permitiria ao juiz de ofício o reconhecimento de afronta a tal norma, sem qualquer ofensa à Súmula 33 do STJ. Esse era o entendimento do Ministro do Superior Tribunal de Justiça Sálvio de Figueiredo Teixeira, segundo o qual, "tratando-se de contrato de adesão, a declaração de nulidade de cláusula eletiva de foro, ao fundamento de que estaria ela a dificultar o acesso do réu ao Judiciário, com prejuízo para a sua ampla defesa, torna absoluta a competência do foro do domicílio do réu, afastando a incidência do Enunciado 33 da Súmula/STJ".[148] Ainda hoje encontram-se equivocadas decisões que apontam para a natureza absoluta da competência do foro em relação de consumo, por se admitir o reconhecimento de incompetência de ofício[149].

Não parece correto tal entendimento, que, inclusive, mostra-se absolutamente contrário à novidade legislativa, que, ao tratar do reconhecimento de ofício pelo juiz da incompetência nos casos previstos na norma legal, criou um parágrafo em artigo cujo *caput* trata da incompetência relativa. Correto o legislador nesse tocante, considerando-se que a competência continua a ser relativa, já que territorial, mas, em virtude das previsões contidas no diploma consumerista, e agora também no art. 63, § 3.º do CPC, é legítima a exceção da regra de que a incompetência relativa não pode ser conhecida pelo juiz de ofício.[150]

Para outra parcela da doutrina, independentemente da discussão acerca da natureza absoluta ou relativa da competência, o que importa é a garantia do efetivo direito à ampla defesa do réu, garantido constitucionalmente. Nesse sentido as lições de Antônio Carlos Marcato, tratando das dificuldades que podem ser geradas ao consumidor-réu:

> "Esses óbices, ainda que eventualmente impostos de modo não intencional, autorizam e justificam a determinação de remessa dos autos do processo ao foro do domicílio do réu; e isto porque a questão em debate envolve, à evidência, tema muito mais sério e grave que a simples possibilidade de ser reconhecida de ofício a nulidade de cláusula abusiva ou a incompetência relativa ou, ainda, de se tratar de incompetência absoluta: cuida-se, em verdade, da necessidade (e não simples faculdade) de atendimento das

---

[148] STJ – CC 21.433/RN – 4.ª Turma. Ainda: STJ – CC 22.000/PE – 2.ª Turma – Rel. Min. Carlos Alberto Menezes Direito – *DJ* 08.02.1999, p. 246. Na doutrina, NERY JR., Nelson e NERY, Rosa Maria de Andrade, *Código de Processo Civil comentado*, 10. ed. São Paulo: RT, 2008. p. 511, com rica indicação bibliográfica e ARAÚJO FILHO, Luiz Paulo da Silva. *Comentários ao Código de Defesa do Consumidor*. São Paulo: Saraiva, 2002. p. 6.

[149] STJ – CC 106.990/SC – 2.ª Seção – Rel. Min. Fernando Gonçalves – j. 11.11.2009 – *DJe* 23.11.2009.

[150] Com relação à aplicação do CDC, RIZZATTO NUNES, Luiz Antonio. *Comentários ao Código de Defesa do Consumidor*. São Paulo: Saraiva, 2000. p. 571-572.

exigências do devido processo legal, mister do qual todos os integrantes do Poder Judiciário devem, permanentemente e intransigentemente, se desincumbir".[151]

Nota-se que os fundamentos poderiam até variar, mas a conclusão era sempre a mesma: abrindo-se a possibilidade do juiz anular de ofício cláusula abusiva de eleição de foro em contrato de adesão, declarando-se incompetente, também de ofício, e determinando a remessa para o foro do local de domicílio do consumidor-réu.

10.4.3.1.4. O indevido condicionamento da declaração de nulidade de cláusula de eleição de foro e o reconhecimento de ofício da incompetência relativa

O desejo de se proteger o consumidor numa demanda em que o fornecedor busque se valer de sua posição de superioridade para prejudicar a parte mais fraca da relação não justifica os principais entendimentos a respeito da possibilidade de o juiz reconhecer a incompetência relativa de ofício. Não que o resultado do raciocínio esteja equivocado, mas os fundamentos certamente não se mostram corretos. O pior é que o legislador, influenciado pelo equivocado entendimento da doutrina, o consagrou na nova norma legal, ora comentada.

É equivocado acreditar ser a declaração de nulidade de cláusula abusiva de eleição de foro o suficiente para, automaticamente, permitir que o juízo declare sua incompetência relativa de ofício, determinando o cumprimento no disposto no art. 101, I, CDC, com a consequente remessa do processo ao foro do local do domicílio do consumidor-réu. Mesmo na hipótese de anulação de ofício da cláusula de eleição de foro, o que legitima a atuação do juiz em remeter os autos ao juízo competente continua a ser o afastamento da Súmula 33 do STJ, porque, mesmo sem a cláusula contratual, a incompetência continua a ser territorial e, portanto, relativa. A justificativa para a atuação oficiosa do juiz estaria prevista no art. 6.º, VIII, do CDC.

Na realidade, a situação acima descrita demonstra que essa questão vem sendo tratada de maneira equivocada. Que o juiz pode declarar nula de ofício a cláusula abusiva de eleição de foro não resta qualquer dúvida, quer seja pela redação do art. 1º, CDC, quer seja por aplicação do art. 63, § 3.º, do CPC, mas isso nada tem a ver com a remessa do processo para o foro do domicílio do réu. Pergunta-se: se caso não existisse a cláusula contratual estipulando o foro competente, e se mesmo assim o fornecedor ingressasse com a demanda em outro foro que não o do domicílio do consumidor, não seria possível o reconhecimento da incompetência relativa com a consequente remessa do processo ao foro do domicílio do réu? Parece que a resposta deva ser no sentido de que, independentemente da existência de cláusula contratual eletiva de foro, a incompetência deve ser reconhecida, o que torna a declaração de nulidade de tal cláusula absolutamente desnecessária para o reconhecimento de ofício da incompetência.

O que se pretende demonstrar é que, com ou sem a existência da cláusula contratual de eleição de foro, as normas de proteção ao consumidor já indicadas anteriormente darão o substrato jurídico suficiente para o juiz declarar sua incompetência de ofício, ainda que

---

[151] O reconhecimento *ex officio* do caráter abusivo da cláusula de eleição de foro. *Leituras complementares para concursos*. 2. ed. Salvador: JusPodivm, 2004. p. 47. No mesmo sentido NERY JR., Nelson e NERY, Rosa Maria de Andrade. *Código de Processo Civil comentado*. 10. ed. São Paulo: RT, 2008. p. 513.

relativa. A indevida ligação entre a declaração de nulidade de cláusula abusiva de eleição de foro e o reconhecimento de ofício de incompetência relativa, apesar de absolutamente dispensável, encontrava-se tão arraigada na doutrina que o legislador – influenciado por tais lições – consagrou o equívoco na redação do novo dispositivo legal ora comentado.

10.4.3.1.5. Ineficácia da cláusula de eleição de foro

O juiz, ao reconhecer a abusividade da cláusula de eleição de foro, a reputará ineficaz e enviará os autos ao juízo do foro do domicílio do réu. Entendo que essa declaração de ineficácia não vincula o réu, que no momento da prolação da decisão ainda será um terceiro no processo. Essa consideração é importante porque, sendo citado já no foro de seu domicílio em decorrência da aplicação do art. 63, § 3.º, do CPC, o réu poderá excepcionar o juízo (como preliminar de contestação) pleiteando a aplicação da cláusula de eleição ao caso concreto, com o que os autos deverão ser reencaminhados ao juiz de origem.

É preciso compreender que o dispositivo ora analisado se presta a tutelar os interesses do réu, permitindo que ele se defenda desde o início do processo no foro de seu domicílio. Essa proteção, entretanto, parte de uma presunção relativa, de que o melhor local para o réu litigar é o foro de seu domicílio. No caso concreto, entretanto, é possível que o réu prefira o foro indicado pela cláusula de eleição de foro e essa vontade concreta dele deve prevalecer sobre uma proteção legal abstrata[152].

Tomo como exemplo as cidades-satélite que circundam o Distrito Federal. Essas cidades, conhecidas como "cidades-dormitório", são o domicílio da maioria das pessoas que trabalham no Distrito Federal, e que voltam às suas casas apenas para dormir e passar os finais de semana. Diante dessas condições, não é absurdo imaginar que a pessoa prefira litigar no Distrito Federal, onde passa a maior parte de seu tempo, do que no foro de seu domicílio. Nesse caso, sendo declarada ineficaz a cláusula de eleição de foro que indica o Distrito Federal e enviado o processo para a cidade-satélite, é natural que o réu possa pedir o retorno do processo ao juízo de origem – que deve ser feito por meio de preliminar na contestação pedindo a aplicação da cláusula de eleição de foro.

Registre-se que, sendo a decisão que decreta e ineficácia da cláusula abusiva da cláusula de eleição de foro e determina a remessa do processo ao foro de domicílio do réu prejudicial ao autor, em respeito ao art. 9.º, *caput*, do CPC, cabe ao juiz intimá-lo para manifestação antes da prolação da decisão[153].

10.4.3.1.6. A curiosa criação de uma preclusão judicial temporal

O art. 63, § 3.º, do CPC prevê expressamente que o reconhecimento de ofício da incompetência relativa em razão de cláusula abusiva de eleição de foro só pode ocorrer até a citação do réu, com o que se cria uma excepcional preclusão temporal para o juiz, considerando a existência de um prazo ao juiz para que reconheça de ofício a incompetência relativa[154]. Sendo citado o réu, não poderá mais o juiz reconhecer de ofício a

---

[152] Já tinha expressado esse entendimento à luz do art. 112, parágrafo único, do CPC/1973: *Competência*, n. 3.1.1.3, p. 52-53.
[153] BUENO, Cássio Scarpinella. *Manual de direito processual civil*. São Paulo: Saraiva, 2015, p. 116.
[154] NEVES, Daniel Amorim Assumpção. *Reforma do CPC*. São Paulo: RT, 2006. p. 415-418.

incompetência, o que, inclusive, demonstra de forma bastante clara a natureza relativa da competência, cabendo exclusivamente ao réu em sua contestação tal alegação para evitar a prorrogação de competência.

O legislador se preocupou com o problema que poderia ser gerado com o não reconhecimento de ofício da incompetência relativa, em hipóteses em que o réu não excepcionou o juízo. Procurou deixar bem claro que, apesar de ser matéria que poderá conhecer de ofício, não transforma o caso concreto numa espécie de incompetência absoluta, porque nesse caso o vício não se convalidaria, podendo ser alegado a qualquer momento e até mesmo após o trânsito em julgado, por meio de ação rescisória. O objetivo do legislador foi apontar para a convalidação do vício após o transcurso do prazo de resposta do réu, ainda que seja possível ao juiz reconhecer sua incompetência relativa de ofício.

Não deixa de ser curiosa a opção do legislador, embora totalmente justificável à luz da prática forense. É criada uma matéria de ordem pública com menor força do que uma verdadeira matéria de ordem pública, considerando-se que o juiz somente reconhecerá a matéria de ofício até o transcurso do prazo de resposta. Depois disso, não poderá mais se manifestar sobre a matéria, contrariando regra básica das matérias de ordem pública: elas podem ser conhecidas de ofício a qualquer momento do processo. Quem sabe o legislador entenda que a proteção ao réu não tenha o condão de transformar a matéria em questão de ordem pública, o que não deixa de ser discutível em virtude da possibilidade do reconhecimento da matéria de ofício, atuação do juiz concernente às matérias de ordem pública.

Não é a primeira vez que o legislador confunde a natureza da matéria e a possibilidade de seu reconhecimento de ofício para resolver problemas práticos. No art. 1.018, § 3.º, do CPC, criou-se uma interessante hipótese de requisito de admissibilidade recursal que somente poderá ser conhecido pelo juiz se alegado pela parte interessada. É de fato curioso, já que os requisitos de admissibilidade são matérias de ordem pública, devendo o juiz conhecê-las de ofício, o que não ocorre na hipótese prevista pelo dispositivo comentado[155]. Não deixa de ser, no mínimo, uma confusão entre natureza de matéria e condições para seu reconhecimento em juízo.

A nova norma criou uma hipótese de preclusão temporal para o juiz, fenômeno que parecia não existir no ordenamento processual brasileiro, considerando-se que os prazos para o juiz são prazos impróprios, pois, uma vez descumpridos, nenhum efeito processual se verificará. Os efeitos gerados por descumprimento de prazo impróprio pelo juiz serão, quando muito, de natureza disciplinar[156]. Não havendo consequência processual

---

[155] A curiosidade já havia sido percebida por CUNHA, Leonardo José Carneiro da. *Inovações no processo civil*. São Paulo: Dialética, 2002. p. 101, e NEVES, Daniel Amorim Assumpção. O princípio da comunhão das provas. *Revista Dialética de direito processual*, n. 31, out. 2005, p. 30. A estranheza com a novidade levou alguns doutrinadores, inclusive, a rumarem contra a literalidade do texto legal, afirmando que por se tratar de matéria de ordem pública o juiz poderia conhecer a matéria de ofício. Nesse sentido, CARVALHO, Fabiano. Os agravos e a reforma do Código de Processo Civil. *A nova etapa da reforma do Código de Processo Civil*. São Paulo: Saraiva, 2002. p. 285. Para Flávio Cheim Jorge (*A nova reforma processual*. 2. ed. São Paulo: Saraiva, 2003. p. 171), por se tratar de matéria de ordem pública, se o juiz de primeiro grau informar o descumprimento o Tribunal não deve conhecer o agravo, ainda que não haja manifestação do agravado.

[156] MARQUES, José Frederico. *Instituições de direito processual civil*. Campinas: Millennium, 2000. v. 2, p. 322: "Diz-se que um prazo é próprio, quando destinado à prática de atos processuais da parte, e que, quando inobservado, produz consequências e efeitos de caráter processual. Impróprio é o prazo imposto ao

dessa omissão, não se pode falar em preclusão temporal para o juiz, pois mesmo depois de transcorrido o prazo para a realização ao ato, será totalmente lícita a sua realização[157].

Nas palavras de Cândido Rangel Dinamarco, "é natural que sejam impróprios os prazos fixados para o juiz porque ele não defende interesses pessoais no processo, mas cumpre deveres. Seria contrário à ética e ao senso comum a definitiva dispensa de cumprimento de um dever, em razão do seu não cumprimento no prazo. Para alguns, talvez isso fosse até um prêmio... O juiz que excede prazos sem motivo justo é um mau pagador das promessas constitucionais de tutela jurisdicional e deve suportar sanções administrativas ou mesmo pecuniárias, mas inexiste a sanção processual das preclusões."[158]

Após o regramento do art. 63, § 3.º, do CPC, não mais será possível se afirmar que a preclusão temporal não atinge o juiz, ao menos na hipótese prevista em lei.

10.4.3.1.7. Limitação à vontade das partes e aumento dos poderes do juiz

A Lei 14.879/2024 trouxe novidades ao mais destacado negócio jurídico processual típico do direito brasileiro, que ao mesmo tempo cerceou o âmbito de limite de negociação das partes na escolha do foro e aumentou os poderes do juiz no reconhecimento da incompetência no caso concreto, ainda que ela seja de natureza relativa.

Por um lado, a lei criou um terceiro requisito formal ao acordo celebrado entre as partes na escolha do foro: ele deve guardar pertinência com o domicílio ou a residência de uma das partes ou com o local da obrigação, ressalvada a pactuação consumerista, quando favorável ao consumidor.

A exigência de que o foro tenha alguma relação com as partes ou a obrigação contida no contrato celebrado entre elas impede a chamada escolha aleatória do foro, que bem poderia ser determinada em razão de um Judiciário mais bem estruturado e capaz de uma resposta em menor tempo e de melhor qualidade. Por tabela, protege a parte com menor poder de barganha de algum tipo de estratégia da parte mais poderosa, mas, nesse caso, como não existe almoço grátis, é natural que a perda de tal posição de vantagem possa gerar à parte mais fraca da relação negocial outra espécie de ônus ou custo.

Na relação consumerista há uma preocupação pontual do legislador em afastar a limitação, desde que ela favoreça o consumidor. A norma dialoga com a outra causa de

---

juiz e seus auxiliares (o escrivão e o oficial de justiça), e que, se descumprido, trará consequências não processuais, e sim de ordem disciplinar"; DALL'AGNOL, Antonio. *Comentários ao Código de Processo Civil*. São Paulo: RT, 2000. v. 2, p. 389: "Prazos impróprios, assim denominados porque o não atendimento a eles não traz, em princípio, consequência de ordem processual, os previstos pelo art. 189, quando não respeitados pelo juiz, dão ensejo a providências de caráter administrativo"; e ARRUDA ALVIM. *Manual de direito processual civil*. 8. ed. São Paulo: RT, 2003. v. I, p. 454.

[157] SAMPAIO, José Soares. *Os prazos no Código de Processo Civil*. 5. ed. São Paulo: RT, 1999. p. 28: "Por fim, vale acentuar que os atos processuais praticados pelo juiz, com excesso injustificado de prazo, mantêm validade."

[158] Cfr. *Instituições de direito processual civil*. São Paulo: Malheiros, 2001. v. 2, p. 550. E assim conclui seu pensamento: "Se ele não profere o despacho dentro de dois dias da conclusão dos autos, ou a decisão interlocutória em dez (art. 189, incs. I-II), ou se não entrega a sentença nos dez dias subsequentes à audiência (art. 456) etc., nem por isso ficará dispensado do dever de fazê-lo. Tal é a não preclusividade dos prazos fixados para o juiz, ou o seu caráter de prazo impróprio".

ineficácia da cláusula de eleição de foro em contratos de adesão, que, apesar de não serem exclusivamente consumerista, tem nessa área sua presença mais ostensiva.

A mesma lei criou um § 5º ao art. 63, que passa a prever que o ajuizamento de ação em juízo aleatório, entendido como aquele sem vinculação com o domicílio ou a residência das partes ou com o negócio jurídico discutido na demanda, constitui prática abusiva que justifica a declinação de competência de ofício. A mesma limitação à vontade das partes, porque a escolha aleatória do autor poderia agradar o réu, que ao deixar de alegar a incompetência levará a prorrogação de competência do juízo. Isso passa agora a ser impossível. Isso sem falar na criação de mais uma hipótese de admissão de reconhecimento de incompetência relativa de ofício.

10.4.4. Competência do juízo

Após a determinação da competência do foro, ainda se exigirá, a depender do caso concreto, a determinação da competência do juízo. Nesse caso será indispensável a utilização da competência em razão da pessoa e da matéria, ambas espécies de competência absoluta.

A competência em razão da pessoa não vem regulada expressamente pelo Código de Processo Civil, mas nem por isso deixa de ser lembrada pela melhor doutrina, tendo importante aplicação prática. Registre-se mais uma vez que as regras de competência em razão da pessoa são de natureza absoluta, não admitindo prorrogação. Uma vez fixadas em norma de organização judiciária, determinarão a competência do juízo em interesse geral da administração da Justiça.

A importância dessa espécie de competência na determinação do juízo competente no âmbito do direito consumerista é secundária, considerando-se que é o objeto da demanda que a caracteriza como sendo consumerista, e não os sujeitos que participam do processo. Ainda assim, é possível se verificar a exigência de uma vara especializada pela pessoa em causas que tenham como objeto o direito do consumidor. Tradicional exemplo desse tipo de vara especializada é a Vara da Fazenda Pública – com competência para julgamento das causas envolvendo o Estado e o Município –, que pode naturalmente ter processos que tratem de direito do consumidor.

De maior relevância é a competência em razão da matéria, também composta por regras de competência absoluta, inadmissível, portanto, a prorrogação. Sempre que estiverem fixadas em norma de organização judiciária, determinarão a competência do juízo, em interesse geral da administração da Justiça. As normas de organização judiciária criam varas especializadas, que concentram todas as demandas pertencentes a um determinado foro – geralmente da Capital ou de cidade de grande porte –, tomando-se por base matéria específica. O objetivo é bastante claro: especializar os servidores da justiça, inclusive e principalmente o juiz, em uma determinada matéria, dispensando estudos mais aprofundados de tantas outras, o que teoricamente ensejará uma prestação jurisdicional de melhor qualidade. Vivemos, afinal, em tempos de especialização.

No tocante à existência dessas varas especializadas, por encontrar sua maior aplicação em previsões constantes de leis de organização judiciária, tudo dependerá da vontade do legislador local, que, percebendo a necessidade de varas especializadas, as criará, atribuindo-lhes competência de natureza absoluta. Assim, é possível que em qualquer comarca seja criada vara especializada do direito do consumidor, e, sempre que isso ocorrer, será a vara competente para julgar todas as demandas envolvendo o direito consumerista.

Registre-se, por fim, que, por se tratar da fixação de competência de juízo, somente após a fixação da competência do foro terá alguma relevância a existência ou não de vara especializada em razão da matéria ou da pessoa. Essas varas especializadas não modificam a regra de competência de foro, só passando a ter importância após tal determinação. Nesse sentido, há inclusive entendimento consolidado pela Súmula 206 do STJ: "A existência de vara privativa, instituída por lei estadual, não altera a competência territorial resultante das leis de processo", que também pode ser aplicada para as varas especializadas em razão da matéria.

10.5. INTERVENÇÕES DE TERCEIROS

10.5.1. Introdução

Por intervenção de terceiros entende-se a permissão legal para que um sujeito alheio à relação jurídica processual originária ingresse em processo já em andamento. Apesar das diferentes justificativas que permitem esse ingresso, as intervenções de terceiros devem ser expressamente previstas em lei, tendo fundamentalmente como propósitos a economia processual (evitar a repetição de atos processuais) e a harmonização dos julgados (evitar decisões contraditórias). É natural que, uma vez admitido no processo, o sujeito deixa de ser terceiro e passa a ser considerado parte; em alguns casos, "parte na demanda", e noutros, "parte no processo"[159].

O Título III do Livro III do Código de Processo Civil tem como título "Da intervenção de terceiros", compreendendo a assistência, a denunciação da lide, o chamamento ao processo, o *amicus curiae* e a desconsideração da personalidade jurídica. Essas cinco espécies de intervenção são consideradas as intervenções de terceiros típicas de nosso ordenamento processual.

Entretanto, nem todas as intervenções encontram sua justificação nessas cinco modalidades típicas de intervenção de terceiro, o que demonstra que o rol legal é meramente exemplificativo. Previsões legais esparsas que permitem a intervenção de um terceiro em processo já em andamento e que não são tipificáveis em nenhuma dessas cinco modalidades, constituem as chamadas intervenções de terceiros atípicas. A definição dessa espécie de intervenção dependerá da amplitude que se pretenda dar à atipicidade, não existindo unanimidade na doutrina a respeito de quais efetivamente sejam essas intervenções atípicas.

O Código de Defesa do Consumidor tem apenas dois dispositivos legais que tratam expressamente desse tema: (i) o art. 88, que expressamente proíbe a denunciação da lide na hipótese do art. 13, parágrafo único; e (ii) o art. 101, II, que permite ao réu chamar ao processo o segurador. Dessa forma, a análise se concentrará nesses dois dispositivos legais e nas duas espécies de intervenção de terceiro tratadas por eles.

10.5.2. Denunciação da lide

10.5.2.1. *Vedação legal*

O art. 12 da Lei 8.078/1990 prevê uma responsabilidade solidária entre o fabricante, o produtor, o construtor e o importador pela reparação de danos suportados pelo consumidor pelos defeitos decorrentes de projeto, fabricação, construção, montagem, fórmu-

---

[159] FUX, Luiz. *Curso de direito processual civil*. 2. ed. Rio de Janeiro: Forense, 2004. p. 273-274.

las, manipulação, apresentação ou acondicionamento de seus produtos, bem como por informações insuficientes ou inadequadas sobre sua utilização e riscos. O comerciante, entretanto, só responde solidariamente com esses sujeitos nas hipóteses previstas pelo art. 13 do mesmo diploma legal.

Interessa à presente análise o disposto no parágrafo único do art. 13 do mencionado diploma legal, ao prever o direito regressivo daquele que responder perante o consumidor contra os demais responsáveis, norma que envolve tanto os sujeitos indicados no art. 12 como o comerciante. A expressa previsão de direito regressivo traz imediatamente à tona a denunciação da lide. Serve essa espécie de intervenção de terceiro para que uma das partes traga ao processo um terceiro que tem responsabilidade de ressarci-la pelos eventuais danos advindos do resultado desse processo.

Segundo autorizada doutrina, a denunciação da lide é uma demanda incidente, regressiva, eventual e antecipada: (a) incidente porque será instaurada em processo já existente; (b) regressiva porque fundada no direito de regresso da parte contra o terceiro; (c) eventual porque guarda uma evidente relação de prejudicialidade com a demanda originária, considerando-se que, se o denunciante não suportar dano algum em razão de seu resultado, a denunciação da lide perderá seu objeto[160]; (d) antecipada porque, no confronto entre o interesse de agir e a economia processual, o legislador prestigiou a primeira; afinal, não havendo ainda nenhum dano a ser ressarcido no momento em que a denunciação da lide ocorre, em tese não há interesse de agir do denunciado em pedir o ressarcimento. Razões de economia processual, entretanto, permitem excepcionalmente uma demanda sem interesse de agir[161].

Seria natural imaginar, em decorrência da expressa previsão de direito regressivo, que o sujeito escolhido pelo autor-consumidor para figurar no polo passivo da demanda possa denunciar à lide os demais sujeitos indicados pelos dispositivos consumeristas mencionados, nos termos do art. 125, II, do CPC. Ocorre, entretanto, que existe uma vedação expressa no art. 88 da Lei 8.078/1990 a essa espécie de intervenção, ao menos nas hipóteses do art. 13 do mesmo diploma legal.

Existem dois fundamentos essenciais para justificar a vedação à denunciação da lide, sucintamente explicitados por Kazuo Watanabe:

> "A denunciação da lide, todavia, foi vedada para o direito de regresso de que trata o art. 13, parágrafo único, do Código, para evitar que a tutela jurídica processual dos consumidores pudesse ser retardada e também porque, em regra, a dedução dessa lide incidental será feita com a invocação de uma causa de pedir distinta"[162].

---

[160] MARINONI, Luiz Guilherme; ARENHART, Sérgio Cruz. *Manual do processo de conhecimento*. São Paulo: RT, 2006. p. 193; NERY JR., Nelson; NERY, Rosa Maria de Andrade. *Código de Processo Civil comentado*. 10. ed. São Paulo: RT, 2008. p. 282; BUENO, Cassio Scarpinella. *Curso sistematizado de direito procesual civil*. São Paulo: Saraiva, 2007. v. 1, p. 500.

[161] BEDAQUE, José Roberto dos Santos. *Código de Processo Civil interpretado*. In: MARCATO, Antônio Carlos (Coord.). São Paulo: Atlas, 2004. p. 180-181.

[162] Cf. *Código de Defesa do Consumidor comentado pelos autores do anteprojeto*. 10. ed. Rio de Janeiro: Forense, 2011. v. II, p. 123.

10.5.2.2. Fundamentos da vedação legal

10.5.2.2.1. Dilação do tempo de duração do processo em prejuízo ao consumidor

O primeiro fundamento para justificar a vedação é não prejudicar o autor-consumidor no tocante ao andamento do processo, considerando-se que a intervenção de mais um (ou alguns) sujeito no polo passivo junto ao réu originário tornaria a relação jurídica processual mais complexa e, consequentemente, o andamento procedimental mais vagaroso. Na visão de prestigiado civilista, "a denunciação da lide não oferece os benefícios proclamados pelos processualistas. Se, por um lado, oferece economia processual para o denunciante, ao pegar uma carona no processo do autor, para este produz efeito contrário, pois retarda significativamente o andamento do seu processo, aumenta a complexidade probatória, além de outros inconvenientes"[163].

Essa visão, entretanto, leva em consideração apenas um aspecto do princípio da economia processual. Numa perspectiva mais ampla desse princípio, têm-se alguns institutos processuais que evitam a repetição de atos processuais, o que, numa análise macroscópica do princípio, são extremamente importantes, tais como as intervenções de terceiros, a reconvenção e a ação declaratória[164]. É evidente que, pensado o princípio equivocadamente de forma microscópica, voltada somente para o caso concreto, uma intervenção de terceiro como a denunciação da lide, ao tornar a relação jurídica processual mais complexa, atrasa a entrega da prestação jurisdicional naquela demanda. O ganho para o sistema como um todo, entretanto, justifica tal sacrifício do processo individualmente considerado.

O que se pretende demonstrar é que justificar a vedação do art. 88 do CDC com uma crítica ao instituto da denunciação da lide não é a melhor forma de lidar com o tema. Simplesmente desconsiderar o aspecto macroscópico do princípio da economia processual é se posicionar contra toda a estrutura de nosso processo civil, que, em diversos institutos, sacrifica o processo individualmente considerado para atender ao sistema como um todo.

No caso específico do art. 88 do CDC, seria mais adequado justificar a vedação legal tomando-se por base um conflito de interesses no caso concreto: o interesse do consumidor em obter um resultado mais rápido e de forma facilitada e o interesse público de se evitar a repetição de atos processuais e/ou a criação de novos processos. O legislador fez uma escolha em favor do consumidor, que pode até não ser considerada acertada, preferindo prestigiar um interesse privado a um interesse público, mas, de qualquer forma, é uma escolha clara e que não pode ser simplesmente desconsiderada.

Há, entretanto, doutrina crítica à opção legislativa:

"A *ratio* desse dispositivo é a de não prejudicar o andamento da ação proposta pelo consumidor, mas, como já destaquei alhures, essa limitação pode violar o direito de acesso à justiça do réu, que seria facilitado pela via da ação regressiva"[165].

Compreendendo-se a *ratio* da norma, fica mais fácil defender uma visão intermediária entre a vedação expressa prevista no art. 88 do CDC e a admissão aparentemente genérica

---

[163] CAVALIERI FILHO, Sergio. *Programa de direito do consumidor*. 2. ed. São Paulo: Atlas, 2010. n. 176, p. 321.
[164] CINTRA, Antonio Carlos de Araújo; GRINOVER, Ada Pellegrini; DINAMARCO, Cândido Rangel. *Teoria geral do processo*. 24. ed. São Paulo: Malheiros, 2008. n. 30, p. 79.
[165] GRECO, Leonardo. *Instituições de direito civil*. Rio de Janeiro: Forense, 2010. v. I, p. 534.

do art. 125, II, do CPC. Se o objetivo da vedação é proteger o consumidor, evitando uma demora maior no tempo de duração de seu processo, parece ser viável que o consumidor no caso concreto renuncie a essa proteção legal, admitindo expressamente a denunciação da lide realizada pelo réu.

É preciso lembrar que, ainda que deva arcar com os ônus de um tempo maior de duração do processo, o consumidor poderá ser beneficiado pela existência de variados réus condenados no momento em que o processo chegar à fase de cumprimento de sentença. O raciocínio é simples: quanto mais réus tiverem sido condenados a ressarcir o dano suportado pelo consumidor, mais extenso será o patrimônio disponível para garantir a satisfação de seu direito.

É possível que o autor-consumidor, por ignorância ou desconhecimento, ajuíze a demanda reparatória contra réu que não tenha condição patrimonial confortável, existindo outros responsáveis solidários com condições muito mais adequada a garantir a futura satisfação de seu direito. Uma vez sendo denunciado à lide um desses sujeitos, entendo ser possível que o autor autorize a denunciação da lide, já pensando na melhor condição de satisfação de seu direito no momento da execução.

Poder-se-ia, inclusive, adotar por analogia o procedimento da nomeação à autoria, espécie de intervenção de terceiro que depende de anuência do autor. Dessa forma, uma vez denunciado à lide um terceiro no processo consumerista, deveria ser o autor intimado para se manifestar no prazo de cinco dias. Aceitando expressamente ou silenciando, o que seria compreendido como aceitação tácita, a denunciação será admitida e o terceiro citado para integrar o polo passivo da demanda; rejeitando, o prazo de resposta seria devolvido na íntegra para o réu, que continuaria a compor sozinho o polo passivo.

Note-se, entretanto, que, para que tenha algum sentido o entendimento ora defendido, é imprescindível se apontar o equívoco do legislador no tocante à intervenção de terceiro nas situações descritas pelos dispositivos analisados. Como já mencionado, a denunciação da lide tem com fundamento a existência de um direito regressivo da parte contra um terceiro, que é responsável por ressarcir seus eventuais danos advindos do processo judicial. Nessa espécie de intervenção de terceiro não existe relação jurídica de direito material entre o terceiro e a parte contrária, de forma que não se pode admitir uma condenação direta do denunciado em favor da parte contrária. A doutrina majoritária, justamente com fundamento na inexistência de relação jurídica de direito material entre a parte contrária e o denunciado, defende a impossibilidade de condenação direta do denunciado à lide, afirmando que as duas demandas existentes (autor-réu e denunciante-denunciado) são decididas de forma autônoma, em diferentes capítulos, o que inviabiliza essa condenação direta[166]. Mesmo doutrinadores que defendem a qualidade de litisconsorte do denunciado afirmam que essa qualidade jurídica processual não é suficiente para a condenação direta[167].

Dessa forma, se realmente se tratasse de denunciação da lide a intervenção prevista pela combinação dos arts. 13 e 88 do CDC, nenhuma vantagem possível haveria para

---

[166] DINAMARCO, Cândido Rangel. *Intervenção de terceiros*. 3. ed. São Paulo: Malheiros, 2002. n. 87, p. 149-150; BUENO, Cassio Scarpinella. *Curso sistematizado de direito processual civil*. São Paulo: Saraiva, 2007. v. 1, p. 510; BEDAQUE, José Roberto dos Santos. *Código de Processo Civil interpretado*. In: MARCATO, Antônio Carlos (Coord.). São Paulo: Atlas, 2004. p. 180.

[167] ARRUDA ALVIM. *Manual de direito processual civil*. 8. ed. São Paulo: RT, 2003. v. I, n. 73, p. 173.

o autor-consumidor, que teria todo o ônus de arcar com a presença do terceiro em seu processo sem poder executá-lo diretamente. Ocorre, entretanto, que, sendo os sujeitos descritos no art. 13 do CDC responsáveis solidários, a intervenção de qualquer um deles por iniciativa do réu é na realidade um chamamento ao processo. Nesse sentido, a melhor doutrina:

> "Em primeiro lugar, cumpre observar se a situação prevista no art. 88 do CDC enseja realmente denunciação da lide. É que, por força do parágrafo único do art. 7.º do CDC, há responsabilidade solidária de todos aqueles que tenham participado da cadeia produtiva (produtor, importador, distribuidor etc.). Ora, como hipótese de responsabilidade solidária, a modalidade interventiva cabível é o chamamento ao processo. Na verdade, não obstante a letra da lei, a proibição não diz respeito à denunciação da lide, mas, sim, ao chamamento ao processo"[168].

Por outro lado, o Superior Tribunal de Justiça vem admitindo a condenação direta do denunciado à lide, de forma a habilitar o autor a executar tanto o réu originário como também o denunciado à lide[169]. Dessa forma, mesmo que se admita haver uma denunciação da lide na hipótese ora analisada, poderá tal forma de intervenção ser vantajosa ao consumidor no momento executivo.

Conclusivamente, sendo denunciação da lide, conforme previsto em lei, ou chamamento ao processo, como defendido corretamente pela doutrina, a possibilidade de o autor-consumidor concordar ou não com a intervenção provocada pelo réu-fornecedor seria saudável medida visando à criação de melhores condições à satisfação do direito.

10.5.2.2.2. Nova causa de pedir em razão da denunciação da lide

O segundo argumento para justificar a vedação contida no art. 88 do CDC é o de que, com a denunciação da lide, invariavelmente se verifica uma ampliação objetiva da demanda, já que essa forma de intervenção de terceiro em regra leva ao processo uma nova causa de pedir, estranha ao objeto do processo principal[170]. Existe um interessante debate doutrinário a respeito da real amplitude do art. 125, II, do CPC, envolvendo a questão relativa à garantia própria (referente à transmissão de direito) e imprópria (referente à responsabilidade civil de ressarcimento de dano).

Para parcela da doutrina, não pode a denunciação da lide levar ao processo um fundamento jurídico novo, que não estivesse presente na demanda originária, salvo a responsabilidade direta decorrente de lei ou contrato. Reconhecendo que sempre haverá uma ampliação objetiva da demanda em razão da denunciação da lide, essa parcela da doutrina entende que tal ampliação deve ser mínima, não se admitindo que se exija do juiz o enfrentamento da questão referente ao direito regressivo. Quando menciona a responsabilidade direta, quer essa doutrina dizer que o direito regressivo tem que ser natural e indiscutível diante do dano suportado pela parte denunciante, o que não exigirá do juiz o enfrentamento de novas questões relativas a esse direito,

---

[168] DIDIER JR., Fredie. *Curso de direito processual civil*. 7. ed. Salvador: JusPodivm, 2007. v. 1, p. 400.
[169] STJ – REsp 925.130-SP – 2.ª Seção – Rel. Min. Luis Felipe Salomão – j. 08.02.2012 – *Informativo 490*.
[170] STJ – REsp 605.120/SP – 4.ª Turma – Rel. Min. Aldir Passarinho Junior – j. 27.04.2010 – *DJe* 15.06.2010.

limitando-se o julgador a, uma vez condenado o denunciante, automaticamente condenar o denunciado ao ressarcimento[171].

Por outro lado, em teoria que merece ser acolhida, parcela da doutrina defende um entendimento significativamente amplo para o art. 125, II, do CPC, afirmando basicamente que as diferenças entre a garantia própria e imprópria e correspondentes institutos jurídicos adequados para sua discussão em termos de direito regressivo, teoricamente existentes na Itália, não podem contaminar o desenvolvimento do tema no Brasil. Nosso direito não prevê diferença entre a garantia própria e a imprópria, de forma que não será legítimo o intérprete criar essa diferença não prevista em lei para limitar a abrangência do direito de denunciar da lide o responsável regressivo[172].

Dessa forma, ainda que a denunciação da lide leve ao processo um fundamento jurídico novo, fundado na existência ou não do direito de regresso no caso concreto, esta deve ser admitida. Dentro da concepção de efetividade do processo, da celeridade processual e da harmonização dos julgados derivados da denunciação da lide, não se admite que tais princípios sejam sacrificados pela interpretação restritiva dessa espécie de intervenção de terceiro, até mesmo porque tal entendimento impediria a situação mais frequente de denunciação da lide, que envolve segurado e seguradora, na qual evidentemente deverá ser enfrentada e decidida no processo não só a existência do direito de regresso alegado pelo denunciado, como também a sua extensão[173].

Como adoto a teoria que admite a ampliação da causa de pedir por meio da denunciação da lide, não concordo com essa segunda justificativa para a vedação contida no art. 88 do CDC. A vinda de nova causa de pedir parece ser natural ao instituto em comento, em especial nas relações consumeristas. Na realidade, a preocupação com o aumento de causas de pedir na demanda reflete na preocupação exposta no item anterior, de que o processo passe a demorar mais do que demoraria sem a denunciação da lide. Mais uma vez, portanto, lembro que a economia macroscópica deve prevalecer diante da economia microscópica, mas se a opção do legislador foi afastar essa forma mais ampla de economia processual para a proteção do consumidor no caso concreto, cabe ao operador do Direito respeitá-la.

10.5.2.2.3. Abrangência da vedação legal

O art. 88 do CDC, ao impedir a denunciação da lide, prevê que a vedação dessa forma de intervenção de terceiro se dê somente na hipótese do art. 13, parágrafo único do

---

[171] NERY JR., Nelson; NERY, Rosa Maria de Andrade. *Código de Processo Civil comentado*. 10. ed. São Paulo: RT, 2008. p. 70; GRECO FILHO, Vicente. *Direito processual civil brasileiro*. 20. ed. São Paulo: Saraiva, 2007. v. 1, n. 22.5, p. 151-156. SANTOS, Ernane Fidélis dos. *Manual de direito processual civil*. 10. ed. São Paulo: Saraiva, 2003. v. 1, n. 196, p. 98-99. Informativo 346/STJ, 4.ª T., REsp 934.394-PR, Rel. Min. João Otávio de Noronha, j. 26.02.2008.

[172] DINAMARCO, Cândido Rangel. *Intervenção de terceiros*. 3. ed. São Paulo: Malheiros, 2002. p. 179; THEODORO JR., Humberto. *Curso de direito processual civil*. 47. ed. Rio de Janeiro: Forense, 2007. v. 1, p. 144; BEDAQUE, José Roberto dos Santos. *Código de Processo Civil interpretado*. In: MARCATO, Antônio Carlos (Coord.). São Paulo: Atlas, 2004. p. 184-187; FUX, Luiz. *Curso de direito processual civil*. 2. ed. Rio de Janeiro: Forense, 2004. p. 299-300.

[173] DINAMARCO, Cândido Rangel. *Intervenção de terceiros*. 3. ed. São Paulo: Malheiros, 2002. p. 177-178; ARRUDA ALVIM. *Manual de direito processual civil*. 8. ed. São Paulo: RT, 2003. v. I, n. 71, p. 166-170; BUENO, Cassio Scarpinella. *Curso sistematizado de direito processual civil*. São Paulo: Saraiva, 2007. v. 1, p. 503.

mesmo diploma legal. Como esse dispositivo está contido no capítulo da "responsabilidade pelo fato do produto e do serviço", há certa divergência doutrinária a respeito do âmbito de aplicação da vedação legal.

Para parcela da doutrina, embora numa interpretação literal possa se dizer que a vedação não alcança outras demandas consumeristas que versem sobre outro objeto que não a responsabilidade pelo fato do produto ou do serviço, é preferível se valer da vedação para qualquer hipótese que envolva o consumidor no polo ativo e o fornecedor no polo passivo. Para essa corrente doutrinária, "a remissão apenas aos casos de responsabilidade por fato do produto, e não aos demais, contudo, não se justifica. É que também nas outras hipóteses de responsabilidade podem existir vários responsáveis – fornecedores que compõem a cadeia de consumo –, cuja permissão de ingresso em juízo, contra a vontade do consumidor-autor (que não os escolheu como réus, embora pudesse fazê-lo, repita-se, em razão da solidariedade), poderia ser-lhe bastante prejudicial. A analogia, aqui, se impõe"[174].

O entendimento é lógico, fundado nos objetivos pretendidos pelo legislador. Se a premissa da vedação é proteger o consumidor, evitando que seja obrigado a litigar contra quem não escolheu para compor o polo passivo, não há razão para uma interpretação restritiva. O Superior Tribunal de Justiça, entretanto, vinha entendendo no sentido de limitar a vedação legal nos termos da lei, admitindo a denunciação da lide nas hipóteses de responsabilidade por vício do produto e do serviço:

> "Recurso especial. Ação de indenização. Relação consumerista. Defeito no serviço. Decadência (art. 26 do Código de Defesa do Consumidor). Inaplicabilidade. Denunciação da lide. Impossibilidade, *in casu*. Petição inicial. Documentos indispensáveis à propositura da ação. Acórdão recorrido em harmonia com o entendimento desta corte. Litigância de má-fé. Não ocorrência. Recurso improvido. 1. Na discussão acerca do defeito no serviço, previsto na Seção II do Capítulo IV do Código de Defesa do Consumidor, aplica-se o art. 27 do referido diploma legal, segundo o qual o prazo é prescricional, de 5 (cinco) anos, a partir do conhecimento do dano e da sua autoria. 2. Nas relações de consumo, a denunciação da lide é vedada apenas na responsabilidade pelo fato do produto (art. 13 do Código de Defesa do Consumidor), admitindo-o nos casos de defeito no serviço (art. 14 do CDC), desde que preenchidos os requisitos do art. 70 do Código de Processo Civil, inocorrente, na espécie. 3. Está em harmonia com entendimento desta Corte Superior de Justiça o julgamento proferido pelo Tribunal de origem no sentido de que os documentos indispensáveis à propositura da ação são os aptos a comprovar a presença das condições da ação. 4. A aplicação de penalidades por litigância de má-fé exige dolo específico. 5. Recurso improvido" (STJ – REsp 1.123.195/SP – 3.ª Turma – Rel. Min. Massami Uyeda – j. 16.12.2011 – *DJe* 03.02.2011)[175].

---

[174] DIDIER JR., Fredie. *Curso de direito processual civil*. 7. ed. Salvador: JusPodivm, 2007. v. 1. p. 401. Parece ter o mesmo entendimento: THEODORO JR., Humberto. *Curso de direito processual civil*. 47. ed. Rio de Janeiro: Forense, 2007. vol. 1, n. 124-a, p. 140.

[175] STJ – REsp 1.024.791/SP – 4.ª Turma – Rel. Min. Aldir Passarinho Junior – j. 05.02.2009 – *DJe* 09.03.2009.

Mais uma vez demonstrando que a segurança jurídica não vem sendo a tônica na atuação do Superior Tribunal de Justiça, também há decisão no sentido defendido no texto, publicada no *Informativo* 498, em entendimento que restou consagrado naquele tribunal[176]:

"**Denunciação da lide. CDC. Defeito na prestação de serviço.**

A Turma, ao rever orientação dominante desta Corte, assentou que é incabível a denunciação da lide nas ações indenizatórias decorrentes da relação de consumo seja no caso de responsabilidade pelo fato do produto, seja no caso de responsabilidade pelo fato do serviço (arts. 12 a 17 do CDC). Asseverou o Min. Relator que, segundo melhor exegese do enunciado normativo do art. 88 do CDC, a vedação ao direito de denunciação da lide não se restringiria exclusivamente à responsabilidade do comerciante pelo fato do produto (art. 13 do CDC), mas a todo e qualquer responsável (real, aparente ou presumido) que indenize os prejuízos sofridos pelo consumidor. Segundo afirmou, a proibição do direito de regresso na mesma ação objetiva evitar a procrastinação do feito, tendo em vista a dedução no processo de uma nova causa de pedir, com fundamento distinto da formulada pelo consumidor, qual seja, a discussão da responsabilidade subjetiva. Destacou-se, ainda, que a única hipótese na qual se admite a intervenção de terceiro nas ações que versem sobre relação de consumo é o caso de chamamento ao processo do segurador – nos contratos de seguro celebrado pelos fornecedores para garantir a sua responsabilidade pelo fato do produto ou do serviço (art. 101, II, do CDC). Com base nesse entendimento, a Turma negou provimento ao recurso especial para manter a exclusão de empresa prestadora de serviço da ação em que se pleiteia compensação por danos morais em razão de instalação indevida de linhas telefônicas em nome do autor e posterior inscrição de seu nome em cadastro de devedores de inadimplentes. REsp 1.165.279-SP, Rel. Min. Paulo de Tarso Sanseverino, j. 22.05.2012".

De qualquer maneira, mesmo nas hipóteses de vedação, uma vez tendo sido realizada a denunciação da lide e o processo se desenvolvido com o terceiro atuando no processo, não há razoabilidade para a anulação do processo. Nesse sentido, corretamente já decidiu o Superior Tribunal de Justiça:

"Processo civil. Denunciação da lide. Ainda que a denunciação da lide tenha sido mal indeferida, não se justifica, na instância especial, já adiantado o estado do processo, restabelecer o procedimento legal, porque a finalidade do instituto (economia processual) seria, nesse caso, contrariada. Civil. Responsabilidade civil. Nada importa que, no processo criminal, o réu tenha sido absolvido por falta de provas; a instância cível é autônoma. Recursos especiais não conhecidos" (STJ – REsp 170.681/RJ – 3.ª Turma – Rel. Min. Ari Pargendler – j. 01.04.2008 – DJe 15.04.2008).

10.5.3. Chamamento ao processo

10.5.3.1. *Introdução*

Da leitura das três hipóteses de cabimento do chamamento ao processo previstas pelo art. 130 do CPC, conclui-se que essa espécie de intervenção de terceiro tem forte ligação com as situações de garantia simples, nas quais se verifique uma coobrigação gerada pela

---

[176] STJ – 1.ª Turma – AgRg no REsp 1.196.900/RJ – Rel. Min. Napoleão Nunes Maia Filho – j. 10.06.2014, DJe 20.06.2014; STJ – 4.ª Turma – EDcl no Ag 1.249.523/RJ – Rel. Min. Raul Araújo – j. 05.06.2014 – DJe 20.06.2014.

existência de mais de um responsável pelo cumprimento da obrigação perante o credor. O art. 130, I, do CPC trata da relação entre devedor principal e fiador, o art. 130, II, do CPC, da relação entre fiadores, e o art. 130, III, do CPC, dos devedores solidários. Trata-se de espécie coercitiva de intervenção de terceiro[177], pela qual o terceiro será integrado à relação jurídica processual em virtude de pedido do réu e independentemente da sua concordância.

Segundo o art. 101, II, do CDC, o réu que tiver um contrato de seguro poderá chamar ao processo o segurador, sendo vedado o ingresso na demanda do Instituto de Resseguros do Brasil. Essa parte inicial do dispositivo legal deve ser analisada em duas etapas distintas.

10.5.3.2. Espécie atípica de chamamento ao processo

O dispositivo legal demonstra de maneira definitiva que a Lei 8.078/1990 não respeitou o conceito das intervenções de terceiro típicas previstas pelo Código de Processo Civil. Como já afirmado, no art. 88 do CDC há menção à denunciação da lide quando na realidade o correto seria a previsão de chamamento ao processo, considerando a responsabilidade solidária pelo ressarcimento de danos suportados pelo consumidor de todos que participaram da cadeia de prestação de serviços ou alienação de produtos. No art. 101, II, do CDC, há previsão de chamamento ao processo quando o correto seria a denunciação da lide, considerando a natureza de direito regressivo existente entre segurado e seguradora.

Entretanto, se o art. 88 do CDC não tem muita justificativa para o equívoco quanto à espécie de intervenção de terceiro cabível, o mesmo não se pode dizer do art. 101, II, do CDC, que, ao prever o chamamento ao processo do segurador, foi ainda mais longe para determinar expressamente a aplicação do art. 132 do CPC à sentença que julgar procedente o pedido, condenando-se solidariamente o segurado e o segurador.

A proposital confusão foi bem notada pela melhor doutrina:

> "Interessante pôr em destaque que, fosse a matéria regulada pelo Código de Processo Civil, a hipótese de chamamento ao processo que se acabou de ver seria de denunciação a lide. Entretanto, na denunciação nunca o denunciado pelo réu poderia ficar diretamente responsável perante o autor. Assim, o instituto do chamamento ao processo foi usado pelo Código de Proteção e Defesa do Consumidor, mas com contornos diversos dos traçados pelo Código de Processo Civil, visando, com tal atitude, a uma maior garantia do consumidor (vítima ou sucessores)"[178].

O legislador consumerista criou uma nova forma de chamamento ao processo, criando uma verdadeira responsabilidade solidária entre segurado e seguradora pelo ressarcimento dos prejuízos suportados pelo consumidor. É curioso que, para essa forma de intervenção de terceiro, o legislador não tenha se preocupado com a demora procedimental que naturalmente o chamamento ao processo do segurado acarretará. Pensou antes na expressa permissão de condenação direta do segurador em benefício do consumidor, no tocante à condição patrimonial para futura satisfação de seu direito. Criou uma condenação direta

---

[177] FUX, Luiz. *Curso de direito processual civil*. 2. ed. Rio de Janeiro: Forense, 2004. p. 304.
[178] ARRUDA ALVIM. *Manual de direito processual civil*. 8. ed. São Paulo: RT, 2003. v. I, p. 708.

que no sistema de intervenções de terceiro não existia e, mesmo permitindo que a intervenção regulada pelo art. 101, II, do CDC, postergue a entrega da prestação jurisdicional ao consumidor, a mera responsabilização direta do segurado é o suficiente para esse inevitável retardamento.

A engenhosa criação legislativa, amplamente favorável ao consumidor, no tocante às condições de efetivamente satisfazer uma eventual sentença condenatória, certamente foi saudada como inovadora nos primeiros anos de aplicação do Código de Defesa do Consumidor. Afinal, como lembra a melhor doutrina, o tipo de responsabilidade tratado pelo dispositivo legal "seria típico de denunciação da lide e não de chamamento ao processo, já que esta última modalidade de intervenção de terceiro pressupõe solidariedade passiva entre os responsáveis pela reparação, o que, evidentemente, não há entre segurador e segurado, em face do autor da ação de indenização"[179].

Atualmente, entretanto, a previsão parece não ser mais tão relevante quanto outrora se mostrou, em especial quando se considera o entendimento consagrado no Superior Tribunal de Justiça a respeito da denunciação da lide da seguradora.

O Superior Tribunal de Justiça, nas demandas envolvendo denunciação da lide de seguradora, vem entendendo que, por haver entre denunciante e denunciado uma relação litisconsorcial, nos termos do art. 128, I, do CPC, a condenação da demanda originária cria uma responsabilidade solidária de ambos perante a parte contrária, admitindo-se que a execução seja movida diretamente contra o denunciado. A tese vem, inclusive, sendo ampliada para se permitir a execução direta do denunciado para qualquer hipótese de denunciação da lide[180].

É interessante notar que muitas dessas decisões fundamentam-se em questões pragmáticas, na busca de uma maior efetividade do processo. Afirma-se que diversas vezes o causador do dano, condenado na demanda em que figurou como réu, não tem condições de ressarcir a vítima do ato danoso, de forma que não sofre real prejuízo econômico, o que inviabiliza a cobrança desse valor da seguradora. O processo, portanto, fica travado; a vítima tem decisão a seu favor e merece receber, bem como o causador do dano tem decisão contra a seguradora, mas, por ausência de condições financeiras do causador do dano em satisfazer a vítima, o credor originário – vítima – não recebe, e com isso o devedor final – seguradora – não precisa pagar nada. Para evitar tal situação de impasse e frustração dos resultados do processo, aplica-se a literalidade dos arts. 127 e 128, I, do CPC, admitindo-se o litisconsórcio entre denunciante e denunciado, o que permitirá a condenação e execução direta desse último.

Há, entretanto, justificativas mais técnicas, ora pela aplicação dos arts. 787 e 788 do CC, ora pela aplicação do art. 436 do CC, ao interpretar o contrato de seguro como de estipulação em favor de terceiro[181]. A função social do contrato justificaria a proteção de

---

[179] THEODORO JR., Humberto. *Curso de direito processual civil*. 47. ed. Rio de Janeiro: Forense, 2007. vol. 1, n. 124-a, p. 140.

[180] A favor: THEODORO JR., Humberto. *Curso de direito processual civil*. 47. ed. Rio de Janeiro: Forense, 2007. v. 1, p. 144; Contra: MARINONI, Luiz Guilherme; ARENHART, Sérgio Cruz. *Curso de processo civil*. São Paulo: RT, 2008. v. 2, p. 193.

[181] STJ – REsp 699.680/DF – 4.ª Turma – Rel. Min. Fernando Gonçalves – j. 29.06.2006 – *DJ* 27.11.2006; STJ – REsp 275.453/RS – 3.ª Turma – Rel. Min. Humberto Gomes de Barros – j. 22.02.2005 – *DJ* 11.04.2005.

vítima de ato ilícito praticado por um dos contratantes (segurado) que tenha suportado algum dano, ainda que não faça parte da relação jurídica contratual.

Seja como for, com argumentos mais pragmáticos ou mais técnicos, a realidade é que o Superior Tribunal de Justiça já vinha admitindo a condenação direta da seguradora denunciada à lide pelo réu, o que tornava a previsão do art. 101, II, do CDC desnecessária. A posição jurisprudencial se consolidou em lei, conforme se constata do parágrafo único do art. 128 do CPC, que expressamente permite o cumprimento da sentença também contra o denunciado, nos limites da condenação deste na ação regressiva.

10.5.3.3. Ação diretamente proposta contra a seguradora

O art. 101, II, do CDC cria, pela aplicação do instituto do chamamento ao processo, uma responsabilidade solidária entre fornecedor e segurador para o ressarcimento dos danos suportados pelo consumidor. O Superior Tribunal de Justiça, por fundamentos variados, permite a condenação direta da seguradora denunciada à lide, ainda que não exista na demanda relação de consumo, criando, jurisprudencialmente, uma responsabilidade solidária do segurado e seguradora perante a vítima do ato ilícito[182].

Não demorou muito para surgirem decisões que, para manter a coerência do raciocínio, permitem o ingresso da demanda diretamente contra a seguradora, deixando-se fora dela o causador do dano, ou mesmo a formação de litisconsórcio passivo inicial entre eles, justamente em razão da solidariedade existente entre ambos:

"Civil. Seguro. Ação indenizatória. Denunciação. Acolhimento. Seguradora. Responsabilidade solidária. Decorrência. Título judicial. Cláusula contratual. Sistema de reembolso. Aplicação restrita ao âmbito administrativo. I – O entendimento desta Corte é assente no sentido de que, em razão da estipulação contratual em favor de terceiro existente na apólice, a seguradora pode ser demandada diretamente para pagar a indenização. II – Se a seguradora poderia ter sido demandada diretamente, não resta dúvida de que, ao ingressar no feito por denunciação, assumiu a condição de litisconsorte. Nessa situação, submete-se à coisa julgada e, no caso de condenação, é legitimada para figurar no polo passivo da execução, cabendo-lhe o adimplemento do débito nos limites da sua responsabilidade. III – Julgado procedente o pedido indenizatório e a denunciação da lide, a responsabilidade solidária da seguradora passa a ser fundada no título judicial e não no contrato. Assim, sem perquirir acerca da nulidade ou abusividade da cláusula prevendo que a seguradora será responsabilizada apenas pelo reembolso ao segurado, conclui-se ficar restrita sua aplicação aos pagamentos efetuados administrativamente. No que sobejar, a execução poderá ser intentada contra seguradora. Recurso provido" (STJ – REsp 713115/MG – 3.ª Turma – Rel. Min. Castro Filho – j. 21.11.2006 – DJ 04.12.2006).[183]

Na doutrina: BUENO, Cassio Scarpinella. *Curso sistematizado de direito procesual civil*. São Paulo: Saraiva, 2007. v. 1, p. 511.

[182] Súmula 537/STJ: "Em ação de reparação de danos, a seguradora denunciada, se aceitar a denunciação ou contestar o pedido do autor, pode ser condenada, direta e solidariamente junto com o segurado, ao pagamento da indenização devida à vítima, nos limites contratados na apólice".

[183] No mesmo sentido: STJ – REsp 1.245.618-RS – 3.ª Turma – Rel. Min. Nancy Andrighi – j. 22.11.2011; STJ – REsp 401.718 – 4.ª Turma – Rel. Min. Sálvio de Figueiredo Teixeira – j. 03.09.2002 – DJ 24.03.2003.

Em clara demonstração da insegurança jurídica gerada por decisões contraditórias do Superior Tribunal de Justiça, a 2.ª Seção, em julgamento publicado no *Informativo 490*, decidiu que a legitimidade passiva da seguradora depende da presença do segurado no polo passivo da demanda:

> "**Recurso repetitivo. Seguro de responsabilidade civil. Ajuizamento direto exclusivamente contra a seguradora.**
>
> A Seção firmou o entendimento de que descabe ação do terceiro prejudicado ajuizada, direta e exclusivamente, em face da seguradora do apontado causador do dano, porque, no seguro de responsabilidade civil facultativo, a obrigação da seguradora de ressarcir os danos sofridos por terceiros pressupõe a responsabilidade civil do segurado, a qual, de regra, não poderá ser reconhecida em demanda na qual este não interveio, sob pena de vulneração do devido processo legal e da ampla defesa. Esse posicionamento fundamenta-se no fato de o seguro de responsabilidade civil facultativa ter por finalidade neutralizar a obrigação do segurado em indenizar danos causados a terceiros nos limites dos valores contratados, após a obrigatória verificação da responsabilidade civil do segurado no sinistro. Em outras palavras, a obrigação da seguradora está sujeita à condição suspensiva que não se implementa pelo simples fato de ter ocorrido o sinistro, mas somente pela verificação da eventual obrigação civil do segurado. Isso porque o seguro de responsabilidade civil facultativo não é espécie de estipulação a favor de terceiro alheio ao negócio, ou seja, quem sofre o prejuízo não é beneficiário do negócio, mas sim o causador do dano. Acrescente-se, ainda, que o ajuizamento direto exclusivamente contra a seguradora ofende os princípios do contraditório e da ampla defesa, pois a ré não teria como defender-se dos fatos expostos na inicial, especialmente da descrição do sinistro. Essa situação inviabiliza, também, a verificação de fato extintivo da cobertura securitária; pois, a depender das circunstâncias em que o segurado se envolveu no sinistro (embriaguez voluntária ou prática de ato doloso pelo segurado, por exemplo), poderia a seguradora eximir-se da obrigação contratualmente assumida. REsp 962.230-RS, Rel. Min. Luis Felipe Salomão, julgado em 08.02.2012".

Prefiro o segundo entendimento, que cria uma especial situação de legitimidade passiva concorrente e conjunta de seguradora e segurado, porque não há como se discordar do fundamento utilizado no julgamento supracitado de violação aos princípios do contraditório e ampla defesa na hipótese de a seguradora ser demandada sozinha. Como poderá impugnar os fatos constitutivos do direito do autor se não teve qualquer participação na situação fática descrita na petição inicial?

Seja como for, isoladamente ou em conjunto com o segurado, a legitimidade da seguradora afasta a aplicabilidade da parte final do art. 101, II, do CDC, que prevê que somente na hipótese de o réu ser declarado falido o consumidor poderia ingressar com a ação de indenização diretamente contra o segurador. Na realidade, não há qualquer necessidade de falência do segurado, cabendo o ingresso do consumidor diretamente contra a seguradora em qualquer hipótese, tudo dependendo de sua vontade na composição do polo passivo, que inclusive poderá contar com um litisconsórcio formado pelo segurado e seguradora.

10.5.3.4. Vedação de integração do Instituto de Resseguros do Brasil

O art. 101, II, do CDC prevê que, tanto na ação de indenização promovida contra o fornecedor em que se dê o chamamento ao processo do segurador como na ação promovida diretamente contra o segurador, é vedada a integração do contraditório pelo Instituto de Resseguros do Brasil. A vedação é de denunciação da lide desse sujeito e atende aos propósitos já expostos quanto à vedação constante no art. 88 do CDC. Nesse sentido ensina Kazuo Watanabe:

"A vedação de denunciação da lide ao Instituto de Resseguros do Brasil e a dispensa de sua convocação para a ação, na condição de litisconsorte necessário, atendem ao objetivo de possibilitar aos consumidores e às vítimas de danos uma solução da lide mais rápida e sem os complicadores que, necessariamente, a intromissão na causa pelo Instituto de Resseguros do Brasil determinará, conforme a experiência ordinária indica"[184].

10.6. LITISCONSÓRCIO ALTERNATIVO E O CÓDIGO DE DEFESA DO CONSUMIDOR

O litisconsórcio alternativo é tema enfrentado com extrema raridade, encontrando-se na doutrina nacional de forma mais aprofundada apenas as lições de Cândido Rangel Dinamarco[185].

O instituto do litisconsórcio alternativo representa a possibilidade aberta ao autor para demandar duas ou mais pessoas quando tenha dúvidas fundadas a respeito de qual delas, efetivamente, deveria participar no polo passivo da demanda. Ou ainda, quando exista dúvida fundada a respeito de quem seja o titular do direito a ser discutido no processo, possa mais de um sujeito litigar em conjunto para, somente ao final do processo, se determinar a quem o direito pertence. O que caracteriza, fundamentalmente, o litisconsórcio alternativo é a indefinição a respeito do sujeito legitimado a litigar, seja no polo ativo, seja no polo passivo da demanda.

Observe-se que o litisconsórcio alternativo não se confunde com o litisconsórcio eventual ou sucessivo. Nestes, a parte sabe, com precisão, quem são os sujeitos que devem participar da relação jurídica processual, e o fator que caracteriza essa espécie de litisconsórcio é a cumulação de pedidos dirigidos contra ou por sujeitos distintos, que formarão o litisconsórcio; somente é possível o acolhimento do segundo pedido se for acolhido o primeiro ou ainda que o segundo seja acolhido não o sendo o primeiro. São exemplos de litisconsórcio sucessivo as hipóteses previstas nos arts. 1.698 e 928, parágrafo único, do CC.

Nas hipóteses de litisconsórcio sucessivo, não existe dúvida quanto à legitimidade; essa diferença é essencial para conceituar tal litisconsórcio de maneira diversa do alternativo, ora analisado. Nas corretas lições de Rodrigo Reis Mazzei:

"A seguir os caminhos que estamos traçando no texto, como ponto de partida para a configuração do litisconsórcio sucessivo, na ação deverá constar – pelo menos – dois pedidos não idênticos, sendo que o segundo pedido (secundário) somente será analisado se ultrapassado o primeiro pleito – com decisão positiva. Contudo, essa

---

[184] Cfr. *Código de Defesa do Consumidor comentado pelos autores do anteprojeto*. 10. ed. Rio de Janeiro: Forense, 2011. v. II, p. 170.
[185] Cf. DINAMARCO, Cândido Rangel. *Litisconsórcio*. 7. ed. São Paulo: Malheiros, 2002. p. 391.

situação, por si só, não gerará o litisconsórcio sucessivo, sendo necessário adequar a situação para o embate pedido e formação de polo plúrimo. O pormenor que gera o litisconsórcio sucessivo está no fato de que – quando se passa para o segundo pedido – há a análise subjetiva diferenciada do pedido antecessor, ou, com outras palavras, somente se avançará para o patrimônio jurídico do segundo litigante após a análise positiva (de resultado) em relação ao primeiro. Mister se fará que conste, *primeiramente*, comando decisório (aqui, *capítulo de sentença*) quanto ao primeiro litisconsorte, para, após, adentrar no segundo pedido, que é concernente ao litigante que está em *litisconsórcio sucessivo*"[186].

A distinção, inclusive, afasta o instituto do objeto do presente estudo, apesar de sua inegável complexidade e importância prática.

Alguns exemplos para justificar a existência de litisconsórcio sucessivo são dados por Dinamarco, em sua maioria retirados das lições a respeito do tema dos italianos Giuseppe Tarzia e Ludovico Mortara, com as devidas citações. Aponta, primeiramente, para a hipótese de duas ou mais pessoas jurídicas, componentes do mesmo grupo econômico, realizarem diversos negócios jurídicos com terceiro de forma que não se saiba, com exatidão, qual delas é a efetivamente legitimada a propor a demanda, o que somente restará demonstrado com a análise de documentos em poder da parte contrária. Afirma que, nesse caso, será possível uma cumulação subjetiva eventual no polo ativo, de modo até mesmo a evitar a propositura de ações conexas – mesma causa de pedir – propostas em separado por tais pessoas jurídicas, a fundamentar o litisconsórcio no art. 113, II, do CPC[187].

Esse é um bom exemplo também para o polo passivo da demanda, em situações nas quais o autor não tem a exata concepção de quem realmente deverá compor tal polo processual. Atualmente, são tantas as empresas criadas por um mesmo grupo econômico, por exemplo, que, muitas vezes, existe a real dificuldade em individualizá-las no tocante a quem, efetivamente, participou da relação jurídica de direito material e que, por essa razão, deverá figurar no polo passivo da demanda. Um mesmo conglomerado financeiro exerce atividades de banco, financiadora, seguradora, administradora etc., exercidas por pessoas jurídicas diferentes, o que nem sempre fica muito claro para aqueles que com esse conglomerado fazem negócios.

Nesse tocante, é importante ressaltar algumas particularidades do direito consumerista, em que a figura do litisconsórcio alternativo deve ser tratada de forma diferenciada. Para análise, demanda-se o enfrentamento de duas situações distintas em decorrência da aplicação dos arts. 7.º, parágrafo único, 12 e 13, do CDC.

O art. 7.º, parágrafo único, do CDC, vem assim redigido: "Tendo mais de um autor a ofensa, todos responderão solidariamente pela reparação dos danos previstos nas normas de consumo". Esse dispositivo constitui a regra geral de responsabilidade solidária entre todos os fornecedores que participaram da cadeia de fornecimento do serviço ou produto perante o consumidor. A regra justifica-se pela responsabilidade

---

[186] MAZZEI, Rodrigo Reis. Litisconsórcio sucessivo: breves considerações. In: WAMBIER, Teresa Arruda Alvim; RAMOS, Glauco Gumerato; SHIMURA, Sergio (Coords.). *Atualidades do processo civil de conhecimento*. São Paulo: RT, 2006.

[187] DINAMARCO, Cândido Rangel. *Litisconsórcio*. 7. ed. São Paulo: Malheiros, 2002. p. 394.

objetiva adotada pelo CDC, que dispensa a culpa como elemento da responsabilidade dos fornecedores[188]. Dessa maneira, independentemente de a culpa não ser do fornecedor demandado, ou não ser de todos os fornecedores demandados, haverá a condenação de quem estiver no polo passivo a indenizar o consumidor; assim, é inviável imaginar, em uma situação tratada à luz do dispositivo legal comentado, uma sentença terminativa por ilegitimidade de parte se for comprovado que a culpa não foi daquele fornecedor demandado.

Em razão da solidariedade entre todos os fornecedores e de sua responsabilidade objetiva, o consumidor poderá optar contra quem pretende litigar. Poderá propor a demanda para buscar o ressarcimento de seu dano somente contra um dos fornecedores, alguns, ou todos eles. A doutrina que já enfrentou o tema aponta, acertadamente, para a hipótese de litisconsórcio facultativo, considerando ser a vontade do consumidor que definirá a formação ou não da pluralidade de sujeitos no polo passivo e mesmo, quando se formar o litisconsórcio, qual a extensão subjetiva da pluralidade[189].

Nesse caso, portanto, de responsabilidade solidária e objetiva dos fornecedores, não será aplicável o instituto do litisconsórcio alternativo, pois, ainda que exista uma dúvida fundada por parte do consumidor sobre quem foi o causador direto de seu dano, a legislação consumerista, expressamente, atribui a responsabilidade a qualquer dos fornecedores que tenha participado da cadeia de produção do produto ou da prestação do serviço. Por ser inviável antever a ilegitimidade de qualquer deles, ainda que nenhuma culpa tenha no evento danoso, pouco importa, para os fins do processo, a individualização do fornecedor que tenha sido o responsável direto pelo dano, de modo que é inconcebível, nesse caso, falar em litisconsórcio alternativo.

Essa disposição do CDC, repetida em outras normas do diploma consumerista – como os arts. 18, *caput*, 19, *caput*, 25, §§ 1.º e 2.º, art. 28, § 3.º, e art. 34 –, é demonstração clara de proteção ao consumidor, que não poderia ser afetado por incertezas a respeito de qual dos fornecedores foi o responsável direto pela ofensa aos seus direitos. A ideia é que os fornecedores, solidariamente, respondam perante o consumidor independente de sua culpa no caso concreto; assim, é lícito àquele que pagou e que não teve culpa ingressar com ação de repetição de indébito contra o fornecedor causador direto do dano. A proteção do consumidor, ao criar um litisconsórcio facultativo entre os fornecedores, afasta, por completo, a necessidade do litisconsórcio alternativo.

Registre-se que a melhor doutrina aponta para a possibilidade de o fornecedor condenado a satisfazer o consumidor, caso não tenha tido culpa no evento danoso, ou ainda que a culpa não tenha sido exclusivamente sua, ingressar com outro processo perante o fornecedor

---

[188] Nesse sentido, as lições de MARQUES, Claudia Lima; BENJAMIN, Antônio Herman V.; MIRAGEM, Bruno. *Comentários ao Código de Defesa do Consumidor*. São Paulo: RT, 2004. p. 188-189; RIZZATTO NUNES, Luiz Antonio. *Comentários ao Código de Defesa do Consumidor*. São Paulo: Saraiva, 2000. p. 131; FILOMENO, José Geraldo Brito. *Código de Defesa do Consumidor comentado pelos autores do anteprojeto*. 6. ed. Rio de Janeiro: Forense Universitária, 1999. p. 139.

[189] RIZZATTO NUNES, Luiz Antonio. *Comentários ao Código de Defesa do Consumidor*. São Paulo: Saraiva, 2000. p. 130; NERY JR., Nelson; NERY, Rosa Maria Andrade. *Código Civil comentado*. 3. ed. São Paulo: RT, 2005. p. 960; PAULA, Adriano Perácio de. *Direito processual do consumo*. Belo Horizonte: Del Rey, 2002. p. 75.

culpado pelo dano para receber aquilo que pagou ao consumidor[190]. O direito de regresso, entretanto, não poderá ser exercido no próprio processo, em virtude da proibição explícita do art. 88 do CDC, que impede a denunciação da lide nas demandas consumeristas. A disposição tem o fim de evitar complicações procedimentais naturais da ampliação subjetiva da relação jurídica processual, o que poderia trazer desvantagens ao consumidor[191].

Questão mais interessante vem da aplicação conjunta dos arts. 12 e 13 do CDC; indica o primeiro a responsabilidade solidária do fabricante, produtor, construtor e importador pela reparação de danos causados aos consumidores por defeito no produto; já o segundo dispositivo prevê uma responsabilidade subsidiária do comerciante, desde que: "I – o fabricante, o construtor, o produtor ou o importador não puderem ser identificados; II – o produto for fornecido sem identificação clara do seu fabricante, produtor, construtor ou importador; III – não conservar adequadamente os produtos perecíveis".

Apesar de forte corrente doutrinária entender que, nesse caso, o comerciante também terá responsabilidade de ressarcir o consumidor, ainda que possa, depois de satisfazê-lo, pleitear o ressarcimento perante o fabricante, produtor, construtor e importador[192], a leitura conjunta dos dois dispositivos legais anteriormente referidos demonstra que, ao ser verificada uma das hipóteses previstas pelo art. 13 do código consumerista, o comerciante não responderá perante o consumidor, por ser parte ilegítima para figurar no polo passivo do processo, em razão de sua responsabilidade somente subsidiária, não solidária[193]. A hipótese que mais interesse traz ao presente trabalho é certamente aquela prevista pelo referido art. 13, III, do CDC, que trata da causa excludente de responsabilidade do comerciante nos casos em que tenha conservado adequadamente produtos perecíveis.

Nessa hipótese, estar-se-á diante de típica situação em que o instituto do litisconsórcio alternativo poderá ser aplicado. É evidente que, em relação ao consumidor, existirão situações em que dificilmente conseguirá determinar, com exatidão, o responsável pelos defeitos do produto, sabendo somente que adquiriu de um determinado comerciante um produto perecível, o qual, por não estar no estado esperado, causou-lhe um dano. Ao dar o exemplo de um iogurte estragado ingerido pelo filho do consumidor, Luiz Antonio Rizzatto Nunes[194] afirma que, em casos como esse, "não é tão simples determinar quando e onde ocorreu a deterioração do produto perecível".

Resta evidente que essa seria uma hipótese em que a fixação da legitimidade passiva somente poderá ser clarificada com a produção da prova pericial, pela qual se descobrirá,

---

[190] RIZZATTO NUNES, Luiz Antonio. *Comentários ao Código de Defesa do Consumidor*. São Paulo: Saraiva, 2000. p. 131.

[191] WATANABE, Kazuo. *Código de Defesa do Consumidor comentado pelos autores do anteprojeto*. 10. ed. Rio de Janeiro: Forense, 2011. v. II, p. 760; ARAÚJO FILHO, Luiz Paulo da Silva. *Comentários ao Código de Defesa do Consumidor – Direito processual*. São Paulo: Saraiva, 2002. p. 109.

[192] MARQUES, Claudia Lima; BENJAMIN, Antônio Herman V.; MIRAGEM, Bruno. *Comentários ao Código de Defesa do Consumidor*, São Paulo: RT, 2004. p. 240; RIZZATTO NUNES, Luiz Antonio. *Comentários ao Código de Defesa do Consumidor*. São Paulo: Saraiva, 2000. p. 176-177.

[193] FILOMENO, José Geraldo Brito. *Código de Defesa do Consumidor comentado pelos autores do anteprojeto*. 6. ed. Rio de Janeiro: Forense Universitária, 1999. p. 169.

[194] Cf. *Comentários ao Código de Defesa do Consumidor*. São Paulo: Saraiva, 2000. p. 176, em complemento: "Ora, e como fica o consumidor, que teve o filho intoxicado, com graves problemas de saúde, e sofreu enorme prejuízo financeiro?".

afinal, se o comerciante teve os cuidados necessários na conservação dos produtos perecíveis. Caso a prova técnica a ser produzida indique que o defeito do produto nada teve a ver com a conservação deste pelo comerciante, não haverá qualquer responsabilidade em ressarcir o consumidor, considerando até mesmo sua ilegitimidade passiva para figurar na demanda judicial. O consumidor, nesse caso, ingressaria com o processo contra os sujeitos que participaram da cadeia de produção do produto, formando um litisconsórcio alternativo em razão da dificuldade em aferir, no início da demanda, a responsabilidade ou não do comerciante – e, consequentemente, sua legitimidade.

Outro exemplo, dado por Cândido Rangel Dinamarco[195], refere-se à pessoa que

> "haja participado de negócio, sem ficar claro a ela própria se o fez em nome próprio, ou como representante de outrem. Se for o caso de vir a juízo poderá ela comparecer em litisconsórcio com o possível representado, postulando um provimento de mérito a favor de um ou de outro deles; se for o caso de mover-lhe ação, poderá o adversário demandar a quem negociou e ao seu possível representado, para que um deles seja atingido pelo julgamento do mérito e o outro, considerado parte ilegítima (litisconsórcio alternativo passivo)".

Aos exemplos dados pelo processualista paulista poderiam ser acrescidos outros, o que, entretanto, não se faz necessário, por serem suficientes os apresentados para a visualização de algumas hipóteses em que teria cabimento o litisconsórcio alternativo. O fenômeno processual sugerido somente passa a fazer sentido no momento em que se percebe nem sempre ser a questão da legitimidade – ativa ou passiva –facilmente resolvida antes da propositura da demanda judicial, o que resta claro somente após a produção de provas. Nesses casos, em que exista uma dúvida fundada a respeito da legitimidade, permitir-se-ia à parte a formação de um litisconsórcio mesmo que se saiba que nem todos os sujeitos participantes do processo deveriam estar ali; o problema seria, justamente, determinar quem deveria e quem não deveria participar da relação jurídica processual.

Existirá, claro, problema a ser resolvido no tocante à condenação nas verbas de sucumbência com relação à parte tida por ilegítima ao final do processo. Quem deverá arcar com tais verbas? O sujeito que não deveria ter sido parte no processo ou aquele que inclui o sujeito que não tinha legitimidade? Parece ser mais correto aplicar-se ao caso a regra da causalidade, pela qual deverá responder pelas verbas de sucumbência aquele que deu causa à demanda[196].

Ao ser demonstrado que a dúvida surgida quanto à legitimidade não é de nenhuma responsabilidade do sujeito que venha a ser considerado parte ilegítima, não haverá qualquer razão para arcar com as verbas de sucumbência. Esse seria mais um problema a ser enfrentado pelo demandante.

---

[195] DINAMARCO, Cândido Rangel. *Litisconsórcio*. 7. ed. São Paulo: Malheiros, 2002. p. 395.
[196] SILVA, Ovídio Baptista da. Responsabilidade pela sucumbência no Código de Processo Civil. *Revista do Advogado*, São Paulo, AASP, n. 40, p. 56, afirma que "segundo este sistema, o litigante somente suportará o pagamento das despesas processuais feitas pelos adversários quando houver dado causa à demanda, em virtude de alguma forma de comportamento injustificado, antes da propositura da ação, ou no curso do processo". E conclui: "sendo a jurisdição um serviço público como qualquer outro, aqueles que o procuram deverão arcar com as despesas correspondentes, a não ser nos casos em que o sucumbente tenha agido com dolo ou culpa, ou tenha se comportado temerariamente no curso da causa, de modo que se deva reconhecer em sua conduta algum tipo de abuso do direito de demandar".

Independentemente dessa questão, o instituto do litisconsórcio alternativo gera uma nova e clara utilidade para a ação probatória autônoma com a função de demonstrar, mais explicitamente, qual sujeito tem legitimidade para participar da relação jurídica processual. Ainda que o problema de indefinição quanto à legitimidade repita-se na ação probatória autônoma, é inegável que os transtornos criados por tal instituto serão de menor monta em um processo que tenha como único e exclusivo objetivo a produção de prova que indique a legitimidade. Ao invés de forçar uma parte ilegítima a participar de todo o processo de conhecimento, com a demora e os custos típicos de tal espécie de processo, a participação desse sujeito ficaria limitada a um processo judicial bem mais simples, rápido e barato, em manifesto benefício ao sistema processual.

Cumpre registrar que, nos países em que se adota o instituto das *diligências preliminares*, como Espanha, Argentina, Uruguai, Chile e Bolívia, existe uma hipótese de cabimento específica concernente à fixação da legitimação do polo ativo e passivo – cada qual com suas particularidades –, como forma de permitir ao autor o ingresso do "processo principal" somente contra sujeitos legitimados.

Em trabalho de maior fôlego[197], procurei demonstrar a importância para o direito brasileiro da adoção de uma ação probatória autônoma, desvinculada dos tradicionais requisitos cautelares. Dentre as várias utilidades práticas imaginadas com a adoção dessa espécie de demanda judicial, que teria como objeto exclusivamente a produção probatória, visualiza-se a preparação de outras demandas, no caso, da descoberta do polo passivo, como ocorre com as *diligências preliminares* analisadas.

Apesar de não se tratar de identidade plena do instituto das *diligências preliminares* com a ação probatória autônoma sugerida, fica evidente que, nos países indicados, também existe a dificuldade, em certas circunstâncias, de determinar-se a legitimação dos sujeitos que deverão compor os polos da relação jurídica do "processo principal". Nesses países, a própria legislação resolve o problema a prever um processo prévio para que as dúvidas sejam afastadas e proponha-se o processo regular do ponto de vista subjetivo.

Em conclusão, apesar da sugerida ação probatória autônoma não afastar por completo a existência do litisconsórcio alternativo, é bastante claro ser mais benéfico ao demandado que não é parte legítima e, por consequência, também ao próprio sistema processual, participar de um processo bem mais simples, barato e rápido que tenha como objeto exclusivo a prova de fatos que esclareçam a dúvida a respeito da legitimidade. Manter-se-ia a figura do litisconsórcio alternativo na ação probatória autônoma, mas o fenômeno se tornaria totalmente dispensável no processo principal.

10.7. INVERSÃO DO ÔNUS DA PROVA

10.7.1. Ônus da prova

A doutrina comumente divide o ônus da prova em dois aspectos: o primeiro, chamado de ônus subjetivo da prova, e o segundo, chamado de ônus objetivo[198]. No tocante ao *ônus subjetivo* da prova, analisa-se o instituto sob a perspectiva de quem é o responsável pela

---

[197] NEVES, Daniel Amorim Assumpção. *Ações probatórias autônomas*. São Paulo: Saraiva, 2008.
[198] GÓES, Gisele Santos Fernandes. *Teoria geral das provas*. Salvador: JusPodivm, 2005. p. 53-55.

produção de determinada prova ("quem deve provar o que"), enquanto no *ônus objetivo* da prova o instituto é visto como uma regra de julgamento a ser aplicada pelo juiz no momento de proferir a sentença no caso de a prova se mostrar inexistente ou insuficiente. No aspecto objetivo, o ônus da prova afasta a possibilidade de o juiz declarar o *non liquet* diante de dúvidas a respeito das alegações de fato em razão da insuficiência ou inexistência de provas. Sendo obrigado a julgar e não estando convencido das alegações de fato, aplica a regra do ônus da prova.

Nesse sentido as lições de Leonardo Greco:

"As regras de distribuição do ônus da prova têm duplo objetivo: primeiramente, definir a qual das partes compete provar determinado fato, o chamado ônus subjetivo; em seguida, no momento da sentença, servir de diretriz no encadeamento lógico do julgamento das questões de fato, fazendo o juízo pender em favor de uma ou de outra parte conforme tenham ou não resultado provados os fatos que a cada uma delas interessam, o chamado ônus objetivo"[199].

O ônus da prova é, portanto, regra de julgamento, aplicando-se para as situações em que, ao final da demanda, persistam fatos controvertidos não devidamente comprovados durante a instrução probatória. Trata-se de ônus imperfeito, porque nem sempre a parte que tinha o ônus de prova e não a produziu será colocada num estado de desvantagem processual, bastando imaginar a hipótese de produção de prova de ofício ou, ainda, de a prova ser produzida pela parte contrária. Mas também é regra de conduta das partes, porque indica a elas quem potencialmente será prejudicado diante da ausência ou insuficiência da prova.

Como já afirmado, o ônus da prova, em seu aspecto objetivo, é uma regra de julgamento, aplicando-se somente no momento final da demanda, quando o juiz estiver pronto para proferir sentença. É regra aplicável apenas no caso de inexistência ou insuficiência da prova, uma vez que, tendo sido a prova produzida, não interessando por quem, o juiz julgará com base na prova e não haverá necessidade de aplicação da regra ora analisada. Trata-se do *princípio da comunhão da prova* (ou aquisição da prova), que determina que, uma vez produzida a prova, ela passará a ser do processo, e não de quem a produziu[200]. Dessa forma, o aspecto subjetivo só passa a ter relevância para a decisão do juiz se ele for obrigado a aplicar o ônus da prova em seu aspecto objetivo: diante de ausência ou insuficiência de provas, deve indicar qual das partes tinha o ônus de provar e colocá-la numa situação de desvantagem processual.

10.7.2. Regras de distribuição do ônus da prova

Segundo a regra geral estabelecida pelo art. 373, I e II, do CPC, cabe ao autor o ônus de provar os fatos constitutivos de seu direito, ou seja, deve provar a matéria fática que traz em sua petição inicial e que serve como origem da relação jurídica deduzida em juízo. Em relação ao réu, também o ordenamento processual dispõe sobre ônus pro-

---

[199] Cfr. *Instituições de direito civil*. Rio de Janeiro: Forense, 2011. v. 2, p. 130.
[200] NEVES, Daniel Amorim Assumpção. Princípio da comunhão das provas. *Revista Dialética de Direito Processual*, n. 31; ARRUDA ALVIM. *Manual de direito processual civil*. 8. ed. São Paulo: RT, 2003. v. I, n. 175, p. 389.

batórios, mas não concernentes aos fatos constitutivos do direito do autor. Naturalmente, se desejar, poderá tentar demonstrar a inverdade das alegações de fato feitas pelo autor por meio de produção probatória, mas, caso não o faça, não será colocado em situação de desvantagem, a não ser que o autor comprove a veracidade de tais fatos. Nesse caso, entretanto, a situação prejudicial não se dará em consequência da ausência de produção de prova pelo réu, mas sim pela produção de prova pelo autor.

Caso o réu alegue, por meio de defesa de mérito indireta, um fato novo, impeditivo, modificativo ou extintivo do direito do autor, terá o ônus de comprová-lo. Por *fato impeditivo* entende-se aquele de conteúdo negativo, demonstrativo da ausência de algum dos requisitos genéricos de validade do ato jurídico, como, por exemplo, a alegação de que o contratante era absolutamente incapaz quando celebrou o contrato. *Fato modificativo* é aquele que altera apenas parcialmente o fato constitutivo, podendo ser tal alteração subjetiva, ou seja, referente aos sujeitos da relação jurídica (como ocorre, por exemplo, na cessão de crédito) ou objetiva, ou seja, referente ao conteúdo da relação jurídica (como ocorre, por exemplo, na compensação parcial). Fato extintivo é o que faz cessar a relação jurídica original, como a compensação numa ação de cobrança. A simples negação do fato alegado pelo autor não acarreta ao réu o ônus da prova.

O ônus da prova carreado ao réu pelo art. 373, II, do CPC só passa a ser exigido no caso concreto na hipótese de o autor ter se desincumbido de seu ônus probatório, porque só passa a ter interesse na decisão do juiz a existência ou não de um fato impeditivo, modificativo ou extintivo do autor, após se convencer da existência do fato constitutivo do autor. Significa dizer que, se nenhuma das partes se desincumbir de seus ônus no caso concreto e o juiz tiver que decidir com fundamento na regra do ônus da prova, o pedido do autor será julgado improcedente.

O Código de Processo Civil de 2015 inova quanto ao sistema de distribuição dos ônus probatórios, atendendo corrente doutrinária que já vinha defendendo a chamada "distribuição dinâmica do ônus da prova". Na realidade, criou-se um sistema misto: existe abstratamente prevista em lei uma forma de distribuição, que poderá ser, no caso concreto, modificada pelo juiz. Diante da inércia do juiz, portanto, as regras de distribuição do ônus da prova no Código de Processo Civil de 2015 continuarão a ser as mesmas do diploma processual revogado.

Mesmo antes da consagração legislativa, o Superior Tribunal de Justiça deu início à aplicação dessa forma dinâmica de distribuição do ônus da prova em ações civis por danos ambientais[201], e também na tutela da pessoa idosa, em respeito aos arts. 2.º, 3.º e 71 da Lei 10.741/2003 (Estatuto da Pessoa Idosa), no que asseguram aos litigantes maiores de 60 anos facilidade na produção de provas e a efetivação concreta desse direito[202]. No entanto, já existem decisões recentes que adotam a tese de forma mais ampla, ora valendo-se de interpretação sistemática da nossa legislação processual, inclusive em bases

---

[201] *Informativo* 418/STJ – 2.ª Turma – REsp 1.060.753/SP – Rel. Min. Eliana Calmon – j. 1.º.12.2009.
[202] STJ – 1.ª Turma – RMS 38.025/BA – Rel. Min. Sérgio Kukina – j. 23.09.2014 – *DJe* 01.10.2014.

constitucionais203, ora admitindo a flexibilização do sistema rígido de distribuição do ônus probatório diante da insuficiência da regra geral[204].

O Código de Processo Civil de 2015 adota essa forma dinâmica de distribuição do ônus da prova. Conforme já mencionado, apesar de o art. 373, em seus dois incisos, repetir as regras contidas no art. 333 do CPC/1973, em seu § 1.º permite que o juiz, nos casos previstos em lei ou diante de peculiaridades da causa, relacionadas à impossibilidade ou à excessiva dificuldade de cumprir o encargo ou à maior facilidade de obtenção da prova do fato contrário, atribua, em decisão fundamentada e com respeito ao princípio do contraditório, o ônus da prova de forma diversa.

Consagra-se legislativamente a ideia de que deve ter o ônus da prova a parte que apresentar maior facilidade em produzir a prova e se livrar do encargo. Como essa maior facilidade dependerá do caso concreto, cabe ao juiz fazer a análise e determinar qual o ônus de cada parte no processo. Registre-se que, diante da omissão do juiz, as regras continuaram a ser aplicadas como sempre foram sob a égide do CPC/1973, ou seja, caberá ao autor o ônus de provar os fatos constitutivos de seu direito e ao réu, os fatos impeditivos, modificativos e extintivos.

Como se pode notar, o sistema brasileiro passou a ser misto, sendo possível aplicar ao caso concreto tanto o sistema flexível da distribuição dinâmica do ônus da prova como o sistema rígido da distribuição legal. Tudo dependerá da iniciativa do juiz, que não estará obrigado a fazer distribuição do ônus probatório de forma diferente daquela prevista na lei.

Interessante e elogiável a vedação a essa inversão contida no § 2.º do dispositivo ora comentado, proibindo-a sempre que possa gerar situação em que a desincumbência do encargo pela parte seja impossível ou excessivamente difícil. A norma é elogiável porque a técnica de distribuição dinâmica da prova não se presta a tornar uma das partes vitoriosa por onerar a parte contrária com encargo do qual ela não terá como se desincumbir. A nova sistemática de distribuição do ônus da prova serve para facilitar a produção da prova, e não para fixar *a priori* vencedores e vencidos. Nesse sentido, interessante decisão do Superior Tribunal de Justiça quanto à inversão prevista no art. 6.º, VIII, do CDC[205].

Apesar de o art. 373, § 1.º, do CPC prever a possibilidade de o juiz atribuir o ônus da prova "de modo diverso", naturalmente a regra trata da inversão do ônus da prova, até porque, sendo este distribuído entre autor e réu, o modo diverso só pode significar a inversão da regra legal. Tanto assim que o dispositivo expressamente se refere aos casos previstos em lei como umas das hipóteses da fixação "de modo diverso", e esses casos são justamente os de inversão do ônus da prova.

Na edição nº 160 da *Jurisprudência em Teses*, o Superior Tribunal de Justiça consolidou o entendimento de que "na ação consumerista, o Ministério Público faz jus à inversão do ônus da prova, independentemente daqueles que figurem como autores ou réus da demanda".

---

[203] STJ – 3.ª Turma – EDcl no REsp 1.286.704/SP – Rel. Nancy Andrighi – j. 26.11.2013 – DJe 09.12.2013.
[204] STJ – 4.ª Turma – AgRg no AREsp 216.315/RS – Rel. Min. Mauro Campbell Marques – j. 23.10.2012 – DJe 06.11.2012.
[205] STJ – 4.ª Turma – REsp 720.930/RS – Rel. Min. Luis Felipe Salomão – j. 20.10.2009 – DJe 09.11.2009. No mesmo sentido, THEODORO JR., Humberto. *Direitos do consumidor*. 2. ed. Rio de Janeiro: Forense, 2001. p. 143.

10.7.3. Inversão do ônus da prova

Existem três espécies de inversão do ônus da prova: (a) convencional; (b) legal; (c) judicial.

10.7.3.1. Inversão convencional

A inversão convencional decorre de um acordo de vontades entre as partes, que poderá ocorrer antes ou durante o processo. Essa forma de inversão tem duas limitações previstas pelo art. 373, § 3.º, do CPC, que prevê a nulidade dessa espécie de inversão quando: (i) recair sobre direito indisponível da parte; (ii) tornar excessivamente difícil a uma parte o exercício do direito.

Essa segunda limitação legal é aplicável nas hipóteses de inversão do ônus probatório diante da alegação de fato negativo indeterminado, cuja prova é chamada pela doutrina de "prova diabólica"[206].

Note-se que não é difícil a prova de um fato negativo determinado, bastando, para tanto, a produção de prova de um fato positivo determinado incompatível logicamente com o fato negativo. O problema é o fato negativo indeterminado (fatos absolutamente negativos), porque nesse caso é até possível a prova de que a alegação desse fato é falsa, mas é impossível a produção de prova de que ela seja verdadeira[207].

Essa forma de inversão do ônus da prova tem interessante particularidade no tocante ao direito consumerista em razão do art. 51, VI, da Lei 8.078/1990, que prevê como sendo nula de pleno direito a cláusula contratual que estabeleça inversão do ônus da prova em prejuízo do consumidor.

Para parcela da doutrina, "o dispositivo do CDC ora analisado não proíbe a convenção sobre o ônus da prova, mas, sim, tacha de nula a convenção se trouxer prejuízo ao consumidor. Trata-se de norma salutar, adotada pelos mais modernos sistemas jurídicos que regulam as relações de consumo"[208].

A lição doutrinária é correta, porque nem sempre o ônus da prova será do fornecedor e, nesses casos, uma eventual inversão contratual do ônus da prova viria a favorecer o consumidor. Qualquer cláusula contratual, entretanto, que atribua ao consumidor um ônus probatório que seria legalmente do fornecedor será considerada nula de pleno direito.

O Código de Processo Civil, aplicável subsidiariamente aos processos consumeristas, exige que uma cláusula contratual que atribua ao fornecedor o ônus probatório de uma prova diabólica também seja considerada nula, nos termos do art. 373, do CPC. Mesmo se considerando a superioridade técnica do fornecedor diante do consumidor, como ocorre num contrato de adesão imposto por ele, aceitar um ônus em tal circunstância não deve

---

[206] BUENO, Cassio Scarpinella. *Curso sistematizado de direito procesual civil*. São Paulo: Saraiva, 2007. v. 2, p. 247.

[207] ARRUDA ALVIM. *Manual de direito processual civil*. 8. ed. São Paulo: RT, 2003. v. I, n. 187, p. 404. STJ – REsp 422.778/SP – 3.ª Turma – Rel. Min. Castro Filho – Rel. p/ acórdão Min. Nancy Andrighi – j. 19.06.2007 – DJ 27.08.2007.

[208] NERY JR., Nelson. *Código Brasileiro de Defesa do Consumidor* – comentado pelos autores do anteprojeto. 10. ed. Rio de Janeiro: Forense, 2011. v. I, p. 585. Parece ter o mesmo entendimento RIZZATTO NUNES, Luiz Antonio. *Comentários ao Código de Defesa do Consumidor*. São Paulo: Saraiva, 2000. p. 583.

ser admitido, sob pena de frustração *a priori* da obtenção de tutela jurisdicional de qualidade. Aplicam-se ao caso as lições de melhor doutrina a respeito do tema:

> "A assunção de encargo de uma *probatio diabolica*, ainda quando resultante da vontade da própria parte, significaria fadar a insucesso muito provável a pretensão que no processo ela alimenta e defende; a parte tem até mesmo o poder de transigir ou mesmo renunciar aos direitos disponíveis, mas não o de envolver em suas atividades suicidas o juiz, que está no exercício de uma função pública (o processo não é um negócio de família)"[209].

10.7.3.2. Inversão legal

A inversão legal vem prevista expressamente em lei, não exigindo o preenchimento de requisitos legais no caso concreto. Significa dizer que para sua aplicação do caso concreto basta a tipificação legal, não sendo, portanto, exigível qualquer decisão judicial determinando tal inversão. Na realidade, a decisão judicial nesse sentido é desnecessária, porque a inversão não decorre de análise a ser realizada pelo juiz no caso concreto, mas da própria previsão legal.

Para parcela da doutrina, essa forma de inversão nem poderia tecnicamente ser chamada dessa forma, sendo uma mera exceção legal à regra prevista no art. 373 do CPC. Assim, "a inversão *ope legis* é determinada pela lei, aprioristicamente, isto é, independentemente do caso concreto e da atuação do juiz. A lei determina que, numa dada situação, haverá uma distribuição do ônus da prova diferente do regramento comum previsto no art. 373 do CPC"[210].

Os exemplos dessa espécie de inversão do ônus probatório são encontrados no Código de Defesa do Consumidor, em três passagens do diploma legal.

A primeira previsão cuida do ônus do fornecedor de provar que não colocou o produto no mercado, que ele não é defeituoso ou que houve culpa exclusiva do consumidor ou de terceiros pelos danos gerados (art. 12, § 3.º, do CDC). Significa dizer que, havendo um consumidor no polo ativo da demanda, e sendo sua pretensão fundamentada na alegação de defeito do produto, caberá ao fornecedor demonstrar em juízo uma das causas excludentes de responsabilidade previstas pelo dispositivo legal mencionado, sob pena de o pedido do autor ser julgado totalmente procedente, independentemente da prova produzida.

A segunda previsão cuida do ônus do fornecedor de provar que o serviço não é defeituoso ou que há culpa exclusiva do consumidor ou de terceiro nos danos gerados (art. 14, § 3.º, do CDC). As mesmas considerações feitas à alegação consumerista de defeito do produto são aplicáveis ao defeito do serviço.

Essas duas hipóteses de inversão legal do ônus da prova nem sempre são bem compreendidas pela doutrina que as enfrenta, que insiste em associar os arts. 12, § 3.º, e 14,

---

[209] DINAMARCO, Cândido Rangel. *Instituições de direito processual civil*. São Paulo: Malheiros, 2003. v. 3, n. 798, p. 78.
[210] DIDIER JR., Fredie; CUNHA, Leonardo José Carneiro da; BRAGA, Paula Sarno; OLIVEIRA, Rafael. *Curso de direito processual civil*. Salvador: JusPodivm, 2009. v. 5, n. 13.4, p. 83.

§ 3.º, ao art. 6.º, VIII, todos do CDC[211]. E o Superior Tribunal de Justiça parece referendar esse entendimento, ao exigir a hipossuficiência do consumidor ou a verossimilhança de sua alegação para justificar a inversão do ônus da prova, mesmo quando a pretensão consumerista é fundada em defeito do produto ou do serviço[212]. Na praxe forense também se nota uma associação quase imediata dos dispositivos legais mencionados, recorrendo os próprios consumidores ao art. 6.º, VIII, do CDC.

A realidade doutrinária, jurisprudencial e prática é funesta para o consumidor. Sempre que se exige o preenchimento de requisitos para a inversão da prova, naturalmente se dificulta o acesso do consumidor a esse direito garantido pela legislação consumerista. E tecnicamente a realidade é criticável, por confundir diferentes espécies de inversão do ônus da prova, como se não houvesse diferença entre a inversão legal e a judicial.

Mas há doutrina que bem compreende as normas legais, facilitando sobremaneira a defesa dos interesses do consumidor em juízo, como Luiz Guilherme Marinoni e Sérgio Cruz Arenhart, que, ao comentar os dispositivos legais mencionados, afirmam que "tais normas afirmam expressamente que o consumidor não precisa provar o defeito do produto ou do serviço, incumbindo ao réu o ônus de provar que esses defeitos não existem"[213].

Por fim, a terceira previsão consumerista que versa sobre inversão legal do ônus da prova cuida da inversão do ônus do fornecedor provar a veracidade e correção da informação ou comunicação publicitária que patrocina (art. 38 do CDC). Conforme ensina a melhor doutrina, "a inversão aqui prevista, ao contrário daquela fixada no art. 6.º, VIII, não está na esfera de discricionariedade do juiz. É obrigatória"[214]. E além de obrigatória, por ser *ope legis*, independe "de qualquer ato do juiz. Logo, não lhe cabe sobre ele se manifestar, seja no saneador ou no momento posterior"[215].

Essa terceira hipótese de inversão do ônus da prova não é associada ao art. 6.º, VIII, do CDC, muito em razão da literalidade do art. 38 do mesmo diploma legal, que, ao prever ser o ônus da prova da veracidade e correção da informação ou comunicação publicitária de quem as patrocina, não haverá mesmo como se confundir os dois dispositivos legais e as diferentes espécies de inversão do ônus probatório consagradas em cada um deles.

Registre-se, finalmente, que a inversão do ônus da prova nesse caso dependerá do polo da demanda a ser ocupado pelo consumidor. Como bem observado por Kazuo Watanabe, "se é o patrocinador da publicidade quem, com a afirmativa de veracidade e correção da informação ou comunicação publicitária, postula uma tutela jurisdicional, não haverá

---

[211] DENARI, Zelmo. *Código Brasileiro de Defesa do Consumidor* – comentado pelos autores do anteprojeto. 10. ed. Rio de Janeiro: Forense, 2011. v. I, p. 204.
[212] STJ – REsp 1.178.105/SP – 3.ª Turma – Rel. Min. Massami Uyeda – Rel. p/ acórdão Min. Nancy Andrighi – j. 07.04.2011 – DJe 25.04.2011. STJ – REsp 347632/SP – 4.ª Turma – Rel. Min. Ruy Rosado de Aguiar – j. 24.06.2003 – DJe 01.09.2003.
[213] Cfr. *Manual do processo de conhecimento*. São Paulo: RT, 2006. p. 279. No mesmo sentido, CÂMARA, Alexandre Freitas. Tutela jurisdicional dos consumidores. In: FARIAS, Cristiano Chaves de; DIDIER JUNIOR, Fredie (Coords.). *Procedimentos especiais cíveis* – legislação extravagante. São Paulo: Saraiva, 2003. p. 1.084.
[214] VASCONCELLOS, Antonio Herman de. *Código Brasileiro de Defesa do Consumidor* – comentado pelos autores do anteprojeto. 10. ed. Rio de Janeiro: Forense, 2011. v. I, p. 371. No mesmo sentido ARRUDA ALVIM. *Manual de direito processual civil*. 8. ed. São Paulo: RT, 2003. v. I, p. 973; RIZZATTO NUNES, Luiz Antonio. *Comentários ao Código de Defesa do Consumidor*. São Paulo: Saraiva, 2000. p. 475.
[215] VASCONCELLOS, Antonio Herman de. *Código Brasileiro de Defesa do Consumidor – comentado pelos autores do anteprojeto*. 10. ed. Rio de Janeiro: Forense, 2011. v. I, p. 371.

inversão do encargo de provar, pois, nos termos do art. 373, I, do CPC, é seu o ônus da prova. Haverá inversão do ônus da prova se a posição processual dele for de quem assume uma atitude defensiva diante da afirmativa do consumidor de inveracidade ou incorreção da informação ou comunicação publicitária, pois, nesta hipótese, pelas regras do Direito Processual comum, o ônus da prova seria do autor, na hipótese, o consumidor"[216].

10.7.3.3. Inversão judicial

Na inversão judicial caberá ao juiz analisar, no caso concreto, o preenchimento dos requisitos legais, como ocorre no art. 6.º, VIII, do CDC, que prevê a possibilidade de o juiz inverter o ônus da prova em favor do consumidor sempre que este for hipossuficiente ou suas alegações forem verossímeis, sendo aplicável, inclusive, nas ações coletivas consumeristas[217].

Trata-se, portanto, de inversão *ope iudicis* e não *ope legis*[218]. É evidente que não basta, nesse caso, a relação consumerista, cabendo ao juiz analisar no caso concreto o preenchimento dos requisitos exigidos por lei. O Superior Tribunal de Justiça tem entendimento consolidado no sentido de não ser automática a inversão nesse caso, dependendo sempre do preenchimento dos requisitos legais:

"Agravo regimental no agravo de instrumento. Tutela antecipada. Verificação da presença dos requisitos. Art. 273 do CPC. Reexame de provas. Impossibilidade. Súmula 7/STJ. Inversão do ônus probatório. Acórdão recorrido em consonância com a jurisprudência do STJ. Divergência jurisprudencial. Ausência de similitude fática. 1. É vedado, em sede de recurso especial, o exame da presença dos pressupostos para a concessão da antecipação dos efeitos da tutela previstos no art. 273 do Código de Processo Civil, porquanto tal demandaria a incursão nos elementos fático-probatórios dos autos. Incidência da Súmula 7 do STJ. 2. O tema relativo à inversão do ônus da prova foi decidido pelo acórdão recorrido em conformidade com a jurisprudência do STJ sobre o tema, no sentido de que a referida inversão não decorre de modo automático, demandando a verificação, em cada caso, da presença dos requisitos autorizadores, a saber: verossimilhança das alegações ou hipossuficiência do consumidor. 3. O conhecimento do recurso especial pela alínea c do permissivo constitucional exige a semelhança entre as circunstâncias fáticas delineadas no acórdão recorrido e as previstas no aresto paradigma, situação inexistente no presente caso. 4. Agravo regimental a que se nega provimento" (STJ – AgRg no Ag 1300186/RS – 4.ª Turma – Rel. Min. Raul Araújo – j. 26.04.2011 – DJe 10.05.2011)[219].

Registre-se que o preenchimento desses requisitos será feito, no máximo, no segundo grau de jurisdição, considerando o entendimento consolidado do Superior Tribunal de

---

[216] Cfr. *Código Brasileiro de Defesa do Consumidor* – comentado pelos autores do anteprojeto. 10. ed. Rio de Janeiro: Forense, 2011. v. I, p. 8.
[217] STJ – REsp 951.785/RS – 4.ª Turma – Rel. Min. Luis Felipe Salomão – j. 15.02.2011 – *Informativo* 463.
[218] STJ – REsp 720.930/RS – 4.ª Turma – Rel. Min. Luis Felipe Salomão – j. 20.10.2009 – *Informativo* 412.
[219] STJ – AgRg no REsp 728.303/SP – 3.ª Turma – Rel. Min. Paulo de Tarso Sanseverino – j. 21.10.2010 – *DJe* 28.10.2010.

Justiça no sentido que analisá-los em sede de recurso especial violaria o entendimento consagrado na Súmula 7 daquele tribunal:

"Agravo regimental no agravo de instrumento. Inversão do ônus da prova. Art. 6.º, VIII, do CDC. Requisitos. Hipossuficiência do consumidor ou verossimilhança das alegações. Análise em sede de recurso especial. Impossibilidade. Súmula 7/STJ. 1. A inversão do ônus da prova depende da aferição, pelo julgador, da presença da verossimilhança das alegações ou da hipossuficiência do consumidor, a teor do art. 6.º, VIII, do Código de Defesa do Consumidor. 2. É vedada, em sede de recurso especial, a análise da presença dos requisitos autorizadores da inversão do ônus da prova previstos no inciso VIII do art. 6.º do Código de Defesa do Consumidor, porquanto tal providência demandaria o reexame do conjunto fático-probatório dos autos, o que se sabe vedado pelo Enunciado 7 da Súmula do C. STJ. 3. Agravo regimental a que se nega provimento" (STJ – AgRg no Ag 1247651/SP – 4.ª Turma – Rel. Min. Raul Araújo – j. 28.09.2010 – *DJe* 20.10.2010).

A doutrina majoritária entende que o dispositivo legal deve ser interpretado literalmente, de forma que a hipossuficiência e a verossimilhança sejam considerados elementos alternativos, bastando a presença de um deles para que se legitime a inversão do ônus probatório[220].

Nesse sentido as lições de Sergio Cavalieri Filho:

"Muito já se discutiu se esses pressupostos são cumulativos ou alternativos, mas hoje a questão está pacificada no sentido da alternatividade. A própria conjunção alternativa empregada pelo legislador no texto está a apontar nesse sentido"[221].

Apesar dessa pacificação mencionada pelo jurista carioca, continuo a ter dificuldade em aceitar a alternatividade dos requisitos exigidos para a inversão judicial do ônus da prova, ainda que reconheça que a opção do legislador tenha sido realmente nesse sentido. Reconheço ser essa corrente manifestamente minoritária[222], mas ainda assim me arrisco a defendê-la.

Na realidade, custo a crer que uma alegação absolutamente inverossímil, ainda que presente a hipossuficiência do consumidor, seja apta por si só à inversão do ônus da prova, sob pena de termos de admitir a presunção de veracidade de fatos absurdamente inverossímeis. Alguma plausibilidade a alegação do consumidor deve conter, até mesmo porque a eventual falha probatória do fornecedor não deve ser suficiente para exigir do juiz a admissão de fatos que muito dificilmente ocorreram.

---

[220] RIZZATTO NUNES, Luiz Antonio. *Comentários ao Código de Defesa do Consumidor*. São Paulo: Saraiva, 2000. p. 13.2, p. 123; FREIRE E SILVA, Bruno. Inversão judicial do ônus da prova no CDC. In: CARVALHO, Fabiano; BARIONI, Rodrigo (Coords.). *Aspectos processuais do Código de Defesa do Consumidor*. São Paulo: Saraiva, 2008. p. 13; PACÍFICO, Luiz Eduardo Boaventura. *O ônus da prova no direito processual civil*. São Paulo: RT, 2000. n. 5.4.2, p. 157; GÓES, Gisele Santos Fernandes. *Teoria geral das provas*. Salvador: JusPodivm, 2005. p. 52.

[221] Cfr. *Programa de direito do consumidor*. 2. ed. São Paulo: Atlas, 2010. n. 180, p. 326.

[222] GIDI, Antonio. Aspectos da inversão do ônus da prova no Código de Defesa do Consumidor. *Revista do direito do consumidor*, São Paulo, RT, n. 13, jan.-mar. 1995, p. 34; CÂMARA, Alexandre Freitas. Tutela jurisdicional dos consumidores. In: FARIAS, Cristiano Chaves de; DIDIER JUNIOR, Fredie (Coords.). *Procedimentos especiais cíveis* – legislação extravagante. São Paulo: Saraiva, 2003. p. 1.088.

Imagine-se que um consumidor alegue que, realizando compras num *shopping center* da cidade, foi abduzido por extraterrestres, que com ele fizeram experiências terríveis, o que lhe teria gerado graves danos de ordem moral e material. A alegação, naturalmente, é inverossímil, mas claramente haverá uma hipossuficiência do consumidor, que terá extrema dificuldade em provar o que alega. O fornecedor poderia até provar que nada daquilo ocorreu porque o autor da ação nunca esteve nas dependências do *shopping center*, por meio da exibição dos vídeos captados pelas câmaras de segurança. Uma prova trabalhosa, mas não impossível, já que o autor teria mencionado o dia em que teria sido abduzido.

Na esdrúxula situação descrita, imagine-se que, por alguma falha processual, ou mesmo do sistema de segurança do *shopping center* no dia narrado pelo autor, o fornecedor não consiga provar que naquele exato dia nenhum dos fatos poderia materialmente ter ocorrido, porque o consumidor não estava em suas dependências na data narrada, ou, ainda, que lá esteve, mas foi filmado durante todo o tempo de sua presença.

A situação é teratológica propositalmente, somente para demonstrar o absurdo que pode ser gerado pela visão simplista derivada da interpretação literal do art. 6.º, VIII, do CDC, no tocante aos requisitos exigidos para a inversão judicial do ônus da prova em favor do consumidor. A preocupação não é nova, sendo encontrada em lições de doutrinadores afligidos com o exagero que uma visão protetiva do consumidor pode gerar no caso concreto[223].

A preocupação, afinal, pode ser meramente acadêmica, considerando-se o entendimento consolidado no Superior Tribunal de Justiça de que, mesmo nos casos de inversão do ônus da prova, o consumidor não está dispensado de comprovar ao menos indícios dos fatos constitutivos de seu direito[224].

Mesmo a doutrina que defende a alternatividade dos requisitos previstos no art. 6.º, VIII, do CDC, demonstra tal preocupação:

"No caso da verossimilhança, não há dúvida quanto à dispensabilidade de qualquer outro requisito. O mesmo já não ocorre, entretanto, com a hipossuficiência. Em nosso entender, não bastará que alguém alegue a ocorrência de um fato inverossímil, sem nenhuma probabilidade de ser verdadeiro, e mesmo assim tenha o ônus da prova invertido em seu favor por ser hipossuficiente"[225].

Com o advento do art. 373, § 1.º, do CPC, que permite a distribuição dinâmica do ônus da prova como regra geral, pode-se questionar se o art. 6.º, VIII, do CDC, continua a ter alguma utilidade prática.

Nas relações consumeristas, entretanto, é preciso lembrar que existem dois requisitos para a inversão do ônus da prova que, segundo a doutrina majoritária, são alternativos, bastando a presença de um deles para que se legitime a inversão do ônus probatório[226]. Dessa forma, ainda que não presentes as condições de hipossuficiência técnica, que legitimariam a aplicação da distribuição dinâmica do ônus da prova ao caso concreto, mas sendo verossímeis

---

[223] CÂMARA, Alexandre Freitas. Tutela jurisdicional dos consumidores. In: FARIAS, Cristiano Chaves de; DIDIER JUNIOR, Fredie (Coords.). *Procedimentos especiais cíveis* – legislação extravagante. São Paulo: Saraiva, 2003. p. 1.088.

[224] STJ – AgInt nos EDcl no AREsp 1.587.234/RS – 4.ª Turma, – Rel. Min. Antonio Carlos Ferreira – j. 09.10.2023 – DJe 16.10.2023.

[225] CAVALIERI FILHO, Sergio. *Programa de direito do consumidor*. 2. ed. São Paulo: Atlas, 2010. n. 180, p. 326.

[226] GÓES, Gisele Santos Fernandes. *Teoria geral das provas*. Salvador: JusPodivm, 2005. p. 52.

as alegações do consumidor, a inversão será justificável. O art. 6.º, VIII, do CDC, portanto, sobrevive, ainda que parcialmente, diante do Novo Código de Processo Civil.

10.7.3.3.1. Requisitos para a inversão judicial

10.7.3.3.1.1. Verossimilhança da alegação

O primeiro requisito para a inversão do ônus da prova previsto no art. 6.º, VIII, do CDC, é a verossimilhança da alegação do consumidor, exigindo-se que suas alegações de fato sejam aparentemente verdadeiras, tomando-se por base para essa análise as *máximas de experiência*, ou seja, aquilo que costuma ocorrer em situações similares à narrada na demanda judicial. Conforme já tive a oportunidade de defender, a verossimilhança é uma aparência da verdade pela mera alegação de um fato que costuma ordinariamente ocorrer, não se exigindo para sua constituição qualquer espécie de prova[227], de forma que a prova final será exigida somente para o convencimento do juiz para a prolação de sua decisão, nunca para permitir a inversão judicial do ônus de provar.

Registre-se corrente doutrinária contrária ao afirmado, que defende ser a verossimilhança fruto de um "juízo de probabilidade extraída de material probatório de feitio indiciário, do qual se consegue formar a opinião de ser provavelmente verdadeira a versão do consumidor"[228].

Para Kazuo Watanabe, "na verdade não há uma verdadeira inversão do ônus da prova. O que ocorre, como bem observa Leo Rosenberg, é que o magistrado, com a ajuda das máximas de experiência e das regras de vida, considera produzida a prova que incumbe a uma das partes. Examinando as condições de fato com base em máximas de experiência, o magistrado parte do curso normal dos acontecimentos, e, porque o fato é ordinariamente a consequência ou o pressuposto de um outro fato, em caso de existência deste, admite também aquele como existente, a menos que a outra parte demonstre o contrário. Assim, não se trata de uma autêntica hipótese de inversão do ônus da prova"[229].

10.7.3.3.1.2. Hipossuficiência do consumidor

O segundo requisito para a inversão do ônus da prova previsto no art. 6.º, VIII, do CDC, é a hipossuficiência do consumidor. Trata-se de requisito bem mais polêmico na doutrina que o primeiro, embora seja possível se verificar uma tendência doutrinária majoritária no sentido de entender que a hipossuficiência exigida pela lei é a técnica.

A condição econômica do consumidor, portanto, é irrelevante, porque mesmo consumidores abastados, eventualmente em situação econômica até mais confortável que a do fornecedor, podem ter dificuldades de acesso às informações e meios necessários à produção da prova. Nas corretas palavras de Kazuo Watanabe, "ocorrendo, assim, situação de manifesta posição de superioridade do fornecedor em relação ao consumidor, de que

---

[227] NEVES, Daniel Amorim Assumpção. *Manual de direito processual civil*. São Paulo: Método, 2009. n. 14.1.3, p. 407-408.
[228] THEODORO JR., Humberto. *Direitos do consumidor*. 2. ed. Rio de Janeiro: Forense, 2001. p. 135.
[229] Cfr. *Código Brasileiro de Defesa do Consumidor* – comentado pelos autores do anteprojeto. p. 8-9.

decorra a conclusão de que é muito mais fácil ao fornecedor provar a sua alegação, poderá o juiz proceder à inversão do ônus da prova"[230].

Deve-se, entretanto, ter muito cuidado no caso concreto com essa inversão do ônus da prova, porque não parece razoável que com a inversão no caso concreto ao fornecedor seja imposto um ônus do qual será extremamente difícil, ou até mesmo impossível, se desincumbir. A superioridade técnica do fornecedor deve se manifestar no caso concreto de forma que a ele seja viável ou mais fácil a produção da prova, e quando isso não ocorre é difícil sustentar a hipossuficiência do consumidor.

Vale considerar a respeito do tema as lições de Cândido Rangel Dinamarco:

"O Código de Defesa do Consumidor não impõe expressamente qualquer limitação aos efeitos da inversão judicial do ônus da prova, ou seja, nele não se vê qualquer veto explícito às inversões que ponham o fornecedor diante da necessidade de uma *probatio diabolica*. Mas, se é ineficaz a inversão exagerada mesmo quando resultante de ato voluntário de pessoas maiores e capazes (CPC, art. 333, II), com mais fortes razões sua imposição por decisão do juiz não poderá ser eficaz quando for além do razoável e chegar ao ponto de tornar excessivamente difícil ao fornecedor o exercício de sua defesa. Eventuais exageros dessa ordem transgrediriam a garantia constitucional da ampla defesa e consequentemente comprometeriam a superior promessa de dar tutela jurisdicional a quem tiver razão (acesso à justiça)"[231].

No mesmo sentido se manifestou o Ministro do Superior Tribunal de Justiça Luiz Felipe Salomão, ao afirmar em voto que, "ainda que se trate de relação regida pelo CDC, não se concebe inverter-se o ônus da prova para, retirando tal incumbência de quem poderia fazê-lo mais facilmente, atribuí-la a quem, por impossibilidade lógica e natural, não o conseguiria"[232].

Realmente essa é uma situação que não pode ser desconsiderada. Quando a inversão do ônus de uma prova gerar ao fornecedor dificuldade extrema ou até mesmo de impossibilidade de produzir a prova, não será caso de inversão se o consumidor puder se desincumbir do ônus dessa prova. Deve se levar a sério a espécie de hipossuficiência exigida pelo art. 6.º, VIII, do CDC, que não tem vinculação à notória vulnerabilidade do consumidor diante o fornecedor, mas sim a maior facilidade na produção da prova. Ora, se a maior facilidade de produzir a prova é do consumidor, o hipossuficiente nesse caso é o fornecedor! E assim sendo, insista-se, não é caso de inversão do ônus da prova.

Deve-se levar em consideração interessante apontamento do Ministro do Superior Tribunal de Justiça em voto já mencionado: "a facilitação da defesa dos direitos do consumidor, definitivamente, não significa facilitar a procedência do pedido por ele deduzido, tendo em vista – no que concerne à inversão do ônus da prova – tratar-se de dispositivo

---

[230] Cfr. *Código Brasileiro de Defesa do Consumidor* – comentado pelos autores do anteprojeto. p. 10.
[231] Cfr. *Instituições de direito processual civil*. São Paulo: Malheiros, 2003. v. III, n. 799, p. 79. No mesmo sentido THEODORO JR., Humberto. *Curso de direito processual civil*. 47. ed. Rio de Janeiro: Forense, 2007. vol. I, n. 422-c, p. 424.
[232] STJ – REsp 720.930/RS – 4.ª Turma.

vocacionado à elucidação dos fatos narrados pelo consumidor, transferindo tal incumbência a quem, em tese, possua melhores condições de fazê-lo."[233]

A lição é interessante porque corretamente aponta para a finalidade da inversão do ônus da prova: proporcionar uma maior facilidade na produção da prova, com o que o juiz se aproximará mais da verdade e proferirá uma decisão de melhor qualidade. Em nenhum momento a inversão deve ser regra voltada à vitória do consumidor em juízo, porque o que se objetiva é a busca da verdade que, naturalmente, nem sempre está ao lado do consumidor.

Não tenho dúvida a respeito da aplicação do art. 373, § 2.º, do CPC à inversão ora analisada na seara consumerista. Se o motivo da inversão em ambos os casos é a hipossuficiência técnica da parte, é consequência natural que, em ambas, a inversão não acarrete dificuldade insuperável para a parte contrária. Nos termos do dispositivo ora analisado, a redistribuição do ônus da prova não pode gerar situação em que a desincumbência do encargo pela parte seja impossível ou excessivamente difícil.

A situação é bem mais complexa se a hipótese enseja uma extrema dificuldade ou impossibilidade recíproca na produção da prova, que atinge tanto o consumidor como o fornecedor. O que fazer se o fato dificilmente poderá ser provado por ambas as partes que participaram da relação de direito material consumerista? Inverter o ônus é sacrificar sem chance de reação o fornecedor, mas não o fazer é sacrificar a pretensão do consumidor...

Nesse caso, não vejo alternativa que não seja levar em consideração os indícios colhidos no processo, que deverão ser excepcionalmente admitidos para se determinar ou não a inversão do ônus da prova. Se os indícios apontarem no sentido das alegações do consumidor, poderá inverter o ônus da prova e julgar em seu favor; por outro lado, se os indícios apontam para uma provável inverdade das alegações, deve ser mantida a regra do art. 373 do CPC e ser rejeitada a pretensão do consumidor.

Trago um exemplo para ilustrar meu posicionamento. Um consumidor recebe a notícia de que seu nome foi incluído no SERASA por instituição financeira, em razão de débito em sua conta-corrente. O consumidor alega que aquela conta foi encerrada há alguns anos, e que a instituição financeira indevidamente a manteve aberta, debitando valores mensalmente. A instituição financeira, por sua vez, afirma que a conta nunca foi encerrada, justificando sua cobrança.

Por um lado, será impossível à instituição financeira provar que a conta-corrente não foi encerrada, considerando-se tratar-se de prova diabólica (fato negativo indeterminado). Por outro lado, entretanto, parece no mínimo exagerado exigir que o consumidor guarde consigo a documentação do referido encerramento realizado cinco, seis anos atrás. Sob pena de se tornar um "acumulador", qualquer pessoa normal não tem essa disposição em guardar papéis, ainda que relevantes como o de encerramento de uma conta-corrente.

Numa situação como essa, caberá ao juiz analisar os indícios presentes nos autos. Caso haja prova de que, desde a época em que o consumidor afirma ter encerrado a conta-

---

[233] STJ – REsp 720.930/RS – 4.ª Turma. No mesmo sentido BARBOSA MOREIRA, Carlos Roberto. Notas sobre a inversão do ônus da prova em benefício do consumidor. *Doutrina*, v. 1, Rio de Janeiro: ID, 1996, p. 309 e THEODORO JR., Humberto. *Direitos do consumidor*. 2. ed. Rio de Janeiro: Forense, 2001. p. 143.

-corrente, não houve qualquer movimentação bancária, é um bom indício de que esteja dizendo a verdade. Se restar provado que à época do suposto encerramento o consumidor fez uma retirada de quase todo o valor contido na conta-corrente, procedimento comum que antecede seu encerramento, mais um forte indício de que esteja dizendo a verdade. A ausência de declaração da referida conta no imposto de renda do consumidor é mais um indício que deve ser levado em consideração.

Nesse caso, mesmo sem uma prova cabal no sentido de que a conta-corrente foi encerrada, como alega o consumidor, ou de que ela foi mantida, como alega o fornecedor, os indícios presentes possibilitam a conclusão em favor do consumidor. O juiz, portanto, deverá presumir em favor do consumidor, afirmando que a ausência de prova do fornecedor de que a conta não tenha sido encerrada permita que ele se convença do contrário, mesmo que inexistentes nos autos os documentos comprobatórios de tal encerramento.

A solução, portanto, passa por um juízo de probabilidade colhido com os indícios existentes no processo, porque, sendo impossível ou extremamente difícil a produção da prova para ambas as partes, não será justo nem adequado a inversão do ônus da prova automaticamente, como também não será justo em todas as hipóteses carrear tal ônus ao consumidor.

Outra solução, entretanto, deve ser dada na hipótese de o fundamento da inversão do ônus da prova ser a verossimilhança das alegações do consumidor no processo. Partindo-se da premissa já analisada de que a hipossuficiência técnica e a verossimilhança da alegação são requisitos alternativos para a inversão do ônus probatório em favor do consumidor, é importante observar que o segundo requisito não tem como fundamento a distribuição dinâmica do ônus da prova, e sim uma opção de política legislativa de proteção ao consumidor.

Significa que nesse caso a inversão do ônus da prova não tem como fundamento a menor ou maior facilidade das partes na produção da prova, mas numa hipossuficiência presumida do consumidor. Não tendo como fundamento a maior facilidade do fornecedor em produzir a prova, à inversão nesse caso não se aplica a restrição prevista no art. 373, § 2.º, do CPC por decorrência lógica da não aplicação do parágrafo anterior à relação jurídica consumerista.

Dessa forma, torna-se irrelevante no caso concreto a dificuldade do consumidor produzir a prova do fato constitutivo de seu direito ou a facilidade do fornecedor produzir a prova de que tal alegação de fato é falsa, bastando que haja verossimilhança na alegação para se justificar a inversão do ônus da prova.

10.7.4. Momento de inversão do ônus da prova

Na inversão convencional e legal, não surge problema quanto ao momento de inversão do ônus da prova; na primeira, estará invertido o ônus a partir do acordo entre as partes, e, na segunda, a inversão ocorre desde o início da demanda. Na hipótese judicial, entretanto, a inversão dependerá de uma decisão judicial fundada no preenchimento dos requisitos legais, e o momento da prolação dessa decisão não é tema pacífico na doutrina, existindo ao menos três correntes.

Para parcela doutrinária, o momento adequado para o juiz inverter a regra do ônus da prova é o momento de sua aplicação, qual seja o julgamento do processo. Por esse entendimento, por se tratar o ônus da prova uma regra de julgamento, não teria sentido tratá-la antes desse momento procedimental, inclusive quanto à sua inversão. Sérgio Cruz Arenhart afirma que "parece mais adequado entender que o sistema processual brasileiro vê na regra sobre o ônus da prova uma regra de julgamento, de modo que a modificação do *onus probandi* realmente só pode dar-se por ocasião da prolação de decisões judiciais. De fato, se é certo que a regra em questão informa ao magistrado como deve decidir em caso de dúvida, somente na oportunidade em que proferirá decisão procederá ele a avaliação de seu convencimento"[234].

Existem decisões do Superior Tribunal de Justiça nesse sentido, inclusive permitindo a inversão do ônus da prova em grau recursal, sob o argumento de que, por se tratar de regra de julgamento, é esse o momento adequado de aplicá-la, inclusive de forma invertida:

"Agravo regimental. Agravo de instrumento. Inversão do ônus da prova em 2.º grau de jurisdição. Possibilidade. Regra de julgamento. 1. Essa Corte firmou o entendimento de que é plenamente possível a inversão do ônus da prova em 2.º grau de jurisdição, pois cuida-se de uma regra de julgamento, que não implica em cerceamento de defesa para nenhuma das partes. 2. Agravo regimental não provido" (STJ – AgRg no Ag 1.028.085/SP – 4.ª Turma – Rel. Min. Vasco Della Giustina, Des. convocado – j. 04.02.2010 – *DJe* 16.04.2010).

O grande problema dessa corrente doutrinária é considerar o ônus da prova somente em seu aspecto objetivo, como regra de julgamento, desconsiderando seu aspecto subjetivo, pelo qual o ônus da prova funciona como uma regra de conduta das partes durante a instrução probatória. Entendo que uma inversão do ônus da prova somente no momento do julgamento surpreende a parte que até então não tinha tal ônus, em nítida afronta ao princípio do contraditório. Inverter o ônus da prova e não conceder oportunidade para que a parte produza a prova representa claro e manifesto cerceamento de defesa.

Esse, entretanto, não é um entendimento pacificado na doutrina. Para Nelson Nery Jr. e Maria Rosa Andrade Nery, a parte que teve o ônus da prova invertido na sentença, "momento adequado para o juiz assim proceder, não poderá alegar cerceamento de defesa porque, desde o início da demanda de consumo, já sabia quais eram as regras do jogo e que, havendo o *non liquet* quanto à prova, poderia ter contra ela invertido o ônus da prova. Em suma, o fornecedor (CDC 3.º) já sabe, de antemão, que tem de provar tudo o que estiver a seu alcance e for de seu interesse nas lides de consumo. Não é pego de surpresa com a inversão na sentença"[235].

---

[234] Cf. Ônus da prova e sua modificação no processo civil brasileiro. *Aspectos atuais do direito probatório*. NEVES, Daniel Amorim Assumpção (Coord.). São Paulo: Método, 2009. p. 350-351; WATANABE, Kazuo. *Código Brasileiro de Defesa do Consumidor* – comentado pelos autores do anteprojeto. p. 11; Bedaque, Direito; Nery e Nery, *Código*, pp. 608-609; CAVALIERI FILHO, Sergio. *Programa de direito do consumidor*. 2. ed. São Paulo: Atlas, 2010. p. 328. STJ – REsp 422.778/SP – 3.ª Turma – Rel. Min. Castro Filho – Rel. p/ acórdão Min. Nancy Andrighi – j. 19.06.2007 – *DJ* 27.08.2007.

[235] Cfr. *Código de Processo Civil comentado*. 10. ed. São Paulo: RT, 2008. p. 608-609. No mesmo sentido ARENHART, Sérgio Cruz. Ônus da prova e sua modificação no processo civil brasileiro. *Aspectos atuais do direito probatório*. NEVES, Daniel Amorim Assumpção (Coord.). São Paulo: Método, 2009. p. 351 e PACÍFICO, Luiz Eduardo Boaventura. *O ônus da prova no direito processual civil*. São Paulo: RT, 2000. p. 160.

Data maxima venia, o entendimento é ingênuo e desconectado da realidade, desconsiderando por completo a vida real na praxe forense. Afirmo que o advogado tem como principal função a defesa dos interesses de seu cliente, sendo que a justiça da decisão deve ser preocupação do juiz. Dentro da boa-fé e lealdade processual, a missão constitucionalmente atribuída ao advogado é defender os interesses de seu patrocinado para que ganhe a demanda. Para o advogado – e, por consequência, para as partes –, o justo é a vitória. Como já dizia com primazia Calamandrei, o advogado que muito se preocupa com a justiça pretende tomar o lugar do juiz, deixando desassistido seu cliente, o que é mortal para a dialeticidade necessária no processo.

O que pretendo dizer é que a parte que não tem o ônus da prova naturalmente terá uma atuação probatória menos intensa, porque sabe que, não havendo prova alguma, se sagrará vitoriosa na demanda. O resultado da prova é imprevisível, e não é crível acreditar que um advogado, mesmo sabendo que seu cliente ganhará a demanda sem a prova, tenha interesse em produzi-la ainda assim. É no mínimo ingênuo pensar que as partes devem fazer todas as provas possíveis independentemente de quem tenha o ônus probatório. Insisto: vencer a demanda é o objetivo de qualquer parte, e vencê-la pela aplicação do ônus da prova ou da certeza formada pela prova produzida não tem qualquer diferença. Por que exigir que o advogado da parte que não tem o ônus da prova se arrisque a perder uma demanda ganha, produzindo uma prova que para ele não trará qualquer melhora em termos de resultado do processo?

Não são poucos os doutrinadores que defendem haver uma clara violação ao princípio do contraditório com a inversão do ônus da prova, ocorrendo somente no momento de prolação da decisão[236]. Precisas são as palavras de Humberto Theodoro Jr. a esse respeito:

"É certo que a boa doutrina entende que as regras sobre ônus da prova se impõem para solucionar questões examináveis no momento de sentenciar. Mas, pela garantia do contraditório e ampla defesa, as partes, desde o início da fase instrutória, têm de conhecer quais são as regras que irão prevalecer na apuração da verdade real sobre a qual se assentará, no fim do processo, a solução da lide. (...) A não ser assim, ter-se-ia uma surpresa intolerável e irremediável, em franca oposição aos princípios da segurança jurídica e lealdade imprescindíveis à cooperação de todos os sujeitos do processo na busca e construção da justa solução do litígio. Somente assegurando a cada litigante o conhecimento prévio de qual será o objeto da prova e a quem incumbirá o ônus de produzi-la é que se preservará a garantia constitucional da ampla defesa"[237].

Partindo-se da premissa que a inversão no momento do julgamento, sem dar chances à parte que até então não tinha tal ônus de produzir a prova, viola o princípio do contraditório, gerando cerceamento de defesa, a doutrina divide-se em duas correntes a respeito do momento adequado à inversão.

---

[236] ARRUDA ALVIM. *Manual de direito processual civil*. 8. ed. São Paulo: RT, 2003. v. I, p. 974; CÂMARA, Alexandre Freitas. Tutela jurisdicional dos consumidores. In: FARIAS, Cristiano Chaves de; DIDIER JUNIOR, Fredie (Coords.). *Procedimentos especiais cíveis – legislação extravagante*. São Paulo: Saraiva, 2003. p. 1.093; RIZZATTO NUNES, Luiz Antonio. *Comentários ao Código de Defesa do Consumidor*. São Paulo: Saraiva, 2000. p. 126; BUENO, Cassio Scarpinella. *Curso sistematizado de direito processual civil*. São Paulo: Saraiva, 2007. v. 2, p. 247-248.

[237] Cfr. *Direitos do consumidor*. 2. ed. Rio de Janeiro: Forense, 2001. p. 141.

Parcela significativa da doutrina entende que a inversão deve ocorrer no saneamento do processo, ou seja, antes do início da instrução probatória. Nesse sentido, Alexandre Freitas Câmara afirma que *"cabe ao juiz, pois, no momento em que organizar a instrução probatória (o que, no procedimento ordinário, ocorre na audiência preliminar, prevista no art. 331 do CPC, quando o magistrado fixa os pontos controvertidos e determina as provas que serão produzidas), inverte-se, se for o caso, o ônus da prova".*[238]

O entendimento consagrado no Superior Tribunal de Justiça é nesse sentido, lembrando que, além de regra de julgamento, o ônus da prova também é uma regra de conduta (ou de instrução):

"Inversão. Ônus. Prova. CDC. Trata-se de REsp em que a controvérsia consiste em definir qual o momento processual adequado para que o juiz, na responsabilidade por vício do produto (art. 18 do CDC), determine a inversão do ônus da prova prevista no art. 6.º, VIII, do mesmo *codex*. No julgamento do especial, entre outras considerações, observou o Min. Relator que a distribuição do ônus da prova apresenta extrema relevância de ordem prática, norteando, como uma bússola, o comportamento processual das partes. Naturalmente, participará da instrução probatória com maior vigor, intensidade e interesse a parte sobre a qual recai o encargo probatório de determinado fato controvertido no processo. Dessarte, consignou que, influindo a distribuição do encargo probatório decisivamente na conduta processual das partes, devem elas possuir a exata ciência do ônus atribuído a cada uma delas para que possam produzir oportunamente as provas que entenderem necessárias. Ao contrário, permitida a distribuição ou a inversão do ônus probatório na sentença e inexistindo, com isso, a necessária certeza processual, haverá o risco de o julgamento ser proferido sob uma deficiente e desinteressada instrução probatória, na qual ambas as partes tenham atuado com base na confiança de que sobre elas não recairia o encargo da prova de determinado fato. Assim, entendeu que a inversão *ope judicis* do ônus da prova deve ocorrer preferencialmente no despacho saneador, ocasião em que o juiz decidirá as questões processuais pendentes e determinará as provas a serem produzidas, designando audiência de instrução e julgamento (art. 331, §§ 2.º e 3.º, do CPC). Desse modo, confere-se maior certeza às partes referente aos seus encargos processuais, evitando a insegurança. Com esse entendimento, a Seção, ao prosseguir o julgamento, por maioria, negou provimento ao recurso, mantendo o acórdão que desconstituiu a sentença, a qual determinara, nela própria, a inversão do ônus da prova. Precedentes citados: REsp 720.930/RS – *DJe* 09.11.2009, e REsp 881.651/BA, *DJ* 21.05.2007" (REsp 802.832/MG – 2.ª Seção – Rel. Min. Paulo de Tarso Sanseverino – j. 13.04.2011 – *Informativo STJ 469*).[239]

Não concordo plenamente com esse entendimento porque, sendo realmente uma regra de julgamento, não teria sentido invertê-la no saneamento do processo. Por ser uma regra de julgamento, só se aplicando ao final do processo, e isso somente no caso

---

[238] Cfr. Tutela jurisdicional dos consumidores. In: FARIAS, Cristiano Chaves de; DIDIER JUNIOR, Fredie (Coords.). *Procedimentos especiais cíveis* – legislação extravagante. São Paulo: Saraiva, 2003. p. 1.093.
[239] STJ – 2.ª Turma – AgRg no REsp 1.450.473/SC – Rel. Min. Mauro Campbell Marques – j. 23.09.2014 – DJe 30.09.2014; STJ – 3.ª Turma – REsp 1.395.254/SC – Rel. Min. Nancy Andrighi – j. 15.10.2013 – *DJe* 29.11.2013; STJ – 2.ª Seção – EREsp 422.778/SP – Rel. Min. João Otávio de Noronha – Rel. p/ acórdão Min. Maria Isabel Gallotti – j. 29.02.2012 – DJe 21.06.2012.

de inexistência ou insuficiência de prova, cabe sua aplicação, de forma invertida ou não, somente no momento do julgamento. Não é porque se deve considerar o aspecto subjetivo do ônus da prova que se pode abdicar de seu aspecto objetivo.

Dessa forma, em respeito ao princípio do contraditório, o juiz deve, já no saneamento do processo, se manifestar sobre eventual inversão da regra geral contida no art. 373 do CPC[240]. Perceba-se que o juiz não estaria nesse momento invertendo o ônus da prova, regra que até mesmo pode nem ser utilizada caso a instrução probatória seja suficiente à formação do convencimento judicial. O que o juiz fará é apenas sinalizar às partes que, no caso de necessidade de aplicação da regra, o fará de forma invertida, e não conforme previsto como regra geral em nosso estatuto processual.

Para que o réu não seja surpreendido com a inversão quando já finalizada a instrução probatória, entendo que, em respeito ao princípio do *contraditório*, a sinalização de possível inversão – se necessário for – deve ser feita expressamente já na decisão saneadora.

Nesse sentido, as lições de Cândido Rangel Dinamarco:

"Se o juiz pretender inverter o ônus da prova, como em certa medida lhe permite o Código de Defesa do Consumidor em relação às causas que disciplina (art. 6.º, VIII – *supra*, n. 799), dessa possibilidade advertirá as partes na audiência preliminar. Mas a efetiva inversão só acontecerá no momento de julgar a causa, pois antes ainda não se conhecem os resultados mais conclusivos ou menos conclusivos a que a instrução probatória conduzirá; a própria verossimilhança das alegações do consumidor, eventualmente sentida pelo juiz em algum momento inicial do procedimento, poderá ficar prejudicada em face das provas que vierem a ser produzidas e alegações levantadas pelo adversário"[241].

Mesmo doutrinadores que defendem a inversão somente na sentença, como Kazuo Watanabe, afirmam ser "medida de boa política judiciária, na linha evolutiva do processo civil moderno, que confere ao juiz até mesmo atribuições assistenciais, e na conformidade da sugestão de Cecília Matos, que, no despacho saneador ou em outro momento que precede a fase instrutória da causa, o magistrado deixe advertido às partes que a regra de inversão do ônus da prova poderá, eventualmente, ser aplicada no momento do julgamento final da ação. Com semelhante providência ficará definitivamente afastada a possibilidade de alegação de cerceamento de defesa"[242].

A divergência tende a diminuir significativamente em razão do novo diploma processual que prevê em seu art. 357, III, dentre os deveres do juiz no saneamento e organização do processo, a eventual redistribuição do ônus da prova. Trata-se do momento mais adequado para a inversão nos termos da lei, mas não se pode afirmar que exista preclusão da matéria, de forma que nada impede que o juiz inverta o ônus da prova após esse momento procedimental. E, assim o fazendo, deverá respeitar o princípio do contraditório, nos termos do art. 373, § 1.º, do CPC.

---

[240] CAMBI, Eduardo. *A prova civil: admissibilidade e relevância*. São Paulo: RT, 2006. p. 418.
[241] Cfr. *Instituições de direito processual civil*. São Paulo: Malheiros, 2003. v. 3, n. 801, p. 83.
[242] Cfr. *Código Brasileiro de Defesa do Consumidor* – comentado pelos autores do anteprojeto. p. 12. No mesmo sentido CAVALIERI FILHO, Sergio. *Programa de direito do consumidor*. 2. ed. São Paulo: Atlas, 2010. p. 329.

Dois pontos finais merecem destaque.

Naturalmente se opera a preclusão sobre a decisão que informa as partes a respeito da forma como será aplicada a regra do ônus da prova na hipótese de ser necessária essa técnica de julgamento. A partir do momento em que o juiz sinaliza de quem será o ônus probatório, caso seja necessária a aplicação dessa regra, a conduta probatória das partes estará determinada, e o consumidor não terá interesse em produzir uma prova quando souber que sua ausência não lhe traz qualquer prejuízo. Trata-se do aspecto subjetivo do ônus da prova, já analisado.

Não pode o juiz, no momento de sentenciar, e sendo necessária a aplicação da regra do ônus da prova, descumprir sua sinalização e deixar de proceder à inversão. Nesse caso, surpreenderia o consumidor, que, com a sinalização do juiz de que o ônus não seria seu, passou a uma atuação mais relaxada na instrução probatória. Uma decisão nesses termos seria violadora do contraditório, cerceando insuportavelmente a defesa do consumidor. Além disso, seria uma afronta clara ao princípio de cooperação entre os sujeitos processuais, com uma quebra inadmissível de confiança na atuação judicial.

Justamente por entender existir preclusão *pro iudicato* na decisão que sinaliza a aplicação invertida da regra do ônus da prova, no caso de não haver prova suficiente para formar o convencimento do juiz, defendo o cabimento de agravo de instrumento contra essa decisão. Apesar de não ter ocorrido ainda a inversão do ônus probatório, como o juiz não pode voltar atrás em seu entendimento, é natural que haja interesse recursal do fornecedor em impugnar tal pronunciamento judicial. A sucumbência suportada pelo fornecedor poderá ser até eventual, já que a regra do ônus da prova pode nem vir a ser aplicada, mas, como a decisão não poderá ser alterada, e determinará a conduta das partes durante a instrução probatória, entendo ser cabível o agravo de instrumento.

Por fim, registre-se que a inversão do ônus da prova no momento da sentença, sem que tenha havido indicação prévia às partes nesse sentido, somente violará o princípio do contraditório se não for concedido prazo para a parte que recebe o ônus produzir a prova necessária para vencer a demanda. O problema, na realidade, não é a inversão no momento do julgamento, mas o julgamento sem antes ter se dado aviso às partes a respeito da forma de aplicação da regra do ônus da prova.

Nesse sentido, corretas as lições de Humberto Theodoro Jr., ao afirmar que, "se o juiz convencer-se da necessidade de inverter o ônus da prova depois de já encerrada a instrução da causa, terá de reabrir a fase probatória, a fim de que o fornecedor tenha oportunidade de produzir a prova que julgar conveniente para liberar-se do novo *onus probandi*"[243].

A observação é importante em razão de procedimentos que não têm um momento saneador, como ocorre no procedimento ordinário[244]. Penso no procedimento dos Juizados Especiais, em que não há propriamente uma fase de saneamento, sendo que a sessão de conciliação (chamada em muitos lugares de audiência) é invariavelmente conduzida por um conciliador, sem poderes para determinar a inversão ou informar as partes a respeito dessa possível inversão.

---

[243] Cfr. *Direitos do consumidor*. 2. ed. Rio de Janeiro: Forense, 2001. p. 142.

[244] Preocupação levantada por CAVALIERI FILHO, Sergio. *Programa de direito do consumidor*. 2. ed. São Paulo: Atlas, 2010. p. 328.

Concordo com a doutrina que entende que a inversão já no momento inicial da demanda é prematura, porque, além de ser cedo demais para o juiz analisar os requisitos legais para a inversão, antes da citação do réu tratar-se-ia de uma inversão *inaudita altera parte*, sem a garantia do princípio do contraditório. Para Alexandre Freitas Câmara, "não se pode, registre-se, aceitar que a inversão se dê logo no despacho inicial do processo, já que nesse momento ainda não é sequer possível determinar qual será o objeto da prova (afinal, ainda não se sabe que fatos se tornarão controvertidos)"[245].

Dessa forma, entendo que caberá ao juiz, na audiência de instrução e julgamento, determinar a inversão do ônus da prova, inquirindo diretamente o fornecedor se ele tem alguma prova a produzir. Sendo afirmativa a resposta, e não sendo possível produzi-la na própria audiência, cabe ao juiz redesignar a audiência, dando ao fornecedor a oportunidade de se desincumbir do ônus que recebeu. Caso o fornecedor não tenha provas a produzir, o juiz prossegue normalmente com o procedimento, considerando que o contraditório, nesse caso, não será violado com a inversão seguida imediatamente da prolação de sentença.

É nesse sentido o Código de Processo Civil, mais precisamente em seu art. 373, § 1.º, que exige do juiz, sempre que inverter o ônus da prova, que dê oportunidade à parte para se desincumbir do ônus que lhe tenha sido atribuído. Significa que, em respeito ao contraditório, a parte terá amplo direito à produção da prova, de modo que não parece interessante que essa inversão ocorra somente no momento de prolação de sentença, sob pena de ofensa ao princípio da economia processual. Parece ser mais vantajoso que, no momento de saneamento do processo, o juiz já sinalize a forma de aplicação da regra do ônus da prova, caso essa aplicação realmente se faça necessária no caso concreto.

10.7.5. Inversão do ônus da prova e do adiantamento de custas processuais

A inversão do ônus da prova traz outra interessante questão: a inversão do adiantamento do pagamento das despesas necessárias para a produção probatória, em especial a pericial. Nesse ponto, há séria divergência, tanto na doutrina como na jurisprudência.

Por um lado, existe expressiva parcela doutrinária que entende que a inversão da prova acarreta inexoravelmente a inversão do pagamento das despesas que derivam da produção de tal prova[246]. Defensor desse entendimento, Luiz Antonio Rizzatto Nunes afirma que, "uma vez determinada a inversão, o ônus econômico da produção da prova tem de ser da parte sobre a qual recai o ônus processual. Caso contrário, estar-se-ia dando com uma mão e tirando com a outra. Se a norma prevê que o ônus da prova pode ser invertido, então automaticamente vai junto para a outra parte a obrigação de proporcionar os meios para sua produção, sob pena de – obviamente – arcar com o ônus de sua não produção"[247].

Outra parcela doutrinária afirma que a antecipação de pagamento de despesas relacionadas com a produção de prova encontra-se regida pelo art. 95 do CPC, não sofrendo qualquer influência decorrente de eventual inversão do ônus da prova[248], sendo esse o entendimento do Superior Tribunal de Justiça:

---

[245] Cfr. Tutela jurisdicional dos consumidores. In: FARIAS, Cristiano Chaves de; DIDIER JUNIOR, Fredie (Coords.). *Procedimentos especiais cíveis* – legislação extravagante. São Paulo: Saraiva, 2003. p. 1.093-1.094.
[246] CAMBI, Eduardo. *A prova civil: admissibilidade e relevância*. São Paulo: RT, 2006. p. 427.
[247] Cfr. *Comentários ao Código de Defesa do Consumidor*. São Paulo: Saraiva, 2000. p. 126-127.
[248] GONÇALVES, Marcus Vinicius Rios. *Novo curso de direito processual civil*. São Paulo: Saraiva, 2004. v. 1, p. 432-433.

"Processual civil. Consumidor. Inversão do ônus da prova. Honorários do perito. Responsabilidade. Hipossuficiência. 1. A simples inversão do ônus da prova, no sistema do Código de Defesa do Consumidor, não gera a obrigação de custear as despesas com a perícia, embora sofra a parte ré as consequências decorrentes de sua não produção. (REsp 639.534/MT – Rel. Min. Carlos Alberto Menezes Direito – *DJU* 13.02.2006). Precedentes. 2. Recurso especial provido" (STJ – REsp 1063639/MS – 2.ª Turma – Rel. Min. Castro Meira – j. 01.10.2009 – *DJe* 04.11.2009)[249].

A razão está com a segunda corrente, considerando-se principalmente a natureza do ônus da prova e o que a sua inversão significa. Sendo o ônus da prova uma regra de julgamento, estando ligado à necessidade de o juiz decidir, diante da ausência das provas para convencê-lo das alegações de fato narradas no processo, não guarda o instituto qualquer relação com a antecipação de despesas.

É natural, entretanto, que, no caso de inversão do ônus da prova, a parte que não requereu a produção da prova passe a ter interesse em sua produção, considerando que, se aquele que requereu sua produção não adiantar as despesas, a prova não será produzida, com consequências danosas à parte contrária. Nesse caso, ainda que a prova tenha sido requerida pelo consumidor, o fornecedor, em razão da inversão do ônus da prova, terá interesse em realizá-la, devendo assim assumir o adiantamento dos valores nesse sentido.

Nesse sentido as corretas considerações de Sergio Cavalieri:

"Em termos práticos: a partir do momento em que se der a inversão do ônus da prova, caberá à outra parte (o fornecedor) produzir prova capaz de elidir a presunção de veracidade que milita em favor do consumidor em face da plausibilidade da sua pretensão. Não se trata de impor ao fornecedor o custeio da prova (honorários periciais), mas de transferir-lhe o *onus probandi* em sentido contrário. Se não quiser arcar com esse ônus, bastará deixar de realizar a prova. Nesse caso, entretanto, terá contra si a presunção de veracidade que milita em favor do consumidor. A prova passou a ser do interesse do fornecedor, pois é a oportunidade que tem de provar que os fatos alegados pelo consumidor não são verdadeiros. A questão pertinente à despesa processual é meramente acessória, seguindo a regra de que deve ser custeada pela parte a quem aproveitará"[250].

É um tanto quanto simples: a ausência de adiantamento das custas da prova gera sua preclusão, e a sua ausência prejudica a parte que tem o ônus probatório. Como defendo que o juiz deve alertar as partes, no saneamento, a respeito da aplicação invertida da regra do ônus da prova, na hipótese de prova inexistente ou insuficiente, o único interessado na produção da prova será o fornecedor. Não parece ser lógico que o consumidor adiante uma despesa que só interessa ao fornecedor, por ser sua única forma de evitar uma derrota na decisão judicial.

Acompanho com tristeza, no dia a dia forense, a determinação de juízes, com esteio no entendimento consagrado no Superior Tribunal de Justiça, determinando a inversão do

---

[249] STJ – REsp 845.601/SP – 4.ª Turma – Rel. Min. Hélio Quaglia Barbosa – j. 06.03.2007 – *DJ* 02.04.2007; STJ – REsp 435.155/MG – 3.ª Turma – Rel. Min. Carlos Alberto Menezes Direito – j. 11.02.2003 – *DJ* 10.03.2003.
[250] Cfr. *Programa de direito do consumidor*. 2. ed. São Paulo: Atlas, 2010. p. 332.

ônus da prova e ao mesmo tempo determinando ao consumidor que adiante os honorários periciais. O mais surpreendente, entretanto, não é a postura dos juízes, mas dos advogados dos consumidores, que candidamente se submetem à determinação judicial e, muitas vezes com extremo sacrifício, realizam o depósito judicial.

Teriam, em algum momento, parado esses patronos para pensar quais seriam as consequências do não atendimento da decisão, deixando passar o prazo para o depósito sem praticar qualquer ato? Certamente, quando pensam mais detidamente a respeito do assunto, percebem que o interesse de produzir a prova não é mais do consumidor, ainda que tenha ele pedido sua produção. Se o ônus da prova passa a ser do fornecedor, a preclusão da prova pericial em razão do não adiantamento dos honorários periciais terá somente um prejudicado: o fornecedor.

Ada Pellegrini Grinover parece ter notado tal circunstância, ao afirmar que "na práxis forense, o juiz costuma determinar a inversão do ônus da prova antes de sua produção. Nesse caso, não há como negar uma indiscutível relação entre inversão do ônus da prova e inversão do ônus do adiantamento de despesas. Isto porque, invertido o ônus da prova, pode acontecer que a prova, que era de interesse do autor, passe a ser do interesse do demandado; e, sendo assim, o demandado, a quem interessa provar, adiantará espontaneamente as despesas. Desse modo, a inversão do ônus da prova poderá repercutir na assunção da responsabilidade pelo seu custeio"[251].

Por isso, comemorou a correta visão do problema que vem sendo feita pela 4.ª Turma do Superior Tribunal de Justiça:

"Agravo regimental. Ônus da prova. Inversão. Perícia. Preclusão. não ocorrência. Requisitos. Súmula 7/STJ. Recurso especial. Retenção.

1. A inversão do ônus da prova não implica a obrigatoriedade de a parte contrária arcar com as custas da prova requerida pelo adversário; sujeita-se ela, contudo, às eventuais consequências de sua não realização, a serem aferidas quando do julgamento da causa, em face do conjunto probatório trazido aos autos.

2. A análise da presença dos requisitos para a inversão do ônus da prova demanda o reexame do contexto de fato, inviável no âmbito do recurso especial (Súmula 7/STJ).

3. O recurso especial interposto contra decisão proferida em agravo de instrumento relativa à inversão do ônus da prova deve ficar retido nos autos (CPC, art. 542, § 3.º). Precedentes do Tribunal.

4. Agravo regimental a que se nega provimento"[252].

---

[251] Cfr. *Código Brasileiro de Defesa do Consumidor*. 6. ed. Rio de Janeiro: Forense Universitária, 1999. p. 15.
[252] STJ – 2.ª Seção – EREsp 422.778/SP – Rel. Min. João Otávio de Noronha – Rel. p/ acórdão Min. Maria Isabel Gallotti – j. 29.02.2012 – *DJe* 21.06.2012. No mesmo sentido: STJ – 2.ª Turma – AgRg no REsp 1.450.473/SC – Rel. Min. Mauro Campbell Marques – j. 23.09.2014 – *DJe* 30.09.2014; STJ – 3.ª Turma – REsp 1.395.254/SC – Rel. Min. Nancy Andrighi – j. 15.10.2013 – *DJe* 29.11.2013.

11

TUTELA COLETIVA DO CONSUMIDOR EM JUÍZO

Sumário: 11.1. Introdução: 11.1.1. Tutela jurisdicional coletiva; 11.1.2. Origem da tutela jurisdicional coletiva; 11.1.3. Microssistema coletivo; 11.1.4. Marcos legislativos – 11.2. Espécies de direitos protegidos pela tutela coletiva: 11.2.1. Introdução; 11.2.2. Direitos ou interesses?; 11.2.3. Direito difuso; 11.2.4. Direito coletivo; 11.2.5. Direitos individuais homogêneos; 11.2.6. Identidades e diferenças entre os direitos coletivos *lato sensu*; 11.2.7. Direitos individuais indisponíveis – 11.3. Competência na tutela coletiva: 11.3.1. Competência absoluta: funcional ou territorial?; 11.3.2. Competência absoluta do foro; 11.3.3. Dano local, regional e nacional – 11.4. Legitimidade: 11.4.1. Espécies de legitimidade; 11.4.2. Cidadão; 11.4.3. Ministério Público; 11.4.4. Pessoas jurídicas da Administração Pública; 11.4.5. Associação; 11.4.6. Defensoria Pública – 11.5. Relação entre a ação coletiva e a individual: 11.5.1. Introdução; 11.5.2. Litispendência; 11.5.3. Conexão e continência; 11.5.4. Suspensão do processo individual; 11.5.5. Extinção do mandado de segurança individual – 11.6. Coisa julgada: 11.6.1. Introdução; 11.6.2. Coisa julgada *secundum eventum probationis*; 11.6.3. Coisa julgada *secundum eventum litis*; 11.6.4. Limitação territorial da coisa julgada – 11.7. Gratuidade: 11.7.1. Introdução; 11.7.2. Isenção de adiantamento; 11.7.3. Condenação em verbas de sucumbência – 11.8. Liquidação de sentença: 11.8.1. Conceito de liquidez e obrigações liquidáveis; 11.8.2. Natureza jurídica da liquidação; 11.8.3. Legitimidade ativa; 11.8.4. Competência; 11.8.5. Espécies de liquidação de sentença; 11.8.6. Direito difuso e coletivo; 11.8.7. Direito individual homogêneo; 11.8.8. Liquidação individual das sentenças de direito difuso e coletivo – 11.9. Execução: 11.9.1. Processo de execução e cumprimento de sentença; 11.9.2. Legitimidade ativa; 11.9.3. Direitos difusos e coletivos; 11.9.4. Direitos individuais homogêneos; 11.9.5. Regime jurídico das despesas e custas processuais.

11.1. INTRODUÇÃO

11.1.1. Tutela jurisdicional coletiva

É tradicional a utilização do termo "tutela coletiva" no dia a dia forense e acadêmico, mas nem sempre tal uso considera com a devida precisão seu significado. Na maioria das vezes, inclusive, o termo é utilizado para designar uma espécie de tutela jurisdicional cujo objeto é um direito coletivo *lato sensu*, e nesse caso seria até mais adequado o nome "tutela jurisdicional coletiva".

Para a exata compreensão do tema, portanto, é imprescindível que se determine primeiramente o significado de "tutela jurisdicional". Por tutela jurisdicional entende-se a proteção prestada pelo Estado quando provocado por meio de um processo, gerado em razão da lesão ou ameaça de lesão a um direito material. Como se pode notar desse singelo conceito, a tutela jurisdicional é voltada para a tutela do direito material; daí ser correta a expressão "tutela jurisdicional de direitos materiais", empregada por parcela da doutrina.

Como existem crises de diferentes naturezas, é natural que o sistema crie e disponibilize às partes diferentes formas de tutelas jurisdicionais, com procedimentos distintos e objetivos próprios. De qualquer forma, apesar dessa diversidade, havendo uma ameaça ou uma violação a direito, o Estado é provocado – o instrumento de provocação é o processo – e, quando há uma solução da crise jurídica, tem-se a concessão de uma tutela jurisdicional do direito material.

A tutela jurisdicional pode ser dividida de diferentes formas, bastando para tanto que se adotem diferentes critérios. Assim, tem-se a distinção entre jurisdição voluntária e contenciosa, penal e civil, preventiva e ressarcitória, comum e específica etc. Essas classificações, que têm importância meramente acadêmica, considerando-se a unidade da jurisdição, sempre dependerão do critério escolhido pela doutrina, não sendo diferente com a classificação distintiva existente entre tutela jurisdicional individual e coletiva, que adota como critério a espécie de direito material tutelado.

A tutela jurisdicional individual é a tutela voltada à proteção dos direitos materiais individuais, sendo fundamentalmente regulamentada pelo Código de Processo Civil, além, é claro, de diversas leis extravagantes, tais como a Lei de Locações, Lei dos Juizados Especiais, Lei de Execução Fiscal etc. A tutela jurisdicional coletiva, entretanto, não se resume à tutela de direitos coletivos, ainda que seja aceita a expressão "direitos coletivos *lato sensu*" para designar as espécies de direito material protegidos por esse tipo de tutela.

Dessa forma, a tutela coletiva deve ser compreendida como uma espécie de tutela jurisdicional voltada à tutela de determinadas espécies de direitos materiais. A determinação de quais sejam esses direitos é tarefa do legislador, não havendo uma necessária relação entre a natureza do direito tutelado e a tutela coletiva. Significa que mesmo direitos de natureza individual podem ser protegidos pela tutela coletiva, bastando para isso que o legislador expressamente determine a aplicação desse tipo de sistema processual – microssistema coletivo – a tais direitos. Essa parece ser a opção do sistema pátrio, ainda que parcela da doutrina teça críticas a tal ampliação do âmbito de aplicação da tutela coletiva[1].

Em três passagens legais que versam sobre o direito coletivo *lato sensu*, e mais precisamente sobre a aplicabilidade do microssistema coletivo, encontra-se a tutela de direitos individuais puros, de natureza indisponível, que podem até mesmo ter apenas um sujeito como titular. Trata-se do art. 201, V, da Lei 8.069/1990 (ECA) e art. 74, I, da Lei 10.741/2001 (Estatuto da Pessoa Idosa), que expressamente atribuem legitimidade ao Ministério Público na tutela de direitos individuais indisponíveis por meio de instrumentos exclusivos do microssistema coletivo: inquérito civil e ação civil pública, e do art. 3.º, *caput*, da Lei 7.853/1989, com redação dada pelo art. 98 da Lei 13.146/2015 (Estatuto da Pessoas com Deficiência), que prevê legitimidade ainda mais ampla.

As variadas espécies de direito material protegidas pela tutela coletiva, tanto de natureza transindividual (difuso e coletivo), como de natureza individual (individual homogêneo e in-

---

[1] ZAVASCKI, Teori Albino. *Processo coletivo*. São Paulo: RT, 2006. p. 40-41.

disponíveis em situações excepcionais), não desvirtuam a tutela jurisdicional coletiva, porque, apesar de limitada a determinados direitos, ela é una, sendo aplicada a todos eles de maneira basicamente indistinta. É natural que existam algumas particularidades, que devem ser sempre consideradas no caso concreto[2], mas nunca aptas a desvirtuar o núcleo duro dessa espécie de tutela jurisdicional. Significa que, apesar de alguma influência em decorrência da espécie de direito tutelado, as principais regras que compõem o microssistema coletivo serão aplicadas a todas as ações coletivas, independentemente da espécie de direito material tutelado.

A tutela jurisdicional coletiva, portanto, nada mais é que um conjunto de normas processuais diferenciadas (espécie de tutela jurisdicional diferenciada[3]), distintas daquelas aplicáveis no âmbito da tutela jurisdicional individual. Institutos processuais tais como a competência, a conexão e continência, legitimidade, coisa julgada, liquidação da sentença etc., têm na tutela coletiva um trato diferenciado, variando o grau de distinção do tratamento recebido pelos mesmos institutos no Código de Processo Civil.

Por meio da tutela diferenciada volta-se o processualista às exigências do direito material apresentadas no caso concreto. Nota-se que, apesar de serem ciências autônomas, o direito processual e o direito material estão ligados de maneira indissociável, servindo o processo como instrumento estatal de efetiva proteção ao direito material. Como as várias crises de direito material têm diversas particularidades, é necessário percebê-las, adequando-se o procedimento no caso concreto para que a tutela jurisdicional seja efetivamente prestada com a qualidade que dela se espera. Tutela jurisdicional diferenciada, assim, representa a adoção de procedimentos e técnicas procedimentais distintas à luz das exigências concretas para bem tutelar o direito material[4].

Estudar a tutela jurisdicional coletiva é, portanto, estudar as formas e institutos processuais presentes no processo coletivo. O direito material difuso e coletivo, num maior grau e, mesmo com menor intensidade, o direito individual homogêneo, têm uma riqueza incontestável, em especial no âmbito do direito consumerista. O direito material coletivo *lato sensu* consumerista já foi devidamente enfrentado na primeira parte do livro, sendo o presente capítulo voltado exclusivamente para os aspectos processuais de tais direitos.

11.1.2. Origem da tutela jurisdicional coletiva

Ainda que se mantenha a conclusão de que os direitos protegidos pela tutela coletiva sejam aqueles que o legislador determinar, esperando-se, naturalmente, que se faça criterioso juízo de oportunidade e conveniência ao se incluir nessa tutela um direito de natureza individual, sob pena de desvirtuamento da tutela coletiva, é preciso reconhecer que, no momento de sua criação, era voltada exclusivamente aos direitos transindividuais. Somente em um momento posterior passa a também tutelar os direitos individuais violados ou ameaçados por atos de grande escala (direito individual homogêneo), tendo, no tocante ao tema, papel originário o Código de Defesa do Consumidor.

---

[2] ZAVASCKI, Teori Albino. *Processo coletivo*. São Paulo: RT, 2006. p. 40.
[3] LEONEL, Ricardo de Barros. *Manual do processo coletivo*. São Paulo: RT, 2002. n. 4.10, p. 147.
[4] ARMELIN, Donaldo. *Tutela jurisdicional diferenciada*. RePro, São Paulo, n. 65, jan.-mar. 1992, p. 45; CRUZ E TUCCI, José Rogério. *Ação monitória*. 2. ed. São Paulo: RT, 1997. p. 14-15; BEDAQUE, José Roberto dos Santos. *Direito e processo*. 2. ed. São Paulo: Malheiros, 2001. p. 33.

Independentemente da natureza do bem da vida tutelado, e por consequência do ramo do Direito, será admissível falar em tutela coletiva. De qualquer forma, entendo que continua intocável a ideia de que essa espécie de tutela coletiva estará destinada aos direitos materiais que o legislador pretender tutelar dessa forma diferenciada. Insisto, entretanto, que a origem da tutela coletiva está associada aos direitos de natureza transindividual, sendo a ampliação do objeto da tutela uma opção do legislador, certamente satisfeito com os resultados práticos gerados pelo novo sistema criado.

Esse desenvolvimento da tutela coletiva é compreensível. Os direitos transindividuais não podem ser efetivamente protegidos pela tutela individual, a qual, no Brasil, está essencialmente prevista pelo Código de Processo Civil. Sem as devidas adaptações de alguns institutos processuais, notadamente da legitimidade ativa e da coisa julgada[5], a efetiva tutela dessa espécie de direito seria inviável. Daí a necessidade imprescindível de formação de um novo sistema, da criação e disponibilização às partes de uma nova espécie de tutela, chamada de tutela coletiva.

Não foi a inviabilidade de proteção por meio da tutela individual que levou os direitos individuais homogêneos para o âmbito da tutela coletiva, mas uma opção de política legislativa fundada em variadas razões. No tocante à tutela do consumidor, certamente a massificação da relação consumidor-fornecedor foi determinante. O direito individual homogêneo, por exemplo, é tradicionalmente admitido como protegido pela tutela coletiva, diante dos multifacetários obstáculos existentes para sua efetiva proteção no âmbito da tutela individual. Ainda assim, é inegável que tal espécie de direito pode ser tutelado pela tutela individual, o que, inclusive, ocorre até hoje, com a existência de diversas ações individuais que poderiam ser substituídas por uma ação coletiva fundada em direito individual homogêneo.

O que se pretende deixar claro é que a tutela coletiva é absolutamente imprescindível para a tutela de direitos difusos e coletivos, que, sem ela, jamais poderão ser devidamente atendidos com a aplicação da tutela individual. Nos direitos individuais homogêneos, a tutela individual é abstratamente apta a tutelar o direito, ainda que na prática, em razão dos inúmeros obstáculos existentes, seja altamente recomendável a aplicação da tutela coletiva.

Fazendo uma analogia, se valer da tutela individual para a proteção de um interesse coletivo é o mesmo que exigir da parte que esvazie uma piscina com um garfo. A tarefa, naturalmente, será impossível de ser cumprida. No direito individual homogêneo, disponibiliza-se uma colher para a parte esvaziar a mesma piscina. Será difícil, trabalhoso, cansativo e demorado, mas a tarefa pode ser cumprida. Aplicar a tutela coletiva nesses direitos é permitir que a parte abra o ralo da piscina, o que fará com que água escoe de maneira mais rápida e eficaz, obtendo-se o esvaziamento da piscina em menor tempo, menos esforço e de forma mais eficiente.

A urgência na criação de uma nova forma de tutela para proteger os direitos transindividuais é explicada corretamente pela doutrina como forma de atender o princípio da inafastabilidade da jurisdição. Consagrado pelo art. 5.º, XXXV, da CF/1988 ("a lei não excluirá da apreciação do Poder Judiciário lesão ou ameaça a direito"), o princípio da inafastabilidade tem dois aspectos: a relação entre a jurisdição e a solução administrativa de conflitos e o acesso à ordem jurídica justa, que dá novos contornos ao princípio, firme

---

[5] ZAVASCKI, Teori Albino. *Processo coletivo*. São Paulo: RT, 2006. p. 35.

no entendimento de que a inafastabilidade somente existirá concretamente por meio do oferecimento de um processo que efetivamente tutele o interesse da parte titular do direito material. Interessa ao presente estudo o segundo aspecto.

O que realmente significa dizer que nenhuma lesão ou ameaça a direito deixará de ser tutelada jurisdicionalmente? Trata-se da ideia de "acesso à ordem jurídica justa", ou, como preferem alguns, "acesso à tutela jurisdicional adequada". Segundo lição corrente na doutrina, essa nova visão do princípio da inafastabilidade encontra-se fundada em quatro ideais principais, verdadeiras vigas mestras do entendimento[6]: acesso ao processo, ampla participação, decisões com justiça e eficácia das decisões.

Interessa à presente análise a primeira dessas vigas mestras. O acesso ao processo dos direitos transindividuais seria impossível com a aplicação do sistema criado para a tutela individual. E, nesse sentido, o princípio da inafastabilidade da jurisdição consagrado constitucionalmente seria flagrantemente desrespeitado. A única forma de fazer valer concretamente o princípio constitucional nesse caso, portanto, seria – como foi – com a criação da tutela coletiva.

Ainda que de maneira mais difícil, demorada e cara, para os direitos individuais atualmente protegidos pela tutela coletiva, não é concebível falar em impossibilidade de tutela por meio do sistema criado pela tutela individual. Conforme já afirmado, os obstáculos são tantos e tão significativos, entretanto, que sacrificam ou tornam extremamente difícil o acesso ao processo, de modo que a inclusão de tal espécie de direito no microssistema coletivo também pode ser explicada como efetivação do princípio do acesso à ordem jurídica justa.

11.1.3. Microssistema coletivo

A ideia de criação de microssistema foi muito bem desenvolvida no campo do direito material, sendo os estudos mais aprofundados sobre o tema apresentados por civilistas. Mesmo em outros campos do direito material, tais como o direito trabalhista e penal, existem estudos e aplicação da ideia de microssistema. Acredito que até mesmo no direito processual tal ideia não se limita à tutela coletiva, havendo doutrina, por exemplo, que fala em microssistema processual criado pelas três leis que regulamentam os Juizados Especiais (Lei 9.099/1995; Lei 10.259/2001; Lei 12.153/2009)[7].

Essa pluralidade de normas processuais que regulamentam a tutela coletiva no direito pátrio é algo que naturalmente complica sua aplicação no caso concreto, com discussões por muitas vezes acaloradas sobre qual norma aplicar. É um problema que poderia ter sido resolvido, mas a opção legislativa não seguiu o desejo da maior parte da doutrina especializada.

Existe um Código Modelo de Processos Coletivos para Ibero-América, aprovado nas Jornadas do Instituto Ibero-Americano de Direito Processual, na Venezuela, em outubro de 2004. Contribuíram para a elaboração desse Código Modelo especialistas ibero-americanos

---

[6] CINTRA, Antonio Carlos de Araújo; GRINOVER, Ada Pellegrini; DINAMARCO, Cândido Rangel. *Teoria geral do processo*. 24. ed. São Paulo: Malheiros, 2008. p. 39-41.

[7] CÂMARA, Alexandre Freitas. *Juizados Especiais Cíveis Estaduais e Federais:* uma abordagem crítica. Rio de Janeiro: Lumen Juris, 2004. p. 3-5.

de diversos países, sendo brasileiros Ada Pellegrini Grinover, Kazuo Watanabe, Antonio Gidi e Aluísio de Castro Mendes. Como o próprio nome sugere, entretanto, trata-se apenas de um modelo, que serve, quando muito, para comparação com o direito vigente em nosso país. De qualquer forma, trata-se de compilação em um só Código de todas as normas processuais da tutela coletiva.

Certamente influenciados pelo Código Modelo de Processos Coletivos para Ibero--América, teve início em território nacional um movimento para a elaboração de um Código de Processo Civil coletivo. Depois de muitas idas e vindas, o projeto, que desistiu da ideia originária de novo Código e passou a propor uma revisão substancial da Lei 7.347/1985, para que passasse a ser o diploma processual coletivo (Projeto de Lei 5.139/2009), foi rejeitado na Comissão de Constituição e Justiça[8], sendo interposto recurso do relator e de outros deputados contra tal decisão. Finalmente, em 17 de março de 2010, o projeto de lei foi rejeitado pela Câmara dos Deputados.

Esse brevíssimo histórico é importante porque demonstra que houve uma tentativa legislativa de reunião de todas – ou ao menos da maioria – as normas processuais da tutela coletiva num só diploma legal. Ocorre, entretanto, que esse objetivo não foi alcançado, de forma que, atualmente, o sistema processual da tutela coletiva está espalhado por inúmeras leis, o que exige do intérprete o reconhecimento de que o microssistema de processo coletivo resulta da reunião de normas distribuídas por tais leis.

Registre-se, antes de tudo, que o termo microssistema coletivo não é tranquilo na doutrina, havendo aqueles que preferem falar em minissistema[9] e outros, em sistema único coletivo[10]. São diferentes nomenclaturas para praticamente o mesmo raciocínio, de forma que a adoção de uma ou de outra não gera qualquer repercussão prática relevante. Prefiro o termo "microssistema coletivo" por ser o mais utilizado, sendo, inclusive, consagrado no Superior Tribunal de Justiça[11]. O mais importante é a definição de como as leis que compõem o microssistema se relacionam e como esse se relaciona com o Código de Processo Civil.

São inúmeras as leis que compõem o microssistema coletivo, podendo ser citadas: Lei 4.717/1965 (Ação Popular); Lei 6.938/1981 (Lei da Política Nacional do Meio Ambiente); Lei 7.347/1985 (Ação Civil Pública); Constituição Federal de 1988; Lei 7.853/1989 (Lei das Pessoas Portadoras de Deficiência); Lei 7.913/1989 (Lei dos Investidores dos Mercados de Valores Imobiliários); Lei 8.069/1990 (Estatuto da Criança e do Adolescente); Lei 8.078/1990 (Código de Defesa do Consumidor); Lei 8.429/1992 (Lei de Improbidade Administrativa);

---

[8] GRINOVER, Ada Pellegrini. *Código Brasileiro de Defesa do Consumidor*. 6. ed. Rio de Janeiro: Forense Universitária, 1999. p. 35-39.

[9] GRINOVER, Ada Pellegrini. *Código Brasileiro de Defesa do Consumidor*. 6. ed. Rio de Janeiro: Forense Universitária, 1999. p. 33.

[10] GOMES JR., Luiz Manoel; FAVRETO, Rogério. *Anotações sobre o projeto da nova lei da ação civil pública*: análise histórica e as suas principais inovações. In: MOREIRA, Alberto Camina; ALVAREZ, Anselmo Pietro; BRUSCHI, Gilberto Gomes (Coords.). *Panorama atual das tutelas individual e coletiva*. São Paulo: Saraiva, 2011. p. 530-531.

[11] STJ – REsp 1.106.515/MG – 1.ª Turma – Rel. Min. Arnaldo Esteves Lima – j. 16.12.2010 – DJe 02.02.2011 (julgado que também menciona o termo minissistema); STJ – AgRg no Ag 1.249.132/SP – 1.ª Turma – Rel. Min. Luiz Fux – j. 24.08.2010 – DJe 09.09.2010; STJ – REsp 1.117.453/SP – 2.ª Turma – Rel. Min. Mauro Campbell Marques – j. 24.08.2010 – DJe 30.09.2010.

Lei 10.471/2003 (Estatuto da Pessoa Idosa); Lei 14.597/2023 (Lei Geral do Esporte); Lei 12.016/2009 (Lei do Mandado de Segurança); Lei 12.529/2011 (Lei do Sistema Brasileiro de Concorrência); Lei 12.846/2013 (Lei Anticorrupção); Lei 13.146/2015 (Estatuto da Pessoa com Deficiência); e Lei 13.300/2016 (Lei do Mandado de Injunção).

Apesar da inegável pluralidade de leis a compor o microssistema coletivo, a doutrina parece tranquila no sentido de indicar que o núcleo duro desse microssistema é formado pela Lei da Ação Civil Pública e pelo Código de Defesa do Consumidor[12]. Para alguns, inclusive, só existiria o Código de Defesa do Consumidor e a ação civil pública, regulada pela Lei 7.347/1985 e reafirmada, contrariada ou complementada pelas demais leis mencionadas[13]. Seja como for, não há como se negar a relevância das Leis 7.347/1985 e 8.078/1990 para o microssistema coletivo.

No tocante à norma que deve ser aplicada no caso concreto, é possível pensar em três interessantes pontos: (i) definir dentro do núcleo duro qual norma deve ser aplicada; (ii) fora do núcleo duro, como normas de outras leis que compõem o microssistema devam ser aplicadas; (iii) fora do microssistema, como devem ser aplicadas as regras do Código de Processo Civil.

Quanto ao primeiro ponto, há corrente doutrinária que defende ser prioritariamente aplicáveis as normas da Lei da Ação Civil Pública, deixando-se a aplicação em segundo plano, no que for cabível, das normas previstas no Código de Defesa do Consumidor[14], enquanto outra corrente entende que, sendo a relação de direito material de consumo, a aplicação da Lei de Ação Civil Pública deve ocorrer subsidiariamente[15]. Considerando apenas esses dois entendimentos, o primeiro é preferível em razão da expressa previsão contida no art. 21 da Lei 7.347/1985.

Considero, entretanto, que não existe propriamente uma ordem preestabelecida entre os dois diplomas legais. Na realidade, são raras as hipóteses de conflito entre suas normas, servindo o segundo para especificar normas existentes no primeiro, como ocorre, por exemplo, no caso da competência, ou para incluir novidades, como a expressa previsão de tutela coletiva aos direitos individuais homogêneos. Normas do diploma mais antigo, modificadas posteriormente, também são aplicáveis no diploma mais recente, como o famigerado art. 16 da LACP, ainda que atualmente corretamente interpretado pelo Superior Tribunal de Justiça, conforme analisado no item 11.6.4. Como se nota, há uma quase perfeita interação entre os dois diplomas que formam o núcleo duro do microssistema coletivo.

Nas raras situações de conflito, entendo que deva sempre prevalecer a norma mais benéfica na tutela do direito coletivo *lato sensu*, sendo, portanto, irrelevante a natureza do direito material. Dessa forma, mesmo se tratando de direito do consumidor, se a norma

---

[12] ANDRIGHI, Fátima Nancy. Reflexões acerca da representatividade adequada nas ações coletivas passivas. *Panorama atual das tutelas individual e coletiva*. São Paulo: Saraiva, 2011. p. 338; LEONEL, Ricardo de Barros. *Manual do processo coletivo*. São Paulo: RT, 2002. n. 4.10, p. 148.

[13] GRINOVER, Ada Pellegrini. *Código Brasileiro de Defesa do Consumidor*. 6. ed. Rio de Janeiro: Forense Universitária, 1999. p. 33-34.

[14] CARVALHO FILHO, José dos Santos. *Ação civil pública*. 7. ed. Rio de Janeiro: Lumen Juris, 2009. p. 479; DIDIER JR., Fredie; ZANETI JR., Hermes. *Curso de direito processual civil*. 4. ed. Salvador: JusPodivm, 2009. v. 4, p. 53.

[15] NERY JR., Nelson. *Código Brasileiro de Defesa do Consumidor* – comentado pelos autores do anteprojeto. 10. ed. Rio de Janeiro: Forense, 2011. v. I, p. 221.

prevista no CDC se mostrar menos favorável ao direito do consumidor do que aquela prevista na LACP, entendo que deve ser essa segunda aplicada no caso concreto.

Mais complexa é a solução de conflito entre o núcleo duro formado pelas duas leis e as demais leis extravagantes que compõem o microssistema. Para parcela da doutrina, primeiro deve-se aplicar o núcleo duro, e somente não havendo norma lá prevista, as demais leis[16], enquanto outros entendem que primeiro devam ser aplicadas as leis específicas, e somente na hipótese de omissão se passar à aplicação das regras constantes do núcleo duro[17].

Caso seja necessária a determinação *a priori* e de forma abstrata de qual lei deve prevalecer, tem mais lógica o segundo entendimento, aplicando-se antes a norma prevista em lei específica e, somente diante de sua omissão, a norma geral prevista no núcleo duro do microssistema coletivo. Não parece, entretanto, que deva ser sempre essa a melhor solução, porque é possível que a norma específica seja menos benéfica para a tutela do direito do que aquela prevista de forma genérica na Lei de Ação Civil Pública e/ou no Código de Defesa do Consumidor.

Prefiro, portanto, conforme já adiantado, o entendimento de que, dentro do microssistema coletivo, deve ser sempre aplicável a norma mais benéfica à tutela do direito material discutido em processo, sendo irrelevante se determinada por norma específica ou geral, anterior ou posterior, ou qualquer outra forma de interpretação de normas[18]. Esse entendimento tem como mérito uma proteção mais efetiva ao direito material coletivo *lato sensu*, independentemente da espécie de direito e do diploma legal criado pelo legislador para tutelá-lo, porém gera relativa insegurança jurídica por não criar bases objetivas para aferição da norma aplicável ao caso concreto, dependendo sempre da casuística.

Por fim, a aplicação das normas existentes no Código de Processo Civil será imprescindível, mas para isso é fundamental que não exista norma expressa aplicável ao caso concreto dentro do próprio microssistema[19]. Além disso, a norma processual presente no Código de Processo Civil não pode afrontar os princípios do processo coletivo[20], o que leva a doutrina a afirmar que a aplicação não deve ser subsidiária, mas sim eventual.

11.1.4. Marcos legislativos

Apesar de indiscutível a existência de um microssistema coletivo, composto por inúmeras leis é inegável que existem verdadeiros marcos legislativos no tocante ao processo

---

[16] DIDIER JR., Fredie; ZANETI JR., Hermes. *Curso de direito processual civil*. 4. ed. Salvador: JusPodivm, 2009. v. 4, p. 53.

[17] ALMEIDA, Gregório Assagra de. *Direito processual coletivo brasileiro*. São Paulo: Saraiva, 2003. p. 547; GAJARDONI, Fernando da Fonseca. *Comentários à nova lei de Mandado de Segurança*. São Paulo: Método, 2009. p. 112-113; KLIPPEL, Rodrigo; NEFFA JR., José. *Comentários à Lei de Mandado de Segurança*. Rio de Janeiro: Lumen Juris, 2009. p. 340-341.

[18] GAJARDONI, Fernando da Fonseca. *Direitos difusos e coletivos I*. São Paulo: Saraiva, 2012. p. 51.

[19] GOMES JR., Luiz Manoel; FAVRETO, Rogério. *Anotações sobre o projeto da nova lei da ação civil pública: análise histórica e as suas principais inovações*. In: MOREIRA, Alberto Camina; ALVAREZ, Anselmo Pietro; BRUSCHI, Gilberto Gomes (Coords.). *Panorama atual das tutelas individual e coletiva*. São Paulo: Saraiva, 2011. p. 531.

[20] NEVES, Daniel Amorim Assumpção Neves. *Manual de processo coletivo*. São Paulo: Método, 2012, capítulo 5.

coletivo em nosso país, podendo ser indicados quatro momentos, sem desprezo dos demais, que têm relevância mais significativa na sistematização do processo coletivo.

O primeiro marco legislativo é a Lei 4.717/1965, conhecida como Lei da Ação Popular. Apesar de a doutrina entender que a ação popular vigorou no período imperial e início da República, durante a vigência das Ordenações do Reino, considerando-se a possibilidade de defesa de bens de uso comum pelo cidadão, com o advento do Código Civil de 1916, mais precisamente em razão de seu art. 76, a doutrina majoritária passou a entender que o sistema jurídico brasileiro não mais admitia a ação popular, ainda que vozes isoladas continuassem a defender a sobrevivência dessa ação coletiva[21].

Em 1934 a ação popular é incluída expressamente na Constituição Federal, por meio do art. 113, § 38, para, três anos depois, ser suprimida pela Constituição de 1937, vindo a ser restabelecida pelo art. 141, § 38, da Constituição de 1946, mantendo-se em todas as Constituições subsequentes (art. 150, § 31, da CF de 1967; art. 153, § 31, da ECF de 1969 e na atual CF/1988 em seu art. 5.º, LXXIII).

No campo infraconstitucional, a Lei 4.717 de 1965, que regulamenta a ação popular, deve ser considerada o primeiro marco legislativo, por ter sido a primeira lei que indiscutivelmente tratou de tutela coletiva no ordenamento brasileiro, sendo significativas as inovações por ela propostas, tais como a diferenciada forma de legitimação ativa (embora a legitimidade ativa do cidadão não tenha influenciado leis posteriores que compõe o microssistema coletivo), a possibilidade de o réu virar autor, a coisa julgada *secundum eventum probationis*, a obrigatoriedade de execução da sentença de procedência, dentre outras importantes novidades, ao menos à época.

Apesar da indiscutível relevância da ação popular para o processo coletivo, no âmbito do direito consumerista tal ação é inaplicável, daí o desinteresse de sua análise no presente livro. Tentativas no sentido de tutelar direitos consumeristas por meio da ação popular vêm sendo corretamente rejeitadas pelo Superior Tribunal de Justiça[22], que limita tal espécie de ação coletiva à proteção dos valores constantes expressamente do texto constitucional, no qual não se inclui o direito difuso do consumidor.

O segundo marco legislativo é a Lei 7.347/1985, chamada de Lei da Ação Civil Pública. Ainda que seja inegável a importância dessa lei para o microssistema, inclusive fazendo parte de seu núcleo duro, é preciso registrar que ela surgiu em nosso ordenamento jurídico com abrangência significativamente menor do que a que tem atualmente.

Na origem, apesar de consagrar a tutela dos direitos difusos e coletivos, havia uma expressa previsão no art. 1.º a respeito de quais seriam esses direitos: consumidor, meio ambiente, patrimônio histórico e cultural. E esse rol era considerado exaustivo, até em razão do veto ao inciso que previa a tutela de "qualquer outro direito difuso e coletivo". O rol só veio a se tornar exemplificativo com o advento do CDC, mais precisamente do inciso IV do art. 1.º.

Lamentável, entretanto, que, após um significativo passo rumo à amplitude da tutela coletiva, tenha-se caminhado para trás com a previsão expressa no parágrafo único do art. 1.º, de vedação a determinadas espécies de direitos difusos e coletivos (pretensões

---

[21] MANCUSO, Rodolfo de Camargo. *Ação popular*. 4. ed. São Paulo: RT, 2001. p. 52-54.
[22] STJ – REsp 818.725/SP – 1.ª Turma – Rel. Min. Luiz Fux – j. 13.05.2008 – *DJe* 16.06.2008.

que envolvam tributos, contribuições previdenciárias, o Fundo de Garantia do Tempo de Serviço – FGTS ou outros fundos de natureza institucional, cujos beneficiários podem ser individualmente determinados), em especial quando nota-se a preocupação de salvaguardar o Estado[23]. Tais limitações, entretanto, apesar de lamentáveis, não atingem o direito consumerista, que desde a origem da ação civil pública já vinha expressamente consagrado como direito tutelável.

De qualquer forma, foi um marco legislativo no desenvolvimento do processo coletivo, especialmente em razão das novidades a respeito da legitimidade ativa, em opção legislativa consideravelmente diferente daquela adotada no Código de Defesa do Consumidor, da amplitude de direitos materiais tutelados com previsão no art. 1.º, previsão de inquérito civil, regras de competência, previsão do Fundo de Direitos Difusos, ainda que pendente de regulamentação, regras referentes à gratuidade para o autor. Ainda hoje, é uma das leis mais importantes que compõem o microssistema coletivo.

O terceiro marco legislativo é a Constituição Federal de 1988, conhecida como Constituição Cidadã, a primeira de nossa fase democrática após os tristes e nebulosos anos de ditadura militar. É possível analisar a relevância da Constituição Federal de 1988 para a tutela coletiva sob dois diferentes aspectos.

Na questão do direito material coletivo, considerando-se que, pela primeira vez, o texto constitucional consagrou a tutela de direitos materiais difusos e coletivos, bastando para se chegar a tal conclusão a leitura do art. 5.º da Constituição Federal. Elevar o direito material coletivo ao âmbito dos direitos fundamentais foi obra da Constituição Federal, o que, pelo menos no plano acadêmico, era o esperado. Está lá, quando ele fala em direito do consumidor, à saúde, direito à educação, direito ao patrimônio histórico-cultural etc.

O segundo aspecto é processual, considerando que a Constituição Federal de 1988 expressamente consagra regras referentes ao processo coletivo, ainda que não trate especificamente do procedimento de tal processo, missão, inclusive, outorgada à legislação infraconstitucional. Em pelo menos três passagens do texto constitucional existe previsão que afeta positivamente o processo coletivo.

Amplia-se o cabimento da ação popular em razão da previsão contida no art. 5.º, LXXIII, da CF/1988, que passa a admitir tal espécie de ação coletiva para: (a) anulação de ato lesivo ao patrimônio público ou de entidade de que o Estado participe; (b) anulação de ato lesivo à moralidade administrativa; (c) anulação de ato lesivo ao meio ambiente e ao patrimônio histórico e cultural. Essa norma constitucional, conjugada com o art. 1.º, *caput*, da LAP, em sua redação original, e com seu § 1.º, incluído pela Lei 6.513/1977, que conceitua o patrimônio público a ser protegido como bens e direitos de valor econômico, artístico, estético, histórico ou turístico, ampliam significativamente o âmbito de tutela por meio dessa espécie de ação coletiva.

Atualmente, e muito em decorrência da previsão constitucional, é tranquilo o entendimento de que, por meio da ação popular tutelam-se tanto os bens materiais que compõem o patrimônio público como também os bens imateriais. Essa ação coletiva, portanto, não se limita mais somente à tutela do erário, também prestando-se à tutela de bens do patrimônio imaterial, tais como a moralidade administrativa, o meio ambiente e o patrimônio cultural, artístico e urbanístico.

---

[23] NEVES, Daniel Amorim Assumpção. *Manual de processo coletivo*. São Paulo: Método, 2012, 5.10, p. 108-109.

Por outro lado, o art. 129, III, da CF/1988, prevê que o Ministério Público tem como função institucional a promoção do inquérito civil e a propositura da ação civil pública, para a proteção do patrimônio público e social, do meio ambiente e de outros interesses difusos e coletivos. Lembre-se que em 1988 ainda havia a limitação de tutela a algumas espécies de direitos difusos e coletivos, em razão da previsão do art. 1.º da LACP, com a redação da época, de forma que a previsão constitucional, ao não atrelar a atuação ativa do Ministério Público às espécies de direitos transindividuais, foi inovadora no campo da legitimação ativa.

Na realidade, criou-se uma situação anômala, com evidente quebra de isonomia entre os legitimados ativos coletivos. Enquanto o Ministério Público tinha legitimidade constitucional para ingressar com processo coletivo para a tutela de qualquer espécie de direito coletivo e difuso, os demais legitimados ativos estavam limitados ao rol exauriente previsto no art. 1.º da LACP. A anomalia, entretanto, durou pouco, podendo-se até dizer que a norma constitucional serviu com precursora das mudanças ocorridas dois anos depois no CDC.

Por fim, a Constituição Federal de 1988, em seu art. 5.º, LXX, "a" e "b", previu expressamente o mandado de segurança coletivo, determinando sua legitimidade ativa. A regulamentação veio somente no ano de 2009, por meio da Lei 12.016, mas, de qualquer forma desde a Constituição Federal já se admite o mandado de segurança coletivo, no que o texto pode ser considerado uma importante inovação em termos de processo coletivo.

O quarto e último marco legislativo é a Lei 8.078/1990, que, apesar de conhecida como Código de Defesa do Consumidor, tem importantes dispositivos nos Títulos III e V destinados ao processo coletivo, sendo aplicável em qualquer direito dessa espécie, e não só no direito coletivo consumerista. Como já analisado no presente Capítulo, o CDC, naquilo que couber, forma atualmente com a LACP o núcleo duro do microssistema coletivo.

O Código de Defesa do Consumidor teve ao menos dois grandes méritos no tocante ao processo coletivo, que merecem um maior destaque e são mais do que suficientes para que seja considerado um marco legislativo da tutela coletiva.

Primeiro, o diploma legal passou a prever que qualquer direito difuso ou coletivo poderia ser objeto de tutela coletiva, afastando a ideia restritiva que até então advinha do art. 1.º da LACP. O rol legal, portanto, passou a ser meramente exemplificativo, o que, naturalmente, ampliou consideravelmente o âmbito de proteção coletiva em juízo. Na realidade, fez-se pelo Código de Defesa do Consumidor, para todos os legitimados ativos, aquilo que dois anos antes a Constituição Federal já havia feito para o Ministério Público.

Em segundo lugar, e ainda mais importante, foi estendida aos direitos individuais homogêneos a tutela por meio do processo coletivo, com o Capítulo II do Título III inteiramente destinado a regulamentar essa tutela. Como a LACP só previa a tutela de direito difuso e coletivo, e a LAP só é cabível para a tutela do direito difuso à proteção do patrimônio público material e imaterial, a novidade do CDC realmente pode ser considerada significativa.

Como o presente capítulo tem como precípua missão a análise da tutela coletiva do consumidor em juízo, serão enfrentadas em especial as normas constantes da Lei 8.078/1990, e somente supletivamente, naquilo que afetar diretamente o consumidor, as normas da Lei 7.347/1985.

11.2. ESPÉCIES DE DIREITOS PROTEGIDOS PELA TUTELA COLETIVA

11.2.1. Introdução

Conforme afirmado no item 11.1, existem fundamentalmente três espécies de direitos materiais abrangidos: difusos, coletivos e individuais homogêneos. As previsões específicas no ECA e no Estatuto da Pessoa Idosa a respeito da defesa, pelo Ministério Público, de direitos individuais indisponíveis por meio de ação civil pública não interessam ao estudo da tutela coletiva do consumidor.

O art. 81, parágrafo único, da Lei 8.078/1990 conceitua essas três espécies de direitos coletivos *lato sensu*, sendo relevante sua distinção sob a ótica acadêmica e mesmo prática, em especial entre os direitos genuinamente coletivos e aqueles apenas acidentalmente coletivos.

11.2.2. Direitos ou interesses?

Há diversas passagens de textos legais que, ao se referirem ao objeto de tutela do processo coletivo, mencionam "direitos" e "interesses" difusos, coletivos e individuais homogêneos. O art. 81 do CDC, responsável pela conceituação do que seja difuso, coletivo e individual homogêneo, faz expressa menção a interesse e direitos; o art. 21 da LACP, ao prever a aplicação subsidiária do CDC, também faz alusão a direitos e interesses; o art. 129, III, da CF prevê como função institucional do Ministério Público a instauração de inquérito civil e a ação civil pública, para a proteção do patrimônio público e social, do meio ambiente e de outros interesses difusos e coletivos.

Há também dispositivos que embaralham os termos, como ocorre no art. 1.º da LACP, que, ao prever o objeto de tutela da ação civil pública, indica, no inciso III, bens e direitos de valor artístico, estético, histórico, turístico e paisagístico, e no inciso IV, a tutela de qualquer outro interesse difuso ou coletivo. O mesmo se verifica em decisões do Superior Tribunal de Justiça, que se referem sem qualquer preocupação a ambos os termos, a cada momento alternando-os como se fossem sinônimos[24].

Por fim, o art. 21, parágrafo único, da Lei 12.016/2009 prevê em seus dois incisos a tutela de direitos coletivos e individuais homogêneos por meio do mandado de segurança coletivo, sem qualquer menção ao termo "interesses".

Afinal, o objeto de tutela por meio do processo coletivo são os direitos difusos, coletivos e individuais homogêneos, os interesses difusos, coletivos e individuais homogêneos ou ambos?

É possível indicar na doutrina a existência de três correntes sobre o tema: (a) os que entendem tratar-se de termos sinônimos[25]; (b) os que entendem mais apropriada a adoção do termo interesse[26]; (c) os que defendem a utilização do termo direito[27].

---

[24] STJ – 4.ª Turma – REsp 823.063/PR – Rel. Min. Raul Araújo – j. 14.02.2012 – DJe 22.02.2012; STJ – 1.ª Turma – AgRg no Ag 1.249.559/RJ – Rel. Min. Arnaldo Esteves Lima – j. 15.12.2011 – DJe 02.02.2012.

[25] WATANABE, Kazuo. *Código de Defesa do Consumidor comentado pelos autores do anteprojeto*. 10. ed. Rio de Janeiro: Forense, 2011. v. II, p. 70; ALMEIDA, Gregório Assagra de. *Direito processual coletivo brasileiro*. São Paulo: Saraiva, 2003. p. 487; RIZZATTO NUNES, Luiz Antonio. As ações coletivas e as definições de direito difuso, coletivo e individual homogêneo. In: MAZZEI, Rodrigo; NOLASCO, Rita Dias (Coords.). *Processo civil coletivo*. São Paulo: Quartier Latin, 2005. p. 443-444.

[26] VIGLIAR, José Marcelo Menezes. *Tutela jurisdicional coletiva*. 2. ed. São Paulo: Atlas, 1999. p. 60-61; MAZZILLI, Hugo Nigro. *A defesa dos interesses difusos em juízo*. 15. ed. São Paulo: Saraiva, 2002. p. 62.

[27] DIDIER JR., Fredie; ZANETI JR., Hermes. *Curso de direito processual civil*. 4. ed. Salvador: JusPodivm, 2009. v. 4, p. 92-93; CARVALHO FILHO, José dos Santos. *Ação civil pública*. 7. ed. Rio de Janeiro: Lumen Juris, 2009. p. 28.

Acredito que, para o direito pátrio, a distinção entre direito e interesse não tenha mais a relevância de outrora e que até hoje é mantida em alguns outros países. A necessidade de tutelar a coletividade ou uma comunidade surgiu como algo incompreensível diante da concepção clássica de direito subjetivo, dividido entre direitos privado (de titularidade de um indivíduo) e público (de titularidade do Estado). Não havendo espaço para esses novos titulares (coletividade e comunidade), criou-se o termo "interesses" para designar esse novo fenômeno.

Como bem demonstrado pela melhor doutrina, a exclusão do chamado "interesse" coletivo e difuso do âmbito dos direitos só pode ser explicada por uma estreita concepção de direito subjetivo, com nítidas marcas de um liberalismo individualista, que exigia a determinação de titular como condição para a existência de um direito[28]. E, até mesmo dentro dessa visão clássica e ultrapassada, passou a se admitir uma distinção entre os chamados interesses, que foram definidos como simples – não tuteláveis jurisdicionalmente – e legítimos (jurídicos) – tuteláveis da mesma forma que os direitos subjetivos.

Como se pode notar, é possível que a distinção pretendida entre direito subjetivo e interesse legítimo tenha alguma importância em países que mantêm diferentes estruturas jurisdicionais para tutelar cada um deles. É o caso, por exemplo, da Itália, país no qual os direitos subjetivos são postulados perante a Justiça ordinária ou contenciosa civil, enquanto os interesses legítimos são postulados perante a Justiça administrativa. Não é esse, entretanto, o caso do Brasil, que tem uma jurisdição una e indivisível, que tutelará tanto o interesse legítimo como o direito subjetivo, caso efetivamente existam diferenças entre eles.

Na realidade, os valores de interesse da coletividade ou de uma comunidade, que um dia foram considerados meros interesses e depois passaram a ser vistos como interesses legítimos, atualmente devem ser contemplados como direitos subjetivos. Daí a absoluta desnecessidade de continuar, tanto no âmbito legislativo como no doutrinário e jurisprudencial, a se referir a interesses quando se tratar de tutela coletiva, bastando para a compreensão do tema a utilização do termo "direito".

Compreende-se a corrente doutrinária que prefere a utilização do termo interesse a direito, por considerar que nesse caso amplia-se o objeto de tutela por meio do processo coletivo[29]. Contudo, tenho a impressão de que essa preocupação, apesar de legítima e bem-vinda, não tem qualquer consequência prática, porque não consigo imaginar um "interesse" difuso, coletivo e individual homogêneo que não possa ser tratado como direito subjetivo[30].

Diante de todas as considerações tecidas a respeito da diferença de interesse – em especial, o legítimo – e o direito subjetivo, e constatada a absoluta irrelevância de distinção entre ambos no tocante à tutela jurisdicional no plano coletivo, prefiro me valer exclusivamente do termo direito.

Existem fundamentalmente três espécies de direitos materiais tutelados pelo microssistema coletivo: difusos, coletivos e individuais homogêneos. É preciso também incluir as previsões específicas no Estatuto da Criança e Adolescente e no Estatuto da Pessoa Idosa

---

[28] WATANABE, Kazuo. *Código de Defesa do Consumidor comentado pelos autores do anteprojeto.* 10. ed. Rio de Janeiro: Forense, 2011. v. II, p. 70.
[29] LEONEL, Ricardo de Barros. *Manual do processo coletivo.* São Paulo: RT, 2008. n. 3.1, p. 79.
[30] CARVALHO FILHO, José dos Santos. *Ação civil pública.* 7. ed. Rio de Janeiro: Lumen Juris, 2009. p. 28; VENTURI, Elton. *Processo civil coletivo.* São Paulo: Malheiros, 2007. p. 49; LENZA, Pedro. *Teoria geral da ação civil pública.* São Paulo: RT, 2003, p. 50.

a respeito da defesa pelo Ministério Público de direitos individuais indisponíveis por meio de ação coletiva, que também serão tratados no presente capítulo.

O art. 81, parágrafo único, da Lei 8.078/1990 conceitua essas três espécies de direitos coletivos *lato sensu*, sendo relevante sua distinção sob a ótica acadêmica e mesmo prática, em especial a diferença entre os direitos genuinamente coletivos e aqueles apenas acidentalmente coletivos.

11.2.3. Direito difuso

Nos termos do art. 81, parágrafo único, I, do CDC, os interesses ou direitos difusos são transindividuais, de natureza indivisível, de que sejam titulares pessoas indeterminadas e ligadas por circunstâncias de fato. Como se pode notar do conceito legal de direito difuso, essa espécie de direito é composta por quatro elementos cumulativos.

Afirmar que o direito difuso é transindividual é determinar a espécie de direito pelo seu aspecto subjetivo, qual seja, o seu titular. O direito transindividual, também chamado de metaindividual ou supraindividual, é aquele que não tem como titular um indivíduo. Nas corretas lições de Teori Albino Zavascki, "é direito que não pertence à administração pública e nem a indivíduos particularmente determinados. Pertence, sim, a um grupo de pessoas, a uma classe, a uma categoria, ou à própria sociedade, considerada em seu sentido amplo"[31].

Nota-se que o conceito de direito transindividual é residual, aplicando-se a todo direito material que não seja de titularidade de um indivíduo, seja ele pessoa humana ou jurídica, de direito privado ou público. No caso específico do direito difuso, o titular é a coletividade, representada por sujeitos indeterminados e indetermináveis. São direitos que não têm por titular um só sujeito nem mesmo um grupo determinado de sujeitos, referindo-se a um grupo social, a toda a coletividade, ou mesmo a parcela significativa dela.

O segundo elemento é a natureza indivisível, voltado para a incindibilidade do direito, ou seja, o direito difuso é um direito que não pode ser fracionado entre os membros que compõem a coletividade. Dessa forma, havendo uma violação ao direito difuso, todos suportarão por igual tal violação, o mesmo ocorrendo com a tutela jurisdicional, que, uma vez obtida, aproveitará a todos, indistintamente.

Nesse sentido a melhor doutrina:

> "1.°) os interesses e direitos difusos são aqueles que dizem respeito aos bens indivisíveis; 2.°) os bens indivisíveis, a seu turno, são aqueles em que não é viável uma forma diferenciada de gozo ou utilização; 3.°) nisto está implicado que o tipo de interesse dos membros de uma dada coletividade são, quantitativa e qualitativamente, iguais; 4.°) ademais, por isso mesmo, esses bens não são suscetíveis de apropriação exclusiva; 5.°) daí é que não se pode cogitar de atribuir-se a alguém, mais do que a outro(s) uma titularidade própria ou mais envergada, do que as dos demais inseridos no mesmo contexto"[32].

Ao prever o terceiro elemento que compõe o direito difuso, o art. 81, parágrafo único, I, do CDC, comete um equívoco ao afirmar que a titularidade desse direito é de

---

[31] Cfr. *Processo coletivo*. São Paulo: RT, 2006. p. 42.
[32] Cfr. *Ação civil pública*. 7. ed. Rio de Janeiro: Lumen Juris, 2009. p. 151.

pessoas indeterminadas. Na realidade, os titulares não são sujeitos indeterminados, mas sim a coletividade. Essa coletividade, naturalmente, é formada por pessoas humanas, mas o direito difuso não as considera como indivíduos, mas tão somente como sujeitos que compõem a coletividade, como integrantes desta[33].

Com essas considerações deve ser interpretado o dispositivo legal ora mencionado, e, nesses termos, compreende-se que o titular do direito difuso é a coletividade, por sua vez composta por sujeitos indeterminados e indetermináveis, ou seja, sujeitos que não são e nem podem ser determinados individualmente. Na realidade, como lembra a melhor doutrina, admite-se uma indeterminabilidade relativa; mesmo que seja possível a determinação, sendo a mesma extremamente difícil e trabalhosa, o direito continua a ser difuso. Como lembra José Carlos Barbosa Moreira, "o conjunto dos interessados apresenta contornos fluidos, móveis, esbatidos, a tornar impossível, ou quando muito superlativamente difícil, a individualização exata de todos os componentes"[34].

Por fim, o último elemento apontado pelo dispositivo legal ora analisado na conceituação do direito difuso é a circunstância de estarem todos os sujeitos que compõe a coletividade ligados por uma situação de fato, sendo dispensável que entre eles exista qualquer relação jurídica. Rizzatto Nunes afirma que, "em matéria de direito difuso, inexiste uma relação jurídica base. São as circunstâncias de fato que estabelecem a ligação. Entenda-se bem: são os fatos, objetivamente considerados, o elo de ligação entre todas as pessoas difusamente consideradas e o obrigado"[35].

Exemplo classicamente dado de direito difuso aplicável ao direito consumerista é o da propaganda enganosa[36]. Por meio de anúncio que induz o consumidor a erro, um fornecedor tenta vender produto ou serviço que jamais será apto a atender as expectativas deixadas pela propaganda. O simples fato de ser veiculada uma campanha publicitária enganosa é o suficiente para que todos os consumidores, potencialmente expostos a tal campanha, passem a compor a coletividade consumerista afrontada pela violação cometida pelo fornecedor.

Outro interessante exemplo é o da colocação no mercado de produtos com alto grau de nocividade ou periculosidade à saúde ou segurança dos consumidores[37]. Novamente, será uma circunstância de fato que reunirá os consumidores numa coletividade afrontada pela conduta do fornecedor.

---

[33] ARRUDA ALVIM. *Ação civil pública*. Repro, n. 87, São Paulo, RT, jul.-set. 1997, p. 151; GIDI, Antônio. *Coisa julgada e litispendência em ações coletivas*. São Paulo: Saraiva, 1995. p. 24.

[34] Cfr. A ação popular do direito brasileiro como instrumento de tutela jurisdicional dos chamados interesses difusos. *Temas de direito processual civil*. São Paulo: Saraiva, 1977. p. 112-113.

[35] Cfr. Ações coletivas e as definições de direito difuso, coletivo e individual homogêneo. In: MAZZEI, Rodrigo; NOLASCO, Rita Dias (Coords.). *Processo civil coletivo*. São Paulo: Quartier Latin, 2005. p. 87.

[36] ARRUDA ALVIM, Eduardo. *Apontamentos sobre o processo das ações coletivas*. In: MAZZEI, Rodrigo; NOLASCO, Rita Dias (Coords.). *Processo civil coletivo*. São Paulo: Quartier Latin, 2005. p. 28; DIDIER JR., Fredie; ZANETI JR., Hermes. *Curso de direito processual civil*. 4. ed. Salvador: JusPodivm, 2009. v. 4, p. 74; WATANABE, Kazuo. *Código de Defesa do Consumidor comentado pelos autores do anteprojeto*. 10. ed. Rio de Janeiro: Forense, 2011. p. 72; VIGLIAR, José Marcelo Menezes. *Tutela jurisdicional coletiva*. 2. ed. São Paulo: Atlas, 1999. p. 71.

[37] WATANABE, Kazuo. *Código de Defesa do Consumidor comentado pelos autores do anteprojeto*. 10. ed. Rio de Janeiro: Forense, 2011. p. 72.

11.2.4. Direito coletivo

Nos termos do art. 81, parágrafo único, II, do CDC, os interesses ou direitos coletivos são direitos transindividuais, de natureza indivisível, de que seja titular grupo, categoria ou classe de pessoas ligadas entre si ou com a parte contrária por uma relação jurídica base. Como se pode notar do conceito legal de direito coletivo, essa espécie de direito é composta por quatro elementos cumulativos.

Exatamente como ocorre no direito difuso, o direito coletivo é transindividual (metaindividual ou supraindividual) porque seu titular não é um indivíduo. Por terem a natureza transindividual como característica comum, o direito difuso e o direito coletivo são considerados direitos essencialmente coletivos[38]. Há, entretanto, uma diferença. Enquanto no direito difuso o titular do direito é a coletividade, no direito coletivo é uma comunidade, determinada por um grupo, classe ou categoria de pessoas.

A natureza indivisível também é elemento do direito coletivo, exatamente da mesma forma como ocorre no direito difuso. Nesse aspecto as duas espécies de direito transindividual são idênticas, comungando a característica de serem direitos que não podem ser divididos e usufruídos particularmente pelos sujeitos que compõem a coletividade ou comunidade. Como ocorre no direito difuso, também no direito coletivo todos os sujeitos que compõem o titular do direito – grupo, classe ou categoria de pessoas – suportam uniformemente todos os efeitos que atinjam o direito material.

No terceiro elemento do direito coletivo, o art. 81, parágrafo único, II, do CDC foi extremamente feliz em apontar como titular do direito um grupo, classe ou categoria de pessoas, deixando claro que não são os sujeitos individualmente considerados os titulares do direito, mas sim o grupo, classe ou categoria da qual façam parte. Essa limitação do direito coletivo a sujeitos que componham uma determinada comunidade leva a doutrina a corretamente afirmar que esses sujeitos são indeterminados, mas determináveis:

> "Esses interesses são também inerentes a pessoas indeterminadas a princípio, mas determináveis, pois o vínculo entre elas é mais sólido, decorrente de uma relação jurídica comum"[39].

O último elemento indispensável ao direito coletivo é a existência de uma relação jurídica base. Conforme bem ensinado pela doutrina, "essa relação jurídica base é a preexistente à lesão, ou ameaça de lesão do interesse ou direito do grupo, categoria ou classe de pessoas. Não a relação jurídica nascida da própria lesão ou ameaça de lesão"[40]. Significa que o direito coletivo depende de uma relação jurídica que reúna os sujeitos em

---

[38] BARBOSA MOREIRA, José Carlos. Ação Civil Pública. *Revista trimestral de direito público*, São Paulo, Malheiros, n. 3, 1993, p. 24; MENDES, Aluisio Gonçalves de Castro. *Ações coletivas no direito comparado e nacional*. São Paulo: RT, 2002. p. 210-211.

[39] LEONEL, Ricardo de Barros. *Manual do processo coletivo*. São Paulo: RT, 2002. p. 106; ARRUDA ALVIM, Eduardo. Apontamentos sobre o processo das ações coletivas. In: MAZZEI, Rodrigo; NOLASCO, Rita Dias (Coords.). *Processo civil coletivo*. São Paulo: Quartier Latin, 2005. p. 30; MARINONI, Luiz Guilherme; ARENHART, Sérgio Cruz. *Manual do processo de conhecimento*. São Paulo: RT, 2006. p. 725.

[40] Cfr. WATANABE, Kazuo. *Código de Defesa do Consumidor comentado pelos autores do anteprojeto*. 10. ed. Rio de Janeiro: Forense, 2011. v. II, p. 73.

um grupo, classe ou categoria antes de qualquer violação ou ameaça de violação a um direito indivisível dessa comunidade.

A forma mais simples de se visualizar a diferença entre essas duas relações jurídicas de direito material é imaginando que, solucionada a crise jurídica envolvendo o grupo, classe ou categoria de pessoas, essa unidade entre elas continuará a existir, porque a relação jurídica base existente entre elas não se confunde com aquela relação jurídica resolvida em juízo. Consumidores que tenham adquirido um mesmo carro e tenham direito a um *recall* não realizado pela montadora estarão reunidos numa relação jurídica base, que preexiste e sobreviverá à solução da relação jurídica conflituosa gerada pelo problema derivado da produção do veículo e à resistência da montadora em resolvê-lo espontaneamente.

A relação jurídica base da qual depende a existência do direito coletivo pode se dar de duas formas distintas: entre os próprios sujeitos que compõem o grupo, classe ou categoria, ou desses sujeitos com um sujeito comum que viole ou ameace de violação o direito da comunidade. Nas palavras da melhor doutrina, "cabe salientar que essa relação jurídica base pode dar-se entre os membros do grupo *affectio societatis* ou pela sua ligação com a 'parte contrária'. No primeiro caso temos os advogados inscritos na Ordem dos Advogados do Brasil (ou qualquer associação de profissionais); no segundo, os contribuintes de determinado imposto. Os primeiros ligados ao órgão de classe, configurando-se como 'classe de pessoas' (advogados); os segundos ligados ao ente estatal responsável pela tributação, configurando-se como 'grupo de pessoas' (contribuintes)"[41].

É natural imaginar ser o direito coletivo mais coeso que o direito difuso, porque existe uma relação jurídica base que torna determináveis os sujeitos beneficiados por sua tutela. A coesão desse direito, entretanto, não significa uma necessária organização, como bem demonstrado por Kazuo Watanabe:

"Tampouco foi considerado traço decisivo dos interesses ou direitos coletivos o fato de sua organização, que certamente existirá apenas na primeira modalidade mencionada no texto legal, qual seja, os interesses e direitos pertencentes a grupo, categoria ou classe de pessoas ligadas entre si por uma relação jurídica base, e não na segunda modalidade, que diz com os interesses ou direitos respeitantes a grupo, categoria ou classe de pessoas ligadas com a parte contrária por uma relação jurídica base. Mesmo sem organização, os interesses ou direitos coletivos, pelo fato de serem de natureza indivisível, apresentam identidade tal que, independentemente de sua harmonização formal ou amalgamação pela reunião de seus titulares em torno de uma entidade representativa, passam a formar uma só unidade, tornando-se perfeitamente viável, e mesmo desejável, a sua proteção jurisdicional em forma molecular"[42].

São variados os exemplos de direito coletivo consumerista. Quando se analisa a relação jurídica base derivada de uma vinculação entre os membros do grupo, classe ou categoria, pode se imaginar os associados de uma associação de proteção aos direitos do consumidor. Analisada a relação jurídica base com relação "à parte contrária", um bom exemplo é o grupo de alunos de uma escola quando discutem a reformulação da grade curricular.

---

[41] DIDIER JR., Fredie; ZANETI JR., Hermes. *Curso de direito processual civil*. 4. ed. Salvador: JusPodivm, 2009. v. 4, p. 75.

[42] WATANABE, Kazuo. *Código de Defesa do Consumidor comentado pelos autores do anteprojeto*. 10. ed. Rio de Janeiro: Forense, 2011. v. II, p. 75.

11.2.5. Direitos individuais homogêneos

O art. 81, parágrafo único, III, do CDC, foi bastante sucinto no conceito de direitos individuais homogêneos, prevendo apenas como exigência que decorram de uma origem comum. A singeleza do dispositivo, entretanto, limita-se ao aspecto literal, havendo sérias divergências a respeito de seu conteúdo.

Diante do conceito legal, é imprescindível que se determine o alcance da expressão "origem comum". Para Kazuo Watanabe, "a origem comum pode ser de fato ou de direito, e a expressão não significa, necessariamente, uma unidade factual e temporal. As vítimas de uma publicidade enganosa veiculada por vários órgãos de imprensa e em repetidos dias de um produto nocivo à saúde adquirido por vários consumidores num largo espaço de tempo e em várias regiões têm, como causa de seus danos, fatos de uma homogeneidade tal que os tornam a 'origem comum' de todos eles."[43]

Pensando em termos processuais, a origem comum decorre dos dois elementos que compõe a causa de pedir: fato e fundamento jurídico. Havendo um dano a grupo de consumidores em razão de um mesmo fato, ou ainda de fatos assemelhados, pode-se afirmar que os direitos individuais de cada um deles ao ressarcimento por seus danos são de origem comum. Da mesma forma, sendo possível que, mesmo diante de fatos distintos, um grupo de consumidores possa postular por um direito com base num mesmo fundamento jurídico, também se poderá afirmar que seus direitos individuais decorrem de uma origem comum.

Essa origem comum, entretanto, parece não ser o suficiente para que se tenha um direito individual homogêneo. Apesar de ser o único requisito previsto pelo dispositivo legal ora analisado, para que a reunião de direitos individuais resulte em um direito individual homogêneo é necessário que exista entre eles uma homogeneidade, não sendo suficiente apenas a origem comum. A homogeneidade, portanto, seria o segundo elemento dessa espécie de direito.

Com amparo de realidade já existente nas *class actions* do direito norte-americano (regra 23 das *Federal Rules* de 1966), corrente doutrinária entende que a homogeneidade dependerá da prevalência da dimensão objetiva sobre a individual. Significa que, havendo tal prevalência, os direitos, além de terem origem comum, serão homogêneos e poderão ser tutelados pelo microssistema coletivo. Por outro lado, se, apesar de terem uma origem comum, a dimensão individual se sobrepor à coletiva, os direitos serão heterogêneos e não poderão ser tratados à luz da tutela coletiva.

Nas ações cujo objeto seja o direito individual homogêneo, busca-se uma sentença condenatória genérica, que possa aproveitar a todos os titulares do direito, sendo que caberá a cada um deles ingressar com uma liquidação de sentença individual para se comprovar o nexo de causalidade e o dano individualmente suportado pelo liquidante. Para Ada Pellegrini Grinover, a prevalência das questões coletivas sobre as individuais se mostrará sempre que não houver maior dificuldade de o indivíduo provar o nexo de causalidade e quantificar seu dano:

> "Ora, a prova do nexo causal pode ser tão complexa, no caso concreto, a ponto de tornar praticamente ineficaz a sentença condenatória genérica do art. 95, a qual só reconhece a existência de dano geral. Nesse caso, a vítima ou seus sucessores

---

[43] Cfr. *Código de Defesa do Consumidor comentado pelos autores do anteprojeto*. 10. ed. Rio de Janeiro: Forense, 2011. v. II, p. 76.

deverão enfrentar um processo de liquidação tão complicado quanto uma ação condenatória individual, até porque ao réu devem ser asseguradas as garantias do devido processo legal, e notadamente o contraditório e a ampla defesa. E a via da ação coletiva poderá ter sido inadequada para a obtenção da tutela pretendida"[44].

Conforme lição da jurista paulista, quando não for possível de forma simples a determinação do nexo causal do direito individual e daquele que seria reconhecido na sentença coletiva, não haverá interesse de agir para a ação coletiva, dado que tal ação não será útil e nem adequada para resolver a crise jurídica enfrentada pelos indivíduos. Por outro lado, a sentença não será eficaz, porque de pouco proveito será aos titulares dos direitos individuais, considerando que a liquidação da sentença nesse caso em tudo se assemelhará a um verdadeiro processo de conhecimento condenatório individual[45].

Aparentemente foi essa a tônica da proposta de novo conceito legal da espécie de direito ora analisado. Segundo o art. 81, III, do Projeto de Lei do Senado 271/2012, os interesses ou direitos individuais homogêneos são aqueles decorrentes de origem comum, de fato ou de direito, que recomendem tratamento conjunto pela utilidade coletiva da tutela.

Cooperados de um mesmo Condomínio Residencial se sentem prejudicados em razão de uma cláusula de pagamento residual presente em todos os contratos, considerando sua natureza de adesão. Os fundamentos a serem utilizados por todos serão os mesmos para evitar a cobrança abusiva, e por isso o direito ao não pagamento caracteriza-se como individual homogêneo e pode ser tutelado por meio de ação coletiva.

Contudo, é possível que a maioria das casas tenha sido entregue com algum tipo de problema diferente: parede torta, encanamento mal colocado, pintura mal feita, chão com ondulações, janelas que não abrem etc. Nesse caso, apesar de uma origem comum, que é a péssima prestação do serviço, os fundamentos individuais somente aproveitarão os proprietários de cada um dos imóveis, o que impede a utilização de uma ação coletiva para sua tutela.

Um tradicional exemplo dado pela doutrina a respeito de direitos individuais homogêneos no campo consumerista diz respeito à aquisição, por diversos consumidores, de veículo de uma determinada marca, ano e série com defeitos de fabricação[46]. Nesse exemplo é facilmente identificada a prevalência da dimensão coletiva sobre a individual, considerando-se que a tese de defeito de fabricação aproveita a todos os adquirentes, e para eles será fácil e simples provar o nexo de causalidade, bastando provar o título de proprietários dos veículos.

Por outro lado, se defeitos pontuais passarem a prejudicar individualmente cada um dos consumidores (para um a porta não fecha direito, para outro vaza gasolina, para outro o cheiro do ar-condicionado lembra urina, e assim por diante), será impossível uma tutela coletiva que os atenda, porque nesses casos haverá uma nítida prevalência da dimensão

---

[44] Cfr. *Código Brasileiro de Defesa do Consumidor*. 6. ed. Rio de Janeiro: Forense Universitária, 1999. p. 135.

[45] GRINOVER, Ada Pellegrini. *Código Brasileiro de Defesa do Consumidor*. 6. ed. Rio de Janeiro: Forense Universitária, 1999. p. 135-136. No mesmo sentido MENDES, Aluisio Gonçalves de Castro. *Ações coletivas no direito comparado e nacional*. São Paulo: RT, 2002. p. 221.

[46] ALMEIDA, Gregório Assagra de. *Manual das ações constitucionais*. Belo Horizonte: Del Rey, 2007. p. 492-49; MAZZILLI, Hugo Nigro. *A defesa dos interesses difusos em juízo*. 15. ed. São Paulo: Saraiva, 2002. p. 57; VIGLIAR, José Marcelo Menezes. *Tutela jurisdicional coletiva*. 2. ed. São Paulo: Atlas, 1999. p. 79.

individual sobre a coletiva, sendo claro que, no exemplo dado, não haverá uma tese geral a beneficiar todos os consumidores. Os problemas podem até ter uma origem comum, todos advindos de defeitos de utilização dos veículos, mas não terão a homogeneidade suficiente para serem tutelados pelo microssistema coletivo.

A preocupação demonstrada pela doutrina ao exigir algo mais além da mera origem comum para caracterizar o direito individual homogêneo se presta essencial para diferenciar essa espécie de direito de um mero litisconsórcio disfarçado. Segundo parcela da doutrina, "uma ação coletiva para a defesa de direitos individuais homogêneos não significa a simples soma das ações individuais. Às avessas, caracteriza-se a ação coletiva por interesses individuais homogêneos exatamente porque a pretensão do legitimado concentra-se no acolhimento de uma tese jurídica geral, referente a determinados fatos, que pode aproveitar a muitas pessoas. O que é completamente diferente de apresentarem-se inúmeras pretensões singularizadas, especificamente verificadas em relação a cada um dos respectivos titulares do direito"[47].

O argumento é comum e impressiona, mas entendo que não tenha como prosperar. A origem comum está presente, numa maior ou menor intensidade, nas hipóteses de cabimento do litisconsórcio, salvo na hipótese prevista no art. 113, I, do CPC, que trata de um mesmo direito ou obrigação com pluralidade de titulares. Nesse sentido as corretas lições de Teori Albino Zavascki:

> "Os direitos individuais homogêneos são, em verdade, aqueles mesmos direitos comuns ou afins de que trata o art. 46 do CPC (nomeadamente em seus incisos II e IV), cuja coletivização tem um sentido meramente instrumental, como estratégia para permitir sua mais efetiva tutela em juízo"[48].

Justamente em razão desta circunstância, tenho dificuldade em aceitar o tratamento coletivo de qualquer soma de direitos individuais, ainda que de origem comum e homogêneos. Penso que, para se justificar a tutela coletiva, deve a violação do direito ter repercussão significativa, atingindo um número razoável de indivíduos, sob pena de se tutelar coletivamente direitos individuais que não tenham grande repercussão subjetiva[49].

Para justificar o que se alega, basta imaginar dois consumidores que, ao dividirem uma mesma garrafa de cerveja, tiveram sérias complicações médicas em razão de defeito do produto (líquido apodrecido). A origem dos direitos ao ressarcimento dos danos é naturalmente comum, bem como não há como se negar a homogeneidade dos direitos, considerando a simples prova do nexo de causalidade entre os direitos individuais e a eventual sentença condenatória genérica. Mas seria legítimo que uma associação de defesa dos consumidores ingressasse com uma ação civil pública requerendo a condenação do fornecedor da cerveja pelos danos suportados pelos dois consumidores lesados? Teria sido esse o objetivo de se tutelar coletivamente os direitos individuais homogêneos?

---

[47] ARAÚJO FILHO, Luiz Paulo da Silva, apud DIDIER JR., Fredie; ZANETI JR., Hermes. *Curso de direito processual civil*. 4. ed. Salvador: JusPodivm, 2009. v. 4, p. 78. No mesmo sentido RIZZATTO NUNES, Luiz Antonio. *Ações coletivas e as definições de direito difuso, coletivo e individual homogêneo*. In: MAZZEI, Rodrigo; NOLASCO, Rita Dias (Coords.). *Processo civil coletivo*. São Paulo: Quartier Latin, 2005. p. 91.

[48] Cfr. *Processo de execução: parte geral*. 3. ed. São Paulo: RT, 2004. p. 43.

[49] MENDES, Aluisio Gonçalves de Castro. *Ações coletivas no direito comparado e nacional*. São Paulo: RT, 2002. p. 221, fala em "número expressivo de pessoas" e "fenômenos típicos de massa".

É preciso concordar que no texto legal não existe qualquer espécie de exigência expressa para um número mínimo de lesados, o que tem levado, inclusive, parcela da doutrina a entender que essa circunstância é irrelevante[50]. Entendo, entretanto, que deve existir um número razoável de lesados a permitir a aplicação do microssistema coletivo, única forma de compatibilizar o direito individual homogêneo e a tutela coletiva. No exemplo da cerveja, caso o problema tivesse afetado um número maior de consumidores, em razão de diversas garrafas com defeito de produção, seria adequada a tutela coletiva, mas para somente dois consumidores – ou poucos –, entendo como único caminho viável a tutela individual.

No sentido de se exigir número razoável de lesados, interessante lição de Marcelo Abelha, a partir de dispositivos legais do próprio CDC:

"Depreende-se a exigência da relevância social para a sua tutela, pelo sistema processual coletivo, pela simples leitura dos dispositivos que cuidam mais diretamente desta modalidade de interesse. Assim, o art. 94 fala em publicação de edital para conhecimento dos interessados (e bem se sabe que as regras que justificam um edital residem no fato de ser desconhecido ou incerto o réu ou interessado). Mas não é só, já que também o art. 95 prevê que a sua sentença seja condenatória genérica, admitindo que o pedido, portanto, seja também genérico (não identificado o titular nem apurado ainda o prejuízo deste mesmo titular). Já o art. 100, parágrafo único, dá ensanchas à compreensão de que o interesse que justifica ser tratado como individual homogêneo é justamente aquele que, pela relevância e extensão, não há como se determinar seus titulares individuais e nem mesmo os prejuízos sofridos por cada um, deixando essas tarefas para a ação liquidatória"[51].

O Superior Tribunal de Justiça tem decisões nesse sentido, exigindo para a configuração de direito individual homogêneo, e consequente utilização da ação coletiva, um número considerável de indivíduos tutelados[52].

Cumpre finalmente uma consideração. Diferentemente dos direitos difusos e coletivos, o direito individual homogêneo não é um direito transindividual, já que seu titular não é a coletividade nem uma comunidade, mas sim os indivíduos. Teori Albino Zavascki corretamente afirma que "os direitos individuais homogêneos são, simplesmente, direitos subjetivos individuais. A qualificação de homogêneos não altera nem pode desvirtuar essa sua natureza. É qualificativo utilizado para identificar um conjunto de direitos subjetivos individuais ligados entre si por uma relação de afinidade, de semelhança, de homogeneidade, o que permite a defesa de todos eles"[53].

Justamente por não ser transindividual, o objeto do direito individual homogêneo não é indivisível, como ocorre no direito difuso e coletivo, sendo divisível e decomponível entre cada um dos indivíduos. Como não existe a incindibilidade natural dos direitos transindividuais, o direito individual homogêneo é apenas a soma de direitos individuais,

---

[50] VIGLIAR, José Marcelo Menezes. *Ações coletivas*. Salvador: Jus Podivm, 2007. p. 52.
[51] Cfr. Ação civil pública. In: DIDIER JR., Fredie (Org.). *Ações constitucionais*. 4. ed. Salvador: JusPodivm, 2009. p. 353-354.
[52] *Informativo* 491/STJ – 4.ª Turma – REsp 823.063/PR – Rel. Min. Raul Araújo – j. 14.02.2012; STJ – 3.ª Turma – AgRg no REsp 710.337/SP – Rel. Min. Sidnei Beneti – j. 15.12.2009 – DJe 18.12.2009.
[53] Cfr. *Processo de execução*: parte geral. 3. ed. São Paulo: RT, 2004. p. 42-43.

que, fundados numa tese geral, podem ser tratados conjuntamente como se fossem um só em um processo coletivo.

A doutrina majoritariamente entende pela natureza individual do direito individual homogênea[54], dadas a sua titularidade e divisibilidade, havendo, inclusive, expressões consagradas na doutrina que demonstram de forma clara essa característica dos direitos individuais homogêneos e a consequente diferença destes com os direitos difusos e coletivos (transindividuais).

José Carlos Barbosa Moreira consagrou a ideia de que os direitos difusos e coletivos são direitos essencialmente coletivos, enquanto os direitos individuais homogêneos são apenas acidentalmente coletivos[55]. Teori Albino Zavascki fala em defesa de direitos coletivos para se referir aos direitos difusos e coletivos, e em defesa coletiva de direitos para se referir a direitos individuais homogêneos[56]. As tentativas de defender uma natureza transindividual dos direitos individuais homogêneos são raras[57] e praticamente sem repercussão, não impressionando, por vezes, a menção a tal circunstância em corpo de julgados consideravelmente despreocupados com a melhor técnica.

11.2.6. Identidades e diferenças entre os direitos coletivos *lato sensu*

Na doutrina é tranquilo o entendimento de que nem sempre será fácil ao operador do direito distinguir as diferentes espécies de direito coletivo existentes em nosso microssistema processual coletivo. A constatação é corroborada por identidades de alguns elementos comuns a mais de uma dessas espécies de direito.

Tanto o direito difuso como o coletivo são transindividuais, já que nenhum deles pertence a um indivíduo. Apesar de serem diferentes os titulares desses direitos – a coletividade, no primeiro caso, e uma comunidade no segundo –, a transindividualidade é característica comum a ambos. Também a indivisibilidade é característica presente tanto no direito difuso como no direito coletivo, não sendo possível a fruição desse direito apenas por alguns membros da coletividade ou da comunidade e não pelos demais.

As identidades entre o direito difuso e o coletivo, entretanto, se limitam à transindividualidade e à indivisibilidade, porque entre ambos há ao menos duas importantes diferenças.

Conforme já analisado, enquanto no direito difuso não existe uma relação jurídica que vincule os indivíduos que compõem a coletividade, no direito coletivo há, entre os

---

[54] MARINONI, Luiz Guilherme; ARENHART, Sérgio Cruz. *Curso de direito processual civil*. São Paulo: RT, 2009. v. 4, p. 726; RODRIGUES, Marcelo Abelha. Ação civil pública. In: DIDIER JR., Fredie (Org.). *Ações constitucionais*. 4. ed. Salvador: JusPodivm, 2009. p. 353; ALMEIDA, Gregório Assagra de. *Manual das ações constitucionais*. Belo Horizonte: Del Rey, 2007. p. 492; VIGLIAR, José Marcelo Menezes. *Tutela jurisdicional coletiva*. 2. ed. São Paulo: Atlas, 1999. 79; MENDES, Aluisio Gonçalves de Castro. *Ações coletivas no direito comparado e nacional*. São Paulo: RT, 2002. p. 220-221; MAZZILLI, Hugo Nigro. *A defesa dos interesses difusos em juízo*. 15. ed. São Paulo: Saraiva, 2002. p. 57; ZAVASCKI, Teori Albino. *Processo de execução: parte geral*. 3. ed. São Paulo: RT, 2004. p. 43.

[55] BARBOSA MOREIRA, José Carlos. A proteção jurídica dos interesses coletivos. *Temas de direito processual (terceira turma)*. São Paulo: Saraiva, 1984. p. 42-43.

[56] ZAVASCKI, Teori Albino. *Processo coletivo – tutela de direitos coletivos e tutela coletiva de direitos*. 4. ed. São Paulo: RT, 2009. p. 42-43.

[57] DIDIER JR., Fredie; ZANETI JR., Hermes. *Curso de direito processual civil*. 4. ed. Salvador: JusPodivm, 2009. v. 4, p. 80-82.

membros da coletividade, uma relação jurídica base, que os vincula entre si ou com a parte contrária. Portanto, no direito difuso a condição de membro da coletividade decorre de uma situação de fato, enquanto no direito coletivo existe uma relação jurídica que vincula os indivíduos que compõem a classe, grupo ou categoria de pessoas.

Enquanto no direito difuso há uma indeterminabilidade dos sujeitos que compõem a coletividade (note-se, não há, como indevidamente sugere o art. 81, parágrafo único, incisos I e II, do CDC, uma indeterminabilidade de titulares, porque o titular é sempre determinado: a coletividade), ainda que relativa, conforme já analisado, no direito coletivo, os membros que compõem a comunidade são indeterminados, mas determináveis (novamente o titular do direito é determinado – o grupo, classe ou categoria de pessoas –, sendo indeterminados, mas determináveis, somente os sujeitos que compõem essa comunidade).

A questão mais importante que deve ser respondida, entretanto, diz respeito à utilidade prática dessa distinção entre o direito difuso e coletivo. Para parcela da doutrina, a questão se resolve no plano puramente acadêmico, sem grandes consequências práticas. Nesse sentido as lições de Teori Albino Zavascki:

"Nem sempre são perceptíveis com clareza as diferenças entre os direitos difusos e os direitos coletivos, ambos transindividuais e indivisíveis, o que, do ponto de vista processual, não tem maiores consequências, já que, pertencendo ambos ao gênero direitos transindividuais, são tutelados judicialmente pelos mesmos instrumentos processuais"[58].

Por outro lado, existe corrente doutrinária que defende a precisa distinção dos direitos difusos e coletivos não só por uma questão acadêmica, observando que também existiram consequências práticas relevantes dessa tarefa. Nas palavras de Aluisio Gonçalves de Castro Mendes,

"A correta distinção se faz necessária e é importante, na medida em que as duas categorias estão submetidas a regime diverso em termos de coisa julgada. A sentença proferida em relação aos interesses difusos produzirá efeitos *erga omnes*, enquanto na solução dos conflitos envolvendo interesses coletivos a eficácia estará adstrita ao grupo, categoria ou classe"[59].

Feita a distinção entre os direitos que se mostram transindividuais, é ainda necessária a distinção desses com o direito individual homogêneo, também tutelado pelo microssistema coletivo.

A primeira e principal diferença diz respeito ao titular do direito, característica essa, inclusive, que demonstra de forma clara a opção de política legislativa de se tratar coletivamente, em termos processuais, os direitos individuais homogêneos. O titular do direito individual homogêneo é o indivíduo, considerando que nesse caso haverá uma soma de direitos individuais, sendo cada um desses direitos somados de titularidade definida de um indivíduo.

Por outro lado, a indivisibilidade – ou unitariedade – presente nos direitos transindividuais não é encontrada no direito individual homogêneo, porque nesse os direitos

---

[58] *Processo coletivo*. São Paulo: RT, 2006. p. 46.
[59] MENDES, Aluisio Gonçalves de Castro. *Ações coletivas no direito comparado e nacional*. São Paulo: RT, 2002. p. 218; MAZZILLI, Hugo Nigro. *A defesa dos interesses difusos em juízo*. 15. ed. São Paulo: Saraiva, 2002. p. 60; MANCUSO, Rodolfo de Camargo. *Interesses difusos*. 5. ed. São Paulo: RT, 2000. p. 79.

individuais somados podem ser fruídos ou sacrificados individualmente diante de cada um de seus titulares. Parece ser exatamente nesse ponto o aspecto diferenciador mais importante para fins de distinção, na prática, da natureza do direito defendido em juízo.

Quando uma ação civil pública é proposta para reparar os danos de consumidores que se vitimaram num acidente em transporte oferecido por uma empresa turística, cada qual dos consumidores lesados terá um direito individual de reparação, que, uma vez somados, poderão resultar num direito individual homogêneo. Por outro lado, quando numa ação civil pública se pretende condenar o réu a modificar a propaganda de um produto, em razão das informações incorretas que contém, toda a coletividade será beneficiada com a eventual condenação, sendo nítida a natureza transindividual do direito tutelado nesse caso. E, ainda, se é buscada numa ação civil pública a mudança na grade curricular de uma escola, todos os alunos que lá estudam serão beneficiados ou prejudicados pela mudança, mas será inviável a modificação curricular somente para alguns dos alunos e para outros não.

A distinção entre o direito individual homogêneo e o difuso e coletivo parece ter grandes repercussões práticas: (i) a legitimidade tem pequena diferença no tocante ao Ministério Público, que possui legitimidade ampla nos direitos transindividuais e encontra alguma limitação na defesa do direito individual homogêneo; (ii) não se admitirá numa ação individual a defesa de direitos difusos e coletivos, o mesmo não ocorrendo com o direito individual homogêneo; (iii) no direito individual homogêneo é admissível o ingresso de qualquer titular de direito como assistente litisconsorcial do autor, o que não se admite nos direitos difusos e coletivos; (iv) a liquidação e execução seguirão regras procedimentais totalmente diferentes, conforme amplamente analisado nos itens 11.8 e 11.9.

Entretanto, como bem anotado pela melhor doutrina, não há somente diferenças entre os direitos transindividuais, em especial o coletivo, e o direito individual homogêneo. Nessas duas espécies de direito existirá um grupo, classe e categoria de pessoas, sendo a determinação, ou quando muito a determinabilidade desses sujeitos, um elemento comum a essas duas espécies de direito[60].

Apesar das diferenças entre os direitos tuteláveis pelo microssistema coletivo, conforme ensina a melhor doutrina, é possível a cumulação de todos eles, ou de dois deles, num mesmo processo, desde que respeitadas as exigências processuais específicas de cada um deles[61]. Dessa forma, é possível, por exemplo, numa mesma ação civil pública se pedir a condenação do réu a parar de veicular propaganda enganosa (direito difuso), bem como a condenação ao ressarcimento de todos os consumidores que foram prejudicados por terem acreditado na propaganda (direito individual homogêneo).

E, por fim, ainda seguindo as lições de autorizada doutrina, é possível que de uma mesma situação fático-jurídica derivem direitos coletivos *lato sensu* de diferentes espécies:

> "Outra confusão recorrente precisa ser desfeita: o mesmo interesse não pode ser simultaneamente difuso, coletivo e individual homogêneo. O que pode ocorrer é que uma única combinação de fatos, sob uma única relação jurídica, venha a provocar o surgimento de interesses transindividuais de mais de uma categoria, os quais podem até mesmo ser defendidos na mesma ação civil pública ou coletiva"[62].

---

[60] STJ – 1.ª Turma – REsp 799.669/RJ – Rel. Min. Luiz Fux – j. 02.10.2007 – DJ 18.02.2008, p. 25.
[61] MAZZILLI, Hugo Nigro. *A defesa dos interesses difusos em juízo*. 15. ed. São Paulo: Saraiva, 2002. p. 58.
[62] MAZZILLI, Hugo Nigro. *A defesa dos interesses difusos em juízo*. 15. ed. São Paulo: Saraiva, 2002. p. 59.

11.2.7. Direitos individuais indisponíveis

Conforme exposto anteriormente, apesar de o microssistema coletivo se preocupar com a tutela de direitos transindividuais e individuais, nesse segundo caso – direitos individuais homogêneos – há uma prevalência da dimensão coletiva sobre a dimensão individual, inclusive sob o aspecto subjetivo, o que exigirá uma quantidade razoável de titulares de direitos individuais de origem comum a justificar a aplicação das regras procedimentais do microssistema coletivo.

Ocorre, entretanto, que em três passagens legais que versam sobre o direito coletivo *lato sensu*, e mais precisamente sobre a aplicabilidade do microssistema coletivo, encontra-se a tutela de direitos individuais puros, de natureza indisponível, que podem até mesmo ter apenas um sujeito como titular. Trata-se do art. 201, V, da Lei 8.069/1990 (ECA) e art. 74, I, da Lei 10.741/2001 (Estatuto da Pessoa Idosa), que expressamente atribuem legitimidade ao Ministério Público na tutela de direitos individuais indisponíveis por meio de instrumentos exclusivos do microssistema coletivo: inquérito civil e ação civil pública, e do art. 3.º, *caput*, da Lei 7.853/1989, com redação dada pelo art. 98 da Lei 13.146/2015 (Estatuto da Pessoas com Deficiência), que prevê legitimidade ainda mais ampla.

Conforme já tive oportunidade de afirmar, será objeto de tutela por meio do microssistema coletivo a espécie de direito que o legislador desejar, sendo ele transindividual ou individual. Nas hipóteses ora analisadas, entretanto, não vejo qualquer sentido lógico ou jurídico que legitime a aplicação das especiais e diferenciadas regras do microssistema coletivo a direitos essencialmente individuais, ainda que indisponíveis e de titularidade de pessoas idosas, crianças e adolescentes. Entendo que se trata de ampliação indevida e injustificável, mas não se pode deixar de reconhecer a opção legislativa.

O que não parece correto é tentar explicar a tutela processual coletiva de direito individual indisponível adequando essa espécie de direito ao direito individual homogêneo. Essa indevida confusão, notada em julgamentos do Superior Tribunal de Justiça[63], é absolutamente indesejável porque não distingue os elementos objetivos e subjetivos dos direitos materiais. Ser indisponível diz respeito ao conteúdo do direito, enquanto ser individual homogêneo concerne aos sujeitos que são seus titulares, tanto assim que não existe qualquer exigência de que essa segunda espécie de direito seja indisponível. Há, inclusive, decisões do próprio Superior Tribunal de Justiça que, corretamente, fazem questão de diferenciar direito individual indisponível de direito individual homogêneo[64].

Há inúmeras decisões reconhecendo a legitimidade do Ministério Público e o cabimento da ação civil pública para a tutela de direito indisponível de indivíduo, seja menor[65] ou pessoa idosa[66], nos termos do art. 201, V, da Lei 8.069/1990 (ECA) e do art. 74, I, da Lei 10.741/2001 (Estatuto da Pessoa Idosa).

---

[63] STJ – 1.ª Turma – AgRg no REsp 1.086.805/RS – Rel. Min. Arnaldo Esteves Lima – j. 02.08.2011 – *DJe* 15.09.2011; STJ – 2.ª Turma – AgRg no Ag 1.156.930/RJ – Rel. Min. Humberto Martins – j. 10.11.2009 – *DJe* 20.11.2009.

[64] STJ – 2.ª Turma – AgRg no REsp 1.045.750/RS – Rel. Min. Castro Meira – j. 23.06.2009 – *DJe* 04.08.2009; STJ – 1.ª Seção, EREsp 819.010/SP – Rel. Min. Eliana Calmon – Rel. p/ acórdão Min. Teori Albino Zavascki – j. 13.02.2008 – *DJe* 29.09.2008.

[65] STJ – 3.ª Turma – REsp 976.021/MG – Rel. Min. Nancy Andrighi – j. 14.12.2010 – *DJe* 03.02.2011.

[66] STJ – 1.ª Turma – REsp 1.005.587/PR – Rel. Min. Luiz Fux– j. 02.12.2010 – *DJe* 14.12.2010; STJ – 1.ª Turma – AgRg no Ag 1.131.833/SP – Rel. Min. Teori Albino Zavascki – j. 18.08.2009 – *DJe* 26.08.2009.

O problema é a interpretação extensiva que se vem fazendo de tais dispositivos para admitir a ação civil pública em favor de indivíduos, mesmo fora das proteções legais, com fundamento que, apesar de interessante, parece não se sustentar. Alega-se que, indiretamente, a tutela desses indivíduos atenderá a um interesse difuso da coletividade em ver os hipossuficientes e – com ainda maior razão – os hipervulneráveis protegidos pela tutela jurisdicional. Dessa forma, apesar de se tratar de direito individual indisponível não previsto em lei como tutelável pelo microssistema coletivo, o respeito ao pacto coletivo de inclusão social imperativa desses sujeitos atenderia a um direito difuso, o que justificaria a utilização do microssistema coletivo[67].

Exemplos concretos dessa ampliação, além das hipóteses legais, são encontrados em precedentes do Superior Tribunal de Justiça ao reconhecer a legitimidade do Ministério Público para a propositura de ação civil pública em favor de indivíduo economicamente hipossuficiente no acesso a medicamento[68] e em favor de deficiente físico para a obtenção de prótese[69], tendo essa última hipótese sido contemplada pela nova redação dada pelo art. 98 da Lei 13.146/2015 ao art. 3.º, *caput*, da Lei 7.853/1989.

Não tenho qualquer dúvida de que os hipervulneráveis merecem toda a proteção estatal possível, inclusive a jurisdicional, mas não vejo a necessidade de aplicação do microssistema coletivo na defesa de seus direitos individuais indisponíveis. Que se admita a excepcional legitimidade extraordinária do Ministério Público para esse caso, uma vez que essa espécie de legitimidade não precisa de previsão expressa em lei, mas para a propositura de processo individual.

A opção do legislador de incluir direitos individuais indisponíveis de determinados sujeitos (pessoa idosa, criança e adolescente) no microssistema coletivo já se mostra incongruente e desnecessária. Ampliar o âmbito dessa tutela contém o mesmo vício, mas, por derivar de interpretação extensiva, é ainda mais perigoso, podendo até, no extremo, descaracterizar o microssistema coletivo.

Meu receio de tal ampliação foi, infelizmente, confirmado por julgamento do Superior Tribunal de Justiça sob o rito do julgamento repetitivo. Em precedente vinculante, o tribunal decidiu pela legitimidade ampla do Ministério Público a tutelar direitos individuais indisponíveis por meio de processo coletivo, com fundamento no art. 1º da Lei 8.625/1993 (Lei Orgânica Nacional do Ministério Público)[70].

Já deixei claro que entendo que tutelar o direito individual indisponível por meio de ação coletiva é um equívoco e um grande desserviço para a tutela coletiva. Embora não concorde, portanto, com a premissa criada pelo Superior Tribunal de Justiça, não é possível limitá-la à legitimidade ativa do Ministério Público. Se a justificativa encontrada

---

[67] STJ – 1.ª Seção – REsp 931.513/RS – Rel. Min. Carlos Fernando Mathias – Rel. p/ acórdão Min. Herman Benjamin – j. 25.11.2009 – DJe 27.09.2010.
[68] STJ – 2.ª Turma – AgRg no REsp 1.297.893/SE – Rel. Min. Castro Meira – j. 25.06.2013 – DJe 05.08.2013.
[69] STJ – 1.ª Seção – REsp 931.513/RS – Rel. Min. Carlos Fernandes Mathias (desembargador convocado do RTF 1.ª Região) – Rel. p/ acórdão Min. Herman Benjamin – j. 25.11.2009 – DJe 27.09.2010.
[70] STJ – 1ª Seção – REsp 1.682.836/SP – Rel. Min. Og Fernandes – j. 25.04.2018 – DJe 30.04.2018: "Tese jurídica firmada: O Ministério Público é parte legítima para pleitear tratamento médico ou entrega de medicamentos nas demandas de saúde propostas contra os entes federativos, mesmo quando se tratar de feitos contendo beneficiários individualizados, porque se refere a direitos individuais indisponíveis, na forma do art. 1º da Lei n. 8.625/1993 (Lei Orgânica Nacional do Ministério Público)".

pelo tribunal para concluir pela legitimidade ativa é sua finalidade institucional, nos termos de sua lei orgânica, o mesmo deve ser aplicado para a Defensoria Pública.

Nos termos do art. 1º, *caput*, da Lei Complementar 80/1994 (Lei Orgânica da Defensoria Pública), é função institucional da Defensoria Pública a defesa integral dos necessitados, inclusive, naturalmente, de seus direitos indisponíveis.

Se a finalidade institucional do Ministério Público (art. 1º da Lei 8.625/1993), somada à legitimidade ativa para ações coletivas (art. 5º, I, da Lei 7.347/1985), basta para concluir por sua legitimidade ativa na ação coletiva de tutela de direito individual indisponível, o mesmo raciocínio deve ser empregado à Defensoria Pública, entendimento resultante da combinação do art. 1º da Lei Complementar 80/1994 e art. 5º, II, da Lei 7.347/1985). Há, naturalmente, uma diferença entre os dois legitimados.

Enquanto o Ministério Público só pode participar do processo como autor de ação coletiva, a Defensoria Pública pode ser autora da ação coletiva ou representante do assistido em ação individual. Essa dualidade de qualidades processuais, a depender da natureza da ação judicial, permite à Defensoria Pública optar pela espécie de processo que se mostre mais adequado e eficiente para a tutela do necessitado no caso concreto.

Registre-se, por oportuno, já existir uma previsão legal expressa a atribuir legitimidade ativa à Defensoria Pública para a ação coletiva na tutela de direito individual indisponível: art. 3º da Lei 7.853/1989.

11.3. COMPETÊNCIA NA TUTELA COLETIVA

11.3.1. Competência absoluta: funcional ou territorial?

Parece não haver dúvida na doutrina e na jurisprudência a respeito da natureza absoluta da competência no âmbito da tutela coletiva. É natural que a competência da Justiça e do juízo no caso concreto será sempre de natureza absoluta, mas o traço distintivo na tutela coletiva é que a competência do foro também é absoluta, diferente do que ocorre, ao menos como regra, na tutela individual.

A competência do foro (comarca na Justiça Estadual e seção judiciária na Justiça Federal) no âmbito da tutela coletiva é regulada pelos arts. 2.º da LACP e 93 do CDC. No art. 93 do CDC não há qualquer previsão a respeito da natureza da competência lá determinada, mas no art. 2.º da LACP há previsão expressa da competência funcional do local do dano, o que demonstra de forma indiscutível a natureza absoluta da competência ali prevista.

Uma vez previsto expressamente no art. 2.º da LACP que a competência do foro para as demandas coletivas é funcional, pode-se afirmar que sua natureza estaria resolvida por determinação legal. Ocorre, entretanto, que a simples previsão de uma espécie de competência não é suficiente para determinar sua natureza, de forma que continua a existir a dúvida a respeito de ser a regra de competência do foro do local do dano de competência funcional ou territorial, ainda que, nesse segundo caso, excepcionalmente absoluta.

Para responder a questão, deve-se partir de uma constatação: parece que atualmente há um equívoco claro a respeito do conceito da competência funcional. Na verdade, toda a confusão a respeito do instituto deriva das lições de Giuseppe Chiovenda, seguidas por nosso Código de Processo Civil e por grande parcela da doutrina nacional. Para o mestre italiano, a competência funcional se baseava em duas características bastante distintas:

"a) quando as diversas funções necessárias num mesmo processo ou coordenadas à atuação da mesma vontade de lei são atribuídas a juízes diversos ou a órgãos jurisdicionais diversos (competência por graus; cognição e execução, medidas provisórias e definitivas, e outras);

b) quando uma causa é confiada ao juiz de determinado território pelo fato de ser aí mais fácil ou mais eficaz sua função (execução no lugar dos bens; processo de falência na sede do estabelecimento comercial principal)".[71]

O problema gerado por tal construção é deixar transparecer a ideia – amplamente dominante na doutrina nacional – de que a fixação de competência em um determinado território possa ter caráter funcional, o que não se coaduna com o conceito clássico de competência funcional. Nem mesmo nas hipóteses em que supostamente a função jurisdicional puder ser exercida de maneira mais fácil ou eficaz, o entendimento será aceitável. Há uma falha clara nesse raciocínio, de se atribuir somente em algumas hipóteses competência absoluta para determinado lugar em que teoricamente a atividade jurisdicional – em especial no campo probatório – seria facilitada, o que geraria como consequência uma tutela jurisdicional de melhor qualidade.

Como então explicar a relatividade das diversas hipóteses de competência previstas pelo art. 53 do CPC, como a do local do acidente de veículos, que poderá também ser proposta no domicílio do autor, ou ainda no domicílio do réu? Alguém duvida que, nesse caso, o processo tramitando no local do acidente possa gerar um contato mais próximo do juiz com a instrução probatória? E que supostamente tal contato faria com que a função a ser exercida pelo juiz fosse mais fácil ou mais eficaz? Porque então, nesse caso, não se aplica a competência funcional?

Entendo que há um grave equívoco ao se imaginar que tais características sejam efetivamente a razão para que a regra de competência tenha caráter funcional. Ademais, seria absolutamente inconveniente entender o critério funcional como sendo apto a determinar uma melhor ou pior forma de prestação jurisdicional, quando o mínimo que se espera é que a prestação jurisdicional de qualidade seja sempre a preocupação da jurisdição, independentemente do local em que é exercida.

Dessa forma, parece que nas situações em que o legislador fixa uma competência territorial, atribuindo-lhe a característica de competência absoluta, não o faz levando em conta tão somente a melhor ou pior qualidade da prestação jurisdicional, mas sim a natureza do direito material debatido. É essa natureza que leva o legislador a fixar certo território de maneira improrrogável para julgar determinadas demandas judiciais, sendo somente possível afirmar que a facilidade ou eficácia da função a ser exercida pelo juiz é apenas algo que motivou o legislador a criar essas regras de competência absoluta, mas nunca sua razão de ser.

Nesses termos, irretocável a conclusão de Brunela Vieira de Vicenzi, em artigo específico sobre o tema:

"A relação de direito material influencia diretamente na definição da competência; em determinados casos a relevância do direito tutelado impõe a sua diferenciação,

---

[71] CHIOVENDA, Giuseppe. *Instituições de direito processual civil*. 2. ed. São Paulo: Saraiva, 1969. v. 2, p. 187.

quando, então, o legislador atribui previamente competência absoluta a determinado órgão jurisdicional. Porém, a questão não vem sendo tratada de maneira tão simples. Na maioria das vezes o legislador utiliza-se de dois ou mais critérios definidores da competência simultaneamente, por exemplo, o material e territorial. E aí, não obstante, atribui a essa competência o rótulo de funcional, acreditando que assim ela se tornará absoluta. Em síntese, poderíamos dizer que o conceito está sendo distorcido e utilizado para atribuir eficácia 'absoluta' à competência de um órgão jurisdicional definido em razão do território simplesmente, ou em razão do território conjugado a matéria (hipótese em que, aliás, a competência já seria absoluta por força dos critérios utilizados). Mais simples e coerente seria estabelecer, em vista dos direitos tutelados, sempre que estes forem de ordem pública, em cuja tutela o Estado tenha premente interesse, a competência absoluta, independentemente do critério utilizado para a sua prévia definição. Improrrogável pela vontade das partes, portanto".[72]

Essa errônea definição do conceito de competência funcional pode ser sentida em três importantes dispositivos legais: a) art. 47 do CPC; b) art. 2.º da Lei 7.347/1985 (Ação Civil Pública); c) art. 80 da Lei 10.741/2003 (Estatuto da Pessoa Idosa), sendo mais relevante para o presente estudo a norma que compõe o núcleo duro do microssistema coletivo.

11.3.2. Competência absoluta do foro

Assim vem redigido o art. 2.º da LACP: "as ações previstas nesta Lei serão propostas no foro do local onde ocorrer o dano, cujo juízo terá competência funcional para processar e julgar a causa". Conforme já afirmado, o legislador pensou em evitar qualquer espécie de debate sobre a verdadeira espécie de competência ao determinar expressamente tratar a regra de competência funcional. Melhor seria simplesmente se manter alheio a tão polêmico debate, consignando somente que a competência é absoluta, como acertadamente sugerido por Cândido Rangel Dinamarco:

"A Lei de Ação Civil Pública, empregando linguagem inadequada, diz ser funcional a competência de foro ali estabelecida (art. 2.º). Entende-se que quis com isso dar por absoluta essa competência, porque a realização do processo no foro onde se localiza o dano é do interesse público e não de indivíduos identificados – afastando-se consequentemente a possibilidade de eleição de outro foro e mesmo a prorrogação da competência territorial por força de omissão em opor exceção declinatória"[73].

---

[72] VICENZI, Brunela Vieira de. Competência funcional – distorções. *Revista de Processo*, n. 105, 2002, p. 280-281. MARQUES, José Frederico. *Instituições de direito processual civil*. Campinas: Millennium, 2000. v. 2. p. 337, já havia criticado os autores que estendiam o conceito de competência funcional aos casos particulares de competência territorial improrrogável: "A improrrogabilidade ou não da competência é assunto da divisão da competência em absoluta e relativa, e nada tem a ver com a competência funcional. Impossível a mistura de coisas tão heterogêneas como a que fez Chiovenda".

[73] DINAMARCO, Cândido Rangel. *Instituições de direito processual civil*. São Paulo: Malheiros, 2005. v. 2, p. 530. Nesse sentido MAZZILLI, Hugo Nigro. *A defesa dos interesses difusos em juízo*. 15. ed. São Paulo: Saraiva, 2002. p. 212, lembrando que o ECA, art. 209, foi bem mais técnico ao se referir ao "foro do local onde ocorreu ou deva ocorrer a ação ou omissão, cujo juízo terá competência absoluta para processar a causa".

Há na doutrina uma considerável quantidade de estudiosos do processo coletivo que já tiveram oportunidade de externar certa perplexidade pela reunião expressa de dois critérios de determinação de competência: territorial e funcional (pelo menos é isso que a lei afirma),[74] não obstante todos prestigiem a indicação legal sob o argumento de que no local do dano haverá possibilidade de uma proximidade física do juiz com o evento, e consequentemente a prova poderá ser colhida mais facilmente e de maneira mais eficaz, o que, em última análise, proporcionaria uma tutela jurisdicional de melhor qualidade.

Merece transcrição a lição de Rodolfo de Camargo Mancuso sobre o tema:

"Ante esses dados, se esmaece o impacto causado à primeira leitura do art. 2.º da Lei 7.347/1985, onde, como se disse, o legislador aproximou critérios que, ordinariamente, conduzem a competências de natureza diversa. Seja porque aí se seguiu a regra de competência territorial especial (CPC, art. 100, V, *a*), seja porque a própria letra da lei é no sentido de que o juiz 'terá competência funcional para processar e julgar a causa', não padece dúvida de que, no caso, trata-se de competência absoluta, com as consequências daí decorrentes: não se prorroga, não depende de exceção para ser conhecida, pode ser declarada de ofício em qualquer tempo ou grau de jurisdição, é fator de nulidade absoluta; manejável em ação rescisória (CPC, art. 485, II)".[75]

Mais uma vez se nota a indevida confusão entre a razão de ser da fixação da competência absoluta a certo território e os ganhos práticos que tal fixação provavelmente trará ao processo. Não são, como faz parecer, a facilidade da produção da prova e o maior contato do juiz com o evento que motivou o ingresso da demanda judicial que fazem com que a competência da ação civil pública seja obrigatoriamente a do local do dano. Essas circunstâncias são mera consequência. O que determina a competência absoluta – e não funcional – do local do dano é a natureza do direito controvertido (direitos difusos, coletivos e individuais homogêneos).

Conforme já afirmado, a competência da ação civil pública é do foro do local do dano, sendo essa competência de natureza absoluta (no texto legal funcional, mas na realidade territorial). Essa é a disposição do art. 2.º da Lei 7.347/1985 que, apesar de ser omissa a esse respeito, também se refere ao foro do local em que deva ser praticado o ato ilícito – e, como consequência, não necessária, mas natural, gerar-se o dano, nas hipóteses de tutela inibitória. É nesse sentido o teor do art. 93 do CDC, ao prever como competente o foro do local em que deva ocorrer o dano. O dispositivo tem o mérito de prever a competência para ações de tutela preventiva, mas ao fixar a competência tomando por base o "dano", afasta-se da melhor doutrina, que ensina não depender a tutela preventiva do dano[76].

Nas Comarcas maiores, em que existam varas da Justiça Estadual e da Justiça Federal, a eventual participação de um dos entes federais previstos pelo art. 109, I, da CF/1988 não enseja qualquer problema, já que tanto a vara estadual como a vara federal estarão

---

[74] ALMEIDA, Gregório Assagra de. *Direito processual coletivo brasileiro*. São Paulo: Saraiva, 2003. p. 345-346; LEONEL, Ricardo de Barros. *Manual do processo coletivo*. São Paulo: RT, 2002. p. 216-217; MIRRA, Álvaro Luiz Valery. Ação civil pública em defesa do meio ambiente: a questão da competência jurisdicional. *Ação civil pública*. 2. ed. São Paulo: RT, 2002. p. 61.

[75] MANCUSO, Rodolfo de Camargo. *Ação civil pública*. 8. ed. São Paulo: RT, 2002. p. 66.

[76] NEVES, Daniel Amorim Assumpção. *Manual de direito processual civil*. São Paulo: Método, 2009. n. 1.8.2, p. 32-33.

localizadas no mesmo foro. O mesmo não ocorre, entretanto, em comarcas em que não exista vara federal e haja participação no processo da União, autarquias, fundações, empresas públicas federais e Ministério Público Federal.

A questão que deve ser levantada nesse caso diz respeito a instituto já estudado quando se tratou da competência da Justiça Federal: a delegação por competência prevista pelo art. 109, § 3.º, da CF/1988. Não havendo vara federal no local do dano, será possível que o processo tramite perante a Justiça Estadual investida de competência federal ou será necessário que o processo seja deslocado até a vara Federal, ainda que em local diverso daquele em que ocorreu ou em que deva ocorrer o dano?

Nossos tribunais, durante algum tempo, estiveram vacilantes a respeito do tema. A 1.ª Seção do Superior Tribunal de Justiça aprovou, em 12.03.1997, a Súmula 183: "Compete ao Juiz estadual, nas comarcas que não sejam sede de vara da Justiça Federal, processar e julgar ação civil pública, ainda que a União figure no processo". Como se pode notar do teor da súmula transcrita, o Superior Tribunal de Justiça adotou o entendimento de que houve, por meio da Lei da Ação Civil Pública, a criação de mais uma hipótese de delegação de competência federal ao juiz estadual nos locais em que não existissem varas federais.

O entendimento sumulado do Superior Tribunal de Justiça era – e ainda é, embora superado pelo entendimento do Supremo Tribunal Federal – o preferido pela doutrina, que sempre entendeu que a delegação se justificaria em razão da previsão legal e, mais do que isso, em razão da própria necessidade de o processo se desenvolver perante o local do dano como forma de presumidamente garantir uma tutela jurisdicional de melhor qualidade. A justificativa para o legislador ter criado uma regra de competência territorial absoluta (situação excepcional) é justamente o contato mais direto do juiz com os elementos probatórios a serem colhidos e até mesmo com a repercussão do ato praticado na comunidade. A transferência de uma demanda para outra cidade, em que exista vara federal, colocaria em xeque tal justificativa, afastando o juiz do local do dano e, em tese, prejudicando a própria entrega da prestação jurisdicional[77].

Assim se manifestou Ricardo de Barros Leonel:

> "As peculiaridades dos interesses metaindividuais dificultam a produção de provas no curso da demanda judicial. A fixação da competência no local do dano tem por escopo facilitar a instrução, pois a proximidade do juízo com relação à prova milita em favor de sua elaboração. Como nas demandas coletivas há maior interesse público e preocupação com a busca da verdade real, adequado propiciar a proximidade entre o juiz e o dinamismo dos atos de colheita das provas. Isto implica o respeito máximo ao direito constitucional de ação e a garantia do acesso efetivo à justiça e à ordem jurídica justa"[78].

---

[77] NERY JR., Nelson; NERY, Rosa Maria de Andrade. *Código de Processo Civil comentado*. 10. ed. São Paulo: RT, 2008. p. 1.315; GRINOVER, Ada Pellegrini. *Código Brasileiro de Defesa do Consumidor*. 6. ed. Rio de Janeiro: Forense Universitária, 1999. p. 777; MARQUES, Voltaire de Lima. *Dos bens jurídicos tutelados, da legitimação passiva e do foro competente na ação civil pública*. In: MILARÉ, Édis (Coord.). *Ação Civil Pública – 15 anos*. São Paulo: RT, 2002. p. 851; LEONEL, Ricardo de Barros. *Manual do processo coletivo*. São Paulo: RT, 2002. p. 219.

[78] *Manual do processo coletivo*. São Paulo: RT, 2002. p. 220.

Esse entendimento, entretanto, não foi consagrado pelo Supremo Tribunal Federal, o que gerou inclusive a revogação da Súmula 183 do STJ. Vale a pena a transcrição de trecho do voto de lavra do Min. Ilmar Galvão:

> "O dispositivo contido na parte final da CF 109 § 3.º é dirigido ao legislador ordinário, autorizando-o a atribuir competência (*rectius*: jurisdição) ao juízo estadual do foro do domicílio da outra parte ou do lugar do ato ou fato que deu origem à demanda, desde que não seja sede de varas da Justiça Federal, para causas específicas dentre as previstas na CF 109, I. A permissão não foi utilizada pelo legislador, que se limitou, na LACP 2.º, a estabelecer que as ações nele previstas 'serão propostas no local onde ocorrer o dano, cujo juízo terá competência funcional para processar e julgar a causa'. Considerando que o juiz federal também tem competência territorial e funcional sobre o local de qualquer dano, impõe-se a conclusão de que o afastamento da jurisdição federal somente poderia dar-se por meio de referência expressa à Justiça Estadual, como a que fez o constituinte na primeira parte do mencionado § 3.º da CF 109, em relação às causas de natureza previdenciária"[79].

Com o referido julgado, a questão se pacificou, ainda que doutrinariamente seja possível a defesa de tese em sentido contrário. O próprio Superior Tribunal de Justiça abdicou de seu entendimento originário, passando a entender, em homenagem ao princípio da harmonização dos julgados, que a participação de ente federal previsto pelo art. 109, I, da CF/1988 exige a competência da Justiça Federal, ainda que em cidade diversa daquela em que se deu o dano ou na qual há a ameaça de tal dano ocorrer[80].

11.3.3. Dano local, regional e nacional

Outra interessante questão que envolve a competência da ação civil pública vem regulada pelo Código de Defesa do Consumidor, em seu art. 93, II (Lei 8.078/1990). Trata-se da ocorrência de dano regional ou nacional:

> "Art. 93. Ressalvada a competência da justiça federal, é competente para a causa a justiça local:
> I – no foro do lugar onde ocorreu ou deva ocorrer o dano, quando de âmbito local;
> II – no foro da Capital do Estado ou no do Distrito Federal, para os danos de âmbito nacional ou regional, aplicando-se as regras do Código de Processo Civil nos casos de competência concorrente".

Entendo que há dois graves problemas gerados por esse dispositivo legal, não havendo qualquer contribuição de suas regras para a necessária segurança jurídica ou mesmo qualidade da prestação jurisdicional.

A primeira crítica dirigida ao dispositivo legal diz respeito a sua total despreocupação em conceituar as diferentes abrangências de dano que menciona (local, regional e nacional). Nem mesmo parâmetros que poderiam ajudar na análise do caso concreto são

---

[79] STF – RE 228.955/RS – Pleno – DJU 24.03.2000. Esse sempre foi o entendimento de MAZZILLI, Hugo Nigro. *A defesa dos interesses difusos em juízo*. 15. ed. São Paulo: Saraiva, 2002. p. 223-224.
[80] *Informativo* 415/STJ: REsp 1.120.117/AC – 2.ª Turma – Rel. Min. Eliana Calmon – j. 10.11.2009.

fornecidos pelo referido dispositivo. Naturalmente que deixando a missão de conceituação de tais abrangências exclusivamente à jurisprudência e à doutrina, o resultado seria – como de fato o é – a insegurança jurídica. De qualquer forma, tenta-se explicar o que significa dano local, regional e nacional.

A análise se inicia pelo que deve ser entendido como *dano de âmbito local*. Parece que nesse caso o dano não terá repercussão muito ampla, estando limitado a produtos ou serviços que atingirão tão somente pessoas domiciliadas em pequena área territorial, sendo a característica principal a reduzida extensão geográfica do dano. Nesse caso, o art. 93, I, do CDC indica o foro do lugar como competente, e assim o deverá ser. No caso de o dano atingir mais de uma comarca, a competência entre elas se resolverá pelo fenômeno da prevenção, ainda que as comarcas pertençam a diferentes Estados. O mesmo ocorrerá com diferentes seções judiciárias, mesmo que de diferentes regiões.

Os danos de maior repercussão poderão ser *regionais*, quando atingirem pessoas espalhadas por uma inteira região, ou *nacionais*, quando atingirem pessoas em praticamente todo o território nacional, ainda que a distinção nesse caso seja inócua para a definição da competência, que seguirá a mesma regra, sendo o dano regional ou nacional.

Como se pode notar, não é fácil a distinção entre dano local, regional e nacional, ainda que a distinção entre dano regional e nacional seja inócua para a definição da competência. A dificuldade pode ser sentida nas lições de autorizado especialista no tema, segundo quem o dano local é mais restrito "em razão da circulação limitada de produtos ou da prestação de serviços circunscritos, os quais atingirão pessoas residentes num determinado local", enquanto será regional ou nacional o produto ou serviço que "acarretar prejuízos de dimensões mais amplas, atingindo pessoas espalhadas por uma inteira região ou por todo território nacional"[81].

Para o Superior Tribunal de Justiça, é regional o dano mesmo quando atinge a sujeitos domiciliados dentro de um mesmo Estado da Federação, desde que espalhados em vários locais diferentes[82], e nacional, o que interessa a três Estados da Federação[83], dando a entender que o dano local é reservado a uma comarca ou ainda a um pequeno grupo de comarcas dentro do mesmo Estado, levando em conta que há decisão que considera como dano regional aquele que atinge oito comarcas, mas de diferentes Estados da Federação.

Para os casos de dano regional ou nacional, o art. 93, II, do CDC apontou como competente o foro da Capital do Estado (no caso de dano regional, naturalmente de um dos estados envolvidos) ou do Distrito Federal. Haverá nesse caso uma competência concorrente entre tais foros, sendo a competência fixada concretamente por meio do fenômeno da prevenção. Registre-se a existência de doutrina que entende que, no caso de dano nacional, o único foro competente deveria ser o do Distrito Federal. Nesse sentido Ada Pellegrini Grinover:

"Sendo o dano de âmbito nacional, entendemos que a competência deveria ser sempre do Distrito Federal: isso para facilitar o acesso à justiça e o próprio exercício

---

[81] GRINOVER, Ada Pellegrini. *Código Brasileiro de Defesa do Consumidor*. 6. ed. Rio de Janeiro: Forense Universitária, 1999. p. 808.
[82] STJ – 3.ª Turma – REsp 1.101.057/MT – Rel. Min. Nancy Andrighi – j. 07.04.2011 – DJe 15.04.2011; STJ – 2.ª Turma – REsp 1.120.117/AC – Rel. Min. Eliana Calmon – j. 10.11.2009 – DJe 19.11.2009; STJ – 2.ª Turma – REsp 448.470/RS – Rel. Min. Herman Benjamin – j. 28.10.2008 – DJe 15.12.2009.
[83] STJ – 1.ª Seção – CC 97.351/SP – Rel. Min. Castro Meira – j. 27.05.2009 – DJe 10.06.2009.

do direito de defesa por parte do réu, não tendo sentido que seja ele obrigado a litigar na capital de um Estado, longínquo talvez de sua sede, pela mera opção do autor coletivo. As regras de competência devem ser interpretadas de modo a não vulnerar a plenitude da defesa e o devido processo legal"[84].

O entendimento exposto acima, entretanto, é amplamente minoritário, entendendo a doutrina majoritária que haverá concorrência de foros ainda que o dano seja de âmbito nacional, sendo plenamente possível a propositura da demanda em qualquer das capitais[85].

Interessante notar a existência de doutrina[86] e de jurisprudência no sentido de que a competência em caso de dano nacional não deve ser livremente estabelecida entre as comarcas da capital dos Estados envolvidos e do Distrito Federal, cabendo uma análise no caso concreto a respeito de qual local seria o mais adequado a receber as demandas coletivas. Em interessante julgamento que definiu a competência de ação de improbidade administrativa, o Superior Tribunal de Justiça entendeu que, mesmo havendo atos de improbidade em três Estados da Federação, a competência seria da capital do Estado no qual a maioria dos atos foi praticado e onde todos os réus eram domiciliados[87].

A segunda crítica que deve ser feita ao art. 93 do CDC diz respeito à regra criada pelo seu inciso II, porque, a depender da situação concreta e/ou a vontade do autor, a ação coletiva terá como competente um foro no qual o dano discutido não foi gerado e em algumas situações bem distante do local onde ocorreu. Entendo que nesse caso a regra viola a própria razão de ser da competência absoluta das ações coletivas, porque, se a justificativa para impor a competência de um foro é a proximidade com as provas, pessoas e facilitação do exercício jurisdicional, como justificar uma regra que permite a competência de um foro em que nenhuma dessas vantagens existirá?

Basta imaginar um dano suportado por consumidores do Sul brasileiro, espalhados por inúmeras comarcas do Rio Grande do Sul, Santa Catarina e Paraná, inclusive as capitais de tais Estados. Pouco importa se tal dano é local ou nacional porque a regra aplicável será a mesma: competência corrente dos foros da Capital e do Distrito Federal. Caso o autor escolha qualquer uma das três capitais dos Estados afetados, não haverá violação à regra prevista no art. 2.º da LACP, porque a ação terá como competente um foro no qual ocorreu o dano. E se a opção for o Distrito Federal?

Será ainda mais dramática a hipótese de dano que atinja comarcas de Estados diferentes sem, entretanto, afetar suas capitais. Nesse caso, independentemente da escolha do autor – entre as capitais dos Estados atingidos ou Distrito Federal – a ação coletiva será proposta e seguirá em foro onde não ocorreu o dano discutido na demanda.

---

[84] Cf. *Código Brasileiro de Defesa do Consumidor*. 6. ed. Rio de Janeiro: Forense Universitária, 1999. p. 779. Também ARAÚJO FILHO, Luiz Paulo da Silva. *Comentários ao Código de Defesa do Consumidor – direito processual*. São Paulo: Saraiva, 2002. p. 126.

[85] Nesse sentido, MENDES, Aluísio Gonçalves de Castro. *Ações coletivas no direito comparado e nacional*. São Paulo: RT, 2002. p. 237-238; MAZZILLI, Hugo Nigro. *A defesa dos interesses difusos em juízo*. 15. ed. São Paulo: Saraiva, 2002. p. 220-221.

[86] DIDIER JR., Fredie; ZANETI JR., Hermes. *Curso de direito processual civil*. 4. ed. Salvador: JusPodivm, 2009. v. 4, p. 139.

[87] STJ – CC 97.351/SP – 1.ª Seção – Rel. Min. Castro Meira – j. 27.05.2009 – DJ 10.06.2009.

Não é preciso muito esforço para notar que nem todos os foros considerados competentes pelo art. 93, II, do CDC, nas ações coletivas que versam sobre dano regional ou nacional, serão afetados por tal dano, de forma que a aplicação do dispositivo legal no caso concreto poderá significar o desrespeito à regra consagrada no art. 2.º da LACP que prevê como competente absoluto (funcional) o foro do local do dano.

Também é interessante a previsão contida no art. 81, § 2.º, que fixa a competência da comarca de entrância mais elevada quando o dano atingir diversas comarcas. Registre-se ainda a previsão contida no § 5.º no sentido de resolver impasse na hipótese de no foro existir vara especializada em razão da matéria e em ações coletivas, fixando a competência naquela em detrimento desta.

11.4. LEGITIMIDADE

11.4.1. Espécies de legitimidade

Conforme tradicional lição doutrinária, a legitimidade para agir (*legitimatio ad causam*) é a pertinência subjetiva da demanda ou, em outras palavras, é a situação prevista em lei que permite a um determinado sujeito propor a demanda judicial e a um determinado sujeito formar o polo passivo dessa demanda[88]. Tradicionalmente, afirma-se que serão legitimados ao processo os sujeitos descritos como titulares da relação jurídica de direito material deduzida pelo demandante[89], mas essa definição só tem serventia para a legitimação ordinária, sendo inadequada para a conceituação da legitimação extraordinária.

Na tutela individual a regra geral em termos de legitimidade é consagrada no art. 18 do CPC, ao prever que somente o titular do alegado direito pode pleitear em nome próprio seu próprio interesse, consagrando a legitimação ordinária, com a ressalva de que o dispositivo legal somente se refere à legitimação ativa, mas é também aplicável à legitimação passiva. A regra do sistema processual, ao menos no âmbito da tutela individual, é a legitimação ordinária, com o sujeito em nome próprio defendendo interesse próprio.

Excepcionalmente admite-se que alguém em nome próprio litigue em defesa do interesse de terceiro, hipótese em que haverá uma legitimação extraordinária. Nos termos do art. 18, *caput*, do CPC, essa espécie de legitimação depende de autorização pelo ordenamento jurídico, entendendo a melhor doutrina que, além da previsão legal, também se admite a legitimação extraordinária quando decorrer logicamente do sistema[90], como

---

[88] ASSIS, Araken de. *Substituição processual*. Revista Dialética de Direito Processual, São Paulo, v. 9, 2003, p. 9.
[89] THEODORO JR., Humberto. *Curso de direito processual civil*. 47. ed. Rio de Janeiro: Forense, 2007. v. 1, n. 53, p. 68; CÂMARA, Alexandre Freitas. *Lições de direito processual civil*. 17. ed. Rio de Janeiro: Lumen Juris, 2008. v. 1, p. 116; GRECO, Leonardo. *A teoria da ação no processo civil*. São Paulo: Dialética, 2003. n. 2.7, p. 41; PINHO, Humberto Dalla Bernardina de. *Teoria geral do processo civil contemporâneo*. Rio de Janeiro: Lumen Juris, 2007. n. 12.5.2, p. 127; FUX, Luiz. *Curso de direito processual civil*. 2. ed. Rio de Janeiro: Forense, 2004. p. 160.
[90] NERY JR., Nelson; NERY, Rosa Maria Andrade. *Código de Processo Civil comentado*. 10. ed. São Paulo: RT, 2008. p. 178; BARBOSA MOREIRA, José Carlos. *Notas sobre o problema da efetividade do processo*. Temas de direito processual civil. 3.ª série. São Paulo: Saraiva, 1984. p. 33.

ocorre com a legitimação recursal da parte em apelar do capítulo da sentença que versa sobre os honorários de seu advogado.

Existe certo dissenso doutrinário a respeito da legitimação extraordinária e da substituição processual. Enquanto parcela da doutrina defende tratar-se do mesmo fenômeno, sendo substituto processual o sujeito que recebeu pela lei a legitimidade extraordinária de defender interesse alheio em nome próprio[91], outra parcela da doutrina entende que a substituição processual é uma espécie de legitimação processual[92]. Há aqueles que associam a substituição processual à excepcional hipótese de o substituído não ter legitimidade para defender seu direito em juízo, sendo tal legitimação exclusiva do substituto[93]. Para outros, a substituição processual só ocorre quando o legitimado extraordinário atua no processo sem que o legitimado ordinário atue com ele[94].

As explicações não convencem, sendo amplamente superior a corrente doutrinária que entende tratar-se a substituição processual e a legitimação extraordinária do mesmo fenômeno. Além disso, no âmbito da tutela coletiva parece não haver qualquer empecilho para a utilização do termo substituição processual, ao menos para aqueles que entendem ser a legitimidade ativa uma legitimação extraordinária. Para tanto, basta lembrar que o titular do direito difuso, coletivo ou individual homogêneo não é legitimado, ao menos por meio de ação coletiva, à defesa do direito em juízo. Portanto, mesmo para a corrente doutrinária que diferencia a legitimação extraordinária da substituição processual, na tutela coletiva não restará dúvida de que os legitimados ativos são substitutos processuais e os titulares do direito, substituídos.

Existe corrente doutrinária que entende adequado restringir a legitimação extraordinária à tutela individual, afirmando que, por meio dessa espécie de legitimação, se defende em juízo um direito subjetivo singular de titularidade de pessoa determinada. Sendo o direito difuso, de titularidade da coletividade (sujeitos indeterminados e indetermináveis) ou coletivo, de titularidade de uma comunidade – classe, grupo ou categoria de pessoas (sujeitos indeterminados, mas determináveis) –, seria inaplicável a eles a legitimação extraordinária.

Sob forte influência dos estudos alemães a respeito do tema, defendem que a legitimação ativa nas ações que têm como objeto direito difuso ou coletivo é uma terceira espécie de legitimidade, chamada de legitimidade autônoma para a condução do processo. Trata-se, segundo essa corrente doutrinária, de legitimação diversa da extraordinária porque não se podem identificar os titulares do direito e na qual a lei elege determinados sujeitos para defenderem o direito daqueles que não poderão fazê-lo individualmente[95].

---

[91] DINAMARCO, Cândido Rangel. *Instituições de direito processual civil*. São Paulo: Malheiros, 2005. v. 2, n. 548, p. 308; THEODORO JR., Humberto. *Curso de direito processual civil*. 47. ed. Rio de Janeiro: Forense, 2007. v. 1. n. 53, p. 68.

[92] ASSIS, Araken de. *Substituição processual*. Revista Dialética de Direito Processual. São Paulo, v. 9, 2003, p. 16-17; MARINONI, Luiz Guilherme; MITIDIERO, Daniel Francisco. *Código de Processo Civil comentado*. São Paulo: RT, 2010. p. 101.

[93] ASSIS, Araken de. *Substituição processual*. Revista Dialética de Direito Processual, São Paulo, v. 9, 2003, p. 16.

[94] CÂMARA, Alexandre Freitas. *Lições de direito processual civil*. 17. ed. Rio de Janeiro: Lumen Juris, 2008. v. 1, p. 118.

[95] NERY JR., Nelson; NERY, Rosa Maria Andrade. *Código de Processo Civil comentado*. 10. ed. São Paulo: RT, 2008. p. 178.

No tocante à tutela jurisdicional coletiva do direito individual homogêneo, a maior parte da corrente doutrinária que defende a existência dessa terceira espécie de legitimidade acredita ser aplicável a legitimação extraordinária para explicar a legitimidade dos autores coletivos[96]. Sendo a indeterminação dos titulares e a impossibilidade de tutelá-los individualmente a justificativa de adoção da legitimação autônoma para a condução do processo, é uma consequência natural a exclusão dessa espécie de legitimação nas ações coletivas que buscam a tutela de direito individual homogêneo.

Nunca fui totalmente convencido da necessidade da adoção pelo sistema processual brasileiro dessa terceira forma de legitimação, tendo a impressão de que limitar a legitimação extraordinária a direitos individuais é apenas não admitir sua adaptação à defesa dos direitos transindividuais. É natural que a legitimação extraordinária tenha surgido para a tutela de direitos individuais, mas essa origem não a impede de atualmente também ser aplicável aos direitos transindividuais. Há doutrina nesse sentido, defendendo ser extraordinária a legitimação ativa nas ações coletivas[97].

Seja como for, trata-se de questão meramente acadêmica, sem relevantes consequências práticas. O que mais importa – e isso é indiscutível, independentemente da teoria adotada – é que os legitimados coletivos não são titulares do direito que defenderão em juízo, e tais titulares não têm legitimidade ativa para defender seus direitos.

A legitimidade ativa para ações coletivas encontra-se prevista pelo art. 82 do CDC e pelo art. 5.º da LACP. São diversos os legitimados, de diferentes espécies, opção que multiplica a oportunidade de defesa dos direitos coletivos em juízo.

11.4.2. Cidadão

A legitimidade ativa do cidadão na tutela coletiva é limitada à ação popular, em decorrência da previsão contida no art. 1.º, *caput*, da Lei 4.717/1965 (LAP), não havendo qualquer indicação de tal legitimidade em leis subsequentes que versam sobre tutela coletiva, em especial os arts. 5.º da LACP e 82 do CDC. Ao menos no que toca à previsão legal expressa, realmente, o único texto legal que atribui legitimação ao cidadão é o art. 1.º da Lei 4.717/1965, que inclusive exclui outros sujeitos dessa legitimação, salvo na excepcional hipótese de sucessão processual pelo Ministério Público, nos termos do art. 9.º da mesma lei.

Segundo parcela da doutrina, a opção do legislador foi clara em limitar a legitimidade do cidadão à ação popular, tendo considerado que a experiência não teria logrado o êxito esperado e mesmo experimentado em outros países[98]. Aponta-se para isso obstáculos multifacetários, de ordem econômica, social, técnica, cultura, política e jurídica. Diante de tal quadro, o legislador entendeu que, em leis subsequentes à da ação popular, o ideal seria não só diversificar o rol de legitimados, como excluir o cidadão de tal rol, o que efetivamente ocorreu até os dias atuais.

---

[96] NERY JR., Nelson; NERY, Rosa Maria de Andrade. *Código de Processo Civil comentado*. 10. ed. São Paulo: RT, 2008. p. 1.443; LEONEL, Ricardo de Barros. *Manual do processo coletivo*. São Paulo: RT, 2008. 5.2.2, p. 153. Contra, pela legitimidade autônoma mesmo no direito individual homogêneo: ALMEIDA, Gregório Assagra de. *Direito processual coletivo brasileiro*. São Paulo: Saraiva, 2003. p. 499.

[97] MAZZILLI, Hugo Nigro. *A defesa dos interesses difusos em juízo*. 15. ed. São Paulo: Saraiva, 2002. p. 64-65; ZAVASCKI, Teori Albino. *Processo coletivo*. São Paulo: RT, 2006. p. 76.

[98] VENTURI, Elton. *Processo civil coletivo*. São Paulo: Malheiros, 2007. p. 169.

Existe doutrina crítica a respeito dessa limitação afirmando que o cidadão deveria ter uma legitimidade mais ampla[99], havendo inclusive parcela doutrinária que defende, mesmo diante da atual configuração legislativa, a legitimidade ativa do cidadão para a propositura de qualquer ação coletiva, com fundamento nos princípios da inafastabilidade da jurisdição e no devido processo legal[100]. No sentido de ampliar a legitimação do cidadão de forma expressa, foram as sugestões de reforma legislativas frustradas, tanto na criação de um Código de Processo Civil Coletivo como na reforma da Lei da Ação Civil Pública.

Interessante notar que, além de doutrina crítica a respeito dessa ampliação, amparada na desconsideração de particularidades de direito comparado e desprezo dos graves problemas que a legitimação do cidadão gera na propositura da ação coletiva, em especial nos Estados Unidos[101], existe outra corrente doutrinária que, ao invés de propugnar pela ampliação da legitimidade do cidadão para outras ações coletivas, defende uma ampliação dos legitimados à propositura da ação popular, com a inclusão de pessoas jurídicas ou entidades públicas no rol de legitimados ativos[102]. Nesse sentido, por exemplo, a ação popular portuguesa, que prevê outros sujeitos além do cidadão como legitimados ativos[103].

Ainda que se concorde que a ação popular tem, ao menos abstratamente, grande importância sob a ótica dos escopos políticos do processo, incrementando a participação popular de controle da administração pública por meio de ação judicial, é inegável que tal ação é privilégio de poucos, estando concentrada fundamentalmente nas mãos de acadêmicos e operadores do direito, serventuários públicos e políticos. Sem falar em sua utilização deturpada com o único e exclusivo objetivo de criar algum tipo de embaraço a adversários políticos.

A realidade mostrou que o cidadão genuíno ainda não tem um grau de cidadania suficiente para compreender e tampouco disposição para utilizar de maneira adequada a ação popular. Nesse sentido, foi feliz o legislador em ampliar o rol de legitimados coletivos em leis que se seguiram à da ação popular, ainda que se possa questionar do acerto na exclusão do cidadão desse rol de legitimados. A substituição pura e simples dos legitimados atuais pelo cidadão para todas as ações coletivas está fora de cogitação, podendo significar um retrocesso sem precedentes no campo da tutela coletiva.

A mera inclusão do cidadão, como colegitimado para a propositura de ações coletivas com os demais sujeitos previstos nos arts. 5.º da LACP e 82 do CDC, seria medida interessante, que poderia inclusive funcionar como incentivo a uma maior participação do cidadão, sem colocar em risco as conquistas obtidas até o momento. De qualquer forma, essa ampliação ou modificação drástica da legitimidade ativa coletiva passa necessariamente por modificação legislativa, podendo, portanto, serem consideradas apenas como *de lege ferenda*.

---

[99] FERRARESI, Eurico. *A pessoa física como legitimada ativa à ação coletiva*. In: GRINOVER, Ada Pellegrini; MENDES, Aluisio Gonçalves de Castro; WATANABE, Kazuo (Coords.). *Direito processual coletivo e o anteprojeto de Código Brasileiro de Direitos Coletivos*. São Paulo: RT, 2007. p. 137-143.

[100] MENDES, Aluisio Gonçalves de Castro. *Ações coletivas no direito comparado e nacional*. São Paulo: RT, 2002. p. 256-257.

[101] GIDI, Antônio. *Rumo a um Código de Processo Civil coletivo*. Rio de Janeiro: Forense, 2006. p. 224-232.

[102] BARBOSA MOREIRA, José Carlos. A proteção jurídica dos interesses coletivos. *Temas de Direito Processual (Terceira Série)*. São Paulo: Saraiva, 1984. p. 177-178.

[103] GRINOVER, Ada Pellegrini. A ação popular portuguesa: uma análise comparativa. *A marcha do processo*. Rio de janeiro: Forense Universitária, 2000. p. 51-52.

A realidade legislativa atual cria duas limitações. Primeiro, é limitada ao cidadão a legitimidade ativa da ação popular, havendo entendimento sumulado que exclui a pessoa jurídica dessa legitimidade[104], também não se admitindo compor o polo ativo, ao menos não originariamente, Estado membro da Federação[105]. Segundo, a legitimação do cidadão é exclusiva dessa espécie de ação coletiva.

As hipóteses de cabimento da ação popular encontram-se previstas no art. 5.º, LXXIII, da CF/1988, sendo possível dividi-las em três: (a) anulação de ato lesivo ao patrimônio público ou de entidade de que o Estado participe; (b) anulação de ato lesivo à moralidade administrativa; (c) anulação de ato lesivo ao meio ambiente e ao patrimônio histórico e cultural. No art. 1.º, *caput*, da Lei da Ação Popular, está consagrada a lesividade ao patrimônio público como fundamento para a ação popular, enquanto o § 1.º do mesmo dispositivo conceitua o patrimônio público a ser protegido como bens e direitos de valor econômico, artístico, estético, histórico ou turístico.

Já se pode adiantar a amplitude de tutela derivada da reunião dos dispositivos legais mencionados, sendo tranquilo o entendimento de que, por meio da ação popular, tutelam-se tanto os bens materiais que compõem o patrimônio público como também os bens imateriais. Ao prever a tutela do meio ambiente e do patrimônio histórico e cultural, o legislador passou a permitir, por meio da ação popular, a tutela de bens pertencentes não a uma pessoa jurídica de direito público específica, mas a toda a coletividade. Como bem ensina a doutrina, é tão lesiva ao patrimônio público a destruição de um prédio sem valor econômico, mas de grande relevância artística, como a alienação de um imóvel por preço vil, realizada por favoritismo[106].

Ainda que se admita e elogie a amplitude atual de tutela obtenível por meio de ação popular, não se pode concordar com corrente doutrinária que defende seu cabimento para a tutela difusa do consumidor, como, por exemplo, a ação promovida contra a União, por meio do Ministério da Saúde, em razão de propaganda indevida de cigarro[107]. A tentativa vem sendo corretamente rejeitada pelo Superior Tribunal de Justiça[108], que limita a ação popular aos valores constantes expressamente do texto constitucional, no qual não se inclui o direito do consumidor.

Sendo a ação popular a única espécie de ação coletiva que admite a legitimidade ativa do cidadão, e não sendo essa espécie de ação admissível no âmbito consumerista, conclui-se que o cidadão não pode defender, como autor, o direito coletivo consumerista.

11.4.3. Ministério Público

O estudo da legitimidade do Ministério Público para o ajuizamento das ações coletivas é de extrema importância para a tutela coletiva, considerando-se que, mesmo sem dados estatísticos confiáveis, é praticamente unânime a opinião doutrinária de que o Ministério Público é o legitimado mais atuante, responsável pela propositura da maioria das ações

---

[104] Súmula 365/STF.
[105] STF – Pet 3.388/RR – Tribunal Pleno – Rel. Min. Carlos Britto – j. 19.03.2009 – *DJe* 25.09.2009.
[106] MEIRELLES, Hely Lopes; WALD, Arnaldo; MENDES, Gilmar Ferreira. *Mandado de segurança e ações constitucionais*. 33. ed. São Paulo: Malheiros, 2010. p. 173.
[107] ALMEIDA, Gregório Assagra de. *Manual das ações constitucionais*. Belo Horizonte: Del Rey, 2007. p. 359.
[108] STJ – REsp 818.725/SP – 1.ª Turma – Rel. Min. Luiz Fux – j. 13.05.2008 – *DJe* 16.06.2008.

coletivas[109]. Mesmo quando a lei específica não prevê a legitimidade do Ministério Público, como acontece com a Lei do Mandado de Segurança, a jurisprudência reconhece sua legitimidade ativa[110]. Essa é uma constatação empírica, e as razões de ser dessa realidade dividem a comunidade jurídica, por vezes em posições radicalmente antagônicas.

Defender de forma radical essa maior presença do Ministério Público no polo ativo de ações coletivas como decorrência de um maior preparo e disposição, ou de um indevido intrometimento em busca dos holofotes e do poder, é apequenar o debate. Naturalmente, é fonte de poder relevante ao Ministério Público não só a legitimidade ativa para a propositura da ação coletiva, mas sua predominância na propositura de tais ações. Por outro lado, deve-se reconhecer que os demais legitimados têm pequena participação – que na realidade vem aumentando –, em razão de sua falta de preparo e disposição na propositura das ações coletivas. Entendo que o aprimoramento de nossa democracia, com um aumento lento, mas progressivo, da noção de cidadania e de participação social por meio do processo coletivo tende a diminuir a soberania do Ministério Público, passando a existir outros legitimados tão preparados e dispostos quanto os promotores de justiça ao ajuizamento da ação coletiva.

A legitimidade do Ministério Público para o ajuizamento das ações coletivas está expressamente consagrada nos arts. 5.º, I da Lei 7.347/1985 (LACP) e 82, I, da Lei 8.078/1990 (CDC). Esses dispositivos, entretanto, não exaurem o tema, devendo ser interpretados à luz das funções institucionais constitucionalmente atribuídas ao Ministério Público por meio do art. 129 da CF.

Segundo o art. 129, III, da CF, é função institucional do Ministério Público promover o inquérito civil e a ação civil pública, para a proteção do patrimônio público e social, do meio ambiente e de outros interesses difusos e coletivos. A expressa previsão constitucional de tutela dos direitos difusos e coletivos permite a conclusão de que, para a defesa desses direitos em juízo, o Ministério Público não tem qualquer limitação em sua atuação. Qualquer espécie de direito que seja tutelável por meio de ação coletiva poderá ser protegido no caso concreto pelo Ministério Público, não se aplicando a esse legitimado ativo a regra da "pertinência temática"[111]. O texto constitucional é suficientemente claro ao se valer do termo "outros" para designar todo e qualquer direito coletivo ou difuso.

Na realidade, o tema é totalmente pacificado no tocante à defesa dos direitos difusos, em razão da indeterminabilidade dos sujeitos que serão beneficiados com a tutela jurisdicional. Não se pode dizer o mesmo no tocante aos direitos coletivos, cujos titulares (grupo, classe ou categoria de pessoas) são formados por sujeitos indeterminados, mas determináveis. Nesse caso, segundo parcela da doutrina, caberá ao Ministério Público, dentro de suas tradicionais limitações institucionais no processo civil, somente a propo-

---

[109] MOREIRA, José Carlos Barbosa. *La iniciativa em la defensa judicial de los intereses difusos y coletivos (un aspecto de la experiencia brasileña)*. Repro, São Paulo, RT, n. 68, 1992, p. 57; MAZZILLI, Hugo Nigro. *A defesa dos interesses difusos em juízo*. 21. ed. São Paulo: Saraiva, 2008. p. 327; LEONEL, Ricardo de Barros. *Manual do processo coletivo*. São Paulo: RT, 2002. p. 182; ALMEIDA, Gregório Assagra de. *Direito processual coletivo brasileiro*. São Paulo: Saraiva, 2003. p. 513. Com dados estatísticos, ainda que pontuais e antigos, CARNEIRO, Paulo Cezar Pinheiro. *Acesso à justiça*. 2. ed. Rio de Janeiro: Forense, 2000. p. 192.

[110] *Informativo 732/STJ* – RMS 67.108-MA – 2.ª Turma – Rel. Min. Herman Benjamin – j. 05.04.2022, v.u.

[111] STF – Tribunal Pleno – RE 511.961/SP – Rel. Min. Gilmar Mendes – j. 17.06.2009 – *DJe* 13.11.2009; STJ – 2.ª Turma – REsp 933.002/RJ – Rel. Min. Castro Meira – j. 16.06.2009 – *DJe* 29.06.2009.

situra de ações coletivas que de alguma forma estejam amparadas em interesse social[112], havendo entendimento, inclusive, que assemelha a legitimidade nesse caso àquela existente na tutela dos direitos individuais homogêneos[113].

Pessoalmente não entendo viável a limitação da legitimidade ativa do Ministério Público na tutela dos direitos coletivos em razão do texto constitucional. É inegável que, ao prever expressamente entre as atribuições funcionais do Ministério Público a propositura de ações na tutela de direitos difusos e coletivos, o legislador constituinte afasta a possibilidade de qualquer interpretação limitativa.

Um pouco mais polêmica é a legitimidade do Ministério Público na defesa dos direitos individuais homogêneos, até porque não existe no art. 129 da CF uma expressa previsão legal que trate dessa legitimidade, como ocorre com os direitos difusos e coletivos. A simples exclusão de legitimidade do Ministério Público pela ausência dos direitos individuais homogêneos do art. 129, III, da CF desconsidera que o rol previsto em tal dispositivo legal é meramente exemplificativo, como fica claro da previsão contida no inciso IX do mencionado dispositivo, ao considerar função institucional do Ministério Público o exercício de outras funções não previstas expressamente nesse artigo, desde que compatíveis com sua finalidade. Ademais, não custa lembrar que a defesa dos direitos individuais homogêneos por meio de ação coletiva só foi consagrada em nosso ordenamento jurídico no Código de Defesa do Consumidor, do ano de 1990, e nossa Constituição Federal data de dois anos antes (1988)[114].

A questão, portanto, não é definir se existe ou não a legitimação do Ministério Público na defesa de direitos individuais homogêneos em razão de previsão constitucional, mas de definir em quais limites se admitirá essa legitimidade tomando-se por conta a necessidade de adequá-la às finalidades institucionais do Ministério Público. Mais uma vez entendo que a virtude não está nas soluções extremistas. Sendo incorreta a tese que defende a ilegitimidade nesse caso, tampouco deve se admitir como correta a tese que advoga a legitimidade ampla e irrestrita, qualquer que seja a natureza do direito individual homogêneo.

Não obstante decisões do Superior Tribunal de Justiça nesse sentido[115], a meu ver não é razoável o entendimento de que, somente por se tratar de uma ação coletiva, todo e qualquer direito veiculado já tenha relevância social suficiente a permitir a propositura da ação pelo Ministério Público. Apesar da opção do legislador por tratar processualmente de forma coletiva alguns direitos materiais essencialmente individuais, é desconsiderar a realidade equiparar todas as diferentes espécies de direitos individuais homogêneos reputando-os como detentores de repercussão social.

Nem mesmo o fundamento processual de que a ação coletiva em qualquer hipótese gera economia processual e harmonização de julgados, valores nitidamente associados com o interesse social da melhor qualidade da prestação jurisdicional[116], são suficientes para convencer do acerto da tese. Se assim o fosse, todo litisconsórcio seria necessário, bem como as intervenções

---

[112] RODRIGUES, Marcelo Abelha; KLIPPEL, Rodrigo. *Comentários à tutela coletiva*. Rio de Janeiro: Lumen Juris, 2009. p. 37; COSTA, Susana Henrique da. *Comentários à lei de ação civil pública e lei de ação popular*. São Paulo: Quartier Latin, 2006. p. 394-396.
[113] MAZZILLI, Hugo Nigro. *A defesa dos interesses difusos em juízo*. 15. ed. São Paulo: Saraiva, 2002. p. 109.
[114] MAZZILLI, Hugo Nigro. *A defesa dos interesses difusos em juízo*. 15. ed. São Paulo: Saraiva, 2002. p. 107.
[115] STJ – REsp 910.192/MG – 3.ª Turma – Rel. Min. Nancy Andrighi – j. 02.02.2010; STJ – REsp 637.332/PR – 1.ª Turma – Rel. Min. Luiz Fux – j. 24.11.2004 – DJ 13.12.2004. p. 242.
[116] ALMEIDA, Gregório Assagra de. *Direito processual coletivo brasileiro*. São Paulo: Saraiva, 2003. p. 514.

de terceiros seriam obrigatórias, dado que, apesar de em extensão significativamente menor, nesses casos também se obtém economia processual macroscópica e harmonização dos julgados.

Concordo com a doutrina que defende a natureza de interesse social dos direitos difusos e coletivos em razão de sua transindividualidade e indivisibilidade, o que já é o suficiente para que todo direito dessas espécies seja considerado indisponível[117]. Dessa maneira, o art. 129, III, da CF, com a previsão de ampla legitimidade do Ministério Público na defesa de qualquer direito difuso ou coletivo, é plenamente compatível com o art. 127, *caput*, da CF, atendendo plenamente a função institucional prevista constitucionalmente. Reforço, portanto, a ideia de que, nos direitos difusos e coletivos, não existe "pertinência temática", sendo irrelevantes as circunstâncias do caso concreto, entendimento compartilhado pela jurisprudência dos tribunais superiores[118].

Segundo entendimento doutrinário[119] e jurisprudencial[120] amplamente majoritário, a legitimidade do *parquet* na defesa de direito individual homogêneo depende de duas circunstâncias alternativas: (a) direito indisponível; (b) direito disponível que, por sua importância e/ou extensão, tenha repercussão social. Registre-se a existência de corrente doutrinária minoritária que defende a legitimidade somente na hipótese de direito individual homogêneo indisponível, nos termos do art. 127, *caput*, da CF[121]. Se algumas dificuldades práticas existem na distinção entre direito disponível e direito indisponível, estas se potencializam na aferição concreta da relevância social exigida na hipótese de direito individual homogêneo disponível. De qualquer forma, é corrente a lição doutrinária de que a relevância social pode se manifestar pela natureza do dano (p. ex., à saúde, à segurança, ambiental); pelo número significativo de lesados; pelo interesse social no funcionamento de um sistema econômico, social ou jurídico (p. ex., questões referentes a servidores públicos, poupadores, segurados)[122].

O posicionamento foi reafirmado pelo Supremo Tribunal Federal:

> "A tutela dos direitos e interesses de beneficiários do seguro DPVAT – Danos Pessoais Causados por Veículos Automotores de Via Terrestre, nos casos de indenização paga, pela seguradora, em valor inferior ao determinado no art. 3.º da Lei 6.914/1974, reveste-se de relevante natureza social (interesse social qualificado), de

---

[117] CARVALHO FILHO, José dos Santos. *Ação civil pública*. 7. ed. Rio de Janeiro: Lumen Juris, 2009. p. 127.
[118] STF – RE 511.961/SP – Tribunal Pleno – Rel. Min. Gilmar Mendes – j. 17.06.2009 – DJe 13.11.2009; STJ – REsp 933.002/RJ – 2.ª Turma – Rel. Min. Castro Meira – j. 16.06.2009 – DJe 29.06.2009.
[119] ZAVASCKI, Teori Albino. *Processo coletivo*. São Paulo: RT, 2006. p. 234-234-240; MENDES, Aluisio Gonçalves de Castro. *Ações coletivas no direito comparado e nacional*. São Paulo: RT, 2002. p. 247-248; LEONEL, Ricardo de Barros. *Manual do processo coletivo*. São Paulo: RT, 2002. p. 190; ARRUDA ALVIM, Eduardo. *O MP e a tutela dos interesses individuais homogêneos*. In: SAMPAIO, Aurisvaldo; CHAVES, Cristiano (coords.). *Estudos de direito do consumidor:* tutela coletiva. Rio de Janeiro: Lumen Juris, 2005. p. 257-259; ZANELLATO, Marco Antonio. Sobre a defesa dos interesses individuais homogêneos dos consumidores pelo Ministério Público, In: SAMPAIO, Aurisvaldo; CHAVES, Cristiano (coords.). *Estudos de direito do consumidor:* tutela coletiva. Rio de Janeiro: Lumen Juris, 2005. p. 398-403.
[120] STF – RE 514.023/AgR/RJ – 2.ª Turma – Rel. Min. Ellen Gracie – j. 04.12.2009 – DJe 05.02.2010; STF – RE 472.489/AgR/RS – Rel. Min. Celso de Mello – j. 29.04.2008 – DJe 29.08.2008; STJ – AgRg no REsp 938.951/DF – Rel. Min. Humberto Martins – j. 23.02.2010 – DJe 10.03.2010; STJ – AgRg no REsp 800.657/SP – 4.ª Turma – Rel. Min. João Otávio de Noronha – j. 05.11.2009 – DJe 16.11.2009.
[121] CARVALHO FILHO, José dos Santos. *Ação civil pública*. 7. ed. Rio de Janeiro: Lumen Juris, 2009. p. 129-130.
[122] MAZZILLI, Hugo Nigro. *A defesa dos interesses difusos em juízo*. 15. ed. São Paulo: Saraiva, 2002. p. 108.

modo a conferir legitimidade ativa ao Ministério Público para defendê-los em juízo mediante ação civil coletiva" (STF - Tribunal Pleno - RE 631.111/GO - Rel. Min. Teori Zavascki - 06 e 07.08.2014 - *Informativo* 753).

Também é nesse sentido o entendimento do Superior Tribunal de Justiça:

"De início, cumpre salientar que o acórdão embargado, da Quarta Turma, entendeu que falta ao Ministério Público legitimidade ativa para o ajuizamento de demanda coletiva (em sentido lato) com a finalidade de se declarar por sentença a pretensa nulidade e ineficácia de cláusula contratual constante de contratos de compra e venda de imóveis celebrados entre as empresas embargadas e seus consumidores. Já o acórdão paradigma, da Corte Especial, entendeu ter o Ministério Público legitimidade para reclamar a defesa de direitos difusos, coletivos e individuais homogêneos em ação civil pública, ainda que se estivesse diante de interesses disponíveis. Tal orientação, ademais, é a que veio a prevalecer neste Tribunal Superior, que aprovou o verbete sumular n. 601, de seguinte teor: 'o Ministério Público tem legitimidade ativa para atuar na defesa de direitos difusos, coletivos e individuais homogêneos dos consumidores, ainda que decorrentes da prestação de serviço público'. Além disso, tanto a Lei da Ação Civil Pública (arts. 1.º e 5.º) como o Código de Defesa do Consumidor (arts. 81 e 82) são expressos em definir o Ministério Público como um dos legitimados a postular em juízo em defesa de direitos difusos, coletivos ou individuais homogêneos do consumidor. Incumbe verificar, então, se tal legitimidade ampla definida expressamente em lei (Lei n. 7.347/1985 e Lei n. 8.078/1990) é compatível com a finalidade do Ministério Público, como exige o inc. IX do art. 129 da Constituição da República. Nos termos da jurisprudência desta Corte, a finalidade do Ministério Público é lida à luz do preceito constante do *caput* do art. 127 da Constituição, segundo o qual incumbe ao Ministério Público 'a defesa da ordem jurídica, do regime democrático e dos interesses sociais e individuais indisponíveis'. Daí porque se firmou a compreensão de que, para haver legitimidade ativa do Ministério Público para a defesa de direitos transindividuais não é preciso que se trate de direitos indisponíveis, havendo de se verificar, isso sim, se há 'interesse social' (expressão contida no art. 127 da Constituição) capaz de autorizar a legitimidade do Ministério Público"[123].

Em realidade, é possível se afirmar por uma perceptível tendência do Superior Tribunal de Justiça em admitir a utilização de ações coletivas na tutela dos consumidores, como se pode notar da Súmula 601: "O Ministério Público tem legitimidade ativa para atuar na defesa de direitos difusos, coletivos e individuais homogêneos dos consumidores, ainda que decorrentes da prestação de serviço público".

11.4.4. Pessoas jurídicas da Administração Pública

A legitimidade ativa para as ações coletivas da União, Estado, Município e do Distrito Federal está prevista nos arts. 5.º, III da Lei 7.347/1985 (LACP) e 82, II da Lei 8.078/1990 (CDC), enquanto nos arts. 5.º, IV da Lei 7.347/1985 (LACP) e 82, III, da Lei 8.078/1990

---

[123] *Informativo* 629/STJ - Corte Especial - EREsp 1.378.938/SP - Rel. Min. Benedito Gonçalves - por unanimidade - j. 20.06.2018 - *DJe* 27.06.2018.

(CDC) encontra-se a legitimidade ativa das empresas públicas, autarquias, fundações e sociedades de economia mista. Os dispositivos legais, portanto, versam sobre a legitimidade ativa das pessoas jurídicas que compõem a administração pública, tanto da administração direta como da indireta.

Era de se esperar que essas pessoas jurídicas fossem frequentes propositoras de ações coletivas, pois em uma sociedade séria supõe-se que o Estado tenha todo o interesse no respeito aos direitos transindividuais. A realidade, entretanto, não é bem essa, notando-se a presença desses sujeitos com muito maior frequência no polo passivo da demanda judicial, acusados de violação de direitos que teoricamente deveriam ser os maiores interessados em preservar[124]. De qualquer forma, sempre que pretenderam modificar esse paradoxo, terão legitimidade ativa garantida por lei.

No tocante às pessoas jurídicas de direito público da administração direta, existe interessante debate doutrinário a respeito da exigência da pertinência temática, sendo necessário se delimitar de forma correta a discussão a respeito do tema.

Para parcela da doutrina, esses sujeitos têm legitimidade ativa para defender direitos quando sua proteção se revela socialmente útil e necessária, sendo dispensável a análise concreta entre a vinculação dos interesses próprios da pessoa jurídica de direito público e o direito defendido em juízo[125]. A doutrina majoritária, entretanto, entende pela aplicação do requisito da pertinência temática para as pessoas jurídicas de direito público, ainda que da administração direta, exigindo uma ligação entre o interesse defendido em juízo e os limites territoriais de sua atuação ou suas finalidades institucionais[126].

É interessante observar que grande parte da doutrina que afirma existir a exigência de pertinência temática para os sujeitos ora analisados fundamentam seu entendimento na impossibilidade de ente público litigar na defesa de interesses que não digam respeito à sua área territorial de atuação[127]. Assim, não teria legitimidade ativa um Município para ingressar com ação coletiva que só traga benefícios a consumidores localizados em outro Município, como um Estado não teria legitimidade ativa para ingressar com ação coletiva em favor de consumidores domiciliados em outro Estado da federação.

Entendo que existe uma indevida confusão entre diferentes condições da ação. A pertinência temática exige a existência de uma relação entre o interesse da pessoa jurídica de direito público e o direito tutelado em juízo, e, nesses termos, considero que não se pode exigir tal requisito das pessoas jurídicas de direito público da administração direta. Se o objetivo final da União, Estados, Municípios e do Distrito Federal é prover o bem comum, favorecendo os administrados, não parece razoável criar uma limitação no tocante à legitimação ativa nas ações coletivas. Isso não significa que, fora dos limites territoriais de sua atuação, possa se admitir a existência de interesse de agir desses sujeitos. Concordo que deva existir uma limitação territorial de atuação, mas nesse caso não vejo tal limitação decorrente da pertinência temática, matéria afeta à legitimidade, mas sim da falta de interesse de agir[128].

---

[124] MANCUSO, Rodolfo de Camargo. *Ação popular*. 4. ed. São Paulo: RT, 2001. n. 6.3.3, p. 152.
[125] VENTURI, Elton. *Processo civil coletivo*. São Paulo: Malheiros, 2007. p. 211.
[126] LEONEL, Ricardo de Barros. *Manual do processo coletivo*. São Paulo: RT, 2002. p. 164-165.
[127] DINAMARCO, Cândido Rangel. Ação rescisória contra decisão interlocutória. *A nova era do processo civil*. 2. ed. São Paulo: Malheiros, 2007. p. 257; Vigliar, Ação, p. 83.
[128] Em sentido próximo, MAZZILLI, Hugo Nigro. *A defesa dos interesses difusos em juízo*. 15. ed. São Paulo: Saraiva, 2002. p. 309.

A distinção entre pertinência temática e limitação territorial, ainda que não decorra dos fundamentos apresentados, não é estranha à parcela da doutrina que entende corretamente pela ausência da exigência da pertinência temática e pela existência de uma limitação territorial para a atuação das pessoas jurídicas de direito público[129]. Há, inclusive, decisão do Superior Tribunal de Justiça nesse sentido[130].

No tocante às pessoas jurídicas – públicas ou privadas – que compõem a administração indireta, entendo que, se seus objetivos imediatos são direcionados para determinadas áreas, o que delimita sua esfera de atuação dentro do poder público, é natural que se exija não só a vinculação ao território de sua atuação, como também a pertinência temática[131]. Não teria muito sentido, por exemplo, admitir que uma empresa pública federal voltada à exploração do petróleo do pré-sal ingresse com ação coletiva buscando a tutela de consumidores bancários.

Conforme já tive a oportunidade de defender, quando da análise da legitimidade ativa da Defensoria Pública, entendo que o disposto no art. 82, III da Lei 8.078/1990 (CDC), ao prever a legitimidade das entidades e órgãos da administração pública, ainda que sem personalidade jurídica, seja aplicável para todas as espécies de direitos coletivos *lato sensu*. Por essa razão, parece aceitável a legitimação ativa do PROCON, que, apesar de não ter personalidade jurídica própria, tem personalidade judiciária, o que já é o suficiente para admiti-lo no rol dos legitimados ativos de ações coletivas.

Por fim, cumpre ressaltar que essas pessoas jurídicas da administração pública, sempre que se valerem de uma ação coletiva, não estarão em juízo em nome próprio na defesa de interesse próprio. Significa que, sendo ordinária a legitimação dessa pessoa jurídica, ou seja, estando em juízo em nome próprio na defesa de interesse próprio, a ação será individual, e, nesse caso, o postulante não terá os benefícios concedidos ao autor de uma ação coletiva.

11.4.5. Associação

11.4.5.1. *Introdução*

A legitimidade ativa da associação está consagrada no art. 5.º, V, da Lei 7.347/1985 e no art. 82, IV da Lei 8.078/1990, sendo entendimento corrente na doutrina e jurisprudência a legitimação das associações para todas as espécies de direitos tutelados no microssistema coletivo. Dessa forma, poderão propor ações coletivas na defesa de direitos difusos, coletivos e individuais homogêneos, ainda que seja mais comum sua atuação nos dois últimos casos.

---

[129] CARVALHO FILHO, José dos Santos. *Ação civil pública*. 7. ed. Rio de Janeiro: Lumen Juris, 2009. p. 147.
[130] STJ – REsp 168.051/DF – 3.ª Turma – Rel. Min. Antônio de Pádua Ribeiro – j. 19.05.2005 – DJ 20.06.2005, p. 263.
[131] RODRIGUES, Marcelo Abelha; KLIPPEL, Rodrigo. *Comentários à tutela coletiva*. Rio de Janeiro: Lumen Juris, 2009. p. 41; ALMEIDA, Gregório Assagra de. *Manual das ações constitucionais*. Belo Horizonte: Del Rey, 2007. p. 123-124; DINAMARCO, Cândido Rangel. Ação rescisória contra decisão interlocutória. *A nova era do processo civil*. 2. ed. São Paulo: Malheiros, 2007. p. 260-261. Aparentemente no sentido do texto: STJ – REsp 879.840/SP – 1.ª Turma – Rel. Min. Francisco Falcão – j. 03.06.2008 – DJe 26.06.2008. Contra: CARVALHO FILHO, José dos Santos. *Ação civil pública*. 7. ed. Rio de Janeiro: Lumen Juris, 2009. p. 149; STJ – REsp 236.499/PB – 1.ª Turma – Rel. Min. Humberto Gomes de Barros – j. 13.04.2000 – DJ 05.06.2000, p. 125.

Existem três requisitos cumulativos exigidos pelos arts. 5.º, V, *a* e *b*, da Lei 7.347/1985 e art. 82, IV, da Lei 8.078/1990: (a) constituição nos termos da lei civil; (b) existência jurídica há pelo menos um ano; e (c) pertinência temática.

Em equivocada interpretação do art. 5.º, XXI, da CF, o Supremo Tribunal Federal decidiu que as associações dependem de autorização expressa de seus associados para a propositura da ação coletiva, o que pode ocorrer individualmente por manifestação expressa de seus associados ou por aprovação da propositura da ação em assembleia geral[132].

Infelizmente, como já era de se esperar, a equivocada decisão, proferida em recurso especial submetido a julgamento de recurso repetitivo, logo começou a ser utilizada como razão de decidir a questão no Superior Tribunal de Justiça, que passou para fins de atuação da associação no polo ativo da ação coletiva a autorização expressa de seus associados. Interessante notar que ainda existem decisões daquele tribunal, mesmo posteriores ao precedente do Supremo Tribunal Federal, que continuam a entender que é desnecessária autorização expressa dos associados.

Caso a associação, durante o trâmite do processo judicial, venha a ser extinta por decisão judicial, o Ministério Público poderá assumir o polo ativo do processo por meio de sucessão processual. Ainda que não exista norma expressa nesse sentido, o Superior Tribunal de Justiça entendeu acertadamente pela aplicação por analogia do previsto no art. 5.º da Lei 7.347/1985[133].

11.4.5.2. *Constituição há pelo menos um ano*

Os dois primeiros requisitos são tratados como se fossem um só, quando na realidade são requisitos diferentes, mas a existência de um depende inexoravelmente do preenchimento do outro. Significa que, antes de tudo, a associação deve ser devidamente registrada perante o órgão responsável (Registro Civil de Pessoas Jurídicas, nos termos do art. 45 do CC e arts. 114 e 119 da LRP), de forma que uma associação sem o devido registro cartorial não poderá jamais propor ação coletiva. Conforme ensina a melhor doutrina, a exigência legal tem como objetivo evitar a constituição oportunista de associações com o propósito exclusivo de propor determinadas ações coletivas[134].

O prazo de pelo menos um ano, exigido da constituição da associação para permitir seu ingresso com ação coletiva é contado dessa constituição jurídica, perfeita e acabada. Registre-se a acertada opinião doutrinária no sentido de que, excepcionalmente, essa condição da ação passe a existir durante o processo, não havendo sentido na extinção do processo, por carência da ação, se no momento de análise das condições da ação já tiver transcorrido um ano da constituição da associação, condição que não estava preenchida no momento da propositura da demanda. Seja em aplicação do art. 493 do CPC[135], seja em respeito aos princípios da economia processual e efetividade da jurisdição, como já

---

[132] STF – Tribunal Pleno – RE 573.232/SC – Rel. Min. Ricardo Lewandowski – Rel. p/ acórdão Min. Marco Aurélio – j. 14.05.2014 – *DJe* 19.09.2014.

[133] Informativo 764/STJ – AgInt no REsp 1.582.243/SP – 4.ª Turma – Rel. Min. Maria Isabel Gallotti – por unanimidade – j. 14.02.2023.

[134] COSTA, Susana Henrique da. *Comentários à lei de ação civil pública e lei de ação popular*. São Paulo: Quartier Latin, 2006. p. 407.

[135] SHIMURA, Sérgio Seiji. *Tutela coletiva e sua efetividade*. São Paulo: Método, 2006. p. 89.

reconheceu o Superior Tribunal de Justiça[136], essa excepcional forma de legitimação superveniente deve realmente ser admitida.

A exigência de existência jurídica há pelo menos um ano, entretanto, pode ser excepcionada, nos termos dos arts. 5.º, § 4.º, da LACP, e 82, § 1.º, do CDC[137]. Aparentemente são dois requisitos alternativos que justificam a legitimidade ativa de associação com menos de um ano de existência jurídica.

O primeiro requisito é o manifesto interesse social que envolva a causa, que seria evidenciado, segundo os dispositivos legais ora comentados, pela dimensão ou característica do dano. Provavelmente por considerar que toda e qualquer ação coletiva contém um manifesto interesse social, o legislador achou por bem qualificar tal circunstância, valendo-se, para tanto, de conceitos jurídicos abertos e indeterminados. O que efetivamente deve se compreender por dimensão e características do dano?

Tudo leva a crer que o legislador tenha considerado o aspecto subjetivo e objetivo do dano suportado para justificar a exceção à regra legal ora analisada.

A dimensão do dano, portanto, diz respeito ao número de sujeitos que o suportam, e o legislador deu a entender que danos coletivos de menor extensão, porque limitados a pequeno grupo de pessoas e/ou a poucos indivíduos, não justificariam a exceção ora analisada. Por esse raciocínio, todo direito difuso justificaria a aplicação dos arts. 5.º, § 4.º, da LACP, e 82, § 1.º, do CDC, considerando sua titularidade pela coletividade. A análise restaria limitada aos direitos coletivos e individuais homogêneos.

A característica do dano como requisito legitimador da exclusão da exigência legal ora analisada diz respeito ao aspecto objetivo do dano, parecendo o legislador ter criado uma gradação de danos, de forma que apenas naqueles mais sérios as associações poderiam litigar mesmo antes de existirem juridicamente por um ano. Novamente, nas hipóteses de direitos difusos, dada a indisponibilidade do direito, será difícil criar qualquer tipo de gradação de dano. O que é pior, a poluição de um rio (violação do meio ambiente) ou a destruição de um prédio do século XVIII (patrimônio histórico e cultural)? Somente nos direitos coletivos e individuais homogêneos seria possível estabelecer uma gradação de relevância, ainda assim com alguma dificuldade.

O segundo requisito previsto pelos arts. 5.º, § 4.º, da LACP, e 82, § 1.º, do CDC é a relevância do bem jurídico a ser protegido que serve para demandas que não versam sobre dano. Ainda que sem a natureza reparatória própria do primeiro requisito, o legislador, ao indicar a relevância do bem jurídico a ser tutelado, cria uma gradação de relevância entre os bens da vida que podem ser tutelados por meio da ação coletiva, permitindo a legitimidade de associação com menos de um ano de existência jurídica somente naqueles de maior importância e/ou relevância social. Novamente, e pelas mesmas razões já expostas, o requisito deve ficar limitado aos direitos coletivos e individuais homogêneos.

Interessante exemplo a respeito do tema na seara consumerista foi dado recentemente pelo Superior Tribunal de justiça ao afastar a exigência legal ora analisada na propositura de ação civil pública que tinha como objeto obrigar o fornecedor a informar o consumidor sobre a inexistência de glúten nos alimentos:

---

[136] STJ – REsp 705.469/MS – 3.ª Turma – Rel. Min. Nancy Andrighi – j. 16.06.2005, DJ 01.08.2005, p. 456.
[137] STJ – 3.ª Turma – AgRg nos EDcl no REsp 1.384.891/SC – Rel. Min. Paulo de Tarso Sanseverino – j. 05.05.2015 – DJe 12.05.2015.

"Direito do consumidor e processual civil. Dispensa do requisito temporal para a legitimação ativa de associação em ação civil pública.

É dispensável o requisito temporal (pré-constituição há mais de um ano) para associação ajuizar ação civil pública quando o bem jurídico tutelado for a prestação de informações ao consumidor sobre a existência de glúten em alimentos. De fato, o STJ, por ocasião do julgamento do REsp 1.479.616-GO (Terceira Turma, DJe 16/4/2015), consignou que: 'atualmente, o único tratamento eficaz [para a doença celíaca] é uma dieta isenta de glúten durante toda a vida, pois não existem medicamentos capazes de impedir as lesões e que o corpo ataque o intestino na presença de glúten. Daí a importância da informação nas embalagens de alimentos comercializados de que é 'isento de glúten' ou qual a quantidade ministrada da proteína. Isso porque, se porventura uma pessoa com doença celíaca consumir alimentos com glúten ou traços de glúten, a ingestão poderá provocar uma inflamação crônica apta a impedir a absorção de nutrientes. Além do art. 31 do Código de Defesa do Consumidor, que estatui uma 'obrigação geral de informação' ao consumidor, a Lei n. 10.674/2003 prevê, em seu art. 1.º, que 'Todos os alimentos industrializados deverão conter em seu rótulo e bula, obrigatoriamente, as inscrições 'contém Glúten' ou 'não contém Glúten', conforme o caso'. Dessa forma, por versar a ação sobre direitos individuais homogêneos, a solução do feito não se limita aos membros da associação autora, haja vista abranger todos os consumidores submetidos às mesmas condições descritas nos autos. Portanto, muito embora o art. 5.º, inciso V, 'a', da Lei n. 7.347/1985 disponha que a associação deverá estar constituída há pelo menos 1 (um) ano, nos termos da lei civil, o requisito formal pode ser dispensado quando presente, como na hipótese, interesse social de um grupo indeterminável de interessados, como prevê o parágrafo 4.º do referido dispositivo legal, bem como o art. 82, § 1.º, do CDC. O Superior Tribunal de Justiça [...] já reconheceu a legitimidade de associação que complete um ano de existência no curso do processo, conforme o princípio da economia processual [...]. Ademais, [...] o caso concreto versa acerca de interesses individuais homogêneos, conhecidos como transindividuais, referindo-se a um grupo determinável de pessoas, no caso, os doentes celíacos, cujos interesses excedem sobremaneira o âmbito estritamente individual, tendo em vista as circunstâncias de fato de origem comum (incolumidade da saúde). Assim, a relação consumerista subjacente e divisível é pertinente a todo indivíduo que adquira produtos alimentícios no mercado de consumo e que tenha suscetibilidade à referida proteína. Com efeito, atualmente se admite que as ações coletivas, quando propostas por uma associação, *longa manus* da coletividade, pressupõem uma legitimação prévia, oriunda do fim institucional relativo à tutela de interesses difusos (meio ambiente, saúde pública, consumidor, dentre outros), cujos interesses dos seus associados podem se sobrepor ao requisito da constituição temporal, formalidade superável em virtude da dimensão do dano ou relevância do bem jurídico a ser protegido e cuja defesa coletiva é ínsita à própria razão de ser da requerente. Em verdade, cumpre[-se] um mandamento constitucional, pois o art. 196 prevê que a 'saúde é direito de todos e dever do Estado, garantido mediante políticas sociais e econômicas que visem à redução do risco de doenças e de outros agravos e ao acesso universal e igualitário às ações e serviços para sua promoção, proteção e recuperação'. Sob a ótica do direito público, o risco da falta de informação a que está submetido o consumidor celíaco, hipervulnerável por natureza, também já foi objeto de julgamento nesta Corte no REsp n. 586.316 (DJe 19/3/2009), de relatoria do Ministro Herman Benjamin, que considerou pertinente o pedido formulado pelo PROCON quanto à necessidade de advertência dos malefícios do glúten em embalagens de produtos alimentícios, sob pena de sanções administrativas. Por fim, consigne-se que a concessão da legitimidade às associações e entes afins para a propositura da ação civil pública visa, em última análise, mobilizar a sociedade civil para participar de questões de ordem pública, coadunando-se com a ideia de Estado Democrático de Direito, ao facilitar, por meio do Poder Judiciário, a discussão de eventual interesse público, ampliando o acesso da sociedade civil à Justiça. Com efeito, é fundamental assegurar os direitos de informação e segurança ao consumidor celíaco, que está adstrito à dieta isenta de glúten, sob pena de graves riscos à saúde, o que, em última análise, tangencia a garantia a uma vida digna" (*Informativo 591*/STJ, 2.ª Turma, REsp 1.600.172/GO, Rel. Min. Herman Benjamin, j. 15.09.2016, DJe 11.10.2016).

11.4.5.3. Pertinência temática

O terceiro requisito exigido para a legitimidade ativa das associações é a chamada "pertinência temática", significando que deva existir uma vinculação entre as finalidades institucionais da associação, consagradas em seu estatuto social, e a espécie de bem jurídico tutelado em sede de ação coletiva.

Segundo a melhor doutrina, o estatuto da associação não precisa de um grau de especialidade que limite demasiadamente a sua atuação como autora de ações coletivas, de forma que uma previsão genérica, desde que relacionada, ainda que de maneira indireta, com o objeto da demanda, já é suficiente. O que não se admite, por exemplo, é que uma associação, voltada à defesa do consumidor, queira discutir em juízo a violação ao patrimônio cultural, ou uma associação voltada à defesa do meio ambiente queira defender em juízo um direito difuso à saúde pública.

Conforme vem entendendo o Superior Tribunal de Justiça, a análise da pertinência temática no caso concreto deve ser responsavelmente flexível e ampla, em contemplação ao princípio constitucional do acesso à justiça, mormente a considerar-se a máxima efetividade dos direitos fundamentais[138].

Aparentemente, o requisito da pertinência temática foi o mais próximo que o legislador brasileiro chegou da chamada "representação adequada", analisada no próximo tópico. Presume que, ao ter em seus estatutos a expressa previsão – ainda que genérica – da defesa do direito coletivo *lato sensu*, a associação será o representante adequado para sua defesa em juízo em uma ação coletiva.

Registre-se entendimento do Superior Tribunal de Justiça no sentido de dispensa da exigência da pertinência temática quando o autor da ação coletiva for a Ordem dos Advogados do Brasil, em razão de ter como seu mister a defesa, inclusive judicial, da Constituição Federal, do Estado de Direito e da justiça social, o que, inexoravelmente, inclui todos os direitos coletivos e difusos[139].

11.4.5.4. Representação adequada (adequacy of representation)

11.4.5.4.1. Introdução

O tema da representação adequada como requisito de admissibilidade da ação coletiva, intimamente relacionado à legitimidade ativa, é tema que suscita intenso e interessante

---

[138] Informativo 738/STJ – 4ª Turma – AgInt nos EDcl no REsp 1.788.290/MS – Rel. Min. Luis Felipe Salomão – por maioria – j. 24.05.2022.

[139] STJ – 2ª Turma – REsp 1.351.760/PE – Rel. Min. Humberto Martins – j. 26.11.2013, DJe 09.12.2013.

debate doutrinário e jurisprudencial. Entendo que o tema é por vezes tratado sem o apuro técnico devido, o que leva o intérprete a um estado de confusão e incerteza que poderia ser evitado, ou ao menos minimizado.

A doutrina nacional parece concordar que o instituto da representação adequada pode se dar de duas formas distintas: *ope iudicis* e *ope legis*. Tradicionalmente associa-se a primeira forma aos sistemas jurídicos de países da *common law* e o segundo aos sistemas jurídicos dos países da *civil law*. No primeiro caso, caberá ao juiz a análise, no caso concreto, da adequada representação dos interesses em jogo pelo autor que pretende conduzir uma ação coletiva, enquanto no segundo caso caberia ao legislador, de forma abstrata, determinar quais são os requisitos para se determinarem quais sujeitos têm condições de assumir o polo ativo de uma ação coletiva.

11.4.5.4.2. Sistema *ope iudicis* (sistema da *common law*)

Nos países do sistema da *common law*, em especial nos Estados Unidos, a representação adequada é uma das mais importantes causas de admissibilidade da ação coletiva, considerando-se que a coisa julgada dessa ação atingirá sujeitos que não participarão do processo, independentemente de seu resultado (*pro et contra*). Diante dessa realidade, o devido processo legal seria violado se o autor da ação coletiva não demonstrasse concretamente ter efetivas condições de exercer a melhor e mais completa defesa que o direito poderia ter em juízo[140].

O raciocínio é até certo ponto simples: como os sujeitos que compõem a coletividade ou comunidade serão atingidos sem o direito a participarem do processo coletivo em contraditório, deve se assegurar que sejam "ouvidos" por meio do autor, que só terá condições de se tornar esse verdadeiro "porta-voz" dos indivíduos se demonstrar concretamente estar plenamente apto a fazer a defesa do direito da forma mais perfeita e irrepreensível possível.

Segundo precisas lições doutrinárias, a representação adequada, nesse caso, além de evitar colusões entre as partes, assegura que o resultado obtido por meio do processo coletivo seja o mesmo que teria sido obtido por meio de processos individuais, dos quais os indivíduos teriam participado na plenitude do contraditório e da ampla defesa[141]. É dizer que, apesar dos indivíduos não terem participado do processo coletivo, sua participação teria sido inútil e desnecessária, já que o resultado seria o mesmo.

Na representação adequada, presente nos países que fazem parte da família da *common law*, cabe ao juiz a análise concreta de elementos que indiquem as efetivas e reais condições de o autor cumprir seu papel como dele se espera. A depender do país de origem, variam os fatores relevantes a serem analisados pelo juiz, ainda que existam alguns fatores que podem ser considerados comuns: as condições do autor e de seu advogado, a eventual existência de conflito entre o autor e/ou advogado e membros do grupo, a capacidade econômica, a especialidade do advogado.

---

[140] WATANABE, Kazuo. *Direito processual comparado – XIII World Congresso of Procedural Law*. Org. Ada Pellegrini Grinover e Petrônio Calmon. Rio de Janeiro: Forense, 2008. p. 536; GIDI, Antônio. *A class action como instrumento de tutela coletiva dos direitos* – as ações coletivas em uma perspectiva comparada. São Paulo: RT, 2007. p. 99-100.

[141] GIDI, Antônio. *A class action como instrumento de tutela coletiva dos direitos* – as ações coletivas em uma perspectiva comparada. São Paulo: RT, 2007. p. 100.

Independentemente dos fatores considerados no caso concreto, um sistema de representação adequada, como o existente nos Estados Unidos, Inglaterra, Canadá e País de Gales, exige do juiz uma análise concreta para a aferição da capacidade não só de representação dos sujeitos que compõem o grupo, mas também de sua efetiva capacidade de boa condução do processo, de seu preparo e disposição para encarar o processo coletivo.

11.4.5.4.3. Sistema *ope legis* (*civil law*)

Segundo lições doutrinárias, nos sistemas jurídicos dos países da *civil law*, a representação adequada dos autores das ações coletivas segue uma regra legal, tratando-se, portanto, de um sistema *ope legis*. Nesse entendimento, caberá ao legislador a previsão dos requisitos necessários para que se admita um sujeito no polo ativo do processo coletivo, cabendo ao juiz tão somente a análise do preenchimento ou não de tais requisitos no caso concreto. Há, portanto, uma presunção legal absoluta de quais sejam os representantes adequados, ao que deve se conformar o juiz no caso concreto[142].

Ainda que existam exceções, tais como o Uruguai, Argentina e Paraguai (nossos parceiros no Mercosul), que permitem ao juiz a aferição da representatividade adequada no caso concreto[143], no Brasil a doutrina majoritária entende que ao juiz cabe somente analisar os requisitos já previamente consagrados em lei, não podendo partir para uma análise no caso concreto das efetivas condições para a melhor condução do processo do legitimado que preencheu tais requisitos[144]. Na hipótese das associações, por exemplo, bastará a existência jurídica por mais de um ano e a pertinência temática[145], sendo irrelevante qualquer outra consideração a respeito da real capacidade do legitimado de defender de forma plena e exauriente o direito coletivo *lato sensu*.

Os críticos a esse sistema de aferição da representação adequada afirmam que, sem a possibilidade de análise das efetivas condições do autor da ação coletiva no caso concreto, permite-se a existência de processos coletivos propostos por autores despreparados, desmotivados, diretamente interessados em determinado resultado que pode não ser o melhor para todos, e por vezes até imbuídos de má-fé[146]. Esses defeitos que estariam sendo admitidos pelo sistema *ope legis*, adotado no Brasil, frustrariam os objetivos da tutela coletiva,

---

[142] BUENO, Cassio Scarpinella. As *class actions* norte-americanas e as ações coletivas brasileiras: pontos para uma reflexão conjunta. *Repro*, n. 82, ano 21, abr.-jun. 1996, p. 131.

[143] WATANABE, Kazuo. In: GRINOVER, Ada Pellegrini; CALMON, Petrônio (Org.). *Direito processual comparado* – XIII World Congress of Procedural Law. Rio de Janeiro: Forense, 2008. p. 535.

[144] ANDRADE, Adriano; MASSON, Cleber; ANDRADE, Landolfo. *Interesses difusos e coletivos esquematizado*. São Paulo: Método, 2011. n. 2.2.4, p. 47-48; VENTURI, Elton. *Processo civil coletivo*. São Paulo: Malheiros, 2007. n. 7.1.8, p. 219-227; NERY JR.; NERY, Rosa Maria de Andrade. *Código de processo civil comentado*. 12 ed. São Paulo: RT, 2008, p. 1.144; RODRIGUES, Marcelo Abelha; KLIPPEL, Rodrigo. *Comentários à tutela coletiva*. Rio de Janeiro: Lumen Juris, 2009. p. 35; ALMEIDA, Gregório Assagra de. *Direito processual coletivo brasileiro*. São Paulo: Saraiva, 2003. p. 519.

[145] STJ – 1.ª Turma – REsp 876.936/RJ – Rel. Min. Luiz Fux – j. 21.10.2008 – *DJe* 13.11.2008.

[146] STJ – 1.ª Turma – AgRg nos EDcl nos EDcl no REsp 1.150.424/SP – Rel. Min. Olindo Menezes (Desembargador convocado do TRF 1.ª Região) – j. 10.11.2015 – *DJe* 24.11.2015; STJ – 1.ª Turma – REsp 876.936/RJ – Rel. Min. Luiz Fux – j. 21.10.2008 – *DJe* 13.11.2008. GOMES JR., Luiz Manoel. Curso de direito processual coletivo. 2 ed. São Paulo: SRS, 2008, p. 145.

permitindo que o resultado do processo coletivo não represente o resultado possível se o autor tivesse outros atributos.

É interessante notar que os defensores do sistema atual adotado no direito brasileiro se valem de alguns fundamentos, rebatidos de forma quase apaixonada pelos críticos de tal sistema.

Primeiro argumento amplamente utilizado é a especial maneira de formação da coisa julgada material na tutela coletiva. Conforme analisado no item 11.6, a coisa julgada coletiva só vincula os indivíduos se os beneficiar, não havendo sua vinculação quando o resultado do processo coletivo for negativo. Pelo sistema da coisa julgada *secundum eventum litis in utilibus*, uma eventual condução deficitária do processo coletivo jamais seria capaz de afetar os indivíduos, que, mesmo diante do insucesso do processo coletivo, poderiam obter tutela jurisdicional em ações individuais.

Concordo com as críticas lançadas a tal argumento, porque, se é verdade que os indivíduos não são prejudicados como titulares de direitos individuais correlatos ao direito coletivo *lato sensu* discutido no processo coletivo, não há maiores dúvidas de que o serão como membros da coletividade ou de uma comunidade. Diferentemente do que entende grande parte da doutrina, a sentença de improcedência do processo coletivo faz coisa julgada material, só sendo admitida sua repropositura na hipótese de prova nova em razão da coisa julgada *secundum eventum probationis*. Pior ainda no direito individual homogêneo, em que a coisa julgada material se opera de forma tradicional, *pro et contra* e independentemente da motivação da decisão.

Significa que, uma vez conduzido o processo coletivo de forma precária ou tendenciosa pelo autor, e sendo julgado improcedente o pedido, se o problema não tiver sido a ausência de provas, a decisão tornar-se-á imutável e indiscutível, de forma que aquele direito difuso ou coletivo que foi objeto do processo jamais poderá ser tutelado[147]. Esse é um sacrifício que não pode ser simplesmente ignorado, ainda que diante das diferentes técnicas de formação da coisa julgada aplicáveis na tutela coletiva brasileira.

Por outro lado, argumenta-se que a presença indispensável do Ministério Público, seja como autor ou como fiscal da lei, impede que o autor conduza o processo de forma desidiosa ou tendenciosa. Concordo com essa tese, e acredito realmente que a exigência legal de presença obrigatória de um órgão tão sério, aparelhado e especializado na defesa da tutela coletiva seja uma salvaguarda interessante no tocante a garantir a efetiva atuação judicial em prol do direito defendido no processo coletivo.

Há, entretanto, restrições. Na ação popular, por exemplo, o Ministério Público só pode assumir o polo ativo na hipótese de desistência ou abandono do processo pelo autor popular. Também nos direitos individuais homogêneos haverá limitações no tocante à legitimação ativa do Ministério Público, que só poderá atuar nas hipóteses de direito indisponível ou de direito disponível com repercussão social. Nesses dois casos, o Ministério Público será obrigado a participar como mero fiscal da lei, e mesmo que sua atuação seja relevante para uma prestação jurisdicional de melhor qualidade, sempre sofrerá algumas limitações postulatórias.

---

[147] GIDI, Antônio. *A class action como instrumento de tutela coletiva dos direitos* – as ações coletivas em uma perspectiva comparada. São Paulo: RT, 2007. p. 102.

Por fim, os poderes do juiz no processo coletivo são aguçados, exigindose do magistrado uma atuação ativa e vigilante para que eventual descompromisso ou má-fé do autor não seja determinante no resultado do processo. Ainda que se louve o ideal de juiz mais ativo e preocupado com a qualidade de sua prestação jurisdicional, é preciso reconhecer que existem limitações a essa atuação, até porque o volume de trabalho de nossos magistrados, atualmente, é muito elevado, o que dificulta a atenção que se pretende exigir. Por outro lado, o sistema processual continua, mesmo no processo coletivo, a ser misto, mas com preponderância do dispositivo, de forma que a vontade do autor ainda tem muita relevância na condução do processo.

11.4.5.4.4. Situação atual no Brasil

A doutrina nacional se divide nitidamente em dois grupos no tocante à representatividade adequada. Um primeiro grupo entende que o sistema adotado é *ope legis*, não cabendo, portanto, ao juiz analisar no caso concreto a efetiva condição/disposição do autor em conduzir o processo coletivo[148]. Esse grupo se divide em duas correntes: (i) os que entendem que o sistema adotado por nosso legislador é o ideal, e (ii) os que consideram que, *de lege ferenda*, o ideal seria modificar a lei para a adoção do sistema *ope iudicis*. E há um segundo grupo que entende que o sistema atual já admite a conclusão pela aferição *ope iudicis* da representação adequada[149], afirmando que a presunção legal de adequação na representação prevista em lei é apenas relativa, sendo, portanto, admissível a produção de prova em sentido contrário[150].

Sou partidário da segunda corrente doutrinária do primeiro grupo, porque entendo que o controle da adequada representação do autor da ação coletiva evitaria processos coletivos sem condições de tutelar o direito defendido, que atualmente sobrevivem em manifesto atentado aos princípios da economia processual e segurança jurídica. E ainda evitaria a pluralidade de processos coletivos que versam sobre o mesmo tema, em muitos casos propostos por autores sem qualquer condição para uma boa condução do processo.

Por outro lado, é preciso lembrar que, mesmo nos sistemas de controle *ope iudicis*, a eventual constatação de que o autor não tem efetivamente condições de melhor tutelar o direito discutido, ainda que posterior ao encerramento do processo, afasta a vinculação dos membros do grupo ao resultado negativo (*collateral attack*). Na realidade, como bem lembra a melhor doutrina, a representação adequada no sistema da *common law* não é

---

[148] ANDRADE, Adriano; MASSON, Cleber; ANDRADE, Landolfo. *Interesses difusos e coletivos esquematizado*. São Paulo: Método, 2011. 2.2.4, p. 47-48; VENTURI, Elton. *Processo civil coletivo*. São Paulo: Malheiros, 2007. 7.1.8, p. 219-227; Nery-Nery, Código de processo civil comentado. 12 ed. São Paulo: RT, 2008, p. 1.144; RODRIGUES, Marcelo Abelha; KLIPPEL, Rodrigo. *Comentários à tutela coletiva*. Rio de Janeiro: Lumen Juris, 2009. p. 35; ALMEIDA, Gregório Assagra de. *Direito processual coletivo brasileiro*. São Paulo: Saraiva, 2003. p. 519.

[149] GRINOVER, Ada Pellegrini. Novas questões sobre a legitimação e a coisa julgada nas ações coletivas. *O processo – estudos e pareceres*. São Paulo: DPJ, 2006. p. 213-214; GIDI, Antônio. *Class actions*, p. 3.5.10, p. 129-135; COSTA, Susana Henrique da. *Comentários à lei de ação civil pública e lei de ação popular*. São Paulo: Quartier Latin, 2006. p. 390-391; DIDIER JR., Fredie; ZANETI JR., Hermes. *Curso de direito processual civil*. 4. ed. Salvador: JusPodivm, 2009. v. 5, p. 209; LEONEL, Ricardo de Barros. *Manual de processo coletivo*. São Paulo: RT, 2008. 5.2.6, p. 173.

[150] STJ – 4.ª Turma – REsp 1.213.614/RJ – Rel. Min. Luis Felipe Salomão – j. 01.10.2015 – DJe 26.10.2015; STJ – 4.ª Turma – REsp 1.405.697/MG – Rel. Min. Marco Aurélio Bellizze – j. 17.09.2015 – DJe 08.10.2015. GOMES JR., Luiz Manoel. *Curso de direito processual coletivo*. 2. ed. São Paulo: SRS, 2008. p. 145.

somente um requisito de admissibilidade da ação coletiva, limitada ao ingresso do processo, porque essa matéria não preclui, podendo o juiz extinguir o processo por inadequação da representação a qualquer momento, seja por fato superveniente ou pela constatação de ter sido enganosa a percepção prévia sobre a adequação da representação[151].

Atualmente, com a justificativa da coisa julgada *secundum eventum litis in utilibus*, não há maiores preocupações com a perda de energia, tempo e dinheiro de um processo coletivo fadado ao insucesso em razão do despreparo e/ou má-fé do autor. No sistema sugerido, o sujeito continuaria a poder discutir em ação individual seu direito, mesmo diante do insucesso de uma ação coletiva, mas como a adequação da representação passaria a ser analisada em concreto, as chances de isso ocorrer seriam bem menores, o que poderia até mesmo servir de desestímulo à propositura de ações individuais. Atualmente, independentemente da defesa do direito realizada pelo autor da ação coletiva, o direito individual não suporta o seu insucesso, não existindo qualquer razão para que o indivíduo deixe de ingressar com ação individual na busca da tutela de seu direito.

Só entendo que esse não é o sistema adotado pelo legislador pátrio e que, por isso, somente uma mudança legislativa permitiria sua adoção[152]. E não faltaram tentativas para que se chegasse a esse objetivo. Tanto no Projeto de Lei do Código de Processo Civil Coletivo, como no de mudança da ação civil pública, estava consagrada a representação adequada *ope iudicis*, mas nenhum desses projetos vingou no Congresso Nacional. No mesmo sentido o art. 3.º do Código Modelo da Ibero-América.

11.4.5.4.5. Legitimidade extraordinária ou representação processual?

O Supremo Tribunal Federal foi chamado a decidir, em recurso extraordinário repetitivo, sobre a possibilidade de sujeitos não pertencentes à associação autora da ação coletiva, que tem como objeto direito individual homogêneo, poderem se aproveitar da sentença de procedência da ação coletiva. Em tal julgamento, entretanto, o Supremo Tribunal Federal proferiu decisão ainda mais ampla, já que não versa somente sobre a legitimidade ativa da associação em executar a sentença coletiva em favor de indivíduos, mas também estabelece condições para a sua atuação no polo ativo da ação coletiva[153].

Em equivocada interpretação do art. 5.º, XXI, da CF, o Supremo Tribunal Federal decidiu que as associações dependem de autorização expressa de seus associados para a propositura da ação coletiva, o que pode ocorrer individualmente por manifestação expressa de seus associados ou por aprovação da propositura da ação em assembleia geral.

A decisão é incorreta porque confunde indevidamente os institutos da substituição processual (quando a associação atua em nome próprio em favor dos interesses de terceiros)

---

[151] GIDI, Antônio. A *class action* como instrumento de tutela coletiva dos direitos – as ações coletivas em uma perspectiva comparada. São Paulo: RT, 2007. p. 102; BUENO, Cassio Scarpinella. As *class actions* norte-americanas e as ações coletivas brasileiras: pontos para uma reflexão conjunta. *Repro*, n. 82, ano 21, abr.-jun. 1996, p. 134.

[152] BUENO, Cassio Scarpinella. As *class actions* norte-americanas e as ações coletivas brasileiras: pontos para uma reflexão conjunta. *Repro*, n. 82, ano 21, abr.-jun. 1996, p. 131-136.

[153] STF – Tribunal Pleno – RE 573.232/SC – Rel. Min. Ricardo Lewandowski – Rel. p/ acórdão Min. Marco Aurélio – j. 14.05.2014 – *DJe* 19.09.2014.

com a representação processual (quando a associação atua em nome de seus associados em favor de seus interesses)[154].

Segundo o dispositivo legal constitucional, "as entidades associativas, quando expressamente autorizadas, têm legitimidade para representar seus filiados judicial ou extrajudicialmente". Ainda que o dispositivo não possa ser considerado um primor de redação legislativa, ao apontar expressamente para a *representação* de seus filiados em juízo, trata de hipótese de representação processual, e não de substituição processual. O art. 5.º, XXI, da CF, portanto, apesar de prever expressamente sobre a legitimidade da associação, versa claramente sobre a representação processual, e somente nesse sentido poderia ser exigida a autorização de seus associados para atuar em favor de seus direitos.

Para fins de atuação da associação na execução da sentença coletiva, até se pode admitir sua participação como representante processual do indivíduo beneficiado, já que nesse caso estará defendendo numa execução individual um direito da mesma natureza, conforme devidamente exposto no Capítulo 16.4.3. No entanto, para fins de participação no polo ativo da ação coletiva, não é o art. 5.º, XXI, da CF que deve ser considerado para determinar as condições de atuação da associação, mas sim os arts. 5.º, V, da Lei 7.347/1985 e 82, IV, da Lei 8.078/1990.

Significa que a legitimação da associação para a propositura da ação coletiva não exige qualquer preenchimento de requisito constitucional, bastando a comprovação de sua existência jurídica há mais de um ano e a pertinência temática.

Infelizmente, entretanto, como, inclusive, já era de esperar, a equivocada decisão, proferida em recurso especial submetido a julgamento de recurso repetitivo, logo passou a ser utilizada como razão de decidir a questão no Superior Tribunal de Justiça, que passou a exigir para fins de atuação da associação no polo ativo da ação coletiva a autorização expressa de seus associados[155]. Interessante notar que ainda existem decisões daquele tribunal, mesmo posteriores ao precedente do Supremo Tribunal Federal, que continuam a entender pela desnecessidade de autorização expressa dos associados[156].

Criou-se nos tribunais superiores uma situação peculiar. Caso se reconheça, como tais tribunais vêm fazendo, que a atuação da associação no polo ativo da ação coletiva deve ser admitida somente nos termos do art. 5.º, XXI, da CF, não há mais sentido em falar em legitimidade extraordinária, porque o dispositivo claramente trata de representação processual. Curiosamente, entretanto, os tribunais continuam a considerar o fenômeno como de legitimação processual, afirmando que sem a autorização expressa de seus associados falta legitimidade à associação para a propositura da ação coletiva[157].

Partindo-se dessa incorreta premissa criada pelos tribunais superiores, a autorização expressa dos associados passa a ser mais um requisito para a associação ter legitimidade ativa na propositura da ação coletiva, ao lado da existência jurídica há pelo menos um ano e da pertinência temática.

---

[154] A confusão do voto do relator foi bem notada no voto vista do Ministro Joaquim Barbosa.
[155] STJ – 2.ª Turma – AgRg no REsp 1.546.659/RS – Rel. Min. Humberto Martins – j. 27.10.2015 – *DJe* 13.11.2015; STJ – 3.ª Turma – REsp 1.405.697/MG – Rel. Min. – j. 17.09.2015 – *DJe* 08.10.2015.
[156] STJ – 1.ª Turma – AgRg no REsp 1.382.949/SC – Rel. Min. Benedito Gonçalves – j. 16.04.2015 – *DJe* 24.04.2015.
[157] Essa realidade fica clara no voto vista do Ministro Teori Albino Zavascki.

O equivocado entendimento tem um efeito prático perverso, porque, a partir do momento em que se entende que a legitimidade ativa na ação coletiva da associação está condicionada à autorização expressa de seus associados, é natural a conclusão de que a ação só possa aproveitar a quem era associado no momento da propositura da demanda judicial e que autorizou a sua propositura. Ou seja, mesmo sendo associado, não tendo autorizado a propositura da ação coletiva, não poderá se beneficiar da sentença coletiva[158].

Registrem-se decisões do Superior Tribunal de Justiça, mesmo posteriores ao precedente do Supremo Tribunal Federal, que continuam a apontar que todos os indivíduos pertencentes à comunidade, associados ou não à autora da ação coletiva, se beneficiam da sentença coletiva, podendo executá-la em seu favor[159]. O tema, portanto, continua polêmico, tanto que a Segunda Seção do Superior Tribunal de Justiça afetou recurso especial ao julgamento repetitivo (tema 948) para pacificar o entendimento do tribunal a respeito do tema.

Essa realidade é ruim no caso do direito individual homogêneo, porque exigirá daqueles sujeitos na mesma situação fático-jurídica dos associados a propositura de nova demanda para a defesa de seus interesses. Conspira, portanto, contra os valores mais importantes da tutela coletiva: a economia processual e a harmonização dos julgados, porque exige a propositura de novas ações e abre a possibilidade de decisões contraditórias e/ou conflitantes.

Já no caso dos direitos difuso e coletivo a realidade é péssima, porque viola a própria natureza indivisível de tais espécies de direitos. Como exatamente compatibilizar a limitação ora analisada com tal indivisibilidade? Se a tutela favorece a coletividade ou uma comunidade (grupo, classe ou categoria de pessoas), como exatamente deve ser compreendida a limitação de benefício somente à parcela dos sujeitos que compõem o titular do direito (que não são os indivíduos, mas a coletividade ou comunidade)?

Esse problema prático, entretanto, a meu ver, pode ser afastado sem violação ao entendimento já pacificado nos tribunais superiores. Quando a associação atua como autora de ação coletiva em benefício da coletividade (direito difuso) ou de uma comunidade (direito coletivo), ela claramente não está em juízo na defesa de seus associados, de forma a ser inaplicável a esses casos o art. 5.º, XXI, da CF. Nessa hipótese, portanto, a legitimidade ativa será analisada exclusivamente à luz das normas referentes ao tema constantes da Lei de Ação Civil Pública e do Código de Defesa do Consumidor.

De forma surpreendente, e até certo ponto enigmática, o Supremo Tribunal Federal, após fixar a problemática tese ora analisada, resolveu limitar significativamente sua aplicabilidade. Segundo esse entendimento, a exigência de autorização prévia só se aplicaria a ação coletiva, de rito ordinário, ajuizada por associação civil na defesa de interesses dos associados[160].

O entendimento foi rapidamente replicado pelo Superior Tribunal de Justiça:

"Embargos de declaração no recurso especial. Adoção de premissa insubsistente no acórdão embargado. Reconhecimento. Inaplicabilidade da tese firmada pelo STF no RE 573.232/SC à hipótese.

---

[158] STJ – 2.ª Turma – AgRg no AREsp 664.713/RJ – Rel. Min. Herman Benjamin – j. 01.12.2015 – DJe 04.02.2016; STJ – 5.ª Turma – REsp 1.129.023/SC – Rel. Min. Felix Fischer – j. 16.02.2016 – DJe 23.02.2016; STJ – 6.ª Turma – EDcl no AgRg no REsp 1.185.789/GO – Rel. Min. Sebastião Reis Júnior – j. 03.12.2015 – DJe 01.02.2016.
[159] STJ – 2.ª Turma – AgRg no REsp 1.423.791/BA – Rel. Min. Og Fernandes – j. 17.03.2015 – DJe 26.03.2015.
[160] STF – RE 612.043 ED/PR – Rel. Min. Marco Aurélio – j. 06.06.2018 – DJe 06.08.2018.

Verificação. Rejulgamento do recurso. Necessidade. Ação coletiva. Associação. Legitimidade ativa. Expressa autorização assemblear. Prescindibilidade. Sucessão processual no polo ativo. Admissão. Precedentes desta corte. Embargos de declaração acolhidos com efeitos infringentes para julgar improvido o recurso especial da parte adversa.

1. Constatada a inaplicabilidade do entendimento adotado pelo STF à hipótese dos autos, tal como posteriormente esclarecido pela própria Excelsa Corte, é de se reconhecer, pois, a insubsistência da premissa levada a efeito pelo acórdão embargado, assim como a fundamentação ali deduzida, a ensejar, uma vez superado o erro de premissa, o rejulgamento do recurso.

2. Não se aplica ao caso vertente o entendimento sedimentado pelo STF no RE 573.232/SC e no RE n. 612.043/PR, pois a tese firmada nos referidos precedentes vinculantes não se aplica às ações coletivas de consumo ou quaisquer outras demandas que versem sobre direitos individuais homogêneos. Ademais, a Suprema Corte acolheu os embargos de declaração no RE n. 612.043/PR para esclarecer que o entendimento nele firmado alcança tão somente as ações coletivas submetidas ao rito ordinário.

3. O microssistema de defesa dos interesses coletivos privilegia o aproveitamento do processo coletivo, possibilitando a sucessão da parte autora pelo Ministério Público ou por algum outro colegitimado, mormente em decorrência da importância dos interesses envolvidos em demandas coletivas.

4. Embargos de declaração acolhidos, com efeitos infringentes, para julgar improvido o recurso especial interposto pela parte adversa"[161].

Ainda que deva ser comemorada a limitação imposta pelo próprio Supremo Tribunal Federal ao seu equivocado entendimento a respeito da espécie de legitimidade das associações em ações coletivas, fiquei curioso de imaginar em que tipo de demanda o entendimento passou a ser aplicável.

Naturalmente a tutela dos interesses difusos e coletivos parece estar fora de seu alcance, o que já é uma excelente notícia. E com relação aos direitos individuais homogêneos haverá a necessidade de o procedimento ser comum, e não aquele estabelecido pelo microssistema coletiva. Aí as coisas se complicam, porque, se afastado o procedimento do processo coletivo, tudo leva a crer que a demanda passaria a ser individual, funcionando a associação não como legitimada extraordinária, mas como representante processual dos autores.

Ou seja, se levarmos a sério o entendimento restritivo criado pelo próprio Supremo Tribunal Federal e replicado pelo Superior Tribunal de Justiça, não haverá necessidade de autorização para a propositura de ações coletivas por associações, ficando tal exigência limitada à propositura de demandas individuais.

O Superior Tribunal de Justiça, entretanto, vem tentando aplicar o entendimento, afirmando em reiteradas decisões haver duas hipóteses de atuação da associação no plano coletivo: a) por meio da ação coletiva ordinária, na qual atuaria como representante processual, e daí necessitaria da autorização de seus associados; e b) por meio da ação civil pública, quando atuaria como substituta processual e a autorização estaria dispensada.

---

[161] STJ – 3ª Turma – EDcl no REsp 140.5697/MG – Rel. Min. Marco Aurélio Bellizze – j. 10.09.2019 – *DJe* 17.09.2019.

Ao menos, quando aponta para a tal ação coletiva ordinária, permite que a parte autora regularize sua representação processual no caso de ajuizamento de ação coletiva em momento anterior ao julgamento do RE 573.232/SC, em 14.05.2014.[162]

Uma forma de dar sentido prático ao entendimento seria afirmar que, tratando-se de direito transindividual (difuso e coletivo), seria o caso de substituição processual e, tratando-se de direito individual homogêneo, de representação processual. A tese, além de carecer de fundamento, foi amplamente rechaçada pela 2.ª Seção do Superior Tribunal de Justiça[163].

Restaria, imagino eu, a tal "ação coletiva ordinária" para a tutela daqueles direitos individuais indisponíveis que a lei – infelizmente – permite a utilização do microssistema coletivo. Mas não é nesse sentido que vem sinalizando o Superior Tribunal de Justiça, que "identifica" essa esquisita espécie de ação coletiva em algumas situações – não fica claro exatamente em quais – de tutela de direitos individuais homogêneos.

Me agrada muito a fundamentação de precedentes que vêm sendo proferidos pela 2.ª Turma do Supremo Tribunal Federal para justificar a adoção da técnica da distinção e afastar a tese jurídica vinculante fixada no recurso extraordinário repetitivo tema 1.119 às associações genéricas. Ainda que a questão controvertida não seja a mesma, o próprio relator, Ministro André Mendonça, faz expressa menção em seu voto ao julgamento do RE 612.043-RG/PR para desenvolver seu raciocínio.

A premissa é exigir uma autorização expressa dos associados para a propositura da ação somente para associações genéricas, que não representam quaisquer categorias econômicas e profissionais específicas. E a razão é simples de entender, valendo pela precisão a transcrição de trecho do julgado: "À ausência dessas informações essenciais sobre a associação, os demais sujeitos do processo têm por fulminadas suas correspondentes tarefas judicantes. Na medida em que não se sabe previamente a que fim se orienta a associação e, com isso, quais filiados ela substitui, não é possível, tanto ao Juiz como ao demandado, fixar balizas mínimas sobre a correlação entre o pedido e seus pretensos titulares. Além disso, quando não se tem uma prognose mínima da repercussão social, econômica ou política da causa judicial, prejudicadas também a defesa e a formação da convicção do Magistrado"[164].

Registre-se, por fim, precedente da Segunda Turma do Superior Tribunal de Justiça que, ao interpretar o art. 2.º-A da Lei 9.494/1997, entendeu que o alcance territorial indicado pelo dispositivo, aplicável à tal "ação coletiva ordinária" proposta por "representação da associação", será do Estado (Justiça Estadual) ou da Região (Justiça Federal) quando houver interposição e julgamento do recurso de apelação[165], havendo abrangência nacional apenas quando a ação for proposta por entidade associativa de âmbito nacional, em desfavor da União, na Justiça Federal do Distrito Federal[166].

---

[162] Informativo 730/STJ – REsp 1.977.830-MT – 1.ª Turma – Rel. Min. Sérgio Kukina – j. 22.03.2022, DJe 25.03.2022 – v.u.

[163] Informativo 720/STJ – REsp 1.325.857-RS – 2.ª Seção – Rel. Min. Luis Felipe Salomão – j. 30.11.2021 –m.v.

[164] STF – ARE 1.339.496 AgR – 2.ª Turma – Rel. Min. Edson Fachin – Rel. p/ acórdão Min. André Mendonça – j. 07.02.2023 – DJe 10.04.2023.

[165] STJ – AgInt no AgInt no REsp 1.856.644/SC – 2.ª Turma – Rel. Min. Herman Benjamin – j. 09.08.2022 – DJe 05.12.2022.

[166] Informativo 785/STJ – AgInt no AREsp 2.122.178/SP – 1.ª Turma – Rel. Min. Gurgel de Faria – por unanimidade – j. 21.08.2023 – DJe 24.08.2023.

11.4.6. Defensoria Pública

Pela Lei 11.448, de 15.01.2007, com a alteração do art. 5.º, II, da Lei 7.347/85 (LACP), houve a expressa inclusão da Defensoria Pública no rol de legitimados à propositura da ação coletiva. Antes de analisar a norma legal propriamente dita, é preciso fazer uma exposição, ainda que breve, da participação da Defensoria Pública no âmbito das ações coletivas antes da Lei 11.448/2007.

É necessário reconhecer que, mesmo antes dessa previsão legal, a Defensoria Pública já participava de ações coletivas. Parece não haver maiores dúvidas a respeito da legitimidade da Defensoria Pública como mero assistente judicial de associação que funcionaria como autora da ação coletiva. Como se pode notar com relativa facilidade, nessa circunstância a Defensoria Pública não compõe o polo ativo da ação coletiva, servindo simplesmente como assistente judicial de pessoa jurídica legitimada expressamente em lei para a propositura de tal espécie de ação.

Ainda que não seja parte na ação coletiva, a mera atuação da Defensoria Pública já é o suficiente para suscitar relevante questionamento: auxiliando judicialmente o autor da ação coletiva, deverá ser demonstrada sua situação de carência econômica, inviabilizadora da atuação em proteção do direito transindividual? Importante lembrar que, apesar da gratuidade existente para os autores das ações coletivas, é necessária a presença de agente com capacidade postulatória, de preferência experimentado, o que nem sempre pode ser obtido pelas associações menos organizadas.

O mesmo se pode dizer da ação popular, na qual o cidadão pobre pode não ter condições de contratar um advogado. Apesar da extrema improbabilidade de tal circunstância, é possível imaginar a presença da Defensoria Pública como assistente judicial do autor da ação popular. Contudo, se o réu tivesse condições de arcar com a contratação do advogado, ainda assim poderia a Defensoria Pública atuar na qualidade de assistente judicial?

Para parcela doutrinária a comprovação da hipossuficiência econômica do autor é indispensável, devendo ser compreendida essa atuação da Defensoria Pública dentro de sua função típica de proteção ao economicamente necessitado. Outra parcela doutrinária entende que essa comprovação é dispensada, até porque a defesa em juízo não se dá para tutela de interesse do autor da ação coletiva, mas sim da coletividade ou de um grupo, classe ou categoria de pessoas[167].

Por outro lado, apesar de certa divergência, aos órgãos especializados criados pela Defensoria Pública já vinha se reconhecendo a legitimidade para a propositura de ações coletivas em defesa de direitos coletivos e individuais homogêneos dos consumidores[168], ainda que não se possa afirmar que a aceitação era tranquila, existindo inclusive decisões do Superior Tribunal de Justiça em sentido contrário[169], apesar de notadamente em menor número,

---

[167] PEREIRA, Marivaldo de Castro; BOTTINI, Pierpaolo Cruz. A Defensoria Pública perante a tutela dos interesses transindividuais: atuação como parte legitimada ou como assistente judicial. In: SOUSA, José Augusto Garcia de (Coord.). *A defensoria pública e os processos coletivos* – comemorando a Lei Federal 11.448, de 15 de janeiro de 2007. 2. tir. Rio de Janeiro: Lumen Juris, 2008. p. 266-273.

[168] STJ – 4.ª Turma – AgRg no REsp 1.000.421/SC – Rel. Min. João Otávio de Noronha – j. 24.05.2011 – *DJe* 01.06.2011; STJ – 3.ª Turma – AgRg no AgRg no Ag 656.360/RJ – Rel. Min. Paulo de Tarso Sanseverino – j. 15.03.2011 – *DJe* 24.03.2011; STJ – 3.ª Turma – REsp 555.111/RJ – Rel. Min. Castro Filho – j. 05.09.2006 – *DJ* 18.12.2006, p. 363.

[169] STJ – 1.ª Turma – EDcl no REsp 734.176/RJ – Rel. Min. Francisco Falcão – j. 17.08.2006 – *DJ* 28.09.2006, p. 203; STJ – 2.ª Turma – AgRg no Ag 500.644/MS – Rel. Min. Francisco Peçanha Martins – j. 01.03.2005 – *DJ* 18.04.2005.

Não obstante a divergência, entendo que a legitimidade ora analisada está amparada na previsão contida no art. 82, III, do CDC, que ao prever a legitimidade ativa inclui expressamente órgãos da administração pública, direta e indireta, ainda que sem personalidade jurídica[170]. Além dessa expressa previsão legal, a referida legitimação encontra amparo nos arts. 6.º, VIII (princípio da facilitação da defesa dos consumidores), e 83 (princípio da instrumentalidade máxima do processo do consumidor), ambos do CDC[171], e no art. 4º, VIII, da LC 132/2009[172].

Ainda que a Defensoria Pública, mesmo sem expressa previsão legal, já viesse ingressando com ações coletivas antes da Lei 11.448/2007, sua inclusão no rol de legitimados ativos foi um marco expressivo em termos de aperfeiçoamento da proteção jurisdicional dos direitos coletivos *lato sensu*. Contra a expressa inclusão da Defensoria Pública entre os legitimados ativos coletivos foi proposta ação direta de inconstitucionalidade, apresentada pela Associação Nacional dos Membros do Ministério Público – CONAMP.

Nessa ação direta de inconstitucionalidade havia uma cumulação de pedidos na forma subsidiária. Como pedido principal, a declaração de inconstitucionalidade do art. 5.º, II, da Lei 7.347/1985 (LACP), com redução de texto e, subsidiariamente, em interpretação conforme o texto constitucional, que fosse declarada a ilegitimidade da Defensoria Pública para a propositura de ações coletivas que tivessem como objeto direitos difusos, limitando sua atuação às ações coletivas cujos objetos fossem os direitos coletivos e individuais homogêneos vinculados a carentes econômicos.

Referida ação foi julgada totalmente improcedente, com expressa menção de que o reconhecimento da legitimidade ativa da Defensoria Pública não traz qualquer prejuízo institucional ao Ministério Público[173].

Estava claro que uma declaração de inconstitucionalidade com redução de texto pelos argumentos utilizados em referida ação direta de inconstitucionalidade não merecia prosperar. A alegada violação aos arts. 5.º, LXXIV, e 134, ambos da CF, tentava extrair do texto constitucional algo que dificilmente ele quis dizer. A defesa dos necessitados prevista pelo art. 134 da CF, "na forma do art. 5.º, LXXIV", da CF, que prevê a "assistência jurídica integral e gratuita aos que comprovarem insuficiência de recursos", não deve ser interpretada restritivamente, limitando-se àqueles que individualmente comprovarem o estado de carência financeira.

Ainda que se exija no caso concreto a comprovação de hipossuficiência econômica, certamente ela não precisará ser feita individualmente, o que já seria o suficiente para legitimar a Defensoria Pública a litigar em nome próprio na defesa de grupo, classe ou categoria de pessoas com notória carência financeira[174].

---

[170] DIDIER JR., Fredie; ZANETI JR., Hermes. *Curso de direito processual civil*. 4. ed. Salvador: JusPodivm, 2009. p. 217; LIMA, Frederico Viana de. *Defensoria pública*. Salvador: JusPodivm, 2010. n. 7.3.3.1.2, p. 229.

[171] SOUSA, José Augusto Garcia de. A nova Lei 11.448/2007, os escopos extrajurídicos do processo e a velha legitimidade da Defensoria Pública para as ações coletivas. In: SOUSA, José Augusto Garcia de (Coord.). *A defensoria pública e os processos coletivos* – comemorando a Lei Federal 11.448, de 15 de janeiro de 2007. 2. tir. Rio de Janeiro: Lumen Juris, 2008. p. 235-236.

[172] STJ – 1.ª Turma – REsp 912.849-RS – Rel. Min. José Delgado – j. 26.02.2008 – DJe 28.04.2008.

[173] STF – Tribunal Pleno – ADI 3.943/DF – Rel. Min. Cármen Lúcia – j. 07.05.2015 – DJe 06.08.2015.

[174] PEREIRA, Marivaldo de Castro; BOTTINI, Pierpaolo Cruz. A Defensoria Pública perante a tutela dos interesses transindividuais: atuação como parte legitimada ou como assistente judicial. In: SOUSA, José Augusto

Ações coletivas como a proposta pela Defensoria Pública de São Paulo na defesa de interesse dos moradores do Jardim Pantanal, o qual ficou mais de dois meses submerso em lodo e lama em razão de chuvas torrenciais, naturalmente atendem à exigência constitucional, pois supõe-se que, se as pessoas não fossem economicamente necessitadas, não residiriam em local frequentemente castigado pelas chuvas. Diga-se o mesmo da ação coletiva proposta pela Defensoria Pública da União em Belém, na defesa coletiva de crianças e adolescentes que vivem em situação de risco nas ruas da cidade[175].

Como pedido subsidiário da ação ora analisada, constava a pretensão de interpretação conforme a Constituição para que a Defensoria Pública só tivesse legitimidade para a defesa dos direitos coletivos e individuais homogêneos, sempre com vinculação à hipossuficiência econômica dos beneficiados[176]. Esse pedido era mais interessante porque tocava, ainda que indiretamente, no ponto principal da legitimidade da Defensoria Pública: existirá para ela a chamada "pertinência temática"? E, havendo, em que termos será exigida?

No julgamento da referida ação direta de inconstitucionalidade proposta pela CONAMP a respeito da legitimidade da Defensoria Pública no processo coletivo, o Supremo Tribunal Federal entendeu que a presença de hipossuficientes econômicos entre os membros da coletividade ou da comunidade (grupo, classe, categoria ou pessoas no direito coletivo ou indivíduos titulares do direito individual homogêneo) já era razão suficiente para legitimar a Defensoria Pública para a propositura da ação coletiva.

A limitação da defesa exclusiva de hipossuficientes econômicos no âmbito da tutela dos direitos difusos e coletivos seria significativamente limitadora para a Defensoria Pública, em razão da indivisibilidade desses direitos. No tocante à tutela de direito difuso, o art. 5.º, II, da Lei 7.347/1985 (LACP) seria inaplicável, considerando-se que na coletividade tutelada nessa espécie de direito sempre haverá sujeitos não carentes do ponto de vista econômico[177]. Resumindo, a coletividade perderia mais um legitimado – em algumas localidades extremamente organizado e especializado – na defesa de seus direitos difusos em juízo.

No tocante à tutela de direito coletivo, a limitação também seria significativa, porque, apesar de existirem grupos, classes e categorias de pessoas formadas exclusivamente de hipossuficientes econômicos, haveria insuperável dificuldade na identificação não só de todos os sujeitos que compõem esse grupo, classe ou categoria, como também seria extremamente difícil a comprovação da carência econômica de todos eles. Note-se que, nesse caso, sendo indivisível o direito, não se admitiria que essa identificação e comprovação

---

Garcia de (Coord.). *A defensoria pública e os processos coletivos* – comemorando a Lei Federal 11.448, de 15 de janeiro de 2007. 2. tir. Rio de Janeiro: Lumen Juris, 2008. p. 266.

[175] ORDACGY, André da Silva. Primeiras impressões sobre a Lei 11.448/2007 e a atuação da Defensoria Pública da União na tutela coletiva. In: SOUSA, José Augusto Garcia de (Coord.). *A defensoria pública e os processos coletivos* – comemorando a Lei Federal 11.448, de 15 de janeiro de 2007. 2. tir. Rio de Janeiro: Lumen Juris, 2008. p. 93.

[176] Nesse sentido, CARVALHO FILHO, José dos Santos. *Ação civil pública*. 7. ed. Rio de Janeiro: Lumen Juris, 2009. p. 157.

[177] CARVALHO FILHO, José dos Santos. *Ação civil pública*. 7. ed. Rio de Janeiro: Lumen Juris, 2009. p. 157, defende a impossibilidade. Contra, no sentido do texto, FERRARESI, Eurico. *Ação popular, ação civil pública e mandado de segurança coletivo – instrumentos processuais coletivos*. Rio de Janeiro: Forense, 2009. p. 208.

fossem reservadas ao momento da execução, pois seria impossível a decisão favorecer somente parcela do grupo, classe ou categoria.

Daí por que tem especial relevância o julgamento em repercussão geral do tema pelo Supremo Tribunal Federal no sentido de que a Defensoria Pública tem legitimidade para a propositura de ação civil pública que vise a promover a tutela judicial de direitos difusos e coletivos de que sejam titulares, em tese, pessoas necessitadas[178].

Há no acórdão ora analisado a menção da impossibilidade de a Defensoria Pública executar a sentença individualmente em favor de quem não comprovar a hipossuficiência econômica, o que parece razoável, mas em nada interfere em sua legitimidade para a propositura da ação coletiva, ainda que a tutela buscada possa tutelar também quem não é hipossuficiente econômico. A solução é perfeita porque numa tutela individual não pode a Defensoria Pública atuar por quem não provar sua situação de pobreza jurídica.

Registre-se que, em voto vencido proferido no julgamento do Recurso Especial 912.849/RS, o Ministro Teori Albino Zavascki, seguindo entendimento do relator da apelação no caso concreto, curiosamente o processualista Araken de Assis, já havia entendido pela legitimidade da Defensoria Pública para a defesa de direitos individuais homogêneos dos consumidores, limitando a proteção jurisdicional obtida somente àqueles que demonstrassem individualmente, em fase de execução, sua condição de economicamente necessitado[179].

Como bem demonstrado por abalizada doutrina, essa limitação subjetiva pretendida pelo entendimento ora examinado exigiria dos consumidores, que não são economicamente hipossuficientes, a propositura de nova ação – coletiva ou individual –, o que contraria os princípios da economia processual e da harmonização dos julgados[180]. Ademais, o entendimento mistura indevidamente a questão de legitimidade e da eficácia subjetiva da coisa julgada coletiva, sendo irrelevante para a determinação dos beneficiados quem foi o autor da ação coletiva. Se assim não fosse, ação coletiva movida por associação de defesa dos consumidores não poderia beneficiar individualmente sujeito não considerado tecnicamente consumidor, o que evidentemente não acontece nem deve ocorrer.

Nesse sentido o entendimento do Supremo Tribunal Federal é superior, porque ele não impede que a sentença coletiva favoreça também quem não é hipossuficiente econômico, apenas retira da Defensoria Pública a legitimidade ativa para executar a sentença em favor do indivíduo que não demonstrar seu estado de pobreza.

No voto prolatado pelo Ministro Barroso, há expressa menção à ilegitimidade ativa da Defensoria Pública na hipótese de já ser possível identificar que os tutelados, como grupo, classe, categoria ou individualmente, não são hipossuficientes, como ocorreria numa ação para tutelar os associados do Iate Clube ou os correntistas do Itaú Personnalité. Nesse sentido, inclusive, há decisão do Superior Tribunal de Justiça entendendo pela

---

[178] STF – Tribunal Pleno – RE 733.433/MG – rel. Min. Dia Toffoli – j. 04.11.2015 – DJe 07.04.2016.
[179] STJ – 1.ª Turma – REsp 912.849/RS – Rel. Min. José Delgado – j. 26.02.2008 – DJe 28.04.2008.
[180] DIDIER JR., Fredie; ZANETI JR., Hermes. Curso de direito processual civil. 4. ed. Salvador: JusPodivm, 2009. p. 218.

ilegitimidade ativa da Defensoria Pública em ação coletiva que visava tutelar interesses de pessoas idosas contratantes de planos privados de saúde[181].

É tradicional na doutrina a divisão da função da Defensoria Pública em típica e atípica. Há unanimidade em apontar como função típica a defesa dos interesses dos economicamente necessitados, existindo certa divergência no que viria a ser sua função atípica. Essas divergências são mais de forma do que de conteúdo, pois atinentes à forma de classificação dessa função, mas ainda assim merecem breves comentários.

Para parcela da doutrina, qualquer atuação que, apesar de permitida por previsão legal, não seja em defesa do economicamente necessitado representa uma atuação atípica[182], cujos clássicos exemplos são a defesa de acusados no processo penal (art. 4.º, XIV e XV, da LC 80/1994), com amparo nos arts. 261 e 263 do CPP, e a curadoria especial nas hipóteses previstas no art. 72, II, do CPC e admitida expressamente pelo art. 4.º, XVI, da LC 80/1994.

Em ambos os casos mencionados a condição econômica do sujeito tutelado pela Defensoria Pública é irrelevante, pois são outras as razões que determinam sua participação no processo. Uma eventual legitimidade ativa da Defensoria Pública absolutamente dissociada da hipossuficiência econômica seria possível, portanto, em razão de suas funções atípicas.

Outra parcela da doutrina, ao especificar a função atípica desenvolvida pela Defensoria Pública, divide-a em duas espécies: defesa do hipossuficiente jurídico e do hipossuficiente organizacional, o que se obtém por meio do alargamento do conceito de necessitados, alvo constitucional de tutela nos termos do art. 134 da CF.

Alarga-se o conceito de necessitados para, além dos tradicionais carentes de recursos econômicos, incluírem-se também os necessitados jurídicos, no sentido de que caberia à Defensoria Pública, quando previsto em lei, garantir a determinados sujeitos, independentemente de sua condição econômica, o pleno exercício da ampla defesa e do contraditório[183]. Costuma-se indicar como exemplos as já citadas atuações em defesa do réu no processo penal e da curadoria especial exercida no processo civil.

Também incluem-se entre os necessitados aqueles que têm real dificuldade de se organizar para defenderem seus direitos em juízo e fora dele. Nesse caso, passa-se a falar em necessitados organizacionais, hipossuficiência derivada da vulnerabilidade das pessoas em face das relações complexas existentes na sociedade contemporânea, com especial ênfase aos conflitos próprios da sociedade de massa atual[184]. Derivaria dessa função atípica a legitimação da Defensoria Pública nas ações coletivas.

---

[181] STJ – 4.ª Turma – REsp 1.192.577/RS – Rel. Min. Luis Felipe Salomão – j. 15.05.2014 – DJe 15.08.2014.

[182] MORAES Humberto Peña de; SILVA, José Fontenelle Teixeira da. *Assistência* judiciária: sua gênese, sua história e a função protetiva do Estado. 2. ed. rev. e ampl. Rio de Janeiro: Liber Juris Ltda., 1984. p. 156; ORDACGY, André da Silva. Primeiras impressões sobre a Lei 11.448/2007 e a atuação da Defensoria Pública da União na tutela coletiva. In: SOUSA, José Augusto Garcia de (Coord.). *A defensoria pública e os processos coletivos* – comemorando a Lei Federal 11.448, de 15 de janeiro de 2007. 2. tir. Rio de Janeiro: Lumen Juris, 2008. p. 230-231.

[183] GRINOVER, Ada Pellegrini. *Novas tendências do Direito Processual*. Rio de Janeiro: Forense, 1990. p. 246.

[184] GRINOVER, Ada Pellegrini. *Novas tendências do Direito Processual*. Rio de Janeiro: Forense, 1990. p. 245; BRITTO, Adriana. A evolução da Defensoria Pública em direção à tutela coletiva. In: SOUSA, José Augusto Garcia de (Coord.). *A defensoria pública e os processos coletivos* – comemorando a Lei Federal 11.448, de 15 de janeiro de 2007. 2. tir. Rio de Janeiro: Lumen Juris, 2008. p. 18; LIMA, Frederico Viana de. *Defensoria pública*. Salvador: JusPodivm, 2010. n. 7.3.3.3.1, p. 234.

A tese, entretanto, não é pacífica, existindo doutrina que, em algum grau, continua a vincular a atuação da Defensoria Pública ao necessitado econômico, ainda que no âmbito da tutela coletiva[185], enquanto outra parcela entende que a legitimação, em razão do art. 134 da CF, nunca será tão ampla como a do Ministério Público[186].

O Supremo Tribunal Federal, no julgamento já mencionado a respeito da constitucionalidade da norma que prevê a legitimidade ativa coletiva para a Defensoria Pública, parece ter se inclinado pelo sentido mais amplo da atuação da Defensoria Pública, chegando a afirmar que essa amplitude de atuação era uma exigência do acesso à ordem jurídica justa e que interessava a qualquer sujeito preocupado com a prestação de tutela jurisdicional.

Trata-se, em realidade, de resolver a questão à luz do art. 4º, XI, da LC 80/1994 (Lei Orgânica da Defensoria Pública), que prevê ser função institucional da Defensoria Pública a defesa dos interesses individuais e coletivos da criança e do adolescente, da pessoa idosa, da pessoa portadora de necessidades especiais, da mulher vítima de violência doméstica e familiar e de outros grupos sociais vulneráveis que mereçam proteção especial do Estado.

Conforme apontado, o Superior Tribunal de Justiça já teve a oportunidade de afirmar que a tutela de pessoas idosas consumidoras, se não forem hipossuficientes econômicos, não pode ser feita pela Defensoria Pública por meio de ação civil pública[187]. Contudo, no mesmo tribunal há julgamento que entendeu pela legitimidade ativa da Defensoria Pública em tema referente ao direito de educação, afirmando expressamente que ela pode tutelar qualquer interesse individual homogêneo, coletivo *stricto sensu* ou difuso, considerando que sua legitimidade não se determina por critérios objetivos, ou seja, pelas características ou perfil do objeto de tutela, mas por critérios subjetivos, isto é, pela natureza ou *status* dos sujeitos protegidos, que são os necessitados[188].

Em importante precedente de sua Corte Especial, o Superior Tribunal de Justiça teve a oportunidade de decidir que "a expressão 'necessitados' (art. 134, *caput*, da Constituição), que qualifica, orienta e enobrece a atuação da Defensoria Pública, deve ser entendida, no campo da Ação Civil Pública, em sentido amplo, de modo a incluir, ao lado dos estritamente carentes de recursos financeiros – os miseráveis e pobres –, os hipervulneráveis (isto é, os socialmente estigmatizados ou excluídos, as crianças, as pessoas idosas, as gerações futuras), enfim todos aqueles que, como indivíduo ou classe, por conta de sua real debilidade perante abusos ou arbítrio dos detentores de poder econômico ou político,

---

[185] WAMBIER; Luiz Rodrigues; WAMBIER; Teresa Arruda Alvim; MEDINA, José Miguel Garcia. *Breves comentários à nova sistemática processual civil 3*. São Paulo: RT, 2007. p. 312-313; CARVALHO FILHO, José dos Santos. *Ação civil pública*. 7. ed. Rio de Janeiro: Lumen Juris, 2009. p. 156-157; PEREIRA, Marivaldo de Castro; BOTTINI, Pierpaolo Cruz. A Defensoria Pública perante a tutela dos interesses transindividuais: atuação como parte legitimada ou como assistente judicial. In: SOUSA, José Augusto Garcia de (Coord.). *A defensoria pública e os processos coletivos* – comemorando a Lei Federal 11.448, de 15 de janeiro de 2007. 2. tir. Rio de Janeiro: Lumen Juris, 2008. p. 273-278.

[186] PINHO, Humberto Dalla Bernardina de. A legitimidade da Defensoria Pública para a propositura de ações civis públicas: primeiras impressões e questões controvertidas. In: SOUSA, José Augusto Garcia de (Coord.). *A defensoria pública e os processos coletivos* – comemorando a Lei Federal 11.448, de 15 de janeiro de 2007. 2. tir. Rio de Janeiro: Lumen Juris, 2008. p. 185.

[187] STJ – 4.ª Turma – REsp 1.192.577/RS – Rel. Min. Luis Felipe Salomão – j. 15.05.2014 – DJe 15.08.2014.

[188] STJ – 2.ª Turma – REsp 1.264.116/RS – Rel. Min. Herman Benjamin – j. 18.10.2011 – DJe 13.04.2012. Com o mesmo entendimento amplo: STJ – 1.ª Turma – REsp 912.849/RS – Rel. Min. José Delgado – j. 26.02.2008 – DJe 28.04.2008.

'necessitem' da mão benevolente e solidarista do Estado para sua proteção, mesmo que contra o próprio Estado"[189].

Atualmente, há posicionamento, inclusive, no sentido de admitir-se a legitimidade para a tutela dos direitos difusos, coletivos e individuais homogêneos de consumidores[190].

A par da discussão a respeito da extensão da legitimidade ativa da Defensoria Pública na tutela coletiva, o reconhecimento de sua legitimação traz algumas interessantes consequências, tais como a possibilidade de formação de um litisconsórcio ativo entre Defensorias Públicas, por aplicação extensiva do art. 5.º, § 5.º, da Lei 7.347/1985 (LACP)[191]. Também admite-se que a Defensoria Pública, órgão público que é, celebre compromisso de ajustamento de conduta, nos termos do art. 5.º, § 6.º, da Lei 7.347/1985 (LACP)[192]. Não terá, entretanto, legitimidade para conduzir inquérito civil, atuação privativa do Ministério Público (art. 8.º, § 1.º, da Lei 7.347/1985), também faltando legitimidade à Defensoria Pública para a propositura da ação popular, que continua exclusiva do cidadão (art. 1.º, *caput*, da Lei 4.717/1965), e para a propositura da ação de improbidade administrativa (art. 17, *caput*, da Lei 8.429/1992)[193].

Com legitimidade ativa para a propositura da ação coletiva, é natural que se admita a intervenção da Defensoria Pública em processo coletivo apresentado por outro legitimado, nos termos do art. 5º, § 2º, da Lei 7.347/1985. Essa dupla forma de atuação pode sugerir a desnecessidade de aplicação da teoria da intervenção da Defensoria Pública no processo coletivo na qualidade de custos vulnerabilis. O tema, inclusive, merece um breve parêntesis, ainda que não seja o local adequado para o seu aprofundamento.

Trata-se de intervenção institucional pela qual a Defensoria Pública, em nome próprio, atua na tutela dos vulneráveis de qualquer ordem e dos direitos humanos[194], com fundamento legal no art. 4º, XI, da LC 80/1994 (Lei Orgânica da Defensoria Pública).

Essa forma de intervenção já foi admitida pelo Superior Tribunal de Justiça em julgamento de IRDR[195]. Em realidade, a admissão da Defensoria Pública na defesa dos interesses de vulneráveis, não figurando como autor nem réu da demanda, já havia anteriormente sido reconhecida pelos tribunais superiores[196], mas o recente julgamento supramencionado foi o primeiro a tratar expressamente tal intervenção na qualidade de *custos vulnerabilis*.

---

[189] STJ – Corte Especial – EREsp 1.192.577/RS – Rel. Min. Laurita Vaz – j. 21.10.2015 – DJe 13.11.2015.

[190] STJ – AgInt no REsp 1.929.352/DF – 4.ª Turma – Rel. Min. Maria Isabel Gallotti – j. 08.08.2022 – DJe 12.08.2022.

[191] DIDIER JR., Fredie; ZANETI JR., Hermes. *Curso de direito processual civil*. 4. ed. Salvador: JusPodivm, 2009. p. 219; ORDACGY, André da Silva. Primeiras impressões sobre a Lei 11.448/2007 e a atuação da Defensoria Pública da União na tutela coletiva. In: SOUSA, José Augusto Garcia de (Coord.). *A defensoria pública e os processos coletivos* – comemorando a Lei Federal 11.448, de 15 de janeiro de 2007. 2. tir. Rio de Janeiro: Lumen Juris, 2008. p. 96-97, Séguin, Defensoria, p. 157.

[192] LIMA, Frederico Viana de. *Defensoria pública*. Salvador: JusPodivm, 2010. n. 7.3.3.1.2, p. 245-246.

[193] CÂMARA, Alexandre Freitas, Legitimidade da Defensoria Pública para ajuizar ação civil pública: um possível primeiro pequeno passo em direção a uma grande reforma. In: SOUSA, José Augusto Garcia de (Coord.). *A defensoria pública e os processos coletivos* – comemorando a Lei Federal 11.448, de 15 de janeiro de 2007. 2. tir. Rio de Janeiro: Lumen Juris, 2008. p. 49.

[194] MAIA, Maurilio Casas. Legitimidades institucionais no Incidente de Resolução de Demandas Repetitivas (IRDR) no Direito do Consumidor: Ministério Público e Defensoria Pública: similitudes e distinções, ordem e progresso. *Revista dos Tribunais*, São Paulo, vol. 986, p. 27-61, dez. 2017.

[195] STJ – 2ª Seção – EDcl no REsp 1.712.163/SP – Rel. Min. Moura Ribeiro – j. 25.09.2019 – DJe 27.09.2019.

[196] STJ – 2ª Turma – AgInt no REsp 1.729.246/AM – Rel. Min. Herman Benjamin – j. 04.09.2018 – DJe 20.11.2018; STF – Decisão Monocrática do Min. Ricardo Lewandowski – HC 143.641. A respeito desse julgado, conferir o artigo de Jorge Bheron Rocha e Edilson Santana Gonçalves Filho, STF admite legiti-

Voltando ao tema, a impressão de que a legitimidade ativa da Defensoria Pública nas ações coletivas pudesse tornar sua intervenção nessas espécies de ação irrelevante é enganosa.

Primeiro porque é possível que a Defensoria Pública, mesmo tendo legitimidade para a propositura ou participação superveniente como litisconsorte – ou assistente litisconsorcial –, possa preferir não assumir o polo ativo da demanda e participar como *custos vulnerabilis*. Afinal, o Ministério Público, invariavelmente quando não propõe a ação coletiva, mesmo tendo legitimidade, não assume o polo ativo, participando apenas como fiscal da ordem jurídica. Se o Ministério Público pode optar por sua qualidade processual, não é possível entendimento diverso para a Defensoria Pública.

Segundo, porque existem espécies de ação coletiva para a qual a Defensoria Pública não tem legitimidade ativa, de forma que nesses casos sua eventual participação nunca será na qualidade de autora ou assistente litisconsorcial. É verdade que para o mandado de segurança coletivo, para o qual a Defensoria Pública não tem legitimidade prevista em lei, é possível admitir sua presença no polo ativo por analogia ao entendimento do Superior Tribunal de Justiça que reconhece a legitimidade ativa do Ministério Público, mesmo não havendo previsão expressa nesse sentido no art. 21, *caput*, da Lei 12.016/2009.

A valorização do microssistema coletivo, entretanto, não é apta a legitimar a Defensoria Pública a propositura de ação popular e muito menos de ação de improbidade administrativa. Na ação popular, a intervenção da Defensoria Pública deverá ser admitida na qualidade de *custos vulnerabilis*, o mesmo ocorrendo na ação de improbidade quando houver nela pedidos de natureza não sancionatória, ficando sua atuação, entretanto, limitada a esses.

É preciso registrar que tanto na ação popular como na ação de improbidade administrativa se busca a tutela do patrimônio público, indiscutivelmente de natureza difusa. O Supremo Tribunal Federal, ao definir o alcance da legitimidade ativa da Defensoria Pública nas ações coletivas, entendeu que, sempre que houver necessitados de qualquer ordem dentre os sujeitos a serem tutelados, será admitida a presença da Defensoria Pública no polo ativo[197]. Ora, se o direito tutelado na ação popular e na ação de improbidade é difuso, seu titular é a coletividade, e em toda coletividade haverá necessitados.

Significa que, se a intervenção da Defensoria Pública como *custos vulnerabilis* se justifica para a tutela dos necessitados, função institucional da Defensoria Pública, não há como negar sua intervenção nas ações populares e de improbidade administrativa. Afinal, na defesa do patrimônio público sempre serão inexoravelmente tutelados sujeitos vulneráveis (ou necessitados).

Por fim, também é possível admitir a presença da Defensoria Pública na qualidade de *custos vulnerabilis* em demandas coletivas, nas quais, embora ela tenha legitimidade ativa, o exercício de suas funções institucionais não se coaduna com a pretensão autoral. Nesse caso, a defesa dos necessitados será exercida contra a pretensão do autor, compatibilizando-se, ainda que não completamente, com os interesses do réu.

Tome-se como exemplo ação civil pública proposta pelo Ministério Público contra determinado Município, pretendendo a remoção de pessoas em situação de necessidade e

---

midade da Defensoria para intervir como *custos vulnerabilis*. Disponível em: <https://www.conjur.com.br/2018-abr-04/legitimidade-defensoria-intervir-custos-vulnerabilis>. Acesso em: 2 out. 2019.

[197] STF – Tribunal Pleno – ADI 3.943/DF – Rel. Min. Cármen Lúcia – j. 07.05.2015 – DJe 06.08.2015.

regularização do imóvel. Nesse caso, é evidente a relevância institucional da participação da Defensoria Pública, mas sem qualquer coincidência entre a pretensão do autor coletivo e a sua finalidade institucional. Apesar de poder ingressar tardiamente no polo ativo nos termos do art. 5º, § 2º, da Lei 7.347/1985, nesse caso sua atuação será muito mais adequada como *custos vulnerabilis*.

Pode até se ver, ainda que de forma enviesada e indireta, uma espécie de ação coletiva passiva nesse caso, já que os afetados pela procedência do pedido do autor serão membros de uma comunidade de vulneráveis. E, nesse caso, ainda que a Defensoria Pública não tenha legitimidade passiva para a demanda – salvo se admitida a ação coletiva passiva, tema controverso tratado no Capítulo 21 –, deverá ser admitida como *custos vulnerabilis*.

Há, inclusive, espaço para se defender a intervenção em ações coletivas nas quais os vulneráveis sejam afetados sem que rigorosamente estejam sendo tutelados pelo autor tampouco pelo réu. Em exemplo concreto, o Ministério Público aciona o Município para a retirada de ambulantes de uma determinada área, não havendo resistência séria por parte do réu[198]. Nesse caso, a intervenção da Defensoria Pública como *custos vulnerabilis* não é só cabível, mas se faz necessária para dar visibilidade jurídica ao direito dos ambulantes.

Registre-se, por fim, que, ainda que os motivos institucionais de intervenção do Ministério Público e da Defensoria Pública sejam inegavelmente distintos, ainda que com pontos de contato, a partir do momento em que a Defensoria Pública for admitida como *custos vulnerabilis* no processo, terá os mesmos poderes do Ministério Público como fiscal da ordem jurídica[199].

11.5. RELAÇÃO ENTRE A AÇÃO COLETIVA E A INDIVIDUAL

11.5.1. Introdução

A pendência de ação coletiva que possa vir a favorecer o consumidor não impede a propositura de uma ação individual, por meio da qual o consumidor busque a tutela de seu direito individual. Por outro lado, é possível que no momento de propositura da ação coletiva já existam ações individuais em trâmite. Questiona-se: como a ação individual de autor que poderá vir a se beneficiar pelo julgamento da ação coletiva será afetada em razão da existência dessa ação de natureza coletiva?

11.5.2. Litispendência

O tema é tratado pelo art. 104 do CDC, que consagra no ordenamento pátrio regras procedimentais típicas do direito norte-americano, como o *fair notice* e o *right to opt out*. A previsão de que as ações coletivas não induzem a litispendência para as ações individuais é até mesmo desnecessária, considerando-se a evidente diferença dos elementos dessas duas espécies de ação. Apesar de o artigo mencionar apenas as ações coletivas previstas nos incisos I e II do parágrafo único do art. 81, que incluiria somente os direitos difusos

---

[198] Disponível em: <http://www.defensoria.ba.def.br/arquivo/noticias/sto-antonio-de-jesus-defensoria-atuara--como-custos-vulnerabilis-em-favor-de-vendedores-ambulantes>. Acesso em: 2 out. 2019.
[199] BUENO, Cassio Scarpinella. *Curso sistematizado de direito processual civil*. São Paulo, Saraiva, 2007. v. 2, p. 218; STJ – 2ª Seção – EDcl no REsp 1.712.163/SP – Rel. Min. Moura Ribeiro – j. 25.09.2019 – *DJe* 27.09.2019.

e coletivos, é pacífica na doutrina sua aplicação também para o direito individual homogêneo previsto no art. 81, parágrafo único, III, do CDC.

O termo "litispendência" é equívoco, e pode significar pendência da causa (que começa a existir quando de sua propositura e se encerra com sua extinção) ou pressuposto processual negativo verificado na concomitância de processos idênticos (com a mesma ação). Parece indiscutível que o dispositivo legal ora comentado se valeu do termo em seu segundo significado, prevendo que a existência de uma ação coletiva não gerará a extinção das ações individuais, ainda que seu autor possa se beneficiar da futura e eventual vitória na demanda coletiva.

Na hipótese de direito difuso e coletivo, é fácil constatar a inexistência de litispendência entre a ação coletiva e a ação individual em razão da diferença de partes em ambas as ações. Importante salientar que nessa análise entre diferentes processos deve-se considerar a parte no sentido material, e não no sentido processual, de forma que, havendo substituição processual em hipótese de legitimação extraordinária concorrente, a propositura de novo processo com a mesma parte contrária, mesma causa de pedir e mesmo pedido, ainda que com outra parte processual defendendo o mesmo direito já defendido anteriormente, não afasta a existência de litispendência.

Na comparação entre ações coletivas em que se busca tutelar direitos difusos e coletivos, a parte material será sempre a coletividade no primeiro caso e uma comunidade (grupo, classe ou categoria de pessoas) em outro, e na ação individual será sempre o indivíduo. Essa diferença de titularidade do direito já é o suficiente para se concluir pela inexistência de litispendência, nos termos do art. 104 do CDC. Ainda que desinteressante para fins de comparação de ações, as partes processuais que comporão o polo ativo também serão diferentes.

Quando a ação coletiva tiver como objeto um direito individual homogêneo, também haverá uma diferença de parte, ainda que parcial. Considerando que o direito individual homogêneo é a soma de direitos individuais, o titular será cada um dos indivíduos titulares dos direitos individuais que, somados, geram o direito processualmente considerado coletivo. Nesse caso, se existir uma ação individual, o autor será também titular do direito individual homogêneo, ainda que parcialmente. Entendo que essa diferença de parte, ainda que parcial, já seja o suficiente para que também nesse caso não exista litispendência. Por outro lado, o pedido da ação coletiva será sempre em favor de todos os titulares dos direitos individuais, ao passo que na ação individual o pedido só poderá ser feito em benefício do autor, considerando a inexistência de legitimidade para que pleiteie em juízo direitos de terceiros.

Registre-se que, mesmo para a parcela da doutrina que defende a existência de litispendência entre a ação coletiva que versa sobre direito individual homogêneo e a ação individual, a especialidade procedimental consagrada no art. 104 do CDC para a tutela coletiva impede a extinção da ação individual.

Há, entretanto, uma hipótese em que será possível a existência de uma ação individual e de uma ação coletiva. Conforme devidamente analisado no item 11.2.7, por opção legislativa é cabível ação civil pública para a tutela de direito individual indisponível de pessoa idosa, criança, adolescente e com deficiência. Nesse caso, como o direito tutelado na ação coletiva é puramente individual, é possível a litispendência com uma ação individual proposta pelo próprio titular do direito. Tal possibilidade é apenas mais uma demonstração do desvirtuamento da utilização da ação coletiva para a tutela de direito individual indisponível.

11.5.3. Conexão e continência

11.5.3.1. Conceito

O fenômeno da conexão vem previsto no art. 55, *caput*, do CPC: "Reputam-se conexas duas ou mais ações quando lhes for comum o pedido ou a causa de pedir", e o da continência no art. 56 do mesmo diploma legal: "Dá-se continência entre duas ou mais ações quando houver identidade quanto às partes e à causa de pedir, mas o objeto de uma, por ser mais amplo, abrange o das demais". Da própria definição dos dois institutos processuais se percebe com clareza que a continência é uma mera espécie de conexão, considerando-se que, para que exista entre duas ou mais ações o fenômeno da continência, obrigatoriamente deverá haver a identidade de causa de pedir, o que por si só já as torna também conexas. A continência, assim, vai além da conexão, pois exige mais requisitos para se ver configurada no caso concreto.

Havendo duas ações de rescisão contratual, cada qual com uma fundamentação diferente (um contratante alega o descumprimento e o outro, onerosidade excessiva), mas em ambas sendo pedida a rescisão do contrato, haverá conexão (mesmo pedido). Da mesma forma, duas ações fundadas no mesmo contrato de locação com dois pedidos diferentes: locador pedindo o despejo e o locatário pedindo consignação em pagamento (mesma causa de pedir, ao menos em parte, o que já é o bastante, conforme veremos). Exemplo típico de continência se verifica na hipótese de existência de duas ações, em que na primeira o autor pede somente a declaração da existência da dívida e na segunda pede a condenação do réu ao seu pagamento, ou ainda a ação em que se cobram determinadas parcelas de um contrato, e outra em que se cobra o contrato integralmente.

Como se nota, a conexão e a continência são institutos processuais que somente serão compreendidos em sua integralidade com a devida noção dos elementos da ação, responsáveis por sua identificação. Assim, para que se possa analisar a existência ou não de tais fenômenos, o operador do direito deverá analisar as *partes, causa de pedir* e *pedido* das ações judiciais para descobrir se são totalmente idênticos, apenas parecidos ou absolutamente diferentes. A integralidade de identidade de todos os elementos ensejará os fenômenos da litispendência e da coisa julgada, fenômenos alheios ao presente estudo. A absoluta diversidade entre todos os elementos ou a identidade exclusiva das partes não gerarão qualquer efeito digno de nota, também sendo excluídas da presente análise. Restam, portanto, as demandas que contenham identidade de causa de pedir ou do pedido – parecidas, portanto.

Na vigência do CPC/1973, sempre entendi que o fenômeno da continência não se justificava no sistema, considerando que, estando entre seus elementos a identidade da causa de pedir, a continência sempre foi uma conexão qualificada. Como o efeito de ambos era o mesmo – a reunião dos processos perante o juízo prevento –, nunca entendi a razão de ser da continência. Na realidade, a continência só servia para ser confundida com a litispendência parcial, confusão essa infelizmente disseminada na doutrina nacional[200].

O Código de Processo Civil de 2015 manteve a continência no art. 56, inclusive com seu conceito previsto anteriormente no art. 104 do CPC/1973. Ao menos, deu uma utilidade ao fenômeno, ao prever que nem sempre a continência terá como efeito a reunião

---

[200] NEVES, Daniel Amorim Assumpção de. *Manual de processo coletivo*. São Paulo: Método, 2014. p. 285-286.

dos processos. Segundo o art. 57 do CPC, quando houver continência e a ação continente tiver sido proposta anteriormente, o processo relativo à ação contida será extinto por sentença sem resolução de mérito; caso contrário, as ações serão necessariamente reunidas.

Existe uma clara lógica na definição das circunstâncias para a reunião ou extinção de ações em continência, inclusive tendo o legislador tomado o cuidado de não permitir que a extinção da ação contida pudesse permitir a "escolha" do juízo pelo autor, já que manteve a reunião das ações quando a ação contida era de competência do juízo prevento.

Mais uma vez, entretanto, fica clara a disposição do legislador para tutelar exclusivamente o processo individual. No processo coletivo a extinção não deve ser admitida, salvo se houver a identidade de autor, o que raramente ocorre. No mais das vezes, os autores são diferentes, mas, por defenderem o mesmo titular do direito, são considerados no plano material como o mesmo sujeito[201], o que permite o fenômeno da continência. Nesse caso, em razão da diversidade de autores, a reunião é o único efeito aceitável da continência, sob pena de ofensa ao princípio da inafastabilidade da jurisdição para o autor que tiver sua ação extinta.

Elucidativa lição de Moacyr Amaral Santos a respeito do tema ora versado:

"A doutrina de Pescatore, a que nos mantemos fiéis, pois outra ainda não se construiu com argumentos suficientemente capazes de superá-la, parte da observação de que as coisas, nas suas relações lógicas, são idênticas, diversas ou análogas, conforme sejam os seus elementos constitutivos. Duas coisas são idênticas quando todos os seus elementos são os mesmos; são diversas quando todos os seus elementos diferem; são análogas quando algum ou alguns dos seus elementos são os mesmos e outro ou outros são diversos. A observação também se aplica às ações. Duas ações são idênticas quando seus elementos são os mesmos; são diversas quando diferentes são os seus elementos; são análogas quando um ou dois de seus elementos são idênticos e outro ou outros são diversos".[202]

Ainda em caráter introdutório, registre-se que a conexão é fenômeno processual que ocorrerá sempre que, entre duas ou mais demandas, houver a identidade de causa de pedir ou do pedido. Esse é o objeto do fenômeno, seu conteúdo. Não se deve confundir o fenômeno da conexão com a sua consequência, ou seja, com o seu efeito, que será a da reunião dos processos perante um só juízo para julgamento conjunto, sempre que possível. Como se sabe, o conteúdo não se confunde com o efeito, até mesmo porque o efeito de um instituto é fenômeno externo a ele, enquanto o conteúdo pertence ao seu interior. Esse esclarecimento inicial se faz necessário para que não haja indevidas confusões entre a conexão e a reunião de processos gerada pela conexão, que são fenômenos processuais diferentes.

11.5.3.2. *Insuficiência do conceito legal de conexão*

Questão digna de relevo diz respeito ao preenchimento dos requisitos previstos pelo art. 55, *caput*, do CPC. A identidade exigida pelo legislador deve ser absoluta? Dividindo-

---

[201] NEVES, Daniel Amorim Assumpção de. *Manual de processo coletivo.* São Paulo: Método, 2014. p. 277-278.
[202] Cf. *Primeiras linhas de direito processual civil.* 23. ed. São Paulo: Saraiva, 2004. v. 1, p. 259. No mesmo sentido as lições de OLIVEIRA, Waldemar Mariz de. *Curso de direito processual civil.* São Paulo: Saraiva, 1971. v. I, p. 182-183.

-se a causa de pedir em próxima e remota e o pedido em mediato e imediato, haverá conexão somente com a identidade parcial desses elementos ou exige-se a identidade total?

No tocante à causa de pedir, a doutrina vem entendendo bastar que um de seus elementos seja coincidente para que haja conexão entre as ações (seja dos fatos ou dos fundamentos jurídicos). Esse entendimento se coaduna com os objetivos traçados pela conexão (economia processual e harmonia entre julgados), abrangendo um número maior de situações amoldáveis ao instituto legal. Seria pernicioso ao próprio sistema a adoção de entendimento restritivo, em virtude da raridade em que se verifica na praxe forense a situação de duas ações com pedidos diferentes e exatamente a mesma causa de pedir[203].

Dessa forma, sendo aplicada a regra do art. 55, *caput*, do CPC para determinar se existente ou não o fenômeno da conexão entre duas ou mais demandas, é necessário fazer uma restrição inicial quanto à amplitude aparente do dispositivo legal no tocante à identidade da causa de pedir. Assim, onde se lê causa de pedir comum, entendam-se fatos ou fundamentos jurídicos do pedido comum[204].

Ainda que seja esse o entendimento consagrado no Superior Tribunal de Justiça, há decisões que flexibilizam ainda mais o conceito de conexão, afirmando não ser necessário que se cuide de causas idênticas quanto aos fundamentos e objetos, bastando que sejam análogas[205].

Acredito que tais flexibilizações sempre tiveram como objetivo a reunião de processos não conexos, mas que poderiam gerar decisões conflitantes ou contraditórias. Nada disso é necessário diante do art. 55, § 3.º do CPC, que disciplina tais situações sem a necessidade de sacrificar-se o conceito legal de conexão. Na realidade, há no mesmo diploma legal duas hipóteses de reunião de processos perante o juízo prevento, ainda que não haja conexão, se for considerado o conceito legal consagrado no art. 55, *caput*, do mesmo Código.

Em mais uma demonstração de flexibilidade do conceito legal da conexão na vigência do CPC/1973, o Superior Tribunal de Justiça vinha entendendo pela existência de conexão de ações de execução fiscal, com ou sem embargos, e a ação anulatória de débito fiscal, inclusive com a determinação da reunião das ações perante o juiz prevento para seu julgamento simultâneo[206].

Na ânsia de reunir os processos e disso colher os benefícios da economia processual e harmonização dos julgados, via-se uma conexão[207] onde efetivamente ela não existia, afinal, a causa de pedir da execução é o título executivo e o pedido é o de satisfação do direito, sempre materialmente impossível haver identidade desses elementos da ação com os elementos da ação proposta pelo pretenso devedor para discutir a dívida.

Para permitir a reunião de execução de título extrajudicial e de ação de conhecimento relativa ao mesmo ato jurídico, o art. 55, § 2.º, I, do CPC, equipara tal situação à

---

[203] THEODORO JR., Humberto. *Curso de direito processual civil*. 47. ed. Rio de Janeiro: Forense, 2007. v. 1. p. 169; NERY JR., Nelson; NERY, Rosa Maria de Andrade. *Código Civil anotado*. 2. ed. São Paulo: RT, 2003. p. 503-504; PIZZOL, Patrícia Miranda. *A competência no processo civil*. São Paulo: RT, 2003. p. 293.
[204] *Informativo* 480/STJ – 4.ª Turma – REsp 967.815/MG – Rel. Min. João Otávio de Noronha – j. 04.08.2011.
[205] *Informativo* 466/STJ – 3.ª Turma – REsp 1.226.016/RJ – Rel. Min. Nancy Andrighi – j. 15.03.2011.
[206] STJ – 2.ª Turma – REsp 754.941/RS – Rel. Min. Eliana Calmon – j. 12.06.2007 – *DJ* 29.06.2007 – p. 537.
[207] *Informativo* 559/STJ – 4.ª Turma – REsp 1.221.941-RJ – Rel. Min. Luis Felipe Salomão – j. 24.02.2015, *DJe* 14.04.2015.

conexão, num reconhecimento tácito de que realmente nessa hipótese não há conexão, ao menos não nos termos do art. 55, *caput*, do CPC[208]. A técnica legislativa é simplesmente desastrosa, mas dos destroços é possível se chegar a alguma luz, por meio de interpretação sistêmica dos dispositivos contidos no art. 55 do CPC.

O *caput* do art. 55 do CPC prevê o conceito de conexão (identidade de pedido ou de causa de pedir) e o § 1.º o seu efeito (reunião dos processos perante o juízo prevento). O § 2.º, *caput*, prevê que se aplicam a seus incisos o disposto no *caput*, o que causa a qualquer leitor atento estranheza. Aparentemente, o legislador quis dizer que, mesmo não havendo conexão nas hipóteses previstas nos incisos do § 2.º do CPC, haveria conexão por vontade da lei. Ou seja, a lei transformando a realidade das coisas.

Realmente não consigo entender, e tampouco explicar a razão do legislador para tal previsão, quando tudo o que ele queria poderia ser previsto de forma muito mais objetiva e correta: bastava o *caput* do § 2.º do art. 55 do CPC fazer remissão ao § 1.º ou até mesmo ao § 3.º, e não ao *caput* do dispositivo legal. Ou seja, mesmo não havendo conexão haverá seu feito, qual seja, a reunião de ações conexas num mesmo juízo.

Registre-se a desnecessidade do previsto no art. 55, § 2.º, II, do CPC, que prevê equiparação à conexão a existência de ações de execução fundadas no mesmo título executivo. Tal previsão pode sugerir que não há conexão entre essas ações de execução, mas sendo o título executivo a causa de pedir executiva, e estando as execuções fundadas no mesmo título executivo, é inegável a existência de conexão, nos exatos termos do art. 55, *caput*, do CPC.

Ainda que o art. 55, § 2.º, I, do CPC, preveja de forma inovadora uma reunião de processos não conexos, a grande novidade a respeito do tema fica por conta do § 3.º do art. 55 do CPC. O dispositivo prevê a reunião de processos, mesmo não conexos, sempre que exista risco de prolação de decisões conflitantes ou contraditórias caso sejam decididos separadamente (diferentes juízos). A reunião nessas circunstâncias já vinha sendo aceita pelo Superior Tribunal de Justiça, ainda que por meio da extensão do conceito de conexão[209].

Significa dizer que não há mais necessidade de contorcer o conceito legal de conexão, bastando para justificar a reunião o risco apontado pelo dispositivo legal ora comentado. A harmonização dos julgados, afinal, não precisa ser garantida apenas em processos que tenham o mesmo pedido ou a mesma causa de pedir.

11.5.3.3. Vantagens e desvantagens da reunião dos processos

Fixados os limites da identidade exigida para que se verifique a conexão entre duas demandas com a interpretação possível da redação constante no art. 55, *caput*, do CPC, é importante analisar as razões de ser da conexão e, mais especialmente, da sua consequência: a reunião dos processos perante um mesmo juízo. São duas as principais razões: economia processual e harmonização dos julgados[210].

---

[208] BUENO, Cássio Scarpinella. *Manual de direito processual civil*. São Paulo: Saraiva, 2015, p. 115.
[209] STJ – 1.ª Seção – CC 55.584/SC – Rel. Min. Luiz Fux – j. 12.08.2009 – DJe 05.10.2009.
[210] ARRUDA ALVIM. *Manual de direito processual civil*. 8. ed. São Paulo: RT, 2003. p. 398-399; PIZZOL, Patrícia Miranda. *A competência no processo civil*. São Paulo: RT, 2003. p. 297; SANTOS, Moacyr Amaral. *Primeiras linhas de direito processual civil*. 23. ed. São Paulo: Saraiva, 2004. v. 1. p. 258.

A primeira e inegável vantagem aferida com o fenômeno da conexão é evitar que decisões conflitantes sejam proferidas por dois juízos diferentes. A existência de decisões conflitantes proferidas em demandas que tratem de situações similares é, naturalmente, motivo de descrédito ao Poder Judiciário, podendo inclusive gerar problemas práticos de difícil solução.

Por outro lado, é inegável que a reunião de duas ou mais demandas perante somente um juiz favoreça, no mais das vezes, a verificação do princípio da economia processual, já que os atos processuais serão praticados somente uma vez, o que se mostrará mais cômodo ao Poder Judiciário (funcionará apenas uma estrutura – juiz, escrivão, cartorário etc.) e às partes e terceiros que tenham dever de colaboração com a Justiça (p. ex., testemunhas, que só prestarão depoimento uma vez). Com a prática de atos processuais que sirvam a mais de um processo, é evidente que haverá otimização do tempo e, em razão disso, respeito ao princípio da economia processual.

A questão da economia processual, entretanto, deve ser considerada de forma secundária, seja pelo maior relevo que se dá à harmonização dos julgados, seja porque nem sempre a reunião de processos conexos representará a concretização de tal princípio. Tanto é assim que a doutrina, quando analisa os requisitos para que ocorra a reunião dos processos perante um mesmo juízo para julgamento simultâneo, afirma que a principal razão para que isso ocorra é a harmonização dos julgados, evitando o inegável mal-estar criado por decisões conflitantes para situações fáticas afins[211].

Os dois fundamentos que ensejam a reunião dos processos em decorrência de conexão – embora em diferentes graus de importância – estão intimamente ligados a razões de ordem pública, posto interessar ao próprio Estado que os julgados do Poder Judiciário sejam harmoniosos e que se gastem o menor tempo e recursos para obtê-los. Justamente em virtude dos interesses que procura preservar (ordem pública), essa causa modificadora de competência é dotada de maior força do que todas as demais.

Apesar das inegáveis vantagens da reunião de ações conexas, e até mesmo não conexas, nos termos do § 2.º, I, e do § 3.º do art. 55 do CPC, não devem ser desconsideradas as desvantagens.

A reunião de processos perante o juízo prevento pode sacrificar o exercício da ampla defesa das partes do processo que é remetido para o juízo prevento. É claro que, por exemplo, tramitando os processos conexos num mesmo foro, a reunião em um juízo prevento não afetará em nada as partes. Também dificilmente se poderá falar em sacrifício ao exercício da ampla defesa em processos conexos que tramitem em foros distintos, mas contíguos ou da mesma região metropolitana, porque nesses casos a modificação de competência não afetará de forma significativa o exercício da ampla defesa.

O mesmo, entretanto, não se pode dizer de conexão entre processos que tramitam em foros distantes um do outro, ainda mais em um país de dimensões continentais como é o Brasil. Nesse caso, o descolamento do processo para foro muito afastado pode prejudicar o exercício da ampla defesa, sacrificando em especial o litigante eventual e, de forma ainda mais sentida, a parte que não tem condições econômicas para participar de forma adequada

---

[211] FUX, Luiz. *Curso de direito processual civil*. 2. ed. Rio de Janeiro: Forense, 2004. p. 210. Também: THEODORO JR., Humberto. *Curso de direito processual civil*. 47. ed. Rio de Janeiro: Forense, 2007. v. 1. p. 170; SANTOS, Ernane Fidélis dos. *Manual de direito processual civil*. 10. ed. São Paulo: Saraiva, 2003. v. 1. p. 165.

de um processo que correrá a quilômetros de distância. E tudo fica pior se pensarmos que a reunião nesse caso poderá se sobrepor à regra de competência criada justamente para proteger o hipossuficiente, como ocorre, por exemplo, com o art. 101, I, do CDC.

Por outro lado, havendo uma pluralidade considerável de processos conexos, uma eventual reunião de todos eles perante o juízo prevento inviabilizaria o trabalho judiciário de tal juízo. Basta imaginar o que aconteceria se nos processos que envolvem planos econômicos houvesse um juízo prevento: teria recebido mais de um milhão de processos! Como vivemos numa sociedade de massa, os conflitos de massa são cada vez mais comuns, e sendo nosso processo coletivo ainda incipiente, a pluralidade de processos com a mesma matéria jurídica (processos repetitivos) é inevitável. Mas é interessante reuni-los todos num mesmo juízo prevento, ainda que, com isso, se obtenha a harmonia dos julgados?

11.5.3.4. Obrigatoriedade ou facultatividade na reunião de processos em razão da conexão

O art. 55, § 1.º do CPC prevê que os processos de ações conexas serão reunidos para decisão conjunta, salvo se um deles já houver sido sentenciado. A impossibilidade de reunião de demandas conexas quando uma delas já tiver sido sentenciada já vinha sendo reconhecida pela jurisprudência, passando agora a estar prevista em lei. Mas realmente serão reunidos os processos de ações conexas, salvo essa hipótese, havendo conexão?

Há corrente doutrinária que entendia ser a regra do art. 105 do CPC/1973 (agora art. 55, § 1.º do CPC) de natureza cogente, o que retiraria do juiz qualquer liberdade a respeito de sua aplicação no caso concreto. Havendo a identidade de causa de pedir ou do pedido, os processos deveriam – e não poderiam – ser reunidos[212]. Por outro lado, existia corrente doutrinária mais flexível quanto à reunião dos processos por conexão, atribuindo ao juiz uma maior liberdade no caso concreto para analisar a conveniência de realizar tal reunião. Essa liberdade variaria conforme a intensidade da conexão e os benefícios reais advindos da reunião das demandas[213]. É lição muito próxima de parcela da doutrina que entendia ser obrigatória a reunião, desde que se verificasse a efetiva realização dos objetivos traçados por tal fenômeno processual, em especial a economia processual[214].

Apesar de toda a polêmica que envolve a questão da obrigatoriedade ou não da reunião de processos conexos criada na vigência do CPC/1973, e que deve ser mantida na vigência do Código de Processo de Civil de 2015, acredito que uma reunião que não possa alcançar nenhum dos dois objetivos traçados para o instituto está totalmente fora de questão. A aplicação automática, sem nenhuma ponderação a respeito da *ratio* da norma, não se justifica. E parece concordar com tal posição a jurisprudência, sumulando o Superior Tribunal de Justiça o entendimento de que não existe reunião de processos conexos

---

[212] NERY JR., Nelson; NERY, Rosa Maria de Andrade. *Código Civil anotado*. 2. ed. São Paulo: RT, 2003. p. 505; BARBI, Celso Agrícola. *Comentários ao Código de Processo Civil*. 11. ed. Rio de Janeiro: Forense, 2002. v. 1. p. 350; BERMUDES, Sérgio. *Introdução ao processo civil*. 3. ed. Rio de Janeiro: Forense, 2002. p. 73.

[213] ARRUDA ALVIM. *Manual de direito processual civil*. 8. ed. São Paulo: RT, 2003. v. I. p. 404; GRECO FILHO, Vicente. *Direito processual civil brasileiro*. 15. ed. São Paulo: Saraiva, 2000. p. 161.

[214] DINAMARCO, Cândido Rangel. *Instituições de direito processual civil*. São Paulo: Malheiros, 2005. v. 2. p. 578-579.

quando um deles já estiver no tribunal[215], circunstância em que, obviamente, a reunião dos processos não geraria qualquer economia processual ou harmonia dos julgados, visto que em um deles a prova já foi produzida e a decisão já foi prolatada.

Há diversos julgados do Superior Tribunal de Justiça que afirmam expressamente existir um verdadeiro juízo de conveniência baseado em juízo de discricionariedade na reunião de ações conexas, deixando suficientemente claro não ser obrigatória tal reunião no caso concreto[216]. Essa facultatividade de reunião de ações conexas está inclusive sumulada quando a conexão se der entre execuções fiscais propostas contra o mesmo devedor[217]. Tudo leva a crer que a reunião nos termos do § 3.º do art. 55 do CPC seguirá a mesma lógica, ou seja, não será obrigatória, mesmo que haja risco de decisões conflitantes e contraditórias.

Pacificada a não obrigatoriedade de reunião de ações conexas, é preciso registrar que, havendo ações conexas de diferentes competências absolutas em trâmite, haverá um impedimento legal para sua reunião perante o juízo prevento[218]. Havendo o perigo de decisões conflitantes, o máximo que poderá ser feito é a suspensão de uma das ações em razão de prejudicialidade externa (art. 313, V, "a", do CPC)[219].

Durante certo tempo, houve dúvida acerca de como proceder na hipótese de ações coletivas conexas em trâmite na Justiça Federal e na Justiça Estadual. Enquanto a 1.ª Seção do Superior Tribunal de Justiça entendia no sentido de ser possível a reunião de ações coletivas originariamente em trâmite na Justiça Estadual e na Justiça Federal perante a segunda, aparentemente desprezando as demais regras que determinam a prevenção do juízo[220], a 2.ª Seção entendia pela inviabilidade de reunião em razão das diferentes competências de Justiça das duas ações coletivas[221]. O primeiro entendimento, pela reunião perante a Justiça Federal, acabou prevalecendo e gerou a Súmula 489/STJ.

Segundo entendimento do Superior Tribunal de Justiça, ainda que exista conexão entre as causas e estas tramitem perante o mesmo juízo, não há obrigatoriedade de decisão conjunta. De acordo com correta decisão do Egrégio tribunal, notando o juiz que a solução de uma demanda não influenciará a decisão da outra, não existe qualquer nulidade em decidi-las em momentos distintos[222].

Obrigatória ou não a reunião dos processos, a conexão tem tratamento processual de matéria de ordem pública, o que significa legitimidade plena para sua arguição (qualquer dos sujeitos processuais poderá fazê-lo: autor, réu, terceiro interveniente, Ministério Público

---

[215] Súmula 235 do STJ.
[216] STJ – 4.ª Turma – REsp 1.278.217/MG – Rel. Min. Luis Felipe Salomão – j. 16.02.2012 – DJe 13.03.2012; STJ – 3.ª Turma – REsp 1.226.016/RJ – Rel. Min. Nancy Andrighi – j. 15.03.2011 – DJe 25.03.2011.
[217] Súmula 515/STJ.
[218] Informativo 504/STJ – CC 119.090/MG – Rel. Min. Paulo de Tarso Sanseverino – j. 12.09.2012.
[219] Informativo 496/STJ – 2.ª Seção – AgRg no CC 112.956/MS – Rel. Min. Nancy Andrighi – j. 25.04.2012.
[220] CC 78.058/RJ – Conflito de Competência 2007/0013713-0 – 1.ª Seção – Rel. Min. Herman Benjamin (1132) – j. 24.11.2010 – DJe 01.02.2011; CC 90.722/BA – Conflito de Competência 2007/0244194-7 – 1.ª Seção – Rel. Min. José Delgado (1105) – Rel. p/ Acórdão Min. Teori Albino Zavascki (1124) – j. 25.06.2008 – DJe 12.08.2008.
[221] CC 111.727/SP – Conflito de Competência 2010/0073662-0 – 2.ª Seção – Rel. Min. Raul Araújo (1143) – j. 25.08.2010 – DJe 17.09.2010; CC 53.435/RJ – Conflito de Competência 2005/0136633-6 – 2.ª Seção, Rel. Min. Castro Filho (1119) – j. 08.11.2006 – DJ 29.06.2007 – p. 481.
[222] Informativo 478/STJ – REsp 1.126.639/SE – Rel. Min. Luis Felipe Salomão – j. 21.06.2011.

como fiscal da lei, juiz de ofício). Justamente pela natureza de ordem pública, não está sujeita à preclusão, não havendo, portanto, um prazo e tampouco uma forma específica para sua alegação no processo. Registre-se somente a impropriedade de alegação de tal matéria em sede de exceção de incompetência, instrumento processual que busca afastar o juízo incompetente, o que não ocorre na conexão, que busca fixar um entre dois ou mais juízos competentes. Tratando-se de matéria de ordem pública, entretanto, a alegação deverá ser considerada, mas não como exceção, o que significa que não haverá suspensão do processo para a apreciação da conexão alegada[223].

Por fim, justamente em razão da natureza jurídica de ordem pública atribuída à conexão, surge dúvida a respeito da natureza do vício em processo em que deveria ter ocorrido a reunião, mas a mesma não houve. Apesar de – pela lógica sistemática dos vícios do ato jurídico – se tratar de uma nulidade absoluta, sem a prova do efetivo prejuízo, não parece que a decisão possa ser anulada, em respeito ao princípio da instrumentalidade das formas. Sendo o fenômeno da conexão instituto preocupado com a preservação da economia processual, não teria sentido permitir a anulação da decisão pelo simples descumprimento do determinado no art. 55, § 1.º do CPC, o que certamente ensejaria uma afronta clara a tal princípio. Dessa forma, a parte que alegar o vício deverá comprovar seu efetivo prejuízo pela não reunião dos processos, que uma vez comprovado, gerará a anulação da decisão[224].

11.5.3.5. Especificamente na relação entre ação coletiva e individual

Parece não haver maiores dúvidas a respeito da possibilidade de conexão entre ações coletivas e individuais, senão pelo pedido, ao menos pela identidade de causa de pedir[225]. Há, inclusive, entendimento doutrinário que aponta até mesmo para a possibilidade de existência de continência entre ação coletiva que verse sobre direito individual homogêneo e ação individual. Nesse sentido, Hugo Nigro Mazzilli:

> "Ora, a rigor, nem mesmo no caso de interesses individuais homogêneos teremos vera e própria litispendência entre ação civil pública (ou coletiva) e ação individual, uma vez que não coincidem seus objetos: o caso seria antes de conexão, ou, sob circunstâncias específicas, até mesmo de continência, quando o objeto da ação civil pública ou coletiva compreendesse, porque mais abrangente, o objeto da ação individual"[226].

Entendo que, para se concluir pela continência nesses casos, deverá se abrir uma pequena exceção ao requisito exigido pelo art. 56 do CPC no tocante à identidade de partes. E não as partes no sentido processual, que apesar de necessariamente serem diferentes, não interessam quando da comparação entre ações. A parte material da ação coletiva é a soma de indivíduos titulares dos direitos individuais que, somados, resultam no direito individual homogêneo, enquanto na ação individual a parte é somente o indivíduo que propôs a demanda judicial. As partes, portanto, não serão idênticas. Caso se utilize carac-

---
[223] STJ – 6.ª Turma – REsp 42.197/SP – Rel. Min. Hamilton Carvalhido – DJ 04.02.2002 – p. 575.
[224] Nesse sentido, ARRUDA ALVIM. *Manual de direito processual civil*. 8. ed. São Paulo: RT, 2003. p. 404; PIZZOL, Patrícia Miranda. *A competência no processo civil*. São Paulo: RT, 2003. p. 306.
[225] ZAVASCKI, Teori Albino. *Processo de execução*: parte geral. 3. ed. São Paulo: RT, 2004. p. 191; MAZZILLI, Hugo Nigro. *A defesa dos interesses difusos em juízo*. 15. ed. São Paulo: Saraiva, 2002. p. 253.
[226] Cfr. *A defesa dos interesses difusos em juízo*. 15. ed. São Paulo: Saraiva, 2002. p. 253.

terística própria da continência, pode-se falar que a parte material da ação coletiva, por mais ampla, contém a parte material da ação individual. Idênticas, entretanto, elas não são.

A discussão, na realidade, é mais acadêmica do que prática, porque em se considerando não haver a continência, certamente haverá conexão, o que já é o suficiente para a eventual reunião das ações perante o juízo prevento. Sendo a continência apenas uma conexão qualificada, havendo uma identidade da causa de pedir – requisito tanto do art. 55 quanto do art. 56 do CPC – já será caso de se analisar a aplicabilidade no caso concreto da regra prevista no art. 58 do CPC.

Ainda que a efetiva reunião de ações conexas sempre dependa de uma análise casuística, não sendo diferente na conexão existente entre ação coletiva e ação individual, *a priori* é possível desaconselhar tal reunião, em especial quando houver um número significativo de ações individuais.

Para tal conclusão, basta se pensar na concentração de trabalho que teria um juízo que recebesse todas as ações coletivas e individuais em situações como os dos planos econômicos Bresser, Collor e Verão. Foram milhares de ações individuais e algumas centenas de ações coletivas. Ainda que limitada territorialmente a reunião das ações em respeito ao art. 16 da LACP, que, atualmente, nem vem mais sendo aplicado pelo Superior Tribunal de Justiça, a reunião das demandas criaria um obstáculo intransponível ao bom andamento dos trabalhos cartoriais do juízo prevento[227]. Por outro lado, ao se determinar o juízo prevento em foro muito distante e de difícil acesso aos indivíduos autores das ações individuais, ter-se-ia inaceitável ofensa ao princípio do acesso à ordem justa.

Registre-se corrente doutrinária que, apesar de reconhecer os problemas pragmáticos da eventual reunião das demandas, afirma ser esse um problema ligado à política da administração da justiça no país, não podendo ser considerados como razões para a não reunião das demandas conexas.[228] Apesar de concordar com a premissa, continuo na percepção de que as normas processuais devem levar em consideração a realidade de nosso dia a dia forense, sob pena de se criar uma regra acadêmica e outra prática, o que sempre gerará insegurança jurídica e desprestígio à ciência.

Por outro lado, não se pode simplesmente desconsiderar a técnica criada pelo art. 104 do CDC, que proporciona os mesmos ganhos da reunião de demandas conexas: economia processual (evitar repetição de atos processuais) e harmonização dos julgados (evitar a prolação de decisões contraditórias). A suspensão da ação individual, ainda mais da forma como vem sendo determinada pelo Superior Tribunal de Justiça, já é o suficiente para que as vantagens da reunião das ações já sejam sentidas mesmo sem que tal reunião efetivamente ocorra.

De qualquer forma, partindo-se da premissa de que deva ocorrer a reunião entre as ações individuais e coletiva no caso concreto, haverá interessante questão a respeito de quem será o juízo prevento. Se por um lado a reunião de ações individuais conexas tem regras de conexão previstas no art. 58 do CPC, na reunião de ações coletivas existem três outras regras com o mesmo conteúdo: art. 5.º, § 3.º, da Lei 4.717/1965; art. 2.º, parágrafo

---

[227] LUCON, Paulo Henrique dos Santos; GABBAY, Daniela Monteiro; ALVES, Rafael Francisco; ANDRADE, Tathyana Chaves de. *Interpretação do pedido e da causa de pedir nas demandas coletivas (conexão, continência e litispendência)*. Tutela coletiva: 20 anos da Lei da Ação Civil Pública e do Fundo de Defesa de Direitos Difusos. 15 anos do Código de Defesa do Consumidor. Coord. Paulo Henrique dos Santos Lucon. São Paulo: Atlas, 2006. p. 196.

[228] VENTURI, Elton. *Processo civil coletivo*. São Paulo: Malheiros, 2007. p. 361.

único, da Lei 7.347/1985 e art. 17, § 5.º, da Lei 8.429/1992. Qual dessas regras seria aplicável, já que a reunião misturaria o plano individual e coletivo?

Havendo a concomitância de ação individual e coletiva, a prevenção do juízo perante o qual tramita a ação coletiva, além de decorrer de previsão legal, se justifica no maior alcance da tutela jurisdicional pretendida em tais demandas. Enquanto na ação individual busca-se tutelar somente o direito individual do autor, na ação coletiva busca-se tutelar o direito da coletividade, titular do direito difuso que forma o objeto do processo. Natural, portanto, que a tutela da coletividade se imponha, inclusive quanto à prevenção do juízo, à tutela do indivíduo.

Nesse sentido, as lições da melhor doutrina, quando afirma que "apesar da eventual precedência do processamento de ações individuais em relação a uma ação coletiva que lhes seja objetivamente pertinente, é o juízo da demanda coletiva (fixada pelo local do dano, recorde-se) que atrai todas as individuais para fins de julgamento simultâneo – ou seja, a prevenção seria firmada, então pelo despacho na primeira ação coletiva"[229].

Registre-se, nesse sentido, a lição do Ministro do Supremo Tribunal Federal Teori Albino Zavascki, que por tanto tempo enobreceu esse Egrégio Tribunal enquanto atuou como seu ministro. O jurista, ao comentar a relação entre ações individuais e coletivas, assevera que "entre as duas ações, portanto, não há litispendência e tal resulta claro do art. 104 da Lei 8.078, de 1990. Há, isto sim, conexão (CPC, art. 103), a determinar, na medida do possível, o processamento conjunto, perante o juízo da ação coletiva, de todas as ações individuais, anteriores ou supervenientes"[230].

11.5.4. Suspensão do processo individual

Conforme previsão do art. 104 do CDC, se o autor da ação individual não requerer no prazo de 30 dias a suspensão de sua ação individual, não poderá se aproveitar do resultado da ação coletiva. O dispositivo legal ainda prevê que o termo inicial da contagem desse prazo será a ciência nos autos da ação individual do ajuizamento da ação coletiva.

A regra é facilmente compreendida, apesar de não escapar de algumas polêmicas, em especial quanto aos dois aspectos essenciais do dispositivo legal: a comunicação ao autor da ação individual da existência de uma ação coletiva (*fair notice*) e o efetivo direito de o autor continuar o trâmite de sua ação individual, excluindo-se da ação coletiva (*right to opt out*).

Não existe no art. 104 do CDC qualquer regra, nem mesmo indício, de quem seja o responsável pela informação da existência da ação coletiva na ação individual. Caberia a informação ao réu dessa ação, que certamente saberá da existência da ação coletiva porque também nela ocupará o polo passivo? Caberia ao juiz de ofício se manifestar a respeito da existência dessa ação coletiva? É ônus do autor individual descobrir a existência dessa ação coletiva, levando tal informação aos autos da ação individual?

Certamente o legislador poderia ter sido mais claro na previsão legal, o que evitaria toda a divergência criada em torno da questão. Entendo que o ônus de informar a existência da ação coletiva é do réu, sendo este o maior interessado em tal informação. Tanto a suspensão do processo individual como sua continuidade com a exclusão do autor individual dos efeitos da ação coletiva interessam mais ao réu do que ao autor, que teoricamente se

---

[229] VENTURI, Elton. *Processo civil coletivo*. São Paulo: Malheiros, 2007. p. 362.
[230] ZAVASCKI, Teori Albino. *Processo coletivo*. São Paulo: RT, 2006, p. 191.

manteria em uma situação mais confortável se continuasse com sua ação individual em trâmite, podendo ainda se aproveitar do resultado positivo do processo coletivo.

Apesar de entender que o ônus de requerer a informação do autor individual pertença ao réu, não vejo qualquer vedação à atuação oficiosa do juiz, até porque a eventual suspensão do processo individual gera economia processual e harmonização dos julgados, matérias de ordem pública que podem ser preservadas de ofício pelo juiz.

O autor, entretanto, não pode arcar com o ônus de descobrir ou saber da existência da ação coletiva para pedir a continuação da ação individual ou sua suspensão. O próprio art. 104 do CDC prevê que o autor será informado, o que permite a conclusão de que há a provocação por parte de outro sujeito que não o próprio autor. É natural que, se o autor voluntariamente pedir a suspensão de seu processo em decorrência da existência de uma ação coletiva, o juiz deverá acatar o pedido, mas tal postura constituir um ônus do autor seria um verdadeiro absurdo.

Realizada a informação do autor da ação individual, que socorrerá por meio de publicação do Diário Oficial na pessoa de seu advogado, caberá a ele uma escolha. Caso o autor opte por se aproveitar de uma futura e eventual vitória do autor coletivo, deverá requerer a suspensão de sua ação individual: (a) no caso de sua perspectiva se concretizar, a ação individual perde o objeto e o autor da ação individual terá em seu favor um título executivo judicial (sentença coletiva), sendo interessante o posicionamento do Superior Tribunal de Justiça que, em vez de extinguir a ação individual por carência superveniente, a converte em liquidação de sentença[231]; (b) de outro modo, caso mantenha em trâmite sua ação individual, excluir-se-á dos efeitos da ação coletiva, não podendo se valer da futura e eventual sentença de procedência da ação coletiva como título executivo judicial.

Aparentemente, o autor individual teria mais razões para suspender seu processo individual, considerando que assim teria duas chances de vitória. Caso o processo coletivo não alcance o sucesso esperado, o autor ainda disporá de mais uma chance com a continuação de seu processo individual. Ao se autoexcluir da ação coletiva, a única possibilidade de vitória do autor passa a ser a sua ação individual. Se você pode ter duas ou somente uma bala para acertar um alvo, é natural a opção pela manutenção de duas.

Entretanto, a suspensão do processo individual em decorrência de ação coletiva não se transformou em realidade. Costuma-se dizer que no Brasil existem as leis que pegam e as que não pegam. Por mais triste que seja reconhecer, parece que a regra estabelecida pelo art. 104 do CDC é da segunda espécie. A desconfiança com a ação coletiva, a ausência de informação por parte dos réus, o desconhecimento da lei (o silêncio do autor deve ser compreendido como a vontade de continuar com o processo individual) são razões sentidas na praxe forense para que as ações individuais prossigam durante o trâmite da ação coletiva. Vários são os motivos que podem ser apontados, mas o fato é que a suspensão das ações individuais em razão do trâmite de uma ação coletiva é fato raro no dia a dia forense.

Certamente notando tal circunstância, o Superior Tribunal de Justiça, com entendimento bastante singular da regra estabelecida pelo art. 104 do CDC, decidiu que a

---

[231] STJ – 4.ª Turma – AgRg no Ag 1.144.374/RS – Rel. Min. João Otávio de Noronha – j. 14.04.2011 – *DJe* 03.05.2011; STJ – 2.ª Seção – REsp 1.189.679/RS – Rel. Min. Nancy Andrighi – j. 24.11.2010 – *DJe* 17.12.2010.

suspensão é obrigatória, de nada importando a vontade do autor individual continuar com seu processo individual:

> "Recurso repetitivo. Ação civil pública. Suspensão. Ação individual. A Seção, ao apreciar REsp submetido ao regime do art. 543-C do CPC e da Res. 8/2008-STJ, por maioria, firmou o entendimento de que, ajuizada a ação coletiva atinente à macro lide geradora de processos multitudinários, admite-se a sustação de ações individuais no aguardo do julgamento da ação coletiva. Quanto ao tema de fundo, o Min. Relator explica que se deve manter a suspensão dos processos individuais determinada pelo Tribunal *a quo* à luz da legislação processual mais recente, principalmente ante a Lei dos Recursos Repetitivos (Lei 11.672/2008), sem contradição com a orientação antes adotada por este Superior Tribunal nos termos da legislação anterior, ou seja, que só considerava os dispositivos da Lei da Ação Civil Pública. Observa, ainda, entre outros argumentos, que a faculdade de suspensão nos casos multitudinários abre-se ao juízo em atenção ao interesse público de preservação da efetividade da Justiça, que fica praticamente paralisada por processos individuais multitudinários, contendo a mesma lide. Dessa forma, torna-se válida a determinação de suspensão do processo individual no aguardo do julgamento da macro lide trazida no processo de ação coletiva embora seja assegurado o direito ao ajuizamento individual" (STJ – REsp 1.110.549/RS – 2.ª Seção – Rel. Min. Sidnei Beneti – j. 28.10.2009 – *Informativo* STJ 413).

11.5.5. Extinção do mandado de segurança individual

O art. 22, § 1.º, da Lei 12.016/2009, em sua primeira parte, apenas repete a regra consagrada no art. 104 do CDC, ao prever que o mandado de segurança não induz litispendência para as ações individuais; se o dispositivo contido na legislação consumerista já era desnecessário, o mesmo ocorre com o dispositivo ora analisado. A novidade fica por conta da segunda parte do dispositivo legal agora enfrentado, que cria regra consideravelmente oposta àquela prevista no art. 104 do CDC.

Da simples leitura do art. 22, § 1.º, da Lei 12.016/2009 nota-se que a regra é outra, porque o dispositivo legal obriga o autor da ação individual a desistir de sua ação no prazo de 30 dias da informação da existência da ação coletiva, caso queira continuar vinculado ao mandado de segurança coletivo.

É preciso observar que, como o dispositivo legal menciona de forma genérica a "ação individual", não será apenas aplicável aos mandados de segurança individuais, mas a qualquer espécie de ação individual[232]. Tratando-se de mandado de segurança individual, a norma é ainda mais drástica, porque em razão da exiguidade do prazo para a impetração do mandado de segurança – 120 dias – nem se poderia abrandar a dureza do dispositivo legal com a afirmação de que, com a desistência, a repropositura do mandado de segurança seria admitida em razão da ausência de coisa julgada material[233].

O mais incongruente da obrigatoriedade da desistência da ação individual dá-se no caso de decisão terminativa ou de improcedência no mandado de segurança coletivo.

---

[232] REDONDO, Bruno Garcia; OLIVEIRA, Guilherme Peres de; CRAMER, Ronaldo, Mandado de segurança. São Paulo: Método, 2009, p. 155.
[233] MEDINA; José Miguel Garcia; ARAÚJO, Fábio Caldas de. *Mandado de segurança individual e coletivo*. São Paulo: RT, 2009. n. 22.2, p. 221; GAJARDONI, Fernando da Fonseca. *Comentários à nova Lei de Mandado de Segurança*. São Paulo: Método, 2009. p. 114.

Sabendo-se que a coisa julgada coletiva opera-se para o indivíduo *secundum eventum litis* e *in utilibus*, poderá individualmente ser buscada a tutela do direito pelo indivíduo, mas não mais pelo mandado de segurança, porque, nesse caso, muito provavelmente o prazo de 120 dias já terá transcorrido. Como o indivíduo não estará nesse caso vinculado à decisão negativa proferida no processo coletivo, e essa realidade não foi alterada pelo dispositivo legal ora comentado, restará a ele as vias ordinárias para a tutela de seu direito, o que significa que lhe será retirado indevidamente o direito ao mandado de segurança.

Realmente, nesse tocante, o legislador exagerou na dose. Obrigar o indivíduo a optar entre a ação individual e a ação coletiva por meio da desistência da primeira não se coaduna com o princípio da inafastabilidade da tutela jurisdicional, consagrado no art. 5.º, XXXV, da CF. Entendo que não é saudável ao sistema a existência concomitante de diversas ações individuais e mandados de segurança coletivos que tratem da mesma matéria, mas daí a concordar com a exigência de desistência das primeiras para que os indivíduos possam se aproveitar da tutela coletiva existe uma distância considerável. O ideal seria tornar a suspensão das ações individuais obrigatória, forçando os indivíduos a esperar a solução da ação coletiva, porém mantendo seu direito individual de ação.

E, quando a ação individual for um mandado de segurança, poderia até mesmo ser mantida a obrigatoriedade de desistência, mas com a fixação do termo inicial para a repropositura no trânsito em julgado do mandado de segurança. Dessa forma, os impetrantes que tivessem desistido de seu mandado de segurança individual na esperança de serem tutelados pela ação coletiva, caso não obtenham tal tutela, poderiam repropor seu mandado de segurança individual.

Essa solução evitaria a proliferação de mandados de segurança individuais, sem retirar arbitrariamente o direito de ação dos indivíduos, mas reconhece-se que tal solução exige previsão legal, não podendo ser aplicada por meio de hermenêutica jurídica.

11.6. COISA JULGADA

11.6.1. Introdução

A doutrina é tranquila em apontar que a coisa julgada é um dos aspectos mais relevantes na distinção da tutela coletiva da individual. Regras tradicionais presentes na tutela individual, tais como a coisa julgada *pro et contra* e sua *eficácia inter partes*, são simplesmente desconsideradas, passando-se a eficácias *ultra partes* e *erga omnes* e à coisa julgada *secundum eventum probationis* e *secundum eventum litis*.

Por outro lado, existe ainda a funesta e lamentável regra consagrada no art. 16 da Lei 7.347/1985, que aparentemente cria uma espécie de limitação territorial aos efeitos da sentença e, por consequência, da coisa julgada material.

11.6.2. Coisa julgada *secundum eventum probationis*

No tocante aos direitos coletivos e difusos, a coisa julgada, na hipótese de julgamento de improcedência do pedido, tem uma especialidade que a diferencia da coisa julgada tradicional, prevista pelo Código de Processo Civil. Enquanto no instituto tradicional a imutabilidade e a indiscutibilidade geradas pela coisa julgada não dependem do fundamento da decisão, nos direitos difusos e coletivos, caso tenha a sentença como fundamento a ausência ou a insuficiência de provas, não se impedirá a propositura de novo processo com os mesmos elementos da ação – partes, causa de pedir e pedido –, de modo a possibilitar uma nova decisão, o que, naturalmente, afastará, ainda que de forma condicional, os efeitos de imutabilidade e indiscutibilidade da primeira decisão transitada em julgado.

Excluem-se da análise os direitos individuais homogêneos porque, nestes, a coisa julgada opera-se *secundum eventum litis*; assim, qualquer fundamento que leve à improcedência não afetará os interesses dos indivíduos titulares do direito (art. 103, III, do CDC):

> "Direito processual civil. Improcedência de demanda coletiva proposta em defesa de direitos individuais homogêneos e impossibilidade de novo ajuizamento de ação coletiva por outro legitimado.
>
> Após o trânsito em julgado de decisão que julga improcedente ação coletiva proposta em defesa de direitos individuais homogêneos, independentemente do motivo que tenha fundamentado a rejeição do pedido, não é possível a propositura de nova demanda com o mesmo objeto por outro legitimado coletivo, ainda que em outro Estado da federação. Inicialmente, saliente-se que a leitura precipitada do disposto no inciso III do art. 103 do CDC poderia levar à equivocada conclusão de que apenas a procedência da ação coletiva emanaria efeitos capazes de obstar a nova propositura de demanda coletiva idêntica. Ocorre que a interpretação do referido inciso deve se dar com a observância do disposto no § 2.º, que é claro ao estabelecer que, mesmo diante de solução judicial pela improcedência do pedido coletivo original, apenas os interessados que não tiverem intervindo na ação coletiva na condição de litisconsortes é que poderão propor demanda análoga e, ainda assim, única e exclusivamente a título individual. Ciente disso, a simples leitura dos arts. 81, III, e 103, III, § 2.º, do CDC evidencia que, para a aferição da exata extensão dos efeitos da sentença proferida em ação coletiva que tenha por objeto direitos individuais homogêneos – diversamente do que ocorre em se tratando de direitos difusos e coletivos –, é juridicamente irrelevante investigar se o provimento judicial de improcedência do pedido resultou ou não de eventual insuficiência probatória. Isso porque a redação do inciso III do art. 103 do CDC não repete a ressalva (incisos I e II do referido dispositivo) de que a sentença de improcedência por insuficiência de provas seria incapaz de fazer coisa julgada. Dessa forma, para os direitos individuais homogêneos, o legislador adotou técnica distinta, ressalvando a formação de coisa julgada somente em favor dos 'interessados que não tiverem intervindo no processo como litisconsortes', de modo que somente esses poderão propor ação de indenização a título individual, independentemente do resultado negativo – de improcedência por qualquer motivo – da demanda coletiva anteriormente proposta" (*Informativo* 575/ STJ – 2.ª Seção – REsp 1.302.596/SP – Rel. Min. Paulo de Tarso Sanseverino – Rel. para acórdão Min. Ricardo Villas Bôas Cueva – j. 09.12.2015, *DJe* 1.º.02.2016).

A primeira questão a respeito dessa espécie atípica de coisa julgada diz respeito à sua constitucionalidade. Uma corrente minoritária vê uma quebra da isonomia em referido sistema e aponta para uma proteção exacerbada dos autores das ações coletivas *stricto sensu* em desfavor dos réus. Apesar de mais sentida nas ações que tenham como objeto os direitos individuais homogêneos, também nas que tratam de direitos difusos e coletivos haveria uma disparidade de tratamento absolutamente desigual, o que feriria o princípio constitucional da isonomia[234].

---

[234] BOTELHO DE MESQUITA, José Ignácio. *Na ação do consumidor pode ser inútil a defesa do fornecedor*. Revista do Advogado, São Paulo, AASP, n. 33, 1990. p. 81 e ss.; CRUZ E TUCCI, José Rogério. *Devido processo legal*

Majoritariamente, entretanto, a doutrina entende pela constitucionalidade da coisa julgada *secundum eventum probationis* – como também da coisa julgada *secundum eventum litis* –, afirmando que os sujeitos titulares do direito, ao não participarem efetivamente do processo, não poderão ser prejudicados por uma má condução procedimental do autor da demanda. Não seria justo ou legítimo impingir a toda uma coletividade, em decorrência de uma falha na condução do processo, a perda definitiva de seu direito material. A ausência da efetiva participação dos titulares do direito em um processo em contraditório é fundamento suficiente para defender essa espécie de coisa julgada material[235].

Ademais, a coisa julgada *secundum eventum probationis* serve como medida de segurança dos titulares do direito que não participam como partes no processo contra qualquer espécie de desvio de conduta do autor. A insuficiência ou a inexistência de provas poderá decorrer, logicamente, de uma inaptidão técnica dos que propuseram a demanda judicial, mas também não se poderá afastar, de antemão, algum ajuste entre as partes para que a prova necessária não seja produzida e com isso a sentença seja de improcedência[236]. É bem verdade que os poderes instrutórios do juiz, aguçados nas ações coletivas em razão da natureza dos direitos envolvidos, poderiam também funcionar como forma de controle para que isso não ocorra, mas é inegável que a maneira mais eficaz de afastar, definitivamente, qualquer ajuste fraudulento nesse sentido é a adoção da coisa julgada *secundum eventum probationis*.

Outra questão que parece ter sido pacificada pela doutrina e pela jurisprudência diz respeito aos legitimados à propositura de um novo processo com a mesma causa de pedir e o mesmo pedido do primeiro; estaria legitimado o mesmo sujeito que propôs a primeira demanda que foi resolvida de forma negativa por ausência ou insuficiência de provas? A ausência de qualquer indicativo proibitivo para a repetição do polo ativo nas duas demandas parece afastar de forma definitiva a proibição. Todos os legitimados poderão, com base na prova nova, propor a "segunda" demanda, mesmo aquele que já havia participado no polo ativo da "primeira"[237].

A próxima questão refere-se à formação ou não de coisa julgada nas ações coletivas – direitos difusos e coletivos – julgadas improcedentes por ausência ou insuficiência de provas. Fala-se em coisa julgada *secundum eventum probationis*, mas há divergência a respeito de ser essa uma espécie atípica de coisa julgada ou se, nesse caso, a coisa julgada material estaria afastada, de modo a operar-se, no caso concreto, tão somente a coisa julgada formal.

Há parcela significativa da doutrina que entende não se operar, nesse caso, a coisa julgada material, por afirmar que, sendo possível a propositura de um novo processo

---

    e tutela jurisdicional. São Paulo: RT, 1993. p. 120-121; CASTRO MENDES, Aluisio Gonçalves. *Ações coletivas no direito comparado e nacional.* São Paulo: RT, 2003. p. 263-264.

[235] MARCATO, Ana Cândida Menezes. *O princípio do contraditório como elemento essencial para a formação da coisa julgada material na defesa dos interesses transindividuais.* In: MAZZEI, Rodrigo; NOLASCO, Rita Dias (coord.). *Processo coletivo.* São Paulo: Quartier Latin, 2005. p. 317; MARINONI, Luiz Guilherme; ARENHART, Sérgio Cruz. *Manual do processo de conhecimento.* São Paulo: RT, 2006. p. 781.

[236] VIGLIAR, José Marcelo Menezes. *Ação civil pública.* 5. ed. São Paulo: Atlas, 2001. p. 117; NERY JR. Nelson; NERY, Rosa Maria de Andrade. *Código de processo civil comentado.* 10. ed. São Paulo: RT, 2008. p. 1.348; MANCUSO, Rodolfo Camargo. *Ação civil pública.* 8. ed. São Paulo: RT, 2002. p. 276.

[237] BARBOSA MOREIRA, José Carlos. *A ação popular do direito brasileiro como instrumento de tutela jurisdicional dos chamados interesses difusos. Temas de direito processual civil.* São Paulo: Saraiva, 1977. p. 123; ARENHART, Sérgio Cruz. *Perfis da tutela inibitória coletiva.* São Paulo: RT, 2003. p. 412.

com os mesmos elementos da ação – partes, causa de pedir e pedido –, a imutabilidade e a indiscutibilidade próprias da coisa julgada material não se fariam presentes. A possibilidade de existência de um segundo processo, que, naturalmente, proporcionará uma segunda decisão, afetaria de maneira irremediável a segurança jurídica advinda da coisa julgada material tradicional, de modo a estar afastado esse fenômeno processual quando os fundamentos que levaram à improcedência do pedido forem a insuficiência ou a inexistência de prova[238].

Esse entendimento, entretanto, não é o mais correto, parecendo configurar-se a mesma confusão a respeito da formação ou não da coisa julgada nos processos cujo objeto sejam as relações de trato continuativo, reguladas pelo art. 505, I, do CPC. Em razão da possibilidade de que a sentença determinativa seja alterada em virtude de circunstâncias supervenientes de fato e de direito, parcela da doutrina apressou-se a afirmar que essa "instabilidade" da sentença seria incompatível com o fenômeno da coisa julgada material, que exige a imutabilidade e a indiscutibilidade do julgado.

Aos partidários do entendimento de que não existe coisa julgada nas ações que tratam de direito difuso ou coletivo quando a improcedência decorrer da insuficiência ou ausência de provas surge uma questão de difícil resposta: como deverá o juiz proceder ao receber uma petição inicial de um processo idêntico a um processo anterior decidido nessas condições, em que o autor não indica qualquer nova prova para fundamentar sua pretensão, alegando tão somente não ser possível suportar a extrema injustiça da primeira decisão? Sem ao menos indícios de que existe uma prova nova, ainda que o fundamento da primeira decisão tenha sido a insuficiência ou ausência de provas, poderá o juiz dar continuidade ao processo?

É evidente nesse caso que o juiz deverá indeferir a petição inicial; não há maiores dúvidas a esse respeito. Mas sob qual fundamento? O fundamento de sua decisão será o art. 485, V, do CPC, o qual aponta que, nesse caso, não se poderá afastar a segurança obtida pela coisa julgada material gerada pela primeira decisão. Essa é a prova maior de que existe coisa julgada material, independentemente do fundamento da decisão de mérito da primeira demanda que efetivamente ocorreu, embora sua imutabilidade e sua indiscutibilidade estejam, no caso da ausência ou insuficiência de provas, condicionadas à inexistência de prova nova que possa fundamentar a nova demanda.

Apesar da defesa veemente da existência de coisa julgada material na hipótese ora analisada e da extinção do processo quando não houver prova nova em razão justamente do fenômeno da coisa julgada material, ainda que seja admitida a inexistência de coisa julgada material quando esta se verifica *secundum eventum probationis*, como prefere a doutrina que tratou do tema, a conclusão a que todos chegam já é o suficiente para os fins buscados no presente trabalho: se não houver prova nova, o processo deverá ser extinto sem julgamento do mérito. Seja por falta de interesse de agir, como prefere a doutrina[239],

---

[238] LEONEL, Ricardo de Barros. *Manual do processo coletivo*. São Paulo: RT, 2002. p. 273-274; MAZZILLI, Hugo Nigro. *A defesa dos interesses difusos em juízo*. 15. ed. São Paulo: Saraiva, 2002. p. 427; MARINONI, Luiz Guilherme; ARENHART, Sérgio Cruz. *Curso de direito processual civil*. São Paulo: RT, 2009. v. 4. NERY JR., Nelson; NERY, Rosa Maria de Andrade. *Código de processo civil comentado*. 10 ed. São Paulo: RT, 2008. p. 1.347-1.348.

[239] GIDI, Antônio. *Coisa julgada e litispendência em ações coletivas*. São Paulo: Saraiva, 1995. p. 135-136, RODRIGUES, Marcelo Abelha. Ação civil pública. In: DIDIER JR., Fredie (Org.). *Ações constitucionais*. 4. ed. Salvador: JusPodivm, 2009. p. 329.

seja por força da coisa julgada, o essencial é a conclusão pacífica de que o segundo processo não deve ser admitido.

Há outro interessante questionamento a respeito do tema que vem suscitando dúvidas na doutrina nacional. Os dispositivos legais que tratam da coisa julgada *secundum eventum probationis* são omissos a respeito da exigência de que, expressa ou implicitamente, conste da sentença ter sido a improcedência gerada pela ausência ou insuficiência de provas, ou se tal circunstância poderá ser estranha à decisão, de modo a ser demonstrada somente na segunda demanda. A tomada de uma ou de outra posição terá peso fundamental no próprio conceito de prova nova, que será fixado a seguir.

A tese restritiva exige que haja na motivação ou no dispositivo da decisão, expressa ou implicitamente, a circunstância da ausência ou insuficiência de provas. Afirma-se que, por ser uma exceção à regra da coisa julgada material prevista em nosso ordenamento processual, deverá o juiz indicar, ou ao menos ser possível deduzir de sua fundamentação, que sua decisão de improcedência decorreu de uma insuficiência ou inexistência de material probatório. A ausência dessa circunstância proporcionaria, obrigatoriamente, a geração de coisa julgada material tradicional[240].

Com entendimento contrário, existe corrente doutrinária que não vê qualquer necessidade de constar, expressa ou implicitamente na sentença, que a improcedência do pedido decorreu de ausência ou insuficiência de provas. A doutrina que defende uma tese mais ampla afirma que não se deveria adotar um critério meramente formal do instituto, propondo-se um critério mais liberal, nomeado de critério substancial. Segundo essa visão, sempre que um legitimado propuser, com o mesmo fundamento, uma segunda demanda coletiva na qual fundamente sua pretensão em uma nova prova, estar-se-á diante da possibilidade de obter uma segunda decisão[241].

A segunda corrente defende o entendimento mais acertado, considerando que a adoção da tese restritiva limitaria indevidamente o conceito de prova nova. Ao exigir-se do juiz uma fundamentação referente à ausência ou à insuficiência de provas, será impossível a ele se manifestar sobre o que não existia à época da decisão, o que retiraria a possibilidade de propositura de uma nova demanda fundada em meio de prova não existente à época da prolação da decisão. Nesses casos, haveria um indevido e indesejável estreitamento do conceito de nova prova, que também, por não ser tranquilo na doutrina, se passa a analisar.

Todos os regramentos legais que tratam da coisa julgada *secundum eventum probationis* são omissos quanto ao conceito de "nova prova", missão legada à doutrina. Parcela majoritária da doutrina entende que não se deve confundir nova prova com prova superveniente, surgida após o término da ação coletiva. Por esse entendimento, seria nova

---

[240] SILVA, José Afonso da. *Ação popular*. 2. ed. São Paulo: Malheiros, 2007. p. 273; MANCUSO, Rodolfo de Camargo. *Ação civil pública*. 8. ed. São Paulo: RT, 2002. p. 284; ARRUDA ALVIM, Notas sobre algumas das mutações verificadas com a Lei 10.352/2001. In: NERY JR., Nelson; WAMBIER, Teresa Arruda Alvim (Coord.). *Aspectos polêmicos e atuais dos recursos e outros meios de impugnação às decisões judiciais*. São Paulo: RT, 2002. v. 6. p. 37; ALMEIDA, Gregório Assagra de. *Direito processual coletivo brasileiro*. São Paulo: Saraiva, 2003. p. 377-378.

[241] GIDI, Antônio. *Coisa julgada e litispendência em ações coletivas*. São Paulo: Saraiva, 1995. p. 131-138; GRINOVER, Ada Pellegrini. *Novas tendências do Direito Processual*. Rio de Janeiro: Forense, 1990. p. 222-224; LEONEL, Ricardo de Barros. *Manual do processo coletivo*. São Paulo: RT, 2002. p. 274.

a prova, mesmo que preexistente ou contemporânea à ação coletiva, desde que não tenha sido nesta considerada. Assim, o que interessa não é se a prova existia ou não à época da demanda coletiva, mas se foi ou não apresentada durante seu trâmite procedimental; será nova porque, no tocante à pretensão do autor, é uma novidade, mesmo que, em termos temporais, não seja algo recente[242].

Esse entendimento muito se assemelha ao conceito dado, pela melhor doutrina, ao "fato novo" como fundamento da liquidação de sentença por artigos. Também nesse caso o adjetivo "novo" não é utilizado para designar um fato ocorrido após o término do processo em que se formou o título executivo, mas sim como novidade ao Poder Judiciário, por não ter sido objeto de apreciação em tal processo. O fato, portanto, assim como a "nova prova" nas ações coletivas, poderá ser anterior, concomitante ou posterior à demanda judicial; para ser adjetivado de novo, basta que não tenha sido objeto de apresentação pelas partes e de apreciação pelo juiz.

Registre-se o pensamento, a respeito do tema, exposto por Ada Pellegrini Grinover, que, nos trabalhos para a elaboração do Anteprojeto de Código Modelo de Processos Coletivos para a Ibero-América, entendeu, com Kazuo Watanabe, que as provas que já poderiam ter sido produzidas, mas não o foram, ficam acobertadas pela eficácia preclusiva da coisa julgada. Fato novo, portanto, seria o superveniente. A regra constava do art. 38, § 1.º, do Projeto de Lei 5.139/2009, que foi arquivado na Câmara dos Deputados, conforme já analisado no Capítulo 3.

A ideia restritiva de conceito de "nova prova" sugerida pela processualista não parece ser a mais adequada sob a ótica da proteção dos direitos transindividuais em juízo. Já foi devidamente exposto que uma das razões para admitir a coisa julgada *secundum eventum probationis* nas demandas que tenham como objeto direitos difusos ou coletivos é evitar que, por meio de conluio fraudulento entre as partes processuais, se obtenha uma decisão de improcedência. Considerando a relevância do direito material debatido e a ausência dos legitimados no processo, ao menos essa proteção lhes deve ser concedida, o que não ocorreria se fosse adotada a visão de que somente provas que não existiam à época da demanda coletiva permitiriam uma nova demanda judicial.

De qualquer forma, o pensamento ao menos se mostra bastante correto quando sedimenta a ideia de que, ao surgir uma prova que não existia ou que era impossível de obter à época da ação coletiva, sua apresentação será o suficiente para permitir a propositura de um novo processo com os mesmos elementos da ação anterior. Nesse caso, evidentemente, não será possível defender a corrente doutrinária que exige do juiz a indicação, expressa ou implícita, de ter o julgamento de improcedência decorrido de ausência ou insuficiência de provas. Não sabendo da existência da prova porque não era possível sua obtenção, o que só veio a ser possibilitado, por exemplo, pelo avanço tecnológico, não haveria possibilidade lógica de o juiz considerar tal circunstância em sua decisão.

11.6.3. Coisa julgada *secundum eventum litis*

No sistema tradicional da coisa julgada, esta se opera com a simples resolução de mérito, independentemente do resultado no caso concreto (*pro et contra*). Portanto, é

---

[242] RODRIGUES, Marcelo Abelha. Ação civil pública. In: DIDIER JR., Fredie (Org.). *Ações constitucionais*. 4. ed. Salvador: JusPodivm, 2009. p. 327; MARINONI, Luiz Guilherme; ARENHART, Sérgio Cruz. *Manual do processo de conhecimento*. São Paulo: RT, 2006. p. 781-782.

irrelevante saber se o pedido do autor foi acolhido ou rejeitado, se houve sentença homologatória ou se o juiz reconheceu a prescrição ou decadência; sendo sentença prevista no art. 487 do CPC, faz coisa julgada material.

No entanto, existe outro sistema possível, que, ao menos na tutela individual, é extremamente excepcional: a coisa julgada *secundum eventum litis*. Por meio desse sistema, nem toda sentença de mérito faz coisa julgada material, tudo dependendo do resultado concreto da sentença definitiva transitada em julgado. Por vontade do legislador é possível que o sistema crie exceções pontuais à relação sentença de mérito com cognição exauriente e a coisa julgada material.

Poderia o sistema passar a prever que toda sentença de mérito fundada em prescrição não fará coisa julgada em ações nas quais figure como parte uma pessoa idosa, ou, ainda, que a sentença que homologa transação não fará coisa julgada material quando o acordo tiver como objeto direito real. Apesar da óbvia irrazoabilidade dos exemplos fornecidos, servem para deixar claro que afastar a coisa julgada material de sentença de mérito, que em regra se tornariam imutáveis e indiscutíveis com o trânsito em julgado, em fenômeno conhecido como coisa julgada *secundum eventum litis*, é fruto de uma opção político-legislativa.

Na tutela individual, a técnica da coisa julgada *secundum eventum litis* é consideravelmente excepcional, mas aparentemente foi aplicada no art. 274 do CC, que trata dos limites subjetivos da coisa julgada nas demandas cujo objeto seja a dívida solidária, uma vez que, sendo julgado improcedente o pedido do autor, os demais credores solidários, que não participaram do processo, não estarão vinculados à coisa julgada material. É na tutela coletiva que a coisa julgada *secundum eventum litis* passa a ter posição de destaque.

Segundo previsão do art. 103, § 1.º, do CDC, os efeitos da coisa julgada previstos nos incisos I e II do mesmo dispositivo legal não prejudicarão interesses e direitos individuais dos integrantes da coletividade, do grupo, classe ou categoria, em regra também aplicável ao inciso III[243]. Significa que, decorrendo de uma mesma situação fática jurídica consequências no plano do direito coletivo e individual, e sendo julgado improcedente o pedido formulado em demanda coletiva, independentemente da fundamentação, os indivíduos não estarão vinculados a esse resultado, podendo ingressar livremente com suas ações individuais. A única sentença que os vincula é a de procedência, porque esta naturalmente os beneficia, permitindo-se que o indivíduo se valha dessa sentença coletiva, liquidando-a no foro de seu domicílio e posteriormente executando-a, o que o dispensará do processo de conhecimento. A doutrina fala em coisa julgada *secundum eventum litis in utilibus*, porque somente a decisão que seja útil ao indivíduo será capaz de vinculá-lo a sua coisa julgada material[244].

Uma empresa petrolífera causa um grande vazamento de óleo em uma determinada baía, o que naturalmente agride o meio ambiente saudável, mas também prejudica os pescadores do local, que têm danos individuais por não mais poderem exercer seu ofício.

---

[243] MARINONI, Luiz Guilherme; ARENHART, Sérgio Cruz. *Manual do processo de conhecimento*. São Paulo: RT, 2006. p. 781-782. p. 747; THEODORO JR., Humberto. *Curso de direito processual civil*. 47. ed. Rio de Janeiro: Forense, 2007. v. 1. n. 1.688, p. 547.

[244] GIDI, Antônio. *Rumo a um Código de Processo Coletivo*. Ações coletivas no Brasil. Rio de Janeiro: Forense, 2008, p. 289-290.

Havendo uma ação coletiva fundada no direito difuso a um meio ambiente equilibrado e sendo essa ação julgada improcedente, os pescadores poderão ingressar e vencer em ações individuais de indenização contra a empresa petrolífera. Por outro lado, com a sentença de procedência, os pescadores poderão se valer desse título executivo judicial, liquidando seus danos individuais e executando o valor do prejuízo.

Registre-se que esse benefício da coisa julgada material da ação coletiva pode ser excepcionado em duas circunstâncias:

(a) na hipótese de o indivíduo ser informado na ação individual da existência da ação coletiva (*fair notice*), e em um prazo de 30 dias preferir continuar com a ação individual (*right to opt out*), não será beneficiado pela sentença coletiva de procedência (art. 104 do CDC)[245]. O Superior Tribunal de Justiça corretamente entende que, não tendo sido o autor devidamente informado da existência da ação coletiva, de seu resultado se beneficia, independentemente do desfecho de sua ação individual[246];

(b) nas ações coletivas de direito individual homogêneo, o art. 94 do CDC admite a intervenção dos indivíduos como litisconsortes do autor, e nesse caso os indivíduos se vinculam a qualquer resultado do processo coletivo, mesmo no caso de sentença de improcedência[247].

11.6.4. Limitação territorial da coisa julgada

Segundo o art. 16 da LACP, "a sentença civil fará coisa julgada *erga omnes*, nos limites da competência territorial do órgão prolator, exceto se o pedido for julgado improcedente por insuficiência de provas, hipótese em que qualquer legitimado poderá intentar outra ação com idêntico fundamento, valendo-se de nova prova". A presente redação do dispositivo legal decorreu da famigerada Lei 9.494/1997, e na primeira regra que consagra é absolutamente lamentável devido à tentativa de se limitar a abrangência territorial da tutela coletiva. E o que é ainda pior, a norma teria sido supostamente criada para a defesa de interesses fazendários[248].

A referida Lei 9.494/1997 tem norma específica no mesmo sentido de limitação do alcance da sentença coletiva, no art. 2.º-A: "A sentença civil prolatada em ação de caráter coletivo proposta por entidade associativa, na defesa dos interesses e direitos dos seus associados, abrangerá apenas os substituídos que tenham, na data da propositura da ação, domicílio no âmbito da competência territorial do órgão prolator".

---

[245] THEODORO JR., Humberto. *Curso de direito processual civil*. 47. ed. Rio de Janeiro: Forense, 2007. v. 1. n. 1.688, p. 547; MARINONI, Luiz Guilherme; ARENHART, Sérgio Cruz. *Manual do processo de conhecimento*. São Paulo: RT, 2006. p. 747.

[246] *Informativo* 585/STJ – 1.ª Turma – REsp 1.593.142/DF – Rel. Min. Napoleão Nunes Maia Filho – j. 07.06.2016 – DJe 21.06.2016.

[247] MAZZILLI, Hugo Nigro. *A defesa dos interesses difusos em juízo*. 15. ed. São Paulo: Saraiva, 2002. p. 563; VENTURI, Elton. *Processo civil coletivo*. São Paulo: Malheiros, 2007. n. 11.4.4, p. 403.

[248] GRINOVER, Ada Pellegrini. A ação civil pública refém do autoritarismo. *O processo – estudos & pareceres*. São Paulo: DPJ, 2006. p. 241; LEONEL, Ricardo de Barros. *Manual do processo coletivo*. São Paulo: RT, 2002. p. 283.

Por um lado, a previsão legal é uma clara afronta a todas as tentativas legislativas voltadas à diminuição no número de processos, o que em última análise geraria uma maior celeridade naqueles que estiverem em trâmite, sendo também uma agressão clara ao próprio espírito da tutela coletiva. Assim se manifestou Ada Pellegrini Grinover:

"Limitar a abrangência da coisa julgada nas ações civis públicas significa multiplicar demandas, o que, de um lado, contraria toda a filosofia dos processos coletivos, destinados justamente a resolver molecularmente os conflitos de interesses, em vez de atomizá-los e pulverizá-los; e, de outro lado, contribui para a multiplicação de processos, a sobrecarregarem os tribunais, exigindo múltiplas respostas jurisdicionais quando uma só poderia ser suficiente"[249].

Por outro lado, a exigência de diversas ações coletivas a respeito da mesma circunstância fática jurídica poderá gerar decisões contraditórias, o que abalará a convicção da unidade da jurisdição, ferindo de morte o ideal de harmonização de julgados[250]. E uma vez existindo várias decisões de diferente teor, também restará maculado o princípio da isonomia, com um tratamento jurisdicional distinto para os sujeitos em situações assemelhadas pela simples razão de serem domiciliadas em diferentes localidades[251].

Até se poderia alegar que nesse caso o Estado – mais precisamente o Executivo, já que a lei decorre de conversão da Medida Provisória 1.570/1997 – apenas adotou a regra que mais lhe pareceu interessante, ainda que computados os prejuízos de sua adoção. Nesse sentido, o Estado teria pesado todos os males advindos da multiplicação de processos coletivos – ofensa ao princípio da economia processual – e das eventuais decisões contraditórias – ofensa ao princípio da harmonização dos julgados – e ainda assim teria feito a consciente opção pela regra consagrada no dispositivo legal ora comentado.

O alegado não deve de maneira alguma ser entendido como defesa da opção do legislador, até porque compartilho da corrente doutrinária amplamente majoritária que critica com veemência o art. 16 da LACP. A questão não é precisamente se pessoalmente gosto ou não da previsão legal, mas reconhecer a possível aplicação prática da regra se a única crítica for principiológica, fundada em ofensa clara, manifesta e injustificada aos princípios da economia processual e à harmonização dos julgados. Nada mais que uma entre várias opções equivocadas de política legislativa.

Entretanto, mesmo nesse caso haverá uma nova e fatal crítica a respeito da conduta estatal: a clara e manifesta ofensa ao princípio do devido processo substancial (*substantive due process of law*)[252]. É natural que a liberdade legislativa estatal – ainda mais pelo caminho indevidamente tomado das medidas provisórias – encontra limites na proporcionalidade e razoabilidade, não se devendo admitir a elaboração de regras legais que afrontem tais princípios. As mais variadas críticas doutrinárias elaboradas contra a regra legal ora analisada dão uma mostra clara de sua irrazoabilidade.

---

[249] Cfr. *A ação civil pública refém do autoritarismo. O processo – estudos & pareceres*. São Paulo: DPJ, 2006. p. 241.
[250] MAZZILLI, Hugo Nigro. *A defesa dos interesses difusos em juízo*. 15. ed. São Paulo: Saraiva, 2002. p. 291.
[251] LEONEL, Ricardo de Barros. *Manual do processo coletivo*. São Paulo: RT, 2002. p. 284; DIDIER JR., Fredie; ZANETI JR., Hermes. *Curso de direito processual civil*. 4. ed. Salvador: JusPodivm, 2009. v. 4, p. 148.
[252] DIDIER JR., Fredie; ZANETI JR., Hermes. *Curso de direito processual civil*. 4. ed. Salvador: JusPodivm, 2009. v. 4, p. 147-148.

Uma crítica mais severa, e não pela maior contundência ou maior acerto, mas porque inviabiliza na prática a aplicação da regra, é voltada para a impossibilidade material de se limitar territorialmente a coisa julgada material. Nesse sentido, as lições de Luiz Guilherme Marinoni e Sergio Cruz Arenhart:

"Quem examinar adequadamente a regra, detendo um mínimo de conhecimento a respeito da teoria da coisa julgada, concluirá com tranquilidade que a previsão é, em essência, absurda, ou por ser ilógica, ou por ser incompatível com a regência da coisa julgada. Como já se viu inúmeras vezes, a coisa julgada representa a qualidade de indiscutibilidade de que se reveste o efeito declaratório da sentença de mérito. Não se trata- também já foi observado, com a crítica de Liebman – de um efeito da sentença, mas sim de qualidade que se agrega a certo efeito. Ora, pensar que uma qualidade de determinado efeito só existe em determinada porção do território, seria o mesmo que dizer que uma fruta só é vermelha em certo lugar do país. Ora, da mesma forma que uma fruta não deixará de ter sua cor apenas por ingressar em outro território da federação, só se pode pensar em uma sentença imutável frente à jurisdição nacional, e nunca em face de parcela dessa jurisdição. Se um juiz brasileiro puder decidir novamente causa já decidida em qualquer lugar do Brasil (da jurisdição brasileira), então é porque não existe, sobre a decisão anterior, coisa julgada. O pensamento da regra chega a ser infantil, não se lhe podendo dar nenhuma função ou utilidade"[253].

E mesmo que se tenda a fugir dessa crítica, interpretando-se o dispositivo legal no sentido de que a limitação não deve atingir a coisa julgada material, conforme previsto, mas na realidade os efeitos da decisão, os mesmos doutrinadores demonstram a inadequação da pretendida limitação:

"O objetivo do dispositivo é limitar a abrangência dos efeitos da sentença (dentre os quais, certamente, não se encaixa a coisa julgada). Mas nem para isso ele se presta. Os efeitos concretos da decisão (que se operam no mundo real) operam-se em sentidos imprevisíveis e não podem ser contidos pela vontade do legislador. Assim como uma pessoa divorciada não pode ser divorciada apenas na cidade onde foi prolatada a sentença de seu divórcio (passando a ser casada em outros municípios), uma sentença proferida em ação coletiva não pode ter seus efeitos limitados a certa porção do território nacional. Os efeitos da sentença operam-se onde devem operar-se, e não onde o legislador queira que eles se verifiquem"[254].

A própria indivisibilidade do direito transindividual também é outro aspecto lembrado por grande parte da doutrina para demonstrar a incompatibilidade lógica da limitação territorial com essas espécies de direitos[255]. Basta imaginar um direito difuso, de toda a

---

[253] Cfr. *Manual do processo de conhecimento*. São Paulo: RT, 2006. p. 748. No mesmo sentido ZAVASCKI, Teori Albino. *Processo coletivo*. São Paulo: RT, 2006. p. 78-79.
[254] Cfr. *Manual do processo de conhecimento*. São Paulo: RT, 2006. p. 749.
[255] LEONEL, Ricardo de Barros. *Manual do processo coletivo*. São Paulo: RT, 2002. p. 284; MARINONI, Luiz Guilherme; ARENHART, Sérgio Cruz. *Manual do processo de conhecimento*. São Paulo: RT, 2006. p. 749; MENDES, Aluisio Gonçalves de Castro. *Ações coletivas no direito comparado e nacional*. São Paulo: RT, 2002. p. 265.

coletividade, sendo limitado a apenas um determinado território, o que aniquilaria a própria ideia de indivisibilidade que é essencial aos direitos transindividuais. Como pode uma propaganda ser considerada enganosa em um Estado da Federação e não em outro? Um medicamento nocivo à saúde em um Estado da Federação e não em outro? Um contrato de adesão ser nulo em um Estado da Federação e válido em outros?

Trago uma situação que vivi em minha atuação profissional para demonstrar que realmente, no que tange aos direitos difusos, somente quem tem nervos de aço consegue interpretar a norma ora criticada de forma a dar-lhe operatividade. O Ministério Público Estadual de uma determinada capital ingressou com ação coletiva para obrigar um fornecedor a fornecer um telefone 0800 para os consumidores que, uma vez tendo adquirido o produto em telefonemas gratuitos, tinham que posteriormente reclamar por meio de telefonemas pagos, inclusive por ligações interurbanas.

Agora basta imaginar uma sentença de procedência diante de tal pedido. Ela teria efeito somente para os consumidores domiciliados na comarca em que tramitou a demanda judicial, ou, ainda, na melhor das hipóteses, no Estado em que a Comarca está contida? Instado a criar um telefone 0800, ele seria disponível somente para quem provasse ser domiciliado naquele determinado território? Consumidores de outro Estado receberiam uma mensagem gravada afirmando que o serviço para eles não funcionaria porque no seu Estado não teria o fornecedor sido condenado a oferecer o serviço 0800? Seria, no mínimo, consideravelmente complicada a aplicação da regra do art. 16 da LACP numa situação como essa.

Igualmente interessante a tese de que a modificação legal tenha sido ineficaz por ter alterado dispositivo que já não mais se encontrava em vigor[256]. Segundo esse entendimento, a partir do momento em que o CDC passou a regulamentar, de forma exaustiva, o tema da coisa julgada na tutela coletiva por meio do art. 103 do diploma legal, o art. 16 da LACP teria sido tacitamente revogado. Como o CDC é de 1990 e a mudança do art. 16 para a atual redação deu-se em 1994, a modificação teria sido ineficaz e, portanto, inaplicável.

Também no plano da ineficácia da modificação trazida ao art. 16 da LACP pela Lei 9.494/1997, mas com outro fundamento, as lições de Hugo Nigro Mazzilli:

> "Sobre estar tecnicamente incorreta, a alteração legislativa trazida ao art. 16 da LACP pela Lei 9.494/1997 é ainda inócua, pois o CDC não foi modificado nesse particular, e a disciplina dos arts. 93 e 103 é de aplicação integrada e subsidiária nas ações civis públicas de que cuida a Lei 7.347/1985 (art. 21 desta). Acresce que, no tocante à defesa do patrimônio público, o sistema do art. 18 da Lei de Ação Popular continua subsistindo na forma original, de maneira que, também em matéria de ação popular, seria absurdo sustentar que o *decisum* só é imutável nos limites territoriais da comarca do juiz prolator"[257].

Superadas as críticas fundadas na inaplicabilidade prática da regra limitadora da coisa julgada material a um limite territorial, a doutrina segue para a tentativa de limitar sua

---

[256] MENDES, Aluisio Gonçalves de Castro. *Ações coletivas no direito comparado e nacional*. São Paulo: RT, 2002. p. 264.
[257] Cfr. *A defesa dos interesses difusos em juízo*. 15. ed. São Paulo: Saraiva, 2002. p. 293.

aplicação, partindo-se da premissa de que, se a regra vai ser aplicada, que faça o menor estrago possível.

As teses nascidas com tais propósitos, apesar de sempre terem um objetivo nobre, nem sempre podem ser admitidas, como aquela que defende não ser a norma aplicável ao direito consumerista em razão da ausência de norma nesse sentido no CDC[258]. Não concordo com esse entendimento porque, para ampará-lo, seria necessário afastar a ideia de microssistema coletivo, com a interação das leis que versam sobre processo coletivo, em especial a LACP e o CDC. Seria indubitavelmente muito positivo para os consumidores, que teriam afastada a limitação territorial consagrada pelo dispositivo legal ora criticado, mas o preço de sacrificar a ideia de microssistema coletivo parece ser muito alto.

Há, entretanto, uma teoria que merece destaque.

Para Ada Pellegrini Grinover, uma análise conjunta dos arts. 16 da LACP e 103 do CDC demonstra que o dispositivo legal só pode ser aplicado aos direitos difusos e coletivos. Segundo a fundamentação da processualista, como o art. 16 da LACP, além de criar a limitação territorial da coisa julgada material, prevê a coisa julgada *secundum eventum probationis*, deve se aplicar a norma somente aos direitos que produzem essa forma especial de coisa julgada, o que não é o caso do direito individual homogêneo, conforme já verificado. Conclui seu pensamento, afirmando:

> "Resulta daí que não se pode dar por modificado o art. 103, III, do Código de Defesa do Consumidor, por força do acréscimo introduzido no art. 16 da Lei de Ação Civil Pública, nem mesmo pela interpretação analógica, porquanto as situações reguladas nos dois dispositivos, longe de serem semelhantes, são totalmente diversas"[259].

Essa teoria teve inclusive aceitação em julgado do Superior Tribunal de Justiça, em julgamento cuja relatoria coube à Ministra Nancy Andrighi:

> "Processo civil e direito do consumidor. Ação civil pública. Correção monetária dos expurgos inflacionários nas cadernetas de poupança. Ação proposta por entidade com abrangência nacional, discutindo direitos individuais homogêneos. Eficácia da sentença. Ausência de limitação. Distinção entre os conceitos de eficácia da sentença e de coisa julgada. Recurso especial provido. – A Lei da Ação Civil Pública, originariamente, foi criada para regular a defesa em juízo de direitos difusos e coletivos. A figura dos direitos individuais homogêneos surgiu a partir do Código de Defesa do Consumidor, como uma terceira categoria equiparada aos primeiros, porém ontologicamente diversa. – A distinção, defendida inicialmente por Liebman, entre os conceitos de eficácia e de autoridade da sentença, torna inócua a limitação territorial dos efeitos da coisa julgada estabelecida pelo art. 16 da LACP. A coisa julgada é meramente a imutabilidade dos efeitos da sentença. Mesmo limitada aquela, os efeitos da sentença produzem-se *erga omnes*, para além dos limites da competência territorial do órgão julgador. – O procedimento regulado pela Ação

---

[258] MARINONI, Luiz Guilherme; ARENHART, Sérgio Cruz. *Manual do processo de conhecimento*. São Paulo: RT, 2006. p. 748.

[259] GRINOVER, Ada Pellegrini. *A ação civil pública refém do autoritarismo. O processo – estudos & pareceres.* São Paulo: DPJ, 2006. p. 242. Com a mesma conclusão, mas por razões diversas, ZAVASCKI, Teori Albino. *Processo de execução:* parte geral. 3. ed. São Paulo: RT, 2004. p. 79-80.

Civil Pública pode ser utilizado para a defesa dos direitos do consumidor em juízo, porém somente no que não contrariar as regras do CDC, que contém, em seu art. 103, uma disciplina exaustiva para regular a produção de efeitos pela sentença que decide uma relação de consumo. Assim, não é possível a aplicação do art. 16 da LAP para essas hipóteses. Recurso especial conhecido e provido" (STJ – REsp 411.529/SP – 3.ª Turma – Rel. Min. Nancy Andrighi – j. 24.06.2008 – DJe 05.08.2008).

Essa decisão, entretanto, foi reformada em julgamento de embargos de divergência interposto contra o acórdão proferido no recurso especial:

"Embargos de divergência. Ação civil pública. Eficácia. Limites. Jurisdição do órgão prolator. 1 – Consoante entendimento consignado nesta Corte, a sentença proferida em ação civil pública fará coisa julgada *erga omnes* nos limites da competência do órgão prolator da decisão, nos termos do art. 16 da Lei 7.347/1985, alterado pela Lei 9.494/1997. Precedentes. 2 – Embargos de divergência acolhidos" (STJ – EREsp 411.529/SP – 2.ª Seção – Rel. Min. Fernando Gonçalves – j. 10.03.2010 – DJe 24.03.2010).

E decisões posteriores continuaram a confirmar a aplicação absurda e desarrazoada do art. 16 da LACP[260]. Houve, entretanto, uma memorável e festejada mudança de posição adotada recentemente pela Corte Especial, com voto irrepreensível do Ministro Luiz Felipe Salomão, que atuou como relator. Em feliz consideração, o Ministro relator afirma que a anterior posição adotada pelo Superior Tribunal de Justiça, "em hora mais que ansiada pela sociedade e pela comunidade jurídica, deve ser revista para atender ao real e legítimo propósito das ações coletivas, que é viabilizar um comando judicial célere e uniforme – em atenção à extensão do interesse metaindividual objetivado na lide"[261].

Percebeu a histórica decisão que o art. 16 LACP confunde institutos distintos – coisa julgada e competência territorial –, o que pode levar à enganosa interpretação de que os efeitos da sentença podem ser limitados territorialmente, fazendo crer que a coisa julgada seja um efeito da sentença de mérito transitada em julgado, em tese absolutamente descartada em dias atuais.

O julgado adota corretas lições doutrinárias para reconhecer que nos direitos difusos e coletivos a limitação territorial sugerida pelo art. 16 da LACP é lógica e juridicamente inviável, considerando-se a natureza indivisível de tais direitos materiais[262]. Reconheceu também o absurdo da limitação sugerida no dispositivo legal, a permitir que um mesmo contrato possa ser nulo em um Estado da Federação e válido em outro, ou mesmo duas pessoas serem divorciadas apenas no foro da ação de divórcio, continuando casadas nos demais foros.

Valendo-se do microssistema coletivo, a celebrada decisão determinou a interpretação do art. 16 da LACP à luz dos arts. 93 e 103 do CDC, levando-se em conta a extensão do dano e qualidade dos direitos postos em juízo. Conclui que, sendo o dano de escala local, regional ou nacional, o juízo, no comando decisório, sob pena de ser inócua a sua

---

[260] STJ – EDcl no REsp 167.328/SP – 3.ª Turma – Rel. Min. Paulo de Tarso Sanseverino – j. 01.03.2011 – DJe 16.03.2011; STJ – REsp 600.711/RS – 4.ª Turma – Rel. Min. Luis Felipe Salomão – j. 18.11.2010 – DJe 24.11.2010.
[261] STJ – Corte Especial – REsp 1.243.887/PR – Rel. Min. Luis Felipe Salomão – j. 19.10.2011 – DJe 12.12.2011.
[262] STJ – 3.ª Seção – CC 109.435/PR – Rel. Min. Napoleão Nunes Maia Filho – j. 22.09.2010 – DJe 15.12.2010.

decisão, deve ter capacidade para recompor ou indenizar tais danos em suas abrangências territoriais, independentemente de qualquer limitação.

Após um momento de indefinição a respeito do tema no Superior Tribunal de Justiça, que mesmo depois do posicionamento da Corte Especial continua a proferir decisões que aplicavam a limitação do art. 16 da Lei 7.347/1985[263] e outras que seguiam a orientação de afastar os limites territoriais[264], a jurisprudência do tribunal parece finalmente ter se consolidado pelo afastamento de referido dispositivo legal[265].

A matéria foi afetada pelo Supremo Tribunal Federal para a criação de precedente vinculante quanto ao tema por meio do Recurso Extraordinário nº 1.101.937/SP, com relatoria do Ministro Alexandre de Moraes. O julgamento por maioria de votos apontou para a consagração da seguinte tese: (1) é inconstitucional o art. 16 da Lei 7.347/1985, alterado pela Lei 9.494/1997; (2) em se tratando de ação civil pública de efeitos nacionais ou regionais, a competência deve observar o art. 93, II, do CDC; (3) ajuizadas múltiplas ações civis públicas de âmbito nacional ou regional, firma-se a prevenção do juízo competente que primeiro conheceu de uma delas para o julgamento de todas as demandas conexas.

11.7. GRATUIDADE

11.7.1. Introdução

A gratuidade no microssistema coletivo vem prevista nos arts. 87 do CDC, 17 e 18 da LACP, com normas muito próximas em termos de conteúdo, ainda que, no segundo caso, o legislador tenha indevidamente se preocupado exclusivamente com a condução das ações coletivas por associações.

De qualquer forma, a tônica principal dos dispositivos é a dispensa no adiantamento de custas, emolumentos, honorários periciais e quaisquer outras despesas para os autores da ação coletiva e a isenção de pagamento das verbas de sucumbência, salvo em situações excepcionais.

11.7.2. Isenção de adiantamento

A dispensa no adiantamento de custas, emolumentos, honorários periciais e quaisquer outras despesas para os autores da ação coletiva decorre de expressa previsão do art. 87, *caput*, do CDC e do art. 18 da LACP (mesma redação), justificando-se no incentivo que a gratuidade proporciona para aqueles que pretenderem ingressar com uma ação coletiva[266].

---

[263] STJ – REsp 1.304.953/RS – 3.ª Turma – Rel. Min. Nancy Andrighi – j. 26.08.2014 – DJe 08.09.2014; STJ – AgRg no REsp 1.353.720/SC – 2.ª Turma – Rel. Min. Herman Benjamin – j. 26.08.2014 – DJe 25.09.2014.

[264] STJ – AgRg no REsp 1.380.787/SC – 2.ª Turma – Rel. Min. Og Fernandes – j. 19.08.2014 – DJe 02.09.2014; STJ – REsp 1.391.198/RS – 2.ª Seção – Rel. Min. Luis Felipe Salomão – j. 13.08.2014 – DJe 02.09.2014.

[265] STJ – REsp 1.800.103/DF – 1ª Turma – Rel. Min. Napoleão Nunes Maia Filho – j. 13.08.2019 – DJe 16.08.2019; STJ – AgInt no REsp 1.457.464/SP – 2ª Turma – Rel. Min. Francisco Falcão – j. 13.12.2018 – DJe 18.12.2018; STJ – REsp 1.746.416/PR – 2ª Turma – Rel. Min. Herman Benjamin – j. 16.08.2018 – DJe 13.11.2018; STJ – AgInt no REsp 1.633.392/PR – 3ª Turma – Rel. Min. Paulo de Tarso Sanseverino – j. 24.04.2018 – DJe 30.04.2018.

[266] A ação civil pública refém do autoritarismo. *O processo – estudos & pareceres*. São Paulo: DPJ, 2006. p. 334; ANDRADE, Adriano; MASSON, Cleber; ANDRADE, Landolfo. *Interesses difusos e coletivos esquematizado*. São Paulo: Método, 2011. p. 247.

Além das complicações técnicas que uma demanda coletiva pode proporcionar, a questão econômica envolvida também pode se mostrar um elemento fortemente inibidor de proposituras de tais ações, daí serem extremamente importantes as regras ora comentadas como forma de incentivar tais proposituras. Esse objetivo é tão claro e indiscutível que o Superior Tribunal de Justiça já teve a oportunidade de decidir que a gratuidade limita-se ao autor da ação coletiva, não aproveitando, portanto, o sujeito que compõe o polo passivo da demanda[267]. Esse também é o pensamento da melhor doutrina a respeito do tema:

> "Mas, *a contrario sensu*, os réus serão obrigados a custear antecipadamente as despesas processuais a que eles próprios derem causa nas ações civis públicas ou coletivas. Essa diferença de tratamento explica-se por que foi evidente intuito do legislador facilitar a defesa dos interesses transindividuais em juízo, de forma que tal disposição só atende os legitimados ativos relacionados no art. 5.º da LACP ou no art. 82 do CDC. É descabido que pessoas físicas, como os réus em ação civil pública ou coletiva, queiram beneficiar-se do estímulo que o legislador, por meio da ação civil pública, quis dar à sociedade civil para defesa do patrimônio público e interesses transindividuais"[268].

No tocante à gratuidade, o aspecto mais interessante diz respeito ao adiantamento dos honorários periciais, que, ao menos em regra, segue as regras estabelecidas pelo art. 95 do CPC. Dessa forma, sendo a perícia requerida pelo autor, pelo autor e réu, pelo Ministério Público como fiscal da lei ou determinada de ofício pelo juiz, o ônus de adiantar os honorários periciais é do autor. Na hipótese de apenas o réu pedir a produção da prova pericial é que será seu o ônus de adiantar tal verba.

Sendo o pedido de prova pericial elaborado exclusivamente pelo réu, não haverá qualquer especialidade, cabendo a ele o depósito em juízo dos honorários advocatícios "sob pena" de preclusão da prova pericial. A experiência forense, entretanto, mostra que, nas ações coletivas, são em geral os autores que requerem a produção da prova pericial, justamente os sujeitos agraciados com a dispensa no adiantamento das verbas periciais, além de outras. Questiona-se: como proceder diante de tal situação? Por um lado, não se pode exigir do autor o adiantamento, e, por outro lado, não se pode exigir do perito que trabalhe sem o devido adiantamento de seus honorários.

Passou a ser prática comum em juízos de primeiro grau a simples inversão do ônus do adiantamento para o réu, com intimações para que deposite o valor referente aos honorários do perito, tese defendida por parcela da doutrina[269]. O tema é controverso, mas o entendimento consolidado no Superior Tribunal de Justiça é no sentido de que não se aplica essa inversão do ônus do adiantamento dos honorários periciais, apesar de o réu assumir o risco diante da não produção da prova[270].

Especificamente no tocante à tutela coletiva, o Superior Tribunal de Justiça entende que tal inversão seria flagrantemente contrária à regra consagrada no art. 95 do CPC, que

---

[267] STJ – AgRg no REsp 1.096.146/RJ – 2.ª Turma – Rel. Min. Herman Benjamin – j. 19.02.2009 – *DJe* 19.03.2009.
[268] MAZZILLI, Hugo Nigro. *A defesa dos interesses difusos em juízo*. 15. ed. São Paulo: Saraiva, 2002. p. 620.
[269] MAZZILLI, Hugo Nigro. *A defesa dos interesses difusos em juízo*. 15. ed. São Paulo: Saraiva, 2002. p. 621.
[270] STJ – REsp 781.446/RN – 3.ª Turma – Rel. Min. Sidnei Beneti – j. 03.04.2008 – *DJe* 15.04.2008; AgRg no REsp 1042919/SP – 2.ª Turma – Rel. Min. Humberto Martins – j. 05.03.2009 – *DJe* 31.03.2009.

deve ser aplicada subsidiariamente no microssistema coletivo. Além disso, afirma que tal inversão criaria a paradoxal exigência de adiantamento de uma prova por parte do réu que poderá prejudicar a defesa de seus interesses, contrariando o postulado básico de que ninguém é obrigado a fazer prova contra si mesmo[271].

Admitindo-se que o autor está isento do adiantamento dos honorários do perito e que não cabe ao réu tal ônus, nos termos do art. 95 do CPC, resta a pergunta: o perito deverá trabalhar sem garantia de remuneração? Afirmo que não há garantia de remuneração, porque a isenção no pagamento das verbas de sucumbência, em caso de improcedência do pedido ou de sentença terminativa, naturalmente inclui os valores devidos a título de honorários periciais. Na melhor das hipóteses, caberá ao Estado arcar com os honorários ao final da demanda, e nesse caso o perito deve aguardar todo o tempo de duração do processo e depois ainda sofrer mais um tempo na difícil missão de executar a Fazenda Pública.

Em um primeiro momento, o Superior Tribunal de Justiça tinha, em meu entender, chegado a mais correta solução, mas pelo fundamento mais inadequado possível. Antevendo os problemas gerados pela isenção no adiantamento dos honorários periciais, ressaltando até mesmo uma inviabilidade na produção da prova técnica e, por consequência, frustração da tutela coletiva, o tribunal passou a determinar que, no tocante aos honorários periciais, a isenção expressamente prevista em lei não deveria ser admitida:

> "Processo civil. Ação civil pública. Honorários periciais. Ministério Público. art. 18 da Lei 7.347/1985. 1. Na ação civil pública, a questão do adiantamento dos honorários periciais, como estabelecido nas normas próprias da Lei 7.347/1985, com a redação dada ao art. 18 da Lei 8.078/1990, foge inteiramente das regras gerais do CPC. 2. Posiciona-se o STJ no sentido de não impor ao Ministério Público condenação em honorários advocatícios, seguindo a regra de que na ação civil pública somente há condenação em honorários quando o autor for considerado litigante de má-fé. 3. Em relação ao adiantamento das despesas com a prova pericial, a isenção inicial do MP não é aceita pela jurisprudência de ambas as turmas, diante da dificuldade gerada pela adoção da tese. 4. Abandono da interpretação literal para impor ao *parquet* a obrigação de antecipar honorários de perito, quando figure como autor na ação civil pública. Precedentes.5. Recurso especial não provido" (STJ – REsp 891.743/SP – 2.ª Turma – j. 13.10.2009 – *DJe* 04.11.2009)[272].

Não posso concordar com o "abandono da interpretação" literal dos arts. 87 do CDC e 17 da LACP, até porque os honorários periciais constituem uma das principais despesas a serem adiantadas pelas partes, não tendo qualquer sentido lógico ou jurídico a sua exclusão da isenção legal. Por outro lado, não se pode exigir o trabalho gratuito do perito, nem mesmo o exercício de seu labor mediante uma suspeita expectativa de algum dia receber pelo trabalho prestado.

Entendo que, se a lei oferece a gratuidade, quem deve arcar com verbas, tal como a dos honorários periciais, é o Estado, justamente o responsável pela criação da gratuidade.

---

[271] STJ – REsp 891.743/SP – 2.ª Turma – Rel. Min. Eliana Calmon – j. 13.10.2009 – *Informativo* 411.
[272] No mesmo sentido: STJ – REsp 733.456/SP – 1.ª Turma – Rel. Min. Luiz Fux – j. 20.09.2007 – *DJ* 22.10.2007.

Colocar uma prerrogativa criada por lei em favor da parte autora da ação coletiva nas costas do perito não parece razoável, tanto quanto não é razoável simplesmente afastar no caso concreto o tratamento diferenciado dispensado pela lei. Daí por que sempre entendi que, em casos como esse, a gratuidade deve ser mantida e o ônus do adiantamento das verbas periciais deve ser arcado pelo Estado.

A 1.ª Seção do Superior Tribunal de Justiça pacificou entendimento no sentido de caber à Fazenda Pública a qual seja vinculado o Ministério Público o ônus de arcar com o encargo financeiro para a produção da prova pericial:

"Administrativo e processual civil. Ação civil pública. Adiantamento de honorários periciais. Não cabimento. Incidência plena do art. 18 da Lei 7.347/1985. Encargo transferido à Fazenda Pública. Aplicação da Súmula 232/STJ, por analogia.

1. Trata-se de recurso especial em que se discute a necessidade de adiantamento, pelo Ministério Público, de honorários devidos a perito em ação civil pública.

2. O art. 18 da Lei 7.347/1985, ao contrário do que afirma o art. 19 do CPC, explica que na ação civil pública não haverá qualquer adiantamento de despesas, tratando como regra geral o que o CPC cuida como exceção. Constitui regramento próprio, que impede que o autor da ação civil pública arque com os ônus periciais e sucumbenciais, ficando afastada, portanto, as regras específicas do Código de Processo Civil.

3. Não é possível se exigir do Ministério Público o adiantamento de honorários periciais em ações civis públicas. Ocorre que a referida isenção conferida ao Ministério Público em relação ao adiantamento dos honorários periciais não pode obrigar que o perito exerça seu ofício gratuitamente, tampouco transferir ao réu o encargo de financiar ações contra ele movidas. Dessa forma, considera-se aplicável, por analogia, a Súmula 232 desta Corte Superior ('A Fazenda Pública, quando parte no processo, fica sujeita à exigência do depósito prévio dos honorários do perito'), a determinar que a Fazenda Pública à qual se acha vinculado o *Parquet* arque com tais despesas. Precedentes: EREsp 981.949/RS – Rel. Min. Herman Benjamin – Primeira Seção – j. 24.02.2010, *DJe* 15.08.2011; REsp 1.188.803/RN – Rel. Min. Eliana Calmon – Segunda Turma – j. 11.05.2010 – *DJe* 21.05.2010; AgRg no REsp 1.083.170/MA – Rel. Min. Mauro Campbell Marques – Segunda Turma – j. 13.04.2010 – *DJe* 29.04.2010; REsp 928.397/SP – Rel. Min. Castro Meira – Segunda Turma – j. 11.09.2007 – *DJ* 25.09.2007 – p. 225; REsp 846.529/MS – Rel. Min. Teori Albino Zavascki – Primeira Turma – j. 19.04.2007 – *DJ* 07.05.2007 – p. 288.

4. Recurso especial parcialmente provido. Acórdão submetido ao regime do art. 543-C do CPC e da Resolução STJ 8/08" (STJ – 1.ª Seção – REsp 1.253.844/SC – Rel. Min. Mauro Campbell Marques – j. 13.03.2013 – *DJe* 17.10.2013).

Nesse caso, inclusive, o Estado, sempre que possível, poderá fornecer o trabalho pericial por meio de seus órgãos especializados na matéria, somente sendo exigido o trabalho de peritos privados se não houver no caso concreto outra possibilidade. Interessante, nesse sentido, julgado do Superior Tribunal de Justiça, que tem trecho da ementa que diz respeito ao tema ora analisado:

"Não concordando o perito nomeado em realizar gratuitamente a perícia e/ou aguardar o final do processo, deve o juiz da causa nomear outro perito, a ser designado entre técnicos de estabelecimento oficial especializado ou repartição administrativa do ente público responsável pelo custeio da prova, devendo a perícia realizar-se com a colaboração do Judiciário"[273].

Basta imaginar um convênio do Poder Judicial com as Universidades públicas, que poderiam oferecer conhecimento suficiente para cobrir praticamente todas as perícias exigidas nas demandas coletivas. Os professores de cada matéria, em conjunto com alunos do último ano, por exemplo, poderiam realizar uma perícia judicial como trabalho de conclusão de curso ou algo assemelhado, com proveito a todos: os estudantes ganhariam experiência e seriam aprovados em seus cursos; o Estado não precisa desembolsar dinheiro para pagar a perícia; o processo certamente ganharia uma perícia de qualidade técnica insuspeita, devido a excelência dos professores e alunos.

Outra solução possível ao impasse, inclusive reconhecida por decisão do Superior Tribunal de Justiça, seria retirar o valor para o adiantamento das verbas sucumbenciais do Fundo de Direito Difusos, previsto no art. 13 da LACP[274]. O dinheiro, portanto, seria retirado do FDD e entregue ao perito para a elaboração de seu trabalho, sendo o retorno desse dinheiro ao FDD determinado pelo resultado do processo.

Sendo o pedido julgado procedente, os réus serão condenados ao pagamento das custas e despesas processuais, no que estão incluídos os honorários periciais, de forma que o dinheiro retornará (ao menos potencialmente) ao FDD. Por outro lado, sendo o pedido julgado improcedente ou havendo extinção do processo sem a resolução do mérito, o FDD arcará definitivamente com o prejuízo.

Registre-se, por fim, o teor da Resolução 127 do Conselho Nacional de Justiça, que dispõe sobre o pagamento de honorários de perito, tradutor e intérprete, em casos de beneficiários da justiça gratuita. No art. 1.º, há recomendação dirigida aos tribunais para que destinem, sob rubrica específica, parte do seu orçamento ao pagamento desses honorários. Contudo, o mesmo dispositivo menciona "parte sucumbente", dando a entender que o pagamento se realize sempre após o final do processo.

A meu ver, por se tratar de outra espécie de gratuidade, as normas consagradas na Resolução 127 do CNJ são inaplicáveis ao processo coletivo. Considero, entretanto, que o espírito da resolução possa ser considerado por nossos tribunais nessa espécie de processo, reforçando-se a ideia de ser o Estado o responsável pelo adiantamento e/ou pagamento das verbas periciais em qualquer espécie de gratuidade.

Em previsão inovadora, o art. 95 do CPC resolve o problema ora analisado: a derrota da parte beneficiária da assistência judiciária, sendo que a parte vencedora adiantou as verbas periciais. Como os honorários periciais têm natureza de despesa processual, é indiscutível a isenção do beneficiário da gratuidade da justiça de seu pagamento. Os §§ 3.º e 4.º do dispositivo ora comentado dão outra solução ao problema. E com a solução dada por previsão legal, afasta-se definitivamente a possibilidade de inversão do ônus de adiantar os honorários periciais somente porque a prova técnica foi pedida por beneficiário da assistência judiciária.

Antes de passar propriamente à análise dos dispositivos, cabe um esclarecimento. Apesar de o § 3.º do dispositivo legal ora comentado prever regra somente para o paga-

---

[273] REsp 935.470/MG – 2.ª Turma – Rel. Min. Mauro Campbell Marques – j. 24.08.2010 – DJe 30.09.2010.
[274] STJ – RMS 30.812/SP – 2.ª Turma – Rel. Min. Eliana Calmon – j. 04.03.2010 – DJe 18.03.2010.

mento da verba pericial, portanto, um dever do vencido, a regra ali prevista também se aplica para o adiantamento de tal verba quando a perícia for pedida pelo beneficiário da gratuidade da justiça, nos termos do art. 98, § 7.º do CPC).

A forma preferencial será o custeio da perícia com recursos alocados ao orçamento do ente público e realizada por servidor do Poder Judiciário ou por órgão público conveniado. Como não é do Poder Judiciário, mas sim do Estado o dever de prestação de assistência judiciária aos beneficiários da gratuidade da justiça, o ideal, nesse caso, é que a perícia seja feita pelo próprio Estado, sempre que existir órgão público que atue no ramo de especialidade que a prova técnica exigir.

11.7.3. Condenação em verbas de sucumbência

Conforme analisado no item anterior, os autores da ação coletiva têm em seu favor a dispensa do adiantamento de custas, emolumentos, honorários periciais e quaisquer outras despesas, regra que não se confunde com a isenção no tocante à condenação em verbas de sucumbência, consagrada nos arts. 87, do CDC, e arts. 17 e 18 da LACP. No primeiro caso, a isenção é para adiantamento durante o processo para a prática de atos processuais, enquanto no segundo diz respeito à isenção de condenação, ao final do processo, nas verbas de sucumbência, na hipótese de sentença de improcedência ou terminativa.

Segundo previsão do art. 87, *caput*, do CDC, a associação autora só será condenada ao pagamento de honorários de advogados, custas e despesas processuais quando for comprovada má-fé. A mesma regra é repetida no art. 18 da LACP. No art. 87, parágrafo único do CDC e art. 17 da LACP há previsão de que, constatada a má-fé da associação autora, além da condenação ao pagamento dos honorários advocatícios, também será condenada ao pagamento do décuplo das custas, sem prejuízo da responsabilidade por perdas e danos. Não há, portanto, condenação sem comprovação de má-fé[275].

Como se pode notar, há repetição desnecessária entre as regras existentes no núcleo duro do microssistema coletivo, que podem ser assim resumidas: sendo sucumbente a associação autora e não demonstrada a má-fé na propositura da ação, não há condenação em honorários advocatícios, custas e despesas processuais; comprovada a má-fé, a associação autora e os dirigentes responsáveis pela propositura da ação serão condenados ao pagamento dessas verbas, apenados com o pagamento do décuplo das custas, e ainda poderão responder por perdas e danos.

A justificativa para as consequências previstas em lei diante de ação coletiva proposta com má-fé é evidente:

> "Fácil reconhecer que a intenção do legislador é evitar o desvirtuamento dessas ações coletivas: teme-se que elas venham propostas com espírito emulativo, mal dissimulando intenções de cunho político ou de vingança pessoal. Em tais casos, o interesse público ficaria duplamente desservido: a ação civil pública se prestaria para fins escusos ou valores subalternos, permanecendo desprotegido o interesse metaindividual que deveria ser o *leitmotiv* da ação"[276].

---

[275] *Informativo* 738 do STJ – AR 4.684-SP – 2ª Seção – Rel. Min. Maria Isabel Gallotti – j. 11.05.2022 – *DJe* 19.05.2022, v.u.

[276] MANCUSO, Rodolfo de Camargo. *Ação civil pública*. 8. ed. São Paulo: RT, 2002. p. 362.

A condenação em razão de má-fé deve ser bem entendida, até porque, aplicada indistintamente, poderá afastar autores das ações coletivas, o que deve ser sempre analisado com extremo cuidado.

Existe corrente doutrinária que defende que a propositura de lide temerária, por autor que não tenha tomado cuidados medianos para a propositura da ação, já deve ser considerada como propositura com má-fé, passível da sanção processual[277]. Inclusive, a primitiva redação do art. 17, *caput*, da LACP previa a "pretensão manifestamente infundada" como causa para a aplicação da sanção.

Não parece ser a solução mais adequada, até porque a má-fé exigida pelos dispositivos legais ora analisados parece se referir à atitude objetivamente pensada de utilização da ação coletiva com o único e exclusivo objetivo de gerar um prejuízo injustificado ao réu. O dolo, portanto, afigura-se indispensável. O que se pune é o autor doloso, e não o desidioso ou ignorante, que, mesmo sem qualquer objetivo escuso, ingressa com ação coletiva sem qualquer possibilidade de ter seu pedido acolhido. Nesse sentido, o entendimento do Superior Tribunal de Justiça:

"Processual civil. Ação civil pública. Ministério Público. Desnecessidade de Prévio Inquérito Civil. Honorários advocatícios indevidos. Lei 7.347/1985 (arts. 8.º, 9.º e 17). Súmula 7/STJ. 1. Compete ao Ministério Público facultativamente promover, ou não, o inquérito civil (§ 1.º, art. 8.º, Lei 7.347/1985), procedimento administrativo e de caráter pré-processual, com atos e procedimentos extrajudiciais. Não é, pois, cogente ou impositivo, dependendo a sua necessidade, ou não, das provas ou quaisquer elementos informativos precedentemente coligidos. Existindo prévia demonstração hábil para o exercício responsável da ação civil pública, o alvitre do seu ajuizamento, ou não, é do Ministério Público, uma vez que o inquérito não é imprescindível, nem condição de procedibilidade. A decisão sobre a dispensa, ou não, está reservada ao Ministério Público, por óbvio, interditada a possibilidade de lide temerária ou com o sinete da má-fé. 2. Existente fundamentação razoável, vivificados os objetivos e funções do órgão ministerial, cuja participação é reputada de excepcional significância, tanto que, se não aparecer como autor, obrigatoriamente, deverá intervir como *custos legis* (§ 1.º, art. 5.º, ref.), não se compatibiliza com o espírito da lei de regência, no caso da improcedência da ação civil pública, atribuir-lhe a litigância de má-fé (art. 17, Lei ant., c/c o art. 115, Lei 8.078/1990), com a condenação em honorários advocatícios. Demais, no caso, a pretensão não se mostra infundada, não revela propósito inadvertido ou clavado pelo sentimento pessoal de causar dano à parte ré ou que a ação resultante de manifestação sombreada por censurável iniciativa. Grampeia-se que a litigância de má-fé sempre reclama convincente demonstração. 3. Recurso parcialmente conhecido e provido para derruir a condenação nos honorários advocatícios" (STJ – REsp 152.447/MG – 1.ª Turma – Rel. Min. Milton Luiz Pereira – j. 28.08.2001 – DJ 25.02.2002).

Questão interessante diz respeito à abrangência dos dispositivos legais mencionados, porquanto neles existe apenas a previsão de isenção da associação autora no

---

[277] MANCUSO, Rodolfo de Camargo. *Ação civil pública*. 8. ed. São Paulo: RT, 2002. p. 365-366; ARAÚJO FILHO, Luiz Paulo da Silva. *Comentários ao Código de Defesa do Consumidor* – direito processual. São Paulo: Saraiva, 2002. p. 105.

pagamento das verbas sucumbenciais. E os demais autores, também gozariam da mesma prerrogativa?

Para parcela doutrinária, a isenção só aproveita à associação, por expressa previsão legal, e aos sindicatos e às corporações semelhantes, por aplicação extensiva:

"Os legitimados desprovidos de personalidade jurídica (como o Ministério Público e órgãos estatais de defesa de interesses transindividuais, sem personalidade jurídica própria) responsabilizam a entidade a que pertencem; os demais legitimados (pessoas jurídicas de direito público, autarquias, empresas públicas, fundações e sociedades de economia mista) arcam com os encargos da sucumbência, ressalva feita à situação especial das associações civis, já examinadas acima"[278].

Por outro lado, há corrente doutrinária que defende ser a regra aplicável a todo e qualquer legitimado ativo, e não somente às associações ou corporações assemelhadas[279]. Parece ser esse também o entendimento do Superior Tribunal de Justiça:

"Agravo regimental em embargos de declaração em recurso especial. Ação civil pública. Honorários advocatícios. Arts. 22 e 24 da Lei 8.906/1994. Ausência de prequestionamento. Enunciado 282 da Súmula do Supremo Tribunal Federal. Condenação do Ministério Público. Ausência de má-fé. Impossibilidade. Precedentes. 1. Os dispositivos apontados como violados no recurso especial não foram objeto de decisão pelo Tribunal *a quo*, ressentindo-se, consequentemente, do indispensável prequestionamento, cuja falta inviabiliza o conhecimento da insurgência especial, a teor do que dispõe o Enunciado 282 da Súmula do Supremo Tribunal Federal. 2. Esta Corte Superior tem se posicionado no sentido de que, nos casos em que a ação civil pública proposta pelo Ministério Público for julgada improcedente, somente haverá condenação ao pagamento de honorários advocatícios quando comprovada a má-fé do órgão ministerial, que, na hipótese, não restou configurada (AgRgREsp 887.631/SP – Rel. Min. Mauro Campbell Marques – DJe 28.06.2010; REsp 1.099.573/RJ – Rel. Min. Castro Meira – DJe 19.05.2010; EREsp 895.530/PR – Rel. Min. Eliana Calmon – DJe 18.12.2009; REsp 764.278/SP – Rel. Min. Teori Albino Zavascki – DJe 28.05.2008; e REsp 896.679/RS – Rel. Min. Luiz Fux – DJe 12.05.2008). 3. Agravo regimental improvido" (STJ – AgRg nos EDcl no REsp 1.120.390/PE – 1.ª Turma – j. 28.09.2010 – DJe 22.11.2010).

Realmente, parece ser o entendimento mais razoável diante do princípio da isonomia, que deve nortear tanto as isenções como as sanções previstas nos arts. 87, *caput*, e 17 da LACP.

Note-se mais uma vez que a regra de isenção do pagamento das verbas de sucumbência, excepcionada a hipótese de má-fé, tem como justificativa incentivar a propositura de

---

[278] MAZZILLI, Hugo Nigro. *A defesa dos interesses difusos em juízo*. 15. ed. São Paulo: Saraiva, 2002. p. 622.
[279] WATANABE, Kazuo. *Código de Defesa do Consumidor comentado pelos autores do anteprojeto*. 10. ed. Rio de Janeiro: Forense, 2011. v. II, p. 122; NERY JR., Nelson. *Código de Defesa do Consumidor – comentado pelos autores do anteprojeto*. 10. ed. Rio de Janeiro: Forense, 2011. v. I, p. 259; DIDIER JR., Fredie; ZANETI JR., Hermes. *Curso de direito processual civil*. 4. ed. Salvador: JusPodivm, 2009. v. 4, p. 335; ANDRADE, Adriano; MASSON, Cleber; ANDRADE, Landolfo. *Interesses difusos e coletivos esquematizado*. São Paulo: Método, 2011. p. 247; ARAÚJO FILHO, Luiz Paulo da Silva. *Comentários ao Código de Defesa do Consumidor – direito processual*. São Paulo: Saraiva, 2002. p. 102.

ações coletivas, de forma que só deve ser aplicada aos autores. Sendo julgado o processo procedente, caberá normalmente a condenação do réu ao pagamento de todas as verbas de sucumbência.

Com relação ao afirmado, surge uma interessante hipótese quando o autor é o Ministério Público. Nesse caso, também caberia a condenação do réu ao pagamento dos honorários advocatícios, quando a capacidade postulatória no caso concreto não decorre de atuação de advogado na demanda, mas de um promotor de justiça?

Segundo Hugo Nigro Mazzilli:

"Se o Ministério Público for vitorioso na ação civil pública por ele movida, o réu será condenado nos encargos de sucumbência, excluída, porém, a verba honorária. Primeiro, porque, conforme o art. 22 da Lei 8.906/1994 (Estatuto da OAB), os honorários advocatícios, fixados em decorrência da sucumbência, constituem direito autônomo do advogado e, no caso não haveria porque cobrar honorários advocatícios do réu sucumbente, se ação não foi movida por advogado; em segundo, porque são indevidos honorários advocatícios quer ao próprio Ministério Público quer a seus membros, que não desempenham atividade de advocacia em sua atuação; em terceiro, porque a verba honorária não poderia ir para o Estado ou seus procuradores, pois estes não propuseram ação e assim não haveria título jurídico que justificasse a condenação honorária sem que tivesse havido atividade de advocacia na promoção da ação; enfim, porque o custo social da atuação do Ministério Público em defesa dos interessados da coletividade não é pago pelas custas do processo, e sim pelos impostos gerais suportados pela população"[280].

No mesmo sentido é o entendimento do Superior Tribunal de Justiça:

"ACP. Honorários advocatícios. MP. Na ação civil pública (ACP) movida pelo Ministério Público, a questão da verba honorária foge inteiramente das regras do CPC, sendo disciplinada pelas normas próprias da Lei 7.347/1985. Segundo este Superior Tribunal, em sede de ACP, a condenação do MP ao pagamento de honorários advocatícios somente é cabível na hipótese de comprovada e inequívoca má-fé do *Parquet*. Dentro de absoluta simetria de tratamento e à luz da interpretação sistemática do ordenamento, não pode o *Parquet* beneficiar-se de honorários quando for vencedor na ACP. Precedentes citados: AgRg no REsp 868.279/MG – DJe 06.11.2008; REsp 896.679/RS – DJe 12.05.2008; REsp 419.110/SP – DJ 27.11.2007; REsp 178.088/MG – DJ 12.09.2005; e REsp 859.737/DF – DJ 26.10.2006" (EREsp 895.530/PR – 1.ª Seção – Rel. Min. Eliana Calmon – j. 26.08.2009 – *Informativo* 404).

Entendo plenamente as razões para que não haja condenação nesse caso, em especial à luz das previsões constantes no Estatuto da OAB e que regulamentam o FDD (Fundo de Direito Difusos). *De lege ferenda*, entretanto, seria interessante a previsão expressa no sentido de condenação do réu ao pagamento dos honorários advocatícios em favor do FDD, o que, em última análise, aproveitaria a toda a coletividade ofendida pelo ato praticado pelo réu sucumbente.

---

[280] MAZZILLI, Hugo Nigro. *A defesa dos interesses difusos em juízo*. 15. ed. São Paulo: Saraiva, 2002. p. 627.

A Corte Especial do Superior Tribunal de Justiça consagrou o entendimento de que em razão da simetria, descabe a condenação em honorários advocatícios da parte requerida em ação civil pública, quando inexistente má-fé, de igual sorte como ocorre com a parte autora, por força da aplicação do art. 18 da Lei 7.347/1985[281].

11.8. LIQUIDAÇÃO DE SENTENÇA

11.8.1. Conceito de liquidez e obrigações liquidáveis

Liquidar uma sentença significa determinar o objeto da condenação, permitindo-se assim que a demanda executiva tenha início com o executado sabendo exatamente o que o exequente pretende obter para a satisfação de seu direito. Apesar de ser pacífico na doutrina esse entendimento, há uma séria divergência a respeito de quais as obrigações podem efetivamente ser liquidadas.

Segundo a corrente ampliativa, a liquidação poderá ter como objeto qualquer espécie de obrigação, sendo possível liquidar a obrigação de fazer, não fazer, de entrega de coisa e de pagar quantia certa[282]. Outra corrente doutrinária entende serem excluídas do âmbito da liquidação algumas espécies de obrigação que materialmente não podem ser liquidadas, porque, sendo a certeza da obrigação precedente à liquidez, o que faltará a essas obrigações é a certeza, e não a liquidez. Tal circunstância se verifica nas obrigações de fazer e não fazer, porque a certeza de uma obrigação dessa espécie é justamente indicar o que deve ser feito ou o que deve deixar de ser feito[283].

Tratando-se de obrigação alternativa ou de entregar coisa incerta, ao título executivo não faltará propriamente liquidez, tanto que a demanda executiva poderá ser imediatamente proposta. A individualização do bem, disciplinada pelos arts. 811 a 813 do CPC, desenvolver-se-á por meio de um procedimento incidental na própria demanda executiva, sem que se confunda com a liquidação de sentença. Fenômeno similar ocorre na obrigação alternativa de entrega de coisa certa, na qual não se fará necessária a liquidação de sentença, mas a especificação do bem a ser entregue ao exequente (art. 800 do CPC). Por outro lado, na hipótese contemplada pelo art. 324, § 1.º, I, do CPC (demanda que tenha como objeto uma universalidade de bens), parece correto concluir pela necessidade de liquidação, ainda que se trate de obrigação de entrega de coisa.

Para a corrente doutrinária restritiva, a liquidação de sentença é instituto processual privativo das obrigações de pagar quantia certa, inclusive como prevê a redação do art. 783 do CPC, que expressamente se refere a "cobrança de crédito", quando exige da obrigação certeza, liquidez e exigibilidade[284].

Por outro lado, o art. 509 do CPC é claro ao prever o cabimento da liquidação quando a sentença condenar ao pagamento de quantia ilíquida, limitando, sem qualquer margem à

---

[281] STJ – EAREsp 962.250/SP – Corte Especial – Rel. Min. Og Fernandes – j. 15.08.2018 – *DJe* 21.08.2018.
[282] ASSIS, Araken de. *Manual dos recursos*. 2. ed. São Paulo: RT, 2008. n. 52.1.2, p. 271; MAZZEI, Rodrigo Reis. *Reforma do CPC*. São Paulo: RT, 2007. p. 155-158.
[283] DINAMARCO, Cândido Rangel. *Instituições de direito processual civil*. São Paulo: Malheiros, 2001. v. 4, n. 1.745, p. 634-635.
[284] DINAMARCO, Cândido Rangel. *Instituições de direito processual civil*. São Paulo: Malheiros, 2001. p. 615; THEODORO JR., Humberto. *Processo de execução e cumprimento de sentença*. 25. ed. São Paulo: Leud, 2008. v. 4, n. 534, p. 623.

dúvida, a liquidação ao valor da obrigação, o que naturalmente afasta desse instituto jurídico o incidente de escolha de bens ou de concentração de obrigações[285]. A previsão legal impede que se confunda liquidação com outros fenômenos processuais, como o incidente de concentração de obrigação ou a escolha da coisa na obrigação de coisa incerta, mas excepcionalmente é possível a liquidação de obrigação de entrega de coisa, que não deve ser *a priori* excluída do âmbito da liquidação pela interpretação literal do art. 509 do CPC. Tal circunstância se verifica na condenação ilíquida de pedido que tenha como objeto a entrega de uma *universalidade de bens* (art. 324, § 1.º, I, do CPC)[286].

Independentemente da interessante discussão acadêmica que se coloca sobre o tema, é evidente que, nas ações coletivas, a liquidação de sentença está invariavelmente – para não dizer sempre – voltada para as obrigações de pagar quantia certa.

11.8.2. Natureza jurídica da liquidação

Não resta dúvida de que a atividade desenvolvida na liquidação da sentença tem natureza cognitiva, já que nela não são praticados atos de execução. Na realidade, excepcionalmente a atividade cognitiva é dividida em duas fases: na primeira há a fixação do *an debeatur* e na segunda do *quantum debeatur*. A divisão dessa atividade em duas fases não é, naturalmente, capaz de afastar a sua natureza jurídica cognitiva.

A lição, tradicional e que não encontra resistência, é importante para justificar a opção do Código de Processo Civil de 2015 em não prever a liquidação da sentença no Livro II, destinado à execução. A liquidação de sentença vem prevista no Capítulo XIV do Título I (Do procedimento comum), da Parte Especial do Livro I (Do processo de conhecimento e do cumprimento de sentença).

Deve-se atentar para o previsto no art. 515, § 1.º do CPC, o qual prevê que, sendo o título executivo uma sentença penal condenatória, sentença arbitral, homologação de sentença estrangeira e decisão interlocutória estrangeira, após a concessão do *exequatur* pelo Superior Tribunal de Justiça, o demandado será citado para a execução ou para a liquidação. Para alguns doutrinadores, esse dispositivo legal é suficiente para que se reconheça a manutenção, ainda que limitado a esses casos, do processo autônomo de liquidação. Não me parece, entretanto, correto tal entendimento.

É natural que, sendo exigida a citação do demandado, o legislador deixe claro que, por meio do pedido de liquidação, se dará vida a um novo processo, mas isso não é suficiente para concluir que ele seja um processo autônomo de liquidação. Explica-se. A liquidação nesse caso é a primeira fase procedimental de um processo que não se extingue com a definição do *quantum debeatur*, porque após essa definição se passará à fase de cumprimento de sentença. O processo, portanto, não é de liquidação, ao menos não é somente de liquidação, é de liquidação e de execução, processo sincrético, portanto.

---

[285] BUENO, Cassio Scarpinella. *A nova etapa da reforma do Código de Processo Civil*. São Paulo: Saraiva, 2006. p. 39; CARNEIRO, Athos Gusmão. *Cumprimento da sentença civil*. Rio de Janeiro: Forense, 2006. p. 33.

[286] ASSIS, Araken de. *Cumprimento de sentença*. Rio de Janeiro: Forense, 2006. p. 93 e WAMBIER, Teresa Arruda Alvim; CONCEIÇÃO, Maria Lúcia Lins; RIBEIRO, Leonardo Ferres da Silva; MELO, Rogério Licastro Torres de. *Primeiros comentários ao Novo Código de Processo Civil artigo por artigo*. São Paulo: RT, 2015, p. 837, defendem o cabimento de liquidação para definir a extensão da obrigação não pecuniária.

Veja-se que o fato de a fase de liquidação ter sido ou não precedida por uma fase de conhecimento é irrelevante, porque não é a primeira fase do processo que determina a sua natureza. Somente na excepcional hipótese de essa fase de liquidação ser extinta por sentença que não permita o seu cumprimento estar-se-á diante de genuíno processo autônomo de liquidação, mas, como não se pode definir a natureza de um fenômeno levando-se em conta sua frustração, parece mais adequado o entendimento de que o processo autônomo de execução não existe mais.

Não há qualquer motivo razoável para que essa realidade não seja aplicável à liquidação de sentença coletiva. Ainda que seja necessária a extração de cópia da sentença para o ingresso de liquidações individuais, essa liquidação terá natureza jurídica de procedimento, com a distribuição livre do requerimento inicial apresentado pelo indivíduo beneficiado pela sentença coletiva. A necessidade de formação de novos autos no juízo em que tramitará a liquidação não prejudica em absolutamente nada a conclusão ora defendida, até porque a distinção entre processo e autos é conquista antiga da ciência processual. Novos autos, mesmo processo, nada inovador ou revolucionário.

11.8.3. Legitimidade ativa

Já foi devidamente visto que a liquidação tem como objetivo fixar o *quantum debeatur*, sendo uma complementação da atividade cognitiva já iniciada com a condenação do réu. Não tem a liquidação qualquer função expropriatória, reservada ao momento de cumprimento da sentença. O interesse em obter o valor exato da condenação não é exclusivo do autor, que naturalmente terá tal interesse para que possa dar início ao cumprimento de sentença. Também o réu condenado tem interesse na liquidação, considerando-se que, ciente do valor exato de sua dívida, poderá quitá-la ou oferecer uma transação com base mais concreta[287].

Sendo de interesse tanto do vencedor como do vencido a fixação do valor da condenação, não resta nenhuma dúvida de que, ao menos como regra, tanto o credor como o devedor – assim reconhecidos no título executivo – têm legitimidade ativa para dar início à fase procedimental de liquidação de sentença. Essa constatação, inclusive, resta inalterada em virtude da revogação do art. 570 do CPC/1973, que tratava de uma pseudolegitimação ativa para a execução do devedor, fenômeno processual entendido pela melhor doutrina como uma espécie de consignação em pagamento[288]. Insista-se que execução e liquidação são institutos diferentes e, ainda que revogada a legitimidade ativa do devedor para aquela, não se pode concluir pela vedação à propositura da liquidação da sentença por ele.

Deveria ser a liquidação de sentença oferecida pelo réu condenado em sentença coletiva considerada uma ação coletiva passiva, ou mais precisamente, uma fase procedimental coletiva passiva?

---

[287] DINAMARCO, Cândido Rangel. *Instituições de direito processual civil*. São Paulo: Malheiros, 2008. v. 4, p. 620; ASSIS, Araken de. *Manual dos recursos*. 2. ed. São Paulo: RT, 2008. p. 305; PONTES DE MIRANDA, Francisco. *Comentários ao Código de Processo Civil*. Rio de Janeiro: Forense, 1974. v. 9, p. 502-503.

[288] No sentido do texto, THEODORO JR., Humberto. *As novas reformas do Código de Processo Civil*. 2. ed. Rio de Janeiro: Forense, 2007. p. 189; MAZZEI, Rodrigo. *Reforma do CPC*. São Paulo: RT, 2007. p. 195-197. Em sentido contrário, RODRIGUES, Marcelo Abelha. *Manual de execução civil*. Rio de Janeiro: Forense Universitária, 2006. p. 451.

Antes propriamente de responder a tal pergunta, é importante bem se compreender o significado de processo coletivo passivo. A definição do conceito dessa espécie de processo não tem chamado a devida atenção dos estudiosos sobre o tema, mas parece ser imprescindível como premissa de qualquer conclusão a seu respeito.

Como bem apontado por parcela da doutrina que enfrentou o tema, antes de se partir para uma definição dos aspectos processuais, é preciso notar que o processo coletivo passivo deriva de uma relação jurídica de direito material da qual resultem situações jurídicas passivas coletivas *lato sensu*[289]. Dessa forma, quando numa relação jurídica de direito material existir um dever da coletividade, de uma comunidade ou mesmo de um grupo de indivíduos, será possível se falar em dever coletivo. O mesmo ocorre com o estado de sujeição, também considerado classicamente uma situação jurídica passiva.

O processo coletivo passivo, portanto, é o processo no qual se discute esse dever ou estado de sujeição coletivo. A conceituação é importante porque afasta do âmbito do processo coletivo passivo pretensões meramente declaratórias que têm como objeto um direito coletivo, ainda que se possa imaginar nesse caso uma coletividade ou comunidade representadas – ou substituídas processualmente – no polo passivo. Definir-se quem será autor ou réu, ainda mais numa ação dúplice como é o caso da ação meramente declaratória, não é o suficiente para se determinar a espécie de processo coletivo – ativo ou passivo. O que interessa é a situação jurídica de direito material que forma o objeto do processo.

Uma empresa mover uma ação e colocar o Ministério Público como réu para ver declarado que em seu projeto de construção respeitou as normas ambientais[290] não parece ser um exemplo de processo coletivo, porque nesse caso o que se busca é a declaração de que um direito difuso não foi e nem será violado. A simples circunstância da coletividade em tese ocupar, por meio do Ministério Público (ou qualquer outro sujeito processual), o polo passivo da demanda não representa existir nesse caso um processo coletivo passivo.

Numa ação em que se busca a mera declaração de inexistência de direito coletivo *lato sensu*, apesar das dificuldades procedimentais a habitar sua existência, não se estaria diante de um genuíno processo coletivo passivo[291]. Ou ainda no pedido de declaração de empresa de regularidade na instalação de filtros antipoluição[292]. Na feliz expressão doutrinária, nesse caso estar-se-á diante de uma *ação coletiva às avessas*[293], ou seja, uma ação coletiva ativa iniciada pelo sujeito que deveria ser réu, mas antecipando-se, busca uma certeza jurídica figurando no polo ativo.

Entretanto, existem outros exemplos mais felizes de situações jurídicas passivas coletivas, como o dever de uma associação de moradores de bairro em liberar a passagem das vias públicas indevidamente interditadas para a criação de pseudocondomínios fechados, o dever da OAB de não distribuir adesivos aos advogados que de alguma forma ofendam

---

[289] DIDIER JR., Fredie; ZANETI JR., Hermes. *Curso de direito processual civil*. 4. ed. Salvador: JusPodivm, 2009. v. 4, p. 399-400.
[290] DINAMARCO, Pedro. *Ação civil pública*. São Paulo: Saraiva, 2001. n. 15.1, p. 273.
[291] DIDIER JR., Fredie; ZANETI JR., Hermes. *Curso de direito processual civil*. 4. ed. Salvador: JusPodivm, 2009. v. 4, p. 405-406.
[292] Exemplo de MANCUSO, Rodolfo de Camargo. *Interesses difusos*. 5. ed. São Paulo: RT, 2000. p. 167-168.
[293] GIDI, Antônio. A *class action* como instrumento de tutela coletiva dos direitos – *as ações coletivas em uma perspectiva comparada*. São Paulo: RT, 2007. p. 392.

outras categorias profissionais[294], ou ainda o dever de todos respeitarem os direitos de um titular de patente[295]. Na Justiça do Trabalho é indiscutível não só a existência de situações jurídicas passivas coletivas, sendo exemplo claro os interditos possessórios em razão de greve propostos contra Sindicatos, como também a admissão de processo duplamente coletivo nesse caso, envolvendo sindicatos de empregadores e empregados, como no dissídio coletivo, e mesmo o Ministério Público contra Sindicatos com o objetivo de manter os serviços essenciais em casos de greve[296].

Ainda seguindo a lição doutrinária que parece ser a mais adequada ao conceito de processo coletivo passivo[297], a constatação de que a espécie de processo coletivo – ativo ou passivo – deriva da relação jurídica de direito material, cria interessante situações quando se analisa o caso concreto à luz da natureza individual ou coletiva das situações jurídicas de direito material que cada parte defenderá em juízo. Admitindo-se as possíveis variações nas situações jurídicas defendidas por autor ou réu, é possível imaginar-se uma série de diferentes combinações.

A ação será inteiramente individual quando o autor defender um direito individual diante de alegado dever individual do réu, como ocorre, por exemplo, numa ação de cobrança de um banco qualquer diante de seu correntista. Na hipótese de um autor coletivo pleitear um direito coletivo *lato sensu* com a alegação de um dever individual descumprido por parte do réu, tem-se o processo coletivo ativo, classicamente admitido entre nós. A empresa que viola o meio ambiente e é acionada pelo Ministério Público é um entre os milhares de exemplos possíveis. A situação jurídica ativa (direito) é difusa, porque o meio ambiente equilibrado é direito de toda a coletividade, enquanto cada indivíduo é titular de uma situação jurídica passiva, consubstanciada no dever de não agredir o meio ambiente.

O processo coletivo passivo depende de uma situação jurídica coletiva passiva, mas de forma correlata a essa situação jurídica passiva é possível que exista tanto uma situação jurídica ativa individual como coletiva. No primeiro caso, tem-se um direito individual diante de um dever coletivo, como ocorre, por exemplo, no dever que todos têm de respeitar a patente do criador. Esse direito individual do criador da patente seria correlato ao dever da coletividade em não praticar atos que agridem tal direito. No direito americano trata-se das unilaterais *defendant class actions*. No segundo caso, tem-se um direito coletivo diante de um dever coletivo, como ocorre, por exemplo, na pretensão de um grupo de lojistas diante de um grupo de fornecedores. No direito americano trata-se das bilaterais *class actions* ou *double-edged class actions*.

Por outro lado, são dados outros exemplos pela doutrina de ações que até poderiam ser compreendidas como espécies de processo coletivo, mas descrevendo relações jurídicas

---

[294] Exemplos dados por Kazuo Watanabe e citado por GRINOVER, Ada Pellegrini. *Código de Defesa do Consumidor*. 6. ed. Rio de Janeiro: Forense Universitária, 1999. p. 102.

[295] GIDI, Antônio. A *class action* como instrumento de tutela coletiva dos direitos – *as ações coletivas em uma perspectiva comparada*. São Paulo: RT, 2007. p. 400.

[296] WATANABE, Kazuo. *Código de Defesa do Consumidor comentado pelos autores do anteprojeto*. 10. ed. Rio de Janeiro: Forense, 2011. v. II, p. 103.

[297] DIDIER JR., Fredie; ZANETI JR., Hermes. *Curso de direito processual civil*. 4. ed. Salvador: JusPodivm, 2009. v. 4, p. 392; ANDRIGHI, Fátima Nancy. Reflexões acerca da representatividade adequada nas ações coletivas passivas. *Panorama atual das tutelas individual e coletiva*. São Paulo: Saraiva, 2011. p. 337.

de direito material que atualmente são tuteláveis pelas técnicas da tutela individual. É o caso descrito da invasão de prédios públicos por membros do movimento organizado dos sem-teto ou de áreas pelo movimento organizado dos sem-terra[298], ou ainda a ação possessória contra o DCE (Diretório Central dos Estudantes) em razão de esbulho possessório de sede de reitoria[299].

Nesses casos é tradicional o ingresso de ação possessória fundada na tutela individual prevista no Código de Processo Civil, reconhecendo-se a existência de réus incertos e sua citação por edital[300]. O que se pretende deixar claro é que nessas situações, ainda que seja tecnicamente possível se falar em processo coletivo passivo, as técnicas atuais de tutela individual são suficientes para a tutela da situação jurídica.

A par dos intensos debates doutrinários a respeito da admissão ou não da chamada ação coletiva passiva, aparentemente a liquidação de sentença oferecida pelo réu da ação coletiva não deve ser considerada uma ação coletiva passiva, considerando-se que nesse caso a liquidação funda-se no direito individual do réu de pagar o débito e no direito coletivo ou difuso dos beneficiados pela decisão. A hipótese, portanto, é de direito coletivo ou difuso e não de situação jurídica passiva difusa ou coletiva.

11.8.4. Competência

O vetado art. 97, parágrafo único, do CDC, além de prever a liquidação na forma de artigos, previa que a liquidação poderia ser promovida no foro do domicílio do liquidante. Lê-se das razões do veto: "Esse dispositivo dissocia, de forma arbitrária, o foro dos processos de conhecimento e de execução, rompendo o princípio da vinculação quanto à competência entre esses processos, adotado pelo Código de Processo Civil (art. 575) e defendido pela melhor doutrina. Ao despojar uma das partes da certeza quanto ao foro de execução, tal preceito lesa o princípio de ampla defesa assegurado pela Constituição (art. 5.º, LV)".

Se as razões do veto já eram sofríveis à época, atualmente o são ainda mais, pois o art. 575 do CPC/1973, mencionado expressamente no veto, foi tacitamente revogado pelo art. 475-P, do CPC/1973, com especial destaque para o parágrafo único do dispositivo.

A regra de que deve existir obrigatoriamente uma vinculação no mesmo juízo da atividade cognitiva e executiva é fundada em uma crença, que, durante muito tempo e de maneira absolutamente equivocada, foi considerada como verdade absoluta pelo legislador: o melhor juízo para executar uma sentença é aquele que a formou. Essa crença, entretanto, foi afastada – ao menos parcialmente – com a nova disposição contida no parágrafo único do art. 516 do CPC.

O mandamento contido no art. 575, II, do CPC/1973 era de *competência funcional*, portanto absoluta[301], apresentando-se como justificativa da vinculação obrigatória de que

---

[298] WATANABE, Kazuo. *Código de Defesa do Consumidor comentado pelos autores do anteprojeto*. 10. ed. Rio de Janeiro: Forense, 2011. v. II, p. 104-105.

[299] DIDIER JR., Fredie; ZANETI JR., Hermes. *Curso de direito processual civil*. 4. ed. Salvador: JusPodivm, 2009. v. 4, p. 404.

[300] NEVES, Daniel Amorim Assumpção. *Manual de direito processual civil*. São Paulo: Método, 2009. n. 10.5.3.3, p. 334.

[301] DINAMARCO, *Execução civil*. 6. ed. São Paulo: Malheiros, 1998. p. 207-208; ZAVASCKI, Teori Albino. *Processo de execução*. 3. ed. São Paulo: RT, 2004, p. 127-128; FUX, Luiz. *Curso de direito processual civil*. 2. ed. Rio de Janeiro: Forense, 2004. p. 1.303.

o juízo formador do título executivo seria o mais apto a executá-lo. A vinculação do mesmo juízo entre o processo de conhecimento e o de execução estaria fundada, portanto, na expectativa de uma melhor qualidade na prestação da tutela jurisdicional no processo executivo. A aplicação do dispositivo legal, entretanto, nem sempre confirmava essa expectativa; muitas vezes, inclusive, funcionava contra a qualidade da prestação jurisdicional executiva.

A realidade mostrou que muitas vezes a prática de atos materiais executivos é dificultada em virtude de tal vinculação, mostrando-se muito mais lógico e eficaz permitir que o processo executivo seja proposto no local onde se encontram os bens que servirão de garantia ao pagamento do crédito exequendo, no local em que está a coisa objeto da execução, ou, ainda, no local em que a obrigação de fazer deva ser cumprida. Tratando-se a execução de atividade desenvolvida basicamente pela prática de atos materiais que buscam a satisfação do direito do demandante, o ideal é que a competência executiva seja do foro do local em que tais atos devam ser praticados.

Sensível a essa realidade, o legislador, apesar de manter a regra de que o juízo competente para a execução da sentença é aquele que a formou, criou com a Lei 11.232/2005 uma regra de competência concorrente entre esse juízo, o foro onde se encontram bens sujeitos às contrições judiciais e, ainda, o foro do atual domicílio do executado, regra ampliada pelo art. 516, parágrafo único do CPC para incluir o local do cumprimento da obrigação de fazer e de não fazer. A modificação deve ser aplaudida porque a natureza absoluta da competência do juízo que formou o título nunca foi garantia de qualidade da prestação jurisdicional, o que, na realidade, somente pode ser determinado em uma análise do caso concreto, em especial à luz das facilidades ao exequente na busca da satisfação do seu direito[302].

Entretanto, a questão que permanece inalterada diz respeito à competência para a liquidação de sentença, que continua a ser atividade cognitiva, não se confundindo por essa razão com a atividade executiva, que só terá lugar no momento procedimental do cumprimento de sentença. Minha crítica ao mencionado veto foi confundir a liquidação com a execução, o que constitui erro primário e contamina indevidamente a conclusão do raciocínio.

Em termos de direito individual, entendo que a competência para a liquidação de sentença se resolve de tal maneira: (i) tratando-se de liquidação incidental em execução – fase de satisfação de sentença ou processo autônomo –, é natural que seja competente para conhecer da liquidação o próprio juízo no qual já tramita a demanda executiva; (ii) tratando-se de liquidação que dá início a processo sincrético que buscará ao final a satisfação do direito do demandante, este deverá fazer um exercício de abstração, determinando qual seria o órgão competente para a execução daquele título caso não fosse necessária a liquidação; (iii) tratando-se de liquidação entre a fase de conhecimento e a fase de execução, haverá *competência absoluta* – de caráter funcional – do juízo que proferiu a sentença ilíquida, não se aplicando ao caso o permissivo do art. 516, parágrafo único, do CPC[303].

---

[302] ASSIS, Araken de. *Manual dos recursos.* 2. ed. São Paulo: RT, 2008. n. 81.2, pp. 352-353; WAMBIER, Luiz Rodrigues; WAMBIER, Teresa Arruda Alvim; MEDINA, José Miguel Garcia. *Breves comentários à nova sistemática processual civil 2.* São Paulo: RT, 2007. p. 193; BUENO, Cassio Scarpinella. *A nova etapa da reforma do Código de Processo Civil.* São Paulo: Saraiva, 2006. v. 2. p. 165.

[303] Contra: NERY JR., Nelson; NERY, Rosa Maria de Andrade. *Código de processo civil comentado.* 10. ed. São Paulo: RT, 2008, p. 722.

A existência de foros concorrentes para o cumprimento de sentença busca facilitar a satisfação do direito, nada tendo a ver com a liquidação da sentença, entendida como atividade cognitiva integrativa da sentença genérica proferida no encerramento da primeira fase de natureza cognitiva. É natural, portanto, que, havendo entendimento corrente no sentido de que a sentença ilíquida que condena e a decisão da liquidação completam um todo – tanto é assim que, em regra, haverá uma só decisão, com a exata determinação do *an debeatur* e do *quantum debeatur* –, o juízo que exerceu a função judicante nessa primeira fase de solução da lide automaticamente se tornará competente para a segunda fase, em nítida ocorrência de competência funcional[304].

Entendo que o mesmo raciocínio deve ser aplicado à execução coletiva de sentença coletiva genérica. Nesse caso, ainda que a execução se mostre mais adequada em um dos foros previstos pelo art. 516, parágrafo único, do CPC, não existe qualquer razão para admitir a liquidação da sentença em outro juízo que não aquele que formou o título executivo. O raciocínio, insisto, é exatamente o mesmo da tutela individual.

Na liquidação individual da sentença coletiva genérica, entretanto, a regra deve ser outra em razão das particularidades dessa espécie de liquidação. Primeiro, que a vantagem de ter o mesmo juízo nas fases de conhecimento e de liquidação de sentença não existe no caso apresentado, considerando-se que na liquidação imprópria o juízo não se limitará a fixação do *quantum debeatur*, também analisando a titularidade do direito, o que dependerá de uma análise individualizada da situação do liquidante. Por outro lado, há vantagens práticas inegáveis em admitir a liquidação no foro do indivíduo: (i) para o indivíduo facilita a propositura da liquidação, em nítido atendimento do princípio do acesso à ordem jurídica justa; (ii) para o Estado, evita-se a concentração em um mesmo juízo de quantidade considerável de liquidações individuais, o que poderia até mesmo inviabilizar o andamento dos processos nesse cartório[305].

Nas palavras da melhor doutrina:

"Não há dúvida, portanto, de que o domicílio do liquidante seja o foro de competência mais favorável para o consumidor lesado (art. 6.º, VII, VIII, do CDC). Além de garantir o pleno e efetivo acesso à justiça, viabiliza a distribuição das ações de liquidação individuais entre vários juízos, não sobrecarregando um único que julgou a ação coletiva, que se veria atrelado às centenas ou até milhares de liquidações individuais e às execuções delas decorrentes"[306].

Pelas razões expostas, deve ser elogiado o entendimento consagrado no Superior Tribunal de Justiça a respeito do tema, no sentido de admitir como competente para a liquidação individual da sentença coletiva o foro do domicílio do liquidante[307].

---

[304] LUCON, Paulo Henrique dos Santos. *Código de Processo Civil interpretado*. 3. ed. Coord. Antonio Carlos Marcato. São Paulo: Atlas, 2005. p. 1.789; DIDIER JR., Fredie; CUNHA, Leonardo José Carneiro da; BRAGA, Paula Sarno; OLIVEIRA, Rafael. *Curso de direito processual civil*. Salvador: JusPodivm, 2009. v. 5. p. 395-396; RODRIGUES, Marcelo Abelha. *Manual de execução civil*. Rio de Janeiro: Forense Universitária, 2006. p. 451-452.

[305] CAVALIERI FILHO, Sérgio. *Programa de direito do consumidor*. São Paulo: Atlas, 2008. p. 360. No mesmo sentido: LEONEL, Ricardo de Barros. *Manual do processo coletivo*. São Paulo: RT, 2002. p. 379.

[306] CAVALIERI FILHO, Sérgio. *Programa de direito do consumidor*. 2. ed. São Paulo: Atlas, 2010. p. 360. No mesmo sentido LEONEL, Ricardo de Barros. *Manual do processo coletivo*. São Paulo: RT, 2002. p. 379.

[307] *Informativo* 452/STJ: REsp 1.098.242/GO – 3.ª Turma – Rel. Min. Nancy Andrighi – j. 21.10.2010; *Informativo* 422/STJ: CC 96.682/RJ – 3.ª Seção – Rel. Min. Arnaldo Esteves Lima – j. 10.02.2010.

11.8.5. Espécies de liquidação de sentença

Com a correta exclusão da "liquidação por mero cálculo aritmético" do Código de Processo Civil, os dois incisos do art. 509 do mesmo diploma legal preveem apenas a liquidação: (I) por arbitramento e (II) pelo procedimento comum. O legislador parece ter acabado com as diferentes espécies de liquidação de sentença, limitando-se a prever dois diferentes procedimentos: liquidação por arbitramento quando determinado pela sentença, convencionado pelas partes ou exigido pela natureza do objeto da liquidação, e liquidação pelo procedimento comum, quando houver necessidade de alegar e provar fato novo (antiga liquidação por artigos).

Sempre se entendeu que a liquidação prevista pelo CPC/1973, como liquidação por mero cálculo aritmético, era uma pseudoliquidação, já que supostamente estar-se-ia a liquidar o que já era líquido, considerando que a liquidez da obrigação é sua determinabilidade e não sua determinação. Significa dizer que, sendo possível se chegar ao valor exequendo por meio de um mero cálculo aritmético, a obrigação já será líquida e, por tal razão, seria obviamente dispensada a liquidação de sentença.

O § 2.º do art. 509 do CPC é extremamente feliz ao prever que quando a apuração do valor depender apenas de cálculo aritmético, o credor poderá promover, desde logo, o cumprimento da sentença. Para facilitar a elaboração de tal cálculo, o § 3.º do mesmo dispositivo prevê que o Conselho Nacional de Justiça desenvolverá e colocará à disposição dos interessados programa de atualização financeira.

Independentemente da espécie de liquidação de sentença cabível no caso concreto, o art. 509, § 1.º, do CPC, consagra a teoria dos capítulos da sentença, permitindo à parte, concomitantemente, liquidar capítulo ilíquido e executar capítulo líquido.

Os únicos dispositivos do Código de Defesa do Consumidor que mencionam a liquidação de sentença coletiva estão concentrados no capítulo que trata das ações coletivas para a defesa de interesses individuais homogêneos, nada havendo em termos de previsão legal quanto aos direitos difusos e coletivos. Nas demais leis que compõem o microssistema coletivo não há preocupação com a regulamentação da liquidação de sentença.

Entendo que essa opção legislativa tenha razão de ser, considerando-se não haver realmente qualquer especialidade procedimental nas liquidações de sentença proferidas em ações que versam sobre direitos difusos e coletivos. O interesse maior, portanto, fica por conta da liquidação das sentenças coletivas que tenham como objeto direito individual homogêneo, que só tem tutela legal no Código de Defesa do Consumidor.

Havendo sentença de procedência ilíquida em ação coletiva que verse sobre direito difuso e coletivo, a liquidação pode se dar por arbitramento, quando for necessária apenas a realização de uma prova pericial; ou por artigos, quando forem necessárias a alegação e a prova de um fato novo. Não há, na realidade, qualquer especialidade nesse tocante.

Na hipótese de direito individual homogêneo, existe debate doutrinário a respeito da espécie de liquidação. Ressalte-se que o art. 97, parágrafo único, do CDC indicava expressamente a liquidação por artigos, mas, como foi objeto de veto presidencial, não pode ser utilizado na solução do impasse.

Há corrente doutrinária que defende o cabimento de ambas as formas genuínas de liquidação existentes no sistema processual, tudo a depender das exigências do caso concreto. Para essa corrente, será possível tanto determinar o valor mediante a simples produção de uma prova pericial – liquidação por arbitramento – ou pela produção de prova referente a fato novo – liquidação por artigos.

Prefiro o entendimento contrário, no sentido de que a liquidação será necessariamente por artigos, sendo sempre indispensável a prova de fato novo. E essa exigência decorre da especial natureza da liquidação de sentença nesse caso, que inclusive leva a melhor doutrina a defender ser tal liquidação uma forma de "liquidação imprópria". Nesse sentido:

> "Acreditamos que, nesse caso, conforme já afirmado, a liquidação será sempre por artigos, tendo em vista que haverá sempre fato novo a ser demonstrado e provado, pois o indivíduo terá que comprovar o nexo de causalidade entre o dano genérico, a cuja reparação foi condenado o réu na ação condenatória e o prejuízo sofrido por ele individualmente, vez que, sem demonstrar isso, não terá legitimidade para promover a liquidação"[308].

É até possível defender, diante das razões do veto, que, mesmo diante do veto presidencial ao art. 97, parágrafo único, do CDC, a regra referente à espécie de liquidação sobreviveu implicitamente. A norma tratava da espécie de liquidação e da competência, sendo que as razões do veto limitaram-se a críticas quanto a parte da regra que tratava da competência, não havendo qualquer menção à expressa previsão da forma de artigos como a mais adequada à liquidação de sentença.

11.8.6. Direito difuso e coletivo

Nas ações de direito difuso e coletivo, é plenamente possível que o pedido seja certo e determinado, sendo a determinação do pedido útil ao juiz na prolação de sentença líquida. O sistema processual busca evitar a liquidação de sentença, na medida do possível, como forma de garantir um processo mais rápido, com a dispensa de uma fase somente para aferir o *an debeatur* e outra para a fixação do *quantum debeatur*, e não há qualquer razão lógica ou jurídica para tal raciocínio deixar de ser aplicado nas ações coletivas.

A possibilidade de o pedido ser feito de forma determinada, entretanto, não obriga o autor da ação coletiva nesse sentido, sendo possível o pedido genérico nos termos do art. 324, II, do CPC. Nesse caso, se proferida uma sentença ilíquida, como admitido em lei, far-se-á necessária a fase de liquidação de sentença, mas, justamente por não ter qualquer especialidade, seguirá a forma de arbitramento ou artigos, a depender das exigências do caso concreto.

11.8.7. Direito individual homogêneo

No tocante às ações coletivas que tenham como objeto um direito individual homogêneo, aparentemente a situação é outra. Ainda que materialmente possível a elaboração de um pedido determinado, tudo leva a crer que o pedido nesse tipo de ação seja genérico, até para que os indivíduos beneficiados com a decisão a liquidem no futuro para aferirem

---

[308] PIZZOL, Patrícia Miranda. *Liquidação nas ações coletivas*. São Paulo: Lejus, 1998. p. 194; WAMBIER, Luiz Rodrigues. *Sentença civil*: liquidação e cumprimento. 3. ed. São Paulo: RT, 2006. n. 3.2.1, p. 380.

os danos individuais suportados por cada um deles. Conforme já afirmado, sendo o pedido indeterminado, admitir-se-á a prolação de sentença ilíquida.

A doutrina majoritária entende no sentido do texto, por vezes até mesmo afirmando que a sentença genérica é a única possível, nos termos do art. 95 do CDC[309]. Essa mesma doutrina, entretanto, lembra que na realidade a sentença genérica é apenas a regra, sendo admissível, ainda que excepcional, a prolação de sentença líquida:

> "Pense-se, por exemplo, em sentença que tenha condenado o Instituto de Previdência a pagar, a cada um dos aposentados, uma quantia específica, atualizada a partir de determinada data. Evidentemente, se a apuração do valor devido depender de mero cálculo, não terá lugar a ação de liquidação anterior à ação de execução, e o direito do credor deverá ser processado de acordo com o art. 475-B do CPC"[310].

Como a chamada "liquidação por mero cálculo aritmético" é uma pseudoliquidação, considerando-se ser a obrigação líquida sempre que possível determinar seu valor pelo mero cálculo, nesse caso não haverá propriamente uma liquidação de sentença[311].

O entendimento, entretanto, não deve ser prestigiado, e por uma razão muito simples. A prolação de sentença ilíquida atrasa a satisfação do direito e deve, sempre que possível, ser evitada. É forma excepcional de solução do conflito, até porque, ao decidir apenas o *an debeatur*, decide o conflito de forma incompleta, devendo mesmo por isso ser evitada ao máximo. Ainda mais em processo coletivo, no qual a efetividade da tutela jurisdicional deve ser ainda mais valorizada.

Significa, portanto, que, apesar de o previsto no art. 95 do CDC ser obviamente a regra, sempre que for possível, sem que a cognição coletiva seja contaminada ou desviada por isso, se determinar o valor dos danos dos indivíduos lesados pelo ato ilícito praticado pelo réu, a sentença líquida não só é juridicamente possível como deve ser efusivamente estimulada.

Já há significativa corrente doutrinária que defende tal entendimento[312] e diversos precedentes no Superior Tribunal de Justiça que basicamente admitem a sentença líquida, desde que seja desnecessária dilação probatória para se identificar o beneficiário, substi-

---

[309] WAMBIER, Luiz Rodrigues. *Sentença civil*: liquidação e cumprimento. 3. ed. São Paulo: RT, 2006. n. 3.2.1, p. 371; GRINOVER, Ada Pellegrini. *Código Brasileiro de Defesa do Consumidor*. 6. ed. Rio de Janeiro: Forense Universitária, 1999. p. 152; MARINONI, Luiz Guilherme; ARENHART, Sérgio Cruz. *Manual do processo de conhecimento*. São Paulo: RT, 2006. p. 740; CAVALIERI FILHO, Sérgio. *Programa de direito do consumidor*. 2. ed. São Paulo: Atlas, 2010. p. 358.

[310] WAMBIER, Luiz Rodrigues. *Sentença civil*: liquidação e cumprimento. 3. ed. São Paulo: RT, 2006. n. 3.2.1, p. 373.

[311] NEVES, Daniel Amorim Assumpção. *Manual de direito processual civil*. São Paulo: Método, 2009. n. 41.12.1, p. 938.

[312] CASTRO MENDES, Aluisio Gonçalves. *Ações coletivas e meios de resolução coletiva de conflitos no direito comparado e nacional*. 3. ed. São Paulo: RT, 2012. p. 273-274; GONÇALVES, Tiago Figueiredo. A "liquidação" de obrigação imposta por sentença em demanda metaindividual. In: MAZZEI, Rodrigo; NOLASCO, Rita Dias (Coord.). *Processo civil coletivo*. São Paulo: Quartier Latin, 2005. p. 420; PIZZOL, Patrícia Miranda. *Tutela coletiva* – processo coletivo e técnicas de padronização das decisões. São Paulo: RT, 2019. n. 4.9.2.2, p. 467-468; LEONEL, Ricardo de Barros. *Manual do processo coletivo*. 2. ed. São Paulo: RT, 2011. p. 425.

tuído processualmente, e se mostre desnecessária uma atividade cognitiva ampla para se especificar o valor da condenação[313].

Mesmo que admitida a excepcionalidade de uma sentença líquida, em regra a sentença será genérica e demandará uma fase de liquidação. Interessante notar que essa liquidação, a ser realizada pelos indivíduos que se beneficiaram da sentença coletiva, será mais ampla em termos de cognição do que uma tradicional liquidação de sentença. Tanto assim, que a doutrina chama tal liquidação de "liquidação imprópria".

A especialidade dessa espécie de liquidação é que a mesma não se limitará a revelar o valor do débito devido pelo réu em favor do autor, mas também deverá reconhecer a titularidade desse direito, única forma da sentença coletiva aproveitar ao indivíduo. Nesse sentido a melhor doutrina:

> "E não há dúvida de que o processo de liquidação da sentença condenatória, que reconheceu o dever de indenizar e nesses termos condenou o réu, oferece peculiaridades com relação ao que normalmente ocorre nas liquidações de sentença. Nestas, não mais se perquire a respeito do *an debeatur*, mas somente sobre o *quantum debeatur*. Aqui, cada liquidante, no processo de liquidação, deverá provar, em contraditório pleno e com cognição exauriente, a existência de seu dano pessoal e o nexo etiológico com o dano globalmente causado (ou seja, o *an*), além de quantificá-lo (ou seja, o *quantum*)"[314].

Quanto à competência, o entendimento do Superior Tribunal de Justiça é no sentido de admitir como competente para a liquidação individual da sentença coletiva o foro do domicílio do liquidante[315]. O entendimento deve ser elogiado porque ao mesmo tempo facilita o acesso ao processo ao consumidor lesado e descentraliza o trabalho, evitando a concentração de, por vezes, milhares de liquidações em um só juízo (o prolator da sentença coletiva).

O mesmo, entretanto, não se pode dizer a respeito de julgamento do mesmo tribunal, que entendeu por incompetente o foro do domicílio de substituto processual em liquidação na qual ele figurou como autor[316]. Concorda-se com a afirmação contida no julgamento

---

[313] STJ – REsp 880.385/SP – 3.ª Turma – Rel. Min. Nancy Andrighi – j. 02.09.2008 – DJe 16.09.2008; STJ – REsp 1.798.280/SP – 3.ª Turma – Rel. Min. Nancy Andrighi – j. 28.04.2020 – DJe 04.05.2020; STJ – REsp 1.291.213/SC – 3.ª Turma – Rel. Min. Sidnei Beneti – j. 30.08.2012 – DJe 25.09.2012; STJ – REsp 1.342.899/RS – 3.ª Turma – Rel. Min. Sidnei Beneti – j. 20.08.2013 – DJe 09.09.2013; STJ – REsp 1.628.700/MG – 3.ª Turma – Rel. Min. Ricardo Villas Bôas Cueva – j. 20.02.2018 – DJe 01.03.2018; STJ – EREsp 1.705.018/DF – 2.ª Seção – Rel. Min. Nancy Andrighi – Rel. p/ acórdão Min. Luis Felipe Salomão – j. 09.12.2020 – DJe 10.02.2021; STJ – EREsp 1.705.018/DF – 2.ª Seção – Rel. Min. Nancy Andrighi – Rel. p/ acórdão Min. Luis Felipe Salomão – j. 09.12.2020 – DJe 10.02.2021.

[314] GRINOVER, Ada Pellegrini. *Código Brasileiro de Defesa do Consumidor*. 6. ed. Rio de Janeiro: Forense Universitária, 1999. p. 154. No mesmo sentido: MARINONI, Luiz Guilherme; ARENHART, Sérgio Cruz. *Manual do processo de conhecimento*. São Paulo: RT, 2006. p. 741; MANCUSO, Rodolfo de Camargo. *Manual de direito do consumidor em juízo*. São Paulo: Saraiva, 2004. p. 181-182.

[315] *Informativo* 452/STJ: REsp 1.098.242/GO – 3.ª Turma – Rel. Min. Nancy Andrighi – j. 21.10.2010; *Informativo* 422/STJ: CC 96.682/RJ – 3.ª Seção – Rel. Min. Arnaldo Esteves Lima – j. 10.02.2010.

[316] *Informativo* 774/STJ – REsp 1.866.440/AL – 3.ª Turma – Rel. Min. Marco Aurélio Bellizze – por unanimidade – j. 09.05.2023.

de que o foro não pode ser escolhido aleatoriamente, mas nesse caso não houve qualquer aleatoriedade, porque o substituto escolheu o foro de seu domicílio, justamente porque era neste que teria maior facilidade de acesso ao processo. Faltou aqui sensibilidade e, em especial, raciocínio lógico ao Superior Tribunal de Justiça. Afinal, se o entendimento consagrado permite a escolha do foro do domicílio do indivíduo justamente para facilitar o seu acesso ao processo, presume-se que isso ocorra justamente quando ele figure como autor da liquidação, não fazendo qualquer sentido obrigar o substituto legal a propor a liquidação fora de seu domicílio.

Note-se, inclusive, que foi justamente a ampliação e facilitação do acesso à justiça pelo individuo, além da máxima efetividade de dispositivo constitucional, que motivou o mesmo Superior Tribunal de Justiça a se valer da técnica da distinção para permitir que um credor da União promovesse a liquidação da sentença coletiva contra a União no Distrito Federal, valendo-se da regra consagrada no art. 109, § 2º, da CF, ainda que tal foro não fosse o do domicílio do liquidante e tampouco do juízo prolator da sentença[317].

11.8.8. Liquidação individual das sentenças de direito difuso e coletivo

Conforme já afirmado, a liquidação coletiva da sentença genérica proferida em ação coletiva de direitos difusos e coletivos não tem qualquer especialidade. Ocorre, entretanto, que essa sentença também poderá ser utilizada por indivíduos que foram prejudicados pela mesma situação fático-jurídica que tenha levado o réu a ser condenado na ação coletiva. Nesse caso, haverá tantas liquidações individuais quantos forem os indivíduos nessa situação.

Note-se que nos direitos individuais homogêneos a ação coletiva é voltada para a prolação de uma sentença que seja aproveitada individualmente por cada indivíduo lesionado, daí ser uma consequência natural nesse caso o oferecimento de liquidações individuais. Como o objetivo é tutelar os indivíduos, a sentença é proferida com a missão de servir de título executivo, ainda que representativo de obrigação ilíquida, para todos os titulares do direito individual homogêneo.

Já nos direitos difusos e coletivos, o objetivo é tutelar a coletividade ou uma comunidade, de forma que a sentença é proferida para ser executada – e eventualmente liquidada – em favor dos titulares desses direitos. Significa que o benefício a indivíduos é somente residual, não sendo essa a preocupação da demanda judicial. Os indivíduos, portanto, poderão se aproveitar da sentença coletiva, como se nesse caso houvesse uma condenação implícita do réu a ressarci-los.

Nesse caso, a liquidação terá objeto cognitivo muito próximo das liquidações individuais de sentença fundada em direito individual homogêneo. Novamente caberá ao autor da liquidação provar não só o valor do dano, mas também a existência desse dano e a correlação entre o dano individualmente suportado e a situação fático-jurídica reconhecida na sentença coletiva como fundamento da procedência.

---

[317] *Informativo* 794/STJ – CC 199.938/SP – 1.ª Seção – Rel. Min. Mauro Campbell Marques – por unanimidade – j. 11.10.2023 – *DJe* 17.10.2023.

11.9. EXECUÇÃO

11.9.1. Processo de execução e cumprimento de sentença

O direito processual civil passou por significativa modificação no tocante ao sistema aplicado à execução dos títulos executivos judiciais em geral e à sentença civil em especial. De um sistema fundado na autonomia das ações, no qual a execução de sentença exigia um processo autônomo, temos atualmente o sistema do sincretismo processual, no qual se destaca a chamada ação sincrética, que se desenvolve por um processo dividido em duas fases sucessivas, a primeira de conhecimento e a segunda de execução.

Foi uma mudança que ocorreu paulatinamente, desde 1990[318], mas atualmente é reconhecida pela melhor doutrina que a execução do título executivo judicial ocorre pelo cumprimento de sentença, mera fase procedimental posterior à prolação da sentença condenatória (para parcela da doutrina, executiva *lato sensu*).

Seria inexplicável deixar de aplicar os avanços do sistema executivo à execução da sentença coletiva. É inegável que o sistema do cumprimento de sentença, consagrado definitivamente pela Lei 11.232/2005, facilita a satisfação do direito exequendo, e, com a relevância que tem os direitos tutelados coletivamente, ainda com maior razão admite-se a aplicação de um sistema que facilite sua efetiva tutela em fase executiva.

Portanto, não só a execução dar-se-á por meio de cumprimento de sentença, como será totalmente aplicável à execução de sentença coletiva o procedimento desse cumprimento. Sendo a obrigação exequenda de fazer ou não fazer, caberá ao juiz aplicar o arts. 536 e 537 do CPC; sendo de entregar coisa, caberá a aplicação do art. 538 do CPC e, finalmente, sendo de pagar quantia certa, caberá a aplicação dos arts. 523 a 527 do CPC. E, em qualquer caso, por mera fase procedimental, sem a necessidade de instauração de uma nova ação judicial.

Naturalmente que, tratando-se de título executivo extrajudicial, a execução coletiva continua a se desenvolver por meio de um processo autônomo, sem qualquer especialidade procedimental. Assim, por exemplo, na execução de tradicional título executivo extrajudicial no âmbito da tutela coletiva, o termo de ajustamento de conduta, ou mesmo de decisões proferidas pelos Tribunais de Contas.

11.9.1.1. Execução por sub-rogação e indireta

Na execução por *sub-rogação*, o Estado vence a resistência do executado, substituindo sua vontade, com a consequente satisfação do direito do exequente[319]. Mesmo que o executado não concorde com tal satisfação, o juiz terá à sua disposição determinados atos materiais que, ao substituir a vontade do executado, geram a satisfação do direito. Exemplos classicamente lembrados são a penhora/expropriação; depósito/entrega da coisa; atos materiais que são praticados independentemente da concordância ou resis-

---

[318] NEVES, Daniel Amorim Assumpção. *Manual de direito processual civil*. São Paulo: Método, 2009. n. 34.2, p. 749-753.

[319] DINAMARCO, Cândido Rangel. *Instituições de direito processual civil*. São Paulo: Malheiros, 2004. v. 4, n. 1.330, p. 47; THEODORO JR., Humberto. *Processo de execução e cumprimento de sentença*. 25. ed. São Paulo: Leud, 2008. n. 13, p. 53.

tência do executado. E todos esses meios executivos por sub-rogação são aplicáveis na execução coletiva.

Registre-se, entretanto, um meio executivo por sub-rogação que parece ter tratamento diferenciado no âmbito da execução coletiva. Segundo o art. 833, IV, do CPC, os ganhos derivados do trabalho (salário, soldo, remuneração, honorários) são absolutamente impenhoráveis, abrindo-se uma exceção apenas na execução de verba alimentar e em salários superiores a 50 salários mínimos, nos termos do art. 833, § 2.º, do CPC.

Essa, entretanto, não é a única exceção, como equivocadamente é costume se afirmar. O art. 14, § 3.º, da Lei 4.717/1965 prevê que, quando o réu condenado perceber dos cofres públicos, a execução far-se-á por desconto em folha até o integral ressarcimento do dano causado, se assim mais convier ao interesse público. Como se pode notar, o dispositivo legal, ao admitir o desconto em folha, consequentemente afasta a impenhorabilidade do salário consagrada no art. 833, IV, do CPC.

Trata-se, inclusive, de meio executivo aplicável a toda espécie de ação coletiva, mesmo que a regra esteja consagrada apenas na Lei de Ação Popular. Vale-se para tal conclusão do microssistema coletivo.

Na *execução indireta*, o Estado não substitui a vontade do executado; pelo contrário, atua de forma a convencê-lo a cumprir sua obrigação, com o que será satisfeito o direito do exequente. O juiz atuará de modo a pressionar psicologicamente o executado para que ele modifique sua vontade originária de ver frustrada a satisfação do direito do exequente[320]. Sempre que a *pressão psicológica* funciona, é o próprio executado o responsável pela satisfação do direito; a satisfação será voluntária, decorrente da vontade da parte, mas obviamente não será espontânea, considerando-se que só ocorreu porque foi exercida pelo juiz uma pressão psicológica sobre o devedor.

Existem duas formas de execução indireta. A primeira consubstancia-se na ameaça de piorar a situação da parte caso não cumpra a obrigação, como ocorre com as *astreintes*, multa aplicável diante do descumprimento das obrigações de fazer, não fazer e entregar coisa, ou ainda com a prisão civil na hipótese do devedor inescusável de alimentos. A segunda forma de execução indireta consubstancia-se na oferta de uma melhora na situação da parte caso ela cumpra sua obrigação, como ocorre no art. 827, § 1.º do CPC, que prevê um desconto de 50% no valor dos honorários advocatícios no caso de pagamento do valor exequendo no prazo de três dias da citação. Apesar de lições tradicionais de direito estrangeiro, os termos "sanções premiadoras" ou "sanções premiais"[321], empregados para designar essa espécie de execução indireta, não parecem adequados porque, apesar de a ideia de prêmio concedido a quem cumpre a obrigação estar correta, não se pode confundir *sanção* com *pressão psicológica*.

Não obstante ser substancialmente igual a execução indireta na execução individual e coletiva, há ao menos uma diferença digna de nota e que merece um breve comentário.

As *astreintes*, certamente o meio executivo indireto mais importante do sistema, são aplicáveis tanto na execução individual como na coletiva, seguindo em ambas fundamen-

---

[320] DINAMARCO, Cândido Rangel. *Instituições de direito processual civil*. São Paulo: Malheiros, 2004. v. 4, n. 1.330, p. 47-48.
[321] BERMUDES, Sérgio. *A reforma do Código de Processo Civil*. 2. ed. São Paulo: Saraiva, 1996. p. 175-176, apontando para lições de Carnelutti ao falar em "sanções premiadoras".

talmente as mesmas características. O tema referente à exigibilidade da multa, entretanto, recebe tratamento distinto.

Para parcela da doutrina, a multa é exigível a partir do momento em que a decisão que a fixa se torna eficaz, ou porque não foi recorrida ou porque foi impugnada por recurso sem efeito suspensivo[322]. Essa exigibilidade permitiria a execução imediata de crédito decorrente da multa frustrada fixada em decisão ainda não definitiva, inclusive a decisão interlocutória que concede a tutela antecipada, o que só pode ser compreendido com a possibilidade de execução provisória do crédito[323].

Para essa corrente doutrinária, a necessidade de exigibilidade imediata resulta da própria função coercitiva da multa, porque a necessidade de aguardar a definitividade da decisão, que só ocorrerá com o advento da coisa julgada material, seria extremamente contrária à necessidade de pressionar efetivamente o devedor a cumprir a obrigação. Uma perspectiva de remota execução não seria suficiente para exercer a pressão psicológica esperada das *astreintes*[324].

Para outra corrente doutrinária, deve-se aguardar o trânsito em julgado para que se possa exigir o crédito gerado pela frustração da multa. Essa corrente doutrinária entende que a mera ameaça de aplicação da multa, independentemente do momento em que o crédito gerado por sua frustração passará a ser exigível, já é suficiente para configurar a pressão psicológica pretendida pelo legislador[325]. Por outro lado, como só deve pagar a multa a parte definitivamente derrotada na demanda judicial – o que só será conhecido com o trânsito em julgado –, cabe aguardar esse momento procedimental para admitir a execução da multa[326].

Concordo com a primeira corrente doutrinária porque, de fato, com o tempo que os processos demoram para atingir o trânsito em julgado, muito da natureza coercitiva da multa se perderá se a exigibilidade da cobrança do crédito gerado pela frustração da multa depender desse momento processual. Trata-se do tradicional e frequente choque entre a *efetividade* (exigibilidade imediata, sem saber ainda se a multa é definitivamente devida) e a *segurança jurídica* (exigibilidade após o trânsito em julgado da decisão que fixa a multa, quando se saberá definitivamente se a parte é ou não titular do direito de crédito). Nesse sentido era entendimento do Superior Tribunal de Justiça na vigência do CPC/1973[327].

Em uma tentativa de se encontrar um meio-termo entre a executabilidade imediata, fundada na maior eficácia da multa, e a executabilidade condicionada ao trânsito em julgado, em prestígio à segurança jurídica, o Superior Tribunal de Justiça passou a entender que a multa fixada em sede de tutela antecipada só poderia ser executada após a confir-

---

[322] BUENO, Cassio Scarpinella. *Código de Processo Civil anotado*. In: MARCATO, Antonio Carlos (Coord.). São Paulo: Atlas, 2006. p. 1.413.

[323] THEODORO JR., Humberto. *Processo de execução e cumprimento de sentença*. 25. ed. São Paulo: Leud, 2008. n. 474, p. 558.

[324] TALAMINI, Eduardo. *Tutela relativa aos deveres de fazer e não fazer*. 2. ed. São Paulo: RT, 2003. n. 9.7, p. 254-255.

[325] MARINONI, Luiz Guilherme. *Tutela inibitória: individual e coletiva*. 4. ed. São Paulo: RT, 2006. n. 3.27.1.6, p. 222.

[326] DINAMARCO, Cândido Rangel. *Instituições*, n. 1.637, p. 474.

[327] *Informativo* 422/STJ: 1.ª Turma – REsp 1.098.028-SP – Rel. Min. Luiz Fux – j. 09.02.2010; STJ – 3.ª Turma – AgRg no REsp 1.116.800/RS – Rel. Min. Massami Uyeda – j. 08.09.2009 – DJe 25.09.2009.

mação da tutela antecipada em sentença, e desde que o recurso contra essa decisão não tivesse efeito suspensivo[328]. Registre-se que a ausência do efeito suspensivo não chegava a ser um problema, porque ele só poderia ser obtido excepcionalmente no caso concreto (efeito suspensivo *ope iudicis*). O equilíbrio buscado entre a eficácia da multa e a segurança jurídica foi alcançado de outra forma pelo art. 537, § 3.º, do CPC.

Inicialmente, a previsão do dispositivo legal deve ser saudada por duas razões. Primeiro, porque consagra expressamente a eficácia imediata da multa, em nítido prestígio da efetividade desse meio executivo. Segundo, porque deixa claro que a execução definitiva dessa multa depende do trânsito em julgado da sentença, afastando indevida confusão entre executabilidade e provisoriedade sentida em algumas decisões do Superior Tribunal de Justiça[329].

Apesar de consagrar a eficácia imediata da multa, o dispositivo legal ora analisado prevê um cumprimento de sentença incompleto, já que exige para o levantamento dos depósitos realizados em juízo o trânsito em julgado de sentença favorável à parte.

O único ato vedado pela norma comentada na execução provisória da multa é o levantamento de valores, de forma que, sendo penhorado qualquer outro bem que não seja dinheiro, deverá ocorrer normalmente sua expropriação, permanecendo o valor recebido depositado em juízo à espera do trânsito em julgado.

O legislador, aparentemente, encontrou uma solução que prestigia a efetividade e a segurança jurídica. A executabilidade imediata reforça o caráter de pressão psicológica da multa porque o devedor sabe que, descumprida a decisão em tempo breve, poderá sofrer desfalque patrimonial. Por outro lado, ao exigir para o levantamento de valores em favor do exequente o trânsito em julgado ou a pendência de recurso que dificilmente reverterá o resultado, o legislador prestigia a segurança jurídica.

Conforme consta do dispositivo ora analisado, é possível o levantamento do dinheiro antes do trânsito em julgado, bastando, para isso, estar pendente de julgamento o agravo contra recurso especial e recurso extraordinário. A permissão legal dá-se em razão das chances mínimas de sucesso de tal recurso, assumindo o legislador, nesse caso, o risco por um levantamento antes do trânsito em julgado.

Apesar de raro, é possível que tal recurso seja provido, e tal situação deve ser considerada. Sendo por meio de decisão definitiva, demonstrando não assistir razão à parte que teria sido beneficiada pela multa, na hipótese de a multa ainda não ter sido cobrada, esta perderá seu objeto. Já tendo sido executada, com a satisfação do credor, caberá a repetição de indébito. Ainda que existisse uma decisão do juiz à época da fixação da multa que deveria ter sido cumprida, se posteriormente essa decisão mostrou-se contrária ao direito, não há mais justificativa alguma para a manutenção das consequências do inadimplemento da obrigação.

As considerações e conclusões, entretanto, não são aplicáveis quando a multa for utilizada em um processo coletivo, já que, nesse caso, a exigibilidade está condicionada ao trânsito em julgado da decisão que a fixar. E por que esse tratamento distinto? Por opção do legislador.

---

[328] *Informativo* 546/STJ – Corte Especial – REsp 1.200.856/RS – Rel. Min. Sidnei Beneti – j. 1.º.07.2014; Informativo 511/STJ – 4.ª Turma – REsp 1.347.726-RS – Rel. Min. Marco Buzzi – j. 27.11.2012.
[329] *Informativo* 422/STJ – 1.ª Turma – REsp 1.098.028/SP – Rel. Min. Luiz Fux – j. 09.02.2010; STJ – 3.ª Turma – AgRg no REsp 1.116.800/RS – Rel. Min. Massami Uyeda – j. 08.09.2009 – *DJe* 25.09.2009.

A regra está consagrada na ação civil pública (art. 12, § 2.º, da Lei 7.347/1985), nas demandas regidas pelo Estatuto da Criança e do Adolescente (ECA) (art. 213, § 3.º, da Lei 8.069/1990) e nas demandas reguladas pelo Estatuto da Pessoa Idosa (art. 83, § 3.º, da Lei 10.741/2003).

Não posso deixar de registrar minha profunda lamentação por tal solução, porque no processo coletivo, no qual se tutelam direitos indisponíveis e disponíveis com repercussão social, a eficácia da multa é ainda mais relevante. Condicionar sua executabilidade ao trânsito em julgado é, em grande medida, frustrar a expectativa de que a multa cumpra sua função de pressionar psicologicamente o devedor a cumprir a obrigação. As regras presentes no microssistema coletivo, entretanto, não deixam margem a outra interpretação.

Nos termos do art. 517 do CPC, a decisão transitada em julgado poderá ser levada a protesto, nos termos da lei, desde que o executado não realize o pagamento no prazo de 15 dias previsto pelo art. 523 do mesmo diploma legal. Tal protesto é forma de pressão psicológica pela imposição de piora na situação do recorrente.

Outra forma de execução indireta na execução de pagar quantia certa vem prevista no art. 782, § 3.º, do CPC, que estabelece que, a requerimento da parte, o juiz pode determinar a inclusão do nome do executado em cadastros de inadimplentes. Trata-se, evidentemente, de medida de execução coercitiva, que por meio de ameaça de piora na situação do executado busca convencê-lo a cumprir a obrigação.

A segunda forma de execução indireta consubstancia-se na oferta de uma melhora na situação da parte caso ela cumpra sua obrigação, como ocorre no art. 827, § 1.º, do CPC, que prevê um desconto de 50% no valor dos honorários advocatícios no caso de pagamento do valor exequendo no prazo de 3 dias da citação. Apesar de lições tradicionais de direito estrangeiro, os termos "sanções premiadoras" ou "sanções premiais"[330] empregados para designar essa espécie de execução indireta não parecem adequados, porque, afora a ideia de prêmio concedido a quem cumpre a obrigação estar correta, não se pode confundir *sanção* com *pressão psicológica*.

Na execução de pagar quantia certa é possível a cumulação de medidas de execução indireta e de execução por sub-rogação, ainda que tradicionalmente o procedimento executivo esteja fundado em atos de sub-rogação representados pela penhora e expropriação de bens, nos termos do art. 824 do CPC.

Na vigência do CPC/1973, parecia não ser possível a execução indireta por meio da aplicação das *astreintes* para pressionar o executado a cumprir a obrigação de pagar quantia certa. Apesar de parcela doutrinária defender a possibilidade da aplicação de multa na obrigação de pagar quantia certa[331], a jurisprudência do Superior Tribunal de Justiça era consolidada em sentido contrário, admitindo a multa na obrigação de efetuar crédito em conta vinculada do FGTS, justamente por entender tratar-se de obrigação de fazer e não de pagar[332].

A previsão contida no inciso IV do art. 139 do CPC é plenamente capaz de afastar essa resistência jurisprudencial, de forma a ter sido criado o ambiente legislativo propício para a aplicação das astreintes nas execuções que tenham como objeto obrigação de pagar quantia.

---

[330] BERMUDES, Sérgio. *A reforma do Código de Processo Civil*. 2. ed. São Paulo: Saraiva, 1996. p. 175-176, apontando para lições de Carnelutti ao falar em "sanções premiadoras".

[331] MARINONI, Luiz Guilherme; MITIDIERO, Daniel Francisco. *Código de Processo Civil comentado*. São Paulo: RT, 2010. p. 462-463.

[332] REsp 1.036.968/DF – 1.ª Turma – Rel. Min. Teori Albino Zavascki – j. 13.05.2008; REsp 893.484/RS – 2.ª Turma – Rel. Min. Herman Benjamin – j. 15.03.2007.

No procedimento de cumprimento de sentença de obrigação de pagar quantia existe a previsão de uma multa no valor de 10% do valor da condenação na hipótese de o devedor não realizar o pagamento no prazo de 15 dias. Para parcela da doutrina, trata-se de medida de execução indireta, que busca pressionar psicologicamente o devedor a efetuar o pagamento do valor devido[333].

Não parece, entretanto, tratar-se efetivamente de medida de execução indireta, sendo sancionatória a natureza jurídica dessa multa[334]. Como se pode afirmar que a *astreinte* é uma multa e que tem o seu valor prefixado em lei, sem nenhuma liberdade ao juiz em aumentar ou diminuir tal valor? Como saber *a priori* se o valor legal funcionará efetivamente no caso concreto para pressionar o devedor ao cumprimento da obrigação? Por outro lado, não se aplica medida de execução indireta quando é material ou juridicamente impossível o cumprimento da obrigação[335]. Não teria nenhum sentido aplicar uma multa diária ao executado que tem a obrigação de entregar coisa que já pereceu. Da mesma forma, não teria sentido pressionar alguém a pagar, se essa pessoa não tem patrimônio suficiente para tornar materialmente possível o cumprimento da obrigação. No entanto, a multa é aplicada independentemente da situação patrimonial do executado[336], o que deixa claro que, diante do dever de pagar descumprido, aplica-se como sanção a multa no valor de 10% sobre o valor da condenação.

O tema, entretanto, é bastante controvertido, chegando-se até mesmo a ponto de considerar a multa com natureza jurídica híbrida, sendo ao mesmo tempo execução indireta e sanção processual[337].

Especificamente quanto à execução indireta por meio de ameaça de piora na situação do executado na tutela coletiva, deve ser lembrado o art. 14, § 3.º, da Lei 4.717/1965, ao prever que, quando o réu condenado perceber dos cofres públicos, a execução far-se-á por desconto em folha até o integral ressarcimento do dano causado, se assim mais convier ao interesse público. Como se pode notar, o dispositivo legal, ao admitir o desconto em folha, consequentemente afasta a impenhorabilidade do salário consagrada no art. 833, IV, do CPC.

Na obrigação de entregar coisa é possível a cumulação de medidas de execução por sub-rogação e indireta, não existindo nenhuma ordem entre tais medidas, cabendo ao juiz aplicá-las ao caso concreto como entender mais eficaz para a efetiva satisfação do direito exequendo. Assim, poderá determinar a busca e apreensão ou a imissão na posse (execução por sub-rogação) ou, se preferir, aplicar uma multa diária diante do descumprimento da obrigação de entregar a coisa (execução indireta), como também poderá aplicar

---

[333] WAMBIER; Luiz Rodrigues; WAMBIER; Teresa Arruda Alvim; MEDINA, José Miguel Garcia. *Breves comentários à nova sistemática processual civil 3*. São Paulo: RT, 2007. p. 144-145; CARNEIRO, Athos Gusmão. *Cumprimento da sentença civil*. Rio de Janeiro: Forense, 2006. p. 61.
[334] STJ – 3.ª Turma – MC 14.258/RJ – Rel. Min. Nancy Andrighi – j. 17.06.2008; NEVES, Daniel Amorim Assumpção. *Reforma do CPC*. São Paulo: RT, 2006. p. 218-220; MARINONI, Luiz Guilherme; MITIDIERO, Daniel Francisco. *Código de Processo Civil comentado*. São Paulo: RT, 2010. p. 464; SHIMURA, Sérgio. Cumprimento da Sentença. In: SHIMURA, Sérgio; NEVES, Daniel Amorim Assumpção (coords.). *Execução no Processo Civil. Novidades e Tendências*. São Paulo: Método, 2005. p. 246.
[335] STJ – 1.ª Turma – REsp 634.775/CE – Rel. Min. Teori Albino Zavascki – j. 21.10.2004.
[336] CARNEIRO, Athos Gusmão. *Cumprimento da sentença civil*. Rio de Janeiro: Forense, 2006. p. 59.
[337] *Informativo* 437/STJ – 3.ª Turma – REsp 1.111.686/RN – Rel. Min. Sidnei Beneti – j. 1.º.06.2010.

ambas as medidas concomitantemente, até que uma delas se mostre eficaz, o que levará à revogação da outra.

Tratando-se de obrigação de fazer de natureza fungível, ou seja, uma obrigação que pode ser cumprida por outros sujeitos além do devedor (por exemplo, pintar uma casa), é possível a cumulação de medidas de execução indireta e por sub-rogação. Pode o juiz determinar a aplicação de multa[338], como também que a obrigação seja cumprida por terceiro à custa do executado, nos termos dos arts. 817 a 820 do CPC. Sendo a obrigação de fazer infungível (personalíssima), na qual somente o devedor pode cumprir a obrigação, de nada adiantará a aplicação de medidas de execução por sub-rogação, considerando-se que nesse caso a vontade do devedor não pode ser substituída pela vontade do Estado--Juiz. Nessa espécie de execução resta somente a aplicação de *astreintes* na tentativa de convencer o executado a cumprir a obrigação[339].

11.9.1.2. *Prescrição*

Havendo execução coletiva de sentença coletiva, não há qualquer debate a respeito do prazo prescricional da pretensão executiva, sendo nesse caso aplicado o entendimento consagrado na Súmula 150/STF, de forma que o prazo prescricional para o exercício da pretensão executiva será o mesmo da pretensão cognitiva.

Não há qualquer previsão expressa a respeito da prescrição da ação civil pública na Lei 7.347/1985 ou no CDC, mas tal omissão não é suficiente para permitir a conclusão da doutrina minoritária de não existir prescrição para a propositura de tal espécie de ação coletiva.[340]

Na realidade, parece indiscutível que existe prescrição, salvo na hipótese de lesão ao meio ambiente, considerando-se não só sua natureza indisponível, mas em especial sua relevância para a própria sobrevivência da pessoa humana. Conforme já decidido pelo Superior Tribunal de Justiça, a tutela jurisdicional em razão do dano ambiental protege bem jurídico que antecede a todos os demais direitos, já que sem ele não há vida, nem saúde, nem trabalho, tampouco lazer.[341]

Registre-se, entretanto, que o prescricional para a cobrança de multa aplicada em virtude da infração administrativa ao meio ambiente é de cinco anos, nos termos do art. 1.º do Decreto 20.910/1932, conforme entendimento consolidado do Superior Tribunal de Justiça.[342]

A questão mais relevante diz respeito ao prazo prescricional, tanto para a propositura da ação coletiva como para o início do cumprimento de sentença coletiva. Seria resolvida a omissão legal com a aplicação do microssistema coletivo ou o mais adequado é se socorrer dos prazos prescricionais previstos no Código Civil?

---

[338] STJ – 1.ª Turma – REsp 893.041/RS – Rel. Min. Teori Albino Zavascki – j. 05.12.2006.
[339] ASSIS, Araken de. *Manual dos recursos*. 2. ed. São Paulo: RT, 2008. n. 19, p. 132.
[340] SOBRANE, Sérgio Turra. *Improbidade administrativa*: Aspectos materiais, dimensão difusa e coisa julgada. São Paulo: Atlas, 2010. p. 198.
[341] STJ – 2.ª Turma – REsp 1.120.117/AC – Rel. Min. Eliana Calmon – j. 10.11.2009 – *DJe* 19.11.2009.
[342] STJ – 2.ª Turma – REsp 1.225.489/SP – Rel. Min. Mauro Campbell Marques – j. 22.02.2011 – *DJe* 04.03.2011.

São inúmeras as decisões do Superior Tribunal de Justiça aplicando o microssistema coletivo para concluir que o prazo prescricional da ação civil pública é de cinco anos, em razão da aplicação subsidiária do art. 21 da LAP.[343]

Há corrente doutrinária,[344] entretanto, inclusive amparada em julgamento – aparentemente isolado – do Superior Tribunal de Justiça,[345] no sentido de somente aplicar subsidiariamente o prazo de cinco anos previsto no art. 21 da Lei 4.717/1965 à ação civil pública a direitos materiais tuteláveis pela ação popular. Nessa linha de raciocínio, naqueles direitos materiais que só podem ser tutelados pela ação civil pública deve-se buscar o prazo prescricional fora do microssistema, mais precisamente no Código Civil ou outros diplomas legais que prevejam tal prazo, como, por exemplo, o Código de Defesa do Consumidor.

O tema cresce em interesse quando se analisa a execução individual da sentença coletiva. Qualquer que seja a natureza do direito reconhecido pela sentença coletiva, é possível seu aproveitamento por indivíduos. Tratando-se a sentença coletiva de direito transindividual, é sempre possível haver direitos individuais correlatos, que tenham sido violados pelo mesmo ato ilícito, e, se tratar de direito individual homogêneo, os titulares dos direitos individuais que, somados, resultaram em tal direito, naturalmente terão interesse em executar a sentença.

Questão interessante concerne ao prazo prescricional para a propositura dessa execução, ou mesmo para a liquidação de sentença como medida preparatória à execução. O Superior Tribunal de Justiça, aplicando o entendimento consolidado na Súmula 150/STF, entendeu que o prazo prescricional para as execuções individuais da sentença coletiva é o mesmo da ação coletiva, sendo, portanto, de cinco anos.[346]

O entendimento consagrado no Superior Tribunal de Justiça desconsidera a natureza da ação de conhecimento e das execuções, e para ele o relevante para a fixação do prazo prescricional é o prazo previsto em lei para a ação. Considero justificável o entendimento, ainda que no caso concreto possa representar sério prejuízo ao indivíduo, que, se tivesse em seu favor uma sentença individual, teria, na maioria dos casos, mais do que cinco anos para a propositura da execução.

Registre-se a existência de precedentes do Superior Tribunal de Justiça que entende inaplicável a obrigação de publicação de editais para a ciência *erga omnes* da propositura da ação coletiva (art. 94 do CDC) como exigência do termo inicial para a contagem do prazo prescricional para o cumprimento de sentença, que se dará do trânsito em julgado, independentemente de publicação de editais dando conta a terceiros pretensamente interessados no resultado do processo coletivo:

---

[343] STJ – 4.ª Turma – AgRg no REsp 1.173.874/RS – Rel. Min. Antonio Carlos Ferreira – j. 17.03.2015 – DJe 24.03.2015; STJ – 3.ª Turma – EDcl no REsp 1.276.072/PR – Rel. Min. Paulo de Tarso Sanseverino – j. 19.09.2013 – DJe 24.09.2013; STJ – 2.ª Turma – AgRg no REsp 1.185.347/RS – Rel. Min. Humberto Martins – j. 17.04.2012 – DJe 25.04.2012.

[344] GAJARDONI, Fernando da Fonseca. *Direitos difusos e coletivos I*. São Paulo: Saraiva, 2012, p. 161; BUENO, Cassio Scarpinella. *Curso sistematizado de direito processual civil*. São Paulo, Saraiva, 2007. v. 2, p. 246-247.

[345] STJ – 3.ª Turma – REsp 995.995/DF – Rel. Min. Nancy Andrighi – j. 19.08.2010 – DJe 16.11.2010. Conferir, também, STJ – 4ª Turma – REsp 1.807.990 – Rel. Min. Maria Isabel Gallotti – j. 20.04.2020.

[346] *Informativo* 515/STJ: 3.ª Turma – REsp 1.273.643-PR – Rel. Min. Sidnei Beneti – j. 27.02.2013; STJ – 4.ª Turma – EDcl no AREsp 99.533/PR – Rel. Min. Raul Araújo – j. 19.06.2012 – DJe 29.06.2012.

"Direito processual civil. Termo *a quo* do prazo prescricional das execuções individuais de sentença coletiva. Recurso repetitivo (art. 543-C do CPC/1973 e Res. STJ n. 8/2008). Tema 877.

O prazo prescricional para a execução individual é contado do trânsito em julgado da sentença coletiva, sendo desnecessária a providência de que trata o art. 94 da Lei n. 8.078/1990. O art. 94 do CDC dispõe que, 'Proposta a ação, será publicado edital no órgão oficial, a fim de que os interessados possam intervir no processo como litisconsortes, sem prejuízo de ampla divulgação pelos meios de comunicação social por parte dos órgãos de defesa do consumidor'. Realmente, essa providência (de ampla divulgação midiática) é desnecessária em relação ao trânsito em julgado de sentença coletiva. Isso porque o referido dispositivo disciplina a hipótese de divulgação da notícia da propositura da ação coletiva, para que eventuais interessados possam intervir no processo ou acompanhar seu trâmite, nada estabelecendo, porém, quanto à divulgação do resultado do julgamento. Diante disso, o marco inicial do prazo prescricional aplicável às execuções individuais de sentença prolatada em processo coletivo é contado, ante a inaplicabilidade do art. 94 do CDC, a partir do trânsito em julgado da sentença coletiva. Note-se, ainda, que o art. 96 do CDC, segundo o qual, 'Transitada em julgado a sentença condenatória, será publicado edital, observado o disposto no art. 93', foi objeto de veto pela Presidência da República, o que torna infrutífero o esforço de interpretação analógica para aplicar a providência prevista no art. 94 com o fim de promover a ampla divulgação midiática do teor da sentença coletiva transitada em julgado, ante a impossibilidade de o Poder Judiciário, qual legislador ordinário, derrubar o veto presidencial ou, eventualmente, corrigir erro formal porventura existente na norma. Assim, em que pese o caráter social que se busca tutelar nas ações coletivas, não se afigura possível suprir a ausência de previsão legal quanto à ampla divulgação midiática do teor da sentença, sem romper a harmonia entre os Poderes. Ressalte-se que, embora essa questão não tenha sido o tema do REsp 1.273.643-PR (Segunda Seção, DJe 4/4/2013, julgado no regime dos recursos repetitivos) – no qual se definiu que, 'No âmbito do Direito Privado, é de cinco anos o prazo prescricional para ajuizamento da execução individual em pedido de cumprimento de sentença proferida em Ação Civil Pública' –, percebe-se que a desnecessidade da providência de que trata o art. 94 da Lei n. 8.078/1990 foi a premissa do julgamento do caso concreto no referido recurso, haja vista que, ao definir se aquela pretensão executória havia prescrito, considerou-se o termo *a quo* do prazo prescricional como a data do trânsito em julgado da sentença coletiva. Precedentes citados: AgRg no AgRg no REsp 1.169.126-RS, Quinta Turma, DJe 11/2/2015; AgRg no REsp 1.175.018-RS, Sexta Turma, DJe 1.º/7/2014; AgRg no REsp 1.199.601-AP, Primeira Turma, DJe 4/2/2014; e EDcl no REsp 1.313.062-PR, Terceira Turma, DJe 5/9/2013)" (*Informativo 568/STJ* – 1.ª Seção – REsp 1.388.000/PR – Rel. Min. Napoleão Nunes Maia Filho – Rel. para acórdão Min. Og Fernandes – j. 26.08.2015 – DJe 12.04.2016).

Quanto ao tema da prescrição, ainda que estranho à tutela executiva, há ainda um assunto que merece destaque. A existência de um processo coletivo deve servir como desestímulo ao indivíduo à propositura de um processo individual. Sendo um dos objetivos da tutela individual atender ao princípio da economia processual macroscópica, com a diminuição dos processos, não faz sentido que os indivíduos que serão potencialmente tutelados pela sentença proferida no processo coletivo continuem a propor demandas individuais.

Há, entretanto, a insegurança natural do indivíduo quanto à demora no trâmite do processo coletivo e eventual prescrição de sua pretensão individual. Pode ele pensar em propor a demanda individual porque, na eventualidade de improcedência do pedido coletivo, poderá ser tarde demais para a propositura do processo individual.

Justamente para tranquilizar o indivíduo e desestimular a propositura da demanda individual, é entendimento consolidado do Superior Tribunal de Justiça que a propositura de ação coletiva que tenha a mesma causa de pedir de ação individual interrompe a prescrição desta[347].

11.9.2. Legitimidade ativa

Naturalmente, o autor da ação coletiva terá legitimidade para a execução. É, inclusive, esse sujeito que costuma executar a sentença, não sendo comum que outro legitimado, que não tenha participado da fase de conhecimento como autor, dê início à fase executiva. Não é normal que um legitimado que teve todo o trabalho em obter uma sentença condenatória deixe de se interessar justamente no momento da satisfação do direito. Apesar dessa realidade, é indiscutível que outros legitimados previstos nos arts. 5.º da LACP e 82 do CDC, que não tenham composto o polo ativo da ação coletiva na fase de conhecimento, também sejam legitimados ativos para o cumprimento de sentença.

O mesmo pode se dizer da execução de título executivo extrajudicial. Apesar de ser comum que o próprio legitimado coletivo que participou da formação do título seja o exequente na hipótese de inadimplemento obrigacional, não existe qualquer impedimento para que outro legitimado coletivo ingresse com a execução. Nesse sentido, deve-se lamentar a mudança de entendimento do Superior Tribunal de Justiça quanto à legitimidade do Ministério Público de executar decisão do Tribunal de Contas do Estado com vista a ressarcir o erário[348]. O entendimento parte da equivocada premissa de que nesse caso o Ministério Público atuaria em favor do órgão público (execução individual), quando na realidade sua atuação se dá em prol da coletividade (execução coletiva).

A indisponibilidade de execução de título executivo judicial no âmbito da tutela coletiva é a regra, de forma que, não sendo executada a sentença coletiva de procedência pelo autor ou por outro colegitimado dentro de certo prazo legal, caberá ao Ministério Público o dever funcional de fazê-lo. A justificativa é simples: evitar que um eventual conluio do autor com o réu, ou mesmo um desinteresse de outros legitimados em executar a decisão, seja capaz de frustrar a proteção de um direito transindividual já reconhecido por decisão judicial.

O art. 16 da Lei 4.717/1965, que prevê o dever funcional do Ministério Público de executar a decisão judicial, decorridos 60 dias da publicação da sentença condenatória de segunda instância (melhor seria dizer acórdão de segundo grau), em razão da inércia do cidadão autor e de outros cidadãos, vai no mesmo sentido do art. 15 da Lei 7.347/1985,

---

[347] *Informativo Extraordinário* 9/STJ – AgInt no AREsp 2.036.247/RS – 4.ª Turma – Rel. Min. João Otávio de Noronha – por unanimidade – j. 14.11.2022 – *DJe* 17.11.2022.

[348] STJ – 2.ª Turma – AgRg no REsp 1.541.385/MA – Rel. Min. Herman Benjamin – j. 05.11.2015 – *DJe* 03.02.2016; STJ – 1.ª Seção – EDcl no REsp 1.194.670/MA – Rel. Min. Napoleão Nunes Maia Filho – j. 03.09.2013 – *DJe* 20.09.2013.

que prevê ser dever funcional do Ministério Público a execução em 60 dias do trânsito em julgado, caso não a execute o autor ou outro colegitimado.

Ainda que a obrigatoriedade de propositura da execução pelo Ministério Público seja a tônica do sistema da tutela coletiva, é preciso observar importante distinção entre as duas regras legais mencionadas. Enquanto na ação popular o prazo de 60 dias tem seu termo inicial na prolação da decisão de procedência do segundo grau, na ação civil pública a contagem do mesmo prazo só tem início com o trânsito em julgado da sentença de procedência. Significa que o Ministério Público somente tem o dever funcional de executar uma sentença proferida em ação civil pública de forma definitiva, enquanto na ação popular, ainda que pendente de julgamento recurso especial e/ou extraordinário, haverá dever funcional do Ministério Público em executar provisoriamente a sentença.

Mesmo que se reconheça o nobre objetivo de se fazer cumprir uma sentença popular a partir do momento em que ela passa a gerar efeitos no processo, mesmo que não seja definitiva em razão da pendência de recurso, não entendo correto imputar ao Ministério Público um dever funcional em executar a sentença provisoriamente. Ninguém tem o dever de executar provisoriamente, sendo sempre admissível que se aguarde o momento em que a decisão torna-se definitiva, após o trânsito em julgado, em razão da teoria do risco-proveito aplicável ao cumprimento provisório da sentença.

Prevê o art. 520, I, do CPC que o cumprimento provisório de sentença corre por conta e responsabilidade do exequente, em nítida aplicação da teoria do risco-proveito. Significa que o cumprimento provisório de sentença é uma opção benéfica ao exequente, já que permite, senão a satisfação do direito, ao menos o adiantamento da prática de atos executivos. Entretanto, os riscos de tal adiantamento são totalmente carreados ao exequente, que estará obrigado a ressarcir o executado por todos os danos (materiais, morais, processuais) advindos da execução provisória na hipótese de a sentença ser reformada ou anulada pelo recurso pendente de julgamento. A responsabilidade, nesse caso, é objetiva, de modo que o elemento "culpa" é irrelevante para a sua configuração, bastando ao executado provar a efetiva ocorrência de danos e o nexo de causalidade com a execução provisória.

Significa que, na ação popular, não se pode impor um dever ao Ministério Público que acarretará um risco de prejuízo aos cofres públicos, porque os danos suportados pelo executado provisório nesse caso serão cobrados do Estado. É até mesmo um contrassenso, em uma ação em que se busca a tutela do patrimônio público, exigir do Ministério Público a adoção de uma conduta que poderá resultar em prejuízo a esse mesmo patrimônio que se buscava tutelar. Portanto, ainda que exista expressa previsão a respeito na Lei 4.717/1965, parece ser preferível a aplicação do art. 15 da Lei 7.347/1985.

Reconheço que o entendimento ora defendido não encontra amparo nos tribunais, e o Superior Tribunal de Justiça não só aplica o art. 16 da LAP em sua literalidade, como vai além, ao admitir que em sua interpretação também seja incluída a liquidação da sentença coletiva genérica. Ainda que a liquidação seja inegavelmente cognitiva, como fase preparatória da execução, a decisão demonstra o claro entendimento no sentido de ser iniciada a persecução executiva a partir da decisão de segundo grau, ainda que nesse caso precedida pela liquidação de sentença.

O problema, naturalmente, não se coloca na hipótese de sentença de procedência transitada em julgado em razão de ausência de interposição de apelação por parte dos réus. Apesar de extremamente rara no caso concreto tal situação, o dever do Ministério Público de executar a sentença coletiva só começa, nesse caso, a ser contado do trânsito em julgado. O mesmo se diga do acórdão que julga a apelação não recorrido por recurso especial e/ou recurso extraordinário, de ocorrência um pouco mais frequente.

Registre-se, por fim, que o art. 15 da LACP se aplica somente nos casos de direito difuso e coletivo, nos quais a execução coletiva da sentença é o caminho natural de satisfação do direito reconhecido como violado pela decisão. Nos direitos individuais homogêneos o caminho natural dessa satisfação é a execução individual a ser oferecida pelos interessados, sendo coletiva a execução de maneira subsidiária e eventual, nos termos do art. 100 do CDC.

11.9.3. Direitos difusos e coletivos

Conforme já tive oportunidade de afirmar, diante de uma sentença coletiva fundada em violação a direito difuso e coletivo, o caminho natural de satisfação da decisão é por meio de uma execução coletiva, que reverterá em prol da coletividade ou de uma comunidade. Não há, na realidade, qualquer especialidade procedimental nessa execução, devendo o exequente se valer das regras previstas na teoria geral da execução e aplicáveis tanto à execução individual como coletiva.

O ponto de destaque fica por conta das lições doutrinárias que apontam uma preferência nessa execução pela tutela específica[349]. Como toda tutela inibitória é específica, fica clara também a opção por essa espécie de tutela, restando a tutela reparatória apenas para aquelas situações em que não será concretamente possível a obtenção da inibitória. E, mesmo quando a tutela reparatória for a única possível, prefere-se essa espécie de tutela *in natura*, e somente de forma residual a tutela pelo equivalente em dinheiro.

Naturalmente é mais adequada uma tutela que proíba uma determinada empresa de cortar ilegalmente milhares de árvores, mas, uma vez ocorrido o evento, a tutela preventiva já não será mais possível, restando tão somente a tutela reparatória. Nesse caso, deve-se preferir a condenação do réu a alguma compensação ao meio ambiente lesado, como a obrigação de replantio das árvores, e apenas de forma residual sua condenação ao pagamento de quantia certa.

Havendo condenação a pagar quantia certa na hipótese de danos causados ao erário, o valor obtido em cumprimento de sentença ou processo de execução será revertido para a pessoa jurídica de direito público que tenha suportado a lesão econômica reconhecida na sentença ou no título executivo extrajudicial[350]. Em todas as demais hipóteses, o valor em dinheiro obtido em processo de execução ou cumprimento de sentença deverá ser revertido para o Fundo de Direitos Difusos, previsto no art. 13 da LACP[351].

---

[349] RODRIGUES, Marcelo Abelha. Ação civil pública. In: DIDIER JR., Fredie (Org.). *Ações constitucionais*. 4. ed. Salvador: JusPodivm, 2009. p. 322.

[350] LEONEL, Ricardo de Barros. *Manual do processo coletivo*. São Paulo: RT, 2002. p. 374.

[351] RODRIGUES, Marcelo Abelha, Ação civil pública. In: DIDIER JR., Fredie (coord). 4. ed. Salvador: Jus Podivm, 2009, p. 321.

11.9.4. Direitos individuais homogêneos

11.9.4.1. Introdução

Como já tive oportunidade de afirmar, o direito individual homogêneo tem natureza de direito individual, e nada mais é do que a soma de direitos individuais de origem comum. Em um processo coletivo cujo objeto seja um direito individual homogêneo, a sentença condenará o réu ao pagamento dos danos gerados aos sujeitos que sejam titulares de cada direito individual que, somados, resultaram no direito individual homogêneo.

Essa especial, característica do direito individual homogêneo faz que a sentença coletiva seja executada individualmente, por cada um dos indivíduos beneficiados por ela. Muito provavelmente será necessária uma fase de liquidação de sentença, conforme analisado no item 11.8, mas a execução subsequente terá natureza individual. Significa que, dentro da normalidade, a ação é tratada como coletiva somente até a prolação da sentença, e depois desse momento é tratada como individual, seja na liquidação, seja na execução.

A execução individual não terá qualquer especialidade procedimental, sendo uma regular execução de pagar quantia certa de título executivo judicial. Os pontos de maior interesse ficam por conta da execução por *fluid recovery* e da execução pseudocoletiva, temas que serão analisados a seguir.

11.9.4.2. Execução por fluid recovery

A execução de sentença fundada em direito individual homogêneo será feita individualmente, pelos lesionados, seus sucessores ou mesmo pelos legitimados coletivos. Independentemente do exequente, o importante a ressaltar é a natureza individual dessas execuções, o que, no caso concreto, exigirá a iniciativa do indivíduo, seja ingressando com a execução, seja municiando o legitimado coletivo de informações para que o *quantum debeatur* individual seja estabelecido. O indivíduo, portanto, é peça fundamental na execução de sentença coletiva fundada em direito individual homogêneo.

Como a participação do indivíduo é praticamente indispensável na execução ora analisada, surge a possibilidade de uma sentença praticamente ineficaz, que aproveite concretamente um número ínfimo de interessados que se habilitem na demanda para executar seus créditos. Por vezes, uma sentença com abrangência ampla em termos de sujeitos beneficiados pode simplesmente deixar de gerar todos os seus potenciais efeitos, bastando para isso que os beneficiados pela decisão não executem seus créditos individuais. E nesse caso a execução por reparação fluida evita o enriquecimento sem causa do condenado na ação coletiva[352].

Poder-se-á questionar por que um sujeito, que tem em seu favor um título executivo judicial, deixa de executá-lo. Apesar dos mecanismos de aviso aos interessados previstos pela lei, deve-se reconhecer que a publicação de editais no início do processo, nos termos do art. 94 do CDC, pode não levar à informação da existência do processo para todos

---

[352] STJ – 4.ª Turma – REsp 1.156.021/RS – Rel. Min. Marco Buzzi – j. 06.02.2014 – DJe 05.05.2014.

os interessados. E, mesmo que adotado entendimento doutrinário no sentido de aplicar esse dispositivo legal por analogia para o momento posterior ao trânsito em julgado[353], difícil acreditar na plena publicidade da decisão. Medida interessante nesse sentido seria o autor pedir já na petição inicial a condenação do réu a providenciar a publicação da sentença em meios de comunicação de grande alcance, como internet, televisão e rádio. De qualquer forma, deve-se contar com a ignorância dos interessados a respeito da sentença que os beneficia.

Por outro lado, a própria desinformação de muitas partes e seus patronos pode colaborar para não haver a execução individual na dimensão adequada e possível diante da sentença coletiva. A exata compreensão do sistema processual existente para a tutela coletiva ainda está longe de ser uma realidade, de modo que não é espantoso encontrar advogados que simplesmente não sabem que poderão se valer de uma sentença coletiva para o benefício de seus clientes.

Além das dificuldades apresentadas, é importante lembrar típica hipótese de execução por *fluid recovery*. Como aponta a melhor doutrina[354], existem danos que individualmente considerados são ínfimos, dificilmente incentivando os indivíduos à execução. No entanto, quando esses danos individuais são somados, passando a existir de forma global, nota-se que o prejuízo gerado pelo réu foi substancial[355]. Os exemplos são fartos: milhares de consumidores foram enganados por uma empresa de chocolate, que anunciava barras de 30 g com somente 29 g; milhares de viajantes pagaram pedágio a R$ 10,00 quando o valor correto seria R$ 9,90; milhares de clientes de um banco tiveram R$ 0,50 retirado indevidamente de suas contas. Nesse caso, a falta de interesse nas execuções individuais, em razão do ínfimo valor envolvido, poderá liberar o réu de arcar com as consequências de seu ato danoso, o que, naturalmente, não deve ser bem aceito.

Exatamente por compreender que a efetividade da sentença fundada em direito individual homogêneo dependerá antes de tudo da iniciativa do indivíduo, com o que nem sempre se poderá contar, o legislador consagrou no art. 100 do CDC a chamada execução por *fluid recovery*, originária do direito norte-americano, também chamada de reparação fluída. Segundo o dispositivo legal, "decorrido o prazo de um ano sem habilitação de interessados em número compatível com a gravidade do dano, poderão os legitimados do art. 82 promover a liquidação e execução da indenização devida".

Como se pode notar do teor do dispositivo legal, a forma executiva ora analisada é subsidiária e condicionada ao preenchimento de certos requisitos previstos em lei, já tendo corretamente o Superior Tribunal de Justiça decidido no sentido de faltar legitimidade aos legitimados coletivos na propositura de tal execução antes de vencido o prazo legal e analisados pelo juízo competente tais pressupostos[356].

---

[353] MANCUSO, Rodolfo de Camargo. *Manual de direito do consumidor em juízo*. São Paulo: Saraiva, 2004. p. 186.

[354] STJ – 4.ª Turma – REsp 1.187.632/DF – Rel. Min. João Otávio de Noronha – Rel. p/ acórdão Min. Antonio Carlos Ferreira – j. 05.06.2012 – *DJe* 06.06.2013. GRINOVER, Ada Pellegrini. *Código Brasileiro de Defesa do Consumidor*. 6. ed. Rio de Janeiro: Forense Universitária, 1999. p. 163; MANCUSO, Rodolfo de Camargo. *Manual de direito do consumidor em juízo*. São Paulo: Saraiva, 2004. p. 183.

[355] STJ – 4.ª Turma – REsp 1.187.632/DF – Rel. Min. João Otávio de Noronha – Rel. p/ acórdão Min. Antonio Carlos Ferreira – j. 05.06.2012 – *DJe* 06.06.2013.

[356] STJ – 3.ª Turma – REsp 1.955.899/PR – Rel. Min. Nancy Andrighi – j. 15.03.2022 – *DJe* 21.03.2022.

A execução por *fluid recovery* se distingue de forma significativa da execução individual. Nesta, o indivíduo ou o legitimado coletivo como substituto processual litiga para satisfazer o direito individual, enquanto naquela o legitimado coletivo busca uma recomposição em prol da coletividade, tanto assim que, segundo o art. 100, parágrafo único, do CDC, o produto da indenização devida reverterá para o fundo criado pela Lei 7.347/1985, o Fundo de Direito Difusos (FDD), independentemente de pedido nesse sentido na petição inicial da ação coletiva[357]. Não deixa de ser interessante porque o dano gerado pelo réu foi individual, enquanto a execução por *fluid recovery* tutela a coletividade.

Essa forma diferenciada de execução deve ser considerada como uma anomalia do sistema, só devendo tomar lugar quando as execuções individuais não tiverem sido oferecidas em número compatível com a gravidade do dano. Insista-se mais uma vez que, se o direito individual homogêneo tem natureza de direito individual, as execuções devem ser individuais, valendo-se o sistema da execução por *fluid recovery* apenas subsidiariamente[358].

Apesar do silêncio da lei, o termo inicial do prazo de um ano previsto pelo art. 100 do CDC é o trânsito em julgado da sentença[359], pois ninguém pode ser obrigado a executar provisoriamente uma sentença assumindo os riscos que essa espécie de execução proporciona. Caberá aos legitimados coletivos uma primeira aferição do número de interessados habilitados diante do potencial da sentença, uma vez que, se os próprios legitimados coletivos entenderem que o número de interessados habilitados é compatível com a gravidade do dano, não devem ingressar com a execução por *fluid recovery*. E, mesmo que seja oferecida a execução, caberá ao juiz a palavra final a respeito do cabimento dessa espécie de execução, sendo nesse caso indispensável, em respeito ao princípio do contraditório, a oitiva do réu antes da prolação da decisão. De qualquer forma, o juiz nunca poderá dar início de ofício a tal execução.

Como a lei foi suficientemente clara ao mencionar um número compatível com a gravidade do dano, não é necessário que todos os beneficiados tenham se habilitado a fim de evitar a execução por *fluid recovery*. Apesar do subjetivismo existente no dispositivo legal ora mencionado, deve restar claro que, mesmo havendo interessados não habilitados, a *fluid recovery* poderá ser dispensável. A tese de que deve haver um ressarcimento integral do dano gerado é amparada em vício de premissa, porque a execução por *fluid recovery* não tem como objetivo complementar as execuções individuais, mas tão somente fazer que a sentença tenha eficácia prática.

Essa é a razão, inclusive, para que na execução por *fluid recovery* se busquem outros parâmetros que não somente os danos individuais não executados individualmente, pois, sem a colaboração dos titulares do direito, nem sempre será possível a determinação do valor de tal dano. O Superior Tribunal de Justiça tem interessante julgado no qual associou o valor dos danos individuais não executados e o valor da execução por *fluid recovery* com fundamento no princípio da menor onerosidade[360]. É claro que no caso julgado era

---

[357] STJ – 4.ª Turma – REsp 996.771/RN – Rel. Min. Luis Felipe Salomão – j. 06.03.2012 – *DJe* 23.04.2012.

[358] STJ – 4.ª Turma – REsp 1.156.021/RS – Rel. Min. Marco Buzzi – j. 06.02.2014 – *DJe* 05.05.2014.

[359] ANDRADE, Adriano; MASSON, Cleber; ANDRADE, Landolfo. *Interesses difusos e coletivos esquematizado*. São Paulo: Método, 2011. p. 239; LEONEL, Ricardo de Barros. *Manual do processo coletivo*. São Paulo: RT, 2002. p. 381.

[360] REsp 1.187.632-DF – 4.ª Turma – Rel. originário Min. João Otávio de Noronha – Rel. p/ acórdão Min. Antonio Carlos Ferreira – j. 05.06.2012 – *Informativo* 499/STJ.

possível e razoavelmente simples se aferir esse valor, o que, entretanto, não é a regra das condenações fundadas em violação de direito individual homogêneo.

Como bem ponderado pela doutrina:

"A jurisprudência norte-americana criou então remédio da *fluid recovery* (uma reparação fluida), a ser eventualmente utilizado para fins diversos dos ressarcitórios, mas conexos com os interesses da coletividade: por exemplo, para fins gerais de tutela dos consumidores ou do ambiente"[361].

Para parcela minoritária da doutrina, o prazo de um ano do trânsito em julgado é decadencial, de forma que, se o indivíduo não se habilitar nesse prazo para executar a sentença coletiva, perderá seu direito de crédito. A justificativa para esse entendimento é evitar um eventual *bis in idem*:

"De outro modo, o credor poderia ser obrigado a pagar mais do que o valor do dano por ele gerado. Com efeito, considerando que, após tal prazo, a diferença entre o valor do dano e aquele percebido pelas vítimas é destinada ao fundo (*fluid recovery*) e, do fundo, não poderá ser empregado para o ressarcimento individual das vítimas faltantes, a estas só restaria executar diretamente o patrimônio do próprio réu. Ocorre que ele já teria pago a integralidade do prejuízo causado, de modo que, se fosse novamente executado, pagaria mais do que devia"[362].

Concordo com a doutrina majoritária que defende a possibilidade de execuções individuais mesmo durante ou após o encerramento da execução por *fluid recovery*[363]. O prazo de um ano previsto pelo art. 100 do CDC tem natureza processual, e simplesmente aponta o momento a partir do qual se admitirá uma execução coletiva de sentença fundada em violação a direito individual homogêneo. Esse referido prazo, em razão de sua natureza processual, não afeta os prazos prescricionais e decadenciais referentes ao direito individual que poderá ser objeto de execução[364].

É evidente que, ao responder a todos os beneficiados pela sentença coletiva e também pela *fluid recovery*, o réu será prejudicado em dobro, mas não se pode falar nesse caso em *bis in idem*, pois os credores das duas espécies de execução são diferentes: no primeiro caso o indivíduo e, no segundo, a coletividade.

Ademais, devemos lembrar que a execução forçada não deveria nem mesmo existir se os réus condenados cumprissem sua obrigação de pagar o que foi definitivamente reconhecido na sentença condenatória. Caso o réu pretenda evitar uma duplicidade executiva, terá um ano, a partir do trânsito em julgado, para pagar o que deve aos indivíduos beneficiados, de forma a evitar a execução por *fluid recovery*. Basta procurar tais sujeitos e realizar o pagamento do

---

[361] GRINOVER, Ada Pellegrini. *Código Brasileiro de Defesa do Consumidor*. 6. ed. Rio de Janeiro: Forense Universitária, 1999. p. 163.

[362] ANDRADE, Adriano; MASSON, Cleber; ANDRADE, Landolfo. *Interesses difusos e coletivos esquematizado*. São Paulo: Método, 2011. p. 238-239.

[363] DIDIER JR., Fredie; ZANETI JR., Hermes. *Curso de direito processual civil*. 4. ed. Salvador: JusPodivm, 2009. v. 4. p. 389; LEONEL, Ricardo de Barros. *Manual do processo coletivo*. São Paulo: RT, 2002. p. 381.

[364] GRINOVER, Ada Pellegrini. *Código Brasileiro de Defesa do Consumidor*. 6. ed. Rio de Janeiro: Forense Universitária, 1999. p. 154.

devido e, havendo resistência do indivíduo que deve recebêlo, ingressar com consignações em pagamento, o que já será suficiente para evitar a execução por *fluid recovery*.

Ao prever que o produto obtido por meio da execução por *fluid recovery* reverterá para o Fundo de Direitos Difusos (FDD), o art. 100, *caput*, do CDC dá a entender que toda execução por *fluid recovery* será realizada, cujo objeto é uma obrigação de pagar quantia certa, em um valor aproximado daquele que deveria ter sido cobrado pelos beneficiados pela sentença que não se habilitaram para a execução. Entendo, entretanto, que nem sempre deverá ser assim. Ainda que a condenação do réu na sentença coletiva tenha como objeto uma obrigação de pagar quantia certa aos lesionados por sua atuação, para a execução por *fluid recovery* será possível a transformação dessa condenação em uma obrigação de fazer ou de entregar.

Basta imaginar um dos exemplos dados neste capítulo para justificar a execução por *fluid recovery*. Milhões de motoristas pagaram R$ 0,50 a mais do que o valor correto de um pedágio. Reconhecida tal situação, na sentença coletiva o réu é condenado a ressarcir cada um dos usuários do pedágio pela diferença apurada entre o valor cobrado e o valor que deveria ter sido cobrado, no caso, míseros R$ 0,50. Como é de esperar, as execuções individuais, se existirem, serão em número insignificante diante do dano gerado. Na execução por *fluid recovery*, entretanto, em vez de cobrar o valor total da tungada, o juiz poderia determinar que a empresa que cuida do pedágio passasse a cobrar R$ 0,50 a menos do que o preço devido, até que devolvesse aos consumidores, ainda que de forma reflexa e indireta, o valor indevidamente cobrado.

De qualquer forma, quando o valor for revertido para o Fundo de Direitos Difusos (FDD), é importante notar que o valor obtido não reverterá em favor dos indivíduos lesionados, mas sim em prol da coletividade, devendo ser aplicado na área de interesse que gerou a execução. Nesse sentido a lição da melhor doutrina:

> "A solução, em casos tais, será a aplicação do produto pecuniário em que se tenha convertido o preceito cominatório (§ 1.º do art. 84 do CDC) numa finalidade institucional, compatível com o interesse metaindividual lesado"[365].

11.9.4.3. Legitimidade

Conforme amplamente afirmado, a execução típica diante de uma sentença fundada em violação a direito individual homogêneo é individual, buscando a satisfação de um direito determinado e de titularidade definida. Segundo o art. 97, *caput*, do CDC, "a liquidação e a execução de sentença poderão ser promovidas pela vítima e seus sucessores, assim como pelos legitimados de que trata o art. 82".

A primeira parte do dispositivo legal não apresenta qualquer dificuldade interpretativa, prevendo típica hipótese de legitimação ordinária das vítimas do ato ilícito reconhecido na sentença ou de seus sucessores. Os indivíduos estarão nesse caso litigando em nome próprio por um direito individual próprio. A legitimação concedida aos legitimados à propositura da ação coletiva, elencados no art. 82 do CDC, por sua vez, traz maiores dificuldades ao intérprete, havendo até mesmo quem aponte para uma legitimação anômala nesse caso[366].

---

[365] MANCUSO, Rodolfo de Camargo. *Manual do consumidor em juízo*. São Paulo: Saraiva, 2004. p. 193.
[366] MANCUSO, Rodolfo de Camargo. *Manual do consumidor em juízo*. São Paulo: Saraiva, 2004. p. 189.

A análise torna-se ainda mais difícil diante da expressa previsão do art. 98 do CDC: "A execução poderá ser coletiva, sendo promovida pelos legitimados de que trata o art. 82, abrangendo vítimas cujas indenizações já tiveram sido fixadas em sentença de liquidação, sem prejuízo do ajuizamento de outras execuções".

Para corrente doutrinária considerável, a previsão do art. 97, *caput*, do CDC não atribui propriamente uma legitimação ativa para os legitimados coletivos, mas tão somente autoriza que esses possam litigar em nome das vítimas do ato ilícito ou seus sucessores na defesa de seus direitos. Significa que, sendo a execução individual, a legitimidade será exclusiva das vítimas e de seus sucessores, limitando-se a participação dos legitimados coletivos a uma representação processual desses titulares do direito[367].

Nesse sentido, as lições de Ada Pellegrini Grinover:

"E quando a liquidação e a execução forem ajuizadas pelos entes e pessoas enumerados no art. 82? A situação é diferente da que ocorre com a legitimação extraordinária à ação condenatória do art. 91. Lá, os legitimados agem no interesse alheio, mas em nome próprio, sendo indeterminados os beneficiários da condenação. Aqui, as pretensões à liquidação e execução da sentença serão necessariamente individualizadas: o caso surge como de representação, devendo os entes e pessoas enumeradas no art. 82 agirem em nome das vítimas ou sucessores"[368].

O entendimento parece ser realmente o mais adequado, considerando-se a natureza da execução em favor das vítimas e seus sucessores. Fica claro nesse caso que, nas execuções, não mais se estará diante de um direito individual homogêneo, o que poderia justificar a legitimidade ativa dos legitimados coletivos previstos pelo art. 82 do CDC. Direito puramente individual deve gerar uma legitimidade ordinária para seus titulares o defenderem em juízo, não havendo justificativa plausível nesse caso para uma legitimação extraordinária em favor dos legitimados coletivos.

Ocorre, entretanto, que o entendimento de que a presença dos legitimados coletivos na execução individual da sentença proferida em violação a direito individual homogêneo se dá por meio da representação processual pode causar um embaraço a essa participação. Tratando-se de representação processual, o legitimado coletivo necessariamente deverá obter uma expressa autorização da vítima ou de seu sucessor para que ajuíze em seu nome a liquidação ou execução, o que, naturalmente, poderá dificultar no caso concreto tal ajuizamento.

Provavelmente pensando nessas dificuldades práticas, e considerando a previsão contida no art. 8.º, III, da CF/1988, o Supremo Tribunal Federal, ao enfrentar o tema, havia pacificado o entendimento de que os legitimados coletivos têm legitimidade no campo dos direitos individuais homogêneos tanto para a fase de conhecimento como para a fase de liquidação e execução da sentença. Entendeu-se que seria efetivamente caso de legitimação extraordinária, por meio da qual o legitimado coletivo liquida e executa a sentença em nome próprio na defesa dos interesses da vítima do ato ilícito e seus sucessores:

---

[367] LEONEL, Ricardo de Barros. *Manual do processo coletivo*. São Paulo: RT, 2002. 379; MARINONI, Luiz Guilherme; ARENHART, Sérgio Cruz. *Manual do processo de conhecimento*. São Paulo: RT, 2006. p. 741; GRINOVER, Ada Pellegrini. *Código Brasileiro de Defesa do Consumidor*. 6. ed. Rio de Janeiro: Forense Universitária, 1999. p. 157-158.

[368] Cfr. *Código Brasileiro de Defesa do Consumidor*. 6. ed. Rio de Janeiro: Forense Universitária, 1999. p. 157-158.

"Sindicato e Substituição Processual – 3

Concluído julgamento de uma série de recursos extraordinários nos quais se discutia sobre o âmbito de incidência do inciso III do art. 8.º da CF/1988 ('ao sindicato cabe a defesa dos direitos e interesses coletivos ou individuais da categoria, inclusive em questões judiciais e administrativas;') – v. Informativos 84, 88, 330 e 409. O Tribunal, por maioria, na linha da orientação fixada no MI 347/SC (*DJU* 08.04.1994), no RE 202.063/PR (*DJU* 10.10.1997) e no AI 153.148 AgR/PR (*DJU* 17.11.1995), conheceu dos recursos e lhes deu provimento para reconhecer que o referido dispositivo assegura ampla legitimidade ativa *ad causam* dos sindicatos como substitutos processuais das categorias que representam na defesa de direitos e interesses coletivos ou individuais de seus integrantes. Vencidos, em parte, os Ministros Nelson Jobim, Cezar Peluso, Eros Grau, Gilmar Mendes e Ellen Gracie, que conheciam dos recursos e lhes davam parcial provimento, para restringir a legitimação do sindicato como substituto processual às hipóteses em que atuasse na defesa de direitos e interesses coletivos e individuais homogêneos de origem comum da categoria, mas apenas nos processos de conhecimento, asseverando que, para a liquidação e a execução da sentença prolatada nesses processos, a legitimação só seria possível mediante representação processual, com expressa autorização do trabalhador" (RE 193.503/SP, RE 193.579/SP, RE 208.983/SC, RE 210.029/RS. RE 211.874/RS, RE 213.111/SP, RE 214.668/ES – Tribunal Pleno – Rel. orig. Min. Carlos Velloso – Rel. p/ o acórdão Min. Joaquim Barbosa – j. 12.06.2006).

A partir do posicionamento do Supremo Tribunal Federal, o Superior Tribunal de Justiça também passou a decidir pela legitimação extraordinária, com a dispensa de autorização das vítimas ou sucessores para o ingresso da liquidação e execução.

"Processual civil. Agravo regimental. Agravo de instrumento. Ação coletiva. Sindicatos. Legitimidade. Atuação. Substituição processual. 1. Os sindicatos, que atuam na qualidade de substituto processual possuem legitimidade para atuar nas fases de conhecimento, liquidação e execução de sentença proferida em ações versando direitos individuais homogêneos, dispensando, inclusive, prévia autorização dos trabalhadores. Precedentes. 2. Agravo regimental a que se nega provimento" (STJ – AgRg no Ag 1.049.450/DF – 6.ª Turma – Rel. Min. Vasco della Giustina – j. 21.06.2011 – *DJe* 01.07.2011)[369].

O importante nesses julgados, entretanto, era constatação de que, embora se admita uma legitimação extraordinária dos legitimados coletivos, a execução não será coletiva, como sugere o art. 98 do CDC. Havendo a determinação e individualização dos direitos exequendos, a execução será individual, não obstante o legitimado ativo seja coletivo[370]. Como lembra a melhor doutrina, "nesse caso, tem-se aí uma ação pseudocoletiva, formada pela soma das parcelas identificadas de direitos individuais"[371].

---

[369] STJ – AgRg no Ag 1.391.935/SC – 2.ª Turma – Rel. Min. Mauro Campbell Marques – j. 19.05.2011 – *DJe* 31.05.2011; STJ – AgRg no REsp 1.206.708/RS – 1.ª Turma – Rel. Min. Benedito Gonçalves – j. 14.04.2011 – *DJe* 19.04.2011.

[370] STJ – EREsp 760.840/RS – Corte Especial – Rel. Min. Nancy Andrighi – j. 04.11.2009 – *Informativo* 414.

[371] RODRIGUES, Marcelo Abelha. Ponderações sobre a *fluid recovery* do art. 100 do CDC. In: MAZZEI, Rodrigo; NOLASCO, Rita Dias (Coord.). *Processo civil coletivo*. São Paulo: Quartier Latin, 2005. p. 462.

Destaque-se a respeito do tema o excelente entendimento consagrado pelo Superior Tribunal de Justiça em julgamento de Recurso Especial repetitivo (Tema 948) no sentido de que em ação civil pública proposta por associação, na condição de substituta processual, possuem legitimidade para a liquidação e execução da sentença todos os beneficiados pela procedência do pedido, independentemente de serem filiados à associação promovente[372].

É curioso, entretanto, como mais cedo ou mais tarde as lambanças do legislador de alguma forma cobram o seu preço. A previsão de legitimados coletivos para tutelar direitos patrimoniais essencialmente individuais parece ter particularmente incomodado o Superior Tribunal de Justiça no tocante ao Ministério Público. Compreende-se, porque de todos os legitimados coletivos o que tem menos sentido participar como exequente nessa circunstância é mesmo o Ministério Público, não surpreendendo o entendimento consagrado na Corte Especial no sentido da ilegitimidade do *Parquet*[373].

Como consequência dessa ilegitimidade, a Corte Especial entendeu que a propositura de liquidação de sentença pelo Ministério Público não interrompe o prazo prescricional para o exercício da pretensão individual de liquidação e execução pelas vítimas e seus sucessores. Em consideração à segurança jurídica e ao interesse social, o tribunal modulou os efeitos da decisão, fixando-os *ex nunc*[374].

Por fim, há uma recente tendência notada no Superior Tribunal de Justiça, em especial na Terceira Turma[375], na intepretação do art. 97 do CDC que, apesar de ter lógica levando-se em conta a natureza nitidamente individual da execução da sentença proferida em ação coletiva de direitos individuais homogêneos, parece ser *contra legem*.

Segundo esse entendimento, os legitimados coletivos teriam uma legitimidade executiva subsidiária, limitada, portanto, à execução prevista no art. 100 do CDC, ou seja, à execução por *fluid recovery*. Não há dúvida de que o entendimento tem lógica irrefutável: na execução dos danos individuais, a legitimidade seria das vítimas e de seus sucessores; na execução difusa, seria dos legitimados coletivos. Mas como no meio do caminho havia uma pedra, aqui, no meio do caminho há uma norma jurídica. Aliás, duas.

O art. 97 do CDC é suficientemente claro ao estabelecer uma regra de competência para execução individual da sentença coletiva, ao passo que cabe ao art. 100 a previsão da regra de legitimidade para a execução coletiva por *fluid recovery*.

11.9.5. Regime jurídico das despesas e custas processuais

As regras de sucumbência na fase de liquidação e execução da sentença coletiva são as mesmas aplicáveis às liquidações e execuções em geral. A única especialidade diz respeito à presença da Fazenda Pública como executada em razão do disposto no art. 1º-D

---

[372] *Informativo* 694/STJ – 2.ª Seção – Resp 1.438.263/SP – Rel. Min. Luis Felipe Salomão – por maioria quanto à redação da tese – j. 24.03.2021 (Tema 948).
[373] STJ – Corte Especial – REsp 1.758.708/MS – Rel. Min. Nancy Andrighi – j. 20.04.2022 – DJe 11.05.2022.
[374] *Informativo* 734/STJ – Corte Especial – REsp 1.758.708-MS – Rel. Min. Nancy Andrighi – j. 20.04.2022 – v.u.
[375] *Informativo* 729/STJ – 3ª Turma – REsp 1.955.899-PR – Rel. Min. Nancy Andrighi – j. 15.03.2022 – DJe 21.03.2022 – v.u.

da Lei 9.494/1997: "Não serão devidos honorários advocatícios pela Fazenda Pública nas execuções não embargadas".

Na análise da abrangência do dispositivo legal ora citado, o Superior Tribunal de Justiça passou a entender que, diante de uma sentença coletiva, a aplicabilidade ou não da regra dependeria da natureza da liquidação e execução: caso fosse coletiva, aplicável a odiosa previsão legal, de forma que, não sendo embargada a execução, não seria cabível condenar a Fazenda Pública ao pagamento de honorários advocatícios; caso fosse individual, a norma seria inaplicável em razão das singularidades existentes nesse tipo de execução:

> "Honorários advocatícios. Execução. Fazenda Pública. MP 2.180-35/2001. Trata-se de execução de título judicial proferido em ação ordinária coletiva proposta por sindicato de servidores federais na qualidade de substituto processual, com o objetivo de reconhecimento de direito reivindicado por eles. Para a Min. Relatora, a ação coletiva ajuizada por sindicato como substituto processual deve ter o mesmo tratamento dispensado à ação civil pública ajuizada em defesa de direitos individuais homogêneos, porque será necessária a execução individualizada pelos substituídos, o que demandará uma cognição exauriente e contraditório amplo sobre a existência do direito reconhecido naquela ação coletiva. Com esse entendimento, a Corte Especial, por unanimidade, deu provimento aos embargos de divergência para afastar a incidência da MP 2.180-35/2001 (que dispõe: não serão devidos honorários advocatícios pela Fazenda Pública nas execuções não embargadas) e, consequentemente, embora por outros fundamentos, manteve o acórdão recorrido, o qual fixou os honorários advocatícios em 10% do valor devido. Observou-se, ainda, que não se aplica à hipótese a Súmula 315 do STJ, pois confrontou-se tese jurídica expressa no julgamento do REsp, examinado duas vezes pelo primevo Min. Relator monocraticamente e pelo colegiado, com paradigmas colacionados pelo recorrente. Precedentes citados: EDcl no AgRg no REsp 639.226/RS, DJ 12.09.2005, e AgRg no Ag 675.135/RS, DJ 29.08.2005" (STJ – EAG 654.254/RS – Corte Especial – Rel. Min. Eliana Calmon – j. 19.12.2007 – Informativo 343).

O entendimento, inclusive, encontra-se sumulado (Súmula 345 do STJ): "São devidos honorários advocatícios pela Fazenda Pública nas execuções individuais de sentença proferida em ações coletivas, ainda que não embargadas".

Segundo a previsão do art. 85, § 7.º, do CPC, não serão devidos honorários no cumprimento de sentença contra a Fazenda Pública que enseja expedição de precatório, desde que não tenha sido impugnada. O dispositivo legal confirma o entendimento dos tribunais superiores a respeito do tema, na interpretação do art. 1.º-D da Lei 9.494/1997, de que sendo hipótese de cumprimento de sentença por RPV (requisição de pequeno valor), ainda que a Fazenda Pública deixe de impugnar, serão devidos honorários advocatícios[376]. Segundo o Superior Tribunal de Justiça, não serão devidos honorários na hipótese de o

---

[376] STF – Tribunal Pleno – RE 420.816 ED/PR – Rel. Min. Sepúlveda Pertence – j. 21.03.2007 – DJe 27.04.2007; STJ – 2.ª Turma – AgRg no AREsp 361.400/RS – Rel. Min. Assusete Magalhães – j. 09.12.2014 – DJe 16.12.2014.

cumprimento de sentença começar pelo sistema do precatório e o exequente renunciar ao excedente para adequá-la ao sistema da RPV[377].

Essa nova realidade imposta pelo Código de Processo Civil de 2015 não deve alterar o entendimento sumulado quanto às execuções individuais de sentença coletiva, mas certamente afetará o entendimento consolidado na vigência do CPC/1973 a respeito da execução coletiva.

---

[377] STJ – 1.ª Seção – REsp 1.406.296/RS – Rel. Min. Herman Benjamin – j. 26.02.2014 – *DJe* 19.03.2014.

12

ASPECTOS PROCESSUAIS DA DESCONSIDERAÇÃO DA PERSONALIDADE JURÍDICA NO CÓDIGO DE DEFESA DO CONSUMIDOR

Sumário: 12.1. Introdução – 12.2. Responsabilidade patrimonial secundária – 12.3. Forma procedimental da desconsideração da personalidade jurídica: 12.3.1. Introdução; 12.3.2. Momento; 12.3.3. Procedimento; 12.3.4. Forma de defesa do sócio (ou da sociedade na desconsideração inversa); 12.3.5. Recorribilidade – 12.4. Desconsideração da personalidade jurídica de ofício.

12.1. INTRODUÇÃO

A desconsideração da personalidade jurídica tem como objetivo permitir atos de constrição e futura expropriação de bens do patrimônio de sócios diante da satisfação de uma dívida contraída pela sociedade empresarial. Trata-se, portanto, de construção de direito material que só terá aplicabilidade no processo, mais precisamente na execução ou falência, quando serão praticados os atos de constrição/expropriação de bens. Os aspectos processuais, portanto, são indispensáveis na exata compreensão da desconsideração da personalidade jurídica.

12.2. RESPONSABILIDADE PATRIMONIAL SECUNDÁRIA

A responsabilidade patrimonial é indiscutivelmente instituto de direito processual[1], compreendida como a possibilidade de sujeição de um determinado patrimônio à satisfação

---

[1] MARINONI, Luiz Guilherme; MITIDIERO, Daniel Francisco. *Código de Processo Civil comentado*. São Paulo: RT, 2008. p. 606; ZAVASCKI, Teori Albino. *Processo de execução*: parte geral. 3. ed. São Paulo: RT, 2004. p. 190; FUX, Luiz. *Curso de direito processual civil*. 2. ed. Rio de Janeiro: Forense, 2004. p. 1.284. Contra, entendendo ser instituto de direito material: GRECO, Leonardo. *O processo de execução*. Rio de Janeiro: Renovar, 1999. n. 6.3, p. 7-8.

do direito substancial do credor. Por outro lado, a obrigação é instituto de direito material, representado por uma situação jurídica de desvantagem. Contraída a obrigação, uma parte tem o dever de satisfazer o direito da outra, e quando isso não ocorre surge a dívida, instituto atinente ao direito material. Também existe a responsabilidade patrimonial para o caso de inadimplemento, ou seja, quando a dívida não é satisfeita voluntariamente pelo devedor, surge a possibilidade de sujeição do patrimônio de algum sujeito – geralmente o próprio devedor – para assegurar a satisfação do direito do credor na execução[2]. Em razão dessa distinção, fala-se que a obrigação é *estática*, gerando uma mera expectativa de satisfação, enquanto a responsabilidade patrimonial é *dinâmica*, representada pela forma jurisdicional de efetiva satisfação do direito[3].

A distinção é interessante e ganha importância sempre que existe dívida e não responsabilidade e vice-versa[4]. Tome-se como exemplo a dívida de jogo, situação em que existe a dívida, mas o patrimônio do devedor não responde por sua satisfação. É certo que existe dívida, tanto que, se houver quitação voluntária, não caberá ação de repetição de indébito, mas não haverá responsabilidade patrimonial do devedor derivada do inadimplemento. Por outro lado, por exemplo, em determinadas situações expressamente previstas em lei, o sócio pode ter seu patrimônio afetado por uma dívida da sociedade, justamente por ter responsabilidade patrimonial, mesmo que o devedor seja outrem (no caso, a sociedade).

É o patrimônio do devedor que geralmente responde por sua dívida, mas em algumas situações específicas mesmo aquele que não participou da relação de direito material obrigacional se vê responsável por sua satisfação. Seguindo as lições de Liebman, a doutrina nacional qualifica tal situação como "responsabilidade executória secundária", prevista no art. 790 do CPC. Dessa forma, a responsabilidade patrimonial do devedor é primária, enquanto nas situações previstas em lei a responsabilidade do sujeito que não é obrigado (plano do direito material) é secundária[5].

O art. 790 do CPC é responsável pelo tratamento das hipóteses de responsabilidade secundária, sendo de interesse para o presente tema o inciso II do dispositivo legal, ao prever a responsabilidade patrimonial dos sócios nos termos da lei. Sempre me pareceu ser nesse dispositivo incluídas as hipóteses de desconsideração da personalidade jurídica, a partir da qual o patrimônio do sócio (não devedor) passa a responder pela satisfação da dívida contraída pela sociedade empresarial (devedora).

Nos termos do art. 790, VII, do CPC, é responsável secundário o responsável pela dívida da sociedade empresarial na hipótese da desconsideração de sua personalidade jurídica.

---

[2] THEODORO JR., Humberto. *Processo de execução e cumprimento de sentença*. 25. ed. São Paulo: Leud, 2008. n. 103, p. 160; GRECO, Leonardo. *O processo de execução*. Rio de Janeiro: Renovar, 1999. n. 6.3, p. 6.

[3] DINAMARCO, Cândido Rangel. *Instituições de direito processual civil*. São Paulo: Malheiros, 2004. v. IV, n. 1.523, p. 325.

[4] FARIAS-ROSENVALD, Chaves de. *Direito*, n. 10.10.7, p. 453.

[5] THEODORO JR., Humberto. *Processo de execução e cumprimento de sentença*. 25. ed. São Paulo: Leud, 2008. n. 104, p. 161; ZAVASCKI, Teori Albino. *Processo de execução*: parte geral. 3. ed. São Paulo: RT, 2004. p. 193-195; MARINONI, Luiz Guilherme; MITIDIERO, Daniel Francisco. *Código de Processo Civil comentado*. São Paulo: RT, 2008. p. 606.

O art. 137 do CPC prevê que, sendo acolhido o pedido de desconsideração, a alienação ou oneração de bens, havida em fraude de execução, será ineficaz em relação ao requerente. Como se pode notar do dispositivo legal, somente após o acolhimento do pedido de desconsideração haverá fraude à execução, em previsão que aparentemente contraria com o disposto no art. 792, § 3.º, do CPC, que estabelece haver fraude à execução nos casos de desconsideração da personalidade jurídica a partir da citação da parte cuja personalidade se pretende desconsiderar.

Essa contrariedade foi minha primeira impressão, mas numa análise mais cuidadosa, entendo viável a convivência dos dois dispositivos legais. Para tanto, deve-se entender que o art. 137 do CPC não prevê o termo inicial da fraude à execução, limitando-se a afirmar que somente haverá tal espécie de fraude se o pedido de desconsideração for acolhido. A questão do termo inicial de tal fraude, portanto, seria resolvida exclusivamente pelo § 3.º do art. 792 do CPC.

E esse dispositivo não parece ter fixado o termo inicial mais adequado ao prever que haverá fraude à execução a partir da citação da parte cuja personalidade se pretende desconsiderar. Não se trata, portanto, da citação dos "réus" no incidente de desconsideração da personalidade jurídica, mas sim do demandado originário[6].

O que, entretanto, não parece o mais correto, porque nesse caso cria-se uma presunção absoluta de ciência dos sujeitos que serão atingidos pela desconsideração da personalidade jurídica que não deveria existir. A norma protege o credor, mas deixa o terceiro em grande risco, bastando pensar na hipótese de um terceiro adquirir um imóvel sem qualquer gravame, de vendedor sem qualquer restrição, mas que venha, muito tempo depois, a ser atingido pela desconsideração da personalidade jurídica. É realmente legítimo falar-se, nesse caso, de fraude à execução?

O legislador teria sido mais técnico se tivesse se aproveitado do disposto no art. 134, § 1.º, do CPC, que prevê a comunicação da instauração do incidente de desconsideração da personalidade jurídica ao distribuidor para as anotações devidas. Nesse momento, os nomes dos sujeitos que poderão ser afetados pela desconsideração se tornarão públicos, sendo esse o momento mais adequado para se configurar a fraude à execução. Infelizmente, entretanto, não foi essa a opção do legislador.

De qualquer forma, pode surgir questionamento a respeito da necessidade desse dispositivo legal, já que a responsabilidade patrimonial do sócio já está consagrada no art. 790, II, do CPC (cópia do art. 592, II, do CPC/1973). Entendo que o dispositivo foi criado visando às espécies atípicas de desconsideração da personalidade jurídica criadas pelo Superior Tribunal de Justiça, porque tanto na desconsideração entre sociedades do mesmo grupo econômico como na desconsideração inversa a responsabilidade patrimonial secundária não é do sócio, não sendo tais situações, portanto, contempladas no inciso II do art. 790 do CPC[7].

---

[6] Enunciado 52 da ENFAM: "A citação a que se refere o art. 792, § 3.º, do CPC/2015 (fraude à execução) é a do executado originário, e não aquela prevista para o incidente de desconsideração da personalidade jurídica (art. 135 do CPC/2015)". Contra: MEDINA, José Miguel Garcia. *Novo Código de Processo Civil comentado*, São Paulo: RT, 2015. p. 1070.

[7] Enunciado 11 da *I Jornada de Direito Processual Civil* do CJF: "Aplica-se o disposto nos arts. 133 a 137 do CPC às hipóteses de desconsideração indireta e expansiva da personalidade jurídica".

Outra interpretação possível é deixar que o inciso II do art. 790 do CPC cuide de toda responsabilidade patrimonial de sócio que não derive da desconsideração da personalidade jurídica, enquanto o inciso VII do mesmo dispositivo cuidaria de todas as espécies de desconsideração da personalidade jurídica[8]. É uma interpretação viável, e quem sabe para aqueles que estudarão somente o novo diploma processual, sem se preocupar com o passado, parecerá até a solução mais lógica. Mas será o reconhecimento tácito que durante toda a vigência do CPC/1973 não havia regra de responsabilidade patrimonial secundária de sócio em razão da desconsideração da personalidade jurídica.

Os artigos que tratam da desconsideração da personalidade jurídica não criam propriamente a responsabilidade secundária dos sócios, apenas completando a previsão do art. 790, II (ou VII), do CPC, ao prever as condições para que os sócios passem a responder com seus patrimônios pela dívida da sociedade empresarial.

Registre-se, por fim, que nem só de desconsideração da personalidade jurídica vive o art. 790, II, do CPC. Nas leis societárias é possível a criação de regras que concebam a responsabilidade patrimonial do sócio, existindo atualmente determinadas espécies de sociedade, nas quais este responde com o seu patrimônio pelas dívidas da sociedade em qualquer situação de inadimplemento. É o caso da sociedade em nome coletivo (art. 1.039 do CC) e do sócio comanditado na sociedade em comandita simples (art. 1.045, *caput*, do CC). Ocorre, entretanto, que nesse caso não parece ser a responsabilidade dos sócios secundária, porque o texto legal é claro ao prever uma solidariedade passiva entre o sócio e a sociedade pelas dívidas contraídas por esta. Parece tratar-se, portanto, de *responsabilidade primária subsidiária*. O mesmo fenômeno verifica-se nas hipóteses de sociedade irregular e de sociedade de fato, nas quais a responsabilidade do sócio é solidária e ilimitada (art. 990 do CC)[9].

O Superior Tribunal de Justiça já decidiu nesse sentido, conforme julgado assim publicado no seu Informativo n. 468:

> "*In casu*, a sociedade empresária recorrida ajuizou, na origem, ação de cobrança e ressarcimento em desfavor das recorrentes sob a alegação de que o contrato de prestação de serviços celebrado com a sociedade civil da qual elas eram sócias – extinta pelo decurso do prazo – não foi cumprido. Esse contrato previa a elaboração pela recorrida do *marketing* do texto que seria entregue ao comitê olímpico quando da apresentação da candidatura de cidade brasileira para sediar os jogos olímpicos de 2004. Nos recursos especiais, as sócias sustentaram, entre outras questões, sua ilegitimidade passiva *ad causam*, a irregularidade da desconsideração da personalidade jurídica e a impossibilidade de se comprovar a prestação do serviço por prova exclusivamente testemunhal. Nesse contexto, a Turma negou-lhes provimento por entender que, nas sociedades cuja responsabilidade dos sócios é ilimitada – como na hipótese, em que se trata de sociedade simples –, uma vez exaurido o patrimônio da pessoa jurídica, não é necessário desconsiderar sua personalidade para que se atinjam os bens dos sócios, conforme o art. 1.023 do CC/2002, o que evidencia a legitimidade das recorrentes para figurar na demanda. Ressaltou-se ainda que a vedação para utilizar prova exclusivamente testemunhal descrita nos arts.

---

[8] WAMBIER, Teresa Arruda Alvim; CONCEIÇÃO, Maria Lúcia Lins; RIBEIRO, Leonardo Ferres da Silva; MELO, Rogério Licastro Torres de. *Primeiros comentários ao Novo Código de Processo Civil artigo por artigo*. São Paulo: RT, 2015. p. 1.140.

[9] ASSIS, Araken de. *Manual dos recursos*. 2. ed. São Paulo: RT, 2008. n. 36.3.1, p. 206; THEODORO JR., Humberto. *Processo de execução e cumprimento de sentença*. 25. ed. São Paulo: Leud, 2008. n. 106, p. 164.

401 do CPC e 227 do CC/2002 restringe-se à demonstração da existência do negócio jurídico em si, não alcançando a verificação dos fatos e circunstâncias atinentes ao contrato. Precedente citado: EREsp 263.387-PE, *DJ* 17.03.2003" (STJ – REsp 895.792-RJ – Rel. Min. Paulo de Tarso Sanseverino – j. 07.04.2011).

Sendo o objetivo da desconsideração da personalidade jurídica reconhecer-se a responsabilidade patrimonial secundária dos sócios, de forma que seus bens passem a responder pela satisfação da obrigação contraída pela sociedade devedora, não há qualquer restrição acerca da execução, contra os sócios, ser limitada às suas respectivas quotas sociais[10].

12.3. FORMA PROCEDIMENTAL DA DESCONSIDERAÇÃO DA PERSONALIDADE JURÍDICA

12.3.1. Introdução

O Código de Processo Civil de 2015 prevê um incidente processual para a desconsideração da personalidade jurídica, finalmente regulamentando seu procedimento. Tendo seus requisitos previstos em diversas normas legais (art. 50 do CC; art. 28 do CDC; art. 2.º, § 2.º da CLT; art. 135 do CTN; art. 4.º da Lei 9.605/98; art. 18, § 3.º da Lei 9.847/99; art. 34 da Lei 12.529/2011; arts. 117, 158, 245 e 246 da Lei 6.404/76), faltava uma previsão processual a respeito do fenômeno jurídico, devendo ser saudada tal iniciativa.

Segundo o art. 1.062 do CPC, o incidente de desconsideração da personalidade jurídica aplica-se ao processo de competência dos juizados especiais.

Nos termos do art. 795, § 4.º, do CPC, para a desconsideração da personalidade jurídica é obrigatória a observância do incidente previsto no Código. A norma torna o incidente obrigatório, em especial na aplicação de suas regras procedimentais, mas o art. 134, § 2.º, do CPC consagra hipótese de dispensa do incidente, com a formação de litisconsórcio inicial entre o pretenso devedor e o responsável patrimonial secundário.

A criação legal de um incidente processual afasta dúvida doutrinária a respeito da forma processual adequada à desconsideração da personalidade jurídica e à sua natureza: trata-se de um incidente processual e não de ação autônoma[11].

A desconsideração tem natureza constitutiva, considerando-se que por meio dela tem-se a criação de uma nova situação jurídica. Sempre houve intenso debate doutrinário a respeito da possibilidade da criação de uma nova situação jurídica de forma incidental no processo/fase de execução, ou se caberia ao interessado a propositura de uma ação incidental com esse propósito.

Havia corrente doutrinária que defendia – e mesmo com o texto legal pode continuar a defender[12], mas apenas num plano acadêmico – a existência de um processo de conhecimento com os pretensos responsáveis patrimoniais secundários compondo o polo passivo para se discutir os requisitos indispensáveis à desconsideração da personalidade jurídica[13].

---

[10] STJ – 4.ª Turma – AgRg no AREsp 462.831/PR – Rel. Min. Luis Felipe Salomão – j. 19.08.2014 – *DJe* 25.08.2014.
[11] MEDINA, José Miguel Garcia. *Novo Código de Processo Civil comentado*. São Paulo: RT, 2015. p. 237.
[12] Entendendo tratar-se de ação incidental, CAMARGO, Luiz Henrique Volpe. In: CABRAL, Antonio do Passo e CRAMER, Ronaldo (Coords.) *Comentários ao Novo Código de Processo Civil*. Rio de Janeiro: Forense, 2015. p. 235.
[13] DINAMARCO, Cândido Rangel. Desconsideração da personalidade jurídica, fraude e ônus da prova. *Fundamentos do processo civil moderno*. 3. ed. São Paulo: Malheiros, 2000. p. 1.194.

Por outro lado, havia doutrina que afirmava que, estando presentes os pressupostos para a desconsideração da personalidade jurídica, e conseguindo o credor prová-los de forma incidental, seria desnecessário o processo autônomo, sendo esse entendimento prestigiado pelo Superior Tribunal de Justiça[14].

É compreensível que o entendimento consagrado no Superior Tribunal de Justiça esteja fundado nos princípios da celeridade e da economia processual, até porque exigir um processo de conhecimento para se chegar à desconsideração da personalidade jurídica atrasaria de forma significativa a satisfação do direito, além de ser claramente um caminho mais complexo que um mero incidente processual na própria execução ou falência. E tais motivos certamente influenciaram o legislador a consagrar a natureza de incidente processual ao pedido de desconsideração da personalidade jurídica.

Reconhecendo que o incidente criado se limita a tratar do procedimento para a desconsideração da personalidade jurídica, o § 1.º do art. 133 do CPC prevê que a desconsideração da personalidade jurídica observará os pressupostos estabelecidos em lei. A opção do legislador deve ser saudada porque os pressupostos para a desconsideração da personalidade jurídica são tema de direito material e dessa forma não devem ser tratados pelo Código de Processo Civil.

Na desconsideração da personalidade jurídica clássica, expressamente prevista pelos arts. 50 do CC e 28 do CDC, a sociedade empresarial figura como devedora e os sócios, como responsáveis patrimoniais secundários, ou seja, mesmo não sendo devedores, responderão com o seu patrimônio pela satisfação da dívida.

A jurisprudência, entretanto, valendo-se da *ratio* das normas legais referidas, vem as interpretando de forma extensiva e criando outras modalidades de desconsideração de personalidade jurídica, não previstas expressamente em lei. Há a desconsideração da personalidade jurídica entre empresas do mesmo grupo econômico[15], bem como a desconsideração da personalidade jurídica inversa[16]. E todas elas dependem da instauração do incidente previsto no diploma processual[17].

Na hipótese de desconsideração da personalidade jurídica inversa, o sócio figura como devedor e a sociedade empresarial, como responsável patrimonial secundária, quando se constata que o sócio transferiu seu patrimônio pessoal para a sociedade empresarial com o objetivo de frustrar a satisfação do direito de seus credores. O § 2.º do art. 133 do CPC não consagra legislativamente essa espécie atípica de desconsideração, limitando-se a prever que o incidente criado também a ela será aplicado.

12.3.2. Momento

Na doutrina muito se discutiu a respeito do momento adequado para a desconsideração da personalidade jurídica. Segundo o Superior Tribunal de Justiça, a desconsideração pode ocorrer em qualquer fase do processo, não havendo que falar em decadência de um

---

[14] STJ – 4.ª Turma – REsp 1.096.604/DF – Rel. Min. Luis Felipe Salomão – j. 02.08.2012 – *DJe* 16.10.2012.
[15] *Informativo* 513/STJ – 4.ª Turma – AgRg no REsp 1.229.579/MG – Rel. Min. Raul Araújo – j. 18.12.2012.
[16] *Informativo* 440/STJ – 3.ª Turma – REsp 948.117/MS – Rel. Min. Nancy Andrighi – j. 22.06.2010.
[17] STJ – REsp 1.864.620/SP – 4.ª Turma – Rel. Min. Antonio Carlos Ferreira – j. 12.09.2023 – *DJe* 19.09.2023; STJ – REsp 2.055.325/MG – 3.ª Turma – Rel. Min. Nancy Andrighi – j. 12.09.2023 – *DJe* 02.10.2023.

direito potestativo[18]. A dúvida é resolvida pelo art. 134, *caput*, do CPC, ao prever que o incidente de desconsideração é cabível em todas as fases do processo de conhecimento, no cumprimento de sentença e na execução fundada em título executivo extrajudicial.

Pode-se questionar a relevância de uma desconsideração da personalidade jurídica em momento procedimental em que ainda não seja possível a realização de constrição de bens do responsável patrimonial secundário. Afinal, com isso o autor estaria incluindo adversários no processo, que muito provavelmente resistirão à sua pretensão, sem qualquer ganho material em termos de garantia do juízo.

Adiantar o incidente em termos procedimentais, ou mesmo descartá-lo com a formação de litisconsórcio passivo inicial (art. 134, § 2.º, do CPC) não se presta a adiantar a configuração de fraude à execução na hipótese de alienação fraudulenta de bens, por conta do previsto no art. 792, § 3.º, do CPC. Apesar de a citação do pretenso devedor já ser suficiente para a configuração de fraude à execução na hipótese de alienação fraudulenta de bens, deve considerar-se que o Superior Tribunal de Justiça tem entendimento consagrado na proteção do terceiro de boa-fé nesse caso, e se não houver registro do incidente, uma pesquisa no nome do alienante não indicará qualquer pendência judicial. Nesse sentido, com a averbação da instauração do incidente no registro do processo (art. 134, § 1.º, do CPC), o terceiro diligente saberá de sua existência antes de negociar o bem, o que afastará a alegação de boa-fé no caso concreto.

12.3.3. Procedimento

O art. 133, *caput*, do CPC, prevê expressamente que a desconsideração da personalidade jurídica depende de pedido da parte ou do Ministério Público, com o que afasta a possibilidade de o juiz instaurar o incidente ora analisado de ofício[19]. Já era nesse sentido a previsão do art. 50 do CC. A legitimidade do Ministério Público, apesar de o artigo ora mencionado sugerir ser ampla, deve ser limitada à hipótese em que participa do processo como autor, não havendo sentido em se admitir tal pedido quando funciona no processo como fiscal da ordem jurídica[20].

Como toda petição postulatória, a petição que veicula o pedido para a instauração do incidente processual de desconsideração da personalidade jurídica deve conter fundamentação (pressupostos legais para a desconsideração) e pedido (desconsideração e penhora sobre o bem dos sócios). Nesse sentido, deve-se compreender o § 4.º do art. 134 do CPC, que não foi feliz em prever que no requerimento cabe à parte demonstrar o preenchimento

---

[18] STJ – REsp 1.180.191/RJ – Rel. Min. Luis Felipe Salomão – j. 05.04.2011.
[19] YARSHELL Flávio Luiz. In: CABRAL, Antonio do Passo e CRAMER, Ronaldo (Coords.) *Comentários ao Novo Código de Processo Civil*. Rio de Janeiro: Forense, 2015. p. 234; WAMBIER, Teresa Arruda Alvim; CONCEIÇÃO, Maria Lúcia Lins; RIBEIRO, Leonardo Ferres da Silva; MELO, Rogério Licastro Torres de. *Primeiros comentários ao Novo Código de Processo Civil artigo por artigo*. São Paulo: RT, 2015. p. 252. DIDIER JR., Fredie. *Curso de direito processual civil*. 7. ed. Salvador: JusPodivm, 2007. p. 519. Contra: MARINONI, Luiz Guilherme; ARENHART, Sérgio Cruz; MITIDIERO, Daniel. *Novo Código de Processo Civil comentado*, São Paulo: RT, 2015, p. 208.
[20] YARSHELL, Flávio Luiz. In: CABRAL, Antonio do Passo e CRAMER, Ronaldo (Coords.) *Comentários ao Novo Código de Processo Civil*. Rio de Janeiro: Forense, 2015. p. 233. Contra: WAMBIER, Teresa Arruda Alvim; CONCEIÇÃO, Maria Lúcia Lins; RIBEIRO, Leonardo Ferres da Silva; MELO, Rogério Licastro Torres de. *Primeiros comentários ao Novo Código de Processo Civil artigo por artigo*. São Paulo: RT, 2015. p. 252.

dos pressupostos legais para a desconsideração, o que pode passar a equivocada impressão de que o requerente terá que apresentar prova pré-constituída e liminarmente demonstrar o cabimento da desconsideração.

Na realidade, o requerente não deve demonstrar, mas apenas alegar o preenchimento dos requisitos legais para a desconsideração, tendo o direito à produção de prova para convencer o juízo de sua alegação, inclusive conforme previsto nos arts. 135 e 136 do CPC, ao indicarem expressamente a possibilidade de instrução probatória no incidente ora analisado.

Apesar da previsão do art. 795, § 4.º, do CPC, a criação de um incidente processual não será sempre necessária, pois, nos termos do art. 134, § 2.º, do CPC, a instauração do incidente será dispensada se o pedido de desconsideração da personalidade jurídica for requerido na petição inicial, hipótese em que será citado o sócio ou a pessoa jurídica. Nesse caso, o Enunciado 248 do Fórum Permanente de Processualistas Civis (FPPC) indica que "incumbe ao sócio ou à pessoa jurídica, na contestação, impugnar não somente a própria desconsideração, mas também os demais pontos da causa".

A instauração do incidente será imediatamente comunicada ao distribuidor para as anotações devidas (art. 134, § 1.º, do CPC), não suspendendo o processo, salvo na hipótese de o pedido ser formulado na petição inicial (art. 134, § 3.º, do CPC). Trata-se de suspensão imprópria, já que o processo deve ser suspenso apenas naquilo que dependa da solução da controvérsia criada com a instauração do incidente[21]. A previsão legal parece não ser muito feliz, em especial quando aplicável à execução, já que, nesse caso, a instauração do incidente se dará em prejuízo do exequente, que não poderá, enquanto não decidido tal incidente, praticar atos de execução contra o executado.

Certamente com esse inconveniente em mente, foi elaborado e aprovado o Enunciado 110 na II Jornada de Direito Processual Civil do CJF: "A instauração do incidente de desconsideração da personalidade jurídica não suspenderá a tramitação do processo de execução e do cumprimento de sentença em face dos executados originários". Trata-se de enunciado *contra legem*, porque, se a execução não for suspensa em face dos "executados originários", ela será suspensa em face de quem? Ou seja, na realidade, o entendimento consagrado em referido enunciado simplesmente afasta a suspensão do processo quando o incidente for instaurado durante a execução (processo ou fase de cumprimento de sentença).

Há controvérsia doutrinária a respeito do momento em que ocorre a instauração do incidente ora analisado: para parcela da doutrina, o mero pedido da parte já é o suficiente[22], enquanto para outra, somente quando o juízo admite o pedido, considerando preenchidos os requisitos exigidos pela lei, estará instaurado o incidente[23]. Em termos de segurança jurídica, em especial para fins de configuração de fraude à execução, é mais adequado entender-se que o mero pedido da parte já seja o suficiente para a instauração do incidente, até mesmo porque, infelizmente, a decisão judicial pode demorar a ser

---

[21] YARSHELL, Flávio Luiz. In: CABRAL, Antonio do Passo e CRAMER, Ronaldo (Coords.) *Comentários ao Novo Código de Processo Civil*. Rio de Janeiro: Forense, 2015. p. 238.

[22] YARSHELL, Flávio Luiz. In: CABRAL, Antonio do Passo e CRAMER, Ronaldo (Coords.) *Comentários ao Novo Código de Processo Civil*. Rio de Janeiro: Forense, 2015. p. 239.

[23] CÂMARA, Alexandre Freitas. *O novo processo civil brasileiro*. São Paulo: Atlas, 2015. p. 98; WAMBIER, Teresa Arruda Alvim; CONCEIÇÃO, Maria Lúcia Lins; RIBEIRO, Leonardo Ferres da Silva; MELO, Rogério Licastro Torres de. *Primeiros comentários ao Novo Código de Processo Civil artigo por artigo*. São Paulo: RT, 2015. p. 253.

proferida, o que deixará tempo para manobras fraudulentas do sujeito que poderá ser atingido pela desconsideração.

Ainda que não haja a instauração do incidente processual, as regras procedimentais previstas nos dispositivos ora analisados serão aplicáveis, no que couber, à desconsideração da personalidade jurídica, e nunca será exigido um processo autônomo para tal finalidade.

Ao prever que, instaurado o incidente de desconsideração da personalidade jurídica, o sócio ou a pessoa jurídica serão citados para manifestar-se e requerer as provas cabíveis no prazo de 15 dias, o art. 135 do CPC consagrou a exigência do contraditório tradicional para a desconsideração da personalidade jurídica, exigindo a intimação e a oportunidade de manifestação dos sócios e da sociedade antes de ser proferida a decisão. Atendeu, assim, parcela da doutrina que, mesmo sem previsão expressa, já se posicionava nesse sentido[24].

O tema não era tranquilo no Superior Tribunal de Justiça, havendo decisões decretando a nulidade de decisões de desconsideração da personalidade jurídica proferidas sem a observação do contraditório tradicional[25], enquanto outras admitiam o contraditório diferido[26].

É preciso registrar que a previsão legal que exige o contraditório tradicional não afasta peremptoriamente o contraditório diferido na desconsideração da personalidade jurídica, apenas torna-o excepcional. Dessa forma, sendo preenchidos os requisitos típicos da tutela de urgência e do pedido de antecipação dos efeitos da desconsideração da personalidade jurídica, entendo admissível a prolação de decisão antes da intimação dos sócios e da sociedade[27].

É nesse sentido o entendimento do Superior Tribunal de Justiça:

"Agravo interno no agravo em recurso especial. Incidente de desconsideração de personalidade jurídica. Tutela provisória de bloqueio de bens dos sócios. Não ocorrência de desconsideração de personalidade jurídica. Mera instauração de incidente. Tutela provisória não impugnada na instância *a quo* nem no apelo nobre. Impossibilidade de reabrir discussão neste recurso. Inovação recursal. Agravo interno desprovido.
1. Rejeita-se a apontada violação ao art. 50 do Código Civil de 2002 e aos arts. 134 a 137 do CPC/2015, pois o eg. Tribunal *a quo* não desconsiderou a personalidade jurídica da agravante, mas, tão somente em sede de agravo de instrumento, confirmou decisão que admitiu a instauração de incidente de desconsideração da personalidade jurídica e confirmou tutela provisória para bloquear bens dos sócios da sociedade empresária agravante.

---

[24] THEODORO JR. *Processo de execução e cumprimento de sentença*. 25. ed. São Paulo: Leud, 2008. p. 164: ZAVASCKI, Teori Albino. *Processo de execução*. São Paulo: RT. p. 199.
[25] STJ – 4.ª Turma – RMS 29.697/RS – Rel. Min. Raul Araújo – j. 23.04.2013 – DJe 01.08.2013.
[26] STJ – 4.ª Turma – REsp 686.112/RJ – Rel. Min. João Otávio de Noronha – j. 08.04.2008 – DJe 28.04.2008.
[27] Enunciado 42 da *I Jornada de Direito Processual Civil* do CJF: "É cabível a concessão de tutela provisória de urgência em incidente de desconsideração da personalidade jurídica"; YARSHELL, Flávio Luiz. In: CABRAL, Antonio do Passo e CRAMER, Ronaldo (Coords.) *Comentários ao Novo Código de Processo Civil*. Rio de Janeiro: Forense, 2015. p. 239; CAMARGO, Luiz Henrique Volpe. In: CABRAL, Antonio do Passo e CRAMER, Ronaldo (Coords.) *Comentários ao Novo Código de Processo Civil*. Rio de Janeiro: Forense, 2015. p. 240; DIDIER JR., Fredie. *Curso de direito processual civil*. 7. ed. Salvador: JusPodivm, 2007; CÂMARA, Alexandre Freitas. *O novo processo civil brasileiro*. São Paulo: Atlas, 2015. p. 105 e p. 521.

2. Tanto no apelo nobre como no presente agravo interno, a sociedade empresária insiste na tese de que houve a indevida desconsideração da personalidade jurídica, sem o devido processo legal e contraditório, o que não corresponde à realidade dos autos.

3. Considerando que, nas razões do agravo de instrumento interposto no eg. Tribunal *a quo*, não se impugnou o capítulo referente à tutela provisória, e semelhante deficiência recursal se verificou no recurso especial, não é possível avançar em tal matéria no presente agravo interno, pois representaria inovação recursal.

4. Agravo interno desprovido"[28].

Ao prever a citação do sócio ou da sociedade, o art. 135 do CPC parece distinguir a desconsideração tradicional da desconsideração inversa. Significa que o demandado no processo em que se instaura o incidente processual não será intimado a se manifestar, sendo tal direito franqueado apenas aos terceiros que poderão passar a ser responsáveis patrimoniais com a concessão do pedido. A utilização da conjunção "ou", e não "e", e a necessidade de "citação" corroboram a conclusão.

Considero, entretanto, que o legislador não foi bem ao excluir o demandado do contraditório, porque este também tem legitimidade e interesse no pedido de desconsideração da personalidade jurídica. Na desconsideração clássica, o Superior Tribunal de Justiça entende que a pessoa jurídica tem legitimidade para impugnar decisão interlocutória que desconsidera sua personalidade com o intuito de defender a sua regular administração e autonomia[29].

Sendo necessária a produção da prova, que poderá ser requerida por qualquer das partes envolvidas no incidente processual, todos os meios de prova em Direito serão admitidos em respeito ao princípio do contraditório. E apenas após a produção da prova o juiz decidirá o incidente por meio de decisão interlocutória, confirmando-se mais uma vez a opção do legislador pela adoção do contraditório tradicional para a desconsideração da personalidade jurídica.

Há precedente do Superior Tribunal de Justiça no sentido de não caber condenação em pagamento de honorários advocatícios nessa decisão por falta de previsão legal[30]. Não parece que a ausência de uma previsão legal no art. 85 do CPC seja fundamento suficiente para afastar a condenação em honorários advocatícios. Por outro lado, ainda que tenha natureza de incidente processual e não de ação incidental, o incidente ora analisado cria uma relação jurídica processual distinta daquela existente na ação principal, não havendo sentido lógico isentar a parte sucumbente do pagamento dos honorários advocatícios.

Dessa forma, deve ser comemorado precedente no sentido de serem devidos honorários ao advogado de terceiro que, incluído no processo no polo passivo de incidente de desconsideração de personalidade jurídica, conseguiu a exclusão de seu cliente do processo por conta da improcedência do pedido[31].

---

[28] STJ – 4.ª Turma – AgInt no AREsp 1.043.266/DF – Rel. Min. Raul Araújo – j. 06.06.2017 – *DJe* 20.06.2017.
[29] *Informativo* 544/STJ – 3.ª Turma – REsp 1.421.464/SP – Rel. Min. Nancy Andrighi – j. 24.04.2014.
[30] STJ – 3ª Turma – AgInt no REsp 1.852.515/SP – Rel. Min. Moura Ribeiro – j. 24.08.2020 – *DJe* 27.08.2020.
[31] STJ – REsp 1.925.959/SP – 3.ª Turma – Rel. Min. Paulo de Tarso Sanseverino – Rel. Min. p/ acórdão Ricardo Villas Bôas Cueva – j. 12.09.2023 – *DJe* 22.09.2023.

Tratando-se de questão meramente patrimonial de interesse das partes envolvidas no processo, deve ser elogiado o Enunciado 123 do Fórum Permanente de Processualistas Civis (FPPC): "*É desnecessária a intervenção do Ministério Público, como fiscal da ordem jurídica, no incidente de desconsideração da personalidade jurídica, salvo nos casos em que deva intervir obrigatoriamente, previstos no art. 178*".

12.3.4. Forma de defesa do sócio (ou da sociedade na desconsideração inversa)

O Código de Processo Civil de 2015 perdeu uma excelente oportunidade de colocar fim à polêmica a respeito da forma processual de defesa dos sócios na execução após a desconsideração da personalidade jurídica.

O sócio (ou a sociedade na desconsideração inversa) passa, a partir da desconsideração da personalidade jurídica, a ser responsável patrimonial secundário pela dívida da sociedade empresarial. Será o sócio legitimado a formar um litisconsórcio passivo ulterior, transformando-se em executado junto à sociedade empresarial, ou continuará como um terceiro no processo? A resposta a esse questionamento é resultante da definição da qualidade processual do responsável patrimonial secundário.

O responsável patrimonial secundário, com hipóteses previstas pelo art. 592 do CPC/1973 e art. 790 do CPC/2015, mesmo não sendo devedor, responde com seus bens pela satisfação da obrigação em juízo. É preciso atentar que, no tocante a algumas hipóteses de responsabilidade secundária, a questão da legitimidade passiva era totalmente superada pelo art. 568 do CPC/1973, e continua a ser pelo art. 779 do CPC/2015. A questão, entretanto, remanesce relativamente aos demais responsáveis secundários, em especial àquele indicado pelo art. 790, II, do CPC/2015.

Parte da doutrina entendia que não se devia considerar o responsável patrimonial como parte na demanda executiva, ainda que sejam os seus bens que respondam pela satisfação da obrigação, em interpretação que limita a legitimação passiva da execução aos sujeitos previstos no art. 568 do CPC/1973. Por esse entendimento, não se devem confundir a *legitimidade passiva* e a *responsabilidade secundária*, uma vez que o sujeito passivo é o executado, enquanto o responsável não é executado, tão somente ficando seus bens sujeitos à execução[32]. O entendimento deve ser mantido com o Código de Processo Civil de 2015, pois a legitimidade passiva na execução continua a ser expressamente prevista, agora pelo art. 779.

Para outra corrente doutrinária, o legislador indevidamente separou o tema da legitimidade passiva da responsabilidade patrimonial, não se podendo admitir que o sujeito que potencialmente perderá seu bem em virtude da expropriação judicial não seja considerado parte na demanda executiva[33].

Sendo o sujeito responsável por dívida que não é sua – responsabilidade patrimonial secundária –, é natural que seja considerado parte na demanda executiva, visto que será o maior interessado em apresentar defesa para evitar a expropriação de seu bem. O devedor,

---

[32] LIEBMAN, Enrico Tullio. *Processo de execução*. 2. ed. São Paulo: Saraiva, 1963. p. 68.
[33] ASSIS, Araken de. *Manual dos recursos*. 2. ed. São Paulo: RT, 2008. p. 398-399; FUX, Luiz. *Curso de direito processual civil*. 2. ed. Rio de Janeiro: Forense, 2004. p. 1.288.

que também deverá estar na demanda como litisconsorte passivo, poderá não ter tanto interesse assim na apresentação da defesa, imaginando que, em razão da propriedade do bem penhorado, naquele momento o maior prejudicado será o responsável secundário, e não ele. Trata-se de *legitimação extraordinária*, porque o responsável secundário estará em juízo em nome próprio e na defesa de interesse de outrem, o devedor.

Para os responsáveis patrimoniais que não têm sua legitimidade passiva expressamente prevista em lei, como no caso dos sócios diante da desconsideração da personalidade jurídica, a *legitimação extraordinária* apresenta uma particularidade interessante, considerando-se que para esses sujeitos ela só surgirá no caso concreto quando ocorrer a efetiva constrição judicial do bem do responsável secundário. Não teria qualquer sentido a citação de todos os sócios da pessoa jurídica, se na execução não houver qualquer tipo de constrição judicial, desejada pelo exequente ou efetivamente ocorrida, de bens desses sócios. Há, portanto, uma condição para que a legitimidade extraordinária nesse caso exista: o patrimônio do responsável secundário efetivamente responda no caso concreto pela execução, o que passa a ocorrer com a penhora de seus bens em consequência da desconsideração da personalidade jurídica.

A importância prática de definir a qualidade processual do sócio após a desconsideração da personalidade jurídica é a defesa adequada a apresentar na execução: sendo terceiro, a defesa parece ser mais adequadamente apresentada por meio de embargos de terceiro; sendo parte, a defesa será elaborada por meio de embargos à execução (ou mesmo impugnação, no caso de cumprimento de sentença).

O Superior Tribunal de Justiça adota o segundo entendimento, ao apontar a citação do sócio[34] e sua integração à relação jurídica processual executiva, bem como a inadmissão dos embargos de terceiro, indicando os embargos à execução como via adequada dos sócios diante da desconsideração da personalidade jurídica[35].

Entendo que está correto o posicionamento do Superior Tribunal de Justiça, até porque considero que todos os responsáveis patrimoniais secundários, ao terem bem de seu patrimônio constrito em processo alheio, automaticamente passam a ter legitimidade passiva, e, uma vez sendo citados ou integrando-se voluntariamente ao processo, formarão um litisconsórcio passivo ulterior com o devedor. E que, mesmo sem previsão legal nesse sentido, nada mudará.

Poder-se-á afirmar que a defesa adequada são os embargos de terceiro, porque, não concordando o sócio com a desconsideração, deve alegar que não tem responsabilidade patrimonial secundária e, dessa forma, deve ser tratado como um mero terceiro no processo. O problema, entretanto, é a distância entre a qualidade real que o sócio adquire no processo ao ser citado e a qualidade que ele gostaria de ter.

Importante notar que o conceito de parte na demanda ou no processo não se confunde com o conceito de parte material, que é o sujeito que participa da relação de direito material que constitui o objeto do processo. Dessa forma, mesmo que não seja o titular dessa relação de direito material, mas participe do processo, o sujeito será considerado parte processual, independentemente da legalidade de sua presença no processo. É por isso

---

[34] STJ – 4.ª Turma – REsp 1.096.604/DF – Rel. Min. Luis Felipe Salomão – j. 02.08.2012 – *DJe* 16.10.2012.
[35] STJ – 4.ª Turma – AgRg no Ag 1.378.143/SP – Rel. Min. Raul Araújo – j. 13.05.2014 – *DJe* 06.06.2014.

que, mesmo sendo parte ilegítima, o sujeito é considerado parte processual pelo simples fato de participar do processo. Significa que o sócio será parte, querendo ou não, tendo ou não legitimidade para participar da execução.

Concluo afirmando que, nos embargos à execução, caberá ao sócio alegar, em sede de preliminar de ilegitimidade passiva, a eventual incorreção da desconsideração da personalidade jurídica, até porque, se não foi devida, não existe responsabilidade patrimonial secundária e, por consequência, o sócio é parte ilegítima. O acolhimento dessa defesa, além de excluir o sócio da execução por ilegitimidade de parte, ainda resultará na imediata liberação da constrição judicial sobre o seu bem. Além da alegação de ilegitimidade de parte, o sócio poderá alegar todas as outras defesas típicas do devedor, firme no princípio da eventualidade.

Registre-se que essa alegação de ilegitimidade vinculada à inadequação da desconsideração da personalidade jurídica é a única forma de preservar o princípio do contraditório, ainda que diferido. Como nessa forma de contraditório a informação e a reação são posteriores à decisão judicial, não será legítimo exigir da parte a interposição de agravo de instrumento contra a decisão que determina a desconsideração, sob pena de preclusão. Naturalmente, o sócio poderá se valer de tal recurso, conforme já exposto no item anterior, mas, se preferir, poderá aguardar os embargos à execução para se defender. Condicionar a defesa do sócio ao agravo de instrumento seria suprimir um grau de jurisdição no exercício de seu contraditório.

12.3.5. Recorribilidade

O incidente de desconsideração da personalidade jurídica será, ao menos em regra, resolvido por meio de uma decisão interlocutória recorrível por agravo de instrumento, nos termos do art. 1.015, IV, do CPC. O conteúdo da decisão para fins de recorribilidade é irrelevante, podendo ter sido o pedido acolhido, rejeitado ou mesmo decidido sem a análise do mérito em razão de alguma imperfeição formal.

Não se descarta, entretanto, a possibilidade de o incidente ser resolvido na sentença, havendo doutrina, inclusive, que entende ser esse o momento de julgamento quando a desconsideração é requerida na própria petição inicial[36]. Não concordo com esse entendimento porque estando o incidente maduro para imediato julgamento, o que em regra deve sempre ocorrer antes do momento da prolação da sentença, não faz sentido manter-se o estado de indefinição jurídica quanto à responsabilidade patrimonial secundária dos terceiros[37].

O Superior Tribunal de Justiça tem precedente no sentido de decisão que indefere o pedido trazer em si, implicitamente, a cláusula *rebus sic stantibus*, admitindo-se dessa forma um novo pedido fundado em nova circunstância fática.[38] Entendo a conclusão acertada, mas não o fundamento. Em realidade, se a circunstância fática é outra, não há exatamente a repetição do mesmo pedido, já que fundado em diferente causa de pedir, o que permitiria a veiculação dessa nova pretensão da parte.

---

[36] THEODORO JR., Humberto. *Curso de direito processual civil*. 47. ed. Rio de Janeiro: Forense, 2007. v. 1. p. 399.
[37] ARRUDA ALVIM, *Novo Código de Processo Civil*. São Paulo: GZ, 2016, p. 113.
[38] STJ – 3ª Turma – REsp 1.758.794/PR – Rel. Min. Nancy Andrighi – j. 21.05.2019, *DJe* 24.05.2019.

Na vigência do CPC/1973, o Superior Tribunal de Justiça não conseguia encontrar um entendimento uníssono a respeito da legitimidade para recorrer da decisão interlocutória de desconsideração da personalidade jurídica, em mais uma triste demonstração da aparente despreocupação da Corte Superior com a uniformização de jurisprudência. Enquanto a 1.ª Seção entendia não haver legitimidade da sociedade, porque nesse caso estar-se-ia diante de uma legitimação extraordinária não prevista em lei[39], a 3.ª Turma admitia tal legitimidade recursal, desde que a sociedade recorresse para defender a sua regular administração e autonomia – isto é, a proteção da sua personalidade –, sem se imiscuir indevidamente na esfera de direitos dos sócios ou administradores incluídos no polo passivo por força da desconsideração[40].

Como o Código de Processo Civil de 2015 prevê que os sócios (ou a sociedade na desconsideração inversa) são terceiros intervenientes ou partes (quando o pedido de desconsideração é formulado na petição inicial), a questão da legitimidade estará superada, mas poderá ser perfeitamente transferida para outro pressuposto de admissibilidade recursal: o interesse recursal. Da causa de pedir recursal da parte que teve sua personalidade desconsiderada se concluirá pela presença ou não de tal pressuposto.

Deixando claro que a desconsideração da personalidade jurídica pode ocorrer no tribunal, o parágrafo único do art. 136 do CPC prevê o cabimento de agravo interno caso a decisão seja proferida pelo relator. Entendo que o incidente ora analisado pode ser instaurado em processo de competência originária do tribunal e também em grau recursal, diante da previsão do art. 134, *caput*, do CPC, que permite sua instauração em todas as fases do processo de conhecimento.

Questão interessante nesse caso surge diante da prolação de decisão interlocutória pelo relator sobre questão incidental, ou seja, durante o incidente de desconsideração da personalidade jurídica. Há doutrina que entende que, nesse caso, a decisão será irrecorrível, por analogia à irrecorribilidade por agravo de instrumento das decisões de mesma natureza proferida pelo juízo de primeiro grau[41]. Discordo desse entendimento diante da literalidade do art. 1.021 do CPC, que não excluiu tais decisões monocráticas do relator do cabimento do agravo interno.

12.4. DESCONSIDERAÇÃO DA PERSONALIDADE JURÍDICA DE OFÍCIO

Interessante questão atinente à desconsideração da personalidade jurídica no âmbito do direito consumerista diz respeito à possibilidade de sua determinação de ofício. É natural que o exequente, sendo o maior interessado em aplicar as chances de satisfazer seu direito, o que obterá com a ampliação de sujeitos que respondam com seu patrimônio por tal satisfação, invariavelmente faz pedido nesse sentido. Mas a pergunta permanece interessante, ainda que relegada à excepcionalidade: não havendo pedido do interessado, pode o juiz atuar de ofício?

Existem decisões de Tribunais Estaduais no sentido de ser viável tal ato de ofício pelo juiz:

---

[39] *Informativo* 530/STJ – 1.ª Seção – REsp 1.347.627/SP – Rel. Min. Ari Pargendler – j. 09.10.2013.
[40] *Informativo* 544/STJ – 3.ª Turma – REsp 1.421.464/SP – Rel. Min. Nancy Andrighi – j. 24.04.2014.
[41] CÂMARA, Alexandre Freitas. *O novo processo civil brasileiro*. São Paulo: Atlas, 2015. p. 104.

"Civil. Processual civil. Embargos de terceiro. Execução. Parte executada (sociedade de fato 'PRO4 Produções') constituída irregularmente e representada pelos recorrentes. Utilização de CNPJ de outra empresa ('Multi Util Comércio e Representações LTDA. ME', representada também pelos recorrentes). Confusão patrimonial que gera obstáculos ao ressarcimento do consumidor. Desconsideração da personalidade jurídica devidamente aplicada pelo juízo de origem. Incidência da 'teoria menor', que possibilita a decretação, de ofício, da desconsideração da personalidade jurídica. Artigo 28, § 5.º, do CDC. Ausência de julgamento *extra petita*. Legitimidade passiva de ambos os recorrentes confirmada. Bloqueio de numerário devido. Citação válida (F. 11). Recurso improvido. Sentença mantida por seus próprios e jurídicos fundamentos, com Súmula de julgamento servindo de acórdão, na forma do artigo 46 da Lei n.º 9.099/1995. Honorários advocatícios fixados em 10% do valor da condenação, mais custas processuais, a cargo dos recorrentes" (TJDF – Recurso 2006.01.1.078794-9 – Acórdão 480.320 – 2.ª Turma Recursal dos Juizados Especiais Cíveis e Criminais do DF – Rel. Juiz José Guilherme de Souza – *DJDFTE* 18.02.2011 – p. 214).

"Agravo de instrumento. Execução de sentença. Desconsideração da personalidade jurídica. Impossibilidade. Depreende-se do art. 28 do Código de Defesa do Consumidor, que o juiz poderá, a requerimento ou de ofício, desconsiderar a personalidade jurídica da sociedade sempre que houver prejuízo ao consumidor, abuso de direito, excesso de poder, infração da Lei, fato ou ato ilícito ou violação dos estatutos ou contrato social. Mencionada faculdade também é conferida nos casos de falência, insolvência, encerramento ou inatividade da pessoa jurídica, os quais tenham sido causados pela má administração. Consagrou-se a teor do art. 20 do Código Civil, que as pessoas jurídicas têm existência distinta da dos seus sócios, devendo, pois, ser desconsiderada a teoria da personalidade jurídica somente em casos extremos, ou seja, quando exaustivamente demonstrado dolo ou fraude praticados pela pessoa física, que usa como escudo a personalidade jurídica da empresa. Sem que se prove ter agido as representantes legais ao arrepio dos estatutos sociais, em abuso de direito, não é possível atribuir a responsabilidade com a desconsideração da personalidade jurídica da empresa" (TJMG – Agravo de Instrumento 2.0000.00.353986-8/000 – Juiz de Fora – 4.ª Câmara Civil – Rel. Des. Alvimar de Ávila – j. 12.12.2001 – *DJMG* 22.12.2001).

O tema do reconhecimento de ofício de matérias referentes ao Código de Defesa do Consumidor será devidamente analisado no Capítulo 13, inclusive havendo divergência entre os autores da presente obra quanto à interpretação a ser dada ao art. 1.º da Lei 8.078/1990. Pessoalmente não consigo retirar do art. 28, § 5.º, do CDC a permissão para a desconsideração de ofício, conforme serviu de fundamento dos julgamentos mencionados. Se realmente fosse possível a desconsideração de ofício, o responsável seria o art. 1.º do CDC, jamais o art. 28, § 5.º, do CDC, responsável apenas pela adoção da teoria menor da desconsideração às relações consumeristas.

Será reafirmado no Capítulo 13 que o reconhecimento de matérias de direito material de ofício deve respeitar outros valores relevantíssimos do processo, tais como o princípio da inércia da jurisdição e da correlação entre pedido e sentença. No tocante à desconsideração da personalidade jurídica, entretanto, entendo ser possível a atuação de ofício pelo juiz, porque vejo nessa forma de estender a responsabilidade patrimonial aos sócios uma matéria de direito processual ou, quando menos, uma matéria processual.

Conforme já tive a oportunidade de afirmar, com amparo em tranquila doutrina, a responsabilidade patrimonial é matéria exclusivamente processual, porque trata de responsabilidade que só será exigida na execução ou falência. Dessa forma, a responsabilidade patrimonial secundária é regulada por norma de direito processual, mais precisamente o art. 790 do CPC. Tem-se, portanto, uma matéria de direito processual. Partindo dessa premissa, é importante se determinar se a matéria processual é reconhecível de ofício ou somente pode ser reconhecida mediante a alegação da parte interessada.

Nessa análise, apesar de compreender que realmente exista a necessidade de pedido da parte na maioria das vezes, no caso particular do direito consumerista entendo ser possível a atuação de ofício do juiz, justamente em razão do previsto no art. 1.º do CDC. Nesse caso, não vejo como ofensa ao princípio da inércia da jurisdição e tampouco da correlação, considerando que na execução o juiz é provocado a satisfazer o direito do exequente, sendo justamente isso que tentará fazer ao desconsiderar a personalidade jurídica da sociedade empresarial.

Poder-se-ia alegar que, nesse caso, o juiz estaria redirecionando a execução contra novo exequente, já que o pedido do exequente não foi dirigido contra o sócio da sociedade empresarial. De fato, tal redirecionamento ocorrerá, mas apenas porque o juiz concluirá que o sócio é parte legítima no processo de execução, já que será tão responsável quanto o executado. Esse litisconsórcio, entretanto, além de ulterior, será facultativo, não sendo lícito o juiz formar um litisconsórcio *iussu iudicis* nos termos do art. 91 do CPC de 1939. Mas no direito consumerista essa matéria poderá ser conhecida de ofício, justamente em razão da previsão do art. 1.º da Lei 8.078/1990.

Conforme já analisado, o Código de Processo Civil de 2015 prevê um incidente processual para a desconsideração da personalidade jurídica, finalmente regulamentando seu procedimento. O art. 133, *caput*, do CPC, prevê expressamente que a desconsideração da personalidade jurídica depende de pedido da parte ou do Ministério Público, com o que afasta a possibilidade de o juiz instaurar o incidente ora analisado de ofício[42]. Já era nesse sentido a previsão do art. 50 do CC.

---

[42] YARSHELL, Flávio Luiz. In: CABRAL, Antonio do Passo e CRAMER, Ronaldo (Coords.) *Comentários ao Novo Código de Processo Civil.* Rio de Janeiro: Forense, 2015. p. 234; WAMBIER, Teresa Arruda Alvim; CONCEIÇÃO, Maria Lúcia Lins; RIBEIRO, Leonardo Ferres da Silva; MELO, Rogério Licastro Torres de. *Primeiros comentários ao Novo Código de Processo Civil artigo por artigo.* São Paulo: RT, 2015. p. 252; DIDIER JR., Fredie. *Curso de direito processual civil.* 7. ed. Salvador: JusPodivm, 2007. p. 519. Contra: MARINONI, Luiz Guilherme; ARENHART, Sérgio Cruz; MITIDIERO, Daniel. *Novo Código de Processo Civil comentado,* São Paulo: RT, 2015.

13
ORDEM PÚBLICA E TUTELA PROCESSUAL DO CONSUMIDOR

Sumário: 13.1. Matérias de defesa – 13.2. Preclusão temporal – 13.3. Preclusão consumativa – 13.4. Objeções e natureza de ordem pública das normas consumeristas.

13.1. MATÉRIAS DE DEFESA

Ainda que o termo exceção seja invariavelmente utilizado como sinônimo de defesa, existe uma clássica classificação das matérias defensivas que as divide em exceções e objeções. Enquanto a primeira só pode ser conhecida pelo juiz em sua decisão se for alegada pela parte interessada, a segunda pode ser conhecida de ofício pelo juiz, independentemente, portanto, de alegação da parte. Segundo a melhor doutrina, trata-se de classificação surgida na Idade Média:

> "A partir da Idade Média, começou a ser feita uma distinção entre exceções e objeções. As primeiras eram matérias que somente o réu podia alegar; eram defesas indiretas cuja arguição cabia exclusivamente ao réu, sendo vedado, portanto, o seu reconhecimento de ofício pelo juiz. As segundas eram matérias de defesa que podiam ser conhecidas pelo magistrado *ex officio*"[1].

A exceção pode ser processual, como ocorre com a incompetência relativa e com a convenção de arbitragem, matérias que só poderão ser conhecidas se alegadas tempestivamente pela parte interessada, salvo a excepcional hipótese prevista pelo art. 63, § 3.º, do CPC, que admite o reconhecimento da incompetência territorial de ofício pelo juiz. Pode, também, ser substancial, como ocorre, por exemplo, com o direito de retenção e a exceção de contrato não cumprido[2].

---
[1] Cfr. GRECO, Leonardo. *Instituições de direito civil*. Rio de Janeiro: Forense, 2011. v. 2. p. 56.
[2] FUX, Luiz. *Curso de direito processual civil*. 2. ed. Rio de Janeiro: Forense, 2004. p. 543; DIDIER JR., Fredie. *Curso de direito processual civil*. 7. ed. Salvador: JusPodivm, 2007. v. 1. p. 504.

Também a objeção pode ser processual ou substancial. No primeiro caso tem-se, por exemplo, todas as defesas preliminares previstas pelo art. 337 do CPC, salvo a convenção de arbitragem. No segundo caso tem-se, por exemplo, a prescrição, que pode ser conhecida de ofício pelo juiz nos termos do art. 487, parágrafo único, do CPC, bem como a decadência legal.

A distinção entre exceção e objeção encontra importante divisor de águas nas matérias de ordem pública, sendo tradicional associar esse tipo de matéria à atuação oficiosa do juiz no caso concreto[3]. O problema, entretanto, é que existem matérias de ordem pública de natureza processual e substancial, sendo divergente a doutrina a respeito de tratá-las de forma homogênea ou heterogênea.

O art. 1.º do CDC prevê que todas as normas contidas na Lei 8.078/1990 são de ordem pública e interesse social, sendo especialmente interessantes os questionamentos a respeito da possibilidade de se tratar a nulidade de pleno direito das cláusulas contratuais previstas no art. 51 do CDC, como objeções substanciais no processo. Antes, entretanto, de enfrentar o problema, é importante uma descrição das consequências processuais de se ter tal matéria como exceção ou objeção substancial.

13.2. PRECLUSÃO TEMPORAL

Além do poder do juiz conhecer ou não de ofício a matéria, a distinção traz outra interessante consequência processual, qual seja a existência ou não de preclusão a respeito da matéria defensiva. Nas exceções, entende-se que existe preclusão, de forma que cabe à parte interessada alegar a matéria no momento procedimental adequado, sob pena de a matéria não poder ser posteriormente alegada. Nas objeções, como a matéria pode ser conhecida de ofício, existe a possibilidade de alegação a qualquer tempo do procedimento, com ressalva dos recursos excepcionais, tema tratado a seguir. Significa dizer que as exceções sofrem preclusão temporal, inaplicável às objeções.

Diz-se preclusão temporal quando um ato não puder ser praticado em virtude de ter decorrido o prazo previsto para sua prática sem a manifestação da parte. Ao deixar a parte interessada de realizar o ato dentro do prazo previsto, ele não mais poderá ser realizado, já que extemporâneo. Tendo o réu quinze dias para contestar, e as partes cinco dias para falar nos autos, por exemplo, não respeitado o lapso temporal traçado pela lei, estarão impedidos de praticar o ato.

As exceções, portanto, devem ser arguidas na primeira oportunidade em que a parte interessada em seu reconhecimento se manifestar nos autos, regra preclusiva não aplicável às objeções, nos termos do art. 278 do CPC. A afirmação de que a objeção pode ser alegada a qualquer momento do processo, entretanto, deve ser vista com reservas no tocante aos recursos excepcionais.

A doutrina parece estar de acordo que a matéria de ordem pública poderá sempre ser apreciada pelos juízes dos Tribunais de segundo grau quando fizer parte do objeto do recurso. Nenhum problema haveria, já que, devolvida a matéria por meio do recurso, o Tribunal não teria tão somente liberdade para apreciá-la, mas sim obrigação, sob pena de proferir uma decisão *citra petita*. No tocante aos recursos excepcionais, entretanto, há o problema de alegação originária à luz da exigência do prequestionamento.

---

[3] MARINONI, Luiz Guilherme; ARENHART, Sérgio Cruz. *Manual do processo de conhecimento*. São Paulo: RT, 2006. p. 145.

Para os recursos dirigidos aos tribunais de segundo grau, e mesmo no caso do recurso ordinário constitucional para os tribunais superiores[4], a ausência de exigência de prequestionamento das matérias alegadas em sede recursal permite à parte alegar em tais recursos uma objeção, seja ela de natureza processual ou material. Na realidade, mesmo que a parte não alegue sem seu recurso tal matéria, o tribunal poderá conhecê-la de ofício.

Não se tratará mais do efeito devolutivo, que exige a iniciativa da parte para que a matéria possa ser reexaminada pelo órgão jurisdicional competente para o julgamento do recurso, mas sim do efeito translativo, reflexo do princípio inquisitivo[5]. A aplicação de tal efeito aos recursos ordinários mostra-se incontestável, sendo praticamente unânime a doutrina nesse sentido, embora nem sempre com os mesmos fundamentos, já que, para parcela da doutrina, a possibilidade de o tribunal conhecer matérias de ofício deriva da profundidade da devolução, e não do efeito translativo, efeito considerado inexistente por essa parcela doutrinária[6].

Independentemente do efeito que permita ao tribunal o conhecimento da objeção de ofício, o que importa para o presente estudo é que, sendo admissível o reconhecimento *ex officio*, naturalmente não se poderá falar em preclusão temporal, admitindo-se à parte a alegação da objeção nas razões recursais ou mesmo antes de seu julgamento, por meio de mera petição.

O grande problema quanto à aplicação do efeito translativo diz respeito aos recursos extraordinário e especial. Há divergência doutrinária e jurisprudencial. Essa divergência naturalmente refletirá na possibilidade de a parte alegar a objeção originariamente nesses recursos extraordinários, já que, sendo admissível o conhecimento de ofício pelo tribunal, não haverá preclusão temporal e a parte poderá alegar a matéria como é admitido nos recursos ordinários.

A corrente que entende ser incabível ao Superior Tribunal de Justiça ou Supremo Tribunal Federal conhecer de ofício matéria de ordem pública encontra fundamento para tal posicionamento na ausência de prequestionamento de tal matéria, o que impediria sua análise pelos órgãos de superposição. Não tendo sido essa questão enfrentada e tampouco decidida pelo Tribunal, não poderia ser objeto de apreciação pelos órgãos de superposição.

Nas palavras de Nelson Nery Jr., "não há o efeito translativo nos recursos excepcionais (extraordinário, especial e embargos de divergência) porque seus regimes jurídicos estão no texto constitucional que diz serem cabíveis das causas decididas pelos Tribunais inferiores (arts. 102, n. III, e 105, n. III, CF). Caso o tribunal não tenha se manifestado sobre a questão de ordem pública, o acórdão somente poderá ser impugnado por ação autônoma (ação rescisória), já que incidem na hipótese os verbetes n.ºs 282 e 356 da Súmula do STF, que exigem o prequestionamento da questão constitucional ou federal suscitada, para que

---

[4] STJ – RMS 25.558/PB – Segunda Turma – Rel. Min. Mauro Campbell Marques – j. 15.03.2011 – *DJe* 22.03.2011.
[5] NERY JR., *Teoria geral dos recursos*. 6. ed. São Paulo: RT, 2004. n. 3.5.4, p. 482; BUENO, Cassio Scarpinella. *Curso sistematizado de direito processual civil*. São Paulo: Saraiva, 2007. v. 5, p. 81; STJ – EDcl nos EDcl no REsp 645.595/SC – 1.ª Turma – Rel. Min. Luiz Fux – j. 21.08.2008.
[6] BARBOSA MOREIRA, José Carlos. *Comentários ao Código de Processo Civil*. 11. ed. Rio de Janeiro: Forense, 2003. v. 5, n. 244, p. 444; ASSIS, Araken de. *Manual dos recursos*. 2. ed. São Paulo: RT, 2008. n. 24.8, p. 226; JORGE, Flávio Cheim. *Teoria geral dos recursos cíveis*. 3. ed. São Paulo: RT, 2007. p. 242; STJ – REsp 830.392/RS – Segunda Turma – Rel. Min. Castro Meira – j. 04.09.2007.

seja conhecido o recurso constitucional excepcional. Além disso, a lei autoriza o exame de ofício das questões de ordem pública a qualquer tempo e grau de jurisdição (art. 485, § 3.º, CPC). Ocorre que a instância dos recursos extraordinário e especial não é ordinária, não se lhe aplicando o texto legal referido"[7].

Da mesma forma, de nada adiantaria à parte alegar a objeção originariamente nesses recursos porque, nesse caso, também faltará o prequestionamento da matéria. Esse é o entendimento adotado pelo Supremo Tribunal Federal no tocante à análise de matéria de ordem pública originariamente alegada pelo recorrente em sede de recurso extraordinário:

> "Repercussão geral. Vícios processuais e formais que impedem a regular formação e tramitação do recurso. Prejuízo do exame das questões de fundo. Invocação do dever de conhecimento por ofício de matéria de ordem pública e social. Não cabimento no exame do recurso extraordinário. Pretensão de anular a cobrança de conta de fornecimento de energia elétrica. Incontáveis argumentos. Argumento parcial relativo ao ICMS. Imunidade tributária. Razões de agravo que não atacam fundamento suficiente da decisão agravada. Inépcia. 1. A existência de vícios processuais e formais que tornam inviável o conhecimento e o julgamento de recurso prejudica o exame da matéria de fundo, de modo que é desnecessário aguardar o julgamento de matéria similar à qual foi reconhecida a repercussão geral (art. 323/RISTF). 2. A invocação de normas de ordem pública ou social não supera deficiência recursal, como a falta de prequestionamento ou a omissão do argumento nas razões recursais (art. 317, § 1.º do RISTF). 3. As razões de agravo regimental não atacam um dos fundamentos suficientes em si para manter a decisão agravada, no sentido de que a relação mantida entre a cooperativa de eletrificação e o município resolvia-se no plano cível ou no plano administrativo, e não em termos tributários. Insistência na tese tributária da imunidade. Inépcia. Agravo regimental ao qual se nega provimento" (STF – AI-AgR 601.767/SC – 2.ª Turma – Rel. Min. Joaquim Barbosa – j. 15.02.2011 – DJe 23.03.2011)[8].

Existe uma segunda corrente doutrinária, que parece ser a mais adequada, que aponta o prequestionamento apenas como um requisito especial de admissibilidade do recurso, que tem como característica seu conhecimento, e não o julgamento de seu mérito. Dessa forma, uma vez preenchido o requisito de admissibilidade, ou seja, prequestionada a matéria objeto dos recursos, o mesmo será conhecido pelos órgãos de superposição, e após esse momento, aplica-se de forma irrestrita o efeito translativo do recurso.

Tal entendimento acaba por exigir tanto o prequestionamento quanto a aplicação do efeito translativo. As matérias de ordem pública, portanto, somente poderão ser conhecidas, ainda que *ex officio*, se o recurso for conhecido, ou seja, se o recurso especial ou extraordinário tiver como objeto justamente a pretensa ofensa a uma matéria de ordem

---

[7] Cfr. *Princípios fundamentais:* teoria geral dos recursos. 5. ed. São Paulo: RT, 2000. p. 420. No mesmo sentido BARBOSA MOREIRA, José Carlos. *Comentários ao Código de Processo Civil*. 11. ed. Rio de Janeiro: Forense, 2003. v. 5, p. 594; MEDINA, José Miguel Garcia. *O prequestionamento nos recursos extraordinário e especial*. 3. ed. São Paulo: RT, 2002. p. 76-77; WAMBIER, Teresa Arruda Alvim. *Nulidades do processo e da sentença*. 6. ed. São Paulo: RT, 2007. p. 420 e ORIONE NETO, Luiz. *Recursos cíveis*. São Paulo: Saraiva, 2002. p. 135-136.

[8] STF – AI-AgR 633.188/MG – 1.ª Turma – Rel. Min. Ricardo Lewandowski – j. 02.10.2007; AI-AgR 505.029/MS – Segunda Turma – Rel. Min. Carlos Velloso – j. 12.04.2005.

pública que não tenha sido discutida e decidida pelo Tribunal, o recurso não deverá ser conhecido, e assim tal matéria jamais chegará a ser analisada[9].

Adotada essa teoria, a parte poderá alegar uma objeção originariamente em sede de recurso excepcional, desde que também alegue outra matéria federal que tenha sido prequestionada, ou seja, que tenha sido objeto de decisão no pronunciamento judicial impugnado. É nesse sentido o entendimento do Superior Tribunal de Justiça:

"Administrativo. Processual civil. Agravo regimental no recurso especial. Servidor público. Violação aos arts. 2.º e 47 do CPC. Prequestionamento. Ausência. Conhecimento de ofício. Impossibilidade. Agravo não provido. 1. 'O Superior Tribunal de Justiça, com base no art. 257 de seu Regimento Interno e na Súmula 456/STF, tem-se posicionado no sentido de que, superado o juízo de admissibilidade e conhecido por outros fundamentos, o recurso especial produz o efeito translativo, de modo a permitir o exame de ofício das matérias de ordem pública' (AgRg nos EDcl na DESIS no REsp 1.123.252/SP – Segunda Turma – Rel. Min. Mauro Campbell Marques – *DJe* 15.10.2010). 2. 'É entendimento pacífico nesta Corte Superior que quando a matéria controvertida não foi apreciada pela instância originária, ainda que tenha surgido no próprio acórdão recorrido, obsta-se o conhecimento do apelo extremo' (REsp 842.056/PR – Primeira Turma – Rel. Min. Luiz Fux – *DJe* 19.06.2008). 3. Sendo inadmissível o recurso especial, torna-se inviável o exame, de ofício, da tese de afronta aos arts. 2.º e 47 do CPC. 4. Agravo regimental não provido" (STJ – AgRg no REsp 1.209.528/MG – 1.ª Turma – j. 03.02.2011 – *DJe* 18.02.2011).

Ressalte-se que a mera alegação originária de matéria de ordem pública em sede de recurso especial, desacompanhada de outra matéria federal que tenha sido efetivamente decidida no acórdão recorrido, não admite seu reconhecimento pelo Superior Tribunal de Justiça[10].

A terceira corrente, defendida por número consideravelmente pequeno de doutrinadores, é aquela que sustenta o reconhecimento da matéria de ordem pública em qualquer circunstância, ainda que não exista prequestionamento, ao menos não explícito. Recebendo o recurso especial ou extraordinário, ainda que não presente o requisito de admissibilidade do recurso, poderia o juiz conhecê-lo apenas para acolher *ex officio* uma matéria de ordem pública[11].

Ao defender tal tese, Nelson Luiz Pinto afirma que "as condições da ação e os pressupostos processuais devem, necessária e obrigatoriamente, ser objeto de exame *ex officio* por qualquer juiz ou Tribunal, antes de se adentrar no julgamento do mérito, independentemente de ter havido ou não requerimento das partes. Assim, pode-se dizer que essas matérias de ordem pública estariam, por força de lei, implicitamente prequestionadas em toda e qualquer decisão de mérito"[12].

---

[9] CARNEIRO, Athos Gusmão. Requisitos específicos de admissibilidade do recurso especial. *Aspectos polêmicos e atuais dos recursos cíveis de acordo com a Lei 9.756/98*. São Paulo: RT, 1999. p. 119; OLIVEIRA, Gleydson Kleber Lopes de. *Recurso Especial*. São Paulo: RT, 2002. p. 339-342 e FREIRE, Rodrigo da Cunha Lima. *Condições de ação*: enfoque sobre o interesse de agir. 3. ed. São Paulo: RT, 2005. p. 89.

[10] STJ – AgRg no REsp 943.682/PA – 6.ª Turma – Rel. Min. Haroldo Rodrigues – j. 22.03.2011 – *DJe* 09.05.2011.

[11] PINTO, Nelson Luiz. *Recurso especial para o STJ*. São Paulo: Malheiros, 1992. p. 145.

[12] Cfr. *Recurso especial para o STJ*. São Paulo: Malheiros, 1992. p. 146.

Adotado esse entendimento, não admitido em nenhum dos tribunais superiores, seria possível a parte alegar somente uma objeção de forma originária em sede de recurso especial ou extraordinário, e ainda assim, pela mera possibilidade de conhecimento dessa espécie de matéria de ofício, o tribunal a reconheceria.

Foi criada uma expectativa por parte da doutrina, por conta do parágrafo único do art. 1.034 do CPC, de que a jurisprudência sobre o tema pudesse mudar[13]. Não foi isso, entretanto, o que ocorreu.

13.3. PRECLUSÃO CONSUMATIVA

Além de as objeções poderem ser conhecidas de ofício, e em razão disso não suportarem a preclusão temporal, a decisão judicial que decide a respeito de uma objeção não suporta preclusão consumativa, sendo admissível ao próprio juízo que altere sua decisão sobre aquela matéria, mediante provocação da parte interessada ou mesmo de ofício.

A questão do reconhecimento de matérias de ordem pública de ofício é tema que sempre despertou a atenção da doutrina processualista. Fazendo a análise sob a ótica das nulidades, dividindo-as em absolutas, relativas e anulabilidades, Galeno Lacerda conclui que "a preclusão no curso do processo depende, em última análise, da disponibilidade da parte em relação à matéria decidida. Se indisponível a questão, a ausência de recurso não impede o reexame pelo juiz. Se disponível, a falta de impugnação importa concordância tácita à decisão. Firma-se o efeito preclusivo não só para as partes, mas também para o juiz, no sentido de que vedada se torna a retratação"[14].

Uma vez decidida a questão em sentença, não haverá possibilidade material de o juiz reconsiderar sua decisão, reputando que, não havendo recurso, a decisão transitará em julgado e, sendo recorrida a sentença, o juízo de retratação é excepcional, sendo cabível somente nas hipóteses de indeferimento da petição inicial (art. 331 do CPC) e julgamento liminar de improcedência (art. 332 do CPC). O tema é mais interessante quando aplicado às decisões interlocutórias irrecorridas.

É da própria concepção da preclusão temporal a conclusão de que as decisões interlocutórias não recorridas impossibilitam posterior discussão. Se a parte interessada não exerceu o ônus de recorrer, deve então sofrer as consequências prejudiciais de sua omissão. Com relação a isso, nenhuma dúvida pode ser posta, sob pena de extinção do próprio instituto da preclusão.

Nesse sentido, tratando da temática apresentada, Arruda Alvim conclui que "com recurso especificamente estabelecido para as hipóteses de inconformismo com a mesma, decorre imediatamente a consequência de que, em princípio e como regra geral, o que foi objeto de apreciação no saneador sofre preclusão. Significa-se com isto que a matéria

---

[13] WAMBIER, Teresa Arruda Alvim; CONCEIÇÃO, Maria Lúcia Lins; RIBEIRO, Leonardo Ferres da Silva; MELO, Rogério Licastro Torres de. *Primeiros comentários ao Novo Código de Processo Civil artigo por artigo*. São Paulo: RT, 2015. p. 1.504; OLIVEIRA, Pedro Miranda de. In: WAMBIER, Teresa Arruda Alvim; DIDIER JR., Fredie; TALAMINI, Eduardo e DANTAS, Bruno (Coords.). *Breves Comentários ao Novo Código de Processo Civil*. São Paulo: RT, 2015. p. 2.310. Contra: BUENO, Cassio Scarpinella. *Manual de direito processual civil*. São Paulo: Saraiva, 2015.

[14] Cfr. *Despacho saneador*. 3. ed. Porto Alegre: Fabris, 1990; BARBOSA, Antônio Alberto Alves. *Da preclusão processual civil*. 2. ed. São Paulo: RT, 1994. p. 197.

expressamente decidida no saneador não poderá – salvo recurso – ser reexaminada no processo"[15].

A doutrina majoritária é concorde com tal conclusão, já que, sempre que se debate acerca da ausência de efeito preclusivo de decisão interlocutória, as questões na esfera de disponibilidade da parte não são objeto de controvérsia, e sim aquelas matérias imperativas, de ordem pública, que se situam, portanto, acima do interesse das partes e localizam-se, na verdade, no campo do interesse da própria prestação jurisdicional[16]. Também esse parece ser o entendimento do Superior Tribunal de Justiça, que vem quase uniformemente decidindo pela não preclusão das questões de ordem pública[17].

13.4. OBJEÇÕES E NATUREZA DE ORDEM PÚBLICA DAS NORMAS CONSUMERISTAS

Conforme já afirmado, o art. 1.º da Lei 8.078/1990 prevê que todas as normas previstas no Código de Defesa do Consumidor são de ordem pública e de interesse social. A questão que deve ser respondida é se devem ser tratadas no processo como objeções substanciais, podendo, nesse caso, serem conhecidas de ofício, não suportando a preclusão.

Não são poucos os doutrinadores que defendem esse tratamento processual para as matérias consumeristas:

"Tanto assim que toda a matéria constante da legislação do consumidor pode e deve ser examinada pelo juiz *ex officio*, independentemente de requerimento expresso da parte. Além do que, a respeito desta matéria debatida judicialmente, não ocorre preclusão, circunstância que permite a sua apreciação a qualquer tempo e grau de jurisdição. E por se tratar de matéria de ordem pública, aberta está ao juízo recur-

---

[15] *Curso de Direito Processual Civil*, op. cit., p. 174. Ressalta em outro trecho da mesma obra as situações em que não ocorreria a preclusão, chegando à conclusão de que "quando a própria sentença transitada em julgado não tem a virtude de impedir a rediscussão das questões, que se pode fazer pela ação rescisória, não há que se falar em preclusão pela circunstância de o saneador ter-se referido à matéria", p. 177.

[16] BARROSO, Alexandre de Alencar. *Acesso à justiça e preclusão civil*. Dissertação para obtenção do grau de mestre no curso de Pós-Graduação da Faculdade de Direito da USP, 1996. p. 147-148; ARRUDA ALVIM. *Dogmática jurídica e o novo Código de Processo Civil*. São Paulo: RT, 1985. p. 128; SILVA, Ovídio Baptista da. *Curso de processo Civil*. 5. ed. São Paulo: RT, 2000. v. I, p. 163; WAMBIER, Luiz Rodrigues. Despacho saneador irrecorrido. *Revista de Processo*, n.º 67, p. 227-231; GRECO FILHO, Vicente. *Direito processual civil brasileiro*. 20. ed. São Paulo: Saraiva, 2007. v. II, p. 123; GRINOVER, Ada Pellegrini. Interesse da União. Preclusão. A preclusão e o órgão jurisdicional. *A marcha do processo*. Rio de Janeiro: Forense Universitária, 2000. p. 230-241.

[17] REsp 59.978/PR – 1.ª Turma – Rel. Min. Milton Luiz Pereira – j. 08.08.1996; REsp 174.356/SP – 4.ª Turma – Rel. Min. Sálvio de Figueiredo Teixeira – j. 23.05.2000; REsp 56.171 – Segunda Turma – Rel. Min. Eliana Calmon – j. 06.04.2000. No REsp 117.321/ES, julgado em 04.05.1999, cujo relator foi o Min. Cesar Asfor Rocha, da Quarta Turma, não foi decidido por unanimidade, já que o relator tem entendimento diverso da maioria de seus companheiros de Turma. Utilizando-se das lições do processualista baiano Calmon de Passos, o ministro assim definiu seu voto: "No caso em tablado, a questão referente à ilegitimidade *ad causam* da ré/recorrida, foi agitada logo na contestação, e não acolhida, pelo menos implicitamente, pelo douto magistrado que presidia o processo, ao proferir o despacho saneador de fls. 60. V, não tendo sido contra essa decisão interposto recurso algum. Com efeito, operou-se preclusão em face do que essa questão já não mais poderia ser examinada na apelação, quer de ofício quer por provocação da parte." Em sentido diverso votaram os ministros Sálvio de Figueiredo Teixeira, Barros Monteiro e Ruy Rosado de Aguiar.

sal a possibilidade até mesmo de decidir com a *reformatio in pejus*, justamente em atenção a este estágio na hierarquia normativa do qual goza o Código de Defesa do Consumidor"[18].

O tema tem enorme interesse prático no que se refere às cláusulas contratuais abusivas, porque adotada a tese ora exposta a nulidade poderia ser decretada de ofício pelo juiz, independentemente da provocação da parte nesse sentido. Para Nelson Nery Jr., "no regime jurídico do CDC, as cláusulas abusivas são nulas de pleno direito porque contrariam a ordem pública de proteção ao consumidor. Isso quer dizer que as nulidades podem ser reconhecidas a qualquer tempo e grau de jurisdição, devendo o juiz ou tribunal pronunciá-las *ex officio*, porque normas de ordem pública insuscetíveis de preclusão"[19].

Registre-se, entretanto, a existência de corrente doutrinária que defende que, apesar da natureza de ordem pública das normas consumeristas, elas não serão tratadas como objeções substanciais no processo, cabendo à parte interessada sua alegação tempestiva sob pena de preclusão, além de não ser permitido ao juízo seu reconhecimento de ofício.

Nas palavras de Ricardo Aprigliano, "a nulidade de cláusulas em contratos de consumo configura matéria de ordem pública, o que significa que as partes não podem celebrar negócios que contenham conteúdos vedados pela lei, que a interpretação destes contratos será sempre realizada visando o sistema de proteção do consumidor, para afastar seus efeitos em todas as demandas judiciais que tenham por objeto o contrato, em que discuta justamente o caráter abusivo destas mesmas cláusulas"[20].

Esse, portanto, o sentido da natureza de ordem pública prevista pelo art. 1.º da Lei 8.078/1990 aplicável ao art. 51 do mesmo diploma legal. Não significa que o juiz possa decidir a esse respeito sem a devida provocação do interessado, porque, assim o fazendo, estaria violando uma quantidade razoável de matérias de ordem pública de natureza processual, o que não parece, à luz da doutrina exposta, sustentável:

> "Outras matérias, que não integrem o pedido do autor e, portanto, não se enquadrem nos limites objetivos da demanda, caso fossem conhecidas espontaneamente, acarretariam violação ao princípio processual da adstrição ou congruência, previsto nos art. 128 e 460 do CPC. Disso resulta que aplicar a ordem pública substancial mesmo sem requerimento da parte, ainda que a matéria não integre o objeto do processo, equivaleria à violação de princípios processuais tais como a correlação, a inércia, contraditório e devido processo legal, entre outros, os quais compõem o núcleo das normas de ordem pública processual"[21].

O principal problema, portanto, não é desconsiderar a natureza jurídica de ordem pública das normas de direito material consumerista, mas adequar tal realidade a princípios fundamentais do processo, em especial o princípio da adstrição entre pedido e sentença.

---

[18] PAULA, Adriano Perácio de. O consumidor equiparado e o processo civil. *Revista de Direito do Consumidor*, n. 34, abr.-jun. 2000, p. 62.

[19] Cfr. *Código Brasileiro de Defesa do Consumidor* – comentado pelos autores do anteprojeto. 10. ed. Rio de Janeiro: Forense, 2011. v. I, p. 536-537. No mesmo sentido RIZZATTO NUNES, Luiz Antonio. *Comentários ao Código de Defesa do Consumidor*. São Paulo: Saraiva, 2000. p. 569.

[20] APRIGLIANO, Ricardo. *Ordem pública e processo*. São Paulo: Atlas, 2011. p. 33.

[21] APRIGLIANO, Ricardo. *Ordem pública e processo*. São Paulo: Atlas, 2011. p. 38.

Para José Roberto dos Santos Bedaque, "não obstante questões de ordem pública, como nulidades absolutas, possam ser conhecidas de ofício pelo julgador, inadmissível considerá-las para efeito de acolhimento de uma pretensão, se não integrarem os limites objetivos da demanda. Esta não comporta ampliação por iniciativa do juiz"[22].

Nota-se da lição do notável processualista a preocupação em manter a natureza de ordem pública de matérias substanciais, inclusive com seu reconhecimento de ofício, mas sem permitir que isso amplie sem a provocação da parte os limites objetivos do processo. Dá um exemplo de como compatibilizar os dois valores:

> "É possível a rejeição de pedido fundado em contrato, se o juiz vislumbrar a existência de incapacidade absoluta de um dos contratantes, ainda que tal fundamento não seja invocado pelo réu. Mas não pode declarar nulo esse mesmo contrato, por incapacidade absoluta, em demanda versando sua anulabilidade por vício de vontade".

No centro da presente polêmica encontra-se a Súmula n. 381 do STJ, publicada em 5 de maio de 2009, com a seguinte redação: "Nos contratos bancários, é vedado ao julgador conhecer, de ofício, da abusividade das cláusulas". O coautor da presente obra Flávio Tartuce já se manifestou em momento oportuno de forma crítica quanto à opção sumulada pelo Superior Tribunal de Justiça, inclusive citando valorosos civilistas que já tiveram a oportunidade de se manifestar sobre o tema.

---

[22] Cfr. Os elementos objetivos da demanda à luz do contraditório. In: CRUZ E TUCCI, José Rogério; BEDAQUE, José Roberto dos Santos (Coords.). *Causa de pedir e pedido no processo civil (questões polêmicas)*. São Paulo: RT, 2002. p. 47.

14

HABEAS DATA E DIREITO DO CONSUMIDOR

Sumário: 14.1. Introdução – 14.2. Direito à informação e *habeas data* – 14.3. Hipóteses de cabimento: 14.3.1. Introdução; 14.3.2. Direito à informação; 14.3.3. Direito à retificação de dados; 14.3.4. Anotação sobre dado verdadeiro – 14.4. Fase administrativa: 14.4.1. Interesse de agir; 14.4.2. Procedimento – 14.5. Liminar – 14.6. Legitimidade: 14.6.1. Legitimidade ativa; 14.6.2. Legitimidade passiva – 14.7. Competência – 14.8. Recursos.

14.1. INTRODUÇÃO

O direito ao *habeas data* vem expressamente consagrado no art. 5.º, LXXII, da CF/1988, sendo que o dispositivo legal trata tão somente das hipóteses de cabimento dessa ação constitucional, sendo missão da Lei 9.507/1997 o tratamento infraconstitucional de seu procedimento, ainda que, em seu art. 7.º, III, também crie uma nova hipótese de cabimento, não prevista expressamente na Constituição Federal. Eventuais discussões a respeito da autoaplicabilidade do dispositivo legal perderam sentido com o advento da Lei 9.507/1997.

Como se pode depreender do texto constitucional, o *habeas data* é ação constitucional voltada à garantia dos direitos de intimidade e de acesso à informação. O acesso a informações constantes de registros ou banco de dados de entidades governamentais ou de caráter público e a eventual retificação de informações equivocadas constituem o objeto de tutela do *habeas data*; o que inclui os bancos de dados e cadastros dos consumidores.

Ainda que a ultrapassada época ditatorial vivida pelo Brasil tenha motivado fortemente a ação de *habeas data*, é importante que se dê ao cidadão uma ação específica, com respaldo constitucional, para que possa ter conhecimento de seus dados cadastrados e para exigir eventual correção, considerando-se que, atualmente, a captação e armazenamento de informações são realizados com extrema facilidade, em especial por conta dos meios tecnológicos à disposição daqueles que formam e mantêm esses bancos de dados.

Cumpre registrar que, embora possível a tutela dos direitos protegidos pelo *habeas data* por meio do mandado de segurança, a opção do legislador constituinte em criar uma ação específica para a tutela do direito à informação deve ser respeitada. Não tenho dúvida de que se tratou de uma opção, e a ausência de previsão específica não sacrificaria qualquer interesse atualmente tutelado pelo *habeas data*, todos contemplados de forma genérica pelo mandado de segurança. Ainda assim, e isso fica claro no art. 1.º, *caput*, da Lei 12.016/2009, quando cabível o *habeas data*, não caberá mandado de segurança, o que confirma o prestígio que a ação específica consagrada no art. 5.º, LXXII, da CF/1988 tem em nosso sistema.

14.2. DIREITO À INFORMAÇÃO E *HABEAS DATA*

A análise das hipóteses de cabimento do *habeas data* é o suficiente para se compreender que o direito à informação, consagrado no art. 5.º, XXXIII, da CF/1988, é mais amplo que aquele tutelado por meio da ação constitucional ora analisada. No *habeas data*, a informação requerida será sempre voltada à pessoa do requerente, mais precisamente a dados pessoais seus que constem de arquivos ou bancos de dados. Nas palavras de festejada doutrina, dados definidores da situação da pessoa nas diversas searas de sua existência[1]. O direito à informação, consagrado no dispositivo constitucional mencionado, tem um objeto mais amplo, abrangendo outras espécies de informações que, apesar de interessarem ao requerente de um eventual pedido, não dizem respeito a seus dados pessoais[2].

Por outro lado, o art. 5.º, XXXIII, da CF/1988 prevê que o direito à informação diz respeito a dados mantidos por órgãos públicos, condicionando o exercício desse direito constitucional à espécie do órgão, e não à natureza da informação. Como será analisado um pouco adiante, no item 14.3.2 deste mesmo capítulo, para o *habeas data*, o órgão que mantém o cadastro de informações não precisa ser necessariamente público, bastando que torne públicas as informações que detenha.

Um candidato de concurso público, por exemplo, tem o direito de analisar sua prova com a respectiva correção, e, caso o órgão público se negue a prestar essa informação, não resta dúvida de que um direito será violado e de que uma tutela jurisdicional poderá ser obtida. Na realidade, até mesmo administrativamente o problema poderá ser resolvido, por meio do exercício do direito de petição, consagrado no art. 5.º, XXXIV, da CF/1988. Em termos jurisdicionais, por um mandado de segurança ou mesmo uma ação de conhecimento pelo rito comum, provavelmente com pedido de tutela de urgência.

Essa importante distinção tem ao menos uma relevante consequência prática. O direito à informação, consagrado no art. 5.º, XXXIII, da CF/1988, é excepcionado quando o sigilo for imprescindível à segurança da sociedade e do Estado. Num juízo de proporcionalidade, o legislador constitucional entendeu mais adequado prestigiar os valores preservados pelo sigilo do que o direito à informação. Para a melhor doutrina, as razões que fundamentam o sigilo não se aplicam ao *habeas data*, considerando que as informações, nesse caso, sempre dirão respeito a dados pessoais do impetrante, não sendo possível se exigir sigilo para com o titular de informações e dados[3]. Esse é o entendimento do Superior Tribunal de Justiça[4].

---

[1] BASTOS, *Habeas*, p. 85.
[2] PIOVESAN, *O "habeas"*, p. 99; BASTOS, *Habeas*, p. 91.
[3] PIOVESAN, *O "habeas"*, p. 99.
[4] STJ – REsp 781.969/RJ – Primeira Turma – Rel. Min. Luiz Fux – j. 08.05.2007 – *DJ* 31.05.2007, p. 395.

14.3. HIPÓTESES DE CABIMENTO

14.3.1. Introdução

A Constituição Federal, em seu art. 5.º, LXXII, ao consagrar constitucionalmente o *habeas data*, limita-se a prever duas hipóteses de cabimento: a) para assegurar o conhecimento de informações relativas à pessoa do impetrante, constantes de registros ou banco de dados de entidades governamentais ou de caráter público; b) para retificação de dados, quando não se prefira fazê-lo por processo sigiloso, judicial ou administrativo. Essas duas hipóteses de cabimento são praticamente repetidas pelos dois primeiros incisos do art. 7.º da Lei 9.507/1997, sendo que no inciso III de referida norma encontra-se uma terceira hipótese de cabimento: para a anotação, nos assentamentos do interessado, de contestação ou explicação sobre dado verdadeiro, mas justificável, e que esteja sob pendência judicial ou amigável.

14.3.2. Direito à informação

A primeira hipótese de cabimento do *habeas data*, prevista no art. 5.º, LXXII, *a*, da CF/1988 e repetida no art. 7.º, I, da Lei 9.507/1997, regulamenta o direito do impetrante à obtenção de informações mantidas em registro ou banco de dados.

O cabimento do *habeas data*, nesse caso, está condicionado à natureza das informações que se pretende obter, sendo incabível o pedido por meio dessa ação constitucional se as informações que se tenciona conseguir são de interesse público, prestando-se à fiscalização de prática adotada por órgão público[5].

Interessante notar que a criação e manutenção desses cadastros ou bancos de dados não precisa necessariamente ser de responsabilidade de órgão público, como inclusive sugere o próprio texto constitucional. Ao prever que os responsáveis pela criação e manutenção serão órgãos governamentais ou de caráter público, o próprio art. 5.º, LXXII, *a*, da CF/1988 sugere a interpretação de que também órgãos de direito privado possam ser demandados por meio do *habeas data*.

A impressão foi confirmada pelo parágrafo único do art. 1.º da Lei 9.507/1997, ao prever que se considera de caráter público todo registro ou banco de dados contendo informações que sejam ou possam ser transmitidas a terceiros ou que não sejam de uso privativo do órgão ou entidade produtora ou depositária das informações. Em interpretação ao dispositivo legal, a melhor doutrina bem aponta que o caráter público das informações não se confunde com a natureza pública do órgão que as mantém em cadastro[6].

O caráter público, portanto, diz respeito à possibilidade de as informações se tornarem públicas, no sentido de chegarem ao conhecimento de terceiros. É absolutamente irrelevante, portanto, saber se o órgão que mantém tais informações é de direito público ou privado; o que se exige é o caráter público da informação. Sendo a informação disponibilizada somente pelo órgão que mantém o cadastro, não caberá *habeas data*[7]. O Superior Tribunal de Justiça já teve oportunidade de decidir pelo não cabimento de *habeas data* diante de pedido de exibição de extratos de conta corrente mantida pelo impetrante junto

---

[5] STJ – Pet 1.318/MA – Primeira Turma – Rel. Min. Francisco Falcão – j. 19.02.2002 – *DJ* 12.08.2002, p. 164.
[6] BUENO, Cassio Scarpinella. *Habeas*, p. 74.
[7] STJ – HD 56/DF – Terceira Seção – Rel. Min. Felix Fischer – j. 10.05.2000 – *DJ* 29.05.2000, p. 108.

à Caixa Econômica Federal, asseverando que, nesse caso, as informações são confidenciais, franqueadas somente aos contratantes, e não a terceiros[8].

É certamente nesse aspecto que o *habeas data* mais interessa ao consumidor, especialmente diante da popularização dos chamados registros de devedores. Conforme a melhor doutrina, "no mundo da prestação de serviços, e, logicamente, dos negócios em geral, as informações são instantâneas e volumosas, medem-se hoje em gigabytes. Nesse aspecto vivemos também a era da informação, ou, o que é pior, na era dos bancos de dados, que assumem as mais variadas formas e finalidades, como o CADIN, SERASA, SPC, SEPROC, Vídeo Cheque e Tele Cheque".[9]

Não resta qualquer dúvida de que esses cadastros contêm informações de natureza pública, não obstante sejam de empresas privadas; daí ser cabível o *habeas data* em tal circunstância pelo consumidor. Nesse sentido, o art. 43, § 4.º da Lei 8.078/1990, ao prever que "os bancos de dados e cadastros relativos a consumidores, os serviços de proteção ao crédito e congêneres são considerados entidades de caráter público".

14.3.3. Direito à retificação de dados

Havendo pedido com fundamento na hipótese de cabimento ora analisada, é importante observar que só pode pedir a retificação de dados o sujeito que tem conhecimento de quais sejam esses dados, o que significa que não caberá cumulação de pedidos, num mesmo *habeas data*, do pedido de prestação de informações e correções de dados.

Conforme decidiu o Superior Tribunal de Justiça, só tem direito a retificar dados o sujeito que aponta determinada incorreção nos mesmos, e, para isso, por questão de evidente lógica, deverá ter conhecimento de quais sejam tais dados[10]. Esse entendimento, entretanto, é duramente criticado por considerável parcela doutrinária, que considera mais adequada, à luz do princípio da economia processual, a elaboração de pedidos em cumulação sucessiva num mesmo *habeas data*, em vez de dois *habeas data* sucessivos[11].

14.3.4. Anotação sobre dado verdadeiro

A primeira hipótese de cabimento do *habeas data* limita-se à ciência, enquanto a segunda permite a retificação de informações incorretas, sendo ambas previstas no texto constitucional, conforme já analisado. O art. 7.º, III, da Lei 9.507/1997 inova ao criar uma terceira hipótese de cabimento, admitindo-se que o impetrante exija que, mesmo diante da veracidade da informação constante do cadastro ou do banco de dados, seja averbada uma contestação ou explicação sobre tais dados, bastando para tanto que a informação esteja sendo discutida judicialmente ou extrajudicialmente.

Exemplo perfeito dessa hipótese de cabimento diz respeito ao pedido de inclusão de explicação sobre dados constantes de cadastros de devedores (tais como Serasa, SPC etc.), quando a dívida que deu ensejo à anotação for objeto de questionamento, como,

---

[8] STJ – REsp 1.128.739/RJ – Segunda Seção – Rel. Min. Castro Meira – j. 17.12.2009 – DJe 10.02.2010.
[9] MARINS, James. *Habeas data*, antecipação de tutela e cadastros financeiros à luz do Código de Defesa do Consumidor. *Revista de Direito do Consumidor*, n. 26, abr.-jun. 1998.
[10] STJ – HD 160/DF – Primeira Seção – Rel. Min. Denise Arruda – j. 27.08.2008 – DJe 22.09.2008.
[11] BUENO, Cassio Scarpinella. *Habeas data*, p. 97-98.

por exemplo, uma ação declaratória de inexistência da dívida. É natural que, nesse caso, a parte requeira uma tutela antecipada para retirada imediata da anotação, o que, para ela, se mostrará até mais vantajoso, mas, não havendo a concessão de tal espécie de tutela, a indicação de que o pretenso débito está sendo discutido pode ser bastante útil à parte.

Como bem lembrado pela doutrina, a hipótese de cabimento ora analisada não justifica meros caprichos do impetrante, de forma que a existência de discussão judicial ou extrajudicial a respeito da informação constante dos registros públicos não é razão, por si só, para habilitar a parte ao *habeas data*. Como em qualquer outra ação judicial, o autor deverá demonstrar a existência de interesse de agir, o que justificará a intervenção jurisdicional. No caso específico do *habeas data* nessa hipótese de cabimento, haverá interesse de agir sempre que o autor demonstrar que a ausência da anotação pode lhe gerar um dano concreto, de ordem material ou moral[12].

Esse interesse de agir, entretanto, não guarda qualquer relação com a probabilidade e/ou seriedade com que a anotação vem sendo questionada, seja em sede judicial ou extrajudicial. Significa dizer que não caberá ao órgão jurisdicional uma análise do mérito do questionamento, nem mesmo por meio de cognição sumária, para se determinar se o autor tem ou não direito ao *habeas data*. Tal exigência implicaria na criação de um obstáculo inexistente na lei e contrário ao espírito da ação constitucional ora analisada.

14.4. FASE ADMINISTRATIVA

14.4.1. Interesse de agir

A ideia de interesse de agir, também chamado de interesse processual, está intimamente associada à utilidade da prestação jurisdicional que se pretende obter com a movimentação da máquina jurisdicional[13]. Cabe ao autor demonstrar que o provimento jurisdicional pretendido será capaz de lhe proporcionar uma melhora em sua situação fática, o que será o suficiente para justificar o tempo, energia e dinheiro que serão gastos pelo Poder Judiciário na resolução da demanda.

Não se deve analisar se o autor tem efetivamente o direito que alega ter e que, portanto, se sagrará vitorioso na demanda, porque esse é tema pertinente ao mérito, e não às condições da ação. O juiz deve analisar em abstrato e hipoteticamente se o autor, sagrando-se vitorioso, terá efetivamente a melhora que pretendeu obter com o pedido de concessão de tutela jurisdicional que formulou por meio do processo. Ter ou não razão em suas alegações e pretensões é irrelevante nesse tocante, não afastando a carência da ação por falta de interesse de agir.

Segundo parcela da doutrina, o interesse de agir deve ser analisado sob dois diferentes aspectos: a necessidade de obtenção da tutela jurisdicional reclamada e a adequação entre o pedido e a proteção jurisdicional que se pretende obter[14]. No tocante à fase pré-

---

[12] MEIRELLES, Hely Lopes; WALD, Arnaldo; MENDES, Gilmar Ferreira. *Mandado de segurança e ações constitucionais*. 33. ed. São Paulo: Malheiros, 2010. p. 354.

[13] DINAMARCO, Cândido Rangel. *Instituições de direito processual civil*. São Paulo: Malheiros, n. 544, p. 302; CÂMARA, Alexandre Freitas. *Lições de direito processual civil*. 17. ed. Rio de Janeiro: Lumen Juris, 2008. v. 1, p. 118.

[14] DINAMARCO, Cândido Rangel. *Instituições de direito processual civil*. São Paulo: Malheiros, n. 544, p. 302-303; MARINONI, Luiz Guilherme. *Teoria geral do processo*. São Paulo: RT, 2006. p. 173; PINHO, Humberto Dalla

-processual, consagrada nos arts. 2.º, 3.º e 4.º da Lei 9.507/1997, cabe a análise tão somente da necessidade na impetração do *habeas data*.

Haverá necessidade sempre que o autor não puder obter o bem da vida pretendido sem a devida intervenção do Poder Judiciário. Em regra, havendo a lesão ou ameaça de lesão a direito, consubstanciada na lide tradicional, haverá interesse de agir, porque, ainda que exista a possibilidade de obtenção do bem da vida por meios alternativos de solução de conflitos, ninguém é obrigado a resolver suas crises jurídicas por essas vias alternativas. É natural que, no *habeas data*, a pretensão resistida dependa tanto de seu exercício no âmbito extrajudicial como da resistência ao pedido formulado. Nesse sentido, inclusive, há entendimento sumulado pelo Superior Tribunal de Justiça[15].

Não se pode antever nessa exigência qualquer ofensa ao princípio da inafastabilidade da tutela jurisdicional, considerando-se que o direito de ação não é ilimitado, sendo condicionado seu exercício à presença das condições da ação no caso concreto. Nesses termos, os dispositivos contidos na Lei 9.507/1997 que versam sobre a fase pré-processual do *habeas data*, fixando prazos para a resposta ao pedido de informações, retificações ou averbações, em nada contrariam a previsão do art. 5.º, LXXVIII, da CF/1988, apenas regulamentando de forma objetiva o interesse de agir nessa ação constitucional.

Cumpre lembrar que, num dos aspectos do princípio da inafastabilidade da jurisdição, entende-se que o interessado em provocar o Poder Judiciário, em razão de lesão ou ameaça de lesão a direito, não é obrigado a procurar antes disso os possíveis mecanismos administrativos de solução de conflitos. Ainda que seja possível a instauração de um processo administrativo, isso não será impedimento para a procura do Poder Judiciário. E mais. O interessado também não precisa esgotar a via administrativa de solução de conflitos, podendo perfeitamente procurá-la e, a qualquer momento, buscar o Poder Judiciário. Naturalmente, como observa a melhor doutrina, a exigência de um pedido recusado não se confunde com a necessidade de se instaurar um processo administrativo, tampouco de se exaurir a via administrativa de solução dos conflitos[16].

14.4.2. Procedimento

14.4.2.1. *Fase pré-processual*

A fase pré-processual, que tem seu procedimento disciplinado pelos arts. 2.º, 3.º e 4.º da Lei 9.507/1997, deve ser analisada dependendo do objetivo do solicitante perante o órgão ou entidade depositária do registro ou banco de dados. Os vetos presidenciais ao parágrafo único do art. 3.º e aos arts. 5.º e 6.º, apesar de não poderem ser elogiados,

---

Bernardina de. *Teoria geral do processo civil contemporâneo*. Rio de Janeiro: Lumen Juris, 2007. n. 12.5.2, p. 128; CÂMARA, Alexandre Freitas. *Lições de direito processual civil*. 17. ed. Rio de Janeiro: Lumen Juris, 2008. v. 1, p. 118-119; FREIRE, Rodrigo da Cunha Lima. *Condições da ação*: enfoque sobre o interesse de agir. 3. ed. São Paulo: RT, 2005. n. 4.15, p. 130-131; STJ – REsp 954.508/RS – Quarta Turma – Rel. Min. Fernando Gonçalves – j. 28.08.2007.

[15] Súmula 2/STJ: "Não cabe *habeas data* (CF, art. 5.º, LXXII, letra *a*) se não houve recusa de informações por parte da autoridade administrativa".

[16] NOVELINO, Marcelo. *Direito*, p. 476-477; MEIRELLES, Hely Lopes; WALD, Arnaldo; MENDES, Gilmar Ferreira. *Mandado de segurança e ações constitucionais*. 33. ed. São Paulo: Malheiros, 2010. p. 354.

não sacrificam substancialmente a compreensão e desenvolvimento dessa fase prévia ao eventual processo judicial.

No art. 2.º da Lei 9.507/1997, há previsão para o requerimento, quando o objetivo do solicitante é exclusivamente tomar conhecimento de informações pessoais mantidas em registros ou banco de dados. Segundo o dispositivo legal, a partir do momento em que o requerimento é apresentado perante o órgão ou entidade depositária do registro ou banco de dados, haverá um prazo de 48 horas para a resposta. O parágrafo único do dispositivo legal prevê que a comunicação da resposta ao solicitante deve ser feita em 24 horas. Numa mera conta aritmética, chega-se ao prazo de 72 horas entre o pedido e a informação de que ele foi acolhido, tardando um pouco mais o efetivo acesso aos dados, conforme previsão do art. 3.º da Lei 9.507/1997.

Seria de se presumir que, decorrido qualquer desses prazos, passaria a ser cabível o *habeas data*, mas a previsão contida no art. 8.º, parágrafo único, I, da Lei 9.507/1997 parece sugerir algo diverso. Segundo o dispositivo legal mencionado, o impetrante deve instruir sua petição inicial com prova da recusa ou do decurso de mais de dez dias sem decisão. Ora, se órgão tem o prazo de 48 horas para responder e 24 para informar sua resposta, a necessidade do decurso de dez dias sem resposta alonga injustificavelmente o prazo necessário para que o impetrante passe a ter interesse de agir no *habeas data*[17].

Diante do indesejável conflito entre os dispositivos legais mencionados, a tendência é pela aplicação, ao menos no tocante ao interesse de agir para a impetração de *habeas data*, dos prazos de dez e quinze dias previstos no art. 8.º da Lei 9.507/1997. Há doutrina que, apesar de reconhecer a estranheza da solução, defende que, no tempo entre o vencimento do prazo de 72 horas e dez ou quinze dias, seja cabível o mandado de segurança[18].

Interessante notar que o legislador permite o ingresso de *habeas data* diante da demora em responder o requerimento extrajudicial, não sendo necessário esperar, por vezes indefinidamente, pela recusa. Nesse caso, entretanto, surge a possibilidade de a informação ser prestada a destempo, quando já em trâmite o *habeas data*, hipótese em que a ação perde supervenientemente seu objeto, sendo caso de extinção terminativa por carência superveniente (falta de interesse).

De qualquer forma, os prazos do art. 2.º da lei ora comentada não são inutilizados pelos prazos mais dilatados do art. 8.º da mesma lei. Servem, ao menos, para alguma espécie de responsabilização do agente público que deixa de cumprir sua função, com a adoção das penalidades administrativas cabíveis. Na hipótese do órgão privado, entretanto, a norma realmente perde seu sentido, não havendo muito a se fazer diante do vencimento do prazo de 72 horas do art. 2.º, cabendo ao interessado esperar os dez ou quinze dias, conforme o caso, e ingressar com *habeas data*[19].

Sendo o pedido indeferido, não restará outra saída ao solicitante que não a via judicial, sendo cabível, nesse caso, o *habeas data*. Sendo acolhido o pedido, nos termos do art. 3.º da Lei 9.507/1997, o depositário do registro ou banco de dados marcará dia

---

[17] Apontando a incoerência: BARBOSA MOREIRA, *Habeas*, p. 133; MEDINA, *Análise*, p. 158-159; ALMEIDA, *Habeas*, p. 108.
[18] MEDINA, *Análise*, p. 158.
[19] MEIRELLES, Hely Lopes; WALD, Arnaldo; MENDES, Gilmar Ferreira. *Mandado de segurança e ações constitucionais*. 33. ed. São Paulo: Malheiros, 2010. p. 353.

e hora para que o requerente tome conhecimento das informações. Como não há na lei previsão de prazo para que essa exibição ocorra após o deferimento do pedido, entendo que a designação de data em tempo longínquo, sem qualquer justificativa, enseja o ingresso de *habeas data*, com uma interessante particularidade, a possibilidade de concessão de tutela da evidência nos termos do art. 311, I, do CPC, ainda que nesse caso o parágrafo único do artigo mencionado não admita a concessão dessa espécie de tutela provisória de ofício.

O art. 4.º da Lei 9.507/1997 dá a entender que o pedido de correção de dados será necessariamente uma fase posterior à sua exibição por via extrajudicial. Ocorre, entretanto, que é possível que o solicitante já tenha tido acesso às informações por outros meios que não o previsto nos arts. 2.º e 3.º da Lei 9.507/1997, sendo também nessa hipótese aplicável o procedimento previsto pelo artigo ora comentado[20]. É possível que um cliente de banco, por exemplo, fique sabendo de um incorreto apontamento junto aos serviços de proteção ao crédito sem necessariamente precisar pedir a esse órgão a informação sobre seus dados pessoais mantidos em registro ou cadastro.

Basta ao pedido, nos termos do art. 4.º, *caput*, da Lei 9.507/1997, que o requerimento – a lei fala em "petição" – esteja devidamente instruído com documentos comprobatórios, cabendo investigar que documentos seriam esses indicados pela norma legal. Entendo que os documentos que devem instruir o requerimento têm dupla função: (a) demonstrar a existência das informações reputadas incorretas e mantidas no registro ou cadastro do órgão ou entidade chamada administrativamente a corrigir tais dados, o que constituiria o interesse e adequação do pedido; (b) demonstrar documentalmente a incorreção dos dados, o que constituiria propriamente o mérito da pretensão administrativa.

Conforme previsto no art. 4.º, § 1.º, da Lei 9.507/1997, feita a retificação em, no máximo, dez dias após a entrada do requerimento, a entidade ou órgão depositário do registro ou da informação dará ciência ao interessado. Segundo o art. 8.º, parágrafo único, II, da mesma lei, é peça essencial de instrução da petição inicial a prova da recusa em fazer-se a retificação ou do decurso de mais de quinze dias sem decisão. Na conjugação dos dois dispositivos legais, a conclusão é que o interesse de agir só passa a existir após o décimo quinto dia do pedido, quando até então não houver resposta. Novamente deve-se considerar a possibilidade de perda superveniente do objeto do *habeas data*, na hipótese de retificação extemporânea.

Por fim, na terceira hipótese de cabimento do *habeas data*, o art. 4.º, § 2.º, da Lei 9.507/1997 não prevê qualquer prazo para a resposta e/ou atendimento do pedido feito extrajudicialmente. No silêncio do dispositivo legal, resta ainda mais tranquila a aplicação do prazo previsto no art. 8.º, parágrafo único, II, da Lei 9.507/1997, sendo condicionado o interesse de agir à recusa ou omissão por tempo superior a quinze dias do pedido.

14.4.2.2. Fase processual

14.4.2.2.1. Introdução

Conforme ensina a melhor doutrina, há considerável semelhança entre o procedimento do *habeas data* e do mandado de segurança[21], inclusive com algumas regras legais que

---

[20] BARBOSA MOREIRA, O *"habeas"*, p. 133.
[21] BARBOSA MOREIRA, O *"habeas"*, p. 140.

simplesmente copiam a lei de mandado de segurança. Termos como autoridade coatora, notificação e impetração podem ser encontrados no procedimento do *habeas data*, com inegável influência da lei de mandado de segurança. Antes de ser uma mera coincidência, a constatação tem relevância prática na aplicação subsidiária da Lei 12.016/2009 ao procedimento de *habeas data*, bem como na utilização de interpretações doutrinárias e jurisprudenciais a respeito de temas polêmicos do mandado de segurança que sejam aplicáveis ao *habeas data*.

14.4.2.2.2. Petição inicial

Sendo indiscutível a natureza de ação do *habeas data*, aplica-se o princípio da inércia da jurisdição, de forma que o Poder Judiciário se movimentará quando provocado pelo interessado. Essa provocação se dá por meio da petição inicial, ato processual solene que dá início ao procedimento.

Nos termos do art. 8.º, *caput*, da Lei 9.507/1997, a petição inicial do *habeas data* seguirá as regras formais dos arts. 319 a 321 do CPC, de forma a serem consagrados nessa espécie de ação constitucional não só os requisitos formais que devem ser respeitados na elaboração da petição inicial (art. 319 do CPC), mas também a necessidade de instrução da peça com documentos indispensáveis à propositura da ação (art. 320 do CPC) e a possibilidade de emenda no prazo de dez dias, na hipótese de vício sanável (art. 321 do CPC).

Dos requisitos formais da petição inicial previstos pelo art. 319 do CPC, o pedido de citação do réu deve ser compreendido como pedido de notificação da autoridade coatora, formalismo inútil, como sempre. O pedido de produção de provas não se justifica em razão da natureza sumário-documental do procedimento consagrado pela Lei 9.507/1997. O valor da causa, conforme correto ensinamento doutrinário, deve ser meramente estimativo, ainda que sua relevância seja praticamente inexistente em razão da gratuidade da ação e da isenção de condenação ao pagamento de honorários advocatícios[22].

No tocante à forma de apresentação da petição inicial, prevê o dispositivo legal ora analisado que ela deve ser apresentada no prazo em duas vias, regra que não foge à normalidade com relação às petições iniciais em geral, considerando a necessidade da existência de contrafé para ser entregue ao demandado. E, exatamente como ocorre nas ações em geral, quando o número de vias suplementares respeitar o número de demandados, no *habeas data* se exigirá do autor tantas vias quanto forem as autoridades apontadas como coatoras[23].

O mesmo dispositivo ainda prevê que a instrução exigida por lei deverá ser realizada com a juntada de documentos originários para a primeira via e cópia para a segunda. Ainda que a norma silencie, tais cópias dispensam autenticação.

O aspecto mais interessante e peculiar da petição inicial do *habeas data* encontra-se consagrado no parágrafo único do art. 8.º da Lei 9.507/1997. Os três incisos preveem documentos indispensáveis à propositura da ação, exigindo o autor a instrução da petição inicial com prova (leia-se documento) que demonstre o interesse de agir na postulação.

---

[22] MEIRELLES, Hely Lopes; WALD, Arnaldo; MENDES, Gilmar Ferreira. *Mandado de segurança e ações constitucionais*. 33. ed. São Paulo: Malheiros, 2010. p. 364.
[23] BUENO, Cassio Scarpinella. *Habeas data*, p. 89.

Em outros termos, o autor deve comprovar que passou de forma infrutífera pela fase pré-processual, sendo, portanto, necessária a propositura da ação.

14.4.2.2.3. Posturas do juiz diante da petição inicial

Segundo o art. 10, *caput*, da Lei 9.507/1997, a petição inicial será desde logo indeferida em duas hipóteses: quando não for o caso do *habeas data* e quando lhe faltar os requisitos previstos em lei. A preocupação do legislador em prever uma decisão liminar que já extingue o processo é elogiável, sendo sempre preferível colocar-se um fim o mais rápido possível à ação que não reúna mínimas condições de prosseguimento. Duas observações, entretanto, se impõem na análise do dispositivo.

Em primeiro lugar, as formas de extinção previstas pelo dispositivo legal ora comentado não sofrem os efeitos da preclusão, de forma que, embora não desejável, também caberá a extinção do *habeas data* por inadequação do meio ou vício formal após a notificação e/ou apresentação de informações pela autoridade coatora. Em segundo lugar, como consagrado pelo art. 8.º, *caput*, da Lei 9.507/1997, é admissível a emenda da petição inicial do *habeas data*, de forma que nem toda irregularidade formal levará à sua extinção liminar, somente aquelas que sejam insanáveis. Não parece ser esse o caso, por exemplo, da instrução deficitária da peça inicial, vício plenamente sanável pela emenda da petição inicial.

Registre-se, ainda, a inútil previsão contida no art. 10, parágrafo único, da Lei 9.507/1997, que, além de se valer indevidamente do termo "despacho" ao se referir à sentença, determina que tal decisão será impugnável pelo recurso previsto pelo art. 15 da mesma lei, que, por sua vez, prevê o recurso de apelação. Como se pode notar, bastaria que o legislador tivesse silenciado a respeito para se aplicar o art. 1.009, *caput*, do CPC, sem maiores complicações.

Estando em ordem a petição inicial, o art. 9.º da Lei 9.507/1997 determina que o juiz ordene a notificação da autoridade coatora, que receberá a segunda via da petição inicial e as cópias dos documentos que a instruíram. Ainda segundo o dispositivo legal, o coator terá um prazo de dez dias para apresentar as informações que julgar necessárias. É inegável a influência exercida pelo art. 7.º, I, da Lei 1.533/1951, em regra atualmente consagrada no mesmo dispositivo pela Lei 12.016/2009. Não causa surpresa, portanto, que as mesmas polêmicas existentes no mandado de segurança sejam transportadas para o *habeas data*, como a identificação de quem deva ser o réu na demanda. A notificação, como forma de comunicação de ato processual, é bastante polêmica, estando atualmente reservada à forma de comunicação à autoridade coatora da existência da petição inicial do *habeas data* e mandado de segurança. Há parcela doutrinária que defende sua natureza de citação, considerando-se que, nesse caso, o réu terá sido integrado à relação jurídica processual[24]. Outra parcela, entretanto, prefere o entendimento de que a notificação é uma espécie *sui generis* de comunicação do ato processual, de forma a ser considerada uma terceira e excepcional forma de comunicação, ao lado da citação e intimação[25]. Qualquer que seja a natureza da notificação, ela deve se dar por correio ou oficial de justiça, na forma da lei processual[26].

---

[24] BUENO, Cassio Scarpinella. *Habeas data*, p. 90.
[25] OLIVEIRA, *Rito*, p. 188.
[26] MEIRELLES, Hely Lopes; WALD, Arnaldo; MENDES, Gilmar Ferreira. *Mandado de segurança e ações constitucionais*. 33. ed. São Paulo: Malheiros, 2010. p. 355.

Segundo o art. 11 da Lei 9.507/1997, uma vez realizada a notificação, caberá ao serventuário que cuida do processo juntar aos autos cópias autenticadas do ofício endereçado ao coator, bem como a prova de sua entrega a este ou da recusa em recebê-lo ou de dar recibo. Entendo que a certificação da recusa em receber a segunda via da petição inicial e a recusa em dar recibo só têm alguma eficácia jurídica quando realizadas por oficial de justiça, detentor de fé pública, o que faltará ao carteiro. Dessa forma, sendo a notificação realizada pelo correio, e havendo tais recusas por parte da autoridade coatora, a notificação deverá ser realizada por oficial de justiça. Nesta hipótese, a certidão narrando o ocorrido será o suficiente para se dar a autoridade coatora como devidamente notificada.

O dispositivo tem ao menos um aspecto intrigante, em especial quando comparado com o art. 8.º, *caput*, da mesma lei. Enquanto o art. 11 prevê que será juntada aos autos do processo cópia autêntica de ofício, o art. 8.º, *caput*, ao fazer expressa remissão ao art. 285 do CPC/1973, indica a necessidade de expedição de mandado, inclusive com a informação de que a ausência de contestação levará à presunção de veracidade dos fatos alegados pelo autor. Pergunta-se: o coator é notificado mediante ofício ou mandado? A doutrina se divide sobre o tema, havendo os que defendem a expedição de um mandado de notificação, nos moldes do mandado de citação[27], e outros que entendem ser o procedimento menos formal que uma citação, bastando, portanto, a expedição de um ofício[28].

14.4.2.2.4. Prestação de informações

Uma vez notificada, a autoridade coatora terá, nos termos do art. 9.º da Lei 9.507/1997, um prazo de dez dias para a apresentação das informações em juízo. Trata-se de prazo próprio, de forma que, decorridos os dez dias e não apresentadas as informações, não mais se admitirá a manifestação da autoridade coatora, de forma a restar preclusa a oportunidade de reação.

O conteúdo das informações é de verdadeira contestação, inclusive com a possibilidade de arguição de matéria processual de defesa, bem como matéria de mérito, tais como a ausência de caráter público do banco de dados, ausência de documento essencial à propositura da ação ou de recusa do órgão público, sigilo das informações que se pretende obter, dentre outras[29].

Nos termos do art. 12 da Lei 9.507/1997, findo o prazo de dez dias para a prestação das informações, será ouvido o representante do Ministério Público, o que deixa claro que, independentemente da efetiva apresentação de informações, o procedimento prosseguirá. A prestação de informação, portanto, é um ônus da autoridade coatora, havendo doutrina, inclusive, que defende a geração da revelia e de seu principal efeito – presunção de veracidade dos fatos alegados pelo autor – diante da ausência da prestação de informações[30].

Apesar de ser interessante o entendimento, não consigo ver grande repercussão prática, considerando que o direito à exibição ou retificação perseguido pelo *habeas data* é

---

[27] BUENO, Cassio Scarpinella. *Habeas data*, p. 88.
[28] OLIVEIRA, *Rito*, p. 188.
[29] MEIRELLES, Hely Lopes; WALD, Arnaldo; MENDES, Gilmar Ferreira. *Mandado de segurança e ações constitucionais*. 33. ed. São Paulo: Malheiros, 2010. p. 357.
[30] BUENO, Cassio Scarpinella. *Habeas data*, p. 88.

essencialmente matéria de direito, havendo somente ônus da prova ao autor no tocante à admissibilidade de tal ação constitucional, o que se fará por meio dos documentos que demonstrarão a realização da fase pré-processual e que, por exigência legal, devem instruir a petição inicial. De qualquer forma, e esse é o aspecto principal, o seguimento do procedimento não depende da efetiva apresentação das informações em juízo.

14.4.2.2.5. Intimação da pessoa jurídica de direito público?

Como já afirmado, há uma inegável proximidade do procedimento regulado pela Lei 9.507/1997 com aquele previsto pela Lei 1.533/1951, que regulamentou o procedimento do mandado de segurança até o ano de 2009, quando a Lei 12.016 a revogou. É natural, portanto, que a aplicação de novidades dessa lei ao procedimento do *habeas data* seja objeto de questionamentos doutrinários. No caso, trata-se da aplicação ou não do art. 7.º, II, da nova Lei de Mandado de Segurança, em previsão ausente da legislação anterior, que determina que o juiz dê ciência do processo ao órgão de representação judicial da pessoa jurídica, enviando-lhe cópia da petição inicial, sendo dispensado o envio dos documentos que a instruem.

Entendo que a mesma justificativa existente para a consagração da ciência da pessoa jurídica de direito público, presente no mandado de segurança, aplica-se também ao *habeas data*, de forma a ser aplicável tal regra ao procedimento do segundo. As discussões a respeito da forma de comunicação, que passam pela premissa de se definir a legitimidade passiva do *habeas data*, são exatamente as mesmas referentes ao mandado de segurança[31].

14.4.2.2.6. Participação do Ministério Público

De acordo com o art. 12 da Lei 9.507/1997, findo o prazo de dez dias para a prestação das informações, será ouvido o representante do Ministério Público, parecendo, nesse caso, ser indiscutível a necessidade de sua intimação para participar como fiscal da lei. Aplica-se subsidiariamente o art. 12 da Lei 12.016/2009, que veio a pacificar polêmico tema a respeito da necessidade de manifestação do Ministério Público quando intimado a participar como *custos legis*. O parágrafo único do dispositivo legal mencionado é claro ao prever que, com ou sem o parecer do Ministério Público, os autos serão conclusos ao juiz para a decisão, em previsão de todo aplicável ao procedimento do *habeas data*.

Parece natural essa conclusão, diante da sumariedade do rito procedimental e do claro objetivo do legislador em fazer com que o procedimento seja o mais célere possível. Não se pode compreender que um procedimento com tais características fique obrigatoriamente retido por largo lapso temporal, à espera de um parecer ministerial. Essa possibilidade de o procedimento seguir sem a manifestação do Ministério Público, entretanto, não torna o prazo de dez dias para manifestação num prazo próprio, de forma que a única preclusão que se opera para a admissão de tal manifestação é a mista (temporal-lógica), verificada após a decisão já ter sido proferida. Antes disso, não há que se falar em preclusão temporal[32].

---

[31] NEVES, Daniel Amorim Assumpção. *Ações constitucionais*. São Paulo: Método, 2011. trata da comunicação no MS.

[32] OLIVEIRA, *Rito*, p. 192.

14.4.2.2.7. Instrução

Demonstrando claramente ser o procedimento do *habeas data* sumáriodocumental, a exemplo do que ocorre com o mandado de segurança, após o decurso do prazo de manifestação do Ministério Público, os autos serão conclusos para a prolação da decisão. A par da discussão de existência ou não da exigência de direito líquido e certo no *habeas data* – melhor entender que não, por ausência de expressa previsão nesse sentido –, não parece haver no procedimento previsto pela Lei 9.507/1997 espaço para produção de qualquer outra espécie de prova que não a documental[33] quando muito será admitida uma prova documentada.

Justamente sob essa perspectiva deve ser compreendida a regra consagrada pelo art. 17 da Lei 9.507/1997, ao prever que, no caso de *habeas data* de competência originária dos tribunais, caberá ao relator a instrução do processo. Só se pode entender que essa "instrução" seja na realidade a prática dos atos preparatórios para o julgamento, de forma que caberá ao relator da ação a notificação da autoridade coatora, a cientificação da pessoa jurídica de direito público e a intimação do Ministério Público como fiscal da lei.

14.4.2.2.8. Decisão

Nos termos do art. 12 da Lei 9.507/1997, após o encerramento dos atos preparatórios, o juiz terá um prazo de cinco dias para decidir o processo. Segundo o art. 19, *caput*, da mesma lei, sendo a ação de competência originária do tribunal, o julgamento deve ocorrer na primeira sessão que se seguir à data em que, feita a distribuição, os autos forem conclusos ao relator. Trata-se de prazos impróprios, de forma que seu vencimento não gerará preclusão temporal, de forma que a decisão proferida após os cinco dias legais ou em sessão subsequente será tão válida e eficaz quanto aquela proferida respeitando-se o prazo legal. A indicação de um prazo mais exíguo que o comum – dez dias – deixa claro que o legislador, apesar de não criar um dever processual no dispositivo legal, pretende que o juiz seja o mais rápido possível na prolação de sua decisão.

A celeridade, como importante característica do procedimento do *habeas data*, também se encontra consagrada no art. 19 da Lei 9.507/1997. No *caput* está previsto o direito de preferência no julgamento sobre os demais processos, salvo os *habeas corpus* e mandados de segurança, enquanto no parágrafo único há previsão de um prazo máximo de 24 horas para a conclusão dos autos após sua distribuição, mais um prazo impróprio. Parcela da doutrina, inclusive, diante da grande preocupação do legislador com a celeridade do procedimento, defende que, a exemplo do mandado de segurança, o *habeas data* tenha trâmite durante as férias forenses coletivas[34].

Todos os resultados possíveis no julgamento de uma ação judicial são admissíveis no *habeas data*. Qualquer que seja o teor da decisão, não haverá condenação ao pagamento de custas ou de honorários advocatícios, considerando-se a gratuidade consagrada no art. 21 da Lei 9.507/1997. Ainda que indesejável, é cabível a extinção do processo sem resolução de mérito por meio de sentença terminativa, nos termos do art. 485 do CPC. Nesse particular, anote-se a absoluta inutilidade do art. 18 da Lei 9.507/1997 ao prever

---

[33] MEIRELLES, Hely Lopes; WALD, Arnaldo; MENDES, Gilmar Ferreira. *Mandado de segurança e ações constitucionais*. 33. ed. São Paulo: Malheiros, 2010. p. 361; OLIVEIRA, *Rito*, p. 190-191.

[34] MEIRELLES, Hely Lopes; WALD, Arnaldo; MENDES, Gilmar Ferreira. *Mandado de segurança e ações constitucionais*. 33. ed. São Paulo: Malheiros, 2010. p. 358.

que o pedido de *habeas data* poderá ser renovado se a decisão denegatória não lhe houver apreciado o mérito. Não havia necessidade de uma regra consagrar a regra geral. Na resolução do mérito, ainda que seja possível uma homologação de renúncia ou até mesmo o reconhecimento jurídico do pedido (exibição das informações desejadas), o mais comum é o acolhimento ou rejeição do pedido, nos termos do art. 487, I, do CPC.

Segundo o art. 13 da Lei 9.507/1997, o acolhimento do pedido do autor levará o juiz a determinar ao coator a tomada de duas providências, tudo a depender do pedido formulado. Se a pretensão for o acesso às informações, o juiz marcará data e horário para que o coator as exiba em juízo. Se a pretensão for a modificação de informações, o juiz marcará data e horário para que o coator apresente em juízo a prova da retificação ou da anotação feita nos assentamentos do autor. Entendo que a natureza da decisão é mandamental[35], apesar de reconhecer a divergência doutrinária[36], de forma que a recusa injustificada do coator em proceder conforme a ordem do juiz constitui, nos termos do art. 77, IV, do CPC, ato atentatório à dignidade da justiça.

Para importante parcela da doutrina, o descumprimento da ordem pela autoridade coatora permite a aplicação da multa prevista no art. 537 do CPC, como forma de pressioná-la psicologicamente ao cumprimento da obrigação[37]. Entendo, entretanto, que a aplicação ou não das *astreintes* como forma de execução indireta, nesse caso, dependerá da definição de importante premissa de quem é a legitimidade passiva no *habeas data*. A única possibilidade de se defender a aplicação das *astreintes* à autoridade coatora é considerar-se a premissa de que ela é o réu, porque, admitindo-se ser a pessoa jurídica de direito público o legitimado passivo, somente a ela poderá ser aplicada a multa do art. 537 do CPC.

Em cumprimento do princípio do contraditório, a autoridade coatora deve ser informada do resultado do processo, em especial do acolhimento do pedido, porque, nesse caso, há providências que deverão ser tomadas por ela. Cuida do tema da informação da autoridade coatora o art. 14 da Lei 9.507/1997, exigindo, nos termos do *caput*, a intimação pessoal do coator, a ser realizada por correio com aviso de recebimento, telegrama, radiograma ou telefonema, conforme requerer o impetrante.

14.5. LIMINAR

Não há na Lei 9.507/1997 previsão expressa a respeito de concessão de liminar, contrariando tanto a antiga como a atual Lei do Mandado de Segurança, que expressamente consagra a possibilidade de concessão dessa espécie de tutela de urgência. A omissão legal leva a um debate doutrinário a respeito da aplicação extensiva ou não das regras do mandado de segurança ao *habeas data*. E, mesmo que nada houvesse na lei de mandado de segurança, poder-se-ia questionar a respeito da aplicabilidade da tutela antecipada ao procedimento do *habeas data*. A questão é: a par do silêncio legal, cabe tutela de urgência satisfativa no procedimento de *habeas data*?

Entendo que, num primeiro momento, é indispensável traçar de forma clara e segura a distinção entre satisfatividade e irreversibilidade. Discordo daqueles que tratam

---

[35] BARBOSA MOREIRA, *Habeas*, p. 141; OLIVEIRA, *Rito*, p. 193.
[36] PEÑA DE MORAES, *Curso*, p. 663-664.
[37] BARBOSA MOREIRA, *Habeas*, p. 142.

CAP. 14 • *HABEAS DATA* E DIREITO DO CONSUMIDOR | 875

quase como sinônimos os termos satisfatividade e irreversibilidade[38], porque, em meu entendimento, são características distintas da tutela de urgência. O grau de satisfatividade mede-se pela identidade da situação fática criada pela tutela de urgência com aquela que seria criada com a concessão da tutela definitiva, enquanto a irreversibilidade mede-se pela possibilidade ou não de se retornar à situação fática anterior a concessão da tutela de urgência na hipótese de sua revogação. Prova maior é a constatação de que toda tutela antecipada é satisfativa, e, ao menos em tese, só será inadmissível quando irreversível (art. 300, § 3.º, do CPC).

O que se pretende afirmar é que, se alguma característica da tutela de urgência impedir a concessão da liminar da tutela antecipada, não será sua satisfatividade, mas sua irreversibilidade. Conforme bem notado pela melhor doutrina que já tratou do tema, o grande problema de uma tutela de urgência na ação de *habeas data* é sua irreversibilidade, fenômeno que, ao menos em tese, é incompatível com as tutelas de urgência satisfativas, naturalmente provisórias. Provisoriedade e irreversibilidade realmente não são fenômenos que possam conviver de forma pacífica.

É preciso observar, entretanto, que a irreversibilidade, quando prevista expressamente como requisito negativo para concessão de tutela de urgência satisfativa, não se constitui como obstáculo instransponível para a tutela urgente de direito da parte. Na tutela antecipada, ainda quando sua concessão for faticamente irreversível, o juiz poderá excepcionalmente concedê-la, lembrando a doutrina que um direito em perigo do autor não pode ser sacrificado pela vedação legal. Interessante lembrar-se da viabilidade da concessão de tutelas liminares de urgência nas cautelares probatórias, quando a prova será produzida de forma irreversível sem a participação do réu.

A doutrina entende de forma uníssona que, em situações excepcionais, a par do silêncio da lei, caberá ao juiz conceder a tutela de urgência satisfativa liminarmente, antes mesmo da notificação da autoridade coatora para prestar as informações[39].

14.6. LEGITIMIDADE

14.6.1. Legitimidade ativa

Não há qualquer indicação na Lei 9.507/1997 sobre a legitimidade ativa na ação de *habeas data*, sendo entendimento doutrinário que qualquer pessoa poderá ingressar com tal ação. Em razão de garantia constitucional, não se poderia admitir tratamento diverso entre pessoas nacionais e estrangeiras, sendo ampla nesse sentido a legitimidade ativa[40]. Por outro lado, tanto a pessoa humana como a pessoa jurídica podem ter interesse em tutelar os direitos garantidos pelo *habeas data*, não parecendo haver qualquer justificativa válida para qualquer espécie de limitação quanto à legitimação ativa nesse caso[41]. Acredito que tanto a pessoa jurídica de direito privado como a de direito público têm legitimidade ativa para o *habeas data*, ainda que, em se tratando de pessoa jurídica de direito público, seja

---

[38] BUENO, Cassio Scarpinella. *Habeas*, p. 93-95.
[39] BUENO, Cassio Scarpinella. *Habeas*, p. 94-96; MEIRELLES, Hely Lopes; WALD, Arnaldo; MENDES, Gilmar Ferreira. *Mandado de segurança e ações constitucionais*. 33. ed. São Paulo: Malheiros, 2010. p. 363; ALMEIDA, *Habeas*, p. 11-115.
[40] BARBOSA MOREIRA, O *"Habeas"*, p. 137.
[41] LAURIA TUCCI, *Processo*, p. 335; NOJIRI, O *"habeas"*, p. 368-369. Contra: BASTOS, *Habeas*, p. 85-86.

mais comum a solução de eventual impasse por via administrativa, por meio de ordem superior aos órgãos envolvidos no conflito.

Essa espécie de legitimidade é ordinária, por meio da qual a parte defende em juízo em nome próprio o seu próprio interesse. O caráter pessoal das informações acessadas e/ou corrigidas, inclusive, leva ao único debate doutrinária a respeito da legitimação ativa no *habeas data*: são legitimados os herdeiros e sucessores do titular do interesse? Naturalmente, nesse caso, estar-se-á diante de legitimação ordinária superveniente, o que mantém longe da legitimidade ativa no *habeas data* a legitimação extraordinária, mas a pergunta remanesce: admite-se essa transferência da legitimidade ativa?

Enquanto parcela doutrinária defende a impossibilidade da transmissão de legitimidade aos herdeiros e sucessores, forte na ideia de intransmissibilidade do direito à informação/retificação protegido pelo *habeas data*[42], há doutrinadores que defendem a legitimidade superveniente do cônjuge ou herdeiros, quando o *habeas data* versar sobre informações que importem em direitos *mortis causa*[43]. O Superior Tribunal de Justiça já teve a oportunidade de adotar essa segunda corrente doutrinária, atribuindo legitimidade ativa à viúva de militar no acesso às informações funcionais do *de cujus*[44].

Por fim, ao se afastar a legitimação extraordinária do polo ativo do *habeas data*, também afastada estará a legitimidade do Ministério Público ingressar com tal ação[45], salvo na excepcionalíssima hipótese de dados de interesse do próprio órgão.

14.6.2. Legitimidade passiva

A doutrina, praticamente de forma uníssona, entende que a legitimidade passiva no *habeas data* é do órgão ou entidade que detém a informação[46]. Conspira para essa conclusão o art. 2.º, *caput*, da Lei 9.507/1997, que, mesmo prevendo o procedimento extrajudicial do *habeas data*, consigna expressamente que o requerimento será apresentado ao órgão ou entidade depositária do registro ou banco de dados, em previsão que já antecipa quem será o réu da ação judicial, se a mesma se fizer indispensável em razão da frustração da fase pré-processual.

O órgão ou entidade não precisa ter necessariamente natureza pública para ser legitimado passivo na ação de *habeas data*. O próprio art. 5.º, LXXII, *a*, da CF/1988, prevê que basta aos órgãos ou entidades terem "caráter público", o que permite a conclusão, pela doutrina majoritária, de que esse caráter público diz respeito à possibilidade de as informações se tornarem públicas, no sentido de chegarem ao conhecimento de terceiros. É, portanto, absolutamente irrelevante saber se o órgão que mantém tais informações é de direito público ou privado; o que se exige é o caráter público da informação.

O aspecto mais interessante da legitimidade passiva do *habeas data*, que não pode passar despercebido, é o papel que a autoridade coatora desempenha na relação jurídica processual que será formada na demanda judicial. Como já devidamente analisado, a

---

[42] LAURIA TUCCI, *Processo*, p. 336; BUENO, Cassio Scarpinella. *Habeas*, p. 81; MEIRELLES, Hely Lopes; WALD, Arnaldo; MENDES, Gilmar Ferreira. *Mandado de segurança e ações constitucionais*. 33. ed. São Paulo: Malheiros, 2010. p. 347; RIBEIRO LOPES-LOPES, *O "habeas"*, p. 278-279.
[43] NOJIRI, *O "habeas"*, p. 367-368; ALMEIDA, *Habeas*, p. 121; OLIVEIRA, *Rito*, p. 183.
[44] STJ – 3.ª Seção – HD 147/DF – Rel. Min. Arnaldo Esteves Lima – j. 12.12.2007 – DJ 28.02.2008 – p. 69.
[45] NOJIRI, *O "habeas"*, p. 369. Contra: RIBEIRO LOPES-LOPES, *O "habeas"*, p. 279.
[46] BASTOS, *Habeas*, p. 86; BARBOSA MOREIRA, *O "habeas"*, p. 130-131; LAURIA TUCCI, *Processo*, p. 336.

notificação será dirigida ao coator, não havendo nenhuma menção na Lei 9.507/1997 a qualquer espécie de cientificação da pessoa jurídica à qual pertença. Afinal, quem terá legitimidade passiva: a autoridade coatora ou a pessoa jurídica à qual pertence?

É interessante notar que, apesar da proximidade procedimental do *habeas data* com o mandado de segurança, a questão da legitimidade passiva no primeiro não suscitou de forma tão intensa debates doutrinários como no segundo. De qualquer forma, o debate é válido.

Não vejo por que concluir, no tocante ao *habeas data,* diferentemente do que já se havia concluído no mandado de segurança: o réu nessas duas ações é a pessoa jurídica que, no primeiro caso, detenha as informações e que, no segundo, tenha em seus quadros o sujeito responsável pela violação ou ameaça de violação a direito líquido e certo. Nesse sentido, concordo com parcela doutrinária que entende ser a autoridade coatora mero representante ou presentante da pessoa jurídica[47].

14.7. COMPETÊNCIA

A competência para julgamento do *habeas data* está prevista no art. 20 da Lei 9.507/1997, que, em singular opção, prevê não só a competência originária em seu inciso I, como a competência recursal em seu inciso II.

Da mesma forma que ocorre para a fixação da competência do mandado de segurança, no *habeas data* interessa saber o *status* da pessoa humana responsável pela exibição, anotação ou correção de informações. A ação constitucional pode tanto ser de competência do primeiro grau, e nesse caso podendo tramitar na Justiça Federal, como originária dos tribunais de segundo grau (Tribunal de Justiça e Tribunal Regional Federal) e dos órgãos de superposição (Superior Tribunal de Justiça e Supremo Tribunal Federal).

Nos termos do art. 20, I, *a,* da Lei 9.507/1997, será competente originariamente o Supremo Tribunal Federal na hipótese de impugnação a ato do Presidente da República, das Mesas da Câmara dos Deputados e do Senado Federal, do Tribunal de Contas da União, do Procurador-Geral da República e do próprio Supremo Tribunal Federal. Em termos recursais, a competência do Supremo Tribunal Federal é prevista em dois dispositivos. No art. 20, II, *a,* da Lei 9.507/1997, há previsão de competência recursal quando a decisão denegatória for proferida em única instância pelos tribunais superiores (recurso ordinário constitucional, nos termos dos arts. 1.027, I, do CPC e art. 102, II, *a,* da CF/1988), enquanto o art. 20, III, da mesma lei prevê a competência para o julgamento do recurso extraordinário nos casos previstos na Constituição Federal.

A competência originária do Superior Tribunal de Justiça está prevista no art. 20, I, *b,* da Lei 9.507/1997: *habeas data* contra ato de Ministro de Estado ou do próprio Tribunal. Em termos recursais, caberá ao Superior Tribunal de Justiça, nos termos do art. 20, II, *b,* da mesma lei, o julgamento, quando a decisão for proferida em única instância pelos Tribunais Regionais Federais. Essa previsão é apontada como inconstitucional pela melhor doutrina[48], considerando-se que não existe regra nesse sentido na Constituição Federal, não podendo a lei infraconstitucional, no caso, a Lei 9.507/1997, alargar a competência

---

[47] BUENO, Cassio Scarpinella. *Habeas,* p. 87. Aparentemente contra: PIOVESAN, *O "habeas",* p. 100.
[48] BUENO, Cassio Scarpinella. *Habeas,* p. 106; BARBOSA MOREIRA, *O "habeas",* p. 146-147.

do Superior Tribunal de Justiça, quer criando um recurso inominado, quer simplesmente prevendo a competência para o recurso ordinário constitucional.

Caberá aos Tribunais Regionais Federais julgar *habeas data* contra atos do próprio tribunal ou de juiz federal, nos termos do art. 20, I, *c*, da Lei 9.507/1997, sendo sua competência recursal prevista pelo art. 20, II, *c*, da mesma lei: decisão proferida por juiz federal. Segundo o art. 20, I, *e*, da Lei 9.507/1997, a competência dos Tribunais de Justiça para o julgamento do *habeas data* será disciplinada pela Constituição Estadual, o mesmo ocorrendo no tocante à competência recursal (art. 20, II, *d*, da Lei 9.507/1997).

Em primeiro grau de jurisdição, a competência será da Justiça Federal, quando o *habeas data* impugnar ato praticado por autoridade federal, excetuados os casos de competência dos tribunais federais (art. 20, I, *d*, da Lei 9.507/1997), sendo a competência da Justiça Estadual residual, nos termos do art. 20, I, *f*, da mesma lei.

14.8. RECURSOS

Não cabem elogios ao legislador no tocante ao tratamento recursal dispensado ao procedimento do *habeas data*, regulado pela Lei 9.507/1997. O tema é tratado pelos arts. 10, parágrafo único, e 15 da referida lei, e bem melhor seria se o legislador tivesse simplesmente silenciado a respeito do tema.

O art. 10, parágrafo único, prevê que do "despacho de indeferimento" cabe o recurso de apelação, fazendo remissão ao art. 15 do mesmo diploma legal. Não existe no sistema processual pátrio um despacho capaz de indeferir a petição inicial, considerando-se despachos os pronunciamentos judiciais sem caráter decisório, voltados tão somente ao andamento procedimental. Sendo a petição inicial indeferida, o ato judicial será uma sentença que extingue o processo, recorrível por apelação nos termos do art. 1.009, *caput*, do CPC.

Segundo o art. 15, *caput*, da Lei 9.507/1997, da sentença que conceder ou negar o *habeas data* cabe o recurso de apelação. Por alguma razão incompreensível, o dispositivo só tratou da sentença de mérito, deixando de indicar que também da sentença terminativa será cabível o recurso de apelação, conclusão a que se chega pela aplicação do art. 1.009, *caput*, do CPC, que corretamente não qualifica a espécie de sentença para determinar sua recorribilidade pela apelação. Dessa forma, qualquer que seja a sentença proferida no *habeas data*, o recurso cabível será a apelação, além, é claro, dos embargos de declaração para as hipóteses de omissão, obscuridade e contradição.

O recurso de apelação, nos termos do art. 15, parágrafo único, da Lei 9.507/1997 não terá efeito suspensivo, quando a sentença conceder o *habeas data*, de forma que a determinação de exibição ou correção deverá ser cumprida imediatamente, ainda que interposto o recurso de apelação. Sendo o julgamento de improcedência, e na ausência de regra expressa nesse caso, a apelação será recebida no duplo efeito, nos termos do art. 1.012, *caput*, do CPC, ainda que, nesse caso, a imediata geração da decisão denegatória não produza qualquer transformação prática no plano dos fatos, o que torna desimportante a ausência de efeito suspensivo.

Ainda que não exista efeito suspensivo próprio (*ope legis*) à apelação contra decisão de procedência no *habeas data*, o sucumbente poderá, ao apelar da sentença, requerer a concessão de efeito suspensivo impróprio (*ope legis*), com fundamento no art. 995, parágrafo único do CPC. Dessa forma, demonstrando serem relevantes seus fundamentos e o perigo de lesão irreparável ou de difícil reparação, caso a decisão recorrida gere imediatamente seus efeitos, poderá requerer a excepcional concessão de efeito suspensivo ao recurso.

Registre-se nesse tocante o disposto no art. 1.012, § 4.º, do CPC, que prevê os requisitos para a concessão de efeito suspensivo a apelação que não o tenha por previsão legal. Segundo o dispositivo legal, a eficácia da sentença poderá ser suspensa pelo relator se o apelante demonstrar a probabilidade de provimento do recurso ou se, sendo relevante a fundamentação, houver risco de dano grave ou de difícil reparação.

Como se pode notar da leitura do dispositivo legal, a concessão de efeito suspensivo não está exclusivamente condicionada aos requisitos da tutela de urgência, como ocorre no art. 995, *caput* do CPC, mas também aos requisitos da tutela de evidência, já que basta ao apelante provar a probabilidade de provimento do recurso para que o efeito suspensivo seja concedido[49].

O dispositivo capta de uma forma mais adequada a nova realidade inaugurada pelo Código de Processo Civil de 2015 quanto às diferentes espécies de tutela provisória, e bem por isso não deve ter sua aplicação limitada ao recurso de apelação. Entendo que, mesmo que haja previsão genérica de efeito suspensivo *ope iudicis* no art. 995, *caput*, do CPC, o art. 1.012, § 4.º, do CPC deve ser considerado norma da teoria geral dos recursos[50], o que não chegaria a ser uma novidade, considerada a natureza de recurso padrão da apelação, que tem vários dispositivos aplicáveis a todas as espécies recursais.

No tocante a esse pedido de concessão de efeito suspensivo impróprio, é preciso observar que, começando o procedimento da apelação em primeiro grau de jurisdição, e sendo de competência do relator desse recurso a concessão do efeito suspensivo, nos termos do art. 995, parágrafo único do CPC, o apelante terá que pleitear junto ao tribunal a concessão do efeito suspensivo, sem que os autos do processo e, por consequência lógica, a apelação tenham chegado fisicamente ao tribunal.

Entendo que bastaria, nesse caso, ingressar com uma petição autônoma devidamente instruída perante o tribunal competente, requerendo a concessão de efeito suspensivo à apelação no tocante ao capítulo da sentença que concedeu a tutela antecipada, com fundamento no art. 995, parágrafo único, do CPC. Uma vez distribuída a petição, o órgão colegiado que a receber torna-se prevento para a apelação, que será a ele encaminhada quando finalmente os autos chegarem ao tribunal. É a melhor forma entre todas as possíveis, sem a necessidade de interposição de recursos ou de outras ações judiciais: forma mais rápida, simples, barata e em sintonia com o sincretismo processual. Esse entendimento resta consagrado no art. 1.012, § 3.º, do CPC.

Por fim, deve-se registar que o art. 15, *caput*, da Lei 9.507/1997 prevê tão somente a recorribilidade da decisão que resolve o *habeas data* em primeiro grau de jurisdição,

---

[49] CÂMARA, Alexandre Freitas. *O novo processo civil brasileiro*. São Paulo: Atlas, 2015. p. 516; MELLO, Rogério Licastro Torres de. In: WAMBIER, Teresa Arruda Alvim; DIDIER JR., Fredie; TALAMINI, Eduardo e DANTAS, Bruno (Coords.) *Breves Comentários ao Novo Código de Processo Civil*. São Paulo: RT, 2015. p. 2.243. Contra: WAMBIER, Teresa Arruda Alvim; CONCEIÇÃO, Maria Lúcia Lins; RIBEIRO, Leonardo Ferres da Silva; MELO, Rogério Licastro Torres de. *Primeiros comentários ao Novo Código de Processo Civil artigo por artigo*. São Paulo: RT, 2015. p. 1.446.

[50] BUENO, Cássio Scarpinella. *Manual de direito processual civil*. São Paulo: Saraiva, 2015. p. 609; MEDINA, José Miguel Garcia. *Novo Código de Processo Civil comentado*. São Paulo: RT, 2015. p. 1.352.

esquecendo-se da possibilidade de tal ação ser de competência originária do tribunal. Nesse caso, naturalmente não haverá sentença e tampouco recurso de apelação. Sendo um acórdão o julgamento que decide as ações de competência originária do tribunal, o recurso cabível, além dos embargos de declaração, será o recurso especial e/ou recurso extraordinário, a depender do caso concreto.

Defendo a aplicação subsidiária no habeas data das regras recursais previstas pelo Código de Processo Civil, sendo, por exemplo, cabível o recurso de agravo de instrumento contra decisão que verse sobre o pedido de tutela de urgência, bem como o agravo interno para decisões monocráticas proferidas pelo relator em sede recursal ou originária. Também me parece indiscutível o cabimento dos recursos de embargos de declaração, especial e extraordinário.

15

ASPECTOS PROCEDIMENTAIS DA LEI 14.181/2021 (SUPERENDIVIDAMENTO)

Sumário: 15.1. Introdução – 15.2. Cabimento do procedimento nos juizados especiais – 15.3. Competência – 15.4. Processo de repactuação consensual de dívidas – 15.4.1. Petição inicial – 15.4.2. Audiência conciliatória – 15.4.3. Autocomposição – 15.4.4. Plano – 15.4.5. Contestação – 15.5. Revisão e integração dos contratos e repactuação das dívidas – 15.5.1. Introdução – 15.5.2. Novo processo ou novo procedimento – 15.5.3. Procedimento – 15.6. Autocomposição extrajudicial.

15.1. INTRODUÇÃO

O Capítulo V do CDC, incluído pela Lei 14.181/2021, tem como título "Da conciliação no superendividamento", sendo responsável pela criação de três novos dispositivos legais no Código de Defesa do Consumidor.

Ainda que seja irrelevante sob o ponto de vista prático, o legislador não deve ser elogiado pelo título dado ao Capítulo ora analisado, porque, dos três dispositivos que ele contém, apenas dois versam efetivamente sobre conciliação: o art. 104-A, da conciliação judicial, e o art. 104-C, da conciliação extrajudicial. No art. 104-B, há previsão de procedimento que resultará em decisão impositiva de repactuação de dívidas, nada ali havendo de conciliação.

O legislador, com as inovações procedimentais da Lei 14.181, buscou criar uma espécie de recuperação judicial da pessoa natural consumidora, nos moldes do procedimento já existente que visa equacionar o pagamento de dívidas de pessoa jurídica. É claro que preservar uma empresa é muito mais relevante, do ponto de vista social e econômico, do que uma pessoa natural. Mas ainda assim parece interessante a existência de um procedimento que permita à pessoa natural superendividada se reestruturar financeiramente.

Registre-se que desde muito tempo o sistema processual conta com um procedimento voltado à pessoa natural devedora que pode ser equiparado, ao menos nos propósitos principais, com a falência. Trata-se da execução contra devedor insolvente, um procedimento de extrema raridade na praxe forense. Faltava, é verdade, um paralelo com o procedimento de recuperação judicial. Só o tempo dirá se o procedimento será utilizado com frequência ou seguirá o caminho da rara execução contra devedor insolvente.

15.2. CABIMENTO DO PROCEDIMENTO NOS JUIZADOS ESPECIAIS

Nos termos do art. 104-A do CDC, o consumidor superendividado pode requerer ao juiz – mais adequado teria sido valer-se do termo "juízo" – a instauração de um processo de repactuação de dívidas. Trata-se de um procedimento especial, de natureza cognitiva, voltado precipuamente a uma solução consensual entre os credores e o consumidor superendividado.

Essa simples – e aparentemente incontestável – natureza do procedimento criado pelo dispositivo legal ora comentado traz um sério problema prático. Nos termos do Enunciado nº 08 do FONAJE, não se admitem procedimentos especiais nos Juizados Especiais, devendo o procedimento ser sempre aquele previsto na Lei 9.099/1995. A solução simples, portanto, seria limitar a novidade legislativa à Justiça Comum.

Pode-se alegar, entretanto, que o consumidor superendividado esteja em uma situação de vulnerabilidade econômica que o torne um "autor padrão" de processos nos Juizados Especiais. Realmente, não podendo ser cobrado pelos fornecedores nos Juizados, não é incomum pedidos revisionais e declaratórios de inexistência de dívida propostos pelo consumidor.

Apesar de serem obviamente diferentes os procedimentos previstos no art. 104-A do CDC e o previsto na Lei 9.099/1995, não entendo como incompatível a aplicação do primeiro nos Juizados Especiais. O procedimento sumarizado, afinal, tem uma provocação inicial, a citação dos réus e uma audiência conciliatória. Nada, portanto, diferente da etapa inicial do procedimento previsto na Lei 9.099/1995. Trata-se, na realidade, de um procedimento ainda mais simples porque resumido a apenas esses três momentos procedimentais.

Quanto ao processo por superendividamento para revisão e integração dos contratos e repactuação das dívidas previsto no art. 104-B do CDC, a questão de cabimento do procedimento nos Juizados Especiais é mais complexa, porque o procedimento passa a ter previsão expressa de defesa do réu e da possibilidade de realização de uma perícia. Ademais, não há mais a realização de audiência, se desenvolvendo o procedimento integralmente por atos escritos. Não é difícil de se notar, portanto, as sensíveis diferenças procedimentais.

E, nesse caso, tudo leva a crer que a resistência histórica dos Juizados Especiais em admitir procedimentos especiais impeça o consumidor superendividado de se valer dos Juizados para o processo por superendividamento para revisão e integração dos contratos e repactuação das dívidas previsto no art. 104-B do CDC. Essa conclusão, naturalmente, não retira o cabimento do procedimento previsto no art. 104-A do mesmo diploma legal, não havendo qualquer impedimento lógico ou jurídico de a parte se valer, num primeiro momento, dos Juizados Especiais e, se necessário, num segundo momento, da Justiça Comum.

Registro, finalmente, ser a gratuidade dos Juizados Especiais sempre um atrativo, mas, nesse caso, imagino que não seja algo determinante. Afinal, um consumidor superendividado não deve ter problemas para obter a assistência judiciária perante a Justiça comum. Outros motivos, portanto, devem influenciar o consumidor nessa escolha.

15.3. COMPETÊNCIA

Tratando-se de processo no qual figura o consumidor como autor, não resta dúvida de que para a determinação da competência territorial será aplicável o art. 101, I, do CDC, podendo o autor valer-se da prerrogativa de litigar no foro de seu domicílio.

No item 10.4.3.1, desenvolvi o entendimento de que é legítima a existência de uma cláusula de eleição de foro em contrato consumerista, desde que não haja abusividade, ou seja, desde que o foro escolhido pelas partes não restrinja de forma significativa o exercício de defesa dos direitos do consumidor. No caso da ação por superendividamento, a situação é diversa.

Primeiro, porque a existência de um litisconsórcio passivo possibilita que existam cláusulas de eleições de foro apontando diferentes localidades, o que tornaria materialmente impossível honrar todas as previsões contratuais. Segundo, porque, mesmo havendo cláusula de eleição de foro para apenas um dos réus, ela condicionaria os demais, que não participaram da relação contratual e que por ela, portanto, não podem ser afetados.

Poder-se-á alegar a possibilidade de todos os réus terem cláusula de eleição de foro apontando a mesma comarca, de forma que o cumprimento de todos os contratos, em caso de não abusividade, não geraria os problemas anteriormente indicados. Porém, mesmo nesse caso a cláusula não terá eficácia.

Conforme já exposto, a demanda ora analisada tem natureza concursal. O art. 3.º da Lei 11.101/2005 prevê ser competente para homologar o plano de recuperação extrajudicial, deferir a recuperação judicial ou decretar a falência o juízo do local do principal estabelecimento do devedor ou da filial de empresa que tenha sede fora do Brasil.

Como se pode notar, a competência é definida tomando-se como base o interesse do recuperando, no caso a empresa. Por que seria diferente com o consumidor na ação ora analisada? Ainda mais se considerarmos sua condição de hipossuficiência, fica realmente muito difícil defender a eficácia de qualquer cláusula de eleição de foro capaz de afastar a regra consagrada no art. 101, I, do CDC.

Ainda no tocante à competência, cumpre registrar o entendimento consolidado pelo Superior Tribunal de Justiça no sentido de ser competência da Justiça Estadual a ação de repactuação de dívida mesmo figurando no polo passivo ente público federal. A premissa foi justamente a natureza concursal da demanda:

"Nesse aspecto, observam-se inequívocos pontos de contato entre o processo de superendividamento e o procedimento de soerguimento empresarial da Lei n. 11.101/2005, dispondo o § 3.º do art. 104-B do CDC, inclusive, sobre a nomeação de administrador judicial, a quem caberá apresentar o plano global de pagamento. Portanto, não há dúvida quanto à necessidade de fixação de um único juízo para conhecer do processo de superendividamento e julgá-lo, ao qual competirão a revisão e integração dos contratos firmados pelo consumidor endividado e o poder-dever de aferir eventuais ilegalidades nessas negociações. Resta examinar a competência do juízo quando um ente federal figurar no polo passivo da ação de superendividamento. Questiona-se: nessas circunstâncias haveria ou não o deslocamento da competência para a Justiça Federal, nos termos do art. 109, I, da Constituição Federal? Como já ressaltado, a despeito de o processo por superendividamento não importar em declaração de insolvência, a recente orientação firmada na Segunda Seção do STJ é no sentido da fixação da competência da Justiça estadual ou distrital mesmo quando figure como parte ou interessado um ente federal, dada a natureza concursal. Nesse sentido: Conflito de competência. Código de Defesa do Consumidor. Ação de repactuação de dívidas. Superendividamento. Concurso de credores previsto nos artigos 104-A, B e C, do CDC, na redação conferida pela Lei 14.181/21. Polo passivo composto por diversos credores bancários, dentre eles, a Caixa Econômica Federal. Exceção à regra de competência prevista no art. 109, I, da CF/88. Exegese do col. Supremo Tribunal Federal definida em repercussão geral. Declaração de competência da Justiça Comum do Distrito Federal. 1. O Superior Tribunal de Justiça é competente para o conhecimento e processamento do presente incidente, pois apresenta controvérsia acerca do exercício da jurisdição entre juízos vinculados a Tribunais diversos, nos termos do artigo 105, I, 'd', da Constituição Federal. 2. A discussão subjacente ao conflito consiste na declaração do juízo competente para o processar e julgar ação de repactuação de dívidas decorrentes do superendividamento do consumidor, em que é parte, além de outras instituições financeiras privadas, a Caixa Econômica Federal. 3. A alteração promovida no Código de Defesa do Consumidor, por meio do normativo legal n.º 14.181/2021, de 1.º de julho de 2021, supriu lacuna legislativa a fim de oferecer à pessoa física, em situação de vulnerabilidade (superendividamento), a possibilidade de, perante seus credores, rediscutir, repactuar e, finalmente, cumprir suas obrigações contratuais/financeiras. 4. Cabe à Justiça comum estadual e/ou distrital processar e julgar as demandas oriundas de ações de repactuação de dívidas decorrentes de superendividamento – ainda que exista interesse de ente federal – porquanto a exegese do art. 109, I, do texto maior, deve ser teleológica de forma a alcançar, na exceção da competência da Justiça Federal, as hipóteses em que existe o concurso de credores. 5. Conflito conhecido para declarar a competência do r. juízo comum do Distrito Federal e Territórios para processar e julgar a ação de repactuação de dívidas por superendividamento, recomendando-se ao respectivo juízo, ante à delicada condição de saúde do interessado, a máxima brevidade no exame do feito. (CC n. 193.066/DF, relator Ministro Marco Buzzi, Segunda Seção, *DJe* de 31/3/2023.) Confiram-se, ainda, as seguintes decisões monocráticas: CC n. 193.510/RJ, relatora Maria Isabel Gallotti, *DJe* de 7/3/2023; e CC n. 194.339/SP, relator Ministro Ricardo Villas Bôas Cueva, *DJe* de 17/2/2023. Nessa direção, pontuou o saudoso Ministro Paulo de Tarso Sanseverino no CC n. 194.750/SP (destaquei): O processo relacionado ao superendividamento, tal como o de recuperação judicial ou falência, possui natureza concursal. Nesses casos, as empresas públicas, excepcionalmente, sujeitam-se à competência da Justiça Estadual, justamente em razão do caráter concursal e de pluralidade de partes envolvidas, nos termos previstos pelo artigo 45, I do CPC, que excepciona a competência da Justiça Federal em casos de recuperação judicial, falência, insolvência civil e acidente de trabalho. O Supremo Tribunal Federal, no julgamento do Tema n.º 859, firmou a tese de que a insolvência civil está entre as exceções da parte final do artigo 109, I, da Constituição da República para fins de definição da competência da Justiça Federal.

Confira-se a ementa do *leading case*: Ementa: Recurso extraordinário. Competência. Justiça Federal. Insolvência civil. Exceção da parte final do artigo 109, I, da Constituição da República. Recurso extraordinário a que se nega provimento. 1. A questão constitucional em debate, neste recurso extraordinário com repercussão geral reconhecida (Tema 859), é se a insolvência civil está, ou não, entre as exceções postas na parte final do artigo 109, I, da Constituição da República, para fins de definição da competência da Justiça Federal de primeira instância. 2. A falência, no contexto do rol de exceções à competência da Justiça Federal de primeira instância, significa tanto a insolvência da pessoa jurídica, quanto a insolvência da pessoa física, considerando que ambas envolvem, em suas respectivas essências, concurso de credores. 3. Assim sendo, diante do caso dos autos, fixa-se a seguinte tese: 'A insolvência civil está entre as exceções da parte final do artigo 109, I, da Constituição da República, para fins de definição da competência da Justiça Federal'. 4. Recurso extraordinário a que se nega provimento (STF, RE 678162, Relator(a): Marco Aurélio, Relator(a) p/ acórdão: Edson Fachin, Tribunal Pleno, j. 29/3/2021, *DJe* 13/5/2021). A questão já foi dirimida pelo Superior Tribunal de Justiça que adotou o entendimento de que cabe à Justiça estadual analisar as demandas que tratem de insolvência civil ou equivalentes, como se admite para o caso do superendividamento, ainda que seja parte ou interessado ente federal. (*DJe* de 15/2/2023)".[1]

15.4. PROCESSO DE REPACTUAÇÃO CONSENSUAL DE DÍVIDAS

15.4.1. Petição inicial

Ainda que o art. 104-A, *caput*, do CDC não faça qualquer indicação de uma petição inicial como ato inicial do autor em termos de provocação, entendo não haver outra forma de o consumidor superendividado provocar o Poder Judiciário. A petição inicial nesse caso, entretanto, passa longe da peça solene prevista pelo art. 319 do CPC, podendo até mesmo sugerir não se tratar propriamente de uma petição inicial, mas de um mero requerimento.

O endereçamento se dará nos termos previstos no art. 319, I, do CPC, não obstante o dispositivo se valer do termo "juiz" quando o mais adequado teria sido "juízo". O autor poderá se valer da prerrogativa de litigar no foro de seu próprio domicílio, nos termos do art. 101, I, do CDC. São aplicáveis ao procedimento ora analisado as considerações feitas no item 10.4.3.

A qualificação das partes segue a regra do art. 319, II, do CPC, sendo tão relevante nesse procedimento como em qualquer outro em que tanto autor como réus estejam suficientemente identificados. Entendo que, embora também sejam abstratamente aplicáveis os parágrafos do art. 319 do CPC, concretamente não vejo muita aplicação prática por conta das características dos réus. Dificilmente o advogado do autor terá dificuldade de qualificar o fornecedor que comporá o polo passivo. De qualquer forma, principalmente na admissão de qualificação apenas parcial (art. 319, § 2º, do CPC), não se deve descartar *a priori* a aplicação do dispositivo.

A causa de pedir tem uma importante singularidade. A adoção do procedimento especial ora analisado tem como condição a qualidade de consumidor superendividado pessoa natural. A prova de o autor ser uma pessoa natural é simples e não demandará maiores questionamentos. O mesmo, entretanto, não se pode dizer da qualidade de "consumidor superendividado".

Nos termos do art. 54-A, § 1º, do CDC, entende-se por superendividamento a impossibilidade manifesta de o consumidor pessoa natural, de boa-fé, pagar a totalidade de suas dívidas de consumo, exigíveis e vincendas, sem comprometer seu mínimo existencial, nos termos da regulamentação. Ou seja, para que o autor demonstre ser adequado o procedimento por ele escolhido, deverá não só alegar a condição prevista em lei como também comprová-la.

Será necessária, portanto, uma descrição de todas as suas dívidas como os correspondentes credores, englobando quaisquer compromissos financeiros assumidos decorrentes de relação de consumo, inclusive operações de crédito, compras a prazo e serviços de prestação continuada. Por outro lado, será necessária a descrição de sua situação patri-

---

[1] *Informativo* 768/STJ – CC 193.066/DF – 2.ª Seção – Rel. Min. Marco Buzzi – por unanimidade – j. 22.03.2023.

monial para que o juízo possa concluir pela impossibilidade de quitação das dívidas sem comprometer o mínimo existencial.

As condições impostas pelo art. 54-A do CDC podem ser comprovadas por prova pré-constituída, especialmente a documental. Mas não se deve desconsiderar a possibilidade de o consumidor precisar de uma prova causal, seja ela oral ou pericial. E, nesse caso, ter-se-á um problema, porque o procedimento não prevê nenhuma possibilidade de instrução probatória. E nem parece ser adequado criar um incidente procedimental probatório num procedimento que pretende ser sumaríssimo.

O consumidor que entender pela necessidade de produção de uma prova oral ou pericial para demonstrar sua condição de superendividado deve se valer do processo de produção autônoma de prova, prevista nos arts. 381 a 383 do CPC. Dessa forma, conseguirá uma prova documentada e poderá propor a demanda pelo procedimento ora analisado.

Esse controle de cabimento do procedimento especial deve ser feito de forma oficiosa pelo juízo, que deverá determinar a citação dos réus somente se ficar convencido da qualidade de consumidor superendividado do autor. Conforme será devidamente analisado, caso o juízo não o faça liminarmente, é cabível aos réus em suas contestações a alegação.

Quanto ao pedido, tem-se mais uma singularidade, porque o pedido não terá nenhuma das tutelas tradicionais do processo de conhecimento. Afinal, o autor não pedirá declaração, constituição e tampouco condenação, mas somente a citação dos réus para que compareçam a uma audiência na qual se tentará uma autocomposição para o equacionamento do pagamento de suas dívidas. É claro que, uma vez celebrada a autocomposição, a situação jurídica das partes será alterada, seguida por uma sentença homologatória de natureza meramente declaratória. Mas os pedidos não são nesse sentido e nem poderiam ser, porque nem mesmo o plano de pagamento será apresentado nesse momento, mas somente na própria audiência.

Num primeiro momento, pode haver a impressão de o valor da causa ser a somatória de todo o débito do autor, mas, como a demanda não se presta a discutir a dívida, e somente a tentar equacionar o seu pagamento, não entendo ser aplicável a regra do art. 292, II, do CPC. Não há, na realidade, um valor econômico estimável na pretensão do autor, de forma que o valor da causa deverá ser meramente simbólico.

Não haverá, naturalmente, pedido de produção de prova e tampouco manifestação contra a realização da audiência prevista no art. 334 do CPC.

15.4.2. Audiência conciliatória

Sendo admitida a petição inicial, cabe ao juízo designar a audiência conciliatória e determinar a citação dos réus – para que sejam integrados no processo – e sua intimação para que compareçam à audiência já designada. Embora não haja previsão expressa nesse sentido, o autor também deverá ser intimado, na pessoa de seu advogado, para que compareça à audiência.

O art. 104-A, *caput*, do CDC prevê que a audiência será presidida pelo próprio juiz ou por conciliador credenciado no juízo. Pessoalmente, prefiro que a audiência seja conduzida por um conciliador, porque o fato de o responsável pela condução da audiência ser juiz não o qualifica automaticamente a ser conciliador. A ausência desse profissional qualificado na comarca, entretanto, não deve ser motivo por si só para a não realização da audiência. Afinal, não tem tu, vai tu mesmo.

Ainda que sempre tenha entendido – e defendido – que audiências que buscam a autocomposição sejam conduzidas preferencialmente por conciliadores e mediadores, o dispositivo ora analisado não só permite sua condução pelo próprio juiz do processo, como não prevê em que condições isso se dará. Significa dizer que, embora não seja o ideal, o juiz poderá conduzir a audiência mesmo que haja na comarca conciliador apto para tanto. Trata-se, nesse caso, de discricionariedade judicial.

Na audiência prevista no art. 334 do CPC há corrente doutrinária crítica a sua condução pelo juiz por conta do caráter sigiloso da audiência. O juiz, afinal, embora não possa utilizar como fundamento do decidir o que foi falado na audiência, pode se utilizar tacitamente dessas informações para formar seu convencimento. Esse perigo não se corre na audiência ora analisada, porque o juiz nada decidirá, apenas participará de uma tentativa de solução consensual dos conflitos envolvendo as partes. Na hipótese de acordo, o juiz homologa, proferindo sentença de mérito. Na hipótese de não haver consenso, o juiz profere sentença terminativa.

A proposta de plano de pagamento será apresentada somente na audiência. Não me agrada a escolha legislativa, porque, dentre outras razões, a apresentação já com a petição inicial seria mais consentânea com o princípio do contraditório, permitindo-se que os réus já chegassem à audiência cientes dos termos pretendidos pelo autor. As demais desvantagens da opção legislativa são descritas no Capítulo 10. Seja como for, a opção legislativa foi clara. Ruim, mas clara.

O plano deve conter o pagamento num prazo máximo de cinco anos. Suponho que, no mais das vezes, esse prazo seja aproveitado pelo autor, porque, quanto mais tempo ele tiver para quitar suas dívidas, menor será o valor do pagamento mensal. De qualquer forma, sendo esse o prazo máximo, não há impedimento para uma oferta de pagamento em menor tempo, o que, inclusive, pode aumentar as chances de o réu aceitar o plano.

Interessante notar que, apesar de a norma legal prever o prazo máximo de pagamento, nada diz a respeito do termo inicial de contagem desse prazo. Não seria irracional defender que o termo inicial seja o de inadimplemento de cada obrigação, porque, nesse caso, haveria uma isonomia entre os credores independentemente do tempo que são credores do consumidor superendividado.

Não parece, entretanto, ser esse o entendimento mais adequado. Primeiro porque, com termos iniciais diferentes, a própria forma de pagamento se complicaria. Segundo porque esse entendimento não parece ser o mais adequado sob a ótica do consumidor, que, independentemente de seu histórico temporal de dívidas, deve ter um prazo de cinco anos para se organizar a partir do momento que a proposta de pagamento for aceita.

Apesar de o consumidor ter grande liberdade na elaboração dos termos da proposta de plano de pagamento, o art. 104-A, *caput*, do CDC prevê duas limitações. Conforme a previsão legal, deve ser preservado o mínimo existencial, nos termos da regulamentação. Não há dúvida de que a norma busca tutelar o consumidor, que, dessa forma, terá o direito de manter o suficiente para sua manutenção digna durante o período de pagamento de suas dívidas. Também serve de limitação a eventuais aspirações exageradas dos credores quanto ao valor que será disponibilizado para tal pagamento.

Pergunto-me, entretanto, se a manutenção desse mínimo existencial é apenas um direito do consumidor ou também um dever. Ou seja, ele está obrigado a manter o mínimo existencial ou poderá renunciar a ele de forma expressa, livre e válida? Tradicionalmente associado ao princípio da dignidade humana, parece ser a garantia do patrimônio mínimo indisponível, mas confesso que tenho certa dificuldade em aceitar tal raciocínio. Penso num devedor que paga espontaneamente sua dívida, mesmo que mantendo para si patrimônio insuficiente para uma sobrevivência digna. O pagamento é nulo? É considerado ato contrário ao Direito?

Há, por outro lado, um aspecto mais pragmático. De nada adianta o consumidor abrir mão do mínimo existencial se essa renúncia o levar à necessidade de contrariar novas dívidas para se manter. De nada adianta, por exemplo, o consumidor superendividado conseguir pagar os antigos credores dentro do plano de pagamento, mas passar a contrair novos empréstimos para pagamento de luz, água e afins. Além de clara violação ao art. 104-A, § 4º, IV, do CDC, voltar-se-ia ao ciclo vicioso de dívidas, o que justamente se busca evitar com a Lei 14.181/2021.

Seja como for, reconheço ser tema muito mais acadêmico do que prático, porque dificilmente o consumidor renunciará à proteção legal de manutenção do mínimo existencial quando apresentar aos seus credores o plano de pagamento de suas dívidas.

O valor que representa esse mínimo existencial será fixado por uma regulamentação da lei, o que ainda não ocorreu. Não acredito que a omissão legislativa seja o suficiente para impedir a imediata aplicação do procedimento ora analisado, cabendo, nesse caso, ao juízo a fixação, à luz das condições do caso concreto, do que seria o mínimo existencial.

Espero, por outro lado, que a regulamentação não seja simplista a ponto de apenas prever um percentual dos rendimentos do devedor sem se atentar ao valor de tais rendimentos. Para uma pessoa que ganha um salário mínimo, é difícil acreditar que consiga viver com o mínimo de dignidade humana se tiver que destinar 30% do que ganha para pagar dívidas. O mesmo, entretanto, não ocorre se o devedor tiver rendimentos mais substanciosos. Basta imaginar um devedor com rendimento mensal de R$ 10.000,00. Não vejo como viver com R$ 7.000,00 por mês possa de alguma forma representar uma violação à sua dignidade humana.

Penso que o ideal seja a criação de faixas de percentuais dos rendimentos a depender do seu valor. Menor percentual para quem ganha menos e maior percentual para quem ganha mais. De qualquer forma, só resta esperar a iniciativa legislativa.

15.4.3. Autocomposição

Embora a autocomposição seja tradicionalmente estudada como forma consensual dos conflitos, o que significa depender da vontade expressa das partes, o art. 104-A, § 2º, do CDC cria uma realidade diferente para a repactuação de dívidas do consumidor superendividado.

Nos termos do dispositivo, a consequência do não comparecimento injustificado do credor ou de seu procurador com poderes especiais e plenos para transigir à audiência conciliatória é a suspensão da exigibilidade do débito, a interrupção dos encargos da mora e a sujeição compulsória ao plano de pagamento da dívida se o montante devido ao credor ausente for certo e conhecido pelo consumidor.

Há um precedente do Superior Tribunal de Justiça a respeito do tema que me chamou a atenção, porque parece resolver algo bastante simples, que é a pura aplicação da lei, mas que para tanto se justifica demasiadamente, como se não fosse justamente fazer o mais simples: aplicar o que na lei está previsto. Em tal julgamento, o tribunal decidiu que são aplicáveis as sanções previstas no art. 104-A, § 2ª, do CDC, em caso de não comparecimento injustificado do credor na audiência na fase consensual, chamada no julgamento de pré-processual[2].

Para justificar a aplicação das sanções, o Tribunal viu o comparecimento à audiência como um dever anexo ao contrato celebrado entre as partes, o que justificaria a aplicação das sanções no caso de ausência injustificada, mesmo não existindo propriamente um processo nessa primeira fase procedimental. Não concordo com a premissa, porque, como já defendi, para mim, o processo tem início com a provocação do consumidor em juízo. Mas isso é o que menos importa para a questão ora enfrentada. Mesmo que se parta da premissa de não haver um processo, há, ao menos, um procedimento, e nele é criado um dever às partes de comparecimento e uma sanção correspondente para o descumprimento de tal dever. A sanção, portanto, não decorre de nenhum dever anexo ao contrato celebrado no plano do direito material, mas a um dever procedimental criado pela lei.

É preciso, inclusive, na segunda fase, deixar claro que aquela que o tribunal aponta como processual, não existe sequer previsão para a realização de audiência de conciliação, isto é, no procedimento de repactuação de dívidas do superendividado existe somente essa audiência do art. 104-A do CDC, na tal fase pré-processual. Se as sanções previstas em lei não são para serem aplicadas nessa audiência, serão aplicáveis exatamente quando?

Há duas condições para a vinculação obrigatória aos termos do plano de pagamento. A primeira é a ausência ser injustificada, sendo compreensível que, havendo uma razão aceitável para a ausência, não possa o credor sofrer as consequências previstas em lei. A segunda é ser o montante devido ao credor ausente certo e conhecido por ele. A previsão legal é péssima, porque atrela a certeza da dívida ao seu valor, confundindo de forma primária certeza e liquidez. De qualquer forma, compreende-se que a norma se refira à obrigação líquida.

Interessante questão que pode ser levantada é o momento no qual o credor deve se manifestar quanto a eventual ausência de alguns dos dois requisitos previstos em lei.

No caso da ausência injustificada, é compreensível que caiba ao credor ausente peticionar imediatamente após a audiência para justificar sua ausência. O problema aí é que já terá sido proferida sentença homologatória e não será possível alterá-la fora das hipóteses do art. 494 do CPC. O caminho mais adequado, portanto, será a oposição de embargos de declaração com efeitos infringentes para que seja anulada a sentença e realizada uma nova audiência. O pedido, naturalmente, será de anulação apenas para o credor ausente que opuser os embargos de declaração, restando intacta a sentença com relação aos demais credores. Ainda que seja um caminho mais complexo e demorado, não descarto também a possibilidade de interposição de apelação contra a sentença.

Com relação à liquidez, a situação pode ser mais complicada e dependerá essencialmente do que constar na petição inicial. Caso o autor indique um valor líquido na

---

[2] STJ – 3.ª Turma – REsp 2.168.199/RS – Rel. Min. Ricardo Villas Bôas Cueva – j. 03.12.2024 – *DJe* 06.12.2024.

petição inicial, entendo que caberá ao réu impugnar o valor na contestação ou na própria audiência. Como não comparecerá à audiência, no caso, haverá preclusão para a alegação se ela não for feita na contestação. Caso o autor indique um valor ilíquido na petição inicial, o réu já sabe de antemão que sua ausência na audiência, mesmo que injustificada, levará ele à prolação de uma sentença terminativa.

Como não há exigência expressa em sentido contrário, vejo como possível a indicação na petição inicial de um valor ilíquido. Será estranho, porque na audiência, quando for apresentar um plano de pagamento, a dívida apresentada deverá necessariamente ser líquida. E não tem muito sentido prático, porque, se o próprio credor reconhece na petição inicial ser a dívida ilíquida, permite que o credor simplesmente já saiba que sua ausência na audiência não gera qualquer consequência que não a prolação de uma sentença terminativa.

Como se pode notar, o ausente será parte de uma autocomposição independentemente de ter externado qualquer vontade no sentido do que restou acordado. Não conheço consequência similar em outros dispositivos legais. Há efeitos meramente processuais, como a extinção do processo nos Juizados Especiais, por conta da ausência injustificada do autor, ou a revelia do réu, pela mesma razão. Também se conhece previsão que consagra sanção processual, como ocorre com a multa prevista no art. 334, § 8º, do CPC. Mas vinculação obrigatória a termos de uma proposta de acordo parece uma novidade legislativa.

Há, é verdade, uma característica sancionatória nas consequências advindas da ausência injustificada do credor, já que só passará a receber o seu crédito – renegociado – após o pagamento de todos os demais credores presentes à audiência. A vinculação obrigatória aos termos do plano de pagamento, entretanto, não me parece ter tal natureza.

As consequências ora analisadas são mais um motivo para que o procedimento ora analisado tivesse previsto outro momento para a apresentação do plano de pagamento. Caso o autor tivesse o ônus de instruir a petição inicial com a sua proposta, seria possível a um credor que com que ela concordasse simplesmente peticionar nos autos, dispensando-se, assim, sua presença na audiência.

Com o procedimento como está previsto, o credor tem o dever de comparecer à audiência porque, mesmo que concorde com os termos do plano (o que só descobrirá na audiência), caso não compareça, será colocado no final da fila dos credores para o recebimento de seu crédito.

15.4.4. Plano

Quanto às condições do plano de pagamento, o art. 104-A, *caput*, do CDC se limita a prever a manutenção do mínimo existencial e o prazo de cinco anos para o cumprimento integral das obrigações do autor. Não são, entretanto, os únicos requisitos previstos em lei, porque no § 4º do mesmo dispositivo existem outros requisitos.

O inciso I do dispositivo ora comentado prevê como exigência do plano que dele constem medidas de dilação dos prazos de pagamento e de redução dos encargos da dívida ou da remuneração do fornecedor, entre outras destinadas a facilitar o pagamento da dívida. Não é difícil compreender a motivação do legislador na elaboração da norma, mas ainda assim há perguntas que devem ser respondidas.

Quanto menos o consumidor pagar no mais dilatado período (que não supere cinco anos), melhor para ele. Obviedade ululante, como diria Nelson Rodrigues. Mas, como disse Garrincha em conversa com o treinador Feola na Copa do Mundo de 1962, só falta combinar com os russos. Digo isso porque o plano de pagamento deve ser aceito pelos credores, de forma que a esses também deve agradar. Uma proposta extremamente favorável ao autor pode tornar desinteressante a autocomposição, devendo ele ter isso em conta ao elaborar o plano de pagamento.

A dilação de prazo me parece uma consequência natural do pedido de repactuação de dívidas, porque é justamente a incapacidade de pagá-las imediatamente que leva o consumidor a elaborar o pedido nos termos do art. 104-A do CDC. Como não há qualquer menção à forma de pagamento, a dilação pode ser para pagamento único ou derivar de um pedido de parcelamento, o que deve ser o mais comum. Até mesmo sob a ótica do fornecedor, a expectativa de já começar a receber, ainda que parceladamente, deve ser mais atrativa do que a promessa de um pagamento único no futuro.

Já quanto à redução dos encargos da dívida ou da remuneração do fornecedor, embora tudo leve a crer que farão parte da maioria dos planos de pagamentos, não me parece algo obrigatório. O consumidor pode concordar em pagar exatamente o que deve, só não conseguindo fazê-lo imediatamente, daí sendo suficiente o pedido de parcelamento.

Apesar de o rol previsto no inciso I do § 4º do art. 104-A do CDC ser meramente exemplificativo, podendo constar do plano de pagamento qualquer medida destinada a facilitar o pagamento da dívida, imagino que não haja muito espaço para facilitar o pagamento da dívida além do desconto do valor devido e o parcelamento com dilação de prazo.

É provável que, ao elaborar o pedido previsto no *caput* do art. 104-A do CDC, o consumidor superendividado já participe de processos envolvendo as dívidas que pretende renegociar. Pode ser réu em ação de cobrança, executado em processo de execução ou cumprimento de sentença ou autor em ação revisionais ou declaratórias de inexistência de débito.

Por conta de tal realidade, o inciso II do § 4º do art. 104-A do CDC prevê que conste do plano de pagamento referência à suspensão ou à extinção das ações judiciais em curso. O dispositivo permite a conclusão, até certo ponto intuitiva, de que, sendo celebrada a autocomposição, eventual processo que tenha a dívida negociada como objeto não seguirá adiante.

Nos termos do dispositivo, caberá às partes resolver se tais processos ficarão apenas suspensos ou serão extintos. Fico sinceramente intrigado com a mera existência de tal dispositivo. Nos termos do § 3º do art. 104-A, *caput*, do CDC, havendo a celebração de um acordo de pagamento de dívida, devidamente homologado em juízo, será criado um título executivo (a norma não diz, mas será um título executivo judicial) e será gerada coisa julgada material.

Não há, na realidade, nada de excepcional no dispositivo legal. A sentença homologatória de autocomposição é de mérito, nos termos do art. 487, III, do CPC. E decisão de mérito transitada em julgado produz coisa julgada material. O que chama a atenção na expressa previsão legal é como essa coisa julgada material afetaria os processos em trâmite que tenham como objeto a dívida que foi objeto do acordo, porque, uma vez resolvido o conflito em decisão protegida pela coisa julgada material, o mais racional seria entender que tais processos perderiam seus objetos, devendo ser extintos sem a resolução do mérito.

As partes, dessa forma, passariam a estar vinculadas ao acordo devidamente homologado. A partir do momento em que foi formado um título executivo, o que a norma sugere é que o credor, diante do inadimplemento da obrigação acordada, poderá executar o título por meio de cumprimento de sentença, até porque não haverá mais processo de conhecimento ou executivo em trâmite...

No entanto, o inciso II do § 4º do art. 104-A do CDC prevê que constará do plano de pagamento a referência à suspensão ou à extinção das ações judiciais em curso. O dispositivo sugere que tais consequências dependem de uma expressa menção, o que permite a conclusão, estranhíssima, é verdade, de que, não havendo tal referência, o plano é nulo e, por isso, não pode ser homologado.

O mais curioso, entretanto, é a possibilidade de as partes concordarem com a suspensão dos processos que tenham a dívida acordada como objeto, dando a elas o poder de evitar a extinção de um processo que restou prejudicado por conta da autocomposição. O que parece estranho num primeiro olhar, cria, de forma expressa, uma interessante hipótese na qual o inadimplemento da obrigação acordada não leve necessariamente à sua execução, mas ao retorno ao *status quo ante* da celebração do acordo.

Imaginemos a seguinte situação hipotética: um fornecedor tem um título executivo contra o consumidor no valor de R$ 10.000,00. Por conta da condição de superendividado do devedor, no plano de pagamento é sugerido o pagamento de R$ 2.400,00 em 24 parcelas mensais. O acordo é celebrado. O consumidor paga apenas duas parcelas. Se o fornecedor executar a decisão homologatória do acordo, poderá cobrar R$ 2.200,00, mas, se retornar ao seu processo de conhecimento ou de execução que estava suspenso, poderá voltar a cobrar o valor originário da dívida, descontado o valor já pago, ou seja, R$ 9.800,00.

Não vou discutir a dificuldade de o fornecedor receber qualquer valor nessas circunstâncias, considerando a condição econômica do consumidor, mas o seu direito a cobrar o valor real da dívida e simplesmente desprezar o valor negociado. Essa faculdade, inclusive, é excelente para otimizar as autocomposições, porque a forma parcelada e com desconto significativo de pagamento pode valer a pena somente se o acordo for efetivamente cumprido, o que nunca será garantido. Se o fornecedor puder optar pelo retorno ao *status quo ante* na hipótese de inadimplemento, ficará muito mais confortável em celebrar a autocomposição.

Quero deixar claro que, havendo concordância das partes com a extinção do processo que discute a dívida objeto do acordo, não haverá opção ao credor na hipótese de inadimplemento. A única forma a receber o que lhe for ainda devido será por meio da execução – por cumprimento de sentença - da sentença homologatória da autocomposição. Eventual repropositura de ação, nesse caso, encontraria obstáculo na coisa julgada material.

Com a suspensão, caberá ao credor, diante do inadimplemento, escolher que caminho seguir. Se executar a sentença homologatória, o processo que até então estava suspenso deverá ser imediatamente extinto. Se preferir a retomada do processo suspenso, a sentença homologatória perderá seu efeito executivo. E a escolha dependerá de uma série de fatores, como o valor negociado, o valor já pago, a natureza do processo suspenso – conhecimento ou execução – e o seu estágio procedimental.

Diante do exposto, imagino que para o réu do processo de repactuação de dívidas seja mais interessante a suspensão de seus processos de cobrança e de execução, porque, uma vez havendo o inadimplemento do acordado, tais demandas poderiam, a depender exclusivamente da sua vontade, retomar o seu andamento regular, naturalmente com o desconto do valor já quitado.

Para o autor do processo de repactuação, embora seja também possível a mera suspensão do processo no qual se discute sua dívida, não vejo muito sentido prático em evitar a extinção do processo. Afinal, no acordo celebrado ele certamente conseguirá melhores condições de pagamento do que conseguiria em tais processos.

Segundo o art. 104-A, § 4º, III, do CDC, deve constar do plano de pagamento a data a partir da qual será providenciada a exclusão do consumidor de bancos de dados e de cadastros de inadimplentes. Isso significa que, mesmo ainda sendo um devedor, há possibilidade de o nome do autor do processo ser retirado de cadastro de inadimplentes enquanto paga de forma parcelada a sua dívida.

Como o dispositivo não menciona que data será essa, num primeiro momento se pode concluir que ela poderá ser a do adimplemento completo da obrigação. Não parece, entretanto, ser esse o caso, porque a retirada nesse momento não depende de acordo entre as partes, sendo dever imposto ao ex-credor a regularização do nome do ex-devedor. Se há menção a acordo, essa data será necessariamente em momento anterior ao do adimplemento total da obrigação.

Por outro lado, nada obriga que a retirada ocorra com a mera celebração do acordo ou mesmo com o pagamento da primeira parcela. Parece ser esse o momento mais adequado, até porque durante o período de pagamento das dívidas parece mais adequado o nome do consumidor estar limpo para eventual obtenção de crédito, sempre em atenção ao disposto no inciso IV do § 4º do art. 104-A do CDC. Mas nada impede que o credor exija algum percentual de pagamento da dívida para que somente nesse momento o nome do devedor seja retirado dos cadastros de inadimplentes.

Por fim, o supramencionado inciso IV do § 4º do art. 104-A do CDC prevê que deverá constar do plano de pagamento o condicionamento dos efeitos do acordo celebrado à abstenção, pelo consumidor, de condutas que importem no agravamento de sua situação de superendividamento.

Quando se pensa num consumidor superendividado, parece ser indiscutível que a única forma de ele conseguir se livrar de suas dívidas e se estabilizar novamente é a equação do passivo e o controle sobre sua situação financeira dali para frente. Ocorre, entretanto, que essa situação pode não ser alcançada, e nem por isso o acordo será necessariamente afetado.

Imaginemos um consumidor superendividado que consiga celebrar um acordo com todos os seus credores. Como sujeito responsável com suas finanças que a lei espera que ele tenha se tornado, se comprometerá a não agravar sua situação de superendividamento. Ele, entretanto, passa a contrair novas dívidas, que não pode pagar, mas ainda assim continua a pagar os seus antigos credores nos exatos termos do acordo celebrado. E agora, o que fazer?

Verdade que ele não poderá se valer novamente do processo de repactuação de dívidas, porque, nos termos do art. 104-A, § 5º, do CPC, o pedido só poderá ser renovado dois anos após a quitação integral das dívidas. Mas, ainda assim, é possível que processos que envolvam as dívidas supervenientes não afetem a capacidade de o devedor continuar a honrar os compromissos anteriores.

Além do discutível conteúdo, o dispositivo ainda tem uma redação sofrível. Pela literalidade da norma, condutas que agravem a situação de superendividamento retiram os efeitos do plano de pagamento, mas isso não faz qualquer sentido, porque o plano de pagamento não tem efeito nenhum para gerar. Ele simplesmente serve de ponto de partida para a celebração de uma autocomposição entre credores e devedor, havendo a homologação judicial desse acordo.

Significa dizer que, quando as tais condutas que agravem a situação de superendividamento forem adotadas pelo consumidor, não haverá mais efeitos do plano a serem retirados, sendo, quando muito, possível se concluir que o dispositivo fez menção à eficácia do acordo celebrado em juízo. Mas ainda assim não faz sentido, porque, se o acordo continua a ser cumprido, sinceramente é irrelevante o que anda fazendo de sua vida financeira o consumidor. No caso de essas novas dívidas impedirem a continuidade dos pagamentos acordados, aí, naturalmente, a situação será outra. Mas o que é importa é sempre o inadimplemento das obrigações acordadas e não a situação financeira geral do consumidor.

15.4.5. Contestação

Não existe no art. 104-A do CDC qualquer previsão a respeito de contestação dos réus. Tem até sentido se considerarmos a atipicidade de pedido formulado pelo autor, que não é a obtenção de um bem da vida, mas a simples presença de seus credores numa audiência conciliatória. Nesses termos, exatamente contra o que o réu iria se opor em uma eventual contestação?

Ainda que eu não consiga de fato ver espaço para uma defesa de mérito nesse tipo de procedimento, não se pode desconsiderar que alguns requisitos devem ser preenchidos para que ele seja cabível. E, nesses termos, é correto sustentar que o réu tenha legitimidade e interesse de alegar eventual condição não atendida para a admissão do procedimento ora analisado.

E se o credor não for pessoa natural, tendo o juízo admitido o pedido numa interpretação ampliativa – e *contra legem* – do previsto no art. 104-A do CDC? E se o réu duvidar da qualidade de superendividado do autor? E se a dívida incluída for proveniente de contratos de crédito com garantia real, de financiamentos imobiliários e de crédito rural? Não se discute o poder-dever de o juiz excluir de ofício tais espécies de dívidas da demanda, mas, se não o fizer, como defender a impossibilidade de o réu apontar a impropriedade da inclusão?

Ainda tomando-se como base de análise o § 1º do art. 104-A do CDC, que prevê causas excludentes para o processo de repactuação de dívidas, e se o contrato inadimplido e incluído na demanda pelo consumidor superendividado tiver sido celebrado dolosamente sem o propósito de realizar o pagamento?

Entendo que há vários temas relacionados ao cabimento do procedimento que podem se tornar controvertidos no processo, sendo inaceitável uma vedação absoluta ao exercício do direito de defesa do réu. Registre-se que, mesmo naqueles procedimentos nos quais o legislador cometeu a insanidade de prever uma vedação à defesa, como ocorre no art. 382, § 4º, do CPC, tanto a doutrina quanto a jurisprudência afastam a interpretação literal da norma. No presente procedimento, no qual nem mesmo chega a existir uma vedação expressa, o silêncio legislativo não deve ser traduzido como vedação ao exercício de defesa pelo réu.

Além dos requisitos de admissibilidade do procedimento previsto no art. 104-A do CDC, há a possibilidade de o réu não concordar com o valor da dívida indicada pelo consumidor em sua petição inicial. Não tenho dúvida de que o réu tem o direito de discutir o valor da dívida, mas, como o processo é meramente negocial, a controvérsia não leva a uma decisão judicial, mas a eventual renegociação do pretendido originariamente pelo consumidor. Afinal, não se decide nada no procedimento ora analisado, mas é possível que o réu não concorde com o plano por conta de equívoco quanto ao valor da dívida.

Entendo que nesse caso o réu tem duas opções. Aguardar a audiência conciliatória e nela se manifestar a respeito do valor, o que necessariamente levará a uma discussão a respeito do plano apresentado. Ou poderá se antecipar e, antes da realização da audiência, apresentar contestação alegando o valor que entende adequado. Essa segunda opção me parece mais adequada, porque, diante da manifestação do réu, o autor poderá readequar o plano que pretendia exibir na audiência. Saberá, ao menos, que terá dificuldades em conseguir a concordância daquele réu partindo do valor que indicou na petição inicial.

É possível que surja algum tipo de preciosismo acadêmico no sentido de ser ou não adequado nomear a manifestação do réu como contestação, diante da impossibilidade de haver uma defesa de mérito num processo que nem mérito tem propriamente. Sinceramente, tal espécie de debate me parece desnecessária e inútil. Reação à pretensão do autor, ainda que por meio de defesas meramente processuais, é contestação. E assim deve ser chamada a manifestação do réu ora analisada.

Como no procedimento sumarizado previsto no art. 104-A do CDC, a primeira participação dos réus é na audiência conciliatória, imagino que seja esse o momento preclusivo para a apresentação da contestação. Dentro da informalidade do procedimento poder-se-á até mesmo defender uma apresentação oral, mas, sem previsão expressa nesse sentido, o mais seguro ao réu é a tradicional forma escrita, salvo, naturalmente, se o processo tramitar nos Juizados Especiais, onde é opção livre do réu a forma escrita ou oral.

Não há, entretanto, qualquer vício no protocolo da contestação antes mesmo da audiência, sendo aplicável ao caso o art. 218, § 4º, do CPC. Na realidade, se for hipótese de manifesto não cabimento do procedimento escolhido pelo autor, é até mesmo recomendável que o juízo decida pela extinção do processo ou pela exclusão do réu contestante antes mesmo da audiência.

Outra vantagem de o réu contestar antes da audiência é a possibilidade de produção de necessária prova antes de sua realização. Imagine que o ponto controvertido criado pelo réu em sua contestação demande a instrução probatória. Se a defesa for apresentada somente na audiência, o juiz deverá suspender o seu andamento até que a prova seja produzida, em prejuízo de todos os presentes. Com uma contestação anterior à audiência, será possível evitar esse contratempo.

A afirmação no sentido de produção de prova causal no procedimento sumarizado ora examinado pode causar surpresa. Realmente, não parece ter o legislador levado isso em conta. E imagino ser circunstância improvável, sendo, no mais das vezes, suficiente a prova documental para a demonstração do cabimento do procedimento. Quanto a eventual divergência do valor da dívida, naturalmente, nunca haverá dilação probatória, porque não haverá, conforme já afirmado, decisão judicial a esse respeito.

A condição de pessoa natural, de consumidor superendividado, e a existência de contratos com garantia real, financiamentos imobiliários e de crédito rural, são condições que dentro de uma normalidade serão provadas por prova documental juntada pelo autor com sua petição inicial. O mesmo, entretanto, não se pode dizer sobre a existência de contratos celebrados dolosamente sem o propósito de realizar pagamento. Nesse caso, a prova documental pode não ser suficiente. E, assim sendo, não há como impedir a produção de prova oral ou pericial a ser requerida pelo réu.

Seja como for, o réu terá até a audiência para contestar e, havendo necessidade de produção de prova, caberá ao juízo produzi-la para rejeitar ou acolher a defesa apresentada.

15.5. REVISÃO E INTEGRAÇÃO DOS CONTRATOS E REPACTUAÇÃO DAS DÍVIDAS

15.5.1. Introdução

O art. 104-B do CDC prevê um "processo por superendividamento para revisão e integração dos contratos e repactuação das dívidas remanescentes mediante plano judicial compulsório".

Trata-se de mais um procedimento especial visando equacionar a situação do consumidor superendividado, agora partindo da premissa de não ter sido possível uma autocomposição. E não é qualquer tentativa de autocomposição que habilitará o consumidor superendividado a esse procedimento, mas apenas aquela descrita no dispositivo legal antecedente e no posterior.

Significa dizer que o legislador criou dois procedimentos especiais sucessivos e eventuais. Primeiro, o consumidor superendividado deve se valer do procedimento judicial previsto no art. 104-A do CDC, ou do administrativo previsto no art. 104-C do mesmo diploma legal, cujo objetivo é a resolução autocompositiva dos múltiplos conflitos. Há, entretanto, a hipótese de todos, alguns ou um dos credores não aceitar os termos do plano de pagamento, ou mesmo uma renegociação de tal plano, não sendo, portanto, com relação a esse ou esses, celebrada a autocomposição. Contra esse ou esses será aplicável o art. 104-B do CDC.

15.5.2. Novo processo ou novo procedimento

Realizada a audiência conciliatória prevista no art. 104-A do CDC, as dívidas do consumidor superendividado com os credores que não comparecem injustificadamente à audiência ou que aceitarem a solução autocompositiva estarão equacionadas. Bastará acompanhar, a partir de então, o pagamento conforme acordado.

Com relação ao credor que, comparecendo à audiência, não concordar com a renegociação autocompositiva, abre-se a possibilidade ao consumidor de propor um novo processo contra ele, ainda com o mesmo objetivo maior, qual seja, conseguir uma forma de pagamento parcelado de sua dívida que ao mesmo tempo seja de possível realização e não afete seu mínimo existencial.

Não se pode negar que a redação do art. 104-B, *caput*, do CDC deixa dúvida a respeito da necessidade de um novo processo ou se o novo procedimento poderia ser adotado, sempre que necessário, após a realização da audiência conciliatória. O que não deixa margem para dúvida é a necessidade de provocação expressa do consumidor, de forma que sem ela não haverá uma conversão automática de procedimento e muito menos a instauração de um novo processo de ofício.

O mais racional é imaginar que ocorra a provocação porque, se algum dos credores não aceitou a solução autocompositiva, o consumidor não conseguiu a tutela pretendida ao ingressar com o processo. Afinal, não terá conseguido equacionar todas as suas dívidas. Por outro lado, caso não haja o pedido ora analisado, o credor que não aceitou o acordo continuará livre para acionar o consumidor em juízo, ou dar andamento a processos já existentes, inclusive com a realização de atos de constrição patrimonial, o que poderá ser fatal ao cumprimento do acordo com os demais credores.

Entendo que o legislador exige a propositura de um novo processo. Certamente não é a melhor solução legislativa, mas é difícil defender outra diante do texto legal, em especial duas passagens do art. 104-B, *caput*, do CDC.

Primeiro o dispositivo prevê que, a pedido do consumidor, será instaurado um novo processo. Depois, prevê a citação de todos os credores cujos créditos não tenham integrado o acordo porventura celebrado. A exigência de um novo processo, com nova citação, não deixa muita margem para interpretação.

A solução não me agrada. Em nada.

Primeiro. Com a adoção do julgamento antecipado parcial de mérito pelo direito processual brasileiro (art. 356 do CPC), seria plenamente possível que a decisão homologatória prevista no art. 104-A, § 3º, do CDC fosse apenas uma decisão interlocutória de mérito, dando-se a devida continuidade ao processo com relação aos credores que não aceitaram a solução autocompositiva. Prestigiar-se-iam, dessa forma, os princípios da economia processual e da duração razoável do processo.

Segundo. O procedimento ora analisado é, conforme já apontado, sucessivo, de forma que o réu desse segundo processo terá que, obrigatoriamente, ter sido réu também no primeiro. O autor, naturalmente, será o mesmo. A causa de pedir, a mesma. E o pedido, ao menos parcialmente, também, já que a pretensão do consumidor superendividado continua sendo equacionar o pagamento de todas as suas dívidas. Por que, então, a necessidade de dois processos?

Terceiro. Há no art. 104-B, § 1º, do CDC previsão de que serão utilizados, se for o caso, os documentos e as informações prestadas em audiência. Ao se exigir a propositura de uma nova demanda, o legislador exigirá o empréstimo da prova, o que poderia ser evitado se o processo continuasse a ser o mesmo.

Quarto. Com um novo processo e uma nova citação, ainda que o art. 104-B, *caput*, do CDC aparentemente limite as matérias defensivas alegáveis pelo réu, entendo que, além da permissão legal, as matérias de ordem pública podem ser também alegadas. Assim, poderá o réu alegar o não cabimento do procedimento? Alegar que a dívida não é consumerista? Que o consumidor não está superendividado, que o contrato foi celebrado dolosamente sem o propósito de realizar o pagamento? Ou se poderá impedir tais alegações por conta da eficácia preclusiva da coisa julgada, ainda que meramente formal, da sentença terminativa? O tema será desenvolvido no item 15.4.3, mas a discussão poderia ser evitada se houvesse apenas um processo.

As considerações críticas, por óbvio, se aplicam somente na hipótese de o consumidor superendividado ter optado pelo caminho jurisdicional. Única forma viável de haver solução parcial do mérito e continuidade do processo para os réus que não concordaram com a autocomposição. Sendo a escolha pelo procedimento consensual administrativo, naturalmente haverá a necessidade de um processo se não for obtida a autocomposição.

15.5.3. Procedimento

Por conta da necessidade criada pelo legislador de um processo com o procedimento previsto no art. 104-B do CDC, caberá ao autor a elaboração de uma petição inicial. Entendo que a peça inaugural seguirá substancialmente aquela já devidamente analisada no item 15.3.1. Se há alguma diferença, fica por conta do pedido, porque agora não se pede mais a presença dos réus a uma audiência conciliatória, ainda que o bem da vida pretendido continue sendo o mesmo: o equacionamento das dívidas do consumidor superendividado.

O pedido tem natureza constitutiva, já que a revisão de contratos e a repactuação das dívidas criam uma nova situação jurídica envolvendo as partes. Considerando-se a possibilidade de haver mais de um réu e, eventualmente, mais de um contrato celebrado com um mesmo réu, entendo ser necessária a indicação individualizada dos réus e a quais contratos sujeitos a cada um deles se volta a pretensão do autor.

A previsão de prova emprestada contida no § 1º do art. 104-B do CDC permite a conclusão de que existe uma autorização expressa pela lei de utilização de cópia da ata de audiência de conciliação e dos documentos apresentados pelas partes e anexados aos autos do processo. Tudo isso, naturalmente, poderá instruir a petição inicial, mas não como documentos indispensáveis à propositura do processo (art. 320 do CPC).

Quanto às "informações prestadas em audiência", é necessária uma reflexão. Não acredito haver problemas se tais informações constarem da ata de audiência, porque, nesse caso, o mero empréstimo dessa prova documentada já permitirá ao juízo do segundo processo acesso a elas. E, se as partes concordaram em consignar tais informações, não há qualquer problema do juízo do segundo processo acessá-las.

Tema mais interessante diz respeito à utilização das informações prestadas em audiência e não constantes na ata: tratativas havidas entre as partes que não ficaram consignadas de forma documental. Uma interpretação do dispositivo legal no sentido de admitir-se a utilização desse tipo de informação parece violar um princípio básico e fundamental da autocomposição, qual seja, o sigilo. Mas, nesse caso singular do procedimento especial ora analisado, entendo que não há vício algum na utilização de tais informações. Afinal, o juiz não será chamado para decidir pedido condenatório, mas apenas para determinar um equacionamento compulsório no pagamento das dívidas do consumidor superendividado.

Há, entretanto, um problema prático de se provar as informações prestadas na audiência e não constantes da ata. A parte interessada teria que produzir uma prova testemunhal, com pessoas que participaram da primeira audiência. Ou seja, uma audiência que nem está prevista no procedimento ora analisado. Provavelmente não valerá a pena todo o esforço, sendo mais razoável o autor indicar como e quanto pretende pagar e o réu, em sua contestação, alegar por que não aceita.

Por outro lado, é possível que uma das partes ou o próprio juízo tenha gravado a audiência, sendo, nesse caso, permitida a juntada do material transcrito ou da própria mídia eletrônica. Naturalmente que, tendo acesso físico à gravação, o autor poderá instruir a petição inicial também com esse material.

Apesar do silêncio da lei, e tratando-se de um novo processo, entendo que cabe ao autor a juntada do plano de pagamento apresentado na audiência conciliatória e rejeitado pelo réu. Deve-se admitir, inclusive, que, além da juntada desse documento, o autor apresente um novo e diferente plano de pagamento a ser analisado pelo réu e pelo juízo.

Afinal, o processo é contencioso, mas nada impede que seja encerrado por uma decisão homologatória de autocomposição.

Ainda que, por conta da informalidade da peça inicial, seja difícil imaginar uma hipótese de vício formal, não há como afastar em absoluto a hipótese de indeferimento da petição inicial, nos termos do art. 330 do CPC, ou de emenda da petição inicial, nos termos do art. 321 do CPC. Estando a petição inicial em ordem, será determinada a citação dos réus, que seguirá as formas previstas no Código de Processo Civil.

Nos termos do art. 104-B, § 2º, do CDC, os réus devidamente citados – nas formas previstas pelo Código de Processo Civil – terão um prazo de 15 dias para juntar documentos e as razões da negativa de aceder ao plano voluntário ou de renegociar. Sendo aplicável ao caso ora analisado o art. 229 do CPC, é possível que o prazo seja de 30 dias no caso concreto. De natureza processual, será sempre contado somente em dias úteis.

Diferente do procedimento previsto no art. 104-A do CDC, em que não há previsão de contestação, o art. 104-B prevê uma resposta do réu, ainda que limitando as matérias defensivas alegáveis. A redação do dispositivo parece redundante ao indicar, supostamente, duas matérias de defesa que na verdade se confundem. Afinal, indicar as razões pelas quais não aceitou o plano de pagamento significa a resistência à renegociação, ao menos nos termos propostos pelo consumidor superendividado.

A alegação pode ser bastante breve, limitando-se o réu a indicar as razões já levantadas na audiência do primeiro processo e devidamente documentadas. Tanto pode o autor já ter juntado essa documentação com sua petição inicial como o próprio réu instruir sua contestação.

Pode-se questionar a utilidade da apresentação de uma defesa nos termos previstos em lei. Em que grau as razões do réu em não ter aceitado a solução consensual impressionam o juízo quando ele determinar o plano de pagamento compulsório? Se a forma de pagamento deve ser a mais adequada para ambas as partes, imagino que as razões da resistência à solução consensual tenham pouca – ou nenhuma – relevância na formação do "convencimento judicial". Na verdade, não há muito o que convencer, porque a solução não se guiará por regra de legalidade, mas de equidade.

De qualquer forma, o dispositivo ora comentado pretende limitar a extensão da cognição, ao criar uma contestação de fundamentação vinculada. Nisso não há originalidade, porque em outras passagens legislativas há a utilização da mesma técnica, como, por exemplo, na ação consignatória (art. 544 do CPC). A limitação prevista não viola o princípio do contraditório, como poderia à primeira vista parecer, porque no momento procedimental em que ocorre a defesa do réu não haveria mesmo muito mais a ser alegado. Afinal, a pretensão do autor continua sendo a renegociação e a equação de suas dívidas, já tentada anteriormente pela via conciliatória. Os termos, entretanto, só serão conhecidos *a posteriori*, quando definidos pelo juízo, não sendo possível, portanto, qualquer impugnação nesse sentido no momento de apresentação da contestação.

Apesar da limitação de matérias defensivas alegáveis previstas no art. 104-B, § 2º, do CDC, fica a pergunta se não poderia o réu ir além da previsão legal, alegando também matérias conhecíveis de ofício. Nos comentários ao procedimento conciliatório previsto no art. 104-A do CDC, já tive a oportunidade de responder afirmativamente a essa pergunta, porque, se a matéria pode ser conhecida de ofício pelo juiz, não há como se proibir sua alegação pelo réu.

No caso presente, entretanto, a resposta mais adequada pode ser outra.

Imaginemos que o réu que agora tem o direito de contestar já foi réu em um processo anterior, no qual se buscou a solução consensual. E os requisitos do cabimento dos dois procedimentos são praticamente os mesmos, sendo a única diferença que o cabimento do segundo depende da frustração do primeiro.

Significa dizer que todas as matérias a respeito do cabimento, salvo este, já poderiam ou efetivamente foram alegadas no primeiro processo. E, nesse caso, entendo defensável a inadmissão da alegação de tais matérias por conta da eficácia preclusiva da coisa julgada, prevista no art. 508 do CPC. Salvo, naturalmente, a alegação de não cabimento do procedimento por não ter o réu feito parte do polo passivo do primeiro processo.

Já imagino a crítica ao entendimento ora defendido: a eficácia preclusiva da coisa julgada é fenômeno exclusivo da coisa julgada material, inexistente no caso concreto porque nele a sentença proferida foi terminativa.

A premissa está correta, mas é importante notar que no procedimento previsto no art. 104-A do CDC não existe sequer a possibilidade de prolação de uma sentença de mérito genuína, afinal não há pedido do autor para ser acolhido ou rejeitado. Nesses termos, é proferida uma sentença terminativa simplesmente porque a outra sentença possível – homologatória – não pode ser proferida por conta de desacordo entre as partes. Diante da atipicidade procedimental, entendo que, ainda com apenas coisa julgada formal sendo gerada nesse caso, é possível se aplicar a eficácia preclusiva da coisa julgada.

Não se pode descartar a possibilidade de o réu deixar de apresentar contestação no prazo legal. Será nesse caso revel, mas parece não haver espaço para se imaginar a geração do principal efeito da revelia, porque simplesmente não existem fatos alegados pelo autor a serem presumidos como verdadeiros. No máximo os fatos relacionados ao cabimento do procedimento (ser o autor pessoa natural, estar superendividado, ser a dívida objeto do processo compatível, já ter tentado o procedimento conciliatório). Mas, nesse caso, a presunção não teria utilidade prática por conta da já analisada eficácia preclusiva da coisa julgada.

Apresentada – ou não – a contestação, e não sendo caso de extinção terminativa do processo por conta de algum improvável vício insanável, o juiz poderá, nos termos do art. 104-B, § 3º, do CDC, nomear um administrador desde que isso não onere as partes. Trata-se de mais uma curiosa regra criada pela Lei 14.181/2021.

Primeiro a opção legislativa de nomear o auxiliar eventual do juízo de administrador, considerando-se que ele nada administrará, limitando-se a propor um plano de pagamento que contemple medidas de temporização ou de atenuação de encargos. Seria, portanto, ao menos em tese, um especialista em equacionamento de dívidas, que ofereceria seus conhecimentos técnicos específicos para apresentar uma forma de pagamento mais adequada. Um perito, portanto.

O segundo problema é o critério para a indicação ou não do tal administrador. É criticável a opção em se adotar como critério a oneração ou não (imagino que financeira) das partes. Não faz, na verdade, qualquer sentido. Ou há uma especialidade técnica que exige a elaboração de um trabalho pericial ou o juízo, valendo-se das máximas de experiência técnica, tem capacidade de determinar a forma de pagamento da dívida, dispensado o auxílio de terceiros.

Por fim, a dificuldade em se compreender o critério escolhido. Qual seria exatamente a forma de uma atuação do administrador indicado pelo juiz não onerar as partes: de duas uma, ou um trabalho *pro bono* ou um trabalho bancado pelo Estado. A primeira hipótese deve ser descartada porque não faz sentido onerar o perito-administrador para desonerar as partes, exigindo dele um trabalho gratuito. A segunda hipótese parece só fazer sentido se o autor for beneficiário da assistência judiciária, parecendo ser essa provável hipótese de condição econômica de um consumidor superendividado.

A pergunta que deve ser respondida é: o plano judicial compulsório depende realmente de uma especialidade técnica que torne necessária a presença de um perito no processo? Não teria o juízo, diante das informações prestadas pelo consumidor superendividado, que determinar um plano de pagamento adequado? Se a resposta for sim, o próprio art. 104-B, § 3º, se tornará obsoleto. Se a resposta for não, entendo que a perícia deverá ser designada, independentemente de qualquer outra circunstância.

Sendo designado o "administrador", o dispositivo prevê que, após o cumprimento de diligências eventualmente necessárias, terá um prazo de 30 dias para apresentar um plano de pagamento. A ideia de cumprimento de diligências está associada ao necessário acesso a informações para qualquer perito desenvolver o seu trabalho. Nada de anormal, portanto, ainda que, na prática, imagino que tais diligências não sejam frequentemente necessárias. Tratando-se de prazo pericial, deve-se seguir a regra do art. 476 do CPC. Ou seja, é possível a prorrogação, apenas uma vez, por mais 15 dias.

É sabido que o juízo não está obrigatoriamente vinculado ao laudo pericial, podendo fundamentar sua decisão em sentido contrário desde que outros meios de prova justifiquem a adoção de tal entendimento. Tenho sérias dúvidas se o mesmo ocorre com o trabalho pericial ora analisado.

Primeiro, porque não haverá outras provas que o juízo possa utilizar para afastar as conclusões do laudo pericial. Segundo, porque o julgamento não é fundado em juízo de legalidade, e, se o juiz entendeu que a adequada repactuação das dívidas dependia de conhecimento técnico específico, não tem sentido desconsiderar as conclusões do perito e decidir conforme aquilo que ele mesmo entende ser mais adequado. Ora, se o juiz assim o faz, demonstra de forma cabal a desnecessidade de produção de prova pericial. A vinculação teria fundamento na boa-fé objetiva, mais precisamente na vedação do *venire contra factum proprium*.

Há, inclusive, um indício dessa adstrição no art. 104-B, § 4º, do CDC. O dispositivo prevê expressamente uma homologação judicial como termo inicial do prazo de 180 dias para que o pagamento mensal seja iniciado. Essa homologação só pode ser do plano de pagamento apresentado pelo perito, o que significa que esse trabalho técnico é diferenciado em termos de vinculação do juízo.

A sentença, ainda que homologatória, de natureza constitutiva, revê a dívida quanto ao seu valor e tempo de pagamento. Quanto ao valor, o mínimo assegurado é o valor do principal devido, corrigido monetariamente por índices oficiais de preço. O máximo, naturalmente, o valor principal devidamente corrigido monetariamente e com aplicação de juros (legais ou contratuais, se previstos). Quanto ao tempo, o prazo máximo de cinco anos para o pagamento integral, em parcelas mensais iguais e sucessivas.

O previsto no art. 104-B, § 4º, do CDC prevê que a liquidação total da dívida ocorrerá após a quitação do plano de pagamento consensual previsto no art. 104-A do mesmo diploma legal. Trata-se de uma medida de execução indireta, porque pressiona psicologicamente o credor a aceitar a solução consensual, sabendo que temporalmente só passará a receber o valor devido após todos os pagamentos constantes na solução consensual.

Essa subsidiariedade temporal, entretanto, não dialoga de forma perfeita com os prazos temporais de quitação da dívida previstos no dispositivo legal ora comentado. Há uma previsão de o pagamento se iniciar em 180 dias da homologação judicial, o que é incompatível com o prazo – ainda que máximo – de cinco anos para a quitação das dívidas acertadas na autocomposição.

A interpretação do dispositivo promete divergência certa. Não há como deixar de sacrificar alguma parte de sua previsão no caso concreto. Ou se admite a concomitância – ainda que parcial – do pagamento para credores que aceitaram a solução consensual e aqueles que não a aceitaram, ou se cria um termo inicial de pagamento que contraria a previsão legal.

Em tese, esse pagamento concomitante poderá ser suportado pelo consumidor superendividado, desde que, naturalmente, a homologação judicial tenha termos de pagamento próximos dos sugeridos na tentativa frustrada de autocomposição. O tempo também poderá jogar a favor, porque, até a propositura da segunda demanda e a consequente decisão judicial, é possível que já tenha havido pagamento substancial das dívidas constantes da autocomposição.

Por outro lado, se a ideia é utilizar a regra como medida de execução indireta, quanto mais prejudicial ela se mostrar ao credor, mais efetividade terá no caso concreto. Nesses termos, a intepretação de que o prazo de 180 dias seja contado na verdade do pagamento integral das dívidas constantes da autocomposição pode projetar uma quitação da dívida em mais de uma década, o que certamente não será nada atraente para o credor.

15.6. AUTOCOMPOSIÇÃO EXTRAJUDICIAL

O art. 104-C, *caput*, do CDC prevê que compete concorrente e facultativamente aos órgãos públicos integrantes do Sistema Nacional de Defesa do Consumidor a fase conciliatória e preventiva do processo de repactuação de dívidas, nos moldes do art. 104-A deste Código, no que couber, com possibilidade de o processo ser regulado por convênios específicos celebrados entre os referidos órgãos e as instituições credoras ou suas associações.

Entendo que o ponto crucial do dispositivo legal é a compreensão de que a tentativa de solução consensual possa ocorrer tanto na via administrativa como na via jurisdicional. Essa premissa é importante porque não haveria sentido em exigir do consumidor superendividado duas tentativas de solução consensual para só então ingressar com processo por superendividamento para revisão e integração dos contratos e repactuação das dívidas.

Também importante destacar que o procedimento nessa tentativa de solução consensual extrajudicial não será necessariamente aquele previsto no art. 104-A do CDC. Havendo a celebração de convênios específicos entre os órgãos públicos integrantes do Sistema Nacional de Defesa do Consumidor e as instituições credoras ou suas associações, serão possíveis certas adaptações procedimentais que tornem mais ágil e eficaz o procedimento.

Segundo o § 1º do art. 104-C do CDC, em caso de conciliação administrativa para prevenir o superendividamento do consumidor pessoa natural, os órgãos públicos poderão promover, nas reclamações individuais, audiência global de conciliação com todos os credores e, em todos os casos, facilitar a elaboração de plano de pagamento, preservado o mínimo existencial, nos termos da regulamentação, sob a supervisão desses órgãos, sem prejuízo das demais atividades de reeducação financeira cabíveis.

Ainda que reconheça a importância da prevenção ao superendividamento, em especial pela educação financeira do consumidor, não me parece que numa conciliação administrativa se busque essencialmente prevenir a situação, mas sim remediá-la. Não há sentido em se tentar uma solução consensual se não houver uma situação já consolidada de superendividamento. E, a partir daí, se tentará equacionar o pagamento das dívidas por meio de um plano consensual.

Dessa forma, compreendo quando o art. 104-B, § 1º, do CDC prevê atividades de reeducação financeira, mas não vejo precisamente como isso se dará na tentativa de conciliação. Haverá, quando muito, uma tentativa de educar o consumidor para que ele não volte a ficar superendividado, mas o objetivo principal deve ser o equacionamento de suas dívidas já existentes.

No § 2º do art. 104-C do CDC, trata-se do conteúdo e das condições de eficácia do eventual acordo celebrado. Nos termos do dispositivo legal, o acordo firmado perante os órgãos públicos de defesa do consumidor, em caso de superendividamento do consumidor pessoa natural, incluirá a data a partir da qual será providenciada a exclusão do consumidor de bancos de dados e de cadastros de inadimplentes, bem como o condicionamento de seus efeitos à abstenção, pelo consumidor, de condutas que importem no agravamento de sua situação de superendividamento, especialmente a de contrair novas dívidas.

Como se pode notar do dispositivo legal, as previsões nele constantes são meras repetições do disposto no art. 104-A, § 4º, III e IV, do CDC. Como o próprio *caput* do art. 104-C do CDC faz remissão expressa para o procedimento previsto no art. 104-A do mesmo diploma legal, é clara a inutilidade do dispositivo.

BIBLIOGRAFIA

ALARCÃO, Rui. Menos leis, melhores leis. *Revista Brasileira de Direito Comparado*, Rio de Janeiro: Instituto de Direito Comparado Luso-brasileiro, n. 31, 2009.

ALEXY, Robert. *Teoria dos direitos fundamentais*. Trad. Virgílio Afonso da Silva. São Paulo: Malheiros, 2008.

ALMEIDA, Alberto. *A cabeça do brasileiro*. Rio de Janeiro: Record, 2007.

ALMEIDA, Carlos Ferreira de. *Direito do consumo*. Coimbra: Almedina, 2005.

ALMEIDA, Gregório Assagra de. *Direito processual coletivo brasileiro*. São Paulo: Saraiva, 2003.

ALMEIDA, Gregório Assagra de. *Manual das ações constitucionais*. Belo Horizonte: Del Rey, 2007.

ALMEIDA, João Batista de. Resolução e revisão dos contratos. In: PFEIFFER, Roberto. A. C.; PASQUALOTTO, Adalberto (cords.). *Código de Defesa do Consumidor e o Código Civil de 2002. Convergências e assimetrias*. São Paulo: RT, 2005.

ALPA, Guido. *Il diritto dei consumatori*. Roma: Laterza, 2002.

ALPA, Guido; BESSONE, Mario. *La responsabilità civile*. A cura di Pietro Maria Putti. 3. ed. Milano: Giuffrè, 2001.

ALPA, Guido; BESSONE, Mario. *Trattato di diritto privato*. Diretto da Pietro Rescigno. Torino: UTET, Ristampa, 1987. t. 6: Obbligazione e contratti.

ALVES, Jones Figueirêdo. A teoria do adimplemento substancial. In: DELGADO, Mário Luiz; ALVES, Jones Figueirêdo. *Questões controvertidas no novo Código Civil*. São Paulo: Método, 2005. v. 4.

ALVES, Jones Figueirêdo; DELGADO, Mário Luiz. *Código Civil anotado*. São Paulo: Método, 2005.

ALVIM, Agostinho. *Da inexecução das obrigações*. 4. ed. São Paulo: Saraiva, 1980.

AMARAL, Francisco. *Direito civil – introdução*. 5. ed. Rio de Janeiro: Renovar, 2003.

AMARAL, Guilherme Rizzo. *Comentários às alterações do Novo CPC*. São Paulo: RT, 2015.

ANDRADE, Adriano; MASSON, Cleber; ANDRADE, Landolfo. *Interesses difusos e coletivos esquematizado*. São Paulo: Método, 2011.

ANDRIGHI, Fátima Nancy. Reflexões acerca da representatividade adequada nas ações coletivas passivas. *Panorama atual das tutelas individual e coletiva*. São Paulo: Saraiva, 2011.

ANTUNES VARELA, João de Matos. *Das obrigações em geral*. 10. ed. 3. reimpr. Coimbra: Coimbra Editora, 2005. v. I.

APARICIO, Juan Manuel. *Contratos*. Presupuestos. Córdoba: Advocatus, Sala de Derecho Civil, Colégio de Abogados de Córdoba, 1999.

APRIGLIANO, Ricardo. *Ordem pública e processo*. São Paulo: Atlas, 2011.

ARAÚJO FILHO, Luiz Paulo da Silva. *Comentários ao Código de Defesa do Consumidor* – direito processual. São Paulo: Saraiva, 2002.

ARENHART, Sérgio Cruz. *Curso de processo civil*. São Paulo: RT, 2008. v. 2.

ARENHART, Sérgio Cruz. Ônus da prova e sua modificação no processo civil brasileiro. *Aspectos atuais do direito probatório*. NEVES, Daniel Amorim Assumpção (Coord.). São Paulo: Método, 2009.

ARENHART, Sérgio Cruz. *Perfis da tutela inibitória coletiva*. São Paulo: RT, 2003.

ARMELIN, Donaldo. Tutela jurisdicional diferenciada. *RePro*, São Paulo, n. 65, jan.-mar. 1992, p. 45.

ARRUDA ALVIM. Ação civil pública. *RePro*, n. 87, São Paulo, RT, jul.-set. 1997, p. 151.

ARRUDA ALVIM. *Curso de direito processual civil*. 2. ed. Rio de Janeiro: Forense, 2004.

ARRUDA ALVIM. *Dogmática jurídica e o novo Código de Processo Civil*. São Paulo: RT, 1985.

ARRUDA ALVIM. *Manual de direito processual civil*. 8. ed. São Paulo: RT, 2003. v. I.

ARRUDA ALVIM. Notas sobre algumas das mutações verificadas com a Lei 10.352/2001. In: NERY JR., Nelson; WAMBIER, Teresa Arruda Alvim (Coord.). *Aspectos polêmicos e atuais dos recursos e outros meios de impugnação às decisões judiciais*. São Paulo: RT, 2002. v. 6.

ARRUDA ALVIM; ALVIM, Thereza; ALVIM, Eduardo Arruda; MARINS, James. *Código do Consumidor comentado*. 2. ed. 2. tir. São Paulo: RT, 1995.

ARRUDA ALVIM, Eduardo. Apontamentos sobre o processo das ações coletivas. In: MAZZEI, Rodrigo; NOLASCO, Rita Dias (Coords.). *Processo civil coletivo*. São Paulo: Quartier Latin, 2005.

ARRUDA ALVIM, Eduardo. O MP e a tutela dos interesses individuais homogêneos. In: SAMPAIO, Aurisvaldo; CHAVES, Cristiano (coords.). *Estudos de direito do consumidor*: tutela coletiva. Rio de Janeiro: Lumen Juris, 2005.

ASCENSÃO, José de Oliveira. *Direito civil* – teoria geral. Acções e factos jurídicos. 2 ed. Coimbra: Coimbra, 2003. v. II.

ASSIS, Araken de. Antecipação de tutela. In: WAMBIER, Teresa Arruda Alvim. (Org.). *Aspectos polêmicos da antecipação de tutela*. São Paulo: RT, 1997.

ASSIS, Araken de. *Cumprimento de sentença*. Rio de Janeiro: Forense, 2006.

ASSIS, Araken de. *Manual dos recursos*. 2. ed. São Paulo: RT, 2008.

ASSIS, Araken de. Substituição processual. *Revista Dialética de Direito Processual*, São Paulo, v. 9, 2003, p. 9.

AZEVEDO, Álvaro Villaça. *Contratos inominados ou atípicos e negócio fiduciário*. 3. ed. Belém: CEJUP, 1988.

AZEVEDO, Álvaro Villaça. O novo Código Civil brasileiro: tramitação; função social do contrato; boa-fé objetiva; teoria da imprevisão e, em especial, onerosidade excessiva – "Laesio enormis". In: DELGADO, Mário Luiz; ALVES, Jones Figueirêdo. *Questões controvertidas no novo Código Civil*. São Paulo: Método, 2004. v. 2.

AZEVEDO, Álvaro Villaça. *Teoria geral das obrigações*. Responsabilidade civil. 10. ed. São Paulo: Atlas, 2004.

AZEVEDO, Álvaro Villaça. *Teoria geral dos contratos típicos e atípicos*. São Paulo: Atlas, 2002.

AZEVEDO, Antonio Junqueira de. Parecer. O direito como sistema complexo e de 2ª ordem; sua autonomia. Ato nulo e ato ilícito. Diferença de espírito entre responsabilidade civil e penal. Necessidade de prejuízo para haver direito a indenização na responsabilidade civil. *Estudos e pareceres de direito privado*. São Paulo: Saraiva, 2004.

AZEVEDO, Antonio Junqueira de. (Parecer). Responsabilidade civil ambiental. Reestruturação societária do grupo integrado pela sociedade causadora do dano. Obrigação solidária do causador indireto do prejuízo e do controlador de sociedade anônima. Limites objetivos dos contratos de garantia e de transação. Competência internacional e conflito de leis no espaço. Prescrição na responsabilidade civil ambiental e nas ações de regresso. *Novos pareceres e estudos de direito privado*. São Paulo: Saraiva, 2009.

AZEVEDO, Antonio Junqueira de. Por uma nova categoria de dano na responsabilidade civil: o dano social. In: FILOMENO, José Geraldo Brito; WAGNER JÚNIOR, Luiz Guilherme da Costa; GONÇALVES, Renato Afonso (Coord.). *O Código Civil e sua interdisciplinaridade*. Belo Horizonte: Del Rey, 2004.

BARBI, Celso Agrícola. *Comentários ao Código de Processo Civil*. 11. ed. Rio de Janeiro: Forense, 2002. v. 1.

BARBOSA, Antônio Alberto Alves. *Da preclusão processual civil*. 2. ed. São Paulo: RT, 1994.

BARBOSA MOREIRA, José Carlos. A ação popular do direito brasileiro como instrumento de tutela jurisdicional dos chamados interesses difusos. *Temas de direito processual civil*. São Paulo: Saraiva, 1977.

BARBOSA MOREIRA, José Carlos. *A conexão de causas como pressuposto da reconvenção*. São Paulo: Saraiva, 1979.

BARBOSA MOREIRA, José Carlos. A proteção jurídica dos interesses coletivos. *Temas de direito processual (Terceira Série)*. São Paulo: 1984.

BARBOSA MOREIRA, José Carlos. Ação Civil Pública. *Revista trimestral de direito público*, São Paulo, Malheiros, n. 3, 1993, p. 24.

BARBOSA MOREIRA, José Carlos. *Comentários ao Código de Processo Civil*. 11. ed. Rio de Janeiro: Forense, 2003. v. 5.

BARBOSA MOREIRA, José Carlos. *Notas sobre o problema da efetividade do processo*. Temas de direito processual civil. 3.ª série. São Paulo: Saraiva, 1984.

BARBOSA MOREIRA, José Carlos. *O novo processo civil brasileiro*. 22. ed. Rio de Janeiro: Forense, 2004.

BARBOSA MOREIRA, José Carlos. Pode o juiz declarar de ofício a incompetência relativa? *Temas de direito processual civil*. 5ª Série. São Paulo: Saraiva, 1994.

BARROSO, Alexandre de Alencar. *Acesso à justiça e preclusão civil*. Dissertação para obtenção do grau de mestre no curso de Pós-Graduação da Faculdade de Direito da USP, 1996.

BARROSO, Lucas Abreu. Novas fronteiras da obrigação de indenizar e da determinação da responsabilidade civil. In: DELGADO, Mário Luiz; ALVES, Jones Figueirêdo (Coord.). *Questões controvertidas no novo Código Civil*. Responsabilidade civil. São Paulo: Método, 2006. v. 5.

BEDAQUE, José Roberto dos Santos. *Código de Processo Civil interpretado*. In: MARCATO, Antônio Carlos (Coord.). São Paulo: Atlas, 2004.

BEDAQUE, José Roberto dos Santos. *Direito e processo*. 2. ed. São Paulo: Malheiros, 2001.

BEDAQUE, José Roberto dos Santos Os elementos objetivos da demanda à luz do contraditório. In: CRUZ E TUCCI, José Rogério; BEDAQUE, José Roberto dos Santos (Coords.). *Causa de pedir e pedido no processo civil (questões polêmicas)*. São Paulo: RT, 2002.

BEDAQUE, José Roberto dos Santos. *Tutela cautelar e tutela antecipada: tutelas de urgência (tentativa de sistematização)*. 2. ed. São Paulo: Malheiros, 2001.

BENJAMIN, Antonio Herman de Vasconcelos. *Código Brasileiro de Direito do Consumidor*. Comentado pelos autores do anteprojeto. 8. ed. Rio de Janeiro: Forense Universitária, 2004.

BERMUDES, Sérgio. *A reforma do Código de Processo Civil*. 2. ed. São Paulo: Saraiva, 1996.

BERMUDES, Sérgio. *Introdução ao processo civil*. 3. ed. Rio de Janeiro: Forense, 2002.

BESSA, Leonardo Roscoe. *Cadastro positivo*. Disponível em: <http://www.brasilcon.org.br/web/destaque/destaquever.asp?id=137>. Acesso em: 3 jun. 2011.

BESSA, Leonardo Roscoe. Fornecedor equiparado. *Revista de Direito do Consumidor*, São Paulo: RT, v. 61, p. 127, jan.-mar. 2007.

BHERON ROCHA, Jorge; GONÇALVES FILHO, Edilson Santana. STF admite legitimidade da Defensoria para intervir como *custos vulnerabilis*. Disponível em: <https://www.conjur.com.br/2018-abr-04/legitimidade-defensoria-intervir-custos-vulnerabilis>. Acesso em: 2 out. 2019.

BITTAR, Carlos Alberto. *Direitos do consumidor*. 5. ed. Rio de Janeiro: Forense Universitária, 2002.

BITTAR, Eduardo C. B. *O direito na pós-modernidade*. Rio de Janeiro: Forense Universitária, 2005.

BOBBIO, Norberto. *A era dos direitos*. São Paulo: Campus, 2004.

BOBBIO, Norberto; PONTARA, Giulliano; VECA, Salvatore. *Crise de la democrazia e neocontrattualismo*. Roma: Editora Riuniti, 1984.

BOEIRA, Sérgio Luís. *Atrás da cortina de fumaça*. Tabaco, tabagismo e meio ambiente. Estratégias da indústria e dilemas da crítica. Tese – (Doutorado) Itajaí: Universidade Federal de Santa Catarina, 2002.

BONAVIDES, Paulo. *Curso de direito constitucional*. 17. ed. São Paulo: Malheiros, 2005.

BOTELHO DE MESQUITA, José Ignácio. Na ação do consumidor pode ser inútil a defesa do fornecedor. *Revista do Advogado*, São Paulo, AASP, n. 33, 1990, p. 81 e ss.

BOULOS, Daniel M. *Abuso do direito no novo Código Civil*. São Paulo: Método, 2006.

BRITO, Rodrigo Toscano de. *Equivalência material dos contratos*. Civil, empresariais e de consumo. São Paulo: Saraiva, 2007.

BRUSCHI, Gilberto Gomes. *Aspectos processuais da desconsideração da personalidade jurídica*. São Paulo: Juarez de Oliveira, 2004.

BUENO, Cassio Scarpinella. *A nova etapa da reforma do Código de Processo Civil*. São Paulo: Saraiva, 2006. v. 2.

BUENO, Cassio Scarpinella. As class actions norte-americanas e as ações coletivas brasileiras: pontos para uma reflexão conjunta. *Repro*, n. 82, ano 21, abr.-jun. 1996.

BUENO, Cassio Scarpinella. *Código de Processo Civil anotado*. In: MARCATO, Antonio Carlos (Coord.). São Paulo: Atlas, 2006.

BUENO, Cassio Scarpinella. *Curso sistematizado de direito processual civil*. São Paulo: Saraiva, 2007. v. 1.

BUENO, Cassio Scarpinella. *Curso sistematizado de direito processual civil*. São Paulo: Saraiva, 2007. v. 2.

BUENO, Cassio Scarpinella. *Manual de direito processual civil*. São Paulo: Saraiva, 2015.

BUENO, Cassio Scarpinella. *Tutela antecipada*. São Paulo: Saraiva, 2004.

BUSSATTA, Eduardo. *Resolução dos contratos e teoria do adimplemento substancial*. São Paulo: Saraiva, 2007.

CALIXTO, Marcelo Junqueira. *A culpa na responsabilidade civil*. Estrutura e função. Rio de Janeiro: Renovar, 2008.

CALIXTO, Marcelo Junqueira. *A responsabilidade civil pelo fornecedor de produtos pelos riscos do desenvolvimento*. Rio de Janeiro: Renovar, 2004.

CALMON DE PASSOS, José Joaquim. *Comentários ao Código de Processo Civil*. 8. ed. Rio de Janeiro: Forense, 2000. v. 3.

CALMON DE PASSOS, José Joaquim. *Da antecipação* de tutela. Reforma do Código de Processo Civil. 2. ed. Rio de Janeiro: Forense, 1995.

CÂMARA, Alexandre Freitas. *Ação rescisória*. Rio de Janeiro: Lumen Juris, 2007.

CÂMARA, Alexandre Freitas. *A nova execução de sentença*. Rio de Janeiro: Lumen Juris, 2006.

CÂMARA, Alexandre Freitas. *Arbitragem*. 5. ed. Rio de Janeiro: Lumen Juris, 2009.

CÂMARA, Alexandre Freitas. *Juizados Especiais Cíveis Estaduais e Federais*: uma abordagem crítica. Rio de Janeiro: Lumen Juris, 2004.

CÂMARA, Alexandre Freitas. *Lições de direito processual civil*. 7. ed. Rio de Janeiro: Lumen Juris, 2003. v. 2

CÂMARA, Alexandre Freitas. *Lições de direito processual civil*. 17. ed. Rio de Janeiro: Lumen Juris, 2008. v. 1.

CÂMARA, Alexandre Freitas. *O novo processo civil brasileiro*. São Paulo: Atlas, 2015.

CÂMARA, Alexandre Freitas. *Redução do valor da astreinte e efetividade do processo*. Direito civil e processo. Estudos em homenagem ao Professor Arruda Alvim. In: ASSIS, Araken de; ARRUDA ALVIM, Eduardo Pellegrini; NERY JR., Nelson; MAZZEI, Rodrigo Reis; WAMBIER, Teresa Arruda Alvim; ARRUDA ALVIM, Thereza Celina Diniz de (Coords.). São Paulo: RT, 2007.

CÂMARA, Alexandre Freitas. Tutela jurisdicional dos consumidores. In: FARIAS, Cristiano Chaves de; DIDIER JUNIOR, Fredie (Coords.). *Procedimentos especiais cíveis – legislação extravagante*. São Paulo: Saraiva, 2003.

CAMARGO, Luiz Henrique Volpe. In: CABRAL, Antonio do Passo e CRAMER, Ronaldo (Coords.) *Comentários ao Novo Código de Processo Civil*. Rio de Janeiro: Forense, 2015.

CAMBI, Eduardo. *A prova civil:* admissibilidade e relevância. São Paulo: RT, 2006.

CAMBI, Eduardo. *Direito constitucional à prova no processo civil*. São Paulo: RT, 2001.

CARMONA, Carlos Alberto. *Arbitragem e processo*. 2. ed. São Paulo: Atlas, 2004.

CARMONA, Carlos Alberto. *Arbitragem e processo*. Um comentário à Lei 9.307/1996. 2. ed. São Paulo: Atlas, 2006.

CARMONA, Carlos Alberto. *Código de Processo Civil interpretado*. In: MARCATO, Antonio Carlos. São Paulo: Atlas, 2004.

CARMONA, Carlos Alberto. O processo de liquidação de sentença. *RePro*, São Paulo, n. 60, out.-dez. 1990, p. 44.

CARNAÚBA, Daniel Amaral. *Responsabilidade civil pela perda de uma chance*. A álea e a técnica. São Paulo: Método, 2013.

CARNAÚBA, Daniel Amaral. *Responsabilidade civil por perda de uma chance. A álea e a técnica*. Dessertação de Mestrado defendida pela Universidade de Paris I (Panthéon-Sorbonne).

CARNEIRO, Athos Gusmão. *Cumprimento da sentença civil*. Rio de Janeiro: Forense, 2006.

CARNEIRO, Athos Gusmão. *Jurisdição e competência*. 10. ed. São Paulo: Saraiva, 2000.

CARNEIRO, Athos Gusmão. *Recurso especial, agravos e agravo interno*. Rio de Janeiro: Forense, 2001.

CARNEIRO, Athos Gusmão. Requisitos específicos de admissibilidade do recurso especial. *Aspectos polêmicos e atuais dos recursos cíveis de acordo com a Lei 9.756/98*. São Paulo: RT, 1999.

CARNEIRO, Paulo Cezar Pinheiro. *Acesso à justiça*. 2. ed. Rio de Janeiro: Forense, 2000.

CARPENA, Heloísa. *Contornos atuais do superendividamento*. Temas de Direito do Consumidor. Rio de Janeiro: Lumen Juris, 2010.

CARVALHO, Fabiano. Os agravos e a reforma do Código de Processo Civil. *A nova etapa da reforma do Código de Processo Civil*. São Paulo: Saraiva, 2002.

CARVALHO FILHO, José dos Santos. *Ação civil pública*. 7. ed. Rio de Janeiro: Lumen Juris, 2009.

CASSAR, Vólia Bomfim. *Direito do Trabalho*. 3. ed. Niterói: Impetus, 2009.

CASSETTARI, Christiano. *Multa contratual*. Teoria e prática. São Paulo: RT, 2009.

CASTRO, João Paulo Rodrigues de. Cobrança coativa em casas noturnas: exercício arbitrário das próprias razões. Como sair da boate sem pagar e sem apanhar? *Jus Navigandi*, Teresina, ano 17, n. 3188, 24 mar. 2012. Disponível em: <http://jus.com.br/revista/texto/21352>. Acesso em: 25 mar. 2012.

CASTRO MENDES, Aluisio Gonçalves. *Ações coletivas e meios de resolução coletiva de conflitos no direito comparado e nacional*. 3. ed. São Paulo: RT, 2012.

CASTRO MENDES, Aluisio Gonçalves. *Ações coletivas no direito comparado e nacional*. São Paulo: RT, 2003.

CAVALIERI FILHO, Sérgio. *Programa de direito do consumidor*. São Paulo: Atlas, 2008.

CAVALIERI FILHO, Sérgio. *Programa de direito do consumidor*. 2. ed. São Paulo: Atlas, 2010.

CAVALIERI FILHO, Sérgio. *Programa de responsabilidade civil*. 7. ed. São Paulo: Atlas, 2007.

CHINELATO, Silmara Juny de Abreu; MORATO, Antonio Carlos. O risco do desenvolvimento nas relações de consumo. In: NERY, Rosa Maria de Andrade; DONNINI, Rogério. *Responsabilidade civil*. Estudos em homenagem ao professor Rui Geraldo Camargo Viana. São Paulo: RT, 2009.

CHIOVENDA, Giuseppe. *Instituições de direito processual civil*. 2. ed. São Paulo: Saraiva, 1969. 2.º vol.

CIAN, Giorgio; TRABUCCHI, Alberto. *Commentario breve al Codice Civile*. 4. ed. Padova: Cedam, 1992.

CINTRA, Antonio Carlos de Araújo; GRINOVER, Ada Pellegrini; DINAMARCO, Cândido Rangel. *Teoria geral do processo*. 24. ed. São Paulo: Malheiros, 2008.

CÓDIGO DO CONSUMIDOR. *Anteprojecto*. Comissão do Código Consumidor. Ministério da Economia e da Inovação. Secretaria de Estado do Comércio, Serviços e Defesa do Consumidor. Lisboa: Instituto do Consumidor, 2006.

COELHO, Fábio Ulhoa. *Curso de direito comercial*. 11. ed. São Paulo: Saraiva, 2008. v. 2.

COELHO, Fábio Ulhoa. *Manual de direito comercial*. Direito de empresa. 18. ed. São Paulo: Saraiva, 2007.

CORDEIRO, Menezes. *Tratado de direito civil português* – parte geral. 3. ed. Coimbra: Almedina, 2005. t. I.

COSTA, Susana Henrique da. *Comentários à lei de ação civil pública e lei de ação popular*. São Paulo: Quartier Latin, 2006.

CRUZ E TUCCI, José Rogério. *Ação monitória*. 2. ed. São Paulo: RT, 1997.

CRUZ E TUCCI, José Rogério. *Devido processo legal e tutela jurisdicional*. São Paulo: RT, 1993.

CUNHA, Leonardo José Carneiro da. *Inovações no processo civil.* São Paulo: Dialética, 2002.

CUNHA, Wladimir Alcebíades Marinho Falcão. *Revisão judicial dos contratos.* Do CDC ao Código Civil de 2002. São Paulo: Método, 2007.

DALL'AGNOL, Antonio. *Comentários ao Código de Processo Civil.* São Paulo: RT, 2000. v. 2.

DANTAS, San Tiago. *Programa de Direito Civil.* Rio de Janeiro: Editora Rio, aulas proferidas na Faculdade Nacional de Direito [1942-1945], 1979. v. 1.

DELFINO, Lúcio. *Responsabilidade civil e tabagismo.* Curitiba: Juruá, 2008.

DENARI, Zelmo. *Código de Defesa do Consumidor comentado pelos autores do anteprojeto.* 8. ed. Rio de Janeiro: Forense Universitária, 2004.

DESSAUNE, Marcos. *Teoria aprofundada do desvio produtivo do consumidor.* O prejuízo do tempo desperdiçado e da vida alterada. Vitória: Edição do autor, 2017.

DICIONÁRIO AULETE. Disponível em: <http://aulete.uol.com.br>. Acesso em: 10 dez. 2009.

DIDIER JR., Fredie. *Curso de direito processual civil.* 7. ed. Salvador: JusPodivm, 2007. v. 1.

DIDIER JR., Fredie. *Direito processual civil.* 5. ed. Salvador: JusPodivm, 2005.

DIDIER JR., Fredie; CUNHA, Leonardo José Carneiro da; BRAGA, Paula Sarno; OLIVEIRA, Rafael. *Curso de direito processual civil.* Salvador: JusPodivm, 2009. v. 5.

DIDIER JR., Fredie; ZANETI JR., Hermes. *Curso de direito processual civil.* 4. ed. Salvador: JusPodivm, 2009. v. 4.

DÍEZ-PICAZO, Luis. *La doctrina de los propios actos.* Barcelona: Editorial Bosch, 1963.

DÍEZ-PICAZO, Luis; GULLÓN, Antonio. *Sistema de derecho civil.* 11. ed. Madrid: Tecnos, 2003. v. 1.

DINAMARCO, Cândido Rangel. *A reforma do Código de Processo Civil.* 4. ed. São Paulo: Malheiros, 1998.

DINAMARCO, Cândido Rangel. Ação rescisória contra decisão interlocutória. *A nova era do processo civil.* 2. ed. São Paulo: Malheiros, 2007.

DINAMARCO, Cândido Rangel. Desconsideração da personalidade jurídica, fraude e ônus da prova. *Fundamentos do processo civil moderno.* 3. ed. São Paulo: Malheiros, 2000. t. II.

DINAMARCO, Cândido Rangel. *Execução civil.* 6. ed. São Paulo: Malheiros, 1998.

DINAMARCO, Cândido Rangel. *Fundamentos do processo civil moderno.* 3. ed. São Paulo: Malheiros, 2000.

DINAMARCO, Cândido Rangel. *Instituições de direito processual civil.* São Paulo: Malheiros, 2001. v. 1.

DINAMARCO, Cândido Rangel. *Instituições de direito processual civil.* São Paulo: Malheiros, 2003. v. 3.

DINAMARCO, Cândido Rangel. *Instituições de direito processual civil.* São Paulo: Malheiros, 2004. v. 4.

DINAMARCO, Cândido Rangel. *Instituições de direito processual civil.* São Paulo: Malheiros, 2005. v. 2.

DINAMARCO, Cândido Rangel. *Intervenção de terceiros*. 3. ed. São Paulo: Malheiros, 2002.

DINAMARCO, Cândido Rangel. *Litisconsórcio*. 7. ed. São Paulo: Malheiros, 2002.

DINAMARCO, Pedro. *Ação civil pública*. São Paulo: Saraiva, 2001.

DINIZ, Maria Helena. *Código Civil anotado*. 15. ed. São Paulo: Saraiva, 2010.

DINIZ, Maria Helena. *Compêndio de introdução à ciência do Direito*. 21. ed. São Paulo: Saraiva, 2010.

DINIZ, Maria Helena. *Curso de direito civil brasileiro*. Responsabilidade civil. 21. ed. São Paulo: Saraiva, 2007. v. 7.

DINIZ, Maria Helena. *Curso de direito civil brasileiro*. Teoria geral das obrigações contratuais e extracontratuais. 25. ed. São Paulo: Saraiva, 2009. v. 3.

DINIZ, Maria Helena. *Curso de direito civil brasileiro*. 24. ed. São Paulo: Saraiva, 2009. v. 2.

DINIZ, Maria Helena. *Dicionário jurídico*. 2. ed. São Paulo: Saraiva, 2005. v. 1.

DONNINI, Rogério Ferraz. *Responsabilidade civil pós-contratual*. 3. ed. São Paulo: Saraiva, 2011.

DONNINI, Rogério Ferraz. *Responsabilidade pós-contratual no Código Civil e no Código de Defesa do Consumidor*. São Paulo: Saraiva, 2004.

DUARTE, Nestor. *Código Civil comentado*. In: PELUSO, Cezar (Coord.). São Paulo: Manole, 2007.

DUARTE, Ronnie Preuss. A cláusula geral da boa-fé no novo Código Civil brasileiro. In: DELGADO, Mário Luiz; ALVES, Jones Figueirêdo. *Questões controvertidas no novo Código Civil*. São Paulo: Método, 2004. v. 2.

EFING, Antônio Carlos. *Bancos de dados e cadastro de consumidores*. São Paulo: RT, 2002.

FABRÍCIO, Adroaldo Furtado. *Ensaios de direito processual*. Rio de Janeiro: Forense, 2003.

FACHIN, Luiz Edson. Novo Código Civil brasileiro e o Código de Defesa do Consumidor: um *approach* de suas relações jurídicas. In: MONTEIRO, António Pinto (dir.). *Estudos de direito do consumidor*, n. 7. Coimbra: Centro de Direito de Consumo, 2005.

FADEL, Sérgio Sahione. *Código de Processo Civil comentado*. 7. ed. Rio de Janeiro: Forense, 2003.

FARIAS, Cristiano Chaves de; ROSENVALD, Nelson. *Direito civil. Teoria geral*. 4. ed. Rio de Janeiro: Lumen Juris, 2006.

FERRARESI, Eurico. A pessoa física como legitimada a ação coletiva. In: GRINOVER, Ada Pellegrini; MENDES, Aluisio Gonçalves de Castro; WATANABE, Kazuo (Coords.). *Direito processual coletivo e o anteprojeto de Código Brasileiro de Direitos Coletivos*. São Paulo: RT, 2007.

FERRARESI, Eurico. *Ação popular, ação civil pública e mandado de segurança coletivo – instrumentos processuais coletivos*. Rio de Janeiro: Forense, 2009.

FIGUEIRA JR., Joel Dias. Acesso à jurisdição arbitral e os conflitos decorrentes das relações de consumo. *Revista de Direito do Consumidor*, n. 37, jan.-mar. 2001, p. 111.

FIGUEIRA JR., Joel Dias. *Arbitragem, jurisdição e execução*. 2. ed. São Paulo: RT, 1999.

FILOMENO, José Geraldo Brito. *Código Brasileiro de Defesa do Consumidor comentado pelos autores do anteprojeto*. 8. ed. Rio de Janeiro: Forense Universitária, 2004.

FILOMENO, José Geraldo Brito. *Código de Defesa do Consumidor comentado pelos autores do anteprojeto*. 6. ed. Rio de Janeiro: Forense Universitária, 1999.

FILOMENO, José Geraldo Brito. Conflitos de consumo e juízo arbitral. *Revista de Direito do Consumidor*, n. 21, jan.-mar 1997, p. 47-49.

FILOMENO, José Geraldo Brito. *Manual de direito do consumidor*. 9. ed. São Paulo: Atlas, 2007.

FINGER, Julio Cesar. O Ministério Público Pós-88 e a efetivação do Estado Democrático de Direito: podemos comemorar? In: RIBEIRO, Carlos Vinicius Alves (org.). *Ministério Público. Reflexões sobre princípios e funções institucionais*. São Paulo: Atlas, 2010.

FIUZA, Ricardo. *O novo Código Civil e as propostas de aperfeiçoamento*. São Paulo: Saraiva, 2003.

FLACH, Daisson. *A nova execução*. Coordenação de Carlos Alberto Alvaro de Oliveira. Rio de Janeiro: Forense, 2006.

FONSECA, Priscila M. P. Corrêa da; SZTAJN, Rachel. In: AZEVEDO, Álvaro Villaça (Coord.). *Código Civil comentado*. São Paulo: Atlas, 2008. t. XI.

FRADERA, Vera Jacob. Pode o credor ser instado a diminuir o próprio prejuízo? *Revista Trimestral de Direito Civil*, Rio de Janeiro: Padma, v. 19, 2004.

FREIRE, Rodrigo da Cunha Lima. *Condições da ação*: enfoque sobre o interesse de agir. 3. ed. São Paulo: RT, 2005.

FREIRE, Rodrigo da Cunha Lima. *Reforma do CPC*. São Paulo: Saraiva, 2006.

FREIRE E SILVA, Bruno. Inversão judicial do ônus da prova no CDC. In: CARVALHO, Fabiano; BARIONI, Rodrigo (Coords.). *Aspectos processuais do Código de Defesa do Consumidor*. São Paulo: Saraiva, 2008.

FROTA, Pablo Malheiros da Cunha. *Responsabilidade civil por danos*. Imputação e nexo de causalidade. Curitiba: Juruá, 2014.

FUX, Luiz. *Curso de direito processual civil*. 2. ed. Rio de Janeiro: Forense, 2004.

GABURRI, Fernando. *Cadastro positivo de consumidores: uma história para contar*. Disponível em: <http://professorflaviotartuce.blogspot.com/2011/01/texto-de-fernando--gaburri-sobre-o.html>. Acesso em: 3 jun. 2011.

GAGLIANO, Pablo Stolze; PAMPLONA FILHO, Rodolfo. *Novo curso de direito civil*. Direito das obrigações. 8. ed. São Paulo: Saraiva, 2007. v. II.

GAGLIANO, Pablo Stolze; PAMPLONA FILHO, Rodolfo. *Novo curso de direito civil*. Responsabilidade civil. 9. ed. São Paulo: Saraiva, 2011. v. III.

GAGLIANO, Pablo Stolze; VIANA, Salomão. *É sempre vedado ao julgador conhecer, de ofício, da abusividade de cláusulas em contrato bancário? Reflexões sobre a Súmula 381 do STJ*. Disponível em: <http://www.flaviotartuce.adv.br/artigosc/Artigo_pabloesal_381.doc>. Acesso em: 1º maio 2011.

GAJARDONI, Fernando da Fonseca. *Comentários à nova lei de Mandado de Segurança.* São Paulo: Método, 2009.

GAJARDONI, Fernando da Fonseca. *A revolução silenciosa da execução por quantia.* Disponível em: <http://jota.info/a-revolucao-silenciosa-da-execucao-por-quantia>. Acesso em: 04 out. 2015.

GARCIA, Leonardo Medeiros. *Direito do Consumidor.* Código Civil comentado e Jurisprudência. 3. ed. Niterói: Impetus, 2007.

GARCIA, Leonardo Medeiros. *Direito do consumidor.* Código comentado e Jurisprudência. 5. ed. Rio de Janeiro: Impetus, 2009.

GIDI, Antônio. *A* class action *como instrumento de tutela coletiva dos direitos* – as ações coletivas em uma perspectiva comparada. São Paulo: RT, 2007.

GIDI, Antônio. Aspectos da inversão do ônus da prova no Código de Defesa do Consumidor. *Revista do direito do consumidor,* São Paulo, RT, n. 13, jan.-mar. 1995, p. 34.

GIDI, Antônio. *Coisa julgada e litispendência em ações coletivas.* São Paulo: Saraiva, 1995.

GODINHO, Robson Renault. Prova e acesso à justiça: apontamentos sobre a distribuição do ônus da prova. In: CARVALHO, Fabiano; BARIONI, Rodrigo. *Aspectos processuais do Código de Defesa do Consumidor.* São Paulo: RT, 2008.

GODOY, Claudio Luiz Bueno de. *Código Civil comentado.* Coord. Ministro Cesar Peluzo. São Paulo: Manole, 2007.

GODOY, Claudio Luiz Bueno de. *Função social do contrato.* De acordo com o novo Código Civil. (Coleção Prof. Agostinho Alvim). São Paulo: Saraiva, 2004.

GÓES, Gisele Santos Fernandes. *Teoria geral das provas.* Salvador: JusPodivm, 2005.

GOMES, Orlando. *Contrato de adesão*: condições gerais dos contratos, São Paulo: RT, 1972.

GOMES, Orlando. *Contratos.* 17. ed. Atual. e notas de Humberto Theodoro Júnior. Rio de Janeiro: Forense, 1996.

GOMES, Orlando. *Contratos.* 26. ed. Atual. por Antonio Junqueira de Azevedo e Francisco Paulo de Crescenzo Marino. Coordenação de Edvaldo Brito. Rio de Janeiro: Forense, 2007.

GOMES, Orlando. *Obrigações.* 11. ed. Atual. Humberto Theodoro Júnior. Rio de Janeiro: Forense, 1997.

GOMES JR., Luiz Manoel; FAVRETO, Rogério. Anotações sobre o projeto da nova lei da ação civil pública: análise histórica e as suas principais inovações. In: MOREIRA, Alberto Camina; ALVAREZ, Anselmo Pietro; BRUSCHI, Gilberto Gomes (Coords.). *Panorama atual das tutelas individual e coletiva.* São Paulo: Saraiva, 2011.

GOMIDE, Alexandre Junqueira. *Direito de arrependimento nos contratos de consumo.* São Paulo: Almedina, 2014.

GONÇALVES, Carlos Roberto. *Direito Civil.* Parte Geral. 8. ed. São Paulo: Saraiva, 2010. v. 1.

GONÇALVES, Carlos Roberto. *Direito civil brasileiro.* Responsabilidade civil. 2. ed. São Paulo: Saraiva, 2007. v. IV.

GONÇALVES, Carlos Roberto. *Direito civil brasileiro*. Responsabilidade civil. 5. ed. São Paulo: Saraiva, 2010. v. IV.

GONÇALVES, Carlos Roberto. *Responsabilidade civil*. 9. ed. São Paulo: Saraiva, 2005.

GONÇALVES, Marcus Vinicius Rios. *Novo curso de direito processual civil*. São Paulo: Saraiva, 2004. v. 1.

GONÇALVES, Renato Afonso. *Bancos de dados nas relações de consumo*. São Paulo: Max Limonad, 2002.

GONÇALVES, Tiago Figueiredo. A "liquidação" de obrigação imposta por sentença em demanda metaindividual. In: MAZZEI, Rodrigo; NOLASCO, Rita Dias (Coord.). *Processo civil coletivo*. São Paulo: Quartier Latin, 2005.

GRAU, Eros Roberto. *O Direito Posto e o Direito Pressuposto*. 8. ed. São Paulo: Malheiros, 2008.

GRECO, Leonardo. *A teoria da ação no processo civil*. São Paulo: Dialética, 2003.

GRECO, Leonardo. *Instituições de direito civil*. Rio de Janeiro: Forense, 2010. v. I.

GRECO, Leonardo. *Instituições de direito civil*. Rio de Janeiro: Forense, 2011. v. 2.

GRECO, Leonardo. *O processo de execução*. Rio de Janeiro: Renovar, 1999.

GRECO FILHO, Vicente. *Direito processual civil brasileiro*. 15. ed. São Paulo: Saraiva, 2000. v. 2.

GRECO FILHO, Vicente. *Direito processual civil brasileiro*. 20. ed. São Paulo: Saraiva, 2007.

GRINOVER, Ada Pellegrini. *A ação civil pública refém do autoritarismo*. O processo – estudos & pareceres. São Paulo: DPJ, 2006.

GRINOVER, Ada Pellegrini. A ação popular portuguesa: uma análise comparativa. *A marcha do processo*. Rio de Janeiro: Forense Universitária, 2000.

GRINOVER, Ada Pellegrini. *Código Brasileiro de Defesa do Consumidor*. 6. ed. Rio de Janeiro: Forense Universitária, 1999.

GRINOVER, Ada Pellegrini et al. *Código de Defesa do Consumidor*. Comentado pelos autores do anteprojeto. 8. ed. Rio de Janeiro: Forense Universitária, 2005.

GRINOVER, Ada Pellegrini. Interesse da União. Preclusão. A preclusão e o órgão jurisdicional. *A marcha do processo*. Rio de Janeiro: Forense Universitária, 2000.

GRINOVER, Ada Pellegrini. Novas questões sobre a legitimação e a coisa julgada nas ações coletivas. *O processo* – estudos & pareceres. São Paulo: DPJ, 2006.

GRINOVER, Ada Pellegrini. *Novas tendências do Direito Processual*. Rio de Janeiro: Forense, 1990.

GRINOVER, Ada Pellegrini; BENJAMIN, Antonio Herman de Vasconcellos e. *Código Brasileiro de Defesa do Consumidor comentado pelos autores do anteprojeto*. 8. ed. Rio de Janeiro: Forense Universitária, 2004.

GUERRA, Marcelo Lima. As liminares na reforma do CPC. In: WAMBIER, Tereza Arruda Alvim (Coord.). *Liminares*. São Paulo: RT, 1995.

GUGLINSKI, Vitor Vilela. Danos morais pela perda do tempo útil: uma nova modalidade. *Jus Navigandi*, Teresina, ano 17, n. 3237, 12 maio 2012. Disponível em: <http://jus.com.br/revista/texto/21753>. Acesso em: 21 set. 2013.

GUIMARÃES, Paulo Jorge Scartezzini. *A publicidade ilícita e a responsabilidade civil das celebridades que dela participam.* São Paulo: RT, 2003.

HIRONAKA, Giselda Maria Fernandes Novaes. *Cirurgia plástica e responsabilidade civil do médico:* para uma análise jurídica da culpa do cirurgião plástico. Disponível em: <www.flaviotartuce.adv.br>. Acesso em: 7 abr. 2009.

HIRONAKA, Giselda Maria Fernandes Novaes. Contratos atípicos e contratos coligados: características fundamentais e dessemelhança. *Direito civil:* estudos. Belo Horizonte: Del Rey, 2000.

HIRONAKA, Giselda Maria Fernandes Novaes; TARTUCE, Flávio. O princípio da autonomia privada e o direito contratual brasileiro. In: HIRONAKA, Giselda Maria Fernandes Novaes; TARTUCE, Flávio (Coord.). *Direito contratual:* temas atuais. São Paulo: Método, 2008.

JAPIASSU, Hilton Ferreira. *A crise da razão no ocidente.* Disponível em: <http://www.sinergia-spe.net/editoraeletronica/autor/ 069/06900100.htm>. Acesso em: 17 mar. 2009.

JAYME, Erik. Il diritto internazionale privato estense. *Revista di Diritto Internazionale Privato e Processuale.* Estrato. Diretta da Fausto Pocar, Tullio Treves, Sergio M. Carbone, Andrea Giardina, Riccardo Luzzatto, Franco Mosconi, Padova: Cedam, ano XXXII, n. 1, Gennaio/Marzo 1996, p. 18.

JAYME, Erik.. O direito internacional privado do novo milênio: a proteção da pessoa humana em face da globalização. Trad. Claudia Lima Marques e Nádia de Araújo. In: MARQUES, Claudia Lima; ARAÚJO, Nádia de (Coord.). *O novo direito internacional.* Estudos em homenagem a Erik Jayme. Rio de Janeiro: Renovar, 2005.

JORDÃO, Eduardo. *Abuso de direito.* Salvador: Juspodivm, 2006.

JORGE, Flávio Cheim. *A nova reforma processual.* 2. ed. São Paulo: Saraiva, 2003.

JORGE, Flávio Cheim. *A terceira etapa da reforma processual civil.* São Paulo: Saraiva, 2006.

JORGE, Flávio Cheim. *Teoria geral dos recursos cíveis.* 3. ed. São Paulo: RT, 2007.

KELSEN, Hans. *Teoria pura do Direito.* 8. ed. São Paulo: Martins Fontes, 2009.

KHOURI, Paulo R. Roque. *Direito do Consumidor.* 2. ed. São Paulo: Atlas, 2005.

KLIPPEL, Rodrigo; NEFFA JR., José. *Comentários à Lei de Mandado de Segurança.* Rio de Janeiro: Lumen Juris, 2009.

LACERDA, Galeno. *Despacho saneador.* 3. ed. Porto Alegre: Fabris, 1990.

LAGRASTA NETO, Caetano. Inserção do nome do devedor de alimentos nos órgãos de proteção ao crédito. In: LAGRASTA NETO, Caetano; TARTUCE, Flávio; SIMÃO, José Fernando. *Direito de Família.* Novas tendências e julgamentos emblemáticos. São Paulo: Atlas, 2011.

LARENZ, Karl. *Base del negocio jurídico y cumplimiento de los contratos.* Trad. Carlos Fernandéz Rodríguez. Granada: Comares, 2002.

LEITÃO, Luís Manuel Teles de Menezes. *Direito das obrigações*. 5. ed. Coimbra: Almedina, 2006. v. I.

LEMOS, Patrícia Faga Iglecias. *Meio ambiente e responsabilidade civil do proprietário*: análise do nexo causal. São Paulo: RT, 2008.

LEONARDO, Rodrigo Xavier. *Redes contratuais no mercado habitacional*. São Paulo: Saraiva, 2003.

LEONEL, Ricardo de Barros. *Manual do processo coletivo*. São Paulo: RT, 2002.

LEONEL, Ricardo de Barros. *Manual do processo coletivo*. 2. ed. São Paulo: RT, 2011.

LIEBMAN, Enrico Tullio. *Processo de execução*. 2. ed. São Paulo: Saraiva, 1963.

LIMA, Frederico Rodrigues Viana de. *Defensoria pública*. Salvador: JusPodivm, 2010.

LIMA, Frederico Viegas de. *Condomínio em edificações*. São Paulo: Saraiva, 2010.

LIMONGI FRANÇA, Rubens. *Enciclopédia Saraiva de Direito*. São Paulo: Saraiva, 1977. t. 55, v. 2.

LIMONGI FRANÇA, Rubens. *Princípios gerais de direito*. Atual. Antonio S. Limongi França e Flávio Tartuce. 3. ed. São Paulo: RT, 2010.

LISBOA, Roberto Senise. *Responsabilidade civil nas relações de consumo*. São Paulo: RT, 2001.

LÔBO, Paulo Luiz Netto. *Código Civil anotado*. In: PEREIRA, Rodrigo da Cunha. Porto Alegre: Síntese, 2004.

LÔBO, Paulo Luiz Netto. *Obrigações*. 2. ed. São Paulo: Saraiva, 2011.

LOPEZ, Teresa Ancona. *Estudos e pareceres sobre livre-arbítrio, responsabilidade e produto de risco inerente*. O paradigma do tabaco. Aspectos civis e processuais. Rio de Janeiro: Renovar, 2009.

LORENZETTI, Ricardo Luis. *Fundamentos do direito privado*. Trad. Vera Maria Jacob Fradera. São Paulo: RT, 1998.

LORENZETTI, Ricardo Luis. *Teoria da decisão judicial*. Fundamentos de direito. Trad. Bruno Miragem. Notas e revisão da tradução Claudia Lima Marques. São Paulo: RT, 2009.

LOTUFO, Renan. *Código Civil comentado*. São Paulo: Saraiva, 2003. v. I e II.

LUCON, Paulo Henrique dos Santos. *Código de Processo Civil interpretado*. 3. ed. Coord. Antonio Carlos Marcato. São Paulo: Atlas, 2005.

LUCON, Paulo Henrique dos Santos; GABBAY, Daniela Monteiro; ALVES, Rafael Francisco; ANDRADE, Tathyana Chaves de. *Interpretação do pedido e da causa de pedir nas demandas coletivas (conexão, continência e litispendência)*. Tutela coletiva: 20 anos da Lei da Ação Civil Pública e do Fundo de Defesa de Direitos Difusos. 15 anos do Código de Defesa do Consumidor. Coord. Paulo Henrique dos Santos Lucon. São Paulo: Atlas, 2006.

MACEDO JR., Ronaldo. *Contratos relacionais*. 2. ed. São Paulo: RT, 2006.

MACHADO, Antônio Cláudio da Costa. *A intervenção do Ministério Público no processo civil brasileiro*. São Paulo: Saraiva, 1989.

MADALENO, Rolf. *Direito de família*. Aspectos polêmicos. 2. ed. Porto Alegre: Livraria do Advogado, 1999.

MAIA, Maurilio Casas. Legitimidades institucionais no Incidente de Resolução de Demandas Repetitivas (IRDR) no Direito do Consumidor: Ministério Público e Defensoria Pública: similitudes e distinções, ordem e progresso. *Revista dos Tribunais*, São Paulo, vol. 986, p. 27-61, dez. 2017.

MANCUSO, Rodolfo de Camargo. *Ação civil pública*. 8. ed. São Paulo: RT, 2002.

MANCUSO, Rodolfo de Camargo. *Ação popular*. 4. ed. São Paulo: RT, 2001.

MANCUSO, Rodolfo de Camargo. *Interesses difusos*. 5. ed. São Paulo: RT, 2000.

MANCUSO, Rodolfo de Camargo. *Manual de direito do consumidor em juízo*. São Paulo: Saraiva, 2004.

MARCATO, Ana Cândida Menezes. O princípio do contraditório como elemento essencial para a formação da coisa julgada material na defesa dos interesses transindividuais. In: MAZZEI, Rodrigo; NOLASCO, Rita (Coords.). *Processo civil coletivo*. São Paulo: Quartier Latin, 2005.

MARCATO, Antônio Carlos (Coord.). *Código de Processo Civil interpretado*. 3. ed. São Paulo: Atlas, 2008.

MARCATO, Antônio Carlos . *Leituras complementares para concursos*. 2. ed. Salvador: JusPodivm, 2004.

MARCATO, Antônio Carlos . Prorrogação de competência, *Revista de Processo*, São Paulo, v. 17, n. 65, 1992, p. 12.

MARINO, Francisco Paulo de Crescenzo. *Contratos coligados no direito brasileiro*. São Paulo: Saraiva, 2009.

MARINONI, Luiz Guilherme. *Antecipação de tutela*. 10. ed. São Paulo: RT, 2008.

MARINONI, Luiz Guilherme. *Manual do processo de conhecimento*.

MARINONI, Luiz Guilherme. *Novas linhas do processo civil*. 4. ed. São Paulo: Malheiros, 2000.

MARINONI, Luiz Guilherme. *Técnica processual e tutela dos direitos*. São Paulo: RT, 2004.

MARINONI, Luiz Guilherme. *Teoria geral do processo*. São Paulo: RT, 2006.

MARINONI, Luiz Guilherme. *Tutela inibitória: individual e coletiva*. 4. ed. São Paulo: RT, 2006.

MARINONI, Luiz Guilherme; ARENHART, Sérgio Cruz. *Curso de direito processual civil*. São Paulo: RT, 2009. v. 4.

MARINONI, Luiz Guilherme; ARENHART, Sérgio Cruz. *Manual do processo de conhecimento*. São Paulo: RT, 2006.

MARINONI, Luiz Guilherme; ARENHART, Sérgio Cruz; MITIDIERO, Daniel Francisco. *Código de Processo Civil comentado*. São Paulo: RT, 2010.

MARINONI, Luiz Guilherme; MITIDIERO, Daniel Francisco; ARENHART, Sérgio Cruz. *Novo Código de Processo Civil comentado*, São Paulo: RT, 2015.

MARINS, James. *Habeas data*, antecipação de tutela e cadastros financeiros à luz do Código de Defesa do Consumidor. *Revista de Direito do Consumidor*, n. 26, abr.-jun. 1998.

MARQUES, Claudia Lima. *Comentários ao Código de Defesa do Consumidor*. São Paulo: RT, 2004.

MARQUES, Claudia Lima. *Comentários ao Código de Defesa do Consumidor*. 3. ed. São Paulo: RT, 2010.

MARQUES, Claudia Lima. *Contratos no Código de Defesa do Consumidor*. 5. ed. São Paulo: RT, 2006.

MARQUES, Claudia Lima. *Manual de Direito do Consumidor*. 3. ed. São Paulo: RT, 2010.

MARQUES, Claudia Lima. Violação do dever de boa-fé, corretamente, nos atos negociais omissivos afetando o direito/liberdade de escolha. Nexo causal entre a falha/defeito de informação e defeito de qualidade nos produtos de tabaco e o dano final morte. Responsabilidade do fabricante do produto, direito a ressarcimento dos danos materiais e morais, sejam preventivos, reparatórios ou satisfatórios. *Revista dos Tribunais*, São Paulo: RT, n. 835, 2005, p. 74-133.

MARQUES, Claudia Lima; BENJAMIN, Antonio Herman V.; MIRAGEM, Bruno. *Comentários ao Código de Defesa do Consumidor*. São Paulo: RT, 2004.

MARQUES, Claudia Lima; BENJAMIN, Antonio Herman V.; MIRAGEM, Bruno. *Comentários ao Código de Defesa do Consumidor*. 2. ed. São Paulo: RT, 2005.

MARQUES, Claudia Lima; BENJAMIN, Antonio Herman V.; MIRAGEM, Bruno. *Comentários ao Código de Defesa do Consumidor*. 3. ed. São Paulo: RT, 2010.

MARQUES, Claudia Lima; BENJAMIN, Antonio Herman V.; BESSA, Leonardo Roscoe. *Manual de direito do consumidor*. São Paulo: RT, 2008.

MARQUES, Claudia Lima; BENJAMIN, Antonio Herman V.; BESSA, Leonardo Roscoe. *Manual de Direito do Consumidor*. 3. ed. São Paulo: RT, 2010.

MARQUES, José Frederico. *Instituições de direito processual civil*. Campinas: Millennium, 2000. v. 2.

MARQUES, Voltaire de Lima. Dos bens jurídicos tutelados, da legitimação passiva e do foro competente na ação civil pública. In: MILARÉ, Édis (Coord.). *Ação Civil Pública – 15 anos*. São Paulo: RT, 2002.

MARTINS, Fernando. Denúncia vazia pode caracterizar abuso do direito de romper plano de saúde. Disponível em: <http://www.conjur.com.br>. Acesso em: 6 nov. 2018. Artigo publicado em 30 de março de 2016.

MARTINS, Sandro Gilbert. *A defesa do executado por meio de ações autônomas – defesa heterotópica*. São Paulo: RT, 2002.

MARTINS-COSTA, Judith. *A boa-fé no direito privado*. São Paulo: RT, 1999.

MARTINS-COSTA, Judith. Ação indenizatória. Dever de informar do fabricante sobre os riscos do tabagismo. In: LOPEZ, Teresa Ancona (Coord.). *Estudos e pareceres sobre livre-arbítrio, responsabilidade e produto de risco inerente. O paradigma do tabaco. Aspectos civis e processuais*. Rio de Janeiro: Renovar, 2009.

MARTINS-COSTA, Judith. Do inadimplemento das obrigações. In: TEIXEIRA, Sálvio de Figueiredo (Coord.). *Comentários ao novo Código Civil*. Rio de Janeiro: Forense, 2003. v. V, t. II.

MAZZEI, Rodrigo Reis. Litisconsórcio sucessivo: breves considerações. In: WAMBIER, Teresa Arruda Alvim; RAMOS, Glauco Gumerato; SHIMURA, Sergio (Coords.). *Atualidades do processo civil de conhecimento*. São Paulo: RT, 2006.

MAZZEI, Rodrigo Reis. *Reforma do CPC*. São Paulo: RT, 2007.

MAZZILLI, Hugo Nigro. *A defesa dos interesses difusos em juízo*. 15. ed. São Paulo: Saraiva, 2002.

MEDINA, José Miguel Garcia. *Novo Código de Processo Civil comentado*. São Paulo: RT, 2015.

MEDINA, José Miguel Garcia. *O prequestionamento nos recursos extraordinário e especial*. 3. ed. São Paulo: RT, 2002.

MEDINA, José Miguel Garcia; ARAÚJO, Fábio Caldas de. *Mandado de segurança individual e coletivo*. São Paulo: RT, 2009.

MEIRELLES, Hely Lopes; WALD, Arnaldo; MENDES, Gilmar Ferreira. *Mandado de segurança e ações constitucionais*. 33. ed. São Paulo: Malheiros, 2010.

MELO, Marco Aurélio Bezerra. *Direito Civil. Coisas*. 2. ed. São Paulo: Atlas, 2018.

MENDES, Aluisio Gonçalves de Castro. *Ações coletivas no direito comparado e nacional*. São Paulo: RT, 2002.

MENEZES CORDEIRO, António Manuel da Rocha e. *A boa-fé no direito civil*. Coimbra: Almedina, 2001.

MIRAGEM, Bruno. *Curso de Direito do Consumidor*. 2. ed. São Paulo: RT, 2010.

MIRAGEM, Bruno. *Pela autoridade e coerência do direito. Súmula 381 do STJ deve ser revisada*. Disponível em: <http://www.conjur.com.br/2016-out-12/garantias-consumo--autoridade-coerencia-direito-sumula-381-stj-revisada2>. Acesso em: 13 nov. 2016.

MIRANDA NETTO, Fernando Gama de; SOARES, Irineu Carvalho de Oliveira. Princípios procedimentais da mediação no Novo Código de Processo Civil. In: ALMEIDA, Diogo Assumpção Rezende de; PANTOJA, Fernanda Medina e PELEJO, Samantha (Coords.) *A mediação no Novo Código de Processo Civil*. Rio de Janeiro: Forense, 2015.

MIRRA, Álvaro Luiz Valery. Ação civil pública em defesa do meio ambiente: a questão da competência jurisdicional. *Ação civil pública*. 2. ed. São Paulo: RT, 2002.

MONTEIRO, Washington de Barros. *Curso de direito civil*. Atual. por Carlos Alberto Dabus Maluf. 32. ed. São Paulo: Saraiva, 2003. v. 4: Direito das obrigações. 1ª parte.

MONTEIRO, Washington de Barros. *Curso de direito civil – 2ª parte*. 34. ed. Atual. por Carlos Alberto Dabus Maluf e Regina Beatriz Tavares da Silva. São Paulo: Saraiva, 2004. v. 5: Direito das Obrigações.

MORAES, Carlos Alexandre. *Responsabilidade civil das empresas tabagistas*. Curitiba: Juruá, 2009.

MORAES, Humberto Peña de; SILVA, José Fontenelle Teixeira da. *Assistência judiciária*: sua gênese, sua história e a função protetiva do Estado. 2. ed. rev. e ampl. Rio de Janeiro: Liber Juris Ltda., 1984.

MORAIS, Ezequiel; PODESTÁ, Fábio Henrique; e CARAZAI, Marcos Marins. *Código de Defesa do Consumidor Comentado*. São Paulo: RT, 2010.

MORATO, Antonio Carlos. *A pessoa jurídica como consumidora*. São Paulo: RT, 2008.

MOREIRA, José Carlos Barbosa. La iniciativa em la defensa judicial de los intereses difusos y coletivos (un aspecto de la experiencia brasileña). *RePro*, São Paulo, RT, n. 68, 1992, p. 57.

MORSELLO, Marco Fábio. *Responsabilidade civil no transporte aéreo*. São Paulo: Atlas, 2006.

MULHOLLAND, Caitlin Sampaio. *A responsabilidade civil por presunção de causalidade*. Rio de Janeiro: GZ, 2009.

NALIN, Paulo. *Do contrato*: conceito pós-moderno. Curitiba: Juruá, 2005.

NEGRÃO, Theotonio; GOUVÊA, José Roberto F. *Código de Processo Civil e legislação processual em vigor*. 37. ed. São Paulo: Saraiva, 2005.

NEGRÃO, Theotonio; GOUVÊA, José Roberto F.; BONDIOLI, Luis Guilherme F. *Código Civil e legislação civil em vigor*. 30. ed. São Paulo: Saraiva, 2011.

NEGREIROS, Teresa. *Teoria do contrato*. Novos paradigmas. Rio de Janeiro: Renovar, 2002.

NEIVA, Gerivaldo. *A Súmula 381 do STJ*. Um ato falho? Disponível em: <http://professorflaviotartuce.blogspot.com/2009/05/sumula-381-do-stj-artigo-de-gerivaldo.html>. Acesso em: 1º maio 2011.

NERY JR., Nelson. *Código Brasileiro de Defesa do Consumidor* – comentado pelos autores do anteprojeto. 10. ed. Rio de Janeiro: Forense, 2011. v. I.

NERY JR., Nelson. *Código de Defesa do Consumidor comentado pelos autores do anteprojeto*. 8. ed. Rio de Janeiro: Forense Universitária, 2004.

NERY JR., Nelson. *Princípios fundamentais*: teoria geral dos recursos. 5. ed. São Paulo: RT, 2000.

NERY JR., Nelson. *Teoria geral dos recursos*. 6. ed. São Paulo: RT, 2004.

NERY JR., Nelson; NERY, Rosa Maria de Andrade. *Código Civil anotado*. 2. ed. São Paulo: RT, 2003.

NERY JR., Nelson; NERY, Rosa Maria de Andrade. *Código Civil comentado e legislação extravagante*. 3. ed. São Paulo: RT, 2005.

NERY JR., Nelson; NERY, Rosa Maria de Andrade. *Código de Processo Civil comentado e legislação extravagante*. 10. ed. São Paulo: RT, 2007.

NERY JR., Nelson; NERY, Rosa Maria de Andrade. *Leis civis comentadas*. São Paulo: RT, 2006.

NEVES, Daniel Amorim Assumpção. *Ações probatórias autônomas*. São Paulo: Saraiva, 2008.

NEVES, Daniel Amorim Assumpção. Algumas considerações sobre a licitação procedimentais à busca da verdade no processo civil brasileiro. *Revista Dialética de Direito Processual*, v. 30, p. 22-25.

NEVES, Daniel Amorim Assumpção. Comentários ao art. 9º da Lei 4.717/1965. In: COSTA, Susana Henrique da (Coord.). *Comentários à Lei de Ação Civil Pública e Lei de Ação Popular*. São Paulo: Quartier Latin, 2006.

NEVES, Daniel Amorim Assumpção. *Competência no processo civil*. São Paulo: Método, 2005.

NEVES, Daniel Amorim Assumpção. *Manual de direito processual civil*. São Paulo: Método, 2009.

NEVES, Daniel Amorim Assumpção. *Manual de processo coletivo*. São Paulo: Método, 2014.

NEVES, Daniel Amorim Assumpção. Princípio da comunhão das provas. *Revista Dialética de direito processual*, n. 31, out. 2005, p. 30.

NEVES, Daniel Amorim Assumpção. *Reforma do CPC*. São Paulo: RT, 2006.

NICOLAU, Gustavo René. Desconsideração da personalidade jurídica. In: CANEZIN, Claudete Carvalho. *Arte jurídica*. Curitiba: Juruá, 2006. v. III.

NISHIYAMA, Adolfo Mamoru. *A proteção constitucional do consumidor*. 2. ed. São Paulo: Atlas, 2010.

NOLASCO, Rita Dias. Responsabilidade patrimonial. In: NEVES, Daniel Amorim Assumpção; SHIMURA, Sérgio Seiji (Coords.). *Execução no processo civil*: novidades & tendências. São Paulo: Método, 2005.

NORONHA, Fernando. *Direito das obrigações*. São Paulo: Saraiva, 2003. v. 1.

NORONHA, Fernando. *O direito dos contratos e seus princípios fundamentais*: autonomia privada, boa-fé, justiça contratual. São Paulo: Saraiva, 1994.

NOVAES, Alinne Arquette Leite. *A teoria contratual e o Código de Defesa do Consumidor*. São Paulo: RT, 2001.

OLIVEIRA, Gleydson Kleber Lopes de. *Recurso Especial*. São Paulo: RT, 2002.

OLIVEIRA, Pedro Miranda de. In: WAMBIER, Teresa Arruda Alvim; DIDIER JR., Fredie; TALAMINI, Eduardo e DANTAS, Bruno (Coords.) *Breves Comentários ao Novo Código de Processo Civil*. São Paulo: RT, 2015. p. 2.310.

OLIVEIRA, Waldemar Mariz de. *Curso de direito processual civil*. São Paulo: Saraiva, 1971. v. I.

OLIVEIRA NETO, Olavo. *Conexão por prejudicialidade*. São Paulo: RT, 1994.

ORDACGY, André da Silva. Primeiras impressões sobre a Lei 11.448/2007 e a atuação da Defensoria Pública da União na tutela coletiva. In: SOUZA, José Augusto Garcia de (Coord.). *A defensoria pública e os processos coletivos* – comemorando a Lei Federal 11.448, de 15 de janeiro de 2007. 2. tir. Rio de Janeiro: Lumen Juris, 2008.

ORIONE NETO, Luiz. *Recursos cíveis*. São Paulo: Saraiva, 2002.

PACÍFICO, Luiz Eduardo Boaventura. *O ônus da prova no direito processual civil*. São Paulo: RT, 2000.

PAULA, Adriano Perácio de. Da arbitragem nas relações de consumo. *Revista do Direito do Consumidor*, n. 32, out.-dez 1999, p. 69.

PAULA, Adriano Perácio de. *Direito processual do consumo*. Belo Horizonte: Del Rey, 2002.

PAULA, Adriano Perácio de. O consumidor equiparado e o processo civil. *Revista de Direito do Consumidor*, n. 34, abr.-jun. 2000, p. 62.

PENTEADO, Luciano de Camargo. *Efeitos contratuais perante terceiros*. São Paulo: Quartier Latin, 2007.

PEREIRA, Caio Mário da Silva. *Direito civil:* alguns aspectos da sua evolução. Rio de Janeiro: Forense, 2001.

PEREIRA, Caio Mário da Silva. *Instituições de Direito Civil*. Introdução ao Direito Civil. Teoria Geral do Direito Civil. Atual. Maria Celina Bodin de Moraes. 21. ed. Rio de Janeiro: Forense, 2006. v. 1.

PEREIRA, Marivaldo de Castro; BOTTINI, Pierpaolo Cruz. A Defensoria Pública perante a tutela dos interesses transindividuais: atuação como parte legitimada ou como assistente judicial. In: SOUZA, José Augusto Garcia de (Coord.). *A defensoria pública e os processos coletivos* – comemorando a Lei Federal 11.448, de 15 de janeiro de 2007. 2. tir. Rio de Janeiro: Lumen Juris, 2008.

PERRINI, Raquel Fernandez. *Competências da Justiça Federal comum*. São Paulo: Saraiva, 2001.

PINHO, Humberto Dalla Bernardina de. A legitimidade da Defensoria Pública para a propositura de ações civis públicas: primeiras impressões e questões controvertidas. In: SOUZA, José Augusto Garcia de (Coord.). *A defensoria pública e os processos coletivos* – comemorando a Lei Federal 11.448, de 15 de janeiro de 2007. 2. tir. Rio de Janeiro: Lumen Juris, 2008.

PINHO, Humberto Dalla Bernardina de. *Direito Processual Civil contemporâneo*. 6. ed. São Paulo: Saraiva, 2015.

PINHO, Humberto Dalla Bernardina de. *Teoria geral do processo civil contemporâneo*. Rio de Janeiro: Lumen Juris, 2007.

PINTO, Nelson Luiz. *Recurso especial para o STJ*. São Paulo: Malheiros, 1992.

PIVA, Rui Carvalho. *Bem ambiental*. São Paulo: Max Limonad, 2000.

PIZZOL, Patrícia Miranda. *A competência no processo civil*. São Paulo: RT, 2003.

PIZZOL, Patrícia Miranda. *Liquidação nas ações coletivas*. São Paulo: Lejus, 1998.

PIZZOL, Patrícia Miranda. *Tutela coletiva* – processo coletivo e técnicas de padronização das decisões. São Paulo: RT, 2019.

PODESTÁ, Fábio Henrique. *Código de Defesa do Consumidor comentado*. São Paulo: RT, 2010.

PONTES DE MIRANDA, Francisco. *Comentários ao Código de Processo Civil*. Rio de Janeiro: Forense, 1974. v. 9.

RAMOS, André de Carvalho. Revendo a competência da Justiça Federal em matéria de relações de consumo. *Revista de direito do consumidor*, São Paulo, RT, n. 40, out.--dez. 2001.

REALE, Miguel. Estrutura e espírito do novo Código Civil Brasileiro. *História do novo Código Civil*. São Paulo: RT, 2005.

REALE, Miguel. *Lições preliminares de direito*. 21. ed. São Paulo: Saraiva, 1994.

RENTERIA, Pablo. *Obrigações de meios e de resultado*. Análise crítica. São Paulo: GEN/Método, 2011.

REVISTA VEJA. São Paulo: Abril, Edição 2.140, ano 42, n. 47, 25 nov. 2009, p. 163-166.

RIZZATTO NUNES, Luiz Antonio. Ações coletivas e as definições de direito difuso, coletivo e individual homogêneo. In: MAZZEI, Rodrigo; NOLASCO, Rita Dias (Coords.). *Processo civil coletivo*. São Paulo: Quartier Latin, 2005.

RIZZATTO NUNES, Luiz Antonio. *Comentários ao Código de Defesa do Consumidor*. São Paulo: Saraiva, 2000.

RIZZATTO NUNES, Luiz Antonio. *Comentários ao Código de Defesa do Consumidor*. 3. ed. São Paulo: Saraiva, 2007.

ROCHA, Sílvio Luis Ferreira da. A cláusula compromissória prevista na Lei 9.307, de 23.09.1996 e as relações de consumo. *Revista de Direito do Consumidor*, n. 21, jan.-mar 1997, p. 36-37.

RODRIGUES JÚNIOR, Otávio Luiz. *A célebre lei do deputado Failliot e a teoria da imprevisão*. Disponível em: <https://www.conjur.com.br/2020-abr-02/direito-comparado-celebre-lei-deputado-failliot-teoria-imprevisao>. Acesso em: 15 out. 2020.

RODRIGUES, Marcelo Abelha. Ação civil pública. In: DIDIER JR., Fredie (Org.). *Ações constitucionais*. 4. ed. Salvador: JusPodivm, 2009.

RODRIGUES, Marcelo Abelha. *Manual de execução civil*. Rio de Janeiro: Forense Universitária, 2006.

RODRIGUES, Marcelo Abelha. Ponderações sobre a *fluid recovery* do art. 100 do CDC. In: MAZZEI, Rodrigo; NOLASCO, Rita Dias (Coord.). *Processo civil coletivo*. São Paulo: Quartier Latin, 2005.

RODRIGUES, Marcelo Abelha; KLIPPEL, Rodrigo. *Comentários à tutela coletiva*. Rio de Janeiro: Lumen Juris, 2009.

RODRIGUES, Sílvio. *Direito Civil*. Parte Geral. 33. ed. São Paulo: Saraiva, 2003.

ROPPO, Enzo. *O contrato*. Coimbra: Almedina, 1988.

ROSÁRIA, Grácia Cristina Moreira do. *Perda da chance de cura na responsabilidade civil médica*. Rio de Janeiro: Lumen Juris, 2009.

SAMPAIO, José Soares. *Os prazos no Código de Processo Civil*. 5. ed. São Paulo: RT, 1999.

SAMPAIO, José Soares. *Dos procedimentos especiais do Código de Processo Civil*. 3. ed. Rio de Janeiro: Forense, 1999. v. VI.

SANSEVERINO, Paulo de Tarso Vieira. Indenização e equidade no Código Civil de 2002. In: CARVALHO NETO, Inácio de (Coord.). *Novos direitos*. Após seis anos de vigência do Código Civil de 2002. Curitiba: Juruá, 2009.

SANSEVERINO, Paulo de Tarso Vieira. *Responsabilidade civil no Código do Consumidor e a defesa do fornecedor*. 2. ed. São Paulo: Saraiva, 2007.

SANTOS, Ernane Fidélis dos. *Manual de direito processual civil*. 10. ed. São Paulo: Saraiva, 2003. v. 1.

SANTOS, Moacyr Amaral. *Primeiras linhas de direito processual civil*. 23. ed. São Paulo: Saraiva, 2004. v. 1.

SARLET, Ingo Wolfgang. *A influência dos direitos fundamentais no direito privado*: o caso brasileiro. Separata da obra *Direitos fundamentais e direito privado* – uma perspectiva de direito comparado. Coimbra: Almedina, 2006.

SARMENTO, Daniel. *Direitos fundamentais e relações privadas*. Rio de Janeiro: Lumen Juris, 2004.

SAVI, Sérgio. *Responsabilidade civil por perda de uma chance*. São Paulo: Atlas, 2006.

SCAVONE JUNIOR, Luiz Antonio. *Manual de arbitragem*. 3. ed. São Paulo: RT, 2010.

SHIMURA, Sérgio. Cumprimento da Sentença. In: SHIMURA, Sérgio; NEVES, Daniel Amorim Assumpção (coords.). *Execução no Processo Civil*. Novidades e Tendências. São Paulo: Método, 2005.

SCHMITT, Cristiano Heineck. *Cláusulas abusivas nas relações de consumo*. 2. ed. São Paulo: RT, 2008.

SCHMITT, Cristiano Heineck. *Responsabilidade civil*. Porto Alegre: Verbo Jurídico, 2010.

SCHREIBER, Anderson. *A proibição do comportamento contraditório*. Tutela de confiança e *venire contra factum proprium*. Rio de Janeiro: Renovar, 2005.

SCHREIBER, Anderson. Flexibilização do nexo causal em relações de consumo. In: MARTINS, Guilherme Magalhães (Coord.). *Temas de Direito do Consumidor*. Rio de Janeiro: Lumen Juris, 2010.

SCHREIBER, Anderson. *Manual de direito civil contemporâneo*. São Paulo: Saraiva, 2018.

SCHREIBER, Anderson. *Novos paradigmas da responsabilidade civil*. 3. ed. São Paulo: Atlas, 2011.

SÉGUIN, Elida. Defensoria pública e a tutela do meio ambiente. In: SOUZA, José Augusto Garcia de (Coord.). *A defensoria pública e os processos coletivos* – comemorando a Lei Federal 11.448, de 15 de janeiro de 2007. 2. tir. Rio de Janeiro: Lumen Juris, 2008.

SHIMURA, Sérgio Seiji. *Título executivo*. 2. ed. São Paulo: Método, 2005.

SHIMURA, Sérgio Seiji. *Tutela coletiva e sua efetividade*. São Paulo: Método, 2006.

SILVA, Jorge Cesa Ferreira da. *Inadimplemento das obrigações* São Paulo: RT, 2006.

SILVA, Ovídio Baptista da. A "antecipação" da tutela na recente reforma processual. In: TEIXEIRA Sálvio de Figueiredo, (org.). *Reforma do Código de Processo Civil*. São Paulo: Saraiva, 1996.

SILVA, Ovídio Baptista da. *Curso de processo Civil*. 5. ed. São Paulo: RT, 2000. v. I.

SILVA, Ovídio Baptista da. Responsabilidade pela sucumbência no Código de Processo Civil. *Revista do Advogado*, São Paulo, AASP, n. 40, p. 56.

SILVA, Ovídio Baptista da; GOMES, Fábio. *Teoria geral do processo*. 3. ed. São Paulo: RT, 2002.

SILVA, Rafael Peteffi da. *Responsabilidade civil pela perda de uma chance*. São Paulo: Atlas, 2007.

SIMÃO, José Fernando. *Cláusula Penal e Abono de Pontualidade ou Cláusula Penal e Cláusula Penal disfarçada*. Disponível em: <http://www.professorsimao.com.br/artigos_simao_cf1109.html>. Acesso em: 2 maio 2011.

SIMÃO, José Fernando. *Direito civil*. Contratos. (Série Leituras Jurídicas). 3. ed. São Paulo: Atlas, 2008.

SIMÃO, José Fernando. *Vícios do produto no novo Código Civil e no Código de Defesa do Consumidor*. São Paulo: Atlas, 2003.

SIMÃO, José Fernando. Vícios do produto. Questões controvertidas. In: MORATO, Antonio Carlos; NÉRI, Paulo de Tarso (Orgs.). *20 anos do Código de Defesa do Consumidor*. Estudos em homenagem ao Professor José Geraldo Brito Filomeno. São Paulo: Atlas, 2010.

SOUSA, José Augusto Garcia de. A nova Lei 11.448/2007, os escopos extrajurídicos do processo e a velha legitimidade da Defensoria Pública para as ações coletivas. In: SOUZA, José Augusto Garcia de (Coord.). *A defensoria pública e os processos coletivos* – comemorando a Lei Federal 11.448, de 15 de janeiro de 2007. 2. tir. Rio de Janeiro: Lumen Juris, 2008.

TALAMINI, Eduardo. *Tutela relativa aos deveres de fazer e não fazer*. 2. ed. São Paulo: RT, 2003.

TALAMINI, Eduardo; CARDOSO, André Guskow. Smart contracts, "autotutela" e tutela jurisdicional. *Revista do Ministério Público do Estado do Rio de Janeiro*, n. 89, jul./set. 2023, 5.1. e 5.2, p. 67-72.

TARTUCE, Fernanda. *Mediação nos conflitos civis*. São Paulo: Método, 2009.

TARTUCE, Flávio. *A função social dos contratos*. Do Código de Defesa do Consumidor ao Novo Código Civil. São Paulo: Método, 2005.

TARTUCE, Flávio. *A função social dos contratos*. Do Código de Defesa do Consumidor ao Código Civil de 2002. 2. ed. São Paulo: Método, 2007.

TARTUCE, Flávio. *Direito civil*. Lei de introdução e parte geral. 21. ed. São Paulo: Forense, 2025. v. 1.

TARTUCE, Flávio. *Direito civil*. Direito das obrigações e responsabilidade civil. 20. ed. Rio de Janeiro: Forense, 2025. v. 2.

TARTUCE, Flávio. *Direito civil*. Teoria geral dos contratos e contratos em espécie. 20. ed. Rio de Janeiro: Forense, 2025. v. 3.

TARTUCE, Flávio. *Direito civil*. Direito das coisas. 17. ed. Rio de Janeiro: Forense, 2025. v. 4.

TARTUCE, Flávio. *Direito civil*. Direito de família. 20. ed. Rio de Janeiro: Forense, 2025. v. 5.

TARTUCE, Flávio. *Direito civil*. Direito das sucessões. 18. ed. Rio de Janeiro: Forense, 2025. v. 6.

TARTUCE, Flávio. *Manual de direito civil*. 15. ed. São Paulo: Método, 2025.

TARTUCE, Flávio. *Responsabilidade civil*. 5. ed. São Paulo: Método, 2023.

TARTUCE, Flávio. O coronavírus e os contratos – Extinção, revisão e conservação – Boa-fé, bom senso e solidariedade. *Migalhas*, Ribeirão Preto, 27 mar. 2020. Coluna

Migalhas Contratuais. Disponível em: <https://migalhas.uol.com.br/coluna/migalhas--contratuais/322919/o-coronavirus-e-os-contratos---extincao---revisao-e-conservacao---boa-fe--bom-senso-e-solidariedade>. Acesso em: 15 out. 2020.

TARTUCE, Flávio. *O Novo CPC e o direito civil*. Impactos, diálogos e interações. 2. ed. São Paulo: Método, 2016.

TARTUCE, Flávio. *Responsabilidade civil objetiva e risco*. A teoria do risco concorrente. São Paulo: Método, 2011.

TARTUCE, Flávio; SALOMÃO, Luis Felipe (Coord.). *Direito civil*. Diálogos entre a doutrina e a jurisprudência. São Paulo: Atlas, 2018.

TAVARES DA SILVA, Regina Beatriz (Coord.). *Código Civil comentado*. 6. ed. São Paulo: Saraiva, 2008.

TEPEDINO, Gustavo. A responsabilidade civil por acidente de consumo na ótica civil--constitucional. *Temas de direito civil*. 3. ed. Rio de Janeiro: Renovar, 2004.

TEPEDINO, Gustavo. Liberdade de escolha, dever de informar, defeito do produto e boa--fé objetiva nas ações de indenização contra os fabricantes de cigarros. In: LOPEZ, Teresa Ancona (Coord.). *Estudos e pareceres sobre livre-arbítrio, responsabilidade e produto de risco inerente*. O paradigma do tabaco. Aspectos civis e processuais. Rio de Janeiro: Renovar, 2009.

TEPEDINO, Gustavo; BARBOZA, Heloísa Helena; MORAES, Maria Celina Bodin de. *Código Civil interpretado conforme a Constituição da República*. Rio de Janeiro: Renovar, 2006. v. II.

THEODORO JR., Humberto. *As novas reformas do Código de Processo Civil*. 2. ed. Rio de Janeiro: Forense, 2007.

THEODORO JR., Humberto. *Curso de direito processual civil*. 47. ed. Rio de Janeiro: Forense, 2007. v. 1.

THEODORO JR., Humberto. *Direitos do consumidor*. 2. ed. Rio de Janeiro: Forense, 2001.

THEODORO JR., Humberto. *O contrato e seus princípios*. 2. ed. Rio de Janeiro: Aide, 1999.

THEODORO JR., Humberto. *Processo de execução e cumprimento de sentença*. 25. ed. São Paulo: Leud, 2008.

THEODORO JR., Humberto. *Tutela jurisdicional de urgência*. Rio de Janeiro: América Jurídica, 2001.

VALLESPINOS, Carlos Gustavo. *Contratos*. Presupuestos. Córdoba: Advocatus, Sala de Derecho Civil, Colégio de Abogados de Córdoba, 1999.

VASCONCELLOS, Antonio Herman de. *Código Brasileiro de Defesa do Consumidor* – comentado pelos autores do anteprojeto.

VENOSA, Sílvio de Salvo. *Código Civil interpretado*. 2. ed. São Paulo: Atlas, 2011.

VENOSA, Sílvio de Salvo. *Direito Civil*. Responsabilidade civil. 5. ed. São Paulo: Atlas, 2005. v. IV.

VENOSA, Sílvio de Salvo. *Direito Civil*. Responsabilidade civil. 10. ed. São Paulo: Atlas, 2010. v. IV.

VENTURI, Elton. *Processo civil coletivo*. São Paulo: Malheiros, 2007.

VICENZI, Brunela Vieira de. Competência funcional – distorções. *Revista de Processo*, n. 105, 2002, p. 280-281.

VIGLIAR, José Marcelo Menezes. *Ação civil pública*. 5. ed. São Paulo: Atlas, 2001.

VIGLIAR, José Marcelo Menezes. *Tutela jurisdicional coletiva*. 2. ed. São Paulo: Atlas, 1999.

WAMBIER, Luiz Rodrigues. Despacho saneador irrecorrido. *Revista de Processo*, n. 67, p. 227-231.

WAMBIER, Luiz Rodrigues. *Sentença civil*: liquidação e cumprimento. 3. ed. São Paulo: RT, 2006. n. 3.2.1.

WAMBIER, Luiz Rodrigues; WAMBIER, Teresa Arruda Alvim; MEDINA, José Miguel Garcia. *Breves comentários à nova sistemática processual civil 3*. São Paulo: RT, 2007.

WAMBIER, Teresa Arruda Alvim. Litispendência em ações coletivas. In: MAZZEI, Rodrigo; NOLASCO, Rita Dias (Org.). *Processo civil coletivo*. São Paulo: Quartier Latin, 2005.

WAMBIER, Teresa Arruda Alvim. *Nulidades do processo e da sentença*. 6. ed. São Paulo: RT, 2007.

WAMBIER, Teresa Arruda Alvim. Reflexos das ações procedimentalmente autônomas (em que se discute, direta ou indiretamente, a viabilidade da execução) na própria execução. In: SHIMURA, Sérgio; WAMBIER, Teresa Arruda Alvim (Coords.). *Processo de execução*. São Paulo: RT, 2001.

WAMBIER, Teresa Arruda Alvim; CONCEIÇÃO, Maria Lúcia Lins; RIBEIRO, Leonardo Ferres da Silva; MELO, Rogério Licastro Torres de. *Primeiros comentários ao Novo Código de Processo Civil artigo por artigo*. São Paulo: RT, 2015, p. 525.

WATANABE, Kazuo. *Código de Defesa do Consumidor comentado pelos autores do anteprojeto*. 10. ed. Rio de Janeiro: Forense, 2011. v. II.

WATANABE, Kazuo. *Direito processual comparado* – XIII World Congresso of Procedural Law. Org. Ada Pellegrini Grinover e Petrônio Calmon. Rio de Janeiro: Forense, 2008.

YARSHELL, Flávio Luiz. In: CABRAL, Antonio do Passo e CRAMER, Ronaldo (Coords.) *Comentários ao Novo Código de Processo Civil*. Rio de Janeiro: Forense, 2015

ZANELLATO, Marco Antonio. Sobre a defesa dos interesses individuais homogêneos dos consumidores pelo Ministério Público, In: SAMPAIO, Aurisvaldo; CHAVES, Cristiano (Coords.). *Estudos de direito do consumidor*: tutela coletiva. Rio de Janeiro: Lumen Juris, 2005.

ZANETTI, Cristiano de Souza. *Responsabilidade pela ruptura das negociações*. São Paulo: Juarez de Oliveira, 2005.

ZAVASCKI, Teori Albino. *Antecipação da tutela*. 4. ed. São Paulo: Saraiva, 2005.

ZAVASCKI, Teori Albino. *Processo coletivo*. São Paulo: RT, 2006.

ZAVASCKI, Teori Albino. *Processo de execução*: parte geral. 3. ed. São Paulo: RT, 2004.